U1020332

康德文集注释版

本成果受到中国人民大学“985工程”的支持

Immanuel Kant

康德三大批判合集

（注释版）（上卷）

[德] 康德 著

李秋零 译注

中国人民大学出版社
·北京·

前　言

李秋零

在人类思想史上，康德毋庸置疑具有极为重要的地位。在18世纪，一方面受自然科学的成功所鼓动而分别力图按照数学、物理学模式建立哲学体系的理性论和经验论哲学经过长期争论，各自在认识的起源、真理性等一系列问题上走进了死胡同；另一方面与经验论伴生的机械唯物主义则把自然科学的研究方法直接挪用到对人和社会的研究，在以“人是机器”为代表的观点下把人的道德、信仰等等统统纳入机械因果关系的范畴，严重地威胁着人类的自由和尊严。哲学的倾向同样反映在如火如荼的启蒙运动及其影响下的法国大革命中。以理性、自由为旗帜的法国大革命，尤其是在雅各宾专政阶段，逐渐地暴露出其非理性、非自由的一面。正是在这样的历史背景下，生于启蒙、生为启蒙的康德开始了自己的哲学思维。

康德凭借深厚的哲学素养和卓尔不群的思辨能力，独辟蹊径（绝不是调和、折衷），在批判的原则下，对自然和人类社会生活、精神生活的各个领域进行了深入的思考，建立起一个可谓无所不包的批判哲学体系，其立论之新颖，其论证之严密，其思想之深邃，其影响之深远，绝非是三言两语的评价所能够涵盖的。① 康德的哲学不仅使理性论和经验论的争执永远成为历史，而且为哲学、形而上学的发展指明了一个新的方向。尽管康德的同胞，包括被视为和自视为他的学生的费希特等古典哲学家尽力把他所开辟的新航向拉回到传统的形而上学轨道，甚至在黑格尔那

① 请参见本书序言。

里还曾再次达到传统形而上学的最后辉煌，但同样是康德的同胞胡塞尔所开创的现象学及其所影响的各种思潮才真正地弘扬了康德的思想，成就了现代西方哲学的多彩多姿。正是在这种意义上，才有了日本哲学家安倍能成的“蓄水池”之喻。

康德哲学的意义不仅仅在于德国、欧洲、西方。相反，正如康德喜欢使用的“世界公民”这个概念一样，他的哲学是世界的、全人类的。因此，康德的著作理所当然地受到世界的关注，迅速地被翻译成各国文字。康德著作的第一个中文译本是周暹与德国人尉礼贤合译：《人心能力论》，上海，商务印书馆，1914 年出版（严格说来，它并不是康德的一部专著，而是康德致医生胡弗兰德的一封探讨养生之道的信，主张心灵具有控制病体感觉的能力，后被康德编入《学科之争》）。此后，随着研究的深入，康德的哲学著作陆续被译成中文。到世纪之交时，可以说康德的主要哲学著作都已经有了中文译本，个别著作如《纯粹理性批判》、《实践理性批判》的译本达六七个之多。2010 年，本人主持编译的《康德著作全集》（9 卷本）由中国人民大学出版社全部出版。至此，康德生前所出版的著作全部有了中译本。

《康德著作全集》的出版，首次提供了全面的、系统的、统一的康德著作中文译本，有力地配合了长盛不衰的康德哲学研究，因而不仅受到学术界的普遍欢迎，而且还引起了不少收藏家的兴趣。然而，由于中文版《康德著作全集》完全遵从德文科学院版的体例，按照时序来编排康德卷帙浩繁、涉猎广泛的著作，不免让一些读者使用起来觉得不方便，于是就出现了按照内容分卷出版的呼声。中国人民大学出版社决定顺从这种呼声，出版这套《康德文集注释版》。与我合作多年的责任编辑杨宗元女士不辞辛劳地承担了总体设计、编纂体例、各卷内容划分等方面的繁重工作，终于使它以目前的面貌出现在公众面前。

这套《康德文集注释版》除康德的三大批判合集之外，又分为《康德自然哲学文集》、《康德认识论文集》、《康德道德哲学文集》、《康德政治哲学文集》、《康德历史哲学文集》、《康德宗教哲学文集》、《康德人类学文集》、《康德教育哲学文集》、《康德美学文集》。各文集的编辑体例是首先按照时间顺序排出康德的独立著作，然后按照时间顺序排出文章或从其他独立著作中做出的摘录，并在各篇的结尾注明了在《康德著作全集》中的出处。由于个别文本实在不易分类或者内容交叉，所以有的书中的内容会有少量重复。另外，在编纂的过程中，本人又为过去未出版过单行本的著作译出了《科学院版编者导言》和科学院版编者注，并在必要的地方加了少量的编译者注。当然，本着“译事无穷尽”的原则，也对正文中的个别文字做了改进。希望这套文集能够满足读者们的愿望。

此外，读者在使用本文集时，务请注意边码和注释：

1. 本书所注边码的格式为 a [X]，其中 a 为科学院版《康德全集》的卷次，X 为该卷页码。注释中所谈到的《康德全集》的页码均指科学院版《康德全集》的页码，可参考本书边码。

2. 科学院版编者所使用的康德书信版本是《康德全集》第 X—XII 卷的第 1 版 ，而现在通行的版本则是第 2 版，为方便读者，编译者将其注明的第 1 版页码置于“[ ]”中，直接注出的则是第 2 版的页码。

3. 本书中的注释既包含康德的注释，也包括科学院版编者的注释，还有部分编译者注。其中科学院版编者注和编译者注均已注明，康德所写的正文部分的注释未注明注释者的为康德本人所注，《科学院版编者导言》中未注明注释者的为科学院版编者所注。

序：哲学的开普勒改革

苗力田

德国古典哲学同于古希腊哲学，其主流都是思辨的，theooreetikee或spekulativ。这两个词形式虽然不同，但根本意思却是一致的。在古希腊语中，这个词的主干horan的意思是观看，在现代德语以及其他一些西方语言中，这个词来源于拉丁文的specula，其含义同样也是观察。总之，在西方古代人看来，观看是各种感觉中最细密、精确的，它是思想的直观形象，一切思想也都离不开观察。由于思辨这个词其古希腊语的名词形式theooria被转拼为西方现代语Theorie后，解为理论，所以思辨和理论思维实际上是同根词、不同时代的同义语。可以说过去的思辨即今日的理论思维，今日所说的理论思维也就是过去的思辨。所谓思辨哲学就是运用理论思维，探索理论思维，以理论思维为主体的哲学，它以理性为中心，无疑是锻炼理论思维的理想操场。

王山①教授康德（Immanuel Kant，1724—1804）是德国古典哲学创始人，他以彻底的德意志精神探讨了思辨理性的来源、范围和客观有效性。思辨哲学存在两种思想方式（Denkart）：一种是实体论（ousiaology）的，一种是现象学（phainomenology）的。实体论的思想从对象的存在Sein入手，而思辨它们的存在方式。现象学的思想则就对象的显现scheinen来探索它们显现的表象。在德国古典哲学中，黑格尔

① 哲人的故乡Königsberg在大多数文献中都音译为哥尼斯堡，很容易误导，因为Berg原义为山岗，而非城堡Burg，把Berg译解为堡，一个字母之差，意义却相去甚远；而König本义为君王，似可仿意译牛津者，译作王山。前译虽通行成俗，今就《康德著作全集》发行之便，借以正之，岂多事乎？（但在正文的翻译中，为了既纠正“哥尼斯堡”译法的失误，又不致因“王山”译法而惊世骇俗，采用了中庸的译法“哥尼斯贝格”——李秋零）

哲学是实体论思想方式的典范。他从最单纯的存在出发到绝对理念为止，描述思辨理性、概念运行的整个历程。而20世纪在西方哲学中成为主流的现象学的思想方式，则把康德公认为其先驱。思辨哲学爱智慧，尚思辨，以科学为目的。它把人首先当做理智存在，当做理性实体，是人类一切活动的主导。但在强调理智的主导的同时，传统的思辨哲学却忽视了感觉，排斥了感觉，认为感性认识是错误的道路，至多不过是可是可否，或是或否的意见doksa；只有理智的思维才能保证走上真理的道路。但是，感觉经验是人们知识的来源，离开了感觉经验，知识没有其他来源，否定了感觉，就必然陷于怀疑主义，否认一切认识的确定性。近代经验哲学，强调感觉经验，认为它是知识的惟一来源，一切知识莫不来自经验，即使科学上的概念和规律，也不过是经验的集合而已。感觉是个别和偶然的，所以经验哲学否定规律的普遍必然性，破坏纯粹哲学，毁灭一切科学。

在康德看来，传统的思想方式，不论是理性主义，还是经验主义，都妨碍了近代科学的发展，不利于认识的扩大和加深，这样的思想方式必须加以改革，Umänderung der Denkart。上述传统的思想方式，一概被称为独断论，它是片面的，专制的，空话连篇，不着边际，必须以思辨哲学在以理性为中心的前提下加以改革，在提出什么学说和论断之前，对认识能力自身加以批判和清理，确定认识的来源、范围和客观有效性。其基本方案和理念，就是：

> 作为预定的方案，必须首先指出，人类的认识（Erkenntnis）具有两个主干，它们也许出自共同的，尚不为所知的根基，这就是感性（Sinnlichkeit）和知性（Verstand）。通过前者对象被给予我们，通过后者它们被思想。（B29）

对这两支主干（Stämme），后来他又更加详尽地解说道：

> 我们的本性自身就是如此，直观只能是感性的，也就是只能包含于我们对象所刺激的方式。与此相反的（dagegen）是思想感性直观对象的能力，知性。对这两种特性（Eigenschaften）任何一个都

> 不能偏爱。没有感性，对象就不会被给予我们；没有知性，就不能思想对象。思想没有内容是空洞的，直观没有概念是盲目的。……这两种能力不能相互代替。知性不能进行直观，感觉不能进行思想，只有把两者结合在一起，认识才能发生。(B75)

为什么只有把感觉和思想结合起来，认识才能发生呢？王山教授这里所说的认识是西方实验科学已呈辉煌时代的认识，是出现了伽利略(1564—1642)、开普勒（1571—1630）和牛顿（1643—1727）之后的认识。这个时代的科学认识，不但要求普遍必然，还要求开拓创新。对于这样的要求，单纯的理智是不能满足的，因为理智的功能是概念推论，从大前提到结论，其结论当然是普遍必然的，但不能扩大人们的认识，加入新的内容。因为在概念推论中的结论已经包括在前提概念之中了。正如教授指出的，科学如仅靠概念推论，甚至连“两点之间直线最短”这样的命题也得不出来。因三和两是量的概念，而长和短是质的概念，从量的概念无论如何是推不出质的概念来的。反过来，感性直观虽然有能力直接接受表象，从而扩大认识的范围，丰富认识的内容，但是，这些表象都是个别的、杂乱的、偶然的，如不经过思想的关联调整，便形成不了概念。据说，牛顿万有引力定律是由看到苹果堕地引发的，但如果不加思想，每次苹果的落地都是个别偶然的，即使看到亿万次，终生终世也得不出一个普遍必然的万有引力定律来。所以，要求不断扩大、不断加深、不断更新的普遍必然的科学必须有两个主干，认识的能力必定有两种特性，思辨理性的运行轨迹虽然以理性为中心，但应该有两个焦点：感性和知性，直观和思想。像我们所栖息的星球一样，要循着椭圆形。那些唯什么单一中心的主义，不过是上帝创世一神教的反刍而已。

这样思辨哲学自身也被扩大了，它把原本拒之门外、视为异类的感觉接纳回来，浪子回头金不换，因而感觉立刻成为离开它认识就不能发生、思辨理性亦无法运转的焦点了。感觉经验之所以能够成为思辨理性运行的焦点，生成普遍必然的认识，在康德看来这就证明着非经验的东西，它们的普遍必然的有效性，所依据的并不是经验而是一切经验背后的、直观的先天原理，这就是空间和时间的一般概念。凡是空间和时间的科学，几何学和算术学都少不了空间和时间概念，它们是直观的纯形式，或者称为先天直观。因为无限空间和无限时间的概念，绝不来自有限空间和时间的经验直观的结合，无中不能生有，集有也不能成无，而是来自共存或相续的属性。个别的空间和时间只显现为整个空间和时间的部分，没有一般的空间在先，就不能表象个别的空间。由于空间和时间只与个别的、特殊的对象相关，所以它们自身只能是直观的先天形式，它在一切经验直观的背后，一切个别偶然之先前，所以是普遍必然的。空间是外感觉的形式，一切外在经验中的对象都在空间中排列着，伸延着。时间是内感觉的形式，一切思想和概念的活动都先后连续着在时间中运行。所以，空间和时间这样的纯直观先天形式，只有在经验中、相对经验对象而言才有实在的意义，因而专门称之为经验的实在性（die empirische Realität）。这些形式一旦离开经验，离开了经验对象就百无一用，完全成为观念，脱离了实际想出来的，故而称之为先验理想性（die transzendentale Idealität）。进一步说，空间和时间这些先天形式，只能在直观中、在经验中才具有普遍必然性、客观有效性。如果离开了直观，离开了经验，数学也就没有普遍必然的命题，人们连 7＋5＝12 都没法判定。它们更不是事物本身的属性，如果它们是事物本身的属性，那么作为存在者，上帝也就难免在空间和时间中而属于有死之伦了。因为，它们既然是一切存在者的属性，作为一种存在者的上帝当然也应在空间和时间的变灭之中。这样，独断论不但被戴上了怀疑主义的帽子，还被加上了无神论的帽子。

不但感性直观以先天的形式成为思辨理性的一支主干，在知性上这一原则同样适用。思想也有着自己的先天形式范畴。应该说明 Verstand 这个词解作知性，只有在康德的专业用语中，也就是只有当它相对于感性（Sinnlichkeit）和理性（Vernunft）而言时，作为认识能力之一才是有效的。当然也可以解译为理智、理解，但这样在词组上就不相搭配了。知性的功能是思想，思想和直观不同，直观因受刺激而发生，是接受的，被动的，而思想的对象只是由自身而生成，所以是主动的。由于这种思想的主动性，先验逻辑的范畴也与普通逻辑的范畴不同。普通逻辑的范畴是传统实体论思想方式的产物，是独立于认识主体之外的实体，或者是实体的属性。概念乃是实体的模仿，这样的逻辑只能用于概念推理。它虽然可以头头是道，无懈可击，它们推论所得的命题可以是普遍必然的，但结论已在前提之中，没有新内容，无助于扩大认识的领域。而先验逻辑的范畴，应该与直观形式一样，是先天的，既不来自经验，也不是作为实体对象的属性。它们是思想判断的先天概念。因为思想即是判断，把主语和谓语联结起来，范畴就是把感觉经验所提供的杂多材料调整、联结为普遍必然规律的先天概念。所以，范畴的数目应该与判断的类别相适应。如若判断分为量的、质的、关系的和程式的四种，再将每种判断分为三类，这样就得出了思想的十二种先天概念、范畴。虽然王山教授对自己这方面的创新性非常自信，并当做以后研究的框架，但200年的历史证明，这套逻辑的范畴，实在不过是现象学思想方式、先天论的一种表述而已。所谓的先验逻辑终究没有能够将亚里士多德的逻辑取而代之。这些范畴被认为是普遍必然的有效原理，是一切自然科学的最高前提，它们是思想的先天概念，所以其普遍必然有效性，不需任何经验加以证明。但是，一切认识都从经验开始，先于经验我们没有认识，自然科学也不例外，将范畴应用于感性经验所给予的自然对象，就必须通过数学公式。因为自然是在空间和时间形式中感性表象的体系，并且须按照范畴来调整，加以规律化，所以，自然形而上学的诸要素，也就在范畴和直观纯形式的基础上，全部被当做普遍必然的运动规律。

现象学是思辨哲学的开普勒改革的必然结果。把感觉经验看做认识的一支主干，是思辨理性运行的一个焦点。感觉经验不但是认识的开始，并且伴随着全部认识的始终。以人为理智的存在，思想实体，本身即具有先天论的性质。所以，空间和时间这样的直观形式虽然是感性的，却不来自感觉经验，而是先天的。对感觉来说，它们是不变的，对一切感觉经验都具有普遍有效性。一切概念，一切原理，都不能离开经验直观，即使是先天的，也与感性直观相联系，与可能的经验材料相联系。思想就是把所与的直观与对象相联系的活动，感性直观是我们惟一可能的直观，抽象出一切感性直观的条件，纯范畴就不能规定任何对象。这样，先验逻辑的原理只不过是现象规律的揭示罢了。科学是普遍和出于必然的判断。

现象（Phaenomenon）这个词在西方哲学文献中出现很早。在柏拉图和亚里士多德的著作中就提出爱智慧的人要追随现象，哲学的目的是拯救现象。在古希腊语里，这个词本是动词显现（phainein）的被动式现在中性分词，意思是被显现出来的。在其他场合王山教授也用这个词的德语形式 Erscheinung，它出自动词 scheinen，意思同样是显现。从这个词的本身，就可以看出，把认识的诸对象称做 phaenomena，称做 Erscheinungen，这表明它们并非独立于主体的存在，而是依赖于主体被显现出来的东西。关于现象，他作如下界定：

> 当我们为对象所作用时，对象能力的结果就是感觉（Empfindung），通过感觉对对象的直观（Anschauung）叫做感性直观，一种感性直观的未被规定的对象，叫做现象（Erscheinung）。（B34）

有的场合 Erschauungen 和 Paenomena 在一起用，那就似乎不能不加以区别了，如：

> 显现（Erscheinungen）就它们作为依范畴统一性而思想的对象而言，就成为现象（Phaenomena）。（A249）

总而言之，不论就感觉直观而言，还是就思想而言，在先验逻辑里认识对象都不是独立于主体的实体，而是一种被给予而显现的现象，或者叫做感性本质（Sinnenwesen）。人的认识，可以提其神于太虚而俯之，但它仍脱离不了感觉，脱离不了现象。如若把范畴仅作先验的运用，也就是仅运用于推理，实际上是没有运用，它没对对象作任何规定。范畴也是现象的形式，现象是它们惟一的对象，故而纯知性只有经验的运用，从未有先验的运用。一切知识必须来自经验，理性脱离经验只能产生矛盾、怀疑，漠不关心，自相分裂。传统的实体论思想方式没有对自身进行批判反思，完全是古老的野蛮作风，各行其是，称王称霸，把哲学变成了一个内争不休的战场（Kampfplatz），最后过渡到破坏一切的无政府主义、怀疑主义。而纯粹理性即是思想自身，须在自身之内把握它。先天的即是彻底必然的，是尺度。要把思维（zu denken）和认知（zu erkennen）加以区别，两者是完全不同的。思维的原则是自由，以不相矛盾为标准，认知的标准是必然。所以前者与预设相类似，思想则应保持其自由，百家争鸣，各有主张。除了无休止的战场以外，形而上学又是一本理性财产的清单（Inventarium）。

传统形而上学，完全是孤立的思辨理性，在概念中打圈子，即使经验主义也一样，也没有涉及认识的来源，认识的能力，以及客观有效性。使认识服从对象，就不能提供先天的东西，不能扩大它。实验是按事先设计的策划而进行的，实践是检验真理的标准，真理已经先在了，实践是为着检验这个既定东西而策划出来的。如若概念的规定服从对象，难以得到先天的、普遍必然的知识，那么对传统的思想方式进行改革，反转过来对象只是现象，它们在经验中被给予，超出一切可能经验便不可能有与之相应的对象。所以，认识能力纯粹运用的标准，首先是普遍性，因为认识不但出于（aus der）经验，从经验开始，而且伴随（mit der）经验前进。在经验中，普遍与特殊的区别是显而易见的，在经验外，严格的普遍与随意摆布也不难区分。与此同时，也就出现了必然性的概念。因为严格的普遍，就表示着亘古如一，不能或此或彼，或是或非。既然经验的东西都是个别和偶然的，是后天的（a posteriori），那么由普遍性而取得必然性，也就当然是非经验的 a priori，是先天的了。普遍、必然和先天是三位一体的，这才是认识的根源（Ursprung）。感觉经验到的首先是物体，物体是个体，是偶性。如若抽去这一切的个别和偶然，所剩余的就是必然，也就是物体所占有的空间，这种必然性是认识先天所具有的。普遍性是空间，外感觉的本性，由空间过渡到时间，内感觉的必然性。空间和时间是感性直观的形式，它们都出于认识能力的纯粹运用，是先天的。

但是，王山教授特别指出认识能力的这些纯形式，并不像柏拉图用理念的翅膀飞翔在无空气阻力的纯粹真空中。纯粹理性的先天认识，并不脱离尘俗世界，并不抛弃后天经验，没有感觉经验的支撑，认识能力就无以发挥，思辨理性就不能运转。先天的认识，科学的判断，不能单纯来自概念分析，概念分析不能扩大人的认识，更新人的知识。人们所追求的认识，不但是普遍和必然的，更要扩大它，更新它，这就离不开经验。如若认识所追求的仅是普遍必然性，那概念分析就是最方便、最可靠的了。从存在概念甚至可以分析出一个创造宇宙万物的上帝来。判断是认识表示其断定的基本形式，如若谓语先天地潜存在主语之中，这个判断必定是必然的，不需任何实践经验的证明。例如，断定物体是广延的，不需任何经验就可以知晓这是必然的。因为，广延概念本已包含在物体概念中，广延概念就是从物体概念中分析出来的。就是闭着眼睛也可断定这个判断是必然的真。进一步说，断定物体是重的就不一样了，就必须用手去托一托，用秤去称一称，不然就难以断定这一判断是否为真。只有经验才能向主体提供新事物，扩大认识的领域。虽然经验的东西都是个别的，既没有普遍性，更没有必然性，但经验却似一张无远不及的无形大网，把对象的一个部分和另一个部分联结起来，大漠孤烟直，长河落日圆，形成综合联结，一个总体表象。知识因之更新，认识由此扩大。总之，认识不但因经验而开始，并且在整个进程中还要不断伴随着经验。认识必须以经验为对象，以经验为范围，感性认识是这样，知性认识亦是如此。所以，

> 这样看来，知性的纯概念绝不允许有先验的运用，只能是经常作经验的运用。纯知性原理只能应用于可能经验的在普遍条件下的感觉对象，永远不应用于那些物一般，而不顾及我们对它们可能直观的样式。(B303)

关于知性和感性的关系，在以下这段文章里，王山教授有着更明确的交代：

> 在我们，知性和感性只有在它们联合运用的时候，才能规定对象。如若把它们分开，我们就有无概念的直观或无直观的概念。在这两种情况下，我们不能把表象与任何规定对象相联系。(B314)

认识对象必须与认识主体相关联，对象是主体的对象，离开主体就没有对象，这个现象学的基础命题，反而百分之百是概念分析，同语反复，并成就其普遍必然的真。那些反复追问着在人存在前地球是否存在的人们，正是割裂了对象和主体的认识关系，脱离了认识主体而泛论对象的。对象即对象，主体即主体，鸿沟万丈，非此即彼，使对象成为无规定的对象，主体成为非认识的主体，这反倒是典型的形而上学和繁琐哲学了。实体论思想方式就是这样提问题的，圆凿方枘，当然难以找到

共同语言。如若对象离不开主体，我们所认识的对象只是现象，它们只与可能经验相联系。认识的感性来源使知性也必须以感性对象为材料，这样就把认识限制在感性天地里，被封闭着。空间和时间仅仅是感性直观的形式，仅仅是显现物的存在条件。由于概念是与直观相应被给予的，所以，此外我们也没有更广的知性概念，也就是说，对事物的认识，我们也没有其他要素。这一切道理实际上已经包括在对象（Gegenstand）这个词之中，全部命题都可以从对象概念分析出来。因为它既相对地（gegen）站立着（stand），当然是离不开主体的，离开了主体，它就失去了对立物，无所gegen，也就无处可站，无地自容了。对主体来说，它们不是观念的集合，为主体所派生，理所当然，只是些被显现的。但对象作为被显现的、作为现象，并不像那些粗陋见识所理解的那样，就不存在了。恰恰相反，在先验论学说中，对象惟有在经验中，才能实实在在地被空间和时间所规定，成为看得见，摸得着，在运动中，站出来的存在（existenz）。这也就是空间、时间经验实在性真正意义之所在。离开了经验，摆脱了主体，譬如说人类出现前的地球，当然存在，但只是个未被规定，花非花，雾非雾，不是什么的是，也就是黑格尔的那个纯存在，词典上那个不定式的存在Sein，不能说它是什么的存在。存在和是，在西方哲学里，自古希腊哲人始就是同一个词。而认识的任务，思辨理性的概念，恰恰就在于规定对象，说它是什么，赋予知识以内容，开拓知识的领域，推动科学的发展。改革思辨哲学，以现象学思想方式补充实体论的方式，实在是科学发展时代的需要。

然而，人无完人，法无成法，放之四海而皆准，历万世而不变的理论，同样是没有的。这里，思辨理性、理论思维虽然赋有了实在意义，推动了科学的发展，但王山教授自己也指出了它的消极的（negativ）方面，因为按照这种现象论，认识只限于经验范围，这就缩小了理论活动的场地。更有甚者，甚至于可以使人以此为依据陷于狭隘的经验主义，短浅的功利主义，使纯粹的理性活动面临被扼杀、被取消的危险。而认识的王国是普遍必然的王国，如果把它无限地扩大了，处处是普遍必然，人人是手段工具，个性就要被取消，自由就要被剥夺，也就没有德性伦理学了。但在另一方面，这种对认识的限制也有积极的（positiv）方面。因为这种限制使思辨理性见到了自己能力的应用范围，不再妄自尊大，以为无所不知，而有所止，为纯粹理性让出更大的空间，这是更实在的空间。对于人类这是绝对必要的，因为认识如若是理性的，也就是说在认识上应该有着先天性。这种认识与对象的关系并不是单一的，而是双重的，它不但通过思辨理性，从理论上将对象加以规定（zu bestimmen），还要使认识成为现实（wirklich zu machen），这后一种功能就是实践理性了。如果我们只承认思辨理性的权威，把认识不断扩大，把一切对象都当做是可能经验的，这样把本来不是经验对象的东西当做现象，而宣布纯粹理性扩大不可能，人们的一切活动，认识的一切对象都在普遍必然的控制中，就会剥夺自由，没有信仰，没有思想，没有道德，回到野蛮和愚昧。所以，为了给信仰留余地，就必须限制知识了。

在过去几十年间，这是给王山教授招致许多非议的命题，按照批判者所持分量的轻重，帽子尺寸的大小，对 das Wissen aufheben 中的 aufheben 即可作不同分量的译解，从消灭、扬弃以至限制。其次对信仰 Glauben 一词，是对什么的信仰，是上帝，还是自由和真理，还是三者都是也各取所需。首先，把被马克思主义奠基者与法国政治革命相提并论，尊为德国哲学的革命者的康德，说成是必须取消知识的蒙昧主义者，似乎是责之过重了一些。从语境的上下文看来，似乎以译限制为恰当些。因为限制了知识是将认识锁定在现象世界，以保持科学判断的普遍必然性，不断扩大，不断更新。与此同时也给纯粹理性，精神生活，特别是实践理性保留了更广阔的天地，使它不为普遍必然所拘束，不为外界因素所宰制，自由驰骋。所谓 Glauben，从上下文可以判断，实际并非专指对万能上帝的信仰，而是一般的道德信仰，对天上森罗星空和胸中庄严道德律的信仰。所以，纯粹理性有一种绝对必然的实践应用，在应用于实践的时候，它不可避免地要越出感性界限和必然的宰制。

当纯粹理性摆脱了感性的羁绊，冲破了现象的罗网时，它就完全是自由的了。在现象世界里，对象是通过表象与主体相联的，它是一个被显现的物，与他物相关的物。在摆脱了感性之后，它就割断了尘缘，消除了所有外在束缚，单纯地就自身而存在着，成为自在物（Ding an sich）。如若把由显现物构成的世界称为现象（Phainomena）的世界，那么由自在物构成的这个世界就称为本体（Noumena）的世界。两种物在认识上完全对峙着，互不相容。一种是感性对象显现的，与他物、与主体相互依存，本体则超乎空间时间之外，不依存于任何感觉经验，而是纯粹理性的思想对象。而本体 Noumenon 这个词出于古希腊语思想 noein，是 noein 的被动式现在中性分词，本义是被思想的。这样看来，现象和本体，依他物和自在物在认识上虽属不同世界，在存在上却不是两个物。任何一个对象，在感性直观可以捕捉到的范围内，它是现象。然而，当眼睛看不见，双手也摸不着，任何扩大感性能力的工具都无能为力，只有凭理性去思想它的时候，它就成为被思想的，就是自在物了。一花一世界，一叶一如来，任何对象，既是现象的，也是本体的，既是依他的，也是自在的，既是可知的感性本质（Sinnenwesen），又是仅可思的知性本质（Verstandeswesen）。按照先验论的一切对象只能通过直观被给予的根本原则，可以断言，知性本质作为被思想的对象，纯粹理性也必定有某种非感性的直观，那就是理智直观（die intellektuelle Anschauung）。理智直观本身在空间和时间之外，直接把握自己的对象，就只能是本质和整体，被称做理性的理念。理性理念有三个，作为外感觉的总体，它是世界；作为内感觉的总体，它是灵魂；作为内外综合感觉的整体，它是上帝。如若我们在这里暂且不去批判其从后门放进上帝的不彻底性，换个角度窥测一下，从上帝理念也不过是综合感觉的整体来看，不是更应该断定，即使在纯粹理性领域，感觉经验仍然是一个不可缺少的运转焦点，王山教授是思辨哲学的改革家，现代西方现象学方法的先驱吗？

目 录

纯粹理性批判

实践理性批判

判断力批判

纯粹理性批判

科学院版《纯粹理性批判》第一版编者导言

本诺·埃德曼（Benno Erdmann）

我们关于《纯粹理性批判》的历史之**外在**事实的知识，单独来看无关紧要。因为对于这种外在说明的意义的一种理解，惟有在这种说明与康德——特别是对他的学生马库斯·赫茨（Marcus Herz）——谈论自己工作进展的无数评注放在一起加以对照的情况下，才能够获得。然而，这些评注中几乎没有一个是不对其内容及其对于批判学说的总体内容的态度进行一种批判性的讨论就可以利用的。《纯粹理性批判》必须不仅仅像任何伟大的哲学创造那样从“整体的理念”出发来把握；按照康德自己反复的说明，它也比这些创造中的某一些更多的是从一个理念阐发出来的。而无论是对于这部著作的历史，还是对于这部著作的学术内容，都要说的是：赋予其建筑术上的统一性的理念，只能被正确地评价为更普遍的理念的一个环节，这个更普遍的理念把这位哲学家的三部批判的整体性结合为一个整体。

按照康德自己的大量说明，《纯粹理性批判》的历史包括一个大约 16 年的时间段。因为在 1781 年分别致雷卡尔德（G. Chr. Recard）和贝尔诺利（Joh. Bernoulli）的信中，康德把他的批判代表作的起源与他在 1765 年接到兰贝特（Lambert）的建议时所做的研究联结起来，而这个建议就是与兰贝特更亲密地合作，以**改革**形而上学。他写信对雷卡尔德说：“中断这位杰出的人物［兰贝特］敦促于我，且对于我来说可能变得如此重要的书信往来，其原因在于：**我当时虽然开始阐明人们称之为形而上学的那种理性应用的本性**，对我来说也出现了我一直期望的不久就达到完全弄明白的新前景，此时我的思想的通报就一直拖下来了，直到我……**在其中豁然开朗，其结果是在《纯粹理性批判》中讲述的**”。[1] 同样的时间确定产生自五个月后致贝尔诺利的信中更为详细的阐述。[2]

① 《康德全集》，第Ⅹ卷，253～254 页。参见那里的第 31 封信以下。

② 同上书，258～259 页。［参见李秋零编译：《康德书信百封》，83～85 页，上海，上海人民出版社，2006。——译者注］

康德实际上赋予那种敦促以什么样的意义，从一篇致兰贝特的献词的片断就可以看出来，这篇献词无疑在写下时是为《纯粹理性批判》计划的。[①]

1764年初，哈曼（Hamann）就已经在康德“脑子里所拥有的”工作中，除了对“道德性”的研究之外，思念着“一种新形而上学的尝试”了。[②] 康德自己在一年半之后，希望不久就能够完备地阐明能有助于他为自己的陈述奠基的东西，而且建议自己的读者再次想到一部形而上学教程。[③] 在这里，大概像1764年初一样，涉及的是关于形而上学的独特方法的著作，康德在1765年底就已经决定把它再放一放，因为他在其进程中察觉到，非常缺乏他能够具体地指出［形而上学的］独特方法的例证。[④]

这种猜测是否有道理，什么理念是当时所计划的著作的基础，这部著作看样子应当包含什么样的思想序列，在多大程度上它就一切迹象来看可以被视为**《纯粹理性批判》的第一个预备阶段**，这些研究不是这里要做的事情。

康德经常并且更为强调地指出的**第二个**起始点，是在1769年。“69年使我恍然大悟”，他在自己的鲍姆加登（A. G. Baumgarten）形而上学手册中写道，之前的时间被他描述为一个理念朦胧的时期。[⑤] “大约一年以来”，日期更精确一些，他在1770年9月2日对兰贝特写道，“我可以自夸地说，已经达到了那个概念，我不再费心改变它，但也许可以扩展它”[⑥]。康德在1783年8月16日致门德尔松（Mendelssohn）的信中，在他把自己的《纯粹理性批判》称为一个长达至少12年的时间段的思索之成果时，指的是同一年，并轻微地暗指先行于这一年的那个时期。[⑦] 1783年8月7日致伽尔韦（Carve）的一封信更强调一些地指出了1765—1769

① B.埃德曼编：《康德对批判哲学的反思》，第Ⅱ卷，莱比锡，1884年，No.1。

② Fr.洛特编：《哈曼著作集》，1821—1825年，第Ⅲ卷，213页。

③ 关于他在1765—1766年冬季学期的讲演安排的通告。

④ 《康德全集》，第Ⅹ卷，53页。［参见《康德书信百封》，17～19页。——译者注］参见那里的第31封信。

⑤ 《康德对批判哲学的反思》，第Ⅱ卷，No.4。

⑥ 《康德全集》，第Ⅹ卷，93页。［参见《康德书信百封》，27页。——译者注］

⑦ 同上书，323页。［参见《康德书信百封》，93页。——译者注］

年的那个朦胧时期，他在其中写到了这部著作的材料的储备，他曾多达12年之久精心地思索这些材料。①

毫无疑问，康德在1770年的教授就职论文《论可感世界与理知世界的形式及其原则》中吸收了1769年的精神成果，这里不可以探讨这种成果的前史，即二论背反问题的发展。据此，如果我们预设，1765年计划、看起来只是稍稍执行、后来搁置的作品是第一个预备阶段的话，那么，这篇教授就职论文就会是**《纯粹理性批判》的第二个预备阶段**。

康德1771—1772年的书信中的一些通报指示着**《纯粹理性批判》的第三个预备阶段**。

康德坚持与兰贝特以书信的方式互相理解的计划。但是，如1765年就已经说过的那样②，他又期望推迟，这也是因为他在1770年9月就已经出自内在的理由打算扩展和补充他的教授就职论文。③ 他打算通过这项工作给教授就职论文加上几个印张，显然紧接着这项工作，他经过1770—1771年的冬天翻阅了关于为感官世界规定的基本概念和法则之关系的所有资料，连同对构成鉴赏力学说、形而上学和道德的本性的东西的构思，对所有的东西进行了筛选、权衡和组合，由此出发，如他在1771年6月7日简短地通报的那样，只是在不久前才完成了一部关于**感性和理性的界限**的作品的计划，而如今则忙于详细地撰写一部以此为标题的著作。④ 八个月后，康德以如下的话向他的学生描述了这项工作："在您离开哥尼斯贝格之后，在工作和我不得不作的休息之间的间隙里，我再次检查了我们所讨论过的研究计划，为的是使它与整个哲学以及其他知识相和谐，并且掌握它［知识］的范围和界限。"对于他手中的资料，他描述如下："对于道德以及由此产生的基本法则中感性的东西和理知的东西的区分，我已经进行过相当多的研究。至于情感、鉴赏和判断力的原则，以及它们的结果即适意者、美者和善者，很久以来，我已经构思得相当满意了。""而现在，"他继续说，"我正把这个计划写成一部著作，标题可以是：**《感性和理性的界限》**"⑤。

---

① 《康德全集》，第Ⅹ卷，316页。［参见《康德书信百封》，87页。——译者注］

② 同上书，53页。［参见《康德书信百封》，17～19页。——译者注］

③ 同上书，93～94页。［参见《康德书信百封》，26～29页。——译者注］

④ 同上书，117页。［参见《康德书信百封》，31页。——译者注］

⑤ 同上书，124页。［参见《康德书信百封》，33页。——译者注］

这部作品的计划远远超出了后来的《纯粹理性批判》的内容。它符合后来的批判哲学整个体系。惟有这部著作的第一部分，可以被视为后来的《纯粹理性批判》就其理论应用而言①的一个萌芽。因为康德在这里面设想了两个部分，一个理论部分和［一个］实践部分。前者分为两章：1. 现象学一般。2. 形而上学，确切地说仅仅依据其本性和方法。相比之下，第二个部分同样分为两章：1. 情感、鉴赏和感性欲望的普遍原则。2. 道德性的初始根据。②

但是，即便是在这里，实施也迅速地中止了。因为康德紧接着刚才引用的话给出了那个提问，它对于后来的《纯粹理性批判》的学术内容的意义早就被认识到，尽管是在很不同的意义上来评价的。只不过这个提问的引论提供了一个这里值得注意的外在资料。康德解释道：“**当我对**［所计划的作品的］**理论部分的整个篇幅以及各部分的相互关系加以详细思索时**，我发现自己还欠缺某种本质性的东西，在长期以来的形而上学研究中，我和其他人一样忽视了这种东西，但实际上这种东西构成了揭示至今仍对自己藏匿的形而上学全部秘密的钥匙。**于是我反躬自问：我们心中人们称之为表象的东西与对象的关系是基于什么样的根据**？”他认为，对象自身得以产生所凭借，因而事物自身建立于其［理智的］**直观**之上的 intellectus archetypus［作为原型的理智］的可能性，与我们的感性——感性的被动表象仅仅包含主体被对象刺激的方式——的 intellectus ectypus［作为摹本的理智］一样，至少是可以理解的。因此，包含在普遍的问题之中的疑难是随着**我们的知性表象**才开始的。康德如自己所说，在 1770 年的教授就职论文中讲的是：“感性的表象是按照物的表现来表象物的，而理智的表象则是按照物的所是来表象物的。”“但是，”他继续说，“如果这些物不是通过它们刺激我们的方式被给予我们的，如果这样的理智表象［在质的关系中］是基于我们的内部**活动**［自发性］的，那么，这些物［如其所是］究竟是怎样被给予我们的？理智表象与毕竟绝非由此产生的对象应当具有的一致又来自何处……？”

提及《纯粹理性批判》的理念发展史的这些资料是必不可少的，为的是能够认识，它们向我们指出哲学家处在其工作的一个新的、更漫长

① 《判断力批判》，前言的开端。

② 《康德全集》，第Ⅹ卷，124 页。［参见《康德书信百封》，33 页。——译者注］

的阶段的开端。其思维的一个重要的、还在1770年的教授就职论文和关于《感性和理性的界限》这部作品的计划中就坚定不移的预设对他来说成了问题。后来被他如此称谓的**范畴演绎**及其结论的问题对他来说产生了，并且移到了他的思维的中心。问题已经提出，他后来用如下的话来表达：**纯粹知性概念如何能够与对象相关**?①

康德思维的这种改变的外在资料很容易从上述引文得出。首先，新的提问被康德自己直接与对于《界限》这部作品的计划来说决定性的思想联结起来了。其次，它涉及关于事物如其所是的可认识性的预设，这个预设决定着1770年的教授就职论文中理知世界与可感世界的奠基性划分。新的问题由此是康德于1769年在先行的理念朦胧时期之后开始锻造的思想链的一个环节，确切地说是一个出自自己的思维之材料的环节，是从理念的联系出发造型的，不是从外部附加的。

当然，如该信的更广泛的联系所表明的，这个环节的形式尚未完成。问题就在那里，但尚无后来的解答，从一切迹象来看根本还没有令人满意的解答。只不过，寻找它的道路已经得到暗示：通过后来所谓的范畴的形而上学演绎，它系统地对范畴进行划分。然而，这种划分暂时不是按照一个后来的一般而言对象之诸概念的逻辑原则，而是按照少数几个知性基本法则②进行的。

这个思想进步导致理念的最终版本是**《纯粹理性批判》**③，当然还不是在最终的意义上。因为那个名称在这里只包括**理智的**［因而并不也有感性的］**认识之源泉的研究**，但有这个限制，也就是说，如果它是纯然理智的，不仅是对理论认识的研究，而且也是对实践认识的研究。

这样，我们就获得了这部著作发展的基础，我们可以把它们称为外在的基础。在康德自己的理解的意义上，我们据此可以区分两个发展时期：

Ⅰ**理念的朦胧时期**：1765—1769年。我们必须把1765年康德提到的**关于形而上学的独特方法**的作品之计划视为其代表，我们可以说，它是后来这部著作的第一个预备阶段。

关于**第二个**时期，我们首先在1769年获得出发点，康德同样把自己

① 《纯粹理性批判》，第2版，第13节。

②③ 《康德全集》，第Ⅹ卷，126页。［参见《康德书信百封》，35页。——译者注］

的作品与它相关联，此外是第一阶段从1769年直到1771年底，以及由1772年的提问规定的第二阶段的开端。

我们可以把1770年的教授就职论文和《感性和理性的界限》这部作品的计划设为第二个时期的这第一阶段的代表，因而视为《纯粹理性批判》的第二个预备阶段和第三个预备阶段。

这个时期的**第二阶段**的外在资料为数不多。

我们从所引用的致赫茨的信中得知，康德将**首先**写出他当时的《纯粹理性批判》的第一部分，它包括形而上学的本源、方法和界限，然后再写道德性的纯粹原则，而第一部分将在大约三个月内出版。

该著的那个第一部分，即在清除形而上学的虚构东西之后独断地解释纯粹的知性认识，并且勾画出它的界限，就是康德从现在开始在允许他……进行反思活动的间隙里所从事的工作。[①]

然而，他能够迅速结束这项工作的期望却没有实现。20个月后，在1773年10月25日，他写信给尼古拉（Nicolai），明显地与他的作品的理论部分有关，说他当下的工作将使扩大了篇幅的教授就职论文……不久更多地得到关注。[②] 被认为更普遍的，是他在1773年底对赫茨的通报："您经常在博览会书目中'K'这个字母下寻找某个名字，但这是白费力气。……然而，由于我力图改造长期以来半个哲学界劳而无功地研究的那门科学［形而上学］，并且在这方面已经有所收获，我自认为已经掌握了一个学术概念，它将完全揭开以往的谜，把**自己隔离自己**的理性的方法［教授就职论文的实际应用］置于可靠的、易于运用的规则之下，因此，至今我依然固执地坚持我的计划，在我把布满荆棘的坚硬地基平整完毕，为普遍的研究做好准备之前，决不受任何成名欲的引诱，去……寻求荣誉。……有时，我仍然希望能在复活节前完成这部著作。不过，即使考虑到经常发作的小毛病总是造成工作的中断，我还是几乎可以肯定地说，复活节后不久，我就要完成这部著作。"[③]

至于这里又指的是1772年意义上的《纯粹理性批判》，因而包括《实践理性批判》在内，我们是从同一封信得知的："如果我的先验哲学

① 《康德全集》，第Ⅹ卷，129页。［参见《康德书信百封》，38页。——译者注］

② 同上书，136页。

③ 同上书，137页。［参见《康德书信百封》，40～41页。——译者注］

[对完全纯粹的理性的**所有**概念之源泉的研究][①] 得以完成，我将非常高兴。它本来就是对纯粹理性的一个批判。在这之后，我将转向形而上学。形而上学**只有两个部分**：即自然形而上学和道德形而上学。其中，我将首先发表道德形而上学。现在，我已经在为它的即将出现而高兴不已了。"[②] 据此，即便在这里也包含了 1772 年的整个计划（因而排除在后来的《判断力批判》中对鉴赏的批判），因而《纯粹理性批判》只是被设想为一个形而上学整体的导论部分，而在形而上学内部，对伦理的东西的阐述作为哲学家特别喜欢的东西清晰可辨。[③]

谁从这些暗示出发来诠释这封信的实际思考，就不难理解，即便是对该著之结束的新日期确定，也依然是虚构的。对于以后的几年来说，交稿几乎完全落空，这也许不是偶然。

只是三年后的一封信，即在 1776 年 11 月 24 日，才对我们吐露了进一步的情况，当然是根本的情况。康德几乎是不间断地在他所享有的闲暇里推进着他的工作："长期以来，我似乎没有采取过什么行动，因而受到了各方面的指责。其实，我的确从来没有比您离开我之后的这几年里更加系统、更加顽强地工作过。"[④] 他完成了充满复杂的思想障碍的工作："应当说，要坚定不移地实行这样一个计划，需要有一种百折不挠的精神。我时常受到困难的冲击，总想去献身于一种更令人愉快的题材。但是，有时是由于我克服了一些障碍，有时是由于这项工作自身的重要性，我总是又被从这种不忠实的表现中拖回来"。尽管如此，主导的理念表现为收益丰厚的："就像人们在获得了有益的原则之后通常所发生的那样，我现在手头堆满了材料，让它们成书，可望给我带来一阵短暂的掌声。"但是，这里的成书尚付阙如："但总的来说，这些都被一个主要的对象像一座水坝那样阻拦住了，我期望自己，能够就这个主要的对象作出不朽的成就。**我相信自己，已经确实占有了这个对象。因此，目前需要做的不是把它想出来，而是把它写出来。**"

毫无疑问，这里又指的是《纯粹理性批判》："您知道，独立于一切

① 《康德全集》，第Ⅹ卷，126 页。[参见《康德书信百封》，35 页。——译者注]

② 同上书，138 页。[参见《康德书信百封》，41 页。——译者注]

③ 同上书，126 页。[参见《康德书信百封》，35 页。——译者注]

④ 同上书，185 页。[参见《康德书信百封》，51～52 页。——译者注]

经验原则而作判断的理性，即纯粹理性的领域必然会被忽视掉，因为这个领域先天地存在于我们自身之中，不可能从经验那里得到任何启发。现在，为了按照可靠的原则，勾画出这个领域的整个范围、部门的划分、界限和全部的内容，并且立下界标，使人们今后可以确切地知道，自己是否置身于理性或者理性思维的基地上，就需要有**一种纯粹理性的批判、一种纯粹理性的训练、一种纯粹理性的法规和一种纯粹理性的建筑术，**因此，也就需要一门正式的科学……”

我们甚至可以说，《纯粹理性批判》在这里已经获得了狭义的措辞，它排除了过去纳入的［纯粹］**实践**理性批判。当然，这封信没有一处提到伦理学问题，这个 argumentum e silentio［出自沉默的证据］会像通常那样很少决定什么。但重要的是，康德的对这门正式的科学的具体环节的列举几乎完全符合后来这部著作的划分：这里在狭义上称为批判的部分符合后来的要素论，其他部分，即训练、法规、建筑术，符合后来的方法论的同样命名的几章。因为这里所缺少的该著方法论的最后一章，即纯粹理性的历史，在其寥寥数页中也只是设立一个标题，它处在那里，仅仅是为了标识出体系中还剩下且今后必须完成的一个部分。

如果我们对思想联系投上这里必不可少的一瞥，则我们甚至可以发现更多的东西。刚才引用的康德的纯粹理性的措辞与后来的批判措辞完全一致。① 据此，它的领域如此广阔，以至于一并包括感性的纯粹原则。因此，它看起来不像 1772 年那样被限制在纯粹知识，**就其纯然是理智的而言**。因此，我们可以猜测，教授就职论文关于可感世界的讨论现在如后来这部著作那样，被纳入了批判的计划。

因此，根据一切迹象来看，我们面前已经有了后来这部著作的整体计划。

这个假说被康德的其他陈述所证实。

首先，是康德为成书给出的更长的日期规定。他在 1776 年 11 月底写道：“我并不打算在复活节前完成这项工作，而是［还］把明年夏天的一部分也用于此。”

其次，是后来的范畴演绎的基本思想和意义的暗示。实际上，我们

① 《纯粹理性批判》，A Ⅻ，B 24–25，29–30，356–357。

可以从这封信的话中读出这些暗示。因为康德在这里首次谈到先天地**作判断**的理性，这不可能是偶然的。而说我们在这里面对的是对范畴与根据后来的演绎的判断功能之关系的一种提示，如果人们读一读，对于那门正式的科学来说，可以不使用已经现存的科学的任何东西，它为自己的奠基需要甚至完全自己的技术表述，则这种猜测就在很高的程度上是可能的。因为在这里，听起来几乎逐字逐句是康德后来描绘他的演绎的特性所使用的措辞："这个演绎……是当时为了形而上学所能够做的最困难的事情，而那里最糟糕的事情，则是**形而上学就其现存的而言，在这方面也不能给我提供丝毫的帮助**"。据此，很可能康德就那个像一座水坝那样阻拦住了他的材料的主要对象而言，特指的就是他的演绎。

与这些解释并不矛盾的是，康德在八个月后（1777 年 8 月 20 日），因而在他于 1776 年 11 月称为最后日期的那个时间，又给赫茨写道："自从我们分别以来，以前我对哲学的各种对象逐一进行的研究获得了系统的形象，并逐渐地把我引导向整体的理念，这个理念使我首先有可能就各个部分的价值及其相互影响作出判断。**不过，阻碍所有这类工作的绊脚石，就是我称之为纯粹理性批判的东西，现在，我惟一进行的工作就是清除掉这个绊脚石，我希望，能在今冬全部完成**。"①

没有必要强调，我们即便在这里也听到完成的话，我们要想到完成的浓缩，这里仅仅涉及一种全部的完成。因为康德继续说道："现在缠着我的事情，无非就是要努力完全清晰地表述其中所包含的一切内容，因为我发现，人们自以为表述得极为流利、极为清晰的东西，倘若违背了鉴赏家们的习惯思维方式，也照样会被他们误解的。"

根据这一切，我们可以推论，纯粹理性批判的内在结束，即确定其本质性的思想内容，属于 1776 年 11 月之前的时间，因此，第二个时期，特别是这个时期的第二个阶段，就应当设定在这个时间，其第一个阶段上面已经在时间上可以划定界限了。

这个最终日期可以更精确地规定。因为在 1776 年 11 月，紧接着他声称相信自己已经确实占有了那个对象，因此目前需要做的不是把它想出来，而是把它写出来之后，他报告说："在我完成我现在才开始的这项工

---

① 《康德全集》，第Ⅹ卷，198 页。[参见《康德书信百封》，55 页。——译者注]

作［成书］之后，在**我只是在今年夏天才越过最后的障碍之后**，我为自己开辟出一片无主的旷野，对我来说，在这片旷野上耕作将只会是一种娱乐。”①

因此，依据上文，我们可以预设为很可能的是，在1776年夏天涉及的是对特别是1772年的问题的解决给康德的思维所呈现出的障碍的最终克服。因此，我们可以把这部著作的第二个发展时期的终点置于这段时间。

在1781年6月7日，康德给雷卡尔德写道：“中断这位杰出的人物［兰贝特］敦促于我，且对于我来说可能变得如此重要的书信往来，其原因在于：**我当时虽然开始阐明人们称之为形而上学的那种理性应用的本性**，对我来说也出现了我一直期望的不久就达到完全弄明白的新前景，此时我的思想的通报就一直拖下来了，直到我，**就在他令我痛心的辞世前不久，在其中豁然开朗，其结果是在《纯粹理性批判》中讲述的**。”②由于兰贝特在1777年9月25日辞世，所以我们从这个清晰地指示着理念发展结束的时间确定出发，会宁可说1777年夏天，而不说1776年夏天。稍后（1781年11月16日）致贝尔诺利的信对这种差异没有丝毫改变，在这封信中，在对1765—1769年的朦胧时期的内容描述之后说道：“1770［1769］年，我已经能够以确定的界限，完全清楚地把我们认识中的**感性**与**理智**的东西区分开来，对此，我把上述论文的要点……寄给了这位可敬的人物……。但在这时，我们认识中的**理智的东西的起源**——康德在1772年说理智认识的源泉——却给我造成了无法预见的新困难。我拖延的时间越长，这种拖延也就越有必要，直到这位杰出的人物出乎意料地与世长辞，我发现自己对如此重要的支持所寄予的一切希望也随之成为泡影为止。”③我们只有义务把这个不确定的日期与致雷卡尔德的信的更为确定的日期联系起来。

然而，重要的并不是从那种差异中产生的疑虑。康德在出自1781年的这些信中没有兴趣完全精确地确定日期，以至于1776年在结束后不久所写的那封信的固定的时间规定对于我们来说必定依然是规定性的。

---

① 《康德全集》，第Ⅹ卷，185页。［参见《康德书信百封》，51页。——译者注］

② 同上书，253～254页。

③ 同上书，259～260页。［参见《康德书信百封》，84页。——译者注］

据此，我们把：

II **理念的最终发展时期：**1769—1776 年，作如下划分：

第一个阶段：感性的东西与理智的东西的分离，1769—1771 年。

其代表是 1770 年的**教授就职论文**和**《感性和理性的界限》**这部作品的计划。

第二个阶段：理智的东西的起源，1771/1772—1776 年。

其中自 1771/1772 年，按照上面的阐述，其中《纯粹理性批判》已经以现在我们眼前的划分得以形成。

关于这第二个阶段的思想发展的进程，部分是哲学家的书信，部分是批判著作中的回顾，以及《批判》的学术内容与教授就职论文的一种比较和赫茨的出自 1771 年的说明文《从思辨的世俗智慧出发的沉思》，提供了一些材料。不过，对此的讨论属于这部著作的内在历史。

我们只需要还规定在第三也是最后一个时期，即这部著作**成书**时期的工作进程的外在资料。

此前，已经就我们通过哲学家的亲炙弟子和他本人所了解，以及从他的遗著草稿所能够推论，指出过他的工作习惯。

根据博罗夫斯基（Borowski）报道的牧师佐默尔（Sommer）的叙述，康德告诉过此人，《批判》的“草稿”主要是在“所谓的哲学走廊”形成的，如博罗夫斯基所补充，康德“当时经常在那里散步”。在这件轶事前面不远的地方①，博罗夫斯基关于“康德博学的著作的奠立和构思”的报道如下：“他首先在脑子里形成一般的草稿；然后，他更仔细地加工它们；他把自己在这里或者那里要插入或者要更详细说明的东西写在小纸条上，然后仅仅把这些小纸条附在那最初匆匆拟就的手稿上。一段时间之后，他对整体再次进行修订，然后像他总是写的那样誊写干净用于打印。后来他才使用他人誊写。”②

我们可以视之为这些报告的根本性的东西的，是康德习惯于马上书面记下他的思维的结果，并在这些草稿的基础上修订他的打印稿。而且我们可以把这种根本性的东西视为可靠的，尽管它并不属于——根据博

① L. F. 博罗夫斯基：《I. 康德的生平和品性的描述》，191～192 页，哥尼斯贝格，1804。

② 另一件这样的轶事见 R. B. 雅赫曼：《书信中描写的 I. 康德》，80 页，哥尼斯贝格，1804。

罗夫斯基的报告——由康德审定的描绘的语境。因为为我们保存下来的讲演提纲和遗著草稿绝对证实了这种习惯。

至于它们在这里也适用于《纯粹理性批判》的修订，我们可以从康德书信给我们提供的各种暗示中得出这一点。即便是没有上述报告，如果我们在康德 1765 年 12 月 31 日致兰贝特的信中读到，如出版商康特尔(Kanter) 从他那里获悉的那样，他也许将在次年复活节完成关于形而上学的独特方法的作品，他原想把这部作品因与自己的初衷依然相距甚远而再放一放，确切地说是因为他在写作它的进程中觉察到……①则我们依然可以推论到一种书面修订的开端。1771 年中，康德在整个冬天**翻阅了所有的资料**，对所有的东西进行了**筛选**、权衡和组合之后，忙于**详细地撰写**……《感性和理性的界限》这部作品，并且不久前实现了……这个计划。② 同样，康德在 1773 年对尼古拉说的话，指的是一个书面的草稿："**不过，我当下的工作**——正是按照其当时计划的《纯粹理性批判》——将使就职论文……不久就更多地受到关注。"③ 这一假定愈发可靠，是因康德在同一时间向赫茨报告说："在付出许多努力之后，对我来说，最简便易行的方法，莫过于利用**几乎已经写好的**、并非微不足道的作品来炫耀这个名字了。"④ 即便我们必须把这些工作仅仅与出自他此后不久想到的一个更容易且更令人愉快的领域，而不是与他还有时希望在复活节**完成**的⑤《批判》本身联系起来，我们却毕竟有义务把关于那些材料所说的话转用到《批判》本身。这样，康德就可以在 1776 年 11 月联系到《纯粹理性批判》而告知赫茨："我现在**手头**堆满了**材料**，让它们成书，可望给我带来一阵短暂的掌声……"⑥

我们可以根据这一切来假定，在 1776 年，后来这部著作的主导理念就已经找到了，范畴的推演及其在纯粹思维中以及在认识中与其对象的关系的基本思想，作为 1772 年的问题的解决，已经把握住了，著作的划分已经确定，其所计划的内容的某些根本性成分已经固定在书面材料中

① 《康德全集》，第Ⅹ卷，53 页。[参见《康德书信百封》，18 页。——译者注]

② 同上书，117 页。[参见《康德书信百封》，31 页。——译者注]

③ 同上书，136 页。

④ 同上书，137 页。[参见《康德书信百封》，40 页。——译者注]

⑤ 同上书，137 页。[参见《康德书信百封》，41 页。——译者注]

⑥ 同上书，185 页。[参见《康德书信百封》，51 页。——译者注] 参见 582 页。

了。当然，关于自1772年就在眼前的材料，直接地只能考虑自1776年夏天属于理念的最后扩展的东西，以及过去的笔记中通过这次改造依然未被触动的东西。据此，人们不可以假定**直接**可用的笔记储量很大。

我们在上面提到的1777年8月的消息中，找到了这部著作成书的第一个暗示，缠着康德的事情，“无非就是要努力完全清晰地表述其中所包含的一切内容”①。据此，对于这同一些自然应当有保留地理解的努力，我们也可以把康德的一个说明与它们联系起来，康德在6天后以这个说明向卡姆佩（J. H. Campe）论证，为什么他尚未兑现一个承诺：“有一项工作妨碍我实现做出某种……贡献的承诺，我在上封信中已经提到过它，我不能放下它，我在闲暇时的所有思想都用在它上面了。一旦我以此走**上一段平坦的道路**……”② 两个月后，康德给卡姆佩写信说：“在一段时间内，我将把其他工作推到一边，以便为您的《论坛》写点什么，并且尽早寄出去。”③ 促使康德写这封信的理由我们不了解。修订不无中断地一直持续到1778年4月。因为康德在此年4月5日给赫茨写信说：“传说我手头的作品已经印出了几个印张，这种消息的扩散真是太草率了。由于我不愿意强迫自己做什么……所以，许多其他工作也交织在这中间。不过，那部作品还得让位，可望在今年夏天完成。”④

然而，这个再次临近的日期却情况独特。因为康德令人惊讶地继续说：“把一部**只有几个印张的**作品向后推迟的原因，您将来会从事情和计划自身的本性出发……承认其有根据的，”并且进一步说明：“我相信，假如今年夏天我的健康状况还可以，那么，我就能够告诉公众这部早已许诺过的作品了”。

我们由此首先得出，成书即便在这个时间也无非是对完备存在并整理有序的材料的一种直截了当的加工，因此，工作很难说仅仅是为其他人澄清思想。在这种情况下，我们就要想一想，关于所计划的著作之篇幅的说明直到这个时候也未由康德给出。但是，我们也不能确定，康德1776年关于正式的科学及其划分的长篇大论几乎完全符合后来的鸿篇巨

---

① 《康德全集》，第Ⅹ卷，198页。[参见《康德书信百封》，55页。——译者注]

② 同上书，200页。

③ 同上书，203页。[参见《康德书信百封》，58页。——译者注] 参见210页。

④ 同上书，215页。[参见《康德书信百封》，60页。——译者注]

著，而且这封信对于该著之结束的日期规定暗指一部篇幅更大的作品。我们必须据此假定，暂时发生了对计划的一种减缩。关于这种减缩的理由和方式，我们所依赖的是不能以任何外在的资料为基础的猜测。

与此相反，对于尚未涉及一种直截了当的写作的假定来说，我们在5个月后（1778年8月28日）康德致赫茨的一封信中发现得到了证实。康德在这里回复了赫茨对他关于形而上学的讲演的一份笔记的请求："形而上学是我近几年来［自1776年以来?］如此改革的一门课程，以至于我担心，要想精确地从笔记中找出我的理念，即使对一个具有洞察力的头脑来说，也不是件容易的事。尽管在我看来，这种理念在课堂上是能够理解的，但是，由于它是由一个初学者来把握的，而且**与我从前的和通常采用的概念都相去甚远**，所以，要系统地、用概念的方式来表述这种理念，需要有像您这样聪慧的头脑。"① 当然，这些评论并不涉及纯粹理性批判，而是涉及关于整个形而上学的讲演。尽管如此，它们也使人清楚地认识，康德意识到，尚未达到让对于他和他人来说新颖的主导理念完全贯穿形而上学的具体阐述的程度。与此相反，标志着他的批判主义的理念自身似乎已经完全确定。

同时，我们发现一种向过去的观点的后退。因为在这里，与在1772年一样，因而与1776年不同，看起来纯粹理性批判依然归属于**道德**形而上学和自然形而上学，在导论性的正式科学之外对这两个部分的阐述的计划依然不变。然而，我们不可以把这种立场的变迁视为根本性的差异。康德在1772年以及在1778年的信中由以出发的观点把《批判》当做批判哲学的整体的根据，1776年的观点则使人认识到它的特性。而在1778年，则是联系决定着对整个形而上学的展望。因为康德继续说道："现在，我仍在孜孜不倦地研究这一部分世俗智慧［形而上学］，相信不久即可大功告成。如果我把这本书写出来，那么，由于计划的明晰性，任何一本这样的笔记都会变得完全可以理解"。要从这些话中推断出更多的东西，按照我们的原始材料的总体情况，似乎是靠不住的。说《纯粹理性批判》先期成书的思想被放弃了，这是不可能的，因此假定康德当时认真地计划对整个形而上学做一番简明扼要的阐述，也是不适宜的。他在

① 《康德全集》，第Ⅹ卷，224页。［参见《康德书信百封》，66页。——译者注］

后来（1783年）虽然也还回到他在1765年就已经暗示的“按照批判的原理，尽**可能以一本手册的简练**，为学术讲座撰写一部形而上学教程”① 的计划，但“仍在孜孜不倦”则明确地指向这里只是被设想为整体之部分的纯粹理性批判。

毋宁说，理念的系统塑形依然处在康德的工作的中心位置。两个月后，他虽然直接地、但无疑并非仅仅考虑到经验心理学而向赫茨说明：“然而，由于我的课程每年都有一些改进或者扩充，**尤其是**在属于一门科学范围的东西的系统的、应当说是**建筑术的形式和安排**上，所以，听众们要彼此帮忙，互相转抄笔记，也就不是件容易的事。”②

7个星期后康德在1778年12月15日致赫茨的信，对迄今所阐述的东西提供了进一步的证实。它向我们直接说明，形而上学演绎的基本思想已经找到，确切地说，显然不是不久前才找到了。“我转交的，”他写道，“是一份哲学全书讲座的笔记，因为也许能够在其中发现或者猜测出某种东西，可以有助于系统地理解纯粹的知性认识，只要这种认识确实起源于我们心中的**一个原则**”。这封信同时指出，可以说，康德的书面成书如之前自1772年以来那样，集中在批判上，而且现在特别集中在后来的先验分析论上：“不过，我依然希望，尤其能够为您搞到我的形而上学导论和本体论③的新讲课笔记，在这课堂上，远比过去更好地讨论了认知或者理性思维的本性，而且顺便提到了**我目前正在研究的东西**。”④

1778年12月离开哥尼斯贝格的克劳斯（Kraus），于1780年初在格廷根解释说，康德在自己的讲台上有一部著作，这部著作将使哲学家们大冒冷汗。⑤ 在这个联系中不重视这件轶事，是适当的。同样，对于我们的目的来说，恩格尔（J. J. Engel）的书信评论说的也不是人们已经如此之久地期望康德有一部形而上学和一部道德学了。⑥

关于《批判》的只是偶尔被打断的成书，我们从康德致恩格尔的一封日期为1779年7月4日，因而在上面引用的致赫茨的信之后几乎7个

① 《康德全集》，第Ⅹ卷，325页。[参见《康德书信百封》，95页。——译者注]

② 同上书，225页。[参见《康德书信百封》，68页。——译者注]

③ 参见《纯粹理性批判》，B 303。

④ 《康德全集》，第Ⅹ卷，228～229页。[参见《康德书信百封》，70页。——译者注]

⑤ J. 福格特：《Chr. J. 克劳斯教授生平》，见《克劳斯文集》，第Ⅷ卷，87页。

⑥ 《康德全集》，第Ⅹ卷，238页。

月所写的信中获悉了新东西。康德在这里说明，他不可以打断一项工作，这项工作使他长时间以来无法把在这期间**聚集起来**的其他反思成果写出来，而且他相信在圣诞节前完成这项工作。① 又是一个日期规定！与这个关于书面编辑之进程的说明相符合的，是几个月前哈曼在1779年5月17日向赫尔德（Herder）的通报，它虽然标题有错，却肯定是仅仅与《纯粹理性批判》相关的："康德刚刚着手写他的纯粹理性道德……"②

即便是1779年的圣诞节，也没有带来康德所期待的结束。在1780年6月26日，"长时间以来没有见过"康德的哈曼告诉赫尔德，如他所知，他不久前所拜访的康德还一直在忙于自己的健康理性和形而上学道德(!)，而且对自己的延误有点感觉太好，因为这种延误有助于自己的意图的完善。③ 在8月13日，他向赫尔德报告："康德想在米迦勒节④完成他的纯粹理性批判。"⑤ 很可能，记在一封日期为1780年1月20日的信上的范畴演绎草稿⑥，属于这年年初。

毋宁说，这部著作的成书一直拖到1780年年底，也许是1781年年初。在1789年9月9日，哈曼介绍的哈特克诺赫（Hartknoch）⑦ 的出版动议用语如下："我从哈曼先生那里听说，您已经把《纯粹理性批判》的修订差不多誊清了……"⑧ 而在1780年10月15日，在康德于该月11日接受了动议之后，哈特克诺赫写道：他"请求稿子一旦**完成**或者至少大部分誊清就寄出"⑨。因此，康德大概是在稿子完成之前就让人开始誊抄的，对此附录可以比较，而稿子的完成在1780年10月中旬看来尚未实现。这部著作给策德利茨（Zedlitz）的献词的日期是1781年3月29日，前言如后来所知是在1781年4月完成的。

根据前面所说得出一种印象，这部著作的成书尽管有某些中断和有内在条件的延迟，毕竟在根本上不断地从1776年年底一直拖到1781年年

① 《康德全集》，第Ⅹ卷，239页。[参见《康德书信百封》，74页。——译者注]

② 《哈曼文集》，第Ⅵ卷，83页。

③ 同上书，145、148页。

④ 9月29日。——译者注

⑤ O.霍夫曼：《赫尔德致哈曼书信集》，260页，1889。

⑥ R.雷克：《康德遗著散页》，第Ⅰ卷，113页，哥尼斯贝格，1889。

⑦ 《哈曼文集》，第Ⅵ卷，160～161、171页。

⑧ 《康德全集》，第Ⅹ卷，243页。

⑨ 同上书，245页。

初，特别是在1778年8月和最终日期之间，没有出现加工的明显变化。

然而，这两个假定没有一个是符合实际的。

首先，康德在1781年的前言中提到："我觉得，实例和说明始终是必要的，因此它们也确实在最初的构思中恰如其分地获得了其位置。但是，我马上就发现了我将要处理的课题之庞大和对象之繁多；而既然我觉察到，这些东西单是用枯燥的、纯然**经院派的**陈述就已经足以会使这本书膨胀了，所以我认为，用那些仅仅在**大众化**方面有必要的实例和说明来使这本书更加臃肿，实为不可取……"康德把一个说明置于这些话前面："在我的工作的进展中，我几乎一直犹豫不决，不知道应当如何对待这一点[具体的实例和其他说明]。"为了把两个表述统一起来，我们可以这样来理解后者，即作出这样的说明的动力依然在继续。因为康德在1783年写信给门德尔松说："尽管我并不缺少说明任何一个难点的手段，但是，在写作的过程中，我却**不断地**感到与清晰性同样互相矛盾的负担，感到展开了的广阔性打断了联系，因此，我放弃了这种说明……"①

据此，我们至少要区分开两个草稿，其中前者，即更为详细的草稿很快就中断了。

关于这"第一个"草稿的时间可以说什么，要求探讨专门描述这部著作成书的第二个因素。

1783年，康德写信给伽尔韦说：材料的储备是适合他的作品迅速地受欢迎的目的的，他历经12年多精心思索这些材料，但却没有把这些材料加工得足够适应普遍的可理解性。要达到这个目的，大概还需要几年时间，而他与此相反，是在**约四五个月的时间里完成它的**。② 而稍后，在上面已引用的信中，他向门德尔松报告："**我在大约4～5个月的时间内**，把至少12年期间的思索成果**撰写成书**，这简直是飞速。在这期间，我虽然极度注意内容，但在行文以及使读者易于理解方面，却没有花费多少气力。"③

按照以上阐述，不言而喻，甚至无需任何证据也不言而喻，在这些话里思索和撰写成书之间的对立不可以这样来诠释，就好像康德没有任

① 《康德全集》，第Ⅹ卷，323页。[参见《康德书信百封》，93页。——译者注]

② 同上书，316页。[参见《康德书信百封》，87页。——译者注]

③ 同上书，323页。[参见《康德书信百封》，93页。——译者注]

何书面材料而在大约5个月里写下第一版的856页书似的。因此，这可能仅仅涉及这种著作的最后编辑，涉及对长时间以来，特别是自1776年以来，除其他材料之外专门为《纯粹理性批判》积累的书面材料进行的修订性的、压缩性的和扩充性的编辑。反复说完成，也暗示着这一点。这时，无疑有某些东西是飞速地改写的，以至于在最后时刻才获得其最终的措辞。据此，康德在1781年6月8日致比斯特尔（Biester）的信中的说明就应当这样理解，而不是按字面来理解："这部著作是我……在很短的时间里**用现在的形式写成的**；因此，有时会遗留下一些疏忽或者仓促的文笔，有时会留下一些晦涩难懂的东西。"①

我们可以把这次最后的编辑确定在1780年的下半年和1781年的年初。这几个月最为接近；我们出自那段时间的书信资料就指示着这几个月；它们看来也是由上面最后引用的两封信中的时间规定说明的。因为康德就12年而言只能把1769年算作初始日期，并且暗示，最后的编辑以这段反思的间隙为前提条件。

上面提到的第一草稿，就落在这个最后的编辑之前，因而大约在1780年年中之前。是否在此之前不久，这取决于我们有什么权利把那次编辑视为**第二次编辑**。我们没有充分的材料对此作出裁定。一种简短阐述的计划，如我们所看到，出现在1778年4月，可能的话还在此年的8月确定，指示着还有一个草稿。但是，康德在前言的那个表述中是否回想那么远，依然是有疑问的。当然，他在1779年年初给赫茨写信说："一段时间以来，在一些闲暇之时，我总在考虑各门一般科学中的通俗性的基本原理（在那些能够使用通俗性的科学中，这是不难理解的，因为数学并不是这样的科学），尤其是哲学中的通俗性的基本原理，并且相信，从这个观点出发，不仅可以规定另一种选择，而且可以规定另一种秩序，不同于毕竟总是作为基础的学院派方法所要求的。"② 但是，这些反思带有一种普遍的品性，而且不是说、也根本没有必要假定，它们出自《纯粹理性批判》的一个贯穿着实例的草稿的失败尝试。把上述第一草稿确定在1778年左右的时间，这依然是可能的，但更可能的是把它归给1780年年初。不过，对这个问题做出裁定没有任何意义。

---

① 《康德全集》，第Ⅹ卷，255页。[参见《康德书信百封》，80页。——译者注]

② 同上书，230页。[参见《康德书信百封》，71页。——译者注]

据此，我们可以有把握地假定，康德在1777年8月前开始把《纯粹理性批判》写成书，其主导理念是自1776年以来就确定的，而很可能这部著作的第一版的最终编辑是在从1780年年中到1781年年初这段时间。

这部著作的开印有点延迟①，很难是在1780年年底前开始的。康德大概是与哈曼同时在1781年4月6日得到前29印张校样的。② 在哈勒的格鲁内特（Grunert）那里指导印刷的施柏纳（Spener）③ 于4月8日就已经从柏林寄出了第31～47印张，并告知整部著作达55印张。④ 剩余的部分看来迟到了，这没有康德的过错⑤，即使康德看到了校样。⑥ 既然康德在前言的结尾提到，他只看到大约一半校样，其中他发现379页有一处把意思搞混的印刷错误⑦，所以，这个说明就只能与前29个印张相关。因此，这个说明必定是在1781年4月6—28日之间写下的。据此，前言就是在这个时间里完成的。

前面的阐述在根本上是依据康德的“书信往来”提供的丰富材料。在判断过去关于《纯粹理性批判》的历史的讨论结果时，应当考虑到这些材料。我从这些讨论中得益良多，即便是在我不得不背离它们的地方。

---

① 《康德全集》，第Ⅳ卷，14页。

② 《康德全集》，第Ⅹ卷，250页；《哈曼文集》，第Ⅵ卷，178页。

③ 同上书，244、245、249页；《哈曼文集》，第Ⅵ卷，178～179页。

④ 同上书，248页；基尔德迈斯特：《J.G.哈曼的生平和著作》，第Ⅱ卷，367～368页。

⑤ 《哈曼文集》，第Ⅵ卷，179～180、189、192、197、201、204、205、215页；基尔德迈斯特：《J.G.哈曼的生平和著作》，第Ⅱ卷，353、367～368页。

⑥ 基尔德迈斯特：《J.G.哈曼的生平和著作》，第Ⅱ卷，409页。

⑦ 参见致比斯特尔的信，《康德全集》，第Ⅹ卷，255页。[参见《康德书信百封》，80页。——译者注]

科学院版《纯粹理性批判》第二版编者导言

本诺・埃德曼（Benno Erdmann）

康德在新的、最终的修订版的前言中，开诚布公地谈到在他修改第一版时引导他的根据和目标，以及这番修改的规模和意义。

根据康德的猜测，出版商［在1786年4月初之前］就已经把这本书的全部印量销售一空了。他的催促为新的修订提供了契机。①

康德在写下这几行字的时间里，忙于构思这件工作。②

关于这番构思的内容，我们只知道，康德在根本之处不打算做任何改变，因为他在把这些东西形成文字之前，已经对它们进行了足够长时间的通盘考虑，在此之后又对属于这个体系的所有命题反复进行过整理和审查，但发现它们在任何时候，无论是独立存在，还是在与整体的关系中，都是合适的。关于修改的规模，他的说明是：许多东西要减缩，与此相反要附加上一些有助于更好地说明的新东西。他在这里把正在构思其阐述的新版本称为一个**修改颇多**的版本，并且最终宣布，它不久之后（大约在半年之后）就将会问世。

然而，康德在1786年3月底就已经从事的这项工作③，其结束却不像他当时所假定的那样临近。他在同年4月23日第一次成为大学校长④，这件范围广泛的学术事务……如他5月26日写信告诉雅各布（Jakob）的那样，令他恼火的是夺去了他从事这项工作的几乎所有时间。⑤ 尽管如此，他也在这些日子里把零碎的时间用来处理《批判》的第二版，以及

① 据康德1786年4月7日致约翰・贝林的信，《康德全集》，第Ⅹ卷，418页。［参见《康德书信百封》，104～105页。——译者注］

② “如果我能够像现在所构思的那样完成这件工作……”。

③ 哈曼在1786年3月25日写信告诉雅各比：“康德现在忙于他的《批判》的一个新版本。”（《F. H. 雅各比著作集》，第Ⅳ／3卷，188页）

④ 这里指出克劳斯于1786年3月19日和21日致康德的两封信（《康德全集》，第Ⅹ卷，410页以下）以及哈曼于1786年3月25日和4月23日致雅各比的两封信（《F. H. 雅各比著作集》，第Ⅳ／3卷，188、207页）就够了。

⑤ 《康德全集》，第Ⅹ卷，427页。

澄清其误解造成迄今所有指责的那些部分。

在致许茨（Schütz）的一封雷克（Reicke）为其注上日期（5 月 26 日）的信中，康德似乎也对许茨预告了第二版的出版。在 9 月 24 日的一封信中，他不得不如此远远地退回到这个点上，以至于许茨在 11 月 3 日回复说："关于您的《批判》的新版本，我相信它已经有了预告。因此，请原谅我事务繁多，以至于没有通报这个对我也和对许多人来说感兴趣的新闻；但现在，我很快就给印刷厂寄去了简讯。"① 这个简讯登在 11 月 21 日由许茨和胡弗兰德（Hufeland）编审的《文汇报》（第 276 期）的"短消息"栏目上。它的内容是："哥尼斯贝格的康德先生在处理他的《纯粹理性批判》的第二版，它应当在下一个复活节出版。在这个第二版中，他虽然经过极其苛刻的审查和对迄今向他提出的所有提醒的利用而认为在根本之处没有必要改动，但有些地方在阐述上有所改动，他希望对阐述的改进，使得它通过解除误会而比所有的反驳（他反正没有时间理它们）都更好地和更持久地消除迄今的困难和预防未来的困难，并在第二版中给在第一版中所包含的**纯粹思辨理性批判**附加上一个**纯粹实践理性批判**②，它同样有助于面对已有的或者将有的指责来确保道德性的原则，并完成必须先行于纯粹理性哲学体系的批判研究的整体。"

毫无疑问，这个简讯的内容回溯到康德的一次通报，或者是通过康德在 5 月或 9 月的信，或者是通过两封信；其措辞甚至极有可能是康德两次表述的综合。

从肯定是康德关于第二版是一个有些地方改进了的、与该版的标题说明相一致的版本的称谓中，可以推论出，康德当时已经综观了改动的根本性内容。如果上述简讯的最后部分精确符合康德的表述这一点没有疑问，那么就会得出，康德在致许茨的这几封信的时间里，因而也许还在 1786 年的 9 月里，又重拾了旧计划，即用关于作为其姊妹篇③的**实践理性批判**的阐述来补充**纯粹理性批判**。因为在 1787 年 6 月 25 日，康德就已经给许茨写信说，他的**《实践理性批判》已经大功告成，他打算下星**

① 《康德全集》，第Ⅹ卷，445～446 页。

② 参见第一版前言（《康德全集》，第Ⅳ卷，13～14 页），以及我的《关于康德的〈导论〉的历史学研究》，哈勒，1904 年，58～59、60～61、62～63、76～77 页。

③ 《康德全集》，第Ⅹ卷，418 页。[参见《康德书信百封》，105 页。——译者注]

期把它寄往哈勒付印。① 然而，就连这个假定也是不可靠的。因为康德在上面引用的那段话接着说："这本书［《实践理性批判》］要比与费德尔（Feder）和阿贝尔（Abel）的所有争论……都更好地证明和解释我通过纯粹实践理性所做的补充以及这种补充的可能性，这些东西是我过去拒绝给予思辨理性的。正是这一点，成为激怒那些人物的真正原因……"据此，康德实际上已有了计划，并把它暗示给自己的学生许茨，即为了用实践理性批判的肯定来补充纯粹理性批判的否定而把尽管普遍地讲述但却特别是针对费德尔和阿贝尔的批判讨论附在他的代表作上；这样一来，就从所引用的话中同时得出，他为什么放弃了这个计划。

这样的补充性说明的计划如果确实存在，则在多大程度上获得较为固定的形态，我们不得而知。很可能，康德想把它们附在这部著作的最后一章。差不多肯定的是，这个意图在 1787 年年初就已经放弃了。因为哈曼在 1787 年 1 月 30 日向雅各比（Jacobi）报告说，他在这年的第一次出行时也拜访了康德，"他正在忙于《批判》的新版本，而且抱怨难弄"。他还补充说："此后一星期脱稿了。"② 这个简讯像哈曼的许多偶尔书信报告一样并不精确。如果我们假定它的最后说明是基于可靠的消息，那么就得出，书稿在 1787 年年初就已经如此完成，以至于可以开印了③，确切地说是对于有根本性改动的部分在誊清之后，如果康德对前言的偶尔提及④可以像可能的那样沿用到其余较大的修改的话。

书稿在 1787 年 1 月至少没有完全完成。因为哈曼在 1787 年 3 月 15 日向雅各比报告说："康德在努力地忙于他的《批判》的新版本的一篇篇幅很大的前言。"⑤ 这个前言从一切迹象来看只是在 1787 年 4 月才完稿。不过，新版本的绝大部分必定在当时就已经就绪了，因为康德在 1787 年 6 月 25 日致许茨的信中说，许茨已经通过哈勒的格鲁内特得到了第二版的一本样书。⑥

---

① 《康德全集》，第Ⅹ卷，467 页。［参见《康德书信百封》，107 页。——译者注］

② 基尔德迈斯特：《J. G. 哈曼的生平和著作》，第Ⅴ卷，452 页。

③ 参见许茨在 1787 年 3 月 23 日致康德的信："一旦印刷结束。"（《康德全集》，第Ⅹ卷，456 页）

④ 《康德全集》，第Ⅹ卷，466 页。［参见《康德书信百封》，106 页。——译者注］

⑤ 基尔德迈斯特：《J. G. 哈曼的生平和著作》，第Ⅴ卷，466 页。

⑥ 《康德全集》，第Ⅹ卷，466 页。［参见《康德书信百封》，106 页。——译者注］

※　　　※　　　※

康德在第二版前言中关于两个版本的关系的详细说明并不非常仔细。

且不说扉页上的添加，附上了一段格言，在给策德利茨的附信中作了更改，还有应归于新版的语言上的变化，他认为设想日益减少地贯穿这部著作的小小文风变化是多余的。他同样认为没有必要提及扩大了“论纯粹的知性概念或者范畴”这一章的精细考察的第一个（第 11 节）和对古人的先验哲学中的一个重要部分的解释（第 12 节）；同样没有必要列举少数简短的说明性注释，其最后一个还出现在先验辩证论的第二卷中。他也没有指出他对这部著作的导论所做的插入性的、扩展性的改写；同样没有提及第一版的前言被取消。

然而，改动的根本性内容包括改写的前言和大大扩写的导论，直到“纯粹理性的谬误推理”由康德标出的结尾（A 405；B 432）。

题词

B II

BACO DEVERULAMIO

Instauratio magna. Praefatio

De nobis ipsis silemus: De re autem, quae agitur, petimus: ut homines eam non opinionem, sed opus esse cogitent; ac pro certo habeant, non sectae nos alicuius, aut placiti, sed utilitatis et amplitudinis humanae fundamenta moliri. Deinde ut suis commodis aequi——in commune consulant——et ipsi in partem veniant. Praeterea ut bene sperent, neque instaurationem nostam ut quiddam infinitum et ultra mortale fingant, et animo concipiant; cum revera sit infiniti erroris finis et terminus legitimus.

《伟大的复兴》序言

维鲁兰姆的培根

我们不谈我们自己。但关于这里讨论的事情，我们却希望人们考虑到它不是意见，而是事业；而且确信我们不是在为某个学派或者观点、而是在为人类的福利和威望奠定基础。其次，希望正直的人们在方便的时候——为公共事务考虑——参与此事。此外，就像大家都殷切期望的那样，不要把我们的复兴想象成某种无限的、超越人间的事情，要诚心诚意地接受它；因为它确实是无限谬误的终结和正当的界限。①

① 本题词为第二版所加。——译者注

献词

献给

王家国务大臣

策德利茨男爵阁下

AⅣ **先生！**

BⅤ 尽自己的职分促进科学的发展，也就是为**阁下**您自己的旨趣而工作；因为后者与科学密切相关，不仅是由于一个保护者的崇高地位，而且还由于一个爱好者和明察秋毫的行家更亲密得多的关系。因此，我也利用自己在某种程度上力所能及的手段，表示我的感激之情；**阁下**慷慨的信
AⅤ 赖赐我以荣耀，就好像我真能为此目的作出某种贡献似的。

BⅥ **阁下**曾对本书第一版慷慨予以关注，如今我也将第二版，同时以此
AⅥ 将我著述使命的其余所有事务呈献给这种关注。谨致深深的敬意。[1]

阁下恭顺的仆人伊曼努尔·康德
哥尼斯贝格
1787年4月23日[2]

---

① 这段话为第二版新添，并取代了第一版中以下两段话：

喜欢过思辨的生活者，惟愿一位开明练达的法官的赞许是其用途虽然遥远而完全不为常人所识、但却甚大的那些努力的一种强有力的鼓励。

我如今把这部著作呈献给这样一位法官，呈献给他的慷慨的关注，并将我著述使命的其余所
AⅥ 有事务呈献给他的庇护。谨致深深的敬意。——译者注

② 第一版的日期为“1781年3月29日”。——译者注

第一版前言①

A Ⅶ

人类理性在其知识的某一门类中有如下特殊的命运：它为种种问题所烦扰，却无法摆脱这些问题，因为它们是由理性自身的本性向它提出的，但它也无法回答它们，因为它们超越了人类理性的一切能力。

人类理性陷入这种窘境，却并非它自己之过。它是从其运用在经验的进程中不可避免、同时又通过经验得到证明的那些原理开始的。凭借这些原理，它（正如它的本性导致的那样）越升越高，达到更遥远的条件。A Ⅷ 但由于它发现，以这种方式它的工作必然因这些问题永远无休无止而在任何时候都还是未完成的，所以它看到自己不得不求助于一些原理，这些原理超越一切可能的经验应用，尽管如此却显得如此无可怀疑，以至于就连普通的人类理性也对此表示赞同。但这样一来，它就跌入了黑暗与矛盾，它虽然从这黑暗和矛盾得知，必定在某个地方有某些隐秘的错误作为基础，但它却不能揭示这些错误，因为它所使用的原理既然超越了一切经验的界限，就不再承认经验的试金石。这些无休无止的争吵的战场，就叫做**形而上学**。

曾经有一段时间，形而上学被称为一切科学的**女王**，而且如果把意志当做事实，那么它由于自己对象的出色的重要性，自然配得上这一尊号。现在，时代的流行口吻导致对它表现出一切轻视，这位老妇遭到驱赶和遗弃，像赫卡柏一样抱怨道：modo maxima rerum，tot generis A Ⅸ natisque potens-nunc trahor exul，inops-Ovid. Metam［不久前我还是万物之首，因子婿众多而君临天下，而今却被放逐，一无所有。——奥维德：《变形记》］。

最初，形而上学的统治在**独断论者**的管辖下是**专制的**。然而，由于立法还带有古代野蛮的痕迹，所以它就由于内战而逐渐地蜕化成完全的**无政府状态**，而**怀疑论者**，即一种游牧民，憎恶地面的一切常设

① 这个前言在第二版中被删去了。——译者注

建筑，便时时来拆毁市民的联合。但幸好他们人数不多，所以他们不能阻止独断论者一再试图又重新建立这种联合，尽管这种重建并不是按照在他们中间意见一致的计划。在近代，虽然一度看起来好像通过（由著名的**洛克**提出的）人类知性的某种**自然学**已经结束了这一切争论，并完全确定了那些要求的合法性；但人们发现的却是，尽管那位所谓的女王的出生乃来自平常经验的贱民，因而她的非分要求必然理应受到怀疑，但由于这个**血统**事实上是虚假地为她捏造的，所以她还一再坚持她
AⅩ 的要求，由此一切都又堕入陈旧的、腐朽的**独断论**，并由此堕入人们曾想使这门科学摆脱的那种蔑视。如今，在一切道路（正如人们所相信的那样）都徒劳地尝试过之后，厌倦和完全的**冷淡**这个混乱和黑夜之母在诸科学中占了统治地位，但同时，在诸科学由于错用勤奋而变得模糊、混乱和不适用的时候，毕竟还有其临近改造和澄清的源泉，至少是有其序幕。

也就是说，想就这样的研究而言装做**无所谓**是徒劳的，这些研究的对象对于人类本性来说不可能是无所谓的。那些假装出来的**冷淡主义者**，无论他们如何想通过把学院语言变化为大众化的口吻来使自己无法辨认，只要他们在某个地方思维某物，他们就不可避免地回归到他们曾装做极为蔑视的那些形而上学主张上去。然而，这种在一切科学的繁荣当中发
AⅪ 生、并恰好涉及这样一些知识——诸如此类的知识一旦能够被拥有，在所有的知识中人们就最不会放弃它们——的这种无所谓，毕竟是值得注意和深思的一种现象。它显然不是轻率的结果，而是时代成熟的**判断力**①的结果，这个时代不能再被虚假的知识拖后腿了；它是对理性的一种敦请，要求它重新接过它的所有工作中最困难的工作，即自我认识的工作，
AⅫ 并任命一个法庭，这个法庭将在其合法要求方面保障理性，但与此相反，

---

① 人们时而听到对我们时代的思维方式的肤浅和缜密科学的衰落的抱怨。但我却看不出那些根深蒂固的科学，例如数学和自然学说等等，有丝毫应受这种责备之处，相反，它们维护了缜密性的古老荣誉，而在自然学说中甚至有过之而无不及。现在，同一种精神也要在另一些知识门类中证明其有效用，只要首先留意纠正其原则。在缺乏这种纠正时，冷淡、怀疑、最后还有严格的批判，反倒是缜密的思维方式的**证明**。我们的时代是真正的批判时代，一切都必须经受这种批判。通常，**宗教**凭借其**神圣**，**立法**凭借其**威严**，想要逃脱批判。但在这种情况下，它们就激起了对自身的正当怀疑，并无法要求获得不加伪饰的敬重，理性只把这种敬重给予能够经得起它的自由的和公开的检验的东西。（本书康德作品未注明译者注或科学院版编者注的，均为康德本人所作的注释。以下不一一注明。）

对于一切无根据的非法要求，则能够不是通过权势压人的命令，而是按照理性永恒的和不变的法则来处理之；而这个法庭就是**纯粹理性的批判**本身。

但是，我所理解的批判，并不是对某些书和体系的批判，而是就其**独立于一切经验**能够追求的一切知识而言对一般理性能力的批判，因而是对一般形而上学的可能性或者不可能性的裁决，对它的起源、范围和界限加以规定，但这一切都是出自原则。

现在，我已经走上这条惟一留下的道路，我自诩在这条道路上已经找到了消除迄今使理性在脱离经验的应用中与自身分裂的一切谬误的办法。我绝没有借口人类理性的无能而回避理性的种种问题；相反，我根据原则将它们一一列举，并且在我揭示出理性对它自身的误解之点之后，对它们作出使理性完全满意的解决。虽然对那些问题的 A XIII
回答根本不像独断地狂热的求知欲所可能期望的那样；因为除了我不擅长的魔术之外，没有别的办法使它满意。然而，这也不曾是我们理性的自然规定的意图，哲学的义务曾经是消除源自误解的幻觉，哪怕此际还有诸多备受赞扬和喜爱的妄想破灭。在这项研究中，我使详尽性成为我的重大关注对象，我斗胆说，没有任何一个形而上学问题在这里没有得到解决，或者没有至少为其解决提供了钥匙。事实上，就连纯粹理性也是一个如此完善的统一体，以至于只要它的原则对于通过它的本性给它提出的所有问题中的任何一个是不充分的，人们就至少会把它抛弃掉，因为在这种情况下，它也就不能以完全的可靠性来胜任其余问题中的任何一个了。

在我说这些话的时候，我相信可以在读者脸上看到对表面上如此大言不惭和过分的要求的一种混有轻蔑的不满；尽管如此，比起伪称要在
其最普通的规划中证明**灵魂**的简单本性、或者证明最初的**世界开端**的必 A XIV
然性的任何一个作者的要求来，上述要求都是无比温和的。因为这种作者自告奋勇地要把人类知识扩展到可能经验的一切界限之外，对此我谦卑地承认，这完全超出了我的能力；相反，我只能够与理性本身及其纯粹思维打交道，对其详尽的知识我不可以远离我自己去寻找，因为我在我自身中发现了它们，而且也已经有普通逻辑给我提供了这方面的例子，即它的一切简单的活动都可以完备且系统地列举出来；只是这里提出了

一个问题，即如果我去掉经验的一切素材和支持，我凭借它可以希望有多少建树。

关于在达到**每一个**目的时的**完备性**，连同在达到**一切**目的时的**详尽性**，就说到这里。它们并非一种任意的决心，而是知识本身的本性作为我们的批判研究的题材交付给我们的任务。

A XV 还有**确定性**和**明晰性**这两项，它们涉及这种研究的**形式**，应当被视为人们可以正当地对敢于从事一项如此难以把握的工作的作者提出的本质性要求。

至于**确定性**，我曾经对我自己说出过如下判断：在这类考察中，无论如何都不允许有所**意见**，一切在其中看起来类似于一种假说的东西都是禁品，即便是以最低廉的价格也不得出售，而是一经发现就必须予以封存。因为每一种应当先天地确定的知识都自身预示着，它要被视为绝对必然的，而所有纯粹先天知识的规定则更有甚者，它应当是一切不容争辩的（哲学的）确定性的准绳，从而甚至是其范例。现在，我在这里是否已经做到我自告奋勇地要做的事情，这完全听凭读者去判断，因为作者应做的只是展示根据，而不是对这些根据在审判者那里的效用作出
A XVI 判断。但是，为了不至于有某种东西无辜地成为削弱这些根据的原因，倒也可以允许作者对那些有可能引起一些猜疑的地方，即便它们只是涉及附带的目的，也自己作出说明，以便及时地防止读者在这一点上哪怕只是极小的疑虑就会对其就主要目的而言的判断所造成的影响。

对于探究我们称之为知性的能力、同时规定其应用的规则和界限来说，我不知道还有什么研究比我在题为**纯粹知性概念的演绎**的先验分析论第二章中所作出的研究更为重要的了；这些研究也使我花费了最多的精力，我希望这些精力不会没有回报。但是，这一颇具深度的考察具有两个方面。一个方面与纯粹知性的对象相关，应当阐明和解释知性的先天概念的客观有效性；正因为此，它也在本质上属于我的目的。另一个方面则旨在考察纯粹知性本身，探讨它的可能性和它本身所依据的种种认识能力，因而是在主观的关系中考察它；而即使这种讨论就我的主要
A XVII 目的而言极为重要，但它毕竟并不在本质上属于我的主要目的，因为主要的问题始终依然是：知性和理性脱离开一切经验能够认识什么、认识

多少？而不是：**思维的能力**自身是如何可能的？既然后者仿佛是为一个被给予的结果寻找原因，就此而言本身具有某种类似于一个假说的东西（尽管如我在别的地方将指出的那样，事实上并不是这回事），所以看起来这里的情况是：既然我允许自己有所**意见**，我也就不得不听凭读者另外有所**意见**。鉴于这一点，我必须预先提醒读者：即使我的主观演绎在读者那里并未产生我所期待的全部说服力，我在这里主要关注的客观演绎却毕竟会获得其全部的力度，必要时单是第92～93页所说的东西就足以能够做到这一点了。

最后，就**明晰性**而言，读者有权利首先要求**凭借概念**的**推论的**（逻辑的）**明晰性**，但然后也有权利要求**凭借直观**的、亦即凭借具体的实例 A XVIII
和其他说明的**直觉的**（感性的）**明晰性**。对于前一种要求来说，我已给予充分的关注。这涉及我的计划的本质，但却也是我没有充分满足第二种尽管不那么严格、但毕竟合情合理的要求的偶然原因。在我的工作的进展中，我几乎一直犹豫不决，不知道应当如何对待这一点。我觉得，实例和说明始终是必要的，因此它们也确实在最初的构思中恰如其分地获得了其位置。但是，我马上就发现了我将要处理的课题之庞大和对象之繁多；而既然我觉察到，这些东西单是用枯燥的、纯然**经院派的**陈述就已经足以会使这本书膨胀了，所以我认为，用那些仅仅在**大众化**方面有必要的实例和说明来使这本书更加臃肿，实为不可取，尤其是这本书绝不可能适合大众化的应用，而真正的科学行家又不那么必需这种简便，尽管这种简便在任何时候都是受人欢迎的，但在这里却甚至可能引起某种有悖目的的东西来。虽然修道院院长**特拉松**说道：如果人们不是按照 A XIX
页数、而是按照人们理解它所必需的时间来衡量一部书的篇幅的话，关于某些书人们就可以说：**如果它不是如此简短的话，它就会更为简短得多**。但另一方面，如果人们把自己的意图指向思辨知识的一个详尽的、但尽管如此却在一个原则中互有关联的整体的可理解性的话，人们就能够同样有正当权利说：**某些书如果不应当如此明晰的话，它就会更为明晰得多**。因为明晰性的辅助手段虽然**在各个部分中**有所助益，但却往往在**整体上**分散精力，因为它们不能足够快地使读者达到对整体的概观，并且凭借其所有鲜亮的色彩粘住了体系的关节或者骨架，使它们面目全非，但为了能够对体系的统一性和优异性作出判断，最关键的就是这骨架。

我觉得，如果作者有希望按照所提出的构想完整地并且持之以恒地完成一部庞大而且重要的著作的话，这可能会对读者形成不小的诱
A XX 惑，去将读者的努力与作者的努力结合起来。如今，形而上学按照我们在这里将给予的概念，是所有科学中惟一一门可以许诺这样一种完成的科学，而且在短时间内只需花费少许力气、但却是联合起来的力气来完成它，以至于除了在**教学法的**风格上按照自己的意图来安排一切、并不因此就能对内容有丝毫增加之外，不再给后世留下任何东西。因为这无非是通过**纯粹理性**系统地整理出来的我们所有财产的**清单**罢了。在这里，我们不会忽略任何东西，因为理性完全从自身创造的东西，都不可能隐匿自己，而是只要人们揭示了它们的共同原则，它们本身就会被理性带到光天化日之下。这类知识出自真正的概念，任何出自经验的东西、或者哪怕只是应当导向确定的经验的**特殊**直观，都不能对它有什么影响，使它扩展和增加，其完全的统一性使得这种无条件的完备性不仅是可行的，而且是必然的。Tecum habita et noris，quam sit tibi curta supellex. Persius. [自己住吧，你将知道你的陈设是多么的简陋。——佩尔修]

A XXI 我希望在**自然的形而上学**这个标题自身下面提供出纯粹（思辨）理性的这样一个体系，它比起这里的批判来虽然篇幅尚不及一半，但却应当具有丰富得多的内容；这里的批判必须首先阐明其可能性的来源和条件，并且必须清理和平整杂草丛生的地基。在这里，我期待于我的读者的是一个**审判者**的耐心和公正，而在那里期待的则是一个**助手**的顺从和支持；因为即便体系的**所有原则**都在批判中得到完备的陈述，属于体系本身的详尽性的毕竟还有：不可缺少任何**派生出来的**概念。人们不能先天地估算这些概念，相反，它们必须逐步地寻找出来；同样，既然在那里已经穷尽了概念的全部**综合**，所以在这里就额外要求在**分析**方面也做到这一点，这一切是轻而易举的，与其说是工作，倒不如说是消遣。

就印刷而言，我还必须作出少许说明。由于开印有点延迟，所以
A XXII 我只能看到大约一半校样，其中我虽然发现了一些印刷错误，但它们并未把意思搞混，只有出现在379页倒数第4行的一处错误，**怀疑的**

应改为**特殊的**。从 425 页到 461 页，纯粹理性的二论背反是按照列表的方式排列的，即凡是属于**正论**的都排在左边，凡是属于**反论**的都排在右边。我之所以这样安排，乃是为了更便于将命题和反命题相互比较。

BⅦ

第二版前言

对属于理性工作的知识所做的探讨是否在一门科学的可靠道路上进行，很快就可以从结果出发作出评判。如果这种探讨在作出许多部署和准备之后，一旦要达到目的就陷入停滞，或者，为了达到目的而常常不得不重新返回、选择另一条道路；此外，如果不可能使不同的合作者就为实现共同的目的所应当采取的方式取得一致；那么，人们就总是可以确信，这样一种研究还远远没有选取一门科学的可靠道路，而只是在来回摸索。而尽可能地找到这条道路，哪怕是不得不把事先未加思索就接受的目的所包含的某些东西当做徒劳无益的而予以放弃，也已经是为理性立下功劳了。

BⅧ 至于逻辑学自古以来就已经走上这条可靠的道路，这从以下事实就可以看出：自**亚里士多德**以来，如果人们不愿意把例如删除一些多余的细节或者对讲述的东西作出更清晰的规定当做改善归于它的话，那么，逻辑学是不曾允许后退一步的；而上述事情与其说属于这门科学的可靠性，倒不如说属于它的修饰。逻辑学值得注意的还有：它直到今天也未能前进一步，因而就一切迹象来看似乎已经封闭和完成了。因为如果一些近代人打算扩展逻辑学，有的人插进若干章关于各种认识能力（想象力、机智）的**心理学**，有的人插进若干章关于认识的起源或者因客体（唯心论、怀疑论等等）不同而来的不同种类的确定性的起源的**形而上学**，有的人插进若干章关于成见（成见的原因及对付成见的手段）的**人类学**，这都是源自他们对这门科学的独特本性的无知。如果有人让各门科学互相越界，则这并不是对它们有所增益，而是使它们面目全非；但逻辑学的界限已经有完全精确的规定，它是一门仅仅详尽地阐明和严格地证明一切思维（无论它是先天的还是经验性的，具有什么样的起源或
BⅨ 者客体，在我们的心灵中遇到偶然的还是自然的障碍）的形式规则的科学。

至于逻辑学取得如此巨大的成功，它具有这种长处却仅仅得益于自己的局限性，这种局限性使它有权利、甚至有义务抽掉知识的一切客体

和区别，从而在它里面知性除了自己本身及其形式之外，不和任何别的东西打交道。当然，对于理性来说，既然它不仅要与自己本身、而且要与客体发生关系，选取科学的可靠道路就必定远为困难得多；因此，逻辑学也作为预科仿佛仅仅构成各门科学的前庭，如果谈到知识，则人们虽然以一门逻辑学为评判知识的前提条件，但知识的获取却必须到各门堪称真正的和客观的科学中去寻求。

如今，只要在这些科学中应当有理性，那么，在其中就必定有某种东西被先天地认识，它们的知识也就能够以两种方式与对象发生关系，要么是仅仅**规定**这个对象及其概念（它必须在别的地方被给予），要么是还把它**现实地创造**出来。前者是理性的**理论知识**，后者是理性的**实践知识**。二者的纯粹部分，即理性在其中完全先天地规定其客体的部分，无论其内容或多或少，都必须事先单独地予以讲述，不得与出自别的来源的东西相混杂；因为如果人们盲目地花掉收入的东西，不能事后在经济陷入困境的时候辨别收入的哪一部分开支是能够承受的、哪一部分开支是必须裁减的，那就是一种糟糕的经济了。 BX

数学和**物理学**是两种理论的理性知识，应当先天地规定其**客体**；前者是完全纯粹地进行规定，后者至少是部分纯粹地进行规定，但在这种情况下还按照不同于理性来源的其他知识来源的尺度进行规定。

数学从人类理性的历史所及的极早时代以来，就在值得惊赞的希腊民族中走上了一门科学的可靠道路。但是，不要以为数学与理性在其中仅仅同自己本身打交道的逻辑学一样，很容易就遇到或者毋宁说为自己开辟了那条康庄大道；我宁可相信，数学（尤其是在埃及人那里）曾长时期停留在来回摸索之中，而这种转变应归功于个别人物在一次尝试中的幸运灵感所造成的**革命**，由此人们必须选取的道路就不会再被错过，而科学的可靠进程就永远地、无限地被选定、被标示出来。这场比发现绕过著名海角的道路更为重要得多的思维方式的革命以及实现这场革命的幸运者的历史并没有给我们保留下来。然而，**第欧根尼·拉尔修**提到过据称是几何学证明的那些最微不足道、按照常人判断根本就不需要证明的原理的发现者，他留给我们的那些传说表明，对于由发现这条新道路的最初迹象所造成的这场变革的怀念，必定对于数学家们来说显得极为重要，从而变得难以忘怀。在第一个演证**等腰三角形**的人（无论他是 BXI

B XII **泰勒士**还是任何其他人）的心中升起了一道光明；因为他发现，他不必探究自己在图形中看到的东西，或者也不必探究图形的纯然概念，仿佛从中学到它的属性似的，而是必须通过他根据概念自身先天地设想进去并加以表现的东西（通过构图）来产生。[①] 而且为了可靠地先天知道某种东西，除了从他根据自己的概念自己置于事物之中的东西必然得出的结果之外，不必给事物附加任何东西。

自然科学遇到这条科学的康庄大道要更为缓慢得多；因为这只不过是一个半世纪的事情：思虑周全的维鲁兰姆的**培根**的建议部分地引起这一发现、部分地由于人们已经有了这一发现的迹象而进一步推动这一发现，而这一发现同样只有通过一场迅速发生的思维方式的革命才能够得到解释。我在这里只考虑建立在**经验性**原则之上的自然科学。

当**伽利略**让他的球以他自己选定的重量向下滚过斜面时，当**托里拆利**让空气托住一个他事先设想与一个他已知的水柱的重量相等的重量时，
B XIII 或者在更晚近的时候，当**施塔尔**通过抽出和归还某种东西而使金属变成钙盐又把钙盐再变成金属时[②]，在所有的自然研究者心中升起了一道光明。他们理解到，理性只洞察它自己根据自己的规划产生的东西，它必须以自己按照不变的规律进行判断的原则走在前面，强迫自然回答自己的问题，必须不让自己仿佛是被自然独自用襻带牵着走；因为若不然，偶然的、不按照任何事先制订的计划进行的观察就根本不在理性毕竟寻求和需要的一条必然规律中彼此关联。理性必须一手执其原则（惟有依照其原则，协调一致的显象［Erscheinung］才能被视为规律），另一手执它按照其原则设想出来的实验走向自然，虽然是为了受教于自然，但却不是以一个学生的身份让自己背诵老师希望的一切，而是以一个受任命的法官的身份迫使证人们回答自己向他们提出的问题。这样，甚至物理
B XIV 学也应当把它的思维方式的这场如此有益的革命归功于这样一个灵感，即依照理性自己置入自然之中的东西在自然中寻找（而不是为自然捏造）它必须从自然学习、而且它本来可能一无所知的东西。由此，自然科学

① 听凭读者自己去补充按照康德的用语必不可少的直接宾语的“构图”，其意思是：而是必须通过他根据概念自身先天地设想进直观去并加以表现的东西，亦即通过构图来产生与概念相应的对象，因而是产生一个等腰三角形的图形。——科学院版编者注

② 我在这里并不精确地探究实验方法的历史线索，它的最初开端人们知道的也并不清楚。

才被带上了一门科学的可靠道路，它在这里曾历经许多个世纪，却无非是来回摸索。

形而上学是一种完全孤立的、思辨的理性知识，它完全超越了经验的教导，确切地说凭借的仅仅是概念（不像数学凭借的是将概念运用于直观），因而在这里理性自己是它自己的学生；尽管形而上学比其余一切科学都更为古老，而且即使其余的科学统统在一场毁灭一切的野蛮之深渊中被完全吞噬，它也会留存下来，但迄今为止命运还不曾如此惠顾它，使它能够选取一门科学的可靠道路。因为在形而上学中，理性不断地陷入困境，即便是在它想先天地洞察最普通的经验（如它自以为能够的那样）所证实的那些规律时也是这样。在形而上学中，人们不得不无数次地走回头路，因为人们发现那条路并不通向人们想去的地方；至于形而上学的信徒们在论断中的一致，还是非常遥远的事情，毋宁说它是一个 BXV
战场，这个战场似乎本来就只是为在战斗游戏中演练它的各种力量而设立的，在这个战场上还从来没有一个武士能够夺得哪怕一寸土地，基于自己的胜利而建立起一种稳定的占领。因此毫无疑问，形而上学的做法迄今为止还只是一种来回摸索，而最糟糕的是仅仅在概念中间来回摸索。

那么，这里还没有能够找到一条科学的可靠道路的原因何在呢？也许这样的道路是不可能的吗？究竟大自然是怎样使我们的理性迷恋上这种孜孜不倦的努力，把这条道路当做自己最重要的事务之一来探究呢？更有甚者，如果我们的理性在我们求知欲的一个最重要的部分中不仅离开了我们，而且用一些假象拖住并最终欺骗我们，我们还有什么理由来信任它！或者，如果这条道路迄今为止只是被错过了，我们能够利用什么迹象来在新的探索中希望，我们将比我们之前的其他人更为幸运呢？

我应当认为，通过一场突然发生的革命成为今天这个样子的数学和自然科学的实例值得充分注意，以便反省对这两门科学来说变得如此有益的思维方式变革的本质性部分，并在这里就它们作为理性知识与形而 BXVI
上学的类似所允许，至少尝试效仿它们。迄今为止，人们假定，我们的一切知识都必须遵照对象；但是，关于对象先天地通过概念来澄清某种东西以扩展我们的知识的一切尝试，在这一预设下都归于失败了。因此，人们可以尝试一下，如果我们假定对象必须遵照我们的认识，我们在形而上学的任务中是否会有更好的进展。这种假定已经与对象的一种在对象被给予我们之前就应当有所断定的先天知识所要求的可能性有更大的一致性。这里的情况与**哥白尼**最初的思想是相同的。哥白尼在假定整个星群都围绕观察者旋转，对天体运动的解释就无法顺利进行之后，试一试让观察者旋转而星体静止，是否可以更为成功。如今在形而上学中，
BXVII 就对象的**直观**而言，人们也可以用类似的方式作出尝试。如果直观必须遵照对象的性状，那么，我就看不出人们怎样才能先天地对对象有所知晓；但如果对象（作为感官的客体）必须遵照我们的直观能力的性状，那么，我就可以清楚地想象这种可能性。但由于如果这些直观应当成为知识，我就不能停留在它们这里，而是必须把它们作为表象与某种作为对象的东西发生关系，并通过那些表象来规定这个对象，所以我要么可以假定，我用来作出这种规定的那些**概念**也遵照该对象，这样一来我就由于能够先天地对它有所知晓的方式而重新陷入了同样的困境；要么我假定，对象或者——这是一回事——对象惟有在其中（作为被给予的对象）被认识的**经验**遵照这些概念，这样我就马上看到一条更为简易的出路，因为经验自身就是一种需要知性的认识方式，我必须早在对象被给予我之前、从而是先天地就在我里面将知性的规则作为前提，它在先天
BXVIII 概念中得到表述，因而经验的所有对象都必然地遵照这些概念，而且必须与它们一致。至于仅仅通过理性亦即必然地被思维、但却根本不能在经验中（至少不能像理性所设想的那样）被给予的对象，思维它们的尝试（因为它们毕竟必须能够被思维）据此就提供了一块极好的试金石，检验我们假定为思维方式的改变了的方法的东西，即我们关于事物只是先天地认识我们置于它们里面的东西。①

这一尝试如愿得以成功，并且在形而上学探讨先天概念（它们在经验中的相应对象能够与它们相适合地被给予出来）的第一部分中，向形

---

① 因此，这一仿效自然研究者的方法就在于：在**可以通过一次实验予以证实或者反驳的东西**中寻找纯粹理性的各种要素。如今，为了检验纯粹理性的各种定理，尤其是在它们冒险越过可能经验的所有界限时，就不能（像在自然科学中那样）对它的对象作出任何实验：因此，对于我们先天地假定的**概念**和**原理**，只有通过如此安排它们，使同样的对象**一方面**作为对经验而言的感官和知性的对象，但**另一方面**却作为充其量对孤立的、努力超出经验界限的理性而言的人们仅仅思维的对象，从而能够从两个不同的方面被考察，实验才是可行的。如果现在的情况是，倘若人们从那个双重的观点考察事物，与纯粹理性的原则的协调一致就是成立的，但从单方面的观点看就会产生理性与自己本身的不可避免的冲突，那么，实验就裁定了那种区分是正确的。

而上学许诺了一门科学的可靠道路。因为根据思维方式的这种变革，人 BXIX
们完全可以很好地解释一种先天知识的可能性，并且更进一步，给为作
为经验对象之总和的自然先天地提供基础的那些规律配备它们令人满意
的证明，这二者按照迄今为止的行事方式是不可能的。但是，从我们先
天认识能力的这一演绎中，在形而上学的第一部分里，却得出了一个令
人感到奇怪的、对于第二部分所探讨的形而上学的整个目的就一切迹象
来看非常不利的结果，即我们不能凭借这种能力超越可能经验的界限，
而这恰恰是这门科学最本质的事务。不过，这里也正好蕴涵着反证对我 BXX
们先天理性知识的那第一个评价之结果的真理性的实验，即这种知识只
涉及显象，而事物自身与此相反虽然就其自身而言是现实的，但却不能
为我们所认识。因为必然地推动我们超越经验和一切显象之界限的东西，
就是理性在物自身中必然地并且完全有理由为一切有条件者要求的、从
而条件的序列作为已经完成了的而要求的**无条件者**。现在，如果人们假
定，我们的经验知识遵照作为物自身的对象，将发生的情况就是：**根本
不能无矛盾地思维**无条件者；与此相反，如果人们假定，我们对事物的
表象如同它们被给予我们的那样，并不遵照作为物自身的对象，而是毋
宁说这些对象作为显象遵照我们的表象方式，那么，**矛盾就被取消了**；
因此，无条件者必然不是在我们认识的物（它们被给予我们）那里找到，
但却是在我们不认识的、作为事物自身的物那里找到的：这样就表明，
我们一开始只是为尝试而假定的东西是有道理的。① 如今，在否认了思辨
理性在这个超感性事物领域里的一切进展之后，始终还给我们剩下的是 BXXI
进行一番尝试，看在它的实践知识中是否有一些材料，来规定无条件者
那个超验的理性概念，并以这样的方式按照形而上学的愿望，凭借我们
惟有在实践方面才可能的先天知识来超出一切可能经验的界限。而就这
样一种方法而言，思辨理性却总是至少为我们作出这样的扩展创造了地
盘，尽管它必然让这地盘闲置着；因此，在我们可能的情况下用思辨理 BXXII
性的实践**素材**去充实这一地盘，依然是听便于我们的，我们甚至还受到

① 纯粹理性的这一实验与化学家们有时称为**还原**试验、但一般称为**综合的方法**的实验有许多类似之处。**形而上学家**的**分析**把纯粹的先天知识划分成两种十分异类的要素，即作为显象的物的知识和物自身的知识。**辩证法**又把这二者结合起来，达到与**无条件者**的必然理性理念的**一致**，并且发现，这种一致惟有凭借那种区分才出现，所以那种区分是真实的区分。

了思辨理性的敦促。①

如今，纯粹思辨理性的这一批判的工作就在于那种尝试，即通过我们按照几何学家和自然研究者的范例对形而上学进行一场完全的革命，来变革形而上学迄今为止的做法。这项批判是一部关于方法的书，而不是一个科学体系自身；但是，它尽管如此仍然既在这门科学的界限方面、
BXXIII 也在它的整个内部构造方面描画了它的整个轮廓。因为纯粹思辨理性自身具有的特征是：它能够而且应当根据它为自己选择思维客体的方式的不同来衡量它自己的能力，甚至完备地列举出为自己提出任务的各种方式，并这样来描画形而上学体系的整个轮廓；因为，就第一点而言，在先天知识中能够附加给客体的无非是思维主体从自己本身取出的东西，而就第二点来说，它在认识原则方面是一个完全分离的、独立存在的统一体，其中每一个环节都像在一个有机体中那样为着所有其他环节存在，而所有环节也都为着一个环节存在，没有一个原则不同时在与整个纯粹理性应用的**普遍**关系中得到研究而能够在**一种**关系中被可靠地接受。但作为补偿，形而上学也有罕见的幸运，别的任何与客体打交道的理性科学（因为**逻辑学**只研究思维的一般形式）都不能分享这种幸运，即在它被这种批判带上一门科学的可靠道路之后，它就能够完全把握住属于它
BXXIV 的知识的整个领域，从而完成自己的事业，并把它作为一个永远不增设的主座奠放给后世供其使用，因为它只与原则和由原则自己决定的其使用的限制打交道。因此，它作为基础科学也有义务实现这种完备性，而关于它我们必须能够说：nil actum reputans，si quid superesset agendum [只要还剩有该做的，那就算什么也没做]。

但是人们要问：我们凭借这样一种通过批判澄清的、但因此也达到一种恒定状态的形而上学打算给后人留下的，究竟是一笔什么样的财富呢？浮光掠影地浏览一番这部著作，人们将认为察觉到，它的用处毕竟

① 天体运动的核心规律就是这样为**哥白尼**最初只是作为假说所假定的东西提供了十足的确定性，同时证明了联结世界大厦的不可见的力（**牛顿**的引力）；如果不是哥白尼大胆地以一种违背感官但却真实的方式不是在天穹的对象中，而是在这些对象的观察者中寻找被观察的运动的话，引力是永远不会被发现的。尽管在这本书自身中，在批判中阐明的、类似于上述假说的思维方式变革从我们空间和时间表象的性状和知性的基本概念得到的并不是假说性的、而是无可争辩的证明，但在这篇前言里，我也只是把这一变革当做假说提出，为的只是使人们注意到这样一种每次都是假说性的变革的最初尝试。

只是**消极的**，也就是说，永远不要冒险凭借思辨理性去超越经验的界限；事实上这也是它的第一个用处。但是，如果人们注意到，思辨理性冒险超越经验界限所凭借的那些原理，事实上其不可避免的结果不是**扩展**我们的理性应用，倘若更仔细地考察，倒是**缩小**这种应用，因为它们确实有把它们原本所属的感性的界限扩展到无所不包、从而完全排斥纯粹的（实践的）理性应用的危险，那么，上述用处也就成为**积极的**。因此，一 BXXV
项限制思辨理性的批判，虽然就此而言是**消极的**，但由于它借此同时排除了限制或者有完全根除理性的实践应用的危险的障碍，事实上却具有**积极的**和非常重要的用处，只要人们确信，纯粹理性有一种绝对必要的实践应用（道德上的应用），在这种应用中它不可避免地扩展越过感性的界限，为此它虽然不需要从思辨理性得到任何帮助，但尽管如此却必须针对它的反作用得到保障，以便不陷入与自己本身的矛盾。否认批判的这种服务有**积极的**用处，如同是说警察不产生积极的用处，因为警察的主要工作毕竟只不过是阻止一些公民可能担忧来自其他公民的暴力行为，以便使每一个公民都能够安居乐业罢了。在批判的分析部分将证明，空间和时间只不过是感性直观的形式，因而只不过是作为显象的物实存的条件，此外除非能够被给予与知性概念相应的直观，否则我们就没有任 BXXⅥ
何知性概念，从而也根本没有任何达到物的知识的要素，于是我们对于任何作为物自身的对象都不可能有知识，而只有在它作为感性直观的客体、即作为显象时才能有知识；由此当然也就得出，一切思辨的理性知识只要可能，就都仅仅限制在**经验**的对象之上。尽管如此，必须注意的是，在这方面毕竟始终有所保留，即正是这些也作为物自身的对象，我们即使不能**认识**，至少也必须能够**思维**。① 因为若不然，就会从中得出荒谬的命题：没有某种在此显现的东西却有显象。现在，如果我们假定， BXXⅦ
由于我们的批判而成为必要的作为经验对象的物与作为物自身的物的区分根本不曾作出，那么，因果性原理、从而还有自然机械性，就必然在

① 要**认识**一个对象，就要求我能够证明它的可能性（无论是按照经验出自其现实性的证词，还是先天地通过理性来证明）。但是，我能够**思维**我想思维的任何东西，只要我不与自己本身相矛盾，也就是说，只要我的概念是一个可能的思想，即使我不能担保在所有可能性的总和中是否也有一个客体与它相应。但是，要赋予这样一个概念以客观有效性（实在的可能性，因为前面那种可能性仅仅是逻辑的可能性），就要求某种更多的东西。但这种更多的东西恰好不需要在理论的知识来源中寻找，它也可能存在于实践的知识来源之中。

规定这些物时绝对地适用于一切一般地作为作用因的物。因此，关于同一个存在物，例如人的灵魂，我将不能说：它的意志是自由的，而同时又是服从自然必然性的，也就是说不是自由的，却不陷入一种明显的矛盾，因为我在两个命题中是**在同一个意义上**对待灵魂的，即把它当做一般的物（当做事物自身），而且没有先行的批判也不可能以别的方式对待它。但是，既然批判在这里教导要**在两种不同的意义上**对待客体，即作为显象或者作为物自身，如果它没有搞错的话；如果它的知性概念的演绎是正确的，从而因果性的原理只是就第一种意义而言，即就物是经验的对象而言与物相关，但同一些物并不按照第二种意义服从因果性原理；那么，同一个意志就在显象（可见的行动）中被设想为必然遵循自然规
BXXVIII 律的、就此而言是**不自由的**，但在另一方面又被设想为属于一个物自身而不服从自然规律的，从而就被设想为**自由的**；这里并不会发生矛盾。现在，即使我从后一方面来考察，并不能凭借思辨理性（更不能凭借经验性的观察）**认识**我的灵魂，从而也不能**认识**作为一个我将感官世界的效果归因于它的存在物的属性的自由，因为我必须按照这样一个存在物的实存来认识它，但又不能在时间中确定地认识它（这是不可能的，因为我不能给我的概念配上任何直观），然而，我毕竟可以**思维**自由，也就是说，如果我们对两种（感性的和理智的）表象方式的区分和由此产生的对知性概念的限制、从而还有对从它们产生的原理的限制成立的话，自由的表象至少自身不包含任何矛盾。现在假定，道德必然预设自由（在最严格的意义上）是我们的意志的属性，因为道德援引蕴涵在我们的
BXXIX 理性之中的、源始的实践原理作为自己的先天材料，而不预设自由，这些原理是绝对不可能的，但思辨理性却证明根本不能够思维自由；这样，那个预设，即道德上的预设，就必然地不得不让位于其反面包含着一种明显矛盾的预设，从而自由连同其道德性（因为如果不是已经预设自由，道德性的反面就不包含任何矛盾）也就必然地不得不让位于**自然机械性**。但这样一来，既然我为了道德不再需要别的任何东西，只要自由不与自己本身矛盾，从而毕竟至少是可以被思维的，没有必要进一步洞察它，从而它根本不给同一个行动的自然机械性（在别的关系中看）制造什么障碍，那么，道德性的学说就保住了它自己的地盘，自然学说也保住了自己的地盘；然而，如果不是批判事先教导我们就物自身而言我们不可

避免的无知，并把我们在理论上能够**认识**的一切都仅仅限制在显象上，上述一切就都不会发生。对纯粹理性的批判原理的积极用处所作的这种探讨，也可以在**上帝**和我们**灵魂**的**单纯本性**的概念上表现出来，但为了简短起见我略而不谈。因此，如果不同时**取消**思辨理性越界洞察的僭妄，我就连为了我的理性必要的实践应用而**假定上帝、自由**和**不死**也不能，BXXX
因为思辨理性为了达到这些洞识就必须利用这样一些原理，这些原理由于事实上只及于可能经验的对象，如果它尽管如此仍然被运用于不能是经验对象的东西，实际上就总是会把这东西转化为显象，这样就把纯粹理性的所有**实践的扩展**都宣布为不可能的。因此，我不得不扬弃**知识**，以便为**信念**腾出地盘，而形而上学的独断论，即认为无须纯粹理性的批判就在形而上学中前进的成见，是所有与道德性相冲突的无信念的真正来源，无信念在任何时候都是完全独断的。因此，对于一门按照纯粹理性批判的尺度拟定的系统的形而上学来说，如果给后人留下一笔遗产可能不太困难，那么，这绝不是一件可以小瞧的赠礼；且请一般地与理性 BXXXI
未经过批判的无根据的摸索和轻率的漫游比较，看一看凭借一门科学的可靠道路对理性的培养，或者也看一看一个好学的青年对时间的更好利用，青年人在通常的独断论那里如此早并且如此多地受到鼓励，对他们一点也不理解的事物，对他们在其中看不出任何东西、世界上没有任何人看出某种东西的事物随意作出玄想，或者甚至企图杜撰新的思想和意见，这样就忽视了去学习缜密的科学；但最重要的是，要考虑到一种无法估量的好处，即在未来所有的时代里，以**苏格拉底**的方式，也就是说通过最清晰地证明对手的无知来结束一切针对道德性和宗教的异议。因为世界上一直有某种形而上学存在，并且将继续存在，但是与它一起还可以遇到一种纯粹理性的辩证法，因为辩证法对于纯粹理性来说是自然的。因此，哲学最初也是最重要的事务就是通过堵塞错误的来源而一劳永逸地取消它的一切不利影响。

即便在各门科学的领域里发生了这一重要的变化，而思辨理性不得不在它迄今为止自负的财产方面蒙受**损失**，但普遍的人类事务和世界迄今为止从纯粹理性的学说中得出的好处却全部保持在曾经有过的最有利 BXXXII
的状态中，损失所触及的只是**学派的垄断**，却根本没有触及**人们的利益**。我要问最固执的独断论者，关于从实体的单纯性得出的我们灵魂在死后的存续的证明，关于通过对主观的实践必然性和客观的实践必然性进行的虽然无力但却精细的区分得出的与普遍的机械性相对立的自由的证明，或者关于从一个最实在的存在物的概念（从可变者的偶然性和一个第一推动者的必然性的概念）得出的上帝存在的证明，在它们从各学派走出之后，是否曾经能够一直到达公众那里，并对公众的确信产生过丝毫的影响呢？如果这种情况并没有发生过，如果由于普通的人类知性不适宜于进行如此精细的思辨，它永远是不可期待的；毋宁说，如果就第一个证明而言，单是对每一个人来说都可察觉到的自己本性的禀赋，即从来不能被暂时的东西（它对于人的整个规定性的禀赋来说是不够的）所满
BXXXIII 足，就已经必定造成一种**来世生活**的希望了；就第二个证明而言，单是对义务的清晰表述，在与偏好的一切要求的对立中，就已经必定造成自由的意识；最后，就第三个证明而言，单是在大自然中到处都表现出来的庄严的秩序、美和预先筹谋，就已经必定造成对一位智慧的和伟大的**世界创造者**的信仰，单凭这就必定造成在公众中流行的依据理性根据的确信，那么，就不仅仅是这笔财产依然原封不动，而是它毋宁说由此还赢得了威望，即各学派从此学会，在涉及普遍人类事务的问题上不自诩拥有的洞识比广大（对于我们来说最值得关注的）群众同样轻而易举就能够达到的洞识更高更广，从而把自己仅仅限制在对这些普遍可理解的、在道德方面充足的证明根据的培养上。因此，变革仅仅涉及各学派狂妄自大的要求，它们喜欢在这里（在其他许多地方它们通常是有权这样做的）让人把自己看做是这样一些真理惟一的鉴赏家和保管者，它们只是把这些真理的用法传达给公众，但真理的钥匙却自己保管（quod mecum nescit，solus vult scire videri［凡是他和我都不知道的，他就想显得独自
BXXXIV 知道］）。尽管如此，思辨哲学家的一项合理要求毕竟也被考虑到了。他依然始终独自是一门无须公众的知识就对公众有用的科学亦即理性批判的保管人；因为批判是永远不能大众化的，但是它也没有必要大众化，因为对有用真理的那些精心编织出来的论证很少会进入民众的大脑，对它们的同样精细的反驳也同样很少进入他们的意识；与此相反，由于学派以及每一个起而进行思辨的人都不可避免地陷入论证和反驳这二者，所以学派就有义务通过对思辨理性权利的缜密研究，来一劳永逸地预防甚至民众也由于形而上学家们（而且最后还有作为形而上学家的神职人

员）不经过批判就不可避免地卷入、事后又伪造出自己的学说的那些争论而迟早必然遇到的那种丑闻。惟有凭借批判，才能甚至连根铲除可能普遍有害的**唯物论**、**宿命论**、**无神论**、自由思想的**无信念**、**狂信**和**迷信**，最后还有更多地对学派有害而难以进入公众的**唯心论**和**怀疑论**。如果各 BXXXV 国政府认为关心学者们的事务是好的，那么，就它们对科学和人们的睿智关怀而言，促进惟一能使理性的工作立足于一个坚实基础之上的这样一种批判的自由，要比支持各学派可笑的专制更为合适得多，这些学派在人们撕裂其蛛网时就大声疾呼公共的危险，而公众却对它们的蛛网毫不在意，因而也绝不会感受到它们的损失。

批判并不与理性在其作为科学的纯粹知识中的**独断方法**对立（因为科学在任何时候都必须是独断的，即从可靠的先天原则出发严格地证明的），而是与**独断论**对立，也就是说，与凭借一种从概念（哲学概念）出发的纯粹知识按照理性早已运用的原则、从不调查理性达到这种知识的方式和权利就能前进的僭妄对立。因此，独断论就是纯粹理性**没有先行批判它自己的能力**的独断方法。所以，这一对立并不是要以僭越的大众化名义来为饶舌的浅薄说话，或者根本不是要为断然否定整个形而上学的怀疑论说话；毋宁说，批判是为了促进一门缜密的、作为科学的形而 BXXXVI 上学所采取的必要的、暂时的措施，这种形而上学不得不必然是独断地、按照最严格的要求系统化地、从而符合学院要求地（不是大众化地）予以阐述的，因为既然它自告奋勇要去完全先天地、从而使思辨理性完全满意地进行自己的工作，对它的这种要求也就是毫不含糊的。因此，在批判规定的这一计划的实施中，也就是说，在未来的形而上学体系中，我们将必须遵循所有独断论哲学家中最伟大的哲学家、著名的**沃尔夫**的严格方法，他率先作出榜样（凭借这一榜样，他成为德国迄今为止尚未熄灭的缜密精神的创始人），如何能够通过合规律地确立原则、清晰地规定概念、力求严格地证明、在推论中防止大胆的跳跃，来选取一门科学的可靠进程，正因为此，假如他曾经想到通过对工具论亦即对纯粹理性 BXXXVII 自身的批判事先为自己准备好场地的话，他本来也特别适合于使形而上学这样一门科学达到这一水平：这是一个不能归咎于他、毋宁应归咎于他那个时代独断的思维方式的缺陷，无论是他那个时代的、还是所有以前时代的哲学家们在这一点上都没有什么好相互指责的。那些既拒斥他的治学方式、同时又拒斥纯粹理性批判的方法的人们，其用意无非是完全摆脱**科学**的羁绊，把工作变成儿戏，把确定性变成意见，把哲学变成偏见。

至于这个第二版，我当然不想放过这个机会来尽可能地纠正有可能产生某些误解的费解和晦涩之处，思想敏锐的人们在评价本书时遇到这些误解，也许我难辞其咎。就命题自身及其证明根据、此外就形式和计划的完整性而言，我没有发现要修改的地方；这部分地应归功于我在将它交付出版之前对它进行的长期审查，部分地应归功于事情本身的性质，即一种纯粹的思辨理性的本性，它包含着一个真实的构造，其中一切都是有机器官，也就是说，一切都是为了一个，而每一个个别的都是为了
BXXXⅧ 一切，因而任何哪怕很小的弱点，无论它是错误（失误）还是缺陷，在应用中都不可避免地暴露出来。我希望，这个体系今后也将保持这种不变性。使我有理由产生这种信心的不是自负，而是从纯粹理性的最小要素出发直到它的整体和从整体（因为就连整体也是特别通过纯粹理性在实践领域中的终极目的给予的）返回到每个部分的结果相等的试验所造成的自明性，因为哪怕修改极小的部分的尝试，都将马上不仅引起体系的矛盾，而且引起普遍的人类理性的矛盾。不过，在**表述**方面还有许多事情要做，而我在这里试图对第一版作出的改进，有的是要纠正对感性论的误解，尤其是时间概念中的误解，有的是要纠正知性概念演绎的晦涩，有的是要纠正在对纯粹知性的原理的证明中被认为在充分自明性方面的欠缺，最后，有的是要纠正对从理性心理学得出的谬误推理的误解。
BXXXIX 到此为止（也就是说，直到先验辩证论第一篇结束），我没有对后面的部分作表述方式的修改①，因为时间太短，而我就其他部分而言也没有发觉

① 真正的、但毕竟只是在证明方式上所作的增加，我只能列举出我在275页通过对心理学**唯心论**的一个新反驳和对外部直观的客观实在性的一个严格的（我相信也是惟一可能的）证明所作的增加。就形而上学的本质性目的而言，唯心论尽可以被视为仍然无辜的（事实上它并非如此），然而，不得不仅仅根据信仰来假定我们之外的物的存在（我们毕竟从它们那里为我们的内感官获得了认识本身的全部材料），而且当有人想到怀疑这种存在的时候，却不能以令人满意的证明反驳他，这始终还是哲学和普遍的人类理性的丑闻。由于在该证明的表达上从第3行到第6行有些晦涩，所以请将这一段改为：“**但是，这一持久的东西不可能是我心中的一个直观。因为在我心中能够遇到的关于我的存在的一切规定根据都是表象，而且作为表象自身就需要一个与它们有别的持久的东西，在与这个东西的关系中表象的变更、从而表象在其中变更的我在时间中的存在就能够得到规定。**”人们也许会反对这个证明说：我毕竟仅仅直接意识到在我心中的东西，

内行且无偏见的审查者有任何误解；即便我没有以这些审查者当之无愧 B XL
的赞词提到他们，他们也将会在相应的位置上发现我对他们的提醒所给 B XLI
予的重视。但是，这番修改也给读者带来了一个小小的损失，而不使本 B XLII
书过于庞大，就无法防止这种损失，也就是说，我不得不删除或者缩写了一些部分，它们虽然并不在根本上属于整体的完整性，但某些读者却会不愿看到这一点，因为它们通常在别的方面还可以有所裨益；删节为的是给我像我相信的那样现在更易理解的表述腾出位置，这种表述在根本上就命题、甚至就它们的证明根据而言绝对没有改变任何东西，但毕竟在陈述方法上有时偏离了以前的表述，不是插入一些话就能做到的。每一个人只要愿意，这种小小的损失毕竟可以通过与第一版进行比较来加以补偿，而由于更大的可理解性，它就像我所希望的那样将得到超量的补偿。我在一些公开发表的作品中（有的是借对某些书作出评论之际，

即我关于外部事物的**表象**；因此，某物是否是我之外与表象相应的东西，依然始终未得到澄清。然而，我通过内部经验意识到**我在时间中的存在**（因而也意识到它在时间中的可规定性），这就 B XL
不仅仅是意识到我的表象，但与**我的存在的经验性意识**毕竟是一回事，这个意识只有通过与某种和我的实存相结合**在我外部存在**的东西的关系才能得到规定。因此，我在时间中的存在的这种意识是与对同我之外的某物的一种关系的意识一致地相结合的，因此，把外部的东西与我的内感官不可分割地联结起来的，是经验而不是虚构，是感觉而不是想象力；因为外感官本身就已经是直观与我之外的某种现实的东西的关系，它的实在性与想象不同，所依据的仅仅是它作为内部经验可能的条件与内部经验自身不可分割地结合在一起，此处发生的就是这种情况。如果我能够凭借**理智直观**，在伴随着我的一切判断和知性活动的表象**“我在”**中同时把我的存在的一种规定与我的存在的**理智意识**结合起来，那么，对同我之外的某物的一种关系的意识就不必然地属于理智直观了。但现在，那个理智意识虽然先行，但我的存在惟一能在其中得到规定的内直观却是感性的，并且受时间条件制约，但这种规定、从而内部经验自身都依赖于某种不存在于我心中、因而只存在于在我外面的某物之中的持久的东西，我必须在与它的关系中观察我自己：这样，为了一 B XLI
般经验的可能，外感官的实在性与内感官的实在性必然地相结合，也就是说，我肯定地意识到存在着外在于我、与我的感官发生关系之物，正如我肯定地意识到我本人在时间中确定地实存着一样。但现在，我之外的客体究竟是现实地与哪些被给予的直观相应，因而这些直观是属于外部**感官**的，它们应归因于外部感官而不是归因于想象力，这必须在每一特殊场合按照一般经验（甚至内部经验）与想象区别开来所依据的规则来弄清，在此永远作为基础的命题是：存在着外部经验。对此人们还可以补充说明：存在中某种**持久的东西**的表象与**持久的表象**并不是一回事；因为后者与我们的一切表象、甚至无知的表象一样，可能是非常游移不定、变幻无常的，但毕竟与某种持久的东西相关，因而持久的东西必须是一个与我的所有表象有别的、外在的物，它的实存必然地被一起包括进对我自己的存在的**规定**中，并与这个规定一起只构成一个惟一的经验，这经验如果不（部分地）同时是外部的，它就连在内部发生也不可能。怎么是这样呢？在此无法作出进一步的解释，就像无法解释我们一般来说如何在时间中思维那个与变幻之物共存将产生变化的概念的常驻之物一样。

有的是在专门的文章中）怀着感激的愉悦发现，缜密精神在德国并没有死灭，而只是一时被思维中的一种符合天才的自由的流行口吻盖过了，
B XLIII 而批判的那条通向一门符合学院规范的、但惟有这样才持久的、并且因此才极具必然性的纯粹理性科学的荆棘小路也并没有阻碍勇敢且聪明的人们去掌握批判。有这些还把一种明晰表述的才能（我恰恰在自身觉察不到这种才能）与洞识的缜密结合起来的有功之士，我将把自己在明晰表述的才能方面时而还有缺陷的处理留给他们去完成；因为在这一场合，危险并不是遭到反驳，而毋宁是不被理解。在我这方面，尽管我将仔细地关注无论是来自朋友还是来自论敌的一切提示，以便把它们用于将来按照这一预科建造体系，但我从现在起可能不参与争论了。因为我在做这些工作的时候已经相当高龄了（在这个月已经 64 岁了），所以如果我要想完成自己的计划，提交自然形而上学和道德形而上学，作为思辨理性批判和实践理性批判的正确性的证明，我就必须抓紧时间进行，至于
B XLIV 澄清本书中一开始几乎无法避免的晦涩之处以及为整体作辩护，我期待由把这当做自己的事情来做的有功之士来完成。任何哲学陈述都会在一些个别地方遭人攻击（因为它不可能像数学陈述那样防卫谨严），但体系的构造作为统一体来看却在这方面没有任何危险；当体系新出现的时候，只有少数人具有机敏的精神综览它；而由于对他们来说一切革新都是不适宜的，所以有兴趣综览它的人就更少了。如果人们把一些段落与其上下文割裂开来相互进行比较，那么，在任何一部尤其是作为自由谈论进行的作品中也都可以挑出表面上的矛盾；在人云亦云的人眼中，这些表面上的矛盾将给作品带来不利的影响，而对于在整体上把握了思想的人来说，它们是很容易解决的。然而，如果一个理论本身具有持久性，那么，最初给它带来极大危险的作用和反作用随着时间的推移就只会有助于磨平其不平整之处，而如果是无偏见、有洞察力、真正享有盛名的人来从事这一工作，则也可以在短时间内使它获得所要求的优美。

哥尼斯贝格

1787 年 4 月

导论 A1

B1

一、论纯粹知识与经验性知识的区别

我们的一切知识都以经验开始，这是无可置疑的；因为认识能力受到激发而行动，如果这不是由于对象激动我们的感官，一方面由自己造成表象，另一方面使我们的知性行动运作起来，对这些表象加以比较，把它们联结起来或者分离开来，并这样把感性印象的原始材料加工成叫做经验的对象的知识，那又是由于什么呢？因此**在时间上**，我们没有任何知识先行于经验，一切知识都从经验开始。

但是，尽管我们的一切知识都以经验开始，它们却并不因此就都产生自经验。因为很可能即便我们的经验知识，也是由我们通过印象所接受的东西和我们自己的认识能力（通过仅仅由感性印象所诱发）从自己本身提供的东西的一个复合物；至于我们的这个附加，在长期的训练使我们注意到它并善于将它分离出来之前，我们还不会把它与那种基本材 B2
料区别开来。

因此，至少有一个还需要进一步研究、不能乍一看就马上打发掉的问题：是否有一种这样独立于经验、甚至独立于一切感官印象的知识。人们称这样的**知识**为**先天的**，并把它们与那些具有后天的来源、即在经验中具有其来源的**经验性的**知识区别开来。

然而，那个表述还没有确定得足以合适地表示上述问题的全部意义。因为就某些从经验来源派生的知识而言，人们习惯于说，我们能够先天地产生它或者享有它，因为我们并不是直接地从经验中、而是从一个普遍的规则引申出这些知识的，但我们尽管如此还是从经验获得这个规则的。这样，关于某个在挖自己房子墙脚的人，人们会说：他能够先天地知道房子会倒，也就是说，他不必等待这房子真的倒下来而获得的经验。然而，他毕竟还不能完全先天地知道这一点。因为他毕竟必须通过经验才能事先得知，物体是有重量的，因而如果抽去它们的支撑物，它们就会倒下来。

因此，我们在下面将不是把先天知识理解为不依赖于这个或者那个经验而发生的知识，而是理解为绝对不依赖于一切经验而发生的知识。
B3 与这些知识相反的是经验性的知识，或者是仅仅后天地、即通过经验才可能的知识。但先天知识中根本不掺杂任何经验性因素的知识叫做**纯粹的**。这样，例如"每一变化皆有其原因"这个命题就是一个先天命题，但并不是纯粹的，因为变化是一个只能从经验中取得的概念。

二、我们拥有某些先天知识，甚至普通的知性也从不缺少它们

这里，重要的是要有一种我们能够用来可靠地将一种纯粹知识与经验性知识区别开来的标志。经验虽然告诉我们某物是如此这般，但却没有告诉我们它不能是别的样子。因此**首先**，如果有一个命题与它的**必然性**一同被思维，那么它就是一个先天判断；此外，如果除了自身又是作为一个必然命题而有效的命题之外，它也不是从任何命题派生出的①，那么，它就是绝对先天的。**其次**，经验永远不赋予自己的判断以真正的或
B4 者严格的**普遍性**，而是只赋予它们以假定的、相对的**普遍性**（通过归纳），以至于原本就必须说：就我们迄今为止所觉察到的而言，这个或者那个规则还没有发生例外。因此，如果一个判断在严格的普遍性上被思维，也就是说，根本不允许任何例外是可能的，那么，它就不是由经验派生的，而是绝对先天地有效的。因此，经验性的普遍性只是把有效性任意地从大多数场合适用的有效性提高到在所有场合适用的有效性，例如在"一切物体皆有重量"这个命题中；与此相反，当严格的普遍性在本质上属于一个判断的时候，这种普遍性就指示着该判断的一个特殊的知识来源，即一种先天的知识能力。因此必然性和严格的普遍性是一种

① 按照康德的用语应是"它也不是从任何别的命题派生出的"。在康德这里，虽然有关于先天知识的新的、批判的意指的引导性说明，"先天"的传统演绎意义依然保持着，而且不仅是在分析判断，因而也包括使用经验性主词的分析判断无一例外的先天性之中，而且除此之外也多次出现，例如在"论理性的纯粹应用"的讨论中（B362–364），在关于科学性的理性概念及其图型（建筑术，B860–862）的阐述中。因此，"因此首先，如果有一个命题与它的必然性一同被思维，那么它就是一个先天判断"这句话，必须一起与演绎的或者分析的先天相关联。这几个词和后面的"绝对"这个词所证明的一样，指向批判的先天。由此诸原理被排除，这种不精确性不能消除。——科学院版编者注

先天知识的可靠标志，而且也不可分割地相互从属。但是，由于在它们的使用中，有时指出判断的经验性局限比指出判断中的偶然性要更为容易，或者在许多时候指出我们赋予一个判断的无限制的普遍性比指出它的必然性要更为明确，所以，不妨把上述两个标准分开来使用，它们每一个就其自身而言都是不会出错的。①

轻而易举地就可以表明，在人类的知识中确实有诸如此类必然的，在严格意义上普遍的，从而纯粹的先天判断。如果想从科学中举出一个实例，那么，人们只需要看一看数学的所有命题；如果想从最普通的知 B5
性使用中举出这样一个实例，那么，“一切变化都必然有其原因”这一命题就可以充任；的确，在后一个实例中，甚至一个原因的概念如此明显地包含着一种与结果相联结的必然性和一种规则的严格普遍性的概念，以至于如果有人像**休谟**所做的那样，想从所发生的事情与先行的事情经常的相伴随中、从由此产生的联结种种表象的习惯（从而仅仅是主观的必然性）中引申出这个概念，那么，这个概念就会完全丧失。人们甚至不需要诸如此类的实例来证明我们知识中纯粹的先天原理的现实性，就也可以阐明、从而是先天地阐明这些原理对于经验自身的可能性来说是不可或缺的。因为如果经验运行所遵循的所有规则都是经验性的，从而是偶然的，那么，经验又还想从哪里取得自己的确定性；因此，人们很难让这些规则来充当第一原理。然而，我们在这里可以满足于已阐明我们认识能力的纯粹应用这种事实，以及已阐明这种应用的诸般标志。但这些先天原理中的一些的起源不仅表现在判断中，而是甚至在概念中就已经表现出来。即使你们从自己关于一个**物体**的经验概念中将经验性的一切：颜色、硬或者软、重量、甚至不可入性，都逐一去掉，但毕竟还剩下它（它现在已经完全消失了）所占据的空间，空间是你们去不掉的。 B6

---

① 如果把后句前置，并使之对论证性的前句的思想进程作出裁定，则句子就必然是如下：“但是，不妨把上述两个标准分开来使用，它们每一个就其自身而言都是不会出错的，因为在先天知识的使用中，有时指出判断中的必然性比指出判断的严格普遍性要更为容易，或者在许多时候指出我们赋予一个判断的无限制的普遍性比指出它的必然性要更为明确”。而且相应的东西也适用于后天知识的标志。尽管在我们眼前的文本中这几个句子中前两个的语法关系不清楚，尽管在它里面所包含的论证包括一个思想跳跃，并且结果是同义反复，但它看起来却毕竟是康德式的。法兴格（Vahinger）在他的评注中建议的挪动“指出判断中的偶然性比指出判断的经验性局限”只是消除了同义反复，但却是在其前置使得思想走样的那个部分中。——科学院版编者注

同样，即使你们从自己关于任何一个有形客体或者无形客体的经验性概念中去掉经验告诉你们的一切属性，你们也不能剥夺你们把它设想为**实体**或者**依附**一个实体所凭借的那种属性（虽然这个概念比一般客体的概念包含着更多的规定）。因此，为这一概念迫使你们接受它所凭借的必然性所引导，你们不得不承认，它在你们的先天认识能力中拥有自己的位置。

三、哲学需要一门规定一切先天知识的可能性、原则和范围的科学①

想说得比前面的一切都②远为更多的，是这样一点，即某些知识甚至离开了一切可能经验的领域，并通过任何地方都不能为其提供经验中的
A3 相应对象的概念，而具有把我们的判断的范围扩展到超出经验的一切界限的外观。

而恰恰是在这后一种超出感官世界的知识中，在经验根本不能提供任何线索、也不能提供校正的地方，蕴涵着对理性的研究；与知性在显象领域能够学到的一切相比，我们认为这种研究在重要性上要优越得多，其最
B7 终目的也要崇高得多，我们在这方面甚至冒着出错的危险宁可做一切，也

① 第二版导论共分七节，而第一版只有二节。第二版的第一、二节及第三节的这个标题取代的第一版第一节中的标题及前两段如下：

一、先验哲学的理念

毫无疑问，经验是我们的知性在加工感性感知的原始材料时所产生的第一个产品。正因为此，经验是最初的教导，而且在进展中新的传授如此不可穷尽，以至于一切未来世代的连续不断的生活都将永不缺乏在这块地基上能够搜集到的新知识。尽管如此，它却远远不是能够使我们的知性受限制的惟一领域。它虽然告诉我们什么存在，但却并不告诉我们它必然如此而不是别的样子。正因为此，它也不给予我们任何真正的普遍性，而如此渴求这类知识的理性则与其说通过它得到满足，倒不如说通过它受到刺激。如今，这样的同时具有内在必然性性质的普遍知识，必须
A2 独立于经验，自身就是明晰和确定的；因此，人们把它称为先天知识：因为与此相反，仅仅从经验借来的东西，如同人们表述的那样，只是被认识为后天的或者经验性的。

如今表现出来极为值得注意的是，甚至在我们的经验中间都掺杂着必然有其先天起源、也许仅仅效力于给我们的感官表象带来联系的知识。因为如果人们从我们的经验中去掉凡是属于感官的东西，则尽管如此还剩下某些源始的概念以及由这些概念产生的判断，它们必须是完全先天地、不依赖于经验产生的，因为它们使人们关于显现给感官的对象能够说、至少是相信能够说多于纯然的经验教导的东西，而且使种种主张包含着真正的普遍性和严格的必然性，诸如此类的东西是纯然经验性的知识所不能提供的。——译者注

② “比前面的一切都”为第二版所加。——译者注

不愿出自某种顾虑的理由或者出自蔑视和漠视而放弃如此令人关注的研究。① 纯粹理性自身的这些不可回避的课题就是**上帝、自由**和**不死**。但是，其最终目的及其所有准备都本来只是为了解决这些课题的科学，就叫做**形而上学**，它的做法最初是**独断的**，也就是说，不经对理性有无能力从事一项如此庞大的计划先行进行检验，就信心十足地承担了它的实施。

虽然现在看来自然而然的是，一旦离开经验的基地，人们就不要凭借自己拥有却不知从何而来的知识、基于不知其来源的原理的信誉而马上建造大厦，却没有事先通过仔细的研究为大厦的奠基作出保障；因此，人们毋宁说②早就要提出这样的问题：知性究竟如何能够达到所有这些先
天知识，它们会有怎样的范围、有效性和价值。事实上，如果人们把**自** A4
然的③这个词理解为应当以正当的、理性的方式发生的事情，那也就没有 B8
任何东西更自然了；但如果人们把它理解为按照通常的尺度发生的，那就又没有什么比这一研究必然长期被搁置更为自然、更可理解的了。因为这种知识的一个部分，作为数学知识，早就具有了可靠性，并由此使人也对其他部分产生一种乐观的期望，而不管它们可能具有完全不同的本性。此外，如果超出经验的范围，则人们肯定不会受到经验的反驳。扩展自己知识的诱惑是如此巨大，以至于人们只会被自己遇到的明显的矛盾阻止住前进的步伐。但是，只要④人们小心谨慎地作出自己的虚构，使这种虚构并不因此就很少是虚构，那么，这种矛盾还是能够避免的。至于我们不依赖于经验在先天知识中能够走出多远，数学给我们提供了一个光辉的范例。数学虽然只是在对象和知识能够表现在直观中的程度上研究它们，但这一情况很容易被忽略，因为上述直观可以先天地被给予，从而与一个纯然的纯粹概念几乎没有区别。被理性力量的这样一种证明所吸引⑤，扩展的冲动看不到任何界限。轻盈的鸽子在自由飞翔时分开空
气，感受到空气的阻力，也许会想象在没有空气的空间里可以更好地飞 A5
翔。同样，**柏拉图**因为感官世界给知性设置了如此狭窄的界限⑥而离开了 B9

① 由此至本段末为第二版所加。——译者注

② “毋宁说”为第二版所加。——译者注

③ “自然的”为第二版所加。——译者注

④ “只要”在第一版中为“如果”。——译者注

⑤ “吸引”在第一版中为“鼓励”。——译者注

⑥ “如此狭窄的界限”在第一版中为“如此形形色色的障碍”。——译者注

感官世界，冒险在感官世界的彼岸鼓起理念的双翼飞入纯粹知性的真空。他没有发觉，他竭尽全力却毫无进展，因为他没有任何支撑物仿佛是作为基础，使他支撑起自己，并在上面用力，以便发动知性。但是，尽可能早地完成思辨的大厦，然后才来研究它的基础是否扎实，这是人类理性在思辨中的通常命运。但在这种情况下，各种各样的溢美之词就被找出来，使我们因大厦的出色而感到安慰，或者还宁可干脆①拒绝这样一种迟到的、危险的检验。但是，在建造期间使我们摆脱任何担忧和疑虑并以表面上的缜密迎合我们的，就是这种东西。我们理性的工作的一大部分、也许是最大的部分，就在于**分析**我们关于对象已经拥有的概念。这一工作给我们提供了大量的知识，这些知识虽然无非是对在我们的概念
A6 中（尽管还是以模糊的方式）思维过的东西所作出的澄清和阐明，但至少就形式而言仍被认为如同新的洞识，尽管它们就质料或者内容而言并没有扩展、而是仅仅解析了我们所拥有的概念。如今，既然这种方法提
B10 供了具有一种可靠有用的进展的现实的先天知识，于是，理性就不知不觉地在这种假象下骗取了完全异类的主张，其中理性为被给予的概念添加了完全异己的概念，而且是先天地添加的②，人们却不知道它是如何做到这一点的，而且不让这样一个问题③哪怕是仅仅进入思想。因此，我想一开始就探讨这种双重的认识方式的区别。

四、④ 论分析判断与综合判断的区别

在所有思维主词与谓词之关系的判断（如果我只考虑肯定判断的话，因为随后⑤运用到否定判断上是轻而易举的）中，这种关系以两种不同的方式是可能的。要么谓词 B 属于主词 A，作为（以隐蔽的方式）包含在概念 A 中的某种东西；要么 B 虽然与概念 A 有关联，但却完全在它之外。在第一种场合里，我把判断称为**分析的**，在第二种场合里我则把它

① “还宁可干脆”为第二版所加。——译者注

② “添加了完全异己的概念，而且是先天地添加的”在第一版中为“先天地添加了完全异己的概念”。——译者注

③ “这样一个问题”在第一版中为“这一问题”。——译者注

④ 标题序号为第二版所加。——译者注

⑤ “随后”为第二版所加。——译者注

称为**综合的**。因此，（肯定的）分析判断是其中借助同一性来思维谓词与主词的联结的判断，而其中不借助同一性来思维这种联结的判断则应当叫做综合判断。前一些判断也可以称为**解释**判断，后一些则也可以称为**扩展**判断，因为前者通过谓词未给主词的概念增添任何东西，而是只通过分析把它分解成它的在它里面已经（虽然是模糊地）思维过的分概念；与此相反，后者则给主词的概念增添一个在它里面根本未被思维过、且不能通过对它的任何分析得出的谓词。例如，如果我说：一切物体皆有广延，这就是一个分析判断。因为要把广延视为与我结合在物体这个词上的概念相关联的，我可以不超出这个概念[①]，而是只分析这个概念，也就是说，只意识到我随时在它里面所思维的杂多，就可以在它里面遇到这个谓词；因此，这是一个分析判断。与此相反，如果我说：一切物体皆有重量，则谓词是某种完全不同于我仅仅在一般物体的概念中所思维着的东西。因此，这样一个谓词的附加就提供了一个综合判断。 A7 B11

经验判断就其自身而言全部是综合的。把一个分析判断建立在经验之上是件荒唐的事情，因为我可以根本不超出我的概念来构成判断，所以为此不需要经验的见证。说一个物体是有广延的，这是一个先天确定的命题，而不是一个经验判断。因为在我诉诸经验之前，我已经在概念中拥有我作出这个判断的所有条件，我只能从这个概念中按照矛盾律抽绎出谓词，并由此同时意识到判断的必然性，这种必然性是经验从来不会告诉我的。与此相反，尽管我根本不把重量的谓词包括在一般物体的概念中，但那个概念毕竟通过经验的某个部分表明了一个经验对象，从而我还可以给这个部分再附加上同一个经验的与隶属于那个概念的部分不同的部分。[②] 我可以事先**分析** B12

① “不超出这个概念”在第一版中为“不从这个概念出发”。——译者注

② （此处第一版为：因而我就能够把同一经验的其他部分附加给该部分作为隶属于它的。——译者注）很可能第二版的不同文句基于一种疏忽。至少，惟有第一版的文本符合当前的上下文和康德关于“一切物体都有重量”这个综合判断的其他阐述。根据下文，在一个综合判断中主词和谓词互相隶属；它们彼此相属，确切地说，在经验性的综合判断中只是以偶然的方式，在先天综合判断中甚至是必然的。在“一切物体都有重量”这个经验判断中，我们甚至发现也有重量在任何时候都与主词概念中所思维的特征联结在一起。根据 B142，在任何判断中，即便判断本身是经验性的，从而是偶然的，例如“物体是有重量的”，主词和谓词也凭借直观的综合中统觉的必然统一而相互隶属。最后，在康德为这里成为问题的判断的综合品性给出的论证（《自然科学的形而上学初始根据》，第二章，定理 5，附释）所阐明的是，吸引同样属于物质的概念，尽管它并不包含在这个概念中，它甚至是为物质的可能性而源始地要求的，因而必然属于物质的基本力（第Ⅳ卷，509～510 页［参见李秋零主编：《康德著作全集》，第 4 卷，521～522 页，北京，中国人民大学出版社，2005］）。——科学院版编者注

地通过广延、不可入性、形状等等所有在物体的概念中被思维的标志来认识物体的概念。但如今，我扩展我的知识，并通过回顾我从中抽象出物体的这个概念的经验，我发现还有重量也在任何时候都与上述标志联结在一起，因而**综合地**把重量作为谓词附加给那个概念。所以，重量的谓词与物体概念的综合的可能性所依据的是经验，因为两个概念虽然并非一个包含在另一个之中，但却作为一个整体、即自身是直观的一个综合性结合的经验的各个部分而互相隶属，虽然这种隶属采用的是偶然的方式。①

但在先天综合判断那里，则完全没有这种辅助手段。如果我应当超
A9 出概念 A② 来把另一个概念 B 认识为与之结合的，我依据的是什么呢？
B13 而既然我在这里并没有在经验的领域里寻找它的那种有利条件，综合又是凭借什么成为可能的呢？请看这个命题：凡是发生的事情，都有其原因。在发生的某物的概念中，我虽然思维了一种存在，在它之前经过了一段时间等等，并且从中可以引出分析的判断。但是，原因的概念是完全在那个概念之外的，并且③表现着某种与发生的事情不同的东西，因而④根本不包含在后一种表象之中。我究竟是怎样做到，关于发生的事物说出某种与之完全不同的东西，并且把虽然不属于它的原因的概念却认识为属于它甚至是必然属于它⑤的呢？在这里，如果知性相信可以在 A

---

① 本段为第二版所改写，取代了第一版的如下两段：

于是，由此显而易见的是：1. 通过分析判断，我们的知识根本没有被扩展，而是我已经具
A8 有的概念得到阐明，使我可以理解；2. 在综合的判断中，要认识一个不包含在那个概念中、但却属于它的谓词，我就必须在主词的概念之外拥有知性所依据的某种别的东西（X）。

在经验性的判断或者经验的判断那里，对此根本没有任何困难。因为这个 X 是关于我通过一个概念 A 所思维的对象的完整经验，概念 A 只构成这个经验的一个部分。因为尽管我根本不把重量的谓词包括在一般物体的概念之中，但这个概念毕竟通过经验的一个部分表明了完整的经验，因而我就能够把同一经验的其他部分附加给该部分作为属于它的。我可以事先分析地通过广延、不可入性、性状等均在物体概念中已被思维的标志来认识这个概念。但此时我扩展了我的知识，并且通过我回顾我由以获得这个物体概念的经验，我发现重量在任何时候都是与上述标志相联结的。因此，经验就是处在概念 A 之外的那个 X，重量 B 的谓词与概念 A 的综合的可能性所依据的就是这个 X。——译者注

② “超出概念 A”在第一版中为“超越到概念 A 之外”。——译者注

③ “是完全在那个概念之外的，并且”为第二版所加。——译者注

④ “因而”在第一版中为“而且”。——译者注

⑤ “甚至是必然属于它”为第二版所加。——译者注

的概念之外发现一个与它异样、但尽管如此仍被视为①与它相联结的谓词B的话，知性所依据的未知之物＝②X是什么呢？它不可能是经验，因为所援引的原理不仅以比经验能够提供的更大的普遍性，而且以必然性的表述，从而是完全先天地、仅仅从概念出发把第二种表象加在前面的表象之上的。如今，我们先天的思辨知识的全部最终目的都是依据这样一些综合的、即扩展的原理的；因为分析的原理虽然极为重要而且必需， A10
但却只是为了达到概念的清晰，这种清晰对于一种可靠而且广泛的综合， B14
亦即对于一种确实新的收获③来说，是必不可少的。

五、在理性的所有理论科学中都包含着作为原则的先天综合判断④

1. **数学的判断全部是综合的**。这一命题虽然具有不可辩驳的确定性并且就结果而言非常重要，但看来却迄今为止没有被人类理性的分析家们注意到，甚至与他们的猜测截然相反。这是因为，由于发现数学家们的推论都是按照矛盾律进行的（这是任何一种不容争辩的确定性的本性所要求的），所以人们就使自己相信，原理也是从矛盾律出发认识到的；他们在这里犯了错误；因为一个综合的命题当然可以按照矛盾律来认识，但却是这样来认识的，即以另一个综合命题为前提条件，从这另一个综合命题推论出它，而绝不是就其自身来认识的。

首先必须说明：真正的数学命题在任何时候都是先天判断，而不是

① “被视为”为第二版所加。——译者注

② “未知之物＝”为第二版所加。——译者注

③ “收获”在第一版中为“增添”。——译者注

④ “五”以及后面的“六”两节为第二版所新添，取代了第一版中如下一段：“因此，这里隐藏着某个秘密（如果古人中已有人想到这一点，哪怕只是想到提出问题，那么，单是这个问题就会强有力地抵制直到我们时代的所有纯粹理性体系，并省掉如此之多的毫无价值的尝试，这些尝试是在不知道人们真正要干什么的情况下盲目地作出来的），惟有这个秘密的揭示才能安全可靠地造成在纯粹知性知识的无边无际的领域里的进步：也就是说，以应有的普遍性揭示先天综合判断之可能性的根据，洞察使每一类这样的判断成为可能的条件，并且将这全部（自成一类的）知识在一个体系中按照其原初的起源、分类、范围和界限，不是通过一个草率的圆圈予以标明，而是完备地和为每一种应用充分地予以规定。关于综合判断自身所具有的特性，暂时就说这么多。”——译者注

经验的，因为它们自身就有不能从经验取得的必然性。但是，如果人们不愿意承认这一点，那么好，我就把我的命题限制在**纯粹数学**上，它的
B15 概念自己就已经具有它不包含经验的、而只包含纯粹的先天知识的含义。

虽然人们最初会想：7+5=12 的命题完全是一个按照矛盾律从 7 与 5 之和的概念中推论出来的分析命题。但是，如果更为仔细地考察一下，人们就会发现，7 与 5 之和的概念除了两个数字结合成为一个数字之外，不包含任何别的东西，而通过这种结合也根本不能设想这个总括两个数字的单一数字是什么东西。12 的概念绝不是通过我仅仅思维 7 和 5 的那种结合就已经被思维的，而且无论我用多长时间来分析我关于这样一个可能的总和的概念，我都毕竟不能在其中发现 12。人们必须超出这些概念，求助于与这二者之一相应的直观，例如 5 根手指或者（如**谢格奈**在其《算术》中那样）5 个点，这样逐一地把在直观中被给予的 5 的各个单位加到 7 的概念上去。因为我首先取的是 7 这个数字，并且由于我为了 5 的这个数字的概念而求助于我的手指作为直观，所以
B16 我就把我事先为了澄清 5 这个数字而集中起来的各个单位凭借我的那个图像逐一地加到 7 的数字上，并就这样看到 12 这个数字的产生。至于 5 应当加在 7 上，这一点我虽然在一个等于 7+5 的和的概念中已经想到了，但并不是说这个和就等于 12 这个数字。因此，算术命题在任何时候都是综合的，采用的数字越大一些，人们就越是清晰地意识到这一点，因为这样一来就清晰地显示出，无论我们怎样任意地把自己的概念颠来倒去，若不求助于直观，仅凭分析我们的概念，我们绝不能发现这个和。

纯粹几何学的任何一个原理也都同样不是分析的。说两点之间直线最短，这是一个综合命题。因为我的**直**的概念并不包含关于大小的任何东西，而是只包含一种性质。因此，最短的概念完全是附加的，是不能通过分析从直线的概念中得出的。所以，在这里必须求助于直观，只有凭借直观，综合才是可能的。

几何学家作为前提条件的少数几条原理虽然确实是分析的，并且依据的是矛盾律，但它们与同一性命题一样，也只是充当方法的链环，而
B17 不是充当原则。例如 a=a，即整体与自身相等，或者（a+b）>a，即整

体大于其部分。而即便是这些原理，虽然仅就概念而言就是有效的，但在数学中之所以被允许，也仅仅是因为它们能够在直观中体现出来。在这里，通常使我们相信这样一些不容争辩的判断的谓词已经蕴涵在我们的概念之中、判断因而是分析判断的东西，仅仅是表述的含混。① 也就是说，我们**应当**为一个被给予的概念再想出某个谓词，而这种必要性已经为概念所固有。但是，问题不是我们为被给予的概念**应当**再**想**出什么，而是我们**确实**在它里面——尽管只是模糊地——**想到**了什么；而这就表现出，谓词虽然必然地依附于那些概念，但并不是在概念中被设想的，而是借助于一种必然属于概念的直观。

2. **自然科学**（physica［物理学］）**在自身包含着作为原则的先天综合判断**。我只想援引两个命题作为例证。一个命题是：在形体世界的一切变化中，物质的量保持不变；另一个命题是：在运动的传递中，作用和反作用在任何时候都必然彼此相等。就这两个命题而言，不仅必然性、从而其先天的起源，而且它们是综合的命题，这都是清楚明白的。因为 B18
在物质的概念中，我设想的不是持久不变，而是它通过对空间的填充而在空间里在场。因此，为了先天地为物质概念再想出我在它里面没有思维过的东西，我确实超出了物质概念。所以，命题并不是分析的，而是综合的，尽管如此却是被先天地思维的，在自然科学的纯粹部分的其他命题中亦复如是。

3. **在形而上学中**，即使人们把它也仅仅看做一门迄今为止只是在阐释、但由于人类理性的本性却不可缺乏的科学，也应当**包含着综合的先天知识**，而且它所涉及的根本不是仅仅分析并由此分析地说明我们关于事物先天地形成的概念，相反，我们要扩展我们的先天知识，为此我们必须利用这样一些原理，它们在被给予的概念之上附加在它里面不曾包含的某种东西，并通过先天综合判断远远地超出，以至于经验自身也不能追随那么远，例如在“世界必须有一个最初的开端等等”的命题中；这样，形而上学至少**就其目的而言**纯粹是由先天综合

① 上下文要求把“在这里”和“这样一些”与并非前面刚说的数学综合判断联系起来。回顾 B15 的评论，甚至适当的是让整个讨论回溯到特别是算术的综合判断。至于为什么不允许像法兴格那样假定《未来形而上学导论》中的一种“位置倒错”，我在对这部作品的导论各节的分析中已经指出来了（《对康德的〈未来形而上学导论〉的历史学研究》，121～122 页，1904）。——科学院版编者注

命题组成的。

B19 ## 六、纯粹理性的普遍课题

如果能够把大量研究纳入到惟一一个课题的公式之下，那么，人们由此已经是收获颇丰了。因为这样一来，人们就不仅通过精确地规定自己的工作而使之减轻，而且也使得其他任何想要检查它的人都易于判断我们是否实现了自己的计划。如今，纯粹理性的真正课题就包含在这一问题中：**先天综合判断是如何可能的**？

形而上学迄今为止还停留在摇摆不定的不确定和矛盾的状态中，这只能归咎于一个原因，即人们没有让自己更早地思考这一课题，也许甚至没有思考**分析的**判断和**综合的**判断的区别。如今，形而上学的成败就基于这一课题的解决，或者基于令人满意地证明这一课题要求知道已得到说明的可能性实际上根本不存在。但是，在所有的哲学家当中，最接近这一课题的**大卫·休谟**还远远没有确定地并在其普遍性中思考它，而是仅仅停留在结果与其原因的联结的综合命题上（Prinz-
B20 ipium cau-salitatis［因果律］），相信能够澄清这样一种先天命题是完全不可能的。而按照他的推论，一切我们称为形而上学的东西，其结果都纯粹是一种妄想，自以为对事实上仅仅是从经验借来的并通过习惯留下必然性外观的东西有理性的洞识；如果他注意到我们的课题的普遍性的话，他绝不会陷入这种摧毁一切纯粹哲学的主张，因为这样的话他就会看出，按照他的论证甚至不可能有纯粹数学，因为纯粹数学无疑包含着先天综合判断，这样，他的健全知性也许就会保护他，不致得出那种主张了。

在解决上述课题的同时，也就理解了纯粹的理性应用在论证和解释一切包含着关于对象的先天理论知识的科学方面的可能性，即对下述问题的回答：

纯粹数学是如何可能的？

纯粹自然科学是如何可能的？

既然这些科学是现实地已被给予的，关于它们就可以恰如其分地提问道：它们是**如何**可能的；因为它们必定是可能的，这一点通过它们的现实性就得到了证明。[①] 但就**形而上学**而言，它迄今为止的糟糕进程，而且由于就它的根本目的而言不能说任何一个迄今为止所陈述的形而上学是现实地存在的，就必然使每一个人都有理由怀疑它的可能性。 B21

但现在，这一**类知识**在某种意义上毕竟也可以被视为已被给予的，而且形而上学虽然不是作为科学，但毕竟作为自然禀赋（metaphysica naturalis［自然而然的形而上学］）是现实的。因为人类理性并不是纯然由博学的虚荣心所推动，而是受自己的需要所驱动，不停顿地前进，直到这样一些不能通过理性的经验应用、从而不能通过借来的原则回答的问题；这样，在所有的人心中，一旦理性在他们心中扩展到了思辨，在所有的时代都曾现实地存在过、并还将永远存在某种形而上学。于是，关于形而上学也就有如下问题：**作为自然禀赋的形而上学是如何可能的？**也就是说，纯粹理性向自己提出、并为自己的独特需要所驱动要尽可能好地回答的那些问题，是如何从普遍的人类理性的本性中产生的？ B22

但是，对于这些自然而然的问题，例如世界是否有一个开端，是否亘古以来就存在等等，由于就迄今为止的所有回答尝试而言在任何时候都曾出现过不可避免的矛盾，所以人们不能仅限于形而上学的自然禀赋，即纯粹的理性能力自身，哪怕从它总是能产生出某种形而上学（无论它是哪一种），相反，必须有可能使理性达到一种确定性：要么知晓对象，要么不知对象；也就是说，要么对自己的问题的对象作出裁定，要么对理性在形而上学方面有无能力判断某种东西作出裁定；因而要么可靠地扩展我们的纯粹理性，要么设置它的确定的和可靠的限制。从以上普遍的课题产生的这最后一个问题，有理由是这样一个问题：**作为科学的形而上学是如何可能的？**

因此，理性的批判最终必然导致科学，与此相反，理性不经批判的独断应用则会导向无根据的、人们可以用同样明显的截然相反的主张与之对立的主张，从而导致**怀疑论**。 B23

这门科学也不会具有庞大的、可怕的繁复性，因为它所打交道的不

① 关于纯粹的自然科学，某些人可能对这种证明还持有怀疑。然而，只要看一看在真正的（经验性的）物理学的开端出现的各种定理，例如关于物质的量保持不变的定理，关于惯性、作用与反作用相等的定理等等，人们就会马上确信，它们构成了一门 Physicam puram［纯粹物理学］（或者 rationalem［理性的］物理学），这门科学很值得作为独特的科学以其或窄或宽但却完整的范围独立地得到创建。

是杂多得无穷尽的理性客体，而仅仅是它自己本身，是完全从它自己内部产生的课题，这些课题不是由与它不同的事物的本性、而是由它自己的本性给它提出的；因为一旦理性事先完全了解到它自己就经验中可能呈现给它的对象而言所具有的能力，完全并且可靠地确定它试图超出经验界限的应用的范围和界限，这就必然成为轻而易举的事情。

因此，人们可以而且必须把迄今为止所做的**独断地**建立形而上学的一切尝试都视为不曾发生的；因为在这种或者那种形而上学中是分析性的东西，亦即仅仅对我们理性先天固有的概念的分析，还根本不是真正的形而上学的目的，而只是导向它的一种行动；它的目的是综合地扩展自己的先天知识；对于这个目的来说，概念的分析是不适用的，因为它仅仅表明在这些概念中包含着什么，但却并不表明我们如何先天地达到这样一些概念，以便此后也能够规定它们在所有知识的一般对象方面的
B24 有效应用。要放弃所有这些要求，也只需要很少的自我克制，因为理性不可否认的、在独断的方法中也不可避免的矛盾早就已经自行使任何迄今为止的形而上学名声扫地了。为此需要更多的坚韧精神，内不为困难、外不为阻力所阻挡，通过另一种与迄今为止所用的截然相反的处理方式，来促进一门人类理性不可或缺的科学最终有朝一日达到繁荣昌盛、成果丰硕；人们可以砍掉这门科学的每一个生出的枝干，但却不可挖掉它的根。

七、一门名为纯粹理性批判的特殊科学的观念和划分①

如今，从所有这一切得出一门可以叫做②**纯粹理性批判**的特殊科学的
A11 理念。③ 因为理性是提供先天知识**原则**的能力。所以，纯粹的理性是包含着绝对先天地认识某种对象的原则的理性。纯粹理性的一种**工具论**就会是能够获得并现实地完成所有的纯粹先天知识所遵循的那些原则的总和。
B25 这样一种工具论的详尽应用就会造就一个纯粹理性的体系。但由于这一

① 本标题为第二版所加。——译者注

② “可以叫做”在第一版中为“可以用于”。——译者注

③ 此处删去了第一版中的两句话：“不过，每一种不混杂有任何异类的东西的知识都叫做**纯粹的**。但尤其是根本没有经验或者感觉混入其中的知识被称为绝对纯粹的，因而它也是完全先天地可能的”。接下来的“因为”在第一版中为“于是”。——译者注

体系要求颇多，且在这里一般来说，我们知识的一种扩展是否可能[①]，以及在什么样的场合是可能的，尚不能肯定，所以我们可以把纯然判断纯粹理性及其来源和界限的科学视为纯粹理性体系的**预科**。这样一门科学就不能叫做纯粹理性的**学说**，而是必须叫做纯粹理性的**批判**，而它的用途在思辨方面[②]就确实只是消极的，不是用于扩展我们的理性，而是用于澄清我们的理性，使它避免失误，这已是收获颇丰了。我把一切不研究对象、而是一般地研究我们关于对象的认识方式——就这种方式是先天 A12
地可能的而言——的知识[③]称为**先验的**。这样一些概念的体系可以叫做**先验哲学**。但是，这种哲学对于开端来说又还是[④]太多。因为既然这样一门科学必须完备地既包含分析的也包含综合的先天知识，所以就与我们的目的相关而言，它的范围过于庞大，因为我们只可以把分析推进到为在整个范围内洞察我们惟一所要探讨的先天综合的原理所必需的程度。这种研究真正说来不能称为学说，而只能称为先验的批判，因为它不以扩 B26
展知识自身为目的，而仅仅以纠正知识为目的，并应为一切先天知识是否具有价值提供试金石。这种研究就是我们现在所从事的事情。据此，如果可能的话，这样一种批判乃是为先天知识的一种工具论所做的准备，而如果这一点做不到，则至少是为先天知识的一部法规做准备，按照这部法规，也许有朝一日就能够既分析又综合地阐述纯粹理性哲学的完备体系，不管它是在于扩展纯粹理性的知识还是仅仅在于限制它的知识。因为这种体系是可能的，以及这样一种体系的范围不能非常庞大，以便可以希望全部完成它，这一点从以下事实即可以事先得到证明，即这里

---

① “且在这里一般来说，我们知识的一种扩展”在第一版中为“且一般来说，我们知识的这样一种扩展”。——译者注

② “在思辨方面”为第二版所加。——译者注

③ “而是一般地研究我们关于对象的认识方式——就这种方式是先天地可能的而言——的知识”在第一版中为“而是研究我们关于一般对象的先天概念的知识”。很可能，“一般”在第二版的文本中只是出自疏忽而留下的，尽管它在我们获得的康德第一版手写样书中没有被划去。(《康德〈纯粹理性批判〉补遗》，11 页）它在第二版中作为对“研究”的更详细的规定是多余的，就如同在第一版中作为对“对象”的补充是必要的一样。第一版在这个地方对先验知识的这种名词定义比第二版的措辞狭窄得多，后者与 B81 的更宽泛的、包括关于空间和时间的知识的规定是一致的。第一版的定义排除了直观的形式，因为一般对象仅仅表示作为纯粹范畴之对象的物自身。它并不符合改写版的思想联系，而是符合其在第一版导论中简短描绘的约自 1772 年以来的早期阶段。——科学院版编者注

④ “还是”为第二版所加。——译者注

A13 构成对象的不是不可穷尽的事物之本性，而是对事物本性作出判断的知性，而且知性又是仅仅就其先天知识而言的；这种对象的储备因我们不可以在外面寻找它而对于我们不可能保持为隐秘的，且根据一切猜测小
B27 得足以完备无遗地对它是否具有价值作出判断，并作出正确的评价。① 人们在这里可以期待的，更不是一种对书本和纯粹理性体系的批判，而是对纯粹理性能力自身的批判。只不过，如果以这种批判为基础，人们就有了一种可靠的试金石，来测定这一领域里的新旧著作的哲学价值；否则，未经授权的历史著述家和评论家就将用自己同样无根据的主张来判断他人无根据的主张。

先验哲学是纯粹理性批判**以建筑术的方式**亦即从原则出发为之设计出整个蓝图的一门科学的理念②，要完全保证构成这一大厦的各个部分的完备性和可靠性。它是纯粹理性的所有原则的体系。③ 至于这一批判自己还不叫做先验哲学，仅仅因为要成为一个完备的体系，它就必须也包含着对全部人类先天知识的详尽分析。如今，尽管我们的批判当然提供了对构成上述纯粹知识的所有基本概念的一种完备列举，但它却合理地放弃了对这些概念自身的详尽分析，也放弃了对由此派生的概念的完备评论，这部分是因为这种分析由于不具有在综合中遇到的、本来整个批判为之存在的那种不可靠性而不合目的，部分是因为承担这样一种分析和
A14 推导的完备性的责任，与计划的同一性相抵触，就自己的目的而言，人
B28 们毕竟是可以解除这种责任的。无论是分析还是从下面要提供的先天概念作出推导，只要它们首先作为详尽的综合原则存在，并且就这一根本的目的而言不缺少什么东西，其完备性可以轻而易举地予以补齐。

据此，构成先验哲学的一切都属于纯粹理性批判，而纯粹理性批判是先验哲学的完备理念，但还不是这门科学自身，因为它在分析中只能前进到对先天综合知识作出完备的判断所必需的程度。

在划分这样一门科学的时候，最需要注意的是：根本不必有任何自

① 由此至本段末为第二版所加。同时此处删去了第一版中的标题“二、先验哲学的划分”。——译者注

② “先验哲学是纯粹理性批判**以建筑术的方式**亦即从原则出发为之设计出整个蓝图的一门科学的理念”在第一版中为“先验哲学在这里只是纯粹理性批判**以建筑术的方式**亦即从原则出发为之设计出整个蓝图的一个理念”。——译者注

③ 本句为第二版所加。——译者注

身包含着某种经验性的东西的概念掺杂其中，或者说，先天知识是完全纯粹的。因此，虽然道德性的至上原理及其基本概念是先天知识，但它们却不属于先验哲学，因为它们虽不以快乐和不快、欲望和偏好等等都 A15
具有经验性起源的概念为其规定的基础，但在义务的概念中毕竟必须把 B29
它们或者作为应当克服的障碍、或者作为不可当做动因的诱惑而一起纳入道德性体系的制订。① 因此，先验哲学是一种纯粹的、全然思辨的理性的世俗智慧。因为一切实践的东西，就其包含着动机而言，都与情感相关，而情感属于经验性的知识来源。

如今，如果人们想从一个一般体系的普遍立场出发划分这门科学，那么，我们现在所陈述的这门科学就必须首先包含着纯粹理性的**要素论**，其次包含着纯粹理性的**方法论**。这两个主要部分的每一个都将有其进一步的划分，尽管如此，其理由在这里尚不能陈述。对于导论或者预先提醒来说，看来有必要指出的无非是：人类知识有两个主干，它们也许出自一个共同的、但不为我们所知的根源，这两个主干就是**感性**和**知性**，对象通过前者**被给予**我们，但通过后者**被思维**。现在，如果感性包含着构成对象被给予我们的条件的先天表象，那么，它就会属于先验哲学。 B30
先验的感性论将必然属于要素论的第一部分，因为人类知识的对象被给 A16
予的惟一条件先行于这些对象被思维的条件。

① 这句话在第一版中为：“因为在这里必须预设快乐和不快、欲望和偏好、任性等等都具有经验性起源的概念”。——译者注

第一部

先验要素论

第一部分
先验感性论

第1节①

A19

B33

无论一种知识以什么方式以及通过什么手段与对象发生关系，它与对象直接发生关系所凭借的以及一切思维当做手段所追求的，就是**直观**。但直观只是在对象被给予我们时才发生；而这对于我们人来说，又至少只是②通过对象以某种方式刺激心灵才是可能的。通过我们被对象刺激的方式获得表象的能力（感受性）叫做**感性**。因此，借助于感性，对象**被给予**我们，而且惟有感性才给我们提供**直观**；但直观通过知性**被思维**，从知性产生出**概念**。不过，一切思维，无论它是直截了当地（直接地），还是转弯抹角地（间接地），都必须借助于某些标志③最终与直观、从而在我们这里与感性发生关系，因为对象不能以别的方式被给予我们。

如果我们被一个对象所刺激，则对象对表象能力的作用就是**感觉**。通过感觉与对象发生关系的那些直观就叫做**经验性的**。一个经验性直观 B34
的未被规定的对象就叫做**显象**。 A20

在显象中，我把与感觉相应的东西称为显象的**质料**，而把使得显象的杂多能够在某些关系中得到整理的东西称为显象的**形式**。由于感觉惟有在其中才能得到整理并被置于某种形式之中的东西，自身不可能又是感觉，所以，虽然一切显象的质料只是后天被给予我们的，但显象的形

① 节的划分为第二版所加，下同。——译者注

② “这对于我们人来说，又至少只是”在第一版中为“这又只是”。——译者注

③ “借助于某些标志”为第二版所加。——译者注

式却为了显象而必须全都已经先天地蕴涵在心灵中，因而可以与一切感觉分离开来予以考察。

我把一切在其中找不到任何属于感觉的东西的表象称为**纯粹的**（在先验的意义上）。据此，一般感性直观的纯粹形式将在心灵中先天地找
B35 到，显象的一切杂多将以这种形式在某些关系中被直观。感性的这种纯
A21 形式自身也叫做**纯直观**。这样，如果我从一个物体的表象中把知性所思维的东西如实体、力、可分性等等都除去，此外把属于感觉的东西如不可入性、硬、颜色等等也除去，那么，从这个经验性的直观中还给我剩下了某种东西，即广延和形状。它们属于纯直观，即便没有感官或者感觉的一个现实的对象，纯直观也先天地作为一个纯然的感性形式存在于心灵中。

一门关于感性的一切先天原则的科学，我称为**先验感性论**。[①] 因此，必须有这样一门科学，它构成先验要素论的第一部分，与包含着纯思维
B36 的原则、被称为先验逻辑的学说相对照。

因此，在先验感性论中，我们首先通过把知性在此凭借自己的概念
A22 所思维的一切都除去，来把感性**孤立**起来，以便仅仅留下经验性的直观。其次，我们将从经验性的直观中把属于感觉的一切都分离开来，以便只留下纯直观和显象的纯然形式，这是惟一能够提供先天感性的方法。在进行这一研究时，将发现两种作为先天知识原则的感性直观纯形式，即空间和时间，我们现在就将考虑它们。

---

① 惟有德国人如今在用**感性论**这个词来表示别人叫做鉴赏力批判的东西。在此，作为基础的是杰出的分析家**鲍姆嘉登**所持有的一种不适当的希望，即把对美的批判性判断置于理性原则之下，并把这种判断的规则提升为科学。然而，这种努力是徒劳的。因为上述规则或者标准就其最主要的来源而言仅仅是经验性的，因而绝不能充当我们的鉴赏判断必须遵循的确定的（“确定的”一词为第二版所加。——译者注）先天规律；毋宁说，鉴赏判断构成了那些规则的正确性的真正试金石。因此可取的是，要么（“要么”一词为第二版所加——译者注）使这一称谓再次死亡，并把它保留给是真正的科学的学说（这样一来，人们也就会更为接近古人的语言和意义，在古人那里把知识划分为 αιδθητα και νοητα［可感觉的和可思想的］是很著名的），要么与思辨哲学分享这一称谓，并部分地在先验的意义上、部分地在心理学的意义上接受感性论（括号及“要么……感性论”为第二版所加。——译者注）。

第一章 B37
论空间

第 2 节　空间概念的形而上学阐明[①]

借助于外感官（我们心灵的一种属性），我们把对象表象为外在于我们的，它们全都在空间之中。在空间中，它们的形状、大小和相互之间的关系得到规定，或者是可规定的。借助于内感官，心灵直观自己本身或者其内在状态；虽然内感官并不提供关于灵魂自身作为一个客体的任何直观，但毕竟有一种确定的形式，惟有在这形式下灵魂内部状态的直观才有可能，以至于一切属于内部规定的东西都在时间的关系中被表象 A23
出来。时间不能在外部被直观到，就像空间不能被直观为我们内部的某物一样。那么，空间和时间是什么呢？是现实的存在物吗？它们虽然只是事物的规定或者关系，但却是即便事物不被直观也仍然本来属于事物的规定或者关系吗？或者说，它们是仅仅依附于直观的形式、从而依附于我们心灵的主观性状、没有心灵的主观性状这些谓词就根本不能被赋 B38
予任何事物的规定或者关系吗？为了澄清这一点，我们首先要阐明[②]空间的概念。[③] 但是，我把**阐明**（expositio）理解为清晰地（尽管并非详尽地）表象属于一个概念的东西；但是，如果阐明包含着把概念作为**先天给予的**来描述的东西，它就是**形而上学的**。

1. 空间不是一个从外部经验抽象得来的经验性概念。因为要使某些感觉与我之外的某物发生关系（也就是说，与在空间的不同于我所在的另一地点上的某物发生关系），此外要使我能够把它们表象为彼此外在和彼此**并列**[④]、从而不仅各不相同、而且是在不同的地点的，这就必须已经有空间的表象作为基础了。据此，空间的表象不能通过经验从外部显象

① 标题为第二版所加。——译者注
② "阐明"在第一版中为"考察"。——译者注
③ 由此至本段末为第二版所加。——译者注
④ "和彼此并列"为第二版所加。——译者注

的关系借来，相反，这种外部经验自身只有通过上述表象才是可能的。

A24 2. 空间是作为一切外部直观的基础的一个必不可少的先天表象。人们
B39 虽然完全能够设想在空间中找不到任何对象，但却绝不能形成一个没有空间存在的表象。因此，空间被视为显象可能性的条件，而不是一个依赖于显象的规定，是一个以必然的方式作为外部显象之基础的先天表象。①

3.② 空间不是一个关于一般事物的关系的推理概念，或者如人们所说是一个普遍概念，而是一个纯直观。因为首先，人们只能表象一个惟一的空间，而当人们谈论多个空间时，人们只是把它们理解为同一个独一无二的空间的各个部分。这些部分也不能仿佛是作为惟一的无所不包的空间的组成部分（有可能用这些部分复合成它）先行于它，而是只有在**它**里面才能被设想。它在本质上是惟一的，它里面的杂多、从而还有一般的诸空间的普遍概念，都仅仅基于各种限制。由此得出，就它而言，一种先天直观（它不是经验性的）是关于空间的所有概念的基础。就连所有的几何学原理也是如此，例如在一个三角形中两边之和大于第三边，就绝不是从关于线和三角形的普遍概念中，而是从直观中，并且是先天地以无可争辩的确定性引申出来的。

A25 4. 空间被表象为一个无限的**被给予**的大小。如今，虽然人们必须把
B40 每一个概念都设想为一个包含在无限多的不同可能表象之中（作为它们共同的标志）、从而把这些表象包含在**自己之下**的表象；但是，没有一个如此这般的概念能够被设想成好像把无限多的表象都包含在自身当中。尽管如此，空间就是被这样设想的（因为空间无限多的所有部分都是同时存在的）。因此，关于空间的源始表象是一个**先天直观**，而不是**概念**。③

---

① 下面删去了第一版中的如下一段并将它改写成“空间概念的先验阐明”：“3. 在这种先天的必然性之上，建立起一切几何学原理的不容争辩的确定性及其先天构想的可能性。也就是说，如果空间的这种表象是一个后天获得的、从普遍的外部经验得来的概念，那么，数学规定的最初原理就会无非是知觉。因此，这些原理就会具有知觉的一切偶然性，‘两点之间只有一条直线’就会同样不是必然的，而是经验任何时候都如此教导我们的。从经验借来的东西，也只有比较的普遍性，亦即通过归纳。因此，人们就会只能够说，就目前所注意到的而言，还没有发现具有多于三个维度的空间。”——译者注

② 该序号在第一版中为“4.”。——译者注

③ 本段在第一版中为：“5. 空间被表象为一个无限的**被给予的**大小。关于空间的一个普遍的概念（它为一英尺和一德尺所共有）就大小而言不能规定任何东西。如果在直观的进展中不存在无界限性的话，那么，就没有任何关系的概念会产生直观的无限性的原则。”——译者注

第3节 空间概念的先验阐明[①]

我把一种**先验阐明**理解为将一个概念解释为一个原则，从这一原则出发就能够看出其他先天综合知识的可能性。为此目的就要求：1. 诸如此类的知识确实是从这个被给予的概念得来的；2. 这些知识惟有以这个概念的一种被给予的解释方式为前提条件才是可能的。

几何学是一门综合地却又先天地规定空间属性的科学。为使空间的这样一种知识是可能的，空间的表象究竟必须是什么呢？它必须源始就是直观；因为单从一个概念得不出任何超出概念的命题，但这种情况在 B41
几何学中却发生了（参见导论，五）。不过，这种直观必须先天地，即先于对一个对象的一切感知而在我们心中找到，从而是纯粹的直观，而不是经验性的直观。因为几何学的定理全都是无可争辩的，也就是说，是与对它们的必然性的意识结合在一起的，例如空间只有三个维度；但诸如此类的定理不可能是经验性的判断或者经验判断，也不是从它们推论出来的（参见导论，二）。

那么，一种先行于客体、客体的概念能够在其中先天地被规定的外部直观是如何能够为心灵所固有的呢？显然惟有当它作为主体受客体刺激并由此获得客体的**直接表象即直观**的形式性状，因而仅仅作为外**感官**的一般形式，而在主体中拥有自己的位置时，才是可能的。

因此，惟有我们的解释才使得作为一种先天综合知识的**几何学的可能性**成为可理解的。任何一种不提供这种东西的解释方式，即使在表面上与几何学有些类似之处，依据这一标志就可以极可靠地与它区别开来。

由上述概念得出的结论 A26

B42

1. 空间根本不表象任何一些物自身的属性，或者在它们的相互关系之中表象它们，也就是说，并不是那些依附于对象自身、即便人们抽掉直观的所有主观条件也依然留存的属性的规定。因为无论是绝对的规定还是相对的规定，都不能先于它们所属的那些事物的存在、从而不能先

① 本节为第二版所加。——译者注

天地被直观。

2. 空间无非是外感官的一切显象的形式，也就是说，是感性的主观条件，惟有在这一条件下外部直观对我们来说才是可能的。如今，由于主体的被对象刺激的感受性以必然的方式先行于这些客体的所有直观，因此可以理解，一切显象的形式如何能够在一切现实的知觉之前、从而先天地在心灵中被给予，以及它如何能够作为一切对象都必须在其中被规定的纯直观在一切经验之前就包含着对象诸般关系的原则。

据此，我们惟有从一个人的立场出发才能够谈论空间，谈论有广延的存在物等等。如果我们离开惟一使我们能够按照我们可能受对象所刺激的方式拥有外部直观的主观条件，那么，空间的表象就毫无意义。这个谓词只是就事物显现给我们、亦即是感性的对象而言才被赋予事物。
A27 这种我们称之为感性的感受性的恒定形式，是对象在其中被直观为在我
B43 们之外的各种关系的一个必要条件，而如果人们抽掉这些对象，它就是一个拥有空间之名的纯直观。由于我们并不能够使感性的这些特殊条件成为事物的可能性的条件，而只能使之成为事物的显象的可能性的条件，所以我们完全可以说，空间包括可能外在地向我们显现的一切事物，但不包括一切物自身，不管它们是否被直观到，或者也不管它们被什么样的主体所直观。因为关于其他能思维的存在物的直观，我们根本不能作出判断，说它们是否受限制着我们的直观并对我们来说普遍有效的上述条件所制约。如果我们把对一个判断的限制附加在主词的概念上，该判断在这种情况下就无条件地有效。“一切事物都在空间中并列存在”这个命题①，在这个限制下，即如果这些事物被当做我们的感性直观的对象来对待，是有效的。如果我在这里把该条件附加在概念上，并且说：一切事物作为外部显象都在空间中并列存在，那么，这个规则就普遍地有效，
A28 没有限制。据此，我们的阐明就一切外在地作为对象能够呈现给我们的
B44 东西而言说明了空间的**实在性**（即客观有效性），但同时就事物由理性依其本身来考虑、即不顾及我们感性的性状而言说明了空间的**观念性**。因此，我们（就一切可能的外部经验而言）主张空间的**经验性的实在性**，虽然②也主张空间的**先验的观念性**，也就是说，一旦我们除去一切经验的

A29 ① 此处删去了第一版中的“惟有”一词。——译者注
② 此处删去了第一版中的“同时”一词。——译者注

可能性的条件，假定它是作为物自身的基础的某种东西，空间就什么也不是了。

但是，除了空间之外，也不存在其他任何主观的、与某种外物相关的、能够称之为先天客观的表象。① 因为人们不能从这些表象中的任何一个，像从空间中的直观那样，推导出先天综合命题（参见第 3 节）。因此，精确地说，它们根本没有观念性②，虽然它们与空间的表象在这一点上是一致的，即它们仅仅属于感觉方式的主观性状，例如属于凭借颜色、声音和温度的感觉的视、听、触的主观性状，但由于这些都仅仅是感觉而不是直观，它们就自身而言都不使人认识、至少是先天地认识任何客体。

这一说明的意图只是在于防止使人想用远远不够的实例来说明所主张的空间的观念性，因为例如颜色、滋味等等都理应不被看做事物的性状，而仅仅应被看做我们主体的变化，这些变化甚至在不同的人那里也可能是不同的。因为在这种场合里，那原初只是显象的东西，例如一朵玫瑰，在经验性的意义上就被视为一个物自身，这个物自身却可能对每个人的眼睛来说在颜色上显得不同。与此相反，空间中显象的先验概念却是一个批判性的提醒：一般来说，在空间中被直观的任何东西都不是事物自身，空间也不是事物自身固有的形式，相反，对象自身根本不为我们所知，而我们称为外部对象的东西，无非是我们感性的纯然表象，其形式就是空间，而其真正的相关物亦即物自身，由此却根本没有被认

B45

A30

① 由此至本段末在第一版中为："因此，一切外部显象的这种主观条件不能与其他任何条件相比较。一种葡萄酒的美味并不属于葡萄酒的客观规定，因而不属于一个客体的客观规定，即便它被当做显象来考察，而是属于品尝葡萄酒的主体的感官的特殊性状。颜色也不是它们依附于其直观的物体的性状，而仅仅是被光以某种方式所刺激的视觉感官的变状。与此相反，空间作为外部客体的条件，必然属于客体的显象或者直观。滋味与颜色根本不是对象惟有在其下才能对我们来说成为感官的客体的必要条件。它们只是作为特殊的组织偶尔附加的作用而与显象相结合的。因此，它们也不是先天表象，而是建立在感觉之上的，而美味甚至是建立在作为感觉之结果的情感（快乐与不快）之上的。也没有人能够先天地有一种颜色以及任何一种滋味的表象；但是，空间只涉及直观的纯粹形式，因而根本不包含任何感觉（不包含任何经验性的东西），如果要有形状以及关系的概念产生，空间的一切种类和规定就能够并且必须甚至先天地被表象。惟有通过空间，事物才有可能对于我们来说成为外部对象"。——译者注

② 空间的先验观念性预设空间是先天地被给予的，观念性预设它是直观，也就是说，是一个自身使人认识一个客体的表象。因此，感觉的实例对于所主张的空间观念性来说在这里是远远不够的。也请参见 B582。B447 有所不同，因为处在另外的上下文中。——科学院版编者注

识，也不能被认识，但在经验中也从来不被追问。

B46

第二章
论时间

第4节　时间概念的形而上学阐明①

1. 时间不是以某种方式从经验抽象出的经验性概念。因为如果时间的表象不先天地作为基础，则同时或者相继都甚至不会进入知觉。惟有以时间的表象为前提条件，人们才能表象：一些东西存在于同一个时间中（同时）或者存在于不同的时间中（相继）。

A31 2. 时间是作为一切直观之基础的一个必不可少的表象。人们尽管完全可以从时间中除去显象，但就一般显象而言却不能取消时间自身。因此，时间是先天地被给予的。惟有在时间中，显象的一切现实性才是可能的。这些显象全都可以去掉，但时间自身（作为显象的可能性的普遍条件）却不能被取消。

B47 3. 在这种先天必然性的基础之上，还建立起时间关系的不可争辩的原理或者一般时间公理的可能性。时间只有惟一的维度：不同的时间不是同时的，而是相继的（就像不同的空间不是相继的，而是同时的一样）。这些原理不可能从经验中得出，因为经验既不会提供严格的普遍性，也不会提供不可争辩的确定性。我们将只能说：通常的知觉告诉我们是这样的；但不能说：它必定是这样的。这些原理被视为在根本上使经验成为可能的规则，并且在经验之前，而不是通过经验教导我们。

4. 时间不是推理概念，或者如人们所说是普遍概念，而是感性直观的一种纯形式。不同的时间只是同一时间的各个部分。但是，只能通过
A32 一个惟一的对象被给予的表象就是直观。即便“不同的时间不能是同时的”这个命题，也不能从一个普遍的概念推导出来。该命题是综合的，不能仅仅从概念产生。因此，它是直接地包含在时间的直观和表象之

① 标题为第二版所加。——译者注

中的。

5. 时间的无限性无非意味着：时间一切确定的长短都惟有通过对惟一的作为基础的一个时间的限制才是可能的。因此，**时间**这一源始的表象必须不受限制地被给予。但由此，一个对象的各个部分自身和每一大 B48
小都惟有通过限制才能确定地被表象，所以，整个表象肯定不是通过概念被给予的（因为概念只包含部分的表象）①，相反，必须有直接的直观作为概念的基础②。③

第 5 节　时间概念的先验阐明④

因此，我可以援引第 3 条，在那里我为了简练而把本来是先验的内容置于形而上学阐明的标题之下了。此处我再补充一点：变化的概念亦即随之运动（作为位置的变化）的概念惟有通过并在时间表象之中才是可能的；如果这一表象不是先天的（内）直观，那么，任何概念，无论它是什么概念，都不能使一种变化的可能性、亦即把矛盾对立着的各谓词（例如同一事物在某处存在又在该处不存在）结合进同一个客体的可能性成为可理解的。惟有在时间中，才能在一个事物中，即**相继地**发现两个矛盾对立着的规定。因此，我们的时间概念解释了像富有成果的普 B49
遍运动学说所阐述的那么多的先天综合知识的可能性。

第 6 节　从这些概念得出的结论

1. 时间不是某种独立存在的东西，或者不是作为客观的规定依附于事物、从而即使人们抽掉事物的直观的所有主观条件也依然留存的东西：因为在第一种场合，时间就会是某种没有现实的对象也依然现实地存在的东西。但就第二种场合而言，时间作为一个依附于事物本身的规定或 A33

① 括号里面的话在第一版中为“因为那样的话部分的表象就在先”。——译者注

② “必须有直接的直观作为概念的基础”在第一版中为“必须有它们的直接直观作为基础”。——译者注

③ 也就是说，必须有整个表象的直接直观作为对象的各个部分和每一个被给予的大小的基础。——科学院版编者注

④ 本节为第二版所加。——译者注

者秩序也不能作为对象的条件先行于对象，先天地通过综合命题被认识和直观。与此相反，如果时间无非是一切直观能够在我们里面发生的主观条件，那么，这后一种情况就完全会发生。因为在这里，内直观的这种形式就能够先于对象、从而是先天地被直观。

2. 时间无非是内感官的形式，即直观我们自己和我们的内部状态的形式。因为时间不可能是外部显象的规定：它既不属于形状，也不属于
B50 位置等等；与此相反，它规定着各个表象在我们的内部状态中的关系。而正因为这种内直观不提供任何形状，所以我们也试图通过类比来弥补这一缺憾，通过一条无限延伸的线来表象时间序列，其中杂多构成了一个只具有一个维度的序列；而且我们从这条线的各种属性推论到时间的一切属性，只除了一点，即前者的各个部分是同时的，而后者的各个部分则始终是相继的。由此也得出，时间自身的表象是直观，因为它的一切关系都可以借助一个外直观予以表达。

A34 3. 时间是所有一般显象的先天形式条件。作为一切外直观的纯形式的空间，作为先天条件仅仅局限于外部显象。与此相反，由于所有的表象，无论它们是否有外部事物作为对象，毕竟都就自身而言作为心灵的规定而属于内部状态；而这种内部状态却隶属在内直观的形式条件亦即时间之下：所以，时间是所有一般显象的先天条件，进而是内部的（我们灵魂的）显象的直接条件，正因为此间接地也是外部显象的条件。如
B51 果我能够先天地说：一切外部显象都在空间中并按照空间的关系被规定，那么，我也可以从内感官的原则出发完全普遍地说：所有一般显象，即感官的所有对象，都处在时间中，并以必然的方式处在时间的各种关系中。

如果我们抽掉我们在内部直观我们自己并借助这种直观也把一切外直观包括进表象力的方式，从而按照对象就自身而言可能存在的样子来对待它们，那么，时间就什么也不是。时间仅仅就显象而言才具有客观有效性，因为这已经是我们当做**我们感官的对象**来对待的事物了；但如
A35 果我们抽掉我们的直观的感性，从而抽掉我们特有的那种表象方式，而谈论**一般的物**，那么，时间就不再是客观的了。因此，时间仅仅是我们的（人的）直观（它在任何时候都是感性的，也就是说，如果我们被对象刺激的话）的主观条件，在主体之外就其自身而言什么也不是。尽管

如此，就所有的显象而言，因而也就所有能够在经验中呈现给我们的事物而言，它仍然以必然的方式是客观的。我们不能说：一切事物都在时间中，因为对于一般事物的概念来说事物直观的所有方式都被抽掉了， B52 但这个概念却是时间隶属于对象的表象的真正条件。如果给概念附加上条件，并且说：一切作为显象（感性直观的对象）的事物都在时间中，那么，这条原理就有其完美的客观正确性和先天的普遍性了。

据此，我们的主张说明了**时间的经验性的实在性**，即就每次能够被给予我们感官的所有对象而言的客观有效性。而既然我们的直观在任何时候都是感性的，所以，在经验中绝不可能有不隶属于时间条件的对象被给予我们。与此相反，我们反对时间对绝对实在性的一切要求，因为即使不考虑我们感性直观的形式，这种实在性也绝对地作为条件或者属 A36 性依附于事物。这样一些属于物自身的属性也永远不能通过感官被给予我们。因此，时间的**先验的观念性**就在于此，按照这种观念性，如果人们抽掉感性直观的主观条件，时间就根本什么也不是，既不能自存性地也不能依存性地归之于对象自身（与我们的直观没有关系的对象）。不过，这种观念性与空间的观念性一样，毕竟不能与感觉的蒙骗相比，因为人们此时就这些谓词所依存的显象而言，毕竟预先设定它具有客观的 B53 现实性；在这里，除了它仅仅是经验性的之外，即除了它把对象本身仅仅看做是显象之外，这种实在性就会完全丧失；对此，可参阅上面第一章的说明。

第 7 节　解说

对于这个承认时间的经验性的实在性、但却否认其绝对的和先验的实在性的理论，我从有见识的人士那里如此一致地听到一种反对意见，以至于我从中得出，这种反对意见必定自然而然地出现在任何不习惯于这些考察的读者那里。这种意见认为：变化都是现实的（即使人们想否认一切外部显象连同其变化，我们自己的表象的更替也证明了这一点）。 A37 如今，变化惟有在时间中才是可能的，所以时间就是某种现实的东西。对此作出答复毫无困难。我承认这全部论证。时间当然是某种现实的东西，也就是说，是内直观的现实的形式。因此，就内部经验来说它具有

主观的实在性，也就是说，我确实有关于时间和我在时间中的规定的表
B54 象。因而，它可以被视为现实的，不是作为客体，而是作为我自己是客体的表象方式。但是，如果我自己或者另一个存在物不用这个感性的条件就能够直观我，那么，正是我们现在表象为变化的这样一些规定，就会提供一种知识，其中时间的表象、从而还有变化的表象都根本不会出现。因此，依然有经验性的实在性，作为我们一切经验的条件。按照以上所述，惟有绝对的实在性是不能承认时间所有的。时间无非是我们的内直观的形式。① 如果人们从时间中去掉我们感性的特殊条件，那么，时
A38 间概念也就消失了，而时间并不依附于对象本身，而是依附于直观对象的主体。

但是，使得这种反对意见如此众口一词、而且出自那些尽管如此却不知道有什么明确的理由反对空间的观念性学说的人的原因，一如下述。
B55 他们并不期望能够无可争议地阐述空间的绝对实在性，因为他们遭到唯心论的反对；唯心论认为外部对象的现实性不能有任何严格的证明，与此相反，我们内感官的对象（我自己和我的状态）的现实性则是直接通过意识而清楚明白的。外部对象可能只是一种幻相（Schein），内感官的对象在他们看来却无可辩驳地是某种现实的东西。但是他们不曾想到，尽管人们不可反对这二者作为表象的现实性，但它们尽管如此却只属于显象，显象在任何时候都有两个方面，一方面是就客体自身来考察它（不管直观它的方式，但正因为此它的性状在任何时候都是成问题的），另一方面是注意这一对象的直观的形式，这种形式必须不是在对象自身中、而是在对象向之显现的主体中去寻求，但尽管如此仍然现实地和必然地属于这个对象的显象。

据此，时间和空间是可以从中先天地汲取各种综合知识的两个知识来源，尤其是纯粹数学，在空间及其关系的知识方面提供了一个光辉的范例。也就是说，空间和时间合起来是所有感性直观的纯形式，并由此而使先天综合命题成为可能。但是，这两个先天的知识来源正由于此
A39 （即它们只是感性的条件）为自己规定了界限，也就是说，它们仅仅涉及

① 我虽然可以说：我的各种表象前后相继；但这仅仅意味着，我们在一个时间序列中意识到它们，也就是说，按照内感官的形式意识到它们。因此，时间不是某种自在的东西，也不是客观地依附于事物的规定。

作为显象来考察的对象，但并不表现物自身。惟有前者才是它们的有效 B56
性的领域，如果超出这个领域，就不再有它们的客观应用了。此外，空间和时间的这种实在性[①]并不影响经验知识的可靠性：因为无论这些形式以必然的方式依附于物自身还是仅仅依附于我们对这些物的直观，我们都同样确信这种可靠性。与此相反，主张空间和时间的绝对实在性的人，无论他们认为这种实在性是自存性的还是仅仅依存性的，都必然要与经验自身的原则相抵触。因为如果他们决定采用前者（这通常是数学的自然研究者一派），那么，他们就必须假定两种永恒的、无限的、独立存在的不合情理之物，它们存在着（毕竟不是某种现实的东西），只是为了把一切现实的东西包含在自身之内。如果他们采用第二派的观点（一些形
而上学的自然学者就持这种观点），把空间和时间视为从经验中抽象出来 A40
的、尽管在分离中被混乱地表象的、各种显象的关系（并列或者相继）， B57
那么，他们就必须否定先天的数学学说就现实的事物（例如空间中的事物）而言具有效力，至少是否定它具有无可争辩的确定性，因为这种确定性根本不是后天地发生的，而空间和时间的先天概念在他们看来只不过是想象力的创造物，其来源必须现实地到经验中寻找，想象用经验的抽象关系构造出某种虽然包含着这些关系的共相、但没有自然加给他们的约束就不能成立的东西。前一种人的收获，是他们为数学主张敞开了显象的领域。与此相反，当知性要超出这个领域的时候，他们就正是由于这些条件而大为困惑了。第二种人虽然在后面这点上有所收获，即当他们想把对象不是作为显象，而是仅仅在与知性的关系中来判断的时候，空间和时间的表象不会阻碍他们；但他们既不能为数学的先天知识的可能性提供根据（因为他们缺乏一种真正的、客观有效的先天直观），也不
能使经验命题与他们的主张达到必要的一致。在我们关于感性的这两种 A41
源始形式的真正性状的理论中，这两种困难都被消除了。 B58

最后，至于先验感性论除空间和时间这两种要素之外不可能包含更多的要素，这一点是清楚明白的，因为所有其他属于感性的概念，甚至把二者结合起来的运动的概念，都以某种经验性的东西为前提条件。运动以对某种运动的东西的知觉为前提条件。但在空间中，就其自身来看，

① 也就是说，这种纯然经验性的、并非绝对的实在性。——科学院版编者注

没有任何运动的东西：因此，运动的东西必须是某种**仅仅由经验在空间中发现的东西**，从而是一个经验性的材料。同样，先验感性论不能把变化的概念列入其先天材料，因为时间本身并不变化，而是某种存在于时间中的东西在变化。所以，为此就要求有对某种存在及其各种规定的演替的知觉，因而就要求有经验。

B59

第 8 节　对先验感性论的总说明

一、[①]为了防止一切误解，首先必须尽可能清晰地解释，就一般感性
A42 知识的基本性状而言，我们的看法是什么。

因此，我们曾经想说：我们的一切直观无非是关于显象的表象；我们所直观的事物并非就自身而言就是我们直观它们所是的东西，它们的关系也不是就自身而言就具有它们向我们显现的那种性状，而如果我们把我们的主体、哪怕是仅仅把感官的一般主观性状去掉，客体在空间和时间中的一切性状、一切关系、甚至空间和时间本身都将消失，它们作为显象不能就自身而言、而是只能在我们心中实存。对象就自身而言、与我们感性的这一切感受性相分离，可能具有一种什么样的状况，依然是我们完全[②]不知道的。我们所认识的无非是我们知觉它们的方式，这种方式是我们特有的，但尽管必然属于每一个人，却并不必然属于每一个
B60 存在物。我们只与这种方式打交道。空间和时间是这种方式的纯形式，一般感觉则是质料。我们只能先天地、即在一切现实的知觉之前认识这种纯形式，所以它叫做纯直观；但感觉却是我们的知识中使得它叫做后天知识亦即经验性直观的东西。前者绝对必然地依附于我们的感性，无
A43 论我们的感觉是哪一种方式；后者则可能极为不同。即使我们能够使我们的这种直观达到最高的清晰程度，我们也不会由此更为接近对象自身的性状。因为我们在任何情况下所可能完全认识的，毕竟只是我们的直观方式，即我们的感性，并且永远只是在原初就依附于主体的空间和时间的条件下认识它的；至于对象自身会是什么，毕竟永远也不会通过惟

---

① 序号为第二版所加。——译者注

② 在《未来形而上学导论》中亦是如此，但在那里有比这里不言而喻的规定更详细的规定：我们通过感官根本不能如其就自身而言所是的那样来认识事物。——科学院版编者注

一被给予我们的、对象自身的显象的最清晰知识而为我们所知。

因此，说我们的整个感性无非是对事物的混乱的表象，这种表象只包含自在地属于事物的东西，但只不过是处于我们未借助意识分辨清楚的那些标志和分表象的堆积状态，这种说法是对感性概念和显象概念的一种歪曲，它使得感性和显象的整个学说都变得毫无用处、空洞无物。不清晰的表象与清晰的表象的区别仅仅是逻辑上的，并不涉及内容。毫 B61
无疑问，健全知性使用的**公正**概念，所包含的正是最精细的思辨能够从它发挥出来的东西，只不过在通常的和实际的应用中，人们并没有意识到这一思想中的这些各种各样的表象罢了。因此，人们不能说：这个平常的概念是感性的，仅仅包含着一种显象，因为公正根本不能显现，相 A44
反，它的概念蕴涵在知性中，并表象行动的一种性状（道德性状），这性状自在地属于行动。与此相反，在直观中一个**物体**的表象根本不包含能够属于一个对象自身的东西，而只包含某物的显象和我们由此被刺激的方式，而我们的认识能力的这种感受性就叫做感性，即使人们能够彻底看透前者（显象），也与对象自身的知识有天壤之别。

因此，莱布尼茨—沃尔夫哲学为关于我们知识的本性和起源的全部研究指示了一个完全不合适的观点，因为它把感性与理智的区别仅仅看做是逻辑的，而这种区别明显是先验的，不是仅仅涉及清晰或者不清晰的形式，而是涉及其起源和内容，以至于我们不仅仅是通过感性不清晰地认识、而 B62
是根本不认识物自身的性状，而且，一旦我们去掉我们主观的性状，被表象的客体连同感性直观赋予它的那些属性就在任何地方都找不到了，也不可能被找到，因为正是这个主观的性状规定着客体作为显象的形式。

我们通常在显象中间把本质上依附于显象的直观并一般来说对任何人 A45
类感官都有效的东西与只是以偶然的方式属于显象的直观的东西区别开来，因为后者并不是一般地在感性的关系上、而是仅仅在这个或者那个感官的特殊地位或者机制上有效。而在这里，人们把前一种知识称为一种表象对象自身的知识，而把后一种知识仅仅称为对象的显象。但这种区分仅仅是经验性的。如果停留在这一点上（如通常所发生的那样），不再把那种经验性的直观看做是纯然的显象（如应当发生的那样），以至于在其中找不到任何依附于某个事物自身的东西，那么，我们的先验区分就会丧失，在这种情况下，尽管我们到处（在感官世界中）、哪怕在对感官世界的对象作最深 B63

入的研究时，都只能与显象打交道，我们却相信能够认识物自身。这样，我们虽然把彩虹称为纯然是一场晴天雨中的显象，而把这场雨称为事物自身，如果我们仅仅在物理学上把后一个概念理解为在普遍的经验中、在对感官的所有不同状态下都毕竟在直观中这样而不是别样地被规定的对象，
A46 那么，这样说也是正确的。但是，如果我们一般地对待这种经验性的东西，并且不顾及这种东西与每一种人类感官的一致，而追问这种东西是否也表象了一个对象自身（不是雨滴，因为雨滴在这种情况下已经作为显象是经验性的客体了），那么，关于表象与对象的关系的问题就是先验的，不仅这些雨滴是纯然的显象，而且就连它们圆的形状、甚至它们在其中下落的空间，都不是什么就自身而言的东西，而仅仅是我们的感性直观的一些变形或者基础，而先验的客体依然不为我们所知。

我们的先验感性论的第二件重要事务是：它不仅仅是作为表面上的假说来博取一些好感，而是要像任何时候对一种应该充当工具论的理论所能够要求的那样确定无疑。为了完全说明这种确定性，我们想选取某
B64 个实例，依此这种工具论的有效性将能够变得显而易见，并且有助于进一步澄清第 3 节所阐述的东西①。

据此，假定空间和时间就其自身而言是客观的，而且是物自身的可能性的条件，那么显而易见，首先：关于二者将会出现大量先天的无可争辩的综合命题，尤其是关于空间的，因此我们这里要优先把空间作为
A47 实例来研究。由于几何学的定理都是先天综合的，都是以无可争辩的确定性被认识到的，所以我要问：你们是从哪里获得诸如此类的定理的？要达到诸如此类绝对必然且普遍有效的真理，我们的知性依据的是什么？除了借助概念或者借助直观，别无他途；但这二者自身则要么是先天地、要么是后天地被给予我们的。后一种东西，即经验性的概念，此外还有它建立于其上的东西，即经验性的直观，所能够提供的综合命题没有别的，只有一种也仅仅是经验性的命题，即经验命题，因而永远不能包含必然性和绝对的普遍性，而诸如此类的东西却是所有几何学命题的特征。至于要达到诸如此类的知识，什么是首要的和惟一的手段，也就是说，是仅仅凭借概念还是凭借先天直观，则显而易见，仅仅从概念出发根本

① “并且有助于进一步澄清第 3 节所阐述的东西”为第二版所加。——译者注

不能达到综合的知识，而只能达到分析的知识。且看这样一条定理，即
凭二条直线根本不能围起一个空间，从而不可能有任何图形，并请尝试 B65
从“直线”和数字“二”的概念推导出这一定理；或者且看这样一条定
理，即凭三条直线可能有一个图形，并请尝试仅仅从这些概念推导出这
条定理。你们的一切努力都是白费力气，你们将发现自己不得不像几何
学在任何时候都做的那样，求助于直观。因此，你们在直观中给自己提 A48
供了一个对象；但这是哪一种直观，是一种先天的纯直观，还是一种经
验性的直观？如果是后者，则绝不可能从中产生一个普遍有效的命题，
更不用说产生一个无可争辩的命题了；因为经验绝不能提供诸如此类的
命题。因此，你们必须在直观中给自己提供一个先天对象，并在这对象
上面建立起一个综合命题。但如果你们里面没有一种先天地进行直观的
能力，如果这种主观的条件就形式而言并不同时是惟一使得这一（外）
直观的客体本身成为可能的普遍的先天条件，如果对象（三角形）是与你
们的主体没有关系的某物自身，你们怎么能够说，必然蕴涵在你们构思一
个三角形的主观条件之中的东西，也肯定必然地属于三角形自身呢？因为
你们毕竟不能给你们的概念（三条线）添加任何因此肯定必然地在对象那
里发现的新东西（图形），因为这对象是在你们的知识之前、而不是通过你
们的知识被给予的。因此，如果空间（时间亦复如是）不是你们的直观的 B66
一个纯然形式，包含着惟一能使一切事物对你们来说成为外部对象的先天
条件，没有这些主观条件外部对象就自身而言什么也不是，那么，你们就
根本不能先天地以综合的方式澄清关于外部客体的任何东西了。所以，这 A49
是毫无疑问地确定的，不是可能的或者大致如此的：空间和时间作为一切
（外部的和内部的）经验的必要条件，只不过是我们一切直观的主观条件，
因而在与这些条件的关系中一切对象都仅仅是显象，不是独立地以这种方
式被给予的物，因此关于它们就其形式而言也可以先天地说出许多东西，
但关于可能作为这些显象基础的物自身则绝不可能说出一点东西。

①二、尤其是以下说明，有助于证实关于外感官和内感官、从而一切作为纯然显象的感官客体的观念性的理论：凡是在我们的知识中属于直观的东西（因此，根本不属于知识的快乐与不快的情感和意志除外），所

① 由此至本章末为第二版所加。——译者注

包含的无非是纯然的关系，即一个直观中的位置的关系（广延）、位置的
B67 变化的关系（运动）和这些变化被规定所遵循的规律的关系（动力）。但是，在位置上在场的东西，或者除位置变化之外在事物里面起作用的东西，却并未由此被给予。凭借纯然的关系毕竟还没有认识一个事物自身，因此，完全可以作出判断说：既然凭借外感官能够给予我们的无非是纯然的关系表象，外感官在其表象中也只能包含一个对象与主体的关系，而不能包含属于客体自身的内在的东西。内直观也具有同样的性质。不仅仅是**外感官**的表象在内感官中构成了我们用来占据自己心灵的真正材料，而且我们将这些表象置于其中的、在经验中甚至先行于这些表象的意识的、作为形式的条件而为我们在心灵中安置这些表象的方式奠定基础的时间，也已经包含着相继存在、同时存在和与这种相继存在同时的东西（持久的东西）的关系。于是，作为表象能够先行于一切思维某种东西的行动的东西，就是直观，而如果直观所包含的无非是关系，它就是直观的形式，由于这种形式除非某物被置于心灵中就不能表象任何东西，所以它无非就是心灵通过自己的行动亦即其表象的这种置入、因而通过自己本身被刺激的方式，也就是说，就形式而言是一个内感官。凡
B68 是通过一个感官被表象的东西，就此而言在任何时候都是显象，因而要么一个内感官必定根本不被承认，要么作为内感官对象的主体只能通过内感官被表象为显象，而不是像它在自己的直观仅仅是自我行动亦即是理智直观时对自己所作的判断那样。在这方面，一切困难都在于一个主体如何能够内在地直观自己；然而，这一困难是为任何理论所共有的。对其自身的意识（统觉）是自我的简单表象，而如果仅仅因此主体中的一切杂多都**自动地**被给予的话，内直观就会是理智的了。在人里面，这种意识要求对主体中事先被给予的杂多有内在的知觉，而这杂多非自发地在心灵中被给予的方式就必然由于这种区别而叫做感性。如果意识自己的能力要寻找（领会）蕴涵在心灵中的东西，它就必须刺激心灵，惟
B69 有以这样的方式才能产生对它自己的直观，但事先在心灵中作为基础的直观形式则在时间的表象中规定着杂多在心灵中聚集的方式；因为心灵直观自己本身，并不是像它直接自动地表象自己那样，而是按照它从内部被刺激的方式，从而是像它对自己显现的那样，不是像它所是的那样。

三、如果我说：在空间和时间中，无论是外部客体的直观，还是心

灵的自我直观，都是像二者刺激我们的感官、亦即像它们**显现**的样子表象它们的，那么，这并不是想说这些对象都只是一种幻相。因为在显象中，客体、甚至我们赋予它们的性状，任何时候都被视为某种现实地被给予的东西，只不过如果这种性状在被给予的对象与主体的关系中仅仅取决于主体的直观方式，那么，这个作为**显象**的对象就被与作为客体**自身**的对象本身区分开来了。这样，如果我主张，我设定物体和我的灵魂所依据的作为它们存在条件的那种空间和时间的性质，寓于我的直观方式之中，而不是寓于这些客体自身之中，我并不是在说：物体只是**显得**存在于我之外，或者我的灵魂只是**显得**在我的自我意识中被给予。如果我用我本应归于显象的东西只是造成了幻相，那是我自己的过错。① 但 B70
是，这种情况并不是按照我们一切感性直观的观念性的原则发生的；毋宁说，如果把**客观的实在性**赋予那些表象形式，那么，人们就无法避免，一切都将因此而转化为纯然的幻相。因为如果把空间和时间视为就其可能性而言必然能在事物自身找到的性状，而且仔细考虑人们在这种情况下将陷入的荒唐性，即两个无限的事物，不是实体，也不是某种现实地依存于实体的东西，尽管如此却必须是实存的东西，甚至是一切事物实存的必要条件，即便所有实存的事物都被取消，它们也依然留存，那么， B71
人们就不能责备善良的**贝克莱**把物体降为纯然的幻相了；甚至就连我们自己的实存，如果以这种方式被弄得取决于像时间这样的不合情理之物的独立自存的实在性，也必定与时间一起转化为纯粹的幻相；迄今为止，还没有人犯过这种荒唐的过错。

四、在自然的神学中，由于人们设想一个对象，它不仅对于我们来说根本不能是直观的对象，而且它对自己来说也绝对不能是感性直观的对象，所以，人们就小心翼翼地考虑，从它的直观（因为它的所有知识

---

① 显象的诸般谓词可以在与我们感官的关系中被赋予客体本身，例如红色或者香味被赋予玫瑰花；但是，幻相绝不能作为谓词被赋予对象，这恰恰是因为幻相把仅仅在与感官的关系中或者一般来说在与主体的关系中属于对象的东西赋予了**独立的**客体，例如最初人们赋予土星的两个柄。根本不能在客体自身那里找到，但任何时候都可以在客体与主体的关系中找到并与主体的表象不可分割的东西，就是显象；这样，空间和时间的谓词就合理地被赋予感官对象本身，而且在这里没有幻相。与此相反，如果我把红色赋予玫瑰花**自身**，把两个柄赋予土星，或者把广延**就自身而言**赋予一切外在的对象，而不着眼于这些对象与主体的一定关系并把我的判断限制在这上面，在这种情况下才会产生幻相。

都是诸如此类的东西，而不是在任何时候都表现出局限的**思维**）中去掉时间和空间的条件。但是，既然人们事先已经使这二者成为物自身的形式，而且是这样的形式，即使人们去掉事物本身，它们作为事物实存的先天条件也依然存留，人们现在有什么权利做上述事情呢？因为作为所有一般存在的条件，它们必定也是上帝存在的条件。如果人们不想使它们成为一切事物的客观形式，那么，剩下来的就只有使它们成为我们外
B72 直观方式和内直观方式的主观形式，这种方式之所以叫做感性的，乃是因为它**不是源始的**，也就是说，不是一种本身就使得直观的客体的存在被给予的方式（就我们所知，这种方式只能属于元始存在者），而是取决于客体的存在、因而只有通过主体的表象能力被客体所刺激才有可能的方式。

我们也没有必要把空间和时间中的直观方式限制在人的感性上；很可能所有有限的思维存在物在这方面都肯定必然地与人一致（尽管我们无法断定这一点），所以它毕竟并不由于这种普遍有效性而不再是感性，这恰恰是因为它是派生的（intuitus derivatitivus［派生的直观］），而不是源始的（intuitus originarius［源始的直观］），从而不是理智直观；根据上述理由，作为理智直观它看来只属于元始存在者（Urwesen），而绝不属于一个无论就其存在来说还是就其直观（在与被给予的客体的关系中规定其存在的直观）来说都不独立的存在者；虽然对我们的感性论理论的这后一个说明只可算做解释，而不可算做证明。

B73

先验感性论的结论

在这里，为解决先验哲学的普遍任务，即**先天综合命题如何可能**，所要求的东西我们已经有了一个，这就是先天的纯直观，亦即空间和时间。在它们里面，当我们在先天判断中想超出被给予的概念时，我们发现了不是在概念中、但却是在与概念相应的直观中能够先天地揭示并综合地与概念结合的东西。但由于这一理由，这样的判断绝不能超出感官的对象，而是只能对可能经验的客体有效。

第二部分
先验逻辑论

导言 先验逻辑的理念 A50

B74

一、论一般的逻辑

我们的知识产生自心灵的两个基本来源，其中第一个是接受表象的能力（印象的感受性），第二个是通过这些表象认识一个对象的能力（概念的自发性）；通过前者，一个对象**被给予**我们，通过后者，该对象在与那个（仅仅作为心灵的规定的）表象的关系中**被思维**。因此，直观和概念构成了我们一切知识的要素，以至于无论是概念没有以某些方式与它们相应的直观、还是直观没有概念，都不能提供知识。这二者要么是纯粹的，要么是经验性的。如果其中包含有感觉（它以对象现实的在场为前提条件），它们就是**经验性的**；但如果表象未混杂任何感觉，它们就是**纯粹的**。人们可以把感觉称为感性知识的质料。因此，纯直观仅仅包含 B75
某物被直观的形式，而纯概念则只包含思维一个对象的一般形式。只有 A51
纯直观或者纯概念才是先天地可能的，经验性的直观或者概念则只是后天可能的。

如果我们愿意把我们心灵在以某种方式受到刺激时接受表象的这种**感受性**称为**感性**的话，那么与此相反，自己产生表象的能力，或者知识的**自发性**，就是**知性**。我们的本性导致**直观**永远只能是**感性的**，也就是说，只包含我们被对象刺激的方式。与此相反，对感性直观的对象进行**思维**的能力是**知性**。这两种属性的任何一种都不应当比另一种更受优待。无感性就不会有对象被给予我们，无知性就不会有对象被思维。思想无内容则空，直观无概念则盲。因此，使其概念成为感性的（即把直观中的对象赋予概念）和使其直观成为知性的（即将它们置于概念之下），是同样必要的。这两种能力或者性能也不能互换其功能。知性不能直观任
B76 何东西，而感官则不能思维任何东西。只有从它们的相互结合中才能产
A52 生出知识。但人们毕竟不可因此就把二者的职分相互混淆，而是有重要的理由慎重地把每一个与另一个分离和区别开来。因此，我们把一般感性规则的科学亦即感性论与一般知性规则的科学亦即逻辑区别开来。

逻辑又可以以双重的观点来探讨，要么是作为普遍的知性应用的逻辑，要么是作为特殊的知性应用的逻辑。前者包含思维的绝对必然的规则，没有这些规则就根本没有知性的任何应用，因此它涉及这种应用，不顾及这种应用可能针对的对象的不同。特殊的知性应用的逻辑则包含正确地思维某类对象的规则。人们可以把前者称为要素的逻辑，但把后者称为这门或者那门科学的工具论。工具论在学校里大多作为各门科学的预科排在前面，虽然按照人类理性的进程它是最迟的，只有在科学早已就绪、为完成和完善只需要最后一手的时候人类理性才达到它。因为
B77 人们要说明一门关于对象的科学如何得以建立起来的那些规则，就必须已经在相当高的程度上了解这些对象。

如今，普遍的逻辑要么是纯粹的逻辑，要么是应用的逻辑。在前者中，我们抽掉我们的知性得以实施的所有经验性条件，例如感官的影响、
A53 想象的游戏、记忆的规律、习惯的力量、偏好等等，从而也抽掉了成见的来源，甚至完全抽掉了使得某些知识可能由我们产生、或者被强加给我们的一切原因，因为它们只是在运用知性的某些情况下才与知性相关，而要认识这些情况就需要经验。所以，一种**普遍的**、但又**纯粹的逻辑**只与先天的原则打交道，它是**知性的法规**，亦是理性的法规，但只是就其运用的形式因素而言，内容则不管它是什么样的（是经验性的还是先验的）。但一种**普遍的逻辑**，当它针对心理学告诉我们的那些主观经验性条件下的知性应用规则的时候，就叫做**应用的**。所以，它拥有经验性的原则，尽管就它对对象不加区别地涉及知性应用而言，它是普遍的。因此
B78 之故，它既不是一般知性的法规，也不是各门特殊科学的工具论，而仅仅是通常知性的一种净化术。

因此，在普遍的逻辑中，应当构成纯粹理性学说的那个部分必须与

构成应用的（尽管还一直是普遍的）逻辑的那个部分完全分离开来。本来就只有前者才是科学，虽然简略而且枯燥，并且像对一种知性要素论的符合学院规范的表述所要求的那样。因此，在这种逻辑中，逻辑学家必须在任何时候都牢记两条规则： A54

1. 作为普遍的逻辑，它抽掉了知性知识的一切内容及其对象的不同，仅仅与思维的形式打交道。

2. 作为纯粹的逻辑，它不具有经验性的原则，从而它不（像人们有时说服自己的那样）从心理学汲取任何东西，因而心理学对于知性的法规没有任何影响。它是一种经过证明的学说，在它里面一切都必须是完全先天地确定的。

至于我称为应用逻辑的东西（与这个词的通常意义相反，按照这种意义它应当包含纯粹逻辑为之提供规则的某些练习），它是知性及其 in concreto［在具体情况下］的必然应用的规则的一种表象，所谓具体情况 B79 也就是主体的那些能够阻碍或者促进这种应用的偶然条件，它们全都是仅仅经验性地被给予的。它讨论注意、注意的障碍和后果、失误的起源、怀疑和顾虑以及确信的状态等等；普遍的和纯粹的逻辑与它的关系，就像是仅仅包含一般自由意志的必然道德法则的纯粹道德与真正的德性学 A55 说的关系，后者就是在人们或多或少屈从的情感、偏好和情欲的阻碍之下衡量这些法则的，它永远不能产生一门真正的、经过证明的科学，因为它正如那种应用逻辑一样，需要经验性的和心理学的原则。

二、论先验逻辑

如我们已经指出的那样，普遍的逻辑抽掉了知识的一切内容，也就是说，抽掉了知识与客体的一切关系，仅仅在知识的相互关系中考察逻辑形式，即一般的思维形式。但如今，由于（如先验感性论所阐明的）既有纯粹的直观也有经验性的直观，所以也可以发现对象的纯思维和经验性思维之间的一种区别。在这一场合，就会有一种人们不抽掉知识的 B80 所有内容的逻辑；因为仅仅包含一个对象的纯思维的规则的那种逻辑，将会排斥一切具有经验性内容的知识。它还将涉及我们关于对象的知识的起源，只是这种起源不能被归于对象，而与此相反，普遍的逻辑根本 A56

不考虑知识的这种起源，而是仅仅按照知性在思维时在相对关系中使用表象所遵循的规律来考察表象，不管它们是原初先天地在我们里面的，还是仅仅经验性地被给予的，所以，它仅仅探讨可以为表象找到的知性形式，不管这些表象通常来自于何方。

在这里，我要作一个说明，它影响到后面所有的考察，人们应当把它牢记在心，这就是：并非任何一种先天知识，而是惟有使我们认识到某些表象（直观或者概念）仅仅先天地被应用或者仅仅先天地可能以及何以如此的知识，才必须被称为先验的（即知识的先天可能性或者知识
B81 的先天应用）。因此，无论是空间还是空间的某个几何学的先天规定，都不是一种先验的表象，而惟有关于这些表象根本不具有经验性的起源的知识，和它们尽管如此依然能够先天地与经验的对象发生关系的可能性，才可以叫做先验的。此外，空间在一般对象上的应用也会是先验的：但是，如果
A57 它仅仅局限于感官的对象，它就叫做经验性的。因此，先验的和经验性的之间的区别仅仅属于对知识的批判，不涉及知识与其对象的关系。

因此，由于期望也许会有一些概念，它们能够先天地与对象发生关系，不是纯粹的或者感性的直观，而仅仅是纯思维的行动，因而是既无经验性起源也无感性论起源的概念，所以我们预先为自己形成了一门纯粹知性和理性知识之科学的理念，用来完全先天地思维对象。这样一门规定这样一些知识的起源、范围和客观有效性的科学，就会必须叫做**先验逻辑**，因为它仅仅与知性和理性的规律打交道，但只是就它们先天地
B82 与对象相关而言，不像普遍的逻辑不加区别地既与经验性的理性知识也与纯粹的理性知识相关。①

三、论普遍的逻辑划分为分析论和辩证论

有一个古老而且著名的问题，人们曾以为可以用它把逻辑学家们逼入困境，并曾力图使他们达到这样的地步，即让他们要么涉足可怜的循
A58 环论证，要么就承认自己的无知，从而承认自己的整个艺术的无用；这个问题就是：**真理是什么**？对真理的名词解释，即真理是知识与其对象

① 也就是说，就知性和理性的规律先天地与对象相关而言，而不是像普遍的逻辑……——科学院版编者注

的一致，在这里是被赠与和预设的；但是人们要求知道，任何一种知识的真理性的普遍而且可靠的标准是什么。

知道人们应当以理性的方式追问什么，这已经是聪明与洞识的一个重要而且必要的证明。因为如果问题自身是荒唐的，并且要求作出不必要的回答，那么，除了使提出问题的人感到羞愧之外，它有时还有这样的害处，即诱使它的不谨慎的听众作出荒唐的回答，并造成可笑的景象，即一个人（如古人所说）挤公羊的奶，另一个人把筛子放在下面去接。 B83

如果真理在于一种知识与其对象的一致，那么，这个对象就必须由此而与别的对象区别开来；因为一种知识如果与它所关联的对象不一致，那么，即使它包含着某种可能适用于其他对象的东西，它也是错误的。于是，真理的一个普遍标准就会是对知识的对象不加区别而适用于一切知识的标准了。但显而易见的是，既然人们就这一标准而言抽掉了知识的一切内容（与其客体的关系），而真理又恰好涉及这种内容，所以，追问知识的这种 A59
内容的真理性的一个标志，就是完全不可能的和荒唐的，因而也不可能给出真理的一个充分的、但同时又是普遍的标志。既然我们上面已经把一种知识的内容称为它的质料，所以人们就将不得不说：对知识的真理性就质料而言不能要求任何普遍的标志，因为它就自身而言是自相矛盾的。

但至于仅就形式而言（除去一切内容）的知识，则同样显而易见的是：一种陈述知性的普遍必然规则的逻辑，也必须在这些规则中阐述真理的标准。与这些规则相矛盾的东西，就是错误的，因为知性在这里与 B84
自己普遍的思维规则相矛盾，从而也就与自己本身相矛盾。但这些标准仅仅涉及真理的形式，即一般思维的形式，就此而言是完全正确的，但并不是充分的。因为尽管一种知识可能完全符合逻辑形式，也就是说，不与自己本身相矛盾，但它毕竟始终可能与对象相矛盾。因此，真理的纯逻辑标准，即一种知识与知性和理性的普遍的、形式的规律相一致，虽然是一切真理的 conditio sine qua non［必要条件］，从而是消极的条件，但逻辑却不能走得更远，逻辑不能凭借任何试金石来揭示不涉及形 A60
式、而是涉及内容的错误。

如今，普遍的逻辑把知性和理性的全部形式工作分解成它的各种要素，并将它们描述成为对我们的知识作出逻辑评判的原则。因此，逻辑的这一部分可以叫做分析论，并正因为此是真理的至少消极的试金石，

B85 因为人们在根据其内容研究一切知识，以便弄清楚它们就对象而言是否包含着积极的真理之前，首先必须根据其形式按照这些规则来检验和估价它们。但是，由于知识的纯然形式无论怎样与逻辑规律一致，也远远不足于因此就使知识具有质料性的（客观的）真理，所以没有人仅仅凭借逻辑就敢于对对象作出判断，并主张某种东西，而不是事先在逻辑之外对它们作出持之有据的调查，以便此后只是力图按照逻辑规则利用这种调查，并把它联结在一个有关联的整体中，但更好是只按照逻辑规律检验它。尽管如此，在对一种赋予我们一切知识以知性形式的如此明显的艺术的拥有中，虽然人们在这些知识的内容方面还可能非常空洞贫乏，
A61 却还是蕴涵着某种诱人的东西，使得那种仅仅是评判之**法规**的普遍逻辑仿佛是一种现实创造的**工具论**，至少被用来导致有关客观主张的假象，从而事实上由此被误用。如今，被当做工具论的普遍逻辑就叫做**辩证论**。

古人在对一门科学或者艺术使用这一称谓时，无论其意义如何不同，人们毕竟还是可以从它的现实应用中可靠地得出，它在古人那里无非就
B86 是**幻相的逻辑**。它是一种给自己的无知、乃至蓄意的假象涂上真理的色彩的诡辩艺术，即人们模仿一般逻辑所规定的缜密方法，并利用它的用词技巧来美化每一种空洞的行为。如今，人们可以作为一个可靠的、可用的警告来说明的是：普遍的逻辑，**作为工具论来看**，在任何时候都是一种幻相的逻辑，也就是说，是辩证的。因为既然它根本不告诉我们有关知识内容的任何东西，而是仅仅告诉我们与知性一致的形式条件，这些条件除此之外在对象方面是完全无所谓的，那么，把它当做一种工具
A62 （工具论）来使用，以便至少按照那种假定来传播和扩展自己的知识，这种无理要求的结果只能是废话连篇，只要愿意就用一些幻相来维护一切，或者随意地攻击它们。

这样一种教导无论如何也是不符合哲学的尊严的。因此，人们宁可把辩证论这一称谓作为一种**辩证幻相的批判**归给逻辑，而在这里，我们也要知道它被理解为这样一种批判。

B87

四、论先验逻辑划分为先验分析论和先验辩证论

在一种先验逻辑中，我们把知性孤立起来（就像我们在上面先验感

性论中把感性孤立起来一样），从我们的知识中只突出思维仅仅在知性中有其起源的部分。但是，这种纯粹知识的应用作为其条件所依据的是：它可以应用其上的对象是在直观中被给予我们的。因为没有直观，我们的一切知识就都缺乏客体，在这种情况下它们就还是完全空洞的。因此，先验逻辑陈述纯粹知性知识的各种要素和在任何地方要能够思维对象就不可或缺的原则的部分，就是先验分析论，同时也是真理的逻辑。因为没有一种知识能够与这种逻辑相矛盾，却不同时丧失一切内容，也就是说，丧失与某一客体的一切关系，从而丧失一切真理的。但是，由于单 A63
独地、甚至超出经验的界限利用这些纯粹的知性知识和原理是非常诱人和引人入胜的，而经验又是惟一能够向我们提供那些纯粹的知性概念能 B88
够运用于其上的材料（客体）的，所以知性就陷入了一种危险，凭借空洞的玄想对纯粹知性纯然形式的原则作一种质料上的应用，并对毕竟不是被给予我们的、也许不能以任何方式被给予我们的对象不加区别地作出判断。因此，既然它原本应当只是一部对经验性应用作出评判的法规，所以，如果人们使它被视为一种普遍的和无限制的应用的工具论，并仅仅凭借纯粹知性就敢于对一般对象综合地作出判断、断定和裁决，它就被误用了。因此，在这种情况下，纯粹知性的应用就会是辩证的了。所以，先验逻辑的第二部分必须是这种辩证幻相的一种批判，叫做先验辩证论，不是作为独断地激起诸如此类的幻相的一种艺术（各种各样的形而上学戏法的一种令人遗憾地非常流行的艺术），而是作为对知性和理性在其超自然的应用方面的批判，为的是揭露理性的无根据的僭妄的错误幻相，并将理性以为单凭先验的原理就可以做到发明和扩展的要求降低 A64
到仅仅评判和保护纯粹知性免受诡辩的假象之害的程度。

第一编

B89 # 先验分析论

这一分析论是把我们全部的先天知识分解成为纯粹知性知识的各种要素。这里重要的是以下几点：1. 概念是纯粹的概念，不是经验性的概念。2. 这些概念不属于直观，不属于感性，而是属于思维和知性。3. 这些概念都是基本概念，与派生的或者由它们复合的概念明显有别。4. 概念表是完备的，完全显示出纯粹知性的整个领域。如今，一门科学的这种完备性不能根据仅仅通过试验达成的集合的近似值来得到可靠的认定；因此，它惟有凭借知性先天知识的**整体的理念**、并通过构成它的诸般概念由此得到规定的划分、因而惟有通过它们**在一个体系中的联系**才是可能的。纯粹知
A65 性不仅与所有经验性的东西有别，而且甚至与一切感性截然不同。因此，
B90 它是一个独立自存的、自身充足的、不能由可以从外部附加的附属物来增添的统一体。所以，它的知识的总和将构成一个可以在一个理念之下涵盖和规定的体系，这个体系的完备性和拼接同时能够为一切适配的知识成分的正确性和纯正性提供试金石。但是，先验逻辑的这整个部分要由两卷构成，其中一卷包含纯粹知性的**概念**，另一卷包含纯粹知性的**原理**。

第一卷

概念分析论

我所理解的概念分析论，不是概念的分析或者哲学研究中常见的做法，即按照内容分析呈现出来的概念并使之清晰，而是还很少尝试过的**知性能力本身的分析**，为的是通过我们仅仅在知性亦即先天概念的诞生
A66 地中探求这些概念并分析知性的一般纯粹应用，来研究先天概念的可能
B91 性；因为这是一种先验哲学的独特工作；其余的东西则是一般哲学中对概念的逻辑探讨。因此，我们将把纯粹概念一直追溯到它们在人类知性

中的最初萌芽和禀赋，它们蕴涵在这些萌芽和禀赋中已经作好准备，直到终于借经验之机得到发展，并凭借同一种知性摆脱依附于它们的经验性条件，在其纯粹性中得到展现。

第一篇

论发现一切纯粹知性概念的导线

当人们发动一种知识能力的时候，按照各种各样的机缘，出现不同的概念，它们使这种能力为人所知，而且在较长时间或者以较强的敏锐性对它们进行考察之后，可以在一篇或多或少详尽的文章中使它们集合起来。至于这一研究在什么地方将臻于完善，按照这种仿佛是机械性的做法是永远不能确切地规定的。人们仅仅这样随机缘发现的概念，也并 A67
不呈现在任何秩序和系统的统一体中，而是最终仅仅按照类似性得以相 B92
配，并且按照其内容的多寡，从简单的概念开始到更为复合的概念排成序列，这些序列根本不是系统的，虽然是以某种方式按照方法达成的。

先验哲学有便利、但也有义务从一个原则出发探求其概念，因为这些概念必须是纯粹地、不混杂地从作为绝对统一体的知性产生，因而本身是按照一个概念或者理念而彼此联系的。但这样一种联系提供了一种规则，按照它，就可以先天地为每一个纯粹的知性概念规定它的位置，并在总体上为所有的概念规定其完备性，否则的话，这一切就会取决于任意或者取决于偶然了。

第一章　论知性的一般逻辑应用

知性在上面只是得到消极的解释[①]：用的是一种非感性的认识能力。 A68

① 第一版前面的文本没有提供对知性的这样一种消极的解释。毋宁说，知性在那里，如在第二版中那样，一开始就是用如下的积极规定来描绘的：作为凭借概念的认识，作为思维的能力，作为自发性。至于对感性认识的否定就在所有那些积极的规定之中，而且有时（B89）是与其他规定并列表述的，对此自然没有任何改变。回顾康德 1772 年（《康德全集》，第Ⅹ卷，125 页［参见《康德书信百封》，33～34 页。——译者注］）对包含在 1770 年的教授就职论文中的那种对知性的纯然消极措辞的解释，以及对于批判代表作的这一章来说决定性的对知性是判断能力的积极规定，就导致了如下猜测，即在这一章中涉及回溯到 1776 年之前的一种阐述的一个部分。参见《纯粹理性批判》第一版的编者导言。——科学院版编者注

B93 现在，我们不依赖于感性就不能分享直观。因此，知性不是直观的能力。但是，在直观之外，除了凭借概念，没有别的认识方式。因此，每一种知性、至少人的知性的知识，是一种凭借概念的知识，它不是直观的，而是推论的。一切直观，作为感性的，所依据的是刺激，因而概念依据的是功能。但是，我把功能理解为在一个共同的表象之下整理不同的表象的行动的统一性。因此，概念以思维的自发性为基础，就像感性直观以印象的感受性为基础一样。于是，除了借助这些概念作出判断之外，知性对它们不可能有别的应用。既然除了仅仅作为直观之外，没有一个表象直接涉及对象，所以一个概念不直接地与一个对象发生关系，而是与关于该对象的某一别的表象（无论它是直观或者本身已经是概念）发生关系。因此，判断是一个对象的间接知识，从而是对象的一个表象的表象。在每一个判断中，都有一个适用于诸多表象的概念，而在这一诸多之下也包含着一个被给予的表象，它直接地与对象发生关系。例如，在“**一切物体都是可分的**”这个判断中，可分物的概念与不同的其他概念相关；但在这些概念中，它在这里特别地与物体的概念相关，但物体的概念则与某些呈现给我们的显象
A69 相关。因此，这些对象通过可分性的概念间接地得到表象。据此，一切判
B94 断都是我们的表象中间的统一性的功能，因为不是一个直接的表象，而是一个把前者和更多的表象包含在自己之下的更高的表象，被用于对象的知识，由此诸多可能的知识被集合在一个知识之中。但我们可以把知性的所有行动归结为判断，以至于一般的**知性**可以被表象为一种**判断的能力**。因为如上所述，它是一种思维的能力。思维是凭借概念的知识。但概念作为可能判断的谓词，所关涉的是一个尚未确定的对象的某个表象。这样，物体的概念，例如金属，就意味着某种可以通过那个概念被认识的东西。因此，它之所以是概念，只是因为它在自己之下包含着其他使它能够与对象发生关系的表象。所以，它是一个可能判断的谓词，例如每一种金属都是物体。因此，如果人们能够完备地描述判断中的统一性的功能，就能够在总体上发现知性的各种功能了。但下一章将表明，这一点是极容易做到的。

A70
第二章

B95
第 9 节　论知性在判断中的逻辑功能

如果我们抽掉一个一般判断的所有内容，只关注其中的纯然知性形

式，那么我们将发现，思维在判断中的功能可以归于四个标题之下，其中每一个又包含着三个环节。它们可以确切地如下表所示。

由于这种划分在一些虽然不是本质性的方面显得偏离了逻辑学家们惯常的做法，所以针对令人担忧的误解作如下抗辩将不是毫无必要的。

1.
判断的量
全称的
特称的
单称的

2.
判断的质
肯定的
否定的
无限的

3.
判断的关系
定言的
假言的
选言的

4.
判断的模态
或然的
实然的
必然的

1. 逻辑学家们有理由说，人们在把判断用于理性推理时可以把 B96
单称判断当做全称判断来对待。因为正是由于单称判断根本没有外 A71
延，所以它们的谓词就不能仅仅与包含在主词的概念之下的一些东西相关，而被另一些东西排除在外。因此，这谓词毫无例外地适用于那个概念，就好像那个概念是一个拥有外延、谓词适用于其全部意义的普遍有效的概念似的。与此相反，如果我们把一个单称判断仅仅作为知识，按照量与一个普遍有效的判断进行比较，那么，这种知识与普遍有效的判断的关系就如同单一与无限的关系，因而就其自身而言与后者有本质性的区别。因此，如果我对一个单称判断（judicium singulare）不仅仅按照其内在的有效性，而且还作为一般知识按照它与其他知识相比所拥有的量来作出估价，那么，它当然与普遍有效的判断（judicia communia）有区别，并且理应在一般思维的一个完备的环节表中（尽
管当然不是在仅仅局限于各种判断相互之间的应用上的逻辑中）占有一 B97
个特殊的位置。

2. 同样，在先验逻辑中还必须把**无限判断**与**肯定判断**区别开来，

尽管在普遍的逻辑中后者合理地被归入前者，并不构成划分的一个特殊
A72 分支。因为普遍的逻辑抽掉谓词的一切内容（即使这谓词是否定的），只关注这谓词是被附加于主词，还是与它相对立。但先验逻辑却还根据凭借一个纯然否定的谓词所作出的这种逻辑肯定的价值或者内容来考察判断，并且考察这种肯定就全部知识而言带来了什么样的收获。如果我就灵魂而言说它不是有死的，那么，我就通过一个否定的判断至少防止了一种错误。如今，通过“灵魂是不死的”这一命题，虽然，由于我把灵魂置入了不死的存在者的无限制外延之中，而在逻辑形式上现实地作出了肯定。由于有死者在可能存在者的全部外延中包括一个部分，而不死者则包括另一个部分，所以通过我的命题所说的无非是，灵魂是在我把有死者全都排除的时候依然存留的无限多事物中的一个。但这样一来，一切可能事物的无限领域只是就有死者被与此隔离、灵魂被置于其
B98 外延的其余范围而言才受到了限制。然而，即使有这种剔除，这个范围依然始终是无限的，还可以再排除它的更多的部分，灵魂的概念并不因此就有丝毫的增加和得到肯定的规定。因此，这些就逻辑外延而言的无限判断在一般知识的内容方面实际上纯然是限制性的，而且就
A73 此而言，它们在判断中思维的一切环节的先验表中是不可忽略的，因为这里所履行的知性功能也许在知性的纯粹先天知识的领域里会是重要的。

3. 思维在判断中的所有关系是：a. 谓词与主词的关系；b. 根据与结果的关系；c. 被划分的知识与划分的全部分支相互之间的关系。在第一类判断中只考察两个概念，在第二类判断中考察两个判断，在第三类判断中就相互之间的关系而言考察多个判断。假言命题“如果有一种完善的正义，则冥顽之恶徒将受到惩罚”原本包含着两个命题的关系，即“有一种完善的正义”和“冥顽之恶徒将受到惩罚”。这两个命题自身是否真实，在此还没有得到澄清。通过这一判断所思维的不过是
B99 结论罢了。最后，选言判断包含着两个或者更多的命题相互之间的关系，但并不是次序的关系，而是如果一个命题的领域排除另一个命题的领域则产生的逻辑对立的关系，但同时毕竟也是如果它们一起填充真正的知识的领域则产生的共联性的关系，从而是一种知识的领域的各个部
A74 分的关系，因为每一部分的领域对于被划分的知识的全部总和来说都是

另一部分的领域的补充；例如，世界要么是由于一种盲目的偶然、要么是由于内在的必然、要么是由于一种外在的原因存在的。这些命题中的每一个都占据着一般来说关于一个世界存在的可能知识的领域的一个部分。所有这些命题合起来则占据着整个领域。把知识从这些领域中的一个除去，则意味着把它置入其余领域中的一个，与此相反，把它置入一个领域，则意味着把它从其余的领域除去。因此，在一个选言判断中，有某种知识的共同体，它就在于这些知识相互排斥，但由此却毕竟在**整体**上规定着真实的知识，因为它们总的来说构成了惟一的一种被给予的知识的全部内容。而这也是我为了下面的内容在此必须予以说明的。

4. 判断的模态是判断的一种极为特殊的功能，它自身具有的特别之处就在于，它对判断的内容毫无贡献（因为除了量、质和关系之外，再 B100
也没有什么构成一个判断的内容了），而是仅仅涉及系词一般来说与思维相关时的值。**或然**判断是人们在其中认为肯定或者否定都仅仅**可能**（随意的）的判断；**实然**判断是肯定或者否定被视为**现实**（真实）的判断； A75
必然判断则是人们在其中把肯定或者否定视为**必然**的判断。① 这样，如果两个判断的关系构成假言判断（antec.［前件］和 consequ.［后件］），此外，如果选言判断就在于两个判断的相互作用（划分的各个分支），那么，这两个判断就全都只是或然的。在上面的例子中，“有一种完善的正义”这个命题并不是实然地说出的，而是仅仅被思维成一个随意的判断，对于它来说可能会有人这样认为；而惟有结论是实然的。因此，这样的判断也可能明显是错误的，但作为或然的来看，毕竟是真理知识的条件。这样，“**世界是由于一种盲目的偶然存在的**”这个判断在选言判断中只具有或然的意义，也就是说，某人可能在某个时刻接受这一命题，但它毕竟有助于发现真的命题（如同在人们可能选取的所有道路的 B101
数目中标出错误的道路一样）。因此，或然的命题是仅仅表达逻辑可能性（这种可能性不是客观的）的命题，也就是说，这种可能性是一种使这样的命题有效的自由选择，是纯然任意地把该命题接纳入知性。实然的命题说的是逻辑的现实性或者真实性，例如在一个假言的理性推理中 A76

① 如同思维在第一种场合是**知性**的功能，在第二种场合是**判断力**的功能，在第三种场合是**理性**的功能一样。这一说明留待后面再解释。

前件在大前提中表现为或然的，在小前提中表现为实然的，并且表明该命题已经按照知性的规律与知性结合在一起了。必然的命题则把实然的命题思维为由知性的这些规律本身规定的，从而是先天地断言的，并以这样的方式表达逻辑的必然性。如今，由于在这里一切都逐步地并入知性，以至于人们首先或然地判断某物，继而也实然地认为它是真的，最后断言它与知性不可分割地结合在一起，也就是说是必然的和无可置疑的，所以，人们也可以把模态的这三种功能一般地称为思维的三个环节。

B102

第三章

第10节　论纯粹的知性概念或者范畴

如同已经多次说过的那样，普遍的逻辑抽掉知识的所有内容，并且指望从别的无论什么地方给予它表象，以便首先把这些表象转化为概念；这是分析地进行的。与此相反，先验逻辑面临的是一种先验感性论向它
A77 呈现的先天感性杂多，为的是给纯粹知性概念提供一种材料，没有这种材料这些概念就会没有任何内容，从而是完全空洞的。空间和时间包含着先天纯直观的杂多，但尽管如此却属于我们心灵的感受性的条件，心灵惟有在这些条件下才能够接受对象的表象，因而表象也必然在任何时候都刺激对象的概念。不过，我们的思维的自发性要求这种杂多首先以某种方式被审视、接受和结合，以便用它构成一种知识。这种行动我称为综合。

B103 但是，我在最普遍的意义上把**综合**理解为把各种不同的表象相互加在一起并在一个认识中把握它们的杂多性的行动。如果杂多不是经验性地、而是先天地被给予的（就像空间和时间中的杂多那样），那么，这样一种综合就是**纯粹的**。在对我们的表象作出任何分析之前，这些表象必须事先已经被给予了，而且任何概念就**内容**而言都不能以分析的方式产生。但是，一种杂多（无论它是经验性地还是先天地被给予的）的综合首先产生一种知识，这种知识虽然最初还是粗糙的和混乱的，因而需要分析，但综合毕竟是真正把各种要素集合成知识、并结合成一定的内容的东西；因此，如果我们想对我们知识的最初起源作出判断，综合是我
A78

们首先应当予以注意的东西。

我们在后面将会看到，一般的综合纯然是想象力亦即灵魂的一种盲目的、尽管不可或缺的功能的结果，没有这种功能，我们在任何地方都根本不会有知识，但我们却很少哪怕有一次意识到它。不过，把这种综合付诸**概念**，这是属于知性的一种功能，知性借助于这种功能才为我们产生真正意义上的知识。

一般地来看，纯粹的综合提供纯粹的知性概念。但是，我把这种综 B104
合理解为依据先天的综合统一性的一种根据的综合：因此，我们的计数（尤其是在数目较大的时候更为明显）是一种**按照概念的综合**，因为它是按照一个共同的统一性根据（如十进制）发生的。因此，在这个概念之下，杂多的综合中的统一性就成为必然的。

各种不同的表象以分析的方式被置于一个概念**之下**（这是普遍的逻辑所探讨的工作）。但是，先验逻辑所教导的，不是把表象、而是把表象
的**纯粹综合**付诸概念。为了达到一切对象的先天知识，必须被给予我们 A79
的，首先是纯直观的**杂多**；其次是这种杂多凭借想象力的**综合**，但这还没有提供知识。给这种纯粹的综合提供**统一性**、并仅仅存在于这种必然的综合统一的表象之中的概念，为一个呈现的对象的认识提供了第三种东西，而且所依据的是知性。

为**一个判断**中的各种不同表象提供统一性的同一种功能，也为**一个
直观**中的各种不同表象的纯然综合提供统一性，用一般的方法来表达这 B105
种功能就叫做纯粹知性概念。因此，同一个知性、而且通过它在概念中凭借分析的统一而造成一个判断的逻辑形式的同一种行动，也凭借一般直观中杂多的综合统一把一种先验的内容带进它的表象，因此这些表象叫做纯粹的知性概念，它们先天地关涉客体，这是普遍的逻辑所不能提供的。

以这样的方式产生出先天地关涉一般直观的对象的纯粹知性概念，它们与前表中所有可能判断中的逻辑功能一样多，因为知性已被上述功能所穷尽，其能力也由此得到完全的测定。我们想依据亚里士多德把这
些概念称为**范畴**，因为我们的意图原本与他的意图是一回事，尽管这意 A80
图在实施中与他的意图相去甚远。

B106 **范畴表**

1.

量的范畴

单一性

复多性

全体性

2.

质的范畴

实在性

否定性

限定性

3.

关系的范畴

依存性与自存性

（substantia et accidens［实体与偶性］）

因果性与隶属性

（原因与结果）

共联性

（行动者与承受者之间的交互作用）

4.

模态的范畴

可能性——不可能性

存在——不存在

必然性——偶然性

这就是知性先天地包含在自身的所有源始纯粹的综合概念的一览表，知性也只是由于这些概念才是一种纯粹的知性，因为知性惟有通过它们才能够就直观的杂多而言理解某种东西，也就是说，思维直观的一个客
A81 体。这种划分是系统地从一个共同的原则、亦即从**判断**的能力（这种能力与思维的能力相同）产生的，不是漫游诗人般地从对纯粹概念的一种
B107 碰运气完成的搜寻产生的，这种搜寻的完备性人们永远不能确知，因为它只是通过归纳完成的，而不考虑人们以后一种方式永远也看不出，为什么恰恰是这些而不是另一些概念寓于纯粹的知性之中。搜寻这些基本概念，曾是亚里士多德的一项工作，这项工作是值得一位敏锐的人士去做的。但是，由于亚里士多德没有任何原则，所以他像偶然遇到它们那样把它们捡拾起来，最初找到了十个，他称之为**范畴**（陈述词）。后来，他认为自己还搜寻到了五个，他用后陈述词的名义把它们附加上去。不过，他的范畴表始终还是有欠缺的。此外，也有一些纯粹感性的样式存在于其中（quando，ubi，situs［何时、何地、状态］，以及 prius，simul［在先、同时］），还有一个经验性的样式（motus［运动］），它们都根本不

属于知性的这一基本名册，或者还有派生的概念也一起被算进源始的概念之中了（actio，passio［行动、承受］），而基本概念中的一些则完全阙如。

因此，为了这些源始概念还必须说明：范畴作为纯粹知性真正的**基本概念**，也拥有其同样纯粹的**派生概念**，在一个完备的先验哲学体系中 A82 绝不可以忽略它们，但我在一个纯然批判的尝试中就可以满足于仅仅提到它们了。

且让我把这些纯粹的、但却是派生的知性概念称为纯粹知性的**可陈** B108 **述词**（与陈述词相对）。如果人们拥有源始的和原始的概念，那么，就可以轻而易举地附加上派生的和从属的概念，并完全描画出纯粹知性的谱系。既然这里对我来说重要的不是体系的完备性，而仅仅是一个体系的各种原则，所以我就把这一补充留待另一项研究。但是，如果拿起本体论的教科书，并且例如使力、行动、承受的可陈述词隶属于因果性的范畴，使在场、阻抗的可陈述词隶属于共联性的范畴，使产生、消亡、变化的可陈述词隶属于模态的陈述词，等等，人们差不多就可以实现这一意图了。范畴与纯粹感性的样式相结合，或者也彼此之间相结合，提供出大量派生的先天概念，说明这些概念，并且可能的话乃至完备地记录下它们，是一项有用的、并不令人反感的工作，但在这里却没有必要。

这些范畴的定义，尽管我可以掌握它们，但在这项探讨中，我却有意地避开了。我将在后面分析这些概念，直到与我将探讨的方法论相关而充足的程度。在一个纯粹理性的体系中，人们本来可以有理由 A83
要求我作出这些定义，但在这里，它们会使人忽视研究的要点，因为 B109
它们将激起怀疑和攻击，这些怀疑和攻击人们完全可以交给另一项研究去处理，而无损于根本的目的。不过，从我在此略加说明的东西中毕竟可以清晰地看出，一部完备的词典连同所有为此必需的解说不仅是可能的，而且也是可以轻而易举地完成的。科目已经就绪，所需要的只是充实它们，而像目前的这样一种系统的位置论，是不会轻易地让每一个概念所专属的位置放错的，而且同时也使人很容易发现那些还空着的位置。

第11节①

关于这个范畴表，可以作出一些精细的考察，它们也许能够在所有理性知识的科学形式方面有显著的效果。因为这个表在哲学的理论部分非常有用，甚至是完备地制定**一门科学的整体规划**（就它依据的是先天概念而言）、并系统地**按照确定的原则划分**这门科学所不可或缺的，这一点已经由于以下情况而不言而喻，即这个表完备地包含了知性的所有基本概念，甚至包含了人类知性中这些概念的一个体系的形式，因而指明
B110 了一门计划中的科学的所有环节乃至它们的**秩序**，正如我在别的地方②也曾为此提供一个样品一样。这些说明中的一些如下。

第一个说明：这个表包含四组知性概念，首先可以分为两类，其中第一类针对直观（既包括纯直观也包括经验性直观）的对象，第二类针对这些对象的实存（要么在彼此的关系中，要么在与知性的关系中）。

我将把第一组称为**数学性的**范畴，把第二组称为**力学性的**范畴。就像人们所看到的那样，第一组没有相关项，只有在第二组中才遇到相关项。这一区别毕竟必然在知性的本性中有其根据。③

第二个说明：每一组的范畴处处都是同一个数字，即三，这同样要求深思，因为通常凭借概念进行的先天划分都必然是二分法。此外还有，第三个范畴每处都是出自该组第二个范畴与第一个范畴的结合。

B111 这样，**全体性**（总体性）被看做无非是作为单一性的复多性，**限定性**无非是与否定性相结合的实在性，**共联性**则是一个实体在与另一个实体的交互规定中的因果性，最后，**必然性**无非是通过可能性本身被给予的实存性。但不要认为，因此之故第三个范畴就只是纯粹知性的一个派生概念，而不是基本概念。因为第一个范畴和第二个范畴为了产生第三个概念结合起来，需要知性的一个特殊行动，这个行动与在第一个概念和第二个概念那里实施的行动不是一回事。这样，一个**数字**（它属于全体性的范畴）在有复多性和单一性概念的地方（例如在无限者的表象中）并不总是可能的，或者我把一个原因的概念和一个**实体**的概念结合起来，

---

① 本节是第二版所加。——译者注

② 《自然科学的形而上学初始根据》。

③ 从内容上来看，本自然段中的“组”似应为“类”。——译者注

由此出发并不能马上理解**影响**，也就是说，一个实体如何能够成为另一个实体中的某物的原因。由此可见，为此需要知性的一个特殊行动，余者类推。

第三个说明：惟有一个范畴，即处于第三个标题下的**共联性**范畴，它与逻辑功能表中与它相应的一种选言判断的形式的一致并不像在其他 B112 范畴那里那样引人注目。

为了保证这种一致性，人们必须注意：在一切选言判断中，领域（所有包含在它之下的东西的集合）被表象为一个整体划分为各个部分（各个从属概念），而且由于一个部分不能被包含在另一个部分之下，它们被设想为彼此**并列的**，而不是**从属的**，以至于它们不是像在一个**序列**中那样**单向地**互相规定，而是像在一个**集合体**中那样**交互地**互相规定（如果划分的一个分支被设定，则其余的都被排除，反之亦然）。

如今，在事物的一个**整体**中也被设想一种类似的联结，在这里不是一个作为结果的事物**隶属于**另一个作为其存在的原因的事物，而是就规定别的事物而言同时地并且交互地作为原因**并列**（例如在一个物体中，它的各个部分交互地彼此吸引也彼此排斥）；这是一种与在纯然的原因与结果（根据与后果）的关系中遇到的完全不同方式的联结；在后者中，后果并不交互地又规定根据，因而并不与根据一起构成一个整体（就像世界的创造者并不与世界一起构成一个整体一样）。知性在表象一个被划分的概念的领域之时，与它在把一个物设想为可分割的时，遵循的是同 B113 一种做法；而且，就像划分的各分支在前者中彼此排斥但毕竟结合在一个领域里一样，知性也把后者的各个部分表象为这样一些部分，每一个部分都也以排斥其余部分的方式拥有它们的实存（作为各个实体），但毕竟结合在一个整体中。

第 12 节①

但在古人的先验哲学中，还有一个包含着纯粹的知性概念的重要部分；这些概念虽然未被列入范畴，但在他们看来却应当被视为关于对象

① 本节为第二版所加。——译者注

的先天概念，不过在这种情况下他们就会增加范畴的数目，而这是不可能的。陈述这些概念的，是在经院学者们中间如此流行的命题：quodlibet ens est **unum**，**verum**，**bonum**［任一存在者都是**一**，是**真**，是**善**］。尽管这一原则的应用就结论（它们提供的纯然是些同义反复的命题）而言成效甚微，以至于人们在近代几乎只是为了表示尊敬才习惯在形而上学中提出它，但是，一个长期保持下来的思想，即便是显得如此空洞，毕竟也总是值得探究它的起源，并使人有理由猜测它以某种知性规则为自己的根据，只不过这种根据如同经常发生的那样被解释错了而已。**事物**

B114 的这些被信以为真的先验谓词，无非是一般来说**事物**的所有知识的逻辑要求和标准，并把量的范畴亦即**单一性**、**复多性**和**全体性**奠定为知识的基础，只是他们把这些本来在质料上必须被看做属于事物的可能性本身的范畴，事实上仅仅在形式的意义上当做属于一切知识的逻辑要求的东西来使用，而且毕竟是以不谨慎的方式把这些思维的标准当成了物自身的属性。因为，在一个客体的每一种知识中，都有概念的**单一性**，人们可以把它称为**质的单一性**，只要在它之下所设想的只是总括知识之杂多的单一性，例如在一出戏剧、一场演说、一个故事中的主题的单一性。其次是结论方面的**真实性**。从一个被给予的概念中得出的真实结论越多，该概念的客观实在性的标志也就越多。人们可以把这称为属于一个作为共同根据的概念的各种特征（这些特征在它里面并未被思考为量）的**质的复多性**。最后，第三是**完善性**，它在于这种复多性反过来一起回溯到概念的单一性，并与该概念而不是与别的概念完全一致，人们可以把这

B115 称为**质的完备性**（总体性）。由此可见，一般而言的知识可能性的这些逻辑标准在这里只是为了通过一种作为原则的知识的质把**异类的**知识成分结合在一个意识中，而转变了量的三个范畴，在这些范畴中，量在产生中的单一性必须被视为无例外地同类的。① 这样，一个概念（不是概念的客体）的可能性的标准就是这样的定义，在其中概念的**单一性**、一切能够最切近地从它派生的东西的**真实性**、最后还有从它引出的东西的**完备性**，都为产生整个概念构成了必需的东西；或者说，就连**一种假说的标**

---

① 我曾犹豫作出改动。意思很清楚：在……可能性的这些逻辑标准中……这三个范畴……被转变，以至于它们只是为了……通过一种作为原则的知识的质而被规定。无法构句的文本将是康德式的。——科学院版编者注

准，也是所采取的**解释根据**的可理解性，或者这种根据的**单一性**（无须辅助假说），能够从中派生的结论的**真实性**（它们相互之间的一致和与经验的一致），最后还有解释根据对于这些结论的**完备性**，这些结论不多不少，正好回溯到在假说中所假定的东西，而且后天地以分析的方式重新提供出先天地以综合的方式思维过的东西并与之一致。因此，先验的范畴表根本没有通过单一性、真实性和完善性的概念得到补充，就好像它有欠缺似的，而只是由于把这些概念与客体的关系完全被置之一旁，对 B116
这些概念的处理才被置于知识与自己本身一致的普遍逻辑规律之下。

第二篇 A84

论纯粹知性概念的演绎

第一章

第 13 节　论一般先验演绎的原则

法学家在谈到权限和僭越时，在一桩诉讼中把有关权利的问题（quid iuris［有何权利］）与涉及事实的问题（quid facti［有何事实］）区分开来，而由于他们对二者都要求证明，他们就把应当阐明权限或者也阐明合法要求的前一种证明称为**演绎**。我们使用大量经验性的概念，并没有人提出异议，我们也不经演绎就认为自己有权利赋予它们一种意义和想当然的含义，因为我们任何时候手头都有证明它们的客观实在性的经验。不过，也有一些僭越的概念，例如幸福、命运，它们虽然凭借几乎普遍的 B117
宽容而流行，但毕竟有时需要回答 quid iuris［有何权利］的问题；此时，人们在这种情况下就陷入不小的麻烦，因为人们无论是从经验出发还是从理性出发都举不出清晰的合法根据来澄清使用这些概念的权限。 A85

但是，在构成人类知识十分混杂的交织物的各种各样的概念中间，有一些概念也注定要被纯粹先天地（完全不依赖于任何经验地）应用，而它们的这种权限在任何时候都需要一种演绎：因为对于这样一种应用的合法性来说从经验出发的证明并不充足，但是人们必须知道这些概念如何能够与它们毕竟不是从任何经验得来的客体发生关系。因此，我把对先天概念能够与对象发生关系的方式的解释称为它们的**先验演绎**，并把它与**经验性的**演绎区别开来，后者表明的是通过经验和对经验的反思获得一个概念的方式，因而不涉及拥有得以产生的合法性，而是涉及其事实。

B118 我们现在已经拥有两种截然不同的概念，它们毕竟在双方都完全先天地与对象发生关系这一点上是相互一致的，这就是作为感性形式的空间和时间的概念及作为知性概念的范畴。要想尝试对它们作出一种经验性的演绎，将是一件完全徒劳的工作，因为它们的本性的特征恰恰在于，
A86 它们与自己的对象发生关系，并不为了表象这些对象而从经验中借取某种东西。因此，如果需要对它们作出一种演绎，则这演绎在任何时候都必须是先验的。

不过，对于这些概念，就像对于所有的知识一样，即使不能在经验中找出它们的可能性的原则，却毕竟能够找出它们产生的偶因；在这种情况下，只要感官的印象提供最初的诱因，人们就向这些印象开放整个认识能力，并完成经验；经验包含着两种极不同类的要素，即来自感官的知识**质料**和来自纯粹直观和思维的内在源泉的某种整理这质料的**形式**，
B119 纯粹直观和思维借感官印象的机缘才首先运行起来并产生概念。对我们的认识能力为了从个别的知觉上升到普遍的概念所做的最初努力进行这样一种探究，毫无疑问有其巨大的好处，而且人们应当感谢著名的**洛克**，是他率先为此开辟了道路。然而，对纯粹先天概念的一种**演绎**却绝不能由此实现，它根本不处在这条道路上，因为就这些概念今后应当完全独立于经验的应用而言，它们必须出示一个与出身自经验截然不同的出生
A87 证。这种尝试过的自然学的推导本来根本不能叫做演绎，因为它所涉及的乃是一个 quaestionem facti［事实的问题］，所以我想把它称为对一种纯粹知识的拥有所做的解释。因此显而易见，对这些概念只能有一种先验的演绎，而绝不能有一种经验性的演绎，后者对纯粹先天概念来说无非是一些无用的尝试，只是没有理解这种知识的全部独特本性的人才会干这种事情。

但现在，即使承认纯粹先天知识的可能演绎只有一种方式，即沿着先验道路的方式，由此也毕竟不能说明，这种方式是绝对必要的。我们在上面已经凭借一种先验演绎将空间和时间的概念一直追踪到其起源，并解释和规定了它们先天的客观有效性。尽管如此，几何学通过纯然的
B120 先天知识稳步前进，无须为了自己关于空间的基本概念的纯粹的、合法

的出身而请求哲学提供委任状。不过，概念的应用在这门科学中也仅仅关涉到外部的感官世界，对于它来说空间就是它的直观的纯形式，因而在它里面一切几何学知识都由于建立在先天直观之上而具有直接的自明性，而对象则通过这种知识本身先天地（按照形式）在直观中被给予。A88 与此相反，那不可回避的需要是随着**纯粹知性概念**开始的，即不仅要为它们本身，而且要为空间寻求一种先验的演绎，因为既然它们谈论对象所凭借的不是直观和感性的谓词，而是纯粹先天思维的谓词，它们也就无须任何感性条件而与对象发生关系，而且既然它们并不以经验为基础，它们也就不能在先天直观中展示任何它们先于一切经验而把自己的综合建立于其上的客体①，因而不仅由于它们的应用的客观有效性和限制而引起怀疑，而且还由于它们倾向于超出感性直观的条件去应用空间概念而使**空间概念**变得模糊不清，所以前面对于空间概念进行一种先验演绎也 B121 是必要的。因此，读者在纯粹理性的领域里哪怕只跨出一步，之前都必须相信这样一种先验演绎不可回避的必要性，因为不然的话他就会盲目行事，而且在他四处误入歧途之后，毕竟又不得不再返回到他由以出发的无知。但是，他必须也事先清晰地看出不可避免的困难，以免抱怨事情本身深藏于其中的隐晦，或者为清除障碍而过早地烦恼，因为重要的是，要么完全放弃洞察纯粹理性的所有要求这个最受欢迎的领域，即超出一切可能经验的界限的领域，要么就使这一批判的研究臻于完善。A89

对于空间和时间概念，我们在上面就已经能够轻而易举地说明，这些概念如何作为先天知识却仍然不得不必然地与对象发生关系，并且不依赖于一切经验而使这些对象的一种综合知识成为可能。因为既然只有凭借感性的这样一些纯形式，一个对象才能够向我们显现，也就是说，才能够成为经验性直观的一个客体，所以空间和时间是先天地包含着作 B122 为显象的对象之可能性的条件的纯直观，而且在它们里面的综合具有客观有效性。

与此相反，知性的范畴根本不向我们表现出使对象在直观中被给予

① 论证的第一部分，即“因为既然它们……纯粹先天思维的谓词”，是完全清楚的，而第二部分，即“而且既然……建立于其上的客体”，则惟有假定像 B864 把“理性的”与“经验性的”对立起来那样，经验在这里代表感性，才是可以理解的。也请参见下面的解说。——科学院版编者注

的那些条件，因而对象当然也就能够无须与知性的功能必然发生关系就向我们显现，所以知性并不先天地包含这些对象的条件。因此，这里就出现了一种我们在感性的领域里不曾遇到的困难，这就是**思维的主观条件**如何应当具有**客观有效性**，也就是说，提供对象的所有知识之可能性
A90 的条件。因为没有知性的功能，显象当然能够在直观中被给予。我以原因概念为例，它意味着综合的一种特殊方式，这里在 A 之上按照一种规则设定了截然不同的 B。至于为什么显象包含着诸如此类的某种东西（因为既然这个概念的客观有效性必须能够先天地阐明，我们就不能援引经验来作为证明），这并不是先天地清楚明白的；因此，至于这样一个概念是否完全空洞，而且在显象中间到处都遇不到对象，则是先天地可疑的。因为感性直观的对象必须符合先天地蕴涵在心灵中的形式条件，这一点
B123 是清楚明白的，否则它们就不会成为我们的对象；但是，它们除此之外也必须符合知性为了思维的综合统一所需要的条件，对这一点就不大容易看出结论了。因为当然很可能显象具有这样的性状，即知性发现它们根本不符合其统一性的条件，一切都这样处在混乱中，例如在显象的序列中不呈现出任何提供一种综合的规则、从而与原因和结果的概念相适应的东西，以至于这个概念因此而是完全空洞的、毫无价值的、没有意义的。显象依然会把对象呈现给我们的直观，因为直观不以任何方式需
A91 要知性的功能。

如果人们想避开这种研究的麻烦，而说经验不断地呈现出显象的这样一种合规则性的实例，这些实例提供了足够的理由把原因概念与此分离开来，并由此同时证明这样一个概念的客观有效性，那么，人们就没有发觉，以这种方式根本不可能产生原因概念，相反，它必须要么完全
B124 先天地建立在知性中，要么被当做一个纯然的幻影而完全放弃。因为这个概念绝对要求某物 A 具有这样的性质，即**必然地并且按照一条绝对的规则**从它里面得出另一个某物 B。显象完全可以提供各种场合，从中有可能得出某物循例发生所遵从的规则，但却永远不可能得出后果是**必然的**。因此，原因与结果的综合还固有一种尊严，人们根本不能经验性地予以表达，也就是说，结果不仅是附加在原因上的，而且是**通过**原因被设定，并从原因产生出来的。规则的严格普遍性也根本不是经验性规则的属性，后者通过归纳所能够得到的无非是比较的普遍性，即广泛的适用性。但

现在，如果人们想把纯粹知性概念仅仅当做经验性的产物来对待，它们 A92
的应用就会完全改变。

第14节　向范畴的先验演绎的过渡

综合的表象能够与其对象同时发生、彼此以必然的方式发生关系、仿佛是彼此相遇，这只有在两种情况下才有可能：要么只有对象才使表象成为可能，要么只有表象才使对象成为可能。如果是前者，则这种关 B125
系就只是经验性的，而且表象绝不是先天地可能的。显象就它们里面属于感觉的东西而言，就是这种情况。但如果是后者，由于表象自身（因为这里所谈的根本不是表象凭借意志所产生的因果性）并不是**就存在而言**产生自己的对象的，所以在惟有通过表象才有可能把某物**作为一个对象来认识**的情况下，表象毕竟就对象而言是先天地进行规定的。但是，一个对象的知识惟有在两个条件下才是可能的：首先是**直观**，对象通过
直观被给予，但只是作为显象；其次是**概念**，一个与该直观相应的对象 A93
通过概念被思维。但从以上所说可以明白，第一个条件，即对象惟有在其下才能被直观的条件，事实上先天地在心灵中是客体就形式而言的基础。因此，一切显象必然与感性的这种形式条件一致，因为它们只有通过这种条件才能够显现，也就是说，才能够被经验性地直观和给予。现在的问题是：是否就连概念也是作为条件先天地先行的，某物惟有在这些条件下，虽然不是被直观，但却是作为一般对象被思维？在这种情况下，对象的一切经验性知识就都以必然的方式符合这样的概念，因为不以它们为前提条件，就没有任何东西可能是**经验的客体**。但现在，一切经验在某物被给予所凭借的感官直观之外，还包含着关于一个在直观中被给予或者显现的对象的概念，据此，一般而言的对象的概念就作为先天条件成为所有经验知识的基础。所以，范畴作为先天概念的客观有效
性的依据是：惟有通过它们，经验（就思维的形式而言）才是可能的。 B126
在这种情况下，范畴就以必然的方式并且先天地与经验的对象相关，因为一般而言只有凭借范畴，经验的某个对象才能够被思维。

因此，一切先天概念的先验演绎有一个全部研究都必须遵循的原则，
这个原则就是：它们必须被当做经验的可能性（无论是在其中遇到的直 A94

观的可能性，还是思维的可能性）的先天条件来认识。提供经验之可能性的客观基础的概念，正因为如此而是必然的。但是，在其中遇到这些概念的那种对经验的阐发却不是它们的演绎（而是它们的举证），因为它们在这里毕竟只会是偶然的。没有与知识的所有对象均在其中出现的可
B127 能经验的这种源始关系，它们与某个客体的关系就会是完全不可理解的。

①著名的**洛克**由于缺乏这种考察，并由于他在经验中发现知性的纯粹概念，所以也就从经验中推导出这些概念，并且行事却如此**前后不一致**，以至于他竟敢借此尝试获得远远超越一切经验界限的知识。**大卫·休谟**认识到，为了能够这样做，这些概念就不可避免地必须拥有其先天的起源。但是，由于他根本不能够解释，知性如何可能必须把自身在知性中并不结合在一起的概念却思维为在对象中必然地结合在一起的，而且也没有想到也许知性凭借这些概念本身就能够是在其中遇到它的对象的经验的创造者，所以他迫不得已从经验中推导出这些概念（也就是说，从一种通过经验中的经常性联想产生的主观必然性亦即**习惯**中推导出这些概念，这种主观必然性最终被误以为是客观的），但在此之后行事却如此前后一致，他宣称不可能凭借这些概念及其所导致的原理超出经验界限。
B128 但是，这二位所想到的**经验性**推导却不能与我们所拥有的先天科学知识即**纯粹数学**和**普遍的自然科学**的现实性相吻合，因而被事实所驳斥。

在这两位著名的人士中，前一位为**狂热**大开方便之门，因为理性一旦拥有自己这方面的权限，就不再让自己受对节制的不确定称颂所限制；后一位则一旦相信自己揭露了对我们认识能力的一种如此普遍地被视为理性的欺骗，就完全委身于**怀疑论**。——我们现在正要做一番尝试，看人们是否能够幸运地使人类理性在这两道礁岩之间渡过难关，给它指出确定的界限，并尽管如此却把它的合目的行动的整个领域都视为对它开放的。

在此之前，我只想还先**对这些范畴作出解释**。范畴是关于一个一般

---

① 以下三段为第二版所加，取代了第一版中如下一段：“但是，有三种源始的来源（灵魂的三种性能或者能力），包含着一切经验之可能性的条件，本身不能从心灵的任何其他能力派生出来，这就是**感官**、**想象力**和**统觉**。据此而有：1. 先天杂多通过感官的**概观**；2. 这种杂多通过想象力的**综合**；最后，3. 这种综合通过源始统觉的**统一**。所有这些能力都除了经验性的应用之
A95 外还有一种先验的应用，后者仅仅关涉形式，并且是先天地可能的。**就感官而言**，我们在上面第一部分已经谈到过这种应用，现在我们要致力于根据其本性来理解其他两种能力。”——译者注

而言的对象的概念，通过它们，对象的直观就各种判断的**逻辑功能**之一而言被视为**确定的**。这样，定言判断的功能就是主词与谓词的关系的功能，例如一切物体皆是可分的。然而就知性的纯逻辑应用而言，人们想把主词的功能赋予这两个概念中的哪一个，以及人们想把谓词的功能赋 B129
予哪一个，却依然是不确定的。因为人们也可以说：一些可分的东西是一个物体。但是，如果我把一个物体的概念置于实体的范畴之下，通过实体的范畴就确定了：该物体的经验性直观在经验中必须永远仅仅被视为主词，而绝不被视为纯然的谓词；在所有其他的范畴中亦复如是。

第二章　纯粹知性概念的先验演绎①

第15节　论一种一般而言的联结的可能性

表象的杂多可以在一个直观中被给予，这个直观纯然是感性的，也就是说，无非是感受性，而它的形式则可以先天地存在于我们的表象能力中，毕竟是某种无异于主体被刺激的方式的东西。然而，一种杂多一般而言的**联结**（conjunctio）却绝不能通过感官进入到我们里面，因而也不能同时一起包含在感性直观的纯形式中；因为它是表象力的自发性的 B130
一种行动，而既然人们为了与感性相区别就必须把这种自发性称为知性，所以一切联结，无论我们是否意识到它，无论它是直观杂多的联结还是各种各样的概念的联结，就前者而言是感性直观的联结还是非感性直观②的联结，都是一种知性的行动，我们把**综合**这个普遍的称谓赋予这种行动，以便由此同时表明，任何东西，我们自己没有事先把它结合起来，就不能把它表象为在客体中结合起来的，而且在所有表象中，**联结**是惟一不能通过客体被给予的、而是由主体自身确立的表象，因为它是主体

① 本章是第一版第二章“论经验之可能性的先天根据”和第三章“论知性与一般对象的关系和先天地认识这些对象的可能性”的改写。兹将第一版上述两章原文附在本章末。——译者注

② 梅林（Mellin）已经改进为“是经验性直观还是非经验性直观”。只不过这个二者择一在这里可能是成问题的。证明这一点的，不仅是眼前的上下文——“前者”，亦即直观，确切地说，根据上文是感性直观——，而且还有把统觉的综合统一的原理限制在我们的推论的、而非直觉的知性之上，例如B138—139。因此，即便是在这里，如果不是像在这段话中很可能的那样出现一个书写错误，那就必须设想“感性的”就是“经验性的”。——科学院版编者注

的自发性的一个行动。人们在这里很容易就可以察觉，这种行动原初必须是惟一的，并且适用于一切联结，而分解，亦即**分析**，看起来是它的对立面，毕竟在任何时候都以它为前提条件；在知性事先没有把任何东西结合起来的地方，它也就不能分解任何东西，因为这东西惟有**通过知性**才能作为结合起来的东西被给予表象力。

但是，联结的概念除了杂多的概念和杂多的综合的概念之外，还包括杂多的统一的概念。联结是杂多的**综合**统一的表象。① 因此，这种统一
B131 性的表象不能从联结中产生，毋宁说，它通过附加到杂多的表象上才使得联结的概念成为可能。这种先天地先行于一切联结概念的统一性，并不是那个单一性范畴（参见第 10 节）；因为一切范畴都建立在判断中的逻辑功能之上，但在判断中已经思维了联结，从而思维了被给予的概念的统一性。因此，范畴已经以联结为前提条件了。所以，我们必须到更高的地方去寻找这种统一性（作为质的统一性，参见第 12 节），亦即到那本身就包含着判断中各种不同概念之统一性的根据、从而包含着知性就其逻辑应用而言的可能性的根据的东西中去寻找。

第 16 节　论统觉的源始综合的统一性

B132 **“我思”**必须**能够**伴随我的一切表象；因为如若不然，在我里面就会有某种根本不能被思维的东西被表象，这就等于是说，表象要么是不可能的，要么至少对我来说什么也不是。这种能够先于一切思维被给予的表象就叫做**直观**。所以，直观的一切杂多在这种杂多被遇到的那个主体中与**我思**有一种必然的关系。但是，这个表象是**自发性**的一个行动，也就是说，它不能被视为属于感性的。我把它称为**纯粹的统觉**，以便把它与**经验性的**统觉区别开来，或者也称为**源始的统觉**，因为它就是那个通过产生出必然能够伴随所有其他表象并在一切意识中都是同一个东西的**“我思”**表象而不能再被别的表象伴随②的自我意识。我也把统觉的统一

① 表象本身是否是同一的，从而一个表象是否可以通过另一个表象被分析地思维，在此不予考察。如果谈到杂多，那么，一个表象的意识总是要与另一个表象的**意识**区别开来，这里重要的仅仅是这种（可能的）意识的综合。

② “不能再被别的表象伴随”应为“不能再从别的表象派生”，这是戈尔德施密德（Goldschmidt）等人建议的。——科学院版编者注

性称为自我意识的**先验的**统一性，以便表示从它产生的先天知识的可能性。因为在某个直观中被给予的杂多表象如果不全都属于一个自我意识，就不会全都是**我的**表象，也就是说，作为我的表象（尽管我并没有意识到它们是我的表象），它们必须符合惟一使它们**能够**在一个普遍的自我意识中聚合的条件，因为若不然，它们就不会完全地属于我。从这一源始 B133
的联结中可以得出许多结论。

也就是说，一种在直观中被给予的杂多的统觉，它的这种完全的同一性包含着一种表象的综合，并且只有通过这种综合的意识才是可能的。因为伴随着各种不同表象的经验性意识自身是分散的，与主体的同一性没有关系。因此，这种关系还不是通过我用意识来伴随任何表象发生的，而是通过我把一个表象**附加**给另一个表象、并且意识到这些表象的综合而发生的。因此，只有通过我能够把被给予的表象的杂多**在一个意识中**联结起来，我才有可能表象**这些表象本身中的意识的同一性**，也就是说，统觉的**分析的**统一性惟有以某种**综合的**统一性为前提条件才是可能的。①
据此，“这些在直观中被给予的表象全都属于我”的思想无非意味着，我 B134
在一种自我意识中把它们统一起来，或者我至少能够在其中把它们统一起来；而且即使这一思想本身还不是这些表象的综合的意识，它也毕竟以综合的可能性为前提条件，也就是说，只是由于我能够在一个意识中把握这些表象的杂多，我才把这些表象全都称为**我的**表象；因为如若不然，我就会拥有一个像我拥有的我所意识到的表象那样驳杂不同的自己了。因此，直观的杂多的综合统一作为先天地被给予的东西，是统觉本身的同一性的根据，而统觉是先天地先行于**我的**一切确定的思维的。但是，联结并不在对象之中，也不能通过知觉从它们获取，并由此才接受
到知性中，相反，它只是知性的一件工作，知性本身无非是先天地进行 B135

① 意识的分析的统一性与所有的共同概念相联系；例如当我想到一般的**红**的时候，我就由此表象出一种性状，它（作为特征）可以在某个事物上遇到，或者可以与别的表象相联结；因此，惟有凭借一个预先想到的综合的统一，我才能想象分析的统一。一个应当被设想为**各种不同**表象所共有的表象，就被视为属于这些表象，后者除了该表象之外自身还拥有某种**不同的**东西；因此，这个表象必须在与其他表象（即使只是可能的表象）的综合统一中，在我能够在它身上设想使它成为 conceptus communis［共同概念］的那种意识的分析统一之前就预先想到。而这样一来，统觉的综合统一就是人们必须把一切知性应用，甚至把全部逻辑以及按照逻辑把先验哲学附着于其上的最高的点，这种能力也就是知性本身。

联结并把被给予的表象的杂多置于统觉的同一性之下的能力，这一原理乃是全部人类知识中的至上原理。

现在，统觉的必然统一这一原理虽然是自身同一的，从而是一个分析命题，但它毕竟说明在一个直观中被给予的杂多的一种综合是必然的，没有这种综合，自我意识的那种完全的同一性就不能被设想。因为通过作为简单表象的自我，并没有任何杂多被给予；它只能在与此有别的直观中被给予，并通过在一个意识中的**联结**而被思维。一种知性，在它里面通过自我意识同时被给予一切杂多，这种知性就会是在**直观**；而我们的知性却只能**思维**，并且必须在感官中寻求直观。因此，我是就一个直观中被给予的表象的杂多而言来意识到同一的自己的，因为我把这些表象全都称为**我的**表象，它们构成**一个**表象。但这就等于是说，我意识到这些表象的一种先天的综合，这种综合就叫做统觉的源始的综合统一，
B136 一切被给予我的表象都必须从属于它，但也必须由一个综合来把这些表象置于它下面。

第 17 节　统觉的综合统一的原理是一切知性应用的至上原则

按照先验感性论，一切直观的可能性与感性相关的至上原理就是：直观的一切杂多都从属于空间和时间的形式条件。一切直观的可能性与知性相关的至上原理就是：直观的一切杂多都从属于统觉的源始综合统一的条件。① 直观的一切杂多表象如果**被给予**我们，就从属于前一条原
B137 理，如果它们必须能够在一个意识中**被联结**起来，就从属于第二条原理；因为若没有它，由于被给予的表象不会共同具有“我思”的统觉行动，从而不会在一个自我意识中被总括起来，所以也就没有任何东西能够被思维或者被认识。

知性一般地来说就是**认识**的能力。认识就在于被给予的表象与一个

---

① 空间和时间及其一切部分都是**直观**，因而是带有它们自身所包含的杂多的单个表象（参见先验感性论），从而就不单纯是使同一个意识被发现包含在许多表象之中的概念，而是使许多表象被发现包含在一个表象及其意识中的概念，从而这许多表象就被发现是复合的，因此意识的统一被发现是**综合的**、但毕竟又是源始的。直观的这种**单个性**在应用中是很重要的（参见第 25 节）。

客体的确定关系。而**客体**则是在其概念中一个被给予的直观的杂多被**结合起来**的东西。但现在，表象的一切结合都要求意识在表象的综合中的统一。所以，意识的统一就是惟一构成表象与一个对象的关系、从而构成它们的客观有效性、使它们成为知识的东西，因而就连知性的可能性也依据的是它。

因此，知性的全部其余应用所根据的、同时也完全不依赖于感性直观的一切条件的、最初的纯粹知性知识，就是统觉的源始的、**综合的**统一的原理。这样，外部感性直观的纯然形式，亦即空间，还根本不是知识；它仅仅先天地为一种可能的知识提供直观的杂多。但是，为了认识空间中的某物，例如一条线，我就必须**划出**它，因而综合地完成被给予 B138
的杂多的一种确定的联结，以至于这种行动的统一同时就是意识（在一条线的概念中）的统一，并且一个客体（一个确定的空间）由此才得到认识。因此，意识的综合统一是一切知识的一个客观条件，不仅我自己为了认识一个客体而需要这个条件，而且任何直观**为了对我来说成为一个客体**也都必须从属于这个条件，因为以别的方式，没有这种综合，杂多就不会在一个意识中结合起来。

如上所说，这后一个命题虽然使综合统一成为一切思维的条件，但自身却是分析的；因为它不外是说，在任何一个被给予的直观中**我的**一切表象都必须从属于这样一个条件，惟有在这个条件下我才能把这些表象作为我的表象归于同一的自己，从而才能把它们作为在一个统觉中联结起来的，用普遍的表述“我思”总括起来。

但是，这一原理毕竟不是一个适用于任何一般而言可能的知性、而是仅仅适用于通过其纯粹的统觉在表象“**我在**”中还没有任何杂多被给予的知性的原则。通过其自我意识直观的杂多同时被给予的那种知性， B139
即由于其表象这一表象的客体同时就实存的知性，有可能为了达到意识的同一，而不需要仅仅思维却不直观的人类知性所需要的那种杂多综合的一个特殊行动。但是，对于人类知性而言，这一原理却不可避免地是第一原理，以至于人类知性对于另一种可能的知性不能形成丝毫的概念，无论它是自己直观的知性，还是虽然拥有感性直观、但却是以与空间和时间中的直观异类的直观来作为基础的知性。

第18节　什么是自我意识的客观统一性

统觉的**先验统一**是在一个直观中被给予的一切杂多被结合在一个关于客体的概念之中所凭借的那种统一，它因此而叫做**客观的**，并且必须与意识的**主观统一**区别开来，后者是一种**内感官的规定**，直观的杂多为了这样一种客观的联结通过它而经验性地被给予。至于我是否能够**经验性地**意识到杂多是同时的或者前后相继的，这取决于各种情况或者经验
B140 性的条件；因此，意识的经验性的统一通过表象的联结所涉及的是一种显象，而且完全是偶然的。与此相反，时间中直观的纯形式，纯然作为包含着一种被给予的杂多的一般而言的直观，则仅仅由于直观的杂多与"一"亦即我思的必然关系，从而由于知性先天地作为经验性直观基础的纯综合，而从属于意识的源始统一。只有那种先验统一才是客观有效的；统觉的经验性统一我们在这里不予考虑，它也只是在被给予的条件下具体地从前一种统一派生的，只具有主观的有效性。一个人把某个词的表象与一件事联结起来，而另一个人则把它与另一件事联结起来；而意识在经验性的东西里面的统一性，就被给予的东西而言，并不是必然的和普遍有效的。

第19节　一切判断的逻辑形式在于其中所包含的概念的统觉的客观统一性

我从未对逻辑学家们关于一个一般而言的判断的解释感到满意：他们说，判断是两个概念之间的关系的表象。我在这里不与他们争论这种解释的缺陷（且不说由逻辑学的这种失误产生出某些令人讨厌的后果），
B141 它无论如何也只适合于**定言**判断，而不适合于假言判断和选言判断（后二者所包含的不是概念之间的关系，而是判断之间的关系）[①]，我只是说明，这种**关系**何在，此处仍不确定。

① 关于三段论的四个格的详尽学说仅仅涉及定言的理性推理；而且，尽管它不外是一种技巧，通过把直接的推理（consequentiae immediatae）藏在一个纯粹的理性推理的前提中间来骗取比第一格的推理有更多推理形式的假象，但是，它仅仅凭借这一点本来是不会有特别的好运气的，如果它不曾做到赋予定言判断作为其他判断都必须与之相关的判断以惟一的尊严的话，但这种做法按照第9节却是错误的。

但是，当我更仔细地研究每个判断中被给予的知识的关系，并将它作为属于知性的关系与遵循再生的想象力的规律的关系（这种关系只具有主观的有效性）区别开来时，我便发现，一个判断无非就是使被给予的知识获得统觉的**客观**统一性的方式。判断中的关系词“是” B142
就旨在于此，为的是把被给予的表象的客观统一性与主观统一性区别开来。因为这个系词表示这些表象与源始统觉的关系和它们的**必然统一性**，即便判断本身是经验性的，从而是偶然的，例如“物体是有重量的”。我借此并不是想说，这些表象在经验性的直观中**必然相互**隶属，而是想说，它们**凭借**直观的综合中统觉的**必然统一**而相互隶属，也就是说，它们遵循对一切表象作出客观规定的种种原则，如果能够从这些表象中生成知识的话；这些原则全都是从统觉的先验统一的原理派生出来的。惟有这样，才从这种关系中产生出**一个判断**，即一种关系，它是**客观有效的**，而且充分地与同样一些表象的只具有主观有效性的、例如按照联想规律的关系区别开来。按照联想规律我就会只能说：如果我负载一个物体，我就感到重量的压力；但却不能说：它，即这个物体，是有重量的；后者无非是要说：这两个表象是在客体中，亦即不管主体状态的差别就联结起来的，而不仅仅是在知觉（无论它怎样经常重复）中共处的。

第 20 节　一切感性直观都从属于范畴，范畴是惟一能使感性直观的杂多聚集到一个意识中的条件 B143

在一个感性直观中被给予的杂多必然从属于统觉源始的、综合的统一，因为只有通过这种统一，直观的**统一**才是可能的（参见第 17 节）。但是，被给予的表象（无论它们是直观还是概念）被置于一般而言的统觉之下所凭借的这种知性行动，就是判断的逻辑功能（参见第 19 节）。因此，一切杂多，只要在**一个**经验性直观中被给予，就都是就进行判断的种种逻辑功能之一而言**被规定的**，也就是说，被这种功能带给了一个一般而言的意识。但现在，**范畴**无非就是这些进行判断的功能，如果一个被给予的直观的杂多就这些功能而言被规定的话（参见第 10 节）。所以，就连一个被给予的直观中的杂多也从属于范畴。

B144
第 21 节　注释

在一个我称为“我的”的直观中所包含的杂多，通过知性的综合被表象为属于自我意识的**必然**统一，而这是通过范畴发生的。[①] 因此范畴表明：**一个**直观被给予的杂多的经验性意识从属于一个纯粹先天自我意识，正如经验性的直观从属于一个纯粹的、感性的、同样先天地发生的直观那样。因此，在上面的命题中，就开始了纯粹知性概念的一种**演绎**，在这种演绎中，既然范畴**不依赖于感性**而仅仅在知性中产生，我就还必须抽掉杂多被给予一个经验性直观的方式，以便仅仅着眼于由知性凭借范畴加到直观中的统一。后面（参见第 26 节），将从经验性直观在感性中
B145 被给予的方式出发指明，经验性直观的统一无非就是范畴按照前面第 20 节为一个被给予的一般直观的杂多所规定的统一，因此，通过范畴就我们感官的一切对象而言的先天有效性得到解释，才完全达到演绎的目的。

然而，在上面的证明中有一个东西是我无法抽掉的，这就是：杂多对于直观来说必须还在知性的综合之前并且不依赖于知性的综合就**被给予**；但如何被给予，却依然是不确定的。因为如果我要设想一个自己直观的知性（例如一种神的知性，它并不表象被给予的对象，相反，凭借它的表象，对象本身同时就被给予或者被产生），那么，范畴就这样一种知识而言就会根本没有意义。它们只是这样一种知性的规则，这种知性的全部能力都在于思维，也就是说，在于使另外在直观中被给予它的杂多的综合获得统觉的统一的行动，因此这种知性单凭自己不认识任何东西，而只是对知识的材料、对必须通过客体给予它的直观进行联结和整理而已。但是，对于我们知性只有凭借范畴、并且恰恰仅仅通过这些范
B146 畴的品种和数目实现先天统觉的统一的特性，就像为什么我们恰恰拥有这些而不是别的判断功能，或者为什么时间和空间是我们可能的直观的惟一形式一样，很少能够进一步说出理由。

---

① 证明根据所依据的是被表象的**直观的统一**，通过它一个对象被给予，它在任何时候都在自身包含着为直观而被给予的杂多，并且已经包含着杂多与统觉的统一的关系。

第 22 节　范畴除了运用于经验的对象之外，对于事物的知识别无应用

因此，**思维**一个对象和**认识**一个对象并不是一回事。因为属于认识的有两种东西：首先是概念，通过它一般来说一个对象被思维（范畴），其次是直观，通过它该对象被给予；因为如果一个相应的直观根本不能被给予概念，那么，概念就形式而言会是一种思想，但却没有任何对象，而且根本没有任何关于某个事物的知识通过它而成为可能，因为据我所知，那就没有也不可能有任何东西让我的思想能够运用于其上。现在，我们一切可能的直观都是感性的（感性论），因此，一般而言通过一个纯粹知性概念对一个对象的思维，在我们这里只有当这概念与感官的对象发生关系时才成为知识。感性直观要么是纯直观（空间与时间），要么是 B147
对在空间和时间中通过感觉直接被表象为现实的东西的经验性直观。通过前一种直观的规定，我们能够获得关于对象的先天知识（在数学中），但仅仅是就对象作为显象的形式而言；至于是否可能有必须在这种形式中被直观的事物存在，则在这里依然没有得到澄清。所以，一切数学概念单凭自身都还不是知识，除非人们假定存在着惟有符合那种纯粹感性直观的形式才能显示给我们的事物。但是，**空间和时间中的事物**只有当它们是知觉（伴随有感觉的表象）的时候，从而只有通过经验性的表象才被给予。所以，纯粹知性概念即便在它们被运用于先天直观的时候（如在数学中），也只是就这些先天直观、从而借助于先天直观也使知性概念能够被运用于经验性直观而言才造成知识。因此，范畴凭借直观也不给我们提供关于事物的知识，除非是通过它们在**经验性直观**上的可能应用，也就是说，它们只充当**经验性知识**的可能性。但这种知识就叫做**经验**。所 B148
以，范畴对事物的知识别无应用，除非事物被当做可能经验的对象。

第 23 节

上一命题极为重要；因为它规定着纯粹知性概念就对象而言的应用的界限，正如先验感性论规定着我们感性直观的纯形式的应用界限一样。空间和时间作为对象能够被给予我们的可能性的条件，仅仅对感官的对

象、从而仅仅对经验的对象有效。超出这个界限，它们就根本不表象任何东西；因为它们仅仅处于感官中，在感官之外没有任何现实性。纯粹知性概念则没有这种限制，而且扩及一般直观的对象，不管这直观是不是与我们的直观相似，只要它是感性的而不是理智的。但把概念进一步扩展超出**我们的**感性直观，对于我们来说就没有任何助益。因为在这种情况下，关于客体的空洞概念——对于这些客体，我们根本不能借助那些概念判断它们是否哪怕是曾经可能的——就纯然是些没有客观实在性
B149 的思想形式，因为我们手头没有让惟有那些概念才包含的统觉的综合统一能够运用于其上、并这样来规定一个对象的直观。惟有**我们的**感性直观和经验性直观才能给这些概念以意义和含义。

因此，如果假定有一种**非感性的**直观的一个客体被给予，那么，人们当然就可以通过已经蕴涵在前提条件中的一切谓词来表象它，说**它不具有任何属于感性直观的东西**，从而说它没有广延或者不在空间中，它的存续不是时间，在它里面看不到变化（时间中诸般规定的序列），等等。然而，如果我只是指出直观的客体不是怎样，却不能说在它里面究竟包含着什么，这毕竟不是真正的知识；在这种情况下，我根本没有表象一个客体对我的纯粹知性概念来说的可能性，因为我不能给予与它相应的直观，而是只能说我们的直观对它无效。但这里最重要的是，就连一个范畴也不能被运用于这样一种某物；例如实体的概念，也就是说关于作为主词、但却绝不能纯然作为谓词能够实存的某物的概念，对于它，如果不是经验性的直观给予我运用的事例，我就根本不知道是否有某个与这种思想规定相应的事物存在。不过，更多的东西留待后面再说。

B150

第 24 节　论范畴在一般感官对象上的应用

纯粹知性概念仅仅通过知性与一般直观对象发生关系，而不管这直观是我们的直观还是某种别的、却毕竟是感性的直观，但正因为此，它们仅仅是**思想形式**，还没有确定的对象通过它们被认识。它们里面的杂多的综合或者联结仅仅与统觉的统一发生关系，并由此而是依据知性的先天知识可能性的根据，因而不仅是先验的，而且也是纯粹理智的。但是，由于在我们里面有先天感性直观的某种依据表象能力的感受性（感

性）的形式作为基础，所以，知性作为自发性能够根据统觉的综合统一，通过被给予表象的杂多来规定内感官，并这样把先天**感性直观**的杂多之统觉的综合统一设想为我们的（人的）直观的一切对象都必须从属的条件，由此范畴就作为纯然的思想形式获得了客观实在性，即获得对于能够在直观中被给予我们、但仅仅是作为显象被给予我们的对象的应用； B151
因为我们惟有对于显象才能够拥有先天直观。

感性直观杂多的这种**综合**是先天地可能和必然的，它可以被称为**形象的**（synthesis speciosa［形象的综合］），以别于就一般直观的杂多而言仅仅在范畴中被思维的、叫做知性联结（synthesis intellectualis［理智的综合］）的综合；二者都是先验的，这不仅因为它们本身都是先天地发生的，而且因为它们也说明了其他先天知识的可能性的理由。

然而，如果形象的综合仅仅关涉统觉源始综合的统一，即仅仅关涉这种在范畴中被思维的统一，那么，为了有别于纯然理智的联结，它就必须叫做**想象力的先验综合**。**想象力**是**即便对象不在场**也在直观中表象对象的能力。现在，既然我们的直观是感性的，想象力就由于惟一使它能够给知性概念提供一个相应直观的主观条件而属于**感性**；但是，既然想象力的综合是自发性的一种实施，而自发性是进行规定的，不像感官 B152
那样纯然是可被规定的，因而能够先天地按照统觉的统一性就其形式规定感官，所以，想象力就此而言是先天地规定感性的一种能力，而且它的直观综合由于是**根据范畴的**，所以必然是**想象力的**先验综合；这是知性对感性的一种作用，而且是知性在对我们来说可能的直观的对象上的最初应用（同时也是其余所有应用的根据）。作为形象的，它有别于没有任何想象力、纯然凭借知性的理智综合。由于想象力是自发性，所以我也有时把它称做**生产的**想象力，由此把它与**再生的**想象力区别开来，后者的综合只是服从经验性的规律，即联想的规律，因而对解释先天知识的可能性毫无贡献，并因此之故而属于心理学，不属于先验哲学。

※　※　※

这里正是解释在阐明内感官形式时（参见第 6 节）每一个人都必然想到的那种悖谬的地方：即内感官如何也甚至只是像我们向自己显现的那样，而不是像我们自身所是的那样，把我们自己展现给意识，因为我们只是像我们内部**被刺激**的那样直观我们；这看起来是自相矛盾的，因 B153

为我们对我们自己必须处在一种被动的状态；因此，在心理学的各种体系中，人们也更乐意于习惯地把**内感官**与（我们慎重地区分开来的）**统觉**的能力说成是一回事。

规定内感官的东西是知性及其把直观的杂多联结起来、也就是说置于一个统觉（作为甚至它的可能性也依据的东西）之下的源始能力，现在，既然我们人里面的知性不是直观的能力，而且即便直观在感性中被给予，知性也毕竟不能把它们纳入自身，以便仿佛是把它自己的直观的杂多联结起来，所以，如果单就它自己来看，它的综合无非是一种行动的统一性，即便没有感性，知性也意识到它是这样一种行动，但通过它，知性自己就能够在按照感性直观的形式能够给予知性的杂多方面从内部规定感性。因此，它以一种**想象力的先验综合**的名义对**被动的**主体实施
B154 这种行动，而知性也就是这主体的能力，对此我们有理由说，内感官由此而被刺激。统觉及其综合统一与内感官根本不是一回事，前者毋宁说是作为一切联结的来源而关涉**一般直观**的杂多，以范畴的名义则在一切感性直观之前关涉一般客体；[①] 与此相反，内感官只包含直观的形式，但却没有直观中杂多的联结，因而根本不包含**确定的**直观，后者惟有通过凭借想象力的先验行动（知性对内感官的综合影响）对杂多作出规定的意识才是可能的，这种行动我称为形象的综合。

这一点是我们在任何时候都在自己里面觉察到的。我们不在思想中**画出**一条线就不能思维任何线，不在思想中**描画**一个圆就不能思维任何圆，不从一个点出发**设定**三条线相互垂直就根本不能表象空间的三个维度，甚至不在**画出**一条直线（直线是时间的外部形象化表象）时仅仅注意我们逐步地规定内感官所凭借的杂多综合的行动、并由此注意这种规定在内感官中的演替，就不能表象时间。作为主体的行动（不是作为一
B155 个客体的规定）[②]、从而作为空间中杂多的综合的运动，如果我们抽掉这

① 意思很清楚：统觉的综合统一就其是一切联结的来源而言关涉一般（感性）直观的杂多，而它以范畴的名义则在一切直观之前关涉一般客体。第二版在“一般直观”后面缺少逗号和“一般客体”这个词未加黑体使得理解困难。句法结构是康德式的。——科学院版编者注

② 一个**客体**在空间中的运动并不属于一门纯粹的科学，因而也不属于几何学，因为某物是运动的，这不能先天地、而是只能通过经验被认识。但是，作为对一个空间的**描画**的运动，却是一般外直观中的杂多凭借生产的想象力的逐步综合的一个纯粹行动，不仅属于几何学，甚至还属于先验哲学。

种杂多，并且仅仅注意我们依照其形式规定**内感官**的行动的话，就甚至最先产生出演替的概念。因此，知性并不是在内感官中已经**发现**杂多的诸如此类的联结，而是通过**刺激**内感官而**产生它**。但是，能思维的我如何有别于直观自己的我（因为我至少还能想象别的直观方式是可能的），并且毕竟与作为同一个主体的后者是一回事，从而我如何能够说：我作为理智和**能思维的**主体，认识到我自己是**被思维的**客体，只要我还就此而言在直观中被给予我，不过与其他现象一样，不是像我面对知性那样，而是像我向我自己显现那样，这些问题所带来的困难不多也不少，恰如我如何能够对我自己一般而言是一个客体，尤其是直观和内知觉的客体 B156
一样。但是，至于事情毕竟实际上不得不如此，如果人们承认空间只不过是外感官的显象的纯粹形式，就可以由此清晰地得到阐明，即除非借助我们画出的一条线的图像，我们就不可能以别的方式表现毕竟不是外直观对象的时间，不用这种表现方式，我们就根本不能认识时间维度的统一性，此外，对于一切内知觉来说，我们始终必须从外部事物展示给我们的变化的东西来得知时间长度或者时间位置的规定，因而必须恰恰以我们整理空间中外感官的种种规定的那种方式来把内感官的种种规定作为时间中的显象来整理；所以，如果我们关于外感官的规定承认，我们只是就我们在外部被刺激而言才通过它们认识客体，那么，关于内感官我们也必须承认，我们只是像我们在内部**被我们自己**刺激的那样通过它来直观我们自己，也就是说，就内直观而言把我们自己的主体仅仅当做显象、而不是按照它自身所是的东西来认识。①

第 25 节 B157

与此相反，我在一般而言表象的杂多的先验综合中，从而在统觉的综合的、源始的统一中意识到我自己本身，不是像我向自己显现的那样，也不是像我自身所是的那样，而仅仅是我在。这一**表象**是一个**思维**，而

① 我看不出，在内感官被我们自己刺激这一点上，人们会发现如此之多的困难。任何**注意**的行动都能给我们提供这方面的实例。知性任何时候都在其中按照它所思维的联结规定内感官，使之达到与知性的综合中的杂多相应的内直观。心灵通常在多大程度上由此被刺激，每一个人都能在自己里面觉察到。

不是一个**直观**。现在，既然要**认识**我们自己，除了思维使任何一种可能直观的杂多获得统觉的统一性的行动之外，还需要一定的直观方式使这
B158 种杂多被给予，所以尽管我自己的存在不是显象（更不只是幻相），但我的存在的规定[①]却惟有与内感官的形式相符合，按照我所联结的杂多在内直观中被给予的特殊方式才能发生；因此之故，我关于我所**认识**的，不是**如我所是**的我，而仅仅是如我向我自己**显现**的我。因此，虽然一切范畴通过把杂多联结在一个统觉中而构成了对一个**一般而言的客体**的思维，但对自己的意识还远远不是对自己的知识。就像为了认识一个有别于我的客体，除了（在范畴中）对一个**一般而言的**客体的思维之外，我毕竟还需要一个我用来规定那个普遍概念的直观一样，为了认识我自己，除了意识或者除了我在思维我之外，我还需要一种对我里面的杂多的直观，
B159 用它来规定这种思想；我作为仅仅意识到自己的联结能力的理智实存着，但就它应当联结的杂多而言却服从一个它称为内感官的限制条件，即只有按照完全处在真正的知性概念之外的时间关系来使那种联结变得可直观，因而只能像它与一个直观（这种直观不是理智的，而且不能通过知性自己被给予）相关纯然对自己显现的那样，而不是像它在其**直观**是理智直观的情况下认识自己那样来认识自己本身。

第 26 节　纯粹知性概念普遍可能的经验应用的先验演绎

在**形而上学的演绎**中，通过一般先天范畴与思维的普遍逻辑功能的完全一致阐明了这些范畴的起源；而在**先验的演绎**中，则阐明了这些范畴作为一般直观对象的先天知识的可能性（参见第 20、21 节）。现在，

---

① 我思表现着规定我的存在的行动。因此，存在由此已经被给予，但是，我规定这存在、即在我里面把杂多设定为属于这存在的东西的方式，却还没有由此被给予。属于这方面的有自我直观，为它奠定基础的是一种先天地被给予的形式，即时间，时间是感性的，并且属于可被规定着的感受性。现在，既然我不再有另一种自我直观，就像**时间**提供可被规定者一样，在规定行动之前就提供我里面我只意识到其自发性的规定者，所以，我不能把我的存在规定为一个自己行动的存在者；相反，我所表象的仅仅是我的思维亦即规定的自发性，而我的存在依然始终只是可以感性地规定的，即作为一个显象的存在。然而，这种自发性使得我把自己称为**理智**。

应当说明**通过范畴**先天地认识对象的可能性，无论它们**怎样对我们感官出现**，而且不是按照它们的直观的形式，而是按照它们的联结的规律来认识，因此也就仿佛是给自然规定规律，甚至是使自然成为可能。因为没有范畴的这种适用性，就不能说明，只要对我们感官出现的东西，如 B160
何都必然地从属于先天地仅仅从知性产生的那些规律。

首先我要说明，我把**把握的综合**理解为在一个经验性直观中杂多的组合，知觉、即直观的经验性意识（作为显象）由此而可能。

凭借空间和时间的表象，我们有了外感性直观和内感性直观的先天**形式**，显象杂多的把握的综合必须符合这些形式，因为这种综合本身只有按照这种形式才能发生。但是，空间和时间不仅被表象为感性直观的**形式**，而且被表象为**直观**本身（包含着杂多的直观），因而先天地具有这种杂多的**统一**的规定（参见先验感性论）。① 因此，在我们外面或者里面 B161
的杂多的**综合的统一**、从而还有凡是应当被表象为在空间或者时间中被规定的东西都必须符合的**联结**，就都是先天地作为一切**把握**的综合的条件已经与这些直观同时（不是在它们里面）被给予。但是，这种综合的统一性不可能是别的统一性，只能是在一个源始的意识中按照范畴来联结一个被给予的**一般直观**的杂多的统一性，只不过是被运用于我们的**感性直观**罢了。所以，一切综合，甚至使知觉成为可能的综合，都从属于范畴；而且既然经验是通过知觉的结合而形成的知识，所以范畴就是知识可能性的条件，从而也先天地适用于知识的一切对象。

※ ※ ※ B162

因此，例如在我通过对一座房子的杂多的把握使它的经验性直观成为知觉时，我是以空间和一般外感性直观的**必然统一性**为基础的，我仿佛是按照空间中杂多的这种综合统一性来描绘这座房子的形状的。但正是这种综合的统一性，如果我抽掉空间的形式，它就处在知性中，就是

---

① 空间被表象为**对象**（就像人们在几何学中实际上所需要的那样），包含着比直观的形式更多的东西，即把按照感性的形式被给予的杂多**总括**在一个**直观性的**表象中，以至于**直观的形式**只提供杂多，而**形式的直观**则提供表象的统一。我在感性论中把这种统一仅仅列入感性，这只是为了说明，尽管它以一种不属于感官的综合为前提条件，关于空间和时间的一切概念都是通过这种综合才成为可能，但这种统一却先行于任何概念。因为既然作为**直观**的空间或者时间通过它（在知性规定感性时）**才被给予**，所以这种直观的先天统一性属于空间和时间，而不属于知性（第 24 节）。

一般而言的直观中同类东西的综合的范畴，也就是说，是量的范畴，因而那种把握的综合亦即知觉就必须完全符合它。[①]

在我（另举一例）知觉到水结冰的时候，我把两种状态（液态和固态）把握为处在时间的相互关系之中的状态。但在我当做**内直观**使之成
B163 为显象的基础的时间里，我必然地表象到杂多的综合统一，没有这种统一，那种关系就不能在一个直观中**确定地**（就时间的顺序而言）被给予。但现在，如果我抽掉我的内直观的恒常形式亦即时间，这种综合的统一作为我联结一个**一般而言的直观**的杂多的先天条件，也就是原因的范畴；当我把它运用于我的感性时，我就通过它**在一般的时间中按照一切发生的事情的关系来规定它们**。因此，在这样一种事件中的把握、从而这一事件本身，按照可能的知觉都从属于**结果与原因之关系**的概念，在其他事例中亦复如是。

※　　※　　※

范畴就是先天地给显象、从而给作为一切显象之总和的自然（natura materialiter spectata［从质料方面看的自然］）规定规律的概念；而现在要问：既然范畴不是从自然派生的，不把自然当做范型来遵循，那么，如何理解自然必须遵循范畴，也就是说，范畴如何能够先天地规定自然的杂多的联结，而不是从自然得出这种联结呢？这里就要解开这个谜。

B164 毫不奇怪，自然中种种显象的规律必须与知性及其先天形式亦即它一般而言联结杂多的能力相吻合，就像显象本身必须与先天感性直观的形式相吻合一样。因为规律并不实存于显象中，而是仅仅相对于显象所依附的具有知性的主体而实存，就像显象并不自身实存，而是仅仅相对于具有感官的这同一存在物而实存一样。物自身必然地也会在认识它们的一种知性之外固有其合规律性。然而，显象仅仅是就其自身所能是的东西而言未被认识地存在着的事物的表象。但作为纯然的表象，除了联结能力所规定的规律之外，它们根本不从属于任何别的联结规律。现在，联结感性直观的杂多的东西就是想象力，想象力就其理智综合的统一性而言依赖于知性，就其把握的杂多性而言依赖于感性。既然一切可能的

① 以这样的方式将证明：本身是经验性的把握的综合，必须必然地符合本身是理智的、并且先天地包含在范畴之中的统觉的综合。彼处以想象力的名义、此处以知性的名义把联结带进直观杂多之中的，乃是同一种自发性。

知觉都依赖于把握的综合，但把握的综合这种经验性的综合自己又依赖于先验的综合，从而依赖于范畴，所以，一切可能的知觉、从而还有一切能够达到经验性意识的东西，也就是说，自然的一切显象，就其联结 B165
而言都从属于范畴，自然（仅仅作为一般的自然来看）依赖于范畴，把它们当做自己必然的合规律性（作为 natura formaliter spectata [从形式方面看的自然]）的根据。但是，就连仅仅凭借范畴为显象先天地规定规律的纯粹知性能力，也推及不到更多的规律，而仅仅推及**一般而言的自然**作为空间和时间中的种种显象的合规律性所依据的那些规律。特殊的规律由于涉及被经验性地规定的显象，所以由此**并不能完备地推导出来**，尽管它们全都从属于那些范畴。为此还必须有经验，以便**一般而言**认识这些特殊的规律；但关于一般而言的经验，以及关于作为经验的一个对象能够被认识的东西，惟有那些先天的规律才提供教诲。

第 27 节　知性概念的这种演绎的结论

不通过范畴，我们就不能**思维**任何对象；不通过与那些概念相适应的直观，我们就不能认识任何被思维的对象。于是，我们所有的直观都是感性的，如果这种知识的对象是被给予的，则这种知识就是经验性的。但经验性的知识就是经验。因此，**除了关于可能经验的对象的知识之外，** B166
我们不可能有任何先天知识。①

但是，这种仅仅被限制在经验对象上的知识，并不因此就全都借自经验，而是无论就纯直观来说还是就纯粹知性概念来说，它们都是在我们里面先天地发现的知识要素。如今，惟有沿着两条道路才能思维经验与关于其对象的概念的必然一致：要么经验使这些概念成为可能，要么 B167
这些概念使经验成为可能。前者就范畴而言不成立（就纯粹感性直观而言也不成立）；因为范畴是先天的概念，从而不依赖于经验（一种经验性

① 为使人们不以草率的方式对这一命题值得忧虑的不利后果有反感，我只想提请注意，范畴在**思维**中并不受我们感性直观的条件限制，而是有一个无边无际的领域，而惟有对我们所思维的东西的认识，即对客体的规定，才需要直观；在这个领域里，即便缺乏直观，关于客体的思想除此之外也还能够对主体的**理性应用**有一种真正的和有用的后果；但是，由于理性应用并不总是针对客体的规定，从而针对知识，而是也针对主体的规定及其意欲，所以这里还不能阐述它。

起源的断定会是一种 generatio aequivoca [多元发生论])。因此就只剩下第二条道路(仿佛是纯粹理性的一种**后生论**体系):也就是说,范畴从知性方面包含着一切一般经验的可能性的根据。但是,至于范畴如何使经验成为可能,以及范畴在应用于经验时提供了经验可能性的哪些原理,论判断力的先验应用的下一篇将作出更多的说明。

如果有人想在上述两条惟一的道路之间选取中间道路,也就是说,范畴**既不**是我们知识的**自己想出的**先天第一原则,也不是从经验得来的,而是主观的、与我们的实存同时植入我们的思维禀赋,这些禀赋被我们的造物主如此安排,使得它们的应用与经验的进行所遵循的自然规律精确地一致(纯粹理性的一种**前定论体系**),那么(且不说由于这样一种假说,对于人们把为未来的判断而预设前定的禀赋推进到何种地步,看不
B168 出什么终点),不利于上述中间道路的决定性的东西就会是:在这样的情况下,范畴就会缺乏在本质上属于其概念的**必然性**。因为例如,陈述一种结果在一个预设的条件下的必然性的原因概念,如果它仅仅依据一种任意地植入我们的把某些经验性表象按照关系的这样一种规则联结起来的主观必然性,就会是错误的。我就会不能够说结果与原因在客体中(也就是说必然地)相结合,而只能说我被这样安排,以至于我只能把这一表象思维成如此结合的;这恰恰是怀疑论者最希望的东西;因为在这种情况下,我们一切凭借我们判断的自以为客观的有效性的洞见就都无非是纯粹的幻相,而且也就会不乏不承认自己有这种主观的必然性(它必然被感觉到)的人;至少,关于纯然依据其主体的组织方式的事情,人们无法与任何人进行争辩。

这一演绎的简明概念

这一演绎乃是阐明,纯粹知性概念(以及随之一切先天的理论知识)
B169 是经验的可能性的原则,但这些原则又是对空间和时间中一般而言的显象的**规定**,最后,这种规定出自统觉**源始的**综合统一,是知性与作为感性的源始形式的空间和时间相关的形式。

※　　　※　　　※

只是到此为止,由于我们必须与基本概念打交道,所以我认为节的

划分是必要的。现在，我们要介绍概念的应用，阐述就将上下文一气呵成，不再划分节了。

［附：第一版原文］①

第二章　论经验之可能性的先天根据

说一个概念尽管本身既不属于可能经验的概念，又不由一个可能经验的要素构成，却被完全先天地产生，并应当与一个对象相关，这是完全自相矛盾的和不可能的。因为在这种情况下，它就会没有任何内容，因为没有任何直观与它相应，而对象能够被给予我们所凭借的直观则构成了可能经验的领域或者全部对象。一个不与这些可能经验相关的先天概念就会只是一个概念的逻辑形式，但不会是某种东西被思维所凭借的概念本身。

因此，如果有先天的纯粹概念，则这些概念固然不能包含任何经验性的东西，但尽管如此，它们却必须全然是一个可能经验的先天条件，它们的客观实在性只能以此为依据。

因此，如果要知道纯粹概念是如何可能的，人们就必须研究经验的可能性所取决的、即使人们抽掉显象的一切经验性的东西也依然是经验之基础的先天条件。一个普遍且充分地表述经验的这种形式的和客观的 A96
条件的概念，就可以叫做一个纯粹的知性概念。一旦我拥有纯粹的知性概念，我就也能够设想那些也许不可能、也许就自身而言可能但却不能在任何经验中被给予的对象，因为在那些概念的联结中可能有某种毕竟必然地属于一个可能经验的条件的东西被删略掉了（一个精神的概念），或者纯粹的知性概念被扩展到超出经验所能把握的地步（上帝的概念）。但是，一切先天知识的种种**要素**，甚至任意的和荒唐的虚构的种种**要素**，虽然不能从经验借来（因为若不然，它们就不会是先天知识）；但它们却必须在任何时候都包含着一个可能经验及其对象的先天纯粹条件，因为

① 以下两章系第一版原文，在第二版中被改写成第二章“纯粹知性概念的先验演绎”。——译者注

若不然，不仅通过它们会根本没有任何东西被思维，而且它们本身也会没有材料而甚至不能在思维中产生。

我们在范畴中发现了先天地包含着作出任何经验时的纯思维的这些概念；而且如果我们能够证明，惟有凭借范畴才能思维一个对象，那么，
A97 这就已经是范畴的一种充分的演绎和它们的客观有效性的辩解了。但是，由于在这样一种思想中活动的不单是一种思维能力亦即知性，而且知性本身作为一种应当与客体相关的认识能力同样由于这种关系的可能性而需要予以说明，所以我们必须事先考虑构成经验之可能性的先天基础的种种主观来源，不是根据其经验性的性状，而是根据其先验的性状。

如果任何一个个别的表象都与其他表象完全无关，仿佛是孤立的，与后者分离的，那么，就永远不会产生像是被相互比较和相互联结的种种表象的一个整体的知识这样的东西了。因此，如果我由于感官在其直观中包含着杂多就赋予它一种概观，那么，在任何时候都有一种综合与这种概观相应，而**接受性**惟有与**自发性**相结合才能使知识成为可能。于是，自发性就是在一切知识中必然出现的三重综合的根据；这三重综合就是：作为直观中心灵变状的表象的**把握**、想象中表象的**再生**和概念中表象的**认知**。这三者通向甚至使知性并通过知性使所有经验作为知性的
A98 一种经验性的成果成为可能的三个主观的认识来源。

事先的提醒

范畴的演绎有如此之多的困难，迫使人如此深入到我们一般知识的可能性的最初根据，以至于为了避免一个完备理论的详尽性，而尽管如此在一项如此重要的研究中仍不疏漏任何东西，我认为通过如下 4 节使读者做好准备，而不是教导读者，而在后面的第三章中才系统地介绍关于知性的种种要素的讨论，是可取的。为此起见，读者不要因晦涩而不感兴趣。在一条还完全未被涉足的道路上，这种晦涩最初是不可避免的。但我希望，它在所说的第三章中将得到澄清而达到完全的洞识。

一、论直观中把握的综合

无论我们的表象自何处产生，无论它们是由外部事物的影响造成的

还是由内部原因造成的，是先天地产生的还是经验性地作为显象产生的，它们作为心灵的变状，都毕竟属于内感官，而且作为这样的变状，我们 A99 的一切知识归根结底都毕竟服从于内感官的形式条件，亦即时间，它们全都在时间中被整理、被联结，并发生关系。这是人们在下文绝对必须作为基础的一个普遍的说明。

任何直观都包含着一种杂多，如果心灵不在印象的彼此相继中区分时间，这种杂多就不会被表象为杂多；因为任何表象，作为**被包含在一个瞬间的**，都永远无非是绝对的统一体。要从这种杂多中产生出直观的统一体（如同在空间的表象中那样），首先就必须通观杂多，然后合并之；我把这样的活动称为**把握的综合**，因为它是径直指向直观的，直观虽然呈现杂多，但若没有一种此际出现的综合，就永远不能使这种杂多成为这样的杂多并被包含**在一个表象中**。

这种把握的综合必须也是先天地、亦即就非经验性的表象而言实施的。因为如果没有这种把握的综合，我们就会既不能先天地有空间的表象，也不能先天地有时间的表象；因为空间和时间的表象只能通过感性 A100 在其源始的接受性中呈现的杂多之综合才能产生。因此，我们就有了一种纯粹的把握的综合。

二、论想象中再生的综合

这虽然是一条纯然经验性的规律，那些经常相继或者相伴的表象按照这条规律最终相互联合并有一种联结，根据这种联结，即便没有对象在场，这些表象中的一个也按照一条恒定的规则造成心灵向另一个表象的过渡。但这条规律却预设：显象本身确实服从这样一条规则，而且在它们的表象的杂多中有一种符合某些规则的相伴或者相继发生；因为若不然，我们的经验性的想象力就会永远得不到某种与其能力相符的东西来处理，因而就像是一种死的、我们自己也不认识的能力隐藏在心灵内部。如果朱砂时而是红的，时而是黑的，时而是轻的，时而是重的，一个人时而被变成这种动物形状，时而被变成那种动物形状，在夏至日大地时而果实累累，时而冰雪覆盖，那么，我的经验性的想象力就绝不能 A101 获得机会在有红色的表象时想到重的朱砂；或者某个语词时而被赋予这个事物，时而被赋予那个事物，或者同一个事物时而被这样称谓，时而被那样称谓，而在这里却没有显象从自身出发就已经服从的某种规则支配着，那就不可能发生任何经验性的再生的综合。

因此，必定有某种东西，本身由于是显象的一种必然的综合统一的先天根据而使显象的这种再生成为可能。如果想一想显象不是物自身，而是我们最终归结为内感官的种种规定的表象的纯然活动，人们马上就会想到这一点。如果我们此时能够阐明，即使我们最纯粹的先天直观也不造成任何知识，除非它们包含着杂多的这样一种使得普遍的再生的综合成为可能的结合，那么，想象力的这种综合就也先于一切经验而以先天的原则为根据，而且人们必须假定想象力的一种纯粹的先验综合，它
A102 本身就是一切经验之可能性的基础（一切经验都必然以显象的可再生性为前提条件）。显而易见，如果我在思想中引出一条线，或者要思维一个中午到另一个中午的时间，或者哪怕只是要表现一个数字，我都必须首先必然地在思想中一个继一个地领会这些杂多的表象。但是，如果我总是在思想中失去先行的表象（线的前段、时间的先行部分或者相继被表象的各单位），在我前进到后续的表象时不把先行的表象再生出来，那就永远不可能产生一个完整的表象，不可能产生上述所有思想的任何一个，甚至就连空间和时间的最纯粹、最初的基本表象也不可能产生。

因此，把握的综合是与再生的综合不可分割地结合在一起的。而既然前者构成一切一般知识（不仅是经验性的知识，而且还有纯粹的先天知识）的可能性的先验根据，所以想象力的再生综合就属于心灵的先验活动，而鉴于这些活动，我们要把这种能力也称为想象力的先验能力。

A103 三、论概念中认知的综合

如果不意识到我们现在所思维的东西与我们一个瞬间前所思维的东西是同一个东西，那么，在表象序列中的一切再生就都是徒劳的了。因为在现在的状态中就会有一个新的表象，它根本不属于应当逐渐地产生它所凭借的那个活动，而表象的杂多就会永远构不成一个整体，因为它缺乏惟有意识才能给它带来的那种统一性。如果我在计数时忘记现在浮现在我心目中的各个单位是由我逐渐地加在一起的，那么，我就不会认识数量通过从一个到另一个的这种渐进的附加的产生，从而也不认识数字；因为这个概念仅仅在于对综合的这种统一性的认识。

概念这个语词自身就已经能够引导我们达到这种说明了。因为正是这种**统一的**意识，把杂多、逐渐地直观到的东西、然后还把再生出来的东西结合成一个表象。这种意识可能往往只是微弱的，以至于我们只是 A104
在结果中、但并不在活动本身中亦即直接地把它与表象的产生联结起来；但尽管有这些区别，毕竟总是必然遇到一种意识，即使它缺乏凸现的明晰性，而没有这种意识，概念连同关于对象的知识就是完全不可能的。

而在这里，有必要说明人们用表象的对象这一表述究竟指的是什么。我们在上面已经说过，显象本身无非是感性的表象，表象就自身而言必须以同样的方式不被视为（表象能力以外的）对象。当谈到一个与知识相应的、从而也与知识有别的对象时，人们究竟理解的是什么呢？很容易看出，这个对象必须被设想为一般的某种东西＝X，因为在我们的知识之外，我们毕竟没有任何东西是我们能够作为相应的而与这种知识相对立的。

但是我们发现，我们关于一切知识与其对象相关的思想带有某种具有必然性的东西，因为对象被视为这样一种东西，它防止我们的知识是碰运气地和任意地、而不是先天地以某种方式确定的；因为知识既然应当与一个对象相关，它们也就必须必然地在与这个对象的关系中相互一致，也就是说，具有构成一个对象的概念的那种统一性。 A105

但显而易见，既然我们只与我们的表象的杂多打交道，而那个与我们的表象相应的 X（对象），由于它应当是某种与我们的所有表象有别的东西，对我们来说就什么也不是，所以，对象使之成为必然的那种统一性就不能是别的东西，只能是表象的杂多之综合中意识的形式统一性。在这种情况下，当我们在直观的杂多中造成了综合的统一性时，我们就说我们认识这对象。但是，如果直观不能按照某个规则通过使杂多的再生成为先天必然的、并使杂多在其中结合起来的那个概念成为可能的这样一种综合功能被产生出来，那么，这种统一性就是不可能的。这样，我们通过意识到三条直线按照这样一种直观在任何时候能够表现出来都遵循的一条规则的组合，来设想作为对象的一个三角形。这种**规则的统一性**规定着一切杂多，把它限制在使统觉的统一性成为可能的种种条件之上；而这种统一性的概念就是我通过一个三角形的上述谓词来思维的对象＝X 的表象。

一切知识都要求有一个概念，不管这个概念如何不完善或者如何隐 A106
晦；但是，这个概念就其形式而言在任何时候都是某种普遍的东西，是用做规则的东西。例如，物体的概念按照通过它所思维的杂多的统一性而用做我们关于外部显象的知识的规则。但是，它只能通过在被给予的显象中表现这些显象的杂多的必然再生、从而表现这些显象的意识中的综合统一性，才能是直观的一条规则。这样，物体的概念在关于我们之外的某种东西的知觉中就使得广延的表象连同不可入性、形状等等的表象成为必然的。

一切必然性在任何时候都以一种先验的条件为基础。因此，在我们一切直观的杂多的综合中，从而也在一般客体的概念的综合中，以及也在经验的一切对象的综合中，都必然发现意识的统一性的一个先验根据，没有这个根据，就不可能为我们的直观设想任何一个对象，因为这个对象不过就是其概念表示综合的这样一种必然性的某种东西。

这个源始的和先验的条件不是别的，就是**先验的统觉**。在内知觉时按照我们的状态的种种规定对自身的意识，是纯然经验性的，而且在任
A107 何时候都是可变的，在内部显象的这种流动中不可能存在任何固定的或者常驻的自我；这种意识通常被称为**内感官**，或者被称为**经验性的统觉**。应当**必然地**被表现为数目上同一的东西，不可能凭借经验性的材料被思维成为这样的东西。必须有一个先行于一切经验并使经验本身成为可能的条件，它应当使这样一种先验的预设成为有效的。

于是，如果没有先行于直观的一切材料的那种意识统一性，在我们里面就不可能产生任何知识，不可能产生知识彼此的联结和统一；关于对象的一切表现都惟有与那种意识统一性相关才是可能的。这种纯粹的、源始的、不变的意识，我要把它称为**先验的统觉**。至于它理应获得这一名称，已经由以下事实得到说明：甚至最纯粹的客观统一性，亦即先天概念（空间和时间）的统一性，也惟有通过直观与它的关系才是可能的。因此，这种统觉在数目上的统一性先天地是一切概念的基础，正如空间和时间的杂多性是感性的直观的基础一样。

A108 但是，统觉的这同一种先验的统一性，从总是能够在一个经验里面相聚的一切可能的显象中，按照规律形成所有这些表象的一种联系。因为如果不是心灵能够在关于杂多的知识中意识到它把杂多综合地联结在一个知识之中所凭借的那种功能的同一性，意识的统一性就会是不可能的。因此，对自身的同一性的源始的和必然的意识，同时是对一切显象

按照概念、亦即按照规则的综合的一种同样必然的统一性的意识，这些规则不仅使得显象成为必然可再生的，而且由此也为它们的直观规定了一个对象，亦即它们必然在其中相互联系的某物的概念；因为如果心灵眼前没有它使一切把握（它是经验性的）的综合都服从一种先验的统一性，并首先使得它们按照先天规则的联系成为可能的那种活动的同一性，它就绝不可能想到它自己在其表象的杂多性之中的同一性，而且是先天地想到这种同一性。从现在起，我们也将能够更为正确地规定我们关于一个**一般对象**的概念。一切表象作为表象都有其对象，并且能够本身又是其他表象的对象。显象是能够被直接给予我们的惟一对象，而在显象 A109 中直接与对象相关的东西就叫做直观。但这些显象并不是物自身，而本身只是表象，表象又有其对象，因而其对象不再能够被我们直观，故而可以被称为非经验性的对象，亦即先验的对象＝X。

关于这个先验对象（它事实上在我们的一切知识中都永远是同一个东西＝X）的纯粹概念，就是能够给我们的一切经验性的一般概念带来与一个对象的关系、亦即带来客观实在性的东西。这个概念根本不能包含任何确定的直观，因而所涉及的无非是就知识的杂多处在与一个对象的关系中而言、在该杂多中必然遇到的那种统一性。但这种关系不是别的，就是意识的必然统一性，因而也是通过心灵把杂多结合在一个表象中的共同功能的那种杂多的综合的必然统一性。既然这种统一性必须被视为先天地必然的（因为若不然，知识就会没有对象），所以与一个先验对象的关系，亦即我们经验性知识的客观实在性，就是以下面这条先验规律为依据的，即一切显象，就对象应当通过它们被给予我们而言，都必须 A110 服从它们的综合统一性的先天规则；惟有遵照这些先天规则，它们在经验性直观中的关系才是可能的，也就是说，它们在经验中必须服从统觉的必然统一性的种种条件，就像在纯然直观中它们必须服从空间和时间的形式条件一样，任何知识都惟有通过那些条件才是可能的。

四、范畴作为先天知识的可能性的事先说明

只有一个经验，其中一切知觉都被表现为处在普遍的且合规律的联系中，就像只有一个空间和时间，显象的一切形式和存在或者不存在的一切关系都在其中发生一样。当人们谈论不同的经验时，这只不过是不

同的知觉罢了，这是就它们都属于同一个普遍的经验而言的。也就是说，种种知觉普遍的和综合的统一性恰恰构成了经验的形式，它无非就是显象按照概念的综合统一性。

A111 综合按照经验性概念的统一性会是完全偶然的，而且如果这些概念不基于统一性的一个先验根据，就可能有熙熙攘攘的显象充满我们的灵魂，却又永远不能从中产生经验。但在这种情况下，知识与对象的一切关系也就都消逝了，因为它们缺乏按照普遍的和必然的规律的联结，从而它们虽然会是无思想的直观，但却永远不是知识，因而对我们来说不折不扣就是无。

一般可能经验的先天条件，同时就是经验的对象之可能性的条件。于是我断言：上述**范畴**不是别的，就是**一个可能经验中的思维的条件**，就像**空间和时间**包含着同一个经验的**直观的条件**一样。因此，范畴也是思维显象的一般客体的基本概念，因而具有先天的客观有效性；这就是我们真正说来所要知道的东西。

但是，这些范畴的可能性、甚至其必然性，都基于整个感性连同一
A112 切可能显象与源始统觉所具有的关系；在源始统觉中，一切都必须必然地符合自我意识的普遍统一性的种种条件，也就是说，必须服从综合的普遍功能，亦即按照统觉惟有在其中才能先天地证明其普遍的和必然的同一性的那些概念的综合的普遍功能。这样，原因的概念无非就是一种**按照概念**的综合（在时间序列中继起的东西与其他显象的综合），没有这种拥有其先天规则并使显象服从自己的统一性，在知觉的杂多中就发现不了意识的一贯的、普遍的、从而必然的统一性。但在这种情况下，这些知觉就会不属于任何经验，从而没有客体，无非是表象的一种盲目的活动，也就是说还不如一场梦。

因此，要从经验派生出那些纯粹的知性概念并赋予它们一个纯然经验性的起源的一切企图，都是完全没有价值的和徒劳的。我一点也不想提起，例如原因的概念带有必然性的特征，这种必然性是任何经验都不能提供的，经验虽然告诉我们通常有某种别的东西继一个显象而起，但却并不告诉我们它必须必然地继之而起，也不告诉我们能够把这作为一个条件，先天并且完全普遍地推论到一个结果。但是，如果说事件序列中的一切都如此服从规则，以至于永远不会发生某种东西，没有在任何时候它都继之而起的

东西先行于它，那么，人们就必须普遍地假定那条经验性的**联想**规则，而我要问，这作为自然的一条规律，其依据何在呢？甚至这种联想是如何可能的呢？杂多的联想之可能性的根据就其蕴涵在客体之中而言，叫做杂多的**亲和性**。因此我要问：你们如何使自己理解显象普遍的亲和性（显象**必须**通过这种亲和性来服从恒定的规律并彼此相属）呢？ A113

按照我的原理，这种亲和性是很容易理解的。一切可能的显象都作为表象属于整个可能的自我意识。但是，数目的同一性却与这个作为先验表象的自我意识不可分割，并且是先天确定的，因为不凭借这个源始的统觉，就没有任何东西能够进入知识。既然就显象的一切杂多的综合应当成为经验性的知识而言，这种同一性必须必然地进入这种综合之中，所以，显象就服从其（把握的）综合必须普遍地符合的先天条件。但是，某种杂多（因而以同一种方式）**能够**被设定所遵循的一种普遍的条件的表象叫做**规则**，而如果该杂多**必须**被如此设定，它就叫做**规律**。因此，一切显象都处在一种按照必然规律的普遍联结之中，因而处在一种**先验的亲和性**之中，**经验性的亲和性**则纯然是由先验的亲和性产生的结果。 A114

说自然应当遵循我们主观的统觉根据，甚至就其合规律性而言依赖于这种根据，就听起来相当不合情理和令人诧异。但如果考虑到这个自然就其自身而言无非是显象的总和，因而不是物自身，而纯然是心灵的表象的集合，那么，人们就不会对以下情况感到奇怪了：即只能在我们一切知识的根本能力中，亦即在先验统觉中，在那种统一性（只是由于这种统一性，自然才能够叫做一切可能经验的客体，亦即叫做自然）中发现自然；而且我们也正因此缘故才能够先天地认识这种统一性，从而把它认识为必然的；如果这种统一性是不依赖于我们思维的最初来源**就其自身而言**被给予的，那么，以上所说就必然永无可能了。因为这样一来，我就不知道我们应当从何处得来这样一种普遍的自然统一性的综合命题了，因为人们在这样的情况下就必须从自然的对象得到这些命题。但既然这只能经验性地发生，所以从中也就只能得出纯偶然的统一性，但这种统一性却远远达不到人们在说自然时所指的那种必然联系了。

第三章　论知性与一般对象的关系和先天地认识这些对象的可能性 A115

我们在前一章分别逐一地陈述的东西，现在我们要统一地在相互联系中予以介绍。这就是一般经验和经验对象的知识的可能性所依据的三种主观的知识来源：**感官**、**想象力**和**统觉**；它们的每一种都可以被视为经验性的，亦即处于对被给予的对象的应用中的，但它们也都是本身使这种经验性的应用成为可能的先天要素或者基础。**感官**经验性地在**知觉**中表现显象，**想象力**经验性地在**联想**（和再生）中表现显象，而**统觉**则经验性地在这些再生出来的表象与它们被给予所凭借的显象的同一性的**经验性意识**中、从而在**认知**中表现显象。

但是，全部知觉都先天地以纯粹直观（就其作为表象而言是内直观的形式，即时间）为基础，联想先天地以想象力的纯粹综合为基础，而
A116 经验性的意识则先天地以纯粹统觉亦即一切可能的表象中它自身的一贯同一性为基础。

现在，如果我们想要追溯表象的这种联结的内在根据，直到这些表象都必然汇聚到的那个点上，惟有在这个点上它们才能获得成为一个可能经验的知识的统一性，那么，我们就必须从纯粹的统觉开始。一切直观，如果不被接纳入意识，无论它们是直接地还是间接地影响意识的，对我们来说都是无，与我们毫不相干，而且惟有通过意识，知识才是可能的。就能够在某时属于我们的知识的所有表象而言，我们先天地意识到我们自己一贯的同一性，它是一切表象的可能性的一个必要条件（因为这些表象毕竟惟有通过与其他一切东西共属于一个意识，从而至少必须能够在其中被联结起来，才在我里面表现某种东西）。这条原则是先天地确定的，可以叫做我们的表象（因而也在直观中）的一切杂多的**统一性的先验原则**。现在，杂多在一个主体中的统一性是综合的，因此，纯
A117 粹统觉提供了一切可能的直观中杂多的综合统一性的原则。①

① 人们要留意这个极为重要的命题。一切表象都与一个**可能的**经验性意识有一种必然的关系；因为如果它们不具备这一点，而且如果完全不可能意识到它们，那这就等于是说它们根本不实存。但是，一切经验性的意识都与一个先验的（先行于一切特殊的经验的）意识、亦即与作为源始统觉的对我自己的意识有一种必然的关系。因此，在我的知识中一切意识都属于一个（对我自己的）意识，这是绝对必要的。在这里，就有了杂多（意识）的一种综合统一，这种统一是先天地被认识的，并且提供了涉及纯思维的先天综合命题的根据，就像空间和时间为涉及纯然直观的形式的这样一些命题提供了根据一样。一切不同的**经验性意识**都必须结合在一个惟一的自我意识之中，这个综合命题是我们的一般思维的绝对第一的和综合的原理。但千万不要忽视，**“我”**这个纯然的表象在与所有其他表象（前者使后者的集合统一成为可能）的关系中乃是先验的意识。无论这个表象是清晰的（经验性的意识）还是模糊的，在这里都毫不相干，甚至就连这种意识的现实性也毫不相干；相反，一切知识的逻辑形式的可能性必然以与**作为一种能力**的这种统觉的关系为依据。

但是，这种综合的统一性以一种综合为前提条件，或者包含着一种综合：而且如果前者应当是先天必然的，那么，后者也必须是一个先天综合。因此，统觉的先验统一性与想象力的纯粹综合相关，这种纯粹综合是杂多在一个知识中的一切结合的可能性的一个先天条件。但是，惟有**想象力的生产的综合**才能够先天地发生，因为**再生的**综合以经验的条件为依据。因此，想象力的纯粹的（生产的）综合之必然统一性的原则先于统觉而是一切知识的可能性的根据，尤其是经验的可能性的根据。 A118

现在，如果不问种种直观的区别，杂多在想象力中的综合仅仅关涉到杂多的先天结合，我们就把这种综合称为先验的，而如果这种综合的统一性在与统觉的源始统一性的关系中被表现为先天必然的，那么，这种统一性就叫做先验的。既然统觉的这种源始的统一性是一切知识的可能性的基础，所以想象力的综合的先验统一性就是一切可能知识的纯粹形式，因而可能经验的一切对象都必须通过它才能被先天地表现。

统觉的统一性与想象力的综合相关就是知性，而这种统一性与**想象力**的**先验综合**相关就是**纯粹知性**。因此，在知性中就有种种纯粹的先天知识，它们就一切可能的显象而言包含着想象力的纯粹综合的必然统一性。但是，这也就是**范畴**，亦即纯粹的知性概念；因此，人的经验性的认识能力必然包含着一种知性，这种知性与感官的一切对象相关，尽管这种关系只能凭借直观和直观通过想象力的综合；因此，一切显象作为一个可能经验的材料都服从这种知性。现在，既然显象与可能经验的这种关系同样是必然的（因为没有这种关系，我们就根本不会通过显象而获得知识，显象也就根本与我们无关了），所以可以得出，纯粹知性凭借范畴而是一切经验的一个形式的和综合的原理，而显象则有一种**与知性的必然关系**。 A119

现在，我们想通过自下而上亦即从经验性的东西开始，来弄清楚知性凭借范畴与显象的关系。最先被给予我们的东西就是显象。显象如果与意识相结合，就叫做知觉（如果没有与一个至少可能的意识的关系，显象对我们来说就永远不能成为知识的对象，因而对我们来说也就是无，而且由于它就自身而言不具有客观的实在性，只是实存于知识中，所以在任何地方都是无）。但是，由于任何显象都包含着一种杂多，因而不同的知觉在心灵自身中被分散开，被个别地遇到，所以它们的一种结合是 A120

必要的，它们在感官本身中是不可能具有这种结合的。因此，在我们里面就有这种杂多之综合的一种主动的能力，我们把这种能力称为想象力，而想象力直接对知觉实施的活动我称之为把握。① 也就是说，想象力应当使直观的杂多形成一个**图像**；因此，它必须事先把种种印象接纳入它的活动，即把握这些印象。

A121 但是很清楚，如果不是有一种主观的根据，把心灵过渡到另一个知觉由以出发的那个知觉召唤到后起的知觉，如此造成知觉的整个序列，亦即有想象力的一种再生的能力，这种能力也只是经验性的，那么，甚至对杂多的这种把握也还不能独自造成一个图像和种种印象的联系。

但是，由于如果表象像互相碰到一起那样没有区别地彼此再生，就又不会产生表象的任何确定的联系，而是只会产生它们无规则的堆积，因而根本不会产生任何知识，所以，表象的再生必须有一条规则，一个表象按照这条规则在想象力中与这个表象而不与另一个表象结合。按照规则再生的这个主观的和**经验性的**根据，人们称做表象的**联想**。

但是，如果联想的这种统一性不是也有一个客观的根据，以至于显象不可能被想象力以别的方式把握，而是只能在这种把握的一种可能的综合统一性的条件下来把握，那么，显象在人类知识的一种联系中相互适应，就会是某种完全偶然的事情了。因为即使我们有联想知觉的能力，
A122 但这些知觉是否可以联想，却依然就自身而言是完全不确定的和偶然的；而且如果它们不是可以联想的，那么，就会有一大堆知觉，并且还有一个完整的感性是可能的，其中可以发现我的心灵中的许多经验性的意识，但却是分离的，并不属于我自己的**一个**意识；然而，这是不可能的。因为只有通过我把一切知觉归于一个意识（源始的统觉），我才能在一切知觉时说我意识到了它们。因此，必须有一个客观的、亦即在想象力的一切经验性的规律之先能够被先天地看出的根据，一条贯穿一切显象的规律的可能性、甚至其必然性亦依据于它，也就是说，把一切显象无例外地视为感官的就自身而言可联想的、在再生中服从一种无例外的联结的

---

① 没有一个心理学家曾经想到，想象力是知觉本身的一个必要成分。之所以如此，部分是因为人们把这种能力限制在再生上，部分是因为人们相信，感官不仅给我们提供印象，而且还把这样的印象结合起来，完成对象的图像，为此在印象的易感性之外，毫无疑问还要求有更多的东西，即一种综合印象的功能。

普遍规则的材料。我把显象的一切联想的这个客观根据称为显象的**亲和性**。但是，我们惟有在统觉就应当属于我的一切知识而言的统一性的原理中发现这个客观根据。根据这条原理，一切显象都绝对必须如此进入意识或者被把握，使它们都与统觉的统一性协调一致；而没有显象的联结中的综合统一性，这就是不可能的，因而这种综合统一性也是客观必然的。

因此，一切（经验性的）意识在一个意识（源始的统觉）中的客观 A123
统一性，就是甚至一切可能的知觉的必然条件，而一切显象的亲和性（无论是近还是远）则是想象力中的一种先天地建立在规则之上的综合的必然结果。

因此，想象力是一种先天综合的能力，为此缘故，我们赋予它生产的想象力的名称；就它在显象的一切杂多方面无非是以显象的综合中的必然统一性为自己的目的而言，这种必然的统一性可以被称为想象力的先验功能。因此，甚至显象的亲和性、连同联想、通过联想最终还有按照规律的再生、因而经验本身都惟有凭借想象力的这种先验功能才成为可能，这虽然令人感到奇怪，但根据以上所说却毕竟是可以明白的，因为如果没有这种先验的功能，对象的任何概念都根本不会汇聚到一个经验中。

因为就毕竟有可能意识到我们的一切表象而言，常驻不变的我（纯粹的统觉）构成了它们的相关物。而且一切意识都属于一个无所不包的纯粹统觉，正如一切感性直观作为表象都属于一个纯粹的内直观亦即时
间一样。正是这个统觉，必须加在纯粹的想象力之上，以便使后者的功 A124
能成为理智的。其实就自身而言，想象力的综合虽然是先天地实施的，但却在任何时候都是感性的，因为它只是像杂多**显现**在直观中那样来联结杂多，例如一个三角形的形状。但是，通过杂多与统觉的统一性的关系，属于知性的概念就能够实现，但却惟有在与感性直观的关系中凭借想象力来实现。

因此，我们有一种纯粹的想象力，它是人类灵魂的一种先天地作为一切知识之基础的基本能力。凭借它，我们把直观的杂多一方与纯粹统觉的必然统一性的条件另一方结合起来。两个终端，亦即感性和知性，必须借助想象力的这种先验功能而必然地相互联系，因为若不然，感性

虽然会提供显现，但却不会提供一种经验性知识的对象，从而就不会提供经验。由对显现的把握、（再生的）联想、最后还有认知构成的现实经验，
A125 在（对经验的纯然经验性要素的）最后和最高级的认知中，包含着使得经验的形式的统一性连同经验性知识的客观有效性（真理性）成为可能的一些概念。杂多的认知的这些根据，就其**仅仅关涉一个一般经验的形式**而言，就是那些**范畴**。因此，想象力的综合中的形式统一性就基于这些范畴，而且凭借这种形式的统一性，这种综合（在认知、再生、联想和把握中）一直下降到显象的经验性应用都基于这些范畴，因为惟有凭借那些要素，显象才能属于知识，并且一般而言属于我们的意识，从而属于我们自己。

因此，显象中我们称为**自然**的那种秩序和合规则性，是我们自己带进来的，而且如果我们或者我们的心灵的本性不原初地把它们置入，我们也就不会在其中发现它们。因为这种自然统一性应当是显象的联结的一种必然的、亦即先天确定的统一性。但是，如果不是在我们心灵的源始知识来源中先天地包含着这样的统一性的主观根据，而且如果这些主观的条件不在它们是一般而言在经验中认识一个客体的可能性的根据的
A126 同时是客观有效的，那么，我们应当如何才能先天地使一种综合的统一走上正轨。

我们在上面以各种各样的方式说明了知性：通过知识的一种自发性（与感性的感受性相对立）、通过一种思维的能力、或者也是一种概念的能力、或者也是一种判断的能力；如果严格看来，这些说明的结果都是一样的。现在，我们可以把它的特征刻画为**规则的能力**。这种标志更为有益，且更为接近知性的本质。感性给予我们（直观的）形式，而知性则给予我们规则。知性在任何时候都致力于探究显象，为的是在显象那里发现某种规则。规则如果是客观的（因而必然附着于对象的知识），就叫做规律。虽然我们通过经验学到诸多规律，但这些规律却毕竟只不过是更高的规律的特殊规定罢了；在这些更高的规律中，最高的规律（其他一切规律都服从它们）乃是先天地起源自知性本身的，不是从经验借来的，而毋宁说必须给显象带来合规律性，并恰恰由此而使经验成为可能。因此，知性不仅仅是通过显象的比较为自己制订规则的一种能力，它甚至是为自然而立法，也就是说，如果没有知性，在任何地方都不会

有自然，亦即显象的杂多按照规则的综合统一；因为显象作为显象不可 A127
能在我们外面发生，而是只能存在于我们的感性之中。但这个自然作为一个经验中的知识对象，连同它可能包含的一切，都惟有在统觉的统一性中才是可能的。但统觉的统一性是一个经验中的一切显象的必然合规律性的先验根据。统觉就表象的杂多而言的这同一种统一性（亦即从惟一一个统觉出发规定杂多）就是规则，并且就是知性的这些规则的能力。因此，一切显象都作为可能的经验先天地蕴涵在知性中，并且从知性获得自己的形式的可能性，正如它们作为纯然的直观蕴涵在感性中，并在形式上惟有通过感性才可能一样。

因此，说知性本身是自然规律的来源，因而是自然的形式统一性的来源，无论这听起来多么夸大，多么悖谬，这样一种主张却仍然是正确的，是符合对象亦即经验的。尽管经验性的规律作为这样的规律绝不能从纯粹知性推导出其起源，就像显象无穷无尽的杂多性不能从感性直观的纯粹形式来得到充分的把握一样，但一切经验性的规律都只不过是知
性的纯粹规律的特殊规定罢了，惟有服从后者并按照后者的规范，前者 A128
才是可能的，而显象才表现出一种规律性的形式，就像一切显象尽管其经验性的形式有别，却依然在任何时候都必须符合感性的纯粹形式一样。

因此，纯粹知性在范畴中就是一切显象的综合统一性的规律，并由此而最先并且原初地使经验在其形式上成为可能。但是，在范畴的先验演绎中，除了说明知性与感性亦即凭借感性而与经验的一切对象的这种关系，从而说明知性的先天纯粹概念的客观有效性，并由此确定它们的起源和真理性之外，我们也不想提供更多的东西。

对纯粹知性概念的这种演绎的正确性和惟一可能性的扼要介绍

如果我们的知识所要处理的对象是物自身，那么，我们关于这些对象就会根本不可能有任何先天概念。因为我们应当从哪里取得它们呢？
如果我们是从客体取得它们的（无须在这里再次研究这客体如何能够为 A129
我们所知），那么，我们的概念就会是纯然经验性的，并且不是先天概念。如果我们从我们本身取得它们，那么，纯然在我们里面的东西就不

能规定一个与我们的表象有别的对象的性状，也就是说，不是一个根据，来说明为什么存在着一个物，某种我们在思想中拥有的东西属于它，而且并非宁可说所有这些表象都是空洞的。与此相反，如果我们在任何地方都只能与显象打交道，那么，某些先天概念先行于对象的经验性知识，就不仅是可能的，而且也是必然的。因为既然我们的感性的一种纯然的变状根本不能在我们之外发现，所以作为显象，这些对象就构成了一个仅仅在我们里面的对象。现在，甚至这种表象，即所有这些显象，从而我们能够处理的所有对象，全都在我里面，也就是说是我的同一自我的规定，也把这些显象在同一个统觉中的无例外统一性表述为必然的。但在可能意识的这种统一性中，也存在着对象的一切知识的形式（通过这形式，杂多被思维成为属于一个客体的）。因此，感性表象（直观）的杂多属于一个意识的方式先行于对象的一切知识而作为这些知识的理智形
A130 式，而且只要对象被思维，它就构成一切对象的一种形式的先天知识（范畴）。这种知识凭借纯粹的想象力进行的综合，亦即一切表象与源始统觉相关的统一性，先行于一切经验性的知识。因此，纯粹的知性概念之所以是先天地可能的，甚至在与经验的关系中是必然的，只是因为我们的知识仅仅与显象打交道，而显象的可能性就蕴涵在我们自己里面，显象（在一个对象的表象中）的联结和统一性仅仅在我们里面才被发现，因而必然先行于一切经验并在形式上首先使经验成为可能。在这种情况下，就连我们的范畴演绎也是从这个根据、这个一切根据中惟一可能的根据出发进行的。①

第二卷
原理分析论

普遍的逻辑乃建立在完全精确地与高级认识能力的划分相一致的规
A131 划之上。这些能力就是：**知性、判断力**和**理性**。因此，普遍逻辑的学说在其分析论中探讨**概念、判断**和**推理**，恰好符合人们在一般知性的宽泛

① 所附第一版原文到此结束。——译者注

称谓下所理解的那些心灵能力的功能和顺序。

既然上述纯然的形式逻辑抽掉了知识的一切内容（不管它是纯粹的 B170
还是经验性的），并且只是一般地研究思维的形式（推论的知识），所以，它在自己的分析论部分中也能够一并包括一部理性的法规，理性的形式有其可靠的规范，无须考察在此所应用的知识的特殊本性，就可以先天地、仅仅通过把理性行动分解成它的各个环节来洞察这种规范。

先验逻辑既然被限制在一定的内容上，即被限制在仅仅纯粹先天知识的内容上，在这种划分上就不能效法普遍逻辑。因为显而易见：**理性的先验应用**根本不是客观有效的，因而不属于**真理**的逻辑，也就是说，不属于分析论，而是作为一种**幻相**的逻辑以先验**辩证论**的名义要求经院学术体系的一个特殊部分。

据此，知性和判断力在先验逻辑中有其客观有效的、因而真正的应
用的法规，所以属于先验逻辑的分析部分。然而，理性在试图先天地关 A132
于对象澄清某种东西并扩展知识超出可能经验的界限时，却完全是辩证
的，它的幻相主张绝对不服从一种法规，毕竟是分析论应当包含诸如此 B171
类的法规。

据此，**原理分析论**将只是**判断力**的一部法规，它教导判断力把包含着先天规则的条件的知性概念运用于显象。出自这一理由，在把真正的**知性原理**作为主题时，我使用一种**判断力的学说**这个称谓，来更确切地标明这项工作。

导论：论一般而言的先验判断力

如果一般而言的知性被解释为规则的能力，那么，判断力就是在把某物**归摄**在规则之下的能力，也就是说，是分辨某物是否从属于某个被给予的规则（casus datae legis [被给予的规则的事例]）的能力。普遍逻辑根本不包含判断力的规范，而且也不可能包含这些规范。因为既然**普遍逻辑抽掉了知识的一切内容**，所以给它剩下的惟一工作就是分析地阐
释概念、判断、推理中的纯然知识形式，并由此建立起一切知性应用的 A133
形式规则。如果它想普遍地指出，人们应当如何把某物归摄在这些规则 B172
之下，如何分辨某物是否从属于这些规则，那么，只能再通过一条规则

来进行。但正因为这条规则是一条规则，就再次要求判断力的指导；这就表明，虽然知性能够通过规则来被教导和被装备，但判断力却是一种特殊的才能，根本不能被教导，而是只能被练习。因此，判断力也是所谓天赋机智的特殊才能，其缺乏不是某个学校所能补偿的；因为尽管学校能够给一个有局限性的知性充分地提供、仿佛是植入借自他人洞见的规则，但正确地使用这些规则的能力却是属于学生自己的，而如果缺少这种天赋，则人们为此目的想给他规定的任何规则都不能避免误用。① 因
A134 此，一个医生、一个法官或者一个政治家，脑袋中可能装有许多出色的
B173 病理学、法学或者政治学的规则，其水平使他本人能够在这方面成为一个缜密的教师，尽管如此在运用这些规则的时候却很容易违规，这要么是因为他缺乏自然的判断力（虽然不缺乏知性），他虽然能够抽象地看出普遍的东西，但却不能分辨一个事例是否具体地从属于这普遍的东西，要么也是因为他没有通过实例和现实的工作为作出这种判断得到足够的训练。这也是实例的惟一而且重大的效用：它们使判断力变得敏锐。至于知性洞识的正确性和精密性，实例通常毋宁说对它们有些损害，因为它们只是罕见地完全满足规则的条件（作为 casus in terminis ［术语中的事例］），而且除此之外还经常削弱知性在普遍的东西中、不依赖于经验的特殊情况而就其充足性来洞识规则的努力，从而最终使人习惯于把规
B174 则更多地当做公式而不是当做原理来使用。所以，实例是判断力的学步车，缺乏判断力的自然才能的人绝不能缺少它们。

A135 但是，尽管**普遍**逻辑不能给判断力提供任何规范，但先验逻辑却完全是另一种情况，甚至看起来，先验逻辑把在纯粹知性的应用中通过一定的规则纠正和确保判断力当做自己的真正工作。为了在纯粹先天知识的领域里给知性带来扩展，从而作为学说，哲学看起来根本不是必要的，或者毋宁说很不适用，因为人们在做过这方面迄今为止的所有尝试之后，毕竟很少有所收获或者根本一无所获，相反，作为批判，为了防止判断力在运用我们所拥有的少数纯粹知性概念的时候失足（lapsusjudicii ［判

① 判断力的缺乏本来是人们称为愚笨的东西，而且这样一种缺陷是根本不能补救的。一个迟钝或者有局限性的大脑，缺乏的无非是应有的知性程度和特有的知性概念，则完全可以通过学习来装备它，甚至达到博学的程度。但是，既然通常在这种情况下也会缺乏判断力（彼得的第二能力），所以遇到一些博学之士在应用其科学时经常暴露出那种永远无法改进的缺陷来，就不是什么不同寻常的事情了。

断失误]），哲学则以其全部敏锐和考察艺术而受命行之（尽管此用途在这种情况下仅仅是消极的）。

但是，先验哲学自有其独特的东西：除了在纯粹知性概念中被给予的规则（或者毋宁说种种规则的普遍条件）之外，它同时还能够先天地指出这些规则能够运用于其上的事例。它在这一点上超出其他一切有教益的科学（除了数学）所拥有的优点，其原因正是在于：它所讨论的乃 B175
是应当先天地与其对象发生关系的概念，所以这些概念的客观有效性不 A136
能后天地予以阐明，因为这样就会根本未提及这些概念的那种尊严；相反，先验哲学必须同时以普遍而又充分的标志阐明对象能够与那些概念一致地被给予所需要的条件，否则的话，它就会毫无内容，从而只是些逻辑形式，而不是纯粹的知性概念了。

这一**判断力的先验学说**将包含两篇：**第一篇**讨论纯粹知性概念能够被运用所必需的感性条件，也就是说，讨论纯粹知性的图型法；**第二篇**讨论在这些条件下先天地从纯粹知性概念得出、并先天地作为其余一切知识的基础的综合判断，也就是说，讨论纯粹知性的诸原理。

第一篇 A137

论纯粹知性概念的图型法 B176

每当把一个对象归摄在一个概念之下时，对象的表象都必须是与后者**同类的**，也就是说，概念必须包含着可以归摄在它下面的对象中被表象的东西，因为“一个对象被包含在一个概念**之下**”这种表述所说的正是这种意思。这样，一个**盘子**的经验性概念与一个**圆**的纯粹几何学概念就具有同类性，因为在前者中所思维的圆形可以在后者中直观到。

但现在，纯粹知性概念与经验性的（甚至完全感性的）直观相比是完全**异类的**，绝不能在任何直观中遇到。那么，把后者**归摄**在前者之下、从而把范畴**运用于**经验是如何可能的呢？因为毕竟没有人会说：这些范畴，例如因果性，也可以通过感官被直观，并且包含在显象中。这一如 B177
此自然而又显著的问题，如今真正说来就是使得一种判断力的先验学说 A138
成为必要的原因，也就是说，为的是指明**纯粹知性概念**如何能够被运用于一般而言的显象这种可能性。在所有其他科学中，如果对象被普遍地思维所凭借的概念与具体地像对象被给予的那样表象对象的概念并不如此有别和属于不同的种类，就没有必要就前者在后者上的运用而予以特别的讨论了。

如今显而易见的是，必须有一个第三者，它一方面必须与范畴同类，另一方面必须与显象同类，并使前者运用于后者成为可能。这个中介性的表象必须是纯粹的（没有任何经验性的东西），并且毕竟一方面是**理智的**，另一方面是**感性的**。这样一个表象就是**先验的**图型。

知性概念包含着一般杂多的纯粹综合统一。时间作为内感官的杂多的形式条件，从而作为所有表象的联结的条件，包含着纯直观中的一种先天杂多。于是，一种先验的时间规定就它是**普遍的**并且依据一种先天
B178 规则而言，与**范畴**（构成时间规定的统一性的范畴）是同类的。但另一
A139 方面，就杂多的任何经验性直观都包含时间而言，时间规定又与**显象**是同类的。因此，范畴应用于显象凭借先验的时间规定就成为可能，先验的时间规定作为知性概念的图型促成后者被归摄在前者之下。

按照在范畴的演绎中所指明的那种东西，但愿没有人在对下述问题作出决断上心存疑虑，这一问题就是：这些纯粹知性概念是只有经验性的应用还是也有先验的应用，也就是说，它们是否仅仅作为一种可能经验的条件才先天地与显象发生关系，或者它们是否能够作为一般事物可能性的条件而扩展到对象自身（不限制在我们的感性上）。因为在此我们已经看到，如果不是一个对象要么被给予概念，要么至少被给予这些概念由以构成的要素，那么，概念就是完全不可能的[①]，也不可能有某种意义，从而根本不可能关涉物自身（不考虑它们是否以及如何被给予我
B179 们）；此外，对象被给予我们的惟一方式是我们感性的变形；最后，纯粹
A140 先天概念除了知性在范畴中的功能之外还必须包含感性的（即内感官的）先天形式条件，这些先天形式条件必须包含范畴能够被运用于某个对象所必需的普遍条件。我们想把知性概念在其应用中被限制于其上的感性的这种形式的和纯粹的条件称为该知性概念的图型，把知性使用这些图型的做法称为纯粹知性的**图型法**。

---

① 这种措辞取消了范畴演绎的决定性预设，即纯粹的也就是说不与感性相关的范畴不仅能够而且必须被思维成一般对象的概念。康德在其第一版手写样书中正确地把“完全不可能的”改进为“对于我们来说没有意义的”（《康德〈纯粹理性批判〉补遗》，第LⅢ条）。——科学院版编者注

图型自身在任何时候都是想象力的产物；但是，由于想象力的综合并不以单个的直观、而是仅仅以规定感性时的统一性为目的，所以图型毕竟要与图像区别开来。这样，如果我逐一标出 5 个点：·····，这就是数字 5 的图像。与此相反，如果我只是思维一个一般而言的数字，它可以是 5 也可以是 100，那么这一思维与其说是一个图像本身，倒不如说是按照某个概念在一个图像中表象一个量（例如 1 000）的方法的表象，我在后一事例中将很难综览这一图像，并把它与概念进行比较。这样，关于想象力为一个概念提供其图像的普遍做法的表象，我称为该概念的 B180
图型。

事实上，我们的纯粹感性概念的基础不是对象的图像，而是图型。对于一个一般而言的三角形的概念，根本不会有一个三角形的图像与其相符。因为图像达不到概念那种使得该概念适用于直角的或者锐角的等 A141
等一切三角形的普遍性，而是始终仅仅局限于这个领域的一个部分。三角形的图型永远不能实存于别处，而是只能实存于思想中，它意味着想象力的综合就空间中的纯粹形状而言的一条规则。一个经验的对象或者该对象的图像就更谈不上在某个时候达到经验性的概念了，相反，经验性的概念在任何时候都是按照某个普遍的概念直接与作为规定我们直观的规则的想象力的图型发生关系。狗的概念意味着一条规则，我们的想象力可以根据这条规则普遍地描画一个四足动物的形象，不用局限于经验呈现给我的一个惟一的特殊形象，或者局限于我可以具体地描述的任何一个可能的图像。我们知性就显象及其纯然形式而言的这种图型法是人类灵魂深处的一种隐秘的技艺，我们很难在某个时候从自然中猜测出它的真正操作技巧，并将它毫无遮蔽地展现在我们眼前。我们只能够说：**图像**是生产的想象力的经验性能力的一个产物①，感性概念（作为空间中 B181
的图形）的**图型**则是纯粹先天想象力的一个产物，仿佛是它的一个符号， A142
种种图像是通过它并且根据它才成为可能的，但种种图像永远必须凭借它们所标示的图型才与概念相结合，就其自身而言并不与概念完全相应。与此相反，一个纯粹知性概念的图型是某种根本不能被带入任何图像之中的东西，它只是根据统一性的规则按照范畴所表达的一般概念所进行

---

① 也就是说，生产的想象力在其经验性的应用中的产物。例如参见《康德全集》第 4 卷 74 页、87 页注。即便上文 B151 也不包含任何矛盾的东西。——科学院版编者注

的纯粹综合，是想象力的先验产物，这个产物就所有应当根据统觉的统一性而在一个概念中联系起来的表象而言，按照一般而言内感官的形式（时间）的种种条件而与内感官的规定相关。

我们不再为枯燥无聊地分析一般纯粹知性概念的先验图型所要求的东西耽搁时间了，我们宁可按照范畴的秩序并与范畴相结合来阐述这些图型。

B182 一切对于外感官来说的量（quantorum）的纯粹图像是空间，而一般感官的一切对象的纯粹图像则是时间。但是，作为一个知性概念的**量**
A143 （quantitatis）的纯粹**图型**是**数**，数是对一个又一个（同类的东西）的连续相加进行概括的表象。因此，数无非是一般同类的直观的杂多之综合的统一，因为我是在直观的把握中产生出时间本身的。

实在性在纯粹知性概念中是与一般感觉相应的东西，因而是其概念自身表明某种（在时间中的）存在的东西；否定性则是其概念表明一种（在时间中的）不存在的东西。因此，二者的对立乃是发生在同一个时间是作为充实的时间还是作为空虚的时间的区分中。既然时间只不过是直观的形式，从而只不过是作为显象的对象的形式，所以这些对象中与感觉相应的东西就是一切作为物自身的对象的先验质料（实际性、实在性）。现在，每一感觉都有一种程度或者大小，它凭借这种程度或者大小就能够就一个对象的同一个表象而言或多或少地充实同一个时间，即内感官，直到这感觉在无（＝0＝否定）中停止。因此，从实在性到否定性
B183 有一种关系和联系，或者毋宁说有一种过渡，它把任何实在性都表现为一个量；而作为某物如果充实时间就具有的量的实在性，其图型正是这个量在时间中连续而又均匀的产生，因为人们是在时间中从具有某种程度的感觉一直下降到该感觉的消失，或者从否定逐渐地上升到它的这种大小。

A144 实体的图型是实在物在时间中的持久性，也就是说，是作为一般经验性时间规定的一个基底的实在物的表象，因此，该实在物在其他一切都变易的时候保持不变（时间并不流逝，而是可变的东西的存在在时间中流逝。因此，时间本身是不变的和常驻的，显象中与它相应的是存在中不变的东西，即实体，而且只有根据实体，显象的相继和同时才能按照时间予以规定）。

一般事物的原因和因果性的图型是实在物，只要任意地设定它，任何时候都有某种别的东西接踵而至。因此，该图型就在于杂多的演替，只要这演替服从某种规则。

共联性（交互作用）或者种种实体就其偶性而言的交互因果性的图型就是一个实体的规定和另一个实体的规定按照一条普遍规则的同时 B184 并存。

可能性的图型是各种不同表象的综合与一般时间的种种条件的一致（例如，因为对立的东西不能在一个事物中同时存在，而是只能相继存在），所以是一个事物在某一时间里的表象的规定。

现实性的图型是在一定的时间中的存在。 A145

必然性的图型是一个对象在一切时间中的存在。

于是人们从这一切可以看出，每一个范畴的图型，作为量的图型就包含和表现着在对一个对象的相继把握中时间本身的产生（综合），作为质的图型就包含和表现着感觉（知觉）与时间表象的综合或者时间的充实，作为关系的图型就包含和表现着种种知觉在一切时间中（即根据时间规定的一条规则）的相互关系，最后，作为模态及其各范畴的图型就包含和表现着作为一个对象是否以及如何属于时间的规定的相关物的时间本身。因此，图型无非就是按照规则的先天**时间规定**，这些规则按照范畴的顺序，关涉到就一切可能对象而言的**时间序列**、**时间内容**、**时间顺序**，最后还有**时间总和**。 B185

由此可见，知性的图型法通过想象力的先验综合所产生的结果，无非是直观的一切杂多在内感官中的统一，并如此间接地是作为与内感官（一种感受性）相应的功能的统觉的统一。因此，纯粹知性概念的各图型就是给这些概念提供一种与客体的关系、从而提供**意义**的真正的和惟一 A146 的条件，而因此之故，各范畴归根结底就除了一种可能的经验性的应用之外没有别的应用，因为它们仅仅被用于通过一种先天必然的统一（为了一切意识在一个源始的统觉中的必然结合）的诸般根据使显象服从综合的普遍规则，并由此使它们适宜于无一例外地结合在一个经验中。

但是，我们的一切知识都处于一切可能经验的整体中，而先行于一切经验性真理并使它们成为可能的先验真理就在于与这些可能经验的普遍关系。

但是，引人注意的毕竟还有：虽然感性的图型首先使范畴得以实现，但它们毕竟也还是限制范畴，也就是说，把它们限制在处于知性之外
B186 （即处于感性之中）的条件上。因此，图型真正说来只不过是现象或者一个对象与范畴一致的感性概念（**Numerus** est quantitas phaenomenon，**sensatio** realitas phaenomenon，**constans** et perdurabile rerum subsatantia phaenomenon-**aeternitas necessitas** phaenomenon etc. ［**数**是作为量的现象，**感觉**是作为实在性的现象，事物中**常驻**和持久的东西是作为实体的现象，**永恒性**是作为**必然性**的现象，等等］）。现在，如果我们删去一个
A147 限制性条件，那么，我们看起来就把前面限制过的概念扩大了；于是，范畴就应当在其纯粹的意义上，无须一切感性条件，**如事物所是的那样**适用于一般的事物，而不是范畴的图型仅仅**如它们显现的那样**表象它们，因而范畴就有了一种不依赖于一切图型的、大大扩展了的意义。事实上，即便在脱离一切感性条件之后，纯粹知性概念也当然还留有一种意义，但仅仅是种种表象的纯然统一的逻辑意义，但对这些表象来说，并没有一个对象被给予，从而也没有一种能够提供关于客体的一个概念①的意义被给予。例如实体，如果人们删去持久性的感性规定，则它就只不过是意味着一个能够被当做主词（不是关于某种别的东西的谓词）来思维的某物。我不能用这个表象做任何事情，因为它根本没有向我表明，应当
B187 被视为这样一个最初的主词的事物有哪些规定。因此，没有图型的范畴只不过是知性对概念的功能，但并不表象对象。这种意义之属于范畴乃是出自感性，感性通过同时限制知性而使知性得以实现。

A148 第二篇

纯粹知性的一切原理的体系

我们在前一篇中只是根据普遍的条件考虑了先验判断力，先验判断力只有在这些条件下才有权利把纯粹知性概念用于综合判断。现在我们的工作是：在系统的联结中阐明知性以这种批判的谨慎实际上先天地作出的判断，为此，我们的范畴表毫无疑问必然为我们提供自然的和可靠

① 参见B178。康德在其手写样书中改进为：关于客体的一种知识（《康德〈纯粹理性批判〉补遗》，第LXI条）。——科学院版编者注

的引导。因为正是这些范畴，它们与可能经验的关系必然构成一切纯粹先天知性知识，而它们与一般感性的关系也将为此完备地并且在一个体 B188
系中展示知性应用的一切先验原理。

先天原理之所以使用这一名称，不仅仅是因为它们自身包含着其他判断的根据，而且还因为它们本身并不以更高的和更普遍的知识为根据。不过，这一属性却并不总是使它们免除证明。因为即使这种证明不能继续客观地进行，而毋宁说是它的客体的一切知识的基础[①]，但这毕竟并不 A149
妨碍有可能、甚至也有必要从一般对象的知识之可能性的主观来源出发作出一种证明，因为若不然，命题就会仍然有极大的嫌疑，被疑为纯然是一种骗取来的主张。

其次，我们将仅仅局限于与范畴发生关系的那些原理。因此，先验感性论的各原则就不属于我们划出的这个研究领域，根据这些原则，空间和时间是作为显象的一切事物之可能性的条件，此外也是对这些原理的限制，即它们不能与物自身发生关系。同样，数学的原理也不构成这个体系的一个部分，因为它们只是从直观中、但却不是从纯粹知性概念中引出的；不过，由于它们尽管如此还是先天综合判断，所以它们的可能性在这里必将找到位置，虽然不是为了证明它们的正确性和无可置疑 B189
的确定性，它们根本不需要这种证明，而是仅仅为了说明和演绎这样一些自明的先天知识的可能性。

但是，我们将也必须谈到分析判断的原理，而且把它与我们真正说来所探究的综合判断的原理进行对照，因为正是这种对峙将使综合判断的理论摆脱一切误解，把它以自己特有的本性展现出来。 A150

第一章　论一切分析判断的至上原理

无论我们的知识有哪种内容，也无论这种知识如何与客体发生关系，我们一切一般而言的判断的普遍的、虽然只是消极的条件都是：它们不

---

① （鉴于各版次在这句话上的差异，——译者注）我现在尽可能依据我们眼前的文本来诠释："因为即使这种证明不能继续客观地进行，而毋宁说任何这样的先天原理都是它的客体的一切知识的基础，因而在其客体的这种整体知识上排除任何向更高的和更普遍的知识的回溯"。康德造出"而……基础"的转折句，就好像他前面写过"即使这样一个原理不能继续客观地证明"似的。——科学院版编者注

自相矛盾，否则，这些判断自身（即使不考虑客体）就什么也不是。但
B190 是，即便在我们的判断中没有矛盾，它也毕竟依然能够像对象并不造成的那样来联结概念，或者并没有一个不论是先天的还是后天的根据被给予我们来赋予这样一个判断以权利；于是，一个判断不论怎样没有任何内在矛盾，也毕竟可能或者是错误的，或者是没有根据的。

A151 现在，“一个与某事物相矛盾的谓词不属于该事物”这个命题，就叫做矛盾律，它是一切真理的一个普遍的、尽管纯然否定的标准，但之所以仅仅属于逻辑，也是因为它所适用的知识纯然是一般的知识而不论其内容，并断言矛盾将完全毁掉和取消知识。

但是，人们毕竟也可以对矛盾律做一种积极的应用，也就是说，不仅仅为了清除虚假和错误（如果这错误是基于矛盾的），而且也是为了认识真理。因为**如果判断是分析的**，则不论它是否定的还是肯定的，它的真理性在任何时候都必然可以按照矛盾律得到充分的认识。因为对立在任何时候都已经被作为概念存在于客体的知识中，并在其中被思维的东西所正确地否定，而概念本身却必定必然地被它所肯定，因为概念的对
B191 立面是会与客体相矛盾的。

因此，我们也必须承认**矛盾律是一切分析知识**普遍的和完全充足的**原则**；但是，它作为真理的一个充足标准的威望和可用性也不可能走得更远。因为，根本不可能有任何知识与它相抵触却不自我毁灭，这固然
A152 使矛盾律成为我们知识的真理性的 conditio sine qua non［必要条件］，但却没有使它成为其规定根据。既然我们本来只讨论我们知识的综合部分，所以我们虽然在任何时候都注意不与这条不可侵犯的原理相抵触地行动，但就这样一类知识的真理性而言却永远不能指望从它那里得到一些启发。

但是，这条著名的原理虽然被剥夺了一切内容，而且纯然是形式的，但它的公式却毕竟包含着由于不小心而以完全不必要的方式混进它里面的一种综合。这个公式就是：某物不可能**同时**是且不是。在这里，无可置疑的确定性（通过**不可能**这个词）是以多余的方式附加上的，毕竟这种确定性本身由命题出发就必然是不言而喻的了。除此之外，命题还受
B192 到时间的条件的浸染，仿佛是说：一个等于 A 的事物是等于 B 的某物，就不能在同一时间里是非 B；但是，它完全可以前后相继地是二者（既是 B 又是非 B）。例如，一个人是年轻的，就不能同时是年老的，但同一个

人完全可以在一个时候是年轻的，在另一个时候是不年轻的，即是年老
的。现在，矛盾律作为一个纯然逻辑的原理，必须把自己的说法根本不
限制在时间关系上，因此这样一个公式是与它的意图根本相悖的。误解 A153
纯然来自：人们把一个事物的谓词首先与他的概念分离开来，然后又把
这个概念的对立面与这个谓词结合，这个谓词绝不造成与主词的矛盾，
而是仅仅造成与主词已经同自己联结起来的谓词的矛盾，而且只是在第
一个谓词和第二个谓词同时被设定的情况下才是如此。如果我说：一个
人是无学问的，就不是有学问的，那么就必须伴有同时这个条件；因为
此人虽然在一个时候是无学问的，但却在另一个时候完全可以是有学问
的。但如果我说：没有一个无学问的人是有学问的，那么这个命题就是
分析的，因为这个标志（无学问）由此开始就参与构成主词的概念；而
在这种情况下，否定命题就直接从矛盾律得出，而不用附加同时这个条
件。这也就是我在上面改变了矛盾律的公式，以使一个分析命题的本性 B193
由此清晰表现出来的缘故。

第二章　论一切综合判断的至上原理 A154

对综合判断的可能性作出解释，是普遍逻辑与之毫无关系的课题，它甚至可以就连这个课题的名称也不知道。但是，这个课题在先验逻辑中却是一切工作中最重要的工作，在谈到先天综合判断的可能性、此外谈到它们的有效性的条件和范围时，它甚至是惟一的工作。因为在完成这一工作之后，先验逻辑就可以完全实现自己的目的，即规定纯粹知性的范围和界限了。

在分析判断中，我停留在被给予的概念上，为的是从中挖掘出某种
东西。如果它应当是肯定的，那么，我就只把在这个概念中已经思维过
的东西赋予这个概念；如果它应当是否定的，那么，我就只把这个概念
的对立面从中排除掉。但在综合判断中，我却应当走出被给予的概念，
以便把某种与在该概念里面思维过的完全不同的东西同该概念置于关系
中来考察，因而这种关系就绝不是同一性关系，也绝不是矛盾关系，而 B194
此时从这一判断就其自身而言就既不能看出真理，也看不出谬误。 A155

因此既然承认，人们必须从一个被给予的概念走出，以便综合地把它

与另一个概念进行比较，那么，就需要有一个第三者，两个概念的综合只有在它里面才能够产生。但是，这个作为一切综合判断的媒介的第三者是什么呢？它只不过是一个我们的一切表象都被包含在其中的总和，也就是内感官及其先天形式，即时间。表象的综合依据的是想象力，而它们的（为判断所必需的）综合统一却依据统觉的统一。因此，必须在这里寻找综合判断的可能性，且由于所有这三者都包含着先天表象的来源，所以也必须在这里寻找纯粹综合判断的可能性；甚至出自这些理由，如果关于对象的某种仅仅基于表象之综合的知识要实现的话，它们也将是必要的。

如果一种知识应当具有客观的现实性，即与一个对象发生关系并在该对象中具有含义和意义，那么，该对象就必须能够以某种方式**被给予**。
B195 没有这一点，概念就是空的，人们由此虽然思维过了，但事实上却通过
A156 这种思维没有认识任何东西，而是仅仅在玩弄表象。给予一个对象，如果这不又仅仅是间接地被意指，而是直接地在直观中呈现，那么，它无非就是让该对象的表象与经验（无论是现实的经验还是可能的经验）发生关系。即便是空间和时间，无论这些概念多么纯粹得没有任何经验性的东西，无论它们多么确定，以至于它们完全先天地在心灵中被表象，如果它们不被指明在经验对象上的应用，它们就毕竟没有客观有效性，没有意义和含义；的确，它们的表象只是一个始终与再生的想象力相关的图型，这种想象力唤起经验的对象，没有这些对象，空间和时间就会没有任何含义；一切概念都没有区别地是这种情况。

因此，**经验的可能性**就是赋予我们一切先天知识以客观实在性的东西。现在，经验依据的是显象的综合统一，也就是说，依据的是一种按照一般而言关于显象对象的概念进行的综合，没有这种综合它就连知识也不是，而会是一部知觉的狂想曲，这些知觉不会服从一种依照无一例
B196 外地结合起来的（可能的）意识的规则产生的联系，从而形成统觉先验
A157 的和必然的统一。因此，经验以其先天形式的各原则为根据，也就是说，以显象的综合中的统一性的各普遍规则为根据，这些规则的客观实在性作为必然的条件任何时候都可以在经验中、甚至在经验的可能性中指出来。但在这种关系之外，先天综合命题是完全不可能的，因为它们没有第三者，也就是说，没有它们的概念的综合统一能够在其上呈现出客观实在性的对象。

因此，尽管我们在综合判断中关于一般而言的空间、或者关于生产的想象力在它里面所描绘的形状先天地认识到的东西如此之多，以至于我们实际上为此根本不需要任何经验，但如果空间不是被视为构成外部经验材料的种种显象的条件的话，这种知识就什么也不是，而仅仅是对一种幻影的处理；因此，那些纯粹的综合判断，虽然只是间接地，但却是与可能的经验、或者毋宁说与这些经验的可能性本身发生关系，并仅仅在它们上面建立起它们的知识的客观有效性。

因此，既然经验作为经验性的综合，就其可能性而言，是惟一给其他一切综合提供实在性的知识种类，所以，后者作为先天知识，也惟有通过除一般经验的综合统一所必需的东西之外不包含任何其他东西，才具有真理性（即与客体一致）。 A158

所以，一切综合判断的至上原则就是：每一个对象都服从可能经验中直观杂多的综合统一的必要条件。 B197

以这样的方式，如果我们使先天直观的形式条件、想象力的综合及其在一种先验统觉中的必然统一与可能的一般经验知识发生关系，并且说：一般**经验的可能性**的种种条件同时就是**经验对象的可能性**的种种条件，因而在一个先天综合判断中具有客观有效性，那么，先天综合判断就是可能的。

第三章　纯粹知性一切综合原理的系统介绍

一般说来，原理在某个地方成立，这只能归于纯粹知性；纯粹知性不仅就发生的事情而言是规则的能力，而且本身就是种种原理的来源，根据这一来源，一切（惟有作为对象才能呈现给我们的）东西都必然地服从规则，因为如果没有这些规则，就永远不可能有一个与显象相应的对象的 A159
知识属于显象。即便是自然规律，在被视为经验性的知性应用的原理时， B198
也带有必然性的表述，从而至少带有一种出自先天地并且先于一切经验有效的诸般根据的规定的猜测。但是，一切自然规律都毫无区别地服从于知性的更高原理，因为它们只不过是把这些原理运用于特殊的实例罢了。因此，惟有这些原理才提供包含着一个一般而言的规则的条件、仿佛是包含着它的指数的概念，而经验则提供服从于该规则的实例。

因此，人们把纯然经验性的原理视为纯粹知性的原理，或者反过来把后者视为前者，这真正说来可能并不是什么危险；因为后者的出众之处就在于根据概念的必然性，任何经验性的命题，无论它多么普遍地有效，都被轻而易举地发现缺乏这种必然性，所以这种必然性就可以轻而
A160 易举地预防上述混淆。但是，有一些纯粹的先天原理，尽管如此，我毕
B199 竟还是不想把它们特别地归于纯粹知性，之所以如此，乃因为它们并不是从纯粹概念、而是从纯粹直观（尽管是凭借知性）得出的；而知性却是概念的能力。数学就有诸如此类的原理，但它们在经验上的应用、从而它们的客观有效性、甚至这样一些先天综合知识的可能性（它们的演绎），毕竟是始终依据纯粹知性的。

因此，我将不把数学的原理列入我的原理之中，但要把数学的可能性和客观有效性先天地依据的、从而应当被视为这些原理的原则的那些原理列入其中。它们不是**从概念**出发到直观，而是**从直观**出发到概念。

在把纯粹知性概念运用于可能经验的时候，它们的综合的应用要么是**数学性的**，要么是**力学性的**：因为这种综合有时仅仅关涉到**直观**，有时则关涉到一个一般而言的显象的**存在**。但是，直观的种种先天条件就可能的经验而言绝对是必然的，而一个可能的经验性直观的客体，其存在的种种条件就自身而言却仅仅是偶然的，所以，数学性应用的原理是无条件地必然的，也就是说，是无可置疑的，而力学性应用的原理尽管也带有一种先天必然性的特征，但却只处在一种经验中的经验性思维的条件之下，因而只是有条件地和间接地带有这种特征，所以不包含数学
A161 性应用的原理所特有的那种直接的自明性（虽然也并不损害它们普遍地
B200 与经验相关的确定性）。不过，这一点我们将在这个原理体系结束时更好地予以评判。

范畴表给我们提供了原理表的完全自然的指示，因为后者毕竟无非是前者的客观应用的规则。据此，纯粹知性的所有原理是：

1.

直观的公理

2.

知觉的预先推定

3.

经验的类比

4.

一般经验性思维的公设

我谨慎地选择了这些称谓，以免让人忽视在这些原理的自明性和执行方面的区别。但马上就要表明的是：无论按照**量**和**质**（如果人们仅仅注意后者的形式的话）的范畴涉及的是自明性还是显象的先天规定，二 A162
者的原理都与其余两条原理明显有别，因为虽然双方都能够具有完全的 B201
确定性，但前两条原理所能具有的是一种直觉的确定性，而后两条原理所能具有的则纯然是一种推论的确定性。因此，我将把前两者称为**数学性的**原理，把后两者称为**力学性的**原理。① 但是，人们将察觉到：我在这里并不是在一个事例中留意数学的原理，同样不是在另一个事例中留 B202
意普遍（物理学的）力学的原理，而是仅仅留意与内感官相关的纯粹知性的原理（对其中被给予的表象不加区分），这样就使那些原理全都获得了自己的可能性。因此，我对它们的称谓不是由于它们的内容，而是考虑到它们的应用。现在，我要按照它们在表中表现出来的顺序来探讨它们。

一、直观的公理

其原则是：一切直观都是广延的量②

证明③

一切显象就形式而言都包含着一个空间和时间中的直观，它们全都以这直观为基础。因此，除了通过使一个确定的空间或者时间的种种表象得以产生的杂多综合，也就是说，通过同类东西的组合与这种杂多 B203
（同类东西）的综合统一的意识，这些显象不能以别的方式被把握，也就

① 一切联结（conjunctio）都要么是**组合**（compositio），要么是**结合**（nexus）。前者是**并不必然相互**隶属的杂多的综合，例如一个正方形被对角线划分所形成的两个三角形就是各自并不必然相互隶属的；一切可**从数学上**来考虑的东西中**同类东西**的综合就是这种情况（这种综合又可以分为**集合**的综合和**联合**的综合，其中前者关涉**广延的量**，后者关涉**强度的量**）。第二种联结（nexus）是**必然相互隶属**的杂多的综合，例如偶性必然隶属于某个实体，结果必然隶属于原因——因而被表象为**异类地**、但毕竟是先天地联结起来的；这种联结由于不是任意的，所以我把它称为**力学性的**，因为它涉及杂多的**存在**的联结（这种联结又可以分为显象彼此之间的**物理学的**联结和显象在先天认识能力中的**形而上学的**联结）。（本注为第二版所加。——译者注）

② 本句在第一版中为“**纯粹知性的原理**：一切显象按照其直观都是广延的量”。——译者注

③ 标题“证明”及下面第一段为第二版所加。——译者注

是说，被接纳入经验性的意识。现在，一般直观中杂多的同类东西的意识，就一个客体的表象由此才成为可能而言，即是量（quanti）的概念。因此，就连对一个作为显象的客体的知觉，也惟有通过被给予的直观之杂多的这种综合统一性才是可能的，通过它，杂多的同类东西之组合的统一性在量的概念中被思维；也就是说，显象全都是量，而且是广延的量，因为它们作为空间或者时间中的直观，都必须通过一般空间和时间由以被规定的这种综合被表象。

我把各个部分的表象在其中使整体的表象成为可能（因而必然先行于整体的表象）的那种量称为一种广延的量。一条线，无论它怎样短，如果不在思想中划出它，也就是说，不从一个点产生出所有的部分，并
A163 由此记录下这一直观，我就不能表象它。任何时间，哪怕是极为短促，也都同样是这种情况。在其中我只是思维从一个瞬间到另一个瞬间的相继进展，由此通过所有的时间部分及其增添最终产生出一个确定的时间量。既然对一切显象来说纯然的直观要么是空间，要么是时间，所以任
B204 一显象作为直观都是一个广延的量，因为它惟有通过在把握中（从部分到部分）的相继综合才能被认识。据此，一切显象都已经被直观为集合体（被先行给予的各个部分的集合），但并不是任何种类的量都是这种情况，而是只有被我们从广延上表象和把握为量的那种量才是这种情况。

广延的数学（几何学）及其公理就基于生产的想象力在生成形象方面的这种相继综合，这些公理表达了先天感性直观的种种条件，惟有在这些条件下才能形成外部显象的一个纯粹概念的图型：例如，两点之间只可能有一条直线；两条直线不能围起一个空间等等。这些都是真正说来仅仅涉及量（quanta）本身的公理。

但是，就量（quantitas）而言，也就是说，就对“某物多大”这一问题的回答而言，在它这方面虽然这些命题中有许多是综合的和直接确
A164 定的（不可证明的），尽管如此却在真正的意义上不存在公理。因为等量加上等量或者减去等量得出的仍是等量，这些都是分析命题，此时我
B205 直接意识到的是一个量的产生与另一个量的产生的同一性；但公理却应当是先天综合命题。与此相反，数量关系的自明命题固然是综合的，但却不像几何学的命题那样是普遍的，且正因为如此不是公理，而只能被

称为算式。7＋5＝12，这并不是分析命题。因为我在 7 的表象中、在 5 的表象中以及在二者的组合中，都没有思维 12 这个数字（这里不谈我在**二者的相加**中应当思维这个数字；因为就分析命题而言，问题只在于我是否确实在主词的表象中思维谓词）。但是，尽管这一命题是综合的，它却毕竟只是一个单称的命题。就这里只注意同类东西（各个单位）的综合而言，虽然这些数字的**应用**在此后是普遍的，但综合在这里却只能以惟一的一种方式发生。当我说：有三条线，其中两条相加大于第三条，用它们可以表示一个三角形，此时我在这里所具有的只是生成的想象力的功能，它能把这些线延长或者缩短，此外能够使它们按照任意的 A165 角度相交。与此相反，7 这个数字只以惟一的一种方式是可能的，通过它与 5 的综合所产生的 12 这个数字也一样。因此，人们必须不把诸如此类的命题称为公理（因为若不然，就会有无限多的公理），而是称为 B206 算式。

显象的数学的这一先验原理给予我们的先天知识以很大的扩展。因为只有它才使纯粹数学能够以其全部的精确性运用于经验的对象，没有这一原理，这种运用就不会如此自明，甚至还引起过某些矛盾。显象不是物自身。经验性直观惟有通过（空间和时间的）纯直观才是可能的；因此，几何学关于纯直观所说的东西，不可辩驳地对经验性直观有效，而诸如感官的对象可以不符合空间中作图的规则（例如，线和角无限可分的规则）之类的遁词必须予以抛弃。因为这样一来，人们就否定了空间的客观有效性，与此同时也就否定了一切数学的客观有效性，再也不知道数学为何以及在多大程度上可以运用于显象。作为一切直观的根本形式的空间和时间，其综合是同时使显象的把握、因而使任何外部经验、 A166 进而也使这种经验的对象的一切知识得以可能的东西，而数学在纯粹应用中关于前者所证明的东西，也必然适用于后者。对此的所有责难都是 B207 一种受到错误教导的理性的无理取闹，这种理性想使感官的对象脱离我们的感性的形式条件，尽管这些对象只不过是显象，却把它们表象为被给予知性的对象自身；在这种情况下，对于它们当然不能先天地、因而也不能通过关于空间的纯粹概念综合地认识任何东西，而规定这些概念的科学，即几何学，本身也就会是不可能的了。

二、知觉的预先推定

其原则为：在一切显象中，作为感觉对象的实在的东西都有强度的量，即一种程度①

证明②

知觉是经验性的意识，也就是说，是其中有感觉的意识。显象作为知觉的对象，并不像空间和时间那样（因为空间和时间就自身而言根本不能被知觉）是纯直观（纯然形式的直观）。因此，除直观之外，显象还包含着一般而言某个客体的质料（借此，某种在空间或者时间中实存的东西被表象），也就是说，包含着作为纯然主观表象③的感觉之实在的东
B208 西；关于感觉，人们只能意识到主体受到刺激，而且人们使它与一个一般而言的客体发生关系。现在，从经验性意识到纯粹意识，一种逐步的变化是可能的，此时经验性意识的实在的东西完全消失，只剩下空间和时间中的杂多的一种（先天的）形式的意识；因此，就连一个感觉的量的产生，从其原因亦即等于零的纯直观直到它的一个任意量，其综合也是可能的。现在，既然感觉自身根本不是客观的表象，而且在感觉里面既遇不到空间的直观也遇不到时间的直观，所以感觉虽然没有一种广延的量，但却毕竟有一种量（而且是通过对感觉的把握，在这种把握中，经验性意识能够在某个时间里从等于零的无增长到感觉被给予的分量），因而有一种强度的量。与感觉的这种强度的量相应，就知觉包含着感觉而言，必须赋予知觉的一切客体以**强度的量**，即对感官的影响的程度。

我能够用来先天地认识和规定属于经验性认识的东西的一切知识，人们都可以称之为一种预先推定；毫无疑问，这就是伊壁鸠鲁使用其术
A167 语 προληφις［预想］的意义。但是，既然在显象那里有某种东西永远不被先天地认识，因而也构成了经验性的东西与先天知识的真正区别，这也

① 本句在第一版中为“预先推定一切知觉为知觉的**原理**如下：在一切显象中，感觉和对象中与感觉相应的实在的东西（realitas phaenomenon［作为现象的实在性］）都有**强度的量**，即一种程度”。——译者注

② 标题“证明”及下面第一段为第二版所加。——译者注

③ 感觉之实在的东西是直观的那个使某种实存的东西在空间中或者在时间中被表象的组成部分，因而是不言而喻的主观表象，它的产生，是由于感觉被归摄在一个一般客体的概念之下。例如参见 B217。——科学院版编者注

就是感觉（作为知觉的质料），故而可以得出，感觉真正说来就是那根本 B209
不能被预先推定的东西。与此相反，无论是就形状来说还是就量来说，我们都可以把空间和时间中的纯粹规定称为预先推定，因为它们先天地表象着任何能够后天地在经验中被给予的东西。但是，假定存在着某种东西，可以在任何作为一般感觉的感觉（无须能够有一种特殊的感觉被给予）那里被先天地认识到，那么，这种东西就在一种特殊的意义上理应被称为预先推定，因为在恰恰关涉到人们只能从经验取得的经验质料的东西中抢在经验之前，这看起来令人觉得奇怪，但在此处实际情况就是这样。

仅仅凭借感觉作出的把握，只占用一个瞬间（也就是说，如果我不考虑感觉的演替的话）。作为显象中的某物，其把握不是从各个部分前进到整个表象的那种逐渐的综合，所以感觉没有广延的量：某一瞬间感觉
阙如，则该瞬间就被表象为空的，因而等于零。在经验性直观中与感觉 A168
相应的东西，就是实在性（realitas phaenomenon［作为现象的实在性］），
而与感觉的阙如相应的东西，则是等于零的否定性。但如今，任何感觉 B210
都能够减弱，以至于它能够消减，并这样逐渐地消失。因此，在显象中的实在性和否定性之间，有许多可能的中间感觉的一种连续的联系，这些中间感觉彼此之间的差异总是小于被给予的感觉与零或者完全的否定性之间的差异。这就是说：显象中实在的东西任何时候都有一个量，但由于仅仅凭借感觉作出的把握是在一个瞬间发生的，不是通过许多感觉的逐渐综合发生的，因而不是从各个部分前进到整体，所以在把握中遇不到这个量；因此，这实在的东西虽然有一个量，但却不是广延的量。

现在，我把只被把握为单一性、其中复多性只能通过向等于零的否定性的逼近来予以表象的那种量称为**强度的量**。因此，显象中的任何实在性都有强度的量，也就是说，有一个程度。当人们把这种实在性视为原因（无论是感觉的原因还是显象中其他实在性的原因，例如一种变化的原因）的时候，就称这种作为原因的实在性的程度为一种要素，例如
重力的要素，而且之所以如此，乃是因为程度只是表示这样一种量，这 A169
种量的把握不是逐渐的，而是瞬间的。但我在这里只是顺便提到这一点，因为我现在还不想讨论因果性。

据此，任何感觉、从而还有显象中的任何实在性，无论它多么小， B211

都有一种程度，也就是说，有一个还总是能减弱的强度的量，在实在性和否定性之间有可能的实在性和可能更小的知觉的一种连续的联系。每一种颜色，例如红色，都有一种程度，无论这程度怎样小，都永远不是最小的；热、重力的要素等等，到处都是这种情况。

就量而言没有任何部分是可能最小的部分（没有一个部分是单纯的），这种属性就叫做量的连续性。空间和时间是 quanta continua [连续的量]，因为不将它们的部分包围在界限（点和瞬间）之间，它们的任何部分都不能被给予，因而该部分只能这样被给予，即它本身又是一个空间或者时间。因此，空间只能由众多空间构成，时间只能由众多时间构成。点和瞬间只是界限，也就是说，纯然是限制它们的位置；但位置在任何时候都以它们应当限制或者规定的那种直观为前提条件，纯然以位
A170 置为还在空间或者时间之前就能够被给予的成分，用它们既不能组合成空间也不能组合成时间。人们也可以把诸如此类的量称为流动的量，因为（生成的想象力的）综合就其产生而言是一个时间中的进程，人们通
B212 常特别地借助流动（流逝）来表示时间的连续性。

据此，一切一般而言的显象都是连续的量，无论是根据其直观作为广延的量，还是根据纯然的知觉（感觉以及因此还有实在性）作为强度的量。如果显象的杂多的综合被中断，那么，这就是许多显象的一个集合体（而且不是真正说来作为量的显象），这个集合体不是通过某种方式的生成性综合的纯然延续产生的，而是通过一种时断时续的综合的重复产生的。当我称 13 塔勒为一种货币量时，就我把它理解为一马克纯银的含量而言，我这样称谓它是正确的；但是，一马克纯银当然是一个连续的量，其中没有一个部分是最小的部分，相反，每一个部分都能够构成一个货币块，它总是包含着构成更小部分的质料。但是，如果我把那个称谓理解为 13 塔勒，即这么多的硬币（它们的银含量则可以是任意的），
A171 那么，我用塔勒的量来称谓它就是不合适的，相反，我必须称它为一个集合体，也就是说，称它为某个数目的货币块。但由于对一切数字来说都必须以单位为基础，所以显象作为单位就是一个量，而作为一个量在任何时候都是一个连续体。

现在，如果所有的显象，无论是被视为广延的还是被视为强度的，
B213 都是连续的量，那么，"一切变化（一个事物从一种状态到另一种状态的

变化）也都是连续的”这个命题，假如不是一般而言的变化的因果性完全处在一种先验哲学的界限之外，并以经验性的原则为前提条件的话，在这里就会很容易得到证明，并且具有数学的自明性。因为一个原因可能改变事物的状态，也就是说规定事物成为某一个被给予的状态的反面，对此知性根本没有先天地给予我们任何启示，这不仅是因为知性对此的可能性根本无所洞察（对于诸多先天知识，我们同样缺乏洞察），而且是因为可变性仅仅涉及显象的某些惟有经验才能告诉我们的规定，而它们的原因是要在不变的东西中发现的。但是，既然这里除了一切可能经验的纯粹基本概念，其中必须绝对没有任何经验性的东西之外，我们面前没有任何可以使用的东西，所以我们不可能抢在基于某些基本经验的普遍科学之前而不破坏体系的统一性。 A172

尽管如此，我们并不缺少我们的这一原理所具有的重大影响的种种证明根据，即预先推定知觉，甚至就它阻止从知觉的阙如可能得出的所有错误的推理而言来补偿这种阙如。

如果知觉中的所有实在性都有一个程度，在这个程度和否定性之间有一个程度递减的无限梯状序列，而且尽管如此每一个感官都必然具有感觉的感受性的一个确定程度，那么，就没有任何知觉，从而也没有任何经验能够无论是直接地还是间接地（不管人们在推论中如何转弯抹角）证明显象中一切实在东西的完全缺乏，也就是说，从经验永远不能得出空的空间和空的时间的证明。因为首先，感性直观中实在东西的完全缺乏，本身不能被知觉到；其次，它不能从惟一的显象、从显象的实在性的程度差异推论出来，或者也绝不可以为了说明显象的实在性而假定它。因为即便某一确定的空间或者时间的整个直观完全是实在的，也就是说，它们没有任何部分是空的，也由于任何实在性都有自己的程度，这程度即使显象广延的量不发生变化也能够通过无限多的阶段减弱到无（空的东西），所以必然存在着无限多的不同程度来充填空间或者时间，虽然直观的广延的量是相同的，而强度的量在不同的显象中却可以是或大或小的。 B214 A173

我们要举出这方面的一个例子。几乎所有的自然科学家，在他们（部分地通过重力的要素或者重量，部分地通过对其他运动着的物质的阻抗的要素）察觉到不同种类的物质在体积相同的情况下量的巨大差别时， B215

异口同声地得出结论说：这个体积（显象的广延的量）必然在所有的物质中是空的，虽然程度不同。但是，对于这些绝大部分属于数学和力学的自然研究者，谁会在某个时候想到，由于他们假定空间中的**实在东西**（我在这里不把它称为不可入性或者重量，因为这些都是经验性的概念）**到处都是一模一样的**，只是在广延的量上，即在数量上彼此有别，他们是把自己的上述推理仅仅建立在他们声称要竭力避免的一种形而上学的前提条件之上呢？这一前提条件，他们在经验中找不到任何根据，因而
A174 仅仅是形而上学的，对此我要提出一个先验的证明来与之对立，这个证明虽然不应当说明空间之充实方面的差别，但却完全取缔了认为只能通过可以假定的虚空来说明上述差别的那个前提条件的必要性，并且具有
B216 一种功绩，即至少使知性获得了自由，在自然的解说为此使得某种假说成为必要的时候也以别的方式来思维这种不同。因为我们那时就会看到，尽管同样的空间可以用不同的物质来完全充实，以至于在这种空间中的任何一个里面都没有一个点不能发现物质的在场，但毕竟任何实在的东西都鉴于同样的性质而具有其（阻抗的或者重量的）程度，这种程度在广延的量或者数量转入空虚或者消失之前，会在不减弱广延的量或者数量的情况下无限地越来越小。所以，充实一个空间的膨胀物，例如热，以同样的方式还有（显象中的）任何别的实在性，都能一点也不会使空间的最小一部分成为空的而无限地减弱其程度，并且尽管如此仍然以这些较小的程度充实空间，就像另一显象以较大的程度充实空间一样。我
A175 在这里的意图绝不是要断言物质按照其比重所具有的差异确实就是这样，而只是要从纯粹知性的一个原理出发阐明，我们的知觉的本性使得这样一种解释方式成为可能的，而且人们错误地假定显象的实在东西在程度上是同样的，而只是在集合及其广延的量上不同，甚至更为没有根据地通过知性的一个先天原理来断言这一点。

B217 尽管如此，知觉的这种预先推定对于一个习惯于先验思考①并由此而变得缜密的自然研究者来说总是有某种异乎寻常的东西，并且将引起一些疑虑，即知性居然能够预先推定诸如关于显象中一切实在东西的程度、

---

① 如果在 B316 的意义上来思考，经验性的东西的强化的量基于把感觉归摄于量的概念之下，这种预先推定的异乎寻常的东西就消除了。因此，插入“考察”（哈滕施泰因［Hartenstein］）或者“思维方式”（法兴格）来取代“思考”是不适当的。——科学院版编者注

从而关于感觉在人们从中抽掉经验性性质时的内在区别的可能性这样一个综合命题；因此，知性在这里如何能够先天综合地关于显象有所言说，甚至在真正说来仅仅是经验性的、亦即关涉感觉的东西中预先推定显象，这还是一个很值得解决的问题。

感觉的**性质**在任何时候都仅仅是经验性的，而且根本不能先天地被表象（例如颜色、味道等等）。但是，与等于零的否定性相对立而与一般而言的感觉相应的实在东西，仅仅表现出某种其概念自身包含着一种存在的东西，且仅仅意味着一个一般而言的经验性意识中的综合。也就是 A176
说，在内感官中经验性意识能够从零上升到任何更高的程度，以至于正是直观的这种广延的量（例如发光的表面）引起如此大小的感觉，如同许多别的东西（较少发光的东西）聚合而成的集合体。因此，人们可以 B218
完全抽掉显象广延的量，并且在某一瞬间的纯然感觉里表现从零到一个被给予的经验性意识的齐一上升的综合。所以，一切感觉本身虽然都只能后天地被给予，但它们具有一种程度这种属性却可以先天地被认识。值得注意的是，我们关于一般而言的量只能先天地认识惟一的一种**性质**，即连续性，但对于一切性质（显象的实在东西）来说能够先天地认识的也无非是其强度的**性质**，即它们有一个程度；其余的一切都有待于经验。

三、经验的类比

其原则是：经验惟有通过知觉的一种必然结合的表象才是可能的①

证明②

经验是一种经验性的知识，也就是说，是一种通过知觉规定一个客体的知识。因此，它是知觉的一种综合，这种综合本身并不包含在知觉中，而是在一个意识中包含着知觉的杂多的综合统一性，这种综合统一性就构成了感官**客体**的知识亦即经验（不仅仅是直观或者感官的感觉） B219
的本质性东西。现在，虽然在经验中各种知觉只是以偶然的方式彼此相遇，以至于从知觉本身得不出也不能得出其结合的必然性；因为把握只

① 本句在第一版中为“经验的类比的普遍**原理**是：一切显象在其存在上都先天地服从规定 A177
它们在一个时间中的相互关系的规则”。——译者注

② 标题“证明”及下面第一段为第二版所加。——译者注

不过是经验性直观的杂多的集合，但在把握中并未发现它在空间和时间中所集合的各种显象结合起来的实存之必然性的表象。但是，既然经验是对客体的一种凭借知觉的知识，从而在它里面表现杂多之存在中的关系，应当不是如其在时间中被集合，而是如其客观地在时间中，但时间本身并不能被知觉到，所以，对客体在时间中的实存的规定惟有通过它们在一般时间中的联结、从而惟有通过先天地结合起来的概念才能够发生。既然这些概念在任何时候都带有必然性，所以经验就惟有通过知觉的必然结合的表象才是可能的。

时间的三种模式是**持久**、**相继**和**并存**。因此，就有显象的一切时间关系的三条规则先行于一切经验并使得经验成为可能，显象的任何存在就一切时间的统一性而言都能够根据它们而得到规定。

B220 所有这三种类比的普遍原理，就**每一时间里**一切可能的经验性意识（知觉）而言，依据的是统觉的必然**统一**，既然这种统一是先天地作为基础的，所以该普遍原理依据的就是一切显象根据其在时间中的关系的综合统一。因为源始的统觉与内感官（一切表象的总和）相关，而且是先天地与其形式相关，也就是说，与时间中杂多的经验性意识的关系相关。在源始的统觉中，所有这些杂多都应当按照其时间关系被统一起来；因为这是先天统觉的先验统一性所要求的，凡是应当属于我的（即我的统一的）知识、从而能够对我来说成为一个对象的东西，都从属于这种统一性。因此，一切知觉的时间关系中的这种**被先天地规定的综合统一性**，
A178 就是这样一条规律：一切经验性的时间规定都必须服从普遍的时间规定的种种规则；我们现在要讨论的经验的类比就必须是诸如此类的规则。

这些原理自有其特殊之处，即它们并不考虑显象及其经验性直观的综合，而是仅仅考虑存在和就显象的这种存在而言考虑它们的相互**关系**。
B221 现在，显象中的某物被把握的方式能够如此先天地被规定，以至于该显象的综合的规则同时能够在任何呈现出来的经验性事例中提供这种先天直观，也就是说，能够由此出发完成这种先天直观。但是，显象的存在却不能先天地被认识；而且即使我们沿着这条道路能够达到推论出某种存在的地步，我们也毕竟不能确定地认识这种存在，也就是说，不能预先推定它的经验性直观与其他直观的区别之处。

上述两条原理我称之为数学性的原理，乃是考虑到它们使人有权利

把数学运用于显象，它们仅仅就显象的可能性而言与显象相关，并说明无论就显象的直观还是就其知觉的实在东西而言，显象如何能够按照一种数学性综合的规则被产生出来；因此无论在前者那里还是在后者那里，都可以使用数字的量和显象作为量的规定。例如，我将能够用 200 000 倍 A179
的月亮发光组合出阳光感觉的程度，并且先天确定地给出亦即建构它。因此，我们可以把前两条原理成为建构性的原理。

应当先天地使显象的存在从属于规则的那些原理就必然完全是另外一回事了。因为既然存在不能被建构，所以它们就只能与存在的关系相关，只能提供**范导性**的原则。因此在这里既不能指望有公理也不能指望 B222
有预先推定；而是当一种知觉在与其他（尽管是不确定的）知觉的时间关系中被给予我们时，不能先天地说：其他知觉是**什么样的**知觉以及是**多大的**知觉，而是说它们就存在而言如何在时间的这种模式中与前者必然联结的。在哲学中，类比意味着某种与数学中所表现的非常不同的东西。在数学中，它们是表示两种量的关系相等的算式，而且在任何时候都是**建构性的**，以至于如果给予比例的三个项，就也能够由此给出亦即建构出第四项。但在哲学中，类比并不是两种**量的**关系的相等，而是两种**质的**关系的相等，在它里面我从三个被给予的项出发所能认识和先天 A180
地给出的只是与一个第四项的**关系**，而不是**这个第四项**本身，但我有一个在经验中寻找这个第四项的规则，而且有一个在经验中发现它的标志。因此，经验的类比将只不过是经验的统一性（不像作为一般而言的经验性直观的知觉本身那样）从知觉中产生所应当遵循的一个规则，而且作为原理不是**建构性地**、而是**范导性地**适用于对象（显象）。但是，同样的东西也将适用于一起关涉到纯然直观（显象的形式）、知觉（显象的质 B223
料）和经验（这些知觉的关系）的综合的那些一般经验性思维的公设，也就是说，它们只不过是些范导性的原理，有别于建构性的数学性原理，虽然不是在确定性上，二者都先天地固有确定性，但毕竟在自明性的方式上，也就是说在后者的直觉性因素上（从而也在证明上）有别。

但是，就所有的综合原理而言曾提请注意并在这里必须特别说明的东西，是这样一点：这些类比不是作为先验的知性应用、而是仅仅作为经验性的知性应用才有其普遍的意义和有效性，从而也只有作为这样的 A181
原理才能够被证明，因而显象也必须不是被归摄在地地道道的范畴之下，而是仅仅被归摄在范畴的图型之下。因为如果这些原理应当与之相关的对象是物自身，那么，关于它们就完全不可能先天综合地认识某种东西。现在，它们无非是显象，一切先天原理归根结底毕竟必须始终以显象的完备知识为归宿，这种知识只不过是可能的经验；因此，那些原理只能
B224 以显象的综合中之经验性知识的统一性的条件为目的；但是，综合只有在纯粹知性的图型中才被思维，关于它作为一般而言的综合的统一性，范畴所包含的是不为任何感性条件所限制的功能。因此，我们通过这些原理将有权利仅仅按照与概念逻辑的和普遍的统一性的类比来组合显象，因而在原理本身中虽然使用范畴，但在实行时（运用于显象时）却把范畴的图型作为范畴应用的钥匙来取代其应用，或者毋宁说使之作为限制的条件以这种应用的公式的名义与范畴并立。①

A182

A. 第一类比：实体的持久性的原理

无论显象如何变易，实体均保持不变，实体的量在自然中既不增多也不减少

证明

一切显象都在时间中，无论是**同时存在**还是相继，都只有在作为基底（作为内直观的持久形式）的时间中才能被表象。因此，显象的一切
B225 变易皆应在其中被思维的时间，是留存而且不变的，因为时间是相继存在和同时存在仅仅作为其规定才能在其中得到表象的东西。现在，时间就自身而言不能被知觉到。因此，在知觉的对象中，即在显象中，必须有表现一般而言的时间的基底，借着这个基底，一切变易或者同时存在都能够通过显象与它的关系而在把握中被知觉。但是，一切实在东西的基底，即属于事物的实存的东西，就是实体；在实体那里，一切属于存在的东西都惟有作为规定才能被思维。因此，显象的一切时间关系都惟有在与持久的东西的关系中才能被规定，这持久的东西就是显象中的实

① 在原理自身中，我们虽然使用范畴，但在把范畴运用于显象时，却由于有使用范畴的钥匙，而用范畴的图型取代了原理，或者毋宁说使范畴的图型作为限制的条件与范畴并立，确切地说是以康德并未利用的、仅仅偶尔地例如在B309还提到的原理的一个公式的名义。——科学院版编者注

体，也就是说，是显象的实在的东西，它作为一切变易的基底永远是同一种东西。因此，既然实体在存在中不会发生变化，所以它的量在自然中也既不能增多也不能减少。①

我们对显象杂多的**把握**在任何时候都是渐进的，因而是始终变易的。因此，如果在经验中没有**在任何时候都存在的**某物，即某种**常驻的**和**持久的**东西作为基础，其一切变易和同时存在都只不过是这种持久的东西 B226
实存的诸多方式（时间的模式），我们仅仅通过把握就绝不能确定这种作为经验对象的杂多是同时存在的还是相继存在的。因此，只有在持久的东西中，种种时间关系才是可能的（因为同时和演替是时间中的惟一关 A183
系），也就是说，持久的东西乃是时间本身的经验性表现的**基底**，一切时间规定惟有借着它才是可能的。持久性作为显象的一切存在、一切变易、一切伴随的恒常的相关物，一般地表现出时间。因为变易并不涉及时间本身，而只涉及时间中的显象（就像同时存在并不是时间的一种模式一样，在时间中根本不是各个部分同时存在，而是所有的部分相继存在）。如果要把一种前后相继归于时间本身，那就必须还设想这种相继在其中成为可能的另一个时间。惟有通过持久的东西，在时间序列的不同部分中的**存在**才相继获得人们称之为**存续**的量。因为仅仅在相继中，存在总是生生灭灭，绝不具有丝毫的量。因此，没有这种持久的东西，就没有时间关系。现在，时间自身是不能被知觉的；因此，显象的这种持久的东西是一切时间规定的基底，从而也是知觉的一切综合统一之可能性的条件，也就是说，是经验的可能性的条件；借着这种持久的东西，时间中的一切存在和一切变易，都只能被视为常驻不变的东西之实存的一种 B227
模式。因此，在一切显象中，持久的东西都是对象本身，也就是说，是 A184
实体（phaenomenon［现象］），而一切变易或者能够变易的东西，都仅仅

① 由标题“A. 第一类比”至此在第一版中如下：

A. 第一类比

持久性的原理

一切显象都包含着持久的东西（**实体**）作为对象本身，并且包含着变迁的东西作为对象的纯然规定，亦即对象实存的一种方式。

这个第一类比的证明

一切显象都在时间中。时间能够以两种方式规定**显象的存在**中的关系，或者就它们**相继存在**而言，或者就它们**同时存在**而言。鉴于前者，时间被视为**时间序列**，而就后者而言，时间被视为时间范围。——译者注

属于这一实体或者各实体实存的方式，从而属于它们的规定。

我发现，在所有的时代里，不仅哲学家，甚至普通的知性也都预设这种持久性为显象的一切变易的基底，而且将在任何时候都假定它为无可置疑的，只不过当哲学家说：无论世界上发生什么变化，**实体**都保持长存，只有**偶性**发生变易时，他表达得更为明确一些罢了。但是，关于这一如此综合的命题，我在任何地方都没有发现哪怕是一种证明的尝试；甚至，它也只是非常罕见地像它理应的那样居于纯粹的和完全先天地存在的自然规律的首位。事实上，“实体是持久的”这个命题是同义反复。因为惟有这种持久性是我们把实体范畴运用于显象的根据，而人们本来必须证明，在一切显象中有某种持久的东西，在它那里可变的东西无非
B228 是它的存在的规定而已。但是，由于这样一种证明绝不能独断地亦即从概念出发来进行，因为它涉及一个先天综合命题，而且人们从来没有想到，诸如此类的命题惟有与可能的经验相关才是有效的，从而也惟有通
A185 过经验的可能性的演绎才能得到证明，所以，如果它虽然在所有的经验那里都被当做基础（因为人们就经验性的知识而言感觉到对它的需要），但却从未得到证明，也就没有什么奇怪了。

一位哲学家被问及烟有多重。他回答说：从燃烧的木材的重量除去残留的灰烬的重量，你就有了烟的重量。因此，他预设为不可置疑的是：甚至在火中物质（实体）也不消逝，只有它的形式才经受了一种变化。同样，“没有任何东西从无中产生”这个命题，只不过是从持久性的原理，或者毋宁说从显象中真正主体持续存在的原理得出的另一个结果命题。因为如果显象中我们要称为实体的东西应当是一切时间规定的真正基底，那么，一切存在，无论是过去时间中的还是未来时间中的，都必然惟有借着它才能得到规定。因此，我们之所以能够赋予一个显象以实体的名称，只是因为我们以它在一切时间中的存在为前提条件，这种存
B229 在通过持久性一词并未得到充分的表述，因为这个词更多地指向未来的
A186 时间。然而，持久存在的内在必然性毕竟是与曾经一直存在的必然性不可分割地结合在一起的，因此这个表述也可以保留。Gigni de nihilo nihil, in nihilum nil posse reverti［没有任何东西能够从无中产生，没有任何东西能够复归为无］，这是古人不可分割地结合在一起的两个命题，人们现在有时出于误解把它们分开，因为人们设想它们是关涉物自身的，

而前一个命题是会与世界（甚至就其实体而言）对一个至上原因的依赖性相悖的；这种忧虑是不必要的，因为这里只谈论经验领域中的显象，如果我们想让新的事物（就实体而言）产生，经验的统一性就会绝无可能。因为在这种情况下，惟一能够表现时间的统一性的东西，即一切变易拥有其无一例外的统一性所凭借的基底的同一性，就会失去。然而，这种持久性毕竟仅仅是我们表象（显象中的）事物的存在的方式。

一个实体的种种规定无非是实体的种种特别实存方式，它们叫做**偶性**。它们在任何时候都是实在的，因为它们涉及实体的存在（否定性只是表示实体中某物不存在的规定）。当人们把一种特殊的存在赋予实体中这种实在的东西（例如作为物质的一种偶性的运动）时，人们就把这种 B230
存在称为依存性，区别于实体的存在，后者人们称之为自存性。但是由此产生出诸多误解，如果人们仅仅通过积极地规定实体存在的方式来描 A187
述偶性，就会说得更为精确和正确。然而，由于我们知性的逻辑应用的种种条件，把实体的存在中能够发生变易的东西仿佛是分离开来同时实体保持不变，并且在与真正持久的东西的关系中考察它，毕竟是不可避免的；所以，实体的范畴处于关系的标题之下，更多的是作为关系的条件，而不是说它自己就包含着一种关系。

基于这种持久性的，还有对**变化**概念的纠正。生与灭并不是生灭者的变化。变化是一种实存方式，继同一对象的另一实存方式产生。因此，一切变化的东西都是**常驻的**，只有它的**状态发生变易**。因此，既然这种变易只涉及能够终止或者开始的规定，所以我们就可以用一种表面上有点悖谬的表述说：只有持久的东西（实体）被改变，可变的东西并不承 B231
受变化，而是承受一种变易，因为一些规定终止了，而另一些规定开始了。

因此，惟有在实体那里才能知觉到变化，而绝对的生或者灭不仅仅 A188
是持久者的一种规定，根本不能是一种可能的知觉，因为正是这种持久的东西使得从一种状态到另一种状态、从不存在到存在的过渡的表象成为可能，因此它们只有作为常驻的东西变易着的规定才能经验性地被认识。如果你们假定某种东西绝对地开始存在，则你们就必须有一个它还不存在的时刻。但你们如果不想让这个时刻依附于已经存在的东西，又让它依附于什么呢？因为一个先行的空洞的时间不是知觉的对象；但如果你们把生成与以前已经存在并且一直存续到成为生成的东西的事物结合起来，那么，这生成的东西就只不过是作为持久的东西的前者的一种规定而已。对消灭来说也是一样，因为消灭以某一显象不再存在的一个时间的表象为前提条件。

（显象中的）实体是一切时间规定的基底。一些实体的生和另一些实体的灭甚至会取缔时间的经验性统一的惟一条件，而显象在这种情况下
B232 也就会与两种时间相关，存在在其中并行流动，这是荒唐无稽的。因为
A189 **只有一个**时间，在其中一切不同的时间都必须不是同时地、而是相继地得以设定。

据此，持久性是一个必要的条件，显象惟有在这个条件下才能在一个可能的经验中作为事物或者对象得到规定。但是，至于什么是这种必要的持久性以及显象的实体性的经验性标准，下文将给我们机会作出必要的说明。

B. 第二类比：根据因果性规律的时间相继的原理①

一切变化都按照原因与结果相联结的规律发生

证明

②［上一原理已经阐明，时间相继的一切显象全都只是**变化**而已，即全都是在此持久存在的实体的各种规定的相继存在和不存在，因而是继
B233 实体本身的不存在产生的其存在，或者是继其存在产生的其不存在，换句话说，实体本身的生或者灭是不成立的。这一原理也许可以这样来表述：**显象的一切变易（演替）都只不过是变化而已**；实体的生或者灭不是实体的变化，因为变化的概念正是以具有两个相反规定的同一个实存着和持久存在着的主体为前提条件的。——在这一预先提醒之后，接下来的是证明。］

我知觉到种种显象相互继起，也就是说，在某一时间有事物的一个

---

① 标题及下面的原理在第一版中为：

生产的原理

凡是发生（开始存在）的东西，都以它按照一条规则继之而起的某种东西为前提条件。——译者注

② 以下两段为第二版所加。——译者注

状态，其反面曾存在于前一个状态中。因此，我真正说来是在时间中联结两个知觉。现在，联结并不是纯然感官和直观的工作，在此它也是那就时间关系而言规定着内感官的想象力之综合能力的产物。但是，想象力能够以两种方式联结上述两种状态，让这种状态或者另一种状态先行；因为时间就自身而言并不能被知觉，也不能在与时间的关系中仿佛经验性地在客体上规定什么在先，什么在后。因此，我仅仅意识到，我的想象设定一个在先，设定另一个在后，并不是在客体中一个状态先行于另一个状态；或者换句话说，通过纯然的感觉，相互继起的种种显象的**客 B234
观关系**还是未定的。为了使这种关系被认识为确定的，必须这样来思维两种状态之间的关系，即通过它来必然地规定，两个状态中何者必须设定在先，何者必须设定为后，而不是相反。但是，带有综合统一的必然性的概念只能是一个不处于知觉之中的纯粹知性概念；在此它就是**原因与结果的关系**的概念，由此原因在时间中把结果规定为后果，而不是规定为某种仅仅在想象中能够先行的（或者任何地方都不被知觉到的）东西。因此，只有通过我们使显象的相继以及一切变化从属于因果性的规律，经验亦即显象的经验性知识才是可能的；所以，显象本身作为经验的对象惟有按照同一个规律才是可能的。

对显象的杂多的把握在任何时候都是渐进的。各部分的表象相继而起。至于它们是否也在对象中相继，则是反思的第二点，它并不包含在第一点之中。现在，人们虽然能够把一切东西、乃至每一个表象，只要
人们意识到它，都称为客体；但是，这个词在显象那里，并不就显象 A190
（作为表象）是客体而言，而是仅仅就显象表现一个客体而言，应当意味 B235
着什么，则需要更深入地研究。就它们仅仅作为表象同时是意识的对象来说，它们与把握、亦即与接受人想象力的综合没有任何区别，因此人们必须说：显象的杂多在心灵中任何时候都是渐进地产生的。假如显象就是物自身，那么，就会没有人能够从关于它们的杂多的表象之演替出发来估量，这种杂多在客体中是怎样联结的。因为我们毕竟只是在与我们的表象打交道；至于物自身（不考虑它们用来刺激我们的表象）会是什么样子的①，则完全处于我们的知识范围之外。即使显象不是物自身，

① 也就是说，纯然主观的表象，关于它们，人们只能意识到主体受到刺激（B207）。——科学院版编者注

但尽管如此毕竟仍是惟一能够被给予我们来认识的东西，我也还是应当
指出，显象本身中的杂多具有怎样一种时间中的联结，使得杂多的表象
在把握中是渐进的。例如，在立于我面前的一座房子的显象中，杂多的
B236 把握是渐进的。现在问题是：这房子本身的杂多是否也在自身中是渐进
的呢？当然没有人会承认这一点。但现在，一旦我把自己关于一个对象
的概念一直提升到先验的意义上，房子就根本不是物自身，而仅仅是一
个显象，亦即表象，它的先验对象是未知的；这样的话，我如何理解
A191 “杂多在显象本身（这显象毕竟不是任何东西自身）中会如何联结”这个
问题呢？在这里，处于渐进的把握中的东西被看做是表象，而被给予我
的显象，虽然无非是这些表象的总和，但却被看做是这些表象的对象，
我从把握的种种表象得出的概念应当与这对象相一致。人们马上就可以
看出，由于知识与客体的一致就是真理，所以这里只能探询经验性真理
的形式条件，而显象在与把握的种种表象的相对关系中，惟有当显象从
属于一条把它与任何别的把握区别开来、使杂多的一种联结成为必然的
规则的时候，才能被表现为种种表象的与表象不同的客体。显象中包含
着把握的这种必然规则的条件的那种东西，也就是客体。

A192 现在，让我们继续我们的课题。某事物发生，也就是说，某事物或
者先前不曾存在的一种状态生成，如果不是一个自身不包含这一状态的
显象先行的话，这种情况就不能被经验性地知觉到；因为一种继一个空
B237 洞的时间发生的现实，从而一个此前没有任何事物的状态先行的产生，
和空的时间一样是无法把握的。因此，对一个事件的任何把握都是继另
一个知觉发生的知觉。但是，由于这在把握的一切综合中都是如同我上
面关于一座房子的显象所指出的那种情况，所以这种显象由此还没有与
别的显象区分开来。不过我也注意到：如果我就一个包含着发生的显象
来说把知觉的一个先行状态称为 A，而把继起的状态称为 B，则 B 在把握
中只能跟随 A，而知觉 A 却不能跟随 B，而是只能先行于 B。例如，我看
见一艘船顺流而下。我对它在河下游的位置的知觉跟随着对它在河上游
的知觉，而不可能在把握这一显象时首先知觉到下游的船，然后才知觉
到上游的船。因此在这里，把握中种种知觉相继中的秩序是确定的，而
把握就受这种秩序的制约。在前面关于一座房子的例子中，我的知觉在
把握中可以从房顶开始，在地基结束，但也可以从下面开始，在上面结

束，此外也可以从右或者从左来把握经验性直观的杂多。因此，在这些 B238
直观的序列中，没有任何确定的秩序，在我为了经验性地联结杂多而必 A193
须以把握开始的时候，使这成为必然的。但是，在对发生的事情进行知觉时，任何时候都能发现这一规则，它使相继的种种知觉（在这一显象的把握中）的秩序成为**必然的**。

因此，在我们的实例中，我将必须从显象的**客观相继**中推导出把握的**主观相继**，因为若不然，那种主观相继就是完全不确定的，就没有把一个显象与另一个显象区别开来。仅仅主观的相继丝毫不证明客体中杂多的联结，因为它完全是任意的。所以，客观的相继将存在于显象杂多的秩序之中，按照这一秩序，对一（发生的）事物的把握**根据一个规则**跟随对另一（先行的）事物的把握。只有这样，我才能有权利关于显象本身、而不是仅仅关于我的把握说：在显象中可以发现一种相继，这就等于说：我不能以别的方式，而只能恰好在这种相继中进行把握。

因此，根据这样一条规则，在一般而言先行于一个事件的东西中，必然蕴涵着该事件任何时候并且必然地继起所遵循的一条规则的条件；
但反过来，我却不能从该事件返回，（通过把握来）规定先行的东西。因 B239
为没有显象从继起的时刻返回到先前的时刻，但毕竟与**某个先前的时刻** A194
相关；与此相反，从一个被给予的时间到确定的继起时间的进展却是必然的。因此，由于这毕竟是某种继起的东西，所以我必须使它与先行的一般而言另一个某物发生关系，它根据一条规则，也就是说必然地跟随着另一个某物，以至于该事件作为受条件制约者关于某个条件提供了可靠的指示，而这个条件则规定着该事件。

人们可以假定，在一个事件之前，没有任何该事件根据一条规则必然跟随的东西先行，这样，知觉的任何相继就会仅仅在把握中，也就是说，就会仅仅是主观的，但这样一来就根本没有客观地确定，何者真正说来是种种知觉先行的东西，何者是后继的东西。以这样的方式，我们就会只有一种表象的游戏，它根本不与任何客体发生关系，也就是说，凭借我们的知觉将根本不会有一个显象根据时间关系与任何别的显象区别开来，因为把握中的演替在任何地方都是一回事，从而在显象中就没
有任何规定显象的东西，来使得某种相继成为客观必然的。因此，我将 B240
不说在显象中两个状态前后相继，而是仅仅说一个把握跟随另一个把握， A195

这仅仅是某种**主观的**东西，并不规定客体，因而根本不被视为某个对象的知识（甚至不被视为显象中的某个对象的知识）。

因此，如果我们经验到某物的发生，那么，我们此际在任何时候都以它按照一条规则所跟随的某种东西先行发生为前提条件。因为没有这种东西，我就不能关于客体说它是继起的，因为纯然在我的把握中的继起如果不是通过一条规则在与一个先行事物的关系中被规定，就没有赋予客体中的相继以权利。因此，我使我的主观的（把握的）综合成为客观的，这总是在考虑到一条规则时发生的，按照这条规则，种种显象就其相继而言，也就是说像它们发生的那样，是由先前的状态规定的，而且惟有在这一前提条件下，关于某种发生的事物的经验才是可能的。

虽然，看来这好像与人们关于我们的知性应用的进程所做过的一切说明相矛盾，按照这些说明，我们只是由于知觉到和比较过的诸多事件对先行显象的一致跟随，才被引导去发现某些事件在任何时候都跟随某
B241 些显象所遵循的规则，并由此才被促使得出原因的概念。基于此，这个
A196 概念就仅仅是经验性的，它所提供的规则，即一切发生的东西都有一个原因，就会和经验本身一样是偶然的；在这种情况下，它的普遍性和必然性就会只是虚构出来的，就不会有真正的普遍有效性，因为它们不是先天的，而只是建立在归纳之上的。但这里的情况与其他先天纯粹表象（例如空间和时间）的情况是一样的，我们之所以能够把它们作为清晰的概念从经验中抽取出来，乃是因为是我们把它们置入经验的，从而经验乃是通过它们才得以实现的。当然，一条规定种种事件序列的规则，作为原因的概念，这个表象在逻辑上的清晰性只有在我们把它运用于经验之后才是可能的；但是，把这规则作为时间中种种显象的综合统一的条件来考虑，毕竟是经验本身的根据，因而先天地先行于经验。

因此，关键就在于用实例来指明：除非有一条规则作为基础，它迫使我们遵循种种知觉的这种秩序而不是别的秩序，以至于这种迫使真正
A197 说来就是使客体中的一种演替的表象成为可能的东西，否则，即便是在
B242 经验中，我们也绝不能把相继（一个事件的相继，在这个事件中，某种此前不存在的东西现在发生）归于客体，并把它与我们的把握的主观相继区分开来。

我们在自己里面有我们也能够意识到的表象。但这种意识无论涉及

范围多么广大，多么精确或者准确，却毕竟依然只不过是些表象，也就是说，是我们心灵在这种或者那种时间关系中的内在规定。现在，我们是如何做到为它们设定一个客体，或者超出它们作为心态的主观实在性，还赋予它们一种连我也不知道是什么样的客观实在性呢？客观的意义不能存在于同另一个表象（关于人们就对象而言想列举的东西的表象）的关系之中，因为若不然，就再次提出了那个问题：后一表象又是如何超出自身，并在它作为心灵状态的规定固有的主观意义之上还获得了客观的意义呢？如果我们研究一番，**与一个对象的关系**究竟给予我们的种种表象一种什么样的新性状，以及这些表象由此获得的尊严是什么，我们就会发现，这种关系所造成的无非是以某种方式使种种表象的联结成为 B243
必然的，并使它们从属于一条规则；反过来说，只是由于我们的种种表象的时间关系中的某种秩序是必然的，这些表象才被赋予客观的意义。

在显象的综合中，种种表象的杂多在任何时候都前后相继。凭借这 A198
一点还根本未表象出任何客体，因为凭借一切把握所共有的这一相继，并没有把任何东西与其他东西区别开来。但是，一旦我知觉到或者预先假定，在这种相继中有一种与先行状态的关系，表象从该状态出发按照一条规则继起，某种东西就表现为事件或者此时发生的事情，也就是说，我就认识到一个对象，我必须在时间中把该对象置于某个确定的位置上，该位置在先行状态之后，不能以别的方式归于该对象。因此，如果我知觉到某物的发生，那么，在这个表象中首先就包含着某物的先行，因为正是在与后者的关系中显象才获得了自己的时间关系，即在一个先行的、它不曾在其中存在的时间之后才实存。但是，它之所以获得自己在这一关系中确定的时间位置，只是由于在先行的状态中预设了它在任何时候、即根据一条规则跟随的某种东西；由此就可以得出：首先，我不能颠倒这个序列，把发生的东西置于它所跟随的东西之前；其次，如果设定了先行的状态，那么，这个确定的事件就不可避免地必然继起。由此就发生了如下情况：在我们的种种表象中间生成一种秩序，其中当前的东西（只要它已经生成）提供关于某个先行状态的指示，把它当做这个被给予 B244
的事件的一个相关物，这个相关物虽然尚未确定，但却与这个作为其后 A199
果的事件有规定性的关系，并在时间序列中把该后果与自己必然地结合起来。

现在，如果我们的感性有一条必然的规律，从而所有的知觉有**一个形式的条件**，即在先的时间必然规定继起的时间（因为我惟有通过先行的时间才能到达继起的时间），那么，时间序列的**经验性表象**就也有一条不可缺少的规律，即过去时间的种种显象规定着继起显象的任何存在，而这些继起显象作为事件，惟有在过去时间的显象在时间中为它们规定了其存在，即根据一条规则确定了其存在的情况下，才会发生。因为**我们只有在显象上才能经验性地认识种种时间关联中的这种连续性。**

一切经验及其可能性都需要知性，而知性为此所做的首要事情，并
B245 不是使对象的表象变得清晰，而是一般而言使一个对象的表象成为可能。这种情况之所以发生，乃是由于知性把时间秩序加在显象及其存在上，因为它赋予每一个作为后果的显象以一个时间中就先行显象而言先天地
A200 确定了的位置，没有这个位置，该显象就不会与先天地为自己的一切部分规定其位置的时间本身相一致。现在，对位置的这种规定不能从种种显象与绝对时间的关系中借来（因为绝对时间不是知觉的对象），而是反过来：种种显象必须在时间本身中相互规定自己的位置，并使自己的位置在时间秩序中成为必然的，也就是说，在此继起或者发生的东西必须根据一条普遍的规则跟随已包含在此前状态中的东西；由此就形成一个种种显象的序列，它凭借知性在可能知觉的序列中所产生并使之成为必然的秩序和持续关联，与在一切知觉都必须在其中拥有其位置的内直观形式（时间）里面先天地发现的秩序和持续关联一样。

因此，所谓某物发生，乃是一个属于可能经验的知觉，如果我把显象按照其在时间中的位置看做是确定的，从而看做是按照一条规则在种种知觉的关联中任何时候都能够发现的一个客体，这个可能的经验就成
B246 为现实的。但是，这条按照时间的继起规定某物的规则就是：在先行的东西中可以发现事件在任何时候（也就是说，以必然的方式）都继起的条件。因此，充足理由律就是可能经验的根据，也就是种种显象就其在
A201 时间的序列继起中的关系而言的客观知识的根据。

但是，充足理由律的证明根据仅仅基于以下的要素。一切经验性的知识都需要通过想象力对杂多进行的综合，这种综合在任何时候都是渐进的，也就是说，种种表象在它里面在任何时候都是相互继起的。但是，继起在想象力中就秩序而言（何者必须先行，何者必须继起）还根本未

被确定，相互继起的种种表象的序列同样既可以被视为后退的也可以被视为前进的。但是，如果这种综合是（对一个被给予的显象的杂多的）把握的综合，那么，秩序在客体中就是确定的，或者更确切地说，在这里面就有规定着一个客体的渐进综合的一种秩序[①]，按照这一秩序，就必须有某物必然地先行，而如果该物被设定，另一物则必然地继起。因此，如果我的知觉应当包含着一个事件亦即某物现实地发生的知识，那么，它就必须是一个经验性的判断，在这个判断里面人们设想，继起是确定的，也就是说，它按照时间以另一个显象为前提条件，它必然地或者按照一条规则跟随这个显象。反之，如果我设定了先行之物，而事件却并 B247
不必然地跟随它，那么，我就会不得不把它仅仅视为我的想象力的主观游戏，而如果我毕竟在其中表象了某种客观的东西，我就会不得不把它称为一个纯然的梦。因此，种种显象（作为可能的知觉）的关系——按 A202
照这种关系，后继之物（发生的事情）就其存在而言在时间中必然地并且按照一条规则被某种先行之物所规定——，从而还有原因与结果的关系，就是我们的经验性判断就知觉的序列而言的客观有效性的条件，因而也是这些知觉的经验性真理的条件，从而也就是经验的条件。因此，种种显象的继起中的因果关系原理也适用于经验的一切对象（在演替的诸般条件下），因为它本身就是这样一种经验的可能性的根据。

但是，这里还表现出一种必须予以消除的疑虑。种种显象中间因果结合的定律在我们的公式中是限制在显象的序列继起之上的，此时就其应用而言毕竟有这样的情况，即它也适用于种种显象的相伴，而原因和结果可以是同时的。例如房间中的温暖，在室外并没有发现。我寻觅原因，发现一个生着火的炉子。现在，这个火炉作为原因是与其结果亦即 B248
房间的温暖同时的；因此，这里就时间而言在原因与结果之间并没有序列继起，相反，原因和结果是同时的，而规律却毕竟有效。自然中的绝大部分作用因与其结果是同时的，而结果的时间继起，只不过是由于原 A203
因不能在一瞬间就完成其全部结果而导致的。但是在其全部结果产生的瞬间，它却总是与其原因的因果性同时的，因为如果原因在此前一瞬间

① 客体中的秩序是通过规定着综合之渐进的把握的综合产生的。知性在这里不是像例如B153那样单就它自己来看，而是像例如B161那样，联结已经与这些直观同时被给予。括号中的附加词“对一个被给予的显象的杂多的”指示着这一点。——科学院版编者注

不再存在，那么，这结果就根本不会产生。在这里，人们必须充分地注意到，受关注的是时间的**秩序**，而不是时间的**进程**：即使没有任何时间流逝，关系也依然存在。原因的因果性和其直接的结果之间的时间可以是**微不足道的**（它们因此而是同时的），但前者与后者的关系毕竟还总是可以根据时间来规定的。一个球被放在充填起来的枕头上，并在上面压出一个小坑，如果我把这个球视为原因，那么，它就与结果是同时的。然而，我毕竟还是通过二者的力学结合的时间关系而把它们区分开来。因为如果我把球放到枕头上，继枕头先前的平坦形状就产生出小坑；但
B249 如果枕头（我不知道因何）有一个小坑，则并不继起一个铅球。

据此，时间的继起当然就是结果就先行原因的因果性而言的惟一经验性标准。杯子乃是水上升到其水平面之上的原因，虽然这两个显象是
A204 同时的。因为一旦我用杯子把水从一个较大的容器中舀出，就发生了某种事情，即水在较大容器中所拥有的水平位置变成它在杯子中所占有的一个凹形水平位置。

这种因果作用导向了行动的概念，而行动则导向了力的概念，并由此导向了实体的概念。既然我不想把我仅仅关涉到先天综合知识的来源的批判性意图混同于仅仅关涉概念的阐明（不是其扩展）的分析，所以我把对这些概念的烦琐讨论留给未来的形而上学体系；尽管人们在迄今所知的这类教科书中已经遇到大量这种分析。然而，一个实体如果显得不是通过显象的持久性，而是更好地和更容易地通过行动显露自己的话，其经验性标准我是不能置之不问的。

B250 凡是有行动、从而有活动和力的地方，也就有实体，而显象的那个富有成效的起源的所在，则必须仅仅在实体中寻找。这样说是完全正确
A205 的；但是，如果人们应当解释把实体理解成什么，并且想在这里避免错误的循环论证，那么，这就不容易回答了。人们怎么要从行动马上推论到行动者的**持久性**呢？——这毕竟是实体（现象）的一个根本的和特有的标志——尽管这个问题按照通常的方式（仅仅分析地处理其概念）是完全不会得到解决的，不过，按照我们先前所说的，它的解决倒是没有这样的困难。行动已经意味着因果性的主体与结果的关系。现在，由于所有的结果都存在于发生的事情之中，从而存在于按照演替来标示时间的可变事物之中，所以可变事物的终极主体就是作为一切变易者的基底

的**持久的东西**，即实体。因为按照因果性的原理，行动永远是显象的一切变易的首要根据，因而不能蕴涵在一个本身变易着的主体之中，因为若不然，就会需要别的行动和另一个规定这种变易的主体。借此，行动作为一个充足的经验性标准，就证明了实体性，无须我不得不通过比较 B251 种种知觉才来寻找该主体的持久性，这也是以后一种方式借助概念的量和严格的普遍有效性所要求的详尽性不能做到的。因为一切产生和消失的因果性的第一主体本身不能（在显象的领域里）产生和消失，这是一 A206 个可靠的结论，它导致存在中的经验性的必然性和持久性，从而导致一个作为显象的实体的概念。

如果某物发生，那么，无须考虑在此产生的东西，单是产生就自身而言也已经是一个研究的对象了。从一种状态的不存在到该状态，即使假定该状态不包含显象中的任何性质，单是其过渡就已经必须予以研究了。就像在A节中已经指明的那样，这种产生所涉及的并不是实体（因为实体并不产生），而是实体的状态。因此，它仅仅是变化，而不是从无中起源。如果这种起源被视为一个外来原因的结果，那它就叫做创造，创造作为显象中间的事件是不能被允许的，因为单是它的可能性就已经会取缔经验的同一性；虽然如果我把一切事物不是看做现象，而是看做物自身，看做纯然知性的对象，则它们即便是实体，也可以被看做是就 B252 存在而言依赖于外来原因的；但是在这种情况下，它就会引起截然不同的语词意义，而不会适用于作为经验的可能对象的显象了。

现在，一般来说某物如何能够被改变，如何可能在一个瞬间的一种状态之后跟随另一瞬间的一种相反的状态；对此我们先天地不具有丝毫 A207 概念。为此要求有对于只能经验性地被给予的现实的力的知识，例如对于推动力的知识，或者换句话说也一样，对于表现这样的力的某些渐进显象（作为运动）的知识。但是，任何一种变化的形式，即变化惟有在其下才能作为另一种状态的产生而发生的条件（至于变化的内容，即被改变的状态，则可以是任意的），从而种种状态的演替本身（发生的事情），毕竟是可以按照因果性的规律和时间的诸般条件先天地予以衡量的。①

① 应当注意，我所说的不是某些一般的关系的变化，而是状态的变化。因此，如果一个物体匀速运动，那么，它根本就不改变它的（运动）状态；但如果它的运动有增减，它的状态就会变化。

B253 如果一个实体从一个状态a过渡到另一个状态b，那么，第二个状态的瞬间就有别于第一个状态的瞬间，并且跟随其后。就连作为（显象中的）实在性的第二个状态，也有别于它不曾在其中的第一个状态，如同b有别于零；也就是说，即使状态b仅仅在量上有别于状态a，这种变化也
A208 是b－a的产生，它在前一状态中并不存在，就它而言前一状态＝0。

因此问题就在于：一个事物如何从一个状态＝a过渡到另一状态＝b。在两个瞬间之间总是有一个时间，而在两个瞬间的两个状态之间总是有某种区别，这种区别有一个量（因为显象的所有部分都永远又是量）。因此，任何从一个状态到另一个状态的过渡都是在两个瞬间之间所包含的一个时间中发生的，其中第一个瞬间规定着事物由之走出的状态，第二个瞬间规定着事物达到的状态。所以，两个状态是一个变化的时间界限，因而是两个状态之间的中间状态的时间界限，并且作为这样的界限共属于整个变化。现在，任何变化都有一个原因，这原因在变化发生的整个
B254 时间中证明其因果性。因此，这原因不是突然地（一下子或者在一个瞬间），而是在一个时间中造成其变化的，以至于就像时间从初始瞬间a一直增长到它在b中的完成一样，就连实在性的量（b－a）也是通过在最初瞬间和最终瞬间之间包含的所有更小的程度产生的。因此，一切变化都只是通过因果性的一个连续的行动才可能的，这行动就其是齐一的而
A209 言，就叫做环节。变化并不是由这些环节构成的，而是通过它们作为它们的结果产生的。

这就是一切变化的连续律，它的根据就是：无论是时间还是时间中的显象，都不是由一些是最小部分的部分构成的，而事物的状态在其变化时却毕竟通过所有这些作为要素的部分过渡到了第二个状态。显象中实在之物的区别如同时间的量中的区别一样，**没有一个是最小的**；所以实在性的新状态是从它尚不存在的前一状态开始，通过其所有无限多的程度而增长，这些程度相互之间的区别全都比0与a之间的区别更小。

这条定理在自然研究中会有什么样的用处，在此与我们无涉。但是，这样一条看来如此扩展我们的自然知识的定理如何完全先天地可能，虽
B255 然表面现象证明它是真实的和正确的，因而人们可以相信用不着提出它如何可能的问题，却仍然非常需要我们予以检验。因为存在着如此形形色色的毫无根据的非分要求，主张通过纯粹理性来扩展我们的知识，以

至于必须被当做普遍的原理的是：正因为此而完全存疑，而且如果没有 A210
能够提供一种缜密的演绎的种种证明材料，即便是对于最清晰的独断证明也不相信和接受任何诸如此类的东西。

经验性知识的一切增进，亦即知觉的任何进步，都只不过是内感官的规定的一种扩展，也就是说，是时间中的一种进展，对象则可以随便是显象或者是纯直观。这种时间中的进展规定着一切，且就自身而言不再被任何东西所规定；也就是说，它的各个部分只是在时间中并通过时间的综合被给予，但它们并不在时间的综合之先被给予。因此之故，知觉里面向时间中继起的某物的每一过渡，都是通过这一知觉的产生而对时间的规定，并由于时间永远是、且在其所有部分中都是一个量，所以一个知觉作为一个量，其产生就是通过所有的程度——这些程度中没有一个是最小的程度——从零开始直到其确定的程度。由此就表明了按照
变化的形式先天地认识一条变化规律的可能性。我们只是在预先推定我 B256
们自己的把握，其形式的条件既然在一切被给予的显象本身之前就寓于我们，当然就必定能够先天地被认识。

据此，如同时间包含着实存之物向继起之物的一种连续进展之可能性的先天感性条件一样，知性凭借统觉的统一性包含着通过原因和结果
的序列对显象在这一时间中的一切位置进行一种连续规定的可能性的先 A211
天条件，原因不可避免地引起结果的存在，并由此而使时间关系的经验性知识（普遍地）、从而客观地对任何时间有效。

C. 第三类比：根据交互作用或者共联性规律并存的原理①

一切实体，就其在空间中能被知觉为同时的而言，都处在无一例外的交互作用之中

证明

如果在经验性的直观中一事物的知觉能够与另一事物的知觉**交互**继

① 标题及下面的原理在第一版中为：

共联性的原理

一切实体，就其在空间中能被知觉为同时的而言，都处在无一例外的共联性（亦即相互之间的交互作用）之中。——译者注

起（这在显象的时间继起中，如第二条原理中所指明，是不可能发生
B257 的），这些事物就是**同时的**。这样，我可以首先对月亮进行知觉，然后对地球进行知觉，或者也可以反过来首先对地球进行知觉，然后对月亮进行知觉，而且由于对这些对象的知觉彼此能够交互继起，我就说它们是同时实存的。现在，同时存在就是杂多在同一时间里的实存。但是，人们不能知觉时间本身，以便从事物被设定在同一时间中而得出它们的知觉彼此能够交互继起。因此，想象力在把握中的综合就会只把这些知觉中的每一种说明成为这样一种在主体中存在的知觉，而其他知觉则不在其中，反之亦然，但并不说明种种客体同时存在，也就是说，如果一个存在，则另一个也在同一时间存在，而要使种种知觉能够交互彼此继起，这一点却是必要的。因此，要能够说知觉的交互继起在客体中有根据，并由此把同时存在表现为客观的，就要求有关于这些彼此外在的同时实存的事物之知觉交互继起的一个知性概念。但现在，一个实体包含着一些规定，其根据却包含在另一个实体中，这两个实体的关系就是影响的
B258 关系，而如果此客体交互包含着彼客体中的种种规定的根据，这种关系就是共联性或者交互作用的关系。因此，种种实体在空间中的同时存在，惟有以它们相互之间的交互作用为前提条件，才能在经验中被认识；所以，这种交互作用也是作为经验对象的事物本身之可能性的条件。①

事物如果在同一时间里实存，它们就是同时的。但是，如果在对这种杂多的把握的综合中，秩序是无关紧要的，也就是说，如果可以从 A 经 B、C、D 到 E，或者反过来从 E 到 A，那么，人们从何处得知它们在同一时间里存在呢？因为如果它是继起的（按照从 A 开始在 E 结束的秩序），那么，在知觉中使把握从 E 开始并回溯到 A 就是不可能的，因为 A 属于过去的时间，从而不再能是把握的对象。

A212 现在如果你们假定：在作为显象的种种实体的一种杂多性中，每一个实体都是完全孤立的，也就是说，没有一个实体作用于另一个实体，并且从后者交互接受影响，那么我就说：种种实体的**同时存在**不会是一
B259 个可能的知觉的对象，一个实体的存在不可能通过任何经验性综合的路径导向另一实体的存在。因为如果你们设想，它们被一个完全虚空的空

① 本段为第二版所加。——译者注

间所隔离，那么，在时间中从一个实体向另一个实体进展的知觉，虽然能够凭借一个继起的知觉规定后一个实体的存在，但却不能分辨，该显象是客观地继前一个显象而起，还是毋宁说与它同时。

因此，除了纯然的存在之外，还必须有某种东西，通过它，A规定B在时间中的位置，并且反过来B又规定A在时间中的位置，因为只有在这一条件下，上述实体才能被经验性地表现为**同时实存的**。现在，惟有是另一个东西的原因或者其规定的原因的东西，才规定另一个东西在时间中的位置。因此，每一个实体（既然它仅仅就其种种规定而言才能够是继起）都必须在自身中包含着另一实体中的某些规定的因果性，同时包含着另一实体的因果性的结果，也就是说，如果要在某个可能的经验中认识同时存在，它们就必须（直接地或者间接地）处在力学的共联性 A213
之中。但现在，就经验的对象而言，如果没有某种东西，关于这些对象的经验本身就会是不可能的，那么，凡是这样的东西就是必要的。因此，B260
对于显象中的一切实体来说，如果它们是同时的，那么，彼此之间处在交互作用无一例外的共联性中，就是必要的。

共联性一词在我们的语言中是含混的，既可以意味着 communio［共处］，也可以意味着 commercium［联系］。我们这里是在后一种意义上使用该词的，把它当做一种力学的共联性，没有它，就连地域上的共联性（communio spatii［空间的共处］）也绝不能被经验性地认识到。对于我们的经验来说，很容易发现，惟有在空间的一切位置上的连续影响，才能把我们的感官从一个对象引导到另一个对象，在我们的眼睛和天体之间起作用的光，在我们和这些天体之间造成一种间接的共联性，并由此证明了后者的同时存在，我们不能经验性地改变任何处所（知觉这种变化），除非到处都有物质使我们对我们位置的知觉成为可能，而物质则惟有凭借其交互影响才能说明其同时存在，并且由此一直到最遥远的对象说明它们的共存（虽然仅仅是间接的）。没有共联性，（空间中显象的） A214
任何知觉就会被与别的知觉隔断，经验性表象的链条亦即经验就会在遇到一个新的客体时完全从头开始，先前的表象与此不能有丝毫联系，或者不能处在时间关系之中。我根本不想由此来反驳空洞的空间：因为空洞的空间可能总是存在于知觉根本达不到、因而没有同时存在的经验性 B261
知识发生的地方；但在这种情况下，它对于我们一切可能的经验来说都根本不是客体。

以下的东西可能有助于我的解释。在我们的心灵中，一切显象作为包含在一个可能的经验之中的，都必须处在统觉的共联性（communio）之中；而且，如果种种对象作为同时实存的，应当被表现为联结起来的，那么，它们就必须交互规定它们在一个时间中的位置，并由此构成一个整体。如果这种主观的共联性应当基于一个客观的根据，或者与作为实体的显象发生关系，那么，一个显象的知觉就必须作为根据使另一个显象的知觉成为可能，反之亦然，以便任何时候都蕴涵在作为把握的知觉中的演替不被归于客体，相反，这些客体能够被表现为同时存在的。但是，这就是一种交互的影响，也就是说，是种种实体的一种实在的共联
A215 性（commercium），没有这种共联性，同时存在的经验性关系就不能在经验中发生。通过这种联系，种种彼此外在但又毕竟相联结的显象就构成
B262 一个复合物（compositum reale［实在的复合物］），诸如此类的复合物以多种多样的方式成为可能。因此，其他一切关系由以产生的三种力学关系就是依存性、继起性和复合性。

※　　※　　※

因此，这就是经验的三种类比。它们无非是按照时间的三种模式对显象在时间中的存在作出规定的原理，时间的三种模式就是与作为一个量的时间本身的关系（存在的量，即存续）、在作为一个序列的时间中的关系（前后相继），最后还有在作为一切存在的一个总和的时间中的关系（同时）。时间规定的这种统一性完全是力学的，也就是说，时间不被视为经验在其中直接规定任何存在的位置的东西；这种规定是不可能的，因为绝对的时间不是显象能够被集合在一起所凭借的知觉的对象；相反，惟有通过知性的规则，显象的存在才能获得根据时间关系的综合统一性，知性的规则规定着每一个显象在时间中的位置，从而是先天地、并且对一切时间和任何时间都有效地规定其位置。

A216 我们把（经验性意义上的）自然理解为种种显象就其存在而言按照
B263 必然的规则、亦即按照规律的联系。因此，有某些规律，而且是先天的，它们才使一个自然成为可能；经验性的规律惟有凭借经验并且依据甚至经验最初成为可能也遵循的那些源始的规律才能形成和被发现。因此，我们的类比真正说来是在某些典范下表现一切显象的联系中的自然统一，

这些典范所表达的无非是时间（如果时间包含一切存在于自身的话）与仅仅在按照规则进行的综合中才可能形成的统觉的统一的关系。因此，总的来说它们所说明的是：一切显象都处于一个自然中，并且必须处于一个自然中，因为没有这种先天的统一，就不可能有经验的统一，从而也就不可能有在经验中对对象的规定。

但是，关于我们就这些先验的自然规律而言所使用的证明方式，以及这些规律的独特性，需要作出一种说明，它同时作为证明既是理智的命题又是先天综合的命题的任何其他尝试的规定，必然是非常重要的。如果我们想要独断地、即从概念出发证明这些类比，也就是说，一切实 B264
存的东西都只是在持久的东西中才遇到，每一个事件都以它按照一条规 A217
则继之而起的先前状态中的某种东西为前提条件，最后，在同时存在的杂多中种种彼此相关的状态按照一条规则是同时的（处于共联性之中），那么，一切努力都会完全是白费。因为人们无论怎样分析这些事物，都根本不能仅仅通过它们的概念从一个对象及其存在进展到另一个对象的存在或者其实存方式。我们还剩下了什么呢？还剩下作为一种知识的经验的可能性；一切对象，如果它们的表象应当对我们来说具有客观的实在性，最终就必须能够在经验中被给予我们。这个第三者的根本形式在于一切显象的统觉的综合统一，在它里面，我们发现了显象中的一切存在之无一例外的和必然的时间规定的先天条件，没有这些条件，甚至经验性的时间规定也会是不可能的；我们还发现了先天综合统一的种种规则，凭借它们，我们就能够预先推定经验。由于缺乏这种方法，由于妄想独断地证明知性的经验应用作为自己的原则所推荐的那些综合命题， B265
才发生了如此经常却又总是徒劳地尝试证明充足理由律这样的事情。至于其他两个类比，尽管人们总是默默地使用它们①，却没有人想到它们， A218
因为各范畴的那个导线尚付阙如，惟有它才能够揭露并使人注意知性在概念和原理中的漏洞。

---

① 一切显象应当在其中结合起来的世界整体，其统一性显而易见纯然是一切同时存在的实体的共联性这一被默认的原理的一个结论；因为如果这些实体都是孤立的，它们就不会作为各个部分构成一个整体，而如果它们的结合（杂多的交互作用）并不已经由于同时存在而是必然的，人们就不能从作为一种纯然观念的关系的后者推论到作为一种实在的关系的前者。我们在那个地方就曾经指出过：共联性真正说来就是共存的经验性知识之可能性的根据，因此人们真正说来只是从后者回溯到作为其条件的前者的。

四、一般经验性思维的公设

1. 凡是与经验的形式条件（按照直观和概念）一致的，就是**可能的**。

B266 2. 凡是与经验的质料条件（感觉）相关联的，就是**现实的**。

3. 凡是其与现实的东西的关联被按照经验的普遍条件规定的，就是**必然的**（必然实存的）。

A219

阐明

模态的各范畴自身具有特殊的东西：它们作为客体的规定丝毫不扩大它们作为谓词所附属的概念，而是仅仅表示与知识能力的关系。即使一个事物的概念已经是完全完备的，我毕竟还是能够就这个对象而追问：它是仅仅可能的抑或还是现实的？或者，如果它是后者，那么，它是否也是必然的？由此并没有在客体本身中再思维任何规定，而是仅仅问道：该客体（连同其一切规定）与知性及其经验性应用、与经验性的判断力以及与理性（就其应用于经验而言）的关系是怎样的？

正是因此缘故，就连模态的各原理也无非是对可能性、现实性和必然性的概念就其经验性应用而言作出的阐明，由此同时又是把一切范畴限制在纯然经验性的应用上，不承认和允许先验的应用。因为如果
B267 这些范畴不是应当具有一种纯然逻辑的意义，并且分析地表达思维的形式，而是应当涉及**事物**及其可能性、现实性或者必然性，那么，它们就必然关涉到知识的对象惟有在其中才能被给予的可能经验及其综合统一性。

A220 因此，事物的**可能性**的公设，要求事物的概念与一般经验的形式条件一致。但是这个形式，即一般经验的客观形式，包含着客体的知识所需要的一切综合。一个包含着综合的概念，如果该综合不属于经验，即或者作为从经验借来的，在这种情况下该概念就叫做一个**经验性的概念**，或者作为一般经验（经验的形式）当做先天条件所依据的综合，在这种情况下就有一个**纯概念**，它尽管如此仍属于经验，因为它的客体惟有在经验中才能遇到，则该概念就应当被视为空洞的，不与任何对象发生关系。因为如果不是从构成客体的经验性知识之形式的综合得出凭借一个先天综合概念所思维的对象之可能性的性质，人们又想从哪里得出它呢？至于在这样一个概念中必须不包含任何矛盾，这虽然是一个必要

的逻辑条件，但对于概念的客观实在性来说，即对于这样一个凭借概念被思维的对象的可能性来说，却是远远不够的。例如，在一个由两条直线围成的图形的概念中，并没有任何矛盾，因为两条直线及其对接的概念并不包含对一个图形的否定；相反，该图形的不可能性不是基于概念自身，而是基于该图形在空间中的构造，也就是说，基于空间和空间的种种规定的条件；但这些条件又有它们自己的客观实在性，也就是说，它们关涉到可能的事物，因为它们先天地在自身中包含着一般经验的形式。 B268 A221

现在，我们想说明可能性这一公设的广泛效用和影响。如果我表象一个事物，它是持久的，以至于在此变易的一切都仅仅属于它的状态，那么，我就永远不可能仅仅从这样一个概念出发认识到一个这样的事物是可能的。或者我表象某种东西，它具有如此性状，以至于如果它被设定，任何时候并且不可避免地都有某种别的东西继之而起，那就当然可以这样想而没有矛盾；但是，诸如此类的属性（作为因果性）是否可以在任一可能的事物那里遇到，却是不能由此而作出判断的。最后，我可以表象不同的事物（实体），它们具有如此性状，以至于一个事物的状态在另一个事物的状态中造成了一种后果，反之亦然；但是，诸如此类的关系是否能够属于任何事物，却是根本不能从这些包含着一种纯然任意的综合的概念中得出的。因此，惟有根据这一点，即这些概念先天地表现着任何经验中种种知觉的关系，人们才认识到它们的客观实在性，即它们的先验真理性，而且固然独立于经验，但却毕竟不独立于与一般经验的形式和惟有在其中对象才能被经验性地认识的综合统一的一切关系。 B269 A222

但是，如果想用知觉呈现给我们的材料形成关于实体、力和交互作用的全新概念，却不从经验本身借取它们的联结的实例，那么，人们就会陷入纯然的幻想，其可能性自身根本没有任何征兆，因为就它们来说，人们既不是以经验为指导，也不是从经验借取这些概念。诸如此类杜撰的概念获得其可能性的性质，不能像范畴那样先天地作为一切经验所依赖的条件，而是仅仅后天地作为通过经验本身被给予的概念，而且它们的可能性要么必须后天地且经验性地为人所知，要么根本不能为人所知。一个持久地在空间中在场但又不充实空间的实体（像一些人想引进的物 B270

质和思维体之间的中间物那样），或者我们心灵的一种预先直观（不仅仅是推论）未来事物的特殊基本力，或者最后还有与其他人（无论他们距
A223 离多么遥远）处于思想的共联之中的能力，这些都是其可能性毫无根据的概念，因为它们的可能性不能以经验及其已知的规律为根据，而离开经验它就是一种任意的思想联结，这种联结虽然不包含矛盾，却毕竟不能要求客观的实在性，从而不能要求像人们在此处要思维的这样一种对象的可能性。至于实在性，如果不求助于经验，显而易见是不能具体地思维它的，因为它只能关涉作为经验之质料的感觉，而不能涉及人们必要时能够在杜撰中玩弄的关系的形式。

但是，凡是只能从经验中的现实性得出其可能性的东西，我且放过不谈，在此只考虑通过先天概念而来的事物的可能性，关于这些概念我
B271 继续主张：它们永远不能仅仅从这样的概念出发就本身来说而成立，而是在任何时候都惟有作为一般经验的形式的和客观的条件才成立。①

虽然看起来，好像一个三角形的可能性仅仅从它的概念自身出发就能够认识到（它无疑是独立于经验的）；因为事实上，我们完全能够先天地给它一个对象，也就是说，构造出该对象。但是，由于这只是一个对
A224 象的形式，所以它毕竟始终还依然只是一个想象的产物，其对象的可能性依然是可疑的，为此还要求有某种更多的东西，即在经验的一切对象所依据的纯粹条件下思维这样一个图形。空间是外部经验的先天形式条件，正好我们在想象力中构造一个三角形所凭借的那种构成性的综合，与我们在一个显象的把握中为形成其经验概念而实施的综合完全是一回事，惟有这些才是把这样一个事物的可能性的表象与这个概念结合起来的东西。例如，连续的量的可能性，乃至一般而言的量的可能性，由于
B272 其概念全都是综合的，所以绝不是从这些概念本身出发、而是从这些概念作为一般经验中对象的一切规定的形式条件出发才清楚明白的；如果不是在惟一使对象被给予我们的经验中寻找与这些概念相应的对象，我

① 哈滕施泰因把“从这样的概念出发”改为“作为这样的概念”，意思并未得到改善。康德看起来想说的要么是：“关于它（事物的可能性）我继续主张：它永远不能仅仅从这样的概念出发就本身来说被认识，而是那些先天概念在任何时候都惟有作为一般经验的形式的和客观的条件才成立”，要么是：“关于这些概念我继续主张：它们永远不能仅仅从这样的概念出发就本身来说被认识，而是在任何时候都惟有从作为一般经验的形式的和客观的条件的它们出发被认识”。——科学院版编者注

们应当到哪里去寻找呢？尽管我们能够不先行诉诸经验而仅仅与在一般经验中某物被规定为对象所遵照的形式条件相关、从而完全先天地认识和描述事物的可能性，但却毕竟惟有与经验相关并且在经验的限度之内才能这样做。

认识事物**现实性**的公设，要求有知觉，从而要求有人们意识到的感 A225
觉；虽然不是直接关于其存在应当被认识到的对象本身的，但却毕竟是关于对象按照说明一般经验中一切实在的结合之经验类比与某一个现实的知觉的关系的。

在一个事物的**纯然概念**中，根本不能发现其存在的特征。因为即使它的概念如此之完备，以至于为思维一个事物及其一切内在规定而不缺少丝毫东西，存在也与所有这一切都完全不相干，而只与如下问题相干，即这样一个事物是否被给予我们，以至于对它的知觉必要时能够先
行于概念。因为概念先行于知觉，这只是意味着它的可能性；而为形成 B273
概念提供材料的知觉才是现实性的惟一特征。但是，只要事物按照知觉的经验性结合的原理（类比）与一些知觉相关联，人们也可以在该事物的知觉之前、从而**以比较的方式**先天地认识它的存在。因为在这种情况下，毕竟事物的存在与我们的知觉在一个可能的经验中相关联，而且我
们可以按照那些类比的导线在可能知觉的序列中从我们现实的知觉达到 A226
事物。例如，我们从被吸引的铁屑的知觉出发认识到一种贯穿一切物体的磁性物质的存在，即使按照我们器官的性状我们不可能有对于这种材料的直接知觉。因为根据感性的规律和我们的知觉在一个经验中的联系，如果我们的感官更精细的话，我们也完全会遇到对这种物质的直接经验性直观，而我们感官的粗笨与一般可能经验的形式则根本无涉。因
此，知觉及其附属物按照经验性的规律达到什么地步，我们关于事物存 B274
在的知识也就达到什么地步。如果我们不从经验出发，或者如果我们不按照显象的经验性联系的规律前进，则我们想猜测或者研究某一事物的存在，就是在行华而不实之事。[①] 但是，**唯心论**却对这种间接[②]证

① 由此至下面的"附释三"为第二版所加。

② 第二公设及其阐明旨在于我们从现实的知觉出发在可能知觉的序列中达到事物所遵循的规则。因此，在我之外的其他事物之存在的直接意识（B274）是被预设的。插入第二版的对唯心论的驳斥所做的就是证明这个预设。据此，我们的文本不接受任何改动。——科学院版编者注

明存在的规则提出了一种强有力的责难，这里是驳斥唯心论的合适地方了。

※　　　※　　　※

对唯心论的驳斥

唯心论（我指的是**质料的**唯心论）是这样一种理论，它把空间中我们以外的对象的存在要么仅仅宣布为可疑的和**不可证明**的，要么宣布为**虚假的**和**不可能的**。**前者**是**笛卡尔**的**疑问式**唯心论，它仅仅把一个经验性断定宣布为无可怀疑的，这就是**“我在”**；**后者**是**贝克莱**的**独断式**唯心论，它把空间连同空间作为不可分离的条件所依附的一切事物都宣布为某种自身不可能的东西，从而也把空间中的事物宣布为纯然的想象。如果人们把空间视为应当属于物自身的属性，那么，独断式唯心论就是不可避免的；因为在这里，空间连同空间充当其条件的一切都是无稽之谈。但是，这种唯心论的根据已经被我们在先验感性论中取缔了。对此
B275 不做任何断定、而是仅仅借口无能通过经验证明我们的存在之外的一种存在的疑问式唯心论，是理性的和符合一种缜密的哲学思维方式的；也就是说，在找到充足的证明之前，不允许作出任何裁定性的判断。因此，所要求的证明就必须阐明，我们对于外部事物也有**经验**，而不仅仅有**想象**；但除非人们能够证明，甚至我们对**笛卡尔**来说无可怀疑的**内部**经验也只有以**外部**经验为前提条件才是可能的，上述阐明就不可能作出。

定理

我自己的存在的纯然意识，但也是经验性地被规定的意识，证明空间中我以外的对象的存在。

证明

我意识到我自己的存在是在时间中被规定的。一切时间规定都以知觉中某种持久的东西为前提条件。但是，这种持久的东西并不是在我里面的某种东西，因为恰恰我在时间中的存在要通过这种持久的东西才能得到规定。因此，这种持久的东西的知觉之所以可能，仅仅是由于我以

外的一个**事物**，而不是由于我以外的一个事物的纯然表象。故而，我在时间中的存在的规定惟有通过我在我以外知觉到的现实事物的实存才是可能的。现在，时间中的意识与这种时间规定的可能性的意识必然地联结在一起；因此，它也与作为时间规定之条件的我以外的事物的实存必然地联结在一起；也就是说，我自己的存在的意识同时就是我以外的其他事物之存在的一种直接意识。 B276

附释一： 在前面的证明中人们将觉察到，唯心论所玩弄的把戏以更多的理由反过来报应在它身上。它认为惟一直接的经验就是内部经验，而且只是由此**推论**到外部事物的，但是，就像每当人们从被给予的结果推论到**确定的**原因时那样，这种推论是不可靠的，因为我们也许错误地归于外部事物的表象的原因，也可能是在我们自己里面的。然而在这里将证明，外部经验真正说来是直接的①，仅仅凭借外部经验就有可能的， B277 虽然不是我们自己的实存的意识，但却毕竟是我们自己在时间中实存的规定，也就是说，是内部经验。当然，表现能够伴随着一切思维的意识的"**我在**"表象，就是直接在自身中包含着一个主体的实存的东西，但却尚不包含该主体的任何知识，从而也不包含经验性的知识，即经验；因为为此除了关于某种实存的东西的思想之外，还需要直观，而在这里也就是内直观，主体必须就内直观而言亦即就时间而言被规定，为此绝对需要外部对象，因而内部经验只是间接地可能的，只是通过外部经验才可能的。

附释二： 我们的知识能力在时间规定方面的一切经验应用都与此完全一致。不仅我们惟有通过外部关系中的变易（运动）与空间中持久的东西相关（例如太阳的运动与地球上的对象相关）才能知觉到一切时间 B278 规定，而且除了**物质**之外，我们甚至没有任何持久的东西能让我们作为直观配给一个实体的概念，甚至这种持久性也不是从外部经验得来的，而是先天地预设为一切时间规定的必要条件，从而也就是预设为就我们

① 外部事物存在的**直接**意识，无论我们是否认识到这种意识，在前面的定理中都不是被预设，而是被证明的。关于这种意识的可能性的问题将会是：我们是否只有一种内感官，却没有外感官，而是只有外部的想象。但显而易见的是，哪怕仅仅为了把某物想象成外在的，也就是说，在直观中呈现给感官，我们就已经必须有一种外感官，并且由此把一种外部直观的单纯感受性与表明任何想象之特征的自发性直接区别开来。因为仅仅想象一个外感官，将会取消应当由想象力来规定的直观能力本身。

自己的存在而言通过外部事物的实存对内感官的规定。在“我”的表象中对我自己的意识根本不是一种直观，而是对一个能思维的主体之自行行动性的一种纯然**理智的**表象。因此，这个“我”也不具有丝毫能够作为**持久的东西**来充当内感官中时间规定的相关物的直观之谓词；就像**不可入性**在作为经验性直观的物质那里一样。

附释三：从关于我们自己的某种确定的意识的可能性要求外部对象的实存，并不能得出外部事物的任何直观的表象都同时包含着这些事物的实存，因为这种表象完全可能纯然是想象力的结果（无论是在梦中还是在妄想中）；但是，它之所以如此，乃是由于以前的外部知觉的再生，而以前的外部知觉如已经指出的那样，惟有通过外部对象的现实性才是
B279 可能的。这里应当证明的只是：一般内部经验惟有通过一般外部经验才是可能的。至于这个或者那个自以为是的经验是否纯然是想象，则必须按照它的特殊规定并且通过与一切现实的经验的标准进行对照来予以查明。

※　　※　　※

最后，至于第三个公设，关涉到存在中质料的必然性，而不关涉概念纯然形式的和逻辑的结合。既然感官对象的实存不能完全先天地被认
A227 识，但毕竟能够以比较的方式先天地、与另一个已经被给予的存在相关地被认识，而人们尽管如此在这种情况下也只能达到那在某个地方必然包含在被给予的知觉为其一个部分的经验之联系中的实存，所以，实存的必然性永远不能从概念出发、而是任何时候都只能从与被知觉的东西的结合出发，按照经验的普遍规律来认识。在这里，除了按照因果性规律从被给予的原因产生的结果的存在之外，没有任何存在能够在其他被给予的显象的条件下被认识为必然的。因此，我们惟一能够认识其必然性的，不是物（实体）的存在，而是其状态的存在，而且这种认识是按
B280 照经验性的因果性规律，从在知觉中被给予的其他状态出发的。由此可见，必然性的标准仅仅蕴涵在可能经验的规律中，即凡是发生的东西，都是由它在显象中的原因先天地规定的。因此，我们仅仅认识自然中其原因已经被给予我们的那些**结果**的必然性；而必然性在存在方面的这种标志超不出可能经验的领域，甚至在这个领域内，它也不适用于作为实体的物的实存，因为实体绝不能被视为经验性的结果或者某种发生和产

生的东西。所以，必然性仅仅涉及种种显象按照因果性的力学规律的关系，以及以此为根据的从某个被给予的存在（一个原因）先天地推论到另一个存在（结果）的可能性。凡是发生的东西，都假定为必然的；这是一条原理，它使世界上的变化从属于一条规律，也就是说，从属于必然存在的规则，没有这条规则，就连自然也根本不能成立。因此，“没有任何东西通过一种盲目的偶然发生（in mundo non datur casus［世界上不存在偶然］）”，这个命题是一条先天的自然规律；同样还有：“自然中没有任何必然性是盲目的，相反，必然性是为条件制约的、从而可理解的必然性（non datur fatum［不存在命定］）。”二者都是使变化的游戏服从（作为显象的）**事物的本性**或者——换句话说也是一回事——服从于知性的统一性的规律，惟有在知性中，它们才能够属于作为显象的综合统一的经验。这两条原理都属于力学的原理。前者真正说来是因果性原理的一个结论（从属于经验的类比）。后者属于模态的原理，模态还把必然性的概念加给因果规定，但必然性是从属于一条知性规则的。连续性的原则在显象（变化）的序列中禁止一切飞跃（in mundo non datur saltus［世界上不存在飞跃］），但也在空间中一切经验性直观的总和方面禁止两个显象之间的一切漏洞和裂隙（non datur hiatus［不存在裂隙］）；这样，人们就可以把该命题表达为：在经验中不能加入任何证明一种 vacuum［真空］或者哪怕是仅仅允许它作为经验性综合的一个部分的东西。因为就人们在可能经验的领域（世界）之外可以设想的真空来说，这种东西并不属于仅仅对涉及为经验性知识而利用被给予的显象的种种问题作出裁决的纯然知性的审判权，它是还超出可能经验的领域之外、并要对围绕且限制该领域的东西作出判断的理想理性的一个课题，因而必须在先验辩证论中予以考虑。这四个命题（in mundo non datur hiatus，non datur saltus，non datur casus，non datur fatum［世界上不存在裂隙，不存在飞跃，不存在偶然，不存在命定］），像先验起源的一切原理那样，我们可以轻而易举地按照它们的秩序与范畴秩序相符合地把它们表示出来，给每一个标出其位置，不过已经熟练了的读者可以自己做这件事，或者轻而易举地发现这方面的导线。但是，它们的一致仅仅达到这样的程度，即在经验性综合中不允许任何可能损害或者妨碍知性和一切显象的连续性联系亦即知性的各概念的统一性的东西。因为

A228 B281 A229 B282

A230 惟有在知性中，一切知觉都必须在其中各就其位的经验的统一性才成为可能。

可能性的领域是否大于包含一切现实的东西的领域，而后者是否又大于必然的东西的集合，这都是些很好的问题，而且具有综合的解答，但它们也都仅仅归于理性的审判权；因为它们等于是说：一切作为显象的事物是否全都属于惟一的一个经验的总和和关联，任何被给予的知觉
B283 都是这个经验的一个部分，因而该部分就不能与其他显象相联结；或者，我的知觉是否能够（在其普遍的联系中）属于不止一个可能的经验。知性先天地给一般经验仅仅提供了根据感性和统觉惟一使一般经验成为可能的主观形式条件的规则。其他（除空间和时间之外的）直观形式，此外还有其他（除凭借概念的思维和知识的推理形式之外的）知性形式，尽管都会是可能的，我们却毕竟不能以任何方式予以设想和使之可以理解；但即便我们能够做到这一点，它们也还是会不属于作为对象惟一能够在其中被给予我们的知识的经验。除了一般而言属于我们整个
A231 可能经验的，是否还有其他知觉、从而是否还有完全不同的物质领域能够存在，这是知性所不能裁定的，知性只与被给予的东西的综合打交道。此外，我们的一些惯用的推理，我们用它们来探明一个庞大的可能性王国，其中一切现实的东西（经验的一切对象）只不过是一个微小的部分，这些推理的贫乏是昭然若揭的。一切现实的东西都是可能的；按
B284 照换位的逻辑规则，从它自然而然地得出的只是特称的命题，有些可能的东西是现实的；这看起来等于是意味着：许多不现实的东西是可能的。虽然表面上看起来，好像人们完全能够把可能东西的数目扩大到现实东西的数目之上，因为为了构成后者，就必须给前者再附加点什么。然而，我不承认给可能东西的这种附加。因为还应当附加在可能东西之上的东西，就会是不可能的。只能给我的知性附加上某种超出与经验的形式条件一致的东西，即与某个知觉的结合；但是，按照经验性规律与知觉结合的东西，即使不是直接知觉到的，也是现实的。然而，说在与知觉中被给予我的东西的无一例外的联系中，还有另一个显象序列是可
A232 能的，从而不止有惟一的一个包括一切的经验是可能的，这从被给予的东西中是不能推论出来的；而没有某种东西被给予，就更不能推论出来，因为没有材料就不能思维任何东西。惟有在本身仅仅可能的条件

下才可能的东西，就不是**在一切方面**都可能。但在这方面，当人们想知道事物的可能性是否超出经验所能够达到的范围时，就要提出疑问了。

我提到这些问题，无非是为了在按照通常意见属于知性概念的东西中不留下任何漏洞。但事实上，绝对的可能性（在一切方面都有效的可能性）并不是纯然的知性概念，而且不能以任何方式做经验性的使用， B285 相反，这种使用仅仅属于超出一切可能经验性的知性应用的理性。因此，我们在这里必须满足于一种纯然批判性的说明，此外还要让事情暂不明朗，留待以后进一步的处理。

由于我想结束这第四条，并由此同时结束纯粹知性一切原理的体系，所以我还必须说明我把各模态的原则恰恰称为公设的理由。我在这里并不在一些近代哲学作家赋予这个术语的意义上使用该术语；这些作家们违背了数学家们的原意，而该术语毕竟真正来说是属于数学家们的；这 A233 个原意就是：所谓公设，应当等于是说，无须申明理由或者证明而把一个命题说成是直接确定的；因为就综合命题而言，无论它们怎样自明，如果我们应当承认，人们无须演绎就可以根据它们自己的说法的声望而对它们表示无条件的赞同，那么，知性的一切批判就丧失殆尽了；而且既然不乏极为狂妄的主张，平常的信念（但这并不是信誉保证）也并不 B286 拒斥它们，所以我们的知性就对任何妄想开放，不能对那些尽管没有道理、但却以同样自信的口吻要求被承认为真正的公理的说法拒绝表示赞同。因此，如果给一个事物的概念综合地加上一种先天的规定，那么，关于这样一个命题，即便不附上一个证明，至少也必须不可欠缺地附上它的主张的合法性的演绎。

但是，模态的各原理并不是客观综合的，因为可能性、现实性和必然性的谓词丝毫也不通过给对象的表象增添某种东西而扩大它们所谈及的概念。但是，既然它们尽管如此毕竟始终是综合的，所以它们只是主 A234 观地如此，也就是说，它们把一个事物（实在的东西）的概念由以产生并身处其中的认识能力附加给该概念，在其他方面对概念不说出任何东西；以至于如果概念仅仅在知性中与经验的形式条件相结合，它的对象就叫做可能的；如果它与知觉（作为感官质料的感觉）相关联并且通过这种知觉借助于知性被规定，客体就是现实的；如果它是通过种种知觉

B287 依据概念的联系被规定的，对象就叫做必然的。因此，模态的各原理关于一个概念所说的，无非是该概念被产生所凭借的知识能力的行动。现在，数学中一个公设就叫做实践的命题，它所包含的无非是我们最初给予我们自己一个对象并产生出它的概念所凭借的那种综合，例如用一条被给予的线从一个被给予的点出发在一个平面上画一个圆；诸如此类的命题之所以不可证明，乃是因为它所要求的程序恰恰就是我们最初产生这样一个图形的概念所凭借的东西。据此，我们就能够以同样的权利把模态的各原理作为公设，因为它们并不扩大自己关于一般事物的概念①，
A235 而是仅仅展示概念一般而言与知识能力相联结的方式。

※ ※ ※

B288 **原理体系的总说明②**

我们不能仅仅按照范畴认识任何事物的可能性，而是必须总在手头有一种直观，以便根据它展示纯粹知性概念的客观实在性，这是某种非常值得注意的事情。以关系的范畴为例，1. 何以某物能够只作为**主体**而不作为其他事物的纯然规定而实存，也就是说，能够是**实体**；或者，2. 何以因为有某物存在，另一某物就必须存在，从而为何某物一般而言能够是原因；或者，3. 何以如果有多个事物存在，由于其中一个事物的存在，就有某种东西继其他事物而起，反过来也是一样，而且以这种方式就有一种实体的共联性能够发生；这些都根本不能仅仅从概念出发来认识。同样，这一点也适用于其他范畴，例如，何以一个事物能够等于许多事物的集合，也就是说，能够是一个量，等等。因此，只要缺乏直观，人们就不知道通过范畴是否在思维一个客体，以及是否到处都有某个对象能够适合这些范畴，这样就证实，范畴本身根本不是**知识**，而是
B289 纯然的**思想形式**，以便用被给予的直观形成知识——正是因此之故而得出，仅仅用范畴是不能形成一个综合命题的。例如，在所有的存在中都有实体，也就是说，有某种能够作为主体、而不能作为谓词实存的东西；

---

① **通过**一个事物的**现实性**，我当然设定了比可能性更多的东西，但并不是**在事物**中；因为该事物在现实性中所包含的东西绝不能多于在它完全的可能性中所包含的东西。相反，既然可能性仅仅是在与知性（知性的经验性应用）的关系中对事物的一种设定，所以现实性同时就是事物与知觉的联结。

② 这个总说明为第二版所加。——译者注

或者任一事物都是一个量，等等，这里根本没有东西能够使我们超出被给予的概念并把另一个概念与它结合起来。因此，也就从来不曾有人做到仅仅从纯粹的知性概念出发证明一个综合命题，例如“一切偶然实存者皆有一个原因”这个命题。人们所能够做到的从来就只是证明，没有这种关系我们就**根本不能理解**偶然的东西的实存，也就是说，就不能先天地通过知性认识这样一个事物的实存；但由此并不能得出，这一点也是事物本身的可能性的条件。因此，如果人们愿意回顾我们对因果性原理的证明，那么，人们就会觉察到，我们只能证明关于可能经验的客体的因果性原理：一切发生的东西（每一个事件）都以一个原因为前提，而且使得我们也只能证明该原理是经验的可能性的原则，从而是一个**在经验性直观中**被给予的客体之**知识**的可能性的原则，而且不是仅仅从概念出发证明的。尽管如此不可否认的是，“一切偶然的东西都必须有一个原因”这个命题，对于任何人来说都是仅仅从概念出发就清楚明白的；但在这种情况下，偶然事物的概念已经被如此理解，即它所包含的不是模态的范畴（即其不存在**可以被思维**的某种东西），而是关系的范畴（即惟有作为另一东西的后果才实存的某种东西），而且在这里它当然就是一个同一的命题：凡是只有作为后果才实存的东西，都有自己的原因。事实上，当我们应当举出偶然存在的实例时，我们总是诉诸**变化**，而不是仅仅诉诸**反面的思想**的可能性。① 但变化是自身惟有通过一个原因才可能的事件，因而它的不存在就其自身而言是可能的，这样人们就从某物惟有作为一个原因的结果才能实存这一点认识到偶然性；因此，如果一个事物被假定为偶然的，那么，说它有一个原因，就是一个分析的命题。

B290 B291

但更值得注意的是：为了理解事物依据范畴的可能性，从而阐明范畴的**客观实在性**，我们不仅需要直观，而且甚至始终需要**外部直观**。如果我们以关系的纯粹概念为例，我们就会发现：1. 为了与**实体**的概念相

① 人们很容易就能想到物质的不存在，但古人们却并不从中推论出物质的偶然性。不过，即便是一个事物的一个被给予的状态之存在和不存在的变易——所有的变化都在于此——也根本不是仿佛从该状态的反面的现实性出发证明该状态的偶然性；例如，一个物体继运动而起的静止，并不因为静止是运动的反面就证明该物体的运动的偶然性。因为这个反面在此只是逻辑上、而不是**现实地**与另一个东西**相对立**。为了证明物体运动的偶然性，人们必须证明，在前一时刻有可能物体**不是**在运动中，**当时**它是静止的，而不是证明它**后来**是静止的，因为这时两个对立面根本不可能彼此并存。

应而在直观中给出某种**持久的东西**（并且由此阐明这个概念的客观实在性），我们就需要一种**空间**中的（物质的）直观，因为只有空间被规定为持久的，而时间，进而是内感官中的一切都在不断地流动。2. 为了把**变化**表现为与**因果性**的概念相应的直观，我们必须以作为空间中的变化的运动为例，甚至惟有这样我们才能直观纯粹知性不能把握其可能性的变化。变化是同一个事物的存在中相互矛盾对立的规定的结合。现在，从
B292 事物的一个被给予的状态继起一个与它相反的状态，这是如何可能的？对此，理性不仅没有实例就不能把握，而且没有直观也绝不能说明；而这种直观就是一个点在空间中的运动的直观，该点在不同位置上的存在（作为对立的规定的一种继起）乃是最初使我们直观到变化的惟一东西；因为为了事后使内在的变化对我们来说成为可以设想的，我们就必须形象化地通过一条线来解释作为内感官形式的时间，通过画这条线来解释内在的变化（运动），从而通过外直观来解释我们自己在不同状态中的渐进实存；其真正的理由就是：一切变化，哪怕只是为了作为变化而被知觉到，也都以直观中的某种持久的东西为前提条件，但在内感官中却根本遇不到任何持久的直观。最后，**共联性**的范畴就其可能性而言根本不能通过纯然的理性来把握，从而没有直观、也就是说没有空间中的外直观，就不可能认识这一概念的客观实在性。因为如果有多个实体实存，从一个实体的实存出发就能够有某种东西（作为结果）继另一个实体的
B293 实存而起，反之亦然，从而由于在一个实体中有某种东西，在另一实体中就必然有某种仅仅从后者的实存出发不能理解的东西，人们要如何思维这种可能性呢？因为这为共联性所必需，而在每一个都由于自己的自存性而彼此完全隔离的事物中间却是根本不可把握的。所以，**莱布尼茨**在把共联性赋予世界上仅仅如知性所设想的种种实体时，就求助于神灵为中介；因为仅仅从种种实体的存在出发，在他看来共联性当然是无法把握的。但是，如果我们在空间中、从而在外直观中表象种种实体，我们就完全能够说明（作为显象的种种实体的）共联性的可能性。因为空间在自身中已经先天地包含着形式的外部关系，作为实在的外部关系的可能性的条件（在作用和反作用中，从而作为共联性的可能性的条件）。同样，也能够轻而易举地说明，作为量的事物的可能性、因而还有量的范畴的客观实在性也惟有在外直观中才能够得到展现，并且惟有凭借外

直观才能够在事后也被应用于内感官。不过，为了避免烦冗，我不得不把这方面的实例留给读者去反思。

以上的整个说明非常重要，并不仅仅是为了证实我们前面对唯心论的反驳，毋宁说，还是为了在我们从纯然内在意识和我们本性的规定出发不借助外部经验性直观而谈论**自我认识**的时候，给我们指明这样一种 B294
知识的可能性的界限。

因此，整整这一章的最后结论就是：纯粹知性的一切原理都无非是经验的可能性的先天原则，而一切先天综合命题都仅仅与经验相关，甚至它们的可能性本身也是完全依据这种关系的。

第三篇

所有一般对象区分为现象和本体的根据

现在，我们不仅周游了纯粹知性的国土，仔细地勘查过它的每一部分，而且还丈量过它，给它上面的每一个事物都规定了其位置。但是，这片国土是一个岛屿，被自然本身包围在不可改变的疆界中。它是真理的国土（一个诱人的称号），周围是一片浩瀚无垠而又波涛汹涌的海洋， B295
亦即幻相的驻地，其中一些雾堤和即将融化掉的冰山幻化出新的陆地， A236
而且通过不断地以空幻的希望诱骗着四处追逐发现的航海家，而使他卷入永远不能放弃却也永远不能达成的冒险。但是，在我们斗胆驶入这片海洋，以便极尽辽远地搜索它，并确知是否有某种希望之前，最好事先再看一眼我们正要离开的这片国土的地图，而且要问：首先，我们是否也许不能满足于它自身所包含的东西，或者如果在别的地方到处都没有可以定居的土地，我们就不得不被迫满足于此；其次，我们自己究竟能够以什么名义占有这片国土，并且抵挡一切敌对的要求来保证自己的安全。尽管我们在分析论的进程中已经充分地回答过这些问题，但对它们的解答作出一个总体性的评估，毕竟可以通过把这些解答的要素结合在一点上而加强信念。

也就是说，我们已经看到：凡是知性从自己本身得来的东西，知性无须从经验借来，尽管如此却不把它们用于任何别的目的，而是仅仅作经验的应用。纯粹知性的各原理，无论是先天建构性的（如数学性的原 B296
理），还是仅仅范导性的（如力学性的原理），所包含的仿佛不过是可能

A237 经验的纯粹图型；因为经验只是从知性与统觉相关源始地和自发地赋予想象力的综合的那种综合统一中才获得自己的统一性，而显象作为可能知识的材料则必须已经先天地与那种综合统一保持相关和一致。但现在，即使这些知性规则不仅仅是先天真实的，而且甚至是一切真理的源泉，也就是说，是我们的知识与客体相一致的源泉，因为它们在自身中包含着作为客体能够在其中被给予我们的一切知识之总和的经验之可能性的根据，对我们来说，仅仅让真实的东西表现出来也毕竟还是不够的，而是要让人们渴望知道的东西表现出来。因此，如果我们通过这种批判的研究学到的不过是我们在知性的纯然经验性应用中即便没有如此精密的探讨自己也曾做到的事情，那么，人们从它里面得到的好处看来就不值得花费精力和作出准备了。现在，人们虽然能够作出回答的是：对于扩
B297 展我们的知识来说，没有任何冒失比在从事研究之前，在对这种用处——哪怕这种用处就摆在眼前——还没有丝毫概念之前，就总是想预
A238 先知道这种用处的那种冒失更加有害。然而，毕竟有一种好处，即便是对这样的先验探讨最感困难和厌倦的学生也能理解和关切的，这就是：专注于自己的经验性应用的知性，对它自己的知识的源泉不做反省，虽然也能很好地进行，但有一点却根本做不到，那就是自己给自己规定其应用的界限，并知道什么处在它的全部领域之内，什么处在它的全部领域之外；因为这恰好是我们已经开始着手的深刻的研究所要求的。但是，如果知性不能分辨某些问题是否处于它的视野之内，那么，它就永远不能确保自己的要求和自己的财富，而当它不断地逾越自己领域的疆界（正如不可避免的那样）并沉溺于妄想和假象的时候，就只好等着接受各种各样令人羞辱的斥责了。

因此，知性对于它的一切先天原理，甚至对于它的一切概念，都只能做经验性的应用，但永远不能做一种先验的应用，这是一个一旦能够
B298 被确切地认识到就能看出重要后果的命题。任何一条原理中某个概念的先验应用都是这样的应用：它与**一般而言和就自身而言**的物①相关，而如果它仅仅与**显象**亦即一个可能**经验**的对象相关，那就是经验性的应
A239 用。但是，在任何地方都只能有经验性的应用，这从以下说明可以看

① 康德在《康德〈纯粹理性批判〉补遗》第 CXVII 条中阐释说：未在任何直观中被给予我们的对象，因而是非感性的对象。——科学院版编者注

出。任何一个概念所需要的，首先是一般概念（思维）的逻辑形式，然后其次还有给予它一个与之相关的对象的可能性。没有这个对象它就没有意义，就是完全空无内容的，哪怕它总是还包含着用可能的材料形成一个概念的逻辑功能。现在，对象只能在直观中被给予一个概念，而且即使一个纯直观还在对象之前就是先天可能的，它本身也毕竟只能通过经验性直观才能获得其对象，从而获得客观有效性，它只是经验性直观的形式罢了。因此，一切概念，从而还有一切原理，无论它们如何是先天可能的，都仍然与经验性直观、从而与可能经验的材料相关。没有这种相关，它们就根本没有任何客观有效性，而是一种纯然的游戏，是想象力或者知性各自用自己的表象所做的游戏。仅以数学的概念为例，而且首先谈数学的纯直观。空间有三个维度，两点之间只能有一条直线， B299
等等。尽管所有这些原理以及这门科学所探讨的对象的表象完全是先天 A240
地在心灵中产生的，但如果我们不能总是在显象（经验性的对象）上展示它们的含义的话，它们毕竟就根本不意味着任何东西。因此，人们也要求使一个孤立的概念**成为可感知的**，也就是说，在直观中展示与它相应的客体，因为不这样做，概念（如人们所说）就会仍然没有**意义**，也就是说，没有含义。数学通过绘制形象来满足这种要求，形象是对感官的一种当下的（虽然是先天地完成的）显象。正是在这门科学中，量的概念在数中寻求其支持和意义，但数又凭借展示在眼前的手指、算盘珠或者小棒和点来寻求其支持和意义。概念连同由这样的概念而来的综合原理或者算式一直是先天地产生的；但它们的应用以及与所说的对象的关系却归根结底只能在它们（就形式而言）包含着其可能性的经验中寻求。

但是，一切范畴以及由它们构成的原理，情形亦复如是，这一点也 B300
可以从以下所说来得知：不立刻使我们下降到感性的条件，从而下降到 A241
范畴必须当做自己的惟一对象而限制在其上的显象的形式，我们就甚至不能**实在地**[①]对任何一个范畴作出定义，也就是说，使范畴的客体的可能性成为可理解的[②]，因为如果人们去掉这一条件，一切含义亦即与客体的一切关系就都取消了，人们就不能借助任何实例使自己理解，在诸如此

① “实在地”为第二版所加。——译者注

② “也就是说，使范畴的客体的可能性成为可理解的”为第二版所加。——译者注

类的概念中究竟本来指的是什么东西。①

一般而言的量的概念没有人能够作出解释，除非解释为：量是一物的规定，凭借这种规定，就可以思维该物中被设定了多少倍的一。然而，这个多少倍是建立在渐进的重复之上的，从而是建立在时间和时间中（同类物）的综合之上的。对于实在性，只有在想到一个要么以此充实、要么空虚的时间（作为一切存在的总和）的情况下，人们才能与否定性相对立对它作出解释。如果我把持久性（它是一种在一切时间中的存在）去掉，那么，对于实体的概念来说，除了关于主体的逻辑表象之外，我
A243 就不剩下任何东西了，这个表象乃是我以为通过表象只能作为主体（不
B301 是主体的一个谓词）存在的某物而使之实在化的。但是，不仅我根本不知道这种逻辑上的优势能够归属某一个事物所需要的条件，而且也根本不能由此出发进一步做任何事情，不能得出丝毫的结论，因为由此根本没有规定这个概念的应用的任何客体，因而人们根本不知道，这个概念在任何地方是否意味着某种东西。关于原因的概念，我（如果我去掉某物按照一条规则在其中继另一某物而起的时间）在纯粹的范畴中所发现的，无非是有某种东西，由它能够推论出另一种东西的存在而已；由此不仅根本不能把原因和结果彼此区分开来，而且由于这种能够推论马上就需要我一无所知的种种条件，概念就会对于自己如何适用于某一个客体方面根本没有任何规定。"一切偶然的东西皆有一个原因"被认为是一条原理，它虽然显得相当威风凛凛，就好像它在自身就具有自己的尊严

① 本段与下一段在第一版中原为一段，而且此处在第二版中删去了如下文字："上面在阐述一般的范畴表时，我们曾让自己不必为每一个范畴下定义，因为我们仅仅关涉范畴的综合应用的意图并不使这种定义成为必要的，而且人们也不必为能够免除的不必要的事务承受责任。这并不是什么遁词，而是一条并非微不足道的明智规则，即如果人们有概念的某一个或者另一个标志就足够了，无须为此完备地列举构成整个概念的所有标志，那么，就不要冒险去下定义，尝试或者伪称在规定概念方面的完备性或者精确性。但现在可以看出，这种谨慎的根据要更为深刻，也
A242 就是说，即便是我们想，我们也不能给它们下定义——我在这里说的是实在定义，它不是纯然以别的更可理解的语词来解释一个事物的名称，而是在自身中包含着一个清晰的**标志**，凭借它就能够在任何时候都可靠地认识对象（definitum［被定义者］），而且使被说明的概念在应用上可用。因此，实在的说明就会是不仅澄清一个概念，而且同时澄清该概念的**客观实在性**的说明。按照概念在直观中展示对象的数学说明就是后一种说明——，而是如果删去感性的种种标明范畴是一种可能的经验性应用的概念的条件，而且把范畴视为一般事物的概念（因而是先验应用的概念），对于它们来说，就再也不能做别的任何事情了，只能把判断中的逻辑功能视为事物本身的可能性的条件，却丝毫不能指出它们在什么地方有其应用和其客体，从而不能指出它们在纯粹知性中无须感性而能够有某种意义和客观的有效性"。——译者注

似的。但我要问：你们是如何理解偶然的？你们回答说：偶然的东西的不存在是可能的；这样，我就很想知道，如果你们不在显象的序列中想象一种演替，在演替中想象继不存在而起的存在（或者反过来），从而想象一种变易，你们想凭什么来认识不存在的这种可能性；因为说一物的 A244
不存在并不自相矛盾，这是对一种逻辑条件的无力的援引，这种逻辑条 B302
件虽然为概念所必需，但对实在的可能性来说却是远远不够的；无论我如何能够在思想中取消任何一个实存着的实体而不会自相矛盾，但由此却根本不能推论出该实体就其存在而言的客观的偶然性，亦即它的不存在自身的可能性。至于共联性的概念，则很容易估计到：既然无论是实体的还是因果性的纯粹范畴，都不允许对客体作出规定的解释，那么，交互的因果性在与种种实体的相互关系（commercium）中同样没有能力作这种解释。如果人们想仅仅从纯粹知性得出可能性、存在和必然性的定义，则除了同义反复之外，还没有人能够作出别的解释。因为把**概念**的逻辑可能性（因为它并不自相矛盾）偷换成**物**的先验可能性①（因为有一个对象与概念相应），这种把戏只能蒙骗外行并使之满足。②③

---

① 康德在他的第一版手写样书中根据第二版的注释（BXXVI注和B302注）插入“实在的”取代“先验的”（《康德〈纯粹理性批判〉补遗》，第CXXI条）。——科学院版编者注

② 总而言之，如果一切感性直观（我们所惟一拥有的直观）都被去掉，那么，所有这些概念就都不能用任何东西来**证明**自己，并由此阐明自己**实在的**可能性，在这种情况下，剩下来的就只是**逻辑的**可能性，也就是说，概念（思想）是可能的，但要谈的并不是这一点，而是概念是否与一个客体相关，从而意味着某种东西。（这个注是第二版加的。——译者注）

③ 以下删去了第一版中的一段话：“说应当有某个概念，它必须具有一种意义，但却不能对它作出任何说明，这本身就有某种令人奇怪、甚至悖谬的东西。但在这里，范畴却具有这种特殊的性质，即惟有凭借普遍的**感性条件**，范畴才能够具有一种确定的意义和与某个对象的关系，但这些 A245
条件被从纯粹范畴中删去了，在这种情况下它们所能够包含的就无非是使杂多从属于一个概念的逻辑功能。但是，仅仅从这种功能亦即概念的形式出发，根本不能认识任何东西，不能够区分什么客体是从属于这个概念的，因为被抽掉的正是对象一般而言能够从属于它们所需要的感性条件。因此，除了纯粹的知性概念之外，范畴还需要它应用于一般感性的一些规定（图型），而没有这些规定，范畴就不是认识一个对象并把它与其他对象区别开来所凭借的概念，而只不过是思维可能直观的一个对象并按照知性的某种功能（在还需要的条件下）赋予它一种意义、亦即对它**下定义**的一些方式罢了；因此，它们自己不能被下定义。一般判断的逻辑功能，即单一性和复多性、肯定和否定、主体和谓词，如果不犯循环论证的错误的话，都不能被下定义，因为定义毕竟本身就是判断，因而必须已经包含着这种功能。但是，纯粹范畴无非就是一般事物的表象，这是就事物的直观的杂多必须通过这些逻辑功能的这一个或者另一个来思维而言的：量是惟有通过一个具有量的判断（iudicium commune［普遍的判断］）才能思维的规定，实在性是惟有通过一个肯定判断才能思维的 A246
规定，实体是在与直观的关系中必须是其他一切规定的最终主体的那种东西。就某些事物而言，人们需要这种功能而不需要另一种功能，但这究竟是哪一些事物，在这里却依然是完全不确定的；因此，如果没有范畴包含着其综合的感性直观的条件，范畴就根本不具有与某一确定的客体的关系，因此不能给任何客体下定义，从而就自身而言不具有客观概念的有效性。”——译者注

B303 由此无矛盾地得出的是：纯粹知性概念**永远**不能有**先验的**应用，而是**在任何时候**都只能有**经验性的**应用，纯粹知性的原理只有在与一种可能经验的关系中才能与感官的对象相关，但绝不能与一般而言的物（不考虑我们能够直观它们的方式）相关。①

据此，先验分析论就有了这一重要的结论：知性先天地可以做到的，永远无非是预先推定一般可能经验的形式，而既然不是显象的东西就不
A247 可能是经验的对象，所以知性永远不能逾越感性的界限，只有在感性的界限内部对象才被给予我们。知性的原理只是一些对显象作出说明的原则，自以为能够在一个系统的学说中关于一般而言的物提供先天综合知识（例如因果性原理）的本体论，其自负的称号必须让位于仅仅一种纯粹知性的分析论的谦逊称号。

B304 思维就是使被给予的直观与一个对象发生关系的行动。如果这种直观的方式根本不是被给予的，那么，对象就仅仅是先验的，知性概念就仅仅有先验的应用，也就是说，仅仅具有一种一般杂多的思维的统一性。这样，一个纯粹的范畴，其中被抽掉惟一对我们可能的那种感性直观的所有条件，就没有任何客体被它所规定，而②只有一个一般客体的思维按照不同的样式被表达。现在，一个概念的应用还需要有一个对象被归摄在该概念之下所凭借的判断力的功能，从而需要有使某物能够在直观中被给予的至少是形式上的条件。如果缺少判断力的这种条件（图型），则一切归摄就都落空；因为没有被给予任何能够被归摄在概念之下的东西。因此，范畴的纯然先验的应用事实上根本不是应用，而且③没有任何被规
A248 定的对象，哪怕仅仅是按照形式可规定的对象。由此得出，纯粹范畴即便是对于先天综合原理也不是充分的，纯粹知性的原理只有经验性的应
B305 用，但永远没有先验的应用，而超出可能经验的范围，任何地方都不可

① 康德在他的手写样书中阐明性地加入：与一般而言的物……综合地相关，如果它们应当造成知识的话（《康德〈纯粹理性批判〉补遗》，第 CXXIII/CXXIV 条）。——科学院版编者注

② 康德在其手写样书中改进为："没有任何客体被规定，而"应读为"没有任何客体被规定，因而没有任何东西被认识，而"（《康德〈纯粹理性批判〉补遗》，第 CXXVI 条）。——科学院版编者注

③ 措辞的原文与关于一般物的奠基性学说不一致。康德在其手写样书中的记录是："根本不是为认识某种东西的应用，而且"（《康德〈纯粹理性批判〉补遗》，第 CXXVII），这就取消了矛盾。——科学院版编者注

能有先天综合原理。

因此，这样来表达可能是可取的：没有感性的形式条件的纯粹范畴仅仅具有先验的意义，但却不具有先验的应用，因为在范畴（在判断中）缺少任何一种应用的一切条件，也就是说缺少把任何一个所谓的对象归摄在这些概念之下的形式条件的时候，这种应用自身是不可能的。因此，既然它们（仅仅作为纯粹的范畴）不应当有经验性的应用，而且不能有先验的应用，所以当人们把它们与一切感性分离开来时，它们就根本没有任何应用了，也就是说，它们根本不能应用于任何所谓的对象；毋宁说，它们只不过是就一般对象而言的知性应用和思维的纯形式，但却不能仅仅由这形式来思维或者规定任何客体。[①]

然而，这里在根本上有一种难以避免的错觉。范畴就起源来说并不像空间和时间这些**直观形式**那样建立在感性之上，因此它们似乎允许一种扩展到所有感官对象之外的应用。然而，它们在自己那方面又无非是 B306
思想的形式，只包含先天地把在直观中被给予的杂多联结在一个意识之中的逻辑能力；而如果人们从它们去掉惟一对我们来说可能的直观，它们所能够具有的意义就逊于那些纯粹的感性形式，通过后者至少还有一个客体被给予，而我们的知性所特有的联结杂多的方式则如果不加上杂多惟一能够在其中被给予的那种直观就根本没有任何意义。尽管如此，如果我们把某些作为显象的对象称为感官物（Phaenomena［现象］），而把我们直观它们的方式与它们的性状自身区分开来，那么，在我们的概念中就毕竟已经蕴涵着：我们要么按照后面一种性状把这同一些对象（即使我们并没有在这种性状中直观它们）仿佛与前面那种对象对立起来，把它们称做知性物（Noumena［本体］），要么对另外一些根本不是我们感官的客体、只是由知性当做对象来思维的可能之物也这样做。现在要问的是：我们的纯粹知性概念是否能够就后者而言具有意义，是否能够是后者的一种知识方式？

但在这里，一开始就表现出一种可能引起严重误解的歧义性：既然知性在把一个对象于某种关系中仅仅称为现象时，同时在这种关系之外还形成一个关于**对象自身**的表象，并由此而设想自己也能够形成关于诸 B307

① 下面 4 段为第二版所加，并取代了第一版的 7 段。第一版原文附在这 4 段之后。——译者注

如此类的对象的**概念**，而且，既然知性所提供的无非是范畴，所以，后一种意义上的对象至少必须能够通过纯粹知性概念来思维，但由此就诱使人们把有关一个知性物——作为完全处于我们的感性之外的一个某物——的完全**不确定的**概念视为一个有关我们能够通过知性以某种方式认识的存在物的**确定的**概念。

如果我们把本体理解为这样一个物，在抽掉我们直观它的方式时，**它不是我们的感性直观的客体**，那么，这就是一个**消极**意义上的本体。但是，如果我们把它理解为一个**非感性直观的客体**，那么，我们就假定了一种特殊的直观方式，即理智的直观方式，但它并不是我们的直观方式，我们也不能看出它的可能性，而这就会是**积极**意义上的本体。

如今，关于感性的学说同时就是关于消极意义上的本体的学说，也就是说，是关于知性必须不用与我们的直观方式的这种关系、从而不仅仅当做显象、而是当做物自身来思维的事物的学说，但关于这样的事物，知性在这种分离中也了解到，它在以这种方式考虑它们时对于自己的范
B308 畴不能做任何应用，因为这些范畴惟有与空间和时间中的直观的统一性相关才具有意义，它们也只是由于空间和时间的纯然观念性才能够通过普遍的联结概念来先天地规定这种统一性。在不能发现这种时间统一性的地方，从而在本体那里，范畴的全部应用、甚至范畴的一切意义，就完全终止了；因为甚至应当与范畴相应的事物的可能性也根本无法看出，所以只可以援引我在前一篇的一般说明中一开始就论述的东西。但现在，一个事物的可能性绝不能仅仅从该物的概念不自相矛盾出发来证明，而是只能通过人们给该概念配上一个与它相应的直观来证明。因此，如果我们要把范畴应用于不被视为显象的对象，我们就必须以不同于感性直观的另一种直观来作为基础，而在这种情况下，对象就会是一个**积极意义上**的本体。既然这样一个直观，即理智直观，完全处在我们的知识能
B309 力之外，所以，就连范畴的应用也绝不能超出经验的对象的界限；与感官物对应的固然有知性物，哪怕我们的感性直观能力与之完全没有关系的知性物可以存在，但我们的知性概念却作为我们的感性直观的纯然思想形式而丝毫达不到它们那里；因此，被我们称之为本体的，都必须被理解为仅仅在**消极的**意义上的本体。

[附：第一版原文]

种种显象，就它们作为对象按照范畴的统一性被思维而言，就叫做**现象**。但是，如果我假定的事物纯然是知性的对象，尽管如此作为这样 A249
的对象能够被给予一种直观，虽然不是被给予感性直观（因而是 coram intuitu intellectuali [面对理智直观]），那么，这样的事物就叫做**本体**（intelligibilia [理知的事物]）。

现在，人们应当想到，显象这个通过先验感性论加以限制的概念，已经自行提供了**本体**的客观实在性，并且使人们有权利把对象划分为**现象**和**本体**，因而也把世界划分为一个感性世界和一个知性世界（mundus sensibilis et intelligibilis [可感世界和理知世界]），而且使得区别在这里不仅涉及同一个事物的不清晰的或者清晰的知识的逻辑形式，而且涉及它们原初如何能够被给予我们的知识的不同，而按照这种不同，它们就其自身而言在类上就是彼此有别的。因为如果感官把某物纯然如其**显现**那样表现给我们，那么，这个某物就毕竟必须就其自身而言也是一个物，并且是一种非感性直观的对象，亦即是知性的对象；也就是说，必须有一种在其中没有发现感性的知识是可能的，而且惟有这种知识才具有绝对客观的实在性，亦即通过它，对象如其所**是**那样被表现，而与此相反，在我们的知性的经验性应用中，事物只是如其**显现**那样被认识。这样一 A250
来，在范畴的经验性应用（这种应用被限制在感性条件之上）之外，就会还有一种纯粹的，而且毕竟客观有效的应用，而我们就不能主张我们迄今为止所预先规定的东西，即我们纯粹的知性知识在任何地方都不外是阐明显象的原则罢了，这些原则即便是先天地也仅仅关涉经验的形式可能性；因为在这里，在我们面前就会展现出一个完全不同的领域，仿佛是一个世界在精神中被思维（也许根本就是被直观），这个世界能够不少于、甚至更为高贵地为我们的纯粹知性所探究。

事实上，我们的所有表象都通过知性被与某一个客体相关联，而且既然显象无非是表象，所以知性就把它们与一个作为感性直观的对象的某物相关联；但这个某物就此而言只是先验的客体。但这意味着一个等于 X 的某物，关于它我们根本不知道任何东西，也（按照我们的知性如今的设置）根本不能知道任何东西，相反，它只能作为统觉的统一性的相关物用于感性直观中的杂多的统一性，知性凭借这种统一性把杂多结合在一个对象的概念中。这个先验客体根本不能被与感性材料分开，因为分开的话，就不剩下思维这个客体所凭借的任何东西了。因此，它不
A251 是知识的对象自身，而仅仅是在一个一般对象的概念之下的显象的表象，这个概念可以通过显象的杂多来规定。

正是因为这个缘故，即便是范畴也不表现任何特殊的、仅仅被给予知性的客体，而是只被用于通过在感性中被给予的东西来规定先验客体（关于一般而言的某物的概念），并由此而在对象的概念下经验性地认识显象。

但就人们尚不满足于感性的基底，而是还给**现象**加上惟有纯粹知性才能思维的**本体**的原因而言，这个原因的依据就仅仅在这里。感性及其领域，亦即显象的领域，本身被知性限制在这一点上，即它并不关涉物自身，而是仅仅关涉物凭借我们的主观性状显现给我们的方式。这是整个先验感性论的结果，而且从一种一般显象的概念出发也可以自然而然地得出，必然有某种就其自身而言不是显象的东西与显象相应，因为显象不可能是独自地和在我们的表象方式之外存在的东西，因而在不应当
A252 出现一种循环论证的地方，显象这个语词已经表示着与某物的一种关系，这个某物的直接表象虽然是感性的，但就其自身而言，即便没有我们的感性的这种性状（我们的直观的形式所基于的性状），也必须是某物，亦即是一个不依赖于感性的对象。

由此就产生出一个**本体**的概念，但这个概念绝不是积极的，并不意味着关于某个物的确定的知识，而是仅仅意味着关于一般而言的某物的思维，在这种思维中，我抽掉了一切感性直观的形式。但为了使一个本体意味着一个真正的、与一切现象有别的对象，我使我的思想**摆脱**感性直观的一切条件是不够的，我除此之外还必须有根据来**假定**不同于这种感性直观的另一种直观，在它之下这样一种对象能够被给予；因为若不然，我的思想即使没有矛盾，却也是空洞的。我们虽然在上面未能证明感性直观是惟一可能的直观，而只证明它**对于我们来说**是惟一可能的直观，但我们也不能证明还有另一种直观是可能的；而且尽管我们的思维
A253 能够抽掉任何感性，但它在这种情况下是否不是一个概念的纯然形式，以及鉴于这种分离是否在某个地方还剩下一个客体，却依然是个问题。

我使一般显象与之相关的客体是先验对象，亦即是关于一般而言的某物的完全未确定的思想。这个先验的对象不能叫做**本体**；因为对于它来说我并不知道它就其自身而言是什么，而且除了它是一般感性直观的对象，因而对于一切显象来说都是同一个东西之外，对于它我没有任何概念。我不能通过任何范畴去思维它；因为这种范畴适用于经验性的直观，为的是将它置于一般对象的概念之下。范畴的一种纯粹的应用虽然是可能的，亦即无矛盾的，但却没有任何客观的有效性，因为它不关涉任何应当由此获得客体的统一性的直观；因为范畴毕竟是思维的一种纯然功能，没有任何对象通过它被给予我们，而是只有能够在直观中被给予的东西被思维。①

如果我从一种经验性的知识中去除一切（借助于范畴的）思维，那么，就根本不会有任何对象的知识存留下来；因为通过纯然的直观，根本没有任何东西被思维，而感性的这种激动在我里面，这根本不构成诸如此类的表象与某个客体的任何关系。但与此相反，如果我抛开一切直观，则毕竟还剩下思维的形式，也就是说，剩下给可能直观的杂多规定 A254
一个对象的方式。因此，范畴扩展到比感性直观更远的地方，因为它们思维一般的客体，还并不关注这些客体能够被给予的特殊（感性）方式。但是，范畴并不由此就规定一个更大的对象范围，因为人们不能假定这样的对象能够被给予，而不预先假定某种不同于感性的直观方式为可能的，但我们又绝对没有权利做这种预先假定。

一个概念并不包含任何矛盾，甚至还作为被给予的概念的限制而与 B310
别的知识相关联，但其客观实在性却不能以任何方式被认识，我把它称之为或然的。一个**本体**的概念，亦即一个根本不应当作为感官的对象、而是应当作为物自身（仅仅通过纯粹知性）被思维的事物的概念，这是根本不自相矛盾的；因为关于感性人们毕竟不能断言，它就是惟一可能的直观方式。此外，为了不使感性直观一直扩展到物自身之上，从而为了限制感性知识的客观有效性，这个概念又是必要的（因为感性直观所达不到的其他东西之所以叫做本体，恰恰是为了借此表明，那些知识不 A255
能把自己的领域扩展到知性所思维的一切之上）。但最终，这样一些本体

① 第一版原文到此结束。——译者注

的可能性毕竟是根本看不出来的，显象领域之外的范围（对我们来说）是空的，也就是说，我们有一种**以或然的方式**扩展到比显象领域更远的地方的知性，但却没有直观，甚至就连能够使对象在感性领域之外被给予我们，并使知性超出感性之外而被实然地应用的一种可能的直观的概
B311 念也没有。因此，本体的概念纯然是一个**界限概念**，为的是限制感性的僭妄，所以只有消极的应用。尽管如此，它却不是任意地杜撰出来的，而是与感性的限制相关联的，但毕竟不能在感性的领域之外设定某种积极的东西。

因此，虽然概念确实允许划分为感性概念和理智概念，但把对象划分为现象和本体，把世界划分为感性世界和知性世界，却是**在积极的意义上**①根本不能允许的；因为人们不能为理智概念规定任何对象，从而也不能把它们冒充为客观有效的。如果离开感官，人们想如何说明，我们
A256 的范畴（它们将会是为本体惟一留下来的概念）还到处意味着某种东西呢？因为要使它们与某一个对象发生关系，就还必须被给予比纯然思维的统一性更多的某种东西，亦即除此之外还要有一种它们能够应用于其上的直观。即便如此，一个本体的概念，仅仅或然地来看，依然不仅仅是允许的，而且作为一个对感性作出限制的概念也是不可避免的。但在这种情况下，这就不是对我们的知性来说的一种特殊的**理知对象了**，相
B312 反，它所隶属的知性本身就已经是一个问题，也就是说，它不是通过范畴推论式地，而是在一种非感性的直观中直觉式地认识自己的对象，对这种知性来说，我们不能形成其可能性的丝毫表象。我们的知性以这种方式获得了一种消极的扩展，也就是说，它不被感性所限制，而是毋宁说通过把物自身（不作为显象来看）称为本体而限制感性。但是，它也立刻为自己设定了界限，不能通过范畴认识本体，从而只能以一个未知的某物的名义来思维它们。

然而，我在近人的作品中发现了对 mundi sensibilis［可感世界］和 mundi intelligibilis［理知世界］② 这两个术语的一种完全不同的应用，它

---

① **“在积极的意义上”**为第二版所加。——译者注

② 不必像人们在德语表述中通常习惯于做的那样，用一个**理智**世界的术语来取代这一术语；因为只有知识才是理智的或者感性的。但只要是能够成为这种或者那种直观方式的**对象**的东西，从而也就是客体，都必须叫做理知的或者可感的（尽管这听起来很生硬）。（本注为第二版所加。——译者注）

完全背离了古人的意思，而且这里当然没有任何困难，但所遇到的也无非是空洞地玩弄辞藻。按照这种用法，一些人喜欢把显象的总和就其被 A257 直观而言称为感官世界，而就其联系按照普遍的知性规律被思维而言称为知性世界。仅仅讲授对星空的观察的理论天文学将说明前者，与此相 B313 反，默思的（例如根据**哥白尼的**宇宙体系或者根据**牛顿**的引力规律解释的）天文学则说明后者，即一个理知的世界。但是，这样一种词义的曲解只不过是诡辩的遁词，为的是通过将它们的意义降低到适于己用来回避麻烦的问题。就显象而言，知性和理性都可以使用；但问题是，如果对象不是显象（是本体），这二者是否还有一些应用，而当对象自身被思维为仅仅理知的，也就是说，被思维为仅仅被给予知性，而根本不被给予感官时，人们就是在这种意义上承认对象的。因此问题就是：在知性的那种经验性应用之外是否还可能（甚至在**牛顿的**宇宙结构表象中）有一种关涉作为对象的本体的先验应用，对此问题我们已经作出过否定的回答。

因此，如果我们说：感官向我们表现对象**如其显现**，知性却向我们 A258 表现对象**如其所是**，后者则不可在先验的意义上、而只能在经验性的意义上来对待，也就是说，像它们在显象无一例外的联系中必须被表现为经验的对象，而不是按照它们在与可能经验的关系之外、从而在与一般 B314 感官的关系之外、因而作为纯粹知性的对象所可能是的那样来对待。因为后者对我们来说将永远是未知的，甚至这样一种先验的（非常的）知识在任何地方是否可能，至少是作为隶属于我们通常的范畴的知识是否可能，也依然是未知的。**知性**和**感性**在我们这里**只有结合起来**才能规定对象。如果我们把它们分开，那么我们就有直观而无概念，或者有概念而无直观，但在这两种情况下我们所具有的表象，我们都不能使之与任何确定的对象发生关系。

如果有人还对根据所有这些讨论放弃范畴的纯然先验的应用心怀疑虑，那么，他可以在某个综合的主张中对这些范畴作一番尝试。因为一个分析的主张并不使知性走得更远，而既然知性只是讨论在概念中已经被思维的东西，所以它并不决定这概念是自身与对象有关系，还是仅仅意味着一般思维的统一性（这统一性完全去掉了一个对象能够被给予的 A259 方式）；对它来说，知道在它的概念中包含着什么就够了；概念本身可能

关涉什么，对它来说是无所谓的。此后，他也可以尝试一番某个综合的、
B315 被以为是先验的原理，例如：凡是存在的东西，都是作为实体或者一个
依附实体的规定而实存的；一切偶然的东西都是作为另一事物亦即其原
因的结果而实存的，等等。现在我要问：既然概念不是应当与可能的经
验相关而有效，而是应当对物自身（本体）有效，那么，知性想从哪里
得到这些综合命题呢？综合命题总是需要一个第三者，以便在其中把根
本没有逻辑的（分析的）亲缘关系的种种概念相互结合起来，但在这里，
第三者又在何处呢？不考虑经验性的知性应用，并由此完全放弃纯粹的
和摆脱感官的判断，知性就将永远不能证明自己的命题，更有甚者，它
就连以这样一种纯粹的主张为自己辩护都不能。所以，纯粹的、纯然理
知的对象的概念①完全没有其应用的一切原理，因为人们想不出它们应当
被给予的任何方式，而毕竟为它们留下一个位置的或然思想也只不过像
A260 一个空的空间，有助于限制经验性的原理，却毕竟没有在自身中包含和
显明经验性原理范围之外的某种别的知识客体。

B316

附录

论反思概念的歧义

反思（reflexio）并不与对象本身相关，以便径直从它们获得概念，
相反，它是心灵的一种状态，我们在这种状态中首先要发现使我们能够
达到概念的诸般主观条件。反思是被给予的表象与我们不同的知识来源
的关系的意识，惟有通过这种意识，各种知识来源的相互关系才能够得
到正确的规定。在对我们的表象进行一切进一步的探讨之前，首要的问
题就是：它们是在哪一种知识能力中联结起来的？它们被联结或者被比
较，所面对的是知性还是感官？某些判断是从习惯出发被接受的，或者
是由于偏好联结而成的；但是，由于没有反思先行或者至少批判地继之
A261 而起，所以它们被视为起源于知性。并不是所有的判断都需要一种**探究**，

① 即便是在这里，康德也在同样的意义上和在同样的地方改进为：肯定的概念、可能的知识（《康德〈纯粹理性批判〉补遗》，第CXL条）。对第一版文本的这种品性的其他改动在《康德〈纯粹理性批判〉补遗》，第CXXXVII / CXXXVIII条。——科学院版编者注

也就是说，需要注意真理性的根据；因为如果它们是直接确定的，例如两点之间只能有一条直线，那么，对于它们来说，除了它们自己所表达的之外，不可能显示更为切近的真理性征兆了。但是，一切判断、甚至一切比较，都需要一种**反思**，也就是说，需要对被给予的概念所隶属的知识能力作出辨别。我用来使一般表象的比较与在其中进行这种比较的知识能力相对照、且用来辨别这些表象是作为属于纯粹知性的还是属于感性直观的而相互进行比较的行动，我称为**先验的反思**。但是，种种概念在一种心灵状态中能够相互归属的关系，就是**同一性**与**差异性**、**一致**与**抵触**、**内部**与**外部**、最后还有**可规定者**与**规定**（质料与形式）的关系。对这种关系的正确规定依据的是：种种概念是在哪一种知识能力中**主观上**相互归属的，是在感性中还是在知性中？因为知识能力的差异造成了人们思维这些关系的方式上的重大差异。 B317

在所有客观的判断之前，我们对概念进行比较，以便为了**全称**判断 A262
而得到（诸多表象在一个概念之下的）**同一性**，或者为了产生**特称**判断 B318
而得到它们的**差异性**，得到**一致**而能够从中产生**肯定**判断，得到**抵触**而能够从中产生**否定**判断，等等。从这一理由出发，我们看来应当把以上所述的概念称为比较概念（conceptus comparationis）。但是，由于如果关键不在于概念的逻辑形式，而在于其内容，也就是说，在于事物本身是同一的还是差异的，一致的还是抵触的等等，事物与我们的知识能力就可能有两种关系，亦即与感性的关系和与知性的关系，但它们相互归属的方式则取决于它们所属的位置，所以，惟有先验反思、亦即被给予的表象与这种或者那种知识能力的关系，才能规定这些表象相互之间的关系；而事物是同一的还是差异的，是一致的还是抵触的等等，并不能立刻从概念本身通过纯然的比较（comparatio）来澄清，而是惟有首先通过辨别它们所属的知识能力，借助于一种先验反思（reflexio）才能澄清。因此，人们虽然可以说：**逻辑反思**是一种纯然的比较，因为在它这里，
完全抽掉了被给予的表象所属的知识能力，所以它们就此而言按照它们 A263
在心灵中的位置应当被当做同类的来对待；但是，**先验反思**（它关涉到 B319
对象本身）包含着表象彼此之间客观的比较之可能性的根据，从而与逻辑反思截然不同，因为它们所隶属的知识能力并不是同一种知识能力。这种先验反思乃是一种义务，凡是想先天地对事物作出某种判断的人，

都不能回避这种义务。现在，我们就要来履行这种义务，对于规定知性的真正任务来说，由此将得到不少的启发。

1. **同一性**与**差异性**。如果一个对象多次被展示给我们，但每次都是以同样的内在规定（qualitas et quantitas［质与量］），那么，当它被视为纯粹知性的对象的时候，它就总是同一个对象，不是多个事物，而仅仅是一个事物（numerica identitas［数字上的同一性］）；但是，如果它是显象，那么，关键就不在于概念的比较了，而是无论就概念来说一切如何同一，毕竟这显象在同一时间里位置的差异仍然是（感官的）对象本身**数字上的差异**的一个充分根据。例如，就两滴水而言，人们可以抽掉一
A264 切内在的差异（质的差异和量的差异），要把它们视为数字上有差异的，
B320 只要它们在不同的位置上同时被直观就够了。**莱布尼茨**把显象当做物自身，从而当做 intelligibilia［理知物］，也就是说，当做纯粹知性的对象（尽管他由于它们的表象模糊不清而赋予它们现象的名称），而在这里，他的**不可辨别者**的命题（principium identitatis indiscernibilium［不可辨别者的同一律］）当然是无法反驳的；但是，既然它们是感性的对象，而且知性就它们来说不具有纯粹的应用，而是只有经验性的应用，所以，多与数字上的差异就已经通过作为外部显象的条件的空间本身得到了说明。因为空间的一个部分，虽然可能与另一个部分完全相似和相等，但毕竟是外在于它的，并且恰恰因此而是一个与它不同的部分，后者加在它上面，就构成一个更大的空间；因此，这一点也必定适用于同时在空间的不同位置上的一切，哪怕它们除此之外可能是相似和相等的。

2. **一致**与**抵触**。如果实在性仅仅为纯粹知性所表现（realitas noumenon［作为本体的实在性］），那么，在种种实在性之间就不能设想任何抵触，也就是说，不能设想这样一种关系，即当它们被联结在一个主体
A265 中时，彼此抵消其结果，亦即 3－3＝0。与此相反，显象中实在的东西
B321 （realitas phaeno～menon［作为现象的实在性］）相互之间当然可能处在抵触之中，如果联结在同一个主体中，一方就完全或者部分地抵消**另一方的结果**，例如在同一条直线上的两个运动力，如果它们在相反的方向上或者牵引或者压迫一个点的话；或者还有平衡痛苦的娱乐。

3. **内部**与**外部**。就一个纯粹知性的对象而言，只有（就其存在来说）同任何与它不同的东西都没有任何关系的东西，才是内在的。与此

相反，空间中一个 substantia phaenomenon［作为现象的实体］的内在规定无非是一些关系，而且它们本身也完全是纯粹关系的总和。我们认识空间中的实体，也只是通过在空间中起作用的力，或者驱使其他实体到它那里（吸引），或者阻止进入它（拒斥和不可入性）；我们并不认识构成在空间中显现并被我们称为物质的实体之概念的其他属性。与此相反，作为纯粹知性的客体，任何实体都必须具有内在的规定和关涉内部实在性的力。然而，除了我的内感官向我呈现的那些之外，也就是说，除了要么本身是一个**思维**，要么与思维类似的东西之外，我还能设想什么内 A266
在的偶性呢？因此，**莱布尼茨**由于把实体设想为本体，所以就把所有的 B322
实体都变成了具有表象能力的简单主体，甚至在他于思想中把一切能够表示外部关系的东西、进而也把**复合**都从物质的组成部分中除去之后，把物质的组成部分也变成了这样的简单主体，一言以蔽之，变成了**单子**。

4. **质料**与**形式**。这是两个为其他一切反思奠定基础的概念，就此而言它们与知性的任何应用都不可分割地结合在一起。前者表示一般可被规定者，后者则表示前者的规定（二者都是在先验的意义上说的，因为人们抽掉了被给予的东西的一切区别及其被规定的方式）。从前，逻辑学家们把普遍的东西称为质料，而把特殊的区别称为形式。在任何判断中，人们都可以把被给予的概念称为逻辑质料（即判断的质料），把它们（凭借系词）的关系称为判断的形式。在任何存在物中，其成分（essentialia［实质性的东西］）就是质料，其成分被结合在一个事物中的方式就是本质性的形式。就一般事物而言，未加限制的实在性也被视为一切可能性 A267
的质料，其限制（否定性）则被视为一事物与他事物按照先验概念区别 B323
开来所借助的那种形式。也就是说，知性首先要求某物被给予（至少在概念中），以便能够以某种方式规定它。因此，在纯粹知性的概念中，质料先行于形式，而**莱布尼茨**也就因此缘故首先假定有物（单子），并且在里面假定物的一种表象能力，以便事后在此之上建立物的外部关系和它们的各种状态（即各种表象）的共联性。因此，空间和时间，前者惟有通过种种实体的关系，后者则通过种种实体各种规定相互之间的结合，才作为根据和后果而是可能的。事实上，如果纯粹知性能够直接与对象相关，而且空间和时间是物自身的规定的话，事情也必然会是这个样子。但是，如果它们只不过是感性直观，我们在其中所规定的对象都仅仅是显象，那么，直观的形式（作为感性的一种主观性状）就先行于一切质料（感觉），从而空间和时间就先行于一切显象，先行于经验的一切材料，毋宁说首先使经验成为可能。理智论哲学家不能忍受形式应当先行于事物本身并规定事物的可能性，当他假定我们直观事物如其所是（尽
A268 管是以含混的表象）时，这是一个完全正确的批评。但是，既然感性直
B324 观是一个完全特殊的主观条件，先天地是一切知觉的基础，并且原初就是其形式，所以，形式就是独自被给予的，质料作为基础（如人们根据纯然的概念必然作出的判断那样）是大错特错的，毋宁说，质料的可能性倒要以一种形式的直观（时间和空间）已经被给予为前提条件。

关于反思概念之歧义的附注

请允许我把我们或者在感性中或者在纯粹知性中赋予概念的地位称为**先验位置**。以这样的方式，对每一个概念根据其应用的不同所具有的这种地位的判断和按照给所有的概念规定这种位置的规则所作出的分配，就是**先验的位置论**；这是一种通过在任何时候都辨别概念本来属于何种知识能力来缜密地防范纯粹知性的僭越使用和由此产生的幻相的学说。人们可以把每一个概念、许多知识归属其下的每一个标题称为一个**逻辑的位置**。**亚里士多德逻辑的位置论**就是以此为根据的，学校教师和演说
A269 家都能够使用它，以便在思维的某些标题下，检查什么最适合于当前的
B325 材料，此外以一种缜密的外貌进行论证或者滔滔不绝地神侃。

与此相反，先验的位置论所包含的，无非是一切比较和辨别的四个标题，它们之所以有别于范畴，乃是由于通过它们，不是对象按照构成其概念的东西（量、实在性）展现出来，而是先行于物的概念的表象之比较在其一切杂多性中展现出来。但这种比较首先需要有一种反思，也就是说，需要有被比较事物的表象所属的位置的一种规定，看是知性思维这些表象，还是感性在显象中给予这些表象。

概念能够在逻辑上被比较，无须顾虑它们的客体属于哪里，是作为本体置于知性之前，还是作为现象置于感性之前。但是，如果我们想借助这些概念进展到对象，那么，首先就必须有先验的反思，看它们是哪一种知识能力的对象，是纯粹知性的对象还是感性的对象。没有这种反

思，我对这些概念的应用就很不可靠，而且将产生出一些批判的理性并 A270
不承认的被以为是的综合原理，它们所依据的仅仅是一种先验的歧义， B326
亦即纯粹知性客体与显象的一种混淆。

由于缺乏这样一种先验的位置论，从而为反思概念的歧义所迷惑，著名的**莱布尼茨**建立起一个**理智的世界体系**，或者毋宁说相信只要把一切对象与知性及其思维的抽象形式概念进行比较，就能认识事物的内在性状。我们的反思概念表给我们带来了意想不到的好处，把他的学说体系在一切部分中的特征、同时把这种独特的思维方式无非是建立在误解之上的主要根据，都展现在眼前。他仅仅通过概念来对一切事物进行相互比较，并且除了知性把自己的纯粹概念彼此区分开来所凭借的差异性之外，自然而然没有发现任何别的差异性。至于感性直观的那些自身就带有独特差异的条件，他并不看做是源始的；因为感性对他来说只不过是一种模糊的表象方式，不是表象的一种特殊来源；显象对他来说是**物**
自身的表象，尽管按照逻辑形式与凭借知性的知识有别，因为表象由于 A271
通常缺乏分析而导致附带的表象与概念的某种混淆，而知性则知道怎样 B327
把它们与概念隔离开来。一言以蔽之：**莱布尼茨**把显象**理智化**，就像**洛克**按照自己的**理智论**（如果允许我使用这些术语的话）的体系把知性概念一起**感性化**，也就是说，把知性概念说成无非是经验性的概念或者抽象的反思概念一样。这两位伟大人物不是在知性和感性中寻找表象的两种截然不同、惟有在**结合**中才能对事物作出客观有效的判断的来源，而是每一个人都仅仅抓住二者中的一个，在它们看来这一个直接地与物自身相关，而另一个的所作所为则只不过是使前者的表象混乱或者有序罢了。

据此，**莱布尼茨**仅仅在知性中对作为一般物的感官对象进行相互比较。**第一**，就它们应当被知性判断为同一的或者差异的而言。因此，既然他眼前只有它们的概念，而没有它们在直观中——对象惟有在直观中才能被给予——的地位，并且完全置这些概念的先验位置（无论客体应
列入显象，还是应列入物自身）于不顾，所以结果就只能是，他把自己 A272
仅仅适用于一般物的概念的不可辨别者的原理也沿用到感官的对象 B328
（mundus phaenomenon［作为现象的世界］），而且相信由此给自然知识造成了不小的扩展。的确，当我就其一切内部规定来认识作为一个物自

身的一滴水时，如果诸如此类的一滴水的整个概念与另一滴水是同一的，那么，我就不能让这滴水被视为与另一滴水有差异。但是，如果它是空间中的显象，那么，它就不仅在知性中（在概念下）有其位置，而且在感性的外部直观中（在空间中）也有其位置；而在这里，就事物的内部规定而言，物理的位置是完全无所谓的，一个位置 b 能够接受一个与位置 a 上的另一个事物完全相似和相等的事物，就像该事物与另一事物非常有内部差异时那样。位置的差异不仅无须进一步的条件就独自使作为显象的对象的多和区别成为可能，而且还使之成为必然。因此，那个表面的规律不是自然的规律。它只不过是通过纯然的概念对事物进行比较的一个分析的规则。

第二，诸般实在性（作为纯然的肯定）在逻辑上绝不相互抵触，这
A273 条原理是概念关系的一个完全真实的命题，但无论是就自然而言，还是
B329 在任何地方就某一个物自身（对这个物自身我们[①]没有任何概念）而言，都没有丝毫意义。因为凡是在 A－B＝0 的地方，也就是说，凡是在一个实在性与另一个实在性在一个主体中相结合而一个抵消另一个的结果的地方，都有实在的抵触；这是自然中的一切障碍和反作用不断地呈现在眼前的东西，尽管如此，这些障碍和反作用既然以力为依据，就必须被称为 realitates phaenomena［作为现象的实在性］。一般力学甚至通过立足于方向的相反而能够在一条规则中先天地说明这种抵触的经验性条件，这是实在性的先验概念根本一无所知的条件。尽管**莱布尼茨**先生并没有以一条新原理的排场来宣布这一命题，但他毕竟曾利用它来作出新的断言，而他的后继者们则明确地把它纳入到自己的**莱布尼茨—沃尔夫**体系中去。根据这一原理，例如，一切罪恶都无非是受造物的限制的后果，也就是说，是否定性，因为否定性是惟一与实在性相抵触的东西（在一般事物的纯然概念中也确实如此，但在作为显象的事物中就不是这样
A274 了）。同样，他的信徒们认为，把一切实在性结合在一个存在物中而不会有某种令人担忧的抵触，这不仅是可能的，而且也是自然而然的，因为
B330 他们只知道矛盾的抵触（通过这种抵触，一个事物的概念本身被取消），却不知道相互损害的抵触；在这里，一个实在根据抵消另一个实在根据

① 此处删去了第一版中的“根本”一词。——译者注

的结果，对此我们惟有在感性中才发现向我们展示这样一种抵触的条件。

第三，莱布尼茨的单子论，除了这位哲学家仅仅在与知性的关系中表现内部和外部的区别之外，没有别的任何根据。一般而言的实体必须具有某种**内在的**东西，因此这种东西没有任何外部的关系，从而也没有复合。所以，简单的东西就是物自身的内在东西的基础。但是，实体状态的内部东西不能在于位置、形状、接触或者运动（这些规定都是外部关系），因此，除了我们内在地规定我们的感官所凭借的状态之外，也就是说，除了**表象的状态**之外，我们不能把其他任何内部状态赋予实体。这样，单子也就被了结了，它们据说构成整个宇宙的基本材料，但它们的行动力却仅仅在于它们本来仅仅在自身中起作用所凭借的表象。

但正因为此，他的**实体**相互之间可能的**共联性**的原则就必须是一种**前定的和谐**，并且不能是一种物理的影响。原因在于，由于一切都只是 A275
内在的，也就是说，只涉及其表象，所以一个实体的表象的状态就根本 B331
不能与其他实体的状态有任何有效的联结，而是必须有第三个全都影响所有实体的原因来使它们的状态彼此相应，虽然不是由于偶然的、在任何个别的场合都特别合适的援助（systema assistentiae［援助体系］），而是由于一个对一切实体都有效的原因之理念的统一性，这些实体必然在这种统一性中按照普遍的规律全都获得其存在和持久性、从而也获得相互之间的彼此相应。

第四，他在自己关于**时间**和**空间**的著名**体系**中，把感性的这些形式理智化了；这一体系也只不过是源自对先验反思的同一种错觉。如果我想用纯然的知性来表现事物的外部关系，那么，这只能借助它们的交互作用的概念来进行，而如果我应当把同一个事物的一个状态与另一个状态联结起来，那么，这就只能在根据和后果的秩序中来进行。因此，**莱布尼茨**就把空间设想为种种实体的共联性中的某种秩序，把时间设想为 A276
种种实体的各种状态力学性的继起。但是，二者看起来自身所具有的独 B332
特的和不依赖于事物的东西，他归之于这些概念的**混乱**，这种混乱使得是力学关系的纯然形式的东西被视为一种独立的、自存的、先于事物本身的直观。因此，空间和时间就是物（实体及其状态）自身联结的理知形式。但事物是理知的实体（substantiae noumena［作为本体的实体］）。尽管如此，他仍要使这些概念对显象有效，因为他不承认感性有其自己的直观方式，而是在知性中寻找对象的一切表象，乃至经验性表象，留给感官的无非是弄乱和歪曲知性的表象这些可鄙的工作。

但是，即便我们能够通过纯粹知性关于**物自身**综合地说些什么（尽管如此这却是不可能的），这也毕竟根本不能与显象相关，显象并不表现物自身。因此，在这后一种场合里，我将不得不在先验反思中，任何时候都仅仅在感性的条件下比较我的概念，而这样，空间和时间就不是物
A277 自身的规定，而是显象的规定：物自身可能是什么，我不知道，也不需
B333 要知道，因为毕竟除了在显象中之外，一个事物永远不能以别的方式呈现给我。

我也这样来处理其余的反思概念。物质是 substantia phaenomenon [作为现象的实体]。内在地属于物质的东西，我在物质占据的空间的所有部分中、在物质所发挥的一切作用中去寻找，而这些作用当然只能永远是外部感官的显象。因此，我所拥有的虽然不是任何绝对内在的东西，而是相对内在的东西，其本身又是由外部关系所构成。但是，物质的在纯粹知性看来是绝对内在的东西，只不过也是一种怪想；因为物质在任何地方都不是纯粹知性的对象；而能够是我们称为物质的这种显象之根据的先验客体，则是一种纯然的某物，即使有人能对我们说出来，我们也根本不知道它是什么。因为除了在直观中带有一种与我们的语词相应的东西的那种东西之外，我们不能理解任何东西。如果抱怨说，**我们根本不洞识事物内在的东西**，其意思无非是说：我们通过纯粹知性不理解对我们显现的事物自身能够是什么；那么，这些抱怨就是完全不正当和不合理的；因为它们希望的是，人们不用感官就能够认识、从而直观事
A278 物，所以我们就应当有一种不仅在程度上、而且在直观和方式上与人类
B334 知识能力全然不同的知识能力，从而应当不是人，而是我们自己也不能说出是否可能、更不能说出什么性状的存在物。显象的观察和分析使人深入到自然的内部，人们无法知道这随着时间将推进到什么地步。但是，尽管这一切，即使整个自然都对我们昭然若揭，我们也毕竟永远不能回答那些超出自然的先验问题，因为①以不同于我们的内感官的直观的另一种直观来观察我们自己的心灵，这还从来未被给予我们。而我们的感性

① “因为”在第一版中为“而且”。——译者注

之起源的秘密，就在我们的心灵里。我们的感性与客体的关系，以及这种统一性的先验根据是什么，都毫无疑问隐藏得太深，以至于我们这些甚至对于我们自己也只有通过内感官来认识，从而是当做显象来认识的人，不能使用我们的探究的一种如此不适用的工具，来发现总是又不同于我们毕竟乐意探究其非感性原因的显象的某种东西。

使得从纯然的反思行动出发对各种结论所做的这种批判变得有用的乃是：它清晰地阐明了关于人们仅仅在知性中相互比较的对象所做的一 A279
切结论都毫无意义，同时证实了我们主要提醒的东西：尽管显象不作为 B335
物自身包括在纯粹知性的客体中，但它们毕竟是我们的知识具有客观的实在性的惟一对象，也就是说，在这里有直观来符合概念。

当我们仅仅在逻辑上作出反思时，我们是在知性中仅仅把我们的概念相互进行比较，看两个概念是否包含相同的东西，二者是否矛盾，某种东西是内在地包含在概念中，还是附加给概念的，二者中哪一个应被视为被给予的，哪一个只应被视为思维被给予概念的方式。但是，如果我把这些概念应用于一般的对象（在先验的意义上），而不进一步规定该对象是感性直观的对象还是理智直观的对象，那么就马上表现出限制（不从这一概念出发），这些限制将扭转一切经验性的应用[①]，并恰恰由此而证明，一个对象作为一般的物，其表象不仅仅是**不充分的**，而且没有对它的感性规定并独立于经验性的条件，它就是自身相互**抵触**的，因而人们要么必须抽掉一切对象（在逻辑中），要么如果人们承认一个对象，就必须在感性直观的条件下思维它，从而理知的东西将要求我们所不具 A280
有的一种完全特殊的直观，并且如果没有这种直观**对我们来说**就什么也
不是，但与此相反，显象也不可能是对象自身。因为当我仅仅思维一般 B336
的物时，外部关系的差异当然不能构成事物本身的差异，而是毋宁说以后者为前提条件，而当一物的概念与他物的概念根本没有内在的区别时，我就在不同的关系中设定同一个事物。此外，通过把一个纯然的肯定（实在性）附加给另一个肯定，当然增加了积极的东西，而没有从它抽去

① 我现在的诠释是："但是，如果我把这些反思概念应用于一般的对象……，那么就马上表现出限制，这些限制禁止我们超出一个作为一般物的对象的这个概念，——就这样一个一般对象而言，例如只有（就其存在来说）同任何与它不同的东西都没有任何关系的东西，才是内在的（B321）——，因而结果是与反思概念的一切经验性应用，也就是说与其在经验对象上的一切运用都对立的东西，由此扭转一切经验性的应用"（B319—324）。——科学院版编者注

或者取消任何东西；因此，一般事物中实在的东西并不相互抵触，等等。

※　　※　　※

如我们已经指明的那样，反思的概念由于某种误解而对知性的应用有这样一种影响，以至于它们竟能够诱使所有哲学家中最具洞察力的一位得出自以为的理智知识体系，这种体系在没有感官参与的情况下就去规定自己的对象。正是因此缘故，对这些概念的歧义在导致错误原理方面的迷惑人的原因作出阐明，就具有重大的效用，从而可靠地规定和确保知性的界限。

B337 人们虽然必须说：普遍地属于一个概念或者与它矛盾的东西，也属
A281 于包含在该概念之下的所有特殊的东西（dictum de Omni et Nullo［断定任一物和无一物］）；但是，把这条逻辑原理改变为：不包含在一个普遍的概念之中的东西，也不包含在处于这个概念之下的特殊概念之中，那就是荒唐的事情了；因为这些概念之所以是特殊概念，乃是由于它们在自身中所包含的多于在普遍概念中所思维的东西。然而，**莱布尼茨**的整个理智体系毕竟确实是建立在后面这条原理之上的；因此，它与这条原理以及从这条原理产生的一切知性应用中的含混性一损俱损。

不可辨别者的命题本来根据以下前提条件：如果在一般事物的概念中没有发现某种区别，那么在事物本身中也不会遇到这种区别；因此，一切并非已经在其概念中（根据质或者量）彼此有别的事物，都是完全同一的（numero eadem［在数字上同一的］）。但是，由于就某个事物的纯然概念而言，一种直观的诸多必然条件已经被抽掉了，所以通过一种奇特的草率，被抽掉的东西就被视为到处都不能遇到，并且除了在其概
B338 念中包含的东西之外，不承认事物有任何东西。

A282 一立方尺的空间的概念，无论我在何处以及如何经常地思维它，自身都是完全同一的。然而，两个立方尺在空间中则纯然由于其位置而有别（numero diversa［在数字上有别的］）；这些位置乃是直观的条件，在其中这一概念的客体被给予，但它们却不属于概念，而是属于整个感性。同样，在一个事物的概念中，如果没有任何否定的东西与一种肯定的东西结合在一起，就根本没有任何抵触，而纯然肯定的概念在联结中也根本不会造成任何抵消。但是，在其中有实在性（例如运动）被给予的感性直观中，就有在一般运动的概念中被抽掉的条件（相反的方向），这些

条件使得一种抵触成为可能，这种抵触当然不是逻辑的，也就是说，是从纯然积极的东西出发使一个无＝0 成为可能；而且人们不能说：一切实在性之所以彼此一致，乃是因为在它们的概念中间没有发现任何抵触。① A283
按照纯然的概念，内在的东西是所有关系或者外部规定的基底。因此， B339
如果我抽掉直观的一切条件，并仅仅限于一般物的概念，就能抽掉一切外部关系，而且尽管如此仍必然存留某种东西的概念，这种东西根本不意味着关系，而是意味着纯然内在的规定。在这里，看起来可以得出：在任何事物（实体）中都有某种绝对内在并先行于一切外在规定的东西，因为它首先使外部规定成为可能；从而这一基底就是某种自身不再包含任何外部关系的东西，所以是**单纯的**（因为有形体的事物毕竟始终只不过是关系，至少是彼此外在的各部分的关系）；而由于除了通过我们的内感官作出的规定之外，我们不知道任何绝对内在的规定，所以这一基底不仅是单纯的，而且也（根据与我们的内感官的类比）是通过**表象**被规
定的，也就是说，一切事物本来都是**单子**，或者是具有表象的单纯存在 B340
物。如果除了一般事物的概念之外，没有更多的东西属于外部直观的对
象惟在其下才能被给予我们，而纯粹概念抽掉了的那些条件，上述一切 A284
也就会具有其正确性。因为在这里表现出，空间中的一种持久的显象（不可入的广延）可能包含的纯粹是关系，根本不是绝对内在的东西，尽管如此却是一切外部关系的第一基底。仅仅凭借概念，没有内在的东西，我当然就不能思维任何外在的东西，之所以如此，恰恰是因为关系概念毕竟绝对以被给予的事物为前提条件，而且没有后者就是不可能的。但是，既然在直观中包含着根本不蕴涵在一般事物的纯然概念中的某种东西，而且这种东西展示出纯然通过概念根本不会被认识的基底，也就是说，展示出一个空间，这个空间连同它所包含的一切都由纯粹形式的或者亦由实在的关系构成，所以我不能够说：由于没有一种绝对内在的东西就不能**通过纯然的概念**表现任何事物，所以即便是在包含于这些概念之下的事物本身中，以及在**它们的直观**中，都没有任何不以某种绝对内

① 如果在这里想利用常见的遁词，即至少 realitates noumena［作为本体的实在性］并不能彼此起相反的作用，那么，人们就必须举出诸如此类的纯粹且无感性的实在性的一个实例，以便理解预设这样的实在性究竟是表现某种东西还是什么也不表现。但是，实例只能从经验中取得，经验永远只能呈现 phaenomena［现象］，而这样一来，这一命题的意思就无非是：仅仅包含肯定的概念不包含任何否定的东西；这是一个我们从未怀疑过的命题。

B341 在的东西为基础的外在东西。因为如果我们抽掉直观的所有条件，那么，在纯然的概念中给我们留存的东西，当然就无非是一般内在的东西及其相互关系，外在的东西惟有通过它们才是可能的。但是，这种仅仅基于
A285 抽象的必然性，就在直观中以这样一些表示纯然的关系、却不以某种内在的东西为基础的规定被给予的事物而言，是不成立的，之所以如此，乃是因为这些事物并不是物自身，而仅仅是显象。无论我们就物质而言知道什么，都纯粹是关系（我们称为物质的内在规定的东西，仅仅是相对地内在的）；但在它们里面，有一些独立的和持久的关系，通过它们给予我们一种确定的对象。至于如果我抽掉这些关系，就根本不能进一步思维任何东西，这并不排除一个作为显象的物的概念，也不排除一个抽象的对象的概念，但却排除一个按照纯然的概念可规定的对象的所有可能性，也就是说，排除一个本体的所有可能性。当然，一个事物应当完全由关系构成，这听起来令人生疑，但这样一个事物也是纯然的显象，根本不能通过纯粹的范畴被思维；它甚至在于一般的某物与感官的纯然关系之中。同样，如果从纯然的概念开始，则除了一个事物是另一个事物中的种种规定的原因之外，人们绝不能以其他方式思维抽象事物的关系；因为这就是我们关于关系的知性概念。然而，既然我们在这种情况
B342 下抽掉了一切直观，所以杂多能够彼此规定自己的位置的整个方式，亦
A286 即感性的形式（空间）就消失了，但空间毕竟先行于一切经验性的因果性。

如果我们把纯然理知的对象理解为无须任何感性的图型、通过纯粹的范畴就被思维①的那些事物，那么，诸如此类的对象就是不可能的。因为我们一切知性概念的客观应用的条件，只不过是我们的感性直观的方式，通过这种方式对象被给予我们，而如果我们抽掉这种方式，这些概念就与任何客体都没有关系了。即使人们想假定一种不同于我们的这种感性直观的直观方式，我们的思维功能就这种直观而言也毕竟没有丝毫意义。如果我们把上述对象仅仅理解为一种非感性直观的对象，我们的

① 康德在其手写样书中改进为：被我们认识（《康德〈纯粹理性批判〉补遗》，第 CL 条）。这个改进提供了惟一可能的解释，因为我们现在眼前的文本包含着与关于一般的和自在的物是纯粹知性的对象之学说的一个明显的矛盾，并与 B342 对这一思想的进一步阐述形成对照。尽管如此，我不敢做出改动：一是因为编者不可以比康德自己更康德；二是因为有必要保持把这一章与在我们的文本中紧接前面的关于现象和本体的一章分开的差异。——科学院版编者注

范畴虽然确实不适用于它们，因而我们对它们根本不可能在某个时候拥有知识（既没有直观也没有概念），但这种纯然消极意义上的本体却毕竟是必须予以承认的：因为它们无非是意味着，我们的直观方式并不关涉所有的事物，而是仅仅关涉我们的感官的对象，所以它的客观有效性是受到限制的，由此就为某种别的直观、从而也为作为其客体的事物留下 B343 了余地。但在这种情况下，一个本体的概念就是或然的，也就是说，是一个我们既不能说它可能也不能说它不可能的事物的表象，因为除了我 A287 们的感性直观之外，我们根本不知道什么直观方式，而除了范畴之外，也根本不知道什么概念方式，但二者中没有一种适用于感性之外的对象。因此，我们还不能积极地把我们思维对象的领域扩展到我们的感性的条件之外，并且认定在显象之外还有纯思维的对象亦即本体，因为这样的对象没有可陈述的积极意义。就范畴而言，人们必须承认单凭它们还不足以形成物自身的知识，没有感性的材料它们就会是知性统一性的纯然主观的形式，但却没有对象。思维虽然就自身而言并非感官的产物，就此而言也不受感官的限制，但并不因此就马上无须感性的帮助而具有自己的纯粹的应用，因为在这种情况下它并没有客体。人们也不能把**本体**称为这样一种**客体**；因为本体指的是一种完全不同于我们的直观的直观和一种完全不同于我们的知性的知性的对象的或然概念，因而这种概念本身就是问题。因此，本体的概念并不是一个客体的概念，而是不可避 B344 免地与我们感性的限制相关联的课题，即是否可能存在有与我们感性的那种直观完全脱离的对象；这是一个只能不确定地回答的问题，也就是 A288 说：由于感性直观不能不加区分地关涉一切事物，所以就为更多的不同对象留下了余地，因而不能绝对地否定这些对象，但由于缺少一个确定的概念（因为没有范畴适用于此），也不能断定它们是我们知性的对象。

据此，知性为感性设置界限，但并不因此就扩展它自己的领域，而当它警告感性不要僭妄关涉物自身，而是仅仅关涉显象时，它是在思维对象自身，但只是把它当做先验的客体，这个先验的客体是显象的原因（因而本身不是显象），而且既不能被设想为量，也不能被设想为实在性，也不能被设想为实体等等（因为这些概念总是要求感性的形式，它们在其中规定一个对象）；因此，是否可以在我们里面或者在我们外面发现这 B345 个先验的客体，它是否会与感性同时被取消，或者如果我们除去感性，它是否还会存留，这是完全未知的。如果我们想把这种客体称为本体，乃是因为它的表象不是感性的，那么，我们可以随意行事。但是，既然我们不能把我们的知性概念的某一些运用在这上面，所以这种表象对我
A289 们来说仍然是空的，而且除了标出我们的感性知识的界限、留下一个我们既不能凭借可能的经验也不能凭借纯粹的知性填充的空间之外，没有任何用处。

因此，这种纯粹知性的批判不容许在能够作为显象呈现给它的对象之外，再创造一个新的对象领域，并且岔入到理知的世界，甚至连岔入到它们的概念也不容许。以极明显的方式诱人至此、虽然不能予以辩解但实可原谅的错误在于：违背知性的规定而使知性的应用成为先验的，而对象亦即可能的直观则必须符合概念，但却不是概念必须符合可能的直观（而概念的客观有效性却是仅仅依据可能的直观的）。但这种错误的原因又是：统觉以及随同统觉的思维，先行于表象一切可能的确定秩序。因此，我们思维一般的某物，并一方面以感性的方式规定它，但另一方
B346 面又毕竟把普遍的、抽象地表现出来的对象与直观它的这种方式区分开来；于是，给我们剩下来的就是仅仅通过思维来规定它的方式了，这种方式虽然是没有内容的纯然逻辑形式，但尽管如此却在我们看来是客体自身实存（本体）、不顾及被限制在我们的感官之上的直观的一种方式。

A290 ※　　※　　※

在结束先验分析论之前，我们还必须补充几句话，它们自身虽然不见得特别重要，但对于体系的完整来说却是必需的。人们习惯于由以开始一种先验哲学的最高概念，通常是可能的对象与不可能的对象的划分。但是，既然一切划分都以一个被划分的概念为前提条件，所以就必须指定一个更高的概念，而这个概念就是一个一般对象的概念（或然地认定，未决定它是某物还是无）。由于范畴是与一般对象相关的惟一概念，所以区分一个对象是某物还是无，要按照范畴的次序和指导进行。

B347 1. 与“一切”、“诸多”和“一个”这些概念对立的，是取消一切的概念，亦即**无一**，这样，一个根本没有可指定的直观与之相应的概念，其对象就等于无，也就是说，是一个没有对象的概念，例如本体，它们不能被列入可能性之中，尽管也不因此就必须被说成是不可能（ens rationis [理性的存在者]），或者如某些新的基本力，人们思维它们，尽管并不矛盾，但

也是脱离出自经验的实例被思维的，因而不必列入可能性之中。 A291

2. 实在性是**某物**，否定性是**无**，也就是说，是一个关于对象之缺乏的概念，如阴影、冷（nihil privativum［阙如的无］）。

3. 没有实体的直观的纯然形式自身不是对象，而是对象（作为显象）的纯然形式的条件，例如纯粹空间和纯粹时间，它们虽然作为直观的形式是某物，但本身却不是被直观的对象（ens imaginarium［想象的存在者］）。

4. 一个自相矛盾的概念，其对象是无，因为该概念是无，是不可能的东西，例如两条边的直线图形（nihil negativum［否定性的无］）。 B348

因此，**无**的概念的这种划分表必须安排如下（因为某物的与之平行的划分乃由它得出）：

无 A292

作为

1.

没有对象的空概念

ens rationis［理性的存在者］

2.

一个概念的空对象

nihil privativum［阙如的无］

3.

没有对象的空直观

ens imaginarium［想象的存在者］

4.

没有概念的空对象

nihil negativum［否定性的无］

可以看到，思想物（第 1）与非物（第 4）被区别开来，乃是由于前者不可被列入可能性之中，因为它只不过是虚构（尽管不是自相矛盾的虚构）罢了，而后者则是与可能性对立的，因为该概念甚至取消自身。但二者都是空概念。与此相反，nihil privativum［阙如的无］（第 2）和 B349
ens imaginarium［想象的存在者］（第 3）都是概念的空材料。如果光不被给予感官，人们就不能表现黑暗，而如果没有广延的存在物被知觉到，人们就不能表现空间。无论是否定性，还是直观的纯然形式，没有一种实在的东西就都不是客体。

A293

第二编
先验辩证论

导言

一、论先验幻相

我们在上面曾经把一般辩证法称为**幻相的逻辑**。这并不意味着，它就是一种**概率**的学说；因为概率是真理，但却是通过不充分的根据被认识的，
B350 因而其知识虽然有缺陷，但毕竟并不因此就是骗人的，从而不必与逻辑的分析部分分割开来。**显象**与幻相更不可以被视为是一回事。因为真理或者幻相并不在被直观的对象中，而是在关于被思维的对象的判断中。因此，人们虽然可以正确地说，感官不犯错误，但这并不是因为它们在任何时候都正确地作出判断，而是因为它们根本不作判断。所以，无论是真理还是谬误，从而还有诱使人得出谬误的幻相，都惟有在判断中，也就是说，惟
A294 有在对象与我们的知性的关系中才能发现。在一种无一例外地与知性规律吻合的知识中，是没有谬误的。在感官的一个表象中（由于它根本不包含任何判断）也没有任何谬误。但是，没有任何自然力能够自动地偏离它自己的规律。因此，不仅知性独自（没有另一个原因的影响）不会犯错误，感官独自也不会犯错误；知性不会犯错误，乃是因为只要它按照自己的规律行事，结果（判断）就必然与这些规律一致；但是，与知性的规律一致的是一切真理的形式的东西。在感官中根本没有判断，既没有正确的判断，也没有错误的判断。由于我们除了这两种知识来源之外别无其他知识来源，因此可以得出：谬误只是由于感性对知性的不被察觉的影响而造成的，由此使
B351 判断的主观根据与客观根据发生了混合，并使后者背离了自己的规定[①]；例

① 感性被从属于知性，作为知性应用其功能的客体，就是实在的知识的来源。但是，同一个感性，如果它影响知性的行动本身，并规定知性作出判断，就是谬误的根据。

如一个被推动的物体，虽然独自地总是会在同一方向上保持着直线，但如果另一个力按照另一个方向同时对它施加影响，直线就会转化为曲线运动。因此，为了把知性所特有的行动与混合的力区分开来，有必要把 A295
错误的判断视为两个力之间的对角线的力，这两个力按照两个仿佛是围起一个角的不同方向来规定判断，并且把复合的结果分解为知性和感性的单纯结果；这在纯粹先天判断中必须通过先验反思来进行，由此（就像已经指明了的那样）每一个表象都在与它相适合的知识能力中被指定其位置，从而后者对前者的影响也就被区分开来了。

我们在这里的工作不是探讨经验性的幻相（例如视觉的幻相），这种幻相是在通常正确的知性规则的经验性应用中出现的，通过它，判断力被想象的影响所诱惑；相反，我们仅仅探讨**先验的幻相**，这种幻相影响 B352
着其应用根本不关注经验的原理，而如果这些原理应用于经验，我们毕竟至少还会有其正确性的试金石；相反，先验幻相甚至违背批判的一切警告，引导我们完全超出范畴的经验性应用，并用**纯粹知性**的一种扩展的错觉来拖累我们。我们要把其应用完全限定在可能经验的限度之内的原理称为**内在的**原理，而把宣称超越这些界限的原理称为**超验的**原理。 A296
但是，我并不把这些超验的原理理解为范畴的**先验的**应用或者误用，后者只不过是未恰当地受到批判约束的判断力的一个错误罢了，这种判断力没有充分注意到纯粹知性惟一被允许发挥作用的地基的界限；相反，我把它们理解为一些现实的原理，它们指望我们拆除所有那些界标，并自以为拥有一个在任何地方都不承认任何边界的地基。因此，**先验的**和**超验的**并不是一回事。我们上面所陈述的纯粹知性的原理只应当有经验性的应用，而不应当有先验的应用，亦即超出经验界限的应用。但是， B353
一个取消这些界限、甚至让人逾越这些界限的原理，就叫做**超验的**。如果我们的批判能够做到揭露这些僭越的原理的幻相的话，那么，那些纯然经验性应用的原理就与后一些原理相反，可以被称为纯粹知性的**内在的**原理。

逻辑的幻相（错误推理的幻相）在于对理性形式的纯然模仿，它只是产生自对逻辑规则的缺乏重视。因此，一旦加强了对当前实例的重视， A297
这种幻相就将完全消失。先验的幻相则相反，即使我们已经揭露了它，并通过先验的批判清晰地看出了它的无价值（例如“世界在时间上必定有一个开端”这一命题中的幻相），它也仍然不终止。其原因就在于：在我们的理性（它被主观地视为一种人的知识能力）中蕴涵着其应用的一些基本规则和准则，它们完全具有客观原理的外表，由于它们而导致，为了知性而对我们的概念进行某种联结的主观必然性被视为物自身的规
B354 定的客观必然性。这是一种根本不能避免的**幻觉**，如同我们不能避免海面在中央对我们显得比在岸边更高，因为我们是凭借比岸边更高的光线来看海中央的；或者更有甚者，甚至天文学家也不能避免月亮在升起时对他显得更大，尽管他并不为这一幻相所蒙骗。

因此，先验辩证论将满足于揭露超验判断的幻相，并防止它骗人；但是，甚至要它也（像逻辑幻相那样）消失，不再是一种幻相，却是先
A298 验辩证论永远也做不到的。因为我们所涉及的是一种**自然的**和不可避免的**幻觉**，它本身基于主观的原理，并把主观的原理偷换成客观的原理，而逻辑的辩证论在解决错误推理时却只是涉及在遵循这些原理方面的错误，或者涉及在模仿这些原理方面的人为的幻相。因此，纯粹理性有一种自然的和不可避免的辩证法，它不是一个外行由于缺乏知识本身而陷入的辩证法，或者某个诡辩家为了迷惑有理性的人们而人为地编造出来的辩证法，而是不可阻挡地附着于人类理性的辩证法，甚至在我们揭露了它的假象之后，它也仍然不停地迷惑人类理性，不断地将人类理性推
B355 入任何时候都需要予以消除的一时糊涂。

二、论作为先验幻相之所在的纯粹理性

A. 论一般理性

我们的一切知识都始自感官，由此达到知性，并终止于理性；在理性之上，我们没有更高的东西来加工直观的材料并将其置于思维的至上
A299 统一之下了。现在，当我要对这一至上知识能力作出说明时，我感到有些为难。对于理性来说，和对于知性来说一样，当理性抽掉知识的一切内容时，就有一种纯然形式的、也就是说逻辑的应用，但它也有一种实在的应用，因为它本身包含着某些既不是借自感官也不是借自知性的概念和原理的起源。前一种能力当然早已由逻辑学家们通过间接推理的能力（有别于直接推理，亦即 consequentiis immediatis）予以解释；但第二

种自己产生概念的能力由此还没有得到了解。既然在这里出现了理性为逻辑能力和先验能力的划分，那就必须去寻找关于这种知识来源的一个 B356
更高的概念，它把上述两个概念都包括在自身之下，我们在这里按照与知性概念的类比可以期望，逻辑概念同时将提供先验概念的钥匙，前者的功能表同时将提供理性概念的谱系。

在我们的先验逻辑的第一部分里，我们曾通过规则的能力来解释知性；在这里，我们想把理性称为**原则的能力**，以此把理性与知性区别开来。

原则的表述是含混的，通常仅仅意味着一种能够作为原则来运用的 A300
知识，即使它就自身而言以及按照它自己的起源来说并不是原则。每一个普遍的命题，哪怕它是从经验（通过归纳）得出的，也可以在理性推理中充当大前提；但它并不因此而本身就是原则。数学公理（例如两点之间只能有一条直线）甚至是普遍的先天知识，因此相对于能够归摄在它们下面的实例来说有理由被称为原则。但我毕竟不能由此就说，我是从原则出发认识一般直线和直线自身的这种属性的，相反只是在纯直观 B357
中认识它的。

因此，我将把从原则出发的知识称为这样一种知识，在这种知识中我通过概念在普遍中认识特殊。这样，每一个理性推理都是从一个原则出发推导出一种知识的形式。因为大前提在任何时候都提供一个概念，该概念使得一切被归摄在它的条件之下的东西都按照一个原则从它出发而得到认识。现在，既然任何普遍的知识都能够在一个理性推理中充当大前提，而知性则为诸如此类的知识提供普遍的先天命题，所以这些命题也可以就其可能的应用而言被称为原则。

但是，如果我们按照其起源来考察纯粹知性自身的这些原理，那么， A301
它们就根本不是从概念出发的知识。因为如果我们不（在数学中）加上纯直观或者一种可能经验的种种条件，它们就会甚至不是先天可能的。一切发生的东西都有一个原因，这根本不能从一般发生之事的概念出发推论出来；毋宁说，该原理表明，人们最初如何关于发生之事获得一个确定的经验概念。

因此，知性根本不能提供从概念出发的综合知识，而这些知识本来
是我绝对地称为原则的知识；然而，一切普遍的命题一般而言都可以叫 B358

做相对的原则。

有一个古老的愿望，谁也不知道什么时候它也许会得以实现，那就是：人们总有一天可以不去寻找民法无穷无尽的繁文缛节，而去寻找它们的原则；因为惟有在这里面，才有人们所说的简化立法的秘密。但是在这里，法律也只是把我们的自由限制在它们得以无一例外地与自身一致的那些条件之上；因此，它们关涉到某种完全是我们的作品、而且我
A302 们通过那些概念自己能够是它的原因的东西。但是，如同对象自身一样，事物的本性如何应当从属于原则并纯然按照概念来规定，这即便不是什么不可能的事情，至少就其要求而言毕竟也是很不合情理的事情。不过，无论这里的情况是什么样的（因为我们还要对此进行研究），至少由此可以看出：从原则出发的知识（就其自身而言）完全不同于纯然的知性知识，后者虽然也能以一种原则的形式先行于其他知识，但就其自身而言（如果它是综合的）却并不基于纯然的思维，自身中更不包含依照概念的普遍东西。

B359 知性可以是诸般显象凭借规则而有统一性的能力，而理性则是各知性规则在原则之下而有统一性的能力。因此，理性从不首先关涉经验或者关涉某个对象，而是关涉知性，为的是通过概念赋予杂多的知性知识以先天的统一性，这种统一性可以叫做理性的统一性，它具有与知性所能够提供的那种统一性完全不同的方式。

这就是在完全缺乏实例（这些实例只有到后面才应当提供）的情况下所能够解释的理性能力的普遍概念。

A303 B. 论理性的逻辑应用

人们在直接认识到的东西和只是推论出来的东西之间作出区别。在由三条直线所界定的图形中有三个角，这是直接认识到的；但三个角的和等于两个直角，这却只是推论出来的。由于我们总是需要推论，并且由此而终于完全习惯了它，所以我们最终就不再注意这种区别，并且经常像在所谓感官的欺骗那里一样，把我们毕竟只是推论出来的某种东西
B360 视为直接知觉到的。对于每一个推理来说，都有**一个**作为基础的命题，且有另**一个**命题，亦即从前一个命题得出的结论，最后还有推理顺序（一贯性），按照这种顺序，结论的真实性必然地与作为基础的命题的真

实性联结在一起。如果推论出来的判断已经蕴涵在作为基础的命题中，以至于无须第三个表象作中介就能够直接从它里面推导出来，该推理就叫做直接的（consequentia immediata［直接推理］）；我更愿意把它称为知性推理。但是，如果除了作为基础的知识之外，为作出结论还需要有另一个判断，该推理就叫做理性推理。在“**一切人都是会死的**”这个命题中，已经蕴涵着“有些人是会死的”、[①]“有些会死的东西是人”、[②]“没有任何不会死的东西是人”这几个命题，因而这几个命题都是从前者得出的直接结论。与此相反，“一切有学问者都是会死的”这个命题却并不 A304 蕴涵在作为基础的判断中（因为有学问者的概念根本不在它里面出现），该命题惟有借助一个中间判断才能从后者推论出来。

在每一个理性推理中，我首先通过**知性**想到一个规则（major［大前提］）。其次，我凭借**判断力**把一个知识**归摄**在规则的条件之下（minor［小前提］）。最后，我通过规则的谓词、从而先天地通过**理性**来**规定**我的 B361 知识（conclusio［结论］）。因此，作为规则的大前提在一个知识和其条件之间所表现出的关系就构成了理性推理的不同方式。因此，它们如同一切按照在知性中表达知识关系的方式区分开来的一般判断一样，恰好有三种，那就是：**定言的**，或**假言的**，或**选言的**理性推理。

如果像大多数情况下所发生的那样，作为一个判断的结论被当做任务提出，为的是看它是否是从已经被给予、也就是一个完全不同的对象被思维所凭借的判断中得出，那么，我就是在知性中寻找这个结论命题的肯定，看它是否在该命题中按照一条普遍的规则出现在某些条件之下。如果我找到了这样一个条件，而结论命题的客体能够被归 A305 摄在被给予的条件之下，那么，该命题就是从**也对知识的其他对象有效的**规则中得出来的。由此可以看出：理性在推论中力图把大量杂多的知性知识归结为最少量的原则（普遍的条件），并以此来实现它们的至上统一。

C. 论理性的纯粹应用 B362

人们能把理性孤立起来吗？它在这种情况下还是仅仅从它产生出

① 此处删去了第一版的“或者”一词。——译者注

② 此处删去了第一版的“或者”一词。——译者注

来、而且它与对象发生关系所凭借的那些概念和判断的特有来源吗？或者，它只不过是一种向被给予的知识提供某种形式的从属能力，这种形式叫做逻辑的，惟有通过它，知性知识才相互从属，并且较低的规则从属于另一些较高的规则（后者的条件在其范围内包含着前者的条件），只要通过对它们进行比较就能做到这一点吗？这就是我们现在只是临时性地讨论的那个问题。事实上，规则的杂多性和原则的统一性是理性的一个要求，为的是使知性与自身建立起无一例外的关
A306 联，如同知性把直观的杂多置于概念之下，并由此把直观联结起来一样。但是，这样一条原理并没有给客体规定任何规律，并且没有包含把客体作为一般客体来认识和规定的可能性的根据；而只不过是料理我们知性的储备的一个主观的规律，即通过比较知性的概念而把它们
B363 的普遍应用归结为它们尽可能小的数目，人们也并不因此就有权利要求对象本身有这样一种助长我们知性的方便和扩张的一致性，同时赋予那条准则以客观有效性。一言以蔽之，问题就是：理性自身，也就是纯粹理性，是否先天地包含着综合的原理和规则，以及这些原则可能存在于什么地方？

理性在理性推理中的形式的和逻辑的程序已经给我们提供了充分的指导，即在凭借纯粹理性的综合知识中，理性的先验原则将基于什么样的根据。

首先，理性推理并不关涉直观，以便将直观置于规则之下（像知性以其范畴所做的那样），而是关涉判断和概念。因此，即使纯粹理性关涉对象，它也毕竟与对象及其直观没有直接的关系，而是仅仅与知性及其
A307 判断有直接关系，后者首先面对感官及其直观，以便规定它们的这种对象。因此，理性的统一不是一种可能经验的统一，而是与后者有本质的不同，后者是知性的统一。一切发生的事情都有一个原因，这根本不是一个凭借理性认识和规定的原理。这一原理使得经验的统一成为可能，
B364 没有从理性那里借用任何东西，理性没有与可能经验的这种关系，仅仅从概念出发就不可能提供任何这样的综合统一。

其次，理性在其逻辑应用中寻找的是其判断（结论命题）的普遍条件，而理性推理本身无非是一个凭借将其条件归摄在普遍的规则（大前提）之下而作出的判断。现在，既然这条规则又要接受理性的同一个试

验，而由此就必须（凭借一个上溯推理）寻找条件的条件，所以人们可以看到，理性的特有原理一般而言（在逻辑应用中）就是：为知性有条件的知识找到知性的统一得以完成所凭借的无条件者。

但是，这条逻辑准则要成为**纯粹理性**的一个原则，却不能以别的方式，而只能通过人们假定：如果有条件者被给予，则相互从属的种种条件的整个序列也被给予（也就是说，包含在对象及其联结中），这个序列 A308
因此而本身是无条件的。

然而，纯粹理性的这样一条原理显然是**综合的**；因为有条件者以分析的方式虽然与某一条件相关，但却不与无条件者相关。从这一原理中，必然还产生出不同的综合命题，纯粹知性对这些命题一无所知，因为它 B365
只与一种可能经验的对象打交道，后者的知识和综合在任何时候都是有条件的。但是，无条件者如果确实存在，就可以按照使它有别于有条件者的一切规定而予以特别的考虑，并由此而给诸多的先天综合命题提供材料。

但是，从纯粹理性的这一至上原则产生的各原理，就所有的显象来说都将是**超验的**，也就是说，对这一原则将永远不可能有与它适合的经验性应用。因此，它与知性的一切原理都完全不同（知性原理的应用都是**内在的**，因为它们仅仅以经验的可能性为自己的主题）。现在，条件的序列（在显象的综合中，或者也在一般事物的思维的综合中）将一直延伸至无条件者，这条原理是否有它客观的正确性？由此将对知性的经验性应用产生什么样的结论？或者，是否毋宁说在任何地方都不存在诸如 A309
此类客观有效的理性命题，而是只有一种逻辑的规范，即在向越来越高的条件的上升中逼近它们的完备性，由此将理性对我们来说可能的最高统一带入我们的知识？或者我要说，是否理性的这一需求由于一种误解 B366
而曾被视为纯粹理性的一个先验原理，该原理过于草率地要求对象本身中的种种条件的序列具有这样一种无限制的完备性？但即便是在这种情况下，又有什么样的误解和蒙蔽会潜入到这些从理性取得大前提（它与其说是公设，不如说是要求）、并从经验上升到经验条件的理性推理中呢？这将是我们在先验辩证论中的工作，我们现在要把将这种辩证论从其深深地隐藏于人类理性之中的根源阐发出来。我们将把它分为两个部分，**第一**部分应当探讨纯粹理性的**超验概念**，**第二**部分探讨纯粹理性的超验的且**辩证的理性推理**。

A310

第一卷

论纯粹理性的概念

无论出自纯粹理性的概念的可能性是什么样的一种情况，这些概念都毕竟不是反思得来的、而是推论得来的概念。知性概念也先天地、在B367 经验之先且为了经验而被思维；但是，就种种显象应当必然地属于一个可能的经验性意识而言，知性概念所包含的无非是对种种显象的反思的统一性。惟有通过知性概念，一个对象的知识和规定才是可能的。因此，知性概念最先提供推论的材料，而且没有对象的任何先天概念先行于它们，使它们能够从中推论出来。与此相反，它们的客观实在性毕竟仅仅基于：由于它们构成了一切经验的理智形式，它们的应用在任何时候都必然能够在经验中得到展示。

但是，理性概念的称谓已经暂时展示出：它不愿意被限制在经验内部，因为它所涉及的知识，任何经验性的知识都只不过是其一个部分罢A311 了（也许可能经验或者其经验性综合的整体亦复如是），虽然迄今从来没有现实的经验完全达到它，但却毕竟在任何时候都属于它。理性概念被用作**把握**，而知性概念则被用做**理解**（对感知的理解）。如果理性概念包含着无条件者，它们就涉及某种一切经验都从属、本身却从不是一个经验的对象的某物，理性在其推论中从经验出发引导到它，而且理性根据它来衡量和测度自己的经验性应用的程度，但它永远不构成经验性综合的一个环节。如果诸如此类的概念尽管如此仍具有客观的有效性，B368 那么，它们就可以叫做 conceptus ratiocinati（正确地推论出的概念）；否则的话，它们至少就是通过推论的幻相骗取来的，可以被称为 conceptus ratiocinantes（进行推论的概念）。但是，由于这一点只有在论纯粹理性的辩证推理那一部分中才能予以澄清，所以我们此处还不能考虑它，而是将暂时地像我们把知性概念称为范畴那样，赋予纯粹理性的概念一个新的名称，把它们称为先验的理念，但现在就要阐明这种称谓并证明其理由。

第一章　论一般的理念 A312

尽管我们的语言极为丰富，毕竟还经常有思想家为找不到精确地适合其概念的术语而感到窘困，并且由于缺乏这一术语，他既不能为他人所正确理解，甚至也不能为自己所正确理解。锻造新词，乃是对语言中的立法的一种鲜有成功的苛求，而在人们着手采用这种无可奈何的手段 B369 之前，最好还是在一种不再使用而又博学的语言中查看一番，看那里是否有这个概念及其合适的术语；即便该术语的旧用法由于其始创者的不审慎而变得有点摇摆不定，把该术语所特有的含义固定下来（尽管人们当时所想到的是否完全是同一种含义，这依然是有疑问的），也毕竟胜于因使人不理解而败坏自己的工作。

因此之故，如果对某一个概念来说，只有惟一的一个词在已经采用的含义上与该概念完全适合，而该概念与其他概念的区分又极为重要，那么，最好还是不要滥用该词，或者把它当做别的词的同义词来交替使 A313 用，而是要审慎地保持它特有的含义；因为若不然，就很容易发生这样的事情，即在该术语没有特别地唤起注意，而是淹没在一大堆含义相去甚远的其他术语里面之后，惟有该术语才能够保持的思想也就丧失了。

柏拉图使用**理念**这一术语，使人清楚地看出，他把它理解为某种不 B370 仅绝非借自感官、而且远远超越**亚里士多德**所探讨的知性概念的东西，因为在经验中永远找不到某种与它相应的东西。在他那里，理念是事物本身的原型，不仅仅像范畴那样是可能经验的钥匙。在他看来，理念源自最高的理性，由此出发而为人类理性所分有，但人类理性如今不再处于其源始状态中，而是必须费力地通过回忆（这回忆叫做哲学）去唤回旧有的、如今已非常模糊的理念。我在这里不想卷入文字的研究，以便澄清这位杰出的哲学家联结在其术语之上的意义。我只是提请注意，无 A314 论是在日常谈话中还是在著作中，通过比较一位作者关于自己的对象所表达的思想，甚至比他理解自己还更好地理解他，这根本不是什么非同寻常的事情，因为他并没有充分地规定自己的概念，从而有时所言所思有悖于他自己的意图。

柏拉图非常清楚地说明，我们的知识能力所感到的需求，远远高于为了把显象读做经验而仅仅把显象按照综合的统一拼写出来，我们的理

B371 性自然而然地跃升为远远超过经验所提供的某个对象每次都能够与其一致的知识，但尽管如此这些知识仍有其实在性，绝不是纯然的幻想。

柏拉图首先是在一切实践的东西中①，也就是说，在一切依据自由的东西中发现他的理念的，而自由又隶属于知识，知识是理性的一个特有 A315 产物。谁想从经验得出德性的概念，谁想使充其量只能充当不完善的说明之实例的东西成为知识源泉的一个典范（如同实际上许多人做过的那样），他就会使德性成为一种依时间和环境变迁的、不能用为任何规则 B372 的、模棱两可的怪物。与此相反，每一个人都注意到，当某人对他来说被表现为德性的典范时，他毕竟始终惟有在他自己的头脑中才有他将这一所谓的典范与之进行比较并据以衡量这一典范的真正原本。但是，这原本就是德性的理念，就这一理念而言，经验的一切可能对象都仅仅充当实例（在一定程度上理性的概念所要求的东西具有可行性的证明），而不充当原型。至于永远没有一个人的行动符合德性的纯粹理念所包含的东西，也根本不证明这一思想中有什么空想的东西。因为所有关于道德上有价值或者无价值的判断，仍然惟有凭借这一理念才是可能的；因此，它必然是向道德完善的任何接近的基础，尽管人类本性中就其程度而言无法确定的种种障碍可能使我们远离这种完善。

A316 **柏拉图式的国家**，作为只能在闲散思想家的大脑中才有其位置的梦寐以求的完善性之误以为引人注目的实例，已经成为成语，而**布鲁克尔**认为可笑的是，这位哲学家居然断言，一位君主如果不分有理念，就绝不能统治有方。然而，更多地顺从这一思想，并（在这位杰出的人物未 B373 给我们提供帮助的地方）通过新的努力来阐发它，要胜于用不可行这种贫乏且有害的借口把它当做无用的而置之一旁。一部按照使得**每一个人的自由能够与其他人的自由共存**的法律而具有**最大的人类自由**（不是具有最大的幸福，因为最大的幸福将已经自行接踵而至）的宪法，毕竟至少是一个必要的理念，人们不仅在一部国家宪法的最初制订中，而且就所有的法律而言都必须以这一理念为基础，而此时人们必须一开始就抽

① 他固然也把自己的概念扩张到思辨的知识上，只要这些知识是纯粹地并且完全先天地被给予的；他甚至把自己的概念扩张到数学之上，尽管数学不是在别的地方、而是仅仅在**可能的**经验中拥有自己的对象。在这里，如同在对这些理念的神秘演绎和他仿佛使这些理念实体化所使用的夸张中一样，我不能追随他，尽管他在这一领域中所使用的高级语言完全能够得到一种更为委婉的、符合事物本性的解释。

掉当下的障碍，这些障碍也许不仅仅是不可避免地产生自人类的本性，而且毋宁说是产生自立法时对真正的理念的忽视。因为再也没有比鄙俗地诉诸据说相悖的经验更有害、与一位哲学家更不相称的东西了；如果在适当的时候已经按照理念作出了那些部署，而且不是由粗鄙的概念取代理念，恰恰由于它们是从经验中得来的而使一切好的意图破灭，上述经验毕竟是根本不会存在的。立法和治理越是与这一理念一致地建立起 A317
来，刑罚当然就会越是稀少，而此时（像柏拉图所断言的那样），如果立法和治理有一完善的安排就会根本不需要诸如此类的刑罚，这是完全合情合理的。即使后者永远不可能实现，但理念毕竟是完全正确的，这就将这种**最大值**提升为原型，以便根据它使人们的法律状况越来越接近最 B374
大可能的完善。因为人类必须在那里停下来的最高程度是什么，因而理念与其实施之间必然留存的鸿沟有多大，这是没有人能够和应当规定的，之所以如此，恰恰因为它是能够超越任何给定界限的自由。

但是，不仅在人类理性展示其真正的因果性的地方，在理念成为（行动及其对象的）作用因的地方，也就是说，在道德事务中，而且就自然本身而言，柏拉图都正确地看到了它们从理念起源的清晰证明。一株植物、一个动物和世界大厦合规则的秩序（大概因此也可以说整个自然秩序），都清晰地表明，它们只有按照理念才是可能的；虽然没有任何一 A318
个造物在其存在的个别条件下与它的种类的最完善者的理念相一致（就像人不能与他甚至自己在其灵魂中作为其行动的原型所持有的人性理念相一致一样），但那些理念却仍然在最高的意义上是个别的、不可变的、完全地被规定的，是事物的源始原因，只有事物在宇宙中相结合的整体才完全符合那个理念。如果人们把术语的夸张之处分离开来，那么，从 B375
对宇宙秩序自然因素的复写式观察上升到其按照目的亦即按照理念进行的建筑术上的联结，哲学家的精神升华是一种值得敬重和仿效的努力；但就道德、立法和宗教的原则来说，由于理念在其中虽然永远不能得到完全的表达，但却惟有理念才使（善的）经验本身成为可能，上述精神升华就是一种完全特有的功绩；人们之所以不承认这种功绩，乃是因为人们恰恰是按照经验性规则来判定它的，而经验性规则作为原则的有效性恰恰是应当被理念取消的。因为就自然而言，经验为我们提供规则，是真理的源泉；但就道德法则而言，经验（令人遗憾地！）乃是幻相之

A319 母，从**已做**之事引申出关于我**应做**之事的法则，或者想由此对它们作出限制，是极应予以摈弃的。

事实上，恰如其分地进行所有这些考察，构成了哲学的特有尊严，但我们现在却要从事一项不那么辉煌的、但毕竟也不是没有价值的工作，B376 即为那座宏伟的道德大厦平整和加固地基，在这一地基中，可以发现一种徒劳地、但却信心十足地挖掘宝藏的理性的各种各样的暗道，它们使得那座建筑变得不安全了。因此，纯粹理性的先验应用、它的各原则和理念，就是我们现在必须清楚认识的东西，为的是能够恰如其分地规定和估量纯粹理性的影响和它的价值。然而，在我搁置这篇暂时性的导论之前，我要请求把哲学挂在心上（这比人们通常遇到的更甚）的人们，如果他们认为自己已经被这一点以及下文所说服，就要按照**理念**这一术语的源始含义来守护它，以免它陷入通常乱七八糟地表示各种各样的表象方式的其他术语之中，并且损害科学。我们毕竟并不缺乏恰如其分地适合于每一种表象方式的称谓，没有必要侵入另一门科学的领地。这些
A320 称谓的梯级序列如下：种是一般而言的**表象**（repraesentatio）。在它之下是有意识的表象（perceptio [感知]）。仅仅与主体相关作为主体状态之变态的**感知**是**感觉**（sensatio），一种客观的感知就是**知识**（cognitio）。知识
B377 要么是**直观**，要么是**概念**（intuitus vel conceptus）。前者直接地与对象相关，是个别的，后者间接地凭借多个事物能够共有的一个特征与对象相关。概念要么是一个**经验性**概念，要么是一个**纯粹**概念，纯粹概念如果仅仅起源于知性（并不起源于感性的纯粹映象），就叫做 notio [思想]。出自思想而超越经验的可能性的概念就是**理念**或者**理性概念**。熟悉了这种区分的人，听到把红颜色称为理念，必然觉得无法忍受。就连把红颜色称为思想（知性概念），也是不可以的。

A321 第二章　论先验理念

先验分析论给我们提供了一个实例，即我们知识的纯然逻辑形式如何能够包含着先天纯粹概念的起源，这些概念先于一切经验而表现对象，
B378 或者毋宁说展示使对象的一种经验性知识成为可能的那种惟一的综合的统一。判断的形式（转化为直观之综合的概念）产生指导知性在经验中

的一切应用的各范畴。同样，我们可以期望，如果人们把理性推理的形式按照范畴应用于直观的综合统一，这种形式就也将包含着一些特殊的先天概念的起源，这些概念我们可以称为纯粹的理性概念或者**先验理念**，它们将按照原则规定知性在全部经验的整体中的应用。

理性在其推理中的功能在于知识依据概念而有的普遍性，而理性推理本身是一个先天地在其条件的全部范围内被规定的判断。我也可以仅仅凭借知性从经验中得出"卡尤斯是会死的"这一命题。但是，我所寻 A322
求的是一个包含着该判断的谓词（一般而言的肯定）被给予所服从的条件的概念（也就是说，在这里就是人的概念），而在我将它归摄在这一条件的全部范围（一切人都是会死的）下面之后，我就据此规定了我的对象的知识（卡尤斯是会死的）。

据此，我们事先在大前提中就其全部范围而言在某个条件下思维一个谓词，然后在一个理性推理的结论中把该谓词限制在某个对象上。该范围完成了的量与这样一个条件相关，就叫做**普遍性**（Universalitas）。 B379
在直观的综合中与普遍性相应的是条件的**全体性**（Universitas）或者**总体性**。因此，先验的理性概念不是别的，是关于一个被给予的有条件者的**种种条件之总体性**的概念。现在，既然惟有**无条件者**才使得种种条件的总体性成为可能，而反过来种种条件的总体性在任何时候本身都是无条件的，所以一个纯粹的理性概念一般而言可以通过无条件者的概念来说明，只要后者包含着有条件者的综合的一个根据。

现在，知性凭借范畴表现出来的关系有多少种类，也就会有多少个 A323
纯粹的理性概念。所以应当寻求的是：**第一**，一个主体中**定言**综合的无条件者；**第二**，一个**序列**的各个环节的**假言**综合的无条件者；**第三**，一个**体系**中的各个部分的**选言**综合的无条件者。

也就是说，正好有这么多种类的理性推理，其中的每一个都通过上溯推理推进到无条件者：一种推进到本身不再是谓词的主体，另一种推进到不再以别的东西为前提条件的前提条件，第三种推进到划分的各环 B380
节的一个集合体，对这些环节来说，为完成一个概念的划分不再需要任何别的东西了。因此，关于种种条件之综合中的总体性的纯粹理性概念，至少作为要将知性的统一尽可能地延续到无条件者的任务是必要的，而且是根据人类理性的本性的；即使除此之外这些理性概念缺乏一种与它们适合的具体应用，从而除了将知性纳入使其应用在极度扩展中同时与自身完全一致的方向之外，别无其他用途。

A324 但是，当我们在这里把种种条件的总体性和无条件者作为一切理性概念的共同称号来谈论时，我们又遇到了一个术语，我们不能缺少这一术语，但尽管如此却不能按照一种由于长期的误用而附着于它的含混性来可靠地应用它。**绝对**这个词就是在其源始的含义上适用于一个概念、明显地在同一语言中没有一个别的词精确符合该概念的少数词之一，因
B381 此，它的丧失，或者换句话说也一样，它的不稳定的使用，也必然导致概念本身的丧失，而且是这样一个概念的丧失，该概念由于使理性极为关注，缺少该概念不可能不严重损害一切先验哲学。**绝对**这个词经常只是被用来表示，某物就自身而言，从而**内在地**对一个事物有效。在这种意义上，**绝对可能的**意味着就自身（内部的东西）而言可能的东西，这实际上是我们关于一个对象所能够说的**最起码的东西**。与此相反，它有时也被用来表示，某物在一切关系上（不受限制地）都有效（例如，绝对的统治），而**绝对可能的**在这种意义上就会意味着就所有的方面而言**在一切关系上都可能**的东西，这又是我关于一个事物的可能性所能够说的**最多的东西**。现在，这两种含义虽然有时会遇到一起，例如内在地不
A325 可能的东西也在一切关系上不可能，从而绝对不可能。但在大多数场合，这两种含义相去极远，我不能以任何方式推论说：某物由于就自身而言是可能的，就也在一切关系上是可能的，从而是绝对可能的。的确，关于绝对的必然性，我将在下面指出，它绝不是在一切场合都依赖于内在的必然性，因而不必把它视为与后者是同等含义的。其对立面内在地不可能的、当然也就所有的方面而言不可能的东西，其本身因而就是绝对必然的；但是，我不能反过来推论说：绝对必然的东西，其对立
B382 面就是**内在地**不可能的，也就是说，事物**绝对的**必然性就是一种**内在的**必然性；因为这种内在的必然性在某些场合是一种极为空洞的表述，我们不能把最起码的概念与它联结起来，与此相反，关于一事物在一切关系（与一切可能的东西的关系）上的必然性的概念就带有一些十分特殊的规定。现在，既然一个在思辨的世俗智慧中具有重大效用的概念的丧失对于哲学家来说绝不可能是无所谓的，所以我希望，对这一概念所依赖的术语加以规定和精心的维护，对于哲学家来说也

将不是无所谓的。

在这种情况下，我将在这种扩展了的含义上使用**绝对**这个词，并且把它与纯然相对地、或者就特殊的考虑而言有效的东西对立起来；因为后者是被限制在一些条件上的，而前者却是无限制地有效的。 A326

现在，先验的理性概念在任何时候都仅仅关涉种种条件之综合中的绝对的总体性，并且永不终止，除非在绝对无条件者、亦即在一切关系上都无条件的东西那里。因为纯粹理性把一切都委托给了知性，知性首先与直观的对象，或者毋宁说与它们在想象力中的综合发生关系。理性只给自己保留了知性概念之应用中的绝对总体性，并试图把在范畴中所思维的综合统一延展至绝对无条件者。因此，人们可以把这种统一性称为**理性的统一性**，就像把范畴所表达的那种统一性称为**知性的统一性**一样。据此，理性就只与知性的应用相关了，并且不是就知性包含着可能经验的根据而言（原因在于，种种条件的绝对总体性不是一个可以在经验中使用的概念，因为没有任何经验是无条件的），而是为了给知性规定朝向某种统一性的方向，知性对这种统一性毫无概念，而这种统一性则旨在把就每一个对象而言的一切知性行动总括成为一个**绝对的整体**。因此，纯粹理性概念的客观应用在任何时候都是**超验的**，而纯粹知性概念的客观应用则就其本性而言在任何时候都必须是**内在的**，因为它仅仅局限于可能的经验。 B383 A327

我把理念理解为一个必然的理性概念，在感官中不能给予它任何相应的对象。因此，我们现在所考虑的理性概念是**先验的**理念。它们都是纯粹理性的概念，因为它们把一切经验知识都看做是由种种条件的绝对总体性所规定的。它们不是任意虚构出来的，而是通过理性本身的本性给出的，因而是以必然的方式与整个知性的应用相关的。最后，它们是超验的，并且超越了一切经验的界限，因而在该界限内永远不可能出现一个与先验理念相符合的对象。如果人们举出一个理念，那么，就客体（即作为纯粹知性的一个对象）而言则说得**很多**，但就主体而言（也就是说，就其在经验性条件之下的现实性而言）则说得**很少**，这恰恰是因为它作为一个极大值的概念，永远不能具体地相应给出。现在，由于后者在理性的纯然思辨的应用中本来就是全部目的，而向一个在实施中毕竟永远无法达到的概念的逼近，与该概念被完全错过是一样的，所以，对 B384 A328

于一个诸如此类的概念，就可以说：它**只是**一个理念。这样，人们就可以说：一切显象的绝对整体**只是一个理念**，因为既然我们永远不能勾勒出诸如此类的东西的形象，所以它依然是一个没有任何答案的**问题**。与此相反，由于在知性的实践应用中仅仅涉及依照规则的实施，所以实践
B385 理性的理念在任何时候都可以现实地——尽管只是部分地——被具体给予，它甚至是理性的任何实践应用不可或缺的条件。理性的实施在任何时候都是受限制的、有缺陷的，但却是处于不可规定的界限之下，因而在任何时候都处于一种绝对完备性的概念的映像之下。据此，实践理念在任何时候都是极富成果的，而且就现实行动而言是不可避免地必要的。在它里面，纯粹理性甚至拥有将它的概念所包含的东西现实地产生出来的因果性；因此，对于这种智慧，我们不能仿佛是蔑视地说：**它只是一个理念**；而正因为它是具有一切可能目的的必然统一性的理念，所以它必须作为源始的、至少是限制性的条件对一切实践的东西充当规则。

A329 现在，即使我们对于先验的理性概念不得不说：**它们只不过是些理念罢了**，我们也毕竟绝不能把它们视为多余的和毫无意义的。因为尽管由此不能规定任何客体，但它们毕竟在根本上并且不为人觉察地能够对于知性来说充当其扩展的和一致的应用的法规，由此知性虽然没有比它按照概念可能认识的更多地认识一个对象，但毕竟在这种认识中得到了更好的和更进一步的指导。更不用说，它们也许能够使从自然概念到实
B386 践概念的一种过渡成为可能，并使道德理念本身以这样的方式获得支持和与理性的思辨知识的联系。关于这一切，人们必须等待下文作出说明。

但是，按照我们的目的，我们在这里把实践的理念搁置一旁，因而只是在思辨的应用中考察理性，而且在这种应用中也更窄一些，也就是说，仅仅在先验的应用中考察理性。这里，我们必须选择我们上面在范畴的演绎那里所采取的同一条道路，也就是说，考虑理性知识的逻辑形式，看一看理性是否由此也成为概念的一个源泉，即把客体自身视为就理性的这个或者那个功能而言被先天综合地规定的。

A330 理性作为知识的某种逻辑形式的能力来看，就是推论的能力，也就是间接地（通过把一个可能判断的条件归摄在一个被给予的判断的条件

之下）作出判断的能力。被给予的判断就是普遍的规则（大前提，即 Major）。另外一个可能判断的条件被归摄在规则的条件之下，就是小前提（Minor）。**在被归摄的事例中**陈述对该规则的肯定的现实判断就是结论（Conclusio）。也就是说，规则普遍地在某种条件下说出某种东西。于是，在一个出现的事例中就存在着规则的条件。因此，在那个条件下普遍有效的东西，就也在出现的事例（该事例自身具有这一条件）中被视为有效的。很容易看出，理性通过构成一个条件序列的那些知性行动而达到一种知识。如果我达到"一切物体都是**可变的**"这个命题，只是通过我从"一切复合物都是可变的"这一较远的知识（其中包含着其条件的物体概念尚未出现）开始，由此进展到隶属于前者条件之下的较近的知识，即"物体都是复合的"，并由此才进展到第三个如今把远距离的知识（可变的）与当前的知识联结起来的知识，即"所以物体都是可变的"，那么，我是通过一个条件（前提）序列达到一个知识（结论）的。如今，每一个其实例（定言判断或者假言判断的实例）已经被给予的序列都可以继续下去；因此，正是同一个理性行动导致了 ratiocinatio polysyllogistica［复合推理］，这是一个推理的序列，它可以要么向条件方面（per prosyllogismos［通过上溯推理］），要么向有条件者方面（per episyllogismos［通过延伸推理］）继续到不被限定的远方。 B387 A331 B388

但是，人们马上就察觉到，上溯推理亦即在一个被给予的知识的根据或者条件方面推论出来的知识，其链条或者序列，换句话说，理性推理的**上升序列**，与理性能力的关系必然不同于**下降序列**，亦即理性在有条件者方面通过延伸推理的进程。因为既然在前一场合知识（结论）只是作为有条件的而被给予的，所以人们要凭借理性达到这种知识，只能是至少在这样一个前提条件下，即该序列在条件方面的所有环节都已经被给予（前提序列中的总体性），因为只有在这一前提条件下，当前的判断才是先天地可能的；与此相反，在有条件者或者结论方面，所设想的只是一个**形成着的**序列，而不是一个已经完全预先设定的或者**被给予的**序列，因而只是一个潜在的进程。所以，如果一个知识被视为有条件的，那么，理性就不得不把上升方向上的条件序列视为完成了的或者按照其总体性已经被给予的。但是，如果同一个知识同时被视为其他相互之间构成下降方向上的一个结论序列的那些知识的条件，那么，理性就可以 A332 B389

完全不在乎这一进程 a parte posteriori［向后］延伸多远，以及这一序列的总体性是否在任何地方都是可能的；因为它为了自己面临的结论并不需要一种诸如此类的序列，这个结论已经通过它的根据 a parte priori［向前］得到了充分的规定和保证。无论在条件方面前提的序列有没有一个**第一项**来作为至上的条件，因而 a parte priori［向前］是没有界限的，它毕竟必须包含着种种条件的总体，哪怕我们永远也不能做到把握这一总体；而且，如果被视为是由整个序列产生出来的结论的有条件者应当被看做是真的，则整个序列就必须是无条件地真的。这是理性的一个要求，理性宣称它的知识是先天地确定的和必然的：这要么是就其自身而言，在这种情况下就不需要任何根据；要么就是被派生出来的，作为一个根据序列的环节，这序列本身无条件地是真的。

A333

第三章 先验理念的体系

B390

我们在这里不研究逻辑的辩证法，它抽掉了知识的一切内容，仅仅揭示理性推理的形式中的虚假幻相，而是研究一种先验的辩证法，它应当完全先天地包含着某些出自纯粹理性的知识和推论出来的概念的起源，这些知识和概念的对象根本不能经验性地被给予，因而完全处在纯粹知性的能力之外。从我们的知识在种种推理和判断中的先验应用与逻辑应用必然具有的自然关系中，我们得出：只有三种辩证的推理，它们与理性能够从原理达到知识所凭借的三种推理方式有关，而且在这所有的辩证推理中，理性的任务都是从知性在任何时候都受其制约的有条件综合上升到知性永远不能达到的无条件综合。

如今，我们的种种表象所能够具有的一切关系的普遍东西是：1. 与主体的关系；2. 与客体的关系，而且这客体要么[①]是显象，要么是一般
A334 的思维对象。如果人们把进一步的划分与上面的划分结合起来，则我们
B391 对之能够形成一个概念或者理念的种种表象的关系共有三种：1. 与主体的关系；2. 与显象中客体的杂多的关系；3. 与一切一般事物的关系。

于是，一切一般纯粹概念都与种种表象的综合统一有关，而纯粹理

① 此处删去了第一版中的“首先”一词。——译者注

性的概念（先验理念）则与一切一般条件的无条件综合统一有关。因此，一切先验理念就可以列入**三类**，其中**第一**类包含着**思维主体**的绝对**统一**，**第二**类包含着**显象的条件序列**的绝对**统一**，**第三**类包含着**一切一般思维对象的条件**的绝对**统一**。

思维主体是**心理学**的对象，一切显象的总和（世界）是**宇宙论**的对象，而包含着一切能被思维者的可能性的至上条件的那个物（一切存在者的存在者）则是**神学**的对象。因此，纯粹理性为一种先验的灵魂说（psychologia rationalis［理性心理学］）、为一种先验的宇宙学（cosmologia rationalis［理性宇宙论］）、最后也为一种先验的上帝知识（theologia B392
transcen-dentalis［先验神学］）提供理念。甚至这些学问的任何一门的纯 A335
然设计也根本不是由知性出发形成的，即便知性与理性的最高逻辑应用亦即一切想得到的推理相结合，以便从知性的一个对象（显象）前进到所有其他对象、直至经验性综合最遥远的环节也不行，相反，它仅仅是纯粹理性的一个纯粹的和真正的产物或者问题。

纯粹理性概念的什么样的模态处于一切先验理念的这三个项目之下，将在下一部分给予完备的阐述。它们是按照范畴的导线前进的。因为纯粹理性径直地相关的，绝不是对象，而是对象的知性概念。同样，也只有在完全的论述中才能弄清楚，理性如何只有通过它为了定言理性推理所使用的同一种功能的综合应用才必然地达到**思维主体**的绝对统一的概念，假言理性推理中的逻辑程序如何必然导致种种被给予的条件的**一个序列**中的绝对无条件者的理念，最后，选言理性推理的纯然形式如何必然导致关于一个一切**存在者的存在者**的最高理性概念——一个乍一看显 A336
得极为荒谬的思想。 B393

关于这些先验理念，本来没有任何客观的演绎像我们关于范畴所提供的那样是可能的。因为事实上，它们没有任何同某个能够与它们相符合地被给予的客体的关系，之所以如此，正因为它们仅仅是理念。但是，我们可以设法主观地把它们从我们理性的本性推导出来；这种推导在目前这一篇中也已经做过了。

人们很容易看出，纯粹理性引以为目的的，无非就是**条件方面**（无论是依存性的条件、隶属性的条件，还是并存性的条件）的综合的绝对总体性，它与**有条件者方面**的绝对完备性则毫不相干。因为要预先设定条件的整个序列并由此将它先天地交给知性，理性只需要前者。但是，一旦有了一个完备地（而且无条件地）被给予的条件，在序列的继续方面就不再需要一个理性概念了；因为知性自己就在执行从条件下降到有
B394 条件者的每一个步骤。以这样的方式，先验理念仅仅有助于在条件序列
A337 中直至无条件者，亦即直至原则的**上升**。但是，就向有条件者的**下降**而言，虽然也有一种我们的理性对知性规律的广泛逻辑应用，但却没有先验的应用；而且如果我们关于（进展的）这样一种综合的绝对总体性——例如关于世界一切**未来的**变化的整个序列——形成一个理念，这就是一个思想物（ens rationis［理性的存在者］），它只是任意地设想出来的，而不是由理性必然地预先设定的。因为对于有条件者的可能性来说，虽然其条件的总体性被预先设定，但其后果的总体性却不被预先设定。因此，这样一个概念不是先验理念，而我们在这里毕竟仅仅讨论先验理念。

最后，人们还将察觉：在先验理念本身中间显现出某种关联和统一性，纯粹理性凭借它们使自己的知识形成一个体系。从其自身（灵魂）的知识推进到世界的知识，并凭借世界的知识推进到元始存在者，这是
B395 一个如此自然的进展，以至于它与理性从前提到结论的逻辑进程也显得类似。① 至于这里是否确实有一种如同逻辑程序和先验程序之间的那种渊源关系暗中作为基础，也是人们必须在这一研究的过程中才能期待作出
A338 回答的问题之一。我们已经暂时达到了我们自己的目的，因为我们已经
B396 能够把其他情况下通常在哲学家们的理论中与其他概念混在一起、这些哲学家们未尝将之与知性概念恰如其分地区别开来的理性的先验概念从这种含混的状态中拔脱出来，说明其起源，从而同时说明其根本不能再增添的确定数目，在一个系统的关联中将它们表现出来，由此就为纯粹

① 形而上学仅仅以三个理念为其研究的真正目的：**上帝、自由**和**灵魂不死**，以至于第二个概念如果与第一个概念相结合，就应当导向作为一个必然结论的第三个概念。这门学问此外所研究的一切都纯然是充当它的手段，为的是达到这些理念和它们的实在性。它需要这些理念，并不是为了自然科学，而是为了超越自然。对这些理念的洞识会使**神学、道德**以及通过二者的结合使**宗教**、从而使我们存在的最高目的都仅仅依赖于思辨的理性能力，除此之外不依赖任何别的东西。在那些理念的系统表象中，上述秩序作为**综合的**秩序是最适当的秩序；但在必须必然地先行于它的探讨中，颠倒这一秩序的**分析的**秩序就更为符合目的，以便在我们从经验直接地给予我们的东西推进到**灵魂说**、推进到**宇宙学**、并由此一直推进到**上帝**的知识时，完成我们庞大的计划。（本注为第二版所加。——译者注）

理性划出和限定一个特殊的领域。

第二卷
论纯粹理性的辩证推理

尽管一个纯然先验的理念是完全必然地在理性中按照其源始的规律产生的，但人们仍然能够说，它的对象是某种人们没有任何概念的东西。因为事实上，即便是对于一个应当符合理性要求的对象，也不可能有一个知性概念，也就是说，有一个能够在可能经验中显示并直观化的概念。如果人们说：我们对于同一个理念相应的客体虽然能够有一个或然的概 A339
念，但却不能有任何知识，那就毕竟表达得更为得体，较少误解的危险。 B397

如今，至少纯粹理性概念先验的（主观的）实在性，乃是基于我们通过一种必然的理性推理达到这样的理念。因此，有一些理性推理不包含经验性的前提，我们凭借它们从我们认识的某种东西推论到我们毕竟没有任何概念的某种别的东西，而且我们还由于一种不可避免的幻相而赋予这种东西以客观的实在性。因此，诸如此类的推理就其结论而言，与其把它们称为理性推理，倒不如把它们称为**玄想的**推理；尽管它们由于其起因能够当得起理性推理的名称，因为它们毕竟不是虚构的或者偶然产生的，而是起源自理性的本性的。它们不是人们的诡辩，而是纯粹理性本身的诡辩，所有的人中甚至最智慧的人也摆脱不了这些诡辩，虽然也许能在诸多努力之后预防错误，但却永远不能完全摆脱不断地烦扰他和愚弄他的幻相。

因此，这些辩证的理性推理就只有三种，恰如其结论所导致的理念那么多。在**第一种**理性推理中，我从不包含任何杂多东西的主体的先验概念出发，推论到我以这种方式对它根本没有任何概念的这个主体本身的绝对 A340
统一。我将把这种辩证推理称为先验的**谬误推理**。**第二种**玄想推理旨在于 B398
一般被给予的显象的条件序列之绝对总体性的先验概念；而且我从我关于这个序列在一方面的无条件综合统一任何时候都有一个自相矛盾的概念出发，推论到我尽管如此也没有任何概念的相反的统一的正确性。我将把理性在这些辩证推理中的状态称为纯粹理性的**二论背反**。最后，我按照**第三种**玄想推理从思维能够被给予我的一般对象的条件的总体性出发，推论到一般事物的可能性之一切条件的绝对综合统一。也就是说，从我根据其纯然的先验概念并不认识的事物出发，推论到我通过一个先验概念更不认识的一切存在者的存在者，而对于它的无条件的必然性，我不能形成任何概念。我将把这种辩证的理性推理称为纯粹理性的**理想**。

A341 第一篇

B399

论纯粹理性的谬误推理

逻辑的谬误推理在于一个理性推理在形式上的错误，除此之外在其内容上却可以随便是什么。但是，一个先验的谬误推理却有一种先验的根据来作出形式上错误的推论。以这样的方式，一种诸如此类的错误推论就在人类理性的本性中有其根据，并带有虽然并非不可消解、但却无法避免的幻觉。

现在，我们到达一个概念，上文并没有在先验概念的一览表中列出该概念，尽管如此却必须列入其中，毕竟并不因此就对那个表有丝毫改变，说明它是有缺陷的。这就是“**我思**”的概念，或者宁可说是判断。但是，人们很容易看出，它是一切一般概念的载体，因而也是先验概念的载体，从而任何时候都在这些概念中间一起被把握，所以同样是先验的，但却不
B400 能有任何特殊的称号，因为它仅仅用于指出一切思维都是属于意识的。然
A342 而，无论它如何纯粹而不含经验性的东西（感官的印象），它毕竟还是用于从我们的表象能力的本性出发把两种不同的对象区分开来。“**我**”作为思维者是内感官的一个对象，叫做灵魂。是外感官的一个对象的“我”则叫做肉体。据此，作为一个能思维的存在者的“我”这一术语就已经意味着心理学的对象；如果我对于灵魂并不要求知道得比独立于一切经验（它们更确切地具体规定我）而从在一切思维中都出现的“我”这一概念能够推论出来的东西更进一步的话，这种心理学就可以叫做理性的灵魂说。

于是，**理性的**灵魂说确实是这样一种冒险；因为只要我的思维的一点经验性的东西、我的内部状态的任何一个特殊的知觉还混杂进这门科学的知识根据之中，这门科学就不再是理性的，而是**经验性**的灵魂说。因此，我们已经面临着一门所谓的科学，它建立于其上的惟一命题就是：**我思**；我们在这里可以完全适当地按照一种先验哲学的本性对这门科学的根据或者无根据加以研究。至于我毕竟对这一表达我自己本身的知觉

的命题有一种内部经验，从而在此之上建立的理性的灵魂说永远不是纯粹的，而是部分地根据一个经验性的原则的，人们不要对此有所不满。A343 因为这种内部知觉无非是纯然的统觉：**我思**；它甚至使一切先验概念成 B401 为可能，在这些先验概念中所说的是：我思维实体、原因等等。因为一般内部经验及其可能性、或者一般知觉及其与其他知觉的关系，如果不是经验性地给出了它们的某种特殊区别和规定，就不能被视为经验性的知识，而是必须被视为对一般经验性的东西的知识，并且属于对任何一个经验的可能性的研究，而这种研究却是先验的。参与自我意识的普遍表象的知觉，其最低限度的客体（例如仅仅是快乐或者不快）都会使理性的心理学转化为一种经验性的心理学。

因此，**我思**是理性心理学的惟一解说词，它应当从中展开自己的全部智慧。人们很容易看出，这一思想如果应当与一个对象（我本身）发生关系，就只能包含着该对象的一些先验谓词；因为最低限度的经验性谓词都会败坏这门科学对于一切经验的理性纯粹性和独立性。

但是，我们在这里将只能跟随范畴的导线；只是由于这里首先给出 A344 了一个物，亦即作为思维存在物的我，所以我们虽然将不改变相互之间 B402 如在范畴表中所表现的上述秩序，但毕竟在这里要从实体范畴开始，由此表现一个物自身，并这样来回溯范畴的序列。据此，理性的灵魂说所可能包含的所有其他东西都必须从它的位置论推导出来，该位置论如下：

1.

灵魂是**实体**①

2.

灵魂在其质上是单纯的

3.

灵魂就其所在的不同时间而言是数目上同一的，亦即**单一性**（非复多性）

4.

灵魂处于同空间中**可能的**对象的关系中②

---

① 康德在其手写样书中改进为："灵魂作为实体实存"（《康德〈纯粹理性批判〉补遗》，第CLXI条）。参见 B410-413。——科学院版编者注

② 不那么容易从这些术语中就其先验抽象性而言猜测出它们的心理学意义以及灵魂的最后这个属性为什么属于**实存性**范畴的读者，将在下文发现它们得到了充分的解释和理由说明。此外，我还要为我不仅在本章中，而且在全书中违背纯正文风的鉴赏插入拉丁术语来取代同等意义的德文术语而请求原谅：我宁可在语言的优雅上有所损失，也不愿因丝毫的晦涩而给教学的用途增加困难。

A345 从这些要素中，仅仅通过组合，而丝毫不用认识别的原则，就产生
B403 出纯粹的灵魂说的所有概念。这种实体纯然作为内感官的对象，提供了**非物质性**的概念，作为单纯的实体提供了**不死性**的概念，其作为理智实体的同一性提供了**人格性**的概念，所有这三项一起提供了**精神性**；与空间中的对象的关系提供了与物体的**交感**；因而它也就把思维的实体表现为物质中生命的原则，亦即把后者表现为灵魂（anima），而且表现为**动物性**的根据，动物性被精神性所限制，表现为**不死性**。

与此相关的有先验的灵魂说的四个谬误推理，先验的灵魂说被错误地视为纯粹理性的一门关于我们能思维的存在者之本性的科学。但我们
B404 能够作为这门科学基础的，却无非是单纯的、自身在内容上完全空洞的
A346 表象：**我**；关于这个表象，人们就连说它是一个概念也不能，它只不过是一个伴随着一切概念的意识。通过这个能思维的我或者他或者它（物）所表象出来的不是别的，无非是思想的一个先验主体＝X，它惟有通过是它的谓词的那些思想才被认识，而分离开来，我们就永远不能对它有丝毫概念；因此，我们在一个不断的循环中围绕着它打转，因为我们要想对它作出某种判断，在任何时候都必须已经使用了它的表象；这是一种与它不可分离的不便，因为意识自身并不是对一个特殊的客体作出区分的表象，而是应当被称为知识的一般表象的形式；因为只有对于知识，我才能说我由此思维着某物。

但是，一开始必然显得古怪的是，我一般而言在其下进行思维的、因而是我的主体的一种性状的条件，同时应当对一切能思维的对象都有效，而我们居然能够妄称在一个显得是经验性的命题之上建立起一个无可争辩的和普遍的判断，也就是说，凡是进行思维的东西，就都具有自
B405 我意识的陈述就我而言所说的那种性状。但这里的原因在于：我们必然
A347 要先天地赋予事物以构成我们惟有在其下才思维事物的那些条件的一切属性。于是，对于一个能思维的存在物，我不是通过任何外部经验、而是只有通过自我意识才能有最起码的表象。因此，诸如此类的对象无非是我的这个意识向只有因此才被表象为能思维的存在物的其他事物的过渡。但是，“我思”这个命题在这里只是被当做或然的，不是就它包含着关于一个存在的知觉而言（笛卡尔的 cogito，ergo sum［我思故我在］），而是根据它的纯然可能性，要看一看有哪些属性能够从这个如此简单的

命题出发推论到它的主体（不论诸如此类的主体是否实存）。

假若作为我们关于一般能思维的存在物的纯粹理性知识之基础的不只是 cogito [我思]，假若我们还要求助于对我们思想活动的观察和由此得出的能思维的自我的自然规律，那么，就会产生一种经验性的心理学，它将是一种内感官的**自然学**，也许能够用来说明内感官的显象，但却永 B406
远不能用来揭示根本不属于可能经验的那些属性（例如单纯的东西的属性），也不能用来就一般能思维的存在者而言**无可争辩地**告知某种涉及其本性的东西；因此，它不会是**理性的**心理学。

既然**"我思"**这个命题（作为或然的来看）包含着任何一个一般知 A348
性判断的形式，并且作为其载体伴随着一切范畴，那么就很清楚，从它作出的推论就只能包含着知性的一种先验的应用，这种应用排除了经验的一切混杂，对于它的进展，按照我们上面所指出的，我们不可能预先形成任何极有利的概念。因此，我们想以一种批判的眼光通过纯粹的灵魂说的一切陈述词来追踪这一命题。① 但为了简短起见，要把对这些陈述词的考察放在一个连续的关联中进行。

首先，下面的总的说明可以增强我们对这种推理方式的重视。我不是仅仅通过我在思维而认识某个客体的，而是惟有通过我就一切思维都存在于其中的那种意识的统一性而言规定一个被给予的直观，我才能认识某个对象。因此，我甚至也不是通过我意识到我自己在思维来认识我自己的，而是当我意识到对我自己的直观是在思维功能方面被规定了的时，我认识到我自己。因此，思维自身中自我意识的一切样式还不是关于客体的知性概念（范畴），而只是一些根本不把任何对象，从而也不把我自己作为对象 B407
提供给思维来认识的逻辑功能。**客体**并不是对**作出规定的**自我的意识，而仅仅是对**可被规定的**自我的意识，亦即对我的内直观（如果它的杂多能够按照思维中统觉的统一性的普遍条件被联结起来的话）的意识。

1．在一切判断中，我始终是构成判断的那种关系的**作出规定的**主体。但是，能思维的我在思维中永远必须被视为**主体**，被视为某种并非像谓词那样只能被看做是依附于思维的东西，这却是一个无可争辩的，甚至是**同一的命题**；但它并不意味着我作为**客体**是一个对我自己来说**持**

① 由此开始直至本篇末均为对第一版的改写，第一版的原文将附在本篇末。——译者注

存着的存在物或者**实体**。后一种说法走得很远，因此还要求有在思维中根本找不到的材料，也许（如果我把思维者仅仅看做是思维者）要求比我（在思维者中）在任何地方将发现的都更多。

2. 统觉的我，从而在每次思维中的我，乃是一个不能被分解为主体之复数的**单数**，因而表示一个逻辑上单纯的主体，这已经蕴涵在思维的

B408 概念中，因而是一个分析命题；但是，这并不意味着能思维的我是一个单纯的**实体**，后者会是一个综合的命题。实体的概念总是与直观相关，直观在我这里只能是感性的，从而完全处在知性的领域及其思维之外，本来在这里毕竟只是在说我在思维中是单纯的时才谈到思维。如果某物在其他情况下需要作出如此之多的准备，以便在直观所表现的东西中分辨出其中是实体的东西，甚至分辨出这一实体是否可能是单纯的（就像在物质的各部分中那样），在这里却会如此直截了当地在一切表象之最贫乏的表象中仿佛通过一种启示被给予我，这也会是稀奇古怪的。

3. 我所意识到的我自己在一切杂多中的同一性的命题，是一个同样蕴涵在概念之中的命题，从而是分析的命题；但是，主体的这种同一性，我在它的一切表象中都能够意识到，却并不涉及它作为客体被给予所凭借的对它的直观，因而也不可能意味着它自己的实体作为能思维的存在者在各种状态的一切变易中之同一性的意识被理解所凭借的人格的同一性。为此，要证明这种同一性，单凭对“我思”这一命题的反思是办不

B409 到的，而是需要基于被给予的直观的各种综合判断。

4. 我把我自己作为一个能思维的存在者的实存与我（也包括我的肉体）之外的其他事物区别开来，这同样是一个分析命题；因为**其他**事物就是我作为与我**有别**的东西来思维的。但是，我由此却根本不知道，对我自己的这种意识没有我之外使得各种表象被给予我的事物是否可能，因而我是否能够仅仅作为能思维的存在者（不是作为人）实存。

因此，通过对一般思维中的我自己的意识的分析，就对作为客体的我自己的知识而言，没有丝毫收获。对一般思维的逻辑探讨被错误地视为客体的一种形而上学规定。

如果有可能先天地证明，一切能思维的存在者自身都是单纯的实体，因而作为这样的实体（这是从上述证明根据得出的一个结果）都不可分割地具有人格性，而且意识到自己与一切物质相分离的实存，那么，这

就会是违背我们的全部批判的一个重大的、乃至惟一的绊脚石。因为以这样的方式，我们毕竟就已经跨出了超越感官世界的一步，我们就会步入**本体**的领域，于是就没有人会否认我们有权在这个领域拓展、定居， B410 并且每一个人只要吉星高照，就可以占领这一领域。因为“每一个能思维的存在者本身都是单纯的实体”这个命题乃是一个先天综合命题，这首先是由于它超越了为它奠定基础的概念，给一般思维附加上了**存在的方式**，其次是由于它给那个概念附加上了根本不能在任何经验中被给予的谓词（单纯性）。因此，先天综合判断就不仅像我所主张的那样，乃是与可能经验的对象相关，也就是说作为这种经验本身的可能性的原则才是可行的和可允许的；相反，它们还可以关涉一般的物和物自身，这样的结论将断送这整个批判，并且会要求照旧行事就可以了。然而，如果人们更接近事实，危险在这里就没有那么大。

在理性心理学的程序中，起支配作用的是通过以下理性推理展现出的一种谬误推理：

> 只能被思维为主体的东西也只仅仅作为主体实存，因而也就是实体。
>
> 如今，一个能思维的存在者仅仅作为这样的存在者来看，只能被思维为主体。 B411
>
> 因此，它也仅仅作为这样的存在者，亦即作为实体而实存。

在大前提中谈到的存在者，一般而言能够在一切方面来思维，因而也可以像它可能在直观中被给予的那样来思维。但在小前提中谈到的存在者，则只是相对于思维和意识的统一性，却不同时在与它作为思维的客体被给予所凭借的直观的关系中把自己视为主体。因此，这一结论是 per sophisma figura dictionis［通过言说式的诡辩］，因而是通过一种错误的推论得出的。①

---

① 在两个前提中，是在完全不同的意义上对待思维的：在大前提中是如它关涉一般客体那样（因而是如客体可能在直观中被给予那样）；而在小前提中，则只是像它处于同自我意识的关系中那样，因而在这里根本没有任何客体被思维，而只是表现出与作为主体（作为思维的形式）的自己的关系。前者所谈的是只能被思维为主体的物；后者所谈的则不是**物**，而是**思维**（因为人们抽掉了一切客体），在思维中我总是被用做意识的主体；因此，在结论中并不能推论出：我只能作为主体实存，而是只能推论出：我在对我的实存的思维中只能把我用做判断的主体，而这是一个同一的命题，它对我的存在的方式绝对没有揭示任何东西。

B412 如果人们回顾一下原理的系统介绍的总说明和关于本体的一章，那就会清楚地显示出，把这个著名的论证化解为一个谬误推理是完全正确的，因为那里已经证明，一个能够独自作为主体，但却不能够作为纯然的谓词实存的物的概念，还根本不具有客观的实在性。也就是说，人们无法知道是否在任何地方都能够有一个对象属于它，因为人们看不出这样一种实存方式的可能性，因此，该概念根本没有提供任何知识。所以，如果它应当在一个实体的称谓下表示一个能够被给予的客体，如果它应当成为一种知识，那么，就必须有一个持久的直观来作为基础，该直观是一个概念的客观实在性不可或缺的条件，也就是说，是对象被给予所
B413 惟一凭借的东西。但现在，我们在内直观中根本没有任何持久的东西，因为我只不过是我的思维的意识罢了；因此，如果我们仅仅停留在思维上面，我们就也缺乏把实体亦即一个独自持存的主体的概念应用于作为能思维的存在者的自身的必要条件；与此相联系的实体的单纯性就与这一概念的客观实在性一起消失了，转变成一般思维中自我意识的一种纯然逻辑的、质的单一性，而不管主体是不是复合的。

对门德尔松关于灵魂持久性的证明的反驳

这位敏锐的哲学家很快就发现，在通常应当用来证明灵魂（如果人们承认它是一种单纯的存在者的话）不可能由于**分解**而终止存在的论证中，对于保证灵魂的必然存续的目的来说缺乏充分性，因为人们还可以假定灵魂由于**消失**而终止存在。在其《斐多篇》中，他试图摈除灵魂的这种短暂性，这种短暂性会是一种真正的消灭。他大胆地证明道：一个单纯的存在者根本不可能终止存在，因为既然它不能被减弱而逐渐地丧失其存在的某种东西，进而**逐渐地**转化为无（因为它在自身中没有部分，
B414 从而也没有复多性），在它存在的瞬间和它不存在的另一个瞬间之间就根本不会发现任何时间，而这是不可能的。然而，他没有看到，即使我们承认灵魂有这种单纯的本性，因为它不包含**彼此外在**的杂多，从而不包含扩展的量，人们也毕竟就像对任何一个实存者那样，不能否认强弱的量，也就是说，不能否认就其一切能力而言的实在性的一种程度，甚至一切构成其存在的东西的一种程度，这种程度可能通过一切无限多的较小的

程度而减弱，这样，所说的实体（其持久性不像通常那样已经确定的事物）虽然不是通过分解，但却通过其力量的逐渐减退（remissio）——从而通过枯萎，如果允许我使用这一术语的话——而转化为无。因为即便是意识，也在任何时候都有一个总是还能够减弱的程度①，因此意识到自己的那种能力以及一切其余的能力亦复如是。所以，灵魂的持久性，仅仅作为内感官的对象来看，依然未得到证明，甚至是不可证明的。尽管它在生命中的持 B415
久性由于能思维的存在者（作为人）同时是外感官的一个对象而本身是清晰的，但这根本不能让理性心理学家感到满足，理性心理学家是从事于纯然从概念出发证明灵魂甚至超出生命的绝对持久性的。②

---

① 明晰性并不像逻辑学家们所说的那样是一个表象的意识；意识的某个尚不足以达到回忆的程度，必然甚至能够在一些模糊不清的表象中发现，因为如果没有任何意识，我们在种种模糊表象的联结中就不能作出任何区分，而我们就一些概念的特征而言毕竟是能够做到这一点的（例如权利和公正的区分，又如音乐家在即兴演奏中同时奏出几个音符时的区分）。但是一个表象，意识在其中足以**意识到**该表象与别的表象的**区别**，它就是明晰的。如果意识虽然足以作出区分，但却不足以意识到区别，那么，该表象就还必须被称为模糊的。因此，意识一直到消失，有无限多的程度。

② 一些人为将一种新的可能性引入轨道，而认为只要他们使人们不能向他们指出其前提假设中的矛盾，就已经感到满足了（例如，那些虽然就经验性直观而言只能在人的生命中拥有思维之可能性的例证，但却相信能够看出思维即便在生命终结之后的可能性的人，就全都是这样的人），他们会因为别的丝毫也不更大胆的可能性而陷入严重的困境。诸如此类的东西就是将一个**单纯的实体**分割成多个实体的可能性，以及反过来多个实体汇合（合并）成一个单纯的实体。因为虽然可分割性以一个复合物为前提条件，但它毕竟并不必然要求一个众多实体的复合物，而是仅仅要求同一个实体的众多程度（各种各样的能力）的复合物。正如人们能够设想灵魂的一切力量和能力、甚至意识的能力都减小到一半，而毕竟实体始终存留下来，人们也能够没有矛盾地想象这消失了的一半被保存下来，但不是保存在灵魂里面，而是保存在它外面，而且既然这里凡是在灵魂里面始终实在的、因而有一种程度的、进而灵魂的整个毫无缺陷的实存都已经被分成两半，在这种情况下，在灵魂外面就会产生一个特殊的实体。因为被分割的复多性是事先就有的，但不是众多实体的复多性，而是作为灵魂中实存的量的每一种实在性的复多性；而实体的单一性只不过是一种实存方式罢了，这种方式惟有通过这种分割才转变为一种自存体的复多性。但这样一来，多个单纯的实体就也可以又汇合成一个实体，此际除了自存体的复多性之外，并不损失任何东西，因为这一实体把此前所有实体的实在性的程度一起包含在自身之中；也许，给予我们一种物质的显象（诚然不是通过相互之间的一种力学的或者化学的影响，而是通过一种我们不知道的影响，前者只不过是后者的显象罢了）的种种单纯实体会通过对作为**强弱量**的父母灵魂进行的诸如此类的**动力学**分割来产生子女灵魂，而父母灵魂又通过与同类新材料的合并来弥补自己的损耗。我绝不是承认诸如此类的幻想有丝毫的价值或者效力，而且上面的诸分析论原理也已经充分地说明，对范畴（例如实体的范畴）只能做经验的应用。但是，如果唯理论者仅仅由于思维中的统觉的统一性不允许他从复合物出发作出任何说明，就足够大胆地从纯然的思维能力出发而无须一个对象被给予所凭借的一种持久的直观就去形成一个独立持存的存在者，而不是更好地去承认自己不知道怎样说明一种能思维的自然的可能性，那么，**唯物论者**虽然同样不能为了自己的种种可能性而援引经验，却为什么不应当有权同样大胆地运用自己的原理，同时保持前者做相反应用时的形式统一性呢？

B416 现在，如果我们在综合的关联中对待我们的上述命题，就像在作为体系的理性心理学中他们必须被当做对一切能思维的存在者都有效那样，并且从关系范畴出发借助“一切能思维的存在者自身都是实体”这一命
B417 题向后回溯过范畴的序列，直到完成一个圆圈，那么，我们就最终达到了这些能思维的存在者的实存，这些存在者在这一体系中独立于外部事
B418 物不仅意识到自己的实存，而且还（就必然地属于实体的特性的持久性而言）能够从自身出发规定这种实存。但由此就得出，在同一种唯理论体系中**唯心论**就是不可避免的了，至少是或然的唯心论，而如果外部事物的存在对于规定他自己在时间中的存在来说根本不是必要的，那么，假定外部事物的存在也就只是全然没有道理的了，对此绝不能提供任何证明。

与此相反，如果我们遵循**分析的**程序，由于“我思”作为一个已经包含着一种存在于自身的命题，作为被给予的，从而有模态作为基础，而且如果我们对该命题进行分析，以便认识它的内容，即这个我是否以及如何在空间中或者时间中仅仅由此而确定自己的存在。那么，理性灵魂说的种种命题就会不是从一个一般能思维的存在者的概念开始，而是从一种现实性开始，从这种现实性被思维的方式出发，在这里经验性的
B419 一切都被抽掉之后，就推论出属于一个一般能思维的存在者的东西，如下表所示：

1.

我思

2.

作为主体

3.

作为单纯的主体

4.

作为我的思维的任何状态中的同一主体

由于这里在第二个命题中并没有确定我是否能够仅仅作为主体，并不也作为另一个主体的谓词而实存和被思维，所以，一个主体的概念在这里只是在逻辑上对待的，至于它是否应当被理解为实体，依然是未被确定的。但在第三个命题中，尽管我关于主体的性状或者自存性还没有澄清任何东西，统觉的绝对统一性，亦即单纯的我，在构成思维的一切

联结和分离都与之相关的表象中却也就自身而言是重要的。统觉是某种实在的东西，其单纯性已经蕴涵在其可能性之中。如今，在空间中没有任何实在的东西会是单纯的；因为点（点是空间中是惟一单纯的东西）仅仅是界限，本身并不是某种作为部分用来构成空间的东西。所以由此就得出，从**唯物论**的根据出发解释作为纯然能思维的主体的我的性状是 B420
不可能的。但是，由于我的存在在第一个命题中是被视为被给予的，因为这个命题并不是说每一个能思维的存在者都实存（这同时就会主张它的绝对必然性，所以言之过多），而是仅仅说我在思维时实存，所以它是经验性的，包含着我的存在仅仅就我在时间中的表象而言的可规定性。但是，既然我又为此首先需要某种持久的东西，诸如此类的东西就我思维我自己来说根本没有在内直观中被给予我，所以我实存的方式，无论是作为实体还是作为偶性，都根本不可能通过这种单纯的自我意识而得到规定。因此，如果**唯物论**对于我的存在的解释方式来说是不适用的，那么，**精神论**对此也同样是不充分的；而结论就是：我们以随便任何一种方式都不能对我们灵魂的一般而言涉及其独立实存的可能性的性状而认识某种东西。

而且，通过我们自己只是由于我们为经验的可能性而使用才认识的意识的统一性来超越经验（我们在生命中的存在），甚至通过“我思”这个经验性的、但就一切直观方式而言都不确定的命题来把我们的知识扩 B421
展到一切一般能思维的存在者的本性，这也应当是可能的吗？

因此，不存在一种作为对我们的自我认识有所增益的**学说**的理性心理学，而只存在一种作为在这一领域为思辨理性设置不可逾越的界限的**训练**的理性心理学。这一方面是以免投入无灵魂的唯物论的怀抱，另一方面是以免蜂拥陷入对我们来说在此生没有根据的精神论之中，而毋宁说提醒我们把我们理性对令人满意地答复好奇的、超出此生的问题的这种拒绝视为理性的一种暗示，即把我们的自我认识从无益浮夸的思辨转用到有益的实践应用上去，这种应用虽然也只是始终指向经验的对象，但却自更高的地方取得其原则，并如此规定行为，就好像我们的规定无限远地超越经验，从而超越此生似的。

从这一切可以看出，一种纯然的误解为理性心理学提供了其起源。作为范畴的基础的意识统一性在这里被当做作为客体的主体的直观，实

体的范畴被运用于其上。但是，它只不过是**思维**中的统一性罢了，仅仅
B422 由于它还没有任何客体被给予，所以在任何时候都以被给予的**直观**为前提条件的实体范畴不能运用于其上，从而这个主体根本不能被认识。因此，各范畴的主体不能由于它思维这些范畴就获得关于自己本身作为这些范畴的一个客体的概念；因为要思维这些范畴，它就必须将它自己的纯粹的自我意识奠定为基础，而这种自我意识毕竟是应当予以说明的。时间的表象原初在其中有其根据的主体，同样不能由此规定它自己在时间中的存在，而如果后者不可能，则前者作为通过范畴对它自己本身（作为一般能思维的存在者）的规定也不能成立。①

※　※　※

B423 这样，一种力图超越可能经验的界限，且毕竟属于人类的最高旨趣
B424 的知识，就它应当归功于思辨哲学而言，就消失在迷茫的期望之中了；此际，批判的严格性依然通过它同时证明对于经验的对象不可能超出经验界限独断性地澄清某种东西，而不仅就理性的这一旨趣而言为理性作出了不菲的贡献，还保障理性免除了对反面的一切可能的肯定；这种情况之所以能够发生，除非是人们要么无可置疑地证明自己的命题，要么是不能证明自己的命题时，就找出这种无能的种种根源，这些根源如果蕴涵在我们的理性的必然界限之中，就必定使任何反对者都服从拒斥对独断性主张的一切要求的同一条规律。

尽管如此，对于按照与思辨的理性应用结合在一起的实践的理性应

① 如同已经说过的那样，“我思”是一个经验性的命题，在自身中包含着“我实存”的命题。但是，我不能说“凡思维者皆实存”；因为这样的话，思维的属性就会使一切具有这种属性的存在者都成为必然的存在者了。因此，我的实存也不能像**笛卡尔**所主张的那样，被视为从“我思”的命题中推论出来的（因为若不然，“凡思维者皆实存”这个大前提就必须走在前面），而是与该命题同一的。它表述一种不确定的经验性直观，亦即知觉（因而它毕竟证明，已经有属于感性的感觉作为这个实存命题的基础），但先行于应当通过范畴在时间方面规定知觉的客体的经验；而实存在这里并不是一个范畴，并不作为范畴与一个不确定的被给予的客体相关，而是仅仅与一个人们有其概念，并且人们想知道它是否还在这一概念之外被设定的客体相关。一个不确定的知觉在这里意味着某种实在的东西，它被给予，而且仅仅是为了一般的思维而被给予的，因而不是作为显象，也不是作为事物自身（本体），而是作为事实上实存的某物，并在“我思”的命题中被表示为这样一个某物。因为应当注意的是，当我把“我思”这个命题称为一个经验性命题的时候，我由此并不是想说，“**我**”在这个命题中是经验性的表象；毋宁说，它是纯理智的，因为它属于一般的思维。然而，没有为思维提供材料的某种经验性表象，“我思”的行动就毕竟是不成立的，而经验性的东西只不过是纯粹理智能力的运用或者应用的条件罢了。

用而接受一种来生的必然性来说，由此在这里并没有失去任何东西；因为纯然思辨的证明对于通常的人类理性来说本来就从来不能有任何影响。它是如此建立在一个发梢之上的，以至于即便是学派要把它保持在这个发梢上，也只能使它作为一个陀螺围绕着同一个点不停地旋转，因此，它即便在学派自己的心目中也不能提供一种使某种东西能够建立于其上的持久基础。对世人有用的种种证明，在此都保持其毫不减弱的全部价 B425
值，毋宁说还通过放弃那些独断的僭妄而获得清晰性和自然的信念，因为它们将理性置于其特有的领域之中，即置于毕竟同时又是自然秩序的目的秩序之中，但理性同时作为实践的能力自身，并不被限制在自然秩序的条件之上，有权利把目的秩序连同我们自己的实存扩展到经验和此生的界限之外。对于这个世界上的生物来说，理性必须必然地接受为原理的是，不能发现任何器官、任何能力、任何冲动，因而任何东西是多余的或者与应用不相称的，从而是不符合目的的，而是一切都完全适合其生命中的规定；根据与这个世界上的生物的**本性的类比**来作出判断，毕竟是惟一能够在自身中包含着这一切的终极目的的人，就必须是惟一例外的造物。因为人的自然禀赋——不仅就天资和应用这天资的动力而言，而且首先是他心中的道德法则——如此远地超出了他在此生中能够从中得出的用途和好处，以至于道德法则甚至教人即便缺少一切好处，乃至于缺少身后荣誉的虚幻而将正直意念的纯然意识置于一切之上，人 B426
在内心中感到有责任通过自己在这个世界中的所作所为、凭借放弃诸多的好处使自己适合于做一个他在理念中所拥有的更好的世界的公民。这个强有力的、永远不会被质疑的证明根据伴随着对我们面前所见的一切事物中的合目的性不断增加的知识，伴随着对广阔无垠的创造的眺望，从而也伴随着我们的知识的可能扩展方面的某种不受局限性的意识，连同与这种不受局限性相符合的冲动，即便我们不得不放弃从对我们自己的纯然理论知识来看出我们的实存的必然延续，也依然还存留下来。

心理学谬误推理之解决的结论

理性心理学中的辩证幻相基于理性的一个理念（一种纯粹的理智）与一个一般能思维的存在者在所有方面都不确定的概念的混淆。我思维我自己，乃是由于一个可能的经验，因为我还抽掉了一切现实的经验，由此推论出：我即便在经验及其经验性条件之外也能够意识到我自己的
B427 实存。因此，我把对我经验性地确定的实存的可能**抽象**与自以为对我能思维的自我的一种**孤立地**可能的实存的意识混为一谈，相信认识到我里面的实体性的东西就是先验的主体，因为我在思想中只有一切规定作为知识的纯然形式而当做基础的意识统一性。

说明灵魂与肉体的共联性的任务本来并不属于这里所谈的心理学，因为这种心理学的目的在于证明即便在这种共联性之外（在死后）也还有人格性，因而在真正的意义上是**超验的**，尽管它研究的是经验的一个客体，但却只是就该客体不再是经验的一个对象而言的。不过，即便是对这一点，按照我们的体系也能够给予充分的回答。如同已知的那样，这一任务所造成的困难在于预先设定的内感官对象（灵魂）与外感官对象的异类性，因为作为直观的形式条件而属于前者的只有时间，属于后者的却还有空间。但是，如果人们考虑到，这两种对象彼此的区别在这
B428 里并不是内在的，而只是就一个**显现**得外在于另一个而言的，从而作为物自身而是物质显象的基础的东西也许并不如此异类，这一困难就消失了，而存留下来的惟一问题就是，一般而言诸实体的共联性是如何可能的，这一问题的解决完全处于心理学的领域之外，而且就像读者根据基本力量和能力的分析论中所说的内容而可以轻而易举地判断的那样，毫无疑问也处于一切人类知识的领域之外。

有关从理性心理学向宇宙论的过渡的总说明

"我思"或者"我在思维时实存"的命题是一个经验性的命题。但是，这样一个命题是以经验性的直观，从而也是以作为显象的被思维客体为基础的；这样，看起来就好像是按照我们的理论，灵魂即便在思维中也会完全转变为显象似的，而以这样的方式，我们的意识自身作为纯然的幻相就必然在事实上不关涉任何东西。

思维就其自身而言，仅仅是逻辑的功能，因而纯粹是联结一个可能
B429 直观的杂多的自发性，绝不把意识的主体展示为显象，之所以如此，仅仅是因为它并不顾及直观的方式，不管它是感性的还是理智的。由此，

我表象我自己，既不是如我本来那样，也不是如我对我显现的那样，而是我思维我自己，仅仅如任何一个我抽掉了其直观方式的一般客体那样。当我在这里把我自己表象为思想的**主体**或者也表象为思维的**根据**的时候，这些表象方式并不意味着实体或者原因的范畴，因为这些范畴都是思维（判断）的那些已经运用于我们的感性直观的功能，而如果我想认识我自己，感性直观当然就是需要的。但如今，我只想意识到我自己是能思维的；至于我自己的自我如何在直观中被给予，我把它搁置一旁，而此时，它就可能对于能思维的我来说——但不是就我在思维而言——纯然是显象；在对纯然思维时的我自己的意识中，我就是**存在者本身**，但对这个存在者本身，当然由此还没有给予我任何东西供思维。

但"我思"这个命题，如果它等于是说"**我在思维时实存**"，就不是纯然的逻辑功能，而是在实存方面规定着主体（主体在这种情况下同时是客体），没有内感官就不能发生，而内感官的直观在任何时候都不是把客体当做物自身，而仅仅是当做显象来提供的。因此，在它里面就已经不再仅仅有思维的自发性，而是还有直观的感受性，也就是说，对我自 B430
己的思维被运用于对同一个主体的经验性直观。在这种情况下，能思维的自我必然在这种直观中寻找为实体、原因等范畴而使用其逻辑功能的条件，以便不仅仅通过"我"来标示自己为客体自身，而且还规定自己存在的方式，也就是说，认识自己为本体；但这是不可能的，因为内在的经验性直观是感性的，且提供的无非是显象的材料，这些材料并不为**纯粹意识**的客体认识其独立的实存提供任何东西，而是仅仅被用来为经验服务罢了。

但是如果假定，今后不是在经验中，而是在纯粹的理性应用的某些（不是纯然的逻辑规则，而是）先天地确定的、涉及我们的实存的规律中发现理由，来预先设定我们在我们自己的**存在**方面是**立法的**，并且规定这种实存本身的，那么，由此就会揭示出一种自发性，通过它我们的现实性就是可规定的，为此无须经验性直观的条件；而在这里我们还会觉察到，在对我们的存在的意识中先天地包含着某种东西，它毕竟能够用来在某种与一个理知世界（当然只是被思维的世界）相关的内在能力方面规定我们只是在感性上可以完全地规定的实存。 B431

然而，这仍然丝毫不会促进理性心理学中的所有企图。因为通过道德法则的意识首先给我启示的那种令人惊异的能力，我虽然有一个规定我的实存的原则，该原则是纯粹理智的，但却是通过什么谓词呢？只能通过必须在感性直观中给予我的那些谓词；而这样一来，我就会又陷入我在理性心理学中所处的位置，即陷入对感性直观的需求中，才能赋予我的知性概念如实体、原因等等以意义，我只有通过这些概念才能对我自己拥有知识；但那些直观却绝不能帮助我超出经验的领域。不过，就总是指向经验的对象的实践应用而言，我毕竟是有权按照理论应用中的类似意义而把这些概念应用于自由及其主体的，因为我仅仅把它们理解为主体与谓词、根据与结果的逻辑功能，根据它们，行动或者结果被按
B432 照那些规律如此规定，以至于那些规律连同自然规律一起都可以总是按照实体和原因的范畴得到说明，尽管它们产生自完全不同的原则。说这些东西，应当只是为了防止关于我们作为显象的自我直观的学说容易遭受的误解。人们将在下文中有机会应用它们。

［附：第一版原文］

第一谬误推理：实体性

其表象**是**我们的判断的**绝对主体**，因而不能被用做另一个事物的规定的东西，就是**实体**。

我，作为一个能思维的存在者，是我的一切可能的判断的**绝对主体**，而且关于我自己的这个表象不能被用做任何一个别的事物的谓词。

所以，我作为能思维的存在者（灵魂），就是**实体**。

对纯粹心理学的第一谬误推理的批判

在先验逻辑的分析部分里，我们已经指明：如果不给纯粹范畴（以及其中还有实体）加上它们作为综合统一性的功能能够运用于其杂多之上的一种直观，它们就其自身而言根本没有客观的意义。没有这种杂多，
A349 它们就仅仅是一种判断的功能而没有内容。关于任何一个一般的事物，就我把它与事物纯然的谓词和规定区别开来而言，我都能够说它是实体。

如今，在我们的一切思维中，我都是思想仅仅作为规定所依存的主体，而且这个我不能被用做另一个事物的规定。因此，每一个人都必须必然地把自己视为实体，而把思维仅仅视为他的存在的偶性和他的状态的规定。

但是，我应当怎样利用这个实体概念呢？我从中绝不能推论出，我作为一个能思维的存在者对于我自己来说**持久存在**，既不以自然的方式**产生**，也不以自然的方式**消逝**；而且，我的能思维的主体的实体性的概念对我来说毕竟只能用在这方面，没有这种应用，我就完全可以没有这个概念。

人们还远远不能从纯然的、纯粹的实体范畴推论出这些属性，毋宁说，如果我们想把关于一个**实体**的经验性概念用于一个被给予的对象，我们就必须以该对象出自经验的持久性为基础。但现在，我们在我们的命题中并没有以任何经验为基础，而是仅仅从一切思维与作为它们所依 A350
存的共同主体的我之关系的概念出发进行推论。即使我们有志于此，也不能用任何可靠的观察来阐明这样一种持久性。因为我虽然在一切思想中，但与这个表象却没有丝毫的直观相结合，来把它与直观的其他对象区别开来。因此，人们虽然能够觉察这个表象在一切思维中都一再出现，但却不能觉察它是一个种种思想（作为可变的）在其中相互交替的常驻不变的直观。

由此得出：先验心理学的第一个理性推理在把思维恒常的逻辑主体冒充为依存性的实在主体的知识时，只不过是在用一种被信以为真的新洞识来欺骗我们罢了；关于这个实在的主体，我们没有也不可能有丝毫知识，因为意识是惟一使一切表象成为思想的东西，从而作为先验的主体，在它里面必然发现我们的一切知觉，而且在我的这种逻辑意义之外，我们对于作为基底构成这一思想以及一切思想的基础的主体自身没有任何知识。然而，人们尽可以承认“**灵魂是实体**”这个命题，只要人们满足于，我们的这个概念并不使人前进一步，或者能够告诉人玄想的灵魂说的种种通常的结论中的任何一个，例如告诉人灵魂无论人有什么变化， A351
甚至死亡也永久持存，因此，它只不过表示一个理念中的实体罢了，但并不表示实在性中的实体。

第二谬误推理：单纯性

其活动绝不能被视为诸多活动着的事物的协作的事物，就是**单纯的**。

现在，灵魂或者能思维的我就是这样一个事物。

所以，……

对先验心理学的第二谬误推理的批判

这是纯粹的灵魂说的一切辩证推理的阿基里斯，并不纯然是一个独断论者假造出来赋予其种种主张以一种易逝的外表的诡辩把戏，而是一种甚至看起来能够经得起最严厉的检验和研究的最大疑虑的推理。该推理如下所述：

任何一个**复合的**实体都是诸多实体的集合，而一个复合物的活动或者依存于这样一个复合物的东西，都是分布于大量实体中间的诸多活动
A352 或者偶性的集合。现在，虽然从诸多活动着的实体的协作产生的一种结果是可能的，只要这种结果是纯然外部的（例如一个物体的运动是其所有部分的联合运动）。作为内在地属于一个能思维的存在者的偶性的思想就是另一回事了。因为假定复合物能思维，那么，它的每一个部分就会包含着思想的一个部分，而所有的部分合起来才包含着整个思想。然而，这是自相矛盾的。因为既然分布于不同的存在者中间的表象（例如一句诗的各个个别的词）绝不构成一个完整的思想（一句诗），所以，思想不能依存于这样一个复合物。因此，思想惟有在一个并非诸多实体的集合，从而绝对单纯的实体中才是可能的。①

这一论证的所谓 nervus probandi［证明的关键］就在于如下命题：为构成一个思想，在能思维的主体的绝对统一性中必须包含着许多表象。没有人能够**从概念出发**证明这一命题。因为为了做到这一点，他要如何
A353 开始呢？一个思想只能是能思维的主体的绝对统一性的结果，这个命题不能被当做分析的来对待。因为由许多表象构成的思想的统一性是集合的，并且在纯然的概念上，这种统一性既能够与一起参与这一思想的诸多实体的集合统一性相关（就像一个物体的运动是其所有部分的复合运

① 给予这一证明以通常合乎学术的准确性，是很容易的事情。但对我的目的来说，充其量以通俗的方式举出纯然的证明根据就已经够了。

动一样），也同样能够与主体的绝对统一性相关。因此，按照同一性的规则，看不出就一个复合的思想而言预设一个单纯的实体的必要性。但是，没有人敢于声辩应当综合地和完全先天地从纯然概念出发认识这一命题，如果他像我们上面阐述过的那样了解先天综合命题的可能性的根据的话。

但现在，也不可能从经验引申出主体的这种必然的同一性，来作为任何一个思想的可能性的条件。因为经验并不给出必然性以供认识，更不用说绝对统一性的概念远远超出经验的领域了。在这种情况下，我们从何处得到整个心理学的理性推理都依据的这个命题呢？

显而易见，如果要想象一个能思维的存在者，人们就必须设身处地，把要考虑的客体掉换成他自己的主体（在任何别的方式的研究中都不是这种情况），而且我们之所以对一个思想来说要求主体的绝对统一性，只 A354
是因为若不然，就不能说我思（在一个表现中的杂多）。因为尽管思想的整体能够被分割并分布于诸多主体中间，但主观的我却不能被分割和分布，而且我们在一切思维中都毕竟以这个我为前提条件。

因此，在这里与在前面的谬误推理中一样，统觉的形式命题，即**我思**，依然是理性心理学敢于扩展自己的知识所依据的全部根据；这个命题固然不是一个经验，而是属于每个经验并先行于每个经验的统觉形式，但尽管如此，它却必须始终就一般可能的知识而言被视为这种知识的纯然**主观的条件**，我们没有理由使这种条件成为对象的一种知识的可能性的条件，亦即成为关于一般能思维的存在者的**概念**，因为我们如果不凭借我们的意识的公式将我们自己置于任何别的理智存在者的位置上，就不能把这个存在者表现给我们。

但是，我自己（作为灵魂）的单纯性实际上也不是从我思这个命题**推论**出来的，相反，这种单纯性已经蕴涵在每一个思想自身里面。**“我是单纯的”**，这个命题必须被视为统觉的一种直接的表达，就像被信以为真的**笛卡尔式**推理“cogito，ergo sum”［我思，故我在］事实上是同义反复 A355
一样，因为 cogito［我思］（sum cogitans［我是思维者］）直接陈述着现实性。但**“我是单纯的”**却仅仅意味着，**“我”**这个表象在自身不包含丝毫的杂多性，它是绝对的（尽管纯然是逻辑的）统一性。

因此，这个如此著名的心理学证明只是建立在一个仅仅就某个人称而言来支配动词的表象之不可分割的统一性之上。但显而易见，通过依附思想的"我"，只是先验地表示出依存性的主体，并没有说明它的丝毫属性，或者关于它根本没有认识或知道某种东西。它意味着一个一般的某物（先验的主体），其表象当然必须是单纯的，这正是因为人们在它那里根本没有规定任何东西，就像毫无疑问没有任何东西能够比通过一个纯然的某物的概念被表现得更加单纯一样。但是，一个主体的表象的单纯性却并不因此就是关于这主体本身的单纯性的知识，因为在用"我"这个完全空无内容的表述（我可以把它用于任何一个能思维的主体）来表示它的时候，它的种种属性就都被抽掉了。

A356 如此说来也就毫无疑问，我通过这个"我"在任何时候都想到主体的绝对的、但却是逻辑的统一性（单纯性），然而并不是我由此就认识到我的主体的现实的统一性。就像"我是实体"这个命题无非意味着我不能具体地（经验性地）使用的纯粹范畴一样，我也被允许说"我是一个单纯的实体"。也就是说，这个实体的表象绝不包含杂多的一种综合；但就作为经验的一个对象的我自己而言，这个概念或者这个命题并没有告诉我们丝毫的东西，因为实体的概念本身只是被当做综合的功能来使用，没有匹配的直观，因而没有客体，只是适用于我们的知识的条件，但并不适用于某个相关的对象。我们要对这个命题被信以为真的可用性作一番试验。

每一个人都必须承认，灵魂的单纯本性的主张，只是就我能够由此把这个主体与一切物质区别开来，从而使灵魂免除这些物质在任何时候都承受着的衰败而言才具有一种价值。真正说来，上述命题也完全是着眼于这种用途，因此它在大多数情况下也被这样来表述：灵魂不是有形
A357 体的。现在，如果我能够指出，尽管人们承认理性的灵魂说的这个基本命题在一个（从纯粹范畴出发的）纯然的理性判断的纯粹意义上具有客观的有效性（凡是思维的东西，都是单纯的实体），然而，在灵魂与物质异类或者相似方面，这个命题却不能有丝毫的应用，那么，这也就等于是说，好像我已把这个被信以为真的心理学洞识放逐到缺乏客观应用的实在性的纯然理念的领域里了。

在先验感性论中，我们已经无可争辩地证明了，物体是我们外感官的纯然显象，而不是物自身。据此，我们就有理由说，我们能思维的主体不是有形体的，也就是说，既然它被我们表现为内感官的对象，所以，

就它在思维而言，它就不能是外感官的对象，亦即不是空间中的显象。这就等于是要说：能思维的存在者**作为这样的存在者**，绝不在外部显象中间呈现给我们；或者，我们不能在外部直观到这样的存在者的思想、意识、欲望等等；因为这一切都属于内感官。事实上，这一论证看起来也是自然的和通俗的论证，甚至最平常的知性也似乎历来都落在它上面，很早就已经开始把灵魂视为与物体完全不同的存在者了。 A358

但是，尽管广延、不可入性、联系和运动，总而言之，只要是外感官能够给我们提供的一切，就都不是思想、情感、偏好或者决定，或者包含着这样的东西，这些在任何地方都不是外部直观的对象，然而，作为外部显象的基础，如此刺激我们的感官，使得感官获得空间、物质、形象等等的表象的这个某物，这个作为本体（或者更好地说作为先验的对象）来看的某物，毕竟还能够同时是思想的主体，虽然我们通过我们的外感官由此被刺激的方式所获得的不是关于表象、意志等等的直观，而纯然是关于空间及其种种规定的直观。但这个某物不是有广延的，不是不可入的，不是复合的，因为所有这些谓词只是就我们被诸如此类的（除此之外对我们来说未知的）客体刺激而言，才关涉到感性及其直观。但是，这些表述根本不使人认识到，这是一个什么对象，而是仅仅使人认识到，作为这样一个无须与外感官相关而就其自身而言被考察的东西，不能把外部显象的这些谓词赋予它。然而，内感官的谓词，亦即表象和 A359 思维，却与它并不矛盾。据此，即使承认本性是单纯的，如果人们把物质（如人们应当的那样）纯然视为显象的话，那么，就物质的基底而言，人类灵魂根本没有与物质充分地区别开来。

如果物质是一个物自身，那么，它作为一个复合的存在者，就会与作为一个单纯的存在者的灵魂全然有别了。但现在，物质是纯然外部的显象，它的基底根本不通过任何可以陈述的谓词被认识；因而关于这个基底，我尽可以假定：它就自身而言是单纯的，虽然它以刺激我们感官的方式在我们里面产生出有广延者的直观，从而产生出复合物的直观；因此，就我们的外感官而言具有广延的实体，就自身而言是拥有思想的，这些思想通过该实体的内感官就能够被有意识地表现出来。以这样的方式，某种东西在一种关系上叫做有形体的，在另一种关系上就会同时是能思维的存在者。我们虽然不能直观到它的思想，但毕竟能够直观到它

的思想在显象中的标志。这样一来，说惟有灵魂（作为特殊种类的实体）
A360 能思维，这种表述就被取消了；毋宁说，这如通常那样意味着人能思维，亦即正是作为外部显象而有广延的东西，内在地（就自身而言）是一个主体，这个主体不是复合的，而是单纯的并且能思维。

但是，即使不允许诸如此类的假说，人们也可以一般地说明，如果我把灵魂理解为一个能思维的存在者自身，那么，灵魂与物质（根本不是物自身，而仅仅是我们里面的一种表象的物质）是否同类，这个问题就自身而言就已经是不适当的了；因为这已经是不言而喻的，即一个物自身与纯然构成它的状态的种种规定具有不同的性质。

但是，如果我们不是把能思维的我与物质，而是把它与作为我们称为物质的外部显象的基础的理知物进行比较，那么，由于我们关于后者根本不知道任何东西，所以我们也就不能说，灵魂与这个理知物在某一方面有内在的区别。

据此，单纯的意识并不是关于我们的主体的单纯本性的知识，是就这种意识并不由此与作为一种复合物的物质区别开来而言的。

但是，如果这个概念在它可用的惟一场合，亦即在我自己与外部经验的对象的比较中，并不适用于规定我自己的本性的特殊有别的东西，那么，人们尽可以一直伪称知道，能思维的我亦即灵魂（内感官的先验
A361 对象的一个名称）是单纯的；但这一表述却由此而根本没有延伸到现实对象的应用，因而丝毫不能扩展我们的知识。

这样，全部理性心理学就随着其主要支柱倒台了，而且在这里和在别处一样，我们都很少能够希望，通过纯然的概念（更没有希望通过我们的一切概念的纯然主观形式亦即意识），无须与可能的经验相关就扩充洞识，尤其是因为甚至**单纯的本性**这个基础概念也具有这样的性质，即它在任何地方都不能在经验中遇到，因而也就根本不存在把它作为一个客观有效的概念来达到它的途径。

第三谬误推理：人格性

在不同的时间里意识到它自己在数目上的同一性的东西，就此而言是一个人格。

如今灵魂就是……

因此，灵魂就是一个人格。

对先验心理学的第三谬误推理的批判

如果我要通过经验来认识一个外部对象在数目上的同一性，那么，我将注意其余的一切作为规定都与作为主体的它相关的那个显象的持久的东西，并且发现那持久的东西在其余的一切发生变迁的时间中的同一 A362
性。但现在，我是内感官的一个对象，而一切时间都纯然是内感官的形式。所以，我把我的所有的和每一个演替的规定都与在一切时间中，亦即在对我自己的内部直观的形式中数目上同一的自我相关联。在这一基础上，灵魂的人格性就必须根本不是被视为推理出来的，而是被视为自我意识在时间中的一个完全同一的命题，而且这也是这个命题之所以先天有效的原因。因为它所说的确实无非是：在我意识到我自己的全部时间里，我意识到这个时间是属于我自己的统一性的；而且我是说这全部时间是作为个别的统一性在我里面，还是说我以数目上的同一性处在所有这些时间中，这全都是一回事。

因此，在我自己的意识中不可避免地能够遇到人格的同一性。但是，如果我从另一个人的角度来观察我自己（作为他的外部直观的对象），那么，这个外部的观察者将首先**在时间中**考虑我，因为在统觉中， A363
时间真正说来只是在我里面被表现的。因此，即使他承认这个在所有的时间里都在我的意识中伴随着、并且以完全的同一性伴随着一切表象的“我”，但他毕竟还不能从这个“我”推论到我自己的客观的持久性。因为既然在这种情况下，观察者将我置入其中的时间并不是在我自己的感性中，而是在他的感性中遇到的时间，所以与我的意识必然相结合的同一性就并不因此而与他的意识，亦即与对我的主体的外部直观相结合。

因此，在不同的时间中对我自己的意识的同一性只不过是我的思想及其联系的一个形式条件罢了，但根本不证明我的主体在数目上的同一性；在我的主体里面，虽然有“我”的逻辑同一性，但仍有可能发生一种不允许保持“我”的同一性的变迁，尽管始终还有听起来一样的“我”可以归之于前一个“我”；后一个“我”在任何别的状态中，甚至在主体的转换中，毕竟总是能够保持先行主体的思想并把它传递给继起的主体。①

A364 尽管一旦人们接受实体，一些古老的学派的命题，即世界上万物皆**流**，无物**常驻**，就不可能成立，但它毕竟不是被自我意识的统一性驳倒的。其实我们自己不能从我们的意识出发来判断，我们作为灵魂是否是持久的，因为我们只把我们意识到的东西归于我们同一的自我，并且这样一来当然就必然作出判断，我们在我们意识到的整个时间里都是同一个灵魂。但站在一个外人的立场上，我们由此还不能宣布这是有效的，因为既然我们在灵魂那里所遇到的持久的显象无非是伴随并联结一些表象的"我"这个表象，所以我们绝不能澄清，这个"我"（一个纯然的思想）是否像其余由此而相互连成串的思想那样都是流转的。

A365 但值得注意的是，灵魂的人格性及其前提条件，亦即其持久性，从而还有其实体性，现在才必须得到证明。因为如果能够预设这些东西，那么，虽然由此还不会得出意识的持存，但毕竟会得出一个常驻的主体中的一种持续的意识的可能性，这对于人格性来说就已经够了，人格性并不由于其作用一时被打断，其本身就立刻终止。但是，这种持久性并不是在我们从同一的统觉推论出来我们自己在数目上的同一性之前就不通过任何东西被给予我们的，而是由这种同一性才推论出来的（而且如果正确地进行，则只能经验性地使用的实体的概念，就必须继这种同一性之后才出现）。既然人格的这种同一性绝不是在我认识我自己的所有时间的意识中从"我"的同一性得出的，所以，上面也不能把灵魂的实体性建立在人格的同一性上。

然而，就像实体和单纯物的概念可以保留一样，人格性的概念（就它是纯然先验的，亦即是主体的统一性而言，此外这个主体不为我们所

① 一个弹性的球沿直线方向撞击另一个同样的球，把自己的全部运动，从而把自己的全部状态（如果人们只注意空间中的位置）传递给后者。如果你们按照与诸如此类的物体的类比假定一些实体，其中一个实体把表象连同其意识撞入另一个实体，那么，就可以设想一整个序列的实体，其中第一个实体把自己的状态连同其意识传递给第二个实体，这第二个实体把它自己的状态连同前一个实体的状态传递给第三个实体，这第三个实体同样传递前面所有实体的状态连同它自己的状态及其意识。因此，最后的实体就会把在它之前被改变了的实体的一切状态都意识成为它自己的状态，因为那些状态连同意识都被过渡到它里面，而尽管如此，它毕竟不会是所有这些状态中的同一个人格。

知，但在它的种种规定中却有一种通过统觉的无例外联结）也可以保留；就此而言，这个概念对实践的应用来说也是必要的和充分的；但是，我 A366 们绝不能把它当做我们通过纯粹理性的自我认识的扩展来炫耀，这样的扩展从同一自我的纯然概念出发给我们假装出主体的一种不断的持存，因为这个概念始终是围绕自己本身旋转的，而且不在着眼于综合知识的任何问题上使我们继续前进。物质是一种什么样的物自身（先验的客体），这虽然是我们完全不知道的，但尽管如此，物质在被表现为某种外部的东西时，作为显象的物质的持久性却毕竟是可以观察到的。但是，既然在我要不顾一切表象的变迁而观察纯然的“我”时，除了我自己连同我的意识的普遍条件之外，没有我进行比较的其他相关物，所以对于一切问题，我只能给出同义反复的回答，因为我把我的概念及其统一性加给了属于作为客体的我的属性，预设了人们要求知道的东西。

第四谬误推理：观念性

其存在只是作为被给予的知觉的一个原因而被推论出来的东西，具有一种仅仅可疑的实存。

现在，一切外部显象都具有这样的性质，即它们的存在不能被直接知觉到，而是仅仅作为被给予的知觉的原因被推论出来。 A367

所以，外感官的一切对象的存在都是可疑的。这种不确定性我称之为外部显象的观念性，而这种观念性的学说就叫做**唯心论**，相比之下，认为外感官的对象有一种可能的确定性的主张被称为**二元论**。

对先验心理学的第四谬误推理的批判

首先我们要检验前提。我们能够有理由来主张，惟有在我们自己里面的东西才能被直接地知觉到，而且惟有我自己的实存才能是一种纯然知觉的对象。因此，在我（如果这个词是在理智的意义上采用的）之外的一个现实对象的存在绝不是径直在知觉中被给予的，而是只能作为知觉的外部原因被在思想上附加给作为内感官的一种变状的知觉，因而被推论出来。因此，**笛卡尔**也有理由把一切最狭义的知觉限制在“我（作 A368 为一个能思维的存在者）在”的命题上。因为显而易见，既然外部的对象不在我里面，我就不能在我的统觉中遇到它，因而也就不能在真正说来只是统觉的规定的知觉中遇到它。

因此，我真正说来不能知觉到外部的事物，而只能从我的内部知觉推论到他们的存在，因为我把内部知觉视为结果，某种外部的东西是其最切近的原因。但现在，从一个被给予的结果向一个确定的原因的推论在任何时候都是不可靠的，因为结果可能产生自不止一个原因。据此，就知觉与其原因的关系而言，这原因是内部的还是外部的，因而一切所谓的知觉是否是我们内感官的一种纯然游戏，或者它们是否与作为其原因的外部现实事物相关，这在任何时候都依然是可疑的。至少，后者的存在只是推论出来的，而且要冒一切推理的危险，因为与此相反，内感官的对象（我自己连同我的一切表象）是直接知觉到的，而其实存根本不应受到怀疑。

因此，人们必须不把**唯心论者**理解成为否定感官的外部对象的存在
A369 的人，而是理解成为仅仅不承认这种存在通过直接的知觉被认识到的人，但由此就得出，我们通过一切可能的经验也永远不能完全确知外部对象的现实性。

在我按照我们的谬误推理的骗人的外表展示它之前，我必须首先说明，人们必须区分双重的唯心论，即先验的唯心论和经验性的唯心论。我把一切显象的**先验的唯心论**理解成为这样一个学术概念，按照它，我们把所有的显象均视为纯然的表象，而不视为物自身；而且根据它，时间和空间只是我们的直观的感性形式，而不是作为物自身的客体的独立被给予的规定或者条件。与这种唯心论相对立的，是一种**先验的实在论**，它把时间和空间视为某种就其自身而言（不依赖于我们的感性）被给予的东西。因此，先验的实在论者把外部的显象（如果人们承认它们的现实性）表现为物自身，它们不依赖于我们和我们的感性而实存，因而按照纯粹的知性概念也是外在于我们的。真正说来，这种先验的实在论者就是后来扮演经验性的唯心论者的人，而且在他关于感官的对象错误地假定，如果它们应当是外部的，就必须就其自身而言无须感官也有其实存之后，就在这一观点上发现我们感官的一切表象都不足以确定感官对象的现实性了。

A370 与此相反，先验的实在论者可能是一个经验性的唯心论者，从而像人

们称谓他的那样，可能是一个**二元论者**，也就是说，承认物质的实存，无须超出纯然的自我意识，无须假定比我里面的表象的确定性，从而比 cogito，ergo sum［我思，故我在］更多的东西。因为既然他承认这种物质、甚至物质内在的可能性仅仅是显象，这种显象与我们的感性分开就什么也不是，那么，物质在他那里就只是一种表象（直观），这种表象叫做外部的，并不是好像它们与**就自身而言外部的**对象有关似的，而是因为它们使知觉与空间相关，在空间中一切都彼此外在，而空间自己却在我们里面。

从一开始，我们就已经宣布我们是赞同这种先验的唯心论的。因此，对于我们的学术概念来说，就像我自己作为一个能思维的存在者的存在一样，根据我们纯然的自我意识的见证来假定物质的存在，并由此宣称这种存在已得到证明，这方面的所有疑虑都没有了。因为我毕竟意识到我的表象；因此，这些表象和拥有这些表象的我自己都是实存的。但现在，外部对象（物体）纯然是显象，因而也无非是我的一种表象，其对象惟有通过这些表象才是某种东西，与这些表象相分离就什么也不是。因此，无论是外部事物还是我自己都实存，而且二者都根据我的自我意识的直接见证，区别只是我自己作为能思维的主体，其表象仅仅与内感官相关，而表示有广延的存在者的表象则也与外感官相关。为了外部对象的现实性，我不需要进行推论，就像在我的内感官的对象（我的思想）的现实性方面一样；因为在这两方面，对象无非是表象，其直接的知觉（意识）同时是其现实性的充分证明。 A371

因此，先验的唯心论者是一个经验性的实在论者，并承认作为显象的物质有一种不可以推论出来，但可以直接知觉到的现实性。与此相反，先验的实在论必然陷入尴尬，并发现自己被迫对经验性的唯心论作出让步，因为它把外感官的对象视为某种与感官本身有别的东西，把纯然的显象视为存在于我们之外的独立的存在者；这样一来，即使我们对我们关于这些事物的表象有极清楚的表象，也还远远不能确定，如果表象实存，则与表象相应的对象也实存；与此相反，在我们的体系中，这些外部事物，即物质，在其一切形状和变化中都无非是纯然的显象，也就是说，是我们里面的表象，其现实性是我们直接意识到的。 A372

既然就我所知，一切拥护经验性的唯心论的心理学家都是先验的实在论者，所以他们当然完全一贯地行事，非常重视经验性的唯心论，把它当做人类理性很难使自己摆脱的问题之一。因为事实上，如果人们把外部显象视为由其对象作为就自身而言存在于我们之外的事物而在我们里面造成的表象，那就可以看出，除了通过从结果到原因的推理之外，人们不能以别的方式认识这些事物的存在；而这样一来，那原因究竟是存在于我们里面，还是存在于我们之外，就必然始终是可疑的了。现在，人们虽然可以承认，某种在先验意义上可能处于我们之外的东西是我们的外部直观的原因；但这并不是我们在物质和有形体事物的表象下所理解的对象；因为这些表象都仅仅是显象，也就是说，是纯然的表象方式，它们在任何时候都仅仅存在于我们里面，它们的现实性如同对我自己的思想的意识一样，都基于直接的意识。先验对象无论就内部直观而言还
A373 是就外部直观而言都同样是不为人知的。但这里所说的也不是这种先验对象，而是经验性对象；经验性对象如果在**空间**中被表现，就叫做**外部**对象，如果仅仅在**时间关系**中被表现，就叫做**内部**对象；但空间和时间二者都只能**在我们里面**发现。

然而，由于**"在我们之外"**这个表述本身带有一种不可避免的歧义性，它时而意味着作为**物自身**而与我们有别地实存的某种东西，时而意味着仅仅属于外部显象的某种东西。所以，为了使这个概念在后一种意义上，即在关于我们的外部直观的实在性的心理学问题真正说来被接受的意义上，免除不可靠性，我们就要径直把**经验性上的外部**对象称为**可以在空间中遇到的**事物，由此把它们与在先验意义上叫做外部对象的对象区别开来。

空间和时间虽然是还在一个现实的对象通过感觉规定我们的感官，以便在那些感性的关系下把它表现出来之前，就作为我们的感性直观的形式寓于我们里面的先天表象，然而，这种质料的或者实在的东西，这个应当在空间中被直观的某物，却必然以知觉为前提条件，不依赖于显示空间中的某物的现实性的知觉，这个某物就不能通过任何想象力构想
A374 或者产生出来。因此，感觉是根据其与感性直观的这种或者那种方式相关而在空间和时间中表示一种现实性的东西。一旦有感觉被给予（如果感觉被用于一个一般对象而不规定这个对象，它就叫做知觉），就可以通过感觉的杂多性来在想象中构想某种对象，这对象在想象之外在空间和时间中没有经验性的位置。这是毫无疑问地确定的；人们尽可以提到快

乐与痛苦等感觉，或者也提到外感官的感觉如颜色、热等等，知觉都是为思维感性直观的对象而必须首先给出材料所凭借的东西。因此（我们现在只考虑外部直观），这种知觉表现着空间中的某种现实的东西。因为第一，知觉是一种现实性的表象，就像空间是一种并存的纯然可能性的表象一样。第二，这种现实性是在外感官之前，亦即是在空间中被表现的。第三，空间本身不外是纯然的表象；因此，在空间中就惟有在它里面被表现的东西才能够被视为现实的①，而反过来，在空间中被给予亦即 A375 通过知觉被表现的东西，在空间中也是现实的；因为如果这东西在它里面不是现实的，亦即不是直接通过经验性的直观被给予的，那么，它也就不能被构想出来，因为人们根本不能先天地认识直观的实在的东西。

因此，一切外部知觉直接地证明着空间中的某种现实的东西，或者毋宁说是现实的东西本身，就此而言，经验性的实在论是毫无疑问的，也就是说，空间中有某种现实的东西与我们的外部直观相应。当然，空间本身连同它的所有作为表象的显象都在我里面，但在这个空间中，毕竟仍然有实在的东西或者外部直观的一切对象的材料，现实地、不依赖于一切构想被给予出来，而且在**这个空间**中也不可能有某种**在我们之外**的东西（在先验的意义上）被给予出来，因为在我们的感性之外的空间本身什么也不是。因此，最严格的唯心论也不能要求人们证明，我们之外（在严格的意义上）的对象与我们的知觉相适应。因为即使存在诸如 A376 此类的东西，它也毕竟不能被表象和直观成为在我们之外，因为这是以空间为前提条件的，而作为一个纯然表象的空间中的现实性无非就是知觉本身。因此，外部显象的实在的东西惟有在知觉里面才是现实的，而且不能以任何别的方式是现实的。

从知觉能够产生出对象的知识，要么是通过想象的单纯活动，要么是凭借经验。而这时，当然会产生对象不与之相适应的虚假表象，而且在这里，欺骗有时可归之于想象的幻觉（在梦中），有时可归之于判断力的错误（在所谓感官的欺骗中）。为了在这里避开虚假的外表，人们按照

---

① 人们必须好好留意这个悖谬却又正确的命题，即在空间中除了在它里面被表现的东西之外一无所有。因为空间本身无非是表象；所以，凡是在它里面的东西，都必须包含在表象中，而除了实际上在空间中被表现的，在空间中也根本没有任何东西。说一个事物惟有在关于它的表象中才能够实存，这个命题听起来当然必定令人觉得奇怪，但在这里，由于我们与之打交道的事物并不是物自身，而仅仅是显象，亦即是表象，这个命题就不令人反感了。

如下的规则行事：**按照经验性的规律与一个知觉相联系的，就是现实的。**然而，无论是这种欺骗还是对这种欺骗的抵制，都既涉及唯心论也涉及二元论，因为这里只与经验的形式相关。经验性的唯心论作为对我们的外部知觉的客观实在性的一种错误的疑虑，对它的反驳已经很充分了；
A377 外部知觉直接证明着空间中的一种现实，这个空间虽然就自身而言只不过是表象的纯然形式罢了，但就一切外部显象（外部显象也无非是表象）而言却具有客观的实在性；此外，如果没有知觉，甚至构想和梦也不可能，因此，我们的外感官就经验能够由之产生的材料而言在空间中具有现实的相应对象。

独断的唯心论者会是**否认**物质的存在的唯心论者，而**怀疑的**唯心论者则会是**怀疑**物质的唯心论者，因为他把物质视为不可证明的。前者之所以如此，只是因为他相信在一般物质的可能性中发现了种种矛盾；而我们现在还不想与这种唯心论者打交道。关于辩证推理的下一章，将就属于经验的联系的东西之可能性的概念而言，来介绍处于其内在冲突之中的理性，它也将消除这种困难。但仅仅攻击我们的主张的根据、宣称我们相信建立在直接的知觉之上的关于物质存在的劝说并不充分的怀疑的唯心论者，却就他迫使我们甚至在平常经验的极微小的进步时都要小
A378 心谨慎、不马上把我们也许只是骗取来的东西当做正当获得的而纳入我们的财产而言，是有益于人类理性的人。唯心论的异议在这里所造成的好处，如今已是清晰可见了。这些异议极力推动我们，如果我们不想在我们最平常的主张中也纠缠不清的话，就把一切知觉，无论它们叫做内部知觉还是叫做外部知觉，都仅仅视为对依赖于我们感性的东西的一种意识，而把这些知觉的外部对象不是视为物自身，而是仅仅视为表象；我们能够直接意识到这些表象，正如我们能够直接意识到任何其他表象一样；但它们之所以叫做外部表象，乃是因为它们依赖于我们称为外感官的那种感官；外感官的直观就是空间，但空间本身毕竟不外是一种内部的表象方式，在其中某些知觉相互联结起来。

如果我们使外部对象被视为物自身，那就完全不可能理解，由于我们仅仅依据在我们里面的表象，我们应当如何达到它们在我们之外的现实性的知识。因为人们毕竟不能在自身之外感觉，而只能在自身之内感觉，因此，整个自我意识所提供的无非仅仅是我们自己的种种规定。因

此，怀疑的唯心论就迫使我们抓住这惟一留给我们的避难所，即求助于一切显象的观念性，这种观念性我们在先验感性论中就曾经不依赖于我 A379 们当时尚不能预见的这一切后果而阐明过了。如今，如果有人问，据此在灵魂学说中是否惟有二元论才是成立的，回答则是：当然！但只是在经验性的意义上；也就是说，在经验的联系中，确实有物质作为显象中的实体被给予外感官，就像能思维的我同样作为显象中的实体被在内感官之前给出一样；而这一范畴把一些规则引入我们的外部知觉的联系和内部知觉的联系，使它们成为经验，显象在这两方面都必须按照这些规则相互联结起来。但是，如果人们要像通常发生的那样扩展二元论的概念，并在先验的意义上对待它，那么，无论是它还是与它相对立的**精神论**为一方，或者**唯物论**为另一方，都没有丝毫根据，因为在这种情况下，人们就错用了自己的概念的规定，把我们根据其自身所是的东西依然未知的对象的表象方式的不同视为这些事物本身的不同。通过内感官在时间中被表现的"我"和空间中在我之外的对象虽然在类上是完全有别的显象，但由此却并不被思维成不同的事物。作为外部显象的基础的**先验** A380 **客体**和作为内部显象的基础的**先验客体**，都既不是物质，也不是一个能思维的存在者自身，而是既提供前一类的概念也提供后一类的概念的种种显象的一个不为我们所知的根据。

因此，如果我们像目前的批判明显迫使我们做的那样，忠实地遵循上面确定的规则，即不把我们的问题推进到可能的经验能够给我们提供其客体的程度之外，那么，我们就绝不会突发奇想，要根据我们的感官的对象就其自身而言，亦即无须与感官的关系所可能是的东西来了解这些对象。但是，如果心理学家把显象当做物自身来对待，不管他是作为唯物论者仅仅把物质纳入他的体系，还是作为精神论者仅仅把能思维的存在者纳入他的体系，还是作为二元论者把二者都作为独立实存的事物纳入他的体系，他都会总是被误解拖累在关于毕竟不是物自身，而只是一个事物的显象的东西如何能够就自身而言而实存的玄想方式上。

根据这些谬误推理对纯粹的灵魂说的总体的考察 A381

如果我们把作为内感官的自然学的**灵魂说**与作为外感官的对象的自

然学的**物体说**进行比较，那么，除了在这二者中都能够经验性地认识许多东西之外，我们毕竟还发现了这种显著的区别，即在前一门科学中，许多东西先天地从一个有广延的、不可入的存在者的纯然概念出发就能够被综合地认识到，而在前一门科学中，从一个能思维的存在者的概念出发根本不能先天综合地认识任何东西。其原因如下：尽管二者都是显象，但外感官面前的显象毕竟拥有某种固定的或者常驻的东西，提供一种作为可变的规定之基础的基底，从而提供一个综合的概念，亦即关于空间和空间中的显象的概念，而作为我们的内部直观的惟一形式的时间却不拥有常驻的东西，从而仅仅使人认识各种规定的变迁，却不使人认识可规定的对象。因为在我们称为灵魂的东西中，一切都处在不断的流动中，除了（如果人们绝对要如此表述的话）那个单纯的“我”之外，没有任何常驻的东西，而那个“我”之所以是单纯的，乃是因为这个表象没有任何内容，因而也没有任何杂多性，所以它也显得是在表现、更准确地说是在表示一个单纯的客体。要想有可能实现关于一个能思维的
A382 一般存在者的本性的纯粹理性知识，这个“我”就必须是一个直观，它既然在一切思维中（先于一切经验）都被当做前提条件，就作为先天直观提供出综合命题。然而，这个“我”却不是直观，正如它不是关于某一个对象的概念一样，而是能够伴随两种表象，并且就还有某种为一个对象的表象呈现材料的别的东西在直观中被给予出来而言能够把两种表象提升为知识的那个意识的纯然形式。因此，整个理性心理学作为一门超出人类理性一切力量的科学就作废了，而给我们剩下来的就无非是根据经验的导线来研究我们的灵魂，并坚守在不超出可能的内部经验能够展示其内容的范围之外的问题的限制之内。

但是，尽管它作为扩展的知识不具有任何用途，而且这样的知识还是由纯然的谬误推理复合而成的，但是，如果它应当被视为无非是对我们的辩证推理，而且是平常的和自然的理性的辩证推理的一种批判的探讨的话，人们毕竟还是不能否认它有一种重要的消极用途。

A383 我们为什么需要一种纯然建立在纯粹的理性原则之上的灵魂说呢？毫无疑问，主要意图是为了针对唯物论的危险来保障我们能思维的自我。但是，这是我们已经给出的关于我们能思维的自我的理性概念完成的。因为根据这个概念，远远不会还剩下一些惧怕，即如果人们除去物质，

一切思维乃至能思维的存在者的实存就会由此被取消，毋宁说它清楚地表明，如果我除去能思维的主体，整个物体世界就必然消逝，因为物体世界无非是我们主体的感性中的显象和主体的一种表象罢了。

由此，我固然不能更好地根据其属性来认识这个能思维的自我，也不能看出它的持久性，甚至就连它的实存对外部显象的某个先于基底的独立性也不能看出；因为无论是这种基底，还是那个能思维的自我，都是不为我所知的。但是，由于我除了从纯然思辨的根据出发之外，仍有可能从别处获得理由来希望我的能思维的本性有一种独立的、不顾我的状态的所有可能的变迁而仍然持久地实存，所以，即使坦率承认我自己的无知，也仍然能够击退一个思辨对手的独断进攻，并且向他指出，关于我的主体的本性，他为了否认我的种种期望的可能性而能够知道的， A384
绝不多于我为了坚持这些期望而能够知道的，这已经是所获颇丰了。

建立在我们心理学概念的这种先验外表之上的，还有三个辩证的问题，它们构成了理性心理学的真正目标，而且除了通过上述研究之外，不能以任何别的方式来裁定。这三个辩证问题是：1. 关于灵魂与一个有机物体的共联性之可能性的问题，亦即关于人的生命中的动物性和灵魂状态的问题；2. 关于这种共联性的开始的问题，亦即关于人出生时和出生前的灵魂的问题；3. 关于这种共联性的终结的问题，亦即关于人死时和死后的灵魂的问题（关于不死性的问题）。

我断言，人们认为在这些问题中所发现的、人们当做独断的异议试图以之博得对事物的本性有比平常的知性所能有的一种更深刻的洞识的声望的所有困难，都依据一种纯然的幻觉，人们按照这种幻觉把纯然在思想中实存的东西实体化，以同样的性质把它假定为在能思维的主体之外的一个现实的对象。也就是说，把无非是显象的广延视为外部事物的一种即便没有我们的感性也自存的属性，把运动视为它们即便在我们的 A385
感官之外也就自身而言实际发生的结果。因为其与灵魂的共联性激起如此之大的疑虑的物质，无非是一种纯然的形式，或者是通过人们称为外感官的那种直观来表现一个未知对象的某种方式。因此，可能有某种东西在我们外面，我们称为物质的这种显象与它相应；但是，在这种作为显象的形状中，它却不在我们外面，而是仅仅作为一个思想在我们里面，尽管这个思想通过所说的感官把它表现为存在于我们外面的。因此，物质并不意味着实体与内感官的对象（灵魂）完全有别的、异质的种类，而仅仅意味着一些（就自身而言不为我们所知的）对象的显象的异类性，我们称它们的表象为外部的，乃是与我们归之于内感官的表象相比较而言的，尽管它们与其他一切思想一样，都同样纯然属于能思维的主体；只不过它们自身具有这种迷惑人的东西，即既然它们是表现空间中的对象的，它们就显得仿佛是从灵魂脱落、在灵魂之外飘浮似的，但即便是它们在其中被直观到的空间，也无非是一个表象，我们在灵魂之外根本找不到其处于同样性质之中的对应物。如今，问题不再是灵魂与我们外
A386 面的另一些已知的和异类的实体的共联性，而纯然是内感官的表象与我们外部感性的种种变状的联结，而且不管这些变状如何按照恒常的规律相互联结，以至于在一个经验中相互联系。

只要我们把内部显象和外部显象都作为经验中的表象相互结合起来，我们就不会发现悖理的东西和使得两种感官的共联性令人觉得奇怪的东西了。但是，一旦我们把外部经验实体化，不再把它们当做表象，而是**以它们存在于我们里面的同样性质也当做在我们外面独立存在的事物，**而把它们作为显象在关系中相互显示出的活动与我们能思维的主体联系起来，那么，我们就有了在我们外面的作用因的一种性质，这种性质与该作用因在我们里面的结果是无法协调的，因为前者仅仅与外部感官相关，而后者却与内感官相关，这些感官虽然被结合在一个主体中，但却是极不同类的。在外感官中，除了位置的变化之外，我们没有任何别的外部结果，而且除了以空间中的关系为其结果的种种努力之外，我们也
A387 没有任何力量。但在我们里面，结果却是思想，在思想中间不存在位置的关系、运动、形象或者一般的空间规定，而且我们在应当显示在内感官之中的结果那里完全失去了原因的导线。但是我们应当考虑到：物体并不是对我们来说在场的对象自身，而是谁也不知道的一种未知对象的纯然显象；运动并不是这个未知原因的结果，而纯然是它对我们感官的影响的显象；因此，二者都不是在我们外面的某物，而纯然是在我们里面的表象，因而并不是物质的运动在我们里面造成表象，而是运动本身（因而还有由此而使自己可被认识的物质）是纯然的表象；而最后，整个自作自受的困难的结果就是：我们的感性的表象是如何亦即通过什么原因如此相互结合，以至于我们称为外部直观的那些表象能够按照经验性

的规律被表现为在我们外面的对象；这个问题根本不包含被信以为真的那种困难，即通过我们把一种未知的原因的显象当做在我们外面的原因，而从存在于我们外面的、完全异类的作用因来解释表象的起源；这样做只能造成混乱。在出现了因长期的习惯而根深蒂固的误解的那些判断中， A388
不可能使纠正立刻获得在没有诸如此类不可避免的幻觉来搅乱概念的其他场合所能够要求的那种可理解性。因此，我们把理性从种种诡辩的理论中这样解放出来，将很难说已经拥有使它完全满足所必需的那种明晰性。

我相信以如下方式将能够增进这种明晰性。

所有的**异议**可以划分为**独断的异议**、**批判的异议**和**怀疑的异议**。独断的异议是针对一个**命题**的异议，而批判的异议则是针对一个命题的证明的异议。前者为了能够主张该命题关于对象所伪称的东西的对立面，就需要对这个对象的本性的性状有一种洞识；因此它本身是独断的，并且伪称比对方更好地认识所说的性状。批判的异议由于并不在命题的有价值或者无价值方面触及命题，而是仅仅抨击证明，所以根本不需要更好地认识对象，或者自以为对这个对象有一种更好的知识；它只是指出这种主张是没有根据的，但并不指出它是错误的。怀疑的异议把命题和反命题当做同等重要的异议相互对立起来，把双方中的每一方都交替地当做教条，而把另一方当做其异议，因而在两个对立的方面看起来都是 A389
独断的，结果是完全摧毁了关于对象的一切判断。因此，无论是独断的异议还是怀疑的异议，二者都必须伪称对自己的对象所拥有的洞识之多，恰如对该对象肯定地或者否定地有所主张所必需。然而，批判的异议却具有这样的性质，即由于它仅仅指出，人们为了自己的主张而假定了空无的、纯然想象的东西，所以理论之所以倒台，乃是因为它抽掉了该理论自诩的基础，除此之外，它并不想关于对象的性状澄清某种东西。

现在，按照理性就我们能思维的主体与我们外面的事物处于其中的共联性而言的平常概念，我们是独断的，并且按照某种先验的二元论把这些事物视为真实的、不依赖于我们而存在的对象；这种先验的二元论并不把那些外部显象当做表象归于我们主体，而是把它们如同感性直观向我们提供的那样作为客体置于我们外面，并把它们与能思维的主体完全分离开来。这种置换是关于灵魂与肉体之间的共联性的一切理论的基础，而且从来都没有问一问，显象的这种客观实在性究竟是不是如此完全正确，相反，这种客观实在性被预设为已得到承认的，并仅仅对它必
A390 须如何解释和理解的方式作出玄想。通常在这方面有三种体系被构想出来，而且实际上也只有三种可能的体系，这就是**自然影响**的体系、**预定和谐**的体系和**超自然的襄助**的体系。

对灵魂与肉体的共联性的后两种解释方式是建立在对前一种解释方式的异议之上的，而前一种解释方式则是平常知性的想象；也就是说，显现为物质的东西，通过其直接的影响不能是作为一种完全异质的结果的表象的原因。但在这种情况下，它们就不能把物质的概念与它们所理解的外部感官的对象相结合，物质无非是显象，因而就自身而言已经是通过某些外部对象所造成的纯然表象；因为若不然它们就会说，外部对象的表象（显象）不可能是我们心灵中的表象的外部原因；这就会是一种完全没有意义的异议，因为没有一个人会想到把它曾承认是纯然的表象的东西视为一种外部的原因。因此，按照我们的原理，它们必须把自己的理论集中在这一点上，即凡是我们的外感官的真正的（先验的）对
A391 象的东西，都不能是我们在物质这个名称下所理解的那些表象（显象）的原因。既然没有人能够有根据地宣称关于我们外感官的表象的先验原因知道些什么，所以它们的主张就是毫无根据的。但是，如果自然影响说的所谓改善者们想按照一种先验的二元论的通常表象方式把物质本身视为一种物自身（而且不是视为一个未知事物的纯然显象），而且把他们的异议集中于指明，除运动的因果性之外就自身而言不表明任何其他因果性的这样一种外部对象，绝不能够是表象的作用因，相反，必须有第三个存在者充当媒介，以便在两者之间即使不造成相互作用，至少也造成一致与和谐，那么，他们就会从把自然影响的 πρωτον ψενδοs [根本虚妄] 纳入他们的二元论开始自己的反驳，因而通过他们的异议所反驳的不仅是自然影响，而且也是他们自己的二元论预设。因为能思维的本性与物质的结合所遇到的一切困难，都毫无例外地仅仅产生自那个骗取的二元论表象，即：物质本身不是显象，亦即不是心灵的纯然表象，有一个未知的对象与之相适应，而是对象自身，如其在我们外面并且不依赖于一切感性而实存那样。

A392 因此，针对通常假定的自然影响，并不能提出独断的异议。因为如

果对手假定物质及其运动是纯然的显象，因而本身只是表象，那么，独断的异议就只能够把困难设定在这一点上，即我们感性的未知对象不能是我们里面的表象的原因；但没有丝毫的东西使它有权以此为借口，因为关于一个未知对象，没有人能够澄清它能够做什么和不能够做什么。但是，按照我们上面的证明，如果他不想明显地把表象实体化，把表象作为真实的事物置于自身之外的话，他就必须必然地承认先验的唯心论。

尽管如此，对于通常的自然影响学说是能够提出一种有根据的**批判的**异议的。两种实体亦即能思维的实体和有广延的实体之间的这样一种伪称的共联性，以一种粗糙的二元论为基础，并且把毕竟无非是能思维的主体的纯然表象的有广延实体当做独立存在的事物。因此，被误解的自然影响必然由于人们揭示出其证明根据是虚妄的和骗取的而被完全挫败。

因此，如果人们去除一切想象出来的东西，那么，关于能思维者和有广延者的共联性这个臭名昭著的问题的结果就会仅仅是：**在一个一般的能思维的主体里面，外部直观**亦即空间（空间的充满、形象和运动） A393
的直观**是如何可能的**。但对这个问题，没有一个人有可能找到一种答案，而且人们永远不能填补我们知识的这个漏洞，而是只能把外部显象归于一个先验对象来标出这个漏洞；这个先验对象就是这种表象的原因，但我们根本不认识它，而且也永远不会获得关于它的一些概念。在经验的领域可能出现的一切问题中，我们都把那些显象当做对象自身来对待，并不关心它们（作为显象）的可能性的最初根据。但如果我们超出它们的界限，一个先验对象的概念就成为必要的了。

从关于能思维的存在者和有广延的存在者之间的共联性的这些预先提醒出发，对涉及能思维的本性在这种共联性之前（生前）或者在这样的共联性被取消之后（死后）的状态的一切争执或者异议的裁定就是一个直接的结果了。认为能思维的主体在与肉体有任何共联性之前就能够思维的意见，就会这样来表达：在空间中的某种东西显现给我们所凭借 A394
的这种感性方式开始之前，在当前状态显现为物体的同样一些先验对象就已经能够以完全不同的方式被直观到。而认为灵魂在与物体世界的一切共联性都被取消之后仍然能够继续思维的意见，则会以这种形式来表现自己：如果先验的、如今完全未知的对象对我们显现为物质世界所凭借的感性方式应当终止，那么，由此也并没有取消对这些对象的一切直观；完全可能的是，同一些未知对象继续被能思维的主体所认识，尽管当然不再是以物体的性质被认识。

如今，虽然没有人能够援引丝毫的根据来从思辨的原则出发提出这样一种主张，甚至连阐明它的可能性也不能，而是只能预设它；但也同样没有人能够对此提出某种有效的独断异议。因为无论是谁，他关于外部的和有形体的显象的绝对的和内部的原因所知道的，与我和任何其他人所知道的都同样少。因此，他也不能有根据地宣称知道，外部显象在现今状态中（在活着时）的现实性所依据的是什么，因而也不能宣称知道，一切外部直观的条件或者还有能思维的主体本身在这种状态之后
A395 （在死后）将终止。

因此，关于我们能思维的存在者及其与物体世界的联结之本性的一切争论，都仅仅是人们在取消自己一无所知的东西时用理性的谬误推理来填空的一种后果，因为人们把自己的思想当成了事实并把它们实体化；由此就产生出自负的科学，无论就提出肯定主张的人而言还是就提出否定主张的人而言都是如此，因为每一方都要么自以为对没有人有任何概念的对象知道些什么，要么把他自己的表象当做对象，并这样在歧义和矛盾的一个永恒的圈子中来回转。除非是一种严格的、但又公正的批判的冷静态度使人从通过想象出来的幸福把如此之多的人拖在种种理论和体系中间的这种独断幻象中解放出来，并把我们的一切思辨要求仅仅限制在可能经验的领域，不是通过对屡遭失败的尝试的无聊嘲弄，或者通过对我们理性的限制善意叹惜，而是凭借按照可靠的原理对我们的理性实施的界限规定，这种规定极为可信地把它的 Nihil ulterius［不可逾越］写在赫尔库勒斯石柱上；这些赫尔库勒斯石柱是自然自己设立的，为的是我们理性的航程仅仅持续到经验那不断延展的海岸所及的地方；我们不可能离开这海岸，
A396 而又不冒险进入无边无际的大洋；这大洋通过总是骗人的景象终将迫使我们把一切艰辛又费时的努力都当做毫无希望的而放弃掉。

※　　※　　※

迄今为止，我们还没有对纯粹理性的谬误推理中的先验的却又是自然的幻相作出一种清晰而又普遍的讨论，此外，也还没有对谬误推理的系统的、与范畴表平行的顺序作出理由说明。在本章开始时，我们无法

作出这种讨论和说明，而又不冒模糊不清的危险，或者以不适当的方式提前行动。现在，我们要尝试履行这项义务了。

人们可以把一切幻相都设定在这一点上，即思维的**主观**条件被视为对**客体**的知识。此外，我们曾在先验辩证论的导论中指出，纯粹理性仅仅涉及一个被给予的有条件者的条件之综合的总体性。既然纯粹理性的辩证幻相不能是在一定的经验性知识中出现的一种经验性的幻相，所以它将涉及思维之条件的普遍的东西，而纯粹理性的辩证应用只有三种情况： A397

1. 一般思想的种种条件的综合。

2. 经验性思维的种种条件的综合。

3. 纯粹思维的种种条件的综合。

在所有这三种情况里，纯粹理性只涉及这种综合的绝对总体性，亦即本身无条件的条件。三种先验幻相也是基于这种划分的；三种先验幻相为辩证论的三章提供了理由，并同样为出自纯粹理性的三种伪科学，亦即先验心理学、先验宇宙论、先验神学提供了理念。我们在这里只讨论第一种。

由于我们在一般思维中抽掉了思想与任何一个客体（无论它是感官的客体还是纯粹知性的客体）的一切关系，所以一般思想的种种条件的综合（第 1 条）就根本不是客观的，而纯然是思想与主体的一种综合，但这种综合却被误以为是一个客体的综合表象。

但由此也得出，推出一切一般思维的本身无条件的条件的辩证推理并不犯内容上的错误（因为它抽掉了一切内容或者客体），而是仅仅在形式上犯错误，且必须被称为谬误推理。 A398

此外，由于伴随一切思维的惟一条件是“我思”这个全称命题中的“我”，因而理性所涉及的是这个本身无条件的条件。但是，这条件仅仅是形式的条件，亦即任何一种我抽掉了一切对象的思想的逻辑统一性，而且尽管如此却被表现为我所思维的一个对象，亦即“我”自己及其无条件的统一性。

如果有人一般而言给我提出如下问题：一个能思维的事物具有什么样的性状？则我先天地不知道丝毫的东西来回答它，因为答案应当是综合的（因为一个分析的答案也许解释了思维，但关于这个思维就其可能性而言所依据的东西，却没有给出任何扩展了的知识）。任何一种综合的解答都要求有直观，而直观在这个如此一般的课题中已经被完全删略了。同样，没有人能够就其一般性来回答如下问题：可运动的东西究竟必须是什么样的事物？因为不可入的广延（物质）在这种情况下并没有被给予。尽管我一般地对前一个问题不知道任何答案，但我毕竟认为，我能够在个别场合以表述自我意识的命题“我思”来给出答案。因为这个
A399 “我”是最初的主体，亦即实体，它是单纯的，等等。但如此一来，这就必然是纯然的经验命题，如果没有一个表达一般地和先天地进行思维的可能性的种种条件的普遍规则，这些命题仍然不能包含任何诸如此类的谓词（这些谓词不是经验性的）。以这样的方式，我那开始时如此明显的洞识，即对一个能思维的存在者的本性作出判断，而且是从纯粹的概念出发作出判断，就让我起疑了，尽管我还没有揭示它的错误。

然而，在我赋予我（作为一个一般的能思维的存在者）的种种属性的起源背后进一步作出探究，就能够揭示这种错误。这些属性无非就是纯粹的范畴，我绝不是用它们来思维一个确定的对象，而仅仅是用它们来思维种种表象的统一性，以便规定这些表象的一个对象。如果没有一个作为基础的直观，单是范畴就不能给我带来关于一个对象的任何概念；因为只有通过直观，对象才被给予，然后它才按照范畴被思维。如果我宣称一个事物是经验中的一个实体，那么，事先就必须有它的直观的种种谓词被给予我，我根据它们把持久的东西与可变的东西区别开来，把
A400 基底（事物本身）与纯然依存于基底的东西区别开来。如果我称一个事物**在显象中是单纯的**，那么，我由此理解的是，该事物的直观虽然是显象的一个部分，但本身却不能被分割，等等。但是，如果某种东西仅仅在概念中而不是在显象中被认识成为单纯的，那么，我由此实际上所拥有的知识根本不是关于一个对象，而仅仅是关于我对不能有任何真正的直观的某物形成的概念。我之所以说我把某种东西思维成为完全单纯的，只是因为我除了说它是某物之外，委实没有什么别的可说。

如今，纯然的统觉（我）是概念中的实体，在概念中是单纯的，等等；这样一来，所有那些心理学的学说都具有其无可争议的正确性。尽管如此，由此毕竟绝对没有认识到灵魂的那种人们本来想知道的东西；因为所有这些谓词都根本不适用于直观，因而也都不能有任何可以用于经验对象的结果，所以它们就完全是空洞的。因为那个实体概念并不告

诉我灵魂独自就持续存在，并不告诉我它是外部直观的一个本身不能再被分割，因而不能通过自然的任何变化有生或者有灭的部分；这些都完全是能够使我在经验的联系中认识灵魂、就其起源和未来状态给我作出说明的属性。但现在，如果我通过纯然的范畴说：灵魂是一个单纯的实体，那么很清楚，既然实体这个空洞的知性概念所包含的没有别的，无 A401
非是一个事物应当被表现为主体自身，并不又是另一个事物的谓词，所以由此就不能得出持久性，而单纯物的属性肯定不能增添这种持久性，因而人们由此关于在世界的种种变化中可能波及灵魂的东西没有得到任何教益。如果有人能够告诉我们：灵魂是**物质的一个单纯的部分**，那么，我们就能够从经验关于物质所教导的东西出发，从物质推导出持久性，并连同单纯的本性一起推导出灵魂的不可毁灭性。但对这些，这条心理学原理（我思）中的"我"这个概念却未置一言。

但是，在我们里面能思维的存在者，自以为通过纯粹的范畴，而且是通过每一项范畴中表述绝对统一性的那些范畴，就能够认识自己，其原因如下。统觉本身是范畴的可能性的根据，而范畴在自己这方面不表现任何别的东西，只表现直观的杂多在统觉中有统一性时的综合。因此，一般的自我意识就是作为一切统一性的条件且本身无条件的东西的表象。所以，能思维的"我"（灵魂）把自身思维成为实体、单纯的、在一切时 A402
间中都是数目上同一的、是一切存在的相关物、其他一切存在都必须从这个相关物推论出来，关于这个能思维的"我"，人们就可以说：它**不是通过范畴**而认识**自己**，而是在统觉的绝对统一性中，从而**通过自己本身**而认识**范畴**，并通过范畴而认识一切对象。如今，虽然很清楚，我不能把我为了一般而言认识一个客体而必须预设的东西本身当做一个客体来认识，而且进行规定的自我（思维）有别于能被规定的自我（能思维的主体），正如知识有别于对象一样。但尽管如此，却再也没有比把思想的综合中的统一性视为这些思想的主体中的一种被知觉到的统一性这种幻相更自然、更诱惑人了。人们可以把这种幻相称为被实体化的意识（apperceptionis substantiae［作为实体的统觉］）的置换。

如果就理性的灵魂学说的辩证理性推理中的谬误推理尽管如此仍具有正确的前提而言，人们想在逻辑上命名这种谬误推理的话，那么，它可以被视为一种 sophisma fugurae dictionis［言说式的诡辩］，在它里面，

大前提就范畴的条件而言对范畴做了一种先验的应用，而小前提和结论
A403 则就被统摄在这一条件之下的灵魂而言对同一范畴做了一种经验性的应用。例如，实体概念在单纯性的谬误推理中是一个纯理智的概念，如果没有感性直观的条件，它就只有先验的应用，也就是说，没有任何应用。但在小前提中，同一个概念却被用于一切内部经验的对象，却毕竟没有预先确立它的具体应用的条件，亦即没有预先确立该对象的持久性，并把它作为基础，因此是对它做了一种经验性的应用，尽管经验性的应用在这里是不允许的。

最后，为了在纯粹理性的一种联系中展示一种玄想的灵魂学说中的所有这些辩证主张的系统联系，从而展示所有这些辩证主张的完备性，人们就要注意：统觉贯穿于范畴的所有类别，但是只达到在范畴的每一类别中作为其他知性概念在一个可能的知觉中的统一性之基础的那些知性概念，因而就是自存性、实在性、单一性（不是复多性）和实存；只不过理性在这里把它们都表现为一个能思维的存在者之可能性的本身无条件的条件罢了。因此，灵魂在自身认识到：

A404 1.

关系的无条件的统一性
亦即
自身不是依存的
而是
自存的

2.

质的无条件的统一性
亦即
不是实在的整体
而是
单纯的①

3.

时间中的**复多性**中的无条件的统一性
亦即
不是在不同的时间里数目上不同的
而是
作为**同一个主体**

4.

空间中的**存在**的无条件的统一性
亦即不是作为对它外面的诸多事物的意识
而是
仅仅**对它自己的存在**的意识
对其他事物的意识纯然是对它的表象的意识

① 单纯的东西在这里如何又与实在性的范畴相应，我现在还不能说明，而是要在下一篇，借同一个概念的另一种理性应用的机会再指出。

理性是原则的能力。纯粹心理学的种种主张并不包含关于灵魂的经验性谓词，而是如果成立的话，包含的是应当独立于经验、从而通过纯然的理性规定对象自身的这样一些谓词。因此，它们正当地建立在关于一般能思维的本性的原则和普遍概念之上。但实际上不是如此，而是“我在”这个个别的表象全都支配着它们，而正由于这个表象（不确定地）表达着我的所有经验的纯粹公式，它就像一个对所有能思维的存在者都有效的普遍命题那样宣告自己，而且既然它尽管如此仍在所有方面都是个别的，所以就带有一般思维的种种条件的绝对统一性的幻相，并由此而把自己扩张到可能的经验能够达到的范围之外。① A405

第二篇

纯粹理性的二论背反

我们在本书这一部分的导论中已经指明，纯粹理性的一切先验幻相都基于辩证的推理，逻辑学在一般理性推理的三种形式中提供了辩证推理的图型，就像各范畴在一切判断的四种功能中发现自己的逻辑图型一样。这些玄想推理的**第一种**关涉（主体或者灵魂的）一切一般表象之主观条件的无条件的统一性，与**定言**理性推理相应，其大前提作为原则而表述一个谓词与一个主体的关系。因此，辩证论证的**第二种**按照与**假言**理性推理的类比，以显象中的客观条件的无条件的统一性为内容，而下 B433
一篇将出现的**第三种**则以一般对象的可能性之客观条件的无条件的统一性为主题。

但是值得注意的是：就关于我们思维主体的理念而言，先验的谬误推理造成一种纯然片面的幻相，而要断言其反面，则不会产生丝毫出自理性概念的幻相。优点完全在精神论一方，尽管它也不能否认自己的根本缺陷，即不管有什么有利于它的幻相，它仍将在批判的火刑验罪中灰飞烟灭。

当我们把理性运用于显象的**客观综合**的时候，情况就完全不同了。在这里，它虽然想以诸多的幻相建立自己的无条件统一性的原则，但却

① 所附第一版原文到此结束。鉴于自此以后第一版与第二版文本基本一致，下文不再标注第一版的边码。——译者注

很快就陷入这样一些矛盾，以至于它不得不在宇宙论方面放弃自己的要求。

也就是说，这里显示出人类理性的一种新现象、一种完全自然的对立，无须任何人苦思冥想或者人为地设置圈套，相反，理性是完全自动
B434 地并且不可避免地陷入其中的；理性虽然由此得到保护，得以免除纯然片面的幻相所造成的一种自负信念的安睡，但同时也使它受到诱惑，要么沉浸于怀疑的绝望，要么采取一种独断的固执态度，顽固地担保某些主张，不让反面的根据得到倾听和公正对待。二者都是一种健康哲学的死亡，虽然前者或许还可以被称为纯粹理性的**安乐死**。

在我们展示纯粹理性的各种规律的这种冲突（二论背反）所引起的矛盾和错乱的种种表现之前，我们想进行某些讨论，它们可以说明和解释我们在探讨我们的对象时所采用的方法。我把所有涉及显象之综合中的绝对总体性的先验理念都称为**世界概念**，部分是因为这同一个绝对的总体性，世界整体的概念也以这个总体性为基础，本身只不过是一个理念罢了，部分是因为它们仅仅关涉显象的综合，因而仅仅关涉经验性的综合，而与此相反，一切一般可能事物的条件之综合中的绝对总体性则
B435 将造成纯粹理性的一种理想，这种理想虽然与世界概念相关，但却与它完全不同。因此，就像纯粹理性的谬误推理为一种辩证的心理学奠定基础一样，纯粹理性的二论背反也将展示一种自以为的纯粹的（理性的）宇宙论的先验原理，这不是为了认定它们有效并采用它们，而是像理性的一种冲突这一称谓已经表现出来的那样，为了在其眩目而又虚假的幻相中展示它们是一种不能与显象统一的理念。

第一章　宇宙论理念的体系

如今，为了能够按照一个原则系统精密地列举这些理念，第一，我们必须注意，纯粹的和先验的概念只能从知性中产生，理性本来根本不产生任何概念，而是充其量只能使**知性概念摆脱**一种可能经验的不可避
B436 免的限制，并且力图使它扩展到经验性事物的界限之外，但毕竟仍与经验性事物相联结。之所以如此，乃是因为理性对于一个被给予的有条件的东西来说在条件（知性在这些条件下使一切显象都服从综合的统一）

方面要求绝对的整体性，并由此使范畴成为先验的理念，以便通过将经验性综合一直延伸到无条件者（无条件者绝不是在经验中，而是在理念中发现的）而给予经验性综合以绝对的完备性。理性提出这种要求，乃是依据如下原理：**如果有条件者被给予，则种种条件的整个总和，从而绝对无条件者也被给予**，惟有通过后者，前者才是可能的。因此，先验理念首先就本来无非是成为那些一直扩展到无条件者的范畴，而且能够被纳入一个按照范畴的各项排列的表。但**其次**，适合于这样做的毕竟也不是所有的范畴，而是只有综合在其中构成一个**序列**，而且是关于一个有条件者的相互隶属的（不是相互并列的）条件之序列的范畴。绝对的总体性只是就它涉及关于一个被给予的有条件者的种种条件的上升序列而言，才为理性所要求，因而不是在谈到后果的下降序列，也不是谈到关于这些后果的并列条件之集合体时所要求的。因为就被给予的有条件 B437
者而言，条件乃是已经预先设定的，并且与有条件者一起被视为被给予的；相反，既然后果并不使其条件成为可能，而是毋宁说以其为前提，所以人们在向后果的进展中（或者在从被给予的条件向有条件者的下降中），就可以不考虑序列是否中止，而关于其总体性的问题就根本不是理性的一种前提了。

这样，人们就必然地把直到被给予的瞬间已经完全过去了的时间也思维成被给予的（尽管不是能够由我们规定的）。但就未来的时间而言，既然它并不是达到现在的条件，所以为了把握现在，我们要如何看待未来的时间，是想让它在某处终止还是延续到无限，则是完全无所谓的。今有一个序列 m、n、o，其中 n 被给予，就 m 而言它是有条件的，但它同时又是 o 的条件；这个序列从有条件者 n 上升到 m（l、k、i 等等），同样从条件 n 下降到有条件者 o（p、q、r 等等）。这样，为了把 n 视为被给予的，我就必须以前面的序列为前提条件，而 n 按照理性（诸般条件的总体性）就只有凭借该序列才是可能的，但它的可能性却并不基于下面的序列 o、p、q、r，因而下面的序列就不能被视为被给予的，而是只能 B438
被视为 dabilis [可被给予的]。

我想把一个在条件方面、因而从最接近被给予的显象的条件开始、并且这样达到较遥远的条件的序列之综合称为**回溯的**综合，而把在有条件者方面从最接近的后果前进到较遥远的后果的综合称为**前进的**综合。

前者是在 antecedentia［先行者］中进行的，后者是在 consequentia［后来者］中进行的。因此，宇宙论的理念探讨的是回溯的综合的总体性，是在 antecedentia 中进行的，而不是在 consequentia 中进行的。如果发生后一种情况，那么，它就是纯粹理性的一个任意的、而非必然的问题，因为对于完全地理解在显象中被给予的东西来说，我们所需要的是根据，而不是后果。

如今，为了按照范畴表建立理念表，我们首先采用我们的一切直观的两个源始的量，即时间和空间。时间就自身而言是一个序列（而且是一切序列的形式条件），因此在时间中，就一个被给予的现在而言，antecedentia 作为条件（过去的东西）先天地有别于 consequentia（未来的东西）。
B439 因此，关于一个被给予的有条件者的诸般条件之序列的绝对总体性的先验理念，就只关涉到一切过去了的时间。按照理性的理念，全部过去了的时间作为被给予的瞬间的条件必然被思维成已被给予的。至于空间，在它里面就其自身而言没有前进与回溯之别，因为它构成一个**集合体**，但并不构成**任何序列**，它的各个部分全都是同时的。我只能就过去的时间而言把现在的时刻视为有条件的，但绝不能把它视为过去的时间的条件，因为这个时刻惟有通过逝去的时间（或者毋宁说通过先行时间的流逝）才产生出来。但是，既然空间的各个部分并不相互隶属，而是相互并列，所以一个部分就不是另一个部分的可能性的条件，所以空间并不像时间那样就自身而言构成一个序列。然而，我用来把握空间的那种对空间各杂多部分的综合却毕竟是渐进的，因而是在时间中发生的，包含着一个序列。而既然在一个被给予的空间之集合起来的各空间（例如一杆中的各尺）的这一序列中，在继续附加上的空间那里总有前面的空间的**界限的条件**，所以对一个空间的**测量**也可以被视为一个被给予的有条件者的诸般条件之序列的一种综合；只是条件方面与有条件者所遵
B440 循的方面就自身而言并没有什么区别，因此空间中的回溯和前进就显得是一回事。然而，由于空间中的一个部分并不是通过别的部分被给予的，而是通过别的部分被限制的，所以，就此而言我们必须把每一受限制的空间也视为有条件的，它预先设定另一空间为其界限的条件，余此类推。因此，就限制而言，空间中的前进也是一种回溯，而条件序列中的综合之绝对总体性的先验理念也涉及空间，我既可以追问空间中显象的绝对

总体性，也可以追问逝去的时间中的绝对总体性。但是，是否在任何地方对此都有一种回答，将在后面予以规定。

第二，空间中的实在性亦即**物质**是一个有条件者，它的内在条件就是其各个部分，而部分的部分则是遥远的条件，以至于在这里出现一种回溯的综合，理性要求这种综合的绝对总体性，这种绝对的总体性惟有通过一种完成了的分割才能成立，而这样一来，物质的实在性就要么消失为无，要么消失为不再是物质的东西，即消失为单纯的东西。所以在这里，也有一个条件的序列和向无条件者的前进。

第三，至于显象中间的实在关系的各个范畴，实体及其偶性的范畴 B441
并不适宜于成为先验的理念；也就是说，理性没有任何根据就这一范畴而言回溯到条件。因为偶性（就它们依存于同一个实体而言）都是彼此并列的，并不构成任何序列。但就实体而言，它们本来也并不从属于实体，而是实体本身的实存方式。在这里，还能够显得是先验理性的一个理念的东西，是**实体性的东西**的概念。然而，既然这无非意味着一般对象的概念，而当人们在一般对象那里所思维的是没有任何谓词的先验主体的时候，这一般对象就是自存的，但此处所说的仅仅是显象序列中的无条件的东西，所以显而易见的是，实体性的东西不能构成该序列中的一个环节。这同样的说法也适用于共联性中的实体，这些实体是纯然的集合体，并不具有一个序列的表征，因为它们并不像人们关于各空间能够说的那样，是作为彼此可能性的条件而相互从属的，各空间的界限绝不是就自身而言，而是始终通过另一个空间被规定的。因此，存留下来的就只是**因果性**的范畴了，该范畴呈现出一个被给予的结果的原因序列，
在这个序列中人们能够从作为有条件者的结果上升到作为条件的原因， B442
并回答理性的问题。

第四，可能的东西、现实的东西和必然的东西的概念，并不导向任何序列，除非**偶然的东西**在存在中必须任何时候都被视为有条件的，并且按照知性的规则指向一个使其必然的条件，此条件又指向一个更高的条件，直到理性仅仅在这一序列的总体性中才达到无条件的必然性为止。

据此，当人们挑出在杂多之综合中必然导致一个序列的那些范畴时，按照范畴的四个项目就只有四个宇宙论的理念。

B443

1.
一切显象的被给予的整体之
组合的绝对完备性

2.
显象中一个被给予的整体之
分割的绝对完备性

3.
一个一般显象之
产生的绝对完备性

4.
显象中可变化者之
存在的依赖性的绝对完备性

这里要说明的是：首先，绝对总体性的理念所涉及的仅仅是**种种显象**的展示，因而与关于种种一般事物的一个整体的纯粹知性概念无关。所以，在这里显象被视为被给予的，而理性则就显象的可能性之条件构成一个序列而言要求其绝对的完备性，因而要求显象能够按照知性规律得到展示所凭借的那种绝对（也就是说，在所有方面）完备的综合。

其次，理性在对条件的这种以序列方式进行的、回溯式进展的综合中所寻找的，本来就只是无条件的东西，仿佛就是前提序列中的完备性，
B444 这些前提总起来再不以别的前提为前提条件。这种**无条件的东西**任何时候都包含在**序列的绝对总体性**之中，只要人们在想象中表象它。然而，这种绝对完成了的综合又是一个理念；因为人们不能知道，至少事先不能知道，这样一种综合在显象这里是否也是可能的。如果人们仅仅通过纯粹的知性概念，无须感性直观的条件就表象一切，那么，人们就可以直截了当地说：对于一个被给予的有条件者来说，也有互相从属的条件的整个序列；因为前者只是通过后者才被给予的。但在显象这里，可以发现条件如何被给予的方式的一种特别的限制，也就是说，是由于直观之杂多的渐进的综合，这综合在回溯中应当是完备的。至于这种完备性如今在感性上是否可能，还是一个问题。然而，这种完备性的理念毕竟还处在理念之中，不管是否有可能把与它相符的经验性概念联结起来。因此，既然在显象中的杂多之回溯式综合（按照范畴的引导，范畴把显

象表象为一个被给予的有条件者的条件序列）的绝对完备性里面必然包含着无条件者，哪怕人们让是否以及如何能够实现这种总体性悬而不决， B445
所以，理性在这里采取的道路就是从总体性的理念出发，尽管它本来以**无条件者**为终极目的，无论是整个序列的无条件者还是序列的一个部分的无条件者。

人们可以这样思考这一无条件者：它要么是纯然在于整个序列，因而在整个序列中所有环节都毫无例外地是有条件的，只有序列的整体才是绝对无条件的，而在这种情况下，回溯就叫做无限的；要么绝对无条件者只是序列的一个部分，序列的其余环节都从属于它，但它自己却不服从其他任何条件。[①] 在前一种场合，序列 a parte priori［向前］是没有界限（没有开端）的，也就是说，是无限的，并且仿佛是完整地被给予的，但它里面的回溯却是绝未完成的，只能被称为潜在地无限的。在第二种场合，序列有一个最初者，它就逝去的时间而言是**世界的开端**，就 B446
空间而言是**世界的界限**，就一个在它的界限中被给予的整体的各部分而言是**单纯的东西**，就原因而言就是绝对的**自我能动性**（自由），就可变事物的存在而言就叫做绝对的**自然必然性**。

我们有两个术语：**世界**和**自然**。这两个术语有时是相互渗透的。前者意味着一切显象在数学上的整体和其综合的总体性，无论是在宏观上还是在微观上，也就是说，无论是在通过组合进行的综合之进展中还是在通过分割进行的综合之进展中。但是，这同一个世界如果被视为一个力学的整体，就被称为自然[②]；而人们所关注的不是空间中或者时间中的 B447
集合，以便把它当做一个量来完成，而是种种显象的**存在**中的统一。在这里，所发生的事物的条件就叫做原因，而显象中原因的无条件的因果性就叫做自由，与此相反，其有条件的因果性在狭义上就叫做自然原因。

---

① 一个被给予的有条件者之条件序列的绝对整体在任何时候都是无条件的，因为在该序列之外不再有任何条件使该整体能够是有条件的。然而，这样一个序列的这种绝对整体只不过是一个理念，或者毋宁说是一个或然的概念，它的可能性尚需研究，尤其是就无条件者作为关键所在的真正的先验理念何以能够包含在其中的方式而言。

② 自然，在形容词上（形式上）来对待，意味着一个事物的种种规定按照一个内在的因果性原则的联系。与此相反，人们在实体上（质料上）把自然理解为凭借一个内在的因果性原则无一例外地相互关联的种种显象的总和。在前一种意义上，人们谈到流体物质的自然、火的自然等等，并且仅仅在形容词上使用这个词；与此相反，当人们谈到自然的种种事物时，人们在思想中有一个持存的整体。

一般存在中的有条件者就叫做偶然的，而无条件者则叫做必然的。**显象**的无条件的必然性可以叫做自然必然性。

我们现在所研究的理念，我在上面称之为宇宙论的理念。之所以如此，部分是因为我们的世界被理解为一切显象的总和，而我们的理念也仅仅指向显象中的无条件者，部分也是因为世界这个词在先验的意义上意味着实存事物之总和的绝对总体性，而我们只注意（虽然本来仅仅在向条件的回溯中的）综合的完备性。此外，这些理念全都是超验的，它们虽然**在种类上**并不超越客体亦即显象，而是仅仅与感官世界（不与本体）打交道，但却将综合推进到一种超越一切可能的经验的程度，鉴于此，在我看来，人们可以把它们全都极为适当地称为**世界概念**。就回溯
B448 之目的所在的数学上的无条件者和力学上的无条件者的区别而言，我却要把前两者在狭义上称为世界概念（宏观上的世界和微观上的世界），把余下的两者称为**超验的自然概念**。这一区分在目前还没有特别的重要性，但它在以后就会变得更为重要。

第二章 纯粹理性的反论

如果正论每一个都是独断学说的总和，那么，我就不把反论理解为反面的独断主张，而是理解为表面上独断的知识（thesin cum antithesi [正论与反论]）的冲突，人们并不认为一种知识对另一种知识在要求赞同方面占有优势。因此，反论并不研究片面的主张，而是按照理性的普遍知识彼此之间的冲突及其原因来考察这些普遍知识。先验的反论是对
B449 纯粹理性的二论背反及其原因和结果的一种研究。当我们不是纯然为了知性原理的应用而把自己的理性运用于经验的对象，而是冒险地将这些原理扩展到经验的界限之外时，就产生出**玄想的**定理，这些定理在经验中既不能指望得到证实，也不必担心受到反驳，它们的每一个都不仅就自身而言没有矛盾，而且甚至在理性的本性中也可以找到其必然性的条件，只不过不幸的是，对立的定理在自己那方面也有作出断言的同样有效和必然的根据。

因此，在纯粹理性的这样一种辩证法中自然而然地呈现出来的问题是：1. 究竟在哪些命题中，纯粹理性不可避免地陷入一种二论背反。

2. 这种二论背反基于哪些原因。3. 尽管如此，理性在这种矛盾下是否以及以什么方式还留有达到确定性的道路。

据此，纯粹理性的一个辩证定理必须自身具有这种把它与一切诡辩的命题区别开来的东西，即它所涉及的不是人们仅仅为了某个任意的意图提出的一个问题，而是任何人类理性在其进展中都必然遇到的问题；其次，它与其对立命题所包含的，并不纯然是一种一经发现就马上消失的人为幻相，而是一种自然的和不可避免的幻相，这种幻相即使在人们 B450
不再受其愚弄的时候也总是迷惑人，尽管不是欺骗人，因此，虽然能够使它成为无害的，但却绝不能根除它。

这样一种辩证学说与经验概念中的知性统一性无关，而仅仅与理念中的理性统一性相关；既然它首先作为依照规则的综合应当与知性一致，但同时又作为综合的绝对统一而应当与理性一致，所以，它的种种条件在它与理性统一性相符时对于知性来说就太大，在它适合知性时对于理性来说就太小；由此就必然产生一种无论人们怎么做都不能避免的冲突。

因此，这些玄想的主张就开辟了一个辩证的战场，其中任何被容许着手进攻的一方都保持着优势，而被迫纯然采取守势的一方则都无疑落败。因此，精力充沛的骑士们不管担保的是好事还是坏事，只要设法拥有进行最后进攻的特权，而无须抵抗敌人的新进攻，就肯定能够戴上胜利的桂冠。人们轻而易举地就能够想象，这一战场自古以来就争战不已，双方都已取得过多次胜利，但对于决定成败的最后胜利来说，在任何时 B451
候都被安排得让好事的捍卫者们独自保有战场，那是由于其敌人被禁止继续拿起武器。作为公正的裁判，我们必须把竞争者为之战斗的是好事还是坏事置之一旁，让他们在自己中间澄清自己的事情。也许，在他们相互之间斗得精疲力尽而不能互相伤害之后，他们自己就看到其争执毫无意义，而作为好朋友分手告别。

这种旁观或者毋宁说甚至唆使各种主张的争执的方法，并不是为了最终作出有利于一方或者另一方的裁决，而是为了研究争执的对象是否也许是一个纯然的幻象，每一方都徒劳地捕捉这个幻象，但即使它根本不受到抵抗，在这个幻象上它也不能有丝毫收获；依我说，人们可以把这种行事方式称为**怀疑的方法**。这种方法与**怀疑论**全然不同，怀疑论是艺术上和科学上无知的原则，它破坏一切知识的基础，以便尽可能地到

B452 处都不留下知识的可信性和可靠性。因为怀疑的方法旨在确定性，它力图在双方真诚地对待且理智地进行的这样一种争执中揭示出误解之处，以便像睿智的立法者所做的那样，从法官在讼案中所感到的困惑为自己得出关于自己的法律中的缺陷和不确定之处的教训。在法律的应用中显露出来的二论背反，对我们受限制的智慧来说是立法论证的最好检验尝试，以便让在抽象的思辨中不容易觉察到自己错误的理性由此注意在规定自己的原理时的种种因素。

但是，这种怀疑的方法在本质上仅仅为先验哲学所拥有，在任何一个别的研究领域里也许可以缺少，惟有在这个领域里是不可或缺的。在数学中使用这种方法就会是荒谬的，因为在数学中，由于证明在任何时候都必须按照纯直观的导线并且通过在任何时候都自明的综合来进行，所以没有错误的主张能够隐藏自己而不为人所见。在实验哲学中，一种延迟的怀疑诚然可能是有益的，但毕竟至少不可能有不能轻而易举地被排除的误解，而在经验中毕竟最终必然蕴涵着裁决怀疑的最终手段，无论它被发现是早还是晚。道德至少能在可能的经验中将其原理全都具体地连同实践的后果一起给出，并由此避免对抽象的误解。与此相反，甚
B453 至自认为有扩展到一切可能经验的领域之外的洞识的先验主张，既不处在其抽象的综合能够在某种直观中先天地被给予出来的情况中，也不具有误解能够凭借某种经验被揭示的性状。因此，先验理性除了使它的种种主张相互配合，从而首先使它们相互之间自由地不受阻碍地争执的尝试之外，不允许有别的任何试金石，而我们现在就要处理这种争执。①

B454 先验理念的第一个冲突 B455

正论

世界有一个时间中的开端，就空间而言也被封闭在界限之中。

反论

世界没有开端，没有空间中的界限，相反，无论就时间而言还是就空间而言，它都是无限的。

① 这些二论背反是按照上面所列举的先验理念的顺序前后相继的。

证明

因为人们可以假定世界在时间上没有开端，那么，到每一个被给予的时刻为止，都有一个永恒已经过去，从而在世界中有种种事物前后相继的各种状态的一个无限序列已经流逝了。但如今，一个序列的无限性恰恰在于它绝不能通过渐进的综合来完成。因此，一个无限的已经流逝的世界序列是不可能的，从而世界的一个开端是它的存在的一个必要的条件；这是首先要证明的一点。

就**第二点**而言，人们又可以假定反面：这样，世界就将是同时实存着的事物的一个无限的被给予了的整体。如今，我们不能以别的方
B456 式，只能通过对各部分的综合来设想一个并未在任何直观的某些界限内部被给予的量的大小[①]，且只能通过完成了的综合或者通过单位的反复附加来设想这样一个量的总体性。[②] 据此，为了把充填一切空间的世界设想为一个整体，对一个无限的世界的各个部分进行的渐进综合就必须被视为已经完成，也就是

证明

因为人们可以设定：它有一个开端。既然开端是一种存在，有一个事物尚不存在的时间先行于它，所以，必须有一个世界尚不存在的时间，亦即一个空的时间已经过去了。但如今，在一个空的时间中不可能有某个事物的产生，因为这样一个时间的任何部分都不先于别的部分而在不存在的条件之前就具有某种作出区分的存在条件（无论人们假设该条件是自行产生的还是通过另外一个原因产生的）。因此，在世界中虽然可能开始一些事物的序列，但世界自身却不可能有开端，因此它就过去的时间而言是无限的。

至于第二点，人们可以首先假定反面，即世界就空间而言是有限的和受限制的，这样，世界就处在一个不受限制的空的空间之中。因此，就不仅会发现空间中种种事物的关系，而且会发现种种事物与空间的关系。如今，既然世界是一个绝对的整体，在它之外没有发现直观的任何对象，从而没有发现世界 B457

① 当一个不确定的量被封闭在界限之中时，我们就能够把它视为一个整体，无须通过测量，亦即通过其各个部分的相继综合来构成它的总体性。因为界限通过截断一切更多的东西，已经规定着完备性。

② 总体性的概念在这一场合无非是它的各个部分完成了的综合的表象，因为既然我们不能从整体的直观（直观在这一场合是不可能的）中得出这个概念，我们就惟有通过对各个部分的综合直到至少在理念中完成无限者，才能领会这个概念。

说，一个无限的时间必须在历数一切并存的事物时被视为已经流逝了的；而这是不可能的。据此，现实事物的一个无限的集合体不能被视为一个被给予了的整体，从而也不能被视为**同时**被给予了的。所以，一个世界就空间中的广延而言**不是无限的**，而是被封闭在其界限之中的；这是第二点。

与之处于关系之中的相关物，所以世界与空的空间的关系就会是它**不与任何对象**的关系。但这样一种关系，从而还有空的空间对世界的限制都是无；因此，世界就空间而言是根本不受限制的，也就是说，世界就广延而言是无限的。①

第一个二论背反的说明 B459

B458

正论的说明

就这些彼此争执的论证而言，我并没有寻找幻象，以便进行一种律师式的证明，这种证明利用对方的不小心来达到自己的利益，很乐意让对方诉诸一个被误解的法律，以便于把自己的不正当要求建立在对该法律的反驳上。这些证明的每一个都是从事情的本性得出的，并且把双方的独断论者的错误结论所可能给予我们的好

反论的说明

被给予了的世界序列和世界整体的无限性的证明基于：在相反的场合必须有一个空的时间或者一个空的空间来构成世界的界限。如今，我并非不知道有人违背这一结论在寻找借口，说世界在时间和空间上的一种界限是完全可能的，无须我们假定一个先于世界的绝对时间作为开端或者假定一个绝对的、扩展到现实世界之外的空间；而这

① 空间纯然是外直观的形式（形式的直观），但不是能够在外部直观到的现实对象。空间，先于规定（充实或者限制）它或者毋宁说给出一个符合它的形式的**经验性直观**的一切事物，在绝对空间的名义下无非是外部显象的单纯可能性，只要这些外部显象或者是自身能够实存的，或者是还能够附加在被给予的显象之上的。因此，经验性的直观不是由显象和空间（知觉和空的直观）复合而成的。一方并不是另一方的综合相关物，而只是在同一个经验性直观中作为该直观的质料和形式相结合。如果人们把这二者中的一个置于另一个之外（把空间置于一切显象之外），就将从中产生出对外部直观的各种各样空洞的规定，这些规定毕竟不是可能的知觉：例如，无限的空的空间中世界的运动和静止，就是对运动和静止相互关系的一种规定，这种规定绝不能被知觉到，因此也是一个纯然的思想物的谓词。

处搁置一旁。

我也可以按照独断论者的习惯，对一个被给予的量的无限性预置一个有欠缺的概念来在表面上证明正论。一个量，在它之上不可能有更大的量（也就是说，超出其中所包含的一个被给予单位的数量），它就是**无限的**。如今，没有任何数量是最大的数量，因为总是还能够附加上一个或者多个单位。因此，一个无限的被给予了的量，从而还有一个（无论就流逝了的序列而言还是就广延而言）无限的世界是不可能的，它在这两方面都是受限制的。这样，我就能够完成我的证明了；然而，这个概念与人们关于一个无限的整体所理解的东西并不一致。由此并没有表现出它有**多大**，
B460 从而它的概念也不是一个**极大**的概念，而是由此仅仅思维了它与一个任意假定的单位的关系，就此单位而言，它是大于一切数字的。根据这个单位被假定得更大还是更小，无限者也就更大或者更小；然而，无限性既然仅仅在于与这个被给予的单位的关系，它就会总是保持为同一个无限性，尽管整体的绝对的量由此还根本不为人所知，即便在是不可能的。我对**莱布尼茨**学派哲学家们的这一见解的后一部分十分满意。空间纯然是外部直观的形式，但却不是能够在外部直观到的现实对象，不是显象的相关物，而是显象本身的形式。因此，空间绝对（就其自身而言）不是作为事物的存在中之某种确定的东西出现的，因为它根本不是任何对象，而是可能对象的形式。因此，事物作为显象规定着空间，也就是说，在空间的所有可能谓词（量和关系）中间，事物使得这些或者那些属于现实性；但反过来，空间却不能作为某种自存的东西在量或者形状方面规定事物的现实性，因为空间自身不是什么现实的东西。因此，空间（无论是充实的还是空的）[①] 可 B461
以被显象所限制，但显象却不能被它们之外的一个**空的空间**所限制。同样这一点也适用于时间。即使承认这一切，无可争议的也是：如果假定一个世界整体，无论是就空间而言还是就时间而言，人们都必须绝对假定世界之外的空的空间和世界之前的空的时间这两个荒唐的东西。

因为就人们力图避免这一结

① 人们可以轻而易举地发现由此想说的东西：**空的空间，就它被显象所限制而言，**从而**世界内部**的空的空间，至少不与先验原则相矛盾，因而就先验原则来说是被允许的（尽管由此并没有马上断定它的可能性）。

这里也没有谈及它。

无限性的真正的（先验的）概念是：单位的渐进综合在测量一个量时绝不可能得到完成。[①] 由此可以完全肯定地得出：各种现实的前后相继的状态直至一个被给予了的（当前的）时刻的一个永恒不可能逝去，因而世界就必须有一个开端。

就正论的第二部分来说，虽然没有一个无限的但毕竟又过去了的序列的困难，因为一个在广延上无限的世界的杂多是同时被给予了的。然而，为了思维这样一个数量的总体性，既然我们不能诉诸自行在直观中构成这一总体性的界限，我们就必须说明我们的概念，该概念在这样一种场合不能从整体推进到各部分的确定数量，而是必须通过各部分的渐进综合来说明一个整体的可能性。既然这一综合必须构成一个永远不能完成的序列，所以人们就不能在先于它，从而也不能通过它思维一个总体性。因为总体性的概念自身在这一场合是对各部分的一种完成了的综合的表象，而这种完成，从而还有完成的概念都是不可能的。

论——按照这一结论我们说，如果世界（在时间上和空间上）有界限，无限的空虚就必然在其量上规定现实事物的存在——所凭借的出路来说，它只是暗地里在于：人们所想的不是一个**感官世界**，而是谁也不知道什么样的理知世界，不是最初的开端（即有一个非存在的时间先行于它的那个存在）而是一般而言不以世界中的**任何其他条件**为**前提条件**的存在，不是广延的界限，而是世界整体的限制，并由此避开了时间和空间。但在这里，所说的只是 mundus phaenomenon［作为现象的世界］和它的量，对这个世界来说，人们绝对不可能抽掉上述感性条件而不取消它的本质。感官世界如果是受限制的，就必然处在无限的空虚中。如果人们想取消这一点，从而取消作为显象之可能性的先天条件的一般空间，则整个感官世界就被取消了。在我们的课题中，被给予我们的只是这个世界。mundus intelligibilis［理知世界］无非是一般而言的世界的普遍概念罢了，在这个概念中人们抽掉了世界之直观的一切条件，因而关于理知世界，就根本不可能有综合的命题，无论是肯定的还是否定的都不可能。

---

① 由此，这个量就包含着大于任何数字的（被给予单位的）数量，这就是无限者的数学概念。

B462 ## 先验理念的第二个冲突 B463

正论

在世界中每一个复合的实体都是由单纯的部分构成的，而且除了单纯的东西或者由单纯的东西复合而成的东西之外，任何地方都没有任何东西实存着。

证明

因为假定复合的实体不是由单纯的部分构成的，那么，当一切复合都在思想中被取消时，就会没有什么复合的部分留存下来，而且（既然不存在任何单纯的部分）也没有任何单纯的部分留存下来，从而也没有任何东西留存下来，因而也没有任何实体被给予。所以，要么不可能在思想中取消一切复合，要么在取消一切复合之后就必须留存有某种无须任何复合而持存的东西，亦即单纯的东西。但在前一种情况下，复合物就又会不是由实体
B464 构成的（因为在实体这里，复合仅仅是种种实体的一种偶然的关系，没有这种关系实体也必须作为独立持久的东西持存）。如今，既然这种情况与前提条件相矛盾，那么就只剩下第二种情况：也就是说，在世界中实体性的复合物是由单纯的部分构成的。

反论

在世界中没有任何复合的事物由单纯的部分构成，而且在世界中任何地方都没有单纯的东西实存着。

证明

假定一个复合的事物（作为实体）由单纯的部分构成。由于一切外部的关系、从而还有实体的一切复合都惟有在空间中才是可能的，所以，该复合物由多少部分构成，它所占有的空间也就由多少部分构成。如今，空间不是由多个单纯的部分、而是由多个空间构成的。因此，复合物的每一个部分就必须都占有一个空间。但是，一切复合物的绝对最初的部分都是单纯的。所以，单纯的东西占有一个空间。如今，既然一切占有一个空间的实在的东西都在自身中包含着彼此外在的杂多，从而是复合的，而且作为一个实在的复合物不是由偶性（因为偶性不能没有实体而彼此外在地存在）复合的，因而是由实体复合的，所以，单纯的东西就会是一个实体性的复合物；而这是自相矛盾的。

由此直接得出：世界上的事物全都是单纯的存在物，复合只是它们的一种外部状态，而且，即使我们永远不能完全使这些基本实体摆脱这种结合状态并把它们孤立起来，理性毕竟还必须把它们设想为一切组合的第一批主体，从而先于组合是单纯的存在物。

反论的第二个命题，即世界上根本没有任何单纯的东西实存着，在这里只不过是意味着：绝对单纯的东西的存在，不能从任何经验或 B465
者知觉，无论是外知觉还是内知觉得到说明，因此，绝对单纯的东西是一个纯然的理念，其客观实在性永远不能在任何一个可能的经验中得到说明，因而在阐明经验时没有任何用处和对象。因为我们想要假定的是可以为这个先验理念找到一个经验对象；这样，对某一个对象的经验性直观就必须被认为是这样一种直观，它绝对不包含任何彼此外在并联结为统一体的杂多。如今，既然从这样①一种杂多未被意识推论到这种杂多在对一个客体的任何一种直观中的完全不可能性②是无效的，而这种推论对于绝对的简单性又是完全必要的，由此就可以得出，无论从什么样的知觉中，都不能推论出这种简单性。因此，既然作为绝对单纯的客体的某物永远不能在某个可能的经验中被给予，而感官世界却必须被视为一切可能经验的总和，所以，在感官世界中任何地方都没有单纯的东西被给予。

① “这样”为第二版所加。——译者注

② “推论到这种杂多在对一个客体的任何一种直观中的完全不可能性”在第一版中为“推论到这样一种杂多在同一客体的任何一种直观中的完全不可能性”。——译者注

反论的第二个命题比第一个命题走得更远。第一个命题只是把单纯的东西从对复合物的直观中排除掉了，与此相反，第二个命题却在这里把它从整个自然中删掉了；因此，该命题也不能从一个被给予的外部直观对象（复合物）的概念来证明，而是要从这个概念对于一个一般可能经验的关系来证明。

B466 第二个二论背反的说明 B467

正论的说明

当我谈到一个必然由单纯的部分构成的整体时，我只是把它理解成为一个实体性的整体，作为一个真正的合成物，也就是说，是**分离地**（至少在思想中）**被给予**、被置于一种相互联结之中、并由此构成一个东西的杂多的偶然统一体。人们本来不应当把空间称为合成物，而是应当称为总体，因为空间的各个部分惟有在整体中才是可能的，而并非整体通过各个部分才是可能的。它充其量可以叫做 Compositum ideale［观念的合成物］，但不能叫做 Compositum reale［实在的合成物］。不过这毕竟有点吹毛求疵。既然空间不是由实体（甚至也不是由实在的偶性）复合而成的东西，所以当我在它里面取消一切复

反论的说明

物质无限分割的这一命题，其证明根据是纯然数学的；针对这一命题，**单子论者们**曾提出种种异议，这些异议已经使自己变得可疑，因为它们不愿意承认最清晰的数学证明是对空间——就空间事实上是一切物质的可能性的形式条件而言——的性状的洞识，而是把它们仅仅视为从抽象但却任意的概念出发的、不能与现实的事物发生关系的推论。这就好像是有可能发明另一种与在对空间的源始直观中被给予的直观不同的直观方式，而空间的先天规定不同时涉及一切惟有通过充实这个空间才有可能的东西似的。如果听从这些异议，则人们就必须在单纯的、但不是空间的一部分、而纯然是空间的界限的数学

合的时候，就必然没有任何东西留存下来，甚至就连点也没有留存下来；因为点惟有作为一个空间（从而一个复合物）的界限才是可能的。B468 因此，空间和时间不是由单纯的部分构成的。仅仅属于一个实体的状态的东西，即便它有一种量（例如变化），也都不是由单纯的东西构成的；也就是说，变化的某种程度并不是通过许多单纯的变化的增长产生的。我们从复合物到单纯的东西的推理仅仅适用于自己持存的事物。但状态的偶性并不自己持存。因此，单纯的东西作为一切实体性复合物的组成部分，如果把它的必然性的证明扩展得太远，而且还像实际上已经多次发生的那样，使它无区别地对一切复合物生效，人们就很容易会败坏这种证明，并由此败坏自己的事情。

此外，我在这里谈到单纯的东西，只是就它必然在复合物中被给予而言的，因为复合物能够分解成作为其组成部分的单纯的东西。B470 **单子**一词（按照莱布尼茨的用法）的本来意义应当仅仅关涉这样一种单纯的东西，它**直接地**作为单纯的实体被给予（例如在自我意识中），而不是作为复合物的要素，后者称为原子会更好。而既然我只是就复合物而言想证明单纯的实体是其要点之外，还设想出物理学的点，这些点虽然也是单纯的，但却具有作为空间的部分通过其纯然的集合充实空间的优点。在这里，无须重复人们大量遇到的对这种谬论的常见而又清晰的反驳了，要通过纯然推论的概念来用玄想破除数学的自明性，这是完全徒劳无功的。我仅仅说明，当哲学在这里刁难数学时，之所以发生这样的事情，乃是因为哲学忘记了在这个问题中仅仅涉及**显象**及其条件。B469 但在这里，仅仅为复合物的纯粹**知性概念**找到单纯的东西的概念是不够的，而是要为复合物（物质）的**直观**找到单纯的东西的直观；按照感性的规律，从而也就是在感官的对象那里，这是完全不可能的。因此，对于惟有通过纯粹知性来思维的由实体构成的整体来说，说我们在这个整体的一切复合之前必须拥有单纯的东西，这可能是适用的；但是，这并不适用于 totum substantiale phaenomenon [作为现象的实体性总体]，后者作为空间中的经验性直观，自身具有必然的属性，即它没有一个部分是单纯的，因为空间没有一个部分是单纯的。然而，单子论者们足够巧妙地要逃避这一困难，他们不是把空间预先设定为外部直观对象（物体）的可能性的条件，而是把这些素，所以我可以把第二个二论背反的正论称为先验的**原子论**。但是，由于这个词久已用来表示物体显象（molecularum［分子］）的一种说明方式，从而以经验性的概念为前提条件，所以它可以叫做**单子论**的辩证原理。

对象和实体的力学关系预先设定为空间的可能性的条件。如今，我们只是对作为显象的物体才有一个概念，但作为显象，物体就必须必然地把空间预先设定为一切外部显象的可能性的条件；因此，这种逃避是徒劳的，在上面先验感性论中，它就已经被充分地切断了。诚然，如果物体是物自身，单子论者们的证明还是可以有效的。

第二种辩证的主张自身具有特殊之处，即它有一个与自己对立的独断主张，该主张在所有的玄想主张中是惟一着手根据一个经验对象来明显地证明我们上面仅仅归之于先验理念的东西的现实性，即证明实体的绝对简单性的主张：也就是说，内感官的对象，即在此思维的我，是一个绝对单纯的实体。我现在不探讨这一点（因为上面已经更为详细地考虑过了），我只是说明：如果某种东西仅仅被作为对象来思维，不为它的直观附加任何一种综合的规定（就像这通过“我”这个完全没有内容的表象所发生的那样），那么，当然在这样一个表象中就不能知觉到任何杂多和复合了。此外，既然我思维这个对象所凭借的谓词纯然是内感官的直观，所以，在其中也不可能出现任何证明一种彼此外在的杂多，从而证明 B471

实在的复合的东西。因此，自我意识所造成的就是：由于能思维的主体同时就是它自己的客体，所以它就不能把自己划分开来（虽然能够把依附于它的规定划分开来）；因为就它本身来说，每一个对象都是绝对的统一。尽管如此，当这个主体**在外部**作为直观的对象被考察时，它毕竟还会在显象自身中显示出复合。但是，如果人们想知道在它里面是否有一种彼此**外在**的杂多，它就必须始终被如此考察。

B472 B473

先验理念的第三个冲突

正论

按照自然规律的因果性，并不是世界的显象全都能够由之派生出来的惟一因果性。为了解释这些显象，还有必要假定一种通过自由的因果性。

证明

人们假定，除了按照自然规律的因果性之外，不存在任何别的因果性；这样，一切**发生的事情**都以一个在先的状态为前提条件，它按照一条规则不可避免地跟随该状态。但现在，在先的状态本身也必须是某种**发生的事情**（在时间中形成的，因为此前它并不存在），因

反论

没有任何自由，相反，世界上的一切都仅仅按照自然规律发生。

证明

假定有一种先验意义上的**自由**作为一种特殊方式的因果性，世界上的事情按照它才能发生，这就是绝对地开始一种状态，从而也开始其后果的一个序列的能力；这样，就不仅是一个序列将通过这种自发性绝对地开始，而且是产生该序列的这种自发性本身的规定亦即因果

为如果它任何时候都存在，它的后果就也不会刚刚产生，而会是一直存在的。因此，某物发生所凭借的原因的因果性本身是某种发生的事情，它按照自然的规律又以在先的状态及其因果性为前提条件，而这个状态同样以一个更早的状态为前提条件，如此等等。因此，如果一
B474 切都是按照纯然的自然规律发生的，那么，在任何时候都只有一个次等的开端，但永远没有一个最初的开端，因而一般来说在一个起源自另一个的原因方面没有序列的完备性。但现在，自然的规律恰恰在于：没有充分地先天规定的原因，什么东西都不会发生。因此，如果一切因果性都只有按照自然规律才是可能的，则这个命题就其不受限制的普遍性来说就是自相矛盾的，因而这种因果性不能被假定为惟一的因果性。

据此，必须假定一种因果性，某物通过它发生，无须对它的原因再继续通过另一个先行的原因按照必然的规律来加以规定，也就是说，它是原因的一种**绝对的自发性**，即自行开始一个按照自然规律进行的显象序列，因而是先验的自由，没有这种自由，甚至在自然的进程中显象的序列继起在原因方面也永远不是完备的。

性也将绝对地开始，以至于没有任何东西先行，使得这一发生的行动按照持久的规律得到规定。但是，每一个行动的开端都是以尚未行动的原因的一个状态为前提条件的，而该行动的力学第一开端则是以一个与同一个原因的先行状态根本没有因果性关联，也就是说不以任何方式从中产生的状态为前提条件的。因此，先验的自由是与因果规律相对立的，而且是起作用的种种原因之相互承继状态的这样一种联
结，按照这种联结，经验的任何统 B475
一性都是不可能的，所以在任何经验中都找不到这种联结，因而先验的自由是一个空洞的思想物。

因此，我们所拥有的无非是**自然**，我们必须在自然中寻找世界上的事情的关联和秩序。对自然规律的自由（独立性）虽然是对**强制**的一种**解脱**，但也是对一切规则的**导线**的一种解脱。因为人们不能说，进入世界进程的因果性之中的不是自然规律而是自由规律，因为如果自由是按照规律规定的，自由就不是自由，而其本身就无非是自然了。因此，自然与先验自由的区别正如合规律性与无规律性的区别，其中自然虽然给知性增添了困难，即在原因序列中越来越高地向上寻找种种事件的起源，因为因果性在

这些事件中任何时候都是有条件的，但作为补偿它也许诺了经验的无一例外的和合规律的统一性，因为与此相反，自由的幻象虽然给进行研究的知性在原因的链条中许诺了休息地，它把知性引导到一种自行开始行动的无条件的因果性，但这种因果性由于本身是盲目的，所以扯断了规则的导线，而只有遵循这一导线，一种无一例外地关联着的经验才是可能的。

B476 B477

第三个二论背反的说明

正论的说明

自由的先验理念远远没有构成这一名称的心理学概念的全部内容，该内容大部分是经验性的，相反，它仅仅构成了行动的绝对自发性的全部内容，来作为行动的自负其责的真正根据。但尽管如此，它对哲学来说却是真正的绊脚石。哲学在容忍诸如此类的无条件的因果性方面发现了不可克服的困难。因此，在关于意志自由的问题中历来使思辨理性感到十分为难的东西，本来就只是**先验的**，而且仅仅关涉到是否必须假定一种**自行**开始相互承继的事物或者状态的一个序列的能力。至于这样一种能力如何可能，则是同样不必回答的，因为我

反论的说明

自然万能的辩护者（先验的自然主义）在与自由学说的对立中会针对后者的玄想推理以如下方式来维护自己的命题。**如果你们不在世界中假定就时间而言有任何数学上最初的东西，那么，你们也就没有必要就因果性而言寻找一种力学上最初的东西。**是谁让你们来想出一个绝对最初的状态，从而想出一个川流不息的显象序列的绝对开端，并由此为了给你们的想象创造一个休息地，而为不受限制的自然设置一些界限呢？既然世界上的实体在任何时候都存在，至少经验的统一性使这样一个前提条件成为必然的，所以也就没有任何困难来假定

们就按照自然规律的因果性而言同样必须满足于先天地认识到，必须以这样一种因果性为前提条件，尽管我们无论如何也不能把握如何通过某一存在来设定另一事物的存在的可能性，因而必须仅仅以经验为根据。现在，尽管我们本来只是就世界的一个起源的可理解性所要求的而言，来阐明一个显象序列出自自由的一个最初开端的必要性，而
B478 一切后起的状态，人们都可以当做是一个按照纯然的自然规律的序列。但由于这样一来，毕竟就证明了（虽然并没有看出）完全自行地开始一个时间中的序列的能力，所以我们现在也被容许在世界的进程中间让种种不同的序列在因果性上自行开始，并赋予这些序列的实体以从自由出发行动的能力。但是，人们在这里不要让自己被如下的误解所阻止：既然世界上的一个渐进的序列只能有一个相对最初的开端，因为世界上毕竟总是有事物的一种状态先行，所以在世界的进程中，就不可能有一个序列的绝对最初开端。因为我们在这里所谈的不是时间上的、而是因果性上的绝对最初开端。如果我现在（举例来说）完全自由地、无须自然原因的必然规定性影响就从我的椅子上站起来，那么，在这个事件连同其直实体种种状态的变迁亦即其变化的序列也在任何时候都存在，从而就不可以寻求任何最初的开端，无论是数学的还是力学的。这样一种没有最初环节——就它而言其余的一切都是后继的——的无限起源的可能性，就最初环节的可能性而言是无法令人理解的。但是，如果你们想由此甩掉这个自然之谜，你们就将发现自己被迫摈弃许多你们同样不能理解的综合的基本性状（基本力量），甚至一般变化的可能性也必然使你们感到反感。B479 因为如果你们不通过经验发现这些变化是现实的，你们就绝不能先天地想出存在与不存在的这样一种不停的继起是如何可能的。

即便是为了开始世界的变化，自由的一种先验能力能够得到承认，这样一种能力也毕竟至少将必须仅仅存在于世界的外面（尽管在所有可能直观的总和外面再假定一个不能在任何可能的知觉中被给予的对象，始终还是一种大胆的僭妄）。然而在世界本身中把这样一种能力归于实体，则是绝不能允许的，因为在这种情况下，人们称之为自然的那种按照普遍规律必然地相互规定的种种显象的联结，以及把经验与梦幻区别开来的经验性真理的标志，就会绝大部分消失了。

到无限的自然后果中，就绝对地开始了一个新的序列，尽管在时间上这个事件只不过是一个先行序列的延续而已。因为这个决定和行动根本不在单纯自然结果的序列之中，不是它的一个纯然的延续；相反，决定性的自然原因在这一事件之上就其发生而言完全终止，其发生虽然继那些自然原因而起，但却不是从中产生的，因此虽然不是在时间上，但却就因果性而言必须被称为一个显象序列的绝对最初开端。

理性的**需求**，即在自然原因的序列中诉诸一个出自自由的最初开端，其证实在下面这一点上极为清晰地映入眼帘：古代所有的哲学家们（伊壁鸠鲁学派除外）都发现自己被迫为解释世界的运动而假定一个**第一推动者**，也就是说，一个首先并且自行开始各种状态的这个序列的自由行动的原因。因为他们不敢从纯然的自然出发来解释一个最初的开端。

与自由的这样一种无规律的能力相伴，自然就几乎无法设想了，因为自然的规律将不断地被自由的影响所改变，而显象按照单纯的自然整齐划一的运动也将由此变得紊乱和支离破碎。

B480 B481

先验理念的第四个冲突

正论

有某种东西属于世界，它或者作为其部分或者作为其原因，是一个绝对必然的存在者。

反论

任何地方，无论是在世界之中，还是在世界之外，都没有作为世界的原因的绝对必然的存在者实存。

证明

感官世界作为一切显象的整体，同时包含着一个变化的序列。因为没有这个序列，就连作为感官世界的可能性之条件的时间序列的表象也不会被给予我们。① 但是，任何一种变化都从属于时间上先行于它的条件，它在这种条件下是必然的。如今，任何一个被给予的有条件者就其实存而言都以种种条件直到绝对无条件者的完备序列为前提条件，而这绝对无条件者则是绝对必然的。因此，某种绝对必然的东西如果有一种变化作为其后果而实存，那就必定是实存的。但这个必然的东西本身属于感官世界。因为假定它处于感官世界之外，那么
B482 世界的变化序列就会从它引申出自己的开端，而这个必然的原因本身却不属于感官世界。这是不可能的。因为既然一个时间序列的开端惟有通过时间上先行的东西才能得到规定，所以一个变化序列的开端之至上条件就必须在该序列尚不存在的时间中实存（因为开端是一种存在，有一个时间先行于它，开始

证明

假定世界本身是一个必然的存在者，或者在世界中有一个必然的存在者，那么，在它的变化序列中就要么有一个开端，它是无条件地必然的，从而是没有原因的，而这与规定时间中一切显象的力学规律相冲突；要么序列本身没有任何开端，而且它尽管在其一切部分中都是偶然的和有条件的，但在整体上却依然是绝对必然的和无条件的，而这是自相矛盾的，因为一个集合如果没有任何一个部分拥有自身必然的存在，该集合的存在就不可能是必然的。

与此相反，假定在世界之外有一个绝对必然的世界原因，那么，
这个原因作为世界上的变化之**原因序列**的至上环节，就会首先开始这 B483
些变化的存在及其序列。② 但在这种情况下，这个原因就必定也开始行动，而它的因果性就会属于时间，但正因为此而属于显象的总和，也就是说，属于世界，所以它本身，亦即原因，并不处于世界之外，而这与前提条件是矛盾的。因

① 时间作为变化的可能性的形式条件，虽然在客观上先行于这些变化，但在主观上并且在意识的现实性中，这一表象毕竟只是如同任何别的表象一样，乃是通过知觉的缘起而被给予的。

② 开始这个词是在双重意义上采用的。第一种意义是**能动的**，此时原因开始（infit）一个种种状态的序列作为其结果；第二种意义是**被动的**，此时因果性在原因本身中起始（fit）。我在这里从第一种意义推论到第二种意义。

的事物在这时间中尚不存在）。因此，种种变化的必然原因的因果性，从而还有原因本身，都属于时间，从而属于显象（时间只有借着显象作为显象的形式才是可能的）；所以，时间不能被与作为一切显象之总和的感官世界分离开来思维。因此，在世界本身中，包含着某种绝对必然的东西（无论这绝对必然的东西是整个序列本身，还是它的一个部分）。

此，无论在世界之中，还是在世界之外（但与世界处于因果联结之中），都没有任何绝对必然的存在者。

B484 B485

第四个二论背反的说明

正论的说明

为了证明一个必然的存在者的存在，我有责任除了**宇宙论的论证**外，不使用其他任何论证；宇宙论的论证通过人们把概念中的无条件者视为序列之总体性的必然条件，而从显象中的有条件者上升到该无条件者。试图从一切存在者中的一个至上存在者的纯然理念出发作出这种证明，这属于理性的另一个原则，因此，这样一种证明将必须特别地产生。

纯粹宇宙论的证明，除了将一个必然的存在者是世界本身还是一个与世界有别的事物的问题悬而不决之外，不能以任何别的方式阐明该存在者的存在。因为要澄清该问

反论的说明

如果人们在显象的序列中上升时自认为遇到不利于一个绝对必然的至上原因之存在的困难，那么，这些困难也必然不是基于一般事物的必然存在的纯然概念，因而不是本体论的，而是出自与一个显象序列的因果联结（为的是给该显象序列假定一个本身无条件的条件），因此是宇宙论的，且是按照经验性规律推论出来的。也就是说必须展示，原因序列中的上升（在感官世界中）绝不能在一个经验性无条件的条件那里终止，从世界的种种状态的偶然性出发依据其变化作出的宇宙论论证的结果不利于一个最初的、绝对首先开始该序列的原因的

题，所需要的原理就不再是宇宙论的，不是在显象的序列中继续的，而是需要一般偶然存在者（如果它们纯然被当做知性的对象来考虑）的概念和一种通过纯然的概念把这些存在者与一个必然的存在者联结起来的原则，凡此种种都属于一种**超验哲学**，此处尚没有这种超验哲学的位置。

但是，人们一旦通过以显象的序列和按照因果性的经验性规律在显象序列中进行的回溯为根据，而以宇宙论的方式开始证明，就不能在此后离开这里，过渡到某种根本
B486 不作为一个环节属于该序列的东西。因为某物被视为条件，同有条件者与其条件的关系在应当以连续的进步导向这个最高条件的序列中被对待，必须是在同一种意义上。现在，如果这种关系是感性的，并且属于可能的经验性的知性应用，那么，至上的条件或者原因就只能按照感性的规律，从而只能作为属于时间序列的来结束回溯，必然的存在者就必须被视为世界序列的至上环节。

尽管如此，人们却冒昧地作了这样一种跳跃（μεταβαδιs ειs αλλο γενοs［转变至另一种类］）。也就是说，人们从世界中的变化推论到经验性的偶然性，亦即推论到变化假定。

但是在这一二论背反中，表现 B487
出一种奇特的对比：也就是说，在正论中推论出一个源始存在者的存在，与在反论中推论出该存在者的不存在，乃是出自同样的证明根据，而且具有同样的精确性。起初说：**有一个必然的存在者**，因为整个过去的时间在自身中包含着一切条件的序列，从而也包含着无条件的东西（必然的东西）。现在又说：**没有任何必然的存在者**，同样是因为整个逝去的时间在自身中包含着一切条件的序列（因此这些条件全都又是有条件的）。这方面的原因如下：第一个论证仅仅关注在时间中相互规定的种种条件之序列的**绝对总体性**，由此得出一个无条件的和必然的东西；与此相反，第二个论证考虑到一切在**时间序列**中被规定的东西的**偶然性**（因为在每一个
东西之前都有一个时间，其中条件 B489
本身又必须作为有条件的而被规定），由此一切无条件的东西和一切绝对的必然性都完全消逝了。然而，两个论证中的推论方式都完全符合通常的人类理性，通常的人类理性由于从两种不同的立场出发思考自己的对象，屡屡陷入自己与自己发生纠纷的境地。马兰先生认为两位著名的天文学家因一种类似的

对经验性规定原因的依赖，并得到一个经验性条件的上升序列，这也是完全正确的。但是，既然在这里不能发现任何最初的开端和至上的环节，人们就突然离开了偶然性的经验性概念，拿起了纯粹范畴，纯粹范畴在这种情况下就造成了一个纯然理知的序列，其完备性基于一个绝对必然的原因的存在。现在，既然这个绝对必然的原因不受任何感性条件的束缚，它也就摆脱了时间条件自己开始其因果性。如人们从下文能够推论出来的那样，这种行事方式是完全悖理的。

在范畴的纯粹意义上偶然的东西，就是其矛盾的对立面有可能的东西。现在，人们根本不能从经验性的偶然性推论到那种理知的偶然性。
B488 被改变的东西，其（状态的）对立面在另一个时间里是现实的，从而也是可能的。因此，这个状态不是先前状态的矛盾对立面，矛盾对立面要求在先前状态存在的同一时间里其对立面已经能够取代它，这是根本不能从变化推论出来的。一个在运动中的物体（等于 A）达到静止（等于非 A）。现在，从状态 A 的一个相反状态继状态 A 而起这一事实，根本不能推论说，A 的矛盾对立面是可能的，因而 A 是偶然的；因为为此就要求在运动存在

困难关于选择观测点而产生的争执是一个十分值得注意的现象，值得对此撰写一篇专门的论文。也就是说，一位天文学家推论说：**月球绕自己的轴自转**，乃是因为它总是以同一个面朝向地球；另一位则推论说：**月球并非绕自己的轴自转**，恰恰是因为它总是以同一个面朝向地球。就人们采用的观察月球运动的观测点而言，两种推论都是正确的。

的同一时间里，静止就能够取代它了。现在，除了静止在继起的时间里是现实的，从而也是可能的之外，我们并不知道任何别的东西。但是，一个时间里的运动和另一个时间里的静止彼此并不矛盾对立。因此，相反规定的演替亦即变化绝不证明根据纯粹知性概念的偶然性，因而也不能导向一个根据纯粹知性概念的必然存在者的存在。变化仅仅证明经验性的偶然性，也就是说，根据因果性的规律，没有一个属于先前时间的原因，新状态就根本不能自行出现。这个原因，即便是被假定为绝对必然的，也毕竟必须以这种方式在时间中发现，且属于显象的序列。

第三章　论理性在它的这种冲突中的旨趣 B490

如今，我们在这里已经拥有宇宙论理念的全部辩证活动。这些理念根本不允许在任何一种可能的经验中有一个一致的对象被给予它们，就连理性与普遍的经验规律一致地思维它们也不允许，尽管如此，它们毕竟不是被任意地虚构出来的，相反，理性在其经验性综合的连续进展中，如果想使按照经验的规则在任何时候都只能有条件地被规定的东西摆脱一切条件，并且在其无条件的总体性中把握它，就必然导向这些理念。这些玄想的主张不过是解决理性的四种自然的和不可避免的问题的尝试而已；因此，问题恰恰只能有四种，不多也不少，乃是因为只有四种综合的前提条件的序列先天地限制经验性的综合。

我们只是以仅仅包含其合法要求的根据的枯燥公式，来表现把自己的领域扩展到经验的一切界限之外的理性之出尽风头的僭妄，并且与一种先验哲学相称地消除掉这些僭妄的一切经验性的东西，尽管理性主张 B491

的全部辉煌惟有与经验性的东西相结合才能显示出来。但在这种应用以及理性应用的不断进步的扩展中，由于它从经验的领域开始并且逐渐地翱翔直上，直达这些崇高的理念，哲学就表现出一种尊严；只要哲学能够维护自己的僭妄，这种尊严就会远远地超过其他一切人类科学的价值，因为它为我们对一切理性能力最终必然汇聚于其中的终极目的的最大期望和展望许诺了基础。世界是否有一个开端，它在空间中的广延是否有某个界限；是否在某个地方，也许就在我的能思维的自我里面有一种不可分割的、不可毁坏的统一性，抑或只有可分割的东西和转瞬即逝的东西；我在我的行动中是否是自由的，抑或与其他存在者一样受自然和命运的导线所支配；最后，是否有一个至上的世界原因，抑或自然物及其秩序构成了我们在自己的所有考察中都必须止步不前的最后对象。凡此种种问题，都是数学家乐意献出其全部科学来换取其解决的问题；因为
B492 就最高的和最关切的人类目的而言，其全部科学毕竟不能给他造成任何满足。甚至数学（人类理性的这一骄傲）的尊严也基于：既然数学给理性提供指导，使它无论在宏观上还是在微观上都在自然的秩序和合规则性中，此外在推动自然的种种力量的值得惊赞的统一中，远远超越建立在通常经验之上的哲学的一切期望来洞察自然，数学由此也就甚至为理性扩展到一切经验之外的那种应用提供了诱因和鼓励，此外又向致力于此的世俗智慧供给最杰出的材料，在其研究的性质所允许的范围内通过适当的直观支持其研究。

对思辨来说不幸的是（但也许对人的实践规定来说幸运的是），理性发现自己在其最大的期待中如此囿于根据与反根据的冲突，以至于既然无论为其荣誉还是甚至为其安全，抽身而退并且漠然地把这种纷争当做一场纯然的儿戏来对待，都是不可行的，绝对地要求和平更是不可行，因为争执的对象是非常利益攸关的，所以留存给理性的，惟有思索理性与自己本身的这种不和的起源：一种纯然的误解是否应当为此负责？在
B493 这一讨论之后，虽然双方也许都须放弃高傲的要求，但理性对知性和感官的持久平和的统治也会由此而开始。

现在，我们想暂时搁置这一缜密的讨论，先考虑一下：如果我们被迫表态，我们最愿意站在哪一边呢？既然我们在这种场合不问真理在逻辑上的试金石，而是只问我们的旨趣，所以这样一番研究尽管就双方的

有争议的权利而言并不澄清任何东西，但仍然有用，即解释这场争执的参加者为什么宁可站在某一边而不站在另一边，却没有对对象的一种出色的洞识作为这样做的原因，此外还说明了另外一些次要的事情，例如一方的狂热激情和另一方的冷静断言，以及为什么他们乐意愉快地赞同一方，而对另一方却事先就毫不妥协地抱有偏见。

但是，有某种在这种暂时的判断中规定观点的东西，惟有从这种观点出发才能以相应的缜密从事这种判断，而这种东西就是双方由以出发的原则的比较。在反论的种种主张中，人们注意到一种思维方式的完全齐一性和准则的完全统一性，也就是说，一个纯粹**经验论**的原则，不仅 B494
在于对世界上的种种显象的说明，而且也在于世界总体本身的先验理念的解决。与此相反，正论的种种主张除了显象序列内部的经验性解释方式之外还以理智的开端为根据，而准则就此而言则不是单纯的。但是，根据其本质性的区别特征，我要把正论称为纯粹理性的**独断论**。

因此，在规定宇宙论的理性理念时的独断论一方或者正论一方表现出：

第一，某种**实践的旨趣**，每一个思想正常的人，如果他了解自己的真正好处，都会热心参与这种旨趣。世界有一个开端，我能思维的自我具有单纯的，因而永不泯灭的性质，这个自我同时在一种任意的行动中是自由的和超越自然强制的，最后，构成世界的种种事物的整个秩序源自一个元始存在者，一切都从这个元始存在者获得其统一性和合目的的联结，这些全都是道德和宗教的基石。反论则剥夺了我们所有这些支柱，或者至少是看起来剥夺了我们这些支柱。

第二，在这一方也表现出理性的一种**思辨的旨趣**。因为如果以这样的方式接受并使用各先验理念，人们就可以完全先天地把握种种条件的 B495
整个链环，并理解有条件的东西的由来，因为人们是从无条件者开始的；反论则不提供这种东西，它感到自己很糟糕，因为它对于自己的综合之条件的问题，不能给出不使人无穷地继续追究的回答。按照反论，人们必须从一个被给予的开端上升到一个更高的开端，每一个部分都导致一个更小的部分，每一个事件都总是有另一个事件在其上作为原因，而一般存在的条件总是又依据其他条件，绝不能在一个作为元始存在者的独立事物中获得无条件的支持和支柱。

第三，这一方也有**通俗性**的优点，这种优点肯定不是其受欢迎的最无关紧要的原因。通常的知性在一切综合的无条件开端的理念中没有发现丝毫的困难，因为它对下降到后果本来就比对上升到根据更为习惯，并且在绝对最初者（它并不苦思冥想绝对最初者的可能性）的概念中感到惬意，同时有一个固定的点，以便将自己的步伐的导线连接在它上面，与此相反，它在从有条件者向条件的永无止境的上升中，任何时候都有一只脚悬在空中，根本不能得到满意。

B496 在规定宇宙论的理念时**经验论**一方或者反论一方发现：

第一，没有这样一种像道德和宗教所带来的出自纯粹的理性原则的实践旨趣。毋宁说，纯然的经验论看起来剥夺了道德和宗教的一切力量和影响。如果不存在一个与世界有别的元始存在者，如果世界没有开端，因而也没有创造者，我们的意志不是自由的，灵魂与物质具有同样的可分性和可朽性，那么，**道德的**理念和原理就也就丧失了一切效力，与构成其理论支柱的**先验**理念一起作废了。

但**与此相反**，经验论也给理性的思辨旨趣提供了好处，这些好处很诱人，而且远远胜过理性理念的独断教师所能够许诺的好处。按照经验论，知性在任何时候都处于自己特有的地基之上，即处于纯粹可能的经验的领域里，它探究这些经验的规律，并凭借这些规律而能够无穷尽地扩展自己的可靠而又易于理解的知识。在这里，它能够并且应当表现对象，不仅是就其自身而言，而且是在其直观关系之中，或者是在其图像能够在被给予的类似直观里面清楚明白地提供出来的概念中。不仅它没

B497 有必要离开自然秩序的链环来依赖理念，理念的对象是它所不知道的，因为理念的对象作为思想物绝不能被给予出来；而且它也根本不容许离开自己的任务，借口自己的任务已经完成而转入观念化的理性的领域，转向超越的概念，在这里它不再需要观察和按照自然规律进行研究，而是仅仅**思维**和**创作**，可以保证不能被自然的事实所反驳，因为它同样不为这些事实的见证所束缚，而是可以置之不理它们，甚至让它们从属于一个更高的威望，即从属于纯粹理性的威望。

因此，经验论者绝不允许把自然的某一个时期假定为绝对最初的时期，或者把他远眺自然范围的某一个界限视为最外面的界限，或者从它通过观察和数学能够分辨并且在直观中综合地予以规定的对象（有广延的东西）过渡到无论是感官还是想象力都绝不能具体地表现的对象（单

纯的东西)；他也不允许人们甚至**在自然中**把一种不依赖于自然规律而起作用的力量（自由）作为基础，并由此减轻知性按照必然规则的导线探究种种显象的产生的任务；最后，他也不同意人们在自然之外寻找这方面的某个原因（元始存在者），因为我们所认识的惟有自然，惟有自然才能向我们展示对象并告诉我们它们的规律。 B498

尽管经验论哲学家在提出反论时并没有其他意图，只是要打消认错自己真正规定性的理性的冒失和胆大妄为，这种理性在洞识和知识真正说来终止的地方炫耀洞识和知识，并且要把人们只是鉴于实践的旨趣才承认的东西冒充为对思辨的旨趣的一种促进，为的是在有益于它的舒适的地方打断物理研究的线索，并且借口扩大知识而把这线索连接在先验理念上，人们本来通过先验理念只是认识到**人们一无所知**；如果——我要说——经验论者满足于此，他的原理就会是在提出要求时有节制、在作出断言时谦逊、同时借助于真正配备给我们的导师亦即经验来尽可能地扩展知性的一条准则。因为在这样一种场合，我们就不会被剥夺有利于我们的实践事务的种种理智的**前提条件**和**信仰**；只不过人们不能让它们以科学和理性洞识的名义和排场出现罢了，因为真正的思辨**知识**除了经验的对象之外，在任何地方都不可能遇到别的对象，而且如果人们逾越了经验的界限，试探不依赖于经验的新知识的综合就没有可以使它得以实施的直观的基底。 B499

但是，如果经验论就理念而言（就像经常发生的那样）自己变得独断，并且放肆地否定超出其直观的知识范围之外的东西，那么，它本身就陷入了非分的错误，这种错误在这里更应当受到责难，因为由此对理性的实践旨趣造成了一种无法弥补的损害。

这就是**伊壁鸠鲁主义**①与**柏拉图主义**的对立。

---

① 然而，**伊壁鸠鲁**是否曾经把这些原理讲述为客观的主张，还是一个问题。如果这些原理无非是理性的思辨应用的准则，那么，他就借此显示出一种比古代任何一位世俗智者都更为纯正的哲学精神。至于人们在说明显象时必须如此进行，就好像研究的领域不为世界的任何界限或者开端封锁似的；必须如此假定世界的材料，就像经验把它告知我们时它必然是的那样；除了像各种事件由不变的自然规律规定的那样之外，不得利用任何别的产生，最后，不得利用任何与世界有别的原因；这些直到现在都还是正确的原理，但却少有人遵守。它们扩展思辨哲学，也不依赖于外来的辅助源泉来发现道德的原则，由此，要求在我们从事纯然的思辨时**不理睬**那些独断命题的人，就不可因此被指责为想**否定**它们。

B500 二者中的每一个都说的比知道的更多，但前者虽然不利于实践的东西，却鼓励并促进了知识，后者虽然为实践的东西提供了卓越的原则，但却正因如此而在一切只能给予我们一种思辨知识的事物里面，允许理性追忆对自然显象的观念性说明，而忽视对此的物理学探讨。

最后，就在冲突双方之间作出暂时选择时所能关注的**第三种**要素而言，令人极为惊讶的是，经验论完全不为大众所喜闻乐见，尽管人们应当相信，通常的知性将热切地采纳使它指望仅仅通过经验知识及其合理性的联系而得到满足的规划，而不是让先验的独断论迫使它上升到远远
B501 超过在思维方面最纯熟的大脑的洞识和理性能力的概念。但恰恰这一点是它被打动的原因。因为在这种情况下，它处于一种即使最有学问的人也不能对它有任何指责的状态中。即使它对此理解甚少或者毫无理解，也毕竟没有任何人能够自诩理解得更多，而且尽管对此不能像其他人那样按照学术规范说话，它也毕竟能够无限更多地进行玄想推论，因为它游荡于纯粹的理念之间，关于理念人们之所以最为健谈，正是因为人们**对此一无所知**；而关于自然的探究，它就不得不一言不发，承认自己的无知了。因此，惬意和虚荣已经是这些原理的强劲引荐了。此外，尽管对于一个哲学家来说，接受某种东西为原理却不能因此而作出解释，或者干脆引入看不出其客观实在性的概念，是非常困难的①，但对于通常的知性来说，却毕竟没有更习以为常的事情了。它要有某种东西来信心十足地由以开始。把握这样一种前提条件本身的困难并不使它不安，因为它（它不知道什么叫做把握）从未想到过这个前提条件，它把由于经常使用而对它来说司空见惯的东西视为已知的。但最终，一切思辨的旨趣在它那里都消失在实践的旨趣面前，它自负能够看出，并且知道忧虑和希望激励它去接受和相信的东西。这样，经验论就被完全剥夺了先验的
B502 和观念化的理性的一切受欢迎之处，而且无论它包含有多少对至上的实践原理不利的东西，毕竟根本不用担忧它会在某个时候越过学派的界限而在日常事务中赢得一种还算可观的威望，在大众那里赢得一些宠爱。

人类理性就其本性而言是有建筑术的，也就是说，它把一切知识都

① “接受某种东西为原理却不能因此而作出解释，或者干脆引入看不出其客观实在性的概念，是非常困难的”在第一版中为“接受某种东西为原理却不能因此而作出解释，是非常困难的，更不用说引入看不出其客观实在性的概念了”。——译者注

视为属于一个可能的体系，因此也仅仅允许这样一些原则，即它们至少不使一种有计划的知识不能在某一个体系中与其他知识并列。但是，反论的命题却具有使得一座知识大厦的完成完全不可能的性质。按照这些命题，在世界的一种状态之上总是还有一个更古老的状态，在任何部分中都总是还有其他部分，这些部分又是可以分割的，在任何事件之前都有另一个事件，该事件又同样是以其他方式被产生的，在一般的存在中一切都总是有条件的，不承认任何一种无条件的最初存在。因此，既然反论在任何地方都不承认一个最初的东西，不承认绝对可以充当建筑之基础的开端，所以，鉴于这样的前提条件，一座完备的知识大厦就完全不可能了。因此，理性的建筑术旨趣（它不要求经验性的理性统一性，而是要求先天 B503
纯粹的理性统一性）就为正论的各种主张带来了一种自然的引荐。

但是，如果一个人能够表示放弃一切旨趣，纯然按照理性的种种主张之根据的内容来考察它们，不问其结论如何，那么，这样一个人，假设他除了皈依冲突的两种学说的这一种或者另一种之外，不知道以别的方式走出困境，他就会处在一种不断摇摆的状态之中。他会在今天深信不疑地觉得人的意志是**自由的**；明天，当他考察不可分解的自然链条的时候，又会认为自由无非是自我欺骗，一切都仅仅是**自然**。但一旦付诸作为和行动，纯然思辨理性的这种游戏就会如一场梦的幻影一般消失，他就会纯然按照实践的旨趣来选择自己的原则。但是，由于对一位进行反思和研究的存在者来说，把某些时间专用来检验他自己的理性，但在此时完全甩脱一切党派性，并这样把他的觉察公开地交给别人评判，毕竟是得体的，所以，没有人可以责怪，更不可以阻止让命题和反命题出现，就像它们能够不为任何威胁所恐吓地在他自己那个阶层（即有弱点 B504
的人的阶层）的陪审员们面前为自己辩护。

第四章　论纯粹理性的绝对必须能够被解决的先验课题

要解决一切课题和回答一切问题，这会是一种不知羞耻的自吹自擂和一种如此过分的自高自大，以至于人们会必然由此立刻丧失一切信任。尽管如此，还是有一些科学，其本性就造成，每一个在其中出现的问题都绝对必须能够从人们知道的东西出发得到回答，因为答案必然产生自问题由以产生的同一源泉，而且在这里，绝对不允许借口不可避免的无知，而是能够要求解决。人们按照规则必须能够知道，在所有可能的场合里什么是**对的**或者**不对的**，因为这涉及我们的责任。而对于**我们不能知道的东西**来说，我们就也没有责任。然而，在说明自然的显象时，必然有许
B505 多东西是我们不确知的，一些问题依然是不能解决的，因为我们关于自然所知道的东西，对于我们应当说明的东西来说远非在所有的场合都是充足的。如今的问题是：在先验哲学里面，是否有涉及呈现给理性的一个客体的某个问题，是通过这同一个纯粹理性所无法回答的，以及人们是否能够通过把这作为（从我们能够认识的一切出发）绝对不确知的而归为我们虽然有如此之多的概念来提出问题，但我们却完全缺乏手段或者能力来随时回答该问题的东西，来合理地放弃对问题作出决定性的回答。

如今我断言，先验哲学在一切思辨知识中间具有这样的特点：根本没有任何一个涉及被给予纯粹理性的对象的问题对于这同一个人类理性来说是无法解决的，没有一种不可避免的无知和课题艰深莫测的借口能够解除缜密而且完备地回答该问题的责任，因为使我们能够提问的同一个概念，绝对必然也使我们有能力对该问题作出回答，对象根本不是在概念之外遇到的（像在法与非法那里一样）。

B506 但在先验哲学中，惟有宇宙论的问题人们才能够有理由要求作出一种令人满意的、涉及对象性状的回答，并不容许哲学家借口无法参透的晦暗而逃避回答；而且这些问题只能涉及宇宙论的理念。因为对象必须是被经验性地给予的，而且问题仅仅关涉对象与一个理念相符合。如果对象是先验的，从而本身是未知的，例如其显象（在我们里面）是思维的某物（灵魂）是否是一个就自身而言单纯的存在物，一切事物是否共有一个绝对必然的原因，等等，那么，我们就应当为我们的理念寻找一个我们可以承认其不为我们所知，但却毕竟并不因此就不可能的对象。①

---

① 对于一个先验对象具有什么样的性状，即**它是什么**的问题，人们虽然不能给出回答，但却可以说这个**问题**本身**没有意义**，因为没有给出问题的对象。因此，先验灵魂说的一切问题也都是可回答的，并且确实得到了回答；因为它们都涉及一切内在显象的先验主体，这个主体本身却不是显象，从而不是作为对象**被给予的**，而且范畴（问题提出所真正指向的范畴）中没有一个找到运用于该主体之上的条件。因此，这里就是俗语所谓无回答亦是回答的情况，也就是说，关于因完全被置于能够被给予我们的对象的领域之外而不能通过任何确定的谓词来思维的某物的性状的问题，是完全无意义和空洞的。

惟独宇宙论的理念才自身具有这种独特之处，即它们能够把自己的对象 B507
和对象的概念所必需的经验性综合预设为已被给予的；从它们里面产生的问题仅仅涉及这种综合应当包含绝对总体性的进展，这种绝对总体性由于不能在任何经验中被给予，所以就不再是经验性的东西。在这里，既然我们所谈论的仅仅是作为一个可能经验的对象的东西，而不是作为一个事物自身的东西，所以对超验的宇宙论问题的回答就不可能在理念之外的其他任何地方，因为它不涉及任何对象自身；而就可能的经验而言，所问的并不是具体地在某个经验中能够被给予的东西，而是蕴涵在经验性的综合仅仅应当接近的理念之中的东西。因此，它必然只能从理念出发得到解决；因为理念纯然是理性的造物，因此理性就不能推卸责任，将它推诿给未知的对象。

一门科学就所有属于其整体的问题（quaestiones domesticae［内部的 B508
问题］）而言完全能够要求并期待某些解答，尽管这些解答目前也许还没有被找到，这也并不像乍一看那样非同寻常。除了先验哲学之外，还有两门纯粹的理性科学，一门具有纯然思辨的内容，另一门则具有实践的内容，即**纯粹数学**和**纯粹道德**。人们不是曾经听到过，仿佛是由于对种种条件的必然无知，无论是在有理数中还是在无理数中，直径与圆周具有什么样的比例，被说成是不确定的吗？既然这种比例通过有理数根本不能被准确地给予，而通过无理数还没有被找到，所以人们就作出判断：至少这样的解答的不可能性是能够确切地认识到的，而且兰贝特也曾对此作出过证明。在道德的普遍原则中，不可能有任何不确定的东西，因为种种命题要么是完全空洞、毫无意义，要么是必须纯然出自我们的理性概念。与此相反，在自然科学中有无限多的猜测，就它们而言永远不能期待确定性，因为自然显象是不依赖于我们的概念被给予我们的对象，因而解开它们的钥匙不在我们和我们的纯粹思维里面，而是在我们之外，也正是因此之故，在许多场合找不到，从而也不能期待可靠的解释。我
并不把涉及我们纯粹知识的演绎的先验分析论的问题列入其内，因为我 B509
们现在仅仅是就对象而言讨论判断的确定性，而不是就我们的概念的起源而言讨论判断的确定性。

因此，我们不能通过对我们理性的狭隘限制提出抱怨，并以一种谦卑的自知之明的外表承认澄清下述问题超出了我们的理性，来逃避对提

出的理性问题作出一种至少是批判的解答的责任。这些问题是：世界是永恒存在的，还是有一个开端；宇宙空间是以至无限都被存在物所充满，还是被封闭在某些界限之内；在世界上是有某种东西是单纯的，还是一切都必定可无限分割；是有一种出自自由的产生和创造，还是一切都取决于自然秩序的链环；最后，是有某种完全无条件的、就自身而言必然的存在物，还是一切在自己的存在上都是有条件的，从而在外部是依赖性的、就自身而言是偶然的。因为所有这些问题都涉及一个除了在我们的思想中之外不能在其他任何地方被给予的对象，亦即显象之综合的绝对无条件的总体性。如果我们从我们自己的概念出发不能对此说出和澄
B510 清任何确定的东西，那么，我们就不可以归咎于对我们将自身隐蔽起来的事物；因为诸如此类的事物（由于它在我们的理念之外的任何地方都未被遇到）根本不能被给予我们，而是我们必须在我们的理念中寻找本身是一个不允许有任何解答的问题的原因，而且关于它，我们毕竟还固执地假定有一个现实的对象与我们的理念相符合。对在我们的概念本身中蕴涵的辩证法的一种清晰的阐明，会使我们对于我们就这样一个问题而言应当做出判断的东西，很快达到完全的确定性。

对于你们提出的在这些问题方面的不确定性的借口，人们可以提出你们至少必须清晰地予以回答的这个问题来反驳：你们是从哪里得到其解答令你们在此陷入这样一些困难的理念的？你们需要作出说明的是显象，而且关于显象你们只能根据这些理念寻找其阐释的原则或者规则吗？假定自然在你们面前已得到完全的揭示；呈现给你们的直观的一切都没有任何东西对你们的感官和意识隐蔽起来，但是，你们毕竟不能通过任何经验具体地认识你们的理念的对象（因为除了这种完备的直观之外，
B511 还要求有一种完成了的综合及其绝对总体性的认识，而这根本不可能通过任何经验性的认识实现）；因此，你们的问题绝不可能是为说明某个呈现的显象而必然地、因而仿佛是通过对象本身提出的。这种对象绝不能呈现给你们，因为它不能通过任何可能的经验被给予。你们尽管有一切可能的知觉，也依然无论是就空间而言还是就时间而言，始终囿于**条件**，达不到任何无条件的东西，来发现这个无条件的东西是应当设置在综合的绝对开端中，还是应当设置在没有任何开端的序列的总体性中。但是，经验性意义上的大全在任何时候都仅仅是比较的。量的绝对大全（宇

宙)，一般存在的分割、起源、条件的绝对大全，连同它是通过有限的综合还是通过进展到无限的综合来完成的所有问题，都不与任何可能的经验有某种关系。例如，无论你们假定物体由单纯的部分构成，还是假定它无一例外地总是由复合的部分构成，都丝毫不会更好地或者哪怕只是别样地说明物体的显象；因为任何时候都不可能有单纯的显象呈现给你们，也同样不可能有一种无限的复合呈现给你们。显象只是就其解释根据在知觉中被给予而言才要求得到解释，但就显象而言，在某个时候能 B512
够被给予的一切，复合在一个**绝对的整体**中，自身并不是一个知觉。但是，这个大全本来就是在先验的理性课题中所要求说明的东西。

因此，既然这些课题的解决绝不可能在经验中呈现出来，所以你们就不能说，就此而言应当归之于对象的东西是不确定的。因为你们的对象仅仅在你们的大脑中，在你们的大脑之外根本不能被给予；所以，你们只需要关注与你们自己一致，避免使你们的理念成为一个经验性地被给予，从而也可以按照经验规律来认识的客体的所谓表象的那种歧义。因此，独断论的解决并不是不确定，而是不可能。而能够完全确定的批判性解决则根本不是客观地考察问题，而是根据它们所依据的知识之基础来考察问题。

第五章　贯穿所有四个先验理念的对宇宙论问题的怀疑论观念 B513

如果我们事先已经了解，回答的结果无论如何，都只会增加我们的无知，使我们从一种不理解陷入另一种不理解，从一种晦暗陷入一种更大的晦暗，也许甚至陷入矛盾，那么，我们就会很乐意放弃发现我们的问题得到独断的回答的要求。如果我们的问题所指望的纯然是肯定或者否定，那么，暂时搁置作出回答的猜测性根据，首先考虑如果回答的结果在一方人们将会获得什么，如果回答的结果在另一方人们将会获得什么，将是明智的行动。如果情况恰好是在两种场合得到的结果都是无意义的东西（无稽之谈)，那么，我们就有理由要求批判地研究我们的问题本身，并看一看它是否本身建立在一个无根据的预设之上，并且在玩弄那个其错误在应用中并通过其后果比在分离的表象中更好地暴露出来的

B514 理念。这就是探讨纯粹理性提交给纯粹理性的种种问题的怀疑论方式所具有的重大用途，而且通过这种方式，人们就能够以较少的花费来免除一大堆独断论的杂物，以便用一种清醒的批判来取代它，这种批判作为一种真正的净化，将成功地清除妄念连同其随从，即万事通。

据此，关于一个宇宙论理念，如果我事先就能够看出，无论它影响到显象的回溯性综合的无条件者的哪一边，它毕竟对于任何一个**知性概念**来说不是**太大**就是**太小**，我就会了解到，既然它毕竟仅仅与应当同一个可能的知性概念相符合的经验对象相关，所以它必定是完全空洞的和没有意义的，因为无论我怎样使对象迁就它，对象都不能符合它。而且对于所有的宇宙概念来说都确实如此，它们也正是因此而使理性只要赞同它们就陷入一种无法避免的二论背反。因为：

第一，假定**世界没有开端**，那么，世界对于你们的概念来说就**太大**；因为这个在于一种渐进的回溯的概念，永远不能达到全部已逝的永恒。假定**世界有一个开端**，那么，世界对于你们的知性概念来说在必然的经验性
B515 回溯中又**太小**。因为，由于开端总是以一个先行的时间为前提条件，所以它还不是无条件的，而知性的经验性应用的规律迫使你们还追问一个更高的时间条件，因此，世界对于这一规律来说显然太小。

关于世界在空间上的大小的问题，其双重的回答亦复如是。因为**如果它是无限的**和没有界限的，那么，它对于任何可能的经验性概念来说就**太大**。**如果它是有限的**和有界限的，那么，你们就有理由再问：是什么东西规定着这一界限？空的空间并不是事物的一个自存的相关物，不能是一个让你们可以停留下来的条件，更不是构成一个可能经验的一部分的经验性条件。（因为谁能对绝对空无有一个经验呢?）但是，要达到经验性综合的绝对总体性，在任何时候都要求无条件者是一个经验概念。因此，一个**有界限的世界**对于你们的概念来说就**太小**。

第二，如果空间中的任何显象（物质）都由**无限多的部分**构成，那么，分割的回溯对于你们的概念来说在任何时候都太大；而如果空间的**分割**应当在分割的某一环节（单纯的东西）终止，那么，分割的回溯对
B516 于无条件者的理念来说就**太小**。因为这个环节总还是留下一种向更多它所包含的部分的回溯。

第三，如果你们假定，在世界上所发生的一切事情中，都只有按照

自然规律的结果，那么，原因的因果性就永远还是某种发生的事情，并使你们向更高原因的回溯，从而使 a parte priori ［向前的］条件序列永无休止的延长成为必要。因此，纯然起作用的**自然**对于你们在世界事件之综合中的任何概念来说就**太大**。

如果你们偶尔选择**由自身**造成的事件，即出自**自由**的产生，那么，“为什么”就按照一条不可避免的自然规律追踪着你们，迫使你们按照经验的因果规律越过这个点，你们会发现联结的诸如此类的总体性对于你们必然的经验性概念来说**太小**了。

第四，如果你们接受一个**绝对必然的**存在者（无论它是世界本身，还是世界中的某种东西，还是世界的原因），那么，你们就把它置入一个无限远离任何一个被给予的时间点的时间之中了，因为若不然，它就会依赖于另一个更早的存在。但在这种情况下，这个实存对于你们的经验性概念来说就是无法接近的和太大的，以至于你们永远不能通过某种延续的回溯达到它。

但是，如果按照你们的看法，属于世界的一切（无论是作为有条件 B517
的还是作为条件）都是**偶然的**，那么，任何被给予你们的实存对于你们的概念来说就**太小**。因为它迫使你们一再去寻觅它所依赖的另一个实存。

我们在所有这些事例中都说过，**世界理念**对于经验性的回溯来说，从而对于任何可能的知性概念来说，要么是太大，要么是对它来说也太小。我们为什么不作相反的表述，说在第一种场合经验性概念对于理念来说任何时候都太小，在第二种场合却太大，从而仿佛是罪过在于经验性的回溯，而是指责宇宙论的理念，说它要么太大，要么太小，偏离了它的目的，即可能的经验呢？理由在于：可能的经验是惟一能够给予我们的概念以实在性的东西；没有这种东西，任何概念都只是理念，没有真实性，不与一个对象相关。因此，可能的经验性概念是一个准绳，必须根据它来判断理念，看它是纯然的理念和思想物，还是在世界中发现其对象。因为惟有对于仅仅为了某种别的事物而假定、且必须根据该事物来设立的东西，人们才说它相对于该事物来说太大或者太小。古代辩 B518
证法学校的游戏有这样一个问题：如果一个球未穿过一个洞，人们应当说什么呢？是说球太大，还是说洞太小？在这一事例中，随便你们说什么都是无所谓的；因为你们并不知道二者中哪一个是为另一个而存在的。

与此相反，你们不会说人对他的衣服来说太长，而是说衣服对人来说太短。

因此，我们至少得出了有根有据的怀疑：诸般宇宙论理念以及与它们相关的一切陷入互相冲突的玄想主张，也许是以关于这些理念的对象如何被给予我们的方式的一种空洞且纯然想象出来的概念为依据的；而这种怀疑已经能够把我们引向正确的迹象，来揭露长期以来使我们误入歧途的幻象。

第六章　先验唯心论是解决宇宙论辩证法的钥匙

我们在先验感性论中已经充分地证明：在空间或者时间中被直观到的一切，从而对我们来说可能的经验的一切对象，都无非是显象，也就
B519 是说，是纯然的表象，它们就被表象而言作为有广延的存在者或者变化的序列，在我们的思想之外没有任何自身有根据的实存。我把这种学说称为**先验唯心论**。① 先验意义上的实在论者则把我们感性的变状当做自存的事物，因而把**纯然的表象**当做事物自身。

如果要把早已声名狼藉的经验性唯心论强加给我们，那对我们是不公正的。经验性唯心论在承认空间有自己的现实性的同时，却否认空间中有广延的事物的存在，至少认为这种存在是可疑的，在这方面不承认梦幻与真理之间有任何可充分证明的区别。至于时间中的内感官的显象，经验性唯心论把它们当做现实的事物没有任何困难；它甚至断言，这种内部经验独自就充分证明了其客体（客体自身及所有这些时间规定）的现实存在。

B520 与此相反，我们的先验唯心论承认：外部直观的对象就像它们在空间中被直观到的那样，也是现实存在的，而在时间中一切变化就像内感官表象它们的那样，也是现实的。因为既然空间已经是我们称为外部直观的那种直观的形式，而且没有空间中的对象就根本不会有任何经验性的表象，所以我们就能够并且必须承认在空间中有广延的事物是现实的；

① 我在别的地方有时也把它称为**形式的**唯心论，以便把它与**质料的**唯心论亦即通常的怀疑或者否定外部事物本身实存的唯心论区别开来。在许多场合，宁可使用这些表述而不使用上述表述，以便防止误解，似乎是可取的。（本注为第二版所加。——译者注）

对于时间来说亦复如是。但是，那空间本身连同这种时间以及与二者相关的一切显象，毕竟自身还不是**事物**，而无非是表象，根本不能在我们的心灵之外实存；甚至我们的心灵（作为意识的对象）——其规定乃是通过时间中不同状态的演替被表象——的内部感性直观也不是什么自身实存的自我或者先验的主体，而仅仅是被给予这个我们所不知道的存在者的感性的一种显象。这种作为一个自身实存的事物的内部显象，其存在是不能承认的，因为它的条件是时间，而时间不能是某个物自身的规定。但在空间和时间中，显象的经验性的真实性得到了充分的保障，并与同梦幻的亲缘性充分区别开来了，只要二者按照经验性的规律在一个 B521
经验中正确而且普遍地联结起来。

据此，经验的对象**绝不是就自身而言**被给予，而是仅仅在经验中被给予，而且在经验之外根本没有实存。说月球上可能有居民，虽然没有一个人曾经见过他们，这一点也当然必须给予承认，但这仅仅意味着：我们在经验的可能进展中有可能遇到他们；因为凡是按照经验性进展的规律与一个知觉相联结的东西就都是现实的。因此，如果他们与我的现实意识有一种经验性的联结，他们就是现实的，虽然他们并不因此就是就自身而言，即在经验的进展之外是现实的。

除了知觉以及从这一知觉到其他可能的知觉的经验性进展之外，没有任何东西被现实地给予我们。因为就自身而言，显象作为纯然的表象惟有在知觉中才是现实的，而知觉事实上无非是一个经验性表象亦即显象的现实性。在知觉之前称一个显象是现实的事物，要么意味着我们在经验的进展中必然遇到这样一个知觉，要么是根本没有意义。因为如果所说的是一个物自身，那当然可以说它就自身而言，不与我们的感官和 B522
可能的经验发生关系而实存。但这里所说的仅仅是一个空间和时间中的显象，而空间和时间二者都不是物自身的规定，仅仅是我们的感性的规定；因此，在空间和时间中的东西（显象）不是就其自身而言的某种东西，而是纯然的表象，表象如果不是在我们里面（在知觉中）被给予，在任何地方都是遇不到的。

感性的直观能力真正说来只是一种接受性，即以某种方式伴随着表象被刺激，而种种表象的相互关系就是空间和时间的纯直观（纯粹是我们感性的形式），这些表象如果在这种关系中（在空间和时间中）按照经验的统一性的规律联结起来，并且是可规定的，就叫做**对象**。这些表象的非感性原因对于我们来说是完全未知的，所以我们不能把这原因当做客体来直观；因为诸如此类的对象必然既不在空间中也不在时间中（空间和时间是纯然的感性表象条件）被表象，没有这些条件我们就根本不能思维直观。然而，我们可以把一般显象的纯然理知的原因称为先验的客体，这只是为了有某种东西与作为一种接受性的感性对应。我们可以
B523 把我们可能的知觉的全部范围和联系归于这个先验的客体，并且说：它是先于一切经验就其自身而言被给予的。但是，显象符合这个先验客体，却不是就其自身而言，而是仅仅在这种经验中被给予的，因为它们是纯然的表象，而表象作为知觉，惟有在这一知觉按照经验统一性的规则与所有其他知觉联系起来的情况下才意味着一个现实的对象。这样，人们就能够说：过去时间的现实的事物是在经验的先验对象中被给予的；但是，它们只是在我想象到，可能知觉按照经验性规律的回溯序列（无论是依照历史的导线还是依照原因与结果的迹象），一言以蔽之，即世界的过程，导向一个作为当前时间的条件的已逝时间序列时，才对我来说是对象，并且在过去的时间里是现实的；而已逝时间序列在这种情况下毕竟只是在一个可能经验的联系中，不是就其自身而言被表象为现实的。这样，从亘古以来在我的存在之先已逝的所有事件，无非意味着把经验的链条从当前的知觉开始向上延长到在时间上规定这一知觉的诸般条件的可能性。

据此，如果我把感官在一切时间和一切空间中的所有实存对象表象给我自己的话，我并不是在经验之先把这样的对象安置在时间和空间中，
B524 相反，这种表象无非是关于一个可能经验就其绝对完备性而言的思想。惟有在它里面，那些对象（它们无非是纯然的表象）才被给予。但是人们说，它们实存于我的一切经验之先，这只不过意味着，可以在我从知觉出发必然**进展**到的**那个**经验部分中发现它们。这种进展的经验性条件的原因，以及我在回溯中会遇到哪些环节或者在什么程度上遇到诸如此类的环节，是先验的，因而不为我所知。但是，我所关心的并不是这种原因，而只是对象亦即显象在其中被给予我的经验的进展规则。即便就结果而言，我是说我在空间里的经验性进展中能够遇到比我看到的星球还要远百倍的星球，还是说即便从来没有一个人看到过它们或者将看到

它们，但在宇宙空间中也许会看到它们，这都是一回事；因为即便它们是作为物自身，与一般可能经验毫无关系地被给予的，它们也毕竟对我来说什么也不是，从而不是对象，除非它们包含在经验性回溯的序列中。惟有在另一种关系中，当为了一个绝对整体的宇宙论理念而使用这些显象时，因而当涉及一个超越可能经验的界限的问题时，对人们对待所思 B525 维的感官对象的现实性的方式作出区分才具有重要性，为的是防止一种不可避免地必然从对我们自己的经验概念的误解中产生的骗人的妄念。

第七章　理性与自身的宇宙论争执的批判裁定

纯粹理性的整个二论背反都建立在以下的辩证论证上：如果有条件的东西被给予，那么，它的一切条件的整个序列就也被给予；这样，感官的对象就作为有条件的东西被给予我们；依此类推。这种理性推理的大前提看起来是如此自然和明显，通过它，根据（在显象的综合中）诸般条件的不同，就它们构成一个序列而言，就引入了同样多的宇宙论理念；这些理念要求这些序列的绝对总体性，并正因为此而把理性不可避免地置入与自身的冲突之中。但是，在我们揭示这种玄想论证的骗人的东西之前，我们还必须通过纠正和规定其中出现的某些概念来使自己有 B526 能力这样做。

首先，以下命题是清晰的和无可置疑地确定的：如果有条件者被给予，则正因为此，在它的一切条件的序列中进行回溯就是我们**应负有的任务**；因为有条件者的概念已经包含着这一点，使得某物与一个条件相关，如果这条件又是有条件的，则与一个更远的条件相关，并如此通过序列的所有环节。因此，这个命题是分析的，摆脱了对一种先验批判的一切畏惧。它是理性的一个逻辑公设：通过理性追踪并尽可能地继续一个概念的已经附着于该概念的种种联结及其条件。

此外，如果无论是有条件者还是它的条件都是物自身，那么，当前者被给予时，就不仅回溯到后者是**应负有的任务**，而且后者也由此而随之现实地**被给予**，而且由于这一点适用于序列的一切环节，所以条件的完备序列，从而包括无条件者，都由于惟有通过那个序列才可能的有条件者被给予而同时被给予，或者毋宁说被作为前提条件。在这里，有条件者连同它的条件的综合是一种纯然知性的综合，知性表象事物**如其所是**，并不考虑我们是否以及如何能够达到事物的知识。与此相反，如果
B527 我与显象打交道，而显象作为纯然的表象，如果我不达到它们的知识（也就是说，达到它们本身，因为它们无非是经验性的知识），它们就根本不被给予，那么，我就不能在同样的意义上说：如果有条件者被给予，则它的所有条件（作为显象）就也都被给予，从而就绝不能推论到条件序列的绝对总体性。因为**显象**在把握本身中无非是一种（空间和时间中的）经验性综合，从而仅仅**在这种综合中**被给予。于是就根本不能得出：如果有条件者（在显象中）被给予，则构成其经验性条件的综合就由此而一起被给予并被作为前提条件，相反，这种综合惟有在回溯中才发生，没有回溯就绝不会发生。但是，在这样一个场合我们所能够说的是：向条件的一种**回溯**，也就是说，一种进展的经验性综合，在这一方面是被责成之事或者**应负有的任务**，而且不能缺少通过这种回溯被给予的种种条件。

由此可见，宇宙论理性推理的大前提是在一个纯粹范畴的先验意义上对待有条件者的，而小前提则是在一个运用于纯然显象的知性概念的
B528 经验性意义上对待有条件者的，因此在其中就发现了那种人们称之为 Sophisma figura dictionis［言说式的诡辩］的辩证欺骗。但是，这种欺骗并不是人为的，而是通常的理性的一种完全自然的迷惑。因为由于这种迷惑，在某种东西作为有条件的而被给予时，我们（在大前提中）就仿佛是**不加考虑地**以条件及其序列为前提，因为这无非是为一个被给予的结论命题假定完备的前提的逻辑要求；而在这里，在有条件者与其条件的联结中找不到时间秩序；它们就自身而言被预设为**同时**被给予的。此外，（在小前提中）把显象看做是物自身，同时看做被给予纯然知性的对象，这与在大前提中发生的事情，即我把惟有在其下对象才能被给予的一切直观条件都抽掉，是同样自然而然的。然而，此时我们忽视了概念之间的一种值得注意的区别。有条件者连同其条件的综合和这些条件的整个序列（在大前提中）丝毫不带有时间的限制，不带有任何演替的概念。与此相反，经验性综合与（被包摄在小前提中的）显象的条件序列必然是继起的，并且惟有在时间中才前后相继地被给予；因此，我在这
B529 里不能像在那里那样预设综合与由综合表现的序列的绝对**总体性**，因为

序列的所有环节在那里是就自身而言（没有时间的条件）被给予的，在这里却惟有通过相继的回溯才有可能，而相继的回溯惟有通过人们现实地完成它才被给予。

在指出了（各种宇宙论主张）共同作为基础的论证的这样一种错误之后，就可以把争论的双方都当做未把自己的要求建立在缜密的权利之上的而予以拒斥。但是，它们的争论却还并不因此而了结，就好像它们已被证明，它们或者双方中的一方在自己所主张的事情本身上（在结论中）没有道理似的，即使它不知道把自己的事情建立在有效的证明根据上。然而，一方主张世界有一个开端，另一方则主张世界没有开端，而是永恒存在的，双方必有一方正确，这似乎是再清楚不过的。但即便如此，由于清晰性在双方是相同的，所以在某个时候查明哪一方正确是不可能的；即便两派在理性的法庭上同样被呵斥而安静下来，但争执却持续依旧。因此，除了既然它们毕竟都能够如此有力地互相批驳，所以它们最终都被证明，它们是在做无谓的争论，而且有某种先验的幻相在用一种虚无缥缈的现实愚弄它们之外，再也没有别的办法来彻底地、令双方满意地了结争执了。我们现在就想选择这条调解一场无法判决的争执 B530
的道路。

※　　※　　※

爱利亚的芝诺是一个精细的辩证法家，他已经被**柏拉图**指斥为故意的诡辩家，说他为了表现自己的技巧，试图先用显明的论证证明一个命题，在此之后马上又用同样有力的论证再推翻该命题。他断言，神（也许在他那里无非就是世界）既不是有限的也不是无限的，既不处在运动中也不处在静止中，既不与任何其他事物相似也不与之不相似。在就此评判他的人们看来，他要同时完全否定两个相互矛盾的命题，而这是荒谬的。但我并不认为这能够合理地被归咎于他。我马上就将探讨这些命题的前一个。至于其他的命题，如果把**神**这个词理解为宇宙，那么，他当然就必须说：宇宙既不是持久地呆在它的位置上（处在静止中），也不改变它的位置（在运动），因为一切位置都在宇宙中，因而宇宙本身就不在任何位置上。如果宇宙把一切实存的东西都包含在自身中，那么，它就此而言也就不与**任何其他事物**相似，也不与之不相似，因为在它之外不存在**任何事物**能够与它进行比较。如果两个彼此对立的判断都预设一 B531

个不成立的条件，尽管它们有冲突（冲突并不是真正的矛盾），它们双方却都要被否定，因为这两个命题都惟有在其下才能有效的那个条件被否定了。

如果有人说，每一个物体都要么气味好闻要么气味不好闻，那就有一个第三者，即它根本没有气味（无味），这样，两个对立的命题就可能都是错误的。如果我说，它要么是好闻的，要么不是好闻的（vel suaveolens vel non suaveolens），那么，这两个判断就是矛盾地对立的，而且只有前一个是错误的，而其矛盾的对立面，即一些物体不是好闻的，也包含了**根本没有气味**的物体在内。在前面（per disparate［通过对比］）的对立中，物体概念的偶然条件（味）虽有对立的判断而依然存在，因而并没有被后者一并除去，所以后者就不是前者的矛盾对立面。

据此，如果我说：世界在空间上要么是无限的，要么不是无限的（non est infinitus），那么，假如前一个命题是错误的，它的矛盾对立面，即世界不是无限的，就必然是正确的。由此我只是否定了一个无限的世
B532 界，却没有设定另一个世界，即有限的世界。但如果说：世界要么是无限的，要么是有限的（非无限的），那么，二者就可能都是错误的。因为在这种情况下，我把世界视为就自身而言在其大小上被规定的，而在反命题中，我不仅否定了无限性，也许随之还否定了它的整个单独的实存，而且还把一种规定附加在作为一个就自身而言现实的事物的世界上，而这同样可能是错误的，也就是说，如果世界根本**不是作为一个物自身**，从而就其大小而言既不是作为无限的也不是作为有限的而被给予的话。请允许我把诸如此类的对立称为**辩证的**对立，而把矛盾的对立称为分析的**对抗**。因此，两个辩证地相互对立的判断都可能是错误的，因为一个并不是纯然与另一个相矛盾，而是表述了比矛盾所需更多的东西。

如果把“世界在大小上是无限的”和“世界在大小上是有限的”这两个命题视为两个彼此矛盾对立的命题，那么，人们就是在假定世界（显象的整个序列）是一个物自身。因为无论我在其显象的序列中结束的是无限的回溯还是有限的回溯，世界都依然存在。但是，如果我抛弃这
B533 种预设或者先验的幻相，并且否认它是一个物自身，那么，两种主张的矛盾冲突就转化为一种纯然辩证的冲突；而由于世界根本不是就自身而言（不依赖于我的表象的回溯序列）实存的，所以它的实存既不是作为

一个就自身而言的无限整体，也不是作为**一个就自身而言的有限整体**。它只能在显象序列的经验性回溯中，而根本不能独自地被发现。因此，如果这种序列在任何时候都是有条件的，那它就永远不被完全地被给予，因而世界也就不是无条件的整体，也不作为这样一个整体实存，无论是以无限的大小，还是以有限的大小。

这里关于第一个宇宙论理念，即关于显象中的大小的绝对总体性所说的，也适用于其余所有的宇宙论理念。条件的序列只有在回溯的综合本身中才能发现，而不是就自身而言在作为一个特别的、在一切回溯之先被给予的事物的显象中发现的。因此，我也必须说：在一个被给予的显象中，各部分的数量就自身而言既不是有限的，也不是无限的，因为显象并不是任何就自身而言实存的东西，而且各部分惟有通过分解性综合的回溯，并在这一回溯中才被给予，而这种回溯永远不是绝对**完整地**被给予，无论是作为有限的还是作为无限的。这也适用于互相隶属的原因的序列，或者有条件的实存直到无条件的必然的实存的序列，这种序 B534
列永远不能就自身而言在其总体性上被给予，无论是作为有限的还是作为无限的，因为它作为互相隶属的表象的序列，只存在于力学的回溯中，根本不能在这种回溯之先，并且作为物自身的独立存在的序列实存。

据此，纯粹理性在其宇宙论理念中的二论背反已被取消，因为已经指出，它纯然是辩证的，是一种幻相的冲突，这种幻相之所以产生，乃是因为人们把仅仅被视为物自身的条件的总体性理念运用于显象，而显象仅仅在表象中实存，当它们构成一个序列时在渐进的回溯中实存，在其他地方根本不实存。但是，人们反过来也从这种二论背反中得到一种真正的好处，虽然不是独断论的好处，但却是批判的和学理上的好处；也就是说，如果有人对先验感性论中的直接证明并未感到满足的话，由此就间接地证明了显象的先验观念性。证明就在于这种二难推理。如果世界是一个就自身而言实存的整体，那么，它就要么是有限的，要么是无限的。现在，无论是前者还是后者都是错误的（根据上述反论和正论各自的证明）。因此，说世界（所有显象的总和）是一个就自身而言实存的整体，就也是错误的。由此得出，在我们的表象之外的一般显象什么 B535
也不是，而这正是我们通过显象的先验观念性想说出的东西。

这一说明颇为重要。人们由此看出，上述四重二论背反的各种证明并不是幻象，而是缜密的，也就是说，是根据显象或者一个将它们都包含在自身之内的感官世界乃是物自身这一预设的。但是，由此产生的各种命题的冲突，说明在这一预设中蕴涵着一种错误，并使我们得以揭示作为感官对象的事物的真正性状。因此，先验的辩证法绝不对怀疑论有什么助长，但却助长怀疑的方法。当人们让理性的种种论证以其极大的自由彼此对立地出现时，怀疑的方法就能够借先验的辩证法显示出其重大效用的一个例证。理性的种种论证即使最终并不提供人们所寻求的东西，但却在任何时候都提供某种有用的东西和有助于纠正我们的判断的东西。

B536
第八章　纯粹理性在宇宙论理念方面的范导性原则

既然通过宇宙论的总体性原理，作为物自身的感官世界中的条件序列的极大值并没有被**给予**出来，而是只能在该序列的回溯中当做**应负有的任务**，所以上述纯粹理性的原理在其如此纠正了的意义上依然保有其良好的有效性，虽然不是作为公理把客体中的总体性思维为现实的，而是作为知性的、因而是主体的一个**问题**，以便按照理念中的完备性着手并继续一个被给予的有条件者的条件序列中的回溯。因为在感性中，也就是说，在空间和时间中，我们在阐明被给予的显象时所能够达到的任何条件又都是有条件的，原因在于：这些显象并不是或许能够在其中出现绝对无条件者的对象自身，而纯然是经验性的表象，这些表象在任何时候都必然在直观中发现在空间或者时间上规定它们的条件。因此，理性的这条原理真正说来只不过是一条**规则**罢了，它要求在被给予的显象
B537 的条件序列中进行一种回溯，这种回溯绝不允许在一个绝对无条件者那里停留下来。因此，它不是经验和感官对象的经验性知识之可能性的原则，从而也不是知性的原理，因为任何经验都（根据被给予的直观）被封闭在自己的界限之内；它也不是理性把感官世界的概念扩展到一切可能经验之外的**建构性原则**，而是经验之最大可能的继续和扩展的原理，根据它，必须不把任何经验性的界限视为绝对的界限，因此它是理性的一条原则，它作为**规则**要求我们在**回溯**中应当做什么，而不是**预知**在**客体**中于一切回溯之先什么就自身而言被给予。因此，我把它称为理性的

一条**范导性**原则，因为与此相反，作为在客体（显象）中就自身而言被给予的，条件序列的绝对总体性的原理是建构性的宇宙论原则。我想通过这种区分来说明后者的无效，并由此阻止人们像通常（通过先验的暗中偷换意义）不可避免地发生的那样，赋予一个只是作为规则用的理念以客观的实在性。

为了恰如其分地规定纯粹理性的这一规则的意义，必须首先说明，它不能说**客体是什么**，而是说**应当如何着手进行经验性的回溯**，以便达到客体的完备概念。因为如果前者成立，那么，它就会是一条建构性的 B538
原则，而诸如此类的东西从纯粹理性出发是绝不可能的。因此，人们绝不能由此就想说，一个被给予的有条件者的条件序列就自身而言是有限的或者无限的；因为这样一来，一个仅仅在理念本身中才被创造出来的绝对总体性的纯然理念就会来思维在任何经验中都不能被给予的对象了，因为一序列显象就会获得一种独立于经验性综合的客观实在性。因此，理性理念将只是给条件序列中的回溯性综合规定一个规则，按照这个规则，该综合从有条件者开始，凭借所有相互隶属的条件进展到无条件者，即使该无条件者永远达不到。因为在经验中根本遇不到绝对无条件者。

为了这一目的，首先就必须精确地规定一个永远不能完备的序列的综合。人们在这方面通常使用两个应当在其中区分某种东西的术语，但是人们毕竟还不善于正确地说明这种区分的根据。数学家仅仅谈到一种 progressus in infinitum［无限进展］。概念的研究者（哲学家）则只想用 B539
一种 progressus in indefinitum［不限定进展］来取而代之。我不想在检验这样一种区分给这些术语带来的疑虑以及应用这种区分有用还是没用之处逗留，而是力图与我的目的相联系，以便精确地规定这些概念。

关于一条直线，人们可以正当地说：它可以被延长到无限，而在这里，无限进展和不限定进展（progressus in indefinitum）的区分就会是一种空洞的吹毛求疵。原因在于，尽管在说引出一条线时，附加上 in indefinitum［不限定］当然要比说 in infinitum［无限］更为正确，因为前者无非意味着**随你们便**延长这条线，而后者则意味着你们应当永不停止地延长这条线（这在此处恰恰不是本意），但如果所说仅仅是能力，则毕竟前一个表述是完全正确的；因为你们能够无限地使这条线越来越长。在人们仅仅谈到进展，也就是从条件到有条件者的进展的一切场合里，情

况也都是如此；这种可能的进展在显象的序列中前进至无限。从一对父
B540 母开始，你们可以沿着生育的下降线无止境地前进，并且也完全可以设想，这条线现实地在世界里面如此前进。原因在于，理性在这里绝不需要序列的绝对总体性，因为它并不把这样的总体性预设为条件并且是**被给予的**（datum），而是仅仅把它预设为某种有条件的东西，这种东西只不过是可被给予的（dabile）并且可以无止境地附加罢了。

下面的问题就完全不同了：在一个序列中从被给予的有条件者向条件上升的回溯延伸多远？我能够说它是**一种无限的回溯**，还是只能说它是一种**不限定**（in indefinitum）延伸多远的回溯呢？因此，我是从现今生存的人在其祖先的序列中能够无限地上升，还是只能够说，无论我回溯多远，都永远遇不到一个经验性的根据来在某处把序列视为有界限的，以至于我有权利并且有义务为每一个祖先还进一步寻找其先祖，尽管同样不能够预设这样的先祖？

据此我说：如果整体在经验性直观中被给予，那么，其内部条件的序列中的回溯就将无限地进行。但是，如果序列的一个环节被给予，回
B541 溯应当从该环节前进到绝对的总体性，那么，就只有一种不限定的（in indefinitum）的回溯。这样，关于在其界限内被给予的物质（一个物体）的分割就必须说：它将无限地进行。因为这物质是整体的，从而是连同其所有可能的部分一起在经验性直观中被给予的。既然这个整体的条件就是它的部分，该部分的条件又是部分的部分，依此类推，而且既然在这一分解的回溯中永远遇不到这个条件序列的一个无条件的（不可分的）环节，所以不仅任何地方都没有一个经验性的根据来在分割中停下来，而且继续的分割之更远的环节本身就是先于这种继续的分割而经验性地被给予的，也就是说，分割将无限地进行。与此相反，一个被给予的人的祖先序列并未在任何可能的经验中在绝对的总体性上被给予；回溯却毕竟从这种生育的每一个环节进行到一个更高的环节，以至于不能遇到任何经验性的界限来把一个环节表现为绝对无条件的。但是，既然可能为此提供条件的各环节并不在回溯之先就已经蕴涵在整体的经验性直观中，所以这种回溯就不是无限地进行（对被给予者的分割的回溯），而是不限定地为被给予的环节寻找更多的环节，而这更多的环节又在任何时候都是有条件地被给予的。

在这两种场合的任何一个场合里，无论是 regressus in infinitum［无限回溯］还是 regressus in indefinitum［不限定回溯］，条件的序列都不被视为无限地在客体中被给予的。这里不是就自身而言被给予的物，而是作为相互的条件仅仅在回溯本身中被给予的显象。因此问题就不再是：这一条件序列就自身而言有多大，是有限的还是无限的，因为它不是什么就自身而言的东西；相反，问题是：我们如何进行经验性的回溯，以及我们应当把它进行到多远。而在这里，就这种进展的规则而言，有一种显著的区别。如果整体被经验性地给予，那么，在它的内部条件的序列中**无限地**回溯就是**可能的**。但是，如果整体没有被给予，而是应当通过经验性的回溯才被给予，那我就只能说：进展到序列的更高条件是**无限地可能的**。在前一种场合我能够说：总是有比我通过（分解的）回溯所达到的更多的环节存在并被经验性地给予；而在第二种场合我能够说的则是：我在回溯中还总是能够走得更远，因为没有一个环节作为绝对无条件的而被经验性地给予，所以还总是有一个更高的环节是可能的，从而也就允许探讨这个更高的环节是必然的。在前一种场合，**发现**序列更多的环节是必然的，而在第二种场合，由于没有任何经验被绝对地设定界限，所以**追问**更多的环节就总是必然的。因为你们要么没有知觉来给经验性的回溯绝对设定界限，而且在这种情况下你们就必须不把自己的回溯视为完成了的，要么有这样一个为你们的序列设定界限的知觉，于是这一知觉就不能是你们已经过的序列的一个部分（因为**设定界限的东西**必须有别于由此**被设定界限的东西**），因而你们就必须把自己的回溯也继续进行到这种条件，并继续进行下去。 B542 B543

下一章将通过其应用对这一说明作出恰如其分的阐释。

第九章　就一切宇宙论理念而言论理性的范导性原则的经验性应用

既然像我们已经多次指出的那样，无论是纯粹的知性概念还是纯粹的理性概念，都没有先验的应用；既然感官世界中条件序列的绝对总体性仅仅依据于理性的先验应用，理性要求它预设为物自身的东西的这种无条件的完备性；既然感官世界不包含诸如此类的完备性；所以，就绝 B544

不能再说感官世界中序列的绝对的大小，无论它是有界限的还是就自身而言无界限的，而是只能说在经验性的回溯中，在把经验导回到其种种条件时，我们应当走多远，以便依照理性的规则，除了在对理性的问题与对象相符合的回答上停留下来之外，不在任何其他回答上停留下来。

因此，在充分地阐明了**理性原则**作为显象自身的一条建构性原理的无效性之后，惟一给我们留下来的东西就是它作为一个可能经验的**继续**和大小之规则的**有效性**。如果我们能够毫不怀疑地牢记这种有效性，理性与自身的争执就也将完全终止，因为不仅通过批判的解析取消了使理性与自身分裂的幻相，而且取而代之的是揭示了一种意义，理性在这种意义上与自身一致，惟有对它的误解才导致争执，一条通常是**辩证的**原理就被转化为一条**学理的**原理了。实际上，如果这条原理按照它的主观涵义，即与经验的对象相符合地规定知性在经验中的最大可能的应用，而能够得到证明，那么，这就完全等于是说它像一条公理那样（这从纯
B545 粹理性出发是不可能的）先天地规定对象自身了；因为即便是公理，除了它证明自己在我们知性扩大了的经验应用中起作用之外，也不能在经验的客体方面对我们知识的扩大和纠正有更大的影响。

一、关于显象复合成一个世界整体之总体性的宇宙论理念的解析

无论是在这里，还是在其余的宇宙论问题中，理性的范导性原则的根据都是以下命题：在经验性的回溯中，不可能发现**任何关于一个绝对界限的经验**，从而不可能发现任何关于一个条件是**经验性地绝对无条件的**条件的经验。但它的根据却是：一个诸如此类的经验必须在自身中包含着通过无或者空为经验设定界限，继续的回溯能够凭借一个知觉遇到这种界限，而这是不可能的。

于是，这一命题等于是说，我在经验性的回溯中任何时候都只能达到这样一个条件，它本身又必须被视为经验性地有条件的。这一命题 in
B546 terminis［归根结底］包含着一条规则：无论我由此在上升的序列中走多远，我在任何时候都必须追问序列的一个更高的环节，不管这个环节是否能够通过经验为我所知。

于是，为了解决第一个宇宙论问题，所需要的只是还澄清：在向世界整体（在时间和空间上）无条件的大小的回溯中，这种绝不被设定界

限的上升是叫做**无限的回溯**，还是仅仅叫做一种**不限定的继续回溯**（in indefinitum）。

一切已逝的世界状态以及在宇宙空间中同时存在的事物，其序列的纯然普遍的表象，本身无非是一个我所思维的——尽管还不确定地思维的——可能的经验性回溯，惟有通过它，被给予的知觉之条件的这样一 B547
个序列的概念才能够产生。① 于是，我在任何时候都只是在概念中才有世界的整体，而绝不是在直观中拥有它（作为整体）。因此，我不能从它的大小推论到回溯的大小，并根据前者来规定后者，相反，我必须通过经验性回溯的大小才对世界的大小形成一个概念。但是，关于这种经验性的回溯，我所知道的永远不过是，我总是还必须从经验序列的每一个被给予的环节经验性地向一个更高的（更远的）环节前进。因此，由此根本没有绝对地规定种种显象之整体的大小，所以人们也不能说这种回溯将无限地进行，因为这将会预知回溯尚未达到的环节，并且把这些环节的数量表现为如此之大，以至于没有任何经验性综合能够达到它，从而在回溯之先就会（尽管只是消极地）规定世界的大小，而这是不可能的。因为世界不是通过任何直观（在其总体性上）被给予我的，因而它的大小也根本不是在回溯之先被给予我的。据此，我们关于世界的大小自身根本不能说任何东西，就连说在世界里面有一种 regressus in infinitum［无限的回溯］也不行，而是必须仅仅根据在它里面规定经验性回溯的规则来寻找其大小的概念。但是，这个规则所说的不过是，无论我们在经验性条件的序列中走过了多远，我们都不能在任何地方假定一个绝对的界限，而是把每一个显象作为有条件的来隶属于另一个作为其条件的显 B548
象，因而必须进一步前进到后者，而这就是 regressus in indefinitum［不限定的回溯］；由于这种回溯不在客体中规定大小，因而可以足够清晰地把它与 regressus in infinitum［无限的回溯］区别开来。

据此，我不能够说世界在已逝的时间上或者在空间上是**无限的**。因为关于作为一个被给予的无限性的大小，诸如此类的概念是经验性的，

① 因此，世界序列既不能比它的概念惟一作为依据的可能经验性回溯更大，也不能比之更小。而且既然这种回溯既不能给予任何确定的无限者，也同样不能给予一个确定的有限者（绝对有界限者），所以很明显，我们既不能假定世界的大小是有限的，也不能假定它是无限的，因为回溯（世界的大小得以表象所凭借的回溯）不允许这二者中的任何一个。

从而对于作为感官的一个对象的世界来说也是绝对不可能的。我也不会说：从一个被给予的知觉向一切无论在空间中还是在已逝的时间中在一个序列里面给这个知觉设定界限的东西的回溯将**无限地**进行；因为这预设了世界的无限大小；我也不会说：世界是**有限的**，因为绝对的界限同样在经验性上是不可能的。据此，关于经验的整个对象（感官世界），我不能说任何东西，我所能够说的只是与经验的对象相符合来进行并且继续经验所应当遵循的规则。

因此，对于世界大小的宇宙论问题，第一个并且是消极的回答就是：世界在时间上没有最初的开端，在空间上没有最外面的界限。

因为在相反的情况下，世界就会一方面为空的时间，另一方面为空的空间所限制。既然世界作为显象不能就自身而言是这二者中的任何一
B549 种，因为显象不是物自身，所以对受绝对空的时间或者空的空间所限制的知觉就必须是可能的，通过它，世界的这些终端在一个可能的经验中被给予。但这样一种经验，作为完全空无内容的，是不可能的。因此，一种绝对的世界界限在经验性上是不可能的，因而也是绝对不可能的。①

由此同时得出**肯定的**回答：世界显象序列中的回溯作为世界大小的一种规定，将 in indefinitum［不限定地］进行，这就等于是说：感官世界没有绝对的大小，而是经验性的回溯（惟有通过经验性的回溯，感官世界才能在其条件方面被给予）有它自己的规则，也就是说，在任何时
B550 候都从序列的任何一个作为有条件者的环节向一个更远的环节（或者是通过自己的经验，或者是通过历史的导线，或者是通过结果与其原因的链条）前进，并且在任何地方都不放弃扩展自己知性的可能的经验性应用，这也是理性就其原则而言的真正的和惟一的任务。

由此并没有规定一种确定的在某种显象中无止境地进行的经验性回溯，例如，人们必须从一个活着的人出发在祖先的序列中一直上溯，并不指望有第一对夫妇，或者在天体的序列中一直上溯，并不允许有一个最远的太阳；相反，所要求的只是从显象到显象的前进，即使它们并不

---

① 人们将发现：此处的证明是以与上面第一个二论背反的反论中的证明不同的方式进行的。在那里，我们按照通常的、独断的表象方式把感官世界视为一个就自身而言先于一切回溯而在其总体性上被给予的物，并且根本否认它——如果它不是占有一切时间和一切空间的话——在二者中占有某个确定的位置。因此，那里的结论也不同于这里的结论，也就是说，那里推论到世界现实的无限性。

提供现实的知觉（如果它们在程度上对于我们的意识来说太弱，不能形成经验），因为它们尽管如此毕竟还属于可能的经验。

一切开端都在时间中，有广延的东西的一切界限都在空间中。但空间和时间都只在感官世界中。因此，惟有显象**在世界中**是有条件的，而**世界**本身却既不是有条件的，也不是以无条件的方式被设定界限的。

正因为此，而且既然世界永远**不能**被**完整地**给予出来，甚至一个被给予的有条件者的条件序列也**不能**作为世界序列被**完整地**给予出来，所 B551
以世界之大小的概念就只是通过回溯，而不是在回溯之先在一个集合的直观中被给予的。但是，回溯始终只是在于对大小的**规定**，因而并不提供任何**确定的**概念，从而也不提供任何关于就某个尺度而言无限的大小的概念，所以也不无限地（仿佛是被给予的）进行，而是不限定地进行，以便提供一个（经验的）大小，这个大小惟有通过这种回溯才成为现实的。

二、关于分割直观中一个被给予的整体之总体性的宇宙论理念的解析

当我分割一个在直观中被给予的整体时，我是从一个有条件者前进到它的可能性的条件的。各部分的分割（subdivisio［细分］或者 decompositio［分解］）是在这些条件的序列中的回溯。这一**序列**的绝对总体性惟有在回溯能够一直达到**单纯的**部分的情况下才会被给予。但是，如果所有的部分在一种连续的分解中都一直又是可分割的，那么，分割亦即从有条件者到其条件的回溯就将 in infinitum［无限地］进行，因为条件
（即部分）就包含在有条件者本身之中，而且既然这有条件者是在一个被 B552
包围在界限之间的直观中被完整地给予的，所以条件也就全都被一起给予了。因此，这种回溯就不可仅仅被称为 in indefinitum［不限定的］回溯。惟有前一个宇宙论理念才允许这样做，因为我应当从有条件者前进到它的条件，这些条件是在有条件者之外，从而不是由此同时一起给予的，而是在经验性的回溯中才附加上的。尽管如此，关于一个无限可分割的整体，毕竟绝不允许说**它由无限多的部分组成**。因为尽管所有的部分都包含在整体的直观中，但**全部的分割**毕竟并不包含在其中，而是存在于继续的分解或者回溯本身中，回溯才使序列成为现实的。既然这种

回溯是无限的，所以虽然它所达到的一切环节（部分）都包含在被给予的作为**集合体**的整体中，但其中并不包含**分割**的整个**序列**，这个序列是渐进地无限的，永远不是**完整的**，所以不能表现无限的数量及其在一个整体中的结合。

这种一般的提醒首先可以轻而易举地运用于空间。每一个在其界限内被直观的空间都是这样一个整体，其各个部分无论如何分解也都一直又是空间，因而是无限可分的。

B553 由此也完全自然而然地得出第二种应用，即应用于一个被包围在其界限内的外部显象（物体）。物体的可分割性建立在空间的可分割性之上，空间构成了作为一个有广延的整体的物体的可能性。因此，这个物体是无限可分割的，但并不因此就是由无限多的部分构成的。

虽然看起来，既然一个作为实体的物体必须在空间中得以表象，所以就空间的可分割性规律而言，它与空间是有别的；因为人们也许可以承认，分解归根结底永远不能除去所有的合成，那样的话甚至一切通常并不是什么独立东西的空间就会不是空间了（这是不可能的）；然而，说如果在思想中取消物质的一切合成就根本不会有任何东西存留，这似乎与实体的概念无法统一，实体真正说来应当是一切合成的主体，必然存留在其元素中，即使这些元素在空间中的结合——它们由此构成一个物体——被取消。不过，对于**在显象中**叫做实体的东西来说，就不像人们对于一个物自身来说通过纯粹知性概念所思维的那样了。前者不是一个
B554 绝对的主体，而只是感性的持久形象，无非是直观，在直观中任何地方都遇不到什么无条件的东西。

然而，尽管在细分一个作为空间之纯然充填的显象时，这条无限进展的规则毫无疑问是成立的，但在我们也要把它扩展到在一个被给予的整体中已经以某种方式分离开来的各部分——这些部分由此构成一个quantum discretum［分离的量］——的数量时，它却毕竟不能生效。假设在每一个有分支的（有组织的）整体中每一个部分又都是有分支的，人们以这样的方式在无限分解各个部分时还总是发现新的人为的部分，一言以蔽之，假设整体是无限地有分支的，这根本不可思议，尽管可以假设，物质的各部分在分解时能够被无限地划分。因为对空间中一个被给予的显象进行分割的无限性所依据的仅仅是：通过这种分割，只有可

分割性亦即各部分的一个就自身而言绝对不确定的数量被给予出来了，而各部分本身则惟有通过细分才被给予和被规定，简言之，整体不是就自身而言已经被划分的。因此，能够在整体中规定一个数量的分割，其程度如同人们在分割的回溯中前进的程度。与此相反，在一个无限地有分支的有机物体那里，整体正是通过这一概念被表现为已经划分了的， B555
并且在一切分割的回溯之先就在它里面发现了各部分的一个就自身而言确定的、但却无限的数量；由此人们陷入了自相矛盾，因为这种无限的纠缠被视为一种永远不能完成的序列（无限的），尽管如此却在一种总括中被视为完成了的。无限的分割仅仅把显象描述为 quantum continuum [连续的量]，并且与空间的充填不可分，因为无限可分割性的根据正是在于空间的充填。但是，一旦某种东西被当做 quantum discretum [分离的量]，各单位的数量在其中就是确定的，因而也在任何时候都等于一个数字。因此，在一个有分支的物体中组织能够达到什么程度，只有经验才能弄清楚，而尽管经验肯定没有达到任何无机的部分，这样的部分也毕竟至少蕴涵在可能的经验中。但是，对一个一般的显象进行的先验分割达到什么程度，这根本不是经验的事情，而是理性的一个原则，即在分解有广延的东西时依照这一显象的本性永远不把经验性的回溯视为绝对完成了的。

※ ※ ※

数学先验理念之解析的结束语和力学先验理念之解析的前言 B556

我们曾用一个图表来表现纯粹理性贯穿一切先验理念的二论背反，在那里，我们说明了这种冲突的根据和消除这种冲突的惟一办法，这种办法就在于宣布两种对立的主张都是错误的；那时，我们到处都把条件表现为按照空间和时间的关系属于有条件者的。这是通常的人类知性惯用的预设，那种冲突也完全是依据于此。考虑到这一点，一个有条件者的条件序列中的总体性之一切辩证的表象，都完全具有**同样的性质**。总是有一个序列，其中条件与有条件者作为序列的各环节联结起来，从而是**同类的**，这里绝不能把回溯设想为完成了的，或者如果把它视为完成了的，就必然把一个就自身而言有条件的环节错误地当做一个最初的环节，从而当做无条件的。因此，虽然没有到处纯然按照其大小来衡量客 B557

体亦即有条件者，但毕竟是按照其大小来衡量客体的条件序列，而且在这里，不能用任何调解，只能通过完全斩开死结来克服的困难就在于：理性使它对于知性来说不是**太长**就是**太短**，以至于知性永远不能与理性的理念相匹配。

但在这里，我们忽视了客体，亦即理性力图提升为理念的知性概念中的一种本质性的区别，因为按照我们上面的范畴表，有两个范畴意味着显象的**数学**综合，其余两个范畴意味着显象的**力学**综合。迄今为止，上述情况还根本不可能发生，因为就像我们在一切先验理念的一般表象中一直仅仅处在**显象中**的条件之下一样，我们在两个数学的先验理念中除了显象中的对象之外，也没有任何别的**对象**。但现在，既然我们前进到知性的应当适合理性理念的**力学**概念，那种区分就成为重要的，并且就理性所卷入的争讼而言为我们开启了一个全新的视界；既然这种争讼
B558 此前作为建立在双方的错误预设之上的而被**驳回**，而现在，由于也许在力学的二论背反中这样一种与理性的要求能够共存的预设是成立的，从这种观点出发，并且由于法官弥补了人们在双方都误认为的合法根据的不足，就能够作出**调解**来使双方都满意，而就数学的二论背反中的争执而言，这是无法做到的。

就人们仅仅考虑条件序列的**延伸**，看它是适合理念，还是理念对它来说太大或者太小而言，条件的序列当然都是同类的。然而，以这些理念为基础的知性概念却或者仅仅包含着**同类的东西的综合**（这对于每一个大小来说无论是在其合成中还是在其分割中都被预设的），或者也包含着**异类的东西的综合**，这在力学的综合中，无论是就因果的结合而言还是就必然的东西与偶然的东西的结合而言，都是可以允许的。

因此就出现了这样的情况，即在显象序列的数学联结中，除了**感性的**条件亦即自身是序列的一个部分的条件之外，不能被放入任何别的条件。与此相反，感性条件的力学序列却还允许一个异类的条件，它不是
B559 序列的一个部分，而是作为纯然**理知的**而处于序列之外，这就满足了理性，并且预设了显象的无条件者，却没有搅乱任何时候都有条件的显象序列，打断它而违背知性的原理。

由于力学的理念允许在显象的序列之外有显象的一个条件，亦即一个本身不是显象的条件，所以就发生了某种完全有别于数学的二论背反

的结果的事情。也就是说，数学的二论背反导致必须宣布两种辩证的主张都是错误的。与此相反，力学序列无一例外有条件的东西作为显象与序列不可分，却与虽然在经验性上是无条件的、但却也是**非感性的**条件相联结，一方面满足了**知性**，另一方面也满足了**理性**①，而且由于以这种或者那种方式在纯然的显象中寻找无条件的总体性的辩证论证都被取消，与此相反，理性命题在以这样的方式纠正了的意义上就能够使得**双方均为真**；这在仅仅涉及数学上无条件的统一性的宇宙论理念那里是不能成 B560
立的，因为在它们那里，除了本身还是显象、并且作为显象一起构成序列的一个环节的条件之外，不能发现显象序列的任何其他条件。

三、关于世界事件自其原因派生的总体性之宇宙论理念的解析

就发生的事情而言，人们只能设想两种因果性，要么是按照**自然**，要么是出自**自由**。前者是感官世界中一个状态与一个在先状态的联结，该状态按照一条规则继在先的状态而起。如今，既然显象的**因果性**依据的是时间条件，而且在先的状态如果是在任何时候都存在的，就不能造成一种在时间中才产生的结果，因此，发生的或者产生的东西，其原因的因果性也是**产生的**，并且按照知性的原理本身又需要一个原因。

与此相反，我把自由在宇宙论意义上理解为一种**自行**开始一个状态 B561
的能力，因此，自由的因果性并不按照自然规律又服从另一个在时间上规定它的原因。在这种意义上，自由就是一个纯粹的先验理念，首先它不包含任何借自经验的东西，其次它的对象也不能以在经验中被规定的方式被给予，因为凡发生的东西都必然有一个原因，从而**本身发生**或者产生的原因的因果性也必须又有一个原因，这是一条甚至一切经验之可能性的普遍规律；这样一来，经验的整个领域无论延伸到多远，都将转化为一个纯然自然的总和。但是，既然以这样的方式得不出因果关系中的条件的绝对总体性，所以理性就给自己创造出一种能够自行开始行动的自发性的理念，而不用预置另一个原因，来又按照因果联结的规律规

① 因为知性在**显象**中间不允许任何本身在经验性上无条件的条件。但是，如果能够为（显象中的）一个有条件者设想一个不作为一个环节属于显象序列的**理知的**条件，由此而丝毫不打断经验性条件的序列，那么，就可以允许这样一个条件是**在经验性上无条件的**，由此而不在任何地方打断经验性的连续回溯。

定它去行动。

极为值得注意的是，自由的实践概念把自己建立在这种**自由的先验理念**之上，自由的先验理念在自由中构成了自古以来就环绕着自由之可
B562 能性问题的那些困难的真正要素。**实践意义**上的**自由**是任性对感性冲动的**强迫**的独立性。因为任性就它**以生理变异的方式**（由于感性的动因）**受到刺激**而言，是**感性的**；如果它能够**以生理变异的方式被必然化**，它就叫做动物性的（arbitrium brutum［动物性的任性］）。人的任性虽然是一种 arbitrium sensitivum［感性的任性］，但却不是 brutum［动物性的］，而是 liberum［自由的］，因为感性并不使其行为成为必然的，相反，人固有一种独立于感性冲动的强迫而自行决定自己的能力。

人们很容易就可以看出，如果感官世界里的所有因果性都纯然是自然，那么，任何事件就都会是由另一事件在时间中按照必然的规律规定的。从而，既然显象就它们规定任性而言，必定使任何行动都作为它们的自然结果成为必然的，对先验自由的取消就会同时根除一切实践的自由。因为实践的自由预设，某物尽管尚未发生，但却毕竟是**应当**发生的，因此它在显象中的原因就不是如此去规定，以至于在我们的任性中，并不蕴涵着一种独立于那些自然原因、甚至违背它们的势力和影响来产生某种在时间秩序中按照经验性规律被规定的东西、从而**完全自行**开始一个时间序列的因果性。

B563 因此，这里就发生了在一种冒昧超越可能经验的界限的理性之冲突中所发现的事情，即任务真正说来不是**自然学的**，而是**先验的**。因此，自由的可能性问题虽然由心理学来考察，但既然它依据的仅仅是纯粹理性的辩证论证，它就必须连同其解决一起都仅仅由先验哲学来处理。为使不能拒绝对此作出令人满意的回答的先验哲学能够做到这一点，我就必须首先力图通过一种说明来更为精确地规定它在这一任务上的工作程序。

如果显象是物自身，从而空间和时间是物自身的存在形式，那么，一切条件就会与有条件者一起，在任何时候都作为环节而属于同一个序列，由此也在目前的场合里产生所有先验理念所共有的二论背反，即这个序列的结果必然不可避免地对于知性来说太大或者太小。但是，我们在这一节和下一节所探讨的力学的理性概念却具有这样的特点，即既然它们不涉及一个作为大小来考察的对象，而是仅仅涉及该对象的**存在**，

所以人们也可以抽掉条件序列的大小，而且在它们这里仅仅涉及条件与有条件者的力学关系，以至于我们在关于自然和自由的问题中已经遇到 B564 了困难，即自由是否在某个地方是可能的，而如果它是可能的，那它是否能够与因果性的自然规律的普遍性共存；从而，说世界上的任何一个结果都必然**要么**是产生自自然，**要么**是产生自自由，这是否是一个正确的选言命题，或者是否毋宁说**二者**在不同的关系中就同一事件而言可以同时成立。关于感官世界的所有事件按照不可变更的自然规律无一例外地相互连续的原理，其正确性已经作为一个先验分析论的原理得以确定，不容许有任何损害。因此，问题仅仅是：尽管如此，就同一个按照自然被规定的结果而言，是自由也能够成立，还是自由被那个不容侵犯的规则所完全排斥。而在这里，对显象的**绝对实在性**的虽然通常但却骗人的预设，立刻就表现出它搅乱理性的有害影响。因为如果显象是物自身，那么，自由就不可挽救。在这种情况下，自然就是那个事件的完备的、就自身而言充足的规定原因，事件的条件就在任何时候都仅仅包含在连同其结果都必然服从自然规律的显象序列之中。与此相反，如果显象被视为无非是它们实际上所是的东西，也就是说，不被视为物自身，而是 B565 被视为按照经验性规律相互联系的纯然表象，那么，它们本身就必然还有不是显象的根据。但是，这样一种理知的原因虽然其结果显现出来，并且能够被另外的显象所规定，但就其因果性而言却不是由显象规定的。因此，它连同自己的因果性处在序列之外，与此相反，它的结果却可以在经验性条件的序列中发现。因此，结果可以就其理知的原因而言被视为自由的，而同时就显现而言被视为按照自然的必然性出自这些显象的结果；这样一种区分，如果一般地并且完全抽象地陈述出来，就必然显得极为难以捉摸和晦涩，但在应用中却会变得清晰。在此我只想说明：既然一切显象在自然的一个关联中无一例外的联系是一个绝不变更的规律，如果人们要顽固地坚持显象的实在性，那么，这条规律就必然不可避免地毁灭一切自由。因此，即便是那些在这方面追随通常意见的人，也绝不能达到使自然和自由相互一致的程度。

与自然必然性的普遍规律相一致的由于自由的因果性之可能性 B566

我把一个感官对象中本身不是显象的东西称为**理知的**。据此，如果感官世界中必须被视为显象的东西就自身而言也有一种能力，这种能力不是感性直观的对象，但通过它，该东西毕竟能够是种种显象的原因，那么，人们就可以从两个方面来考察这个存在物的**因果性**：就其作为一个物自身的行动而言是**理知的**，而就其作为一个感官世界中的显象的结果而言是**可感的**。据此，关于这样一个主体的能力，我们要形成其因果性的一个经验性的概念，此外也要形成一个理智的概念，这两个概念就同一个结果而言都是成立的。设想一个感官对象的能力的这样一种双重的方式，并不与我们关于显象、关于一个可能的经验所能够形成的概念中的任何一个相矛盾。因为既然由于它们不是物自身，它们就必须以一
B567 个把它们作为纯然的表象来规定的先验对象为基础，所以就没有任何东西阻碍我们在先验对象借以显现的属性之外，也把一种尽管在显象中发现其结果、但却不是显象的**因果性**归之于这个先验对象。但是，任何一个起作用的原因都有一种性质，亦即其因果性的一条规律，没有这条规律它就根本不会是原因。而在这里，就一个感官世界的主体而言，首先，我们要有一种**经验性的**性质，通过这种性质，它的种种行动就作为显象全都与其他显象按照恒常的自然规律处于联系之中，并且能够作为它们的条件而从它们推导出来，从而与它们相结合，构成惟一的一个自然秩序序列的环节。其次，人们必须还允许它有一种**理知的**性质，通过这种性质，它虽然是那些作为显象的行动的原因，但这种性质本身却不从属于感性的任何条件，本身并不是显象。人们也可以把前者称为这样一个物在显象中的性质，把后者称为物自身的性质。

这个行动主体按照其理知的性质不会从属于任何时间条件，因为时
B568 间只不过是显象的条件罢了，但却不是物自身的条件。在这个主体里面，不会有任何**行动产生**或者**消逝**，从而它也不会从属于一切时间规定、一切可变事物的规律，即凡是**发生的东西，都在**（在先状态的）**显象中**有其原因。一言以蔽之，它的因果性如果是理智的，就根本不处在使得感官世界中的事件成为必然的经验性条件的序列之中。这种理知的性质虽然永远不能直接地认识到，因为我们不能知觉任何东西，除非它显现出来；但是，这种性质毕竟必须根据经验性的性质来**思维**，就像我们虽然关于一个先验对象就其自身而言是什么而一无所知，但却必须在思想中把它当做显象的基础一样。

因此，根据它的经验性性质，这个主体作为显象会服从按照因果联结进行规定的一切规律；就此而言，它无非是感官世界的一个部分，它的结果与任何别的显象一样，都不可避免地从自然中流溢出来。就像外部显象影响它，它的经验性性质亦即它的因果性的规律通过经验被认识一样，它的所有行动也都必须按照自然规律来解释，为完全且必然地规定这些行动所需要的一切辅料，也都必须在一个可能的经验中来发现。

但是，按照它的理知的性质（尽管我们对此所能够拥有的无非是它 B569
的一般概念），这同一个主体却必须被免去感性的一切影响和经由显象的规定；既然在它里面，就它是**本体**而言，没有任何东西**发生**，没有任何需要力学的时间规定的变化被发现，从而没有任何与作为原因的显象的联结被发现，所以这个行动着的存在物在其行动中就会独立于并且没有任何自然必然性，自然必然性惟有在感官世界里才可遇到。关于它，人们可以完全正确地说，它自行开始它在感官世界里的结果，但并没有行动**在它自身里面**开始；而这一点可以是有效的，没有感官世界中的结果因此而可以自行开始，因为它们在感官世界里任何时候都通过在先时间中的经验性条件被预先规定，但却毕竟只是凭借经验性性质（经验性性质纯然是理知的性质的显象）才被预先规定，惟有作为自然原因序列的一个延续才是可能的。在这种情况下，自由和自然就可以每一个都在其充分的意义上，就同一些行动而言，根据人们把它们与其理知的原因相比较还是与其可感的原因相比较，同时被发现而毫无冲突。

与普遍的自然必然性相结合对自由的宇宙论理念的说明 B570

我曾经赞同，首先勾画出我们的先验问题之解析的梗概，以便人们能够更好地概览在解析它的时候理性的进程。现在，我们想分析理性的裁定真正说来关键所在的种种因素，并对每一个都特别予以考虑。

凡是发生的东西都有一个原因，这个原因的因果性，亦即**行动**，既然在时间中先行，并且就在此**产生**的一个结果而言本身不能是一直存在的，而必须是**发生的**，也在显象中间有自己的原因。通过这一原因它被规定，因而自然秩序中的一切事件都是经验性地被规定的，这是一条自然规律；惟有通过这条规律，种种显象才能够构成一个**自然**，并提供经验的对象；这条规律是一条知性规律，不允许以任何借口背离这条规律，

或者把某个显象作为例外；因为若不然，人们就会把这显象置于一切可
B571 能的经验之外，但这样一来就会把它与可能经验的一切对象区别开来，并且使它成为纯然的思想物，成为一个幻影。

但是，尽管在这里看起来好像有一个原因的链条，它在回溯到其条件时根本不允许有任何**绝对的总体性**，但是，这种疑虑毕竟根本不会使我们止步不前；因为在对理性在显象的序列中企图达到无条件者的时候所产生的二论背反的一般评断中，这种疑虑已经被除去了。如果我们想对先验实在论的欺骗作出让步，那就既不剩下自然，也不剩下自由了。这里的问题只是：如果人们在种种事件的整个序列中仅仅承认自然必然性，那么，是还有可能把一方面是纯然的自然结果的同一事件在另一方面视为出自自由的结果，还是在这两种因果性之间将遇到直接的矛盾。

在显象中的种种原因中间，肯定不可能有任何东西能够绝对地并且自行地开始一个序列。每一个行动作为显象，就它造成一个事件而言，本身就是事件或者发生的事情，预设着另一个在其中发现原因的状态。于是，凡是发生的东西，都是序列的一种延续，而不可能是序列中自行
B572 发生的开端。因此，自然原因在时间次序中的一切行动，本身又都是同样在时间序列中预设其原因的结果。使此前并不存在的某种东西得以发生的一种**源始的**行动，是不能期待显象的因果联结来提供的。

但在这种情况下，如果结果是显象，其本身（即原因）亦是显象的原因的因果性就必须仅仅是经验性的，这也是必然的吗？毋宁说，尽管对于显象中的每一个结果来说，按照经验性因果性的规律当然都要求与其原因的一种联结，但这种经验性的因果性本身在丝毫不破坏它与自然原因的联系的情况下，毕竟能够是一个非经验性的、理知的因果性的一个结果，这难道是不可能的吗？也就是说，这种因果性是一个原因的就显象而言源始的行动，因此，这个原因就此而言不是显象，相反，就这种能力而言它是理知的，虽然除此之外全然作为自然链条的一个环节，它必须被一起归属于感官世界。

我们需要显象彼此之间的因果性的命题，以便能够寻找和说明自然事件的自然条件亦即显象中的原因。如果这得到承认，并且不被任何例
B573 外所削弱，那么，就其经验性应用而言在所有的事件中所看到的无非是自然，并且有权利这样看的知性，就有了它所能够要求的一切，而且自

然的说明也就畅行无阻地继续走自己的路了。如今，如果人们假定，在自然原因中间也有一些原因具有一种只是理知的能力，因为这种能力为了行动而有的规定性绝不是依据经验性的条件，而是依据纯然知性的根据，但又假定，这一原因**在显现中的行动**符合经验性的因果性的所有规律，即使这纯然是虚构出来的，也对它没有丝毫的损害。因为以这种方式，行动的主体作为 causa phaenomenon ［本身是现象的原因］在其所有行动的不可分离的依赖性上与自然联结在一起，只不过这个主体的 phaenomenon ［现象］（连同它在显象中的所有因果性）① 包含着某些条件，当人们想从经验性的对象上升到先验的对象时，这些条件就必须被视为纯然理知的。因为如果我们仅仅在显象中间能够是原因的东西中服从自然规则，那么，我们就可以不去顾虑在对我们来说经验性上未知的先验主体中被设想的这些显象及其联系的一种什么样的根据。这个理知的根据根本不关注经验性的问题，而是仅仅涉及纯粹知性中的思维；而尽管纯粹知性的这种思维和行动的结果在显象中被发现，这些显象也毕竟必 B574
须能够从其在显象中的原因出发按照自然规律完全得到解释。因为人们把它们的纯然经验性性质作为至上的解释根据来遵循，却把是经验性性质的先验原因的理知性质完全当做未知的而忽略，除非它仅仅通过作为它的感性标志的经验性性质得到说明。让我们把这一点运用于经验。人是感官世界中的显象之一，就此而言也是其因果性必须服从经验性规律的自然原因之一。据此，作为这样一个自然原因，他必然与其他一切自然事物一样也有一种经验性的性质。我们通过他在自己的结果中表现出来的力量和能力来注意到这种性质。在无生命的或者纯然动物生命的自然中，我们没有发现任何根据来设想某种能力不是纯然在感性上有条件的。然而，通常仅仅通过感官来认识整个自然的人，也通过纯然的统觉来认识自己本身，而且是在他根本不能算做感官印象的行动和内在规定中认识的。人对自己本身来说当然一方面是现象，但另一方面，亦即就某些能力而言，则是一个纯然理知的对象，因为这个对象的行动根本不 B575
能算做感性的接受性。我们把这些能力称为知性和理性；尤其是理性，

① 括号中的附注“连同他在显象中的所有因果性”以及随后的限制“当人们想从经验性的对象上升到先验的对象时”就已经表明，必须被诠释为“这个主体的 phaenomenon ［现象］”。因此，哈滕施泰因使用 noumenon ［本体］取代 phaenomenon 是不合理的。——科学院版编者注

被十分本真地以杰出的方式与所有经验性地有条件的力量区别开来，因为它仅仅按照理念来考虑自己的对象，并据此来规定知性，知性在这种情况下对自己的（虽然也是纯粹的）概念作一种经验性的应用。

这种理性具有因果性，至少我们想象这种理性有一种诸如此类的因果性，这一点从我们在所有实践事务中作为规则加给实施的力量的那些**命令**就可以清楚知道。**应当**表示一种必然性和与种种根据的联结，它在整个自然中其他地方都不曾出现。知性关于自然所能够知道的，只是**存在的东西**，或者过去曾经存在的东西，或者将来要存在的东西。自然中的某种东西**应当是**不同于它在所有这些时间关系中实际上所是的东西，这是不可能的。确实，当人们仅仅关注自然的进程时，应当就根本没有任何意义。人们根本就不能问，在自然中应当发生什么；这和不能问一个圆应当有什么样的属性是一样的；而是要问，在自然中发生了什么，或者圆有什么样的属性。

这种应当表示一种可能的行动，这种行动的根据除了一个纯然的概念之外，别无他物，而与此相反，一个纯然的自然行动的根据在任何时
B576 候都必须是一个显象。在应当指向行动时，行动当然必须在种种自然条件下才是可能的；但是，这些自然条件并不涉及任性本身的规定，而是仅仅涉及它在显象中的结果和后果。无论有多少自然的根据，有多少感性的诱惑推动我达到**意欲**，它们都不能造成**应当**，而是仅仅造成一种意欲，这种意欲远远不是必然的，而是任何时候都有条件的；与此相反，理性所宣布的应当则以尺度和目的，甚至禁止和尊重来与意欲相对立。无论这是纯然感性的对象（适意的东西）还是纯粹理性的对象（善的东西），理性都不服从那种经验性地被给予的根据，不遵从事物在显象中展现出来的那种秩序；而是以完全的自发性按照理念给自己造就一种独特的秩序，让经验性的条件适应这种秩序。它甚至按照理念宣布种种行动是必然的，这些行动**不曾发生**，而且也许将来也不发生，但尽管如此还是预设，理性在与它们的关系中能够有因果性；因为若不然，它就不能指望自己的理念有经验中的结果。

现在让我们在这里停下来，至少假定这是可能的：就显象而言，理性确实有因果性；虽然它是理性，它也必然自身展示出一种经验性
B577 的性质，因为任何原因都预设一条规则，某些显象按照这条规则作为

结果继起；而每一条规则都要求结果的齐一性，这种齐一性论证了原因（作为一种能力）的概念；如果这个概念必须从纯然的显象得到说明，我们就可以把它称为经验性的性质。这种性质是持久不变的，但它的结果却根据伴随的、部分地起限制作用的条件的不同而以可变的形象显现。

在这种情况下，每一个人的任性都有一种经验性的性质，这种性质无非就是他的理性的某种因果性；这种因果性就自己在显象中的结果而言展示出一条规则，按照这条规则，人们就能够根据其方式和程度来得知该因果性的理性根据和行动，并对该人的任性的主观原则作出判断。由于这种经验性的性质本身必须从作为结果的显象中、从经验显示的显象之规则得出，所以人在显象中的一切行动就都是从他的经验性性质和一同起作用的其他原因出发按照自然的秩序规定的；而且如果我们能够穷根究底地研究他的任性的一切显象，那么，就不会 B578
有任何一种人的行动我们不能可靠地预言并且从其先行的条件出发认识为必然的。因此，就这种经验性的性质而言，不存在有自由，而且如果我们只是想观察，并且像在人类学中发生的那样以自然学的方式研究人的行动的动因的话，那么，惟有按照这种经验性的性质我们才能考察人。

但是，如果我们把同样一些行动与理性相关来考虑，而且不是为根据其起源来**解释**这些行动的思辨理性，而仅仅是就理性是**产生**这些行动本身的原因而言；一言以蔽之，如果我们出自**实践的**意图把这些行动与理性进行比较，那么，我们就发现一个与自然秩序完全不同的规则和秩序。因为也许一切按照自然进程**发生了的**、并且按照其经验性的根据必然不可避免地发生的东西，在这里都**不是应当发生的**。但是，我们有时候发现，或者相信至少可以发现，理性的理念确实证明了在人的作为显象的行动方面的因果性，而且这些行动之所以发生，并不是因为它们是由经验性的原因规定的，不是的，而是因为它们是由理性的根据规定的。

假定人们可以说，理性在显象方面具有因果性；既然理性的行动在 B579
理性的经验性性质（感官的方式）中是极为精确地被规定和必然的，理性的行动还能够叫做自由的吗？经验性的性质又是在理知的性质（思维的方式）中被规定的。但我们并不认识思维的方式，而是通过真正说来惟有感官的方式（经验性的性质）直接给予供认识的显象来描述它。①行动可以被归之于作为其原因的思维方式，尽管如此却根本不是按照经验性规律从思维方式得出的，也就是说，不是使纯粹理性的条件**先行**，而是仅仅使它们在内感官的显象中的结果**先行**。纯粹理性作为一种纯然理知能力，不从属于时间形式，因而也不从属于时间继起的条件。理性在理知性质中的因果性**并不**为了造成一个结果而**产生**，或者在某个时间
B580 开始。因为若不然，它本身就会从属于显象的自然规律，因为自然规律按照时间规定着因果序列；而因果性在这种情况下就会是自然而不是自由。因此，我们将可以说：如果理性在显象方面能够有因果性，那么，它是一个经验性的结果序列的感性条件由以开始的一种能力。因为理性中所蕴涵的条件不是感性的，因而本身就不开始。据此，我们在所有经验性的序列中所惦念的东西，即一个渐进的事件序列的**条件**本身能够在经验性上是无条件的，在这种情况下就是成立的。因为在这里，条件在显象的序列**之外**（在理知的东西中），因而不从属于任何感性条件，不由于在先的原因而从属于时间规定。

尽管如此，同一个原因在另一种关系中却也属于显象的序列。人本身是显象。他的任性有一种经验性的性质，这种性质就是他的所有行动的（经验性的）原因。没有一个根据这种性质来规定人的条件不包含在自然结果的序列之中，并且服从自然结果的规律，按照这一规律，在时间中发生的东西根本没有任何经验性上无条件的因果性。因此，没有任
B581 何被给予的行动（由于它只能被感知为显象）能够绝对自行开始。但关于理性，人们不能说：在它规定自己任性的状态之前先行着另一个该状态本身被规定的状态。因为既然理性本身不是显象，不服从感性的条件，在它本身里面就其因果性而言也就不存在时间继起，因而按照规则规定时间继起的自然力学规律就不能被运用于它。

因此，理性是人在其中显现的所有任性行动的持久条件。这些行动

① 因此，行动的真正道德性（功与过）依然对我们来说是完全隐秘的，即便是我们自己的行为的真正道德性亦复如是。我们的归责只能与经验性的性质发生关系。但有多少这方面的纯粹结果可以归之于自由，有多少可以归之于纯然的自然和气质的无辜错误或者其幸运的性状（merito fortuna［幸运的功劳］），没有人能够探究，因而也没有人能够完全公正地裁断。

在还没有作为行动发生之前，就每一个都在人的经验性的性质中被预先规定了。经验性的性质只不过是理知性质的感性图型罢了，就理知的性质而言，没有**在前**和**在后**；任何行动，无论它与其他显象处于什么样的时间关系之中，都是纯粹理性的理知性质的直接结果；因此，理性是自由地行动的，并不以力学的方式通过外在的或者内部的、但却先行的根据而在自然原因的链条中被规定；人们不可以把它的这种自由仅仅消极地视为对经验性条件的独立性（因为这样一来，理性的能力就不再是显象的原因了），而是要也积极地通过一种自行开始事件序列的能力来描述它，以至于在它里面没有任何东西开始，而是它作为任何任性行动的无 B582
条件的条件，在自身之上不允许任何在时间上先行的条件，然而，它的结果毕竟是在显象的序列中开始的，但绝不能在其中构成一个绝对最初的开端。

为了从理性的经验性应用中举一个例子来说明理性的范导性原则，而不是为了证实这一原则（因为诸如此类的证明不适用于先验的主张），人们可以选取一个任性的行动，例如一个人由以在社会上造成某种混乱的恶意谎言；人们首先根据它由以产生的动因来研究它，然后判断它连同其后果如何能够被归咎于该人。出自前一个意图，人们审视他的经验性的性质直到其起源，人们在糟糕的教育、不良的社交、部分地也在一种不知羞耻的气质的恶劣中寻找这种起源，部分地把它推诿于轻率和欠考虑；在这方面，人们也没有忽视诱发的偶因。在这一切里面，人们的行事方式是和研究一个被给予的自然结果的规定性原因序列时一样的。尽管相信行动就是由此规定的，人们却依然责备肇事者，而且不是因为 B583
他的不幸的气质，不是因为影响他的那些情况，甚至也不是因为他过去奉行的生活方式；因为人们预设可以把这种生活方式过去怎样置之一旁，可以把已经逝去的条件序列视为没有发生的，但把这一事实视为就在先状态而言完全无条件的，就好像肇事者由此完全自行地开始一个后果序列似的。这种责备根据的是理性的一条规律，此时人们把理性视为一个原因，这个原因能够并且应当不顾上述一切经验性的条件而以别的方式规定人的行为。而且人们并不把理性的因果性仅仅视为竞争，而是视为就其自身而言完备的，即使感性动力根本不赞同它，而是完全反对它；行动被归之于他的理知性质，现在，在他说谎的那一刻，它是完全有过的；因此，不管行为有什么样的经验性条件，理性都是自由的，行为可以完全归咎于理性的失责。

从这种归责的判断很容易就可以看出，人们在这里想到，理性根本不为所有那些感性所刺激；它也不变化（尽管它的显象，亦即它在自己
B584 的结果中表现自己的方式，是变化的）；在它里面，没有任何规定继起状态的状态先行；因此，它根本不属于按照自然规律使得显象成为必然的感性条件的序列。它，即理性，对人在一切时间状态中的一切行动都是在场的，都是一回事，但它自己并不在时间中，并不陷入一个它之前并不在其中的新状态；就这种新状态而言，它是**规定者**，但却**不是可被规定者**。因此，人们不可以问：理性为什么不以别的方式规定**自己**？而是要问：它为什么不以别的方式通过自己的因果性规定**显象**？但是，对此不可能有一种回答。因为另外一种理知的性质会给予另外一种经验性的性质；而当我们说，不管他迄今为止所奉行的全部生活方式，肇事者毕竟还是能够不说谎的，那么这仅仅意味着，这谎言是直接处在理性的支配之下的，而理性就其因果性而言不从属于显象和时间进程的任何条件，时间的区别虽然能够造成显象彼此之间的一种基本区别，但既然显象不是事物自身，因而也不是原因自身，所以并不造成行动就与理性的关系而言的区别。

B585 因此，我们对自由行动就其因果性而言所作的判断只能达到理知的原因，但却不能**超出这一原因**；我们能够认识到它是自由的，也就是说，不依赖于感性而被规定，并且以这样的方式能够是显象的感性上无条件的条件。但是，为什么理知的性质在呈现出来的情势下恰恰给予的是这些显象和这种经验性的性格，对此作出回答远远超过了我们理性的一切能力，甚至超过了理性哪怕仅仅提出问题的一切权限，就好像人们问：我们外部感性直观的先验对象何以恰恰给予的只是**空间中的**直观，而不是某种别的直观似的。然而，我们所要解决的课题根本不要求我们这样做，因为这一课题仅仅是：在同一行动中自由与自然必然性是否冲突，我们对此已经给予了充分的回答，因为我们指出了，既然在自由那里，可能与之发生关系的条件同在自然必然性那里完全不同种类，所以后者的规律也就不刺激前者，从而二者能够相互独立、丝毫不相互干扰地并存。

※　　　※　　　※

人们必须清楚地看到，我们并没有想由此阐述作为包含着我们感官世界的种种条件之原因的种种能力之一种的自由的**现实性**。因为除了这根本不会是仅仅与概念打交道的先验考察之外，它也不可能成功，因为 B586 我们从经验出发永远不能推论到某种根本不必按照经验规律来思维的东西。此外，就连证明自由的**可能性**，我们也根本没有去想；因为这也不会成功，原因在于，我们根本不能从纯然的先天概念出发认识任何实在根据和因果性的可能性。在这里，自由仅仅被当做一个先验理念来对待，通过它，理性设想通过感性的有条件者开始显象中的条件序列，但在这里就卷入了与它自己的规律的一种二论背反，这些规律是它为知性的经验性应用所规定的。我们惟一能够提供的、而且我们也惟一关切的东西是：这种二论背反所依据的是一种纯然的假象，自然与出自自由的因果性至少**并不冲突**。

四、显象一般就其存在而言的依赖性之总体性的宇宙论理念的解析 B587

在上一节中，我们就其力学序列而言考察了感官世界的变化，在那里，每一种变化都隶属于另一作为其原因的变化。现在，种种状态的这一序列对我们来说仅仅充当达到一种能够是一切可变者的最高条件的存在，亦即**必然的存在者**的向导。这里所涉及的不是无条件的因果性，而是实体本身的无条件的实存。因此，我们所面临的序列真正说来只不过是种种概念的序列，而不是种种直观的序列，这是就一直观是另一直观的条件而言的。

但人们很容易看出：既然种种显象之总和中的一切都是可变的，从而就存在而言是有条件的，所以在依赖性存在的序列中，任何地方都不可能有无条件的环节，其实存竟然会是必然的；因此，如果显象是物自身，但正因为此其条件与有条件者在任何时候都属于同一个直观序列，那么，作为感官世界种种显象的存在之条件的一个必然的存在者就永远 B588 不能成立了。

但是，力学的追溯自身具有这种独特的、与数学的追溯有别的东西：既然数学的追溯真正说来只能与各部分组合成一个整体或者整体分解成其各个部分相关，所以这个序列的条件就总是必须被视为这个序列的各个部分，因而被视为同类的、进而被视为显象；相反，在力学的追溯中，所涉及的并不是由被给予的各个部分组成的一个无条件整体的可能性或者一个被给予的整体的一个无条件部分的可能性，而是从其原因推导出一个状态，或者从必然的实体推导出实体本身的偶然存在，条件就不可以必然地与有条件者构成一个经验性的序列。

因此，就呈现在我们面前的表面上的二论背反而言，还给我们留下了一条出路，即所有两个相互冲突的命题在不同的关系中可以同时是真的，以至于感官世界的所有事物都完全是偶然的，从而也永远只有经验性上有条件的实存，尽管整个序列还有一个非经验性的条件，也就是说，有一个无条件地必然的存在者。因为这个存在者作为理知的条件，根本
B589 不作为序列的一个环节（就连作为至上的环节也不是）而属于序列，也不使序列的任何环节成为经验性地无条件的，而是使整个感官世界保持其贯穿所有环节的经验性上有条件的存在。因此在这里，使一个无条件的存在成为种种显象的基础的这种方式，会有别于上一节中（自由的）经验性上无条件的因果性，即就自由而言，作为原因的事物本身（substantia phaenomenon［作为现象的实体］）尽管如此仍属于条件的序列，而只有它的因果性被思维成理知的，但在这里，必然的存在者必须被思维成完全在感官世界的序列之外的（作为 ens extramundanum［世界之外的存在者］），因而是纯然理知的，惟其如此，才能防止使它自己从属于所有显象的偶然性和依赖性的规律。

因此，就我们的这一课题来说，理性的**范导性原则**就是：感官世界中的一切都有经验性上有条件的实存，在它里面就任何属性而言都没有一种无条件的必然性；条件的序列没有一个环节不使人们必须一直期待，并力所能及地寻找在一个可能的经验中的经验性条件，没有任何东西使我们有理由从经验性序列之外的一个条件推导出某一个事物，或者也在序列本身中把该事物视为绝对独立自主的；但尽管如此却根本不由此否认，整个序列能够依据某个理知的存在者（这个理知的存在者因此而没
B590 有任何经验性的条件，毋宁说包含着所有这些显象的可能性的根据）。

但在这里，所指的根本不是证明一个存在者的无条件地必然的存在，或者也不仅仅哪怕是在这上面建立感官世界种种显象之实存的一种纯然理知的条件的可能性；而是仅仅像我们限制理性那样，使理性不离开经

验性条件的导线，陷入**超验的**、不能作出具体阐述的解释根据，因而另一方面也限制知性的纯然经验性应用的规律，以免它对一般事物的可能性作出裁定，而且即使理知的东西在解释显象方面对我们来说毫无用处，也并不因此就把它宣布为**不可能的**。因此，由此仅仅指出，所有的自然事物及其所有的（经验性的）条件无一例外的偶然性都能够与一个必然的、尽管纯然理知的条件的任性预设共存，因而在这些主张之间找不到真正的矛盾，从而它们**双方都能够是真的**。即便这样一个绝对必然的知性存在者自身是不可能的，这一点也毕竟绝不能从一切属于感官世界的 B591 东西的普遍偶然性和依赖性推论出来，同样也绝不能从不停留在感官世界的任何一个偶然环节并诉诸世界之外的一个原因的原则推论出来。理性就经验性应用而言按正常情况进行，就先验应用而言则按特殊情况进行。

感官世界所包含的无非是显象，而显象则是纯然的表象，表象又总是在感性上有条件的；而既然我们在这里绝不以物自身为我们的对象，所以毫不奇怪，我们绝对没有权利从经验性序列的一个环节——不管它是哪个环节——跳出感性的联系，就像它们是在它们的先验根据之外实存的物自身，而且人们可以为了在它们外面寻找它们存在的原因而离开它们似的；这一点，对于偶然的**事物**来说当然是最终必然发生的，但对于事物纯然的**表象**来说就不行，表象的偶然性本身只是现象，而且除了规定现象的回溯之外，也就是说，除了经验性的回溯之外，不可能导致任何别的回溯。但是，设想种种显象亦即感官世界的一个理知的根据，并设想它摆脱了种种显象亦即感官世界的偶然性，这既不与显象序列中不受限制的经验性回溯相悖，也不与显象无一例外的偶然性相悖。但是， B592 这也是我们为消除表面上的二论背反惟一能够提供的东西，而且只能以这种方式做这件事。因为如果每一个（就其存在而言）有条件者每次的条件都是感性的，正因为此是属于序列的，那么，它本身就又是有条件的（就像第四个二论背反的反论所表明的那样）。因此，要么是与要求无条件者的理性的冲突必然依旧存在，要么这种东西必须被置于序列之外，被置于理知的东西中，理知的东西的必然性既不需要也不容许经验性的条件，因而相对于显象来说是无条件地必然的。

理性（就感官世界中的存在的条件而言）的经验性应用并不因为承

认一个纯然理知的存在者而受到影响，而是按照无一例外的偶然性的原则从经验性的条件前进到一直还是经验性的更高条件。但同样，如果所涉及的是理性（就目的而言）的纯粹应用，这种范导性的原理也并不排除假定一个不在序列中的理知原因。因为在这时，那个原因就只不过是意味着一般感性序列的可能性的对我们来说纯然先验的和未知的根据罢了，这个根据的不依赖于感性序列的一切条件、并且就这些条件而言无
B593 条件地必然的存在，根本不与感性序列未被设置界限的偶然性相悖，从而也根本不与经验性条件的序列中永无止境的回溯相悖。

纯粹理性整个二论背反的最后说明

只要我们以我们的理性概念仅仅把感官世界中的条件的总体性以及就它们而言能够发生什么有利于理性的东西作为对象，我们的理念就虽然是先验的，但却毕竟是**宇宙论的**。但是，一旦我们把无条件者（这里毕竟本来谈的就是无条件者）置于完全处在感官世界之外、因而处在一切可能的经验之外的东西里面，理念就成为**超验的**：它们就不只是被用于完成理性的经验性应用（这种完成始终是一个永远不能实行的、但尽管如此却可以遵循的理念），相反，它们还把自己与这种经验性应用分开，使自己成为对象；这种对象的材料并非取自经验，其客观实在性也不依据经验性序列的完成，而是依据纯粹的先天概念。诸如此类的超验理念有一种纯然理知的对象，承认这种对象是人们除此之外一无所知的
B594 先验客体固然是允许的，但是，我们在自己这方面既没有可能性的根据把它（作为独立于一切经验概念的）设想为一个可以通过其独特的和内在的谓词来规定的事物，也没有丝毫正当的理由来假定这样一个对象，因此它是一个纯然的思想物。尽管如此，在所有的宇宙论理念中，引起第四个二论背反的理念却使我们斗胆采取这一步骤。因为显象的在自身中完全没有根据的、而是始终有条件的存在要求我们：探究某种与一切显象有别的东西，从而探究一种偶然性在其中终止的理知对象。但是，由于在我们曾经允许自己在全部感性的领域之外假定一种独立自存的现实性的时候，显象只能被视为这样一些本身是理智的存在者对理知对象的偶然表象方式，所以给我们存留下来的就无非是类比，我们按照类比

利用经验概念，以便对我们就自身而言没有丝毫知识的理知事物形成某些概念。由于我们无非是通过经验来认识偶然的事物的，而在这里所谈的是根本不应当是经验对象的事物，所以我们将必须从就自身而言必然的东西、从事物的纯粹概念引申出它们的知识。因此，我们在感官世界之外所采取的第一个步骤迫使我们从研究绝对必然的存在者开始我们的 B595
新知识，从绝对必然的存在者的概念引申出一切纯然理知的事物的概念；我们要在下一篇着手这一尝试。

第三篇

纯粹理性的理想

第一章 论一般的理想

我们在上面已经看到，没有感性的条件，通过**纯粹的知性概念**，根本不能表象任何对象，因为缺乏这些概念的客观实在性的条件，而且在它们里面所发现的无非是纯然的思维形式。尽管如此，如果人们把它们运用于显象，就能够得到具体的表现；因为在显象那里，它们真正地拥有经验概念的材料，而经验概念无非是具体的知性概念。但是，**理念**比**范畴**更远离客观的实在性；因为找不到任何显象使理念能够具体地表现自己。理念包含着任何可能的经验性知识都达不到的某种完备性，而理 B596
性在这里只想要一种系统的统一性，它试图使经验性上可能的统一性接近系统的统一性，但却永远不能完全达到它。

但是，我称之为**理想**的东西似乎比理念还远离客观的实在性。所谓理想，我所理解的不仅仅是具体的理念，而且是个体性的理念，也就是说，是一个个别的、惟有通过理念才能被规定或者已经被规定的事物。

人性就其全部完善性而言，不仅包含着一切属于这种本性的、构成我们关于这种本性的概念的本质属性的扩展，直到与它们那就是我们的完善人性的理念的目的完全符合，而且还包含着在这一概念之外属于理念无一例外的规定的东西；因为在所有相互对立的谓词之中，毕竟只有惟一的一个适合完善的人的理念。对我们来说是一个理想的东西，对**柏拉图**来说就是一个**属神知性的理念**，是这种知性的纯粹直观中的一个个别的对象，是任何一种可能的存在者的最完善者，是显象中一切摹本的原型。

B597 但是，我们并不如此肆无忌惮，我们必须承认，人的理性不仅包含理念，而且也包含理想，这些理想虽然不像**柏拉图的理想**那样具有创造性的力量，但毕竟（作为范导性的原则）具有实践的力量，并且为某些行动的完善性的可能性奠定了基础。道德概念并不完全是纯粹的理性概念，因为它们以某种经验性的东西（快乐或者不快）为基础。尽管如此，就理性为就自身来讲没有规律的自由设置限制所凭借的原则来讲（因而当人们只注意它们的形式时），它们却尽可以用做纯粹理性概念的实例。德性以及伴随它的人类智慧，在其完全的纯粹性上，就是理念。但是，（斯多亚主义者的）智者却是一个理想，也就是说，是一个仅仅在思想中实存、但与智慧的理念完全符合的人。就像理念提供**规则**一样，理想在这样的场合也可以用做摹本无一例外的规定的原型；而且对于我们的行动来说，我们所拥有的准绳无非是这个属神的人的行为，我们把自己与它进行比较，对自己作出判断，并由此来改善自己，尽管永远也达不到它。这些理想，虽然人们不能承认它们有客观的实在性（实存），但却毕竟不能被因此而视为大脑的虚构，相反，它们提供了理性的一种不可或
B598 缺的准绳，理性需要在自己的类中完备无缺的东西的概念，以便由此估量和衡量不完备的东西的程度和缺陷。但是，要在一个实例中，也就是说在显象中实现理想，例如一部小说中的智者，却是行不通的，而且除此之外自身还有悖理之处，少有教化的东西，因为不断地损害理念中的完备性的那些自然限制，使得这样的尝试中的一切幻觉都成为不可能的，从而使得理念中蕴涵的善本身成为可疑的，类似于一种虚构。

理性的理想就是这种情况，它在任何时候都依据一定的概念，并且必然充当无论是遵循还是判断的规则和原型。想象力的种种造物则完全是另一情形，没有人能够说明白它们，并且给出一个可理解的概念；它们仿佛是一些**交织字母**，仅仅是一些个别的特征，尽管不能按照任何可告知的规则来规定这些特征；与其说它们构成一个确定的图像，倒不如说它们构成一幅仿佛在不同的经验的介质中飘移的素描，画家和相士伪称在自己的头脑中有诸如此类的东西，据说这是他们的产品或者他们的判断的一种不可言传的影像。它们可以——虽然只是非本意地——被称做感性的理想，因为据说它们是可能的经验性直观的不能达到的模型，
B599 尽管如此却不提供任何能够说明和检验的规则。

与此相反，理性及其理想的意图是按照先天的规则进行普遍的规定；因此，它思维一个应当按照种种原则普遍地可规定的对象，尽管在经验中缺乏这方面的充足的条件，因而概念本身是超验的。

第二章　论先验的理想（Prototypon transscendentale［先验的原型］）

任何一个**概念**，就它本身里面不包含的东西而言，是未被规定的，并且从属于**可规定性**的原理：在**任何**两个彼此矛盾对立的谓词中间，只有一个能够属于该概念。这条原理依据的是矛盾律，因而是一条纯然逻辑的原则，它抽掉了知识的一切内容，仅仅关注知识的逻辑形式。

但是，任何一个事物按照其可能性都还从属于**普遍的规定**的原理，按照这条原理，在**事物所有可能的谓词**中间，如果把这些谓词与它们的 B600
对立面进行比较，就必然有一个谓词属于该事物。这依据的不仅仅是矛盾律；因为它除了在两个相互冲突的谓词的关系之外，还在与**全部的可能性**亦即一般事物的所有谓词之总和的关系中考察每一个事物；而由于它预设这样的可能性是先天的条件，所以它表现每一个事物，都如同该事物从自己在那个全部的可能性中所占的份额引申出其自己的可能性一样。[①] 因此，普遍的规定的原则涉及内容，而不仅仅涉及逻辑形式。它是应当形成一个事物的完备概念的一切谓词之综合的原理，不仅仅是凭借两个对立的谓词中的一个的分析表象的原理，而且包含着一种先验的预设，也就是说，**一切可能性**的质料的预设，这种质料应当先天地包含着 B601
任何事物的**特殊**可能性的材料。

凡是实存的东西都是普遍地被规定的，这一命题不仅仅意味着，在每一对相互对立的**被给予的**谓词中总有一个属于该实存的东西，而且也意味着，在所有**可能的**谓词中总有一个属于它；通过这一命题，不仅仅是把种种谓词相互之间以逻辑的方式加以比较，而且是把事物本身与所有可能的谓词的总和以先验的方式加以比较。这等于是想说：为了完备

---

① 因此，通过这一原理，任何事物都与一个共同的相关物亦即全部的可能性相关，而全部的可能性（也就是说，一切可能的谓词的材料）如果是在惟一的一个事物的理念中发现的，就会通过一切可能的东西的普遍的规定之根据的同一性来证明一切可能的东西的亲和性。任何一个概念的**可规定性**都隶属于排中律的普遍性（universalitas），而一个**事物**的**规定**则隶属于**全称性**（universitas）或者一切可能的谓词的总和。

地认识一个事物，人们就必须认识一切可能的东西，并由此或肯定地或否定地规定它。因此，普遍的规定是一个我们绝不能按照其总体性来具体地表现的概念，因此，这个概念的根据是一个理念，该理念惟有在给知性规定其完备应用的规则的理性中才有其位置。

虽然**一切可能性的总和**的这一理念，就该总和作为条件是任何一个事物普遍的规定的基础而言，在可能构成该总和的种种谓词方面本身还是未被规定的，而且我们由此所思维的，在根本上无非就是一切可能的谓词的总和，然而，我们在更仔细的研究中毕竟发现，这个理念作为元
B602 始概念排除了一大堆作为通过别的谓词引申出来的而已经被给予的、或者与其他谓词不能共存的谓词；它把自己提炼为一个普遍先天地被规定的概念，并由此成为一个单一的对象的概念，这个对象通过纯然的理念完全地被规定，从而必须被称为纯粹理性的**理想**。

当我们不仅仅以逻辑的方式，而且以先验的方式来考虑一切可能的谓词的时候，也就是说，当我们按照在它们那里能够先天地思维的内容来考虑它们的时候，我们发现，通过它们中的一些被表现的是一种存在，通过它们中的另一些被表现的是一种纯然的不存在。仅仅通过“不”这个字来表示的逻辑否定真正说来绝不依附于一个概念，而是仅仅依附于该概念与判断中另一个概念的关系，因而远远不足以就其内容而言描述一个概念。“不死的”这一表述根本不能使人认识到，由此对象那里的一种纯然的不存在得到了表现，而是使一切内容都未受触及。与此相反，一种先验的否定意味着先验的肯定与之对立的不存在自身，先验的肯定是一个某物，该某物的概念自身就已经表达着一种存在，从而被称为实在性（物性），因为惟有通过它，而且就它所及，对象才是某物（物），
B603 与此相反，对立的否定意味着一种纯然的阙如，而且在仅仅思维它的地方，被表现的是一切事物的取消。

于是，除非以相反的肯定作为基础，没有人能够确定地设想一种否定。天生的盲人不能对黑暗形成丝毫的表象，因为他没有光明的表象；野蛮人不能对贫穷形成丝毫的表象，因为他不知道富足[①]；无知者对他自

① 天文学家的观察和计算已经教导了我们许多值得惊赞的东西，但最重要的是他们为我们揭示了**无知**的深渊，没有这种知识，人类理性绝不能想象这一深渊有如此之深，对此的反思必然在对我们的理性应用的终极目的作出规定时造成一种巨大的变化。

己的无知没有概念，因为他对知识没有概念，等等。因此，种种否定的一切概念都是派生的，而实在性则包含着一切事物的可能性和普遍的规定的材料，可以说是包含着其质料或者先验内容。

因此，如果把一种先验的基底作为我们理性中的普遍规定的基础，这种基底仿佛能够被当做材料的全部储备，从而被当做事物的一切可能的谓词，那么，这个基底就不是别的什么东西，它就是一个实在性的大全（omnitudo realitatis）的理念。在这种情况下，一切真正的否定都无 B604
非是**限制**，如果不以无限制者（大全）作为基础，它们就不能被称为限制。

但是，通过对实在性的这种全部占有，一个**物自身**的概念也被表象为普遍被规定的，而一个 entis realissimi［最实在的存在者的］概念就是一个单一的存在者的概念，因为在它的规定中，发现了所有可能的对立谓词中的一种谓词，即绝对属于存在的谓词。因此，这个存在者是一个先验的**理想**，它是在一切实存的东西那里必然被发现的普遍规定的基础，构成其可能性的至上的和完备的质料条件，一般对象的一切思维在其内容上都必须回溯到这个条件。但是，它也是人类理性所能有的惟一真正的理想，因为只有在这个惟一的场合里，一个事物就自身而言的普遍概念才通过自身而被普遍规定，并被认做一个个体的表象。

通过理性对一个概念的逻辑规定所依据的是选言的理性推理；在这一推理中，大前提包含着一个逻辑划分（对一个普遍概念的范围的划分），小前提把这个范围限制到一个部分，而结论则用这个部分来规定概 B605
念。一个一般实在性的普遍概念不能被先天地划分，因为没有经验，人们就不知道实在性的任何包含在那个类之下的确定的种。因此，一切事物的普遍规定的先验大前提，无非就是一切实在性的总和的表象，不仅仅是一个把一切谓词都按照其先验的内容包摄**在自身之下**的概念，而且是把它们都包摄**在自身之中**的概念；而任何一个事物的普遍规定所依据的都是对实在性的这种**大全**的限制，因为实在性的一些因素被归之于事物，其余的则被排除了，这与选言大前提的非此即彼和通过小前提中这种划分的种种环节之一对对象的规定是一致的。据此，理性把先验理想奠定为它规定一切可能事物的基础所凭借的应用，就类似于它在选言的理性推理中行事所遵循的那种应用；这就是我在上面奠定为对一切先验理念的系统划分之基础的命题，按照这个命题，它们被产生出来，与三种理性推理平行且相适应。

不言而喻，理性为了它的这一目的，即仅仅表现事物必然的普遍规定，并不预设这样一个符合理想的存在者的实存，而是仅仅预设它的理
B606 念，以便从普遍规定的无条件的总体性中引申出有条件的总体性，亦即受限制者的总体性。因此，理想对它来说是一切事物的原型（Prototypon），而一切事物全都作为有缺陷的摹本（ectypa）从它获取其可能性的材料，而且即使或多或少地接近它，但却在任何时候都远远不能达到它。

在这种情况下，事物（就其内容而言的杂多之综合）的一切可能性都被视为派生的，惟有在自身中包含着一切实在性的事物的可能性被视为源始的。因为一切否定（它们毕竟是一切东西与最实在的存在者能够被区别开来所凭借的惟一谓词）都是对一个更大的实在性、最终对最高的实在性的纯然限制，所以它们都以这种实在性为前提条件，而且在内容上纯然从这种实在性引申出自己。事物的一切杂多性都只不过是限制作为它们共同基底的最高实在性的概念的一种同样杂多的方式罢了，就像一切图形都惟有作为限制无限的空间的不同方式才有可能一样。因此，它们的理想仅仅在理性中存在的对象也被称为**元始存在者**（ens orginarium），就在它之上没有任何东西而言，被称为**最高存在者**（ens sum-
B607 mum），就一切都作为有条件的而隶属于它而言，被称为**一切存在者的存在者**（ens entium）。但是，所有这些都并不意味着一个现实的对象与其他事物的客观关系，而是意味着**理念**与**概念**的关系，并且使我们对一个具有如此出类拔萃的优势的存在者之实存依然完全无知。

由于我们也不能说，一个元始存在者是由诸多派生的存在者组成的，因为后者中的每一个都以前者为前提条件，从而就不能构成前者，所以，元始存在者的理想也必须被设想为单纯的。

因此，一切其他的可能性都从这一元始存在者派生出来，这准确地说也不能被视为对它的最高实在性的一种**限制**，就好像是对这种实在性的一种**分割**似的；因为在这种情况下，元始存在者就会被视为种种派生的存在者的一个纯然的集合体，而这按照我们以上所说是不可能的，尽管一开始的时候，我们在最初粗略的梗概中曾这样表现过它。毋宁说，一切事物的可能性都以作为一个**根据**的最高实在性为基础，而不是以作

为**总和**的最高实在性为基础，而且前者的杂多性所依据的也不是对元始存在者本身的限制，而是它的完备的后果；在这种情况下，就连我们的全部感性以及显象中的一切实在性也都属于这一后果，它们不能作为一种成分属于最高存在者的理念。

如果我们通过把我们的这个理念实体化来进一步深究它，我们就可 B608
以通过最高实在性的纯然概念来把元始存在者规定为一个惟一的、单纯的、极为充足的、永恒的等等的存在者，一言以蔽之，就它无条件的完备性而言通过一切谓词来规定它。这样一个存在者的概念在先验的意义上来说就是**上帝**的概念；于是，如同我在上面也说过的那样，纯粹理性的理想就是一种先验**神学**的对象。

然而，先验理念的这种应用毕竟已经超越了它的规定与许可的界限。因为理性只是把它作为一切实在性的**概念**奠定为事物的普遍规定的基础的，并没有要求所有这些实在性都是客观地被给予的，而且甚至构成一个事物。这样的事物是一个纯然的虚构，通过它我们把我们的理念的杂多在作为一个特殊存在者的理想中结合起来，我们并没有这样做的权限，甚至就连直截了当地接受这样一种假设的可能性的权限也没有；就像从这样一个理想得出的所有结果与一般事物的普遍规定——除了理念为此目的所必需之外——都毫无关涉，也没有丝毫影响一样。

仅仅描述我们理性的程序和它的辩证法是不够的，人们还必须力求 B609
揭示这种辩证法的源泉，以便能够说明这种幻相是知性的一种现象；因为我们所说的理想，其根据在于一种自然的、而非纯然任性的理念。因此我问：理性何以能够把事物的一切可能性都视为派生自一个惟一的作为基础的可能性，也就是说派生自最高实在性的可能性，并在这种情况下预设后者是包含在一个特殊的元始存在者里面的？

答案自行从先验分析论的探讨中呈现出来。感官对象的可能性是这些对象与我们的思维的一种关系，其中某物（也就是说经验性的形式）能够被先天地思维，而构成质料的东西，即显象中的实在性（与感觉相应的东西），则必须是被给予的；没有这种东西，某物就根本不能被思维，从而它的可能性就不能被表象。于是，一个感官对象惟有在它与显象的所有谓词进行比较，并通过这些谓词被肯定地或者否定地表象的时候，才能够被普遍地规定。但是，由于其中构成（显象中的）事物本身

的东西，亦即实在的东西，必须是被给予的，没有这种东西事物就根本
B610 不能被思维；而一切显象的实在的东西在其中被给予的东西，是惟一的包囊一切的经验，所以，感官一切对象的可能性的质料就必须被预设为在一个总和中被给予的，经验性对象的一切可能性、它们彼此之间的区别以及它们普遍的规定所依据的都只能是这个总和的限制。如今，事实上除了感官的对象之外，没有别的任何对象能够被给予我们，而且除了在一个可能经验的关联中之外，也不能在任何地方被给予我们，因此，如果不预设一切经验性的实在性的总和为自己的可能性的条件，就没有任何东西对**我们**来说是一个对象。按照一种自然的幻觉，我们如今把这视为一条必然对一切事物完全有效的原理，但它真正说来却只对作为我们感官的对象被给予的事物有效。因此，我们将通过除去这种限制，把我们对于作为显象的事物之可能性的概念的经验性原则视为一般事物的可能性的先验原则。

但是，我们据此把一切实在性的总和的这个理念实体化，则是因为我们辩证地把知性的经验应用的**分配的**统一转变为一个经验整体的**集合的**统一，并根据这个显象的整体思维一个单一的、自身包含着一切经验
B611 性的实在性的事物，该事物此后被凭借上面已经论述的先验偷换，与一个居于一切事实的可能性之巅、为一切事物的普遍规定提供实在条件的事物的概念相混淆。①

第三章　论思辨理性推论到一个最高存在者的存在的论据

尽管理性有迫切的需要，即预设某种能够完备地为知性普遍地规定自己的概念而奠定基础的东西，它察觉这样一种预设的理想因素和纯然虚构因素也毕竟太容易了，以至于如果不是由此以另外的方式被逼迫，要在被给予的有条件者向无条件者回溯时在某个地方寻找歇息地的话，
B612 它就不应当单凭这点而被说服，把它的思维的一个纯然自造物假定为一

① 因此，最实在的存在者的这个理想虽然是一个纯然的表象，却首先被实在化，也就是说被当做客体，然后被实体化，最后通过理性向着统一性之完成的自然进步，如我们马上要引证的那样，甚至被人格化；因为经验的范导性统一并不基于显象自身（惟独感性），而是基于其杂多通过知性（在一个统觉中）的联结，因而最高实在性的统一和一切事物无一例外的可规定性（可能性）似乎就在一个最高的知性中，从而在一个理智中。

个现实的存在者；无条件者虽然就自身而言并且根据其纯然概念并不是作为现实的而被给予出来，但惟有它才能完成被引向其根据的诸般条件的序列。这是任何人类理性、甚至最通常的人类理性都在采取的自然进程，尽管并不是每一种都在这上面坚持到底。理性不是从概念开始，而是从通常的经验开始，因而奠定了某种实存的东西作为基础。但是，如果这个地基不是建立在绝对必然者的不可动摇的磐石之上，它就会沉陷。但这磐石如果在自身之外和之下还有空的空间，而且如果它不是自己充填一切并由此不再给**"为何"**留下余地，也就是说就实在性而言是无限的，那么，它自己就会没有支撑而漂浮不定。

如果有东西——不管它是什么——实存，那就必须也承认某种东西**以必然的方式**实存。因为偶然的东西惟有在另一偶然的东西作为其原因的条件下才实存，而推论又继续适用于这一原因，直至一个并非偶然地、正因为此无须条件而以必然的方式存在的原因。这就是理性论证其向元始存在者的前进所依据的论证。

于是，理性到处寻找一个作为无条件的必然性而与这样一种实存优势相适合的存在者的概念，不是为了在这种情况下从它的概念先天地推论到它的存在（因为如果理性胆敢这样做，它就完全可以仅仅在纯然的概念之间进行研究，不必奠定一个被给予的存在作为基础），而是仅仅为了在可能事物的一切概念中间找到那个自身不包含任何与绝对的必然性相冲突的东西的概念。因为毕竟必须有某种东西绝对必然地实存着，这一点它按照前一个推论就已经视为确定无疑的。如果它现在能够把一切与这种必然性不相容的东西都除去，只剩下一个东西，那么，这个东西就是绝对必然的存在者，而不论人们是否能够把握它的必然性，亦即是否能够仅仅从它的概念推导出这种必然性。 B613

于是，其概念对一切"为何"都包含着"为此"的东西，在任何部分和任何方面都没有缺陷，在任何地方作为条件都是充足的，正因为此看起来就是适合于绝对的必然性的存在者，因为它由于自身具有一切可能的东西的一切条件而本身不需要任何条件，甚至不能有诸如此类的条件，所以至少在一点上满足了无条件的必然性的概念，在这点上没有任何别的概念能够与它媲美；别的概念由于本身是有缺陷的和需要补充的，所以自身没有表现出任何这样不依赖于一切其他条件的特征。确实，从 B614

这里还不能肯定地推出：自身不包含最高的和在一切方面都完备的条件的东西，因此就本身在其实存上必然是有条件的；但是，它毕竟自身不具有无条件的存在的惟一标志，理性掌握这种标志，乃是为了通过一个先天的概念把某一个存在者认定为无条件的。

因此，一个具有最高实在性的存在者的概念在可能事物的所有概念中间最适合成为一个无条件地必然的存在者的概念，而且即便它不完全满足这一概念，我们也毕竟别无选择，而是发现自己被迫依据它；因为我们不可以把一个必然存在者的实存当做耳旁风，但如果承认这种实存，我们毕竟在可能性的整个领域里找不到任何东西能够对存在中的这样一种优势提出更有根据的要求。

因此，人类理性的自然进程就是这种性质。首先，它相信**某一个**必然的存在者的存在。在这个存在者中，它认识到一种无条件的实存。于
B615 是，它就去寻找不依赖于任何条件者的概念，并且在本身就是其他一切事物的充足条件的东西中，也就是说，在包含着一切实在性的东西中找到了这一概念。但是，没有限制的大全就是绝对的统一性，并且带有一个惟一的存在者亦即最高的存在者的概念；这样，它就推论出，最高的存在者作为一切事物的始基，是以绝对必然的方式存在的。

如果谈到**决断**，也就是说，如果应当承认某一个必然的存在者的存在，而且人们一致同意必须对把这个存在者置于何处表明党派立场的话，那么，这一概念具有某种缜密性是无可争议的；因为在这种情况下，人们不可能作出更适当的选择，或者毋宁说人们别无选择，而是被迫赞同作为可能性之根源的完备实在性的绝对统一性。但是，如果没有任何东西推动我们作出决断，而且我们宁可把整个事情搁置一旁，直到我们被充足分量的证明根据所迫使而表示赞同，也就是说，如果这只是涉及**判断**我们对这一课题知道多少，哪怕是我们自诩知道什么，那么，上述推论就显得远远不是如此有利，而需要偏爱来弥补其合法要求的不足了。

这是因为，即便我们让一切都保持像此处在我们面前呈现的样子：也就是说，首先，从任何一个被给予的实存（必要时也仅仅是我自己的
B616 实存）都可以有一个正确的推论，推出一个无条件地必然的存在者的实存；其次，我必须把一个包含着一切实在性、因而也包含着一切条件的存在者视为绝对无条件的，因此，适合于绝对必然性的事物的概念就由

此找到了；然而，从中毕竟根本不能推论说，一个不具有最高实在性的受限制的存在者的概念因此就与绝对的必然性相矛盾。因为尽管我在它的概念中没有发现已经带有种种条件之大全的无条件者，但从中毕竟根本不能得出结论说，它的存在正因为此而必然是有条件的；就像我在一个假言的理性推理中不能说：凡是不存在某种条件（此处也就是根据概念而来的完备性的条件）的地方，就也不存在有条件者。毋宁说，即使我们不能从我们关于其余一切受限制的存在者所拥有的普遍概念推论出它们的必然性，但也让它们同样被视为无条件地必然的，这是随我们的便的。但以这样的方式，这个论证就不会给我们造就丝毫关于一个必然存在者的属性的概念，而且在任何地方都不会提供任何东西。

尽管如此，这个论证仍然具有某种重要性和一种威望，还不能因为这种客观上的不充分就马上剥夺它的这种威望。因为假定有一些义务，它们在理性的理念中是完全正确的，但是，如果不预设一个能够给予实 B617
践法则以效果和强调的最高存在者，它们就会没有运用于我们本身的任何实在性，也就是说，没有动机，所以，我们也会有一种义务来遵循这些概念，它们即使不可能是客观上充分的，但毕竟按照我们理性的尺度是占压倒优势的，而且与它们相比，我们毕竟不知道有更好、更有确证能力的东西。选择的义务在这里就会由于一种实践的附加物而使思辨的踌躇失去平衡，甚至理性即便自己本身是最宽恕的法官，如果它在迫切的动因下，哪怕只是洞察力有缺陷，而不去遵循其判断的这些根据——我们毕竟至少不知道有比它们更好的根据——也会找不到辩护理由的。

这个论证即使由于事实上依据的是偶然事物的内在不充分性而是先验的，也毕竟是如此简单和自然，以至于最平常的人之感觉一旦被引导到这上面来，这一论证就适合于它。人们看到事物变化、产生和消亡；因此，它们或者至少是它们的状态，就必须有一个原因。但是，关于每次在经验中能够被给予的任何原因，又都可以追问这一点。所以，无论 B618
我们把**至上的**因果性置于何处，都不应当比置于也有**最高的**因果性的地方更为合理，也就是说，置于在自身中源始地包含着任何可能结果的充分性的存在者之中，它的概念也很容易通过无所不包的完善性这个惟一的特征建立起来。在这种情况下，我们把这个最高的原因视为绝对必然的，因为我们发现绝对有必要一直上升到它，没有理由还要进一步超越它。因此，我们在一切民族那里都毕竟看到一神论的若干微光透过它们最盲目的多神教映现出来，导致这种情况的，不是反思和深刻的思辨，而只是通常知性逐渐变得明了的自然进程。

从思辨理性出发只有三种上帝存在的证明方式是可能的

人们在这方面所能够选择的所有道路，要么是从确定的经验和由这种经验所认识的我们感官世界的特殊性状开始，并根据因果律由它一直上升到世界之外的最高原因；要么经验性地以不确定的经验为基础，也就是说以某一种存在为基础；最后，要么抽掉一切经验，完全先天地从
B619 纯然的概念推论到一个最高原因的存在。第一种证明是**自然神学的**证明，第二种证明是**宇宙论的**证明，第三种证明是**本体论的**证明，没有更多的证明方式，也不可能有更多的证明方式。

我将阐明：理性沿着一条道路（经验性的道路）和沿着另一条道路（先验的道路）同样少有建树，而且理性徒然地张开自己的双翼，要单凭思辨的力量超越于感官世界之上。至于这些证明方式必须在其中得到检验的秩序，则恰好与逐渐扩展的理性所采取的秩序以及我们最初也将它们置入的那个秩序相反。因为将要表明的是：尽管经验提供了这方面的最初诱因，但纯然是**先验的概念**引导着理性作出它的这种努力，并在所有这样的尝试中揭示出理性给自己规定的目标。因此，我将从检验先验的证明开始，然后再看一看，经验性东西的附加能够对扩大它的证明力量做些什么。

B620 第四章　论上帝存在的本体论证明的不可能性

从以上所述人们很容易看出：一个绝对必然的存在者的概念是一个纯粹的理性概念，也就是说，是一个纯然的理念，它的客观实在性凭借理性需要它还远远没有得到证明，它也只是对某一种尽管无法达到的完备性提供了指示，而且真正说来，与其说是被用来把知性扩展到新的对象上，倒不如说是被用来给理性设置界限。如今，这里所存在的令人惊异和荒谬的东西是，从一个被给予的一般存在到某个绝对必然的存在的推论似乎是迫切的和正确的，而尽管如此，我们对于这样一种必然性形

成一个概念所具有的一切知性条件却完全与我们相悖。

在一切时代里，人们都谈到过**绝对必然的**存在者，而且没有像证明它的存在那样去花费同样多的力气，来理解人们是否以及如何能够哪怕是仅仅思维一个此类的事物。如今，虽然这个概念的名称解释是十分容易的，也就是说，它是其不存在不可能的某种事物；但是，就使得把一个事物的存在视为绝对不可思议成为不可能的条件而言，人们由此却丝 B621
毫没有变得更聪明，而这些条件本来是人们想要知道的东西，也就是说，我们是否通过这个概念在任何地方都思维了某种东西。因为凭借**"无条件的"**这个词把知性为了将某种东西视为必然的而在任何时候都需要的一切条件抛弃掉，这还远远没有使我理解，我在这种情况下通过一个无条件必然的东西的概念是还在思维着某种东西，还是也许根本不思维任何东西。

更有甚者，这个纯然碰运气贸然得来的、最后变得极为流行的概念，人们还相信已通过大量的实例作出了说明，以至于所有进一步的追问都显得由于它的明白易懂性而完全不必要。几何学的任何一个命题，例如一个三角形有三个角，是绝对必然的；于是，人们就谈论起一个完全处在我们知性的领域之外的对象，就好像人们完全清楚地懂得自己以这个概念关于这个对象所想说的东西似的。

一切预先给予的实例都无一例外地仅仅取自**判断**，而不是取自**事物**及其存在。但判断无条件的必然性却不是事物的绝对必然性。因为判断的绝对必然性只不过是事物或者判断中的谓词的有条件的必然性罢了。上面那 B622
个命题并不是说三个角是绝对必然的，而是说在三角形存在（被给予）的条件下，也有（它里面的）三个角以必然的方式存在。尽管如此，这种逻辑的必然性却证明了其幻觉的一种如此巨大的力量，使得人们由于关于一个事物形成了一个先天概念，这个概念被如此提出，以至于人们根据自己的意见把存在一起包括进它的范围，就由此相信能够有把握地推论出：由于存在必然地属于这个概念的客体，也就是说，在我把这个事物设定为被给予的（实存的）这种条件下，它的存在也必然（按照同一律）被设定，因而这个存在者本身就是绝对必然的，因为它的存在在一个任意假设的概念中、在我设定这个概念的对象的条件下也一起被思维了。

如果我在一个同一的判断中取消谓词而保留主词，就产生出一种矛盾，所以我说：那个谓词以必然的方式属于这个主词。但如果我把主词与谓词一起取消，就不产生任何矛盾；因为**不再有**能够与之发生矛盾的**任何东西**了。设定一个三角形但却取消它的三个角，这是矛盾的；但把三角形与它的三个角一起取消，这却不是矛盾。一个绝对必然的存在者
B623 的概念恰恰就是这种情况。如果你们取消这一存在者的存在，你们就是把事物本身连同其所有谓词一起取消；在这种情况下，矛盾又从何而来呢？在外部没有任何会与之矛盾的东西，因为事物不应当是外在地必然的；在内部也没有任何会与之矛盾的东西，因为你们已经通过取消事物本身而把一切内在的东西都同时取消了。上帝是全能的，这是一个必然的判断。如果你们设定一种神性，亦即一个无限的存在者，上帝与这个无限的存在者的概念是同一的，那么，全能就不能被取消。但是如果你们说：**上帝不存在**，那就既没有全能也没有上帝的任一别的谓词被给予；因为它们全都连同主词一起被取消了，而在这一思想中没有表现出丝毫的矛盾。

因此你们已经看到，如果我把一个判断的谓词连同主词一起取消，就绝不会产生一种内在的矛盾，而不论谓词是哪个谓词。如今，你们已经无处可遁了，除非你们必须说：有一些主词根本不能被取消，因而必须保留下来。但这就会等于是说：有一些绝对必然的主词；这是一个其正确性我正在怀疑的预设，而你们却想给我指出它的可能性。因为对于一个事物来说，如果它连同自己所有的谓词都被取消，却还留下一种矛
B624 盾，我不能形成起码的概念；而没有矛盾，我单凭纯粹的先天概念就没有不可能性的任何标志。

针对所有这些一般的推论（没有任何人能够拒绝这些推论），你们通过一个实例来诘难我，你们把它当做一个经由事实的证明来提出：毕竟有一个、而且只有这一个概念，其对象的不存在或者取消是自相矛盾的；而这就是最实在的存在者的概念。你们说它具有一切实在性，你们有权利假定这样一个存在者是可能的（我姑且同意这一点，尽管不自相矛盾的概念还远远没有证明该对象的可能性）。[①] 如今，在所有的实在性中间

① 只要概念不自相矛盾，它就总是可能的。这是可能性的逻辑标志，而且它的对象也由此与 nihil negativum［否定的无］区别开来。但尽管如此，如果概念由以产生的综合的客观实在性并没有得到特别的阐明，这概念就仍然可能是一个空洞的概念；然而，如上面已经指出的，这种阐明在任何时候依据的都是可能经验的原则，而不是分析的原理（矛盾律）。这是一个警告，不要从概念的可能性（逻辑的可能性）马上推论出事物的可能性（实在的可能性）。

也一并包含了存在。因此，存在就蕴涵在一个可能的东西的概念中。如果这个事物被取消，则该事物的内在可能性也就被取消，而这是矛盾的。 B625

我的答复是：无论以什么暗藏的名目，如果你们已经把你们只想按照其可能性来思维的事物之实存的概念带入该事物的概念，你们就已经陷入了矛盾。如果允许你们这样做，你们就在表面上获胜了，但实际上却什么也没有说；因为你们所做的是一种纯然的同义反复。我问你们：**这个或者那个事物**（无论它是什么事物，我都姑且承认它是可能的）**实存着**；我要说，这个命题是一个分析命题还是一个综合命题呢？如果它是前者，则你们通过事物的存在对你们关于该事物的思想没有任何增添；但在这种情况下，要么你们心中的思想必须是该事物本身，要么你们把一种存在预设为属于可能性的，在此之后按照这个借口从内在的可能性推论出存在，而这无非是一种贫乏的同义反复。“实在性”这个词在事物的概念中听起来有不同于谓词概念中的实存的韵味，它是于事无补的。因为如果你们也把所有的设定（不论你们设定什么）都称为实在性，你们就已经把该事物连同它所有的谓词都设定在主词的概念中了，并且假定它是现实的，而在谓词中你们只不过是重复它罢了。与此相反，如果 B626
就像每一个有理性的人都必须合理地承认的那样，你们也承认每一个实存性命题都是综合的，那么，你们怎么还想断言：实存的谓词不能无矛盾地取消呢？因为这种优势只是分析命题所特有的，分析命题的特性所依据的正是这一点。

我虽然希望，如果我没有发现逻辑的谓词与实在的谓词（即一个事物的规定）的混淆中的幻觉几乎拒斥了一切教诲的话，就直截了当地通过对实存概念的一种精确的规定来使这种苦思冥想的空谈破灭。随便什么东西都可以充当**逻辑的谓词**，甚至主词也可以由自身来谓述；因为逻辑抽掉了一切内容。但是，**规定**是一个添加在主词的概念之上并扩大了这个概念的谓词。因此，它必须不是已经包含在主词的概念之中的。

“是”显然不是实在的谓词，也就是说，不是关于可以加给一个事物的概念的某种东西的一个概念。它纯然是对一个事物或者某些规定自身的肯定。在逻辑应用中，它仅仅是一个判断的系词。**上帝是全能的**，这个命题包含着两个概念，它们都有自己的客体：上帝和全能；**“是”**这个词并不是此外的一个谓词，而仅仅是以与主词**相关的方式**设定谓词的东 B627

西。现在，如果我把主词（上帝）与它的所有谓词（全能也包括在内）结合起来并且说：**上帝存在**，或者存在着一个上帝，我并没有为上帝的概念设定一个新谓词，而是仅仅把主词自身连同他的所有谓词，也就是说，把**对象**设定在与我的**概念**的关系中。二者必须包含的是同一种东西，所以不能因为我把概念的对象思维成绝对被给予的（通过“它存在”这一表述），就有什么东西进一步添加在仅仅表达可能性的概念上去。这样，现实的东西所包含的并不多于纯然可能的东西。一百个现实的塔勒所包含的丝毫不多于一百个可能的塔勒。因为既然后者意味着概念，而前者却意味着对象及其肯定自身，所以假如对象所包含的多于概念，我的概念就会不表达整个对象，从而也不是该对象的合适概念。但是，在我的财产状况中，一百个现实的塔勒就比它们的纯然概念（也就是说，它们的可能性的概念）有更多的内容。因为对象在现实性上并不仅仅分析地包含在我的概念中，而是综合地加在我的概念（它是我的状况的一个规定）上，而通过我的概念之外的这种存在，这所设想的一百塔勒本身并没有得到丝毫的增益。

B628 因此，当我思维一个事物时，无论我通过什么谓词以及多少谓词来思维它（甚至在普遍的规定中），通过我附加上“该物**存在**”，也对该物没有丝毫的增益。因为若不然，就会不正好是该物，而是比我在概念中所思维的更多的对象在实存着，而且我不能说，恰恰是我的概念的对象实存着。即使我甚至在一个事物中设想一种实在性之外的所有实在性，也并不由于我说这样一个有缺陷的事物实存着，阙如的实在性就补加上去了。相反，它恰恰是带着我思维它时的那种缺陷实存着，否则就是与我所思维的不同的某物在实存了。现在，如果我设想一个存在者是最高的实在性（没有缺陷），就总是还有它是否实存这个问题。因为尽管我关于一个事物的可能实在内容的概念不缺少任何东西，但与我的整个思维状态的关系却毕竟仍然缺少某种东西，即那个客体的知识也是后天地可能的。而在这里也表现出此处存在的困难的原因。如果所说的是感官的一个对象，那么，我就不能把事物的实存与该事物的纯然概念混为一谈。因为通过概念，对象只是被思维成与一般可能的经验性知识的普遍条件
B629 相一致，而通过实存，它则被思维成包含在全部经验的关联之中；因为在这种情况下，通过与全部经验的内容的联结，对象的概念并没有丝毫

的增多，而我们的思维却通过这种内容而多获得了一种可能的知觉。与此相反，如果我们想仅仅通过纯粹的范畴来思维实存，那么，我们无法提供任何标志来把它与纯然的可能性区别开来，就毫不奇怪了。

因此，无论我们关于一个对象的概念包含着什么东西以及多少东西，我们都毕竟必须从它走出来，以便把实存赋予它。在感官的对象那里，这是通过按照经验性规律与我的某一个知觉的联系发生的；但对于纯粹思维的客体来说，就完全没有办法来认识它们的存在了，因为这种存在必须完全先天地来认识；但是，我们对一切实存的意识（无论是通过知觉直接地意识，还是通过把某物与知觉结合起来的推论来意识）却是完全属于经验的统一性的；而在这个领域之外的一种实存虽然不能绝对地被宣布为不可能，但它却是一个我们不能通过任何东西为之辩护的预设。

一个最高存在者的概念是一个在许多方面都十分有用的理念；但是，正因为它仅仅是理念，所以完全没有能力仅仅凭借自己来扩展我们在实存的东西方面的知识。甚至就连在一个更多者的可能性方面教导我们，它也不能做到。可能性的分析标志在于纯然的肯定（实在性）不产生矛 B630
盾，虽然不能否认更多者具有这种标志，但既然一切实在的属性在一个事物中的联结是一种综合，关于这些属性的可能性我们就不能先天地作出判断，因为实在性并没有被特别地给予我们，而且即使被特别地给予我们，也在任何地方都根本没有判断在其中成立，因为综合知识的可能性的标志永远必须仅仅在经验中去寻找，而一个理念的对象却不可能属于经验；所以，著名的**莱布尼茨**就远远没有提供他所自夸的东西，即要先天地洞察一个如此崇高的理想存在者的可能性。

因此，就从概念出发对一个最高存在者的如此著名的本体论证明（笛卡尔学派的证明）而言，一切气力和劳作都白费了，而一个人不能从纯然的理念出发使洞识变得更加丰富，恰如一个商人不能为了改善自己的状况就想给自己的库存现金账添上几个零来使财产增多一样。

第五章 论上帝存在的宇宙论证明的不可能性 B631

想从一个完全任意地设计的理念中拣选出与它相应的对象本身的存在，这是某种完全非自然的东西，纯然是学院笑话的重演。事实上，如果不是我们的理性为一般的实存假定某种必然的东西（人们在上溯时能够在它那里停下来）的需求走在前面的话，如果不是理性因这种必然性必须是无条件的和先天确定的而被迫寻找一个倘若可能就满足这种要求并完全先天地提供一种存在供认识的概念的话，人们永远也不会在这条道路上作出尝试。现在，人们相信在一个最现实的存在者的理念中找到了这个概念，于是这个理念就仅仅被用做这个存在者、亦即必然的存在者的更确定的知识，关于这个存在者，人们已经以其他方式被说服或者劝服，相信它必然实存着。然而，人们隐瞒理性的这种自然进程，不是
B632 在这个概念终结，而是试图从它开始，以便从它推导出存在的必然性，而它毕竟只是注定要补充这一必然性。由此产生失败的本体论证明，无论对于自然的和健康的知性来说，还是对于学理的检验来说，它都不带有某种令人满意的东西。

我们现在要研究的**宇宙论**证明，保持着绝对必然性与最高的实在性的联结；但不是像前一证明那样从最高的实在性推论到存在中的必然性，而毋宁说是从事前被给予的某一存在者无条件的必然性推论到它不受限制的实在性，并这样进一步把一切都至少纳入一种推论方式的轨道，我不知道这种推论方式是理性的还是玄想的，但至少是自然的，不仅对于通常的知性来说、而且对于思辨的知性来说也具有极大的说服力；显然，它也为自然的神学的一切证明划出了人们在任何时候都遵循并将继续遵循的最初的基本路线，而不论人们如今用多少枝叶和花纹来装饰和遮掩它。莱布尼茨也把这种证明称为 a contingentia mundi［出自世界的偶性］的证明，我们现在就要关注和检验这种证明。

因而它的内容如下：如果某种东西实存着，那就必定也有一个绝对必然的存在者实存着。现在，至少我自己实存着，所以一个绝对必然的存在者实存着。小前提包含着一个经验，大前提则包含着从一个一般经
B633 验到必然者的存在的推论。① 因此，证明真正说来是从经验开始的，从而它就不完全是先天地进行的或者不是本体论的；而由于一切可能经验的

① 这种推理如此为人熟知，以至于没有必要在这里详细讲述它了；它依据的是所谓先验的因果性自然规律：一切**偶然的东西**都有其原因。这个原因如果又是偶然的，就同样必须有一个原因，直到相互隶属的原因的序列必定在一个绝对必然的原因那里终止，没有这个原因，序列就不会有完备性。

对象就叫做世界，所以它就被称为**宇宙论**的证明。既然它也抽掉了这个世界由以能够与任何可能世界区别开来的经验对象的一切特别属性，所以它在自己的命名上就已经也与用我们的这个感官世界的特别性质作为证明根据的自然神学证明区别开来了。

现在，这种证明继续推论道：必然的存在者只能以惟一的一种方式来规定，也就是说，就一切可能的对立谓词而言只能通过其中的一种来规定，所以它必须通过它自己的概念来被普遍地规定。现在，关于一个事物，只有惟一的一个先天地普遍规定它的概念是可能的，这就是 entis realissimi［最实在的存在者的］概念。因此，最实在的存在者的概念就是能够思维一个必然的存在者所凭借的惟一的概念，也就是说，一个最 B634
高的存在者以必然的方式实存着。

在这种宇宙论的论证中，有如此之多的玄想原理汇聚在一起，以至于思辨理性在这里似乎使用了它的所有辩证招数，来完成最为可能的先验幻相。然而，我们想把对它们的检验暂时搁置一旁，以便仅仅揭露思辨理性的一个狡计，思辨理性用这个狡计把一个旧论证装扮一新，当做一个新论证提出，并且诉诸两个证人的赞同，也就是说一个纯粹的理性证人，另一个持有经验性的信任状的证人，在这里其实只有前者，它只是改变自己的服装和声音，以便被视为第二个证人。为了相当可靠地奠定自己的基础，这种证明立足于经验之上，并且由此装出一副样子，就好像它完全有别于把自己的全部信心完全置于纯粹的先天概念之上的本体论证明似的。但是，宇宙论证明利用这种经验，仅仅是为了走出惟一的一步，亦即达到一个一般的必然存在者的存在。至于这个必然的存在者具有什么属性，经验性的证明根据是不能教导人的，相反，理性在这里完全离开了这种证明根据，纯粹在概念背后研究：一个绝对必然的存在者一般而言必须具有哪些属性，也就是说，在一切可能的事物中哪一 B635
个在自身包含着一种绝对的必然性所要求的条件（requisita）。现在，它相信惟有在一个最现实的存在者的概念中才能发现这种所要求的条件，然后推论说：这就是绝对必然的存在者。但是很清楚，人们在这里预设一个具有最高实在性的存在者的概念完全满足存在中的绝对必然性的概念，也就是说，从最高的实在性能够推论到绝对的必然性；这是本体论的论证所主张的一个命题，人们在宇宙论的证明中假定它并把它作为基础，但人们在这里其实是要避免它的。因为绝对的必然性乃是一种出自纯然的概念的存在。如果我现在说：entis realissimi [最实在的存在者的] 概念是这样一个概念，而且是惟一适合并且相当于必然存在的概念，那么，我们就必须也承认，从它能够推论出必然的存在。因此，在所谓的宇宙论证明中包含着所有证明力的，真正说来只是纯粹从概念出发的本体论证明；所谓的经验是完全多余的，也许只是为了把我们引导到绝对必然性的概念，但却不是为了在某一确定的事物那里阐明这种绝对必然性。因为一旦我们以此为目的，我们就必须立即离开所有的经验，并在
B636 所有的概念中间寻找，看它们中间的哪一个包含着一个绝对必然的存在者的可能性的条件。但是，只要以这样的方式看出了这样一个存在者的可能性，则它的存在也就被阐明了；因为这就等于是说：在所有可能的事物中只有一个事物具有绝对的必然性，也就是说，这个存在者是绝对必然地存在的。

推论中的一切幻象，如果人们以学理的方式观察它们，就极容易暴露出来。这里就是这样一种阐述。

如果“任何一个绝对必然的存在者同时是最实在的存在者”这个命题是正确的（这是宇宙论证明的 nervus probandi [应予检验的关键]），那么，它就必须像一切肯定判断那样，至少可以 per accidens [通过偶性] 换位。因此，一些最实在的存在者同时是绝对必然的存在者。但现在，一个 ens realissimum [最实在的存在者] 不在任何方面有别于另一个最实在的存在者，因而适用于**有些**包含在这一概念下的存在者的，也适用于**所有**包含在这一概念下的存在者。所以，我也将能够把它（在这一场合）**绝对地**换位，也就是说，每一个最实在的存在者都是一个必然的存在者。现在，由于这一命题纯然是从它的先天概念出发规定的，所以最实在的存在者的纯然概念也必须带有它的绝对的必然性；这正是本体论
B637 证明所主张、而宇宙论证明不想承认、尽管如此却把它的推论——虽然以隐蔽的方式——置于其下的东西。

于是，思辨理性为证明最高的存在者所采取的第二条道路就不仅与第一条同样骗人，而且还自身具有这样的可指责之处，即它犯了一种 ignoratio elenchi [盲目论证]，因为它向我们许诺引导一条新路，但在绕了一个小弯之后却把我们带回我们因它的缘故已经离开了的旧路。

此前不久我曾说过，在这个宇宙论的论证中藏有一整套辩证的僭妄，它们是先验的批判很容易就能够揭露和摧毁的。现在，我只是想列举出它们，至于进一步深究和取缔这些骗人的原理，我把它交给训练有素的读者。

这里存在的东西例如有：第一，从偶然的东西推论到一个原因的先验原理，这个原理惟有在感官世界才有重要性，在它之外却就连一种意义也没有。因为偶然事物的纯然理智概念根本不能产生综合的命题，例如因果性的命题，而因果性的原理除了仅仅在感官世界中之外，也根本没有重要性和其使用的标志；但在这里，它却恰恰被用来超越到感官世 B638 界之外。第二，从一个无限序列的不可能性通过感官世界中相互给予的原因推论到一个最初原因的原理，理性在经验中的应用本身的原则并不给我们权利这样做，更不能把一原理扩展到经验之外（这一序列根本不能延长到的地方）。第三，理性在完成这一序列方面错误的自满，凭借的是人们最终除去一种必然性的概念无之则不能成立的一切条件，而且既然人们在这种情况下不能再把握任何其他东西，就把这假定为自己的概念的完成。第四，一个具有一切结合起来的实在性（没有内在的矛盾）的概念的逻辑可能性与先验可能性的混淆，先验可能性需要这样一种综合的可行性的原则，但这种原则又只能行进到可能经验的领域，等等。

宇宙论证明的技巧仅仅旨在避免先天地通过纯然概念证明一个必然的存在者的存在，这后一种证明必须以本体论的方式来进行，而我们却觉得自己完全没有能力这样做。怀着这样的意图，我们从一个作为基础的现实存在（一个一般的经验）尽可能地推论到它的某种绝对必然的条件。在这种情况下，我们没有必要说明这种条件的可能性。因为如果已 B639 经证明它存在，它的可能性的问题就是完全多余的。现在，如果我们想就其性状来更仔细地规定这个必然的存在者，我们就不去寻找那种充分的东西，即从它的概念出发来把握存在的必然性；因为如果我们能够做到这一点，我们就不需要任何经验性的预设；不，我们仅仅寻找消极的条件（conditio sine qua non［必要的条件］），一个存在者没有这种条件就不会是绝对必然的。这在其他一切从一个被给予的后果到其根据的推论方式中都是可行的，但在这里不幸的却是，人们为绝对的必然性所要求的条件只能在惟一的一个存在者里面发现，因此这个存在者在自己的概念中就必须包含绝对的必然性所要求的一切，从而使得先天地推论到这种必然性成为可能；也就是说，我必须也能够反过来推论：这个（最高实在性的）概念属于哪个事物，那个事物就是绝对必然的；而如果我不能这样推论（就像我要想避免本体论的证明就必须承认这一点那样），我就也在我的新道路上遭遇了失败，并且又处在我由以出发的地方了。最高存在者的概念可以先天地满足关于一个事物的内在规定提出的一切问题，故而也就是一个独一无二的理想，因为普遍的概念把它同时标明
B640 为一切可能的事物中的一个个体。但是，它根本不能满足关于它自己的存在的问题，而这却恰恰是真正的关键之所在；对于假定一个必然的存在者的存在并且只想知道一切事物中间究竟哪一个必须被视为这样的存在者的人的质询，人们就不能回答说：这一个就是绝对的存在者。

假定一个具有最高充足性的存在者的存在为一切可能的结果的原因，以便使理性容易找到它所寻求的解释根据的统一性，这是可以允许的。然而如此放肆，以至于人们甚至说**这样一个存在者必然实存**，就不再是一个可以允许的假说的谦逊表现，而是一种不容置疑的确信肆无忌惮的僭妄了；因为人们自称认识到其为绝对必然的东西，对此的知识也必须自身带有绝对的必然性。

先验理想的整个课题取决于，要么为绝对的必然性找到一个概念，要么为关于某一个事物的概念找到该事物的绝对必然性。如果人们能够做到一点，则人们也必然能够做到另一点；因为理性仅仅把从其概念出发必然的东西认识为绝对必然的。但是，二者都完全超出了在这一点上满足我们知性的一切极大的努力，但也超出了由于我们知性的这种无能
B641 而安慰它的一切尝试。

我们当做一切事物的终极承载者而如此不可或缺地需要的无条件的必然性，对于人类理性来说却是真正的深渊。甚至永恒，尽管有一位**哈勒**把它描述得极为崇高，但对心灵却远远没有造成令人晕眩的印象；因为它仅仅**度量**事物的持存，却并不**承载**事物。一个存在者，我们也把它表象为一切可能的存在者中间的最高存在者，仿佛在自言自语地说：我是从永恒到永恒的，在我之外，除了仅仅由于我的意志而是某物的东西以外，没有任何东西存在；**但我是从何处来的呢？**人们不能抑制这种思想，但也不能容忍这种思想。在这里，一切都沉沦到我们下面，最大的

完善也好，最小的完善也好，都在思辨的理性面前萍飘无定，对它一钱不值；这一个也好，那一个也好，它都让它们毫无障碍地消失。

自然的许多力量通过某些结果来表现自己的存在，它们对我们来说依然是无法探究的；因为我们通过观察远远不能充分地追究它们。作为显象基础的先验客体，以及随之而来的我们的感性何以具有这些至上条件而不是具有另一些至上条件的根据，对我们来说是并且依然是无法探 B642
究的，尽管除此之外事情本身已被给予，但却没有被洞察。但是，纯粹理性的一个理想却不能叫做**无法探究的**，因为除了理性凭借它完成一切综合的统一性的需求之外，它并不能进一步出示自己的实在性的任何信任状。因此，既然它甚至也不是作为可思维的对象被给予的，它就也不是作为这样一个对象无法探究的；毋宁说，它作为纯然的理念，必须在理性的本性中找到自己的位置和解答，从而能够被探究；因为理性正是在于我们能够说明我们的一切概念、意见和主张，不论是出自客观的根据，还是当它们是一个纯然的幻相时出自主观的根据。

关于一个必然的存在者的一切先验证明中的辩证幻相之揭示和说明

迄今为止进行的两种证明都是先验地尝试的，也就是说不依赖于经验性原则来尝试的。因为尽管宇宙论证明以一种一般的经验为基础，但它毕竟不是从这种经验的某一个特殊性状出发，而是从纯粹的理性原则出发与一种通过一般的经验性意识被给予的实存相联系进行的，而且甚 B643
至离开了这种指导，以便完全依据纯粹的概念。如今，在这些先验的证明中，把必然性和最高的实在性联结起来并使毕竟只能是理念的东西实在化和实体化的这种辩证但又自然的幻相，其原因是什么呢？在实存的事物中间假设某种东西是就自身而言必然的，但同时却面对这样一个存在者的存在如同面对一道深渊而吓得退避三舍，其不可避免的原因是什么呢？人们如何开始使理性在这一点上理解自己，并从一种犹豫不决、决而复悔的摇摆状态中走出达到从容不迫的洞识呢？

某种绝对值得注意的东西是：如果预设某种东西实存着，人们就不能回避得出结论，说也有某种东西以必然的方式实存。宇宙论的论证所依据的就是这种完全自然的（尽管因此还不是可靠的）推论。与此相反，我可以任意假定关于一个事物的概念，这样我就发现，它的存在永远不能被我表象为绝对必然的，而且无论是什么实存着，都没有任何东西阻碍我设想它的不存在；所以，我虽然必须为实存的东西在根本上假定某种必然的东西，但却不能把任何一个事物本身设想为就自身而言必然的。
B644 这就是说：不假定一个必然的存在者，我就永远不能**完成**向实存的条件的回溯；但是，我却永远不能从这个存在者**开始**。

如果我们为了一般实存的事物而必须设想某种必然的东西，但没有权限设想任何物自身是必然的，那么，由此不可避免地产生的就是：必然性和偶然性必定不关涉事物本身，因为若不然，就会发生矛盾；因此，两种原理中没有一个是客观的，相反，它们充其量只能是理性的主观原则，也就是说，一方面为一切作为实存的被给予的东西寻找某种必然的东西，也就是说，除了在一种先天地完成的说明那里之外，不在其他任何地方停留下来，另一方面却也永远不期望这种完成，也就是说，不假定任何经验性的东西是无条件的，并由此免除进一步的推导。在这样的意义上，两个原理作为纯然启迪性的和**范导性的**，不关心理性的形式旨趣之外的任何东西，完全可以并行不悖。因为一个说：你们应当如此对自然进行哲学思维，就好像对于一切属于实存的东西来说都有一个必然的最初根据似的，其目的仅仅是为了通过你们追求这样一个理念，亦即追求一个想象出来的至上根据，来给你们的知识带来系统的统一性；但
B645 另外一个则警告你们，不要把涉及事物实存的任何一个规定假定为这样一种至上的根据，也就是说，假定为绝对必然的，而是始终为进一步的推导留有余地，并由此在任何时候都把它还当做有条件的来对待。但是，如果在事物那里知觉到的一切都必须被我们看做有条件地必然的，那么，也就没有一个事物（可能经验性地被给予的事物）能够被视为绝对必然的了。

但由此就得出，你们必须**在世界之外**假定绝对必然的东西，因为它只是应当作为种种显象的至上根据被用做显象之最大可能的统一性的原则，而且你们**在世界中**永远不能达到这种统一性，因为第二条规则要求你们，任何时候都把统一性的所有经验性原则视为派生的。

古代的哲学家们把自然的一切形式都视为偶然的，但却按照通常理性的判断把质料视为源始的和必然的。但是，如果他们不是相对地把质料作为显象的基底来考察它，而是**就自身**而言按照其存在来考察它，绝

对必然性的理念就会立刻消失。因为没有任何东西绝对地把理性绑在这种存在之上，相反，它在任何时候都可以在思想中取消这种存在并且不发生冲突；但是，绝对的必然性仅仅蕴涵在思想中。因此，就这种说服 B646
而言，必然是以一种范导性的原则为基础的。实际上，就连广延和不可入性（它们共同构成了质料的概念）也是显象之统一性的至上的经验性原则，并且就这种原则是经验性上无条件的而言，自身具有范导性原则的属性。尽管如此，既然构成显象之实在东西的质料的任何规定，从而还有不可入性都是一种结果（行动），而结果必须有自己的原因，因而永远还是派生的，所以质料还不适合于一个作为一切派生的统一性之原则的必然存在者的理念，因为它的实在属性的每一个都作为派生的而只是有条件地必然的，因而就自身而言是能够被取消的，但这样一来，质料的整个存在就会被取消；但如果不发生这种情况，我们就会经验性地达到统一性的最高根据，而这是被第二条范导性的原则所禁止的。可见，质料以及一般来说属于世界的东西都不适合于一个作为最大经验性统一的纯然原则的必然元始存在者的理念，相反，这一元始存在者必须被设定在世界之外；在这种情况下，我们就能够始终信心十足地把世界的显象及其存在从其他显象推导出来，就好像不存在必然的存在者似的，并且尽管如此仍然能够坚持不懈地追求推导的完备性，就好像这样一个作为至上根据的存在者已经被预设了似的。 B647

根据这些考察，最高存在者的理想无非是理性的一个**范导性原则**，即如此看待世界中的一切结合，**就好像**它们产生自一个极为充足的必然原因似的，以便在此之上建立说明世界中的结合时的一种系统的、按照普遍的规律而必然的统一性的规则；这一理想不是对就自身而言必然的实存的一种断言。但同时，凭借一种先验的置换把这种形式的原则表现为建构性的，并把这种统一性设想为实体性的，这是无法避免的。因为就像空间由于原初地使所有仅仅是它的不同限制的形象成为可能，所以尽管它仅仅是感性的一个原则，却正因为此而被视为一个绝对必然地独立存在的某物和一个先天地就自身而言被给予的对象一样，既然自然的系统统一性不能以任何方式被确立为我们理性的经验性应用的原则，除非我们以一个作为至上原因的最实在的存在者的理念为基础，所以这个理念由此被表现为一个现实的对象，而这个对象又由于是至上的条件而

B648 被表现为必然的，因而一种**范导性的**原则转变为一种**建构性的**原则，就也是极为自然的了；由于在我把相对于世界来说绝对地（无条件地）必然的至上存在者视为自为的事物时，这种必然性就不能有任何概念，从而必定只能作为思维的形式条件，而不能作为存在的质料条件和实体性条件在我的理性中被发现，上述偷换就昭然若揭了。

第六章 论自然神学的证明的不可能性

如果无论是一般事物的概念，还是任何一个**一般存在**的经验，都不能提供所需要的东西，那就只剩下一种办法了，即试一试一个**确定的经验**、因而现存世界的事物的经验，它们的性状和秩序能否提供一种证明根据，有助于我们可靠地达到对一个最高存在者的存在的确信。我们要把这样一种证明称为**自然神学的**证明。如果这种证明也是不可能的，那么，关于一个与我们的先验理念相适应的存在者的存在，就在任何地方也没有任何一种出自纯然思辨理性的令人满意的证明是可能的了。

B649 按照以上所作的所有说明人们很快就可以看出，可以期待对这一质询有一个言简意赅的答复。因为如何可能在某个时候被给予一个应当与一个理念相适合的经验呢？理念的独特之处恰恰在于，永远也不可能有一个经验与它符合。关于一个必然的、极为充足的元始存在者的先验理念是如此超越地伟大，如此高出一切在任何时候都是有条件的经验性的东西，以至于人们一方面永远不可能在经验中找到足够的材料来填充这样一个概念，另一方面永远在有条件者中间四处摸索，始终徒劳地追寻无条件者，没有任何一个经验性综合的规律为我们提供它的一个实例或者为此提供丝毫的指导。

如果最高的存在者处在种种条件的此链条中，那么，它本身就会是条件序列的一个环节，并且就像它被置于其前的低级环节一样，由于它的更高的根据而要求进一步的探究。与此相反，如果人们想把它与这个链条分开，作为一个纯然理知的存在者不包括进自然原因的序列，那么，理性在这种情况下能够架设一座什么样的桥梁来到达它那里呢？因为从结果到原因之过渡的一切规律，甚至我们知识的一切综合和扩展，一般而言所依靠的无非是可能的经验，从而仅仅是感官世界的对象，并且仅

仅就这些对象而言才能够具有一种意义。 B650

现存世界为我们展现出杂多性、秩序、合目的性和美的一个如此巨大的舞台，人们可以在空间的无限性中或者在空间没有界限的分割中追踪它们，甚至根据我们贫弱的知性对此能够获得的知识，一切语言关于如此众多并且难以估量地巨大的奇迹都找不到自己的力度，一切数字都找不到自己度量的力量，甚至我们的思想也找不到任何界限，以至于我们关于整体的判断必然变成为一种失语的、但却更加意味深长的惊愕。我们到处都看到一个结果与原因、目的与手段的链条，看到产生或者消亡中的合规则性；而且由于没有任何东西是自行进入它所处身于其中的状态的，所以它总是进一步指示着另一个作为它的原因的事物，而这原因恰恰使得同样的进一步追问成为必要，以至于按照这样的方式，如果人们不假定某种东西在这个无限的偶然者之外独自原初地和独立地自存着，保持着它，并且作为它的起源的原因同时保证着它的存续，整个万有就必然会沉沦入无的深渊。这个最高的原因（就世界的所有事物而言），人们应当把它设想为多么大呢？我们并不是按照其全部内容来认识 B651
世界的，我们也更不善于通过与一切可能的东西相比较来估量它的大小。但是，既然我们在因果性方面需要一个终极的和至上的存在者，是什么东西阻碍我们不按照完善性的程度把它置于**其他一切可能的东西之上**呢？如果我们把它想象成为一个惟一的实体，在它里面结合着一切可能的完善性，那么，我们就很容易做到这一点，虽然只是通过一个抽象概念的粗略草图；这个概念是有利于我们理性在节省原则方面的要求的，在自身之中并没有矛盾，甚至通过这样一个理念在秩序与合目的性方面给予的指导而有益于理性在经验中的应用的扩展，但在任何地方都不以明显的方式与一种经验相抵触。

这种证明在任何时候都值得尊重地提及。它是最古老、最明晰、最适合通常的人类理性的证明。它激励着自然的研究，一如它本身从这种研究获得存在，并由此一直获得新的力量。它把目的和意图引向我们的观察未能自行揭示它们的地方，并且通过一种其原则在自然之外的特殊统一性来扩展我们的自然知识。但是，这种知识又反作用于其原因，也 B652
就是说，反作用于诱发的理念，并且增强对一个最高的创造者的信仰，使之一直成为一种不可抗拒的确信。

因此，想对这种证明的威望有所削弱，则不仅前景黯淡，而且也是完全徒劳的。理性不断地被如此强有力的、一直在它的手下增长着的、尽管仅仅是经验性的证明根据所鼓励，不可能因精细的、抽象的思辨的怀疑而如此沮丧，以至于它不应当只要向自然和宇宙之壮观的奇迹投去一瞥，就被从任何一种苦思冥想的犹豫不决中拔脱出来，犹如从一场梦中觉醒，以便升华自己从伟大到伟大直至最高的伟大，从有条件者到条件直至最高的和无条件的创造者。

但是，即使我们不想对这种行事方式的符合理性与有用性提出任何异议，而毋宁说想推荐它和鼓励它，我们也毕竟不能因此就赞同这种证明方式对不容置疑的确定性、对一种根本不需要偏爱或者外来支持的赞许可能提出的种种要求；使一个尖酸刻薄的玄想家的独断语言降低到一
B653 个足以作出安抚的、虽然并不要求无条件屈从的信仰的节制和谦逊的语调，绝不可能损害这件好事。据此，我断言，自然神学的证明永远不能单独地阐明一个最高存在者的存在，而是在任何时候都必须托付本体论的证明（它只是充当本体论证明的导论）来弥补这种缺陷，因而本体论证明一直还包含着任何人类理性都不能忽视的**惟一可能证明根据**（只要在任何地方有一种思辨的证明成立）。

上述自然神学的证明的要点如下：1. 在世界上到处都有一种按照一定的意图的秩序的明显迹象，这种意图是以伟大的智慧在一个不仅内容纷繁复杂无法描述、而且范围广大无边无际的整体中贯彻的。2. 这种合目的的秩序对于世界的种种事物来说是完全陌生的，只是偶然地附着于它们的，也就是说，如果不是由一个进行安排的理性原则按照作为基础的理念为此真正说来加以选择和安置，不同事物的本性就不能自行通过如此众多结合起来的手段协调一致地实现一定的终极意图。3. 因此，有一个（或者多个）崇高和智慧的原因实存着，它必然不仅仅作为盲目地起作用的无所不能的自然通过**能产性**、而是作为理智通过**自由**而是世界
B654 的原因。4. 这个原因的统一性可以从像一个人工建筑之各环节的世界之各部分的相互关系中，根据我们的观察所及，确定地、但进一步却按照类比的种种原理或然地推论出来。

自然理性是从一些自然产品与人类艺术在对自然施加暴力、强迫自然不按照自己的目的行事、而是适应我们的目的时所创造的东西的类比

出发（从自然产品与房屋、舟船、钟表的相似性出发）进行推理的；在自然理性那里，当它还从另一种、虽然是超人类的艺术推导出自由起作用的自然的内在可能性（亦即使得一切艺术，也许甚至还首先使理性成为可能的内在可能性）的时候，作为基础的恰恰是这样一种因果性，也就是说知性和意志；这样一种推论方式也许经不起极为苛刻的先验批判。这里且不就它的推理对它进行指责，但人们毕竟必须承认，当我们列举一种原因的时候，我们在此并不能比按照与我们完全已知原因和结果的那些合目的的产生的类比更有把握地行事。如果理性要从它认识的因果性过渡到它不认识的隐晦的和无法证明的解释根据，它就会不能在自己那里为自己辩解。

按照这种推论，如此之多的自然部署的合目的性与和谐性必然只证明形式的偶然性，但并不证明质料亦即世界中的实体的偶然性；因为要证明后者，就要求能够证明，世界的种种事物就自身而言，如果不 B655
是——甚至**就其实体而言**——一个最高智慧的产品，就不适合于诸如此类按照普遍规律的秩序与和谐；但为此就会要求有别的证明根据，完全不同于与人类艺术类比的证明根据。因此，这种证明所能够阐明的，至多是一个总是受他所加工的材料的适用性限制的**世界建筑师**，而不是一切都要服从其理念的一个**世界创造者**；这远远不足以实现人们所关注的那个伟大的意图，即证明一个极为充足的元始存在者。如果我们想证明质料本身的偶然性，我们就必须求助于一种先验的论证，而这正是在这里应予避免的。

因此，这种推论是把在世界中如此普遍可观察到的秩序与合目的性当做一种完全偶然的安排，从它出发前进到一个**与它相应的**原因的存在。但这个原因的概念却必须给予我们关于它的某种完全**确定的东西**以供认识，因此它不是别的概念，而是关于一个具有一切权能、智慧等等的存在者的概念，一言以蔽之，一个作为极为充足的存在者而具有一切完善性的存在者的概念。因为**极其伟大**、令人惊异的权能、不可测度的权能这 B656
些谓词，根本不给出任何确定的概念，真正说来并没有说出这个事物就自身而言是什么，而仅仅是（世界的）观察者与自身及其理解能力进行比较的对象的大小的关系表象而已，而且不论人们是放大对象，还是在与对象的关系中缩小观察主体，这些谓词的结果都是同样赞美性的。在重要的是一个事物的（完善性的）大小的地方，除了包括全部可能的完善性的概念之外，不存在其他确定的概念，而只有实在性的大全（omnitudo）才在概念中是完全被规定的。

现在，我并不想希望有人应当敢于洞察他所观察的世界的大小（既是就范围而言也是就内容而言）与全能、世界秩序与最高的智慧、世界的统一性与创造者的绝对统一性等等的关系。因此，自然神学关于至上的世界原因不能给出任何确定的概念，所以就不足以成为又应当构成宗教之基础的神学的一个原则。

通过经验性的道路迈进到绝对的总体性是根本不可能的。现在，人们却在自然神学的证明中这样做。因此，人们使用什么手段来越过这个
B657 如此宽阔的鸿沟呢？

在人们达到对世界创造者的智慧、权能等等的伟大的惊赞并且不能再继续前进之后，人们就突然离开通过经验性证明根据进行的论证，前进到一开始就从世界的秩序与合目的性推论出来的世界的偶然性。惟有从这种偶然性出发，人们才仅仅通过先验的概念前进到一个绝对必然的东西的存在，并从第一因的绝对必然性的概念前进到那个存在者的完全被规定或者进行规定的概念，亦即一个无所不包的实在性的概念。因此，自然神学的证明在其行动中卡壳了，在这种困境中突然跃进到宇宙论的证明，而既然宇宙论的证明是一种隐蔽的本体论证明，所以自然神学的证明虽然一开始否认与纯粹理性有任何亲缘性，并且把一切都归诸从经验出发的显而易见的证明，但实际上却是通过纯粹理性来实现它自己的意图的。

因此，自然神学家根本没有理由对先验的证明方式如此矜持，并且以独具慧眼的自然研究者的自负来蔑视先验的证明方式，就像是蔑视隐晦的苦思冥想者织出的蛛网。因为只要他们愿意检验一下自己本人，他
B658 们就会发现，当他们在自然和经验的地基上前进了一大段路程、并发觉自己尽管如此还离他们的理性所面对的对象同样遥远之后，他们就突然离开这个地基，转移到纯然可能性的王国，在那里他们希望鼓起理念的双翼来接近那曾经回避他们的一切经验性探究的东西。在他们最终自以为通过如此有力的一跃而站稳了脚跟之后，他们就把从现在起确定了的概念（他们拥有这个概念，却不知道是如何拥有的）扩展到创造的整个

领域，并通过经验来说明——尽管这种说明是足够蹩脚的、远远在其对象的尊严之下的——这个仅仅是纯粹理性的一个产物的理想，却不想承认，他们是通过另一条路径、不同于经验的路径来达到这种知识或者预设的。

据此，关于一个作为最高存在者的惟一元始存在者的存在，自然神学的证明以宇宙论的证明为基础，而宇宙论的证明则以本体论的证明为基础；而既然除了这三种道路之外再也没有给思辨理性留下道路，所以，只要在任何地方有一种关于一个如此高出于一切经验性的知性应用的命题之证明是可能的，那么，完全从纯粹理性概念出发的本体论证明就是惟一可能的证明。

第七章　从理性的思辨原则出发对一切神学的批判 B659

如果我把神学理解为对元始存在者的知识，那么，它就要么是出自纯然理性的神学（theologia rationalis），要么是出自启示的神学（theologia revelata）。理性神学思维自己的对象，要么是仅仅通过纯粹的理性，完全凭借先验的概念（ens originarium [元始的存在者]、ens realissimum [最实在的存在者]、ens entium [一切存在者的存在者]），并叫做**先验**神学，要么通过它从自然（我们的灵魂）借来的一个作为最高理智的概念，并必然叫做**自然的神学**。仅仅承认一种先验神学的人被称为**理神论者**，也接受一种自然的神学的人则被称为**有神论者**。理神论者承认我们充其量能够通过纯然的理性认识一个元始存在者的存在，但我们关于它的概念却纯然是先验的，也就是说，只是作为关于一个具有所有的实在性的存在者的概念，但人们却不能更精确地规定这些现实性。有神论者则主张，理性有能力按照与自然的类比更精确地规定对象，即规定为一个通过知性和自由而在自身中包含着所有其他事物的始基的存在者。因此，理神论者把这个存在者仅仅表现为一个**世界原因**（至于是通过其本性的必然性，还是通过自由，这一点尚未确定），而有神论者则把它表 B660
现为一个**世界创造者**。

先验神学要么是想从一个一般经验（不对它所属的世界作出更精确一些的规定）推导出元始存在者的神学，并且叫做**宇宙神学**，要么相信通过纯然的概念无须丝毫经验的帮助就认识它的存在，并且被称为**本体神学**。

自然的神学从在这个世界中被发现的性状、秩序和统一性出发推论到一个世界创造者的属性和存在，而在这个世界中必须假定两种因果性及其规则，也就是说自然和自由。因此，它从这个世界上升到最高的理智，要么是把它当做一切自然秩序和完善性的原则，要么是把它当做一切道德秩序和完善性的原则。在前一种场合它叫做**自然神学**，在后一种场合它叫做**道德神学**。①

既然人们已经习惯于把上帝的概念理解为不纯然是作为万物根源的一个盲目起作用的永恒自然，而是应当通过知性和自由是万物的创
B661 造者的一个最高存在者，而且也惟有这个概念才使我们感兴趣，所以严格说来，人们可以否认**理神论者**对上帝有任何信仰，而仅仅给他留下一个元始存在者或者至上原因的主张。然而，既然没有人因为不敢作出主张就该被指责为他想作出否定，所以说**理神论者**相信一个**上帝**，而**有神论者**则相信一个**活的上帝**（summam intelligentiam［最高的理智］），就更为温和、更为公道。现在，我们想研究理性的所有这些尝试的可能源泉。

我在这里满足于通过我用来认识**存在的东西**的知识来解释理论知识，而通过我用来表象**应当存在的东西**的知识来解释实践的知识。据此，理性的理论应用是我先天地（必然地）认识到某物存在所凭借的应用；而理性的实践应用则是某物应当发生被先天地认识到所凭借的应用。如果某物或者存在或者应当发生是无可置疑地确定的，但只不过是有条件的而已，那么，这方面的某种一定的条件就或者可以是绝对必然的，或者它可以是随意和偶然地预设的。在前一种场合条件是被公设的（per thesin［由于主张］），而在后一种场合条件则是被假设的（per hypothesin
B662 ［由于假设］）。既然有绝对必然的实践法则（道德法则），所以如果这些法则必然地把某一种存在预设为其**约束**力的可能性的条件，则这种存在必须被**公设**，之所以如此，乃是因为推论到这个确定的条件由以出发的有条件者，本身被先天地认识为绝对必然的。我们以后将就道德法则指

① 不是神学**道德**；因为神学道德包含着**预设**一个最高的世界统治者的存在的道德法则，与此相反，道德神学是对一个最高的存在者的存在的信念，这种信念建立在道德法则之上。

出，它们不仅预设一个最高存在者的存在，而且由于它们在其他方面是绝对必然的，所以还有理由公设这种存在，当然只是在实践上；现在，我们把这种推论方式暂且搁置一旁。

既然在仅仅谈论存在的东西（不是应当存在的东西）时，在经验中被给予我们的有条件者在任何时候都也被思维成偶然的，所以属于它的条件也不能由此被认识为绝对必然的，而是仅仅被用做相对必然的、或者毋宁说**必要的**、但就自身而言并且先天地为有条件者的理性认识而做的任意预设。因此，如果应当在理论知识中认识一个事物的绝对必然性，这就只能从先天概念出发来发生，但永远不是作为与通过经验被给予的一种存在相关的原因的绝对必然性。

一种理论的知识如果关涉人们不能在任何经验中达到的一个对象或者关于一个对象的这样一些知识，它就是**思辨的**。它被与**自然知识**对立起来，除了能够在一种可能的经验中被给予的之外，自然知识不关涉任 B663
何其他对象或者它们的谓词。

把发生的东西（经验性上偶然的东西）作为一个结果，从它推论到一个原因，这一原理是自然知识的一个原则，但并不是思辨知识的一个原则。因为如果人们把它视为一个包含着一般可能经验的条件的原理抽掉，而且想通过除去一切经验性的东西、就一般偶然的东西来陈述它，那么，这样一个综合命题就没有丝毫的理由，来从中认识我如何能够从某种存在的东西过渡到某种与此完全有别的东西（被称为原因）了；甚至一个原因的概念也与偶然的东西的概念一样，在这样的纯然思辨的应用中失去了其客观实在性应当具体地来说明的所有意义。

现在，如果人们从世界中**事物**的存在推论到其原因，那么，这就不属于**自然的**理性应用，而是属于**思辨的**理性应用，因为前者当做经验性上偶然的而与某一个原因联系起来的，不是事物本身（实体），而仅仅是**发生的东西**，因而是事物的状态；至于实体本身（质料）在存在上是偶然的，这必须是一种纯然思辨的理性知识。但即使所说的只是世界的形 B664
式、它的结合方式和它的变迁，但我却想从中推论到一个与世界全然有别的原因，这也会又是纯然思辨理性的一个判断，因为对象在这里根本不是一种可能经验的客体。但在这种情况下，仅仅在经验的领域内部才有效并且在这个领域之外没有应用、甚至没有意义的因果性原理，就会完全背离它的规定。

我现在断言：理性在神学方面的一种纯然思辨的应用的一切尝试都是完全没有结果的，就其内部性状而言是毫无价值的，而它的自然应用的原则却根本不导致任何神学；因此，如果人们不把道德原则作为基础或者用做导线，那么，在任何地方都不可能有理性的神学。因为知性的一切综合原理都只有内在的应用；但是，一个最高存在者的知识却要求这些原理的一种超验的应用，而我们的知性却根本没有为此装备起来。如果经验性地有效的因果性规律导致元始存在者，那么，这一存在者就必须也属于经验对象的链条；但在这种情况下，它就会和一切显象那样
B665 本身又是有条件的。但是，即使人们允许凭借结果与其原因的力学规律跳跃到经验的界限之外，这种行事方式又能给我们带来什么概念呢？远远不是关于一个最高存在者的概念，因为经验绝不给我们提供一切可能结果的最大结果（对其原因的见证应当提供这样的结果）。如果仅仅为了在我们的理性中不留下任何空当，我们就应当被允许通过最高的完善性和源始的必然性的纯然理念来填补完全规定的这种缺陷，那么，这虽然可以出自偏爱来接受，却不能出自一种令人折服的证明的权利来要求。因此，自然神学的证明也许能够通过把思辨与直观结合起来而给予其他证明（如果可以有其他证明的话）以强调，但就其自身而言却与其说让知性**独自**能够完成神学知识的工作，倒不如说使知性对此作好准备，并给予它一个笔直的和自然的方向。

因此，人们由此可以清楚地看出，先验的问题只允许有先验的答复，也就是说，完全从先天概念出发，无须丝毫的经验性掺杂。但在这里，
B666 问题显然是综合的，并且要求我们的知识扩展到经验的所有界限之外，也就是说，扩展到一个与我们的纯然理念相应的存在者的存在，而这个理念却绝没有任何一种经验能够与之媲美。现在，按照我们上面的证明，一切先天综合知识都只是由于表达一种可能经验的形式条件才是可能的，因此，一切原理都只具有内在的有效性，也就是说，它们仅仅与经验性知识的对象或者显象相关。所以，就一种纯然思辨的理性的神学而言，即使通过先验的行事方式，也将一事无成。

但是，即使有人宁可怀疑上面分析论的所有证明，也不愿丧失对如此长久地使用的证明根据之重要性的信念，如果我要求，人们至少应当

对自己究竟如何以及凭借什么醒悟而敢于靠纯然理念的力量飞越一切可能的经验作出辩解，人们也不能拒绝满足这种要求。无论是新的证明还是旧的证明的改良工作，我都会一概乞免。因为尽管由于一切纯然思辨的证明最终的结果毕竟都是惟一的一种证明，亦即本体论的证明，人们在这里没有多少选择余地，因此我并不担心受到那种脱离感官的理性的独断捍卫者们之能产性的特别纠缠；尽管我除此之外虽不自以为在这方面十分好斗，却也不想拒绝在每一个此类的尝试中揭露错误并由此挫败 B667
其僭妄的要求，但是，在习惯了独断劝服的人们那里，侥幸成功的希望却毕竟绝不因此就被完全消除；所以，我坚持惟一公道的要求，即人们普遍地并且从人类知性连同其余一切知识源泉的本性出发，对自己想如何开始完全先天地扩展自己的知识并且一直延伸到任何可能的经验、从而任何保证由我们自己想出来的某一个概念的客观实在性的手段都达不到的地方来作出辩解。无论知性如何达到这一概念，该概念的对象的存在毕竟不可能分析地在该概念中找到，因为客体**实存**的知识正是在于它就自身而言被设定**在思想之外**。但是，自行走出一个概念，并且不遵循经验性的联结（但通过经验性的理解在任何时候所给予的都仅仅是显象）就达到对新对象和超越的存在者的揭示，这是完全不可能的。

但是，即使理性在其纯然思辨的应用中远远不足以实现这个如此伟大的意图，亦即达到一个至上的存在者的存在，它也毕竟在这一点上具有十分大的效用，即纠正可能从别处得来的对该存在者的知识，使其与 B668
自身以及任何理知的意图一致，并且使其免除一切可能与一个元始存在者相悖的东西和经验性限制的一切掺杂。

据此，先验神学即使有其一切不足，也依然有重要的消极应用，并且在我们的理性仅仅与纯粹的、正因为此只容许有先验的尺度的理念打交道时，是它的一个经常的审查者。因为如果在其他的、也许是实践的关系中，一个最高的并且极为充足的存在者是至上的理智这种预设毫无争议地主张自己的有效性，那么，在其先验的方面把这一概念精确地规定为一个必然的和最实在的存在者的概念，并除去与最高的实在性相悖、属于纯然的显象的东西（属于广义上的神人同形同性论的东西），同时清除道路上的一切对立的主张，不论它们是**无神论的**、**理神论的**还是**神人同形同性论的**，就是极其重要的了；这在这样一种批判的主张中是十分

容易的，因为使得人类理性在**主张**一个诸如此类的存在者方面的无能昭
B669 然若揭的那些根据，必然也足以证明任何一种**相反主张**的无效用性。因为，某人通过理性的纯粹思辨从哪里获得这样的见解，即认为不存在一个作为万物始基的最高存在者，或者我们根据其后果表现为与一个能思维的存在者的力学实在性相类似的种种属性没有一个属于它，或者这些属性在后一场合也必须臣服于感性不可避免地加给我们通过经验认识的理智之上的一切限制呢？

因此，最高的存在者对于理性纯然思辨的应用来说依然是一个纯然的、但毕竟**完美无缺的理想**，是一个完成全部人类知识并使其达到顶峰的概念，它的客观的实在性沿着这条道路虽然不能得到证明，但也不能被反驳；而且如果应当有一种能够弥补这种缺陷的道德神学的话，那么在这种情况下，此前尚成问题的先验神学就通过对它的概念的规定和对一种足够经常地被感性蒙骗、并且并不总是与其自己的理念一致的理性的不断的监察，而证明了自己的不可或缺性。必然性、无限性、统一性、世界之外的存在（不是作为世界灵魂）、没有时间条件的永恒性、没有空间条件的全在性、全能等等，都完全是先验的谓词，而且因此之故，这
B670 些谓词纯化了的概念为任何一种神学都十分需要，都只能从先验神学得来。

先验辩证论的附录

论纯粹理性各理念的范导性应用

纯粹理性一切辩证尝试的结局，不仅证实我们在先验分析论中已经证明了的东西，即我们所有那些要带领我们超越到可能经验的领域之外的推论都是骗人的、没有根据的；而且它还同时教给了我们这种特殊的东西，即人类理性在这方面有一种超越这一界限的自然倾向，先验理念对于理性来说和范畴对于知性来说一样是自然的，尽管区别之处在于，范畴导致真理亦即导致我们的概念与客体的一致，而先验理念则造成一种纯然的、但却不可抗拒的幻相，人们几乎不能通过苛刻的批判来阻止这种幻相的欺骗。

凡是在我们的力量的本性中有其根据的东西，都必定是合目的的，并且与我们的力量的正确应用一致，只要我们能够防止某种滥用，并找到它们的真正方向。因此，先验理念无论怎样猜测都有其良好的、因而是**内在的**应用，尽管如果它们的意义被错认，它们被当做现实事物的概念的话，它们就会在应用上是先验的，并正因为此是骗人的。因为不是理念自身，而仅仅是它们的应用，才能就全部可能经验而言或者是**飞越的**（超越的），或者是**本土的**（内在的），根据的是人们使它或者直接指向一个自以为与它相应的对象，或者就知性应用所关涉的对象而言仅仅指向一般知性应用；而一切偷换的错误在任何时候都只能归之于判断力的阙如，而不能归之于知性或者理性。 B671

理性从不直接与一个对象相关，而是仅仅与知性相关，并且凭借知性与它自己的经验性应用相关，因而不**创造**任何（关于客体的）概念，而是仅仅**整理**概念，并把概念在其最大可能地扩展时、也就是说与序列的总体性相关时所能够具有的那种统一性给予它们；知性根本不关注序列的总体性，而是只关注条件的**序列**到处按照概念**得以实现所凭借的**那种联结。因此，理性真正说来仅仅以知性及其合目的的运用为对象；而且就像知性通过概念把客体中的杂多统一起来一样，理性在自己这方面也通过理念把概念的杂多统一起来，因为它把某种集合的统一性设定为知性行动的目标，若不然，知性行动就只处理分离的统一性。 B672

据此我断言：先验理念绝不具有建构性的应用，以至于某些对象的概念会由此被给予，而且如果人们这样来理解它们，它们就纯然是玄想的（辩证的）概念。与此相反，它们具有一种杰出的、对于我们来说不可或缺地必然的范导性应用，也就是说，使知性指向某一个目标，知性的一切规则的方向线都参照这一目标而汇聚于一点，尽管这个点只是一个理念（focus imaginarius［想象的焦点］），知性的概念实际上并不是从它出发的，因为它完全处在可能经验的界限外面，但尽管如此，它仍然被用来给知性概念带来一种与最大的扩展相伴的最大统一。现在，虽然由此对我们来说产生出一种欺骗，就好像这些方向线是从处于经验性上可能的知识领域之外的对象本身发出的似的（就像在镜面背后看到客体一样）；然而，如果我们除了呈现于我们眼前的对象之外同时还想看到远在我们背后的对象，也就是说，如果我们在我们的实例中想使知性超出

被给予的任何经验（全部可能经验的部分），从而也达到最大可能的和极
B673 度的扩展，那么，这种幻觉（人们毕竟可以阻止这种幻觉，使它不骗人）仍然是不可或缺地必然的。

如果我们就其全部范围而言纵览我们的知性知识，我们就会发现，理性对此独有并且试图实现的东西，就是知识的**系统化的东西**，也就是说，知性知识从一个原则出发的联系。这种理性的统一在任何时候都预设一个理念，即一个知识整体的形式的理念，这个整体先行于各部分的一定知识，包含着先天地为每个部分规定其位置和与其他部分的关系的条件。据此，这个理念以知性知识的完备统一性为公设，通过这种统一性，知性知识并不纯然成为一个偶然的集合体，而是成为一个按照必然的规律相互联系的体系。真正说来，人们不能说这个理念是一个关于客体的概念，毋宁说就它给知性充当规则而言，它是关于这些概念的普遍统一的概念。诸如此类的理性概念不是从自然得来，毋宁说我们按照这
B674 些理念审问自然，而且只要我们的知识与这些理念不相称，我们就把它们视为有缺陷的。人们承认，简直不可能有**纯土**、**纯水**、**纯气**等等。尽管如此，人们毕竟还是需要它们的概念（因此，就完全的纯净而言，它们惟有在理性中才有自己的起源），以便恰如其分地规定这些自然原因中的每一个在显象中所占的份额；这样一来，人们就把一切物质归结为土（仿佛是纯然的重量）、盐和燃烧体（作为力），最终归结为作为工具的水和气（仿佛是前两种起作用所凭借的机器），以便按照一种机械性的理念说明物质相互之间的化学作用。因为即便人们实际上并不如此表达，但理性对自然科学家的分类的这样一种影响毕竟是极易发现的。

如果理性是一种从共相推导出殊相的能力，那么，要么共相已经是**就自身而言确实的**和被给予的，而在这种情况下它就只要求进行归摄的**判断力**，殊相由此被必然地规定。我把这称为理性不容置疑的应用。要么共相只是被**或然地**假定，是一个纯然的理念；殊相是确实的，但达到这个后果的规则的普遍性却是一个问题；这样，许多特殊的实例全都是确实的，它们都被根据规则来试验，看它们是否由此得出；而在这种场
B675 合，如果看起来一切有关的特殊实例都由此产生，则就可以推论出规则的普遍性，而由规则的普遍性又进一步推论到一切就其自身而言也没有被给予的实例。我要把这种应用称为理性的假设性的应用。

以作为或然概念的理念为基础，理性从它们出发的假设性应用真正说来不是**建构性的**，也就是说，如果严格地作出判断，它们并不具有由此得出作为假设被假定的普遍规则的真理性的性质；因为人们要怎样知道所有因从这条假定的原理得来而证明其普遍性的可能后果呢？相反，它只是范导性的，以便尽可能地由此将统一性引入特殊的知识，由此使规则接近普遍性。

因此，假设性的理性应用关涉到知性知识的系统统一性，而这种统一性则是规则的**真理性的试金石**。反过来说，系统的统一性（作为纯然的理念）仅仅是**规划出来的**统一性，就自身而言，人们必须不把它看做是被给予的，而是看做问题；但是，它有助于为杂多和特殊的知性应用找到一个原则，并由此把这种应用也引导到并未被给予的实例，并使之相互之间有联系。

但是，人们由此所看出的只是：杂多的知性知识的系统的或者理性 B676
的统一性是一个**逻辑的**原则，为的是在知性独自不足以成为规则的地方通过理念来继续帮助它，同时尽可能地给其规则的差异性带来在一个原则下的一致性（系统的一致性），并由此造就联系。但是，对象的性状或者把对象认识为对象的知性的本性是否就其自身而言就被规定有这种系统的统一性，以及人们是否能够先天地无须顾及理性的这样一种旨趣就在某种程度上公设这种统一性，从而说一切可能的知性知识（其中包括经验性的知识）都具有理性的统一性，都从属于种种共同的原则，它们尽管各不相同却都能够从这些原则推导出来，凡此种种，就会是理性的一条**先验的**原理，它不仅使系统的统一性作为方法在主观上和逻辑上成为必然的，而且还在客观上成为必然的。

我们想通过理性应用的一个实例来说明这一点。在依据知性概念的不同种类的统一性中间，还包括有被称为力量的实体之因果性的统一性。同一实体的不同显象乍一看表现出如此众多的异类性，以至于人们因此而一开始就几乎必须假定有多少结果就有多少种力量，例如在人的心灵中有感觉、意识、想象、回忆、机智、辨别力、快乐、欲望等等。起初， B677
有一条逻辑的准则，要求尽可能地通过比较来揭示隐蔽的同一性，并查看是否想象与意识相结合就是回忆、机智、辨别力，也许甚至是知性和理性，由此来减少这种表面上的差异。关于一种**基本力**，逻辑根本弄不清诸如此类的东西是否存在，但它的理念至少是力量杂多性的一种系统表象的一个问题。逻辑的理性原则要求尽可能地实现这种统一性，而且这种力和那种力的显象越是被发现是彼此同一的，它们就越有可能无非是同一种力的不同表现，这种力（相对而言）就可以叫做它们的**基本力**。对于其他的力量来说依此类推。

相对而言的基本力必须又相互比较，以便通过揭示它们的一致性来使它们接近惟一的一种根本的、也就是说绝对的基本力。但这种理性的统一性纯然是假设的。人们并不主张必须实际上发现这样一种基本力，而是主张为了理性，也就是说为了确立某些原则，必须为经验可能提供
B678 的各种各样的规则去寻找这种基本力，而且必须尽可能地以这样的方式把系统的统一性引入知识。

但是，当人们关注知性的先验应用时，却可以看出基本力的这一理念一般来说并不仅仅被规定为假设性应用的问题，而是伪称有客观的实在性，由此而公设一个实体的种种力量的系统统一性，并确立一种不容置疑的理性原则。因为我们并不曾尝试过种种力量的一致性，甚至在我们经过一切尝试之后不能揭示这种一致性的情况下，我们却预设：能够发现这样一种一致性；而这不仅像在已列举的实例中那样因为有实体的统一性，而且在发现了许多虽然在某种程度上同类的力的地方，例如在一般的物质那里，理性也预设多种多样的力的系统统一性；在这里，特殊的自然规律都从属于更普遍的自然规律，而原则的节约不仅仅成为理性的一条经济原理，而且成为自然的内在规律。

事实上，也看不出种种规则的理性统一性的逻辑原则如何能够成立，除非是预设一条先验的原则，通过它来把这样一种系统的统一性作为附
B679 着于客体的而先天地假定为必然的。因为如果理性可以随意承认一切力都同样可能是异类的，它们的推导的系统统一性同样可能不符合自然，那么，理性以什么权限能够在逻辑应用中要求把自然给予我们供认识的种种力量的杂多性当做一种纯然隐蔽的统一性来对待，并且尽可能地从某一种基本力推导出这种统一性呢？因为在这种情况下，理性就会由于把一个与自然的安排完全矛盾的理念设定为自己的目标，而恰恰是在违背自己的规定而行事。人们也不能说，它在之前已经从自然的偶然性状得出了这种符合理性原则的统一性。原因在于，理性寻找这种统一性的

规律是必然的，因为我们没有这一规律就根本不会有理性，没有理性就不会有相互联系的知性应用，而缺少这种应用就不会有经验性真理的充足标志；因此，就后者而言，我们必须预设自然的系统统一性完全是客观有效的和必然的。

我们发现，这个先验的预设也以一种值得惊异的方式隐藏在哲学家们的原理中，尽管他们在其中并不总是认识到或者自己承认这一预设。种种个别事物的所有杂多性都不排除**种**的同一性，多种多样的种必须被 B680
仅仅当做少数**属**的不同规定来对待，而这些属又必须被仅仅当做更高的**类**的不同规定来对待，等等；因此，一切可能的经验性概念，就它们可以从更高的和更普遍的概念推导出来而言，它们的某种系统统一性是必须寻找的；凡此种种，是一条基本规则或者逻辑原则，离开了它就不会有理性的任何应用，因为我们只是就事物的普遍属性被当做特殊属性所隶属的基础而言，才能够从共相推论到殊相。

但是，即便在自然中也发现了这样一种一致性，这是哲学家们在那条著名的学院规则中预设的，即没有必要人们就不必增多开端（本原）了（entia praeter necessitatem non esse multiplicanda［如无必要，勿增实体］）。它说的是，事物的本性本身就呈现出理性统一性的材料，而表面上的无限差异并不可以妨碍我们在它们背后猜测基本属性的统一，惟有通过多次的规定才能从这些基本属性推导出多种多样性。这种统一性虽然是一个纯然的理念，但人们却在所有的时代里如此热切地探究它，以至于人们有理由节制对它的渴望，而不是鼓励这种渴望。化学家能够把一切盐都还原为两个基本的属，即酸性物和碱性物，这已经不错了，他们甚至还试图把这种区别仅仅视为同一种基本材料的变异或者不同的表现。人们逐渐地试图把土的众多的种（石头、甚至金属的材料）还原 B681
成三个属，最终还原成两个属；但他们并不以此为满足，他们不能放弃这样的思想，即在这些变异之后还有惟一的一个属，甚至猜测这些土和盐有一个共同的本原。人们也许想认为，这是理性的一个纯然经济的技巧，为的是尽可能多地节省力气，而且是一个假设的尝试，如果它成功的话，就恰恰通过这种统一性赋予预设的解释根据以盖然性。然而，这样一种自私的意图是很容易与理念区别开来的，按照理念，任何一个人都预设，这种理性统一性是适合自然本身的，而且理性在这里并不是在乞求，而是在命令，尽管不能规定这种统一性的界限。

如果在种种呈现给我们的显象中间有一种如此巨大的差异——我想说的不是在形式上（因为在形式上他们可能是彼此相似的），而是在内容上，也就是说，在实存的存在者的多样性上——，以至于就连最苛刻的人类知性通过这一显象与那一显象的比较也不能发现丝毫的相似（一个很可以设想的实例），那么，属的逻辑规律就根本不会成立；甚至不会有
B682 任何属的概念或者某一个普遍的概念成立，就连仅仅与这样的概念打交道的知性也不会成立。因此，属的逻辑原则如果应当运用于自然（我在这里把自然仅仅理解为被给予我们的种种对象），就以一种先验的原则为前提条件。按照这一先验的原则，在一个可能经验的杂多中必然地以同类性（尽管我们不能先天地规定它的程度）为前提条件，因为没有这种同类性，就没有经验性的概念是可能的，从而也就没有任何经验是可能的。

属的逻辑原则公设同一性，另一条原则，即**种**的逻辑原则与它相对立，后者需要事物的杂多性和差异，不管它们在同一个属中的一致，并且规定知性关注杂多性和差异不亚于关注同一性。这条（敏锐或者辨别能力的）原理对前一条原理（机智的原理）的轻率加以限制，而理性则在这里表现出一种双重的、相互冲突的旨趣，一方面是就属而言的**范围**（普遍性）的旨趣，另一方面是在种的杂多性方面的**内容**（确定性）的旨趣，因为知性在前一场合虽然多是在概念之下思维，在第二种场合却更
B683 多地是在**概念**之中思维。这一点也在自然科学家们十分不同的思维方式中表现出来，它们中一些人（偏爱思辨的人）仿佛是敌视异类性，而另一些人（偏爱经验性的人）则不断地试图把自然分裂成如此之多的多样性，以至于人们几乎不得不放弃按照普遍的原则对自然的显象作出判断的希望。

这后一种思维方式明显地也以一种逻辑原则为基础；如果我从属开始下降到属所包含的杂多，并且就像在前一种场合我上升到属，试图给体系带来统一那样，试图以这样的方式给体系带来扩大，那么，这种逻辑原则的意图就是一切知识体系的系统完备性。因为从标志着一个属的概念的范围出发与从物质能够占有的空间出发一样，都难以看出它们的分割能够进行到多远。因此，任何**属**都要求有不同的**种**，而种又要求有

不同的**亚种**；而且既然后者中没有一个不是始终又有一个范围（作为 conceptus communis［共同概念］的范围），所以理性在其整个扩展中就要求，任何种都不被视为就自身而言最低的种，因为既然它毕竟总还是一个概念，在自身中仅仅包含不同的事物共有的东西，不能够是完全被规定的，从而也不能首先与一个个体发生关系，所以在任何时候都必然 B684 在自身中包含着其他概念，亦即亚种。这一特殊化的规律可以这样表达：entium varietates non temere esse minuendas［不可贸然削减存在者的差异］。

但是，人们很容易看出，如果不是有一个先验的**特殊化规律**作为基础，就连这一逻辑规律也将没有意义、毫无用处；先验的特殊化规律虽然并不要求能够成为我们的对象的事物在差异方面有一种现实的**无限性**，因为仅仅主张逻辑范围就可能的分割而言的**不确定性**的逻辑原则并没有为此提供理由；但尽管如此却责成知性在呈现给我们的每一个种之下寻找亚种，为每一种差异寻找更小的差异。因为如果没有较低的概念，就也没有较高的概念。现在，知性惟有通过概念才认识一切：因此，就它在划分中所及而言，绝不是通过纯然的直观，而是始终又通过较低的概念。显象的知识在其完全的规定（这种规定惟有通过知性才是可能的）中要求对知性的概念有一种不断继续的特殊化，并且要求前进到在种的概念中已经被抽掉、在属的概念中被抽掉更多、但却始终还留存的差异。

这种特殊化的规律也不能借自经验，因为经验不可能给予一种如此 B685 辽远的景观。如果经验性的特殊化不是被已经先行的先验的特殊化规律当做理性的一条原则所引导，去寻找这样的特殊化，并且在它并不立刻呈现给感官的时候还一直猜想它的话，就会很快在区分杂多时停留下来。发现吸收性的土还有不同的种（钙质土和盐酸土），这需要一条先行的理性规则，理性由于预设自然如此丰富多彩而猜测有差异，故把寻找差异规定为知性的任务。因为惟有在自然中有差异的预设下，我们才有知性，正如在自然的客体就自身而言具有同类性的条件下我们才有知性一样，因为正是能够被包摄在一个概念之下的东西的杂多性，才构成了这一概念的应用和知性的工作。

因此，理性为知性准备了行动领域：第一，通过在较高的属下面杂多的东西具有**同类性**的原则；第二，通过在较低的种下面同类的东西具

有**差异性**的原理；而为了完成系统的统一性，它还附加上：第三，一切
B686 概念有**亲合性**的规律，这条规律要求通过差异的逐步增加而从一个种到另一个种连续地过渡。我们可以把它们称为形式的**同类性**、**特殊性**和**连续性**的原则。连续性的原则的产生，乃是由于人们把前两条原则结合起来，因为人们无论在向较高的属的上升中还是在向较低的种的下降中，都在理念中完成了系统的联系；在这种情况下，所有的杂多性彼此都有亲缘性，因为它们全都通过扩展了的规定的一切程度而源自惟一的一个至上的属。

人们可以用如下的方式来直观地说明三条逻辑原则之下的系统统一性。人们可以把每一个概念视为一个点，这个点作为观察者的观测站具有自己的视界，也就是说，大量从这个点能够被表现、并且仿佛是能够被纵览的事物。在这个视界内部，必须能够无限地给出大量的点，它们每一个都又有自己较狭小的视域；也就是说，每一个种按照特殊性的原则都包含着诸亚种，而逻辑的视界只是由诸较小的视界（诸亚种）构成的，而不是由不具有范围的点（个体）构成的。但是，可以设想为不同的视界、亦即为从同样多的概念出发来规定的不同的属划出一个共同的
B687 视界，从它出发，就像是从一个中心点出发一样，人们把不同的视界尽收眼底，而这个中心点就是一个较高的属，直到最后，最高的属就是普遍的和真正的视界，这个视界是从最高的概念的观测点出发来规定的，并且在自身之下包含着作为属、种和亚种的一切杂多性。

把我们带到这个最高的观测点的是同类性的规律，把我们带到一切较低的观测点及其最大的差异性的是特殊性的规律。但是，既然以这样的方式在所有可能的概念的整个范围里都没有任何空当，而且在它之外也不能发现任何东西，所以就从那个普遍的视域和该视域的完全划分的预设中产生出如下原理：non datur vacuum formarum［各形式没有空当］，也就是说，不存在不同的源始的和最初的属，仿佛是被隔离的，被彼此（通过一个空的间隙）分开的，相反，所有杂多的属都只不过是一个惟一的、至上的和普遍的属的划分罢了；而从这条原理就产生出它的直接结论：datur continuum formarum［各形式有连续性］，也就是说，各个种的所有差异都相互接壤，不允许通过一种飞跃、而是只能通过一切更小的区别程度来过渡到另一个种，由此人们就可以从一个种达到另

一个种；一言以蔽之，不存在任何种或者亚种彼此（在理性的概念中）是最接近的种或者亚种，相反，还总是有中间的种，它与第一个种和第 B688
二个种的区别小于这两个种彼此之间的区别。

因此，第一条规律防止跑题进入不同的源始的属，并推崇同类性。与此相反，第二条规律又限制对一致的这种倾向，并且要求在人们以自己的普遍概念转向个体之前，要区分亚种。第三条规律则把前两条结合起来，因为它不顾极度的杂多性，仍然通过从一个种到另一个种的逐步过渡而规定了同类性，就不同的分枝全都从一个主干长出而言，这表明了它们的一种亲缘性。

但是，这条 continui specierum [种的连续性]（formarum logicarum [逻辑形式的连续性]）的逻辑规律以一条先验的规律（lex continui in natura [自然中的连续性的规律]）为前提条件，没有后者，知性的应用只会被前一种规定引入歧途，因为它也许会选取一条恰恰与自然相悖的道路。因此，这条规律所依据的必须是纯粹的先验根据，而不是经验性的根据。因为在后一种情况下，它就会迟于体系；但是真正说来，这规律首先造成了自然知识的系统性的东西。在这些规律背后，也没有隐藏着把它们当做试验来进行检验的意图，尽管这种联系在它适用的地方当然就会提供强有力的根据，来把以假设的方式想出的统一性视为有根有据 B689
的，因而它们在这方面也是有其用处的；相反，人们从它们身上清晰地看出，它们把基本原因的节省、结果的杂多性和一种由此而来的自然各环节的亲缘性就其自身而言判断为合理性的、适合自然的，因此，这些原理直接地具有受欢迎之处，而不是纯然作为方法的技巧才受欢迎的。

但是，人们很容易看出，诸形式的这种连续性是一个纯然的理念，在经验中根本不能给它指出一个相应的对象：这**不仅**是因为自然中的种确实已被划分，从而就自身而言必然构成一种 quantum discretum [分离的量]，而且如果亲缘性中的逐步进展是连续的，那么，它们就也必定包含着处于两个被给予的种内部的中间环节的真正无限性，而这是不可能的；而且是因为我们对于这一规律根本不能作确定的经验性应用，由此并没有显示出亲和性的丝毫征兆，告诉我们应当根据什么来寻找亲合性的差异的级别顺序，以及寻找到什么程度，而无非是一个一般的指示，即我们应当寻找这种级别顺序。

B690 如果我们把现在列举的这些原则按照其顺序加以安置，以便让它们**符合经验的应用**，那么，系统统一性的各原则就会顺序如下：**杂多性**、**亲缘性**和**统一性**，它们中的每一个都被当做其完备性已达最高程度的理念。理性以首先被运用于经验的知性知识为前提条件，按照远远超出经验所能及的理念来寻找知性知识的统一性。虽然有其差异却服从统一性原则的杂多的亲缘性并不仅仅涉及事物，而是更多得多地涉及事物的纯然属性和力量。因此，如果举例来说，行星的轨道通过一种（尚未完全纠正的）经验作为圆形的被给予我们，而我们发现了种种差异，那么，我们就在能够按照一种稳定的规律通过无限多的中间程度把圆形改变成为这些偏离运转中的一种东西里面猜测这些差异，也就是说，不是圆形的行星运动将或多或少地接近圆形的属性，并且成为椭圆。彗星表现出其轨道的一种更大的差异，因为它们（就观察所及）甚至不以圆形返回，然而我们猜想一种抛物线状的运转，它毕竟与椭圆有亲缘性，而且如果
B691 椭圆的长轴延伸得很长，在我们的一切观察中就能够与椭圆没有差别。这样，我们就按照那些原则的指导达到了这些轨道在其形状上的属的统一性，但因此又进一步发现它们的运动的一切规律之原因的统一性（引力）；由此出发，我们之后又扩大了自己的战果，还力图从同一个原则出发来说明一切差异和表面上对那些规则的偏离，最终甚至附加上多于经验在某个时候能够证实的东西，亦即按照亲缘性的这些规则本身设想双曲线状的彗星轨道，这些天体以这些轨道完全离开我们的太阳系，并且在它们从一个太阳到另一个太阳的时候，在它们的运转中把一个对我们来说无边无际而又通过同一种运动力联系在一起的宇宙体系的更遥远的各部分结合起来。

就这些原则而言值得注意且我们也惟一探讨的是：它们看起来是先验的，而且虽然它们所包含的是供理性的经验性应用遵循的纯然理念，理性的经验性应用只能仿佛是渐近线状地、也就是说仅仅接近地遵循它们，永远也达不到它们，但它们作为先天综合命题还是有客观的、但不确定的有效性，并且充当可能经验的规则，也实际上在加工经验时被用做启迪性的原理而取得很大的成功，但人们毕竟不能完成对它们的一种
B692 先验的演绎，如上面所证明，这在理念方面任何时候都是不可能的。

在先验分析论中，我们曾根据知性的原理把**力学**原则作为直观的纯

然范导性原则与就直观而言是建构性的**数学**原则区别开来。尽管如此，上述力学的规律就**经验**而言却当然是建构性的，因为它们使任何经验无之则不成立的**概念**成为先天可能的。与此相反，纯粹理性的各原则甚至就经验性**概念**而言也不是建构性的，因为不能给予它们任何相应的感性图型，因此它们不能有任何具体的对象。如果我放弃把这些原则当做建构性原理的这样一种经验性的应用，我想，尽管如此，怎样才能仍保证一种范导性的应用，并随之保证一些客观的有效性呢？而且这种应用能够有什么意义呢？

知性对于理性来说构成一个对象，正如感性对于知性来说构成一个对象一样。使一切可能的经验性的知性行动的统一性成为系统的，乃是理性的工作，就像知性通过概念把显象的杂多联结起来并置于经验性的规律之下一样。但是，没有感性图型的知性行动是**不确定的**；同样，**理** B693
性的统一性在知性系统地联结其概念所应当隶属的条件和这种结合的程度方面也是**就自身而言不确定的**。然而，尽管对于一切知性概念完全的系统统一性来说，不能在直观中找到任何图型，但毕竟能够而且必须有这样一种图型的类似物被给予，这个类似物就是知性知识在一个原则中的划分和统一的**极大值**的理念。因为只要除去提供不确定的杂多性的制约条件，极大者和绝对必然者是可以确定地设想的。因此，理性的理念就是感性图型的一个类似物，但区别在于，把知性概念运用于理性图型，却并不（就像把范畴运用于其感性图型那样）是对象本身的一种知识，而仅仅是一切知性应用的系统统一性的一条规则或者原则。现在，既然为知性先天地确立其应用的完全统一的任何原理也都——尽管只是间接地——适用于经验的对象，所以理性的各原理就对象而言也将有客观的实在性；但这不是为了根据它们**规定**某种东西，而仅仅是为了显示一种
行事方式，知性的经验性的和确定的经验应用按照这种行事方式就能够 B694
与自身完全一致，因为它被与完全统一性的原则**尽可能地**联系起来并由此推导出来。

一切不是得自客体的性状、而是得自理性在该客体的知识之某种可能的完善性方面的旨趣的主观原理，我都称之为理性的**准则**。这样，就有一些思辨理性的准则，它们所依据的仅仅是理性的思辨旨趣，尽管可能看起来它们好像是客观的原则。

如果纯然的范导性原理被视为建构性的，那么，它们就可能作为客观的原则而自相冲突；但是，如果人们把它们仅仅视为准则，那就不是一种真正的冲突，而纯然是理性的一种造成思维方式之分离的不同旨趣罢了。事实上，理性只有一种统一的旨趣，而它的种种准则的冲突则只不过是满足这种旨趣的种种方法的差异和相互限制罢了。

以这样的方式，在**这一个**玄想家这里就可能更偏重于**杂多性**（依据特殊性的原则），而在**那一个**玄想家那里则可能更偏重**统一性**（依据集合
B695 性的原则）。二者中的每一个都相信自己的判断乃出自对客体的洞见，但毕竟都是把它仅仅建立在对两个原理的某一个的或大或小的偏执之上的；这两个原理没有一个依据的是客观的根据，而是仅仅依据理性的旨趣，因此称它们为准则就会比称它们为原则更好。如果我发现有识之士们因为人、动物或者植物乃至矿物体的特征而相互争论，既然一些人例如假定特殊的、根据在于起源的民族特性，或者还假定各家族、各种族有被决定的和遗传的差别等等，而另一些人则相反，认为自然在这方面所做的投资是完全一样的，一切区别所依据的仅仅是外在的偶然性，那么，为了理解这对象对双方来说隐蔽得太深，以至于他们不能从对客体的本性的洞识出发来说话，我只需考虑对象的性状就可以了。这无非是理性的双重旨趣，其中一方醉心于或者偏爱一种旨趣，而另一方则醉心于或者也偏爱另一种旨趣，因此是自然的杂多性或者自然的统一性两种准则的差异；这两种准则是极易调和的，但只要把它们视为客观的洞识，它
B696 们就不仅造成争执，而且造成长期阻碍真理的障碍，直到找出一种办法调和有争议的旨趣并使理性在这方面感到满足为止。

对于被如此广为征引的、由**莱布尼茨**提出并由**博奈特**杰出地修订的造物之连续**阶梯**的规律的维护或者攻击也是同样的情形。它无非是对依据理性旨趣的亲合性原理的一种遵循；因为对自然的安排的观察和洞识根本不能把这一规律当做客观的主张提供出来。这样一个阶梯的各级，如同经验能够向我们说明的那样，彼此相距太远，而我们的自以为微小的差别通常在自然中却是如此宽阔的鸿沟，以至于根本不能指望这样的观察（尤其是鉴于事物的一种巨大的杂多性，因为找出某种相似性或者接近，必然总是容易的事情）当做自然的意图提供任何东西。与此相反，按照这样一种原则在自然中寻找秩序的那种方法，以及把自然中的这样

一种秩序——虽然在何处以及在多大程度上尚不确定——在根本上视为有根有据的那种准则，当然是理性的一条合法的和杰出的范导性原则，但它作为这样一条原则却比经验或者观察能够与它比肩行走的远得多，它毕竟没有规定某种东西，而是给理性指明了达到系统的统一性的道路。

论人类理性的自然辩证法的终极意图 B697

纯粹理性的种种理念就自身而言永远不可能是辩证的，相反，只有它们的纯然滥用才必然使得从它们给我们产生一种骗人的幻相；因为它们是通过我们理性的本性被给予我们的，而我们的思辨的一切权利和要求的这一至上法庭却不可能自己包含着源始的欺骗和幻象。因此，它们也许在我们理性的自然禀赋中有其正当的和合目的的规定。但是，一帮玄想家却照例喊叫理性的不和谐和矛盾，攻讦他们自己不能看透其最内在计划的统治，而他们其实应当把自己的存续、乃至使他们有能力责难和谴责这种统治的文化，都归功于这种统治的良好影响。

不对一个先天概念进行过先验的演绎，人们就不能可靠地使用它。纯粹理性的种种理念不允许范畴所允许的那种演绎；但是，如果他们应当至少有一些——哪怕是不确定的——客观的有效性，并且不仅仅表现 B698
空的思想物（entia rationis ratiocinantis［进行推论的理性的存在者］）的话，那就绝对必须有一种它们的演绎是可能的，即使它远远不同于人们对范畴能够采取的那种演绎。这是纯粹理性的批判工作的完成，而我们现在就想这样做。

某物是作为一个**绝对的对象**还是作为一个**理念中的对象**被给予我的理性，这是有很大区别的。在前一种情况下，是我的概念去规定对象；在第二种情况下，它实际上只是一个图型，没有一个对象被直接加给它，就连以假设的方式也不行，相反，它仅仅被用来让我们凭借与这个理念的关系根据其系统的统一性来表现其他对象，从而间接地表现它们。例如我说，一个最高理智的概念是一个纯然的理念，也就是说，它的客观实在性不应当在于它直截了当地与一个对象相关（因为在这样的意义上，我们就会不能为其客观的有效性辩解），而是在于它仅仅是一个一般事物的概念按照最大的理性统一性的条件安排的图型，这个图型只被用来在我们理性的经验性应用中保持最大的系统统一性，因为人们仿佛是从这个理念的想象出来的对象中推导出经验的对象的，理念的想象出来的对
B699 象仿佛是经验的对象的根据或者原因。在这种情况下，例如就说：必须这样来看待世界的种种事物，就好像它们从一个最高的理智获得其存在似的。以这样的方式，理念真正说来只是一个启迪性的概念，而不是一个明示性的概念，它所说明的不是一个对象有什么性状，而是我们应当如何在它的引导下去**寻找**一般经验的对象的性状和联结。于是，如果人们能够指出，尽管三种先验理念（**心理学的**、**宇宙论的**和**神学的**理念）并不直接同任何与它们相应的对象及其**规定**相关，但理性的经验性应用的所有规则根据这样一个**理念中的对象**的预设而导致系统的统一性，并在任何时候都扩展经验的知识，但永远也不与经验的知识相悖，那么，按照诸如此类的理念行事，就是理性的一条必然的**准则**。而这就是思辨理性所有理念的先验演绎，不是作为我们的知识扩展到多于经验所能给予的对象的**建构性**原则，而是作为一般经验性知识的杂多之系统统一性的范导性原则，经验性知识由此在自己的界限之内，与没有这样的理念、仅仅通过知性原理的应用所可能发生的相比，将得到更多的培植和纠正。

B700 我想把这一点讲得更清楚。依据上述作为原则的理念，**第一**（在心理学中），我们按照内部经验的导线，如此联结我们心灵的所有显象、行动和感受性，就**好像**心灵是一个以人格的同一性持久（至少在活着时）实存的单纯实体似的，尽管这个实体的种种状态——肉体的种种状态只是作为外部条件属于它们——是不断地变易的。**第二**（在宇宙论中），我们必须在这样一个永远不会完成的探究中追踪外部自然显象和内部自然显象的种种条件，就**好像**这种探究自身就是无限的和没有一个最初的或者至上的环节似的，尽管我们因此而在一切显象之外并不拒绝显象的纯然理知的最初原因，但毕竟绝不可以把它们纳入自然解释的联系，因为我们根本不认识它们。最后**第三**，无论什么东西，只要它属于可能经验的联系，我们都必须（就神学而言）这样看待它们，就**好像**这种经验构成一个绝对的、但完全依赖性的、始终还在感官世界内部有条件的统一性似的，但同时，毕竟又**好像**一切显象的总和（感官世界自身）在其自己的范围之外有一个惟一的、至上的和极为充足的根据，也就是说，有一个仿佛独立的、源始的和创造性的理性似的；与这个理性相关，我们

在**我们的**理性的经验性应用的最大扩展中这样来调整这种应用，就**好像**对象本身是从一切理性的那个原型产生出来的似的。这就是说：不是从一个单纯的、能思维的实体推导出灵魂的内部显象，而是按照一个单纯的存在者的理念把那些显现相互推导出来；不是从一个最高的理智推导出世界秩序及其系统的统一性，而是从一个极为智慧的原因得到规则，按照这种规则，理性在联结世界中的原因和结果时为达到自己的满意就能够得到最好的应用。 B701

现在，没有丝毫东西阻碍我们把这些理念也**假定**为客观的和实体性的，惟独除了宇宙论的理念；在宇宙论的理念中，如果理性想实现它们，就会遇到一种二论背反（心理学的理念和神学的理念根本不包含诸如此类的二论背反）。因为在心理学的理念和神学的理念中不包含任何矛盾。因此，怎么会有人能够与我们争论，否认它们的客观实在性，因为关于它们的可能性，他为否定它们与我们为肯定它们，所知道的是同样地少！尽管如此，为了假定某种东西，仅仅没有积极的障碍与之相悖是不够的。而且不能容许我们仅仅根据欲完成其工作的思辨理性的信誉，就把超越我们的一切概念——虽然不与我们的任何一个概念相矛盾——的思想存在者当做现实的和确定的对象来采用。因此，不应当就自身而言来对待 B702 它们，而是只承认它们作为一切自然知识的系统统一性之范导性原则的图型的实在性，因而它们应当只是作为现实事物的类似物、而不是作为现实事物自身被奠定为基础。我们从理念的对象那里取消了限制我们知性概念的条件，但也只有这些条件才使我们有可能关于某一个事物形成一个确定的概念。而现在，我们设想一个某物，关于它就自身而言是什么，我们根本没有任何概念，但我们对此毕竟设想与显象之总和的一种关系，这种关系与显象相互之间所拥有的关系是类似的。

如果我们据此假定这样一些理想的存在者，则我们真正说来并没有把我们的知识扩展到可能经验的客体之外，而是仅仅通过系统的统一性扩展了可能经验的经验性统一性；理念给我们提供的是系统统一性的图型，因而理念不被视为建构性的原则，而是仅仅被视为范导性的原则。因为我们设定一个与理念相应的事物、一个某物或者现实的存在者，由此并不是说，我们想用超验的概念扩展我们对于事物的知识；因为这个存在者只是在理念中、而不是就自身而言被奠定为基础，因而只是为了

B703 表达对我们来说应当充当理性的经验性应用之准绳的系统统一性，而关于这种统一性的根据或者这样一个存在者的内在属性是什么，当做原因来依据的是什么，毕竟没有澄清什么东西。

这样，纯然的思辨理性关于上帝给予我们的先验的和惟一确定的概念，在最精确的意义上就是**理神论的**；也就是说，理性甚至没有给予这样一个概念的客观有效性，而是仅仅给予了关于某物的理念，一切经验性的实在性都把自己最高的和必然的统一建立在这个某物之上，而我们也只能按照一个根据理性的规律就是一切事物的原因的现实实体的类比来思维这个某物；只要我们着手在任何地方都把它当做一个特殊的对象来思维，而不是宁可满足于理性的范导性原则的纯然理念，把思维的一切条件的完成当做对人类的知性来说超验的东西置于一旁；后者与我们知识中的一种完全系统的统一性的意图是无法共存的，至少理性并没有为这种意图设置限制。

因此所发生的事情就是：如果假定一个属神的存在者，则我虽然无论是对于它的最高完善性的内在可能性、还是对于它的存在的必然性，
B704 都没有丝毫的概念，但在这种情况下，我毕竟能够满足于所有其他涉及偶然的东西的问题，而且就理性的经验性应用中应当查清的最大统一性而言能够给理性以最完美的满足，但并不是就这个预设本身使理性满足；这说明，使理性有权利从一个远远处于它的领域之外的点出发来由此在一个完备的整体中考察它的对象的，是理性的思辨旨趣，而不是它的洞识。

这里表现出在同一个预设那里思维方式的一种差别，这种差别相当细微，尽管如此，在先验哲学中却十分重要。我可以有充足的根据相对地假定某种东西（suppositio relativa［相对的假定］），但却没有权限绝对地假定它（suppositio absoluta［绝对的假定］）。如果所涉及的是一条范导性的原则，这种区分是对的；我们虽然认识它就自身而言的必然性，但却根本不认识这种必然性的源泉，而我们假定一个至上的根据，仅仅是为了与——例如——当我把一个与纯然而且先验的理念相应的存在者设想为实存着的的时候相比，更为确定思维原则的普遍性。在后一种情
B705 况下，我绝不能就自身而言假定这个事物的存在，因为使我能够确定地设想某一个对象的那些概念，都达不到这一点，而我的概念的客观有效

性的条件则被这个理念本身所排除。实在性、实体性、因果性的概念，甚至存在中的必然性的概念，除了使一个对象的经验性知识成为可能的用途之外，根本没有规定某一个客体的意义。因此，它们虽然能够被用于解释感官世界中的事物的可能性，但却不能被用于解释一个**世界整体本身**的可能性，因为这个解释根据必然在世界之外，从而不是一个可能经验的对象。现在，尽管如此相对于感官世界我仍然可以假定这样一个不可把握的存在者，一个纯然理念的对象，尽管不能就自身而言就假定它。因为如果我以一个理念（系统的完备的统一性的理念，我马上就要更确定地谈到它）为我的理性的最大可能的经验性应用的基础，这个理念尽管为了使经验性的统一接近最大可能的程度而是绝对必要的，就自身而言，永远不能在经验中得到恰切的表现，那么，我将不但有权利、而且也不得不实现这个理念，也就是说，给它设定一个现实的对象，但只是作为一个我就自身而言根本不认识的某物，而且我把这个某物当做那种系统的统一性的根据，与系统的统一性相联系把类似于经验性应用 B706
中的知性概念的那些属性赋予它。因此，我将按照世界中的实在性、实体性、因果性和必然性的类比来设想一个在最高的完善性中拥有这一切的存在者，而且由于这个理念所依据的仅仅是我的理性，就能够把这个通过最大的和谐和统一的理念而是世界整体之原因的存在者设想成为**独立的理性**，以至于我删除一切限制这一理念的条件，仅仅是为了在这样一个始基的庇护下使世界整体中杂多的系统统一性成为可能，并借助这种统一性使最大可能的经验性的理性应用成为可能，因为我是这样看待所有的结合的，就**好像**它们是一个最高理性的安排似的，而我们的理性只不过是这个最高理性的一个模糊的摹本罢了。在这种情况下，我完全通过真正说来仅仅在感官世界才有其应用的概念来设想这个最高的存在者；但是，既然我只是相对地使用那个先验的预设，也就是说，它应当提供最大可能的经验统一的基底，所以我完全可以通过仅仅属于感官世界的那些属性来思维一个我与世界区别开来的存在者。因为我绝不要求也没有权利要求按照我的理念的这个对象就自身而言所可能是的东西来认识它；为此我并没有概念，甚至实在性、实体性、因果性的概念，就 B707
连存在中的必然性的概念，如果我以此斗胆超越到感官的领域之外，就也都失去了一切意义，是概念的空洞名称而没有任何内容。我设想一个就自身而言根本不为我所知的存在者与世界整体的最大的系统统一性的关系，仅仅是为了使这个存在者成为我的理性的最大可能的经验性应用之范导性原则的图型。

如果我们把自己的目光投向我们理念的先验对象，我们就会看到，我们不能按照实在性、实体性、因果性等等的概念来**就自身而言**预设它的现实性，因为这些概念对完全有别于感官世界的某种东西没有丝毫的用处。因此，理性关于一个最高的存在者是至上的原因的假设纯然是相对的，是为了感官世界的系统统一性而设想的，纯然是理念中的某物，关于它**就自身而言**是什么，我们没有任何概念。由此也就说明，何以我们虽然与实存着被给予感官的东西相关而需要一个就自身而言**必然的**元始存在者，但却绝不能对这个存在者及其绝对的**必然性**有丝毫的概念。

从现在开始，我们就可以把整个先验辩证论的结果展现在眼前，精确地规定纯粹理性各理念的终极意图了。这些理念只是由于误解和不谨
B708 慎才成为辩证的。纯粹理性实际上除自身之外不涉及任何东西，也不能有别的事务，因为被给予它的不是要达到经验概念之统一的对象，而是要达到理性概念亦即在一个原则中的联系之统一的知性知识。理性的统一性是体系的统一性，而这种系统的统一性并不是客观地充当理性的一个原理，来把理性扩展到对象上，而是主观地充当理性的准则，来把理性扩展到对象的一切可能的经验性认识上。尽管如此，理性能够给予经验性的知性应用的那种系统联系，仍然不仅促进这种应用的扩展，而且同时还保障这种应用的正确性；这样一种系统的统一性的原则也是客观的，但却以不确定的方式是客观的（principium vagum［不确定的原则］）；不是作为建构性的原则，使人就它的直接对象而言规定某种东西，而是作为纯然范导性的原则和准则，通过开辟知性不认识的新道路来无限地（不确定地）促进和加强理性的经验性应用，而在这方面绝不与经验性应用的规律有丝毫的抵触。

B709 但是，理性除了给予自己的理念以一个对象之外，不能以别的方式思维这种系统的统一性；但这个对象却不能通过任何经验被给予，因为经验永远不给予一个完美的系统统一性的实例。这个理性存在者（ens rationis ratiocinatae［推论出来的理性的存在者］）虽然是一个纯然的理念，因而并不绝对地、**就自身而言**被假定为某种现实的东西，而是仅仅

或然地被当做基础（因为我们不能通过任何知性概念达到它），以便如此看待感官世界种种事物的一切联结，就**好像**它们在这个理性存在者里面有其根据似的，但却仅仅是为了在此之上建立系统的统一性，这种统一性对于理性来说是不可或缺的，虽以所有的方式促进经验性的知性知识，却绝不能妨碍这种知识。

如果有人把这个理念视为主张、哪怕仅仅是预设一个现实的事物，想把系统的世界状态的根据归之于该事物，那就立刻误解了这个理念的意义；毋宁说，系统的世界状态的这个避开我们概念的根据就自身而言具有什么样的性状，人们是让它悬而未决的，而且仅仅为自己把一个理念设定为观测点，惟有从这观测点出发，人们才能展开那个对于理性来说如此根本的、对于知性来说如此有利的统一性；一言以蔽之：这个先 B710
验的事物纯然是那个范导性原则的一个图型，理性通过它尽其所能地把系统的统一性扩展到一切经验。

我自己，纯然作为能思维的本性（灵魂）来看，就是这样一个理念的第一个客体。如果我想寻找一个能思维的存在者自身以之实存的属性，我就必须审问经验，我甚至不能把所有范畴中的任何一个运用于这个对象，除非在范畴的图型在感性直观中被给予的情况下。但我绝不因此就达到内感官的一切显象的一种系统的统一性。因此，理性采用一切思维的经验性统一的概念来取代不能引导我们走远的经验概念（关于灵魂实际上是什么的概念），并通过把这种统一思维成为无条件的和源始的，来用这个概念形成关于一个单纯的实体的理性概念（理念），这个实体就自身而言是不变的（人格上同一的），与它之外的其他事物处于共联性之中；一言以蔽之：关于一个单纯的、独立的理智的理性概念。但在这里，它所关注的无非是说明灵魂的显象时的系统统一性的原则，即把一切规定视为在一个惟一的主体之中的，把一切力量尽可能地视为从一个惟一的基本力量派生的，把一切变迁视为属于同一个持久的存在者的各种状态的，并且把空间中的一切**显象**表现为完全有别于**思维**的行动的。实体 B711
的那种单纯性等等应当只是这种范导性原则的图型，不是被预设得好像它是灵魂属性的现实根据似的。因为这些灵魂属性也可以依据完全不同的根据，这种根据我们根本不认识，就像我们真正说来也不能通过这些假定的谓词就自身而言认识灵魂一样，尽管我们想让它们对灵魂绝对有效；因为它们构成一个纯然的理念，这个理念是根本不能具体地表现的。从这样一个心理学的理念中，只要人们小心不要让人把它视为某种多于纯然的理念、亦即仅仅相对于我们灵魂的显象方面系统的理性应用的东西，能够产生的就只有好处。因为在这里，没有完全属于另类的有形显象的经验性规律混杂进对仅仅属于内感官的东西的解释；这里不允许有关于灵魂的产生、毁灭和轮回等等的虚妄假说；因此，对内感官的这一对象的考察是完全纯粹地、不混杂异类属性地进行的，此外，理性的研究集中在尽可能地把这一主体中的解释根据引导到一个惟一的原则之上；
B712 凡此种种，都是通过这样一个图型——它**好像**是一个实在的存在者似的——极佳地、甚至独一无二地实现的。除了一个范导性的概念的图型之外，这个心理学的理念也不能意味着任何别的东西。因为如果我也只是想问，灵魂是否就自身而言具有精神的本性，那么，这个问题就根本没有意义。因为通过这样一个概念，我不仅去除了有形的本性，而且也完全去除了一切本性，也就是说，去除了任何一个可能经验的一切谓词，从而去除了为这样一个概念设想一个对象的一切条件，但毕竟惟有给它设想一个概念，才使得人们说它有一种意义。

纯然思辨理性的第二个范导性理念是一般的世界概念。因为自然真正说来只不过是惟一被给予的使理性需要范导性原则的客体罢了。这个自然是双重的：要么是能思维的自然、要么是有形体的自然。然而对于后者来说，要根据其内在的可能性来思维它，也就是说，要规定范畴在它上面的应用，我们并不需要任何理念，亦即不需要任何超越经验的表象；就它来说，也没有任何理念是可能的，因为在这里只以感性直观为指导，而不像在心理学的基本概念（自我）中那样，后者先天地包含着思维的某种形式，亦即思维的统一性。因此，对于纯粹的理性来说，给
B713 我们剩下来的无非是一般而言的自然和自然中符合某一个原则的条件的完备性。这些条件的序列在推导它的各环节方面的绝对完备性是一个理念，这个理念虽然在理性的经验性应用中永远不能完全实现，但毕竟被用做我们就这一序列而言应当如何行事的规则，也就是说，在解释被给予的显象时（在回溯或者上溯中）应当如此行事，就**好像**序列自身是无限的亦即 in indefinitum［不限定的］似的；但是，在理性本身被视为进行规定的原因的地方（在自由中），因而就实践原则而言，则要如此行

事，就**好像**我们面临的不是感官的客体，而是纯粹知性的客体似的；在这里，条件不能再被设定在显象的序列中，而是被设定在该序列之外，而各种状态的序列就**好像**可以被看做绝对地（通过一个理知的原因）开始似的；凡此种种都证明，宇宙论的理念无非是范导性的原则罢了，并且远远不是仿佛建构性地设定这样一些序列的一个现实的总体性。其余的东西人们可以参见纯粹理性的二论背反之下的相关部分。

纯粹理性的第三个理念包含着对一个存在者——作为一切宇宙论序列的惟一的和极为充足的原因——的一种纯然相对的假定，它是关于**上帝**的理性概念。我们没有丝毫的根据来绝对地假定（**就自身而言假定**） B714
这一理念的对象；因为如果没有一个世界，惟有与它相关这一假定才能是必然的，还有什么使我们能够、或者哪怕仅仅使我们有权利相信或者主张一个存在者具有最高的完善性、而且在其本性上是绝对必然的呢？而在这里清楚地表现出，这样一个存在者的理念，与所有其他思辨理念一样，所想说的无非是：理性要求按照一个系统的统一性的原则来看待世界的一切联结，因而就**好像**它们全都产生自作为至上的和极为充足的原因的一个惟一的、无所不包的存在者似的。由此可见，理性在这里引以为意图的，只能是它自己在扩展它的经验性应用时的形式规则，而绝不是一种**超越经验性应用的一切界限**的扩展，所以，在这一理念之下没有隐藏着任何其针对可能经验的应用的建构性原则。

仅仅依据理性概念的那种最高的形式统一性，是事物的**合目的的**统一性，而且理性的**思辨**旨趣使得有必要如此看待世界上的一切安排，就**好像**它出自一个至高无上的理性的意图似的。也就是说，这样一个原则为我们被运用于经验领域的理性打开了全新的视域，即按照目的论的规 B715
律来联结世界的种种事物，并由此达到事物最大的系统统一性。因此，一个至上的理智是世界整体的独一无二的原因这一预设——当然仅仅在理念中——在任何时候都对理性有用，而永远不会有损。因为如果我们就地球的形状（圆而有点扁平的形状①）、山脉和海洋的形状而言预先假

① 地球的球状带来的好处是尽人皆知的；但却很少有人知道，惟有它作为回转椭球的扁率才防止了下面这种情况，即如果地球在赤道上的隆起不是一座如此巨大的山脉，任何其他山脉的推动都绝不能显著地改变它相对于地轴的位置的话，那么，陆地的凸起、或者也许还有由地震堆砌的较小的山就将不断地并且在不太长的时间里就可观地移动地球的轴。而人们毕竟是毫不迟疑地从地球过去液态团块的均衡来解释这一智慧的安排的。

定纯属一个创造者的智慧意图，那么，我们沿着这条道路就能够得出大量的发现。只要我们停留在这个作为一条纯然**范导性的**原则的预设上，那么，即便是失误也无损于我们。因为能够由此产生的事情充其量也不过是，在我们期望一种目的论的联系（nexus finalis [目的的联系]）的地
B716 方，只发现一种机械的或者物理的联系（nexus effectivus [效果的联系]），由此我们在这样一种情况下只是没有多发现一种统一性，但并没有损害理性在其经验性应用中的统一性。但即便是这种横阻也不能在普遍的和目的论的方面影响规律本身。因为尽管一个解剖学家在把一个动物躯体的某一肢体与一个目的联系起来，而人们能够清楚地指出从中不能得出这个目的时，能够被证明犯了一个错误，但是，毕竟也完全不可能在一个实例中**证明**一种自然安排——无论它是什么样的自然安排——完全没有任何目的。因此，就连（医生们的）生理学也通过仅仅由纯粹理性提供的原理来如此扩展它关于一个有机物体的结构的目的那十分有限的经验性知识，以至于人们在这里毫无顾忌地假定，动物身上的一切都有其用途和适当的意图，这种假定获得了一切明智之士的赞同；这种预设如果应当是建构性的，就远远地超过了迄今的观察所能够给予我们的权利；由此可以看出，它无非是理性的一条范导性的原则，为的是凭借至上世界原因的合目的的因果性的理念，就**好像**这个世界原因作为最高的理智按照最智慧的意图是一切事物的原因似的，来达到最高的系统统一性。

B717 但是，如果我们忽视对理念的这种限制，即限制在纯然的范导性应用上，那么，理性就被以如此多种多样的方式导入歧途了，因为在这种情况下，它就离开了毕竟必然包含着它的行程标志的经验基地，冒险越过它走向不可理解不可探究的东西，在此高度上它必然头脑晕眩，因为它从这种东西的观测点出发，发现自己被完全断绝了一切与经验一致的应用。

由人们不仅范导性地、而且（这是与一个理念的本性相悖的）建构性地使用一个最高的存在者的理念所产生的第一个错误就是怠惰的理性（ignava ratio）①。任何原理，使得人们把自己的自然研究——无论在什么

① 古代辩证法家就是这样称谓一种错误推论的，这种错误推论如下：如果你命中注定从这场病中痊愈，那么，无论你是否就医，你都将痊愈。**西塞罗**说道，这种推论方式之所以获得这一名称，乃是因为如果人们遵照它，在人生中就根本没有给理性剩下任何应用了。就是出自这一原因，我用这同一个名称来命名纯粹理性的这一诡辩论证。

地方——视为已绝对完成，因而理性开始歇息，就好像它已经完全成就 B718
了自己的工作似的，人们都可以这样称谓它。因此，即便是心理学的理念，如果它被当做一个建构性的原则用于解释我们的灵魂的显象，此后被用于把我们对这个主体的知识扩展到一切经验之外（扩展到其死后的状态），就虽然使理性感到很惬意，却也完全败坏和毁灭了理性根据经验的指导所做的一切自然应用。独断的唯灵论者就是这样从他相信在自我中直接知觉到的能思维的实体的统一性出发来解释历经各种状态的一切变迁而常驻不变的人格统一性，从我们思维主体的非物质本性的意识出发来解释我们对于在我们死后才应当发生的事情的旨趣，等等，摆脱了从物理的解释根据出发对我们的这些内在显象的原因的一切自然研究，因为他仿佛是通过一种超验理性的命令为了自己的安逸而忽视经验的内在知识源泉，但却是损害了一切洞识。这种有害的后果在我们关于一个
最高理智和错误地建立在这种理智之上的神学自然体系（自然神学）的 B719
理念的独断论那里更为清晰地映入眼帘。因为在这里，所有在自然中显露出来的、经常只是由我们本身为此制造的目的被用来使我们在对自然的研究中轻松惬意，也就是说，不是在物质的机械性的普遍规律中去寻找原因，而是直截了当地诉诸最高智慧的无法探究的意旨，并且在摆脱理性的应用的情况下，把理性的努力视为已经完成了的；其实，除了在自然的秩序和变化的序列根据其内在的和普遍的规律为我们提供一根导线的地方之外，理性的应用在任何地方都找不到一根导线。如果我们不仅从目的的观点出发考察一些自然的部分，例如陆地的分布及其结构、山脉的性状及其位置、或者哪怕是植物王国和动物王国里的有机组织，而且还与一个最高理智相关使自然的这种系统的统一性成为**完全普遍的**，这种错误就可以避免。因为在这种情况下，我们是按照普遍的自然规律以一种合目的性为基础，没有特殊的安排是这些规律的例外，而是或多或少可认识地由它们为我们标识出来；我们有一种目的论联结的系统统一性的范导性原则，但我们并不事先规定这种联结，而只可以在对这种
联结的期待中按照普遍的规律追寻自然机械论的联结。因为只有这样， B720
合目的的统一性的原则才在任何时候都扩展经验方面的理性应用，而不是在某一种情况下损害它。

由对上述系统统一性的原则的误解而产生的第二个错误，是颠倒了

的理性（perversa ratio，υστεπον προτεπον rationis）的错误。系统统一性的理念应当只被用来作为范导性的原则在事物的结合中按照普遍的自然规律来寻找这种统一性，并且在沿着经验性的道路能够发现某种东西的程度上，也相信人们接近了其应用的完备性，尽管人们永远达不到这种完备性。人们不是这样，而是把事情颠倒过来，并且从把合目的的统一性的原则的现实性当做实体性的而奠定为基础，即把这样一个最高理智的概念奠定为基础开始，因为这个概念就自身而言是完全不可探究的，是以神人同形同性论的方式规定的，并且强横专擅地把种种目的强加给自然，而不是合理地沿着物理学研究的道路寻找它们，以至于不仅本来只应当被用于按照普遍的规律补充自然统一性的目的论如今毋宁说导致
B721 取消这种统一性，而且理性也为此损失了自己的目的，即按照这条原则从自然出发证明这样一个理智的至上原因的存在。因为如果人们不能在自然中先天地预设最高的合目的性，即预设它属于自然的本质，那么，又想怎样要求人们去寻找它，并沿着它的阶梯接近作为一种必然的、从而可以先天地认识的完善性的一个创造者的最高完善性呢？范导性原则要求绝对地预设作为不仅经验性地被认识、而且先天地——尽管还不确定地——被预设的**自然统一性**的系统统一性，因而是预设为出自事物的本质的。但是，如果我事先以一个最高的进行安排的存在者作为基础，那么，自然统一性实际上就被取消了。因为它对于事物的本性来说是完全异己的和偶然的，也不能从事物的普遍规律出发来认识。因此就产生了一种错误的循环论证，因为人们预设了本来应当证明的东西。

把自然的系统统一性的范导性原则当做一个建构性的原则，并且实体性地把仅仅在理念中被奠定为理性的一致应用之基础的东西预设为原
B722 因，这就叫做使理性混乱。自然的研究仅仅遵循自然原因的链环按照自然原因的普遍规律走自己的路，尽管按照创造者的理念，但却不是为了从创造者推导出它到处追查的合目的性，而是为了从这种在自然事物的本质中、可能的话也在一切事物的本质中寻找的合目的性出发，从而把创造者的存在认识为绝对必然的。无论这后一件事是否能够成功，这个理念始终是正确的，而且它的应用只要被限制在一个纯然范导性的原则的条件上，也就同样是正确的。

完全的合目的的统一性就是完善性（绝对地来看）。如果我们不是在

构成经验亦即我们一切客观有效知识的整个对象的事物之本质中，从而不是在普遍的和必然的自然规律中找到它，那么，我们还想怎样由此恰恰推论到一个作为一切因果性之起源的元始存在者的最高的、绝对必然的完善性的理念呢？最大的系统统一性，因而也是合目的的统一性，是人类理性的最大应用的学校，甚至是它的可能性的基础。因此，这种统 B723 一性的理念是与我们理性的本质不可分离地结合在一起的。故而，恰恰这一个理念，对我们来说是立法的，于是，假定一个与它相应的立法的理性（intellectus archetypus［作为原型的理智］），把它作为我们理性的对象，从它能够推导出自然的一切系统的统一性，就是十分自然的了。

我们借讨论纯粹理性的二论背反之机已经说过：纯粹理性所提出的一切问题都必须是绝对可回答的，而且在这里不能允许以我们知识的局限为借口（这种借口在许多自然问题中是既不可避免又合情合理的），因为在这里，给我们提出的并不是关于事物本性的问题，而是仅仅由理性的本性提出并且仅仅关于理性的内部结构的问题。现在，我们能够就纯粹理性最为关切的两个问题来证实这种乍一看颇为鲁莽的主张，并由此全部完成我们对纯粹理性的辩证法的考察。

第一，如果有人问道（就一种先验神学而言①）：是否存在着某种与世界有别的东西按照普遍的规律包含着世界秩序及其联系的根据，那么回答就是：**毫无疑问**。因为世界是一个显象的大全，所以它必定是显象 B724 的一个先验的、仅仅对纯粹知性来说可思的根据。**第二**，如果问题是：这个存在者是否是实体，是否具有最大的实在性，是否是必然的，等等，那么我的回答是：**这个问题根本没有意义**。因为我试图关于这样一个对象形成一个概念所凭借的一切范畴，除了经验性的应用之外都别无用途，而且在它们不是被运用于可能经验的客体，即不是被运用于感官世界时，就根本没有意义。除了这个领域之外，它们只是人们所承认的概念的名称，但人们由此也不能理解任何东西。最后**第三**，如果问题是：我们是否可以至少按照与经验对象的一种**类比**来思维这个与世界有别的存在者，那么回答是：**当然**，但只是作为理念中的对象，而不是实在性中的对象，

① 前面关于心理学理念及其作为纯然范导性的理性应用之原则的本真规定所说过的东西，使我无须再详尽地讨论实体性地表现内感官的一切杂多性的那种系统统一性所依据的先验幻觉了。这方面的行事方式与神学理想方面的批判所遵循的行事方式十分类似。

B725 也就是说，只是就它是世界安排的系统统一性、秩序和合目的性——理性必须把这些东西作为其自然研究的范导性原则——的一个不为我们所知的基底而言的。不仅如此，我们还可以在这一理念中毫不畏惧地、无可指责地允许某些有益于上述范导性原则的神人同形同性论。因为它始终只是一个理念，这个理念根本不直接与一个和世界有别的存在者相关，而是与世界的系统统一性的范导性原则相关，但惟有凭借这种统一性的一个图型，即一个至上的理智，它按照智慧的意图而是世界的创造者。由此而被思维的，应当不是世界统一性的这个始基就自身而言是什么，而是我们应当如何相对于理性在世界事物方面的系统应用来利用这个始基，或者毋宁说利用它的理念。

但以这样的方式，我们就**能够**（如果有人继续追问的话）假定一个惟一的、智慧的和万能的世界创造者了吗？**毫无疑问**，不仅仅是如此，而是我们**必须**假定这样一个世界创造者。但在这种情况下，我们就把自己的知识扩展到可能经验的领域之外了吗？**绝对没有**。因为我们只是预

B726 设了一个某物，关于它就自身而言是什么（一个纯然先验的对象），我们根本没有任何概念；但是，在与我们研究自然时必须预设的世界大厦的系统的、合目的的秩序的关系中，我们只是按照与一个理智（一个经验性的概念）的**类比**来思维那个不为我们所知的存在者，也就是说，就以那个存在者为根据的种种目的和完善性而言，恰恰把按照我们理性的条件能够包含着这样一种系统统一性的根据的那些属性赋予它。因此，这个理念**相对于**我们理性的**世界应用而言**是完全有根有据的。但如果我们想赋予它绝对客观的有效性，则我们就会忘记我们所思维的仅仅是一个理念中的存在者；而由于我们在这种情况下是从一个根本不能通过世界考察来规定的根据开始的，我们就会由此不能与经验性的理性应用相适合地运用这一原则。

但（如果有人进一步追问）以这样的方式，我可以在理性的世界考察中运用一个最高的存在者的概念和预设吗？可以，真正说来这个理念

B727 也是为此而被理性奠定为基础的。然而，我可以通过从神的意志——尽管凭借的是特别为此在世界中建立在神的意志之上的结构——中推导出种种类似目的的安排，来把它们视为意图吗？是的，你们也可以这样做，但要使得无论有人说神的智慧把一切都这样安排成自己的至上目的，还

是说最高智慧的理念就是自然研究中的范导，而且即便在我们不能发觉神的智慧的地方，也仍然是依据普遍自然规律的系统的和合目的的统一性的原则，对你们来说必须是效用相同的；也就是说，在你们发觉这种统一性的地方，是说上帝睿智地要它如此，还是说自然睿智地如此安排它，都完全是一回事。因为你们的理性要求当做范导性原则奠定为一切自然研究的基础的这种最大的、系统的和合目的的统一性，正是使你们有权利把一个最高的理智作为范导性原则的一个图型而奠定为基础的东西；而你们按照这条原则在世界中发现有多少合目的性，你们也就在多大程度上证实了你们的理念的合法性；但是，既然上述原则的意图无非是寻找必然的和最大可能的自然统一性，所以虽然就我们达到自然统一性而言，我们应当归功于一个最高存在者的理念，但要不陷入自相矛盾，却不能忽视自然的普遍规律（这一理念被奠定为基础，其意图仅在于这些普遍规律），以至于把自然的合目的性在其根源上视为偶然的和超自然的， B728
因为我们没有权利在自然之上假定一个具有上述属性的存在者，而是只能以这个存在者的理念为基础，以便按照一种因果规定的类比把种种显象视为系统的和彼此联结的。

正因为此，我们也有权利在理念中并不仅仅按照一种微妙的神人同形同性论（没有这种神人同形同性论，对于那个存在者就根本不能思维任何东西）来思维世界原因，也就是说，把它思维成为一个具有知性、喜悦和反感，以及与此相符合的欲望和意志的存在者等等，而且把无限的完善性归于这个存在者，所以这种完善性远远超过了我们通过对世界秩序的经验性认识能够有权利达到的那种完善性。系统统一性的范导性规律希望我们应当如此研究自然，就**好像**虽有最大可能的杂多性，却到处都会无限地发现系统的和合目的的统一性似的。因为虽然我们将只是略微发现或者达到这种世界的完善性，但我们理性的立法毕竟需要到处寻找和猜测这种完善性；按照这一原则着手自然考察，必定在任何时候都对我们有好处，而绝不可能有害处。根据被奠定为基础的一个最高的 B729
创造者的理念的这种表象，显而易见的是：我奠定为基础的不是这样一个存在者的存在和知识，而仅仅是它的理念，因而真正说来也没有从这个存在者推导出任何东西，而是仅仅从它的理念，也就是说按照这样一个理念从世界的种种事物的本性推导出某种东西。对我们这一理性概念的真正应用的某种——尽管不发达的——意识看起来已经诱发了一切时代的哲学家们谦逊而且合理的语言，因为他们谈到自然的智慧和筹谋与谈到神的智慧的时候，是把它们当做同等涵义来表述的，只要涉及的是思辨的理性，他们偏重于采用第一种表述，因为它抑制了一种比我们有权作出的更大的主张的僭妄，并同时使我们的理性返回到它自己独有的领域，即返回到自然。

所以，一开始似乎仅仅向我们许诺把知识扩展到经验的一切界限之外的纯粹理性，如果我们正确地理解它，所包含的就无非是范导性的原则，这些原则虽然规定了比经验性的知性应用所能达到的更大的统一性，但正由于它们把知性接近的目标推得如此之远，而通过系统的统一性使
B730 知性与自身的一致达到最高的程度，但如果人们误解了它们，把它们视为超验知识的建构性原则，就通过一种虽然灿烂夺目但却骗人的幻相而造成臆信和自负的知识，但由此也造成永恒的矛盾和争执。

※　　※　　※

是以一切人类知识都从直观开始，由此进至概念，而结束于理念。尽管它们就这三种要素而言都有先天的知识源泉，这些知识源泉乍一看似乎蔑视一切经验的界限，但毕竟一种完满的批判坚信，一切理性在思辨的应用中都永远不能以这些要素超越可能经验的领域，这种至上的知识能力的真正使命就是：使用一切方法及其原理，仅仅是为了按照所有可能的统一性原则——其中目的的统一性是最重要的统一性——来探究自然，直至其最内在的东西，但永远也不飞越自然的界限，**对于我们来说**，在这界限之外无非是空的空间。尽管在先验分析论中，对一切可能把我们的知识扩展到现实经验之外的命题所作的研究已经使人相信，它
B731 们永远不能导致多于一种可能经验的某种东西；而且如果人们甚至并不对最清晰的、抽象的、普遍的学说也心存怀疑，如果不是一些诱人的、表面上的景色引诱我们摆脱这些学说的强制，我们当然就能够避开质询一种超验理性为了自己的僭妄请出的所有辩证证人的辛劳；因为我们事先就已经完全确信地知道，超验理性的一切行为虽然也许是意在真诚，但却必定是绝对没有价值的，因为它们所关涉的是一种没有一个人在某个时候能够获得的知识。然而，由于如果人们不深入到甚至最有理性之士都被蒙骗的幻相的真正原因背后，这种言说毕竟将无休无止，而且把

我们的一切超验知识分解成其要素（作为对我们的内在本性的研究）就自身而言亦价值不菲，而对于哲学家来说甚至就是义务，所以，详细地将思辨理性的这整个虽然空洞的研究一直追索到它的最初的源泉，就不仅是必要的，而且既然辩证的幻相在这里不仅在判断上是骗人的，而且还由于人们在这里对判断的旨趣而是诱惑人的、在任何时候都是自然的， B732
并将永远保持如此，所以为了防止未来出现类似的失误，有必要仿佛是详尽地撰写这一讼案的卷宗，并将之存放在人类理性的档案馆中。

第二部

先验方法论

如果我把纯粹的和思辨的理性的一切知识的总和视为我们至少在自己心中已有其理念的一座建筑，那么我就可以说：我们在先验要素论中已经估算了建筑材料，并且规定了它们够建造一座什么样的建筑，够建造多高和多么坚固。当然可以发现，尽管我们打算建造的是一座参天的高塔，但材料的储备却毕竟只够一座住宅，其宽敞恰恰够我们在经验的层面上的工作需要，其高度恰恰够俯瞰这些工作；但是，那个大胆的计划就由于缺乏材料而不得不搁浅了，更不用说语言的混乱必然不可避免地使工人们对计划产生分歧，而分散到世界各地，各自按照自己的设计专门为自己营造了。现在，我们所讨论的不是材料，而毋宁说是计划，而且由于我们受到过警告，不得以一种也许会超出我们全部能力的任意的、盲目的计划而冒险从事，但尽管如此却不能放弃建造一座坚固的住宅，所以就要设计一座与被给予我们、同时又适合我们的需求的材料储备相称的建筑。 B735

因此，我把先验的方法论理解为对一个完备的纯粹理性体系的形式条件的规定。我们怀着这一意图将探讨纯粹理性的**训练**、**法规**、**建筑术**，最后还有其历史，而在先验方面提供就一般知性应用而言以**实用逻辑**的名称在各个学派中寻找过、但却少有成就的东西，因为既然普遍的逻辑并不局限于知性知识的任何特殊的方式（例如不局限于纯粹的知性知识），不局限于某些对象，所以它不从别的科学借取知识，除了提出**可能方法**的名称和人们在一切科学中的体系性的东西方面所使用的，使初学者事先熟悉一些名称、其意义和应用应当将来才学习的专业表述之外，就不能再做任何事情了。 B736

第一篇
纯粹理性的训练

不仅在形式上、而且在内容上都是否定的判断，鉴于人们的求知欲而不受特别重视；人们干脆把它们看做是我们不断追求扩展的知识欲的
B737 嫉妒心强的敌人，哪怕是要为它们赢得宽容，也差不多需要作一番辩护，更不用说为它们赢得好感和尊重了。

人们尽管可以**在逻辑上**随意否定地表达一切命题，但就我们一般知识的内容而言，无论知识是通过一个判断得到扩展还是受到限制，否定的命题的特有任务却仅仅是**阻止错误**。因此，应当阻止一种错误认识的否定命题，在毕竟永远没有错误可能的地方，虽然是十分正确的，但却毕竟没有意义，也就是说，根本不适合它的内容，也正因为此而是可笑的；例如那个学院演说家的命题：亚历山大如果没有军队就不能征服各国。

但是，在我们的可能知识的限制十分狭窄、作出判断的诱惑十分强烈、呈现出来的幻相十分骗人、而从错误产生的害处又十分显著的地方，仅仅被用来保护我们避免错误的传授，其**范导**就比我们的知识由以能够获得增长的一些积极教导更为重要。人们把用来限制、最终根除偏离某些规则的经常倾向的那种**强制**称为**训练**。训练有别于**教化**，教化应当只造成一种**技能**，并不去除另一种已经存在的相反技能。因此，对于一种
B738 已经独自具有表现的冲动的才能的形成来说，训练所作出的是一种消极的贡献①，而教化和学说所作出的则是一种积极的贡献。

每一个人都很容易承认，乐于允许自己有一种自由而不受限制的行

① 我清楚地知道，人们在学院用语中习惯于在同等含义上使用**训练**这个名称和传授这个名称。然而与此相反，在其他许多场合，前一个表述作为**管教**被慎重地与作为**教导**的后一个表述区别开来，而事物的本性也要求对于这种区别来说保留惟一合适的表述，所以我希望，人们绝不允许在别的意义上使用训练这个词，而仅仅在否定的意义上使用它。

动的气质以及才能（例如想象力和机智）在许多方面都需要一种训练。但是，真正说来负责给其他一切努力规定训练的理性，自身却还需要这样一种训练，就确实显得令人惊奇了；而在事实上，它之所以迄今一直免受这样一种屈辱，正是因为它现身时的那种庄严和周密的样子，使得没有人会轻易怀疑它竟然轻率地用想象代替概念，用语词代替事物。

理性在经验性的应用中无须批判，因为它的原理在经验的试金石上经受着一种连续的检验；此外在数学中也无须批判，在数学中它的概念必须在纯直观上立刻具体地表现出来，而任何没有根据的和任意的东西 B739
都由此而马上显露无遗。但是，在既无经验性的直观又无纯粹的直观将理性保持在一个可见的轨道之内的地方，也就是说，在纯然根据概念的先验应用中，它就十分需要一种训练来约束它那把自己扩展到可能经验的狭窄界限之外的倾向，并阻止它放纵和失误了，甚至纯粹理性的全部哲学都是仅仅与这种否定的效用相关的。个别的误入歧途可以通过**审查**来清除，其原因可以通过批判来清除。但是，例如在纯粹理性中，在遇到欺骗和幻象相互联结并在共同的原则下统一成为一个完整的体系的地方，就显得需要一种独特的——尽管是否定性的——立法，来以**训练**的名义从理性及其纯粹应用的对象的本性出发，建立一个审慎和自我检验的体系；面对这个体系，任何错误的玄想幻相都无法存身，而是不管有什么理由来掩饰它，都立刻暴露出来。

但应当注意的是：我在先验批判的这第二个部分中，并不是把纯粹 B740
理性的训练集中于出自纯粹理性的知识的内容，而是仅仅集中于其方法。前者在要素说中已经从事过了。但是，理性应用不管它被运用于什么对象，都有如此之多的相似之处，而就它应当是先验的而言，却毕竟同时与所有其他的应用有如此根本的区别，以至于没有一种特别为此提出的训练的告诫性范导学说，就无法避免那些肯定必然地从不适当地遵循这样一些虽然通常适合理性、但在这里却不适合的方法而产生的错误。

第一章　纯粹理性在独断应用中的训练

数学提供了一种无须经验的帮助就自行成功地扩展自己的纯粹理性的光辉实例。实例是能传染的，尤其是对于那种在一个场合享有了成功

B741 就自然而然地自夸在其他场合也有同样的成功的能力来说。因此，纯粹理性在先验的应用中希望像在数学的应用中成功那样，同样顺利地和缜密地扩展自己，尤其是当它在先验的应用中运用在数学的应用中有如此明显的效用的方法的时候。因此，我们非常重视的是知道：达到不容置疑的确定性的方法——在后一门科学中被称为数学的——与人们在哲学中寻找同一种确定性所使用的方法是否是一回事；而这种方法在哲学中必须被称为**独断的**。

哲学的知识是出自概念的**理性知识**，而数学的知识则是出自概念之**构造**的理性知识。但是，**构造**一个概念，也就是先天地展示与该概念相应的直观。因此，一个概念的构造需要一种**非经验性的**直观，这种直观因此之故作为直观是一个**单个的**客体，但尽管如此作为一个概念（一个普遍的表象）的构造却必须在表象中表达对属于同一个概念的一切可能直观的普遍有效性。例如我构造一个三角形，我或者通过纯然的想象在纯直观中表现与这个概念相应的对象，或者在想象之后也在纸上、在经验性的直观中表现它，但两次都是完全先天地表现，无须从某一个经验
B742 借来它的范型。个别画出的图形是经验性的，但尽管如此却被用来表达概念而无损于它的普遍性，因为在这种经验性的直观中，所关注的始终只是构造概念的行动，而对这个概念来说，诸如量、各边和各角都是无所谓的，因而就抽掉了不改变三角形概念的这些差异。

因此，哲学的知识只是在共相中考察殊相，而数学的知识则在殊相中，甚至在个相中考察共相，尽管如此却是先天地借助于理性考察的，以至于如同这一个相是在构造的某些普遍的条件下被规定的一样，这一个相仅仅作为其图型而与之相应的概念，其对象也必须被思维成为被普遍地规定的。

因此，这两种理性知识的根本差别就在于这种形式，而不是依据其质料或者对象的差别。那些说哲学仅仅以**质**为客体，而数学则仅仅以**量**为客体，认为由此就把哲学与数学区分开来了的人，乃是倒果为因。数学知识只能涉及量，其原因是它的形式。因为只有量的概念才可以构造，
B743 也就是说，先天地在直观中表现，而质却除了经验性直观之外不能在任何别的直观中表现。因此，关于质的理性知识惟有通过概念才是可能的。除了从经验中之外，没有人能够从别处得到一个与实在性的概念相应的

直观，但绝不能先天地从自身并且先于经验性意识享有这种经验。人们无须经验性的帮助，仅仅按照概念就能够直观地形成圆锥体的形状，但这个圆锥体的颜色却必须是之前在这个或者那个经验中被给予的。除了根据经验给予我的一个实例之外，我不能以任何方式在直观中表现一个一般原因的概念，如此等等。此外，哲学同样讨论量，就像数学也讨论总体性、无限性等等一样。数学也讨论线和面作为具有不同的质的空间的无限性，讨论广延作为空间的一种质的连续性。但是，尽管它们在这些场合有一个共同的对象，但在哲学考察中和在数学考察中通过理性处理这个对象的方式却毕竟是完全不同的。哲学考察仅仅依据普遍的概念，而数学考察靠纯然的概念则不能做成任何事，而是立刻就奔向直观；在直观中它具体地考察概念，但毕竟不是经验性地考察它，而是纯然在它先天地展示的一种直观中考察它，也就是说构造它，而且在这种直观中， B744
从构造的普遍条件产生的东西，也必然对被构造的概念的客体普遍地有效。

人们给予一位哲学家一个三角形的概念，并且让他按照自己的方式弄明白三角形各角之和与直角会是什么关系。除了被围在三条直线之中的一个图形的概念和这个图形有同样三个角的概念之外，他一无所有。不管他反思这个概念多久，也不能得出任何新的东西。他可以分析直线或者一个角或者三个角的数字的概念，并使之明晰，但却不能达到根本不包含在这些概念之中的其他属性。不过，让几何学家来处理这个问题。他立即开始构造一个三角形。由于他知道两个直角之和正等于在一直线上从一个点出发能够引出的所有邻角之和，所以他把自己的三角形的一条边延长，得到两个邻角，等于两个直角之和。现在，他通过引出三角形对边的一条平行线，来分割这些角的外角，并且发现，这里产生了一个等于一个内角的外邻角，如此等等。他以这样的方式通过一个推论序列，始终以直观为指导，就达到了对问题的完全明晰的、同时又是普遍 B745
的解决。

但是，数学不仅像在几何学中那样构造量（quanta），而且还像在代数中那样构造纯然的量（quantitatem）。在代数中，数学完全抽掉了应当按照这样一个量的概念所思维的对象的性状。在这种情况下，它选择一般的量（数字）的一切构成的某种符号，即加、减等等、开方的符号；

而且在它按照各种量的不同关系也标记量的普遍概念之后，它就在直观中按照某些普遍的规则来展示通过量产生和变化的一切运算；在一个量被另一个量所除时，它就按照除法的标记形式把二者的符号结合在一起，如此等等，并因此而借助一种象征的构造与几何学按照（对象本身的）一种明示的或者几何学的构造同样好地达到了论证的知识凭借纯然的概念所绝不能达到的结果。

两个理性艺术家中一个按照概念来进行，另一个则按照自己先天地根据概念展示的直观来进行，二者所处的这种不同处境的原因会是什么
B746 呢？在上面讲过先验的基本学说之后，这一原因就水落石出了。在这里，关键不在于通过对概念的纯然分析而能够产生的分析命题（在这里哲学家毫无疑问比他的竞争者占有优势），而是在于综合命题，而且是应当被先天地认识的综合命题。因为我不应当关注我在我的三角形概念中实际上所思维的东西（这种东西无非是纯然的定义）；毋宁说，我应当超越我的概念达到不包含在这个概念之中、但毕竟属于这个概念的那些属性。现在，除非我或者按照经验性直观的条件或者按照纯直观的条件来规定我的对象，否则这是不可能的。前一种行事方法只会提供一个不包含任何普遍性、更不包含必然性的经验性命题（通过测量它的各个角），这里所说的根本不是诸如此类的命题。而后一种行事方法则是数学的构造，而且在这里就是几何学的构造，借助这种构造，我在一个纯直观中，与在经验性直观中一样，附加上属于一个一般三角形的图型，从而属于它的概念的杂多，普遍的综合命题当然必须是由此构造的。

因此，对三角形进行哲学思维，也就是说，对它以论证的方式进行反思，我就会徒劳无功，除了达到我必须合理地由以开始的纯然定义之
B747 外，不能前进一步。固然有完全从概念出发的先验综合，这种综合又只有哲学家才能做到，但它所涉及的却绝不多于一个一般的事物，即该事物的知觉在什么条件下能够属于可能的经验。然而在数学的课题中，问题根本不在于此，也根本不一般地在于实存，而是在于仅仅就对象与它们的概念相结合而言它们的种种属性。

在上述例证中我们仅仅试图澄清，在按照概念进行的论证的理性应用和通过构造概念进行的直观的理性应用之间可以发现什么样的重大差别。如今问题自然而然地在于，使这样一种双重的理性应用成为必然的

那个原因是什么，以及人们能够根据哪些条件来辨识所发生的是第一种应用还是第二种应用。

我们的一切知识毕竟归根结底与可能的直观相关；因为惟有通过直观，一个对象才被给予。现在，一个先天概念（一个非经验性的概念）要么在自身中已经包含着一种纯直观，而且在这种情况下它可以被构造；要么所包含的无非是并未先天地被给予的可能直观的综合，而且在这种情况下，人们固然可以通过该概念综合地和先天地进行判断，但却只是 B748 论证地、按照概念进行判断，而绝不是直观地、通过概念的构造进行判断。

现在，在所有的直观中，除了显象的纯然形式亦即空间和时间之外，没有任何直观先天地被给予；要么作为量的空间和时间的概念可以与它们的量（它们的形状）同时被展示亦即构造，要么仅仅是它们的量（同类的杂多的纯然综合）可以通过数字先天地在直观中被展示亦即构造。但是，**事物**由以在空间和时间中被给予我们的显象的质料，却只能在知觉中、因而后天地被表象。惟一先天地表象显象的这种经验性内容的概念，就是**一般事物**的概念，而关于这种一般事物的先天综合知识却只能提供知觉可以后天地给予的东西之综合的纯然规则，但绝不能提供实在的对象的先天直观，因为这种直观必须必然地是经验性的。

关涉其直观根本不能先天地被给予的一般**事物**的综合命题都是先验的。据此，先验的命题绝不能通过概念的构成被给予，而是只能按照先天概念被给予。它们所包含的仅仅是经验性地寻找不能先天直观地被表现的东西（知觉）的某种综合统一所应当遵循的规则。但是，它们不能 B749 先天地在某一个实例中展示它们的概念中的任何一个，而是只能后天地、借助按照那些综合原理才可能的经验来展示它们。

如果应当对一个概念作出综合的判断，那么，人们就必须走出这个概念，而且达到这个概念在其中被给予的直观。因为如果人们停留在概念中所包含的东西上，那么，判断就会纯然是分析的，是按照现实地包含在思想中的东西对思想的一种解释。但是，我能够从概念前进到与它相应的纯直观或者经验性直观，以便在这种直观中具体地考虑它，并且先天地或者后天地认识属于概念的对象的东西。前者是通过概念之构造的理性的和数学的知识，后者是纯然的经验性（机械性）知识，它绝不能给予必然的和不容置疑的命题。所以，我尽可以分析我关于黄金的经验性概念，由此所获得的却无非是能够列举我在这个词中实际上所思维的一切，这样一来在我的知识中虽然发生了一种逻辑上的改进，但却没有获得增长和添加。但是，我拿起以这个名称出现的物质，从它开始着手进行知觉，这些知觉将给我提供不同的综合的、但却是经验性的命题。
B750 我可以构造、也就是说先天地在直观中给出一个三角形的数学概念，并且沿着这条道路获得一种综合的、但却是理性的知识。但是，如果被给予我的是一种实在性、实体性、力量等等的先验概念，那么，它所表示的就既不是一种经验性的直观，也不是纯直观，而仅仅是经验性直观的综合（这种综合因此是不能先天地被给予的）；所以，由于综合不能先天地达到与它相应的直观，从它也就不能产生任何作出规定的综合命题，而是只能产生一种可能的经验性直观之综合的原理。① 因此，一个先验命题乃是按照纯然概念的一种综合的理性知识，所以是论证的，因为惟有通过它，经验性知识的一切综合统一才是可能的，但通过它却不能先天地给予任何直观。

B751 这样，就有一种双重的理性应用，它们虽然共有知识的普遍性及其先天的产生，但在进程中却大异其趣，而且是因为在一切对象由以被给予我们的显象中有两种成分：完全能够先天地被给予和规定的直观形式（空间和时间）和质料（物理的东西）或者内容，这内容意味着一个在空间和时间中被发现的、从而包含着一种存在并与感觉相应的某物。就除了经验性地之外绝不能以确定的方式被给予的后者而言，我们不能先天地拥有任何东西，除非是种种感觉就（在一个可能的经验中）属于统觉的统一性而言的综合之未被规定的概念。就前者而言，我们可以在先天直观中规定我们的概念，因为我们在空间和时间中凭借齐一的综合、通过把对象本身仅仅视为量来为自己创造它们。前一种应用叫做按照概念的理性应用，在这种应用中，我们所能够做的只是把种种显象按照实在的内容置于概念之下而已，而概念却不能以别的方式被规定，除非是经

① 借助原因的概念，我实际上走出了一个事件（此时发生了某种事情）的经验性概念，但是并没有达到具体地展示原因概念的直观，而是达到能够按照原因概念在经验中找到的时间条件。因此，我仅仅是按照概念行事，而不能通过概念的构造行事，因为概念是知觉之综合的规则，知觉并不是纯直观，因而不能先天地被给予。

验性地亦即后天地（但却是按照那些作为一种经验性综合的规则的概念）被规定；后一种应用则是通过概念之构造的理性应用，在这种应用中， B752
概念既然已经关涉到一种先天直观，就也因此而能够先天地、无须任何经验性材料在纯直观中确定地被给予。对一切存在的东西（一个空间中或者时间中的事物）作出考虑，看它是否以及在多大程度上是一个量，以至于必须表象它里面的一种存在或者阙如，看这个某物（填充空间和时间的某物）在多大程度上是一个最初的基底或者纯然的规定，其存在与作为原因或者结果的某种别的东西有一种关系，以及最后，就存在而言是孤立的还是处在与其他事物的相互依赖之中，对这种存在的可能性、现实性和必然性或者其反面作出考虑，这一切都属于出自概念的**理性知识**，这种知识被称为**哲学的**。但是，在空间中规定一种先天直观（形状），划分时间（存续），或者仅仅认识时间和空间中同一事物的综合中的共相以及由此产生的一个一般直观的量（数字），这是通过概念之构造的**理性工作**，而且叫做**数学的**。

理性凭借数学所取得的巨大成功，完全自然而然地造成了一种猜想，也就是说，即使不是它自身，毕竟它的方法也将在量的领域之外，通过它将自己的所有概念都付诸它先天地给予的直观而取得成功，而且它可 B753
以说由此成为自然的行家；而与此相反，纯粹哲学却以先天的论证概念在自然中错误百出，不能使这些概念的实在性成为先天直观的，并由此成为可信的。对于这门艺术的大师们来说，在他们致力于此的时候，似乎根本不缺乏对自己的信心，而公众似乎对他们的技巧也根本不缺乏极大的期望。因为既然他们几乎从未对他们的数学进行过哲学思维（一件困难的工作!），所以他们也根本想不到一种理性应用与另一种理性应用的特殊区别。对他们来说行之有效的不是公理，而是他们从平常理性借来的通行的、经验性地应用的规则。他们毫不关心他们从何处得来自己所研究的空间和时间（作为惟一源始的量）的概念；同样，研究纯粹知性概念的起源，并由此研究它们的有效性的范围，对他们来说实为无用之举，他们只考虑使用这些概念。凡此种种，只要他们不逾越自己被指定的界限，即**自然**的界限，他们就做得完全正确。但是，他们不经意间从感性的领域陷落到纯粹概念乃至先验概念的危险地基上，这里的地基（instabilis tellus［不能站立的大地］，innabilis unda［不能游渡的水域］）

B754 既不允许他们站立，也不允许他们游渡，只能使他们仓促就道，时间没有留下他们丝毫的足迹；与此相反，他们在数学中的行进，却造成了即便是最久远的后世子孙也可以信心十足地行走的康庄大道。

既然我们把精确可靠地规定纯粹理性在先验应用中的界限作为我们的义务，但这种追求却自有它的特殊之处，即不顾最有力最清晰的警告，在人们完全放弃越过经验的界限进入理智的东西的诱人领域这种企图之前，一直让自己被希望所拖累，所以，有必要仿佛是清除一种异想天开的希望的最后支撑，并且指出，在这种知识中遵循数学的方法不能带来丝毫的好处，除非是更清楚地暴露这种方法的弱点：几何学与哲学尽管在自然科学中携手并进，但却是两种完全不同的事物，因而一方的行事方式不能为另一方所模仿。

数学的缜密性依据的是定义、公理、演证。我将满足于指出：这些东西在数学家采用它们的意义上，没有一个能够为哲学所提供，也不能
B755 为它所模仿；几何学家按照自己的方法在哲学中所实现的无非是空中楼阁，而哲学家按照自己的方法在数学的领地则只能产生废话，尽管哲学正是在于知道自己的界限；而且即便是数学家，如果他的才能不是已经被自然所限并局限于自己的专业，也不能拒绝接受哲学家的警告，亦不能对它漠然视之。

一、关于**定义**。**下定义**，就像这一表述本身所说明的那样，真正说来无非是在一个事物的界限内部源始地展示它的详尽概念。① 按照这样一种要求，一个**经验性的**概念就根本不能被定义，而是只能被阐释。因为既然我们在它那里只有某一种感官对象的一些特征，所以，人们在表示
B756 同一个对象的语词下是否会有时设想它的更多的特征，有时设想它的较少的特征，则绝不是有把握的。例如，在**黄金**的概念中，一个人除了重量、颜色、坚韧之外还可能想到它不生锈的属性，而另一个人则也许对此一无所知。人们只是在某些特征足以作出区分的时候才使用它们；与此相反，新的说明则除去它们并附加另一些特征；因此，概念永远不是处在确定的界限之间。而且，例如当谈到水及其属性的时候，既然人们

① **详尽性**意味着特征的清晰和充足；**界限**意味着精确，即特征并不多于详尽的概念所需；而**源始地**则意味着，这一界限规定不是从某处推导出来的、因而还需要一个证明，这证明会使所谓的解释不能位于对一个对象的所有判断之首。

不停留在就水这个语词所思维的东西，而是前进到试验，而该语词连同依附于它的少数特征只构成一个**名称**，而不是构成事物的概念，从而所谓的定义只不过是语词规定而已，所以，对这样一个概念下定义，又有什么用呢？其次，精确地说，也没有一个先天地被给予的概念，例如实体、原因、权利、公道等等，能够被定义。因为除非我知道一个（尚模糊地）被给予的概念的清晰表象与对象相符，我就绝不能肯定它得到了详尽的阐明。既然该对象的概念就其是被给予的而言可能包含着许多隐晦的表象，尽管我们在运用时总是利用这些表象，但在分析时却忽略了它们，所以，对我的概念的分析的完备性就总是可疑的，只有通过多种 B757
多样适切的例证才能使其**盖然地**确定，但绝不能使其**不容置疑地**确定。我不用定义这个表述，而宁可使用**阐释**这个总还是谨慎的表述，而且在某位批判家那里，定义在一定程度上得到承认，但毕竟因为详尽性而还受到怀疑。因此，既然无论是经验性地被给予的概念还是先天地被给予的概念都不能定义，所以剩下来能够让人们试验这种技艺的就只有任意想出的概念了。我在这样的情况下任何时候都能够定义我的概念；因为既然我自己有意地形成这一概念，而且它既不是通过知性也不是通过经验被给予我的，所以我毕竟必然知道我想思维的是什么，但我却不能说，我由此定义了一个真正的对象。因为如果概念依据的是经验性的条件，例如舟船的时钟，那么，对象及其可能性就还没有通过这个任意的概念被给予；我甚至由此不知道它是否在任何一个地方有一个对象，而我的解释与其说是一个对象的定义，倒不如说是（我的设计的）一种表明。因此，除了包含着一种能够被先天地构造的任意综合的概念之外，就没有别的概念适合于定义了，因此，只有数学才有定义。因为数学也把自己思维的对象先天地在直观中展示出来，而且这个对象所包含的可以肯定地既不多于也不少于概念，因为这个对象的概念是通过解释源始地被 B758
给予的，也就是说，无须从任何地方推导出解释。对于**阐释、说明、表明和定义**来说，德语只有解释一词；因此，在我们拒绝给予哲学的解释以定义的荣誉称号时，我们必须已经对要求的严格性有所放弃，并且想把这整个说明限制在：哲学的定义只是被给予的概念的阐释，而数学的定义则是源始地形成的概念的构造，前者只是通过分解（它的完备性并不是不容置疑地确定的）而分析地实现的，后者则是综合地实现的，因此是形成概念，而前者则相反，只是**解释**概念。由此得出：

1. 人们在哲学中不必像纯粹为了做试验那样，模仿数学把定义放在前面。因为既然定义是对已被给予的概念的分析，所以这些概念就是先行的，尽管它们还只是混乱的，而不完备的阐释先行于完备的阐释，以至于我们在达到完备的阐释亦即达到定义之前，就能够从我们得之于一
B759 种尚不完备的分析的一些特征中事先推论出某些东西；一言以蔽之，在哲学中定义作为精确的明晰性必须宁可是结束工作，而不是开始工作。[①]与此相反，我们在数学中根本没有先行于定义的概念，概念惟有通过定义才被给予，因此，数学必须并且能够在任何时候都从定义开始。

2. 数学的定义永远不会犯错误。因为既然概念通过定义才被给予，它所包含的就恰恰只是定义通过它所想思维的东西。但是，尽管在内容上没有任何不正确的东西能够出现在定义中，毕竟有时——尽管很罕见——可能在（表达的）形式上出现错误，也就是说在精确性方面。例
B760 如，圆的通常解释是说：圆是一条**曲**线，它的所有点都与一个惟一的点（圆心）距离相等。这个解释的错误就是：**曲**的规定是不必加进去的。因为必须有一条从定义推论出而且轻而易举地就可以证明的定理：任何一条线，其所有的点都与一个惟一的点距离相等，这条线就是曲的（没有一个部分是直的）。与此相反，分析的定义可能以许多方式犯错误，要么是由于它引入了实际上并不包含在概念中的特征，要么是缺乏构成一个定义的根本要素的详尽性，因为人们并不能够完全确定其分析的完备性。因此之故，数学在定义上的方法在哲学中是不可模仿的。

二、关于**公理**。公理，就其是直接确定的而言，都是先天综合原理。现在，不能把一个概念与另一个概念综合地而且毕竟是直接地结合起来，因为要使我们能够走出一个概念，就必须有第三种中介的知识。既然哲学仅仅是按照概念的理性知识，在它里面就不能发现任何一个原理理应

① 哲学充斥着错误的定义，尤其是那些虽然确实包含着定义的要素，但却尚不完备的定义。如果人们不等到对一个概念下了定义之后就根本不能从它开始做任何事情，那么，一切哲学思维的境况就糟糕透顶了。但是，既然就（分析的）种种要素所及，总是可以很好且可靠地利用它们，所以有缺陷的定义，亦即真正说来还不是定义、但除此之外却是真实的、从而是向定义的接近的命题，就可以得到有益的应用了。定义在数学中是 ad esse [既定的]，而在哲学中则是 ad melius esse [有待改善的]。达到定义是一桩美事，但却常常是困难的。法学家们还在为它们关于权利的概念寻找一个定义。

得到一个公理的名称。与此相反，数学能够有公理，因为数学凭借在对象的直观中构造概念而先天地并且直接地把对象的谓词联结起来，例如 B761 三个点在任何时候都处在一个平面上。与此相反，一个仅仅从概念出发的原理绝不能是直接确定的，例如“凡发生的事情都有其原因”这个命题；在这里，我必须寻觅一个第三者，也就是说，寻觅一个经验中的时间规定的条件，而不能径直地、直接地仅仅从概念出发来认识这样一个原理。因此，论证的原理完全是与直观的原理亦即公理不同的东西。前者在任何时候都还要求一种演绎，而后者则完全可以没有演绎；而且既然后者正因为这个理由是自明的，而这一点是哲学的原理无论如何确定都永远不能自称的，所以，纯粹的、先验的理性的任何一个综合命题都远远不能像**二乘二等于四**的命题那样显而易见（像人们习惯于固执地表述的那样）。虽然在分析论中，我也曾在纯粹知性的原理表中设想过某些直观的公理，但那里列举的原理本身却不是公理，而是被用来说明一般公理之可能性的原则，本身只不过是出自概念的原理而已。因为甚至数学的可能性在先验哲学中也必须予以展示。因此，哲学没有公理，也绝不可以如此绝对地规定它的先天原理，而是必须承认通过缜密的演绎来为它就这些先天原理而言的权限作辩护。 B762

三、关于**演证**。只有一种不容置疑的证明，就其是直观的而言，才可以叫做演证。经验告诉我们什么在场，但并不告诉我们它根本不能是别的样子。因此，经验性的证明根据并不能造成任何不容置疑的证明。但是，从（论证的知识中的）先天概念出发永远不能产生直观的确定性亦即自明性，哪怕判断在其他方面是不容置疑地确定的。因此，惟有数学才包含着演证，因为数学不是从概念，而是从概念的构造，也就是说从能够按照概念先天地被给予的直观中推导出自己的知识的。甚至代数通过归约从方程式中得出真值连同证明，其程序虽然不是几何学的构造，但却也毕竟是符号学的构造；在这种构造中，人们根据符号在直观中展示概念，尤其是量的关系的概念，甚至不关注启迪性的东西，通过把每一个推论都置于眼前而保证它们免于错误。与此相反，哲学的知识就必然缺乏这种优点，因为它在任何时候都必须抽象地（通过概念）来考察普遍的东西，而数学就能够具体地（在单个的直观中）、而且毕竟是通过 B763 纯粹的先天表象来考虑普遍的东西，此时任何错误都是显而易见的。因此，我宁可把前者称为**口授的**（论证的）**证明**，因为它可以完全通过语词（思想中的对象）来进行，而不称它为**演证**，演证如同这个术语已经说明的那样，是在对象的直观中进行的。

从所有这一切就可以得出：为一种独断的程序所充斥、用数学的名称和绶带来装饰自己，这并不适合于哲学的本性，尤其是在纯粹理性的领域里；哲学毕竟不属于数学的行列，尽管它有一切理由希望与数学结成姊妹关系。这种结合是虚荣的僭妄，它绝不可能得逞，毋宁说必然取消哲学的意图，即揭露一种错认其界限的理性的幻象，并凭借充分地澄清我们的概念来把思辨的自负引回到谦虚但又缜密的自知之明上。因此，理性在其先验的尝试中将不能如此信心十足地朝前看，就好像它走过的道路是如此笔直地通向目标似的，而且也不能如此大胆地指望自己作为基础的前提，以至于没有必要经常回顾，并且留意在推论的进程中是否
B764 暴露出在原则中被忽视、因而使得或者进一步规定这些原理或者完全更改它们成为必要的一些错误。

我把一切不容置疑的命题（无论它们是可证明的还是直接确定的）划分为**独断教理**和**学理**。一个出自概念的直接综合的命题是**独断教理**，与此相反，一个通过概念之构造而来的诸如此类的命题则是**学理**。分析判断关于对象教给我们的，真正说来并不多于我们关于该对象所有的概念自身已经包含的对象，因为它并不把知识扩展到主体的概念之外，而仅仅是说明这一概念。因此，这些判断没有理由能够叫做独断教理（这个词也许可以翻译为**教义**）。但是，在上述两种先天综合命题中，按照习惯用语，只有属于哲学知识的命题才使用这个名称，而人们很难把算术或者几何学的命题称为独断教理。因此，这种用法证实了我们作出的解释，即只有出自概念的判断才能叫做独断的，而出自概念之构造的判断则不能叫做独断的。

现在，整个纯粹理性在其纯然思辨的应用中不包含任何一个出自概念的直接综合的判断。因为它就像我们已经指出的那样，根本不能通过
B765 理念作出具有客观有效性的综合判断；但通过知性概念，它虽然建立起可靠的原理，却根本不是直接地从概念出发，而始终只是间接地通过这些概念与某种完全偶然的东西、亦即与**可能的经验**的关系来建立的；在这里，它们虽然在这种经验（某种作为可能经验的对象的东西）被预设

时当然是不容置疑地确定的，但就其自身而言（直接地）却根本不能被先天地认识。这样，就没有人能够仅仅从这些被给予的概念缜密地看出“凡是发生的事情都有其原因”这一命题。因此，这个命题并不是独断教理，尽管它从另一观点看来，也就是说从它的可能应用的惟一领域看来，亦即从经验看来，能够完全地并且不容置疑地得到证明。但是，它叫做原理而不叫做**教理**，尽管它之所以必须得到证明，乃是因为它具有特殊的属性，即它自己使得自己的证明根据亦即经验成为可能并且在进行经验时必须始终预设它。

于是，如果在纯粹理性的思辨应用中也在内容上根本没有独断教理，那么，一切**独断**的方法，无论它是借自数学家还是借自一种特别的风格，就都是不适当的。因为它们只是掩盖错误和失误、迷惑哲学罢了，而哲学的真正意图则是使理性的一切步骤都处在其最明亮的光照下。尽管如此，方法永远能够是**系统的**。因为我们的理性（在主观上）本身是一个 B766
体系，但是在它的纯粹应用中，借助纯然的概念，它却只是一个按照统一性的原理进行研究的体系而已，惟有经验才能为这种研究提供材料。但在这里，关于一种先验哲学的特有方法却不能说什么，因为我们所要做的只是对我们的能力状态的一种批判，看我们是否在任何地方都能够进行建筑，以及我们用自己拥有的材料（纯粹先天概念）能够把我们的建筑物建多高。

第二章　纯粹理性在其争辩应用方面的训练

理性在其一切行动中都必须经受批判，并且不能以任何禁令损害批判的自由而不同时损害它自身并为自己招致一种有害的怀疑。在这里，没有任何东西在其用途上如此重要，没有任何东西如此神圣，可以免除这种铁面无私、一丝不苟的审查。甚至理性的实存所依据的就是这种自由，理性没有独裁的威望，相反，它的裁决在任何时候都无非是自由公民的赞同，自由公民的每一个都必须能够言无不尽地表达他的疑虑乃至否决。 B767

但是，尽管理性绝不能**拒绝**批判，但它毕竟在任何时候都没有理由**惧怕**批判。不过，纯粹理性在其独断的（不是数学的）应用中并没有如此充分地意识到对其至上法律的最严格的遵循，以至于它不必羞怯地、甚至完全放弃一切僭妄的独断威望而出现在一个更高的、进行裁决的理性的批判性目光之前。

当理性所要对付的不是法官的审查，而是其同国公民的要求，而且应当针对这些要求为自己辩护时，情况就完全不同了。因为既然这些要求在否定上与它在肯定上是同样独断的，所以一种防免一切损害并提供一种不惧怕任何外来僭妄的合法占有权的辩护 χατ' αυθρωπον［就人而言］是成立的，尽管这种占有权 χατ' αληθειαν［就真理而言］并不能得到充分的证明。

所谓纯粹理性的争辩应用，我把它理解为针对对其命题的独断否定来为它们作出辩护。这里重要的不是其主张是否也许是错误的，而仅仅是没有人能够在某个时候以不容置疑的确定性（哪怕只是以较大的凭据）
B768 主张相反的东西。因为在我们面临一种——尽管不充足的——对它们的依法要求时，我们毕竟不是靠乞求来维护自己的占有权的，而且也完全可以确定，没有人能够证明这种占有权不合法。

纯粹理性有一种反论，而且毕竟扮演着一切争执的至上法庭的纯粹理性竟然陷入与自身的争执，这是件令人担忧、令人沮丧的事情。尽管我们在上面已经面临过它的这样一种表面上的反论；但显然，它所依据的是一种误解，也就是说，人们按照通常的成见把显象当成了物自身，然后以这种或者那种方式要求其综合的一种绝对完备性（但这种完备性以两种方式都是不可能的），而这是根本不能期望显象提供的。因此，就**“被给予的显象的序列自身有一个绝对最初的开端”**和“这个序列绝对地以及**就自身而言**没有任何开端”这两个命题来说，当时并不存在**理性**与自身的现实**矛盾**；原因在于：两个命题完全可以共存，因为就存在（作为显象）而言的**显象自身**根本不是什么东西，也就是说，是某种自相矛盾的东西，因而预设这样的显象自然而然一定会引起自相矛盾的结论。

B769 但是，如果一方以有神论的观点主张**有一个最高的存在者**，而另一方则以无神论的观点主张**没有一个最高的存在者**；或者在心理学中一方主张凡是思维的东西都具有绝对的、持久的统一性，因而有别于一切转瞬即逝的物质统一性，而另一方则与此对立，主张灵魂不是非物质的统一性，不能当做转瞬即逝性的例外；那么，就不能把这样一种误解当做口实，并由此来调解理性的争执。因为在这里，问题的对象不具有任何与它的本性相矛盾的异类的东西，知性与之打交道的是**事物自身**，而不是显象。因此，如果纯粹理性要站在否定一方说出某种接近一种主张的根据的东西，当然就会发现一种真正的冲突了；因为就对独断地作出肯定的人的证明根据作出批判而言，人们尽可以承认这种批判，而无须因此就放弃这些毕竟至少具有理性特殊旨趣的命题，反对者根本不能援引这一点。

关于我们纯粹理性的两个基本命题，即“有一个上帝”、“有一种来生”，一些杰出而且思虑深远的人士（例如**苏尔策**）由于感觉到迄今为止的证明的薄弱，而经常表达一种意见，认为人们可以希望有朝一日还将发现一些自明的演证；虽然，这种意见我并不苟同，毋宁说我确信这永 B770
远不会发生。因为对于这样一些不与经验的对象及其内在可能性发生关系的综合主张，理性要到哪里去获得根据呢？但是，永远不会出现某一个人，能够以最起码的凭据主张**相反的东西**，更不用说独断地主张它了，这也是不容置疑地确定的。因为既然他只能通过纯粹理性来阐明这一点，他就必须着手证明：一个最高的存在者是**不可能的**，在我们里面作为纯粹理智的思维主体是**不可能的**。但是，他要从哪里获得知识，使他有权利对超出一切可能的经验之外的事物作出如此综合的判断呢？因此，我们完全可以不用担忧某人有朝一日将证明相反的东西，因而我们也没有必要考虑合乎学院规范的证明，而是无论如何都接受那些命题，它们与我们理性在经验性应用中的思辨旨趣联系密切，此外又是把这种旨趣与实践旨趣统一起来的惟一手段。对于论敌（这里必须不仅仅视其为批判者）来说，我们已准备好了我们 non liquet［不明所以］这句话，这必定会使他不知所措，然而我们并不拒绝他对我们反唇相讥，因为我们始终还保留着理性的主观准则，这种准则是论敌必然缺乏的，在这种准则的 B771
保护下，我们就可以泰然自若地看待他的一切徒然的进攻。

以这样的方式，真正说来根本不存在纯粹理性的反论。因为这种反论的惟一战场应当在纯粹神学和心理学的领域里去寻找；但这一领地上并没有装备精良、手持令人惧怕的武器的斗士。他只能以讥讽和自夸来出现，这可以当做儿戏而一笑置之。这是一种令人慰藉的说明，可以重新鼓起理性的勇气；因为如果惟有理性才有资格荡涤一切谬误，而理性却在自身中遭到破坏，不能希望和平与宁静的占有，理性除此之外还想信赖什么呢？

凡是大自然本身所安排的东西，对任何一种意图来说都是好的。即便是毒物也被用来克制在我们自己的体液中产生的其他毒物，因而在药品的完备搜集（药房）中是不可或缺的。针对纯然的思辨理性的那些信念和自负的种种异议，本身是通过这种理性的本性被给予的，因此必然有其良好的使命和意图，切不可把它们当做耳旁风。天意把一些虽然与
B772 我们的最高旨趣有联系的对象置放得如此之高，使得我们几乎只能够以一种不清晰的、连我们自己都怀疑的知觉来发现它们，由此探索的目光多受刺激而少有满足，这是为了什么目的呢？就这样一些景观冒昧作出放肆的规定是否有用，这至少是可疑的，也许干脆是有害的。但无论如何，而且也毫无疑问，将探究和审查的理性置于完全的自由之中，以便它能够不受阻碍地照料自己的旨趣，是大有裨益的；无论是通过它为自己的洞识设置限制，还是通过它扩展自己的洞识，这种旨趣都将得到促进；而每当有外来的力量干涉，指挥理性违背自己的自然进程而追求强加的意图时，这种旨趣就会蒙受损失。

据此，且让你们的论敌展示理性，而你们也只用理性的武器与他斗争。此外，无须顾忌（实践旨趣的）好处，它根本不卷入纯然思辨的争执。在这种情况下，争执所揭示的无非是理性的某种二论背反，而这种二论背反既然所依据的是理性的本性，也就必须得到倾听和审查。争执通过对理性对象的考察而在两个方面培养理性，并通过限制它的判断来纠正它的判断。这里有争议的东西不是**事情**，而是**语气**。因为尽管你们必须放弃**知识**的语言，但你们仍保有足够的机会来使用一种坚定的**信仰**
B773 在最苛刻的批判面前得到辩护的语言。

如果人们询问冷静的、天性适宜于作出平静判断的**大卫·休谟**：是什么推动你们通过苦思冥想出来的疑虑来削弱对人们来说如此带来慰藉和有用的信念——即人们的理性洞识足以达到一个最高存在者的主张和确定概念——的呢？他会回答说：无非是增进理性的自知之明的意图，同时是对人们由于以理性自夸、又阻止理性坦率承认自己在审查自身时显露给它的种种弱点而想加给理性的强制感到的某种愤懑。与此相反，如果你们询问仅仅顺从**经验性的**理性应用的原理、对一切超验的思辨不

感兴趣的**普里斯特利**，他以什么动机来拆毁我们灵魂的自由和不死（来生的希望在他那里只是对复活这种奇迹的期待而已）这一切宗教的两大柱石，而他自己则是一个虔诚的、热心的宗教教师呢？他所能够作出的回答无非是：理性的旨趣；由于人们想使某些对象摆脱物质自然的那些我们惟一能够精确地认识和规定的规律，这种旨趣就会丧失。普里斯特利是知道把自己背谬的主张与宗教意图结合起来的；责骂他而使一个善 B774
意的人感到痛苦，似乎显得不公道，因为他一旦从自然学说的领域走出而迷失方向，就找不到路了。但是，这种惠爱必须也用于同样善意的、就其道德品质而言无可指责的**休谟**，他之所以不能离开自己的抽象思辨，乃是因为他正确地主张，抽象思辨的对象完全处于自然科学的界限之外，处于纯粹理念的领域之中。

在这里，尤其是鉴于似乎由此出发而威胁着公众利益的危险，应当怎么办呢？没有比你们因此而必须作出的那种决定更自然、更合理的了。且让这些人去做吧；如果他们显示出才能，如果他们显示出深刻的新颖研究，一言以蔽之，只要他们显示出理性，在任何时候就都是理性的胜利。如果你们采用的办法不同于一种不受拘束的理性的办法，如果你们高呼叛逆，像为了救火一般召集根本不熟悉如此精微的探究的普通公众，那么，你们就使自己成为笑柄了。因为这里所谈的，根本不是其中什么对于普通公众来说是有益的或者有害的，而仅仅是理性在其抽掉一切旨趣的思辨中究竟能够走多远，以及人们是必须指望这种思辨提供某种东 B775
西，还是宁可放弃它以取得实际的东西。因此，你们不必在其中持剑格斗，而毋宁说要在批判的安全席上平心静气旁观这场争斗，它对于斗士来说是艰辛的，但对于你们来说则是轻松愉快的，而且就一种肯定兵不血刃的结局而言，对于你们的洞识来说结果必定是大有裨益的。因为期待理性有所启蒙却又事先规定它必须必然地倾向于哪一方，这是十分背谬的事情。此外，理性已经自行由理性严加管束，拘束在限制之内，以至于你们根本不必召集巡逻队，以公民的抵抗来对付其令人忧虑的优势看起来对你们有害的一方。在这种辩证法中，不存在使你们有理由忧心忡忡的胜利。

理性也非常需要这样一场争斗，但愿它早日进行，而且是在不受限制的社会允许下进行。因为当争斗双方学会认识令他们发生冲突的假象和成见的时候，一种成熟的批判就会早日实现，而随着它的出现，所有这些争斗就必然自行终止。

在人类的本性中，存在着某种虚妄。它像一切由自然而来的东西一样，归根结底必然包含着一种善良目的的禀赋，也就是说，一种掩饰自
B776 己真正的意向并卖弄某种虚假的、人们视为善良可敬的意向的偏好。毫无疑问，人们通过这种既掩饰自己又伪装一种对人们有利的假象的倾向不仅使自己**开化**，而且使自己逐渐地在某种程度上**有道德**，因为没有一个人能够看穿彬彬有礼、正直可敬、谦和端庄的面饰，从而就在他于周围看到的善事的自以为真实的例证上，为自己找到一个从善的学校。然而，这种伪装得比人们更好、表现出人们不具备的意向的禀赋，只是仿佛**临时性地**用来使人脱离野蛮状态，首先使人至少接受他所知道的善良**风格**；因为在此之后，在真正的原理已经发展，并且成为思维方式之后，那种虚妄就必须逐渐地遭到坚决的反对，因为若不然，它就会败坏心灵，使善良的意向因外貌秀美的杂草丛生而无法生长。

在思辨的思维方式中，人们公正坦白地、毫不掩饰地承认自己的思想，毕竟障碍要少得多，而且甚至不乏好处，但令我遗憾的是，即便在
B777 它的种种表现中也看到同样的虚妄、做作和伪装。因为还有什么能比甚至一味虚假地彼此传递思想、掩饰我们对我们自己的主张所感到的怀疑、或者给不能令我们自己满意的证明根据以自明性的外表，对于认识更有害呢？然而，只要纯然的私人虚荣心造成这种不可告人的诡计（在不具有特别的旨趣并且不能轻而易举地获得不容置疑的确定性的思辨判断中，通常就是这种情况），毕竟就有别人的虚荣心**凭借公众的许可**与之对立，事情最终将达到最纯正的意向和正直——尽管早得多地——要使它们达到的结果。但是，在普通公众认为吹毛求疵的玄想家们所做的无非是动摇公众福祉的基础的地方，宁可凭借虚假的根据来赞助美好的事情，也不给美好事情的所谓敌人留下好处，把我们的声调降低到一种纯然实践信念的节制态度，并迫使我们自己承认缺乏思辨的和不容置疑的确定性，这不仅是明智的，而且也是允许的，甚至是值得称赞的。然而，我应当想到，世界上再也没有比诡计、做作、欺骗更不能与维护一件美好事情的意图相容了。在衡量一种纯然的思辨的理性根据时一切都必须真诚地
B778 进行，这是人们所能够要求的最低限度。但是，要是人们能够可靠地指

望这点小事情的话，那么，思辨理性关于上帝、（灵魂的）不死以及自由这些重要问题就要么早已作出裁决，要么很快就可以了结了。其实，意向的纯正常常与事情本身的顺利成反比，而且事情所拥有的正直诚恳的反对者也许比正直诚恳的捍卫者还要多。

因此，我以读者们不愿意看到以不义来捍卫正义的事情为前提条件。就读者们而言，按照我们的批判原理，如果人们所关注的不是发生的事情，而是应当合理地发生的事情，那么真正说来就必定根本不存在纯粹理性的争辩，这是断然无疑的。因为关于一个事物，双方中任何一方都不能在一种现实的或者哪怕是可能的经验中展现其实在性，他惟一苦思冥想的是该事物的理念，为的是从中得出比理念**更多的东西**，即对象本身的现实性，两个人怎么可能对它进行一场争论呢？既然双方的任何一方都不能使自己的事情直截了当地为人所理解和确定，而只能攻击和否定其对方的事情，它们还想用什么办法走出争论呢？因为纯粹理性的一切主张的命运就是：既然它们都超越了一切可能经验的条件，而在这些条件之外又不能在任何地方发现真理的确证，但它们尽管如此又都利用 B779
知性的规律，这些规律仅仅是为经验性应用规定的，没有它们在综合思维中便寸步难行，所以，它们在任何时候都可能把漏洞暴露给对方，并相互利用对方的漏洞。

人们可以把纯粹理性的批判视为纯粹理性一切争辩的真正法庭；因为它并不卷入这些直接关涉客体的争辩，而是旨在按照其最初使命的原理来规定和判断一般理性的合法因素。

没有这种批判，理性就仿佛是处在自然状态中，并且除了通过**战争**之外，就不能以其他方式来提出或者保障自己的主张和要求。与此相反，批判从其自身之确立的基本规则获得一切决定，这些基本规则的威望是没有一个人能够怀疑的，所以，批判就为我们创造了一种法治状态的安宁。在这种状态中，除了**诉讼**之外，我们不应当以别的方式来进行我们的争执。在前一种状态中结束争执的是双方都自夸的**胜利**，而继这种胜利之后，大多数情况下是调停的权力建立的一种不大可靠的和平；而在第二种状态中，结束争执的则是**判决**，它由于在这里涉及争执的根源， B780
就必然保证一种永久的和平。一种纯然独断的理性的无休无止的争执，也就迫使人们最终在这种理性本身的某种批判中、在一种建立在批判之上的立法中寻求安宁；正如**霍布斯**所言：自然状态是一种无法和暴力的状态，人们必须离开这种状态，而服从法律的强制，惟有这种强制才把我们的自由限制在能够与任何一个他人的自由、并正是由此而与公共利益共存的地步。

属于这种自由的，还有公开地展示自己的思想和自己不能解决的怀疑以供评判、而不会因此被人骂成不安分守己的危险公民的自由。这已经包含在人类理性的源始权利之中，除了本身又是每一个人都在其中有发言权的普遍人类理性之外，人类理性不承认任何别的法官；而既然我们的状态能够获得的一切改进都必须来自这种普遍的人类理性，所以这样一种权利就是神圣的、不可侵犯的。至于某些大胆的主张或者对已经获得大部分公众或者公众中最优秀部分赞同的主张的放肆攻击，宣布它
B781 们是危险的，这种做法也是非常不智的；因为这意味着给予它们以它们根本不应当具有的重要性。如果我听说，一个非凡的人否证了人的意志的自由、一种来生的希望和上帝的存在，那么，我就会渴望读这本书，因为我期望他的才能会增进我的见识。我事先已经完全确定地知道他在所有这些事情上将毫无建树；这并不是因为我相信自己已经拥有对这些重要命题的不容置疑的证明，而是因为向我揭示我们纯粹理性的全部存货的先验批判使我完全相信，就像纯粹理性在这个领域完全不足以作出肯定的主张一样，它也同样所知甚少、甚至更少，不能对这些问题否定地断言某种东西。因为所谓的自由精神要从何处获得例如没有一个最高存在者的知识呢？这个命题处在可能经验的领域之外，因而也处在一切人类洞察力的界限之外。至于反对这个敌人为美好事情做独断辩护的人，我根本不会读他的东西，因为我事先就知道，他之所以攻击他人的虚假根据，只是为了给他自己打开入门通道，此外，一种平庸的幻相毕竟不如一种新奇的、巧妙构思出来的幻相，为新的说明提供如此之多的材料。
B782 与此相反，按照自己的方式也独断地反对宗教的人，却会给我的批判提供所期望的工作和更多的纠正批判的原理的机缘，而丝毫不会因他而担心什么东西。

但是，毕竟至少应当警告被托付给大学教育的青年提防诸如此类的作品，在他们的判断力成熟或者毋宁说人们要在他们心中建立的学说根深蒂固，能够有力地对抗不管来自何处的相反主张的劝说之前，应当阻

止他们早知道如此危险的命题吗?

如果在纯粹理性的事情上坚持独断的行事方式，真正说来以论战的方式，也就是说人们自己加入战斗，用相反主张的证明根据武装自己，如此来打发对手，那么，**就当前而言**，当然没有任何东西比在一段时间内将青年的理性置于监护之下，而且至少在这段时间内保护他免受诱惑更为可取了，但同时，**就久远而言**，也没有任何东西比这更无价值、更为无益了。如果以后或者是好奇心、或者是时代的流行格调将诸如此类的作品送到青年的手中，在这种情况下，那种年轻的信念还经得起考验吗？仅仅手持独断的武器来抵抗其论敌的进攻、不懂得阐发同样蕴藏在 B783
他自己和他的对立面的胸中的隐秘辩证法的人，所看到的是具有新颖性优势的虚假根据出来反对不再具有新颖性优势，而毋宁说是令人怀疑其滥用青年的轻信的虚假根据。他相信，再也没有比抛弃那些善意的警告能够更好显示他已经长大成人而不再需要童年的管教了；而且由于独断的习惯，他把独断地毁坏他的原理的毒药一饮而尽。

在大学的教学中，必须施行恰恰与人们在此所提建议相反的东西，当然只是在一种纯粹理性批判的缜密教育的前提条件下。因为要使批判的原则尽早地付诸实施，并且显示它们在辩证幻相达到极度时的充足性，就绝对需要把在独断论者看来如此可怕的攻击对准他那虽然孱弱、但已经由批判启蒙了的理性，让他尝试逐一地根据那些原理检验那些没有根据的主张。让这些主张化为乌有，可能对他来说毫无困难，这样，他就及早地感觉到他自己完全保护自己防免有害幻象的力量，这些幻象最终必将对他失去一切光泽。尽管摧毁敌人建筑物的同一些打击，对他自己 B784
的思辨建筑物——如果他打算建起诸如此类的建筑物的话——也必然是同样毁灭性的，但他毕竟对此毫不担忧，因为他根本不需要居住在里面，而是还可以寄希望于实践领域，在那里，他有理由能够希望找到一块更坚实的地基，以建立他的理性的、有益的体系。

据此，在纯粹理性的领域里没有真正的论战。双方都是在与自己的影子角斗的虚假斗士，因为他们都超出了自然，在那里，对于他们独断的把握来说，没有任何东西可抓可握。他们卖力争斗；他们劈开的影子就像奥丁神接待战死者英灵的殿堂中的英雄们一样，瞬间就又长到了一块儿，以便让他们能够重新在不流血的格斗中消遣取乐。

但是，纯粹理性也没有一种可以容许的怀疑论应用，可以称为其一切争执中的中立性原理。煽动理性反对自己，从两方面给它提供武器，然后平心静气地、冷嘲热讽地旁观其猛烈的格斗，这从一种独断的观点来看不是妥当的，而是本身有一种幸灾乐祸的和阴险的性情的样子。然而，如果人们看一看那些不愿意让任何批判来节制自己的玄想家们抑制
B785 不住的妖言惑众和大言不惭，那么，也委实没有别的办法，惟有让一方的大言不惭与另一种依据同样权利的大言不惭相互对立，以便让理性由于一个敌人的抵抗而至少起点疑心，对自己的僭妄有所怀疑，倾听批判的意见。然而，一味安于这种怀疑，并由此而想推崇，对自己的无知的相信和承认不仅是治疗独断的自负的药方，而且是终止理性与自身冲突的方式，这是一种完全徒劳的举动，而且绝不可能适宜于给理性创造一个歇息地，而至多是把它从独断美梦中唤醒，以便更仔细地审查自己的状态的一种手段。然而，既然这种摆脱令人讨厌的理性争执的怀疑论风格看起来仿佛是达到一种持久的哲学安宁的一条捷径，至少是那些在对所有这一类的研究的冷嘲热讽中想装出一副哲学样子的人们乐于选择的大道，所以，我认为有必要尽量地展示这种思维方式的特点。

B786

论以怀疑论的方式满足与自己冲突的理性的不可能性

对于我的无知的意识（如果这种无知并不同时被认为是必然的）并不应当终止我的研究，而毋宁说是唤醒这些研究的真正原因。一切无知，都要么是对事物的无知，要么是对我的知识的规定和界限的无知。如果无知是偶然的，那它就必然推动我作出研究，在第一种情况中**独断地**研究事物（对象），在第二种情况中**批判地**研究我的可能知识的界限。但是，至于我的无知是绝对必然的，因而使我无须任何进一步的研究，这不能经验性地从**观察**出发来澄清，而是只能批判地通过**探究**我们知识的最初源泉来澄清。因此，我们知识的界限规定只能按照先天根据来进行；但是，知识的限制——它是对一种永远不能消除的无知的一种尽管并不确定的知识——则也可以后天地、通过我们无论知道什么也还有待我们
B787 去知道的东西来认识。因此，对无知的前一种通过对理性本身的批判才

成为可能的知识是**科学**，而后一种则无非是人们不能说推论本身可以达到什么程度的**知觉**而已。如果我把地球表面（根据感性外表）想象成一个圆盘，我并不能知道它延伸到什么程度。但是经验教导我：无论我往哪里去都在自己的周围看到一个空间，我可以继续往那里去；因此，我知道我每次现实的地球知识的限制，但却不知道一切可能的地理学的界限。但是，如果我毕竟达到了如此程度，即知道地球是一个球体，它的表面是一个球面，那么，我就也能够确定地并且按照原则先天地从它的一个小部分——例如经纬度的大小——出发认识直径，并通过直径认识地球的整个边界，即它的表面；而尽管我就这个表面所可能包含的种种对象而言是无知的，但我毕竟就它所包含的范围、它的大小和限制而言不是无知的。

我们知识的一切可能对象的总和在我们看来是一个具有其明显视界的平面，也就是说，是包含着这些对象的全部范围、被我们称为无条件的总体性的理性概念的东西。经验性地达到这个概念，是不可能的事情，一切按照某一个先天原则来规定它的尝试都是徒劳的。然而，我们纯粹理性的一切问题毕竟都是指向可能处于这个视界之外、或者充其量处在 B788
它的边界线上的东西的。

著名的**大卫·休谟**是人类理性的地理学家之一，他自以为通过把那些问题推移到人类理性的视界之外，就已经充分地把那些问题全都了结了，而这个视界却毕竟是他未能规定的。尤其是，他讨论了因果性原理，对它作出了完全正确的说明，即人们不能把它的真理性（甚至一般作用因的概念的客观有效性也不行）建立在任何洞识亦即先天知识之上，因而也根本不是这个规律的必然性，而仅仅是它在经验进程中的一种普遍可用性和由此产生的一种他称之为习惯的主观必然性，构成了这个规律的全部威望。从我们理性无能对这一原理做一种超越一切经验的应用出发，他推论出理性超越到经验性东西之外的一切僭妄的无效用性。

人们可以把这一类的行事方式，即让理性的所作所为经受检验，需要的话经受责难，称为理性的**审查**。毫无疑问，这种审查将不可避免地导致对原理的一切先验应用的**怀疑**。然而这只是第二步，还远远不能完 B789
成工作。在纯粹理性的事情上标志着它的童稚时代的第一步是**独断的**。上述第二步是**怀疑的**，证明由于经验而学乖了的判断力的谨慎。但还需要有第三步，它属于成熟了的、成年的判断力，这种判断力以可靠的、在其普遍性上已得到证明的准则为基础，也就是说，不是让理性的所作所为，而是让理性本身根据其全部能力和对纯粹先天知识的适应性来经受评价；这不是理性的审查，而是理性的**批判**，由此不仅仅是理性的**限制**，而且是理性的**界限**，不仅仅是在这一部分或者那一部分的无知，而是某一类的一切可能问题方面的无知，都不仅是被猜测，而且是从原则出发被证明。这样，怀疑论就是人类理性的一个歇息地，在这里人类理性能够思索自己的独断历程，勾画自己所处的区域，以便能够以更多的可靠性来进一步选择自己的道路，但它并不是固定居留的住所；因为这样的住所只能以一种完全的确定性来发现，要么是对象本身的知识的确
B790 定性，要么是我们关于对象的一切知识都被包围在其中的界限的确定性。

我们的理性不是一个延展之远无法确定、其限制人们只能一般而言地认识的平面，相反，毋宁说它必须被比做一个球体，其半径可以从其表面的弧的曲度（先天综合命题的本性）来得出，而由此也可以准确地说明它的体积和界限。在这个球体（经验的领域）之外，没有任何东西能够是它的客体；即便是关于诸如此类自以为的客体的问题，也仅仅涉及对能够在这个球体内部的知性概念中间出现的种种关系作出完全规定的主观原则。

就像预先推定经验的知性原理所说明的那样，我们确实拥有先天综合知识。如果有人根本不能理解这些原理的可能性，那么，他虽然可能一开始就怀疑这些原理是否确实先天地为我们所固有，但他还不能就把这宣布为这些原理不可能贯穿纯然的知性力量，宣布理性按照这些原理的准绳所采取的所有步骤都是无效的。他只能说：如果我们能够看出这些原理的起源和真实性，那么，我们就会能够规定我们理性的范围和界限；但在做到这一点之前，后者的一切主张都是盲目冒险的。而以这样
B791 的方式，对一切无须理性的批判本身就在进行的独断哲学的完全怀疑就是完全有根有据的了；但理性毕竟不能因此就被完全否认有这样一种进步，如果这种进步是由更好的奠基来做准备和保障的话。因为纯粹理性呈现给我们的一切概念、乃至一切问题，都不在经验中，而是本身又在理性中，因而必须能够被解决，并且根据其有效性或者无效性来把握。我们也没有权利以我们的无能为借口而拒绝这些课题、拒绝进一步研究

它们，就好像它们的解决实际上在事物的本性之中似的，因为理性只是在自己的母腹中产生出这些理念本身，因而它有义务对这些理念的有效性或者辩证幻相作出说明。

独断论者不对其源始的客观原则设置任何怀疑，也就是说，不做任何批判，神气活现地昂首阔步。一切怀疑的论战真正说来都只是针对独断论者的，仅仅为的是改变他的思路，使他有自知之明。就自身而言，这种自知之明在我们能够知道和我们不能够知道的东西方面完全不能澄清什么东西。理性的一切落空了的独断尝试都是经受审查总归有益的所 B792
作所为。但是，对于理性希望其未来的努力有更好的成就并在此之后提出种种要求的期待来说，这并不能决定任何东西；因此，纯然的审查绝不能终结关于人类理性的合法性的争执。

既然**休谟**也许是所有怀疑论者中间最有头脑的怀疑论者，而且就怀疑方法对唤醒一种缜密的理性检验所能够施加的影响而言毋庸置疑是最杰出的怀疑论者，所以只要与我们的意图相适合，就值得花费力气去弄清楚他的推论过程和一位如此明察秋毫而又可敬的人物的失误，他的推论毕竟是沿着真理的轨迹开始的。

休谟虽然从未完全阐明，但他也许想到：我们在某类判断中超出了我们关于对象的概念。我把这类判断称为**综合的**。我如何能够借助经验超出我迄今所有的概念，这是没有疑问的。经验本身就是知觉的综合， B793
这种综合通过其他附加的知觉而扩大了我借助一个知觉拥有的概念。然而，我们相信也能够先天地超出我们的概念并扩展我们的知识。我们试图这样做，或者就至少能够是一个**经验客体**的东西而言通过纯粹的知性，或者就事物绝不能在经验中出现的属性、乃至绝不能在经验中出现的对象的存在而言甚至通过纯粹的理性。我们这位怀疑论者并没有像他本应当做的那样区分这两类判断，径直把概念从自身出发的这种扩大，以及可以说把我们知性（连同理性）无须通过经验受胎的自行生殖视为不可能的，从而把理性的一切自以为的先天原则都视为想象出来的，并认为它们无非是一种从经验及其规律产生的习惯，从而是纯然经验性的、也就是说就自身而言偶然的规则，而我们却把一种自以为的必然性和普遍性归于这些规则。但是，为了维护这一令人吃惊的命题，他诉诸众所周知的因果关系原理。因为既然没有一种知性能力能够把我们从一个事物

的概念导向由此普遍必然地被给予的某种别的东西的存在，所以他相信
由此就可以推论出：没有经验，我们就没有任何东西能够扩大我们的概
B794 念并使我们有权利作出这样一种先天地扩展自身的判断。照射蜡的阳光
同时使蜡融化，但又使陶土坚硬，没有知性能够从我们事先关于这些事
物已有的概念出发猜出这些事情，更不用说按照规律推论出它们了，惟
有经验才能教给我们这样一条规律。与此相反，我们在先验逻辑中却已
经看到：尽管我们绝不能**直接地**超出被给予我们的概念的内容，但我们
毕竟能够完全先天地、但却是与一个第三者相关——亦即与**可能的**经验
相关，从而毕竟是先天地——来认识与其他事物联结的规律。因此，尽
管没有经验我就既不能先天地、无须经验的教导就确定地从结果出发认
识到原因，也不能先天地、无须经验的教导就确定地从原因出发认识到
结果，但如果之前变硬的蜡融化，我就能够先天地认识到，必定有某种
先行的东西（例如太阳的热），这件事是按照一条固定的规律继之而起
的。因此，他错误地从我们**按照规律**作出规定的偶然性推论出**规律**本身
的偶然性，把超出一个事物的概念到达可能的经验（这是先天地发生的，
并构成概念的客观实在性）与现实经验的对象的综合（这当然在任何时
候都是经验性的）混为一谈；但这样一来，他就把位置在知性之中并陈
述必然的联结的亲合性原则变成了一条联想的规则，后者仅仅在进行模
B795 仿的想象力中才被发现，并且只能表现偶然的结合，根本不能表现客观
的结合。

但是，这位通常极为敏锐的人物的怀疑论失误，主要产生自他毕竟与一切怀疑论者共有的一种缺陷，即他没有系统地综观先天知性综合的一切方式。因为那样的话，他就会——无须提及其他原理——发现**持久性的原理**乃是这样一条与因果性原理一样预先推定经验的原理。由此他就会也能够给先天地扩展自身的知性和纯粹的理性划出一定的界限。但是，既然他只是**限制**我们的知性，而不给它**设置界限**，而且造成了一种普遍的怀疑，但却没有造成对我们不可避免的无知的某种确定的知识；既然他让我们知性的一些原理接受审查，却并不就这种知性的全部能力而言将它置于批判的试验天平上，而且在他否认知性具有它实际上不能提供的东西时继续前进，否认知性有先天地扩展自己的任何能力，尽管他并没有评估过这整个能力；所以，他也遭遇到了在任何时候都击败怀

疑论的那种东西，即他本人也遭到怀疑，因为他的责难所依据的仅仅是偶然的事实，但却不是能够使人必然放弃作出独断主张的权利的原则。 B796

既然他在知性有根据的要求和他的攻击本来主要针对的理性的辩证僭妄之间不知道有任何区别，所以，其极为特有的热情在这里没有受到丝毫干扰、而只是受到阻碍的理性，就觉得其扩张的空间并没有被关闭，而且即使它的尝试在这里或者那里受到挫折，也绝不能使它完全停止这些尝试。因为人们武装起来抵抗攻击，更为固执地坚持贯彻自己的要求。但是，对他的能力的全盘评估以及由此产生的鉴于更高的要求无效用而对一个狭小疆域的确定性的信念，将取消一切争执，并推动人们心平气和地满足于一种受限制的、但却无争议的产业。

非批判的独断论者没有测量过自己的知性的疆域，从而没有按照原则规定过他的可能知识的界限，所以他并非事先已知道自己能够有多少知识，而是想通过纯然的尝试来弄清这一点。对于这样的独断论者，这些怀疑论的攻击就不仅是危险的，而且对他来说甚至是毁灭性的。因为只要他在哪怕仅仅一个他不能为之辩解、但也不能从原则出发阐明其幻 B797
相的主张上被击中，怀疑就会落到所有的主张头上，不管这些主张通常是怎样有说服力。

这样，怀疑论者就是独断的玄想家的管教师傅，敦促他对知性和理性本身作出一种健康的批判。如果他做到了这一点，他就不必再惧怕任何攻击了；因为他在这种情况下就把自己的财产与完全处在他的财产之外的东西区分开来了；他对后者不提出任何要求，也不可能被卷入关于后者的争执。这样，虽然怀疑的方法就自身而言对于理性的问题来说并不是**令人满意的**，但却毕竟是**预备性的**，为的是唤起理性的谨慎，并指示能够确保理性合法财产的周密手段。

第三章　纯粹理性在假说方面的训练

由于我们通过我们理性的批判最终知道的就是，我们在理性纯粹的和思辨的应用中事实上不能知道任何东西，所以，批判岂不是应当为**假说**开辟一个更为宽广的领域吗？因为即便不允许断言，至少也允许有所创见和有所意见。

B798 如果想象力应当不是**空想**，而是在理性的严格监视下**有所创见**，那么，就必须总是事先有某种东西是完全确定的，不是虚构的或者纯然的意见，而这就是对象本身的**可能性**。在这种情况下，就允许关于对象的现实性而求助于意见，但是，意见只要想不是毫无根据的，就必须把现实地被给予、从而确定的东西当做解释根据而与之相联结，而且在这种情况下就叫做**假说**。

既然我们对于力学联结的可能性不能先天地形成丝毫的概念，而且纯粹知性的范畴不是被用来臆造诸如此类的联结，而是被用来当它在经验中被发现时去理解它，所以我们不能根据一种新的、不能经验性地说明的性状来按照这些范畴原初地想出任何一个对象，并把这种性状作为允许的假说的基础；因为这意味着加给理性的不是事物的概念，而是空洞的幻觉。这样，臆造某些新的源始力量，例如一种能够无须感官而直观其对象的知性，或者一种没有任何接触的扩张力，或者一种新的实体，例如没有不可入性而在空间中在场的实体，这都是不允许的，因而不允许的还有各实体的一种与经验所给予的任何共联性都不同的共联性，一种不同于在空间之中的在场，一种不同于仅仅在时间之中的存续。一言
B799 以蔽之，对我们的理性来说，惟有把可能经验的条件当做事物可能性的条件来使用才是可能的，但完全不依赖于后者来创造前者是绝对不可能的，因为诸如此类的概念虽然没有矛盾，但却也不会有对象。

如以上所说，理性概念是纯然的理念，当然没有在某一经验之中的对象，但并不因此就表示被创制出来、同时被假定为可能的对象。它们是仅仅或然地设想的，为的是在与它们（作为启迪性的虚构）的关系中建立知性在经验领域里的系统应用的范导性原则。如果脱离这一点，它们就是纯然的思想物，其可能性就不可证明，因而它们也不能通过一种假说被奠定为现实显象的基础。把灵魂**思维**成单纯的，这是完全允许的，为的是按照这个**理念**把一切心灵力量的一种完备的和必然的统一性——尽管人们不能具体地认识它——奠定为我们判断其内部显象的原则。但是，**假定**灵魂是单纯的实体（一个超验的概念）则是一个不仅不可证明
B800 （像许多物理学假说那样）、而且也是任意盲目地冒险提出的命题，因为单纯者根本不能在任何一个经验中出现，而且如果人们在这里把实体理解为感性直观的持久客体，那么，一种**单纯的显象**的可能性是根本看不

出来的。不能凭借理性的任何有根据的权限把纯然理知的存在者或者纯然理知的事物属性假定为意见，尽管（因为人们对它们的可能性或者不可能性没有任何概念）也不能通过任何自以为更好的洞识来独断地拒斥它们。

为了说明被给予的显象，除了按照显象已知的规律被设定在与被给予的显象的联结之中的事物和解释根据之外，不允许援引任何别的事物和解释根据。在一个**先验假说**中，一个纯然的理性理念被用来解释自然事物，因此，这个先验假说根本不是解释，因为这是以人们根本不理解的东西来解释人们根据已知的经验性原则不能充分理解的东西。这样一种假说的原则真正说来也只会被用来满足理性，但却不能用来促进就对 B801
象而言的知性应用。自然中的秩序和合目的性必须又从自然根据出发并按照自然规律来解释，而且这里即便是最放肆的假说，只要它是自然的，也比一种超自然的假说——例如诉诸人们为此目的预设的属神创造者——更可忍受。因为后者是怠惰的理性（ignava ratio）的一条原则，即一下子略过人们就其实在性而言、至少就其可能性而言还可以通过进一步的经验来认识的一切原因，以便在一个对理性来说十分惬意的纯然理念那里歇息。但是就原因序列中解释根据的绝对总体性来说，这在种种世界客体方面并不造成任何障碍，因为既然这些世界客体无非是显象，在它们那里也就绝不能希望条件序列的综合中有什么完成了的东西。

理性的思辨应用的先验假说和为弥补自然解释根据的匮乏而必要时使用超自然的解释根据的自由，是根本不能被允许的，这部分是因为由此根本没有促进理性，而毋宁说切断了它的应用的整个进程，部分是因为这种许可最终必然使理性丧失耕耘自己特有的田地亦即经验的田地所得的一切果实。因为当自然的解释在这里或者那里对我们来说有困难时，我们手边总是有一种超验的解释根据，它使我们免除那种研究，而且不 B802
是通过洞识，而是通过一个事先已经如此想出、使之必然包含着绝对最初者的概念的原则之全然不可理解性来结束我们的探索。

值得接受一种假说的第二个必要因素，是假说的充足性，即足以从它出发先天地规定被给予的后果。如果人们为此目的被迫援引一些辅助性的假说，它们就给人以一种纯然的虚构的嫌疑，因为它们中的每一个都需要被奠定为基础的思想所必需的同一种辩护，从而不能提供可靠的见证。即使通过预设一个不受限制的完善的原因，不再缺乏世间存在的一切合目的性、秩序和伟大的解释根据，但鉴于至少按照我们的概念毕竟显示出来的偏差和灾难，那个预设要对付这些作为反驳的偏差和灾难而得到维护，却还需要新的假说。如果人类灵魂的那种被奠定为灵魂种种显象之基础的单纯的自主性，由于其类似于物质种种变化（生长与衰退）的现象这些困难而受到攻击，那么，就必须求助于新的假说，这些
B803 假说虽然不无可信，但却除了被假定为主要根据的那种意见给予它们的证明之外，毕竟没有任何证明，而它们尽管如此却本应当是来支持那种意见的。

如果这里当做实例所援引的理性主张（灵魂非形体的统一性和一个最高存在者的存在）不应当被视为假说，而应当被视为已先天地证明了的独断教理，那么，在这种情况下就根本不谈它们。但在这样的场合人们就要留意，证明具有一种演证的不容置疑的确定性。因为要使这样的理念的现实性成为仅仅**盖然的**，则与人们想仅仅盖然地证明一个几何学命题一样是一个荒唐的意图。与一切经验隔离的理性只能先天地认识一切，并且认其为必然的，或者就不能认识任何东西；因此，理性的判断绝不是意见，要么是放弃一切判断，要么是不容置疑的确定性。关于属于事物的东西的意见和盖然的判断只能作为现实地被给予的东西的解释根据，或者作为按照经验性规律出自现实地作为基础的东西的后果出现，从而仅仅在经验对象的序列中出现。在这个领域之外，**有所意见**只不过是思想游戏而已，除非人们对于一条不可靠的判断道路还有一种意见，即沿着它还能够找到真理。

B804 但是，就纯粹理性的纯然思辨问题而言，虽然没有任何假说成立，让人把命题建立在它上面，然而为了在必要的时候维护这些命题，假说还是完全允许的，也就是说，虽然不是在独断的应用中，但毕竟在争辩的应用中是完全允许的。不过，我并不把维护理解为增多其主张的证明根据，而是仅仅理解为驳斥论敌的那些应当损害我们主张的命题的虚假认识。但是，所有出自纯粹理性的综合命题都自身具有特殊之处，即如果主张某些理念的实在性的人所知绝不足以确证他的这个命题，但另一方面，论敌所知也同样地少，不足以主张相反的东西。人类理性命运的这种平等虽然在思辨知识中并不偏袒双方中的任何一方，而且这里也是

永远无法调停的争执的真正战场。但后面将表明，就**实践应用**而言理性有一种权利，即假定它在纯然思辨的领域里没有充足的证明根据就没有权限以任何方式预设的东西，因为所有这样的预设都将损害思辨的完善性，而实践的旨趣则根本不考虑这种完善性。因此，理性在实践应用中是占有的，它无须证明这种占有的合法性，而且事实上它也不能证明这种合法性。因此，论敌应当作出证明。但是，既然论敌为阐明被怀疑的 B805
对象不存在，关于该对象所知与主张该对象的现实性的前者所知一样少，所以这里就表现出主张某种东西是实践上必要的预设这一方的优势（melior est conditio possidentis [占有者的地位更优越]）。也就是说，他可以随意仿佛是出自正当防卫而为自己的美好事物使用论敌用来攻击这一事物的同样手段，即假说，假说根本不是用来加强对他的事物的证明，而只是要表明论敌关于争执的对象所理解的太少，使他不能自夸对我们拥有思辨洞识的优势。

因此，在纯粹理性的领域里，假说只是作为战斗的武器才被允许，不是为了在它上面建立一种权利，而仅仅是为了维护一种权利。但是，我们在这里任何时候都要在我们自身中寻找论敌。因为思辨的理性在其先验应用中**就自身而言**是辩证的。应当惧怕的反对意见就在我们自己里面。我们必须立刻搜寻出陈旧的、但绝不失效的要求，以便在对它们的否定上建立起永久的和平。外表的宁静只是徒有其表。蕴藏于人类理性的本性之中的争斗根苗必须被根除；但是，如果我们不给它以自由乃至营养使其长出枝叶，以便由此彰显出来，然后把它们连根拔掉，我们怎 B806
么能够根除它呢？因此，你们要想出任何论敌还没有想到的反对意见，甚至给他提供武器，或者允许他拥有他梦寐以求的最有利地位！在此没有任何可惧怕的东西，而是要有希望，也就是说，你们将为自己创造一份永远不会再受搅扰的产业。

因此，属于你们的全面装备的，还有纯粹理性的假说，这些假说虽然只是铅制的武器（因为它们没有经过经验规律的锤炼），但却与任何论敌用来攻击你们的武器同样有效。因此，如果你们就灵魂（在某种别的、非思辨的考虑中）被假定的非物质的、不服从任何形体变化的本性而言遇到困难，即尽管如此经验似乎是证明我们精神力量的振作或者错乱纯然是我们器官的不同变状，那么，你们就可以这样来削弱这种证明的力量，即你们假定，我们的肉体无非是在现在的状态中（在此生中）感性以及一切思维的全部能力都以之为条件而与之相关的基础显象。与肉体的分离是你们的认识能力的这种感性应用的结束和理智应用的开端。因
B807 此，肉体不是思维的原因，而是思维的一种纯然限制条件，因而虽然应当被视为感性生命和动物性生命的促进，但却更多地被视为纯粹生命和精神性生命的障碍，而前者对形体性状的依赖丝毫不证明整个生命对我们各器官的状态的依赖。但你们还可以继续前进，发现全新的、要么没有被提出过要么没有被充分展开的怀疑。

生育无论在人这里还是在无理性的造物那里，都取决于机遇，此外还经常取决于生计，取决于政府及其情绪和想法，甚至经常取决于坏习惯，其偶然性使得一种其生命首先在如此微不足道的、而且完全听任我们自由的状况下开始的造物延伸到无限的存续极为困难。至于整个类（在此尘世）的存续，这种就类而言的困难是微乎其微的，因为在个别事物中的偶然事件仍然服从在整体中的规则；但就每一个个体而言期待如此微不足道的原因产生如此强有力的结果，则当然是令人生疑的。但是，你们可以提出一种先验的假说来反驳之：一切生命真正说来都只是理知
B808 的，根本不服从时间的变化，既不由于生而开始，也不由于死而结束；这种生命无非就是一种纯然的显象，也就是说，是关于纯粹的精神生命的一种感性表象，而整个感官世界则纯然是飘浮在我们现在的认识方式面前的一幅图画，像一场梦那样就自身而言没有客观的实在性；如果我们应当**如其所是**地直观事物和我们自己，我们就会在一个种种精神自然的世界中看到自己，我们与这个世界的惟一真实的共联性既不由于生而开始，也不由于肉体死亡（作为纯然的显象）而终止，如此等等。

尽管我们对于我们在这里以假说的方式提出来应付攻击的这一切都一无所知，也不是认真地这样主张，就连理性理念也不是，仅仅是为自卫而**设想出来的**概念而已，我们在这里也毕竟是完全按照理性行事的，因为我们只是向由于错误地把其经验性条件的缺乏说成是我们所相信的东西之全然不可能性的一种证明、就认为穷尽了一切可能性的论敌指出：就像我们在经验之外不能以有根据的方式为我们的理性获得任何东西一样，他也不能通过纯然的经验规律就囊括可能事物自身的整个领域。某人针对肆无忌惮地作出否定的论敌的僭妄提出这样的假说性反对意见，

不得被认为好像他自己把这样的反对意见当做他自己的真实意见来采用 B809
似的。一旦他处置了自己论敌的独断自负，他就会放弃这些意见。因为如果某人对他人的主张一味采取拒斥和否定的态度，则无论看起来是怎样的谦逊和委婉，一旦他想使自己的这些反对意见成为对立面的证明，这种要求在任何时候都是同样傲慢和自负的，就好像他选择了肯定立场及其主张似的。

可见，在理性的思辨应用中假说作为意见自身并没有有效性，而是仅仅相对于相反的超验僭妄才具有有效性。因为可能经验的原则扩张到一般事物的可能性，这与主张这样一些除了在一切可能经验的界限之外就不能在任何地方发现其对象的概念的客观实在性一样是超验的。纯粹理性断然地作出判断的东西，必定（与理性所认识的一切东西相同）是必然的，或者它就什么也不是。据此，纯粹理性事实上不包含任何意见。但是，上述假说只是或然性的判断，它们至少是不能被驳倒的，尽管它们当然也不能被任何东西所证明，因此它们是纯粹的私人意见①，但毕竟为了抵御时常发生的疑虑（甚至为了内心的安宁）可以说是不可或缺的。 B810
但是，人们必须把它们保持在这种品格之中，小心提防它们就自身而言可信地出现，有了某些绝对的有效性，使理性沉溺于虚构和幻象。

第四章　纯粹理性在其证明方面的训练

先验的和综合的命题的证明，在一种先天综合知识的所有证明中间自有其特别之处，即理性在前一些证明中不可以凭借其概念径直地转向对象，而是必须先天地阐明概念的客观有效性及其综合的可能性。这并不仅仅是必不可少的审慎规则，而是涉及证明自身的本质和可能性。如果我应当先天地超出关于一个对象的概念，离开一个特殊的、处在这个概念之外的导线，这就是不可能的。在数学中，是先天直观在引导着我的综合，在这里，一切推论都可以直接地根据纯直观来进行。在先验知

① 哈滕施泰因把 keine［不是］改为 reine［纯粹的］，也被我接受，其正确性特别遭到戈尔德施密德和许恩德弗尔（Schöndörffer）的否定。但是，两位诠释者没有留意语法语境；无论是前面的“因此它们是”，还是后面的“但毕竟……不可或缺的”，都要求做出改动。实际上，除了 B807 的上下文和需要正确解释的“论意见、知识和信念”之外，B809 与真实意见的对立就已经作出裁定了。——科学院版编者注

B811 识中，只要它仅仅与知性的概念打交道，这种准绳就是可能的经验。也就是说，证明并不表明被给予的概念（例如关于所发生的事情的概念）径直导向另一个概念（一个原因的概念）；因为诸如此类的过渡是一种根本不能为自己辩解的飞跃；相反它表明，经验本身以及经验的客体没有这样一种联结就是不可能的。因此，证明必须同时表明综合地和先天地达到事物的某种并不包含在其概念之中的知识的可能性。不注意这一点，证明就将像决堤之水，四处泛滥，直奔隐蔽的联想倾向偶然地把它们导向的地方。信念的这种以联想的种种主观原因为依据、并被视为对一种自然亲合性的洞识的外表，根本不能与合情合理地对诸如此类的冒险步骤必然产生的疑虑匹敌。因此，一切证明充足理由律的尝试，行家们普遍承认是徒劳无功的；而在先验的批判出现之前，人们既然毕竟是不能
B812 放弃这一原理，就宁可固执地诉诸健全的人类知性（这是一种遁词，它在任何时候都证明理性的事情已经绝望），也不愿意尝试新的独断证明。

但是，如果应当证明的命题是纯粹理性的一种主张，而且我甚至想凭借纯然的理念来超出我的经验概念，那么，这种证明在自身中就必须更多地包含着对这样一个综合步骤（只要它是可能的）的辩护来作为其证明力的一个必要条件。因此，无论从统觉的统一性出发对我们思维实体的单纯本性的所谓证明如何显而易见，毕竟不可避免地面临着一种疑虑：既然绝对的单纯性毕竟不是一个能够直接地与知觉相关的概念，而是必须作为理念纯然地推论出来，所以就根本看不出，包含在或者至少能够包含在**一切思维**之中的纯然意识，尽管它就此而言是一个单纯的表象，却应当如何把我导向一个在**其**里面只能包含思维的事物的意识和知识。因为如果我表象我处于运动之中的肉体的力量，则肉体就此而言对我来说是绝对的统一体，而且我关于它的表象是单纯的；因此，我也可以通过一个点的运动来表达这个表象，因为肉体的体积在这里毫无干系，可以毫不减弱力量而任意地小，因此也可以被设想为处在一个点中。但
B813 我毕竟不能由此推论：如果除了肉体的运动力之外没有任何东西被给予我，它就能够被设想为单纯的实体，因为它的表象抽掉了其体积的一切大小、从而是单纯的。抽象中的单纯者与客体中的单纯者是完全不同的，第一种意义上的我**在自身中**根本不包含任何杂多性，而第二种意义上的我，既然它意味着灵魂本身，就能够是一个十分复杂的概念，也就是说，

在自身之下包含着并且表示着非常多的东西，由此我就发现了一个谬误推论。然而，要想事先预见这种谬误推论（因为没有这样一种暂时性的猜测，人们就会对证明不抱任何怀疑），就绝对必须手头有这样一些应当证明多于经验所能给予的东西的综合命题之可能性的常备标准，这种标准就在于：证明不被径直地导向所要求的谓词，而是惟有凭借一条先天地把我们被给予的概念扩展到理念、并把这些理念实在化的可能性的原则才导向这些谓词。如果始终运用这种审慎，如果人们在尝试证明之前就预先明智地自己考虑能够如何以及以什么样的希望根据来期待经由纯粹理性的这样一种扩展，考虑在诸如此类的场合要从何处获得这些既不能从概念出发阐明也不能在与可能经验的关系中预先推定的洞识，那么， B814
人们就能够省去许多困难而又毫无成果的劳累，因为人们不再苛求理性任何显然超出其能力的东西，或者毋宁说使由于其思辨的扩展欲而不愿意受到限制的理性经受节制的训练。

因此，**第一条**规则就是：不事先考虑以及说明人们要从何处得到打算把先验证明建立于其上的那些原理，以及人们有什么权利能够期望从它们得出好的推论结果，就不尝试任何先验证明。如果这是些知性的原理（例如因果性原理），那么，凭借它们来达到纯粹理性的理念就是徒劳无益的；因为那些原理只是对可能经验的对象有效。如果这应当是些出自纯粹理性的原理，那么，这又是白费力气。因为理性虽然有纯粹理性的原理，但作为客观的原理它们却全都是辩证的，充其量只能像有系统联系的经验应用的范导性原则那样有效。但是，如果诸如此类的所谓证明已经存在，那么，你们就要以你们成熟的判断力的 non liquet［不明所以］来对抗这种骗人的游说；而且尽管你们还不能看透诸如此类的证明 B815
的幻象，你们毕竟有充分的权利要求对其中所运用的原理进行演绎，如果这些原理是纯然出自理性的，就绝不能给你们作出这种演绎。而这样一来，你们就根本不必致力于任何一种幻相的阐发和驳斥了，相反，你们可以在一种要求法律的理性的法庭上一下子把所有诡计层出不穷的辩证法通通予以拒斥。

先验证明的**第二种**特性就是：只能为任何一个先验的命题找到**惟一的一种**证明。如果我不是从概念出发，而是从与一个概念相应的直观出发进行推论，不管它是像在数学中那样是纯直观，还是像在自然科学中那样是经验性直观，那么，作为基础的直观就给我提供综合命题的杂多材料，我能够以不止一种的方式来联结这些材料，而且由于我可以从不仅一个点出发，也能够沿着不同的道路达到同一个命题。

但现在，一个先验命题纯然是从一个概念出发的，并且按照这个概念来肯定对象可能性的综合条件。因此，证明根据只能是一个惟一的证
B816 明根据，因为在这个概念之外没有别的任何东西能用来规定对象，所以证明除了按照这个概念——这个概念也是一个惟一的概念——对一个一般对象的规定之外，不能包含任何别的东西。例如在先验分析论中，我们得出“凡是发生的东西都有一个原因”的原理，乃是从一个关于一般而言发生的东西的概念之客观可能性的惟一条件出发的，即对一个时间中的事件的规定，从而也就是把这个（事件）规定为属于经验的，除了服从这样一条力学规则之外，是不可能的。这也是惟一可能的证明根据；因为只有通过借助因果性规律为概念规定一个对象，所表象的事件才具有客观的有效性，也就是说，才具有真理。人们虽然还尝试过关于这个原理的其他证明，例如从偶然性出发的证明；然而，在仔细地考察这一原理时，人们却除了**发生**、亦即对象的一种不存在在此之前先行的存在之外，不能发现偶然性的任何征兆，因而总是又返回到同一个证明根据。如果应当证明“凡是思维的东西都是单纯的”这一命题，人们就不顾思维的杂多，而是仅仅坚持“我”这个单纯的、一切思维都与之相关的概念。上帝存在的先验证明也是同样的情况，它所依据的仅仅是最实在的
B817 存在者与必然的存在者两个概念的可互代性，舍此不能到任别的任何地方去寻找。

通过这种警示性的说明，对种种理性主张的批判的范围已经被大大缩小。在理性仅仅通过概念来推进自己的工作的地方，如果确有某种证明是可能的话，那也只有惟一的一种证明是可能的。因此，如果人们已经看到独断论者拿出十种证明来，人们就可以确信他根本没有任何一种证明。因为如果他有一种无可争辩地进行证明的证明（如在纯粹理性的事情上必然如此那样），他干吗还需要别的证明呢？他的意图不过是像那种议会提案人的意图罢了：对这个人是这一种论证，对那个人是那一种论证，为的是利用他的裁决者们的弱点，这些裁决者并不去深入了解，而是想快点了事，就抓住最先引起他们注意的东西，据此作出决定。

纯粹理性就其在先验证明方面经受一种训练而言的**第三条**特有规则是：它的证明从来都不是**迂回的**，而必须在任何时候都是**明示的**。直接的或者明示的证明在任何种类的知识中都是把对真理源泉的洞识与真理的信念相结合的证明。与此相反，迂回的证明虽然能够产生确定性，但却不能产生真理在与其可能性的种种根据的联系方面的可理解性。因此，后者更多地是一种应急措施，而不是一种满足理性一切意图的方法。不 B818
过，它与直接的证明相比有一种自明性的优点，即矛盾在任何时候都比最好的联结表现得更为清晰，从而更为接近一种演证的直观性。

在不同的科学中应用迂回的证明的真正理由就是上述理由。如果某种知识应当由以推导出来的种种根据过于杂多或者隐蔽得太深，人们就尝试，是否能够通过后果来达到这些根据。于是，从一种知识的后果推论到该知识的真理性的 modus ponens［肯定式］，就只有在由此产生的一切后果都真实的情况下才是允许的；因为在这种情况下，对这些后果来说就只有惟一的一个根据才是可能的，这个根据也就是真正的根据。但是，这种方法是不可行的，因为洞察某一个假定的命题的所有可能后果，这超出了我们的力量；但是，在涉及仅仅把某种东西证明为假说的时候，人们毕竟还是使用这种推论方式，虽然要有某种谅解，因为人们承认按照类比进行的推论：如果人们所尝试的诸多后果都与一个假定的根据一致，那么，所有其余的可能后果也将随之一致。因此缘故，一个假说绝 B819
不能通过这条道路转变为得到演证的真理。从后果推论到根据的理性推论的 modus tollens［否定式］所做的证明不仅极为严格，而且也绝对容易。因为即使从一个命题只能得出惟一的一个错误后果，这个命题就是错误的。人们不是在一个直接的证明中经历种种根据的整个序列，这个序列能够凭借对其可能性的完备洞识导向一种知识的真理性，而是只可以在从这种知识的反面得出的种种后果中间发现惟一的一种后果是错误的，这个反面就也是错误的，从而人们要证明的知识就是真的。

但是，迂回的证明方式惟有在不可能把我们表象的主观东西**强加**给客观东西，亦即强加给对象中的东西的知识的那些科学中才是允许的。但在常见这种强加的地方，就必然经常发生这样的情形：或者某个命题的反面仅仅与思维的主观条件相矛盾，但并不与对象相矛盾，或者两个命题仅仅在一个被误以为是客观条件的主观条件下相互矛盾，而且既然条件是错误的，所以两个命题就可能都是错误的，不能从一个命题的错误推论到另一个命题的真实。

B820 在数学中，这种偷换是不可能的；因此，迂回的证明方式在数学中也有其真正的位置。在自然科学中，由于一切都以经验性的直观为根据，所以那种偷换大多数可以通过诸多可比较的观察来避免；但尽管如此，这种证明方式在大多数情况下并不重要。不过，纯粹理性的先验尝试全都是以辩证幻相为中介进行的，也就是说，是以主观的东西为中介进行的，主观的东西在理性的前提中对理性呈现为客观的，或者甚至是强使理性认其为客观的。在这里，就综合命题而言，根本不能允许通过反驳对立面来为自己的主张作辩护。因为或者这种反驳无非是相反意见与为我们理性所理解的主观条件相冲突的纯然表象，而这根本无助于责难事物本身（例如，就像一个存在者的存在中无条件的必然性绝对不能为我们所理解，因而**主观上**有理由与一个必然的至上存在者的思辨证明相抵触，但却没有理由与这样一个元始存在者**就自身而言**的可能性相抵触），或者无论是肯定一方还是否定一方，双方都为先验幻相所骗，都以关于
B821 对象的一个不可能的概念为基础，而且在这里生效的是这样一条规则：non entis nulla sunt praedicata [不存在者没有任何属性]，也就是说，无论人们关于对象是肯定地还是否定地主张什么，二者都是错误的，所以人们不能通过反驳对立面来迂回地达到真理的认识。例如，如果预设感官世界**就自身而言**在其总体性上被给予，那么，说它必然在空间上**要么**是无限的**要么**是有限的和有界限的，就是错误的，原因在于二者都是错误的。因为毕竟**就自身而言**（作为客体）被给予的显象（作为纯然的表象）是某种不可能的东西，而这个想象出来的整体的无限性虽然是无条件的，但却（由于显象中的一切都是有条件的）与毕竟在概念中预设的量的无条件的规定相矛盾。

迂回的证明方式也是真正的幻象，在任何时候都能吸引住对我们独断的玄想家们的缜密性感到惊赞的人们，它仿佛是一位斗士，要证明自己所选择的党派的荣誉和不可置疑的权利，于是自告奋勇地与任何一个要对此有怀疑的人决斗；尽管通过这种大言不惭在事情上并没有澄清任何东西，只是在敌对双方的相对力量上有所澄清而已，而且也只是在采
B822 取攻势一方有所澄清而已。旁观者由于看到每一方都次第时而是胜利者，

时而又落败，经常从中获得理由以怀疑论的方式怀疑争执本身的客体。但是，敌对双方却没有理由这样做，而大声告诉他们 non defensoribus istis tempus eget［时间并不需要这样的维护者］就够了。每一方都必须凭借一种通过证明根据的先验演绎来进行的合法证明，亦即直接地从事自己的事情，以便人们看出他的理性要求自身能够援引什么。因为如果它的敌对者所依据的是主观的根据，那么反驳他当然是轻而易举的事情，但对独断论者却没有什么好处，独断论者通常都同样依赖判断的主观原因，同样被其论敌逼入困境。但如果双方都纯然是直接地进行的，则要么他们就会自行发现找到他们的主张的权利是困难的，甚至是不可能的，最终只能诉诸失去时效，要么批判将轻而易举地揭露独断的幻相，迫使纯粹理性放弃它在思辨应用中过于夸张的僭妄，退回到它特有的领地亦即实践原理的界限之内。

第二篇

B823
纯粹理性的法规

人类理性在自己的纯粹应用中一事无成，甚至还需要一种训练来约束自己的放纵，并防止由此给它带来的幻象，这对它来说是耻辱的。但另一方面，使它重新振奋并给它以自信的是，它能够并且必须自己实施这种训练，不允许对自己进行一种别的审查，此外它被迫为自己的思辨应用所设置的界限，同时也限制着任何一个对手的玄想的僭妄，从而能够确保一切从它以前过分的要求中还可以给它剩下的东西免受任何攻击。因此，纯粹理性的一切哲学的最大的、也许是惟一的用途大概只是消极的，也就是说，因为它不是作为工具论被用来扩展，而是作为训练被用来规定界限，而且不是揭示真理，而是只有防止错误的默默功绩。

然而，毕竟肯定在某个地方存在着属于纯粹理性领域的积极知识的根源，这些知识也许只是由于误解才为错误提供了诱因，但事实上却构
B824 成了理性努力的目标。因为若不然，又该把这种无法抑制的、绝对要超出经验的界限在某个地方站稳脚跟的欲望归于哪种原因呢？理性预感到对于它来说具有重大旨趣的对象。它踏上纯然思辨的道路，为的是接近这些对象；但是，这些对象却逃避它。也许，它可以希望在还给它剩下的惟一道路上，也就是说在**实践**应用的道路上，会有对它来说更好的运气。

我把法规理解为某些一般认识能力的正确应用之先天原理的总和。于是，普遍逻辑在其分析的部分就是知性和理性的法规，但这只是就形式而言的，因为它抽掉了一切内容。先验分析论是纯粹知性的法规；因为惟有纯粹知性能够得出真正的先天综合知识。但是，在不可能有对一种知识能力的正确应用的地方，也就不存在任何法规。现在，按照迄今所作出的一切证明，纯粹理性在其思辨应用中的一切综合知识都是完全不可能的。因此，根本不存在纯粹理性的思辨应用的任何法规（因为这

种应用完全是辩证的)，相反，一切先验逻辑在这方面都无非是训练而已。所以，如果某个地方有纯粹理性的一种正确应用，在这种情况下也 B825
必定有纯粹理性的一种法规的话，那么，这种法规将不涉及思辨的理性应用，而是涉及**实践的理性应用**，因而我们现在就要探讨这种应用。

第一章　论我们理性的纯粹应用的终极目的

理性为其本性的一种倾向所驱使，超出经验应用之外，冒险在一种纯粹应用中并且凭借纯然的理念突破一切知识的最后界限，惟有在完成自己的循环时，在一个独立存在的系统整体中才歇息下来。那么，这种努力的根据纯然是其思辨的旨趣，还是毋宁说仅仅是其实践的旨趣呢?

现在，我想把纯粹理性在思辨方面取得的成功搁置一旁，仅仅追问这样一些任务，它们的解决构成理性的终极目的，而不管理性现在是否能够达到这一目的，对它来说其他一切目的都仅仅具有手段的价值。这 B826
些最高的目的按照理性的本性又都必然具有统一性，以便联合起来去促进人类不再从属于任何更高旨趣的那种旨趣。

理性在先验应用中的思辨最终导致的终极意图涉及三个对象：意志自由、灵魂不死和上帝存在。就所有这三个对象而言，理性的纯然思辨的旨趣十分微薄，鉴于这种旨趣，一种令人疲倦的、与连续不断的障碍作斗争的先验研究工作也许会是难以接受的，因为对于在这方面可能作出的一切发现，人们都毕竟不可能有任何具体的、亦即在自然研究中证明其用途的应用。即使意志是自由的，但这毕竟仅仅关涉到我们意愿的理知原因。因为就意志的种种表现的现象亦即行动而言，我们必须按照一条不可违反的基本准则(没有这条准则，我们就不能在经验性的应用中施展理性)，永远像对待其余一切自然显象那样，也就是说，按照自然的不变规律来解释它们。第二，即使能够洞察灵魂的精神本性(并且随之洞察它的不死)，但也毕竟既不能指望它在此生的显象方面作为一个解 B827
释根据，也不能指望来世状态的特殊性状，因为我们关于非形体自然的概念纯然是否定的，丝毫也不扩展我们的知识，也不为推论提供适用的材料，除了会为那些只能被视为虚构、但却不为哲学所允许的推论提供适用的材料以外。第三，即使证明了一个最高理智的存在，我们也虽然可以由此在宏观上解释世界安排和秩序中的合目的的东西，但却绝对没有权限由此推导出任何一种特殊的部署和秩序，或者在它们未被知觉到的地方大胆地推论到它们；因为理性的思辨应用的一条必要的规则就是：不要跳过自然原因和放弃我们通过经验能够学到的东西，而从完全超越我们的一切知识的东西中推导出我们知道的某种东西。一言以蔽之，这三个命题在任何时候对于思辨理性来说都依然是超验的，根本没有任何内在的、亦即对于经验的对象来说允许的、从而对我们来说以某些方式有用的应用，相反，它们是我们理性的就自身而言完全多余的、而且在这方面还极为沉重的劳动。

据此，如果这三个基本命题对我们来说根本不为**知识**所必需，尽管如此还被我们的理性迫切地推荐给我们，那么，它们的重要性真正说来
B828 必定仅仅关涉到**实践的东西**。

凡是通过自由而可能的东西，就都是实践的。但如果我们自由的任性施展的条件是经验性的，那么，理性在这方面除了范导性的应用之外就不能有别的应用，并且只能用于造成经验性规律的统一。例如，在明智的教导中，把我们的偏好给我们提出的一切目的统一在一个惟一的目的亦即**幸福**中，并使达到幸福的种种手段协调一致，就构成了理性的全部工作，理性因此缘故只能提供自由行为的**实用**法则，以达到感官向我们推荐的目的，因而不能提供完全先天地规定的纯粹规律。与此相反，纯粹的实践法则，其目的由理性完全先天地给予，不是经验性地有条件的，而是绝对地发布命令的，它们将是纯粹理性的产物。但是，诸如此类的法则就是**道德的**法则；因此，惟有这些法则才属于纯粹理性的实践应用，并允许有一种法规。

因此，在人们可以称之为纯粹哲学的这种探究中，理性的全部装备事实上都是针对上述三个问题的。但是，这三个问题本身又都有其更为
B829 深远的意图，也就是说，如果意志是自由的，如果有一个上帝，有一个来世，那么**应当做什么**。既然这涉及我们与最高目的相关的行为，所以睿智地照料我们的自然在设立我们的理性时，其终极意图真正说来就只是着眼于道德的东西。

但必须慎重从事的是，当我们把自己的注意力投向一个对于先验哲

学来说陌生的对象①时，不要过分说题外话而损害系统的统一，另一方面也不要对自己的新话题说得太少而使其缺乏清晰性和说服力。我希望通过尽可能切近地求助于先验的东西，并把在这里可能是心理学的亦即经验性的东西完全搁置一旁来做到这两点。

而且此处首先要说明的是：我如今只是在实践的意义上使用自由概念，而在这里把先验意义上的自由概念搁置一旁；后者不能被经验性地预设为显象的解释根据，而本身对于理性来说是一个问题，这是上面已 B830
经解决过的。也就是说，有一种任性是纯然**动物性的**（arbitrium brutum［动物性的任性］），它只能由感性冲动来规定，也就是说，**从生理变异上**来规定。但那种不依赖于感性冲动，因而能够由仅仅为理性所表现的动因来规定的任性，就叫做**自由的任性**（arbitrium liberum），而一切与这种任性相关联的东西，无论是作为根据还是作为后果，就都被称为**实践的**。实践的自由可以通过经验来证明。因为不仅刺激的东西，亦即直接刺激感官的东西，规定着人的任性，而且我们还有一种能力，能通过本身以更为远离的方式有用或者有害的东西的表象，来克服在我们感性欲求能力上造成的印象；但是，对那种就我们的整体状况而言值得欲求的东西，亦即好的和有用的东西的这些考虑，依据的是理性。因此，理性也给予一些法则，它们是命令，也就是说，是客观的**自由法则**，它们说明**什么应当发生**，尽管它也许永远不发生，而且在这一点上它们有别于仅仅探讨**发生的事情**的**自然法则**，因而也被称为实践的法则。

但是，理性本身在它由以制定法则的这些行动中是否又为别的方面 B831
的影响所规定，亦即就感性冲动而言叫做自由的东西在更高的和更遥远的作用因方面是否又会是自然，这在实践的东西中与我们毫不相干，在实践的东西中我们只是首先向理性征询行为的**规范**；相反，它是一个纯然思辨的问题，只要我们的意图所针对的是所为或者所弃，我们就可以把它搁置一旁。因此，我们通过经验认识到，实践的自由是自然原因的一种，也就是理性在规定意志方面的一种因果性，而先验的自由却要求

① 一切实践的概念都指向愉悦或者反感的对象，也就是快乐和不快的对象，因而至少间接地指向我们情感的对象。但是，既然情感不是事物的表象能力，而是处于全部认识能力之外，所以，我们的判断只要与快乐或者不快相关，从而也就是实践判断，其要素就不属于先验哲学的范围，先验哲学仅仅与纯粹的先天知识打交道。

这种理性本身（就其开始一个显象序列的因果性而言）不依赖于感官世界的一切规定性原因，并且就此而言看起来与自然规律、从而与一切可能的经验相抵触，从而依然是一个问题。不过，这个问题并不归属实践应用中的理性，因此我们在纯粹理性的法规中只探讨两个关涉到纯粹理性的实践旨趣的问题，就这两个问题而言，纯粹理性应用的一种法规必须是可能的；这两个问题就是：有一个上帝吗？有一种来世吗？有关先
B832 验自由的问题仅仅涉及思辨的知识，我们完全可以在讨论实践的东西时把它当做完全无所谓的而搁置一旁，而且在纯粹理性的二论背反中，这个问题已经得到了充分的探讨。

第二章　论作为纯粹理性终极目的之规定根据的至善理想

理性在其思辨应用中引导我们经过经验的领域，并且由于这个领域对于理性来说永远不能发现完全的满足，就把我们由此引导到思辨的理念，但思辨的理念最终又把我们引回到经验，从而以一种虽然有用、但却根本不符合我们的期望的方式实现了自己的意图。现在，给我们剩下的还有一种尝试，也就是说，在实践的应用中是否也可以发现纯粹的理性，纯粹理性在实践的应用中是否也导向实现我们上面提到的纯粹理性最高目的的理念，因而纯粹理性是否能够从其实践旨趣的观点出发，提供它就思辨旨趣而言根本拒绝给予我们的东西。

我的理性的全部旨趣（既有思辨的旨趣，也有实践的旨趣）汇合为以下三个问题：

B833 **1. 我能够知道什么？**

2. 我应当做什么？

3. 我可以希望什么？

第一个问题是纯然思辨的。我们（如我可以自夸）已经穷尽了对这一问题的所有可能回答，而且最终找到了理性虽然必须满足、而且在它不是着眼于实践的东西时也有理由满足的回答，但离纯粹理性的全部努力真正说来所指向的两大目的却同样遥远，就好像我们出自安逸一开始就拒绝了这一工作似的。因此，如果涉及知识，则至少有把握和确定了

的是，我们在那两个问题上永远不能分享知识。

第二个问题是纯然实践的。它作为这样一个问题虽然归属纯粹理性，但在这种情况下却毕竟不是先验的，而是道德的，因而我们的批判就自身而言并不研究它。

第三个问题是：如果我如今做我应当做的，那么我在这种情况下可以希望什么？它既是实践的又同时是理论的，以至于实践的东西只是作为导线来导向对理论问题的回答，而且如果理论问题得到解决，就导向对思辨问题的回答。因为一切**希望**都是指向幸福的，而且希望在实践的东西和道德法则方面，恰恰就是知识和自然规律在事物的理论知识方面所是的同一东西。前者最终导致的结论是：某物**存在**（它规定着终极的可能目的），**乃是因为有某物应当发生**；后者最终导致的结论则是：某物 B834
存在（它作为至上原因起作用），**乃是因为有某物发生**。

幸福是我们一切偏好的满足（既**在广度上**就满足的杂多性而言，也**在深度上**就程度而言，还**在绵延上**就存续而言）。出自**幸福**动机的实践法则我称之为实用的法则（明智规则）；但如果有这样一种实践法则，它除了**配享幸福**之外不以别的任何东西为动机，我就称它为道德的（道德法则）。前者建议我们，如果我们要享有幸福的话就应当做什么；后者则命令我们，我们应当如何行事以便配享幸福。前者建立在经验性原则之上；因为除了凭借经验之外，我既不知道有哪些要得到满足的偏好，也不知道什么是能导致其满足的自然原因。后者抽掉了偏好和满足它们的自然手段，仅仅考察一个一般理性存在者的自由和这种自由惟有在其下才与幸福按照原则的分配相一致的必要条件，因而至少**能够**以纯粹理性的纯然理念为依据，并被先天地认识。

我假定，实际上有纯粹的道德法则，它们完全先天地（不考虑经验 B835
性的动机，即幸福）规定着一个一般理性存在者的所为所弃，即其自由的应用，而且这些道德法则**绝对地**（不是仅仅假言地、在其他经验性目的的前提条件下）发布命令，因而在一切方面都是必然的。我可以有理由预设这一命题，因为我不仅诉诸最贤明的道德学家们的证明，而且还诉诸每一个人的道德判断，如果他愿意清晰地思考一条诸如此类的法则的话。

因此，纯粹理性尽管不是在其思辨的应用中，但却毕竟在某种实践应用中，也就是在道德的应用中包含着**经验可能性**的原则，即根据道德规范**有可能**在人的**历史**上发现的这样一些行动的原则。因为既然道德法则命令这样一些行动应当发生，它们也就必须能够发生，因此某个特殊种类的系统统一性，即道德的系统统一性，必须是可能的，然而系统的自然统一性**按照**理性的**思辨原则**却是不能证明的，因为理性虽然就一般自由而言具有因果性，但并不是就整个自然而言具有因果性，而道德的
B836 理性原则虽然能够产生自由的行动，但并不能够产生自然规律。据此，纯粹理性在实践应用中，尤其在道德应用中的原则具有客观的实在性。

我把符合一切道德法则的世界（如同它按照有理性的存在者的**自由**所**能够**是的那样，亦即按照**道德性**的必然法则所应当是的那样）称为一个**道德的世界**。这个世界由于其中抽掉了一切条件（目的），甚至抽掉了道德性在这些条件中的一切障碍（人类本性的软弱和不纯正）而纯然被设想为一个理知的世界。就此而言，它是一个纯然的理念，但毕竟是一个实践的理念，它能够并且应当现实地影响感官世界，使其尽可能地符合这个理念。因此，一个道德世界的理念具有客观的实在性，不是好像它指向一种理知直观的对象（诸如此类的对象我们根本不能思维），而是指向感官世界，但这个感官世界是作为纯粹理性在其实践应用中的一个对象，作为有理性的存在者在感官世界中的一个 corpus mysticum [奥秘团体]，只要他们自由的任性在道德法则之下既与自己本身、也与每一个其他有理性的存在者的自由具有完全的系统统一性。

对纯粹理性涉及实践旨趣的两个问题中第一个问题的回答是：**去做那使你配享幸福的事情吧**。现在，第二个问题问道：如果我现在如此行
B837 事，使我并非不配享幸福，我如何也可以希望由此能够享有幸福呢？对这个问题的回答取决于：先天地制定这一法则的纯粹理性的原则是否也必然地把这种希望与这一法则联结起来。

据此我说：正如按照理性来看在其**实践**应用中道德原则是必要的一样，按照理性来看在其**理论**应用中也同样有必要假定，每一个人都有理由依照他在其行为中使自己配享幸福的同等程度来希望幸福，因此，道德性的体系与幸福的体系密不可分地结合在一起，但却惟有在纯粹理性的理念中才是如此。

如今，在一个理知的世界里，也就是在一个道德的世界里，在一个

我们从其概念抽掉了一切道德性的障碍（偏好）的世界里，这样一个与道德性相结合成正比的幸福的体系也可以被设想为必然的，因为部分地为道德法则所推动、部分地为其所限制的自由就会是普遍的幸福的原因，因而有理性的存在者在这些原则的指导下本身就会是其自己的、同时也是别人的持久福祉的创造者。但是，自己酬报自己的道德性的这个体系 B838
只是一个理念，它的实现依据这样的条件，即**每一个人**都做他应当做的，也就是说，有理性的存在者们的所有行动都如此发生，就好像它们是出自一个把所有的私人任性都包括在自身之中或者自身之下的至上意志似的。但是，既然即使别的人都不按照道德法则行事，出自这一法则的义务对自由的每一种特殊的应用也依然有效，所以无论是从世上事物的本性出发，还是从行动本身的因果性及其与道德性的关系出发，都未确定行动的后果与幸福将如何相关；如果我们仅仅以自然为基础，则获得幸福的希望与使自己配享幸福的不懈努力的上述那种必然的联结就不能通过理性来认识，而是惟有在一个按照道德法则发布命令的**最高理性**同时作为自然的原因被奠定为基础的时候才可以希望。

我把这样一种理智的理念称为**至善的理想**；在这一理念中，与最高的永福相结合的道德上最完善的意志就是世间一切幸福的原因，只要这幸福与道德性（作为配享幸福）处于精确的比例之中。因此，纯粹理性惟有在这个至高的**源始的**善的理想中才能发现至高的派生的善，也就是 B839
一个理知的亦即**道德的**世界的两种要素在实践上必然联结的根据。既然我们必须以必然的方式通过理性把自己表现为属于这样一个世界的，即使感官呈现给我们的只是一个显象的世界，我们也必须假定那个世界就是我们在感官世界中的行为的一个后果，而既然感官世界并未向我们呈现这样一种联结，我们就必须假定那个世界是一个对我们来说未来的世界。因此，上帝和来世是两个按照纯粹理性的原则与同一个纯粹理性让我们承担的义务不可分割的预设。

道德性自身构成一个体系，但幸福则不如此，除非它精确地按照道德性被分配。但是，这惟有在隶属一个智慧的创造者和统治者的理知世界中才是可能的。理性发现自己不得不假定这样一个智慧的创造者和统治者，连同在这样一个我们必须视之为来世的世界中的生活，或者它就把道德法则视为空洞的幻觉，因为没有那种预设，道德法则的必然后果——是同一个理性把它与道德法则联结起来的——就必然被取消。因此，即便每个人都把道德法则视为**诫命**，但如果道德法则不先天地把适当的后果与它们的规则联结起来，从而自身带有**应许**和**威胁**的话，道德
B840 法则也就不能是诫命。但是，如果道德法则不蕴涵在一个作为至善的必然存在者之中的话，它们也不能做到这一点，惟有至善才能使这样一种合目的的统一成为可能。

莱布尼茨曾把人们在其中只注意有理性的存在者及其在至善的统治下按照道德法则的联系的那个世界称为**神恩王国**，并把它与**自然王国**区分开来；在自然王国中，有理性的存在者虽然从属于道德法则，但却除了按照我们感官世界的自然进程之外，并不期待别的结果。因此，把自己看做处于神恩王国之中，在那里，除非我们由于不配享幸福而自己限制我们的幸福份额，一切幸福都在等待着我们，这就是理性的一个在实践上必要的理念。

实践的法则如果同时成为行动的主观根据，亦即主观的原理，那就叫做**准则**。对道德性在纯粹性和后果上的**判断**是根据**理念**进行的，对其法则的**遵循**则是按照**准则**进行的。

使我们的整个生活方式都从属于道德准则，这是必要的；但是，如果理性不把一个作用因与是一个纯然理念的道德法则联结起来，这也同时是不可能发生的；这个作用因给按照道德法则的行为规定了一种与我们的最高目的精确相符的结局，不管是在今生还是在来世。因此，没有
B841 一个上帝和一个我们现在看不见、但却希望着的世界，道德性的这些美好的理念虽然是赞许和叹赏的对象，但却不是立意和实施的动机，因为它们并未实现那对每一个理性存在者来说都是自然的、通过同一个纯粹理性先天地规定的、必然的全部目的。

仅仅幸福，对于我们的理性来说还远远不是完备的善。如果幸福不与配享幸福亦即道德上的善行结合起来，理性则并不赞同这样的幸福（无论偏好如何期望这种幸福）。但仅仅道德性，以及随之还有配享幸福，也远远不是完备的善。要完成这样的善，那不曾行事不配享幸福的人就必须能够希望分享幸福。甚至没有任何私人意图的理性，即便它不考虑自己的私利而置身于一个应当给其他存在者分配幸福的存在者的地位上，也不能作出另外的判断；因为在实践的理念中，这两种成分是在本质上

结合在一起的，尽管结合的方式是道德意向作为条件首先使分享幸福成为可能，而不是反过来幸福的前景首先使道德意向成为可能。因为在后一种情形中，道德意向就会不是道德的，从而就不配享有全部幸福；对 B842
于理性来说，除了产生自我们自己的不道德行为的限制之外，幸福没有别的任何限制。

因此，幸福只有与理性存在者的道德性精确相称、理性存在者由此配享幸福时，才构成一个世界的至善；我们必须完全按照纯粹的、但却是实践的理性的种种规范置身于这个世界，这个世界当然只是一个理知的世界，因为感官世界并没有从事物的本性中给我们应许诸如此类的系统统一性，这种统一性的实在性也不能建立在任何别的东西之上，而只能建立在一个至高的源始的善的预设之上，在这里，用一种至上的原因的所有充足性装备起来的独立理性，按照最完善的合目的性建立、维持和完成事物的普遍秩序，虽然这种秩序在感官世界中对我们来说是隐蔽很深的。

这种道德神学与思辨神学相比具有独特的优点：它不可避免地导致一个**惟一的、最完善的、理性的**元始存在者的概念，思辨神学就连从客观的根据出发**指示**这一概念也不能，就更不用说使我们确信了。因为无论在先验神学中还是在自然的神学中，不管理性在其中把我们引领到多么远，我们都找不到一个重要的根据，来哪怕是假定一个**惟一的**存在者，使我们有充足的理由把它置于一切自然原因之前，同时使自然原因在一 B843
切方面都依赖于它。与此相反，如果我们从作为一条必然的世界规律的道德统一性的观点出发，来考虑那惟一能够给予这一规律以相应的效果，从而也给予它以对我们有约束力的力量的话，那就必然有一个惟一的至上的意志，它自身包含着所有这些规律。因为我们想怎样在不同的意志中间发现目的的统一性呢？这个意志必须是全能的，以便整个自然及其与世间的道德性的关系都服从于它；它必须是全知的，以便认识意向的最内在的东西及其道德价值；它必须是全在的，以便直接满足要求最高的世间福祉的一切需求；它必须是永恒的，以便在任何时间里都不缺少自然与自由的这种协调一致；如此等等。

但是，种种理智的这个世界虽然作为纯然的自然只能被称为感官世界，但作为自由的体系却可以被称为理知世界，也就是道德世界（reg-

num gratiae [神恩王国]); 在这个世界里，种种目的的系统统一性也必然导致种种事物的合目的的统一性（种种事物构成这个大全，依照的是普遍的自然规律，就像前一种统一性依照的是普遍必然的道德法则一样），并把实践理性与思辨理性结合起来。世界如果应当与这种理性应用（没有这种理性应用，我们就会认为自己不配拥有理性），也就是道德的
B844 理性应用（道德的理性应用是绝对依据至善的理念的）相一致的话，就必须被表现为出自一个理念。这样一来，一切自然研究就获得了朝向一个目的体系的形式的方向，并在其扩张到极点时成为自然神学。但是，由于这种自然神学毕竟是从作为一种基于自由的本质的、并非通过外在的诫命偶然地建立起来的统一性的道德秩序开始的，所以它就把自然的合目的性引导到必然先天地与事物的内在可能性不可分地联结在一起的根据，引导到一种**先验神学**，这种先验神学以最高的本体论的完善性这一理想作为按照普遍的和必然的自然规律把一切事物联结起来的系统统一性原则，因为一切事物的起源都在一个惟一的元始存在者的绝对必然性之中。

如果我们不把目的置于前面，我们能够对我们的知性甚至在经验方面作出一种什么样的应用呢？但是，最高的目的就是道德性，而且只有纯粹理性才能把道德性供我们认识。具备了这些目的，并依照它们的导线，我们并不能在自然本身没有表现出合目的的统一性的地方，对自然
B845 知识本身做一种就知识而言的合目的的应用；原因在于，没有这种合目的的统一性，我们自己甚至就会没有任何理性，因为我们就会没有理性的学校，也没有通过给这样的概念提供材料的对象而来的教养。但是，前一种合目的的统一性是必然的，并且是基于任性本身的本质的，因此，包含着前一种的具体运用之条件的后一种合目的的统一性也必须是必然的；这样，对我们的理性知识的先验提升就不是纯粹理性加给我们的实践合目的性的原因，而仅仅是它的结果。

因此，我们也在人类理性的历史中发现，在道德概念充分被纯化、被规定，而种种目的的系统统一性按照这些概念，并且从必然的原则中被洞察之前，自然的知识，甚至理性在诸多别的科学中可观程度的教养，有时只能产生关于神性的一些粗糙的和飘忽不定的概念，有时留下一种令人惊赞的对这一问题根本无所谓的态度。因我们宗教极为纯粹的道德

法则而成为必然的对种种道德理念的更深入探讨，曾通过迫使理性对对象发生的旨趣而使理性对于该对象更加敏锐；而且既不是扩展了的自然知识、也不是正确可靠的先验洞识（诸如此类的洞识在任何时代都是有 B846
缺陷的）对此作出了贡献，而是道德理念实现了关于神性存在者的一个概念，我们如今把这个概念视为正确的概念，并不是因为思辨理性使我们确信它的正确性，而是因为它与种种道德的理性原则完全一致。这样，归根结底毕竟始终只是纯粹理性——但仅仅在其实践应用中——立下了这一功劳，即把纯然思辨只能臆猜但却不能使之有效的知识与我们的最高旨趣联结起来，而且由此虽然没有使它成为演证了的独断教理，但毕竟使它就纯粹理性最根本的目的而言成为一个绝对必要的预设。

但是，在实践理性现在达到了这个高度，也就是达到了一个作为至善的惟一元始存在者的概念之后，它万万不可冒险以为它已经超越了这个概念的运用的一切经验性条件，高升到了对新对象的直接知识，要从这个概念出发，从它推导出道德法则本身。因为恰恰是这些道德法则，其内在的实践必然性把我们引领到一个独立原因或者一个智慧的世界统治者的预设，为的是给予那些法则以效用；因此，我们不能根据这种效用又把道德法则视为偶然的、派生自纯然的意志的，尤其是不能视为派生自这样一个意志，我们对于这个意志根本没有任何概念，除非是我们 B847
根据那些法则来形成其概念。就实践理性有权利引领我们而言，我们之所以把行动视为义务性的，将不是因为它们是上帝的诫命，相反，我们之所以把它们视为神的诫命，乃是因为我们在内心中感到对此有义务。我们将在根据理性原则的合目的的统一性之下研究自由，并且仅仅就我们使理性从行动本身的本性出发教给我们的道德法则保持神圣而言，才相信自己是符合神的意志的，而且也惟有通过我们在我们身上和别人身上促进世界福祉，才相信自己在为神的意志效劳。因此，道德神学只具有内在的应用，也就是说，通过我们适应一切目的的体系来实现我们在此世的使命，而且不狂热地或者干脆渎神地离开一种在道德上立法的理性在善良生活方式中的导线，以便把这种生活方式直接地与最高存在者的理念联结起来；这将会提供一种超验的应用，但正如纯然思辨的超验应用一样，它必将颠倒理性的终极目的并使之破灭。

B848 ## 第三章　论意见、知识和信念

视之为真，是我们知性中的一件事情，它可以依据客观的根据，但也要求在此做判断的人心灵中的主观原因。如果它对每一个只要具有理性的人都是有效的，那么，它的根据就是客观上充足的，而视之为真在这种情况下就叫做**确信**。如果它仅仅在主体的特殊性状中才有自己的根据，那么，它就被称为**臆信**。

臆信是一种纯然的幻相，因为仅仅蕴藏于主体之中的判断根据被看做是客观的。因此，这样一个判断也只有私人有效性，而且这种视之为真是不能传达的。但是，真理所依据的是与客体的一致，因此就客体而言，每一个知性的种种判断都必须是一致的（consentientia uni tertio consentiunt inter se［凡与一个第三者一致者，相互之间也一致］）。因此，检验视之为真是确信还是臆信的试金石在外部是传达它的可能性，以及发现这种视之为真对每个人的理性都有效的可能性；因为在这种情况下至少就有一种猜测，即一切判断尽管主体相互之间的差异仍相一致的根
B849 据将依据共同的根据，即依据客体，因此这些判断将全都与客体一致，并由此证明判断的真理性。

据此，虽然当主体仅仅把视之为真看做是他自己心灵的显象时，臆信就不能与确信区别开来；但是，人们用视之为真对我们有效的那些根据在别的知性上进行试验，看它们对别的理性是否会与对我们的理性产生同样的结果，这毕竟是一种——尽管是主观的——手段，虽然并不造成确信，但毕竟揭示出判断纯然的私人有效性，也就是说，揭示出判断中某种是纯然臆信的东西。

此外，如果人们能够展示我们认为是判断客观**根据**的判断主观**原因**，并因此而把错误的视之为真解释为我们心灵中的一件事情，为此并不需要客体的性状，那么，我们就揭露了幻相，不再为它所蒙骗，尽管在幻相的主观原因与我们的本性相关的时候，还总是在某种程度上受其诱惑。

除了产生确信的东西之外，我不能**断言**任何东西，也就是说，不能把任何东西当做对任何人都必然有效的判断说出来。我可以为自己保持
B850 臆信，如果我这样感觉不错的话，但我不能也不应当想使它成为在我之外有效的。

视之为真或者判断的主观有效性在与确信（它同时是客观地有效的）的关系上有以下三个阶段：**意见**、**信念**和**知识**。**意见**是一种自觉其**既**在主观上**又**在客观上都不充分的视之为真。如果视之为真只是在主观上充分，同时被视为客观上不充分的，那它就叫做**信念**。最后，既在主观上又在客观上充分的视之为真叫做**知识**。主观上的充分叫做**确信**（对我自己来说），客观上的充分叫做**确定性**（对任何人来说）。对如此容易领会的概念，我就不再费时说明了。

如果不至少对某种东西有**知识**，我绝不可以冒昧地有所**意见**；凭借这某种东西，就自身而言仅仅或然的判断就获得与真理的一种联结，这种联结虽然并不完备，但毕竟胜于任意的虚构。此外，这样一种联结的规律必须是确定的。因为如果我就这种规律而言所拥有的也无非是意见，那么，一切都只不过是想象的游戏罢了，与真理没有丝毫关系。在出自纯粹理性的判断中，是根本不允许有**意见**的。因为既然这些判断不是基 B851
于经验的根据，而是一切都应当先天地被认识，在这里一切都是必然的，所以联结的原则要求普遍性和必然性，从而要求完全的确定性，否则就根本找不到通往真理的管道。因此，在纯粹数学中有所意见是荒谬的；人们必须有知识，要么就放弃一切判断。道德性的种种原理也是同样的情况，在这里人们不可以仅仅对“某物是**允许的**”有意见就贸然行动，而是必须对此有知识。

与此相反，在理性的先验应用中，说有意见当然是太少了，但说有知识却未免太多。因此，在纯然的思辨方面，我们在这里根本不能作出判断；因为视之为真的主观根据就像能够产生信念的主观根据一样，在思辨的问题上不值得任何赞同，在这里它们离开一切经验性的帮助就无法立足，也不能在同样的程度上传达给别人。

但是，任何地方都惟有在**实践的关系**中，理论上不充分的视之为真才能被称为信念。现在，这种实践的意图要么是**技巧**的意图，要么是**道德性**的意图，前者关涉任意的和偶然的目的，后者则关涉绝对必然的目的。

一旦把一种目的置于前面，那么，达到该目的的条件就也假设为必然的了。这种必然性是主观的，但只要我根本不知道有达到该目的的其他条件，它就毕竟是相对而言充分的；然而，如果我确切地知道，没有 B852

人能够认识导致所设定的目的的其他条件，它就是绝对充分的，并且对每个人来说都是充分的。在前一种情形中，我对某些条件的预设和视之为真是一种仅仅偶然的信念，而在第二种情形中则是一种必然的信念。医生对一个处于危险中的病人必须有所作为，但他并不了解病情。他观察显象，并且由于他并不知道更进一步的东西而判断这是肺结核。他的信念甚至在他自己的判断中也仅仅是偶然的，另一个医生可能会更好地作出判断。我把诸如此类偶然的、但却为现实地运用手段于某些行动奠定基础的信念称为**实用的信念**。

对于某人所断言的东西，看其是纯然的臆信，或者至少是否是主观的确信，通常的试金石是**打赌**。某人经常以如此深信不疑的和难以驾驭的固执说出自己的命题，以至于看起来他完全摆脱了失误的担忧。打一个赌就使他起了疑心。有时可以发现，他虽然足足具有可以被估价值一
B853 个杜卡特的臆信，但却不具有值十个杜卡特的臆信。因为对于第一个杜卡特他还敢赌，而对于十个杜卡特来说他才意识到他此前没有注意的事情，即毕竟也可能是他自己错了。如果人们在思想中想象应当以终生的幸福打赌，则我们趾高气扬的判断就会大为减色，我们将变得十分谨慎，第一次发现我们的信念并没有达到如此程度。因此，实用的信念仅仅具有一种根据在赌博中出现的利益之差异可大可小的程度。

但是，尽管我们在与客体的关系中根本不能有所行动，因而视之为真纯然是理论的，但由于我们毕竟在许多情形中仍然能够在思想上把握和想象一种行动，我们自以为对这一行动有充足的根据，如果有一种手段来澄清事情的确定性的话，所以，在纯然理论的判断中有一个**实践判断的类似物**，纯然理论判断的视之为真是适合于**信念**一词的，我们可以把这种信念称为**学理的信念**。如果有可能通过某种经验来澄清的话，我愿意以我的一切来打赌，赌至少在我们所见的行星中的某一个上面有居民。因此我说，也存在有别的世界的居民，这并不仅仅是意见，而是坚强的信念（对于它的正确性我已经以生活的诸多好处作赌注了）。

B854 现在，我们必须承认，关于上帝存在的学说就属于学理的信念。因为尽管我就理论的世界知识而言不能**指定**任何东西，来必然地预设这一思想是我解释世界显象的条件，而毋宁说不得不这样来使用我的理性，就好像一切都只不过是自然似的，但合目的的统一性毕竟是把我们的理

性运用于自然的一个如此重大的条件，此外经验又给我呈现出这方面丰富的例证，以至于我根本不能忽略它。但对于这种统一性，我不知道任何别的条件来使它成为自然研究的导线，除非我预设一个最高的理智按照最智慧的目的如此安排了一切。因此，为了在对自然的探究中有一种指导而预设一个智慧的世界创造者，这是一种虽然偶然的、但毕竟并非不重要的意图的一个条件。我的研究的结果也如此经常地证实这一预设的可用性，没有任何东西能够以断然的方式被援引来反驳这一预设，以至于我如果要把自己的视之为真称为一种意见，就说得太少了；相反，甚至在这种理论的关系中可以说，我坚定地相信一个上帝；但在这种情况下，这种信念在严格的意义上依然不是实践的，而是必须被称为一种学理的信念，它是自然的**神学**（自然神学）必定在任何地方都必然地造成的信念。就同一种智慧而言，鉴于人类本性的杰出装备和与此极不匹 B855
配的短暂生命，同样可以为人类灵魂的来世生活的学理信念找到充分的根据。

在这样一些事例中，信念这一表述是在**客观**方面的谦逊态度的表述，但毕竟同时是在**主观**方面的笃信态度的表述。即使我在这里把纯然理论上的视之为真仅仅称为我有权利接受的假说，由此我也已经会自告奋勇地对于一个世界原因和另一个世界的性状，较之我实际上能够指出的那样更多地拥有概念了；因为无论我把什么仅仅当做假说来接受，我都对它至少在其属性上知道如此之多，以至于我可以虚构的**不是它的概念**，而**仅仅是它的存在**。但是，信念一词仅仅关涉一个理念给予我的指导，关涉对我的理性行动之促进的主观影响，这种促进使我坚守这个理念，尽管我在思辨方面没有能力对它作出解释。

但是，纯然学理的信念自身具有某种摇摆不定的东西；人们经常由于在思辨中出现的困难而失去它，尽管人们不可避免地又一再返回到它 B856
那里。

道德的信念则全然不同。因为在这里，某种事情必须发生，也就是说，我在一切方面都必须服从道德法则，这是绝对必然的。目的在这里是不可回避地确立了的，而且按照我的一切洞识，这一目的与所有全部目的在其下相互联系并由此具有实践的有效性的条件，只可能有惟一的一个，即有一个上帝和有一个来世；我也完全确定地知道，没有人认识在道德法则之下导致种种目的的这种统一性的其他条件。但是，既然因此之故道德规范同时是我的准则（正如理性命令它们应当是我的准则一样），我将不可避免地相信上帝和一个来世的存在，并且肯定没有任何东西能够动摇这一信念，因为那样一来我的道德原理本身就会被倾覆，而我不可能放弃这些道德原理而不在我自己的眼中是可憎的。

以这样的方式，在一种超出一切经验的界限之外四处漫游的理性的一切沽名钓誉的意图都破灭之后，还给我们留下了足够的东西，即我们
B857 有理由在实践方面对此感到满足。尽管当然没有人能够自诩说，他**知道**有一个上帝和一个来生；因为如果他知道这一点，那他恰恰就是我长期以来所找的人。一切**知识**（如果它们涉及纯然理性的一个对象的话）人们都可以传达，因此我也将会能够希望看到我的知识通过他的教诲以如此值得惊赞的方式扩展。不会的，这种确信不是逻辑的确信，而是**道德上的**确定性，而且既然它依据的是（道德意向的）主观根据，所以我甚至不能说：有一个上帝等等，**这是**在道德上确定的；而是只能说：**我是**在道德上确信等等。这就是说：对一个上帝和一个来世的信念与我的道德意向是如此交织在一起，以至于就像我没有丧失后者的危险一样，我也同样不担心前者在某个时候被从我这里夺走。

这里存在的惟一令人疑虑的东西就是：这种理性信念是建立在道德意向的预设之上的。如果我们忽略这一点，并且假定一个人在道德法则方面完全无所谓，那么，理性所提出的这个问题就完全成为思辨的一个课题，而且在这种情况下虽然还能够得到出自类比的有力根据的支持，但却不能得到最冥顽不灵的怀疑癖也不得不顺从的那些根据的支持。①但
B858 是，没有一个人在这些问题上没有任何旨趣。因为尽管他可能由于缺乏善的意向而被与道德旨趣隔绝，但即使在这种情形中也毕竟还剩下足够的东西来使得他**惧怕**一种神性的存在和来世。因为要做到这一点不再要求别的，只要他至少不能借口没有**确定性**，即**没有**这样一种存在者和**没有**来生能被发现；由于这必须借助纯然的理性，从而不容置疑地来证明，

① 人的心灵对道德性有一种自然的旨趣（我相信，这在每一个有理性的存在者身上都必然会发生），尽管这种旨趣并不专一和在实践上占优势。请巩固和扩展这种旨趣，你们将发现理性是好学的，甚至更为开明，可以还把思辨的旨趣也与实践的旨趣结合起来。但是，如果你们不注意你们此前至少已处在造就好人的半途中，你们就永远不会使他们成为虔信的人。

所以他为此就必须要阐明二者的不可能性，而这肯定是没有一个有理性的人能够接受的。这将会是一种**消极的**信念，它虽然并不造成道德性和善的意向，但毕竟能够造成它们的类似物，也就是说，能够有力地遏制恶的意向的发作。

但是，有人会问，这就是纯粹理性通过在经验的界限之外展现前景所达到的一切吗？除了两个信条之外就没有别的了吗？就连平常的知性也能够达到这种程度，用不着就此请教哲学家！ B859

我在这里并不想赞扬哲学通过其批判的艰苦努力而为人类理性所立下的功劳；就算它即便在结论上也应当被认为是纯然消极的；因为在下一章还将有所论及。但是，你们真的要求一种关涉所有人的知识应当超越平常知性，并且仅仅由哲学家揭示给你们吗？恰恰你们所责备的，就是迄今的主张的最好证实，因为它揭示出人们一开始不能预见的东西，也就是说，在人们毫无差别地关切的事情上，不能指责自然在分配人们的禀赋时有所偏袒，而最高的哲学在人类本性的根本目的方面，除了自然也赋予最平常的知性的那种指导以外，也不能再造就更多的东西。

第三篇

B860
纯粹理性的建筑术

我把一种**建筑术**理解为种种体系的艺术。由于正是系统的统一性最初使平常的知识成为科学，也就是说，用知识纯然的集合体构成一个体系，所以建筑术就是我们一般知识中的科学性因素的学说，从而必然属于方法论。

在理性的统治下，我们一般而言的知识不可以构成一个集合体，而是必须构成一个体系，惟有在体系中，它们才能够支持和促进理性的根本目的。但是，我把体系理解为杂多的知识在一个理念之下的统一。这个理念是关于一个整体的形式的理性概念，乃是就不仅杂多性的规模，而且各部分相互之间的位置都通过这一概念而先天地被规定而言的。因此，科学性的理性概念包含着与它一致的整体的目的和形式。一切部分均与其相关，而且在其理念中也彼此相关的目的的统一性，就使得在知识中每一个部分都会因缺少其余的部分而若有所失，而且不出现偶然的
B861 附加，或者完善性没有先天规定的界限，其大小不确定。因此，整体是有分支的（articulatio［组合］），而不是堆积的（coacervatio［堆砌］）；它虽然可以内在地（per intussusceptionem［通过内部的摄取］）生长，但不能外在地（per appositionem［通过附加］）生长，就像一个动物的身体，其生长并不增加一个新肢体，而是比例不变地使每一个肢体都对自己的目的变得更强有力、更有效用。

理念为实现而需要一个**图型**，也就是说，需要各个部分的一种先天地从目的原则出发规定的杂多性和秩序。不是根据一个理念，亦即从理性的主要目的出发，而是经验性地、按照偶然呈现的种种意图（其数量人们不能预知）而设计的图型，提供的是**技术性的**统一，而仅仅遵循理念产生的图型（在这里，理性先天地提出目的，而不是经验性地等待目的），所建立的则是**建筑术的**统一。我们称为科学的那种东西，其图型必

须包含着整体的轮廓（monogramma）及其依照理念之划分，亦即先天地划分为各个环节，并且确定无疑地和按照原则把这个整体与其他一切整体区别开来，这种东西就不能是以技术的方式由于杂多的相似性或者为种种任意的外在目的对知识的具体偶然应用而产生的，而是以建筑术的方式由于亲缘关系和从一个惟一的、至上的和内在的目的派生而产生的， B862
惟有这个目的才使得整体成为可能。

没有人不以一个理念为基础而企图建立一门科学。然而在拟制这门科学时，图型乃至他一开始为这门科学给出的定义，则罕有符合其理念；因为这一理念就像一个胚芽一般蕴藏在理性中，在这个胚芽中，所有的部分都还深藏不露，即便用显微镜观察也几乎无法辨识。因此缘故，既然各门科学毕竟都是从某种普遍的旨趣的观点出发而设想出来的，所以人们就必须不是按照其创立者对它们所做的描述，而是按照人们从他汇集起来的各部分的自然统一性出发，发现根据在于理性本身的那个理念来解释和规定它们。因为在这里将发现，创立者以及经常还有其最晚的追随者都还在摸索一个理念，他们自己没有搞清楚这个理念，因而也就不能规定这门科学的独特内容、组合（系统的统一性）和界限。

糟糕的是，惟有在我们按照潜藏在我们心中的理念的暗示，长时间胡乱地搜集许多与此相关的知识之后，甚至在经历很长时间以技术的方式把它们装配在一起之后，我们才有可能更为清楚地看出理念，并按照 B863
理性的种种目的以建筑术的方式设计一个整体。各种体系看起来一开始就像是一堆蛆虫那样，由于一种出自搜集而来的概念的纯然汇合的 generatio aequivoca［多元发生论］而残缺不全，逐渐地才得到完善，尽管它们全都在纯然展开着的理性中有其作为源始胚芽的图型，并因此而不仅每一个体系都独自按照一个理念划分，而且所有的体系还都为此相互之间在一个人类知识体系中又作为一个整体的种种环节合目的地结合起来，从而允许有一种所有人类知识的建筑术；目前，既然已经搜集了如此之多的材料，或者能够从已经倾覆的旧建筑的废墟中获取如此之多的材料，这种建筑术就不仅是可能的，而且也根本不困难。在这里，我们满足于完成我们自己的工作，即仅仅设计出自**纯粹理性**的一切知识的**建筑术**，而且仅仅从我们的认识能力的总根分杈并长出两个主干的那个点开始，这两个主干的一个就是**理性**。但是，我在这里把理性理解为全部高级认识能力，因而把理性的与经验性的对立起来。

如果我在客观上来看抽掉知识的一切内容，则一切知识在主观上就要么是历史的，要么是理性的。历史的知识是 cognitio ex datis［出自被
B864 给予的东西的知识］，理性的知识则是 cognitio ex principiis［出自原则的知识］。一种知识尽可以是源始地被给予的，无论它来自何处，但就拥有这种知识的人而言，如果他所知道的在程度上和数量上只不过是从别处给予他的，那么，这种知识就毕竟是历史的；不管这种知识被给予他，是通过直接的经验，还是通过讲述，还是通过（普遍知识的）传授。因此，真正说来学习了一个哲学体系——例如**沃尔夫**哲学体系——的人，尽管他脑子里已经有了所有的原理、解说和证明，连同整个学说体系的划分，并且能够掰着手指列举它们，他所拥有的也只不过是**沃尔夫**哲学的完备的**历史**知识而已；他所知道和判断的，只不过是被给予他的那么多。如果你们否定他的一个定义，他就不知道应当从何处获取另一个定义。他是按照别人的理性增长知识的，但模仿的能力并不是生产的能力，也就是说，知识在他那里不是产生自理性，而尽管这种知识客观上当然是一种理性知识，但它毕竟在主观上纯然是历史的。他正确地领会、保持了，也就是说学会了，但却是一个活人的石膏模子。客观的、（也就是说，一开始）只能产生自人自己的理性的理性知识，惟有在它们是从理性的普遍源泉、亦即从原则汲取而来的时候，才可以也在主观上使用这
B865 一名称；就连批判、甚至对学到的东西的抛弃，也可以产生自理性的这一普遍源泉。

一切理性知识都要么是出自概念的知识，要么是出自概念的构造的知识；前者叫做哲学的，后者叫做数学的。我在第一篇中已经讨论过二者的内在区别。据此，一种知识可以在客观上是哲学的，而在主观上却是历史的，就像在大多数初学者以及在所有目光永不超出学校而终生是学徒的人那里一样。但特殊之处在于，人们已经学会的数学知识毕竟还能够在主观上被视为理性知识，而且在数学知识这里，并不像在哲学知识那里那样出现这样一种区别。原因在于，教师惟一能够汲取知识的那些知识源泉，不在别处，只是在理性的根本的和真正的原则里面，从而不能为初学者从别处获得，还可以说是不容置疑的；而且也是因为，理性的应用在这里只是具体地发生的，但尽管如此又是先天地发生的，也

就是说，是根据先天的、正因为此而正确无误的直观发生的，并且排除了一切蒙蔽和失误。因此，在一切（先天的）理性科学中，人们只能学习数学，但永远不能学习哲学（除非是以历史的方式学习），而就理性而言，至多只能学习**哲学思维**。

一切哲学知识的体系就是**哲学**。如果人们把它理解为判断一切哲学 B866
思维尝试的原型，它应当用于判断每一种其体系往往如此多种多样并且如此多变的主观哲学的话，那么，人们就必须把它当做客观的。以这种方式，哲学就是一门可能科学的纯然理念，这门科学不能在任何地方具体地被给予，但人们可以沿着种种途径来试图接近它，直到发现惟一的一条为感性所遮掩的道路，而且成功地使迄今不适当的模仿在人们被允许的程度上与原型相同为止。在此之前人们不能学习哲学；因为哲学在哪里呢？谁拥有哲学呢？根据什么来认识哲学呢？人们只能学习哲学思维，也就是说，遵循理性的普遍原则在现存的尝试上施展理性的才能，但始终保留理性的权利，即甚至就其源泉而言来研究和证实或者抛弃那些尝试。

但是，迄今为止哲学的概念只不过是一个**学院概念**，也就是说，是关于仅仅被当做科学来寻求的知识的一个体系的概念，所当做目的的无非是这种知识的系统统一性，从而只是知识**在逻辑上的**完善性。但还有一种**世界概念**（conceptus cosmicus），它在任何时候都被当做上述称谓的基础，尤其是当人们把它仿佛是人格化，并且在**哲学家**的理想中把它表 B867
现为一个原型的时候。就此而言，哲学就是关于一切知识与人类理性的根本目的（teleologia rationis humanae [人类理性的目的论]）的关系的科学，而且哲学家不是一个理性艺人，而是人类理性的立法者。在这样的意义上，自称为一个哲学家，并且自以为已经与仅仅蕴涵在理念中的原型等同，则委实是大言不惭。

数学家、自然科学家、逻辑学家，无论前二者在理性知识上、后二者尤其在哲学知识上进展多么出色，他们毕竟只是理性艺人。在理想中还有一位教师，安排所有这些人，把他们当做工具来使用，以促进人类理性的根本目的。惟有这位教师，人们才必须称为哲学家；但是，既然他本人无处可见，而他的立法的理念却在任何人类理性中都被发现，所以我们就要仅仅依据这一理念，并且更精确地规定，哲学 B868

按照世界概念①从种种目的的立场出发指定了什么样的系统统一性。

根本目的并不因此就是最高目的，它们中间（就理性完善的系统统一性而言）只能有一个惟一的最高目的。因此，它们要么是终极目的，要么是作为手段必然属于终极目的的从属目的。前者不是别的，就是人的全部规定，而探讨这种规定的哲学就叫做道德。由于道德哲学与其他一切哲学相比所拥有的这种优越性，在古人那里，人们在任何时候都把哲学家同时并且尤其理解为道德学家；通过理性而自制的外部表现甚至使得人们即便在今天也按照某种类比称某人为哲学家，即使他的知识有限。

人类理性的立法（哲学）有两个对象，即自然和自由，因而既包含自然规律，也包含道德法则，一开始以两个专门的哲学体系，最终则以一个惟一的哲学体系。自然哲学关涉**存在**的一切，道德哲学则关涉**应当存在**的一切。

但是，一切哲学都要么是出自纯粹理性的知识，要么是出自经验性原则的理性知识。前者叫做纯粹哲学，后者叫做经验性哲学。

B869 纯粹理性的哲学要么是在一切纯粹知识方面先天地研究理性能力的**预科**（预备性练习），并且叫做**批判**，要么第二，是纯粹理性的体系（科学），它在系统联系中研究出自纯粹理性的全部（既包括真实的也包括虚假的）哲学知识，并叫做**形而上学**；尽管这个名称也可以赋予整个纯粹哲学，包括批判在内，以便既概括对一切在某个时候能够被先天地认识的东西的研究，也概括对构成这个类型的纯粹哲学知识体系、但与一切经验性的理性应用有别、同样与数学的理性应用有别的东西的阐述。

形而上学分为纯粹理性的**思辨**应用的形而上学和其**实践**应用的形而上学，因而或者是**自然形而上学**，或者是**道德形而上学**。前者包含关于一切事物的**理论**认识的一切出自纯然概念的纯粹理性原则（因而排除数学）；后者包含先天地规定**所为所弃**并使之成为必然的原则。于是，道德性就是行为惟一能够完全先天地从原则推导出来的合法则性。因此，道

B870 德形而上学真正说来就是纯粹的道德，在它里面并不以人类学（不以经

① **世界概念**在这里是指涉及每一个人都必然有旨趣的那种东西的概念；因此，如果一门科学只是被视为关于达到某些任意的目的的技巧的科学，我就按照**学院概念**来规定它的意图。

验性的条件）为基础。思辨理性的形而上学就是人们**在狭义上**习惯称为形而上学的东西；但是，就纯粹的道德学说毕竟仍然属于出自纯粹理性的人类知识、而且是哲学知识的特别主干而言，我们还想为它保留那种称谓，尽管我们在这里以它并非我们**现在的**目的而把它搁置一旁。

把就其类别和起源而言彼此有别的知识**隔离**开来，并小心翼翼地防止它们与其他在应用中通常相结合的知识混为一体，这是非常重要的。化学家在分解物质时、数学家在其纯粹的量的学说中所做的事情，哲学家更有责任勉力为之，以便能够准确无误地规定一个特殊种类的知识在四处漫游的知性应用那里所占的份额、其自身的价值和影响。因此，人类理性自从开始思维或者毋宁说开始反思以来，就从来不能缺少一种形而上学，但尽管如此，也未能以充分清除一切异类因素的方式阐述过它。这样一门科学的理念与思辨的人类理性同样古老；哪一种理性不或者以经院哲学的方式或者以通俗的方式进行思辨呢？然而人们必须承认，我们知识的两种要素，其一种完全先天地在我们掌握之中，另一种则只能 B871
后天地自经验获得，二者的区分即便在职业思想家那里也依然是很不清楚的，因而从未能实现一种特殊种类的知识的界限规定，从而也未能实现一门如此之久且如此程度地使人类理性思考的科学的理念。当人们说形而上学是关于人类知识种种第一原则的科学时，人们由此并没有说明一个完全独特的种类，而是仅仅说明了一个普遍性方面的等级，故而并不能由此把它与经验性的东西清晰地区别开来；因为即便在经验性的原则中间，也有一些比另一些更普遍、从而更高级；而在这样一种归属的序列中（在这里，人们并未把完全先天地认识的东西与只能后天地认识的东西区分开来），人们应当在何处分界，把前一部分和至上的环节与后一部分和从属的环节区分开来呢？如果时间的计算只能这样来表示世界的各个时代，即它把各个时代划分为最初的世纪和继之而起的世纪，人们对此会说什么呢？人们就会问：第五世纪、第十世纪等等也属于最初的世纪吗？我同样要问：有广延的东西的概念属于形而上学吗？你们回
答说：是的！那么，物体的概念呢？是的！而液态物体的概念呢？你们 B872
犯疑了，因为如果照这样下去，一切都将属于形而上学。由此可见，仅仅归属的程度（特殊的东西从属于普遍的东西）并不能规定一门科学的界限，相反，在我们的事例中是完全的异类性和起源的不同在规定着界

限。但是，还在另一个方面遮蔽形而上学的基本理念的东西，曾是它作为先天知识表现出与数学的某种同类性，这种同类性就先天起源而言确实使二者彼此接近；但是，就前者出自概念的认识方式与后者通过概念的构造而先天地作出判断的方式相比而言，从而就一种哲学知识与数学知识的区别而言，就表现出一种明显的异类性，人们虽然在任何时候都仿佛是感觉到这种异类性，但却从来未能将它付诸清晰的标准。这样一来就发生了这样的情形，即由于哲学家们甚至在阐发其科学的理念时还有所欠缺，对这门科学的研究就不可能有确定的目的和正确无误的准绳，而且他们由于一种如此任意作出的设计，对于他们应当选取的路径一无所知，对每一个人沿着自己的路径作出的发现又任何时候都相互争执，所以就使自己的科学首先在其他人那里，最终甚至在他们自己那里都受到轻视。

B873 因此，一切纯粹的先天知识都由于特殊的认识能力——惟有在这种能力中，它才能够有自己的位置——而构成一种特殊的统一性，而形而上学就是应当在这种系统的统一性中阐述纯粹的先天知识的那种哲学。哲学曾优先享有这一名称的思辨部分，亦即我们称为**自然形而上学**、并且从先天概念出发就其**存在**来思考一切（不是思考应当存在的东西）的哲学，以如下的方式被划分。

狭义上如此称谓的形而上学由**先验哲学**和纯粹理性的**自然学**组成。前者仅仅在与一般对象相关的一切概念和原理的体系中考察**知性**和理性本身，并不假定**曾被给予的**客体（Ontologia［本体论］）；后者考察**自然**，即**被给予**的对象（无论它们是被给予感官的还是——如果人们愿意说的话——被给予另一种直观的）的总和，因而是**自然学**（尽管只是rationalis［理性的］）。但是，理性在这种理性的自然考察中的应用要么是自然的要么是超自然的，或者准确地说要么是**内在的**要么是**超验的**。前者在
B874 其知识能够（具体地）在经验中应用的程度上关涉自然，后者则关涉经验之对象的那种超越一切经验的联结。因此，这种**超验的**自然学要么以一种**内部的**联结为对象，要么以一种**外部的**联结为对象，但二者都超越了可能的经验；前者是整个自然的自然学，也就是说，是**先验的世界知识**，后者是整个自然与一个自然之上的存在者的联系的自然学，也就是说，是**先验的上帝知识**。

与此相反，内在的自然学是把自然当做一切感官对象的总和、从而是像这些对象被给予**我们**的那样、但仅仅按照它们在其下能够被给予我们的先天条件来考察自然。但是，内在的自然学的对象只有两种：1. 外感官的对象，即有形体的自然；2. 内感官的对象，即灵魂，而且按照它的基本概念也就是**能思维的自然**。有形体的自然的形而上学就叫做**物理学**，但由于它只应当包含其先天知识的原则，所以叫做**理性物理学**。能思维的自然的形而上学就叫做**心理学**，而出自上述理由，它在这里只能被理解为心理学的**理性知识**。

据此，形而上学的整个体系由四个部分组成：1. **本体论**。2. **理性自然学**。3. **理性宇宙论**。4. **理性神学**。第二个部分，即纯粹理性的自然学说，包含着两个分支，即 physica rationalis［理性物理学］① 和 psychologia rationalis［理性心理学］。 B875

一种纯粹理性哲学的源始理念规定着这种划分本身；因此，它是**建筑术的**，即是符合其根本目的的，而不是纯然**技术的**，即按照偶然知觉到的亲缘关系、仿佛是碰运气作出的，但正因为此它也是不可变更的和立法的。但在这里，还有几点可能引起疑虑，并且削弱对其合法性的确信。

首先，就对象被给予我们的感官，从而是后天地被给予的而言，我如何能够期待关于对象的一种先天知识，从而期待一种关于对象的形而上学呢？而且，按照先天原则认识事物的本性并达到一种**理性**自然学，这是如何可能的呢？回答是：我们从经验中所取得的，不外是必要的东西，即**给予**我们一个客体，有时是外**感官**的客体，有时是内**感官**的客体。前者是纯然通过物质概念（不可入的、无生命的广延）发生的，后者是通过一个能思维的存在者的概念（在经验性的内在表象中：我思）发生的。此外，在这些对象的整个形而上学中，我们必须完全放弃那些为判断超出这些对象的某种东西而要在概念之上还附加上某种经验的一切经 B876

① 不要认为我把它理解为人们通常称为 physica generalis［普通物理学］，与其说是自然哲学倒不如说是数学的那种东西。因为自然的形而上学完全脱离了数学，也远远不像数学那样提供如此之多的扩展性洞识，但就能够运用于自然的纯粹知性知识的批判而言毕竟是很重要的；缺少了它，就连数学家也会由于贪恋某些普通的、但事实上却是形而上学的概念而不知不觉地用种种假说来拖累自己的自然学说；而这些假说在这些原理遭到批判时就会消失，但由此毕竟丝毫也不损害数学在这一领域的应用（这种应用是完全不可或缺的）。

验性原则。

其次，**经验性心理学**究竟留存在何处呢？经验性心理学历来维护其在形而上学中的位置，而且在我们的时代里，在人们放弃了先天地确立某种适用的东西的希望之后，人们为澄清形而上学而对经验性心理学抱有很大期望。我的回答是：经验性心理学属于必须确立真正的（经验性的）自然学说的地方，也就是说，属于**应用**哲学方面；纯粹哲学包含着应用哲学的先天原则，因而与应用哲学密切相关，但虽然如此，却切不可与之混杂。因此，必须把经验性心理学完全从形而上学中逐出，而且它已经由于形而上学的理念而被完全从中排除了。尽管如此，按照学院
B877 习惯，人们却还必须一直允许它在形而上学中占有一席之地（尽管只是作为插曲），而且还是出自家政学的动因，因为它还没有如此丰富，以至于独自形成一种研究，但又毕竟太重要了，使人们不可以完全排斥它，或者把它强放在别的地方，在那里，它比在形而上学中更难以发现亲缘关系。因此，这是一个久已被接受的异乡客，人们允许它再居留一些时间，直到它能够在一门详尽的人类学（经验性自然学说的对称物）中获得它自己的住处为止。

因此，这就是形而上学的普遍理念；既然人们一开始所苛求它的多于能够合理地要求它的，而且有一段时期还以惬意的预期自得其乐，所以当人们发现在希望上受骗时，它就最终陷入了普遍的蔑视。从我们的批判的整个进程出发，人们将已经确信：尽管形而上学不能是宗教的基础，但它却必然在任何时候都保持是宗教的堡垒，而且人类理性已经由于自己本性的方向而是辩证的，它绝不能缺少这样一门科学来约束它，并通过一种科学性的和完全清晰的自知之明来防止一种无法无天的思辨理性通常肯定会在道德和宗教中造成的破坏。因此，人们可以确信，无
B878 论不知道按照一门科学的本性、而是仅仅从其偶然结果出发来判断它的人们如何作出一副冷淡和蔑视的样子，人们在任何时候都将返回到形而上学那里，就像是返回到一个曾与我们反目的爱人那里一样，因为既然这里涉及根本的目的，理性就必然不遗余力地要么致力于缜密的洞识，要么致力于摧毁已经现存的良好洞识。

因此，真正说来惟有形而上学，无论是自然形而上学还是道德形而上学，尤其是**以预习的方式**（以预科的方式）走在前面的对贸然鼓起自

己双翼的理性的批判，才构成我们在真正的意义上能够称之为哲学的东西。哲学把一切与智慧联系起来，但却是通过科学的道路，这是惟一的一条一经开辟就永不荒芜且不允许迷失的道路。数学、自然科学，甚至人的经验性认识，都具有很高的价值，大多是作为人类偶然目的的手段，但归根结底却毕竟是作为人类必然的、根本的目的的手段，而在这种情况下，就只能通过一种出自纯然概念的理性知识的中介，这种知识人们可以随意地称谓它，真正说来却无非是形而上学而已。

正因为此，形而上学也是人类理性的一切**教养**的完成；形而上学是不可或缺的，即使人们把它作为科学对某些确定的目的的影响搁置一旁。因为它是按照理性甚至必然作为一些科学的**可能性**和一切科学的应用的 B879
基础的那些要素和准则来考察理性的。至于它作为纯然的思辨不是用于扩展知识，而是用于防止错误，这无损于它的价值，而毋宁说赋予它尊严和威望，因为审查保障着科学共同体的普遍秩序与和谐乃至福祉，并防止其勇敢且有益的探究远离重要的目的，即普遍的幸福。

第四篇

B880
纯粹理性的历史

此处设立这一标题，仅仅是为了标识出体系中还剩下且今后必须完成的一个部分。我满足于从一个纯然先验的观点出发，亦即从纯粹理性的本性出发，向迄今为止对这种本性所做的种种探究的整体投去匆匆的一瞥；当然，这一瞥使我的眼睛看到的虽然是建筑物，但却只不过是废墟而已。

人们在哲学的童年时代是从我们现在宁可结束的地方开始的，也就是说，首先研究关于上帝的知识，研究对于另一个世界的希望，或者干脆说另一个世界的性状，这是值得充分注意的，虽然也自然而然不能不如此发生。无论从各民族的野蛮状态遗留下来的古老习俗引入了哪些粗糙的宗教概念，这也毕竟并不妨碍较开明的人士献身于对这一对象的自由研究，而且人们很容易看出，除了良好的生活方式以外，不可能有彻底的和更为可靠的方式来让统治世界的不可见力量所喜悦，以便至少在
B881 另一个世界里获得幸福。因此，神学和道德是以后人们在任何时候都致力从事的抽象理性研究的两种动机，或者准确地说是其两个关联点。然而，真正说来正是前者将纯然思辨的理性逐渐地纳入后世以形而上学的名义而如此著名的工作之中。

我现在并不想区分形而上学的这种或者那种变化所遇到的各个时代，而只想简略地概述理念的那种引发主要的革命的差异。而且在这里，我发现了一个三重的观点，在这个争执的舞台上的最重要的变化都是在这个三重观点中实现的。

1. **就我们一切理性知识的对象而言，一些人纯然是感觉论哲学家，另一些人纯然是理智论哲学家。伊壁鸠鲁**可以被称为最重要的感性哲学家，**柏拉图**则可以被称为理智论者的最重要的哲学家。两个学派的这种区别无论多么难以琢磨，却是在最早的时代里就已经开始了，并且长期

以来保持不断。前一个学派的哲学家们主张，惟有在感官的对象中才有现实性，其余的一切都是想象；后一学派的哲学家们则与此相反，主张在感官中只有幻相，惟有知性才认识真实的东西。不过，前一些人毕竟并不否认知性概念有实在性，但这种实在性在他们那里只是**逻辑的**，而 B882
在后一些人那里则是**神秘的**。前者承认**理智的概念**，但是只接受**感性的对象**。后者则要求真正的对象是**理知的**，并且主张一种通过不为任何感官伴随的、在他们看来只是被其搅乱的纯粹知性的**直观**。

2. **就**纯粹理性知识的**起源而言**，它们或者是自经验中派生的，或者是不依赖于经验而在理性中有其源泉。**亚里士多德**可以被视为**经验论者**的领袖，**柏拉图**则可以被视为**理性论者**的领袖。近代**洛克**追随亚里士多德，而**莱布尼茨**则追随柏拉图，他们在这场争执中仍然不能作出任何决定。至少，伊壁鸠鲁在自己那方面按照其感性体系来说比亚里士多德和洛克（尤其是后者）更为坚持不渝（因为他绝不以自己的推论超出经验的界限），而洛克在从经验推导出一切概念和原理之后，却在这些概念和原理的应用中走得如此之远，以至于他断言，人们能够像证明任何一个 B883
数学定理那样清晰地证明上帝的存在和灵魂的不死（尽管这两个对象完全处在可能经验的界限之外）。

3. **就方法而言**。如果人们应当把某种东西称为方法，那么，它就必须是一种按照**原理**进行的程序。现在，人们可以把在这个研究领域中流行的方法分为**自然主义的**方法和**科学性的**方法。纯粹理性的自然主义者奉为原理的是：经由无须科学的平常理性（他把这种理性称为健全的理性），就可以在构成形而上学的任务的那些最崇高的问题上比经由思辨有更多的建树。因此他断言，人们按照目测比绕道数学能够更可靠地确定月球的大小和距离。这纯粹是把厌恶学问当做原理，而最为荒唐的是把对一切人为方法的忽视誉为扩展知识的一种**独特方法**。因为就自然主义者从诸多洞识的**缺乏**出发而言，人们也不可能有理由深责他们。他们追随平常的理性，并没有自诩其无知是一种方法，包含着从德谟克利特的深井中汲取真理之秘诀。Quod sapio，satis est mihi，non ego curo esse quod Arcesilas aerumnosique Solones，Pers. ［我满足于我所知道的，我并不想成为阿尔凯西劳和忧患重重的索伦们。——佩尔修］这就是他们的格言，他们以这一格言自得其乐，过着值得赞同的生活，不去操心科 B884

学，也不扰乱科学的事务。

至于**科学性**方法的遵循者，他们在这里的选择是要么**独断地**行事，要么**怀疑地**行事，但无论如何他们都不得不**系统地**行事。如果我在这里就前者而言提到著名的**沃尔夫**，就后者而言提到**大卫·休谟**，按照我目前的意图我就无须再提他人了。惟有**批判的**道路尚无人行走。如果读者乐意并且有耐心与我一起走这条道路，他现在就可以作出判断，是否——这随他的便——贡献出自己的力量，使这条小路变成康庄大道，许多个世纪未能成就的事业也许在本世纪终结之前就可以达到，也就是说，使人类理性在其求知欲任何时候都致力从事但迄今一无所成的事情上得到完全的满足。

《纯粹理性批判》第 1 版出自李秋零主编《康德著作全集》第 4 卷，作于 1781 年，《纯粹理性批判》第 2 版出自李秋零主编《康德著作全集》第 3 卷，作于 1787 年。

康德文集注释版

本成果受到中国人民大学“985工程”的支持

Immanuel Kant

康德三大批判合集

（注释版）（下卷）

[德] 康德 著

李秋零 译注

中国人民大学出版社

·北京·

目　录

纯粹理性批判

实践理性批判

判断力批判

实践理性批判

科学院版编者导言

保罗·纳托尔普（Paul Natorp）

埃德曼[1]已经使人们注意到，《纯粹理性批判》按照康德的初衷应当同时包含着纯粹实践世俗智慧或者道德形而上学的批判性奠基。一部专门的《实践理性批判》的计划很晚才出现，而且很值得花费力气去探索它的起源。

对这个批判计划的最早的清晰预告，即《1765—1766 年冬季学期课程安排的通告》，已经谈到"整个世俗智慧的批判和规定"，它"作为一个整体"，应当"不仅对其认识的起源且对其错误的起源作出考察，而且草拟出持久而且合规则地修建这样一座理性建筑物所应当遵循的详细蓝图"[2]。稍晚[3]，康德预告了对"形而上学乃至整个哲学的独特方法"的研究。但是，他"把这部作品看做是所有这些计划的主要目标，想把它再放一放"，因为他还缺乏"能够具体地指出独特方法的例证"。出自这个理由，他想"先抛出一些较小的作品，对我来说，它们的材料是现成的，其中第一批将是《自然世俗智慧的形而上学初始根据》和《实践世俗智慧的形而上学初始根据》，这样，主要的著作就不至于因为详尽而又不充分的例证被过度拉长"。

当时，这些作品并没有写出。1766 年 4 月 8 日致门德尔松（Mendelssohn）的关于此期出版的《一位视灵者的梦》的信[4]表明，康德打算直接奔向自己的重要目标。一位像兰贝特这样的人物探讨从方法方面把形而上学带上可靠道路的决定性思想的热情，至少强有力地促成了这一点。康德如他在 1770 年 9 月 2 日（连同呈送教授就职论文）写信对兰贝

① B. 埃德曼：《〈纯粹理性批判〉编者导言》，见《康德全集》，第Ⅳ卷，573 页以下。

② 《康德全集》，第Ⅱ卷，310 页。［参见李秋零主编：《康德著作全集》，第 2 卷，313 页，北京，中国人民大学出版社，2004。——译者注］

③ 1765 年 12 月 31 日致兰贝特［Lambert］的信，见《康德全集》，第Ⅹ卷，53 页。［参见李秋零编译：《康德书信百封》，18 页，上海，上海人民出版社，2006。——译者注］

④ 《康德全集》，第Ⅹ卷，66 页以下。［参见《康德书信百封》，20～23 页。——译者注］

特说的那样①，决心向正直地追求理解的人呈交“我在其中审视这门科学的形象的一份清晰的草图和关于这门科学的独特方法的某种思想，不能比这更少了”。但是，教授就职论文作为与兰贝特的书信讨论的书面证明对他来说根本不够，他答应给兰贝特这整个科学的一个新草图，……“在很少几封信中”，但他为此还需要再利用一些时间……“用于恢复”！……“到今年冬天”，再把他“关于纯粹道德的世俗智慧的研究列入日程，并且加以完成。在这里，找不到任何经验性的原则，似乎可以说它就是道德形而上学”，为的是由此同时“为那些极重要的意图开辟道路”；这显然是在过去所宣告的意见中：为的是在对哲学的新的方法论奠基时已经能够指出具体的例证。

我们并不感到奇怪，这个意图的实施这次也搁浅了。自从康德看出“在纯哲学中方法就先行于一切科学，而在它的规定经过充分的检验和牢固的确立之前所尝试的东西，显然是贸然领会的，并且必然被抛弃到精神的空洞游戏里面去”② 以来，尚未解决的主要课题必然对康德实施着一种更强大的吸引力。

这样，在 1771 年 6 月 7 日致赫茨（Herz）的信中，我们又发现他“正在详细地撰写一部作品，标题是《感性和理性的界限》，它包括了为感官世界规定的基本概念和法则的关系，以及对鉴赏力学说、形而上学和道德的本性的构思”。“整个冬天”——他想完成道德形而上学的同一个冬天——，他“翻阅了所有的资料，对它们进行了筛选、权衡、组合。不过，这个计划只是在不久前才全部实现”③。感官世界的基本概念和法则连同鉴赏力学说、形而上学、道德，从这种松散的排列中产生出什么样的计划，当然是不清晰的。

1772 年 2 月 21 日致赫茨的信提供了更详细的答复。我们在这里获悉了两个不同的计划。按照第一个计划，《感性和理性的界限》这部著作应当包括两个部分，即一个**理论的**部分和一个**实践的**部分；其内容和进一步的划分也得到了说明。在这种情况下，虽然当他着手透彻地思索理论

① 《康德全集》，第Ⅹ卷，92～93 页。[参见《康德书信百封》，26～29 页。——译者注]

② 根据教授就职论文第 23 节强调说明的词句。[参见《康德著作全集》，第 2 卷，421 页。——译者注]

③ 《康德全集》，第Ⅹ卷，117 页。[参见《康德书信百封》，29～32 页。——译者注]

部分时，出现了新的困难。但他相信基本上克服了这些困难，从现在起能够“写出一部《纯粹理性批判》了。如果纯粹理性完全是理智的，那么，这本书就既包括了理性认识的本性，也包括了实践认识的本性”。确切地说，他“想先写出第一部分，它包括形而上学的本源、方法及其界限，然后再写德性的纯粹原则”①。

但是，把《纯粹理性批判》划分为一个理论部分和一个实践部分，在下一个证词中看起来又被放弃了，这个证词就是1773年（10月?）致赫茨的信，其中又像过去那样完全清晰地与**惟一的先验哲学**或者**纯粹理性批判**对立起来的是**形而上学的两个部分**，即自然形而上学和道德形而上学；他还总是打算首先发表后者。它早就已经准备就绪了：1765年，材料对他来说就是现成的；1767年5月9日，他写信给赫尔德（Herder）说，他正在研究这个问题；1770—1771年冬天，他纯然是为了从《感性和理性的界限》的繁重工作中恢复，而打算完成这个作品②；即便是按照1772年的信③，他也在这个领域里已经事先进行过相当多的研究，他早就已经把原则构思得相当满意了。但即便是现在，也未得到实施；所有其他写作都被《纯粹理性批判》的主要工作“像一座水坝那样阻拦住了”。④

两个部分的形而上学，即自然形而上学和道德形而上学与独一不分部分的批判相对峙的那个基本计划，也出现在其他文献中，遗憾的是这些文献不是完全直接地谈论这一点的。1776年11月24日致赫茨的信⑤如我们后面将看到的那样，与这个假定绝不矛盾；1778年8月28日的另一封信⑥宁可说是证实了它。但1783年8月16日致门德尔松的信⑦则使人完全清楚地认识到，在此期间出版的《纯粹理性批判》中，依他所见已经给出了“人类整个理性的界限和全部内容”的准备工作和可靠规定，

① 《康德全集》，第Ⅹ卷，123页以下。[参见《康德书信百封》，32～38页。——译者注]

② 《康德全集》，第Ⅹ卷，71页。[参见《康德书信百封》，24～26页。——译者注]

③ 《康德全集》，第Ⅹ卷，124页。[参见《康德书信百封》，33页。——译者注]

④ 《康德全集》，第Ⅹ卷，185页。[参见《康德书信百封》，51页。——译者注]

⑤ 同上。[参见《康德书信百封》，50～52页。——译者注] 埃德曼亦谈到它，《康德全集》，第Ⅳ卷，576页。

⑥ 《康德全集》，第Ⅳ卷，582页。

⑦ 《康德全集》，第Ⅹ卷，325页以下。[参见《康德书信百封》，92～96页。——译者注]

只是还缺少按照上述（亦即在《纯粹理性批判》中阐述的）批判原理对形而上学的完善。他打算以手册的形式逐渐地完善它①，并且比它的代表作更加通俗；确切地说，他希望当年冬天“完成道德学的第一部分，即便不能全部写完，至少也要写出绝大部分”。

据此，《纯粹理性批判》本身已经在望；不过，从它出发必须对如下问题获得一个清晰的答复，即按照作者的意见，形而上学的批判性的地基清理是以这部著作结束了，还是刚刚过半。由于毕竟按照康德的概念，纯粹理性是一个完满的统一，是一个并非就自身而言、而是仅仅在考察中可分的整体，对尚付阙如的另一半的提示是不可能不出现的。

但是，这样一个提示在1781年的《纯粹理性批判》的**任何一个地方**都没有出现；而是无一例外地，像与这个标题相符的那样，批判的**全部**工作被视为在这部著作中已经结束；因此，所预期的不是进一步的批判，而是如迄今一直所是的那样：自然**形而上学**和道德**形而上学**。

1. 根据**前言**，纯粹理性批判意味着：“就它**独立于一切经验**能够追求的一切知识而言对一般理性能力的批判”②。惟一剩下的哲学课题就是形而上学本身，或者**体系**。“我希望在**自然的形而上学**这个标题自身下面提供出纯粹（思辨）理性的这样一个体系”③。在这里，括号里面的附词毫无疑问地暗示着体系的另一个同样根本性的部分：道德形而上学；但并没有暗示，批判本身还需要在理性的实践应用方面的一种补充。出版商哈特克诺赫（Hartknoch）指望的正是这两部著作，“因为这属于您的计划的完成，并且构成一个整体”④。没有人想到，而且康德本人在这段时间也没有想到第二部批判。因此，例如许茨（Schütz）就急不可耐地“期求和渴望着”他的**自然形而上学**，他“毕竟也将毫无疑问地让一部**道德形而上学**继之”⑤。

2. 导论谈及先验哲学划分的最后一节，尽管把先验哲学的概念，从

---

① 也请参见1778年的信，见《康德全集》，第Ⅹ卷，224页。[参见《康德书信百封》，66页。——译者注]

② 《康德全集》，第Ⅳ卷，9页。[参见李秋零主编：《康德著作全集》，第4卷，7页，北京，中国人民大学出版社，2005。——译者注]

③ 《康德全集》，第Ⅳ卷，13页。[参见《康德著作全集》，第4卷，11页。——译者注]

④ 1781年11月19日，《康德全集》，第Ⅹ卷，261页。

⑤ 1784年6月10日，《康德全集》，第Ⅹ卷，371页。

而把纯粹理性批判的概念限制在纯粹的、**全然思辨**的理性的领域[①]，但这种限制只是由此来论证的，即就道德性的最高原理和基本概念而言，尽管他们都是先天知识，却毕竟必须**预设一些经验性**起源的概念（愉快和不快、欲求和偏好、任性等等）。这就需要解释，因为康德至少自1770年（教授就职论文，第9节）以来就假定并不可动摇地坚持，道德的原则源自纯粹理性，因而属于纯粹哲学[②]。但是，说明离得并不远：即便是在道德的最高的、完全纯粹的原理和基本概念那里，也必须尽管如此而预设愉快、不快等经验性的概念，这是就人的意志绝不是没有质料而言的。但这种质料并不作为**原则**或者**条件**一起进入纯粹的道德原理或者基本概念。《纯粹理性批判》如是说："道德概念并不完全是纯粹的理性概念，因为它们以某种经验性的东西（快乐或者不快）为基础。尽管如此，就……**原则**而言（因而当人们只注意它们的形式时），它们却尽可以用做纯粹理性概念的实例。"[③] 通过这种众所周知的区分，像在1773年致赫茨的信中[④]或者在《纯粹理性批判》中[⑤]那样的经验性表述就显然得到解释了。

但在这种情况下，一种道德**形而上学**、道德的**纯粹**原则的提出，能够缺少一种先行的批判吗？在这里，Methodus antevertit omnem scientiam［方法先行于任何科学］不适用吗？

它肯定需要批判性的地基清理：但是，**这种清理是在纯粹（思辨）理性批判中同时给出的**。正是这个批判，要"为那座宏伟的道德大厦平整和加固地基"[⑥]。它这样做，是通过确保**理念**，尤其是**自由**的理念。自由虽然自身是一个纯粹思辨的理念，毕竟从1770年的教授就职论文（第

① 《康德全集》，第Ⅳ卷，25页。［参见《康德著作全集》，第4卷，20页。——译者注］

② 特别参见1770年致兰贝特的信，见《康德全集》，第Ⅹ卷，93页［参见《康德书信百封》，66页。——译者注］：纯粹的道德世俗智慧，其中找不到任何经验性的原则；以及1772年致赫茨的信，见《康德全集》，第Ⅹ卷，126页［参见《康德书信百封》，35页。——译者注］：无论是理性认识的本性还是实践认识的本性，就它们是纯然理智的而言。

③ 《康德全集》，第Ⅲ卷，384页。［参见李秋零主编：《康德著作全集》，第3卷，374页，北京，中国人民大学出版社，2004。——译者注］

④ 《康德全集》，第Ⅹ卷，138页。［参见《康德书信百封》，39～42页。——译者注］

⑤ 《康德全集》，第Ⅲ卷，520页注。［参见《康德著作全集》，第3卷，511页注。——译者注］

⑥ 《康德全集》，第Ⅲ卷，249页。［参见《康德著作全集》，第3卷，244页。——译者注］

9节，注）以来就已经是**实践认识**的基本理念，甚至一般而言惟有它才给出实践的东西的概念。《纯粹理性批判》说："柏拉图首先是在一切实践的东西中，也就是说，在一切依据自由的东西中，发现他的理念的，而自由又隶属于知识，知识是理性的一个特有产物"①。"理念……具有实践的力量，并且为某些**行动**的完善性的可能性奠定了基础"②。"先验的"理念，特别是自由理念，通过《纯粹理性批判》得到了保证，并尤其是期待第二个、尚付阙如的实践理性批判给予这种保证。这样一个批判的名称和概念在《纯粹理性批判》的第一版中完全不为人知。尚付阙如的东西，不是第二个批判，而仅仅是道德自身的阐述，它不能缺少经验性的概念（愉快、不快等等，简而言之意志的质料），因而不属于批判、惟一的批判、亦即自身同一的理性之批判的任务。

3. 这**完全**是1781年的《纯粹理性批判》的理解。当然，**纯粹道德**③——与纯粹数学一样，这个比较也是值得注意的——处在先验哲学之外。不过，先验的理性概念或者理念……"也许能够使从自然概念到实践概念的一种过渡成为可能"④；它们构成了道德的理念和原理的**理论支柱**，这些理念和原理是与这个支柱一起（成立和）作废的⑤。因为自由的实践概念是**建立**在自由的先验理念之上的，取消其先验理念就会同时根除自由。⑥在这种情况下，根据区分显象和物自身而对自由的可能性的演绎，连同对应当的普遍说明⑦，就将导致"一个与自然秩序完全不同的规则和秩序"⑧，简而言之是被给予，因此，《道德形而上学的奠基》以及《实践理性批判》的核心思想已预先提出，但毕竟没有因此而离开纯粹思辨研究的地基，因为这里到处都涉及道德的理论支柱，尚未涉及道德

① 《康德全集》，第Ⅲ卷，246～247页。[参见《康德著作全集》，第3卷，241页。——译者注]

② 《康德全集》，第Ⅲ卷，384页。[参见《康德著作全集》，第3卷，374页。——译者注]

③ 根据《康德全集》，第Ⅲ卷，332页。[参见《康德著作全集》，第3卷，322页。——译者注]

④ 《康德全集》，第Ⅲ卷，255页。[参见《康德著作全集》，第3卷，250页。——译者注]

⑤ 《康德全集》，第Ⅲ卷，325页。[参见《康德著作全集》，第3卷，315页。——译者注]

⑥ 《康德全集》，第Ⅲ卷，363～364页。[参见《康德著作全集》，第3卷，353～354页。——译者注]

⑦ 《康德全集》，第Ⅲ卷，371页。[参见《康德著作全集》，第3卷，361页。——译者注]

⑧ 《康德全集》，第Ⅲ卷，373页。[参见《康德著作全集》，第3卷，363页。——译者注]

自身。

就连实践公设也已经得到暗示①；最后，在已经于 1776 年致赫茨的信里面被称之为先验哲学的一个本质性组成部分的纯粹理性的法规②中，向实践领域的过渡昭然若揭；因为法规**明确地涉及实践的理性应用，而不涉及思辨的理性应用**③。人们理解，在这里康德自己在为体系的统一几乎忐忑不安④；出现了这样的危险，即对新话题或者对于先验哲学来说陌生的对象说得太少，而使其缺乏清晰性和说服力（同上）。但实际上，纯然思辨的研究的界限即便在这里也被极为严格地遵守。如果一方面，如这里又强调的那样，实践的概念，恰恰作为实践的，也就是说与愉快和不快（在质料上）相关，并不属于先验哲学的整体⑤，那么反过来，先验自由的问题并不归属实践应用中的理性，而仅仅涉及思辨的知识；它在讨论实践的东西时甚至可以被当做**完全无所谓**的而搁置一旁⑥；道德（直接地）只需要实践意义上的自由，这种自由甚至可以通过经验来证明⑦。这样也就是："我应当做什么"的问题"是纯然实践的。它作为这样一个问题虽然归属纯粹理性，但在这种情况下却毕竟不是先验的，而是道德的，因而我们的批判就自身而言并不研究它"⑧。只是在肤浅地阅读时，人们可能在这里"我们的批判"中发现对另一种批判，亦即实践理性批判的暗示。但是，按照所有前面所说⑨，"不是先验的，而是道德的"这种截然的对立只可以这样来理解，即在道德的东西的概念中一起考虑到

① 《康德全集》，第Ⅲ卷，421 页以下、518 页。[参见《康德著作全集》，第 3 卷，413 页以下、510 页。——译者注]

② 因此，这封信并不与只有一种理性批判的预设相矛盾。参见《康德全集》，第Ⅹ卷，186 页。[参见《康德书信百封》，52 页。——译者注]

③ 《康德全集》，第Ⅲ卷，518 页。[参见《康德著作全集》，第 3 卷，509 页。——译者注]

④ 《康德全集》，第Ⅲ卷，520 页。[参见《康德著作全集》，第 3 卷，511～512 页。——译者注]

⑤ 《康德全集》，第Ⅲ卷，520 页注。[参见《康德著作全集》，第 3 卷，511 页注。——译者注]

⑥ （《康德全集》，第Ⅲ卷，522 页。[参见《康德著作全集》，第 3 卷，513 页。——译者注]

⑦ 《康德全集》，第Ⅲ卷，521 页。[参见《康德著作全集》，第 3 卷，512 页。——译者注]

⑧ 《康德全集》，第Ⅲ卷，523 页。[参见《康德著作全集》，第 3 卷，514 页。——译者注]

⑨ 特别是按照《康德全集》，第Ⅳ卷，24 页。[参见《康德著作全集》，第 4 卷，20 页。——译者注]

了对经验性概念的吸纳。因此，“我们的批判”这一表述不可以在与另一种批判的对立中，而只可以在与作为哲学体系的一个部分的道德本身的对立中来理解。

4. 还剩下的是**纯粹理性的建筑术**，毕竟应当最早在其中找到我们的问题的终极裁定。它表明了什么？说：“人类理性的立法（哲学）有两个对象，即自然和自由，因而既包含自然规律，也包含道德法则，一开始以两个专门的哲学体系，最终则以一个惟一的哲学体系。……纯粹理性的哲学要么是……**预科**……，并且叫做**批判**，要么第二，是纯粹理性的体系（科学），……并叫做**形而上学**；……形而上学分为纯粹理性的**思辨**应用的形而上学和其**实践**应用的形而上学，因而或者是**自然形而上学**，或者是**道德形而上学**”①。即便在这里，也没有片言只语谈到对批判的相应划分；人们毋宁必须说，这样一种划分被这种说明完全排除了，因为至少在这里，在这部著作的差不多结束的地方，不可以对批判的尚付阙如的另一个部分沉默不语，如果这样一个部分被预设的话。但是，在该篇的结尾再次说道：“因此，形而上学，无论是自然形而上学还是道德形而上学，尤其是**以预习的方式**（以预科的方式）走在前面的对贸然鼓起自己双翼的理性的批判，才构成我们在真正的意义上能够称之为哲学的东西。”② 即便在这里，也没有对“预科”的一个尚付阙如的实践部分的丝毫暗示。

根据这一切，人们所期待的东西，完全是康德在《纯粹理性批判》出版之后立即考虑撰写形而上学，确切地说是他已经开始又一再暂缓其完成的部分，亦即道德形而上学。③

但是，我们所期待的东西，也只是以批判所建议的思想方向尚未离

① 《康德全集》，第Ⅲ卷，543～544 页。［参见《康德著作全集》，第 3 卷，536～537 页。——译者注］

② 《康德全集》，第Ⅲ卷，549 页。［参见《康德著作全集》，第 3 卷，542 页。——译者注］

③ 参见哈曼［Hamann］1781 年 5 月 7 日和 10 月 23 日、1782 年 1 月 11 日致哈特克诺赫的信，见基尔德迈斯特［Gildemeister］：《J. G. 哈曼的生平和著作》，第Ⅱ卷，368 页；以及《哈曼文集》，第Ⅵ卷，222、236 页；哈特克诺赫 1781 年 11 月 19 日致康德的信，见《康德全集》，第Ⅹ卷，261 页；埃德曼：《康德全集》，第Ⅳ卷，602～603 页；门采尔［Menzer］：《〈道德形而上学的奠基〉导言》，见《康德全集》，第Ⅳ卷，625 页；而尤其是已经提到的康德 1783 年 8 月 16 日致门德尔松的信，见《康德全集》，第Ⅹ卷，325 页以下。［参见《康德书信百封》，92～96 页。——译者注］

开他；恰恰是在他认真地开始完善道德形而上学的时候，在《纯粹理性批判》中为道德形而上学提供的先期工作尚未使他完全满足。因为《纯粹理性批判》虽然在内核上包含着也为纯粹道德的奠基，但只是在有限的、更多地是偶尔的并且还蒙受指责的阐述中。这样就可以理解，他的道德学的第一部分[①]变成了道德形而上学的**前驱**或者**计划**[②]，最终变成了道德形而上学的一个奠基[③]；实际上无非是为纯粹道德或者道德形而上学进行的一次更完备的、尽可能脱离纯粹亦即思辨理性批判的、与道德问题本身更清晰也更完备地相关联的批判性地基清理。

在这部作品——其稿子是在1784年9月19日寄出的，康德在1785年4月7日收到第一批样书[④]——的（遗憾的是没有注出日期的）前言中，总的来说第一次出现了**实践理性批判**的名称和概念。它应当是什么，是与《纯粹理性批判》和《道德形而上学的奠基》并立吗？一种实践理性批判能够无非是道德形而上学的（批判性）奠基吗？

前言本身对此给出的答复是："我决意日后提供一部《道德形而上学》，如今我让这本《奠基》先发表。尽管除了一种**纯粹实践理性**的批判之外，道德形而上学真正说来没有别的基础，就像对于（自然）形而上学来说，已经提供的纯粹思辨理性的批判是基础一样"。而两部著作的每一位读者都知道，《奠基》和《实践理性批判》在主要内容上确实是叠合的，它们几乎只是在形式上有区别，确切地说是这样的，思想的展开在《奠基》中更多地遵循一种分析的走向，在《实践理性批判》中则遵循一种综合的走向。在《奠基》的第三章中，间接完成了向纯粹实践理性批判的过渡，并且已经阐述了这个批判**对于我们的意图来说**充分的要点。[⑤]只不过在**完备性**上，在这里也还没有提出这种批判；也就是说，为了完成它还要求："显示它与思辨理性在一个共同的原则之中的统一，因为毕竟归根结底只能有同一种理性，它惟有在应用中才必须被区别开来。"[⑥]

① 致门德尔松的信，《康德全集》，第Ⅹ卷，325页以下。[参见《康德书信百封》，92～96页。——译者注]

② 《康德全集》，第Ⅹ卷，373页。

③ 门采尔导言，见《康德全集》，第Ⅳ卷，626～627页。

④ 同上书，628页。

⑤ 《康德全集》，第Ⅳ卷，445页。[参见《康德著作全集》，第4卷，453页]。

⑥ 《康德全集》，第Ⅳ卷，391页。[参见《康德著作全集》，第4卷，398页]。

而由此出发我们相信可以理解，康德为什么在完成《奠基》（以及《自然科学的形而上学初始根据》之后也不是“毫不犹豫地转到”实践理性批判的研究上，而是转到道德形而上学的研究上。① 还有在1786年4月7日致贝林（Bering）的信②中，他还要进一步抛开某种东西，以便为实践世俗智慧的体系赢得时间，“这个体系与前一个体系是姊妹篇，需要加以类似的处理，但尽管如此，却不会遇到前一个体系那样大的困难”。因此，康德是极为认真地打算只是在完成自然形而上学和道德形而上学体系之后才提交实践理性批判，它应当**为结束整个批判体系**而阐明思辨理性和实践理性的统一。只有这样才可以理解，还在1787年5月14日，即《实践理性批判》出版前不久③，人们都在期盼着他的《道德形而上学》，而不是《实践理性批判》。

但是，决定着他又放弃这个意图的，看起来主要是对《纯粹理性批判》以及《奠基》的**评判**的顾忌，这些评判感到怅然若失的，恰恰是他保留给《实践理性批判》的东西，即令人信服地证明思辨理性和实践理性的统一，而尤其不满的，是“被用于本体的范畴在理论知识中被否定而在实践知识中被肯定的客观实在性”和“那个悖谬的要求，亦即使自己作为自由的主体成为本体，但同时也在自然方面使自己成为自己的经验性意识中的现象”④。看来，为了周密地对付这些一再重复的指责，他决定如今把《实践理性批判》置于《道德形而上学》之前。表明这一修正的是：

1.《实践理性批判》前言：“惟有对实践理性的一种详尽的批判才能消除这一切误解，并澄清恰好构成实践理性之最大优点的那种一贯的思维方式”⑤（只是一种详尽的批判：《奠基》已经包含了主要的特征）。

2. 在这本书完成前不久，1787年6月25日致许茨的信：“我的《实践理性批判》已经大功告成，我打算下星期把它寄往哈勒付印。这本书

① 1785年9月13日致许茨的信，见《康德全集》，第Ⅹ卷，383页。[参见《康德书信百封》，102页。——译者注]

② 《康德全集》，第Ⅹ卷，418页。[参见《康德书信百封》，104～105页。——译者注]

③ 根据耶尼施[Jenisch]致康德的信，见《康德全集》，第Ⅹ卷，463页。

④⑤ 《实践理性批判》前言，见《康德全集》，第Ⅴ卷，6～7页。[参见李秋零主编：《康德著作全集》，第5卷，7～8页，北京，中国人民大学出版社，2007；亦见本书4页。——译者注]

要比与费德尔（Feder）和阿贝尔（Abel）的所有争论……更好地证明和解释我通过纯粹实践理性所做的补充以及这种补充的可能性，这些东西是我过去拒绝给予思辨理性的。正是这一点，成为激怒那些人物的真正原因，它迫使那些人物，宁可选择不适当的、甚至荒唐的方法，也要在他们屈服于批判哲学的那个使他们觉得完全绝望的格言之前，能够把思辨能力一直扩展到超感性的东西之上。”①

3. 这本书刚一出版，1787 年 12 月 28 日致莱因霍尔德（Reinhold）的信中说：“在这本小册子中，彻底解决了旧派人物误以为在我的批判中发现的许多矛盾，相比之下，如果这些人不愿放弃他们那种陈旧的补绽工作，那么，他们所不可避免的矛盾是隐藏不住的。”②

4. 在我们这部著作中特别众多的与对手的评判的直接关联：与康德以《什么叫做在思维中确定方向?》这部作品参与的门德尔松—雅各比（Jacobi）争论和魏岑曼（Wizenmann）的答复的关联；与《奠基》的蒂宾根书评（弗拉特［Flatt］著；基本思想：“不一致”）和提特尔（Tittel）的反驳（新的公式，不是新的原则，且又是不一致）的关联；与“热爱真理的评论家”③ 和“某些其他异议”的关联，关于这些将在后面谈到。

5. 至少是根据康德自己的通告撰写的《实践理性批判》预告与《纯粹理性批判》的第 2 版的预告一起登在 1786 年 11 月 21 日的《文汇报》上，其中说道：“在第二版中给在第一版中所包含的**纯粹思辨理性批判**附加上一个**纯粹实践理性批判**，它同样有助于面对已有的或者将有的指责来确保道德性的原则，并完成必须先行于纯粹理性哲学体系的批判研究的整体。”④

与这个预告相关的，大概是哈曼在 1787 年 1 月 30 日致雅各比的信中的表述：“我从报纸上看到，那本书”，亦即《纯粹理性批判》不久前脱稿的新版本，“**将增加一个实践理性批判**”⑤。两个批判径直被设想为一部著作的这种最紧密的结合，此后大概是出自外在的理由已经放弃了：《纯

① 《康德全集》，第Ⅹ卷，467 页。［参见《康德书信百封》，107 页。——译者注］。

② 《康德全集》，第Ⅹ卷，487 页。［参见《康德书信百封》，110 页。——译者注］

③ 《康德全集》，第Ⅴ卷，8 页：指皮斯托留［Pistorius］，见《德意志图书汇报》。

④ 刊印在埃德曼那里，《康德全集》，第Ⅲ卷，556 页。

⑤ 基尔德迈斯特：《J. G. 哈曼的生平和著作》，1857 年以下，第Ⅴ卷，452 页。

粹理性批判》的新版本在1787年春出版（前言署的日期是1787年4月），没有曾预告的增加。不过，《实践理性批判》已经在同年的6月25日①就已经差不多可以付印了；根据雷克（Reicke）注为同年9月11日（当然是可疑的）致雅各布（Jakob）的一封信，它正在格鲁内特（Grunert）那里印刷；这里也说道：它包含某些能够清除对理论理性的误解的东西。在同一个日期，康德已经吩咐印刷商寄送赠阅本。② 毕竟，印刷在这种情况下还推迟了一些，因为格鲁内特想让人用新的清晰铅字印刷这部著作，而这铅字在米迦勒节博览会后8天才送到他那里。③ 不过，圣诞节前不久，印在打字纸上的6本样书就到了康德手中。④ 在致赫茨⑤和莱因霍尔德⑥的信中，他向这两位许诺通过格鲁内特寄送样书。刚提及的这封信第一次列举了三个批判，它们为**哲学的三个部分**指明先天的原则；而《纯粹理性批判》第2版的前言还仅仅许诺"提交自然形而上学和道德形而上学，作为思辨理性批判和实践理性批判的正确性的证明"⑦。

从一切迹象来看，康德没有以任何方式参与这部著作的新版本。第2版应当是⑧在1790年复活节博览会就已经完成；它实际上是在1792年才出版。在1797年继这个第2版之后的不是第3版，而是第4版；迄今，没有找到一个第3版的任何迹象。我猜测，出版商在第2版⑨马上印了2 000册（不是通常的1 000册）之后，让人把第3版标记为第4版。康德没有参与这一版。⑩ 第5版于1818年出版，第6版于1827年出版。翻印版于1791年和1795年在法兰克福和莱比锡出版，于1796年在格莱茨出版。

※　　　※　　　※

① 根据已经提及的在这个日期致许茨的信，见《康德全集》，第Ⅹ卷，467页。[参见《康德书信百封》，107页。——译者注]

②③④ 《康德全集》，第Ⅹ卷，483页。

⑤ 12月24日，《康德全集》，第Ⅹ卷，485页。

⑥ 12月28日，《康德全集》，第Ⅹ卷，487页。[参见《康德书信百封》，110页。——译者注]

⑦ 《康德全集》，第Ⅲ卷，26页。[参见《康德著作全集》，第3卷，24～25页。——译者注]

⑧ 根据小哈特克诺赫1789年8月和9月的信，见《康德全集》，第Ⅺ卷，71～88页。

⑨ 根据《康德全集》，第Ⅺ卷，71页。

⑩ 根据1797年1月28日致哈特克诺赫的信，见《康德全集》，第Ⅻ卷，146页。

对在撰写《实践理性批判》期间同时起作用并在其中得到表达的论战性考虑的一种穷尽性研究，不是在这里做的事情；不过，汇编最重要的资料，看来是有助益的。

1. 哈曼在1786年5月13日写信告诉雅各比[①]对康德的一次拜访："他脑子里也萦绕着一桩写作事务，他马上告诉了我。这就是他的道德学的**蒂宾根书评**。许茨让他对一个教区委员会委员提特尔的反驳有思想准备，此人据说是费德尔的一个注解者，我至今完全不认识他。也许，整个反驳就是这个赤裸裸的书评，它并不攻击康德，但被弱不禁风的朋友们认为足够重要的是，为了让他高兴而不让它在这里流行"。

《奠基》的蒂宾根书评[②]的作者不是提特尔，而是（像不难证明的那样）蒂宾根教授J. Fr. 弗拉特，但他与提特尔的观点很一致。他在上面所说的那本杂志上是哲学著作的常任评论家；他尤其是有大量作品直接地或者间接地、友好地或者敌意地谈及康德，说的是同样的东西，不知疲倦地重复同样的指责。

卡尔斯鲁厄的教区委员会委员戈特利布·奥古斯特·提特尔的"反驳"是《论康德先生的道德改革》这部作品（法兰克福和莱比锡，普费勒兄弟出版社，1786年）。哈曼有理由称他是"费德尔的注解者"，因为他让人出版了《按照费德尔先生的次序分五卷对理论哲学和实践哲学的阐释》[③]；比斯特尔（Biester）在致康德的一封信[④]中称他是弱智的费德尔的弱智影子。从这封信可以看出，康德认真地打算公布针对费德尔和提特尔的攻击的一个辩护。就连雅各布也提到反对康德的作品[⑤]，康德让通过许茨把这个作品寄给他[⑥]。《实践理性批判》前言中尽量地关照了它。提特尔在自己这部作品的前言中就已经指责"极频繁地使用抽象的术语"（4页）。他针对这种使用来捍卫把幸福和道德性最紧密地联结起来的"那个无辜的和值得喜爱的"（5页）体系，多次指责康德的"神秘主义"，特别是经常重复如下论断，即康德"以不知所云的语言把久已为人所知的

① 基尔德迈斯特：《J. G. 哈曼的生平和著作》，第Ⅴ卷，322页。

② 《蒂宾根学术通讯》，1786（14），2月16日，105页以下。

③ 阿迪克斯［Adickes］：《康德文献》，第297条。

④ 《康德全集》，第Ⅹ卷，434页，1786-06-11。

⑤ 《康德全集》，第Ⅹ卷，438页，1786-06-17。

⑥ 参见康德11月3日的信，见《康德全集》，第Ⅹ卷，445页。

东西宣布为**新颖的**”（如25页）。“康德的整个道德改革就应当仅仅局限于一个新公式吗?”（35页）“康德先生在相信以这种方式阐述和巩固了他自以为的道德学说新原则之后……”（55页）“人们几乎不应当去想，如此**平常和熟知**的命题能被如此技术高超地弄隐晦。……我为什么必须把人置于两个世界之中？为什么要如此高深地引出二论背反和他律这些听起来异样的、因而许诺某种新东西的、却毕竟不包含任何新东西的名称？如此精雕细琢的命令式有什么用？在一件如此**容易的事情**上，整个笨拙的工序有什么用?”（82页）等等。据此，康德的前言的批判性注释主要是针对提特尔的[①]，连同对著名的伽尔韦-费德尔《纯粹理性批判》书评的一瞥（参见13页）；但就连批判（28页）也特别注意提特尔，提特尔在促进自己的和他人的幸福的法则以无条件的实践必然性确实适用于一切有理性的生物这一点上看不出任何困难（参见其作品的56页）；它当然也注意弗拉特，弗拉特（如提特尔在31页）特别诉诸：康德本人与他的根本没有任何经验性原则具有普遍性的命题相矛盾，在《奠基》中承认，幸福的意图“按照一种自然必然性”属于所有有理性的存在者。而这样，除此之外还将有某些东西首先与这两个人相关，尽管顺便也涉及其他人。例如，像此前特别是费德尔那样嘲笑新术语的，也有《最新学术历史的批判性贡献》对《奠基》的评论（第Ⅰ卷，202页以下）[②]；也有迈纳（Meiner）在其《灵魂学说纲要》前言中的评论，康德听凭自己的朋友们驳斥它[③]。这样，对“不一致”的普遍指责——4、5页——当然是由多人说出的；但为弗拉特在其众多的书评中特别钟爱。

2. 康德本人在1787年6月25日致许茨的信中，点名提到费德尔和阿贝尔，“前一位断言根本没有任何先天认识，后一位则断言，有一种居于经验性认识与先天认识之间的认识”[④]。此前不久，贝林对他提到这两个人。[⑤] 与前一位相关的，显然是前言的结论：“但是，对于这些努力来说，也许不可能遇到比有人出乎意料地发现任何地方都不存在、也不可能存在先天的知识更为糟糕的事情了”（12页）；尽管此前就已经有塞勒

① 《康德全集》，第Ⅴ卷，8、10页。

② 阿迪克斯：《康德文献》，第236条。

③ 《康德全集》，第Ⅴ卷，446、456页。

④ 《康德全集》，第Ⅹ卷，467页。[参见《康德书信百封》，107页。——译者注]

⑤ 5月28日，《康德全集》，第Ⅹ卷，465页。

“尝试证明，不存在任何纯粹的、不依赖于经验的理性概念”① 来反对康德了。康德在那封信中所瞩目的费德尔作品，肯定是《为检验康德哲学而论空间和因果性》（格廷根，1787）。这部作品的前言所署的日期为1787年1月31日，大概是为复活节博览会出版的，因而能够足够较早地为康德所知，以至于在他的前言的补记中受到关注。康德的阐述精确地切中那部作品（特别是第9节，35页以下）。与此相反，阿贝尔的作品②在《实践理性批判》中没有顾及；真正说来康德认为与这个对手的任何争论都是多余的③；只是由于实际的旨趣，他才认为费德尔的那种极广泛的“发现”毕竟是值得关注的。

3. 这样，当他联系到他迄今所遭遇的对批判的那些最显著的指责，亦即“一方面在理论知识中……”（6页）时，他关注的无论如何不是这两个人。这里所考虑的也不是乌尔里希，他在自己寄给康德的《逻辑学和形而上学准则》④ 的233页提到范畴仅仅在理论方面可运用于“先验客体”（他把它等同于“物自身”）的问题。相反，康德在这里已经注意到他的《奠基》的那位后面清晰地称之为“热爱真理且思想敏锐、因而毕竟永远值得尊敬的评论家”，此人提出异议说：善的概念必须先于道德原则得到确定。这是《德意志图书汇报》的评论家，按照耶尼施的正确报告，是“费马恩岛大教堂教长皮斯托留、哈特利（Hartley）的翻译者”。但是，这里考虑的不仅是《奠基》的评论⑤，而恰恰是就因范畴可用于本体和人作为现象和本体的双重本性而有的强烈反驳而言，考虑的是对舒尔茨（Schultz）的阐述的篇幅更大的评论⑥，在那里，这些反驳得到深入而又可理解的展开；不无对“既热爱真理又思想深刻的世俗智者”的恭维，因而后者以第8页的话给予了回应。皮斯托留此后在对《实践理性批判》的评论中又联系到康德的说明⑦。

---

① C. G. Selle，《柏林月刊》，1784，12月号。

② 《一种系统形而上学的计划》和《为检验康德体系而试论思辨理性的本性》，均为1787年。

③ 参见《康德全集》，第Ⅹ卷，487页，论及旧派人物。［参见《康德书信百封》，110页。——译者注］

④ 《康德全集》，第Ⅹ卷，378、398页。

⑤ 《德意志图书汇报》，第66期，447页以下。

⑥ 同上书，92页以下。

⑦ 《德意志图书汇报》，第117期，78页以下，论及96页。

4. 惟一在《实践理性批判》本身中被提到名字的评判者（143页）是托马斯·魏岑曼，即1786年在莱比锡匿名出版的作品《雅各比哲学和门德尔松哲学的结果：一个志愿者的批判研究》的作者，雅各比的一个密友和志同道合者，从雅各比与哈曼的书信往来中，人们对他有更详细的了解。康德在《柏林月刊》上的文章《什么叫做在思维中确定方向?》中（1786年，10月号）联系到了上述在当时备受关注的作品，而魏岑曼通过在《德意志博物馆》[①] 上发表的文章《〈雅各比哲学和门德尔松哲学的结果〉的作者致康德教授先生》做了回应。一段时间里生活在彭佩福特的魏岑曼于1787年2月22日卒于米尔海姆[②]。——魏岑曼的提及与门德尔松和雅各比之间关于莱辛的斯宾诺莎主义的著名争论有关。我们在101页与“本来很精明的门德尔松”的关联中认识到这场争论的另一种回响；在那里，如果人们不能决定采取批判主义的话，就要注意斯宾诺莎主义的结论（102页）。

① 1787年，第1期，116～156页。

② 雅各比2月12、17日致哈曼，见基尔德迈斯特：《J. G. 哈曼的生平和著作》，1857年以下，第Ⅴ卷，455页。

前言 5〔3〕

为什么不把这个批判命名为**纯粹**实践理性批判，而是干脆命名为一般实践理性批判，尽管实践理性与思辨理性的对应关系似乎要求前一个名称，对此，这部论著给予了充分的解释。它应当阐明的只是**存在着纯粹的实践理性**，并且在这种意图中批判其全部**实践能力**。如果它做到了这一点，则它就不需要批判纯粹的能力本身，就可以看出理性以这样一种能力作为一种纯然的僭妄而**超越**了自己（就像在思辨理性那里发生的那样）。因为如果它作为纯粹的理性而现实地是实践的，那么，它就通过这个事实证明了它以及它的概念的实在性，而否认它有这样的可能性的一切玄想就都是徒劳了。

凭借这种能力，从此也就确立了先验的**自由**，而且是在绝对的意义上说的，其中思辨的理性在应用因果性概念时需要自由，以便拯救自己，摆脱它要在因果联结的序列中设想**无条件者**时就不可避免地陷入的二论背反；但它提出这一概念，只能是或然地，并非视其为不可思维的，它并不保证这一概念的客观实在性，而是仅仅为了不因为伪托它毕竟至少必须视其为可思维的东西的不可能性，在其本质上受到攻击，被抛入怀疑论的深渊。

自由的概念，就其实在性通过实践理性的一条无可置疑的法则得到证明而言，如今构成了纯粹理性的、甚至思辨理性的一个体系的整个大厦的**拱顶石**，而作为纯然的理念在思辨理性中依然没有支撑的其他一切 5〔4〕
概念（上帝和不死的概念），如今就紧跟它，与它一起并通过它获得了持存和客观的实在性，也就是说，它们的**可能性**由于自由是现实的而得到了证明，因为这个理念通过道德法则而显示出来。

但是，在思辨理性的一切理念中，自由也是惟一我们先天地**知道**其可能性、但却看不透的一个理念，因为它是我们知道的道德法则的条件。①

① 当我现在把自由称做道德法则的条件、而在后面的论述中断言道德法则是我们惟有在其下才能**意识到**自由的条件时，为了使人们在这里不至于误以为发现了**不一致**，我要提醒的仅仅是，自由当然是道德法则的 ratio essendi［存在根据］，但道德法则却是自由的 ratio cognoscendi［认识根据］。因为如果不是在我们的理性中**早就**清楚地想到了道德法则，我们就绝不会认为自己有理由去**假定**像自由这样的东西（尽管自由并不自相矛盾）。但如果没有自由，在我们里面也就**根本找不到**道德法则。

但是，**上帝**和**不死**的理念却不是道德法则的条件，而只是一个由道德法则来规定的意志的必然客体的条件，亦即我们的纯粹理性的纯然实践应用的条件。因此，对于那些理念，我不仅要说对于它们的现实性，而且就连它们的可能性，我们也不能声称**认识**和**看透**了。但尽管如此，它们却是把道德上被规定的意志运用到其先天地被给予的客体（至善）的条件。因此就能够并且必须在这种实践的关系中假定它们的可能性，但却不是在理论上认识和看透它们。对于这后一种要求来说，在实践的意图中它们不包含内在的不可能性（矛盾）就够了。如今在这里，视之为真的一种与思辨理性相比纯然**主观的**根据，毕竟对一种同样纯粹的、但却是实践的理性来说客观有效，由此凭借自由的概念使上帝和不死的理念获得了客观的实在性和权限，甚至获得了假定它们的主观必要性（纯粹
5〔5〕 理性的需要），但理性并没有因此而在理论知识中得到扩展，而只是事先仅仅是问题、在这里成了**断定**的那种可能性被给予了，这样就把理性的实践应用与理论应用的诸要素联结起来了。而这种需要绝不是思辨的**随便哪一个**意图的假说性需要，即人们要想在思辨中上升到理性应用的完成就必须假定某种东西，而是**一种合法则的需要**，即假定某种东西，没有这种东西，人们为了自己行止的意图而应当毫不马虎地设定的东西就不可能发生了。

当然，不绕这个圈子就自己解决那些课题，并为了实践应用而把它们作为洞识保存下来，会使我们的思辨理性更为满意；然而，我们的思辨能力却从来不曾如此舒坦。自诩有这样的高等知识的人，不应当秘而不宣，而应当把它们公开地展示出来以供检验和赞赏。他们想去**证明**；那么好吧！他们尽可以去证明，而批判则把自己的全副装备放到他们这些胜利者的脚边。Quid statis? Nolint. Atqui licet esse beatis.［你们为什么裹足不前？他们不会愿意。但还可以是幸福的。］① ——因此，既然他们事实上不想，估计是因为他们不能，我们就只好再拿起那些装备，以便在理性的道德应用中去寻找并在这种应用之上建立思辨未给其可能性找到担保的**上帝**、**自由**和**不死**的概念。

在这里，为什么人们能够**否认**思辨中**诸范畴**的超感性应用有客观的

① 贺拉斯：《讽刺诗集》，Ⅰ，1，19。——科学院版编者注

实在性，却就纯粹实践理性的客体而言承认它们有这种**实在性**，这一批判之谜也首次得到了澄清；因为在此之前，只要人们仅仅按照名称来了解这样一种实践的应用，上述情况就不可避免地看起来是**不一致的**。但现在，如果人们通过对后一种应用的完备分析而觉察到，上述实在性在这里根本不是通向**范畴**的理论**规定**和知识朝向超感性事物的扩展，而是仅仅指它们在这种关系中到处都应有**一个客体**，因为它们要么先天地包含在必然的意志规定中，要么与意志规定的对象不可分割地结合在一起，那么，那种不一致就消失了，因为人们对那些概念作了一种不同于思辨理性需要的应用。与此相反，如今展现出对思辨性批判的**一贯思维方式** 5〔6〕
的一种过去几乎无法指望的非常令人满意的证实，即由于这种批判再三提醒要把经验的对象本身，其中甚至包括我们自己的主体都仅仅视为**显象**，尽管如此却把物自身作为它们的基础，因而并不把一切超感性的东西都视为虚构，把它们的概念都视为空无内容的，所以，实践理性现在就独自地、不与思辨理性相约，就使因果性范畴的一个超感性的对象亦即**自由**获得了实在性（尽管是作为实践的概念，也只是为了实践的应用），因而通过一个事实证实了在那里只能被**思维**的东西。此际，思辨的批判的那个令人惊讶的、虽然也无可置疑的主张，即**能思维的主体对它自己来说在内部直观中也纯然是显象**，在实践理性的批判中也同时如此好地获得了完全的证实，以至于即使思辨的批判根本不曾证明这个命题，人们也必定达到这种证实。①

由此我也就懂得了，为什么我迄今还在遭遇的对批判的最显著的指责都在围绕着两个枢纽旋转：也就是说，**一方面**是被用于本体的范畴在理论知识中被否定而在实践知识中被肯定的客观实在性；**另一方面**是那个悖谬的要求，亦即使自己作为自由的主体成为本体，但同时也在自然方面使自己成为自己的经验性意识中的现象。因为只要关于道德和自由还没有形成任何确定的概念，人们就不能猜出，一方面要把什么作为本体来当做所谓显象的基础，另一方面当事先把理论应用中纯粹知性的一

① 作为自由的因果性通过道德法则而确立，作为自然机械作用的因果性通过自然法则而确立，它们都是在同一个主体亦即人里面确立的，但如果不把人与前者相关设想为物自身，与后者相关设想为显象，在**纯粹的**意识中设想前者，在**经验性**的意识中设想后者，二者的结合就是不可能的。不这样做，理性与自身的矛盾就是不可避免的。

切概念都已经仅仅用于显象时，是否在某个地方还有可能对本体形成一
5〔7〕 个概念。惟有对实践理性的一种详尽的批判才能消除这一切误解，并澄
清恰好构成实践理性之最大优点的那种一贯的思维方式。

需要辩护的只是：为什么在这部著作中，纯粹思辨理性的那些毕竟已经经受过特殊批判的概念和原理，在这里时而又再次接受检验，这对于一门要建立的科学的系统进程来说通常是不太合适的（因为已经被判定的事情只须引证，而不必再动它们了），但**在这里**却是允许的，甚至是必要的，因为理性连同那些概念是在向另一种应用的过渡中被考察的，这种应用不同于理性**在那里**对那些概念的应用。但是，这样一种过渡使得旧应用与新应用的一种比较成为必要，为的是把新轨道与以前的轨道清楚地区别开来，同时说明它们的联系。因此，人们将把这种类型的考察，此外把再次、但却是在纯粹理性的实践应用中针对自由概念的考察，不是看做例如应当仅仅用于填补思辨理性的批判体系之漏洞的插叙（因为这个体系就自己的意图而言是完备的），也不是像在一栋仓促建造的房子那里通常发生的那样，在后面装上支架和扶垛，而是看做使体系的联系清晰可见的真实环节，为的是使在那里只能或然地设想的概念如今可以在其实在的展现中被看透。这个提醒尤其涉及自由的概念，关于这个概念人们必然惊讶地发觉，居然还有这么多的人，只是在心理学的关系中考察了它，就自诩完全看透了它并能够解释它的可能性。然而，假如他们事先在先验的关系中仔细地斟酌过这个概念，他们就既会认识到它作为思辨理性的完备应用中的或然概念的**不可缺少性**，也会认识到它的完全**不可理解性**，而且，假如他们事后把它带到实践的应用上去，他们就必定会就这种应用的诸原理而言自己恰好想到这种应用的同一个规定，而往常他们会并不乐意赞同这种规定。自由的概念对于一切**经验论者**来
说是绊脚石，但对于**批判的**道德论者来说却也是最崇高的实践原理的钥
5〔8〕 匙。这些道德论者由此看出，他们不得不**合理地**行事。为此，我请求读
者不要浮光掠影地忽略分析论结尾时关于这个概念所说的东西。

这样一个体系，就它由纯粹实践理性从对它自己的批判发展出来而言，尤其是为了不错过体系的整体能够被正确地勾画由以出发的那个正确的观点，所花费的辛劳是多还是少，我必须留待这一类工作的行家去评判。它虽然以《**道德形而上学的奠基**》为前提条件，但只是就这部著

作使人预先熟悉义务的原则、陈述和辩白义务的一个确定公式而言的①；除此之外它是独立自存的。至于没有像思辨理性的批判所提供的那样为了**完备性**而附加上一切实践科学的**划分**，在这种实践理性能力的性状中也可找到这方面的有效根据。因为把义务特别规定为人类义务，以便对它们进行划分，这惟有当这一规定的主体（人）按照他成为现实所凭借的性状事先被认识到，虽然只是就一般义务而言在必要的范围被认识到时，才是可能的；但这种规定不属于一般实践理性批判，后者只应当完备地说明实践理性的可能性、其范围和界限的原则，并不与人的本性有特别的关系。因此，该划分在这里属于科学的体系，而不属于批判的体系。

那本《**道德形而上学的奠基**》的某位热爱真理且思想敏锐、因而毕竟永远值得尊敬的评论家提出异议说，**善的概念在那里没有先于道德原则而得到确定**（依他所见，这本来是必要的）②，我希望，在分析论的第 5〔9〕

① 一个想为责难这部作品说点儿什么的评论家，当他说这里没有提出任何新的道德原则，而只是提出了一个**新的公式**时，他比自己本来要说的意思更切中要害。但是，谁还要引入一切道德的某种新原理，并仿佛是首次发现它呢？就好像在他之前世界在什么是义务这一点上一无所知或者处于普遍的错误似的。但谁知道一个为了遵循课题而完全精确地规定应当做什么并不许出错的**公式**对于数学家来说意味着什么，他就不会把一个就一切一般义务而言做同样一件事的公式视为某种不重要的和多余的东西了。

② 人们还可以对我提出这样的异议：为什么我也没有事先解释**欲求能力**或者**愉快情感**的概念；尽管这种责难会是不公平的，因为人们应当能够公正地预设这种解释是在心理学中已被给予的。当然，在那里定义也可以这样来建立，即愉快的情感被当做欲求能力的规定的基础（就像通常实际上也往往如此发生一样），但这样一来，实践哲学的最高原则就必然会**以经验性的方式**失落，而这是首先应予澄清的，并在这个批判中受到了完全的拒斥。因此，我在这里想这样作出这种解释，即它必须是为了一开始就公正地把这一有争议的问题搁置不论。——**生命**是一个存在者按照欲求能力的法则去行动的能力。**欲求能力**是存在者通过**其表象而是这些表象的对象之现实性的原因的能力**。**愉快是对象或者行动与生命的主观条件相一致的表象**，亦即与**一个表象就其客体的现实性而言的因果性**的能力（或者规定主体产生其客体的各种力量去行动的能力）相一致的表象。为了批判从心理学借用的那些概念，我并不需要更多的东西，其余的由批判本身提供。人们很容易看出，是愉快在任何时候都必须被当做欲求能力的基础，还是它也在某些条件下仅仅继欲求能力的规定而起，这个问题通过这一解释仍然悬而未决；因为它完全是由纯粹知性的那些标志，亦即不包含任何经验性东西的范畴组合而成的。这样一种谨慎在全部哲学中都是很值得推荐的，尽管如此却经常被忽视，即不要通过冒失的定义抢在对概念的完备分析之前就作出精确的判断，这样的分析经常很晚才达到。人们也将通过批判（既是理论理性的批判也是实践理性的批判）的整个进程发觉，在这一进程中有多种多样的机会去弥补哲学古旧的独断进程中的某些缺陷，并纠正人们在对诸概念作**涉及其整体的**理性应用之前发现不了的错误。

二章中予以满足；同样，对于那些显露出弄清真理是挂在他们心头之事的意愿的人士，也考虑到了他们对我提出的其他一切异议（因为只是盯着自己的旧体系、事先已决定应当赞同什么和反对什么的人们，毕竟不
5〔10〕 需要有可能妨碍他们的私人意图的讨论）；而且我也将继续这样做。

当涉及按照其来源、内容和界限对人类灵魂的一种特殊能力作出规定时，人们虽然只能按照人们知识的本性从这些知识的各个**部分**开始，从对它们精确的（就按照我们已经获得的知识要素的目前状况所可能的而言）、完备的展示开始。但还有第二种值得注意的东西，它更具有哲学和**建筑术**的性质，即正确地把握**整体的理念**，并从该理念出发借助于在一种纯粹理性能力中把一切部分从那个整体的概念中推导出来，而在其彼此之间的交互关系中把握那些部分。这种检验和保障惟有通过对体系的最内在的熟知才有可能，而那些就前一种探究而言就已经感到厌烦、因而认为不值得花费力气去获得这种熟知的人，就达不到第二个阶段，即综合地返回事先分析地被给予的东西的那种纵览；而且毫不奇怪，他们到处都发现不一致，尽管使人猜测这种不一致的漏洞并不是在体系本身之中，而是仅仅在他们自己不连贯的思路中被发现的。

就这部论著而言，我丝毫不担心说它要引入一种**新的语言**的责难，因为这种知识方式在此本身就是接近通俗性的。即便是就前一个批判而言，也没有一个不是仅仅翻阅过该书、而是详细研究过它的人赞同这种责难。在语言对于给定的概念来说已经不缺乏表述的地方去人为地制造新的语词，这是一种不通过新的真实思想、但却通过在给旧衣服打上新补丁来在众人中间出风头的幼稚努力。如果那部著作的读者们知道有比那些表述在我看来更通俗的表述，但却同样适合于思想，或者他们敢于说明这些思想本身、因而每一个表示思想的表述同时是无意义的，那么，他们通过前者将会使我心存感激，因为我只求被理解，但就后者而言他们就为哲学作出了贡献。但只要那些思想还站得住，我就很怀疑为它们
5〔11〕 还可以找出更合适但又更通用的表述。①

① 我在这里有时（比那种不理解）更为担忧的是对一些表述的误解，我极为谨慎地挑选出这些表述，为的是它们所指的概念不被弄错。因此，在**实践**理性的范畴表中模态这一标题之下，**允许**和**不允许**与接下来的范畴**义务**和**违背义务**，在通常的语言应用中具有几乎同等的意义；但在这里，**前者**应当意味着与一个纯然**可能的**实践规范相一致或者相抵触的东西（就像几何学和力学

以这种方式，心灵的两种能力亦即认识能力和欲求能力的先天原则从现在起就已查明，并根据其应用的条件、范围和界限得到了规定，而由此就为一种作为科学的系统的、既是理论的也是实践的哲学奠定了更为可靠的基础。 5 〔12〕

但是，对于这些努力来说，也许不可能遇到比有人出乎意料地发现任何地方都不存在、也不可能存在先天的知识更为糟糕的事情了。但这没有什么关系。这就好像是有人想要通过理性来证明不存在理性一样。因为我们只是说，如果我们意识到，某种东西即使没有如此在经验中出现在我们面前，我们也能够知道它，那么，我们就是通过理性而认识到它；因此，理性知识和先天知识是一回事。要从一个经验命题榨取必然性（ex pumice aquam［从石头中榨取水］）①，还要借助这种必然性为一个判断谋取真正的普遍性（没有这种普遍性，就没有理性推理，因而也就没有出自类比的推理，类比是一种至少推测到的普遍性和客观的必然性，所以总还是以真正的普遍性为前提条件），这是不折不扣的自相矛盾。用主观的必然性亦即习惯来偷换仅仅在先天判断中出现的客观必然性，意味着否认理性有对对象作出判断的能力，亦即否认理性有认识对象和应归于对象的东西的能力，例如对于经常和总是跟随某个先行状态的

的一切问题的解决那样）；**后者**则应当意味着与一个**现实地**存在于一般理性里面的法则处于这样的关系之中的东西；而这种含义的区分即便对于通常的语言应用来说也并不完全陌生，尽管有些不习惯。所以，例如对于一位演说家本身来说，锻造新的语词或者语词搭配是**不允许的**；对于诗人来说这在某种程度上是**允许的**；此处在双方的任何一方那里都没有让人想到义务。因为谁想毁掉自己演说家的名声，没有人能够阻止他。这里只涉及**命令式**在**或然的**、**实然的**和**必然的**规定根据之下的区分。同样，我在使不同的哲学学派中的实践完善性的道德理念相互对立起来的那个附释中，把**智慧**的理念与**神圣**的理念区分开来，尽管我甚至在根本上和客观上把它们解释为一回事。不过，我在这个地方所指的只是人（斯多亚派）自以为拥有的、因而被**主观地**捏造成人的属性的智慧（也许斯多亚派大为炫耀的**德性**这个表述能够更好地表现这个学派的特点）。但是，纯粹实践理性的公设这个表述，如果人们把它与纯粹数学的公设所具有的、本身带有无可置疑的确定性的含义混为一谈的话，还是极易引起误解的。但是，纯粹数学的公设所设立的是**一种行动的可能性**，这种行动的对象人们先天地在理论上以完全的确定性预先认识到是可能的。而纯粹实践理性的公设所设立的则是一个**对象**（上帝和灵魂不死）本身出自无可置疑的**实践**法则的可能性，因而是为了一种实践理性设立的；因为所设立的可能性的这种确定性根本不是在理论上、因而也不是无可置疑地、亦即不是就客体而言被认识到的必然性，而是就主体而言为了遵循实践理性的客观的、但却是实践的法则而必要的假设，所以是纯然必要的假说。对于这种主观的、但却真实而又无条件的理性必要性，我无法找出更好的表述。

① 谚语：向某人要求他依照本性不能提供的东西。——普拉图斯：《波斯人》，Ⅰ，1，42。——科学院版编者注

东西，不可以说人们能够从该状态**推论**出那种东西（因为这就会意味着客观的必然性和关于一种先天联结的概念），而是只可以（以与动物类似的方式）期待类似的情况，亦即在根本上把原因概念当做虚假的和纯然的思想欺骗而予以抛弃。要想通过说人们毕竟看不出任何理由赋予其他理性存在者以另外一种表象方式，来弥补客观有效性和由此而来的普遍有效性的这种缺乏，假如这提供了一个有效的推论的话，我们的无知就会比一切深思更多地有助于扩展我们的知识了。因为单是由于我们不了解除人之外的其他理性存在者，我们就会有权利假定他们具有如我们在自己身上认识到的那种性状，也就是说，我们就会现实地了解他们。我在这里甚至不提，不是视之为真的普遍性证明了一个判断的客观有效性
5〔13〕（也就是说，它作为知识的有效性），而是即便那种普遍性偶然言中，这也毕竟不能提供与客体相一致的证明；毋宁说，惟有客观有效性才构成一种必然的普遍赞同的根据。

对于这个**普遍经验论**的体系，**休谟**①会在各个原理中感到很惬意；因为众所周知，他所要求的无非是在原因概念中不要必然性的任何客观含义，而是假定一种纯然主观的含义，亦即习惯，以便否定理性关于上帝、自由和不死的一切判断；而且他肯定善于这样做，为的是只要人们承认他的这些原则，就以一切逻辑上的确凿性从中推出结论来。但是，甚至休谟也没有使得经验论如此普遍，以便把数学也包括在内。他把数学的命题视为分析的，而假如这样做有道理的话，这些命题实际上也就会是无可置疑的，尽管如此却不能从中得出结论说，理性有能力也在哲学中作出无可置疑的判断，亦即作出无可置疑的综合判断（例如因果性的命题）。但如果人们假定这些原则的经验论是**普遍的**，数学也就会因此而被纳入其中。

现在，既然数学与只允许经验性原理的那种理性陷入了冲突，例如这在二论背反中就是不可避免的，此时数学无可辩驳地证明了空间的无限可分性，而经验论却不能允许这种无限可分性，所以，证明的最大可

---

① 康德的意见，即休谟把数学命题视为分析的和无可置疑的（13、52页），基于休谟的《人类理解研究》，第 IV 章。但是，在该著的第 XII 章中，暗示着对此的怀疑，而且在更早的、更详细的著作，即《人性论》中，休谟至少明确地把几何学的命题视为综合的和依赖于经验的，因而不是无可置疑的。据此，康德不了解或者没有更仔细地注意更早的著作。——科学院版编者注

能的自明性就与据称出自经验原则的推论处于明显的矛盾中，于是人们就不得不像切泽尔登的盲人[①]那样发问：是什么在欺骗我，是视觉还是触觉？（因为经验论建立在一种**被感知到的**必然性之上，而理性论则建立在一种**被洞见到的**必然性之上。）这样，普遍的经验论就表现为真正的**怀疑论**，人们不对意指加以限制就把怀疑论归于休谟是错误的[②]，因为他至少还在数学那里留下了经验的一块可靠的试金石，而怀疑论则完全不允许 5〔14〕
有经验的任何试金石（这种试金石永远只能在先天原则中找到），尽管经验毕竟不是仅仅由感觉、而且也是由判断构成的。

不过，既然在这个哲学的和批判的时代，很难认真地主张那种经验论，它也许只是为了练习判断力，以及为了通过对比而更为清晰地揭示理性的先天原则的必然性才提出来的，所以，对于愿意费力从事这种通常的确没有教益的工作的人，人们还是会心存感激的。

---

① 康德可能是通过克斯特讷（Kästner）对史密斯（Rob. Smith）的《光学的完备学术概念》（1755）的改编而得知解剖学家W. 切泽尔登关于一个经过手术的盲人的报告的，史密斯的书清晰地复述了这个报告。——科学院版编者注

② 标示一个宗派的追随者的名称在任何时候都带有许多曲解；当有人说某某是一个**理念论者**的时候，大约就是这样。因为即使他不仅完全承认，而且坚决主张，与我们对外部事物的表象相对应的是外部事物的现实对象，他也还是希望，外部事物的直观形式并不依附这些对象，而是仅仅依附我们的心灵。

5 〔15〕

导论：一种实践理性批判的理念

理性的理论应用关注的是纯然认识能力的对象，而关于这种应用的理性批判真正说来所涉及的只是**纯粹的**认识能力，因为这种能力激发了以后也得以证实的怀疑，即它很容易越过自己的界限，迷失在无法达到的对象，或者甚至是相互冲突的概念中间。理性的实践应用则已经是另外一种情况。在这种应用中，理性关注的是意志的规定根据，意志是一种要么产生出与表象相符合的对象、要么规定自己本身去造成对象（无论自然能力是否充足）亦即规定自己的因果性的能力。因为在这里，理性至少能够达到对意志的规定，并且就事情仅仅取决于意愿而言，总是具有客观的实在性。因此，这里的第一个问题是：是纯粹理性独自就足以对意志作出规定，还是它惟有作为经验性上有条件的理性才能是意志的规定根据。如今，这里出现了一个由纯粹理性的批判作出辩护的、虽然不能作出任何经验性描述的因果性概念，亦即**自由**的概念，而且如果我们现在能够找到根据去证明，这种属性事实上应归于人的意志（而且也应归于一切有理性的存在者的意志），那么，由此就不仅说明了纯粹理性能够是实践的，而且说明了惟有纯粹理性，而不是经验性上受限制的理性，才是无条件地实践的。因此，我们将要探讨的，就不是一种**纯粹实践**理性的批判，而只是一般**实践**理性的批判。因为只要阐明了有纯粹
5 〔16〕 理性，纯粹理性就不需要任何批判。纯粹理性自身就包含着对它的一切应用进行批判的准绳。因此，一般实践理性的批判有责任去阻止经验性上有条件的理性以排他的方式想要独自提供意志的规定根据的僭妄。纯粹理性的应用，惟有当确定无疑有这样一种理性的时候，才是内在的；与此相反，自以为能够独裁的经验性的有条件的应用则是超验的，它表现在完全超出自己的领域的要求和命令中。这与关于思辨的应用中的纯粹理性所能说的东西恰恰是颠倒过来的关系。

然而，既然总还是纯粹理性的知识在这里为实践的应用奠定基础，所以，一种实践理性的批判的划分在总的纲要上还必须按照思辨理性的批判来安排。因此，我们将必须有一个实践理性的**要素论**和一个实践理

性的**方法论**，在作为第一部分的要素论中有一个**分析论**来作为真理规则，并有一个**辩证论**来作为实践理性判断中的幻相的描述和解决。不过，分析论的再划分的次序又将与纯粹思辨理性批判中的次序相反。因为在目前的批判中，我们将从**原理**开始前进到**概念**，而从概念出发才在可能的情况下前进到感觉；与此相反，在思辨理性那里我们必须从感觉开始并在原理那里结束。这里的根据又是在于：我们现在必须探讨的是一种意志，而且必须不是在与对象的关系中、而是在与这种意志及其因果性的关系中来考虑理性，因为必须是经验性上无条件的因果性的原理来开头，然后才能去尝试确立我们关于这样一种意志的规定根据、关于上述原理在对象上的应用、最后关于它们在主体及其感性上的应用的概念。出自自由的因果性的法则，亦即任何一个纯粹实践的原理，在这里都不可避免地成为开端，并规定着惟有它才能涉及的那些对象。

第一部分
纯粹实践理性的要素论

第一卷 5 〔19〕
纯粹实践理性的分析论

第一章
纯粹实践理性的诸原理

第 1 节

解说

实践的**诸原理**是那些包含着意志的一个普遍规定的命题，这个规定在自身之下有更多的实践规则。如果条件仅仅被主体视为对他自己的意志有效的，那么，这些原理就是主观的，或者是一些**准则**；但如果条件被认识为客观的，亦即对每一个有理性的存在者的意志都是有效的，那么，这些原理就是客观的，或者是一些实践的法则。

附释

如果人们假定，**纯粹**理性能够在自身中包含着一个实践的、亦即足以规定意志的根据，那么，就存在着实践的法则；但如果不是这样，那么，一切实践的原理都将是纯然的准则。在一个理性存在者以病理学的方式受到刺激的意志中，可以发现有种种准则与他自己认识到的实践法则的一种冲突。例如，某人可以把有訾必报当做自己的准则，但同时又看出这并不是实践的法则，而仅仅是他的准则，与此相反，作为对每一个理性存在者的意志来说的规则就会在同一个准则中与自己本身不一致。在自然知识中，所发生的事情的原则（例如在运动的传递中作用与反作用相等的原则）同时就是自然的法则；因为理性的应用在那里是理论的，是由客体的性状规定的。在实践的知识中，亦即在仅仅涉及意志的规定 5 〔20〕

根据的知识中，人们为自己制定的那些原理还并不因此就是他不可避免地服从的法则，因为理性在实践事务中所涉及的是主体，亦即欲求能力，而规则会以多种多样的方式来遵从欲求能力的特殊性状。——实践的规则在任何时候都是理性的一个产物，因为它以结果为目的，把行动规定为达到结果的手段。但是，对于一个不完全仅仅以理性为意志的规定根据的存在者来说，这种规则就是一个**命令式**，亦即以一个表示行动的客观必要性的应当为标志的规则，并且意味着，如果理性完全规定着意志，则行动就会不可避免地按照这个规则发生。因此，这些命令式被视为客观的，并且完全不同于作为主观原理的准则。但是，这些命令式要么仅仅就结果和达成结果的充足性而言来规定理性存在者的作为作用因的因果性的条件，要么只规定意志，不管它是否足以达成结果。前一些命令式将会是假言命令式，仅仅包含技巧的规范；与此相反，后一些命令式将会是定言的，惟有它们是实践的法则。因此，准则虽然是**原理**，但却不是**命令式**。但是，如果命令式本身是有条件的，亦即不是把意志完全当做意志来规定，而是就一种被欲求的结果而言来规定，也就是说，是一些假言命令式，那么，它们虽然是实践的**规范**，但却不是**法则**。法则必须在我问自己是否在根本上具有达成一个被欲求的结果所要求的能力，或者为了产生这一结果我必须做什么之前，就足以把意志当做意志来规定，因而是定言的，否则就不成其为法则：因为它们没有这样一种必然性，这种必然性要想是实践的，就必须不依赖于病理学的、从而偶然地附着于意志的条件。例如，如果有人说，他在年轻时必须工作和节俭，以免年老时受穷，那么，这就是意志的一条正确的、同时又是重要的实践规范。但是，人们很容易看出，意志在这里被指向了某种**别的东西**，即人们预设它在欲求的某种东西，而人们不必过问他这个行动者本人的这一欲求，是他在他自己挣来的财产之外还指望有别的资助来源，还是他根本不希望活到老，或者是想在将来处于困境时可以对付着过。惟一能够从中产生出应当包含着必然性的一切规则的那种理性，虽然也把必然性置于它的这个规范之中（因为若不然，它就会不是命令式了），但这种必然性却只是主观上有条件的，而且人们不可以在所有的主体里面以同样的程度来预设这种必然性。但是，理性的立法所要求的却是它只需
5〔21〕要以它**自己本身**为前提条件，因为规则惟有在它无须把一个理性存在者

与别的理性存在者区分开来的偶然的、主观的条件有效时，才是客观的和普遍有效的。现在，如果告诉某人他决不应当用谎言来承诺，那么，这就是一个仅仅涉及他的意志的规则；不管此人可能怀有的意图是否能够通过这个意志来达到，纯然的意愿就是应当通过那个规则完全先天地予以规定的东西。如果现在发现这个规则在实践上是正确的，那么，它就是一个法则，因为它是一个定言命令式。所以，实践的法则仅仅与意志相关，而不管通过意志的因果性做到了什么，而且为了纯粹地拥有法则，人们可以把那种因果性（作为属于感官世界的东西）抽掉。

第 2 节

定理一

凡是把欲求能力的一个**客体**（质料）预设为意志的规定根据的实践原则，全都是经验性的，不能充当任何实践法则。

我把欲求能力的质料理解为一个其现实性被欲求的对象。现在，如果对这个对象的欲求先行于实践的规则，并且是使实践的规则成为自己的原则的条件，那么我就说（**第一**）：这个原则在这种情况下任何时候都是经验性的。因为这样一来，任性的这一规定根据就是一个个体的表象和这个表象与主体的一种关系，通过这种关系，欲求能力被规定去实现这个客体。但是，与主体的这样一种关系就叫做对一个对象的现实性感到的**愉快**。因此，这种愉快必然被预设为对任性作出规定的可能性的条件。但是，对于任何一个对象的表象，无论它是什么样的，都不能先天地认识到，它是与**愉快**相结合还是与**不快**相结合，或者它是**不相干的**。因此，在这样一种情况下，任性的规定根据在任何时候都必然是经验性的，从而把这个规定根据预设为条件的那个实践的质料原则也必然是经验性的。

现在，既然（**第二**）一个仅仅建立在一种愉快或者不快（它在任何时候都能够被经验性地认识，而不能对一切有理性的存在者都以同样的方式有效）的易感性的主观条件之上的原则，虽然对于拥有这种愉快或者不快的主体来说可以充当**准则**，但却不可以也对这种愉快或者不快本

5〔22〕身来说（因为这原则缺乏必须被先天地认识到的客观必然性）充当**法则**，所以，这样一个原则绝不能充当一个实践的法则。

第3节

定理二

一切质料的实践原则，本身全都具有同一种性质，都隶属于自爱或者自己的幸福的普遍原则之下。

出自一个事物的实存的表象的愉快，就它应当是对这个事物的欲求的规定根据而言，建立在主体的**易感性**之上，因为它**依赖于**一个对象的存在；所以，它属于感官（情感），而不属于知性，知性按照概念来表达表象与**一个客体**的关系，而不是按照情感来表达表象与主体的关系。因此，只有当主体从对象的现实性那里所期待的惬意的感受规定着欲求能力的时候，愉快才是实践的。但现在，一个有理性的存在者对于不断地伴随着他的整个存在的那种生活惬意的意识，就是**幸福**，而使幸福成为任性的最高规定根据的原则，就是自爱的原则。所以，一切把任性的规定根据设定在从某一个对象的现实性那里可以感受到的愉快或者不快之中的质料原则，就此而言完全具有**同一种性质**，即它们全都属于自爱或者自己的幸福的原则。

推论

一切**质料的**实践规则都把意志的规定根据设定在**低级的欲求能力**之中，而且，假如根本没有充分规定意志的**纯然形式的**法则，那么，也就**没有任何高级的欲求能力**能够得到承认了。

附释一

5〔23〕人们必然会觉得奇怪，何以一些通常很机敏的人士会相信，从与愉快的情感相结合的**诸表象**是起源自**感官**还是起源自**知性**，就可以找到**低级欲求能力**和**高级欲求能力**之间的一种区别。因为当人们追问欲求能力的规定根据，并将这些规定根据设定在从某种东西那里期待的惬意之中的时候，事情根本不取决于这个令人快乐的对象的**表象**来自何处，而是仅仅取决于它**令人快乐**到何种程度。如果一个表象，即使它无论如何也在知性中有其位置和起源，也只能通过以主体中的一种愉快的情感为前提条件来规定任性，那么，它要成为任性的规定根据，就完全依赖于内部感官的如下性状，即内部感官能够由此而受到惬意的刺激。对象的表象尽可以归属如此不同的类别，尽可以是与感官的表象相对立的知性的表象，甚至是理性的表象，但它们真正说来构成意志的规定根据所凭借的愉快情感（惬意、人们从推动着创造客体的活动的东西中所期待的快乐），却具有同一种性质，这不仅是就它在任何时候都只能被经验性地认识而言的，而且也是就它刺激起表现在欲求能力中的同一种生命力，并在这一关系中除了在程度上之外，与任何别的规定根据都不可能有任何差异而言的。若不然，人们将如何能够在两个就表现方式而言完全不同的规定根据之间依照大小作出比较，来更喜欢那最能刺激起欲求能力的规定根据呢？同一个人，可以把他只到手一次的一本对他富有教益的书未经阅读就退还，以免耽误打猎；可以在一场精彩的讲演的中途就退场，以免进餐时迟到；可以抛开由他通常很看重的理性交谈而来的消遣，为的是坐到牌桌旁；甚至可以拒绝他通常很乐意周济的一个穷人，因为他现在口袋里剩下的钱，刚好够买一张喜剧门票所用。如果意志的规定所依据的是从某一个原因所期待的惬意或者不惬意的情感，那么，他通过哪一种表象方式受到刺激，这对他来说是完全无所谓的。惟有这种惬意有多么强烈、多么持久、多么容易获得且经常重复，才是他为了决定作出选择而关心的。就像对于为了支出而需要金钱的人来说，只要这金钱到处都以同样的价值被接受，则这金钱的材料亦即金子是从山里挖出来的还是从沙里淘出来的，是完全无所谓的一样，如果一个人仅仅关心生活的惬意，他就不会问是知性表象还是感官表象给他带来快乐，而是只问这些表象在最长的时间里给他带来**多少和多大的快乐**。惟有想要否认纯粹理性有能力无须以任何一种情感为前提条件就规定意志的那些人， 5〔24〕
才会如此远离他们自己的解释而误入歧途，把他们自己在此前归为同一种原则的东西在后来却解释为完全不同类的。例如可以发现，人们也能够仅仅由于**力量的运用**、由于在克服与我们的决心相对立的障碍时对自己的精神力量的意识、由于对精神天赋的陶冶等感到快乐，而且我们有理由把这称为**更高尚的**乐趣和愉悦，因为它们比其他乐趣和愉悦更为我们所控制而不致耗损，毋宁说强化着还要更多地享受它们的情感，并且在使其愉悦的同时也陶冶它。然而，由于它们毕竟曾为了那些快乐的可能性而把我们里面的一种关注于此的情感预设为这种满意的首要条件，把它们冒充为与仅仅通过感官而不同的规定意志的方式，就恰如那些热衷于在形而上学中敷衍了事的无知之徒，他们设想物质如此精细，如此过于精细，以至于他们自己都要对此感到眩晕，于是就相信自己以这种方式臆想出了一种**精神的**、但却有广延的存在者。如果我们和**伊壁鸠鲁**一起，在德性上仅仅听凭它所许诺的快乐来规定意志，那么，我们就不能此后又指责他，说他把这种快乐与那些最粗劣的感官的快乐看做是完全同样的；因为人们根本没有理由诿过于他，说他把我们心中的这种情感被激发起来所凭借的那些表象仅仅归于肉体感官了。就人们所能猜到的而言，他同样曾在更高的认识能力的应用中来为这些表象中的许多寻找来源；但是，这并不妨碍、也不能妨碍他按照上述原则把那些或许是理智的表象提供给我们的、而这些表象亦惟有借此才能够是意志的规定根据的那种快乐本身完全看做是同样的。**一以贯之**是一个哲学家的最大责任，但这却鲜有发现。古代希腊各学派在这方面给我们提供的实例，比我们在我们这个**折中主义的**时代所发现的更多；在这个时代，各种互相矛盾的原理的某个**联盟体系**被极其虚伪和肤浅地做作出来，因为它更适合于一个满足于对一切都知道一点儿、对整体一无所知、但却对一切都能应付自如的公众。自身幸福的原则，无论在它那里使用了多少知性和理性，对于意志来说毕竟只包含有与**低级的**欲求能力相适合的规定根据，因而要么根本不存在高级的欲求能力，要么**纯粹理性**必须单就自身而言就是实践的，也就是说，仅仅通过实践规则的形式就能够规定意志，无须以任何一种情感为前提条件，因而无须惬意或者不惬意的表象，惬意或者不惬意是欲求能力的质料，这种质料在任何时候都是原则的一种
5〔25〕经验性的条件。然而在这种情况下，理性惟有为自己本身来规定意志（不是为偏好效力），才是在病理学上可规定的欲求能力所从属的一种真正的**高级**欲求能力，并且现实地、甚至在**种类上**与前一种欲求能力有别，以至于哪怕与偏好的冲动有丝毫的混杂，都会损害理性的强大和优越，就像把丝毫经验性的东西当做数学证明的条件就会降低和消除这一证明的尊严和坚定性一样。理性在一个实践法则中直接规定意志，并不借助

参与其间的愉快和不快的情感，哪怕是对这一法则的愉快和不快的情感，而是惟有它作为纯粹理性就能够是实践的这一点，才使它有可能是**立法的**。

附释二

成为幸福的，这必然是每一个有理性但却有限的存在者的要求，因而也是他的欲求能力的一个不可避免的规定根据。因为他对自己的整个存在的满意绝不是一种源始的财产，不是以他的独立自足性的意识为前提条件的永福，而是一个由他的有限本性本身强加给他的问题，因为他有需要，而且这种需要涉及他的欲求能力的质料，亦即与一种主观上作为基础的愉快或者不快的情感相关的东西，由此他为了对自己的状态感到满意而需要的东西就得到了规定。但正是由于这个质料性的规定根据只能被主体经验性地认识，所以就不可能把这项任务视为一个法则，因为法则在一切场合、对一切有理性的存在者都是客观的，必然包含着意志的**同一个规定根据**。因为尽管幸福的概念到处都是**客体**与欲求能力的实践关系的基础，但它却毕竟只是主观的规定根据的普遍称号，并不特别地规定任何东西，而这却是在这一实践的任务中惟一涉及的东西，而且没有这样的规定，这个实践的任务就根本不能得到解决。也就是说，每个人要把自己的幸福设定在何处，取决于每个人自己特殊的愉快和不快的情感，甚至在同一个主体里面也取决于根据这种情感的变化而各不相同的需要，因此一个**主观上必然的**法则（作为自然法则）**在客观上**就是一个极其**偶然的**实践原则，它在不同的主体中可以而且必然是很不同的，所以永远不能充当一个法则，因为就对幸福的欲望来说，事情并不取决于合法则性的形式，而是仅仅取决于质料，亦即我在遵循法则时是否可以期望得到快乐，以及可以期望得到多少快乐。自爱的原则虽然能够包含技巧（为意图找到手段）的普遍规则，但在这种情况下它们就只 5〔26〕
是一些理论的原则①（例如想吃面包的人就必须想出一副磨子来）。然而，

① 一些命题在数学或者**自然学说**中被称为**实践的**，真正说来它们应当叫做**技术的**。因为这些学说根本不与意志规定相关；它们只是表明可能行动的那种足以产生某种结果的杂多而已，因而与所有那些表述原因与一个结果的联结的命题一样，都是理论的。谁愿意有结果，他也就必须容忍有原因。

基于这些原则的实践规范绝不可能是普遍的，因为欲求能力的规定根据是基于愉快和不快的情感的，这种情感绝不能被当做普遍地指向同一些对象的。

但是，即便假定有限的理性存在者也就他们必须当做他们的快乐或者痛苦的情感的客体的东西而言，同样甚至就他们为了达到快乐和防止痛苦而必须利用的手段而言，都想得完全一样，**自爱的原则**也仍将完全不能被他们冒充为**任何实践的法则**；因为这种一致本身毕竟只是偶然的。这个规定根据一直还会只是主观有效的和纯然经验性的，并不会具有在每一个法则中所设想的那种必然性，亦即出自先天根据的客观必然性；除非人们根本不把这种必然性冒充为实践的，而是冒充为纯然物理的，亦即这行动是由我们的偏好不可避免地强加给我们的，就如同我们看到别人打哈欠时打哈欠一样。人们宁可主张根本就不存在实践的法则，而是只有为了我们的欲望起见的**建议**，也不能主张把纯然主观的原则提升到实践法则的等级，后者拥有完全客观的、并非仅仅主观的必然性，并且必须通过理性先天地来认识，而不是通过经验来认识（无论这种经验在经验性上如何普遍）。甚至那些一致的现象的规则被称为自然法则（例如力学法则），也只是当人们要么实际上先天地认识它们，要么毕竟（如对于化学法则来说）假定如果我们的洞识更加深刻就会先天地从客观根据出发认识它们的时候。不过，对于那些纯然主观的实践原则来说，被明确地当做条件的是，必须被当做它们的基础的，不是任性的客观条件，而是任性的主观条件；因此，它们在任何时候都只能被当做纯然的准则、但绝不能当做实践的法则来说明。这后一个附释乍一看显得是纯然的咬文嚼字；但它却是对惟有在实践的研究中才能予以考察的极为重要的区别的语词规定。

5〔27〕 **第 4 节**

定理三

如果一个有理性的存在者应当把他的准则设想为实践的普遍法则，那么，他就只能把这些准则设想为这样一些原则，它们不是按照质料，而是仅仅按照形式包含着意志的规定根据。

一个实践原则的质料是意志的对象。这个对象要么是意志的规定根据，要么不是。如果它是意志的规定根据，那么，意志的规则就会服从一个经验性的条件（服从作出规定的表象与愉快和不快的情感的关系），从而就会不是实践的法则。如今，如果人们抽掉一切质料，亦即意志的任何对象（作为规定根据），那么，除了一种普遍的立法的纯然形式之外，一个法则就不剩下什么东西了。因此，一个有理性的存在者要么根本不能把**他的**主观实践的原则亦即准则同时设想为普遍的法则，要么必须假定，这些准则的纯然形式，即它们**适宜于普遍立法**所依据的形式，独自就使它们成为实践的法则。

附释

准则中的哪种形式适宜于普遍的立法，哪种形式不适宜于普遍的立法，普通的知性无须指导也能够作出分辨。例如，我把用一切可靠的手段扩大我的财产当做我的准则。现在，我手头有一件**寄存物**，它的所有者已经去世，而且没有留下这方面的任何字据。这当然就是我的准则所喜欢的。现在我想知道的只是，那条准则是否也可以被视为普遍的实践法则。因此，我把那条准则运用于当前的事例，并且问，它是否能够取得一条法则的形式，因而我是否能够通过我的准则给出这样一条**法则**：每个人都可以否认一件无人能够证明是存放在他这里的寄存物。我马上就发觉，这样一条原则作为法则将会取消自己本身，因为它将会使得根本不存在寄存物。我为此所认识的实践法则必须获得普遍立法的资格；这是一个同一命题，因而是自明的。如果我现在说：我的意志服从一条实践法则，那么，我就不能援引我的偏好（例如在当前事例中我的占有欲）来作为意志的适合做一条普遍的实践法则的规定根据；因为这种偏 5〔28〕
好远不能适宜于某种普遍的立法，毋宁说它必定在一条普遍的法则的形式中耗尽自身。

因此奇怪的是，一些明理的人士怎么会由于对幸福的欲望，因而还有每个人把幸福设定为自己的意志的规定根据所凭借的**准则**是普遍的，就想到由此把它冒充为一条普遍的**实践法则**。因为既然一条普遍的自然法则通常都使一切相一致，所以在这里，如果人们要赋予准则以一条法则的普遍性，就恰恰会导致与一致性的极端对立，导致准则本身与其意图的严重冲突和完全毁灭。因为在这种情况下，所有人的意志并不具有同一个客体，而是每一个人都有他自己的客体（他自己的福利），这个客体虽然也能够与其他人的同样是针对其自身的意图偶然相合，但还远不足以成为法则，因为人们有权偶尔作出的例外是无穷无尽的，根本不能被确定地包含在一条普遍的规则中。以这种方式，就出现了一种和谐，它类似于某首讽刺诗关于一对自杀夫妇的情投意合所描述的和谐：**啊，美妙的和谐！他想要的，亦是她想要的**，等等；或者人们关于国王**弗兰西斯**一世面对皇帝**查理**五世的自命自许所讲述的：我的兄弟查理所想要的（米兰），亦是我想要的。经验性的规定根据不适宜于任何普遍的外部立法，但也同样不适宜于内部的立法，因为每个人都以自己的主体作为偏好的根据，而另一个人则以另一个主体作为偏好的根据，而在每一个主体本身中时而是这个偏好，时而是另一个偏好占有影响的优势。要找出一条法则把这些偏好全都统辖在这个条件下，亦即所有各方面都协调一致，那是绝对不可能的。

第 5 节

课题一

假设惟有准则的纯然立法形式才是一个意志的充足规定根据，课题是找到惟有因此才能被规定的意志的性状。

既然法则的纯然形式只能由理性来表现，因此不是感官的对象，故
而也不属于显象，所以，它的表象作为意志的规定根据就不同于按照因
5〔29〕果性法则的自然中的种种事件的一切规定根据，因为在这些事件那里，
进行规定的根据自身必须是显象。但如果没有意志的任何别的规定根据，
而只有那个普遍的立法形式能够对于意志来说充当法则，那么，这样一
个意志就必须被设想为完全独立于显象的自然法则，亦即独立于因果性
法则，进一步说独立于前后相继法则。但这样一种独立性在最严格的，
亦即先验的意义上就叫做**自由**。因此，惟有准则的纯然立法形式才能够
充当其法则的意志，就是一个自由意志。

第 6 节

课题二

假设一个意志是自由的，课题是找出惟一适宜于必然规定意志的法则。

既然实践法则的质料，亦即准则的一个客体，永远只能经验性地被给予，但自由意志作为独立于经验性的（亦即属于感官世界的）条件的，却仍然必须是可规定的，所以，一个自由意志，独立于法则的**质料**，却仍然必须在法则中找到一个规定根据。但是，除了法则的质料之外，在法则中所包含的就无非是立法的形式了。因此，立法的形式只要包含在准则中，它就是惟一能够构成意志的一个规定根据的东西。

附释

因此，自由和无条件的法则是彼此相互回溯的。我在这里现在并不问：它们是否也在事实上各不相同，不是毋宁说，一个无条件的法则纯然是一个纯粹实践理性的自我意识，而纯粹实践理性则与自由的积极概念完全是一回事；而是要问：我们对无条件实践的东西的**认识**是从哪里**开始**的，是从自由开始，还是从实践法则开始。从自由开始是不可能的；原因在于，我们既不能直接地意识到自由，因为它的最初概念是消极的，也不能从经验推论到自由，因为经验给予我们供认识的只是显象的法则，从而只是自然的机械作用，这恰恰是自由的对立面。因此，正是我们（一旦我们为自己拟定意志的准则就）直接意识到的**道德法则**，才**最先**呈现给我们，并且由于理性把它表现为一个不能被任何感性条件胜过的，甚至完全不依赖于这些条件的规定根据，而恰好导向自由概念。但是， 5〔30〕
对那个道德法则的意识又是如何可能的呢？我们能够意识到纯粹的实践法则，就像我们意识到纯粹的理论原理一样，因为我们注意到理性给我们规定它们所用的必然性，而且注意到理性向我们指出的对一切经验性条件的隔离。一个纯粹意志的概念源自前者，如同一个纯粹知性的意识源自后者一样。至于说这就是我们这些概念的真正的隶属关系，而道德首先向我们揭示自由的概念，从而**实践理性**首先以这个概念向思辨理性提出了最无法解决的问题，通过这个概念使思辨理性陷入最大的困境，这一点已经由如下情况得到说明：既然从自由概念出发在显象中没有任何东西能够得到解释，相反在这里永远必须是自然机械作用构成导线，此外当纯粹理性要上升到原因系列中的无条件者的时候，它的二论背反也就在这一方和另一方同样地卷入到不可理解的东西之中，然而后者（机械作用）毕竟至少在解释显象时有可用性，所以如果不是道德法则以及实践理性与它一起参与进来，并把这个概念强加给我们的话，人们是永远也不会冒险把自由引入科学的。但是，就连经验也证实了我们心中的这种概念秩序。假设某人为自己淫欲的偏好找借口说，如果所爱的对象和机会都来到他面前，那么这偏好对他来说是完全不可抗拒的：如果在他遇到这种机会的房子前面竖起一个绞架，在他享受过淫欲之后马上把他吊在上面，他在这种情况下是否还会不克制自己的偏好呢？人们可以很快猜出他会怎样回答。但如果问他，如果他的君王以同一种毫不拖延的死刑相威胁，无理要求他对于君王想以莫须有的罪名来诋毁的一个清白人提供伪证，此时无论他对生命的热爱有多大，他是否会认为有可能克服这种热爱呢？他是会这样做还是不会这样做，这是他也许不敢作出保证的；但他必定毫不犹豫地承认，这样做对他来说是可能的。因此他作出判断，他能够做某事乃是因为他意识到他应当做某事，并在自身中认识到通常没有道德法则就会依然不为他所知的自由。

第 7 节

纯粹实践理性的基本法则

要这样行动，使得你的意志的准则在任何时候都能同时被视为一种普遍的立法的原则。

5〔31〕 附释

纯粹几何学有一些作为实践命题的公设，但它们所包含的无非是这样一个预设，即人们如果被要求应当做某事就**能够**做某事，而这些命题就是纯粹几何学仅有的涉及一个存在的那些命题。因此，这就是一些在意志的一种或然条件下的实践规则。但在这里规则却说：人们应当绝对地以某种方式行事。所以实践规则是无条件的，因而被表现为定言的先天实践命题，意志由此绝对地和直接地（通过实践规则本身，因而这规则在此就是法则）在客观上得到规定。因为**纯粹的、就自身而言实践的理性**在这里是直接立法的。意志作为独立于经验性条件的，作为纯粹意志，被设想为**被法则的纯然形式**所规定的，而这个规定根据则被视为一切准则的最高条件。这件事情是足够令人惊讶的，而且在全部其他实践知识中都没有同样的东西。因为关于一种可能的普遍立法的，因而仅仅是或然的先天思想，不从经验或者任何一个外在意志借取某种东西，就被无条件地要求作为法则。但这也不是一个行动应当发生，从而使一个被欲求的结果成为可能所依据的一个规范（因为那样的话，这规则就会永远在物理上有条件了），而是一个仅仅就意志的准则形式而言来先天地规定意志的规则，而这时至少设想一个仅仅用于种种原理的**主观**形式的法则，作为凭借一般法则的**客观**形式的规定根据，就不是不可能了。人们可以把这条基本法则的意识称为理性的一个事实，这不是因为人们能够从理性的先行资料出发，例如从自由的意识出发（因为这个意识不是被预先给予我们的）玄想出这一法则，而是因为它独立地作为先天综合命题把自己强加给我们，这个先天综合命题不是基于任何直观，既不是基于纯粹的直观也不是基于经验性的直观，尽管当人们预设意志的自由时它会是分析的，但这种意志自由作为积极的概念，就会要求有人们在这里根本不可以假定的一种理智直观。不过，为了把这条法则准确无误地视为**被给予的**，人们还必须注意：它不是任何经验性的事实，而是纯粹理性的惟一事实，纯粹理性借此宣布自己是源始地立法的（sic volo, sic jubeo［我如何想，便如何吩咐］）。①

推论

纯粹理性单凭自身就是实践的，并给予（人）一条我们称之为**道德法则**的普遍法则。

附释 5〔32〕

前面所说的事实是不可否认的。人们可以只是分析一下众人关于自

① 尤维纳利斯：《讽刺诗集》，Ⅵ，223；不过原文是：Hoc volo, sic iubeo, sit pro ratione voluntas［我如此想，便如此吩咐，无需理由，而是意志］。——科学院版编者注

己的行动的合法则性所作的判断，于是人们在任何时候都将发现，无论偏好在这中间会说什么，他们的理性却仍然坚定不移地和自我强制地把采取一个行动时意志的准则保持在纯粹意志上，亦即保持在自己身上，因为它把自己看做先天地实践的。如今，正是为了不顾意志的一切主观差异而使这条道德原则成为意志形式上的最高规定根据的那种立法的普遍性，理性才把这条道德原则同时宣布为一条对于一切有理性的存在者的法则，只要他们一般而言具有意志，亦即具有通过规则的表象来规定自己的因果性的一种能力，因而只要他们有能力按照原理，从而也按照先天的实践原则（因为惟有这些原则才具有理性为原理所要求的那种必然性）来行动。因此，这条原则并不仅仅局限于人，而是涉及一切具有理性和意志的有限存在者，甚至也包括作为最高理智的无限存在者在内。但在前一种场合，法则具有一种命令式的形式，因为人们虽然能够在作为有理性的存在者的人身上预设一个**纯粹的**意志，但在作为用需要和感性动因来刺激的存在者的人身上却不能预设任何**神圣的**意志，亦即这样一种意志，它不能有任何与道德法则相冲突的准则。因此，道德法则在人这里是一个**命令式**，它以定言的方式发布命令，因为这法则是无条件的；这样一个意志与这条法则的关系就是**依赖性**，名之为责任，它意味着对采取某个行动的一种**强制**，虽然只是通过理性及其客观法则来强制的，所以它叫做**义务**，因为一种在病理学上刺激起来的（虽然并不由此被规定，从而也永远是自由的）任性带有一种愿望，这愿望产生自**主观**的原因，因而也可能经常与纯粹的客观规定根据相悖，从而需要实践理性的某种抵抗来作为道德上的强制，这种抵抗可以被称为内部的，但却是理智的强制。在最为充足的理智中，任性就正当地被表现为不可能有任何不同时能够在客观上是法则的准则，而因此之故应当归于它的那个**神圣性**概念，虽然并没有使任性超越一切实践法则，但却使它超越一切实践上能限制的法则，从而超越责任和义务。意志的这种神圣性仍然是一个必须不可避免地用做原型的实践理念，无限地接近这个原型是一切有限的理性存在者有权利去做的惟一事情，而这个实践理念则经常地和正确地向他们指明纯粹的、因而自身也是神圣的道德法则，保证道德法
5〔33〕则的种种准则的这种无限发展的进程和这些准则在不断的前进中的始终不渝，亦即德性，这是有限的实践理性所能达成的最高的东西，这种德

性本身又至少作为自然获得的能力是永远不能完成的，因为这种保证在这样的场合里不会成为无可置疑的确定性，而且作为臆信是很危险的。

第 8 节

定理四

意志的**自律**是一切道德法则和符合这些法则的义务的惟一原则；与此相反，任性的一切**他律**不仅根本不建立任何责任，而且毋宁说与责任的原则和意志的道德性相悖。因为道德性的惟一原则就在于对法则的一切质料（亦即一个被欲求的客体）有独立性，同时又通过一个准则必须能够有的纯然普遍立法形式来规定任性。但是，那种**独立性**是**消极**意义上的自由，而纯粹的理性、且作为纯粹的而是实践的理性的这种**自己立法**却是**积极**意义上的自由。因此，道德法则所表达的，无非是纯粹实践理性的**自律**，亦即自由的自律，而这种自律本身是一切准则的形式条件，惟有在这条件下它们才能够与最高的实践法则相一致。因此，如果只能是与法则相结合的某种欲求的客体的意欲质料进入实践法则**作为它的可能性的条件**，那么，由此就形成任性的他律，亦即对遵从某种冲动或者偏好的自然法则的依赖性，而意志就不是自己给自己提供法则，而只是提供合理地遵循病理学法则的规范；但是，以这样的方式永远不能在自身包含普遍立法形式的那种准则，就不仅不能以这种方式确立任何责任，而且本身是与一种**纯粹的**实践理性的原则，因而由此与道德意向相悖的，即使从中产生的行动是合乎法则的。

附释一 5〔34〕

因此，一个带有质料性的（因而经验性的）条件的实践规范必须永远不被归为实践法则。因为纯粹意志是自由的，它的法则把意志置于一个与经验性领域完全不同的领域中，而它所表达的必然性，由于不应当是任何自然的必然性，所以只能在于一般法则的可能性的形式条件。实践规则的一切质料所依据的永远是主观的条件，这些条件使实践规则获得的不是对有理性的存在者的普遍性，而仅仅是有条件的普遍性（在我**欲求**这件或者那件我为了使它成为现实就必须去做的事情的情况下），而且它们全都围绕着**自身幸福**的原则转。如今，当然不可否认的是，一切意欲也都必须有一个对象，从而有一种质料；但这质料却并不因此就正好是准则的规定根据和条件；因为如果它是这样，那么，这个准则就不能以普遍立法的形式展示出来了，因为对于对象的实存的期待在这种情况下就会是任性的规定原因，而欲求能力对某一个事物的实存的依赖就必然被当做意欲的基础，这种实存永远只能在经验性的条件中来寻找，因而永远不能充当一个必然的和普遍的规则的根据。这样，别的存在者的幸福将可能是一个有理性的存在者的意志的客体。但是，如果这种幸福是准则的规定根据，那么，人们就会必须预设，我们在别人的福利中不仅发现一种自然的快乐，而且还发现一种需要，就像富有同情的气质在人身上所造成的那样。但是，我不能在任何一个有理性的存在者那里都预设这种需要（在上帝那里就根本不能）。因此，虽然准则的质料还可以保留，但它必须不是准则的条件，因为若不然，这准则就不适宜于做法则。因此，一个限制质料的法则的纯然形式，必须同时是把这质料附加给意志的根据，但并不以质料为前提条件。例如，这质料可以是我自己的幸福。如果我把这种幸福赋予每个人（就像我实际上在有限的存在者那里可以做的那样），那么，它就惟有在我把别人的幸福也一并包含在它里面的情况下，才能够成为一个**客观的**实践法则。因此，“促进他人幸福”的法则并不是产生自“这对每个人自己的任性来说都是一个客体”这个预设，而是产生自：理性当做给自爱准则提供一个法则的客观有效性的条件所需要的普遍性的形式，成为意志的规定根据，因而客体（别人的幸福）并不是纯粹意志的规定根据，相反，惟有纯然的法则形式，才是我用来限制我的基于偏好的准则，以便使它获得一个法则的普遍性，
5〔35〕并使它这样适合纯粹的实践理性；惟有从这种限制中，而不是从一个外在的动机的附加中，才能产生出把我的自爱准则也扩展到别人的幸福上去的责任的概念。

附释二

如果**自身**幸福的原则被当做意志的规定根据，那么，这恰好就是道德原则的对立面；就像我上面已指明的那样，一般来说凡是不把应当用为法则的规定根据设定在准则的立法形式中，而是设定在别的什么地方

的，都必须归于此列。但是，这种冲突并不像经验性地有条件的、但人们却想将之提升为必然的知识原则的规则之间的冲突那样，纯然是逻辑上的，而是实践的，并且如果理性与意志相关的呼声不是如此清晰，如此不可盖过，甚至对于最普通的人也如此可以听清，这种冲突就会完全毁掉道德；但是，这种呼声却只能还保持在各学派的搅乱头脑的思辨中，这些学派足够胆大包天，为了维护一种不值得伤脑筋的理论而对那种上天的呼声充耳不闻。

如果你平时喜欢的一位朋友以为可以这样在你那里为作出的一项伪证进行辩护：他首先借口自身幸福是依他所说的神圣义务，然后列举他由此所赢得的一切好处，举出他为防止任何人发现，甚至也防止你本人这方面的发现而遵循的聪明，他之所以向你透露这个秘密，只是因为他任何时候都能够否认这一秘密；此后他极为严肃地伪称，他已经履行了一项真正的人类义务；那么，你会要么当面取笑他，要么对此厌恶地退避三舍，即使你在有人仅仅依据自己的好处来操纵自己的原理时不能提出丝毫的东西来反对这种规则。或者假定有人向你们推荐一个人做管家，说你们可以不加考虑地把自己的事务都托付给他，而且为了引起你们的信赖，他称赞此人是一个聪明人，很会关照自己的利益，他又是一个不知疲倦地做事的人，不让这方面的机会未加利用就溜走，最后，为了不让对此人粗鄙的自私自利的顾虑有妨碍，他称赞此人如何懂得正直地生活，不是在聚敛钱财或者毫无顾忌的享乐中，而是在自己的知识的扩展中，在精心选择的富有教益的交往中，甚至在对穷人的行善中，寻求自己的快乐，但除此之外不会由于手段（手段有无价值毕竟只来自目的）而有所顾虑，而且别人的钱财用于此处，只要他知道自己可以不被发现 5〔36〕
且不受阻碍地这样做，对他来说就像是他自己的钱财一样：那么，你们会要么相信，推荐人是在戏弄你们，要么就是他失去理智了。——道德和自爱的界限如此截然分明，以至于连最平庸的眼睛也根本不会错过某事是属于道德还是属于自爱这种区别的。以下几点说明对于一个如此明显的真理来说虽然可能显得是多余的，但它们毕竟至少可以用来使普通人类理性的判断获得更多一些清晰性。

幸福的原则虽然能够充当准则，但永远不能充当适宜于做意志法则的那样一些准则，哪怕是人们把**普遍的**幸福当做自己的客体。这是因为，由于对幸福来说，它的知识是基于纯粹的经验材料的，由于对此的每一个判断都极为依赖每个人自己的经验，而这种经验本身又还是极易变化的，所以，这判断也许能够给出**一般性的**规则，但永远不能给出**普遍性的**规则，亦即也许能够给出平时极经常地适用的规则，但却不能给出必须在任何时候都必然有效的规则，因而没有任何实践**法则**能够建立在这上面。正是由于在这里任性的客体为任性的规则提供了基础，因而必然先行于任性，所以这种规则就不能与别的什么东西，而只能与人们所推荐的东西，因而与经验相关，并建立在它上面，而且在这里，判断的差异必然是无穷无尽的。因此，这个原则并不给一切有理性的存在者规定同样一些实践规则，哪怕这些规则都处于一个共同的名目，亦即幸福的名目之下。但是，道德法则之所以被设想为客观必然的，只是因为它应当对每一个具有理性和意志的人都有效。

自爱的准则（聪明）只是**建议**，道德的法则却是**命令**。但是，在人们**建议**给我们的事情和我们**负有责任**的事情之间，毕竟有一种巨大的区别。

按照任性的自律原则要做的事情，对于最普通的知性来说是极容易、不加考虑就可以看出的；而在任性的他律的前提条件下要做的事情，则很难看出，要求有世间知识；也就是说，是义务的东西，自行呈现给每一个人；但带来真正的、持久的好处的东西，则每当要把这好处扩展到整个人生的时候，它就被笼罩在无法穿透的黑暗中，要求有诸多聪明，来使与之相称的实践规则通过机敏的例外，哪怕差强人意地与人生的目的相适合。然而，道德法则却命令每个人遵守，而且是一丝不苟地遵守。因此，要判断按照道德法则应当做的事情，必定不是很难，最普通、最未经训练的知性哪怕没有处世经验也会知道如何对待。

遵守道德的定言命令，这任何时候都在每个人的控制之中，而遵守
5〔37〕经验性上有条件的幸福规范，则很少如此，而且远远不是对每个人都可能的，哪怕只是就一个惟一的意图而言。原因在于，事情在前者那里仅仅取决于必须是真正的和纯粹的准则，在后者那里却还取决于使一个所欲求的对象成为现实的力量和自然能力。每一个人都应当力求使自己幸福，这个命令是愚蠢的；因为人们从不命令某人做他已经不可避免地自行要做的事情。人们必须只命令他规则，或者毋宁说告诉他规则，因为

他不可能做到他想做的一切。但是，以义务的名义命令有道德，则是完全合乎理性的；因为德性的规范首先恰恰不是每个人都乐意服从的，如果它与偏好相冲突的话，至于他如何能够遵守这条法则的做法，在这里是无须教导的；因为他在这方面想做的事情，他也能够去做。

在赌博中输了的人，也许会对自己和自己的不聪明感到**恼火**。但如果他意识到自己在赌博中曾经**使诈**（哪怕他因此赢了），那么，只要他用道德法则对照一下自己，他就必定**蔑视**自己。因此，道德法则必定是与自身幸福的原则有所不同的东西。因为不得不对自己说：尽管我充实了自己的钱袋，我却是一个**卑鄙小人**，这与赞许自己说：我是一个**聪明人**，因为我充实了自己的钱袋相比，毕竟还必须有一条不同的判断准绳。

最后，在我们的实践理性的理念中，还有某种东西伴随着对一条道德法则的逾越，亦即这种逾越的**该受惩罚**。现在，享受幸福是根本不能与一种惩罚本身的概念结合在一起的。因为尽管如此作出惩罚的人可能怀有善良的意图，即使这种惩罚也指向幸福目的，但惩罚毕竟必须事先作为惩罚，亦即作为纯然的坏事，才就自身而言是理由充足的，以至于受罚者即便情况依旧，即便他看不出在这种严厉背后隐藏有任何好意，也不得不自己承认，这对于他来说是做得公正的，而且他的命运是与他的作为完全相符的。在任何惩罚本身中，都必须首先有正义，而正义就构成惩罚概念的本质。与正义相结合的虽然也可能有善意，但该受惩罚者根据自己的行为却没有丝毫理由去指望这种善意。因此，惩罚是一种物理上的坏事，它即使不会作为**自然的**后果而与道德上的恶相结合，但却必定会作为按照一种道德立法的原则的后果而与之相结合。现在，如果一切犯罪，哪怕不看就犯罪而言的物理学后果，自身就是可惩罚的，亦即（至少部分地）失去了幸福，那么，说犯罪恰恰在于他由于损害了他自身的幸福（按照自爱原则，一切犯罪的本真概念必定都会是这样）〔38〕而招致了一种惩罚，这就显然会是无稽之谈了。以这种方式，惩罚就会是把某事称为犯罪的根据了，而正义反倒必定会在于放弃一切惩罚，甚至阻止自然的惩罚；原因在于，在这种情况下，行动中就会不再有恶，因为通常继之而起的、仅仅为此行动才叫做恶的那种坏事，从现在起就被拦住了。但尤其是，把一切惩罚和奖赏都仅仅视为一个更高的权力手中的设备，它仅仅应当用来借此使有理性的存在者为自己的终极意图

（幸福）而活动，这极为明显的是他们的意志的一种取消一切自由的机械作用，我们在此没有必要多说。

尽管同样不真实、但却更为精巧的是，那些假定某种特殊的道德感官的人的托词。据说是这种感官，而不是理性，在规定着道德法则，按照这种感官，德性的意识是直接与满足和快乐相结合，而罪恶的意识则是与灵魂的不安和痛苦相结合的，这样他们就把一切都推到对自身幸福的要求上了。我不想把上面所说的东西拉扯到这里，而只想说明这里所发生的欺骗。为了把有罪之人表现为因意识到自己的犯罪而受心灵不安的折磨的，他们就必须根据他的品质的最主要基础已经事先把他表现为至少某种程度上是道德上善的，就像把意识到合乎义务的行动就感到快活的人事先已经表现为有道德的一样。因此，道德性和义务的概念毕竟必须先行于对这种满足的考虑，而根本不能从这种满足中派生出来。但现在，为了感受意识到自己符合义务时的那种满足和人们能够责备自己逾越道德法则时的严厉斥责，人们必须预先估量我们称为义务的东西的重要性、道德法则的威望和遵循道德法则使个人亲眼看到的直接价值。所以，人们不可能先于对责任的认识而感到这种满足或者灵魂的不安，并把它们作为这种认识的基础。为了能对那些感觉哪怕只是形成一个表象，人们必须至少大半已经是一个正直的人。此外，就像人的意志凭借自由可以由道德法则直接规定一样，符合这种规定根据的经常履践在主观上最终也能造成一种对自己本身的满足感，这一点我是根本不否认的；毋宁说，确立并培植真正说来惟一值得被称为道德感的情感，这本身就属于义务；但是，义务的概念并不能由此派生出来，若不然，我们就会不得不去设想对一个法则本身的某种情感，并把只能通过理性来设想的
5〔39〕东西当做感觉的对象；这即使不应当成为十足的矛盾，也会完全取消义务的一切概念，而仅仅代之以更精巧的、时而与更粗俗的偏好陷入纷争的偏好的机械游戏。

如果我们现在把我们的实践理性（作为意志的一种自律）的形式上的最高原理与道德的一切迄今的质料上的原则进行比较，那么，我们就可以在一个表格中把其余一切原理都表现为这样的原理，通过它们，实际上除惟一的一个形式上的场合之外，同时穷尽了其他所有可能的场合，而且这样就显而易见地证明，寻找一条与现在讲述的原则不同的原则，

乃是白费力气。——也就是说，意志的一切可能的规定根据或者是纯然**主观的**，因而是经验性的，或者也是**客观的**和合理的；但这二者都或者是**外部的**，或者是**内部的**。

道德原则中实践的质料规定根据 5 〔40〕

<table>
<tr><th colspan="3">主观的</th><th colspan="3">客观的</th></tr>
<tr><th colspan="2">外部的</th><th colspan="2">内部的</th><th>内部的</th><th>外部的</th></tr>
<tr><td>教育（据蒙台涅）</td><td>公民宪法（据曼德维尔）</td><td>自然情感（据伊壁鸠鲁）</td><td>道德情感（据哈奇森）</td><td>完善（据沃尔夫和斯多亚学派）</td><td>上帝意志（据克鲁修斯①和其他神学道德主义者）</td></tr>
</table>

处于左边的原则全都是经验性的，显然根本不适宜做道德的普遍原 5 〔41〕
则。但右边的原则则是建立在理性之上的（因为作为事物的**性状**的完善和在**实体**中表现出来的最高的完善，亦即上帝，二者都惟有通过理性概念才可以设想）。不过前一个概念，亦即**完善**的概念，要么可以在**理论**意义上来采用，此时它无非意味着每一个事物在其种类中的完备性（先验的完备性），要么它意味着一个事物仅仅作为一般事物的完备性（形而上学的完备性），对此这里不能论及。但是，**实践**意义上的完善概念是一个事物对各种各样的目的的适用性和充足性。这种完善作为人的**性状**，因而作为内部的完善，无非就是**天赋**，而加强或者补充天赋的东西则是**技巧**。**实体**中的最高完善，亦即上帝，因而外部的**完善**（在实践的意图来看），就是这一存在者对一切一般目的的充足性。因此，如果现在必须预先把目的给予我们，惟有与它们相关完善（我们自身的一种内部的完善或者上帝那里的完善）的概念才能够成为意志的规定根据，但一个目的作为必须先行于通过实践规则对意志的规定、并包含着这样一种规定的可能性的根据的**客体**，因而意志的**质料**作为意志的规定根据来看，在任何时候都是经验性的，从而能够用做**伊壁鸠鲁**的幸福论原则，但永远不能用做道德论和义务的纯粹理性原则（如同天赋和对天赋的促进只是由于它们对生活的好处有贡献，或者上帝的意志在与其相一致无须先行的、

① 莱比锡神学教授，参见《必然的理性真理大纲》，第 283、284、286 节，第 2 版，1753。——科学院版编者注

不依赖于其理念的实践原则就被当做意志的客体时，只能通过我们从中期待的**幸福**来成为意志的动因一样），那么结果就是：**第一**，在此提出的一切原则都是**质料的**；**第二**，它们包括一切可能的质料原则；而最后由此得出的结论是：由于质料原则完全不适宜做最高的道德法则（如已经证明的），纯粹理性的**形式上的实践原则**，即通过我们而可能的普遍立法的纯然形式构成意志的最高的和直接的规定根据所必须依据的原则，就是适宜于在规定意志时用做定言命令式亦即实践法则（这些法则使行动成为义务），并一般而言既在评判中又在应用于人类意志时用做道德原则的**惟一可能的**原则。

5〔42〕 **一、纯粹实践理性诸原理的演绎**

这个分析论阐明，纯粹理性能够是实践的，亦即能够独立地、不依赖于一切经验性的东西来规定意志——虽然这是通过一个事实，在其中纯粹理性在我们这里表明自己实际上是实践的，亦即是通过理性规定意志去行动所借助的道德原理中的自律。——这个分析论同时指出，上述事实与意志自由的意识是不可分割地结合在一起的，甚至与它就是一回事；通过这种意识，一个属于感官世界并认识到自己与服从其他起作用的原因一样必须服从因果性法则的理性存在者，其意志却在实践的东西中同时在另一方面，亦即作为存在者本身，意识到自己在事物的理知秩序中可以被规定的存在，虽然不是按照对它自己的某种特殊的直观，而是按照某些能够在感官世界中规定它的因果性的动力学法则；因为自由既然被赋予我们，就把我们置于事物的一种理知秩序之中，这在别的地方已得到充分的证明。

现在，如果我们把纯粹思辨理性批判的分析论部分与此进行比较，那么，就表现出两者相互之间的一种值得注意的对照。在那里，并非原理，而是纯粹的感性直观（空间和时间），才是使知识先天地、并且仅仅对于感官对象成为可能的最初材料。——原理仅仅出自概念而没有直观是不可能的，毋宁说，原理惟有与感性的直观相关，从而也惟有与可能经验的对象相关才能发生，因为知性的概念惟有与这种直观相结合，才使我们称之为经验的那种知识成为可能。——超出经验对象之外，因而关于作为本体的事物，思辨理性就被完全正当地剥夺了一种**知识**的一切积极的东西。——不过，思辨理性所做的事情就是这些，它保全了本体的概念，亦即保全了思维这种本体的可能性，乃至必要性，而且举例来说，它从消极方面来看针对一切责难拯救了自由，亦即假定与纯粹理论理性的那些原理和限制完全相容的自由，却对于这样的对象没有提供任 5〔43〕何确定的东西供认识，因为它毋宁说完全切断了这方面的一切希望。

与此相反，道德法则尽管没有提供**希望**，但却仍然提供了一种从感官世界的一切材料和我们的理论理性应用的整个范围出发都绝对无法解释的事实，这个事实指示着一个纯粹的知性世界，甚至**积极地规定着**这个世界，使我们对它有所认识，亦即认识到一种法则。

这种法则应当使感官世界作为一个**感性自然**（就有理性的存在者来说）获得一个知性世界，亦即一个**超感性自然的**形式，却并不损害感官世界自身的机械作用。现在，最普遍意义上的自然就是事物在法则之下的实存。一般理性存在者的感性自然就是他们在经验性上有条件的法则之下的实存，因而对于理性来说就是**他律**。与此相反，同样这些存在者的超感性自然就是他们按照独立于一切经验性条件，因而属于纯粹理性的**自律**的那些法则的实存。而且既然这些法则是实践的，按照这些法则，事物的存在依赖于知识，所以，超感性自然就我们对它能够形成一个概念而言，无非就是**一个在纯粹实践理性的自律之下的自然**。但是，这种自律法则就是道德法则，因而它就是一个超感性自然和一个纯粹知性世界的基本法则，这个世界的倒影应当实存于感官世界中，但同时并不损害感官世界的法则。人们可以把前者称为我们仅仅在理性中才认识的**原本的**世界（natura archetypa［原本的自然］），而后者由于包含着前一个世界的理念作为意志的规定根据可能有的结果，可以称为摹本的世界（natura ectypa［摹本的自然］）。因为事实上，道德法则按照理念把我们置于这样一个自然中，在它里面，纯粹理性如果伴有与它相适合的物理能力，就会产生出至善来，而且道德法则还规定着我们的意志，去把这种形式赋予作为理性存在者之整体的感官世界。

对自己本身加以最普通的注意，就可以证实，这个理念确实像作出示范一般，是我们的意志规定的榜样。

如果我打算作证所依据的准则由实践理性来审核，我总是要看一看， 5〔44〕倘若它被视为普遍的自然法则，它会是什么样子。显而易见，普遍的自然法则将会以这种方式迫使每个人讲真话。因为承认陈述是作证明的，尽管如此却又故意说假话，这与一个自然法则的普遍性是不能共存的。同样，我在自由处置自己的生命方面所采取的准则，如果我问一问自己，它必须怎样才能使一个自然按照它的一种法则维持下去，也就马上得到了规定。显然，没有人能够在这样一个自然中**任意地**结束自己的生命，因为这样一种状况不会是持久的自然秩序，在所有其他场合也都是这样。但现在，在现实的自然中，如它是经验的一个对象一样，自由意志并不是由自己而被规定有这样一些准则，它们按照普遍的法则独自就能够建立一个自然，或者哪怕是自动地与这样一个按照普遍的法则安排的自然相适应；毋宁说，这是一些私人偏好，它们虽然按照病理学的（物理学的）法则构成了一个自然整体，但却并不构成一个惟有通过我们的意志，按照纯粹的实践法则才有可能的自然。尽管如此，我们仍然通过理性意识到一条法则，我们的一切准则都服从它，就好像通过我们的意志必然会同时产生出一种自然秩序似的。因此，这条法则必定是一个并非经验性地被给予的、尽管如此却通过自由而可能的、从而超感性的自然的理念，我们至少在实践的关系中给予它以客观实在性，因为我们把它视为我们作为纯粹的理性存在者的意志的客体。

因此，在**意志所服从的**一个自然的法则与一个服从（就具有意志与其自由行动的关系的东西而言）**某个意志**的**自然**的法则之间，其区别乃是基于，对于前者来说，客体必须是规定意志的那些表象的原因，而对于后者来说，意志则应当是客体的原因，以至于意志的因果性只是在纯粹的理性能力中才有自己的规定根据，所以这种能力也可以被称为一种纯粹实践理性。

因此，这两个课题是很不相同的：**一方面**，纯粹理性如何能够先天地**认识**客体；**另一方面**，它如何能够直接地（仅仅通过它自己的准则作为法则的普遍有效性的思想）就是意志的规定根据，亦即有理性的存在者在客体的现实性方面的因果性的规定根据。
5〔45〕
第一个课题，属于纯粹思辨理性的批判，要求首先解释：没有直观，在任何地方就都没有任何客体能够被给予我们，因而也没有任何东西能够被综合地认识，但直观是如何先天地可能的呢？这个课题的解决将导致：直观全都只是感性的，因而也不允许任何比可能经验所及走得更远的思辨知识成为可能，因此，那种纯粹思辨理性的一切原理所建树的，无非就是使经验成为可能，这经验要么是关于被给予的对象的，要么是关于可以无限地被给予，但却永远不能被完全给予的对象的。

第二个课题，属于实践理性的**批判**，不要求解释欲求能力的客体是如何可能的，因为这仍然作为理论的自然知识的课题被托付给了思辨理性的批判，而是仅仅要求解释：理性如何能够规定意志的准则，这种规定是仅仅凭借作为规定根据的经验性表象而发生的，还是就连纯粹理性也是实践的，是一种可能的、根本不能经验性地认识的自然秩序的法则呢？这样一个超感性的自然，其概念同时就能够是其凭借我们的自由意志而有的现实性的根据，它的可能性并不需要任何先天直观（对一个理知世界的先天直观），这种直观在这一场合，作为超感性的，对于我们来说也必定会是不可能的。因为事情仅仅取决于意愿在其准则中的规定根据，取决于那个规定根据是经验性的，还是纯粹理性的一个概念（关于一般准则的合法则性的概念），以及它如何可能是后一种情况。意志的因果性对于客体的现实性来说是充足还是不充足，这仍然被托付给理性的理论原则去评判，是对意愿的客体的可能性的研究，因而对这些客体的直观在实践的课题中根本不构成其要素。事情在这里仅仅取决于意志的规定和意愿作为一个自由意志的准则的规定根据，而不取决于后果。因为只要**意志**对于纯粹理性来说是合乎法则的，那么，意志在履行时的**能力**就可以随便如何了，按照一个可能的自然之立法的这些准则可以现实地从中产生出这样一个自然，也可以不产生，批判根本不关心这一点，它在此研究纯粹理性是否以及如何能够是实践的，亦即直接地规定意志的。 5〔46〕

因此，在这项工作中，批判可以无可指摘地从纯粹实践法则及其现实性开始，而且它必须由此开始。但是，它不是把直观，而是把这些法则在理知世界中的存在的概念，亦即自由的概念，当做这些法则的基础。因为这个概念并不意味着别的任何东西，而那些法则惟有与意志的自由相关才有可能，在意志自由的前提条件下则是必然的，或者反过来说，意志的自由是必然的，因为那些法则作为实践的公设是必然的。现在，对道德法则的这种意识，或者换句话说也一样，对自由的这种意识是如何可能的，就不能进一步解释了，惟有它们的可允许性才在理论批判中完全可以得到辩护。

对实践理性的最高原理的**阐述**现在已经作出了，也就是说，首先指明了它包含什么，即它是完全先天地、不依赖于经验性原则而独立存在的，其次指明了它在什么地方与其他一切实践原理区别开来。至于这个原理的客观的和普遍的有效性的**演绎**，亦即对这种有效性的辩护，以及对这样一个先天综合命题的可能性的洞识，人们就不能希望像在涉及纯粹理论知性的原理时那样顺利进行了。因为后者与可能经验的对象相关，亦即与显象相关，而且人们能够证明，惟有通过把这些显象按照那些法则的标准置于范畴之下，这些显象才能作为经验的对象被**认识**，因而一切可能的经验都必须与这些法则相适合。但是，我不能对道德法则的演绎采取这样一种进路。因为道德法则所涉及的不是关于可以在别的地方以某种方式给予理性的那些对象的性状的知识，而是这样的知识，即它本身能够成为对象实存的根据，而且理性通过这种实存就具有一个有理性的存在者中的因果性，亦即能够被视为一种直接规定意志的能力的纯粹理性。

但如今，一旦我们达到了基本的力量或者基本的能力，一切人类的
〔47〕洞识就都到头了；因为这些力量或者能力的可能性是不能通过任何东西来理解的，但也同样不可以任意地来虚构和假定。因此，惟有经验使我们有权在理性的理论应用中假定它们。但是，就纯粹实践理性能力而言，这种取代从先天知识源泉出发进行演绎的代用品，即列举经验性的证据，也被从我们这里夺走了。因为凡是需要从经验中取得自己的现实性之证据的东西，按照其可能性的根据都必然依赖于经验原则，但纯粹而又实践的理性由于其概念就已经不可能被视为这样的东西。就连道德法则也仿佛是作为纯粹理性的一个事实而被给予的，这个事实是我们先天地意识到的，而且是无可置疑地确定的，即使人们在经验中找不到严格遵守道德法则的实例。因此，道德法则的客观实在性不能由任何演绎，由理论的、思辨的或者得到经验性支持的理性的任何努力来证明，所以即使人们要放弃无可置疑的确定性，也不能由经验来证实并这样后天地得到证明，尽管如此它仍是自身确定无疑的。

取代徒劳地寻求对道德原则的这种演绎的，是某种别的东西，而且是完全荒谬的东西，因为它反过来自己充当一种玄妙莫测的能力的演绎

原则。任何经验都不必证明这种能力，但思辨理性却（为了在它自己的宇宙论理念之下按照这能力的因果性找到无条件者，以免它自己与自己相矛盾）必须至少把它假定为可能的，这就是自由的能力。自身不需要任何辩护理由的道德法则不仅证明了自由的可能性，而且在认识到这一法则对自己有约束力的存在者身上证明了它的现实性。道德法则实际上就是因自由而有的因果性的法则，所以是一个超感性的自然的可能性的法则，就像感官世界中的种种事件的形而上学法则是感性自然的因果性的法则一样。因此，道德法则所规定的是思辨哲学不得不任其不被规定的东西，亦即其概念在思辨哲学中只具有消极性的因果性的法则，并因此而首先使这条法则获得了客观的实在性。

既然道德法则本身是作为自由这种纯粹理性的因果性的演绎原则而 5〔48〕
被提出来的，由于理论理性曾被迫至少**假定**一种自由的可能性，道德法则的这种信誉就完全足以取代一切先天的辩护来补偿理论理性的一种需要。因为道德法则以如下方式证明了自己的实在性，即使对于思辨理性的批判来说也是令人满意的，这就是它给一个曾经仅仅被消极地设想的、思辨理性批判无法理解但却不得不假定其可能性的因果性添加了积极的规定，亦即一个直接地（通过意志准则的普遍合法则的形式的条件）规定意志的理性的概念，而且这样一来就第一次能够赋予那在想要思辨地行事时总是以其理念越界的理性以客观的、虽然只是实践的实在性，并把理性的**超验的**应用转化为一种**内在的**应用（在经验的领域中通过理念本身就是作用因）。

感官世界作为这样一个世界，对它里面的存在者的因果性的规定就绝不能是无条件的，但对于这些条件的全部序列来说，却仍然必须有某种无条件者，因而也必须有一种完全由自身规定自己的因果性。所以，自由作为一种绝对自发性的能力，其理念曾经不是一种需要，而是**就其可能性而言**是纯粹思辨理性的一个分析原理。然而，既然绝不可能根据它而在某一个经验中给出一个实例，因为在作为显象的事物的原因中间不可能找到任何对这种绝对无条件的因果性的规定，所以，我们只有在把关于一种自由行动的原因的这个**思想**运用到感官世界的一个存在者——即使这个存在者在另一方面也被视为本体——身上时，才能为这一思想作**辩护**，因为我们指出过，就该存在者的一切行动都是显象而言把它们视为物理上有条件的，同时却又就这个行动着的存在者是一个知性存在者而言把这些行动的因果性视为物理上无条件的，并如此使自由的概念成为理性的范导性原则，这并不自相矛盾。由此我虽然根本没有认出被赋予这样一种因果性的那个对象是什么东西，但毕竟扫除了如下事情上的障碍，即我一方面在解释世界上的事情，因而也解释有理性的
5〔49〕存在者的行动时，公正地对待从有条件者无限回溯到条件这种自然必然性的机械作用；另一方面却给思辨理性保留下为它空出的位置，亦即理知的东西，以便把无条件者置放到那里。但是，我不能把这个**思想变成实在的**，亦即不能把它转化为对一个如此行动的存在者的**知识**，哪怕是仅仅就其可能性而言。现在，纯粹实践理性通过理知世界中的一种确定的因果性的法则（通过自由），亦即道德法则，填补了这个空出的位置。这样一来，虽然现在对于思辨理性来说，在其洞识方面没有任何增添，但毕竟在它或然的自由概念的**保障**方面有所增添。自由概念在这里获得了**客观的**、虽然只是实践的、但却是无可怀疑的**实在性**。甚至因果性概念，它的应用、因而还有它的意义，本来只是与显象相关，为了把显象联结成为经验才出现的（如同《纯粹理性批判》所证明的那样），纯粹实践理性也没有把它扩展到使它把自己的应用延伸到上述界限之外的程度。因为如果纯粹实践理性旨在于此，那它就会必然想指出，根据与后果的逻辑关系如何能够在与感性直观不同的另一类直观那里得到综合的应用，亦即 causa noumenon［作为本体的原因］是如何可能的；这是它根本不能提供的，但它作为实践理性也根本不考虑这件事，因为它仅仅把作为感性存在者的人的因果性（这已经被给予）的**规定根据**设定**在纯粹理性中**（这理性因此而叫做实践的），因而能够在这里完全抽掉原因概念为了理论知识而在客体上的应用（因为这个概念总是在知性中，也独立于一切经验，而被先天地发现），不是为了认识对象，而是为了就一般对象而言规定因果性，因而不在别的意图上，仅仅在实践的意图上使用原因概念，所以就能够把意志的规定根据置于事物的理知秩序之中，因为它同时乐于承认，根本不理解原因概念对于认识这些事物能够有什么规定。它当然也必须以某种方式来认识意志在感官世界中的行动方面的因果性，因为若不然，实践理性就会不能现实地产生任何行为。但是，它并不需
5〔50〕要在理论上为了认识它自己作为本体的因果性的超感性实存而去规定它

关于这种因果性形成的概念，因而不需要就此而言能够赋予这概念以意义。因为这概念本来就获得了意义，虽然只是为了实践的应用，亦即通过道德法则获得的。即便在理论上看，这概念也仍然是一个纯粹的、先天被给予的知性概念，它可以被运用于对象上，无论这些对象是感性地还是非感性地被给予的；尽管它在后一种场合里不具有任何确定的理论意义和理论应用，而仅仅是知性关于一个一般客体的一个形式上的思想，但毕竟是根本的思想。理性通过道德法则使它获得的意义仅仅是实践的，因为一个因果性（意志）的法则，其理念本身就具有因果性，或者本身就是因果性的规定根据。

二、实践理性在实践应用中作出一种它在思辨应用中本身不可能作出的扩展的权限

根据道德原则，我们提出了一条把因果性的规定根据置于感官世界的一切条件之上的因果性法则，并且**思考**了意志，看它作为属于一个理知世界的，而如何是可以被规定的，因而把这个意志的主体（人）不仅作为属于一个纯粹知性世界的、尽管在这种关系中不为我们所知的而加以思考（就像根据纯粹思辨理性的批判就能够做到的那样），而且借助于一条根本不可能被列为感官世界的自然法则的法则，对这个意志就其因果性而言作出了**规定**，因而就把我们的知识**扩展**到了感官世界的界限之外，而《纯粹理性批判》毕竟曾宣布这种僭妄在一切思辨中都毫无意义。如今在这里，纯粹理性的实践应用与它的理论应用就其能力的界限规定而言如何能够一致起来呢？

关于**大卫·休谟**，人们可以说他真正开始了对一种纯粹理性的种种权利的一切反驳，这些反驳使对纯粹理性的全部研究成为必要的。他是
这样推论的：**原因**概念是一个包含着把不同的东西的实存联结起来，而 5〔51〕
且是就其不同而言联结起来的**必然性**的概念，以至于如果设定了 A，我就认识到也必须有某种与它完全不同的东西亦即 B 必然地实存。但必然性惟有在一种联结先天地被认识的时候才能被赋予该联结；因为经验关于一种结合提供出来供认识的只会是它存在，却不会是它如此必然地存在。如今，他说道，一个事物和**另一个**事物之间（或者一个规定与另一个与它完全不同的规定之间）的结合，如果没有在知觉中被给予的话，

先天地认识它并把它认识为必然的，这是不可能的。因此，一个原因的概念本身就是捏造的和骗人的，最客气地说是一种在这方面尚可原谅的错觉，因为把经常相互并存或者相互继存的某些事物或者它们的规定感知为相互伴随的，这种**习惯**（一种**主观**必然性）不知不觉地被当成一种在对象本身中设定这样一种联结的**客观**必然性了，这样一来，一个原因的概念就被骗取了，但它不是合法地获得的，甚至绝不可能被获得或者被认证，因为它要求的是一种就自身而言毫无意义的、幻想出来的、在任何理性面前都站不住脚的联结，根本不可能有任何客体某个时候与这种联结相符合。——这样，首先就涉及事物实存的一切知识而言（因而数学还是被排除在外），**经验论**就被当做种种原则的惟一来源而引入了，但与它同时引入的还有就（作为哲学的）整个自然科学而言的最严厉的**怀疑论**本身。因为我们永远不能按照这样的原理从事物根据其实存被给予的规定**推论**到一个后果（因为这样就会要求一个原因的概念，该概念包含着这样一种联结的必然性），而是只能按照想象力的规则期望与通常类似的情况，但这样的期望绝不是可靠的，即使它也还如此经常地应验。甚至对任何事件人们都不能说：**必定**有某种东西先行于它，它**必然地**跟随其后，也就是说，它必定有一个原因，因而即使人们也还知道有这样的东西先行的情况如此经常发生，以至于能够从中抽出一个规则来，人们也不能由此就假定它总是并且必然地以这种方式发生，而这样，人们就必须也为盲目偶然的事件保留其权利，在它这里一切理性应用都终止
5〔52〕 了。这就在从结果上升到原因的推论方面牢固地确立了怀疑论，使它变得无法反驳。

数学此时还安然无恙地置身事外，因为休谟认为数学的命题全都是分析的，亦即为了同一性的缘故，从而按照矛盾律从一个规定推进到另一个规定（但这是错误的，因为数学命题毋宁说全都是综合的，而且即使例如几何学并不涉及事物的实存，而是仅仅涉及事物在一个可能直观中的先天规定，它也像通过因果概念那样从一个规定 A 过渡到一个完全不同的、但仍与它必然联结起来的规定 B）。但最终，这门由于其无可置疑的确定性而被如此高度赞扬的科学，也必定出自休谟用习惯来取代原因概念中的客观必然性的同一个理由而败给原理上的经验论，而且无论它如何骄傲，它也不得不忍声吞气地降低它那大胆的、要求先天地赞同

的权利，并指望观察者的厚爱会赞许其命题的普遍有效性，这些观察者作为证人毕竟不会拒绝承认，他们在任何时候也都是这样感知到几何学家所讲述的东西的，因而即便这种东西刚好不是必然的，也毕竟是今后会允许人们可以这样期待的。以这种方式，休谟的原理上的经验论也就不可避免地导向了甚至在数学方面，因而在理性的一切**科学的**理论应用方面的怀疑论（因为这种应用要么属于哲学，要么属于数学）。普通的理性应用（在人们发现知识的这些首领都遭遇到这样可怕的颠覆的时候）是否必定更好地脱险，而不是更加不可挽回地卷入一切知识的同样的毁灭之中，从而并不从这样的原理中产生出一种**普遍的**怀疑论（它当然只涉及学者们），我想把这留给每一个人自己去判断。

现在，就我在《纯粹理性批判》中所做的探讨而言，它虽然是由休谟的那种怀疑学说引起的，但却走得远得多，包括纯粹理论理性在综合应用中的全部领域，因而也包括人们一般而言称为形而上学的东西，所 5〔53〕
以，我对于这位苏格兰哲学家涉及因果性概念的怀疑是以如下方式行事的。休谟在（如同几乎到处也都在发生的那样）把经验的对象当成了**物自身**，把原因概念宣布为骗人的和虚假的幻觉时，做得完全正确；因为关于物自身及其规定本身，是无法看出何以由于某物 A 被设定，另一个某物 B 就也必须被必然地设定的，因而他根本不可能承认这样一种关于物自身的先天知识。这个机敏的人物更不可能允许这个概念有一个经验性的起源，因为这种起源完全与联结的必然性相矛盾，而必然性则构成了因果性概念的本质；因此，这个概念遭到了排斥，取而代之的是在遵循知觉的进程时的习惯。

但是，从我的研究中却得出，我们在经验中所涉及的对象绝不是物自身，而仅仅是显象，并且即使在物自身那里根本看不出，甚至也不可能看出，何以如果设定 A，不设定与 A 完全不同的 B（作为原因的 A 与作为结果的 B 之间的联结的必然性）就应当是**矛盾的**，但毕竟完全可以设想，它们作为显象必定**在一个经验**中以某种方式（例如就时间关系而言）必然地结合在一起，而且不能被分开而不与这个经验得以可能所凭借的那种结合**相矛盾**，它们惟有在这个经验中才是对象，是我们可以认识的。而实际上也是这样：以至于我不仅能够对原因概念按照其就经验对象而言的客观实在性作出证明，而且还能够由于它所带有的联结的必然性而把它当做先天概念来加以**演绎**，也就是说，从纯粹知性出发不用经验性来源而阐明它的可能性，而且这样在除去它的起源的经验论之后，就能够首先在自然科学方面，然后由于十分完美地从同样的根据得出的东西而在数学方面，即在这两门与可能经验的对象相关的科学方面，从根本上铲除这种经验论的后果亦即怀疑论，并由此而从根本上铲除对理
5〔54〕论理性号称洞察的一切东西的全部怀疑。

但是，这个因果性范畴（其余一切范畴亦复如是；因为没有它们，就不能实现关于实存者的任何知识）在不是可能经验的对象，而是超越于可能经验的界限之外的事物上的运用情况是怎样的呢？因为我只能就**可能经验的对象**而言演绎这些概念的客观实在性。但正是这一点，即我仅仅在这一场合拯救了这种客观实在性，我指出毕竟可以由此思维一些客体，虽然不是先天地规定它们，这就给这些概念在纯粹知性中提供了一个位置，它们由此出发就能够与一般而言的客体（感性的或者非感性的客体）相关联。如果还缺少什么东西，那就是这些范畴，特别是因果性范畴**运用**于对象的条件，亦即直观；在它没有被给予的地方，它都使得以作为本体的对象的**理论知识为目的**的运用成为不可能的，因而这种理论知识如果有人敢于冒险去做，就将（如在《纯粹理性批判》中也发生的那样）遭到禁止；然而，这个概念的客观实在性毕竟始终还存在，也能够被运用于本体，但在理论上却丝毫不能规定这个概念并由此来产生知识。因为这个概念即便与一个客体相关也不包含任何不可能的东西，这是以如下方式得到证明的，即这个概念无论如何运用于感官的对象，都在纯粹知性中保有自己的位置，而且即使它在此之后与物自身（不可能是经验对象的物自身）相关，不能为了一种理论知识的目的而被规定去表象**一个确定的对象**，它也毕竟总还能够为了一个别的目的（也许是实践的目的）而被规定去运用自己；如果按照休谟的看法，这个因果性概念包含着在任何地方都不可能被思维的对象，就不会是上述情况了。

现在，为了找出把上述概念运用于本体的条件，我们只须回顾一下，**为什么我们并不满足于上述概念在经验对象上的运用**，而是也想把它运用于物自身。因为在这里马上就表现出，使这种情况对我们成为必然性
5〔55〕的，并不是一个理论的意图，而是一个实践的意图。为了思辨，即使我们做得到，我们也不会在自然知识中和一般而言在不能以任何方式被给

予我们的对象方面有任何真正的收获，而是至多从感性有条件者（停留在这里并努力遍历这个原因链条已足够我们去做了）向超感性者迈出一大步，以便从根据方面完成我们的知识，并为它划定界限，然而，在那个界限和我们所认识的东西之间永远会留下一条无限的鸿沟填不满，而我们所听从的与其说是一种彻底的求知欲，倒不如说是一种虚荣的提问癖。

但是，除了**知性**与对象（在理论知识中）所处的那种关系之外，知性也有一种与欲求能力的关系，欲求能力由此而叫做意志，而就纯粹知性（它在这样的情况下叫做理性）仅仅通过一个法则的表象就是实践的而言，则叫做纯粹意志。一个纯粹意志的客观实在性，或者这样说也一样，一个纯粹实践理性的客观实在性，是在先天的道德法则中仿佛通过一个事实而被给予的；因为人们可以这样称呼一个不可避免的意志规定，尽管这个意志规定并不基于经验性的原则。但在一个意志的概念中，已经包含着因果性概念，因而在一个纯粹意志的概念中，也包含着一种具有自由的因果性的概念，也就是说，这种因果性不能按照自然法则来规定，因而不能有任何经验性的直观来作为这概念的客观实在性的证明，但仍然在先天的纯粹实践法则中完全地为它的客观实在性作了辩护，却不是（就像很容易看出的那样）为了理性的理论应用，而是仅仅为了其实践的应用。现在，一个具有自由意志的存在者的概念就是一个 causa noumenon［作为本体的原因］的概念，至于这个概念并不自相矛盾，人们已经以如下方式作了保障，即一个原因的概念，作为完全出自纯粹知性的，同时它在一般对象方面的客观实在性也通过演绎得到保障的，此时按照它的起源独立于一切感性条件的，因而本身不被限制在现象上的（除非是在对此要作一种理论的确定应用的地方），当然能够被运用于作为纯粹的知性存在者的事物上面。但是，由于这种应用不可能被配上任何直观，因为直观在任何时候都只能是感性的，所以 causa noumenon［作为本体的原因］就理性的理论应用而言虽然是一个可能的、可以设想的概念，但却是一个空洞的概念。但现在，我也并不要求由此**在理论上认识**一个存在者就其具有一个**纯粹**意志**而言**的性状；对我来说，只要由此把它描述为这样一个存在者，从而只要把因果性概念与自由概念（以及与此不可分割地，与作为自由的规定根据的道德法则）结合起来就够 5〔56〕

了；由于原因概念的纯粹的、并非经验性的起源，我当然应当得到这样的权利，因为我对它除了与规定它的客观实在性的道德法则相关，亦即仅仅作一种实践的应用之外，并不认为自己有权作任何别的应用。

如果我和休谟一样，不仅就事物自身（超感性的东西）而言，而且也就感官对象而言，剥夺了因果性概念在理论应用中的客观实在性，那么，这个概念就会丧失一切意义，并作为一个理论上不可能的概念被宣布为完全无用的，而且由于对不存在的东西不能作任何应用，所以一个**理论上没有意义的**概念的实践应用也就会完全是无稽之谈。但现在，一种经验性上无条件的因果性的概念在理论上虽然是空的（没有适合于它的直观），但毕竟总还是可能的，并且是与一个不确定的客体相关的，而取而代之的则是在道德法则上，因而在实践关系中赋予它意义，所以，我虽然没有任何直观来规定这概念的客观的理论实在性，但它仍然有可以在意向和准则中具体地表现出来的现实运用，亦即有能够被告知的实践实在性；这对于它甚至在本体方面的资格来说也是充分的。

但是，一个纯粹知性概念在超感性事物的领域中的客观实在性一旦被引入，从此就给其余一切范畴提供出也是客观的、只不过仅仅是可以在实践上运用的实在性，尽管总是仅仅就此而言，这些范畴才与纯粹意志的规定根据（道德法则）处于**必然的**结合之中；然而，这种客观实在性对于这些对象的理论知识，即对于通过纯粹理性对这些对象的本性的洞识，却没有丝毫的影响使其得以扩展。如同我们后面也将发现的那样，这些范畴永远只与作为**理智**的存在者相关，而且在这些存在者身上也只
5〔57〕 与**理性**和**意志**的关系相关，因而始终只与**实践的东西**相关，并不超出这一点进一步自诩对这些存在者有任何知识；但是，与这些范畴相结合，无论还想牵强附会地举出属于这样一些超感性事物的理论表象方式的何种属性，它们在这种情况下也全都不被算做知识，而是仅仅被算做假定和预设这些存在者的权利（但在实践的意图中却完全被算做必然性），甚至在人们按照一种类比，亦即按照我们就感性存在者而言实践上所使用的那种纯粹理性关系来假定和预设超感性的存在者（如上帝）的时候，也是如此这般；这样，就丝毫不会助长纯粹理论理性由于运用于超感性的东西——但仅仅在实践意图上——而游荡到越界的东西中去。

第二章
纯粹实践理性的对象的概念

我把实践理性的对象的概念理解为一个作为因自由而有的可能结果的客体之表象。因此，是实践知识的一个对象本身，这只不过意味着意志与使这对象或者它的对立面成为现实所借助的那个行动的关系，而对某物是不是**纯粹**实践理性的一个对象的评判，则只不过是对**愿意**有这样一个行动的可能性和不可能性的辨别，借助这个行动，假如我们有这方面的能力（对此必须由经验来判断），某个客体就会成为现实的。如果这客体被假定为我们的欲求能力的规定根据，那么，该客体由于我们的力量的自由应用而来的**物理可能性**就必定先行于它是不是实践理性的一个对象的评判。与此相反，如果先天法则能够被视为行动的规定根据，因而这个行动能够被视为由纯粹实践理性所规定的，那么，关于某物是不是纯粹实践理性的一个对象的判断，就完全不依赖于与我们的物理能力的比较，而问题就仅仅是：假如事情由我们控制的话，我们是否会**愿意** 5〔58〕
有一个指向某个客体的实存的行动，因而这行动在**道德上的可能性**就必须先行；因为在这里，并非对象，而是意志的法则才是这行动的规定根据。

因此，一个实践理性的惟一客体就是善和恶的客体。因为人们通过前者来理解欲求能力的一个必然对象，通过后者来理解厌恶能力的一个必然对象，但二者都依据理性的一个原则。

如果善的概念不是从一个先行的实践法则推导出来的，而是毋宁说应当充任这个法则的根据，那么，它就只能是这样一种东西的概念，这种东西的实存预示着愉快，并这样规定着主体的因果性去产生它，也就是说，规定着欲求能力。由于现在不可能先天地看出哪种表象伴随着**愉快**，反之哪种表象伴随着**不快**，所以，要识别直接地是善或者恶的那种东西，就仅仅取决于经验了。这种经验惟有与之相关才能进行的那种主体属性，就是愉快和不快的**情感**，即一种属于内部感官的接受性；而这样，关于直接是善的东西的概念就会必然仅仅关涉**快乐**的感觉直接与之结合的东西，而关于绝对恶的概念就会必然仅仅与直接激起**痛苦**的东西相关。但由于这已经违背习惯用语，习惯用语把**惬意**与**善**区别开来，把

不惬意与**恶**区别开来，并要求在任何时候都由理性，因而由能够普遍地传达的概念，而不是由局限于个别主体及其感受性上的纯然感觉来评判善和恶，但一种愉快或者不快就自身而言仍然不能先天地与一个客体的任何表象直接结合起来，所以，相信不得不把一种愉快的情感当做自己的实践评判的根据的哲学家，就会把是达到惬意的一种**手段**的东西称为**善的**，而把是不惬意和痛苦的原因的东西称为**恶**；因为对手段与目的的关系的评判当然是理性的事情。但是，尽管惟有理性才有能力看出手段
5〔59〕与其意图的联结（以至于人们也可以用目的的能力来定义意志，因为目的在任何时候都是按照原则来规定欲求能力的根据），但从上述善的概念中仅仅作为手段而产生的那些实践准则，却绝不包含某种单凭自身就是善的东西，而是始终只包含**对于某种目的**是善的东西来作为意志的对象：这善在任何时候都只会是有用的东西，而它对之有用的东西则会必定是在意志之外处于感觉之中的。现在，如果这种感觉作为惬意的感觉必须与善的概念区分开来，那么，在任何地方都不会有任何直接善的东西，而是必须仅仅在达到某种别的东西，亦即达到某种惬意的手段中去寻找善。

各学派的一个古老的语式是：nihil appetimus，nisi sub ratione boni；nihil aversamur，nisi sub ratione mali［我们不欲求任何东西，除非考虑到善；我们不拒绝任何东西，除非考虑到恶］；而它有一种经常是正确的，但也对哲学经常是很不利的应用，因为 boni［善］和 mali［恶］这两个表述包含着一种歧义，对此应负责的是语言的局限；根据这种歧义，它们能够有双重的意义，因而不可避免地使实践法则盘桓不定，并迫使在使用这两个表述时固然完全觉察到在同一词那里的概念差异，但却不能为此找到任何专门表述的哲学作出细腻的区分，而人们在事后亦无法对这些区分达成一致，因为这种区别并没有能够用任何适当的表述直接表示出来。①

① 此外，sub ratione boni［考虑到善］这个表述也是有歧义的。因为它说的可能只是：如果并且**由于我们欲求**（意欲）某种东西，我们就把它想象为善的；但也可能是：我们之所以欲求某种东西，乃是**因为**我们把它**想象为善**的，以至于或者欲求是作为一种善的客体之概念的根据，或者善的概念是欲求（意志）的规定根据；因为 sub ratione boni［考虑到善］在第一个场合会意味着我们**在善的理念下**而意欲某种东西，在第二个场合会意味着我们**根据这个**必须作为意欲的规定根据先行于意欲的**理念**而意欲某种东西。

德语有幸拥有一些不使这种差异被忽视的表述。对于用拉丁语的人借助惟一的语词 bonum［善］来称谓的东西，德语有两个很不同的概念，而且也有很不同的表述：对于 bonum 来说就是**善**和**福**，对于 malum［恶］来说则是**恶**和**祸**（或者苦），以至于我们对于一个行动来说所考虑的是它的**善**和**恶**，还是我们的**福**和**苦**（祸），这是两种完全不同的评判。 5〔60〕
由此已经得出，如果上述心理学命题被这样翻译：我们不欲求任何东西，除非考虑到我们的**福**或者**苦**，那么，它至少还是很不确定的；与此相反，如果人们这样给出它：按照理性的指示，我们不意欲任何东西，除非我们认为它是善的或者恶的，那么，这个命题就是无可置疑地确定的，同时是表达得完全清楚的。

福或者**祸**总是仅仅意味着与我们的**惬意**或者**不惬意**、快乐和痛苦状态的一种关系，而如果我们因此而欲求或者厌恶一个客体，那么，这只有在与我们的感性和该客体所造成的愉快和不快的情感相关时才会发生。但是，**善**或者**恶**在任何时候都意味着与**意志**的一种关系，只要这意志由**理性法则**规定，去使某种东西成为自己的客体；就像意志绝不直接由客体及其表象来规定，而是一种使理性的规则成为自己的行动动因（这样一个客体就能够成为现实的）的能力一样。因此，善或者恶真正说来与行动相关，而不与个人的感觉状态相关，而且如果某种东西应当是绝对（在一切意图中并且无须进一步的条件）善的或者恶的，或者应当被认为如此，那么，它就会仅仅是行动方式，是意志的准则，从而是作为善人或者恶人的行动着的个人本身，而不是一件可以被如此称谓的事情。

因此，人们总是要嘲笑那个斯多亚主义者①，他在痛风极剧烈地发作时喊道：疼痛，你尽管还这样折磨我吧，但我永远不承认你是某种恶的东西（κακου，malum）！他毕竟是有道理的。他所感到的是一种祸，而这是他的喊叫所透露的；但是，他身上由此就有一种恶，这却是他根本没有理由去承认的；因为疼痛丝毫也不减少他的人格的价值，而只是减少他的状态的价值。哪怕他只意识到自己说过一次谎，这谎言就必定打消他的勇气；但是，如果他意识到，他并没有因为任何不正当的行动而招致疼痛，并由此使自己该受惩罚，那么，疼痛则只是用来作为使他高尚

① 西塞罗：《图斯库勒论辩》，Ⅱ，25，61。——科学院版编者注

起来的诱因。

我们应当称为善的东西，必须在每一个有理性的人的判断中都是欲5〔61〕求能力的一个对象，而恶则必须在每一个人的眼中都是厌恶的一个对象；因而要作出这种评判，除了感官之外还需要理性。与谎言相反的真诚、与强暴相反的正义等，都是这种情况。但是，我们可以把某种东西称为一种祸，但同时每一个人都必须把这种祸解释为善的，有时是间接善的，有时干脆是直接善的。让人给自己做一次外科手术的人，毫无疑问觉得这手术是一种祸；但通过理性，他和每一个人都把这手术解释为善的。但如果有人喜欢戏弄和打扰爱好宁静的人们，终于有一次碰了钉子，并遭到一顿痛揍，那么，这当然是一种祸，但每个人都会为此鼓掌叫好，认为这本身是善的，即使从中并不会进一步产生什么东西；甚至那遭到痛揍的人，也必定在他的理性中认识到，这对他来说是公正的，因为他看到理性不可避免地向他规劝的安适与行为得体之间的相称在这里精确地实现了。

当然，在我们的实践理性的评判中，**绝对有很多东西**取决于我们的福和苦，而且就我们作为感性存在者的本性而言，**一切**都取决于我们的**幸福**，如果这幸福像理性首先所要求的那样，不是按照瞬息即逝的感觉，而是按照这种偶然性对我们的全部实存以及对这种实存的心满意足的影响来评判的话；但并不是**在根本上一切**都取决于此。就人属于感官世界而言，他是一个有需要的存在者，而且就此而言，他的理性当然在感性方面有一个不可拒绝的使命，即照顾感性的利益，并给自己制定实践的准则，哪怕是为了此生的幸福，可能的话也为了来生的幸福。但是，人毕竟不完全是动物，对理性自言自语所说的一切都无所谓，把理性仅仅当做满足他作为感官存在者的需要的工具来使用。因为如果理性仅仅为了本能在动物那里所建树的东西而为人效劳的话，那么，人具有理性这一点，就根本没有在价值上把人提高到纯然动物性之上；理性在这种情况下就会只是自然利用来装备人以达到它给动物所规定的同一个目的的一种特殊手法，而没有给人规定一个更高的目的。因此，人按照这种曾
5〔62〕经对他作出的自然部署当然需要理性，以便在任何时候都考察他的福和苦，但他拥有理性除此之外还为了一个更高的目的，也就是说，不仅也考虑就自身而言善或者恶的东西，亦即纯粹的、感性上根本不感兴趣的

理性只是独自能够作出判断的东西，而且要把这种评判与前一种评判完全区别开来，使它成为前一种评判的最高条件。

对就自身而言善或者恶的东西的这种评判，与只是同福或者苦相关才被如此称谓的东西不同，取决于以下几点。要么一个理性原则就自身而言已经被设想为意志的规定根据，不考虑欲求能力的可能客体（因而仅仅凭借准则的合法则形式），在这种情况下，那个原则就是先天的实践法则，纯粹理性就被看做自身是实践的。法则在这种情况下**直接**规定着意志，符合法则的行动是**就自己本身而言善的**，一个意志的准则在任何时候都符合这法则，这意志就是**绝对地、在一切意图中都善的**，并且是**一切善的至上条件**。要么欲求能力的一个规定根据先行于意志的准则，意志以愉快和不快的一个客体，因而以某种使人**快乐**或者**痛苦**的东西为前提，而促进前者避免后者的理性准则规定着行动，如同这些行动与我们的偏好相关，因而仅仅间接地（考虑到一个另外的目的，作为该目的的手段）是善的一样，而这些准则在这种情况下就永远不能叫做法则，但仍然可以叫做合理性的实践规范。这目的本身，即我们所寻求的快乐，在后一种情况中不是**善**，而是**福**，不是一个理性概念，而是关于感觉对象的一个经验性概念；不过，使用手段来达成这个目的，亦即那个行动（由于为此需要理性的思考）仍然是善的，但不是绝对善的，而是仅仅与我们的感性相关，就它的愉快和不快的情感而言是善的；但意志的准则由此刺激出来，这意志就不是一个纯粹的意志，纯粹的意志仅仅关涉这样的东西，对这东西来说纯粹理性自身就能够是实践的。

这里正是解释一种实践理性批判中的方法的悖论的地方：**也就是说，善和恶的概念必须不是先行于道德法则（表面上必须是这概念为道德法则提供根据），而是仅仅（如同这里也发生的那样）在道德法则之后并由道德法则来规定**。因为即使我们并不知道道德的原则是一个纯粹的、先天地规定意志的法则，但为了不完全徒劳地（gratis）假定一些原理，我们也必须在开始的时候，至少让意志是仅有经验性的规定根据还是也有纯粹的先天规定根据这一点悬而未决；因为把人们应当首先去决定的东西事先假定为已决定的，这是违背哲学程序的一切基本规则的。假设我们现在要从善的概念开始，为的是从中推导出意志的法则来，那么，关于一个对象（作为一个善的对象）的这一概念就会同时把这个对象说成 5〔63〕

是意志的惟一规定根据。现在，由于这个概念并不以任何先天实践法则作为它的准绳，所以善或者恶的试金石就不能被设定在任何东西中，只能设定在对象与我们的愉快或者不快的情感的一致中，而理性的应用就只能在于，有时在与我的存在的一切感觉的整个联系中去规定这种愉快或者不快，有时去规定使我获得这种愉快或者不快的对象的种种手段。现在，既然什么东西是符合愉快的情感的，这惟有通过经验才能够澄清，而实践法则据说应当建立在作为条件的这种东西上面，所以，先天实践法则的可能性就会被直截了当地排除了：因为人们指的是认为事先有必要为意志找出一个对象来，关于它的概念作为一个善的概念就必定会构成普遍的、尽管是经验性的规定根据。但是，毕竟有必要事先研究的是，是否也会有意志的一种先天的规定根据（这个根据绝不会在别的什么地方，只会在一个纯粹的实践法则中被发现，而且是就这法则不考虑某个对象而给准则规定纯然合法则的形式而言的）。但是，由于人们已经把一个对象按照善和恶的概念当做一切实践法则的根据，而那个对象没有先行的法则就只能按照经验性的概念来设想，所以人们已经预先取消哪怕只是设想一个纯粹实践法则的可能性；因为与此相反，如果人们事先分
〔64〕析地探究过纯粹实践法则的话，就会发现不是作为一个对象的善的概念规定道德法则并使之成为可能，而是反过来，道德法则首先对善的概念就善完全配得上这一名称而言予以规定并使之成为可能。

这个仅仅涉及至上的道德研究的方法的说明，是很重要的。它一下子就解释了哲学家们在道德的至上原则方面的一切失误的诱发根据。因为他们寻找意志的一个对象，以便使它成为一个法则的质料和根据（这样一来，这个法则就不应当是直接地，而是借助于被交给愉快或者不快的情感的那个对象而成为意志的规定根据），而他们本应当首先探究一个先天地直接规定意志、并按照这意志才来规定对象的法则。这时，他们想把这个愉快的对象，即据说提供善的至上概念的对象，设定在幸福中，设定在完善中，设定在道德情感中，或者设定在上帝的意志中，这样他们的原理就总是他律，他们就必定不可避免地遭遇到一个道德法则的诸经验性条件：因为他们惟有按照意志对永远都是经验性的情感的直接态度，才能把他们的作为意志的直接规定根据的对象称为善的或者恶的。惟有一个形式的法则，亦即仅仅将理性的普遍立法形式规定给理性作为

各准则的至上条件的这样一个法则，才能够先天地是实践理性的一个规定根据。古人们在这方面毫不掩饰地暴露出这种错误，因为他们把自己的道德研究完全建立在对**至善**概念的规定上，因而建立在对一个对象的规定上，然后他们又想使这对象在道德法则中成为意志的规定根据：这是在道德法则首先自己得到证明并作为意志的直接规定根据得到辩护以后很久、才能对从此在其形式上先天地得到规定的意志表现为对象的一个客体，这件事我们要在纯粹实践理性的辩证论中放胆去做。在近代人这里，关于至善的问题看来已经过时，至少已经仅仅是次要的问题，他们把上述错误（如同在许多别的场合里那样）隐藏在一些未经规定的语词后面，然而人们仍然发现这错误从他们的体系中显露出来，因为在这 5〔65〕
种情况下，这种错误到处都暴露出实践理性的他律，从中永远也不可能产生出一个先天普遍地颁布命令的道德法则。

现在，既然善和恶的概念作为对意志的先天规定的结果也是以一个纯粹的实践原则，因而以纯粹理性的一种因果性为前提的，所以，它们原初并不像纯粹的知性概念或者作理论应用的理性的范畴那样（例如作为被给予的直观的杂多在一个意识中的综合统一的种种规定）与客体相关，毋宁说，这些概念或者范畴是把客体预设为被给予的；相反，善和恶的概念全都是一个惟一的范畴亦即因果性范畴的模态，只要它们的规定根据在于一个因果性法则的理性表象，理性把这法则作为自由的法则立给自己，并由此先天地证明自己是实践的。然而，既然行动**一方面**虽然在一个本身并不是自然法则，而是自由法则的法则之下，因而属于理知的存在者的行为，但**另一方面**却也作为感官世界中的事件而属于显象，所以一个实践理性的种种规定将惟有与感官世界相关才能够发生，因而虽然是符合知性范畴的，但却不是为了知性的一种理论应用，以便把（感性）**直观**的杂多置于一个先天的意识之下，而是仅仅为了使**欲求**的杂多服从一个在道德法则中颁布命令的实践理性或者一个纯粹的先天意志的意识的统一性。

这些**自由范畴**，因为我们要这样称谓的是它们，而不是那些作为自然范畴的理论概念，它们就对后者具有明显的优越性，即由于后者只是一些仅仅不确定地通过普遍概念为任何对我们来说可能的直观表明一般客体的思想形式，前者却与此相反，关涉的是一种**自由的任性**的规定

(虽然不能完全相应地给予这种规定以任何直观，但这种规定却先天地以一个纯粹实践法则为基础，这是在我们的认识能力的理论应用的任何概念那里都不曾出现的)，所以作为实践的要素概念，就不以并不存在于理性本身中，必须从别的地方亦即从感性中得来的直观形式（空间和时间）
5〔66〕为基础，而是以在理性中，因而在思维能力本身中作为被给予的**某种纯粹意志的形式**为基础；由此就发生了如下情况，即由于在纯粹实践理性的一切规范中所涉及的只是**意志的规定**，而不是**实现意志的意图**的（实践能力的）自然条件，所以先天的实践概念在与自由的至上原则相关时立刻就成为知识，可以不为了获得意义而期待直观，而且是出自这一值得注意的理由，即它们是自己产生出它们与之相关的东西的现实性（意志的意向）的，而这根本不是理论概念的事情。只不过人们千万要注意，这些范畴所关涉的只是一般的实践理性，并这样在它们的秩序中从道德上尚未规定的和以感性为条件的范畴前进到不以感性为条件的，仅仅由道德法则来规定的范畴。

善与恶的概念方面的自由范畴表

1.
量
主观的、按照准则的（**个人的意志意见**）
客观的、按照原则的（**规范**）
先天地既是客观的又是主观的自由原则（**法则**）

2.
质
践行的实践规则
(praeceptivae［指令性的］)
舍弃的实践规则
(prohibitivae［禁止性的］)
例外的实践规则
(exceptivae［除外性的］)

3.
关系
与**人格**的关系
与个人**状态**的关系
个人与其他个人的状态的**交互**关系

4.
模态
允许的事情和**不允许的事情**
义务和**违背义务**的事情
完全的义务和**不完全的义务**

人们在这里很快就将察觉，在这个表中自由就通过它而可能的那些作为感官世界中的显象的行动而言，被视为一种并不服从经验性的规定根据的因果性，因而与这些行动的自然可能性的诸范畴相关，然而，每个范畴都被看做是如此普遍的，以至于那个因果性的规定根据也能够被认定是外在于感官世界而处在作为一个理知存在者的属性的自由之中的，直到诸模态范畴引入从一般的实践原则向道德原则的过渡，但这种引入只是**或然的**，然后道德原则才能够通过道德法则被**独断地**展示出来。 5〔67〕

我在这里对目前这个表的解释不再附加任何东西，因为它自身就是足够明晰的。这样的按照原则拟定的划分无论是在它的彻底性上还是在明晰性上都是很有助于一切科学的。例如，人们从上表及其第一栏马上就知道，我们在实践的考虑中必须从哪里开始：从每个人建立在他的偏好之上的准则开始，从有理性的存在者就其在某些偏好上相一致而言对它们的类都有效的规范开始，最后是从对一切人都有效而不管它们的偏好的法则开始，等等。以这种方式，人们就概览了我们应当做的事情的整个计划，甚至概览了实践哲学的每一个必须回答的问题，同时概览了必须遵循的次序。

纯粹实践判断力的模型论

善和恶的概念首先为意志规定一个客体。但它们自身却服从理性的一条实践规则，如果理性是纯粹理性的话，这条规则就先天地在意志的对象方面规定意志。现在，一个在感性中对我们来说可能的行动是不是服从这条规则的情况，对此就需要实践的判断力了，通过实践的判断力，在规则中被普遍地（抽象地）说出的东西就被具体地应用到一个行动上。但是，由于纯粹理性的一条实践规则，**第一**，作为**实践的**而涉及一个客体的实存；**第二**，作为纯粹理性的**实践规则**而带有就行动的存在而言的必然性，因而是实践的法则，而且不是通过经验性的规定根据而来的自然法则，而是一个自由法则，按照这法则，意志应当是能够独立于一切经验性的东西（仅仅通过一个一般法则及其形式的表象）而得到规定的， 5〔68〕
但对于可能行动来说所出现的一切情况却都只能是经验性的，亦即属于经验和自然。所以，看起来荒唐的是，要在感官世界发现一种情况，它既然就此而言永远仅仅服从自然法则，却又允许一条自由法则运用于其上，而且应当在其中具体地展示出来的道德上的善的超感性理念也能够运用于其上。因此，纯粹实践理性的判断力承受着与纯粹理论理性的判断力同样的一些困难，但后者手中仍然有走出这些困难的一种手段，也就是说，因为就理论应用而言，事情取决于纯粹知性概念能够运用于其上的直观，这些直观（尽管只是关于感官对象的）毕竟能够先天地，从而就杂多在其中的联结而言先天地按照纯粹知性概念（作为**图型**）被给予出来。与此相反，道德上的善是某种按照客体来说超感性的东西，因而不可能为它在感性直观中找到某种相应的东西，所以，从属于纯粹实践理性的法则的判断力看来就承受着一些特殊的困难，这些困难乃是基于，一条自由法则应当被运用于作为事件的行动，而这些事件却是在感官世界中发生的，因而就此来说属于自然。

然而，这里却又给纯粹的实践判断力展开了一个有利的前景。在把一个在感官世界中对我来说可能的行动归摄在一个**纯粹实践法则**之下时，并不涉及该**行动**作为感官世界中的一个事件的可能性；因为这可能性应当由理性的理论应用按照因果性法则来评判，因果性是一个纯粹知性概念，理性在感性直观中对这一概念有一个**图型**。物理的因果性或者它的发生所服从的条件隶属于自然概念，这些概念的图型是先验的想象力所拟定的。但这里所涉及的不是一种按照法则的情况的图型，而是一个法则本身的图型（如果这个词在这里合适的话），因为**意志规定**（不是与其
5 〔69〕 后果相关的行动）仅仅通过法则而无须一个别的规定根据，就把因果性概念与完全不同于构成自然联结的那些条件的种种条件结合起来了。

自然法则作为感性直观的对象本身所服从的法则，必须有一个图型，亦即想象力的一种普遍的程序（把法则所规定的纯粹知性概念先天地展示给感官）与之相应。但对于自由法则（作为一种根本不是感性上有条件的因果性），因而甚至对于无条件的善的概念，却不能为了其运用而具体地加上任何直观，从而加上任何图型。所以，道德法则除了知性（不是想象力）之外，就没有别的促成其在自然对象上的运用的认识能力了，而知性能加给一个理性理念的并不是一个感性**图型**，而是一个法则，但却是这样一个能够在感官对象上具体得到展示的法则，因而是一个自然法则，但只是就其形式而言，是为了判断力的法则，因此我们可以把这

法则称为道德法则的**模型**。

纯粹实践理性的诸法则之下的判断力的规则就是这条规则：问一问你自己，你打算采取的行动如果应当按照你自己也是其一部分的自然的一条法则发生的话，你是否能够把它视为通过你的意志而可能的。实际上，每个人都在按照这条规则来评判行动在道德上是善的还是恶的。于是人们说：如果**每一个人**在他相信设法得到自己的好处时都允许自己去行骗，或者一旦他产生对生活的完全厌倦就认为有权缩短自己的生命，或者对别人的急难视若无睹，而你却一起置身于事物的这样一种秩序中，那么，你会怎样对待你的意志的赞同呢？现在，每一个人都知道：如果他允许自己暗中行骗，并不是每一个人都会因此而这样做，或者如果他不被察觉地心肠硬，并不是每一个人都会马上也这样对待他；因此，他的行动的准则与一条普遍的自然法则的这种比较也并不是他的意志的规定根据。但是，自然法则毕竟是评判他的行动的准则的一个**模型**。如果行动的准则不是这样的性状，使它经受一般自然法则的形式的检验，它在道德上就是不可能的。甚至最普通的知性也是这样作判断的；因为自 5〔70〕
然法则永远是知性的一切最平常的判断，甚至经验判断的基础。因此，知性在任何时候都持有自然法则，只是在应当对出自自由的因果性作出评判的那些场合里，它仅仅使那个**自然法则**成为**自由法则**的模型罢了，因为知性如果不持有某种它能够使之成为经验场合中的实例的东西，就不能使一个纯粹实践理性的法则在运用时获得应用。

因此，把**感官世界的自然**用做一个**理知的自然的模型**，这也是允许的，只要我不把直观和依赖于直观的东西转用到后一种自然上，而是仅仅把一般**合法则性的形式**（其概念甚至出现在最普通的理性应用中，但并不是在于别的任何意图，而仅仅是为了理性的纯粹实践应用才能够先天确定地被认识）与之相联系。因为法则本身就此而言是一样的，不管它们会从何处取得自己的规定根据。

此外，既然在一切理知的东西中，绝对只有（凭借道德法则的）自由，而且自由也只是就它是一个与道德法则不可分割的预设而言，此外还有自由按照那个法则的指导会把我们导向的所有那些理知对象，才又对我们来说不具有别的任何实在性，而仅仅具有为了同一个道德法则和纯粹实践理性的应用的实在性，但纯粹实践理性有权利，亦有必要把自然（根据其纯粹知性形式）用做判断力的模型：所以，目前这个说明乃是用来防止把仅仅属于概念的**模型论**的东西算做概念本身。因此，这个模型论作为判断力的模型论，保护人免受实践理性的**经验论**的危害，这种经验论把善和恶的实践概念仅仅设定在经验后果（所谓的幸福）之中，尽管幸福和一个由自爱规定的意志的那些极为有用的后果在这个意志同时使自己成为普遍的自然法则时当然可以用做道德上的善的完全合适的模型，但与这个模型毕竟不是一回事。这同一个模型论也保护人免受实践理性的**神秘主义**的危害，这种神秘主义把只是用做**象征**的东西当做**图**
5〔71〕**型**，也就是把现实的但却非感性的直观（对一个不可见的上帝之国的直观）加给道德概念的运用，而漫游到越界的东西里面。惟有判断力的**理性论**才适合道德概念的应用，它除了理性自己也能够思维的东西，亦即合法则性之外，不再从感性自然中索取任何东西，而且除了反过来通过感官世界中的行动按照一般自然法则的形式规则现实地得以展示的东西之外，不把任何东西带进超感性的自然。然而，对实践理性的**经验论**的防范却更为重要和更为值得推荐得多，因为**神秘主义**毕竟还是与道德法则的纯粹性和崇高性共容的，此外，把道德法则的想象力拔高到超感性的直观，这也是不那么自然，不那么适合普通的思维方式的，因而在这方面危险并不是那么普遍；与此相反，经验论则在意向中（人类能够和应当通过行动使自己获得的高尚价值毕竟在于意向，而不仅在于行动）把道德连根拔除，并将某种完全不同的东西，亦即诸偏好一般而言在自己中间推动交往所凭借的一种经验性的利益，来取代义务而加给意向，此外，也正因为如此而连同一切如果被提高到一个至上的实践原则的尊严就将贬低人类的偏好（不管它们被剪裁成什么样子），并由于这些偏好仍然如此有利于一切人的性情，出自这一原因而比所有的狂热都更为危险，后者绝不能构成许多人的一种持久状态。

第三章
纯粹实践理性的动机

行动的一切道德价值的本质取决于**道德法则直接规定意志**。如果对意志的规定虽然是按照道德法则发生的，但却是借助于一种情感，不管为了使道德法则成为意志的充足规定根据而必须预设的这种情感是什么性质的，因而不是**为了这法则**而发生的，那么，这行动就将虽然包含**合法性**，却不包含**道德性**。现在，如果**动机**（elater animi［灵魂的激动］） 5〔72〕 被理解为一个存在者的意志的主观规定根据，这个存在者的理性并不是已经由于它的本性就必然符合客观法则的，那么，由此将首先得出：人们根本不能赋予属神的意志以任何动机，但属人的意志（以及任何被造的有理性存在者的意志）的动机绝不能是某种别的东西，只能是道德法则，因而客观的规定根据在任何时候都必须是，并且惟有它才同时必须是行动的主观上充分的规定根据，如果这行动不是仅仅应当实现法则的**字句**，却不包含法则的**精神**[①]的话。

因此，既然人们为了道德法则的缘故，并且为了使它获得对意志的影响，必须不寻求任何另外的、有可能缺乏道德法则的动机，因为这一切会造成不能持久的十足伪善，甚至哪怕只是除道德法则**之外**还让一切别的动机（作为好处的动机）一起发挥作用，这也是**令人忧虑的**；所以，剩下来的就无非是审慎地去规定，道德法则以何种方式成为动机，以及由于动机是道德法则，对于人的欲求能力来说，将发生什么事情来作为那个规定根据对人的欲求能力的作用。因为一条法则如何能够独自并且直接成为意志的规定根据（这毕竟是一切道德性的本质），这是一个对于人的理性来说无法解决的问题，而且与一个自由意志如何可能的问题是一回事。因此，我们将要先天地指出的，不是道德法则在自身中充当一个动机由以出发的根据，而是就道德法则是这样的动机而言，这动机在

① 对于任何合乎法则但却不是为了法则而发生的行动，人们都可以说：它仅仅按照**字句**、但并非按照**精神**（意向）是道德上善的。

心灵中所起的（更准确地说，必然起的）作用。

由道德法则对意志所作的一切规定的本质就是：意志作为自由的意志，因而并不仅仅是没有感性冲动的参与，而且是甚至拒绝一切感性冲动，并在一切偏好可能违背那个法则时就中止这些偏好，这意志是仅仅由法则来规定的。所以就此而言，道德法则作为动机的作用仅仅是否定的，而且作为这样的动机，这动机是能够被先天地认识的。因为一切偏
5〔73〕好以及任何感性冲动都是基于情感的，而对情感（通过偏好所遭到的中止）的否定作用本身也是情感。所以我们可以先天地看出，道德法则作为意志的规定根据，由于它损害我们的一切偏好，就必定会造成一种可以被称为痛苦的情感，而且在这里我们就有了第一个实例，也许还是惟一的实例，在其中我们有可能从概念出发先天地规定一种知识（在这里就是一种纯粹实践理性的知识）与愉快或者不快的情感的关系。所有的偏好一起（它们当然也可以被归入一个尚可忍受的体系，而它们的满足在这种情况下就叫做自己的幸福）构成了**自私**（solipsismus［唯我主义］）。这种自私要么是**自爱**的，即对自己本身的一种超出一切的**宠爱**的自私（Philautia［爱己］），要么是对自己感到**满意**的自私（Arrogantia［自负］）。前者特别叫做**自重**，后者特别叫做**自大**。纯粹实践理性对自重所做的仅仅是**中止**，因为它把这样一种自然的、且在道德法则之前就在我们心中活跃的自重仅仅限制在与这个法则相一致的条件上；然后这自重就被称为**有理性的自爱**。但纯粹实践理性却干脆**击毁**自大，因为在与道德法则相一致之前发生的对自我赏识的一切要求都是一钱不值的和没有资格的，因为恰恰与这个法则相一致的一个意向的确定性乃是人格的一切价值的第一条件（如我们马上就将说明的那样），而一切先于这个条件的妄求都是错误的和违背法则的。现在，就自我赏识仅仅基于感性而言，这种癖好也属于道德法则所中止的偏好之列。所以道德法则击毁自大。但既然这个法则毕竟还是某种就自身而言肯定的东西，也就是一种理智的因果性的形式，亦即自由的形式，所以，由于它与主观上的对立物，亦即我们心中的偏好相反在**削弱**自大，它同时就是**敬重**的一个对象，而且由于它甚至**击毁**自大，亦即使之谦卑，它就是最大的**敬重**的对象，因而也是一种肯定的情感的根据，这种情感没有经验性的起源，是被先天地认识的。因此，对道德法则的敬重是一种通过一个理智根据造成的

情感，而这种情感是惟一我们能够完全先天地认识，我们能够看出其必然性的情感。

我们在上一章已经看到：凡是**先于**道德法则作为意志的客体呈现出 5〔74〕
来的东西，都通过这个作为实践理性的至上条件的法则本身，被以无条件的善的名义从意志的规定根据中排除了，而且，存在于准则对普遍立法的适用性之中的纯然实践形式首先规定着就自身而言且绝对地善的东西，并建立起一个纯粹意志的准则，惟有这个纯粹意志才在一切意图中都是善的。但这时，我们发现我们作为感性存在者的本性具有这样的性状，即欲求能力的质料（偏好的对象，无论这偏好是希望还是恐惧）首先情不自禁地产生，而我们的在病理学上可规定的自我虽然通过自己的准则是完全不适用于普遍的立法的，但仍然致力于预先提出自己的要求，并把这些要求当做最先的和源始的要求提出，就好像这自我构成了我们的整个自我一样。人们可以把这种按照其任性的主观规定根据使自己成为一般意志的客观规定根据的癖好称为**自爱**，这种自爱如果使自己成为立法者、成为无条件的实践原则，就可以叫做**自大**。现在，惟有道德法则才真正（亦即在一切意图中）是客观的，它完全排除自爱对至上的实践原则的影响，并无限地中止把自爱的主观条件指定为法则的自大。如今，在我们自己的判断中中止我们的自大的东西，就是使人谦卑的东西。因此，道德法则不可避免地使每一个人谦卑，因为每一个人都把自己的本性的感性癖好与道德法则作比较。其表象**作为我们的意志的规定根据**而在我们的自我意识中使我们谦卑的东西，就其是肯定的、是规定根据而言，独自就唤起**敬重**。因此，道德法则即便在主观上也是敬重的一个根据。既然在自爱中遇到的一切东西都属于偏好，而一切偏好都基于情感，因而在自爱中将一切偏好全都中止的东西恰恰因此而必然对情感有影响，所以我们就领会到，如何可能先天地看出，道德法则通过排除偏好和使这些偏好成为至上的实践条件的癖好，亦即自爱对至上的立法的任何参与，就能够对情感发挥作用，这种作用一方面是纯然**否定的**；另 5〔75〕
一方面，确切地说在纯粹实践理性的限制性根据方面，则是**肯定的**，以及为什么根本不可以把任何特殊种类的情感以一种实践情感或者道德情感的名义假定为先行于道德法则并为之奠定基础的。

对情感（麻烦的情感）的否定性作用，如同对情感的一切影响以及如同任何一般情感一样，是**病理学的**。但作为道德法则的意识的作用，因而在与一种理知的原因，亦即作为至上立法者的纯粹实践理性的主体的关系中，一个有理性的被偏好所刺激的主体的这种情感虽然叫做谦卑（理智的轻视），但在与这种谦卑的肯定的根据亦即法则的关系中，同时又叫做对法则的敬重，对于这种法则来说根本没有任何情感发生，而是在理性的判断中，由于扫清了道路上的阻力，对一个障碍的清除就被等同于对这因果性的一种肯定的促进。因此，这种情感也可以被称为对道德法则的一种敬重的情感，而共同出自这两个理由，它也可以被称为一种**道德情感**。

因此，道德法则就像它通过实践的纯粹理性而是行动的形式上的规定根据一样，就像它以善和恶的名义也是行动对象的质料上的、但却只是客观的规定根据一样，它也是这个行动的主观规定根据，亦即动机，因为它对主体的感性有影响，并造成一种能够促进法则对意志的影响的情感。在这里，主体中没有任何与道德性相配的情感**预先**发生。这本是不可能的，因为一切情感都是感性的；但道德意向的动机却必须是没有任何感性条件的。毋宁说，为我们的一切偏好奠定基础的感性情感虽然是我们称为敬重的那种感觉的条件，但规定这情感的原因却在纯粹实践理性里面，因此这种感觉由于其起源就不能叫做病理学的，而必须是**实践地造成的**；因为道德法则的表象剥夺了自爱的影响和自大的妄念，这
5〔76〕就减少了纯粹实践理性的障碍，并产生出其客观法则对感性冲动的优势的表象，因而在理性的判断中相对地（就一个被感性冲动所刺激的意志而言）通过除去对立的重量而产生出其法则的重量。而这样一来，对法则的敬重就不是道德的动机，相反，它就是主观上作为动机来看的道德本身，因为纯粹实践理性由于与自爱相对立而拒绝了自爱的一切要求，从而使现在惟一有影响的法则获得了威严。在此要注意的是：就像敬重是对情感，从而是对一个有理性的存在者的感性的一种作用一样，这种情感也以这种感性，从而以道德法则使其担负起敬重的这样一些存在者的有限性为前提条件，而对于一个最高的、或者甚至摆脱了一切感性的、因而感性也不可能是其实践理性的障碍的存在者来说，是不能赋予它对**法则**的敬重的。

因此，这种情感（以道德情感的名义）是仅仅由理性造成的。它并

不用来评判行动，或者干脆去建立客观的道德法则本身，而是仅仅用做动机，以便使道德法则在自身中成为准则。但是，人们能够给这种特殊的、不能与任何病理学的情感相比较的情感更恰当地配上一个什么样的名称呢？它具有如此独特的性质，即它仅仅受理性，确切地说受实践的纯粹理性的支配。

敬重在任何时候都仅仅关涉人，而绝不关涉事物。后者能够在我们心中唤起**偏好**，而且如果是动物（例如马、狗等）的话，甚至能够唤起**爱**，或者还唤起**恐惧**，例如大海、一座火山、一头猛兽，但绝不能唤起**敬重**。某种已经接近于这种情感的东西就是**惊赞**，而惊赞作为情绪，亦即惊奇，也能够关涉事物，例如参天的山峰，天体的巨大、繁多和遥远，一些动物的强壮和速度，等等。但这一切都不是敬重。一个人对我来说也能够是一个爱的对象、恐惧的对象，或者惊赞的对象，甚至达到惊奇，但并不能因此就是敬重的对象。他的风趣的性情、他的勇气和强壮、他的力量，通过他在别人中间具有的地位，都能够引起我的这样一些感觉，但总是还缺乏对他的内在敬重。**封德耐尔说：在一个贵人面前我鞠躬，但我的精神不鞠躬**。我可以补充说：在一个身份低微的普通市民面前， 5〔77〕
如果我在他身上察觉到我在自己本人身上没有意识到的某种程度的品格正直的话，**我的精神鞠躬**，不管我愿意还是不愿意，哪怕我依然昂首挺胸，以免他忽视我的优越地位。这是为什么呢？他的榜样给我出示了一条法则，当我把它与我的举止相比较，并亲眼看到事实证明了对这条法则的遵循，从而证明了这条法则的**可行性**时，它就击毁了我的自大。此时我也可能意识到一种同等程度的正直，而敬重也依然如故。因为既然在人身上一切善都总是有缺陷的，所以，法则通过一个实例而直观化，就总是击毁我的骄傲，对此，我亲眼看到的这位人士就充当着一个尺度，他总还是可能带有的不纯洁性对我来说并不像我自己的不纯洁性那样为我所熟知，因而他对我来说就显得更纯粹。**敬重**是我们无论愿意或者不愿意，都不会拒绝给予功德的一种**称赞**；我们顶多可以在表面上不露声色，但我们却不能防止在内心中感到这种敬重。

很难说敬重是一种**愉快**的情感，以至于人们就一个人而言只是不情愿地听任自己敬重。人们试图找出某种东西能够减轻我们敬重的负担，找出某种瑕疵，以便补偿由于这样一个榜样使我们产生的谦卑所造成的损失。就连死去的人，尤其是当他们的榜样显得无法效仿时，也并不总是幸免于这种批判。甚至道德法则，即使其**庄重威严**，也蒙受着这样一种抵制对它的敬重的努力。人们难道认为，除了人们想要摆脱如此严厉地责备我们自己的不配的这种令人害怕的敬重之外，人们之所以喜欢把道德法则贬低成为我们亲切的偏好，可以归咎于某种别的原因吗？难道为了使道德法则成为我们自己应当注意的好处的可爱规范，所作出的这一切努力都是出自别的原因吗？尽管如此，这里面毕竟也又**很难说有什么不快**：人们一旦放弃了自大并允许那种敬重有实践的影响，就又能够对这个法则的壮丽百看不厌，而且灵魂在看到这个神圣的法则高踞于自己和自己的脆弱本性之上时，就相信在同样的程度上提高了自己。虽然
5〔78〕伟大的天才们和与他们相称的活动也可以造成敬重或者一种与敬重类似的情感，而且把这种情感献给他们也是完全合适的，而此时看起来就好像惊赞与那种感觉是一回事。然而，人们如果更仔细地观察，就将注意到，既然在这种技巧上生而具有的天才占多大份额，通过自己的勤奋而来的修养占多大份额，这永远还是不确定的，所以理性就以揣测的方式把这种技巧向我们表现为修养的结果，因而表现为功德，这明显地降低了我们的自大，并且要么在这方面责备我们，要么责成我们以适合于我们的方式来追随这样一个榜样。因此，它并不是纯然的惊赞，它是我们对这样一个人物（真正说来是对他的榜样向我们出示的法则）表示的敬重；这一点也由此得到证实，即成群平庸的倾慕者在相信从别的什么地方打听到了这样一个人物（如伏尔泰）品性上的劣迹时，就放弃了对他的所有敬重，但真正的学者却至少着眼于他的天才，还总是感到这种敬重，因为他本人卷入一种事务和职业中，这就使他在某种程度上把效仿此人当成他的法则。

因此，对道德法则的敬重是惟一的、同时无可怀疑的道德动机，就像这种情感也不指向任何别的客体，而只指向出自这个根据的客体一样。首先，道德法则客观地和直接地在理性的判断中规定着意志；但其因果性惟有通过法则才能得到规定的自由却正是在于，它把一切偏好，因而把对人格本身的赏识都限制在对其纯粹法则的遵循这个条件上。现在，这种限制就对情感发生作用，并产生出从道德法则出发能够先天地认识到的不快的情感。但是，既然这种限制仅仅就此而言是一种**否定性的**作

用，它作为从一个纯粹的实践理性的影响中产生出来的作用，尤其在偏好是主体的规定根据时中止主体的活动，从而中止对他的个人价值（这种价值不与道德法则相一致就被贬为一钱不值）的意见，所以，法则对情感的这种作用就仅仅是使之谦卑，因为我们虽然能够先天地看出这种使之谦卑，但在它这里却不能认识到作为动机的纯粹实践法则的力量，而只能认识到对感性动机的阻抗。但是，既然同一个法则毕竟在客观上、 5〔79〕
亦即在纯粹理性的表象中是意志的一个直接的规定根据，因而这种使之谦卑只是相对于法则的纯粹性才发生，所以，在感性方面对道德上的自我赏识的要求的贬低，亦即使之谦卑，就是在理智方面对法则本身的道德赏识、亦即实践赏识的提高，一言以蔽之，就是对法则的敬重，因而也是一种就其理智原因而言的肯定性情感，这种情感是被先天地认识到的。因为对一个活动的障碍的任何一种减少都是对这个活动本身的促进。但是，对道德法则的承认就是对实践理性出自客观根据的一个活动的意识，这个活动只是由于主观原因（病理学的原因）对它的阻碍才没有在行动中表现出它的作用。所以，对道德法则的敬重也必须被看做这法则对情感的肯定的、但却间接的作用，只要这法则通过使自大变得谦卑而削弱各种偏好的阻碍性影响，因而也必须被看做活动的主观根据，亦即被看做遵循这法则的**动机**，以及被看做一种符合这法则的生活风格的种种准则的根据。从动机的概念中产生出一种**兴趣**的概念，这兴趣永远只能赋予一个有理性的存在者，并且指的是意志的**动机**，只要这动机**通过理性被表现出来**。既然法则本身在一个道德上善的意志中必须是动机，所以**道德上的兴趣**就是纯然实践理性的一个纯粹的、摆脱感官的兴趣。在兴趣的概念之上，也建立起一个**准则**的概念。因此，准则也只有在它基于人们对遵循法则所怀有的纯然兴趣时，才在道德上是纯正的。但所有这三个概念，即**动机**概念、**兴趣**概念和**准则**概念，都只能被运用于有限的存在者。因为它们全都以一个存在者的本性的一种受限制性为前提条件，原因在于该存在者的任性的主观性状与一个实践理性的客观法则并不是自动地协调一致的；这就有一种通过推动某种东西而活动的需要，因为某种内在的障碍是与这种活动相对立的。因此，这些概念不能运用于属神的意志。

在对纯粹的、被去除了一切利益的道德法则的无限尊崇中，有某种 5〔80〕

如此特别的东西，就像实践理性把它表现给我们来遵循那样，而实践理性的声音甚至使最大胆的恶徒也感到战栗，并迫使他躲避这法则的目光一样，以至于不必为发现纯然理智的理念对情感的这种影响对于思辨理性来说无法解释，不得不满足于毕竟还能先天地看出这样一种情感不可分割地与每个有限的理性存在者心中的道德法则的表象结合在一起，而感到奇怪。假如这种敬重的情感是病理学的，因而是一种基于内部**感官**的愉快情感，那么，要揭示这敬重与某个先天理念的结合就会是白费力气了。但现在，它是一种仅仅关涉实践的东西的情感，而且这种情感仅仅按照法则的形式，而不是由于法则的某个客体而与法则的表象相联系的，因而既不能被算做快乐，也不能被算做痛苦，尽管如此却产生出对遵循法则的一种**兴趣**，我们把这兴趣称为**道德**兴趣；就像对法则有这样一种兴趣的能力（或者对道德法则本身的敬重）真正说来也是**道德情感**一样。

意志对法则的一种**自由的**服从是与一种不可避免的、但仅仅由自己的理性施之于一切偏好的强制结合在一起的，这种意识就是对法则的敬重。要求并且也引起这种敬重的法则，如人们看到的那样，不是别的法则，而只是道德法则（因为没有任何别的法则排除一切偏好对意志的影响的直接性）。行动按照这一法则借排除一切出自偏好的规定根据而在客观上是实践的，就叫做**义务**，义务因这种排除之故而在其概念中如此**不情愿地**包含着实践上的**强迫**，亦即去行动的规定，不论这些行动如何发生。从这种强迫的意识产生的情感不是病理学的，不是作为这样一种由感官的一个对象引起的情感，而是仅仅实践上的，亦即通过一个先行的（客观的）意志规定和理性的因果性才可能的。因此，作为对一个法则的**服从**，亦即作为命令（它对受到感性刺激的主体宣布强制），这种情感并不包含任何愉快，而是就此而言毋宁说在自身中包含着对行动的不快。但相反，既然这种强制只是通过**自己的**理性的立法而实施的，这情感也
5〔81〕包含着**提升**，因而对情感的主观作用，就纯粹的实践理性是其惟一的原因而言，可以叫做只是纯粹实践理性方面的**自我批准**，因为人们认识到自己是没有任何兴趣而仅仅通过法则被规定为这样的，并从此意识到一种完全不同的、由此而在主观上产生出来的兴趣，这兴趣是纯粹实践的和**自由的**，对一个合乎法则的行动有这种兴趣，绝不是一种偏好建议的，

而是理性通过实践法则绝对地命令以及现实地产生的，但因此也就带有一个完全独特的名称，即敬重这个名称。

因此，义务的概念**在客观上**要求行动与法则一致，但在主观上则要求行动的准则对法则的敬重，作为法则对意志的惟一规定方式。**合乎法则地**行动的意识和**出自义务**，亦即出自对法则的敬重而行动的意识之间的区别就基于这一点，其中前者（合法性）即便在仅仅偏好是意志的规定根据的时候也是可能的，但后者（道德性），即道德价值，则必须仅仅被设定在这一点上，即行动乃是出自义务而发生的，亦即仅仅为了法则的缘故而发生的。①

在一切道德评判中极为仔细地注意一切准则的主观原则，以便把行动的一切道德性设定在行动出自**义务**和出自对法则的敬重，而不是出自对这些行动应当产生的东西的喜爱和好感的必然性上，这是极为重要的。对于人以及一切被创造的理性存在者来说，道德的必然性都是强迫，亦即责任，而基于责任的行动都必须被表现为义务，而不是被表现为一种已经被自己所喜爱，或者能够被自己所喜爱的做法。就好像我们在某个时候能够做到，无须与对逾越的恐惧或者至少是担忧相结合的那种对法 5〔82〕
则的敬重，我们就能够像那超越一切依赖性的神祇那样自发地仿佛是通过意志与道德法则的一种已经成了我们的本性的、永远不可更移的一致（因此，既然我们绝不可能被诱惑去背弃道德法则，道德法则最终也就有可能根本不再对我们来说是命令），在某个时候拥有意志的一种**神圣性**似的。

也就是说，道德法则对于一个极完善的存在者的意志来说是一个**神圣性**的法则，但对于每个有限的理性存在者的意志来说则是一个**义务**的法则，是道德强迫的法则，是通过对这法则的**敬重**并出自对他的义务的敬畏来规定他的行动的法则。必须不把一个别的主观原则假定为动机，因为若不然，行动的结果虽然能够像法则指定它的那样，但由于这行动尽管是合乎义务的，但却不是出自义务发生的，对此的意向就不是道德

---

① 如果仔细地斟酌对人格的敬重这个概念，就像它在前面已被阐明的那样，那么，人们就将察觉到，它总是基于一种给我们出示一个实例的义务的意识，所以敬重绝不能有一个别的根据，而只能有一个道德上的根据，而在我们使用这一表述的地方，处处都注意人在他的评判中对道德法则持有的那种隐秘的和值得惊叹的、但在此也经常出现的顾忌，这是很好的，甚至在心理学方面对人的知识也是很有用的。

的，而在这种立法中真正说来关键就是意向。

出自对人们的爱和同情的好意而对他们行善，或者出自对秩序的爱而处事公正，这是很美好的，但这还不是我们行为的真正的、与我们在**作为人**的理性存在者中间的立场相适合的道德准则，如果我们自以为能够仿佛作为见习生以骄傲的自负置义务的思想于不顾，并且不依赖于命令，要从自己的愉快出发去做我们不需要任何命令就会去做的事情的话。我们置身于理性的**纪律**之下，并且在我们顺从这一纪律的一切准则时都不得忘记，不要从它去除任何东西，或者由于我们虽然符合法则地设定我们意志的规定根据，但却把它设定在不同于法则本身和对法则的敬重的地方而通过自重的妄念对法则的威望有所减损（尽管它是我们自己的理性所立的法）。义务和本分是我们必须仅仅给予我们与道德法则的关系的称谓。我们虽然是一个通过自由而可能的、由实践理性介绍给我们去敬重的道德之国的立法成员，但毕竟同时是这个国的臣民，而不是它的元首，而错认我们作为受造者的地位等级并对神圣法则的威望作出自大
5〔83〕的拒斥，这已经是在精神上对这法则的背弃了，哪怕这法则的字句得到了履行。

但是，与此完全协调一致的是如下这样一条诫命的可能性：**爱上帝甚于一切，并爱你的邻人如爱你自己**①。因为它毕竟是作为命令而要求对**指示人去爱**的法则加以敬重，而不是把使这爱成为自己的原则这件事托付给随意的选择。但是，对上帝的爱作为偏好（病理学的爱）是不可能的；因为上帝不是感官的对象。这样一种爱对人来说虽然是可能的，但却不能被命令；因为仅仅遵命去爱某个人，这是任何人都没有能力做到的。因此，这仅仅是在一切法则的那个核心中被理解的**实践的爱**。爱上帝，在这种意义上就叫做**乐意**执行上帝的诫命；爱邻人，就叫做**乐意**履行对邻人的一切义务。但是，使这成为规则的命令却也不能命令人在合乎义务的行动中**具有**这种意向，而是只能命令人朝这一点**努力**。原因在于，一个要人们乐意做某事的命令是自相矛盾的，因为如果我们已经自发地知道我们有责任去做什么，如果我们除此之外也意识到自己乐意去做此事，这方面的一个命令就是完全不必要的，而且如果我们虽然做了

① 与这法则构成了一种奇特的对比的，是一些人想使之成为道德的至上原理的自身幸福的原则；它可以这样来表述：**爱你自己甚于一切，但爱上帝和你的邻人则是为你自己的缘故**。

此事，但恰恰不是**乐意**的，而是仅仅出自对法则的敬重，那么，一个使这种敬重正好成为准则的动机的命令所起的作用就会恰恰与所命令的意向背道而驰。因此，那条一切法则的法则与福音书的一切道德规范一样，是把道德意向在其全部完善性中展示出来，就像它作为一个神圣性理想是任何受造者都达不到的，但仍然是我们应当努力去接近，并在一个不断的但却无限的进程中与之相同的范型一样。也就是说，假如一个有理性的受造者在某个时候能够做到完全乐意去执行一切道德法则，那么，这就会等于是说：在他心中就连诱惑他背离这些道德法则的一种欲望的可能性也不会存在；因为要克服这样一种欲望就总是要求主体作出牺牲，因而需要自我强制，亦即内心强迫去做人们并不完全乐意去做的事情。但是，一个受造者永远不可能达到道德意向的这个等级。因为既然它是 5〔84〕
一个受造者，因而就它达到对自己的状况完全心满意足所要求的东西而言总是有依赖的，所以，它永远不能完全摆脱欲望和偏好，欲望和偏好由于以物理原因为依据，不会自发地与来源完全不同的道德法则相一致，因而它们在任何时候都使得有必要考虑到它们而把受造者的准则的意向建立在道德强迫上，即不是建立在心甘情愿的服从上，而是建立在对法则的哪怕是不乐意地发生的遵循所要求的敬重上，不是建立在那并不担心意志对法则的任何内在拒绝的爱上，但仍然使这种爱，亦即纯然对法则的爱（因为在这种情况下，法则就会不再是**命令**了，而主观上要转变为神圣性的道德性也会不再是**德性**），成为自己努力的不懈目标，哪怕是无法达到的目标。因为对于我们所尊崇、但却（因为对我们的软弱的意识）畏惧的东西来说，由于更容易适应它，充满敬畏的畏惧就转变成好感，敬重就转变成爱；至少这会是一个致力于法则的意向的完成，如果一个受造者有朝一日有可能达到这种意向的话。

这一考察在这里的目的，并不仅仅是用清晰的概念来表达前述福音书的诫命，以便遏制或者尽可能预防在对上帝的爱方面的**宗教狂热**，而是也要直接在对人的义务方面精确地规定道德意向，并遏制或者尽可能预防那感染着许多人头脑的**纯然道德的**狂热。人（按照我们的一切洞识，也包括任何有理性的受造者）所处的道德等级就是对道德法则的敬重。使人有责任遵循道德法则的那种意向就是：出自义务，而不是出自自愿的好感，也不是出自至多不经命令的、自发乐意作出的努力，去遵循道德法则，而人一向都能够处于其中的那种道德状态就是**德性**，亦即**在斗争中**的道德意向，而不是**在**自以为拥有意志的意向的一种完全的**纯洁性时的神圣性**。这完全是道德上的狂热和自大的升级，为此人们通过鼓励
5〔85〕去行动而使心灵更为高贵、更为崇高和更为大度，由此而把心灵置入妄念中，就好像构成他们的行动的规定根据，并一再使他们通过遵循法则（**服从**法则）而变得谦卑的不是义务，亦即对他们即便不乐意也必须承受其轭具（尽管如此，这轭具由于是理性本身给我们架上的，所以是柔和的）的法则的敬重；反倒那些行动不是出自义务，而是作为纯粹的功德而期待于他们似的。因为不仅他们通过对这样的行为，亦即出自这样的原则的行为的模仿，丝毫也没有符合法则的精神，这精神在于服从法则的意向，而不在于行动的合法则性（不管原则是什么样的原则），而且他们是**在病理学上**（在同情中或者也在爱己中）、不是在道德上（在法则中）设定动机的，这样，他们就以这种方式产生了一种轻浮的、浮光掠影的、幻想的思维方式，即自以为自己的心灵有一种自愿的驯顺，这心灵既不需要鞭策也不需要管束，对它来说甚至一个命令也是没有必要的，而且在这方面忘掉了他们本应先于功德予以考虑的职责。别人的那些以巨大的牺牲，而且纯然为了义务所发生的行动，当然可以在**高贵的**和**崇高的**行为的名义下得到赞扬，但也惟有在存在着使人猜测这些行动完全是出自对他的义务的敬重，而不是出自心血来潮所发生的迹象时才是这样。但是，如果人们要把这些行动当做仿效的榜样介绍给某人，那么，就绝对必须把对义务的敬重（作为惟一真正的道德情感）用做动机；这种严肃的、神圣的规范并不听任我们虚荣的自爱用病理学的冲动（就它们与道德性相类似而言）来戏耍，以及为**值得赞扬的**价值而沾沾自喜。只要我们好好搜索一下，我们就将在一切值得赞颂的行动上都已经发现一条义务法则，它在**颁布命令**，而不让事情取决于我们那可能让我们的癖好喜欢的心愿。这是惟一在道德上塑造灵魂的阐述方式，因为惟有它才能胜任稳定的和精确规定了的原理。

如果最一般意义上的**狂热**就是按照原理作出的对人类理性界限的一种逾越，那么，**道德上的狂热**就是这种对人类实践的纯粹理性所设定的界限的逾越，人类实践的纯粹理性通过这界限禁止把合乎义务的行动的
5〔86〕主观规定根据，亦即这些行动的道德动机设定在除法则本身之外的其他

任何地方，禁止把由此带入准则的意向建立在除对这法则的敬重之外的任何别的地方，从而命令使既消除一切**狂妄自大**也消除虚荣的**爱己**的义务思想在人心中成为一切道德性的最高**生活原则**。

因此，如果是这样，那么，不仅小说家或者敏感的教育家（尽管他们还如此竭力地反对敏感性），而且有时甚至哲学家，乃至于一切哲学家中最严格的斯多亚学派，都引入了**道德上的狂热**来取代冷静的、但却是睿智的道德训练，尽管后者的狂热更多地具有英雄气概，前者的狂热则具有陈腐和故作感伤的性状，而且人们可以用不着伪装而完全忠实地照着福音书的道德教诲说：福音书首先通过道德原则的纯粹性，但同时也通过这原则与有限存在者的局限的适合，而使人的一切正当行为都服从一种置于他们眼前的、不让他们在道德上所梦想的完善性之下狂热起来的义务的管教，并给喜欢错认自己的界限的自大和自重设定了谦卑（亦即自知）的限制。

义务！你这崇高的、伟大的名字！你在自身中不包容任何带有谄媚的讨好之物，而是要求服从，但也不为了打动意志而作出任何在心灵中激起自然的厌恶和使人害怕的威胁，而只是树立一条法则，这法则自动地在心灵中找到入口，但却甚至违背意志而为自己赢得崇敬（即使并不总是赢得遵循），面对这法则，一切偏好都哑口无言，尽管它们暗地里抵制它：你的可敬的起源是什么呢？人们在哪里找到你那高傲地拒绝了与偏好的一切亲缘关系的高贵出身的根呢？从哪条根生长出来，才是人们惟一能够自己给予自己的那种价值的不可缺少的条件呢？

这东西不可能逊于把人提升到自己本身（作为感官世界的一个部分）之上的东西，逊于把人与惟有知性才能思维的事物秩序联结起来的东西，而这事物秩序同时下辖整个感官世界，以及人在时间中的经验性上可规〔87〕定的存在和一切目的的整体（惟有这整体才是与作为道德法则的这样一些无条件的实践法则相适合的）。这东西无非就是**人格性**，亦即对整个自然的机械作用的自由和独立，但同时被视为一个存在者的能力，这个存在者服从自己特有的，亦即由他自己的理性所立的纯粹实践法则，因而人格作为属于感官世界的，就其同时属于理知世界而言，服从于它自己的人格性；因为不必奇怪，人作为属于两个世界的，必须不是以别的方式，而是崇敬地在与他的第二个和最高的使命的关系中看待他自己的本质，并以最高的敬重看待这种使命的法则。

如今，在这个起源之上，建立起一些按照道德理念来标明对象的价值的表述。道德法则是**神圣的**（不可侵犯的）。人虽然够不神圣了，但在他的人格之中的**人性**对他来说却必须是神圣的。在整个创造中，人所想要并能够有所支配的一切都可以**仅仅作为手段**来使用；惟有人亦即每一个理性造物是**目的自身**。因为人凭借其自由的自律而是那本身神圣的道德法则的主体。正是由于自由的缘故，每个意志，甚至每个人格自己特有的、针对他自己的意志，都被限制在与理性存在者的**自律**相一致这个条件上，也就是说，不使理性存在者服从任何不按照一个能够从承受主体本身的意志中产生出来的法则而可能的意图；因此，这个存在者绝不可以仅仅被用做手段，而是同时本身也用做目的。就世界上作为上帝意志的造物的理性存在者而言，我们有理由甚至把这个条件赋予上帝的意志，因为这个条件基于理性存在者的**人格性**，惟有通过它，理性存在者才是目的自身。

这个把我们的本性（按照其使命）的崇高置于我们眼前的、唤起敬重的人格性理念，由于它同时使我们注意到我们的行为在这种崇高方面欠缺适合，并由此消除了自大，因而甚至对于最普通的人类理性来说也是自然的和容易发觉的。难道不是每个哪怕仅仅中等诚实的人也发现，
5〔88〕 一个通常无害的谎言，他借此或者能够使自己摆脱一件烦人的事务，或者甚至为一个所爱的值得赞扬的朋友谋取利益，但他却放弃了，以免在他自己的眼中轻视他自己？一个正直的人，处身于生活的极大不幸之中，只要他能够漠视义务，就能够避免这种不幸，难道不还是这种意识支持了他，即他毕竟保持了他的人格中的人性的尊严并尊重了这种人性，他在他自己面前没有理由感到羞愧，没有理由畏惧自我反省的内在目光？这种慰藉不是幸福，也不是幸福的极小部分。因为没有人会期望自己有这种机会，也许甚至不期望有一种在这样的情景中的生活。但是他活着，并且不能忍受在他自己的眼中配不上这种生活。因此，这种内心的抚慰对于一切能够使生活舒适的对象来说都是纯然否定性的；也就是说，这种抚慰是在他完全放弃了自己的状态的价值之后，对在人格价值中沉沦这种危险的阻止。它是对某种完全不同于生活的东西的敬重的结果，与这种东西相比和相对照，生活连同其所有的惬意毋宁说都根本没有任何

价值。他只是还出自义务活着，并不是因为他对生活感到丝毫的兴趣。

纯粹实践理性的正直动机就是这样；它无非是纯粹的道德法则本身，只要这法则让我们觉察到我们自己的超感性实存的崇高，并主观上在同时意识到自己的感性存在和与此相结合的对其就此而言很受病理学上刺激的本性的依赖性的人们心中，造成对其更高的使命的敬重。于是，能够与这种动机相结合的就完全可能是生活的如此之多的魅力和惬意，以至于仅仅为了它们的缘故，一个理性的并且对生活的最大福祉反复思考的**伊壁鸠鲁主义者**的最聪明的选择就已经会表示赞同道德善举了，而把对生活的快乐享受的这种展望与那个至上的、独自就已经足以作出规定的动因结合起来，可能也是可取的；但如果谈到义务的话，这只是为了与恶习一定会在相反方面用来骗人的种种诱惑保持一种平衡，而不是为了在这里面设定真正的推动力，哪怕一丝一毫也不行。因为那样的话，就恰恰是要在其源头上污染道德意向。义务的威严与生活享受毫不相干； 5〔89〕
它有自己特有的法则，而无论人们怎样把这二者搅和到一块，以便把它们混合起来，仿佛是作为药剂交给生病的灵魂，它们却也马上就彼此分离，而如果它们不分离，则前者就根本不起作用，即使自然的生活会在这里获得一些力量，道德生活也毕竟要无可救药地衰落下去。

对纯粹实践理性批判的分析论的批判性阐明

我把对一门科学或者它的独自构成一个体系的某个部分所作的批判性阐明，理解为当人们把它与另一个以类似的认识能力为基础的体系进行比较时，对它为什么必须恰好具有这种而不是别样的系统形式所作的研究和辩解。现在，就实践理性和思辨理性都是**纯粹理性**而言，它们都以同样的认识能力为基础。因此，一种理性与另一种理性的系统形式的区别将不得不通过二者的比较来规定，并给出这方面的根据。

纯粹理论理性的分析论讨论的是能够被给予知性的那些对象的知识，所以必须从**直观**、因而（由于直观在任何时候都是感性的）从感性开始，但从这里首先进展到概念（这直观的诸对象的概念），并且惟有在预先准备了这二者之后才可以以原理结束。与此相反，由于实践理性就对象而言所讨论的并不是**认识**它们，而是实践理性自己（根据对这些对象的认识）实现这些对象的能力，也就是说，是一个**意志**，就理性包含着一种因果性的规定根据而言，这意志就是一种因果性，因而理性在这里不是要指明直观的客体，而是（由于因果性概念在任何时候都包含着与一个在相互关系中规定杂多之实存的法则的关系）作为实践理性只需要指明这种因果性的**一条法则**：这样，就这理性应当是一种实践理性而言，它
5〔90〕 的分析论的一个批判（这是真正的任务）就必须从**先天的实践原理的可能性**开始。惟有从这里出发，它才能前进到实践理性的诸对象的**概念**，亦即绝对善和恶的概念，以便根据那些原理首先给出这些概念（因为这些对象根本不可能通过任何认识能力先于那些原理作为善和恶被给予），而且惟有在此之后，最后一章，亦即关于纯粹实践理性与感性的关系及其对感性的必然的、可先天认识的影响的一章，也就是关于**道德情感**的一章，才结束了这个部分。这样，实践的纯粹理性的分析论对其应用的一切条件的整个范围的划分就与理论的实践理性完全类似，但却次序相反。理论的纯粹理性的分析论被分为先验感性论和先验逻辑论，实践的纯粹理性的分析论则相反，分为纯粹的实践理性的逻辑论和感性论（如果允许我在这里仅仅出于类比而使用这些通常根本不适合的命名的话），逻辑论在前者那里又分为概念的分析论和原理的分析论，在后者这里则分为原理的分析论和概念的分析论。感性论在前者那里由于感性直观的双重性质还具有两个部分；在后者这里感性根本不被视为直观能力，而是仅仅被视为情感（它可以是欲求的一个主观根据），而就情感而言，纯粹的实践理性不允许任何进一步的划分。

甚至这种两部分的划分及其进一步的划分在这里并没有真的（如同人们开始时很可能受到前一种划分的榜样的诱惑而去尝试的那样）被实施，其理由也很容易就能够看出。由于是**纯粹理性**在这里就其实践应用而言，因而从先天原理出发而不是从经验性规定根据出发被考察的，所以纯粹实践理性的分析论的这种划分的结果就必定类似一个理性推理的划分，亦即从**大前提**中的普遍的东西（道德原则）出发，通过在**小前提**中实施的归摄，即把可能的行动（作为善的行动或者恶的行动）归摄到那些原理之下，而前进到**结论**，亦即主观的意志规定（一种对实践上可
5〔91〕 能的善以及建立在它上面的准则的兴趣）。对于已经能够确信在分析论中出现的这些命题的人，这样一些比较将使其感到愉快；因为它们有理由

引起期望，即也许有朝一日能够一直达到对整个纯粹的理性能力（无论是理论的还是实践的理性能力）的统一性的洞识，并从一个原则中引申出一切来；这是人类理性的不可避免的需要，人类理性惟有在其知识的一种完备的系统统一中才能得到完全的满意。

但现在，如果我们也考察一番我们关于一种纯粹的实践理性并通过这种理性能够拥有的知识的内容，就像纯粹实践理性的分析论将它展示出来那样，那么，在实践理性和理论理性之间虽然有一种值得注意的类似，却也同样有值得注意的区别。就理论理性而言，**一种纯粹的理性认识的先天能力**可以通过出自各门科学的实例（由于这些科学以如此多种多样的方式通过有计划的应用来检验它们的原则，人们在它们这里不必像在普通知识中那样容易担心暗中掺杂经验性的认识根据）来轻而易举地和明晰地得到证明。但是，纯粹理性不掺杂任何经验性的规定根据，独自就也是实践的，这一点人们却必定能够从最普通的实践理性应用出发来阐明，因为人们把这个至上的实践原理认证为这样一个原理，任何自然的人类理性都认识到它作为完全先天的、不依赖于任何感性材料的原理而是其意志的至上法则。人们必须在科学能够掌握这个原理，以便利用它，就好像它是先行于关于它的可能性的玄想和一切可能从中得出的结论的事实似的之前，就首先按照其起源的纯粹性甚至**在这种普通理性的判断中**对它加以确证和辩护。但是，这种情况也可以从前面刚刚阐述的东西中得到很好的解释，因为实践的纯粹理性必须必然地从原理开始，因而这些原理必须作为最初的材料被奠定为一切科学的基础，而不能首先从科学中产生出来。但是，对作为一种纯粹理性的原理的道德原则的辩护也因此而能够很好地并且以足够的可靠性通过纯然援引普通人类知性的判断来进行，因为一切有可能作为意志的规定根据而混入我们的准则的经验性东西，通过在其激发起欲望时必然附着在意志上的快乐 5〔92〕
情感或者痛苦情感，马上就使自己成为**可以辨认的**，但那个纯粹实践理性却完全抵制这种情感，不把它作为条件接纳入自己的原则。这些（经验性的和理性的）规定根据的不同，通过一种实践上立法的理性对一切混合的偏好的抵制，通过一种特有的、但并不先行于实践理性的立法、而毋宁说是惟有通过这种立法并且作为一种强制产生出来的**感觉**方式，亦即通过一种敬重的情感——没有任何人对于偏好具有这样的情感，无论这偏好是什么类型的，但对于法则却可以有这样的情感——而变得如此可以辨认，如此突出和显著，以至于任何人类知性，哪怕是最普通的人类知性，都不会在一个呈现在眼前的榜样中瞬间注意到，他虽然会被意愿的经验性根据劝告去追随它们的诱惑，但却永远不能苛求他除了仅仅**遵从**纯粹的实践理性法则之外，还遵从别的一种法则。

在**幸福学说**中，经验性的原则构成了整个基础，但对于**道德学说**来说，它们却不构成其丝毫的附加，幸福学说与道德学说的区分在纯粹实践理性的分析论中是它的首要的和最重要的职责性工作，它在这件工作中必须像几何学家在自己的工作中那样**一丝不苟地**，甚至也可以说**吹毛求疵地**行事。但对于在这里（就像任何时候在通过纯然的概念、无须概念的构造而来的理性知识中那样）由于不能把任何直观作为（纯粹本体的）根据而必须与更大的困难作斗争的哲学家来说，毕竟也还有益处的是：他能够几乎像化学家一样，在任何时候都用每个人的实践理性来做试验，以便把道德的（纯粹的）规定根据与经验性的规定根据区别开来；也就是说，如果他把道德法则（作为规定根据）附加在被经验性地刺激起来的意志（例如因通过说谎有所获利而会热衷说谎的意志）之上的话。这就好像是化学家在盐晶中把碱加给石灰溶液似的；盐晶马上就脱离了钙而与碱结合，而钙则沉淀到底下。同样，道德法则持立于通常是一个老实人（或者哪怕这一次仅仅想把自己置于老实人的位置）的人面前，
5〔93〕他凭这法则而认识到一个说谎者的卑劣，他的实践理性（在关于应当因他而发生的事情的判断中）马上就抛弃了好处，使自己与那为他保持着对他自己的人格的敬重的东西（诚实）相一致，而好处则被每一个人在摆脱和清洗掉理性（它仅仅完全站在义务一边）的附加物之后予以权衡，以便还可以在别的场合与理性建立联系，只是除了他有可能违背道德法则的场合，道德法则永远不离开理性，而是最密切地与理性结合在一起。

但是，幸福原则与道德原则的这一**区分**并不因此就马上是二者的对立，而且纯粹实践理性并不要求人们放弃对幸福的要求，而是仅仅要求只要谈到义务，就根本**不考虑**幸福。就某个方面来说，照管自己的幸福甚至也可以是义务，这部分地是因为幸福（技巧、健康、财富都属于此列）包含着履行他的义务的手段，部分地是因为幸福的缺乏（例如贫穷）包含着逾越他的义务的诱惑。只不过，促进自己的幸福，这永远不能直

接是义务，更不用说是一切义务的原则了。既然意志的一切规定根据除了统一的纯粹实践理性法则（道德的理性法则）之外全都是经验性的，因而作为这样的规定根据属于幸福原则，所以，它们必须全都从至上的道德原理中分离出来，绝不作为条件被归并给道德原理，因为这会取消一切道德价值，正如对几何学原理的经验性掺杂会取消一切数学的自明性这个（按照柏拉图的判断①）数学自身所拥有的最杰出的东西，而这种东西甚至比数学的一切用处都更重要。

但是，不对纯粹实践理性的至上原则作出演绎，亦即不对诸如此类的先天知识的可能性作出解释，所能够列举的就无非是：人们即使看出了一个作用因的自由的可能性，也绝不是仅仅看出了作为理性存在者的至上实践法则的道德法则的可能性，而是完全看出了其必然性，而人们是赋予了这些理性存在者以其意志的因果性的自由的；因为这两个概念是如此不可分割地结合在一起，以至于人们也可以通过意志对于惟独道 5〔94〕
德法则除外的任何其他东西的独立性来定义实践的自由。然而，一个作用因的自由，尤其是在感官世界里，按照其可能性是绝对不能看出的；只要我们能够充分相信不出现对自由的不可能性的任何证明，并由于要求有自由的道德法则而不得不假定自由，且正由于此而有权假定自由，那就是万幸了！然而，由于还有许多人还总是相信能够像解释任何别的自然能力那样，按照经验性的原则来解释这种自由，并且把它视为**心理学的**属性，其解释仅仅取决于对**灵魂的本性**和意志的动机的一种更仔细的研究，而不是视为一个属于感官世界的存在者的因果性的**先验**谓词（就像事情实际上仅仅取决于此那样），这样就取消了我们通过纯粹实践理性借助于道德法则所遇到的那个美妙的启示，亦即由于认识到自由的那个通常是超验的概念而对一个理知世界的启示，从而也就取消了绝对不假定任何经验性的规定根据的道德法则本身，所以，有必要在这里为了防止这种幻觉并且赤裸裸地展示经验主义的浅薄，而再作一些引证。

与作为自由的因果性不同的作为**自然必然性**的因果性的概念，仅仅涉及事物的实存，只要这实存是**在时间中可被规定的**，因而是作为显象而与其作为物自身的因果性相对立的。如今，如果人们把事物在时间中

① 《国家篇》，522 以下。——科学院版编者注

的实存的规定当做物自身的规定（这是最常见的表象方式），那么，因果关系中的必然性就不能以任何方式与自由一致；相反，它们相互矛盾对立。因为从前者得出的是：任何一个事件，因而任何在一个时间点上发生的行动，都必然以在此前时间里发生过的事情为条件。既然过去了的时间不再受我控制，所以，我所采取的任何行动都由于**不受我控制的**规定根据而是必然的，也就是说，我在我行动的那个时间点上绝不是自由
5〔95〕的。的确，即便我假定我的全部存在都不依赖于任何一个外来的原因（如上帝），以至于我的因果性、甚至我的整个实存的规定根据，都完全不在我外面，这也毕竟丝毫不会把那种自然必然性转变成自由。因为在每个时间点上，我毕竟总是服从必然性的，即被**不受我控制的东西**所规定而去行动，我永远只会按照一个已经预先规定好的秩序来延续、却绝不会自行开始的那个来自以前的无限的事件序列，就会是一个连续不断的自然链条，因而我的因果性绝不会是自由。

因此，如果想赋予一个其存在在时间中被规定的存在者以自由，那么，人们在这方面至少不能把他当做他的实存中的一切事件，因而还有他的行动的自然必然性法则的例外；因为这就会等于把他交给了盲目的偶然。但是，既然这法则不可避免地涉及事物的一切因果性，只要它们的**存在**是**在时间中**可被规定的，所以，假如这法则是人们也能够表象**这些物自身的存在**所根据的方式，自由就必然会作为一个无意义的和不可能的概念被抛弃。因此，如果人们还要拯救自由，那么，除了把一个事物的存在就其在时间中可被规定而言，因而也把按照**自然必然性**法则的因果性**仅仅赋予显象**，而把**自由**赋予**作为物自身的同一个存在者**之外，就无路可走了。这样，如果人们想同时保持两个彼此反感的概念的话，上述做法就当然是不可避免的了；然而，如果人们想把它们解释为结合在同一个行动中，因而想解释这种结合本身的话，那么，在应用中就将出现种种巨大的困难，它们似乎使得这样一种结合变得不可行了。

如果我关于一个犯了偷窃行为的人说，这个行为按照因果性的自然法则从先行时间的规定根据出发是一个必然的后果，那么，这个行为本来可以不发生，就是不可能的了；按照道德法则所作的评判在这里究竟如何能够造成一种改变，并预设这个行为由于道德法则说它本来应当不做而本来可以不做呢？也就是说，这个人在同一时间点上，就同一行动

而言，如何能够叫做完全自由的呢？他在该时间点上，就该行动而言，毕竟是服从一种不可避免的自然必然性的。在这里寻找一种托词，说人 5〔96〕
们只是使自己按照自然法则的因果性之规定根据的**方式**适合于自由的一个**比较性的**概念（据此，其进行规定的自然根据处在起作用的存在者**内部**的东西，有时就叫做自由的作用，例如，一个被抛出的物体当它在自由运动时所做的事情，人们在这里使用自由这个词，乃是因为它在飞行期间没有从外部受到某种推动，或者就像我们把一块表的运动也称为一种自由运动一样，因为它自己推动自己的指针，因而这指针可以不由外部来移动，同样，人的行动尽管由于它们在时间上先行的规定根据而是必然的，但却还是被称为自由的，因为这毕竟是一些内部的、通过我们自己的力量产生的表象，从而是按照种种诱发状况而产生的欲望，因而是按照我们自己的心愿造成的行动），这是一种可怜的借口，总还是有一些人让自己受这种借口拖累，认为这样稍加咬文嚼字就解决了那个困难的问题，数千年人们都在劳而无功地寻求那个问题的答案，因而这答案是很难这样完全在表面上找到的。因为在追问必须被当做一切道德法则和符合这些道德法则的归责的基础的那种自由时，事情根本不取决于按照一个自然法则来规定的因果性是由于处在主体**之中**的规定根据还是由于处在主体**之外**的规定根据而是必然的，在前一种场合，是由于本能还是由于用理性思考过的规定根据而是必然的；如果这些进行规定的表象按照这同一些人士自己所承认的，毕竟在时间中，确切地说在**先前的状态**中有自己实存的根据，但这个状态又在一个先行的状态中有自己实存的根据，如此等等，那么，尽管它们即这些规定可以始终是内在的，尽管它们可以有心理学的因果性，而不是有力学的因果性，也就是说，通过表象而不是通过身体的运动来产生行动，这也始终是一个存在者的因果性的**规定根据**，只要这个存在者的存在是在时间中可被规定的，从而处于过去时间的一些使之必然的条件之下，因而这些条件当主体应当行动时就**不再受它控制**，所以那些规定根据虽然具有心理学的自由（如果人们要把这个词用于灵魂诸表象的一种内在联结的话），但毕竟带有自然
必然性，从而没有留下任何**先验的自由**，先验的自由必须被设想为对于 5〔97〕
一切经验性的东西，因而对于一般自然的独立性，无论这自然是被视为仅仅在时间中的内部感官对象，还是被视为同时在空间和时间中的外部

感官对象，没有这种惟一是先天实践性的（在后面这种本真意义上的）自由，任何道德法则、任何按照道德法则的归责都是不可能的。正是因此缘故，人们也可以把时间中诸事件的一切必然性都按照因果性的自然法则称为自然的**机械作用**，即使人们所指的，并不是那些服从机械作为的事物必须是现实的物质性**机器**。在这里，所关注的只是在一个时间序列中诸事件的联结的必然性，如同它们按照自然法则发展那样，人们这时可以把这一过程发生于其中的主体称为 Automaton materiale［物质的自动机］①，此时这个机器是由物质推动的，或者赞同莱布尼茨，称之为 Automaton spirituale［精神的自动机］，此时它是由表象推动的，而且假如我们的意志的自由无非是后一种自由（例如心理学的和比较性的自由，并非同时是先验的亦即绝对的自由），那么，它在根本上一点儿也好不过一把自动烤肉铲的自由，后者一旦上紧了发条，就也会自行完成自己的运动。

现在，为了消除前述场合同一个行动中的自然机械作用和自由之间表面上的矛盾，人们必须回忆一番在《纯粹理性批判》中说过或者由此得出的东西：与主体的自由不能共存的自然必然性，仅仅与服从时间条件的那种事物的诸规定相联系，因而仅仅与作为显象的行动主体的诸规定相联系，所以就此而言，主体的每一个行动的规定根据都处在属于过去的时间而且**不再受它控制**的东西里面（必须归于此列的也有他的已经作出的行为，以及在他自己的眼中作为现象对他来说可以由此得到规定的性格）。但是，另一方面也意识到自己是物自身的同一个主体，却也把自己的存在本身**就其不服从时间条件而言**仅仅视为通过它凭借理性本身给自己立的法则可被规定的，而且在它的这种存在中，对它来说没有任
5〔98〕何东西先行于它的意志规定，相反，任何行动，而且一般来说它的存在的任何按照内部感官变更着的规定，甚至它作为感性存在者的实存的整个序列，在对它的理知存在的意识中都必须仅仅被看做后果，而绝不看做它作为**本体**的因果性的规定根据。在这方面，有理性的存在者对它所作出的每个违背法则的行动，哪怕它作为显象是在过去的东西中被充分

① 《神义论：论上帝的善》，52、403 页（《哲学著作集》，格哈德［Gerhardt］编，第Ⅵ卷，131、356 页）；类似的有与贝尔（Bayle）的争辩（《哲学著作集》，格哈德编，第Ⅳ卷，505 页以下、536 页以下、549 页）等等。——科学院版编者注

规定了的，并且就此而言是不可避免地必然的，它也有理由说，它本来是可以不如此行动的；因为这个行动连同规定它的一切过去的东西，都属于它使自己获得的那种性格的惟一现象，而按照这种性格，它作为一个独立于一切感性的原因把那些显象的因果性本身归责于自己。

与此完全相一致的，也有在我们里面我们称为良知的那种奇特能力的判决。一个人尽可以随意地矫揉造作，以便把他还记得起来的一个违法行为文饰为无意的过失，文饰为人们绝不可能完全避免的纯然不小心，因而文饰为他被自然必然性的急流卷入其中的东西，并宣称自己在这件事情上是无辜的，但他毕竟发现，如果他意识到，他在干这件不正当的事的时候毕竟是清醒的，亦即在运用自己的自由的话，那么，这位为他的利益说话的律师绝不可能使他心中的原告沉默不言，而且虽然他用某种由于逐渐地忽略对自己的留意而染上的坏习惯来**解释**自己的违法行为，直到他能够把这行为视为这种习惯的一个自然后果的程度，这却仍然不能使他免于自责和他自己对自己作出的训斥。建立在这上面的也还有对一件早已犯下的罪行在每次回忆起来的时候所怀有的悔恨；一种痛苦的、由道德意向引起的感受，就其不能用来使已经发生的事情不曾发生而言，在实践上是空洞的，甚至会是荒谬的（如同普里斯特利[①]作为一个真正的、一以贯之的**宿命论者**也宣称这种感受是荒谬的一样，而在坦诚方面，他比这样一些人更值得称赞，这些人由于实际上主张意志的机械作用，但在口头上却主张意志自由，就还总是想被认为他们在自己的调和主义体系中把意志自由一起包含进去了，但毕竟没有说明这样一种归责的可 5〔99〕
能性），但作为痛苦却是完全合法的，因为理性在事情取决于我们的理知实存的法则（道德法则）时不承认任何时间区别，只问这个事件作为行为是否属于我，但此后就总是把这种感受与这行为在道德上联结起来，不管这行为是现在发生的还是早就发生的。因为**感官生命**在对其存在的**理知**意识（自由）方面具有一个现象的绝对统一性，该现象就其仅仅包含着关涉道德法则的意向（性格）的显象而言，必须不是按照应当作为显象归于性格的自然必然性来评判，而是按照自由的绝对自发性来评判。因此，人们可以承认，假如对我们来说有可能对一个人的思维方式就其

① 《哲学必然性的学说》，86页以下，伦敦，1777。——科学院版编者注

通过内部的以及外部的行动表现出来而言具有如此深刻的洞识，以至于它的每一个哪怕是最微小的动机都为我们所知，此外还有所有对这动机起作用的外部诱因，那么，人们就能够确切地测算出一个人未来的行为举止，就像测算出一次月食或者日食那样，这时却仍然主张人是自由的。也就是说，假如我们对于同一个主体还能够有另外一种眼光（但这种眼光当然根本没有被赋予我们，我们所拥有的不是它，而只是理性概念），亦即一种理智直观的话，我们毕竟就会察觉，就总是只能关涉道德法则的东西而言，这整个显象链条都取决于作为物自身的主体的自发性，对这种自发性的规定是根本不能作出物理解释的。在缺乏这种直观的情况下，道德法则向我们保证了我们的作为显象的行动与我们的主体的感官存在者的关系和这个感官存在者本身与我们里面的理知基底相联系所借助的关系之间的这种区别。——在这种对于我们的理性来说自然而然的、虽然无法解释的考虑中，即便是那些极为认真地作出、但初看起来仍然显得与一切公道完全抵触的评判，也可以得到辩护。有一些情况，其中人们自幼甚至受到与他们的其他同龄人一样良好的教育，但仍然如此早地表现出恶意，并且一直强化到他们的成年时代，以至于人们把他们视为天生的恶棍，而且在思维方式上完全视为无可救药的，但仍然为了他
5〔100〕 们的所作所为同样审判他们，同样指责他们的违法行为是罪过，甚至他们（幼童们）自己也认为这些指责是完全有根据的，就好像他们虽然有他们的心灵的那种被归于他们的毫无希望的自然性状，但却仍然要和每个其他人一样负责任似的。这本来是可以不发生的，如果人们不是预设凡是出自人的任意的事情（毫无疑问，每一个故意作出的行动都是如此）都以一个自由的因果性为根据的话，这种自由的因果性从少年时代就在他们的显象（行动）中表现着他们的性格，这些显象由于行为的形式相同而标明了一种自然联系，但这种自然联系却没有使意志的恶劣性状成为必然的，而毋宁说是自愿接受那些恶的和顽固不化的原理的后果，这些原理只会使意志变得更加卑鄙和更该受到惩罚。

但是，如果要在一个属于感官世界的存在者里面把自由与自然机械作用结合起来，自由就还面临着一个困难；一个即便在迄今的一切都得到赞同之后仍以使其完全覆灭威胁着自由的困难。但尽管有这种危险，有一种情况毕竟同时提供了对于自由的主张来说还有幸运的出路的希望，

这就是：同一个困难更强得多地（事实上如我们马上就将看到的，仅仅）压制着把时间和空间中可被规定的实存视为物自身的实存的体系，所以它并不迫使我们放弃我们关于作为感性直观的纯然形式，因而作为属于感官世界的主体所特有的纯然表象方式的时间之观念性的最重要的预设，故而只要求把这个预设与自由的理念统一起来。

也就是说，如果人们向我们承认，理知的主体就一个既定的行动来说，即使他作为也属于感官世界的主体就该行动而言是在力学上有条件的，但也还能够是自由的，那么看起来，一旦人们假定上帝作为普遍的元始存在者也是**实体实存的原因**（这是一个永远也不可以放弃的命题，除非把作为一切存在者的存在者的上帝概念，连同在神学中一切东西都依赖的**上帝**之充足性一起放弃掉），人们就必须也承认，人的行动在**完全不受它们控制的东西**中，亦即在一个与人不同的、人的存在及其因果性 5〔101〕
的全部规定所完全依赖的最高存在者的因果性中，有它们的规定根据。实际上，假如人的行动如其属于人在时间中的规定那样，不仅仅是人作为显象的规定，而且是他作为物自身的规定，那么，自由就无法拯救了。人就会是木偶或者一个沃康松式的自动机①，由一切工艺制品的那位至高的大师来制作和上紧发条，而自我意识虽然能使它成为一个能思维的自动机，但在其中当它的自发性被视为自由时，其自发性的意识就会是纯然的错觉，因为既然他的运动的最近规定原因以及这些规定原因上溯到自己的规定原因的一个长长的序列虽然都存在于内部，但最终的和最高的那个规定原因却毕竟被发现完全在一个外来的手中，所以那种自发性就只配被称为比较性的。因此，我看不出那些还总是坚持把时间和空间视为属于物自身的存在之规定的人们，在这里想如何避免行动的宿命，或者，如果他们如此直截了当地（如本来很精明的**门德尔松**②所做的那样）只承认时间和空间是必然属于有限的和派生的存在者的实存的条件，却不是必然属于无限的元始存在者的实存的条件，他们想如何为自己辩护，说明他们从何处取得这种权利来作出这样一种区分，甚至，他们想

① 沃康松的自动机（笛子吹奏者、吞食的鸭子等等），最初于1738年在巴黎展示，被18世纪的唯物主义者们（如拉美特利：《人是机器》，1748）常常援引来支持机械主义假说。朗格：《唯物主义史》，第2版，第Ⅰ卷，356页。——科学院版编者注

② 《晨课》(1785)，第Ⅺ章。——科学院版编者注

如何避开当他们把时间中的存在视为必然与有限的物自身相联系的规定时所遇到的矛盾，因为上帝是这种存在的原因，但他却不能是时间（或空间）本身的原因（因为时间作为先天必然条件必须被置于事物的存在之前），因而上帝就这些事物的实存而言的因果性本身必须是在时间上有条件的，这时，不利于上帝的无限性和独立性这两个概念的一切矛盾就会不可避免地必然出现。与此相反，把独立于一切时间条件的、与一个感官世界的存在者的实存不同的属神实存的规定，当做**一个存在者自身的实存**而与一个**显象中的事物的实存**区别开来，对于我们来说是很容易的。
5〔102〕因此，如果人们不假定时间和空间的那种观念性，所剩下的就只有**斯宾诺莎主义**了，在斯宾诺莎主义中，空间和时间是元始存在者本身的本质规定，但依赖于元始存在者的事物（因而也包括我们自己）不是实体，而仅仅是依存于元始存在者的偶性；因为如果这些事物仅仅作为元始存在者的结果而在时间中实存，时间是它们的实存自身的条件，那么，就连这些存在者的行动也就会必然是元始存在者随时随地所做出的行为。因此，虽然斯宾诺莎主义的基本理念是荒谬的，但它的推论却比按照创世论有可能发生的远为令人信服，如果这些被假定为实体并自在地**在时间中实存的存在者**被视为一个至上的原因的结果，却并不同时被视为属于元始存在者及其行动的，而是独立地被视为实体的话。

上述困难的解决简明扼要地以如下方式进行：如果**在时间中**的实存是世界上的能思维的存在者的一种纯然的感性表象方式，因而并不涉及作为物自身的这些存在者，那么，对这些存在者的创造就是对物自身的创造，因为一种创造的概念并不属于实存的感性表象方式，不属于因果性，而只能与本体相关。所以，如果我关于感官世界中的存在者说：它们是被创造的，那么，就此而言我就把它们视为本体了。因此，就像说上帝是显象的创造者就会是一个矛盾一样，说上帝作为创造者是感官世界中的行动的原因，因而是作为显象的行动的原因，这也是一个矛盾，尽管上帝是行动着的存在者（作为本体）存在的原因。现在，如果有可能（只要我们假定时间中的存在是某种仅仅适用于显象，而不适用于存在自身的东西）主张自由而不损害作为显象的行动的自然机械作用，那么，行动着的存在者就是受造物，这一点在这里就不会造成丝毫改变，因为创造所涉及的是这些存在者的理知的实存，但不是它们的可感的实存，因而不能被视为显象的规定根据；但如果世间存在者作为物自身在时间中实存，结果就完全不同了，因为实体的创造者就会同时是这个实体身上的全部机械装置的创造者了。

在纯粹思辨理性的批判中所完成的时间（以及空间）与物自身的实存的分离，就具有如此大的重要性。 5〔103〕

但是，人们将说，这里所陈述的对困难的解决毕竟自身还有诸多难点，是几乎无法得到明晰的描述的。不过，人们尝试过或者可能尝试的其他任何解决难道就更容易和更易于理解吗？人们毋宁可以说，形而上学的独断教师们在他们对这一难点尽可能视而不见，并希望假如他们闭口不谈也许就不会有人轻易想起这一难点的时候，所表现出的与其说是诚实，倒不如说是滑头。如果要帮助一门科学，那么，就必须把一切困难都**揭示**出来，甚至必须把还在暗中阻碍着它的那些困难**搜寻**出来；因为这些困难的每一种都召唤着一种援助手段，这种手段不可能被找到，却不使科学获得一种或者在范围上或者在确定性上的一种增长，因此这样一来，甚至障碍也成了科学的缜密性的促进手段。与此相反，如果故意地掩盖这些困难，或者仅仅用镇痛剂去消解，那么，它们迟早将爆发为无可挽回的灾难，这些灾难将使科学毁于一种彻底的怀疑主义。

※　　※　　※

既然真正说来正是自由概念，在纯粹思辨理性的一切理念中，惟一在超感性事物的领域里，即便仅仅就实践知识而言，取得了如此巨大的扩展，所以我问自己：**这个概念究竟是从何处独一无二地分获了如此巨大的能产性**，而其他概念虽然为纯粹的可能的知性存在者标明了空缺的位置，但却不能通过任何东西对这些存在者的概念作出规定。我很快就领会到，既然我离开范畴就不能思维任何东西，所以即便是在关于我所探讨的自由的理性理念中，也必须首先寻找范畴，它在这里就是**因果性**范畴，而且，即使自由的**理性概念**作为越界的概念，不可能给它加上任何相应的直观，但尽管如此，对于**自由的理性概念**为了其综合而要求无条件者的那个**知性概念**（因果性概念）来说，却必须事先被给予一个感性直观，用来首先保证它的客观实在性。现在，一切范畴都被划分为两类，即仅仅关涉客体表象中的综合统一的**数学性**范畴，以及关涉客体实存的表象中的综合统一的**力学性**范畴。第一类范畴（量和质的范畴）在 5〔104〕

任何时候都包含着**同类的东西**的一种综合，在这种综合中根本不可能为在感性直观中被给予的有条件者在空间和时间中找到无条件者，因为这个无条件者本身会必定又属于空间和时间，因而又总是有条件的；因此，即便在纯粹理论理性的辩证论中，为其找到无条件者和各种条件的总体的两种相互对立的方式也都是错误的。第二类范畴（一个事物的因果性和必然性的范畴）则根本不要求（有条件者和条件在综合中的）这种同类性，因为这里直观被表现，不是如同它由其中的杂多复合而成那样，而是仅仅如同与它相应的有条件的对象的实存附加在条件的实存上面（在知性中作为与之联结的）那样，这时就允许为感官世界中的普遍有条件者（无论是就因果性而言还是就事物的偶然存在而言）设定理知世界中的、尽管在其他方面并不确定的无条件者，并使综合成为超验的；因此，即便在纯粹思辨理性的辩证论中也发生如下情况，即为有条件者找到无条件者的两个表面上相互对立的方式，例如在因果性的综合中为感官世界的原因和结果序列中的有条件者设想不再有感性条件的因果性，实际上并不相互矛盾，而同一个行动，作为属于感官世界的，在任何时候都是有感性条件的，亦即机械必然的，却同时也作为属于行动着的存在者的因果性的，就该存在者属于理知世界而言，能够以一个无感性条件的因果性为根据，从而被设想为自由的。现在，事情仅仅取决于这个**能够**会转变为**是**，也就是说，人们能够在一个现实的场合仿佛是通过一个事实来证明，某些行动无论是现实的还是仅仅被命令的，亦即客观实践上必然的，都以这样一种因果性（理智的、无感性条件的因果性）为
5〔105〕前提条件。在现实地在经验中被给予的、作为感官世界的事件的行动上，我们不能指望发现这种联结，因为凭借自由的因果性总是必须到感官世界之外在理知的东西中去寻找。但是，除了感官存在者之外，其他事物并不被给予我们供感知和观察。因此，剩下来的就无非是，也许将找到一条不矛盾的、确切地说是客观的因果性原理，它从因果性的规定中排除一切感性的条件，也就是说，在这样一条原理中，理性不再援引某种**别的东西**来做因果性方面的规定根据，而是通过那个原理已经本身包含着这个规定根据，因而它作为**纯粹理性**自身就是实践的。但是，这个原理不需要寻找和发明；它早就存在于所有人的理性中，被归并入他们的本质，而且就是**道德**的原理。因此，那个无条件的因果性及其能力，即

自由，但连同自由还有一个属于感官世界的存在者（我本人），毕竟同时不仅仅是被不确定地和或然地**设想**为属于理知世界的（思辨理性就已经能够查明这是可行的），而且是甚至就自由的因果性的**法则而言**被**确定地**和实然地**认识**到，理知世界的现实性就这样，确切地说在实践的考虑中**确定地**被给予我们，而这种规定在理论的意图中会是**超验的**（越界的），在实践的意图中却是**内在的**。但是，我们在第二个力学性的理念方面，亦即在一个**必然的存在者**的理念方面，却不能迈出同样的一步。不以第一个力学性的理念为中介，我们就不可能从感官世界出发上升到这个必然的存在者。因为假如我们想试一试，我们就必须大胆地跳跃，离开被给予我们的一切，飞跃到甚至丝毫没有被给予我们的东西那里，由此我们才能促成这样一个理知的存在者与感官世界的联结（因为必然的存在者应当被认识为**在我们之外**被给予的）；与此相反，在**我们自己的**主体方面，就它一方面通过道德法则（借助自由）把自己规定成为理知的存在者，**另一方面**认识到自己是按照这种规定在感官世界中如同现在亲眼所见的那样活动的而言，上述情况倒是完全可能的。惟有自由的概念允许我们可以不超出我们之外去为有条件的东西和感性的东西找到无条件的东西和理知的东西。因为正是我们的理性本身，通过最高的和无条件的 5〔106〕
实践法则和意识到这法则的存在者（我们自己的人格），认识到自己是属于纯粹的知性世界的，确切地说，认识到自己甚至负有这个存在者本身能够如何活动的那种方式的使命。这样就可以领会，为什么在全部理性能力中**惟有实践的**理性能力才可能是帮助我们超出感官世界，并使我们获得关于一种超感性的秩序和联结的知识的理性能力，但也正因为此，这些知识当然就只能够在对于纯粹的实践意图有必要的范围内得到扩展。

请允许我借此机会再提请注意一点，即人们凭借纯粹理性所迈出的每一步，哪怕是在人们根本不考虑微妙的思辨的实践领域里，都仍然如此精确地、确切地说自行地与理论理性批判的一切要素相衔接，就好像每一步都以深思熟虑的审慎想好，仅仅是为了使这一批判获得证实似的。实践理性的最重要的命题与思辨理性批判的经常显得过于微妙和不必要的说明的这样一种不以任何方式被寻求，而是（就像人们只要愿意把道德研究一直推进到它的原则就能够相信的那样）自行出现的精确印证，令人惊喜和惊奇，且加强了那条已经被其他人认识到并赞扬过的准则，即在每一种科学研究中都以一切可能的精确性和开放性不受干扰地继续自己的进程，不把这研究在自己的领域之外也许会违背的东西放在心上，而是尽可能将它独立地加以真实完备的完成。频频的观察使我确信，如果人们完成了这件工作，那在这件工作的半途中，在我之外的其他学说看来有时显得很可疑的东西，只要我直到这件工作完成之前对这种疑虑视而不见，并仅仅关注我的工作，最终就以出人意料的方式与丝毫不顾及那些学说、不偏袒和偏爱它们而自行产生出来的东西完全吻合。作者们只要能够以更多一些的开放性从事工作，就会省去许多错误，省去许多徒劳的辛苦（因为这辛苦是花费在幻觉之上的）。

第二卷 5〔107〕

纯粹实践理性的辩证论

第一章

纯粹实践理性的一般辩证论

纯粹理性在任何时候都有它的辩证论，不管人们是在它的思辨应用中还是在它的实践应用中考察它；因为它为一个被给予的有条件者要求诸条件的绝对总体，而这个总体惟有在物自身中才能找到。但是，既然事物的一切概念都必须与直观相关，而直观在我们人这里永远只能是感性的，从而对象不能被认识做物自身，而只能被认识做显象，在显象的有条件者和条件的序列中永远不可能找到无条件者，所以，从诸条件的总体（因而无条件者）这个理性理念在显象上的应用中就产生出一个不可避免的幻相，就好像这些显象就是事物自身似的（因为在缺乏一种告诫性的批判时它们在任何时候都被认为是这样的），但是，如果这个幻相不是在把理性为一切有条件者预设无条件者的原理应用到显象上时通过理性与自己本身的**冲突**而自己暴露出来，它就永远不会被发觉是骗人的。但是，理性由此就被迫去探究这个幻相，看它是从何处产生的，以及如何才能消除它，而这惟有通过对全部纯粹理性能力进行一种完备的批判才能做到；以至于纯粹理性在其辩证论中显露出来的二论背反，事实上是人类理性历来可能曾陷入的最有利的迷误，因为它最终推动我们去寻找走出这个迷宫的钥匙，这个钥匙如果被找到，它还将揭示人们不曾寻找却毕竟需要的东西，亦即对事物的一种更高的、不变的秩序的展望，我们现在已经处身于这种秩序中，而且我们从现在起就可以由确定的规 5〔108〕
范来指导，按照最高的理性规定在这个秩序中去继续我们的存在。

在纯粹理性的思辨应用中如何能够解决那种自然的辩证关系，以及如何防止出自一个除此之外也是自然的幻相的错误，人们可以在那种能力的批判中详细得知。但是，理性在其实践应用中的情况一点也不更好。它作为纯粹的实践理性，同样为实践上的有条件者（基于偏好和自然需要的东西）寻找无条件者，而且不是作为意志的规定根据，而是即便这个规定根据（在道德法则中）已经被给予，也以**至善**的名义寻找的纯粹实践理性**对象**的无条件总体。

在实践上、亦即为了我们的合理性的行为的准则而充分规定这个理念，这也就是**智慧学**，而智慧学作为科学又是古人理解这个词的意义上的**哲学**，在古人那里，哲学曾是对至善必须在其中设立的那个概念和至善必须借以获得的那个行为的指示。如果我们让这个词保留它的古代意义，即作为一种**至善的学说**，那就好了，只要理性致力于在其中使至善成为**科学**。因为一方面，这个附带的限制条件将会符合这个希腊术语（它意味着爱智慧），同时又毕竟足以把爱**科学**，因而爱理性的一切思辨知识，就其既为了那个概念而有助于理性，也有助于实践的规定根据而言，一并包括在哲学的名义之下，却又不会让惟有它能被称为智慧学所因之的那个主要目的从视野中消失。另一方面，对于胆敢以一个哲学家的头衔来自居的人，一旦人们通过定义而把将大大降低他的资格的自我评估尺度摆在他面前，就会吓退他的自大，这也不是坏事；因为做一位**智慧教师**，比起一个还一直没有达到足以用对一个如此高尚的目的的可靠期待来指导自己，更不用说指导别人的学生来说，也许要意味着更多的东西；它会意味着一个**了解智慧的大师**，它要说的将超过一个谦虚的人所自命的，而哲学将会和智慧本身一样，还一直保持为一个理想，这
5〔109〕理想客观上惟有在理性中才被表现出来，但主观上对人格来说却只是他不断努力的目标，而且惟有能够把这种努力的不容置疑的结果（在对他自己的克制和他对普遍的善首先抱有的无可怀疑的兴趣中）在自己的人格上作为榜样树立起来的人，才有资格声称以一个哲学家的自命名义达到了这个目标，这也是古人为了能够配得上那个荣誉称号所要求的。

就纯粹实践理性的辩证关系而言，在对**至善**的概念进行规定这一点上（如果纯粹实践理性的辩证关系得以解决，这种辩证关系就与理论理性的辩证关系一样，让人期待最有利的结果，因为坦诚地处理而不是隐瞒纯粹实践理性与它自己的矛盾，将迫使对它自己的能力进行完备的批

判），我们只想再预先作一个提醒。

道德法则是纯粹意志的惟一规定根据。但由于这个法则是纯然形式的（也就是说，仅仅要求准则的形式是普遍立法的），所以它作为规定根据就抽掉了一切质料，因而抽掉了意欲的一切客体。所以，尽管至善是一个纯粹实践理性，亦即一个纯粹意志的全部**客体**，但它却并不因此就能被视为纯粹意志的**规定根据**，而惟有道德法则才必须被视为使至善和至善的造就或者促成成为自己的客体的根据。这个提醒在一个像对道德原则进行规定这样的棘手场合具有重要的意义，在此即使最小的误解都会歪曲意向。因为人们从分析论中就已经看出，如果人们在道德法则之前把某一个客体以一种善的名义假定为意志的规定根据，然后从它派生出至上的实践原则，在这种情况下，这种原则任何时候都会带来他律，并排斥道德原则。

但不言而喻的是，如果在至上的概念中道德法则作为至上的条件已经一起包含在内了，那么，至善就不仅仅是**客体**，而且是就连它的概念以及它通过我们的实践理性而可能的实存的表象，也同时会是纯粹意志 5〔110〕
的**规定根据**了；因为在这种情况下，实际上是在这个概念中已经包含着并同时被想到的道德法则，而不是任何别的对象在按照自律的原则规定着意志。关于意志规定的各概念的这种秩序不可受到忽视，因为若不然，人们就将误解自己，以为自己在自相矛盾，其实一切都处在彼此之间最完满的和谐之中。

第二章
纯粹理性在规定至善概念时的辩证论

至高的东西这个概念已经包含着一种歧义，如果人们忽视这种歧义，它就可能引起不必要的争执。至高的东西可以意味着至上的东西（supremum［最上面的东西］），也可以意味着完满的东西（consummatum［完成了的东西］）。前者是这样一种条件，它本身是无条件的，亦即不从属于任何别的条件（originarium［原初的东西］）；后者是这样一个整体，它不是某个同类的更大整体的一个部分（perfectissimum［最完备的东西］）。德性（作为配享幸福的条件）是一切在我们看来只要可能值得期望的东西，因而也是我们谋求幸福的一切努力的**至上条件**，所以是**至上的善**，这在分析论中已经证明。但是，它因此就还不是作为有理性的有限存在者的欲求能力之对象的完整的和完满的善；因为要作为这样的善，就还要求有幸福，而且不仅仅是在使自己成为目的的那种人格的偏颇目光中，而是甚至在把世界上的一般人格视为目的自身的一种无偏见的理性的判断中亦是如此。因为需要幸福，也配享幸福，尽管如此却没有分享幸福，这是与一个同时拥有一切权力的理性存在者的完善意愿根本不能共存的，哪怕我们只是尝试设想这样一个存在者。现在，如果德性和幸福在一个人格中共同构成对至善的拥有，但此处完全精确地与道德（作为人格的价值及其对幸福的配享）成正比来分配的幸福也构成一个可〔111〕能世界的**至善**，那么，这种至善就意味着整体，意味着完满的善，但德性在其中始终作为条件是至上的善，因为它不再有在自己之上的任何条件，幸福则始终是某种虽然使拥有它的人惬意、但却并非独自就绝对善并在一切考虑中都善的东西，而是在任何时候都以道德上的合乎法则的行为为前提条件。

必然地结合在一个概念之中的两个规定必须作为根据和后果联结起来，确切地说，这个**统一体**要么被视为**分析的**（逻辑的联结），要么被视为**综合的**，前者依据的是同一律，后者依据的是因果律。因此，德性与幸福的联结要么可以这样来理解，即努力成为有德性的和有理性地谋求幸福，这并不是两个不同的行动，而是两个完全同一的行动，因为前者除去为了后者之外，不需要有别的任何准则被当做根据；要么那种联结被置于如此境地，即德性把幸福当做某种与德性意识不同的东西产生出来，就像原因产生出一个结果那样。

在古希腊各学派中，真正说来只有两个学派，虽然它们在规定至善概念时就它们不承认德性和幸福是至善的两个不同的要素，因而按照统一性的规则来寻求原则的统一性而言遵循着同样的方法；但就它们在二者中间以不同的方式选择基本概念而言，它们又分道扬镳了。**伊壁鸠鲁学派**说：意识到自己导向幸福的准则，这就是德性；**斯多亚学派**说：意识到自己的德性，这就是幸福。对于前者来说，**聪明**就等于道德；对于为德性选择了一个更高尚的称谓的后者来说，惟有**道德**才是真正的智慧。

人们不得不遗憾的是，这些人士的洞察力（人们毕竟不得不因此而对这种洞察力表示惊赞，即他们在如此早的时代就已经尝试哲学征服的一切可以想出来的道路）不幸被用来在两个极不同类的概念，即幸福概念和德性概念之间苦思冥想同一性。不过，这与他们的时代的辩证精神是相适合的，这甚至现在也还有时诱惑一些敏锐的头脑，通过力图把原则中的根本的和绝对无法统一的区别转化为词句之争，并如此在表面上装出仅仅称谓不同而概念统一的样子，来取消这些区别，而且这通常涉 5〔112〕
及这样一些场合，其中不同类的根据的结合如此高深，或者要求对通常在哲学体系中被接受的那些学说有一种如此彻底的转变，以至于人们不敢深入讨论实在的区别，而宁可把这区别当做纯然程序的不一致来对待。

当这两个学派力图苦思冥想德性和幸福这两个实践原则的等同性时，在它们想如何硬得出这种同一性这一点上，它们彼此并不一致，而是以无限的距离分道扬镳了，因为一派把自己的原则设定在感性方面，另一派则把它设定在逻辑方面；一派把它设定在感性需要的意识中，另一派则把它设定在实践理性对一切感性的规定根据的独立性中。在**伊壁鸠鲁学派**看来，德性的概念已经蕴涵在促进其自己的幸福这个准则之中；与此相反，在**斯多亚学派**看来，幸福的情感已经包含在自己的德性的意识之中。但是，包含在另一个概念之中的东西，虽然与包含者的一个部分相等，但却并不与整体相等。此外，两个整体虽然由同一种材料组成，但仍然可能在种类上彼此有别，也就是说，如果二者中的各个部分被以完全不同的方式结合在一个整体之中的话。斯多亚学派主张德性就是**整个至善**，幸福只不过是对拥有德性的意识，属于主体的状态。伊壁鸠鲁学派主张幸福就是**整个至善**，德性只不过是谋求幸福这个准则的形式，也就是说，在于有理性地使用达到幸福的手段。

但现在，从分析论中可以清楚，德性的准则和自己幸福的准则就其至上的实践原则而言是完全不同类的，而且它们尽管都属于一种至善，为的是使至善成为可能，但却远远不是一致的，它们在同一个主体中极力相互限制、相互损害。因此，**至善在实践上何以可能**，这个问题尽管有迄今作出的一切**联合尝试**，也还始终是一个未曾得到解决的课题。但是，使它成为一个难以解决的课题的东西，在分析论中已经给出了，亦即幸福和道德是至善的两个在种类上完全**不同的要素**，因而它们的结合
5〔113〕不能被**分析地**认识到（例如，如此寻求自己的幸福的人在他的这个行为中通过对其概念的纯然分解就会发现自己是有德性的，或者如此遵循德性的人在对这样一种行为的意识中就会发现自己已经实际上有福了），而是这两个概念的一种综合。但是，由于这种结合被认为是先天的，因而在实践上是必然的，从而不是从经验中派生出来的，而至善的可能性不基于任何经验性的原则，所以，这个概念的**演绎**就必须是**先验的**。**通过意志的自由产生出至善**，这是先天地（在道德上）必然的；因此，至善的可能性的条件也必须仅仅基于先天的知识根据。

一、实践理性的二论背反

在对我们来说实践的，亦即要通过我们的意志来使之实现的至善中，德性和幸福被设想为必然地结合在一起的，以至于一方若没有另一方也属于它，就不能被纯粹实践理性所接受。现在，这种结合（与任何一种结合一样）要么是**分析的**，要么是**综合的**。但既然这种被给予的结合如前面刚刚指出的那样，不可能是分析的，所以，它们必须被综合地、确切地说被当做原因与结果的联结来设想：因为它涉及一种实践的善，亦即通过行动而可能的东西。因此，要么对幸福的欲求是德性的准则的动因，要么德性的准则必须是幸福的作用因。前者是**绝对**不可能的：因为（如分析论中已经证明的）把意志的规定根据设定在对自己的幸福的要求之中的准则根本不是道德的，不能建立任何德性。但后者**也不可能**，因

为世界上的任何原因和结果的实践联结，作为意志规定的后果，都不是取决于意志的道德意向，而是取决于对自然法则的知识和为了自己的意图而利用这种知识的物理能力，因而不能在世界上通过一丝不苟地遵守道德法则来期望幸福与德性的任何一种必然的和足以达到至善的联结。 5〔114〕
现在，既然对在自己的概念中包含着这种联结的至善的促进是我们的意志的一个先天必然的客体，而且与道德法则有不可分割的联系，所以，前者的不可能性必定也证明后者的谬误。因此，如果至善按照实践规则是不可能的，那么，要求促进至善的道德法则也必定是幻想的，是置于空的想象出来的目的之上的，因而自身就是错误的。

二、对实践理性的二论背反的批判性消除

在纯粹思辨理性的二论背反中，在世界上的各事件的因果性中自然必然性和自由之间发生了一种类似的冲突。由于已经证明，如果人们把各事件，甚至把各事件在其中发生的世界（如同人们也应当的那样）仅仅视为显象，那就不会有任何真正的冲突，所以，上述冲突已被消除；因为同一个行动着的存在者作为**显象**（甚至在他自己的内部感官面前），具有感官世界中的一种任何时候都符合自然机械作用的因果性，但就同一个事件而言，如果行动着的人格同时把自己视为**本体**（作为纯粹理智，在他不能按照时间来规定的存在中），那么，他就会能够包含着那种按照自然法则的因果性的一个甚至摆脱了一切自然法则的规定根据。

眼前的纯粹实践理性的二论背反正是这种情况。这两个命题中的第一个命题，即对幸福的追求产生出有德性的意向的一个根据，是**绝对错误的**；但第二个命题，即德性意向必然地产生幸福，则**并不是绝对**错误的，而是仅仅就德性意向被视为感官世界中的因果性的形式而言，因而当我把感官世界中的存在当做理性存在者的惟一实存方式时，才是错误的，因而只是**有条件**地错误的。但是，既然我不仅有权把我的存在也设想为一个知性世界中的本体，而且甚至在道德法则上拥有我的（感官世 5〔115〕
界中的）因果性的一个纯粹理智的规定根据，所以，意向的道德性作为原因，而与作为感官世界中的结果的幸福拥有一种即便不是直接的，但也毕竟是间接的（以自然的一个理知的创造者为中介），而且是必然的联系，这并非不可能，这种结合在一个仅仅是感官客体的自然中永远只是

偶然地发生的，而且不能达到至善。

因此，尽管一种实践理性与自己本身有这种表面上的冲突，至善仍是一个在道德上被规定的意志的必然的最高目的，是实践理性的一个真正客体；因为它是实践上可能的，而且意志的那些按照其质料与此相关的准则都具有客观实在性，这种客观实在性最初由于道德和幸福按照一条普遍的法则相结合时的二论背反而受到打击，但却是出自纯然的误解，因为人们把显象之间的关系当成了物自身与这些显象的关系。

如果我们发现自己被迫在这样的远距离上，亦即在与一个理知世界的联结中去寻找至善这个由理性告知一切理性存在者的其一切道德愿望的目标的可能性，那么，必定令人感到奇怪的是，无论是古代的哲学家还是近代的哲学家，都仍然能够已经**在此生中**（在感官世界中）发现了与德性有完全适当的比例的幸福，或者能够劝说人们，说意识到了这种幸福。因为无论是**伊壁鸠鲁**还是**斯多亚学派**，都把从生活里面的德性意识中产生的幸福提升到一切东西之上。前者在他的实践规范中并不那么思想卑鄙，就像人们可能从他的理论的那些他为了说明，而不是为了行动而使用的原则所推论出来的那样，或者像许多人被用淫乐这个表述替换满意所诱导，对这一理论所作的解释那样，相反，他把最不自私的善行也算做内心欢乐的享受方式，而且就像哪怕是最严格的道德哲学家所可能要求的那种知足和对偏好的节制，也都属于他对一种愉悦（他把这理解为持久喜悦的心情）的规划；在这方面，他与斯多亚学派的主要分歧仅仅在于，他把动因设定在这种愉悦里面，而斯多亚学派拒绝，确切
5〔116〕地说有理由拒绝这样做。因为一方面，有德性的伊壁鸠鲁，正像现在还有许多在道德上具有良好意向的、尽管对自己的原则没有足够地深入反思的人士那样，陷入了在他最初想要为之说明德性动机的那些人格身上已经预设有德性的**意向**的错误（而事实上，正直的人如果不是事先意识到自己的正直的话，是不可能感到幸福的；因为鉴于有德性的意向，他在逾越时会由于他自己的思维方式而被迫对自己作出的责备以及道德上的自我谴责，会剥夺他对他的状态通常可能包含的惬意的一切享受）。但问题是：评价自己的存在的价值这样一种意向和思维方式最初是通过什么才成为可能的，因为在它之前主体中还根本找不到对一般道德价值的任何情感？当然，如果人是有德性的，那么，他不在每个行动中意识到

自己的正直就感受不到生活的乐趣，哪怕在物理状态中的幸运对他是如此有利；但是，为了首先使他成为有德性的，因而还在他如此高度评估他的实存的道德价值之前，人们能够夸赞他具有从对一种正直的意识中产生的、而他毕竟对之没有任何意识的心灵平静吗？

但另一方面，这里总是有一种欺诈的错误（vitium subreptionis）的根据，仿佛是对与人们所**感**之事不同的人们所**做**之事的自我意识中的一种视幻觉的根据，这种视幻觉即便最经受过考验的人也不能完全避免。道德意向是与**直接通过法则**对意志进行规定的意识必然地结合在一起的。现在，对欲求能力进行规定的意识一直是对由此产生的行动感到心满意足的根据；但是这种愉快、这种对自身的心满意足，并不是行动的规定根据，相反，直接地、仅仅通过理性对意志进行的规定，才是愉快情感的根据，而那种规定依然是对欲求能力的一种纯粹的、实践的规定，而不是感性的规定。既然这种规定在内心中起着活动的一种推动的作用，如同从所欲求的行动中被期待的惬意情感会起的作用一样，所以，我们很容易把我们自己所做的事看做我们仅仅被动地感到的事，并且把道德的动机当做感性的推动，如同这通常总是在感官（这里是内部感官）的 〔117〕
所谓错觉中发生的那样。人类本性中的某种很崇高的东西，是直接被一个纯粹的理性法则规定而去行动，甚至是这种错觉，即把意志在理智上的可规定性之主观的东西视为某种感性的东西和一种特殊的感性情感（因为一种理智的情感会是一个矛盾）的作用。让人注意到我们的人格性的这种属性，并尽可能地培养理性对这种情感的作用，这也具有很大的重要性。但是，人们也必须小心提防，通过由于人们把特殊的快乐的情感作为根据（它们毕竟只是后果）加给这种作为动机的道德规定根据而对这种规定根据作出的不真实的高度评价，仿佛是由于一种错误的陪衬而贬低和丑化真正的、真实的动机，即法则本身。因此，敬重，而不是愉悦或者对幸福的享受，才是没有一种给理性提供根据的、先行的情感（因为这种情感在任何时候都会是感性的和病理学的）为之可能的某种东西，作为对通过法则直接强迫意志的意识，几乎说不上是愉快情感的类似物，因为它在与欲求能力的关系中所造成的恰恰是同样的东西，但却是出自另外的源泉；不过，人们惟有通过这种表象方式才能达到人们所寻找的东西，即行动不仅是合乎义务地（依照惬意的情感），而且是出自义务而发生的，这必须是一切道德教育的真正目的。

但是，人们就没有一个不像幸福一词那样表示着一种享受、但却指示着对自己的实存的心满意足、指示着必须必然地伴随德性意识的幸福的一种类似物的词吗？有！这个词就是**自我满意**，它在其本真的意义上任何时候都仅仅暗示着对自己的实存的一种消极的心满意足，在这种心满意足中人们意识到自己不需要任何东西。自由和对自由是一种以占优势的意向来遵守道德法则的能力的意识，就是**对于偏好的独立性**，至少是对于作为我们的欲求的规定性（即使不是作为其**刺激性**）动因的那些偏好的独立性，而且就我在遵循我的道德准则时意识到这种独立性而言，它就是一种必然与之结合在一起的、不基于任何特殊的情感的、不可改
5〔118〕变的满意的惟一来源，而这种满意就可以叫做理智的满意。基于对偏好的满足的感性的（非本真地如此称谓）满意，无论它是如何巧妙地挖空心思想出的，都永远不能适合人们对此所设想的东西。因为偏好是变易的，随着人们让它们受到的优待而增长，并且总是留下一个比人们想到去填满的还要更大的罊洞。因此，它们对于一个有理性的存在者来说在任何时候都是**累赘**，而且即使他不能甩掉它们，它们也迫使他期望摆脱它们。甚至对合乎义务之事（例如对善行）的偏好，虽然很能够使**道德**准则更容易发挥作用，但却不能产生任何道德准则。因为在道德准则中，如果行动应当不仅仅包含**合法性**，而且也包含**道德性**的话，一切都必须是为了表现作为规定根据的法则。偏好是盲目的和奴性的，无论它是不是良性的，而理性在事情取决于道德时不仅必须扮演偏好的监护人，而且必须不考虑偏好而作为纯粹实践理性完全只关照它自己的兴趣。甚至这种同情和好心肠的关心的情感，如果先行于什么是义务的思考并成为规定根据的话，对于好心的人格本身来说也是累赘，它将使他们深思熟虑的准则陷入混乱，并造成摆脱它们并仅仅服从立法的理性的愿望。

由此出发就可以理解：一个纯粹实践理性的这种能力的意识如何能够通过行为（德性）而产生出自己的偏好之上的高等力量的意识，由此就产生出对这些偏好，故而也对总是伴随着这些偏好的不满意的独立性的意识，因而就产生出对自己的状态的一种消极的心满意足，亦即**满意**，这种满意在其来源上就是对自己的人格的满意。自由本身以这样的方式（亦即间接地）将能够有一种享受，这种享受不能叫做幸福，因为它不依

赖于一种情感的积极参与，严格说来也不能叫做**永福**，因为它并不包含对偏好和需要的完全独立性，但它毕竟和永福相似，也就是说，只要至少它的意志规定能够保持不受这些偏好和需要的影响，因而至少按照其起源来说与人们只能赋予最高存在者的那种自足类似。

从实践的纯粹理性的二论背反的这种解决得出：在实践的原理中， 5〔119〕
道德意识和对作为道德的后果而与道德成比例的幸福的期待之间，一种自然的和必然的结合至少是可以设想为可能的（但当然还并不因此就是可以认识到和看出的）；与此相反，谋求幸福的原理却不可能产生出道德；因此，**至上的**善（作为至善的第一个条件）构成道德，与此相反，幸福虽然构成至善的第二个要素，但却是这样构成的，即幸福只不过是前者的有道德条件的、但毕竟是必然的后果。惟有在这种隶属关系中，**至善才**是纯粹实践理性的全部客体，纯粹实践理性必须把至善必然地表现为可能的，因为它的一条命令就是为产生至善而作出一切可能的贡献。但是，由于有条件者与其条件的这样一种结合的可能性完全属于事物的超感性的关系，而且按照感官世界的法则是根本不能被给予的，即便这个理念的实践后果亦即以使至善成为现实为目标的行动是属于感官世界的，所以，我们将试图首先就直接受我们控制的东西而言，其次在理性作为我们在至善的可能性上的无能的补偿而（按照实践原则必然地）呈现给我们的、不受我们控制的东西中，展示那种可能性的各个根据。

三、纯粹实践理性在其与思辨理性相结合时的优先地位

我把两个或者多个通过理性结合起来的事物之间的优先地位理解为某一个事物是与其余所有事物的结合的首要规定根据这种优势。在狭义的实践意义上，它意味着某一个事物的兴趣的优势，只要其他事物的兴趣都服从于它的兴趣（它的兴趣不能被置于其他兴趣之后）。对于心灵的任何一种能力，人们都可以赋予一种**兴趣**，亦即一个原则，它包含着惟有在其下这能力的实施才能得到促进的条件。理性作为诸原则的能力，
规定着一切心灵力量的兴趣，但它自己的兴趣却是自己规定自己的。它 5〔120〕
的思辨应用的兴趣在于**认识**客体，直到那些最高的先天原则，而实践应用的兴趣则在于就最终的和完备的目的而言**规定**意志。一般理性应用的可能性所要求的东西，亦即理性的各个原则和主张必须不相互矛盾，并

不构成理性的兴趣的任何部分，而是一般而言拥有理性的条件；惟有扩展，而不是仅仅与自己相一致，才被算做理性的兴趣。

如果实践理性除了**思辨**理性独自就能够从自己的洞识出发呈献给它的东西之外，不再可以假定任何东西并把它当做被给予的来思维，那么，思辨理性就占有优先地位。但假设实践理性独自就拥有源始的先天原则，与这些原则结合在一起的是某些理论的断定，而这些断定尽管如此却避开了思辨理性的一切可能的洞识（尽管它们也必须不与思辨理性相矛盾），那么问题就是，哪一种兴趣是至上的兴趣（而不是哪一种兴趣必须退出，因为一种兴趣并不必然与另一种兴趣相矛盾）：对于实践理性交给它去接受的一切东西一无所知的思辨理性，是否必须接受这些命题，并且即使这些命题对于思辨理性来说是越界的，思辨理性也必须把它们当做一笔外来的、被过账给它的财产而与自己的概念一致起来，或者思辨理性是否有权顽固地恪守它自己的被隔离开的兴趣，并按照**伊壁鸠鲁**的准则学把一切不能通过显而易见的、可以在经验中提出的实例来认证自己的客观实在性的东西都当做空洞的玄想而加以拒绝，即使这东西还如此与实践的（纯粹的）应用的兴趣交织在一起，自身也不与理论理性相矛盾，只是由于它就取消思辨理性为自己设定的界限，并使思辨理性经受想象力的一切胡闹或者妄念而言，确实损害着思辨理性的兴趣罢了。

实际上，如果实践理性作为有病理学条件的，亦即作为在幸福的感性原则下仅仅管理诸偏好的兴趣的，而被奠定为基础，那么，就根本不能对思辨理性作出这种苛求。**穆罕默德**的天堂，或者**通神论者**和**神秘主义者**们与神性的融为一体，如同每个人兴之所至那样，都会把他们的巨
5 〔121〕 大的怪物强加给理性，而完全没有理性，以及以这样的方式使理性经受一切梦幻，就会是同样的事情。然而，如果纯粹理性独自就能够是实践的，而且也确实如此，就像道德法则的意识所证明的那样，那么，就毕竟总是只有同一种理性，无论是在理论的意图中还是在实践的意图中，它都在按照先天原则作出判断，而且在这里很清楚，即使理性的能力在前一个意图中做不到肯定地确立某些命题，然而这些命题却也不与理性相矛盾，正是这些命题，只要它们**不可分割地**属于纯粹理性的**实践兴趣**，虽然是作为一种对纯粹理性来说外来的建议，这建议并不是在纯粹理性的地基上生长起来的，但毕竟得到了充分的认可，理性就必须接受它们，

并力图把它们与理性作为思辨理性所能控制的一切进行比较和联结；但要满足于：这并不是理性的洞识，然而却是理性的应用在某个别的、亦即实践的意图中的扩展，这与理性那本身在于限制思辨的违禁的兴趣是根本不相悖的。

因此，在纯粹思辨理性与纯粹实践理性结合成为一种知识时，后者占有**优先地位**，因为已经预设的是，这种结合绝不是**偶然的**和随意的，而是先天地基于理性本身的，因而是**必然的**。因为没有这种隶属关系，就会产生理性与自己本身的一种冲突；因为如果两者仅仅相互并列（并立），那么，前者就会独自紧紧地闭锁自己的边界，而不从后者接受任何东西到自己的疆域中来，但后者仍然会把自己的边界扩展到一切之外，并且在它的需要有要求时，力图把前者一起包括到自己的边界之内。但是，人们根本不能苛求纯粹实践理性隶属于思辨理性，从而把这种秩序颠倒过来，因为一切兴趣最终都是实践的，而且思辨理性的兴趣也只是有条件的，惟有在实践应用中才是完整的。

四、作为纯粹实践理性之公设的灵魂不死 5〔122〕

在尘世中造就至善，这是一个可以由道德法则规定的意志的必然客体。但在这个意志中，意向与道德法则的**完全适合**是至善的至上条件。因此，这种适合必须与其客体一样是可能的，因为它是包含在促进这个客体的诫命之中的。但是，意志与道德法则的完全适合就是**神圣性**，是没有一个感官世界的理性存在者在其存在的某一时刻能够达到的一种完善性。然而，既然这种完善性尽管如此仍然作为实践上必要的而被要求，所以它就惟有在向着完全适合的一种**无限**进展的进步中才能被发现，而且按照纯粹实践理性的各原则，把这样一种实践的进步假定为我们意志的实在客体，也是必要的。

但是，这种无限的进步惟有预设同一个理性存在者的一种**无限**绵延的**实存**和人格性（人们把这称为灵魂的不死）才是可能的。因此，至善在实践上惟有预设灵魂的不死才是可能的，因而灵魂不死与道德法则不可分离地结合在一起，是纯粹实践理性的一个公设（我把公设理解为一个**理论的**、但本身不可证明的命题，只要这个命题不可分离地依附于一个先天无条件地有效的**实践**法则）。

关于我们本性的道德规定的这一命题，即惟有在一种无限进展的进步中才能达到与道德法则的完全适合，具有极大的效用，这不仅是考虑到目前对思辨理性的无能的补偿，而且也是就宗教而言的。如果缺少这一命题，则道德法则要么就完全被贬值而失去其**神圣性**，因为人们把它矫饰为**宽纵的**（宽容的），从而适合我们的惬意的，要么就把自己的天职，同时也把自己的期待张大，使之成为一种无法达到的规定，即成为
5〔123〕所期冀的意志的神圣性的完全获得，并且迷失在狂热的、与自知之明完全相矛盾的**通神论的**梦幻中，而这两者都只会妨碍对准确而且完全地遵循一种严格的、不宽纵的、尽管如此也并非理想的、而是真正的理性诫命的不懈**追求**。对于一个理性的、但却有限的存在者来说，惟有从道德完善性的低级阶段向较高阶段的无限进步才是可能的。对于**无限者**来说，时间条件是无，他把这个对我们来说无穷无尽的序列看做与道德法则的那种适合性的整体，而且他的诫命为了在他给每一个人规定的至善份额上与它的公正相符而毫不含糊地要求的神圣性，惟有在对理性存在者的存在的一种理智直观中才可以完全发现。而就这种份额的希望而言惟一能够属于造物的东西，则是对他那经过考验的意向的意识，为的是从他迄今由比较恶到道德上比较善的进步中，从他由此得知的始终不渝的决心中，希望不论他的实存能够达到多久，甚至超出此生，这种进步今后都将坚持不懈地延续下去①，而且绝不是此时或者在他的存在的某个可以预见的未来时刻，而只是在他的存续的（惟有上帝才能综观的）无限性
5〔124〕中与上帝的意志完全契合（无须与公正不相称的宽纵和赦免）。

---

① 尽管如此，**确信**自己的意向在向善的进步中始终不渝，对于一个造物独自来说似乎是不可能的。因此缘故，基督教的宗教学说也仅仅让这种确信起源自圣灵，圣灵使人神圣，也就是说造成坚定的决心，并与此同时造成在道德进步中的不屈不挠的意识。但是，意识到自己毕生很长时间里直到生命终结都在坚持向着更善进步，并且是出自真正的道德动机的人，也自然而然地可以形成尽管还不是确知却令人慰藉的希望，即他在一种超出此生而继续的实存中还将坚守这些原理，而且尽管在他自己的眼中，他在这里绝没有充足的理由，也不可以凭着所期冀的他的自然完善性的未来增长——但与此同时他的义务也在增长——而在某个时候希望有一个**永福的**未来的前景，尽管如此却可以在这种虽然涉及一个无限推移的目标，但对于上帝来说却已属拥有的进步中希望这一点；因为永福是理性用来表示一种不依赖于尘世中一切偶然原因的完备**福祉**的术语，这种福祉与**神圣性**一样，是一个只能包含在一种无限的进步及其总体性之中的，因而永远不为造物完全达到的理念。

五、作为纯粹实践理性之公设的上帝存在

在前面的分析中，道德法则导致了无须感性动机的任何参与而仅仅由纯粹理性指定的实践任务，也就是至善的第一和主要的部分亦即**道德性**的必然完备性，而且既然这一任务惟有在一种永恒中才能完全得到解决，就导致了**不死**的公设。正是这一法则，也必然和前面一样无私地、仅仅从不偏不倚的理性出发，导致至善的第二个要素的可能性，亦即与那种道德性相适合的**幸福**的可能性，也就是说，导向一个与这种结果相符的原因的存在的预设，亦即把**上帝的实存**公设为必然属于至善（我们意志的这一客体是与纯粹理性的道德立法必然相结合的）的可能性的。我们要令人信服地阐述这一联系。

幸福是尘世中一个理性存在者的状态，对这个理性存在者来说，就他的实存的整体而言**一切都按照愿望和意志进行**，因而所依据的是自然与他的整个目的，此外与他的意志的本质性规定根据的协调一致。现在，道德法则作为一条自由的法则，是通过应当完全不依赖于自然及其与我们的欲求能力（作为动机）的协调一致的那些规定根据发布命令的；但是，在尘世中行动着的理性存在者毕竟并不同时是世界和自然本身的原因。因此，在道德法则中没有丝毫的根据，来使一个作为部分属于世界，因而依赖于世界的存在者的道德性和与之成比例的幸福之间有一种必然的联系，这个存在者正因此而不能通过自己的意志成为这个自然的原因，而且就他的幸福而言，也不能从自己的力量出发使这个自然与他的实践原理完全一致。尽管如此，在纯粹理性的实践任务中，也就是说，在对 5〔125〕
至善的必然探讨中，这样一种联系却被公设为必然的：我们**应当**力求促进至善（所以它毕竟必然是可能的）。因此，整个自然的一个与自然有别的原因的存在也就被**公设**了，这个原因包含着上述联系亦即幸福与道德性精确一致的根据。但是，这个至上的原因应当不仅包含自然与理性存在者的意志的一种法则一致的根据，而且还就这些理性存在者把这一法则给自己设定为**意志的至上规定根据**而言包含着自然与这一**法则**的表象一致的根据，从而不仅包含着自然与道德在形式上的一致，而且还包含着自然与道德在作为他们动机的他们的道德性上的一致，也就是说，与他们的道德意向的一致。因此，惟有假定自然的一个拥有与道德意向相符合的因果性的至上原因，尘世中的至善才是可能的。现在，一个能够

按照法则的表象采取行动的存在者就是一个**理智**（理性存在者），而且这样一个存在者按照法则的这种表象的因果性就是他的**意志**。因此，自然的至上原因，就其为至善而必须被预设而言，就是一个通过**知性**和**意志**而是自然的原因（因而是创造者）的存在者，亦即上帝。所以，**派生的至善**（最好的世界）的可能性的公设同时就是一个**源始的至善**的现实性的公设，亦即上帝的实存的公设。现在，对于我们来说，促进至善本就是义务，因而预设这种至善的可能性就不仅是权限，而且也是与作为需要的义务相结合的必然性；既然至善惟有在上帝存在的条件下才是成立的，所以上帝存在的预设就与义务不可分割地结合在一起，也就是说，假定上帝的存在，在道德上是必然的。

这里应当注意的是：这种道德上的必然性是**主观的**，亦即是需要，而不是**客观的**，亦即本身不是义务；因为根本不可能有一种假定某个事物实存的义务（因为这仅仅关涉理性的理论应用）。这也不被理解为，假定上帝的存在是**一切一般责任的一个根据**，乃是必然的（因为如已经充
5〔126〕分证明了的，这个根据所依据的仅仅是理性自身的自律）。在这里，属于义务的惟有对尘世中的至善的产生和促进所作的探讨；因此，这种至善的可能性是可以公设的，但是，我们的理性发现，只有预设一个最高的理智，这种可能性才是可思议的；因此，假定一个最高的理智的存在与我们的义务的意识是结合在一起的，尽管这种假定本身是属于理论理性的；仅仅就理论理性而言，这种假定作为解释根据来看可以叫做**假说**，但在与一个毕竟通过道德法则提交给我们的客体（至善）的关系中，因而在与一种实践的意图中的需要的关系中，它就可以叫做**信念**，而且是纯粹的理性信念，因为惟有纯粹的理性（不仅在其理论应用上，也在其实践应用上）才是这种信念由以产生的源泉。

从现在开始，从这一**演绎**出发就可以理解，为什么**希腊**各学派从来未能解决它们关于至善的实践可能性的问题，仅仅因为它们总是使人的意志应用自己的自由的规则成为这种可能性的惟一的和充足的根据，在它们看来为此并不需要上帝的存在。虽然它们不依赖于这一公设，仅仅从理性与意志的关系出发来确立道德的原则，从而使之成为至善的**至上**实践条件，这一点做得很对，但它却并不因此就是至善的可能性的**全部**条件。**伊壁鸠鲁学派**虽然把一个完全错误的道德原则，亦即幸福的原则，

假定为最高的原则，并且把依照每一个人自己的偏好进行任意选择的准则偷换成一条法则，但他们在这里的行事方式却毕竟是足够**前后一致的**，他们同样地、亦即与他们的原理的低下成正比地贬低了他们的至善，而且并不期望有比通过人的明智（节制和偏好的控制也属于明智）所获得的更大的幸福，而如人们所知，这种明智的结果必定是相当贫乏的，并且根据种种情况是极为不同的；就更不用说他们的准则必须不断地承认的、并且使得他们的准则不适合于用做法则的种种例外了。与此相反，**斯多亚学派**完全正确地选择他们至上的实践原则亦即德性来作为至善的条件，但由于他们把德性的纯粹法则所需要的德性程度想象为在此生完全可以达到的，所以他们不仅把人的道德能力以一个**智者**的名义扩张到 5〔127〕
超出人的本性的所有限制的高度，并假定某种与一切人类知识相矛盾的东西，而且尤其也根本不想让属于至善的第二个**成分**，亦即幸福，被视为人的欲求能力的一个特殊对象，而是使他们的**智者**宛如一个意识到自己人格的卓越性的神祇一般完全独立于自然（在他的满意方面），因为他们虽然使这位智者遭受生活的不幸，但却不使他屈服于这些不幸（同时也把他表现为摆脱了恶的），这样就实际上删除了至善的第二个要素，亦即自身的幸福，因为他们把这一要素仅仅设定在行动和对自己人格价值的满足中，从而将它包括在道德思维方式的意识中，但在这里，他们通过他们自己的本性的声音就已经能够被充分地驳倒了。

基督教的学说①，即便人们还不把它视为宗教学说，也在这一点上提

① 人们通常认为，基督教的道德规范就其纯粹性而言，并没有胜过斯多亚学派的道德概念之处；然而，二者的区别毕竟是十分明显的。斯多亚学派的体系使坚忍的意识成为一切道德意向应当绕之旋转的枢纽，而且尽管这一体系的追随者们谈到了义务，也十分清楚地规定了义务，但他们毕竟把动机和意志真正的规定根据置于思维方式超越低级的、仅仅通过懦弱来起决定作用的感官动机之上的升华中。因此，德性在他们那里就是超升于人的动物本性之上的**智者**的某种英雄气概；对于智者本人来说，英雄气概就够了，他虽然给别人讲义务，但自己却超脱了义务，不屈服于任何逾越道德法则的诱惑。但是，如果他们像福音书的规范所做的那样，纯粹且严格地表象这种法则，他们就做不到这一切了。如果我把一个**理念**理解为一种完善性，在经验中没有任何东西能够与它契合地被给予，那么，道德理念因此就不是什么过分的东西，也就是说，不是我们甚至连它的概念也不能充分规定的东西，或者是否某个地方有一个对象与之相应也不确定的东西，就像思辨理性的理念那样；相反，它们作为实践完善性的原型，充当着道德行为不可或缺的准绳，同时充当着**比较的尺度**。如果我从其哲学方面来考察**基督教道德**，那么，它与希腊各学派的理念相比就会表现如下：**犬儒学派、伊壁鸠鲁学派、斯多亚学派和基督徒们**的理念分别是：**素朴、明智、智慧**和**神圣**。至于达到它们的途径，希腊哲学家们则各不相同，犬儒学派认为**平常的**

5〔128〕供了一个至善（上帝之国）的概念，惟有这个概念才使实践理性的最严格的要求得到满足。道德法则是神圣的（不宽纵的），并且要求道德的神圣性，虽然人所能够达到的所有道德完善性都始终只不过是德性，亦即出自对法则的**敬重**的合乎法则的意向，因而是对于逾越，至少是遵循法则的动机不纯，亦即混杂许多不纯正的（非道德的）动机的一种持续的倾向的意识，所以是一种与谦卑相结合的自我欣赏，从而就基督教的法则所要求的神圣性而言，留存给造物的就只有无限的进步，但也正因为此，造物就有理由希望自己无限的存续。一种与道德法则完全适合的意向的**价值**是无限的，因为一切可能的幸福在一个智慧的和万能的幸福分配者的判断中，除了理性存在者对自己的义务缺乏适合之外，没有任何别的限制。但是，道德法则独自说来毕竟不应许幸福；因为按照关于一般自然秩序的概念，幸福并不与道德法则的遵循结合在一起。基督教的道德学说通过把理性存在者在其中尽心尽意地献身于道德法则的世界描绘为一个**上帝之国**而弥补了这一（至善的第二个不可或缺的成分的）欠缺，在上帝之国中，通过一位使派生的至善成为可能的神圣创造者，自然与道德达到了一种对二者中的每一个单独说来都不具有的和谐。道德
5〔129〕的**神圣性**已经被指定为他们此生的准绳，但与这种神圣性成正比的福祉，亦即**永福**，却仅仅被表象为在一种永恒中可达到的，因为**前者**在任何状况中都必须始终是他们的行为的原型，而且向它的进步即便在此生中也是可能的和必然的，而**后者**则在这个尘世中却是不能以幸福的名义达到的（就取决于我们的能力而言），因而仅仅被当做希望的对象。尽管如此，基督教的**道德**原则本身毕竟并不是神学的（因而不是他律的），而是纯粹实践理性独自说来的自律，因为这种道德并不使上帝及其意志的知识成为这些法则的根据，而是仅仅使之成为在遵循这些法则的条件下达到至善的根据，它甚至把遵循这些法则的真正**动机**不是置于所期望的遵循法则的后果中，而是仅仅置于义务的表象中；配得上获得这些后果，就在于忠实地遵循这种义务。

人类知性就够了，其他的认为只有**科学**的途径才可以，因此二者毕竟都认为单纯**应用自然力量**就足以做到。基督教的道德由于如此纯粹和不宽纵地确立自己的规范（也必须是这样），就剥夺了人至少在此生与它完全契合的自信，但毕竟又这样建立了自信，即如果我们尽我们**能力**所及地行为善良，我们就能够希望，非我们能力所及的东西，将在别的地方使我们受益，无论我们现在是否知道以何种方式。**亚里士多德**和**柏拉图**只是就我们道德概念的起源而言才彼此有别。

以这样的方式，道德法则就通过至善作为纯粹实践理性的客体和终极目的的概念导致了**宗教**，也就是说，导致了**一切义务是神的诫命的知识**，这些诫命**不是强迫命令，亦即不是一个外来意志的任意的、自身偶然的指令**，而是每一个自由意志自身的根本**法则**，但尽管如此却必须被视为最高存在者的诫命，因为我们惟有从一个道德上完善的（神圣的和仁慈的），同时也是全能的意志那里才能希望至善，从而通过与这个意志的一致才能希望达到至善，而把至善设定为我们追求的对象，则是道德法则使之成为我们的义务的。因此，即便在这里，一切也依然是无私的、仅仅以义务为根据的；不可以把恐惧或者希望作为动机当做基础，它们如果成为原则，就会毁掉行动的全部道德价值。道德法则命令，要使一个尘世中可能的至善成为我的一切行为的最终对象。但是，除非通过我的意志与一个神圣的和仁慈的世界创造者的意志一致，我就不能希望去造成这个至善；尽管在作为一个整体的至善概念中，最大的幸福与最大程度的道德的（在造物中可能的）完善性被表象为以最精确的比例结合在一起的，**我自己的幸福**就一并包含在其中，但毕竟不是幸福，而是道 5〔130〕
德法则（它毋宁说把我对幸福的无限度追求严格地限制在一些条件上），才是被指定去促进至善的那个意志的规定根据。

因此，即便道德，真正说来也不是我们如何**使得**自己幸福的学说，而是我们应当如何**配享**幸福的学说。惟有当宗教出现时，也才出现我们有朝一日按照我们曾关注不至于不配享幸福的程度来分享幸福的希望。

如果某人拥有一件事物或者一种状态，这与至善是一致的，那么，他就**配享**这种拥有。现在，人们很容易就可以看出，所有的配享都取决于道德行为，因为道德行为在至善的概念中构成了其余的（属于状态的）东西的条件，亦即分享幸福的条件。于是由此得出：人们必须永远不把道德当做**幸福学说**，亦即当做一种分享幸福的指南来对待；因为它只与幸福的理性条件（conditio sine qua non［必要条件］）相关，而与获得幸福的手段无关。但是，如果道德（它仅仅提出义务，但不给自私的愿望提供规则）得到完备的阐述，惟有在这种情况下，当此前没有一个自私的灵魂能够产生的促进至善（给我们带来上帝之国）的道德愿望被唤醒，并为了这个愿望迈出了走向宗教的步伐之后，这种道德学说才能够也被称为幸福学说，因为对幸福的**希望**是随着宗教才开始的。

人们由此就可以看出：如果就创造世界而言追问**上帝的终极目的**，则人们必须举出的不是世上理性存在者的**幸福**，而是**至善**，至善给这些存在者的那个愿望附加了一个条件，即配享幸福的条件，也就是这同一些理性存在者的**道德性**，惟有道德性才包含着他们据以能够希望凭借一位**智慧的创造者**之手分享幸福的惟一尺度。因为既然**智慧**在理论上来看
5〔131〕意味着**至善的知识**，而在实践上来看意味着**意志对至善的适合**，所以人们就不能把一种仅仅基于**仁慈**的目的赋予一个最高的独立智慧。因为只有在与创造者的意志的神圣性①相一致这个限制条件下，人们才能把仁慈的这种结果设想成与源始的至善相适合的。因此，那些把创造的目的设定在上帝的荣耀之中（前提条件是，人们不要以神人同形同性论的方式把这种荣耀设想成受称颂的偏好）的人们，也许就发现了最好的表述。因为再也没有比尘世中最宝贵的东西更能荣耀上帝了，这就是：敬重他的诫命，遵循他的法则交付给我们的神圣义务，如果他的壮丽的部署还要使这样一种美好的秩序配上相适合的幸福而得以圆满的话。如果后者（以人的方式来说）使上帝值得爱，那么，他就由于前者而是崇拜（朝拜）的对象。甚至人们虽然也能够通过行善而获得爱，但却永远不能仅仅通过行善就获得敬重，以至于最大的善行也只有通过按照配享来施行，才给他们带来荣耀。

在种种目的的秩序中，人（以及每一个理性存在者）就**是目的自身**，也就是说，人永远不能被某个人（甚至不被上帝）仅仅当做手段来使用，而不同时自身就是目的，因此，我们人格中的人性对我们自己来说必然是**神圣的**，这是从现在起自行得出的结论，因为人是**道德法则的主体**，
5〔132〕从而是那种就自身而言神圣的、一般来说某种东西只是因为它并且与它相一致才能够被称为神圣的东西的主体。因为这种道德法则乃是建立在

① 在这里，并且为了标明这些概念的独特之处，我还要说明的只是：当人们赋予上帝种种不同的属性时，人们发现这些属性的性质也适合造物，只不过它们在上帝那里被提升到最高的程度罢了，例如力量、知识、在场、善等，被称为全能、全知、全在、全善等；但毕竟有三种性质仅仅被赋予上帝，并且不带关于大小的附加语，而且它们全都是道德上的：上帝是**惟一神圣的**、**惟一永福的**、**惟一智慧的**；因为这些概念已经具有不受限制性。因此，按照它们的秩序，上帝在这种情况下也是**神圣的立法者**（和创造者）、**仁慈的统治者**（和维护者）、**公正的审判者**，这三个属性包含着上帝借以成为宗教对象的一切，而与它们相适合，种种形而上学的完善性就自行添加进理性中。

他的意志的自律之上的，作为一种自由的意志，他的意志按照自己的普遍法则必然能够同时与它应当**服从**的东西**协调一致**。

六、总论纯粹实践理性的公设

这些公设全都是从道德性的原理出发的，这个原理不是公设，而是理性用来直接规定意志的一个法则，这个意志正由于它被这样规定而作为纯粹意志要求着遵循它的规范的这些必要条件。这些公设不是理论的教义，而是在必然实践的考虑中的**前提条件**，因而虽然并不扩展思辨知识，但却**总的来说**（凭借它们与实践的东西的关系）给予思辨理性的理念以客观实在性，并使思辨理性对于它本来甚至不能自诩哪怕是仅仅主张其可能性的概念具有权利。

这些公设就是**不死**的公设、积极地来看（作为一个存在者就其属于理知世界而言的因果性）的**自由**的公设和**上帝存在**的公设。**第一个**公设产生自持存与道德法则的完整履践相适应这个实践上的必要条件；**第二个**公设产生自对感官世界的独立性和按照一个理知世界的法则规定其意志的能力，亦即自由这个必要的前提条件；**第三个**公设产生自通过预设独立的至善亦即上帝的存在来给这样一个理知世界为了成为至善提供条件的必要性。

因此，由于对道德法则的敬重而成为必要的针对至善的意图，亦即由此产生的对至善的客观实在性的预设，就通过实践理性的公设导向了思辨理性虽然能够作为课题提出、但却未能解决的几个概念。所以，1. 导向了这样一个课题，在它的解决中思辨理性只能犯下**谬误推理**（亦即不死的课题），因为它缺乏持久性的特征，不能把在自我意识中必然被 5〔133〕
赋予灵魂的那个最终主体的哲学概念补足成一个实体的实在表象，这一点，实践理性通过一种为在作为实践理性的全部目的的至善中与道德法则相适合所要求的持存的公设而做到了。2. 借助于自由的公设，它导向了这样一个概念，关于它思辨理性只包含有**二论背反**，思辨理性只能把这二论背反的解决建立在一个虽然可以或然地思维，但就其客观实在性而言却对思辨理性来说不能证明和规定的概念之上，这就是一个理知世界的**宇宙论**理念，以及对我们在这个理知世界中的存在的意识（至于自由的实在性，它是通过道德法则，与此同时通过一个理知世界的法则来阐明的，对这个理知世界思辨理性只能指出，但却不能规定它的概念）。3. 它使思辨理性虽然想到，但却不得不使之作为纯然的先验**理想**而不加规定的东西，即元始存在者的**神学**概念，获得了意义（在实践的意图中，亦即作为由那个法则所规定的意志的客体之可能性的条件），也就是在一个理知世界中通过在其中实行统治的道德立法使至善的至上原则获得意义。

但是，我们的知识以这样的方式就通过纯粹实践理性得到了现实的扩展，而对于思辨理性来说曾是**超验的**东西，在实践理性中就是**内在的**吗？当然，但**只是在实践的意图中**。因为我们虽然由此既没有对于我们灵魂的本性，也没有对于理知的世界，更没有对于最高的存在者，按照它们就自身而言之所是而有所认识，而只是把它们的概念在作为我们意志的客体的**至善这一实践**概念中结合起来了，而且是完全先天地通过纯粹理性来结合的，但却只是借助于道德法则，并且也仅仅与道德法则相关，就它所要求的客体而言才如此。但是，何以哪怕自由也仅仅是可能的，而且人们如何能够在理论上并积极地表现这个种类的因果性，这却没有由此而看出来，而是仅仅通过道德法则并为了道德法则而公设了有这样一种因果性存在。别的那些理念的情况亦复如是，永远没有任何人
5〔134〕类知性按照其可能性来探究它们，但它们不是真实的概念这一点，也将永远没有任何诡辩从哪怕最普通的人的确信中夺走。

七、如何可能设想纯粹理性在实践的意图中的扩展却不同时由此扩展其思辨的知识？

为了不致过于抽象，我们要马上在目前这个场合的应用中来回答这个问题。——为了**在实践上**扩展一种纯粹的知识，必须被先天地给予一个**意图**，亦即一个作为（意志之）客体的目的，这个客体独立于一切理论的原理，通过一个直接规定意志的（定言的）命令式，被表现为实践上必然的，而这在此处就是**至善**。但是，如果不预设三个理论概念（由于它们只是纯粹的理性概念，所以不可能为它们找到相应的直观，因而不可能沿着理论的途径为它们找到任何客观实在性），亦即自由、不死和上帝，至善就是不可能的。因此，通过要求在一个世界里可能的至善有实存的道德法则，纯粹思辨理性的那些客体的可能性，以及纯粹思辨理

性不能向这些客体保证的客观实在性，就被公设出来了；由此，纯粹理性的理论知识当然就获得了一种增长，但这种增长仅仅在于，那些通常对于纯粹理论来说或然的（仅仅可思维的）概念，现在就被实然地解释为应现实地把客体归于它们的概念了，因为实践理性为了自己的而且是实践上绝对必要的客体亦即至善的可能性，不可避免地需要它们的实存，而理论理性由此就被授权去预设它们。但是，理论理性的这种扩展并不是思辨的扩展，亦即不是为了**在理论的意图**中从现在起对它作出一种积极的应用。因为既然在这方面通过实践理性所提供的无非是：那些概念是实在的，而且现实地拥有自己的（可能的）客体，但同时关于这些客体的直观却没有任何东西被给予我们（这也是不可以要求的），所以，没有任何综合命题通过这些概念被承认的实在性而成为可能。因此，这种开放在思辨的意图中对我们没有丝毫帮助，但就纯粹理性的实践应用而言，倒是有助于扩展我们的这种知识。思辨理性的上述三个理念就自身 5〔135〕
而言还不是什么知识；但这毕竟是些（超验的）**思想**，在它们里面没有任何不可能的东西。现在，它们通过一个无可置疑的实践法则，作为这个法则要求当做客体的那种东西的可能性的必要条件，获得了客观实在性，也就是说，我们通过那个法则得到指示：**它们拥有客体**，但却毕竟不能指出它们的概念是如何与一个客体发生关系的，而这也就还不是对**这些客体**的知识；因为人们由此根本不可能作出任何综合的判断，也不可能对它们的运用在理论上作出规定，因而对它们根本不能做理性的任何理论应用，而理性的一切思辨知识真正说来就在于这种应用。但尽管如此，**虽然不是这些客体的**，但却是一般理性的理论知识却由此而在下述意义上得到了扩展，即通过这些实践的公设，毕竟把**客体给予了**那些理念，因为一个仅仅或然的思想首先借此获得了客观实在性。因此，这并不是**关于被给予的超感性对象**的知识的扩展，但毕竟是理论理性及其在一般超感性事物方面的知识的扩展，这是就理论理性被迫承认**有这样一些对象**而言的，但对于这些对象却不能作出更详细的规定，因而不能扩展关于这些客体（它们从现在起就出自实践的理由并且也只是为了实践的应用而被给予了理性）的知识本身，因此，纯粹理论理性必须把上述知识的增长仅仅归功于它的纯粹实践能力，而对它来说，所有那些理念都是超验的，都没有客体。在纯粹实践能力这里，它们都成为**内在的**

和**建构性的**，因为它们都是使纯粹实践理性的**必要客体**（至善）**成为现实**的那种可能性的根据，除此之外，它们就是**超验的**，是思辨理性的纯然**范导性**原则，这些原则责成思辨理性的事情，并不是超出经验之外去假定一个新的客体，而仅仅是使它在经验中的运用接近完备。但是，一旦理性具有了这种增长，那么，它作为思辨理性（真正说来只是为了保证它的实践应用）借助那些理念进行的工作就将是消极的，也就是说，不是在扩展，而是在澄清，以便一方面抵挡作为**迷信**之源泉的**神人同形**
5〔136〕**同性论**或者通过自以为的经验对那些概念所作的表面上的扩展，另一方面抵挡通过超感性的直观或者诸如此类的感觉应许那种扩展的**狂信**；这一切都是纯粹理性的实践应用的障碍，因此，对它们的防范当然属于我们的知识在实践的意图中的扩展，而同时承认理性在思辨的意图中丝毫也没有因此而有所收获，这与那种扩展并不矛盾。

对于理性就一个对象而言的任何应用，都要求有纯粹的知性概念（范畴），没有它们，就不能思维任何对象。这些纯粹的知性概念只能被运用于理性的理论应用，也就是说，被运用于同时配备有直观（直观在任何时候都是感性的）的那种知识，因而仅仅是为了通过它们来表现可能经验的一个客体。但现在，理性的这些根本不可能在任何经验中被给予出来的**理念**，在这里却是我必须通过范畴来思维以便认识的东西。不过，这里所说的也不是对这些理念的客体的理论知识，而只是说这些理念一般而言具有客体。纯粹实践理性获得了这种实在性，而在此理论理性所要做的无非是通过范畴仅仅**思维**那些客体，这正如我们在别的地方已经清楚地指出的那样，完全可以不需要直观（无论是感性直观还是超感性直观）来进行，因为范畴在独立于并且先于一切直观、仅仅作为思维能力的纯粹知性中拥有自己的位置和起源，而且它们永远只意味着一个一般客体，**无论它以哪一种方式被给予我们**。现在，就范畴应当被运用于那些理念而言，虽然不可能在直观中给予它们以任何客体；但是，它们毕竟是通过实践理性在至善的概念中毫无疑问地呈现出来的一个客体，通过为了至善的可能性所要求的**那些概念的实在性**，而充分地得到保证：**这样一个客体是现实的**，从而范畴作为一种纯然的思维方式在这里不是空洞的，而是有意义的，尽管如此，也并不由于这种增长而造成根据理论原理的知识的丝毫扩展。

※　　　※　　　※

除此之外，如果通过取自我们自己的本性的那些谓词来规定上帝、一个理知世界（上帝之国）和不死这些理念的话，那么，人们就既不可以把这种规定视为那些纯粹的理性理念的**感性化**（神人同形同性论），也不可以把它视为对**超感性的**对象的越界知识；因为这些谓词无非是知性和意志，确切地说是当它们在道德法则中被思维时在相对关系中这样看的，因而只是就对它们作一种纯粹的实践应用而言的。在这种情况下，其余一切在心理学上，亦即就我们对我们的这些能力**在它们实施时**进行经验性观察而言与这些概念有关联的东西（例如，人的知性是推论性的，因而它的表象是思想而不是直观，这些表象在时间中前后相继，人的意志总是带有满意对于其对象的实存的一种依赖性，如此等等，而在最高的存在者里面却不可能是这样），就都被抽掉了，这样，对于我们用来思维一个纯粹知性存在者的那些概念，所剩下的就无非是恰恰为了思维一个道德法则这种可能性所要求的东西了，因而虽然是对上帝的一种知识，但却是仅仅在实践的关系中，由此，如果我们试图把它扩展成为一种理论知识，我们就将得到一种并不思维但却**直观**的知性，一种指向对象而其满意丝毫也不依赖对象的实存的意志（我甚至不想提及那些先验的谓词，例如实存的某种量，亦即持存，但它并不出现在时间中，而时间是我们把存在表现为量的惟一对我们来说可能的手段），完全是些我们对之不能形成任何与对象的**知识**相适合的概念的属性，我们由此也就得知，它们永远不能被运用于关于超感性存在者的**理论**，因而也根本不能够在这方面建立起一种思辨的知识，而是把自己的应用仅仅限制在道德法则的履践上。 5〔137〕

后面这一点是如此显而易见，并能够通过事实得到如此清晰的证明，以至于人们可以大胆放心地要求所有自以为的**自然的对神博学者**（一个怪异的名称①），哪怕只举出一个（超出纯然本体论的谓词）规定他们的 5〔138〕
对象的属性，例如知性的属性或者意志的属性，让人们不能对之无可争

① **博学**真正说来只是各种**历史**科学的总和。因此，惟有启示神学的教师才能叫做**对神博学者**。但是，如果人们也想把那种拥有各种理性科学（数学和哲学）的人称为一个博学者，尽管这已经会与词义（即它在任何时候都仅仅把绝对必须被**教给**，因而不能通过理性自行发明的东西算做博学）相矛盾，那么，哲学家就完全可能以自己作为实证科学的上帝知识给人以太坏的印象，以至于因此不能被称为一个**博学者**。

议地表示，如果从中抽掉一切神人同形同性论的东西，给我们剩下的就是纯然的语词，不能把丝毫的概念与之相结合，借以可以希望对理论知识有一种扩展。但就实践的东西而言，从一个知性和意志的那些属性中毕竟还是给我们留下了一种关系的概念，实践法则（它恰恰先天地规定了知性与意志的这种关系）使这个概念获得了客观实在性。这种情况一旦发生，一个道德上受到规定的意志之客体的概念（至善的概念），以及与它一起这客体的可能性的条件亦即上帝、自由和不死的理念，也都被给予了实在性，但永远只是在与道德法则的履践的关系中（不是为了任何思辨的目的）被给予的。

在作了这些提醒之后，现在也就可以很容易地找到这个重要的问题的答案了：**上帝的概念是一个属于物理学**（因而当形而上学只包含物理学在普遍意义上的那些纯粹先天原则时，也属于形而上学）**的概念还是一个属于道德的概念**？对自然安排或者其变化作出**解释**，如果人们乞灵于作为一切事物的创造者的上帝，那么这至少不是一种物理学的解释，而到处都是在承认自己的哲学完结了：因为人们为了能够对自己眼前看到的东西形成一个概念而不得不假定自己对之本来没有任何概念的东西。但是，通过形而上学从对**这个**世界的知识出发**凭借可靠的推论**来达到上帝的概念及其实存的证明，这之所以是不可能的，乃是因为我们必须把这个世界当做最完满的可能整体来认识，从而为此目的而必须认识一切
5〔139〕可能的世界（以便能够把它们与这个世界进行比较），从而必须是全知的，以便说这个世界惟有通过一个**上帝**（就像我们必须思维这个概念那样）才是可能的。但是，完全从纯然的概念出发来认识这个存在者的实存，这是绝对不可能的，因为任何一个实存命题，亦即关于一个我对之形成一个概念的存在者说它实存着的命题，都是一个综合命题，也就是这样一个命题，通过它，我超出那个概念，关于这个存在者说出比在概念中所曾想到的更多的东西，亦即对于这个**知性之中**的概念来说，还要设定一个**知性之外**的对象与之相应，而这显然是通过任何一种推论都不可能得出的。因此，对于理性来说，就只剩下一种程序来达到这种知识了，这就是它作为纯粹理性，从它的纯粹实践应用的至上原则出发（因为这种应用本来就仅仅指向作为理性之后果的某物之**实存**）来规定自己的客体。而在这里，就不仅仅是在理性不可避免的任务，亦即使意志必

然指向至善的任务中显示出在世界上的这种善的可能性的关系中假定这样一个元始存在者的必要性，而且最值得注意的是，还显示出理性沿着自然道路的进程所完全缺乏的某种东西，即**这个元始存在者的一个得到精确规定的概念**。既然我们只认识这个世界的一个小部分，更不能把这个世界与一切可能的世界进行比较，所以，我们固然可以从这个世界的秩序、合目的性和巨大而推论出它的一个**智慧**、**善意**、**强大**等的创造者，但却不能推论出他的**全知**、**全善**、**全能**等。人们也完全可以承认：自己完全有权通过一个可以容许的、完全合理的假说来弥补这个不可避免的缺陷；也就是说，如果在我们较切近的知识所呈现出的如此之多的部分中都凸显出智慧、善意等，那么，在其余所有部分中就也会是这样，因而把一切可能的完善赋予世界的创造者就是合理的；但是，这并不是我们自以为有所洞识所凭借的什么**推论**，而只是人们能够迁就我们的一种许可，而这种许可为了能够得到应用毕竟还需要其他方面的推荐。因此，上帝的概念沿着经验性的途径（物理学的途径）就依然永远是关于第一存在者的完善的**一个不曾得到精确规定的概念**，不能把它视为与一个神祇的概念是相适合的（但凭借形而上学在其先验部分中却根本不可能有任何建树）。

现在，我试图把这个概念固定在实践理性的客体上，在这里我发现， 5〔140〕
道德原理惟有在预设一个具有**最高完善性**的世界创造者的情况下才允许这个概念是可能的。这个世界创造者必须是**全知的**，以便在一切可能的场合和在一切未来都认识我的行为，直到我的意向的最深处；他必须是**全能的**，以便赋予我的行为以适当的后果；他同样必须是**全在的**、**永恒的**；等等。从而，道德法则就通过作为一种纯粹实践理性之对象的至善的概念规定着作为**最高存在者**的元始存在者的概念，这是理性的物理学进程（并更高地延伸到形而上学进程），因而其全部思辨进程所无法做到的。因此，上帝的概念是一个原初就不属于物理学的概念，亦即不是对思辨理性来说的概念，而是一个属于道德的概念，而且对于我们上面已经当做理性在其实践应用中的公设来对待的其他那些理性概念，人们也都可以说同样的话。

如果人们在**阿那克萨哥拉**之前的希腊哲学史中没有发现一种纯粹的理性神学的任何清晰的痕迹，那么，原因并不在于这些较早的哲学家们缺乏知性和洞识，以至于不能通过思辨的途径至少借助一种完全合理的假说来把自己提高到这一点；有什么能够比自行呈现给每个人的思想，即不假定不同的世界原因的不确定的完善程度，而是假定一个具有**一切完善性**的惟一理性的世界原因，要更为容易和更为自然呢？但是，世界上的灾祸似乎对他们来说是许多太重要的异议，以至于不能认为有权利作出这样一种假说。因而他们在这一点上表现出来的恰恰是知性和洞识，即他们并不冒昧地作出那种假说，反而在自然原因中去四处寻找，看自己是否能够在这些原因中遇到元始存在者所要求的那种性状和能力。但是，当这个思想敏锐的民族在探究中走过如此之远，甚至对其他民族从来也没有超出过空泛议论的那些道德对象也作了哲学上的探讨之后，他们这时才第一次发现了一种新的需要，即一种实践的需要，这种需要不会不给他们确定地指明元始存在者的概念，而此时思辨理性却袖手旁观，
5〔141〕至多还有这样的功劳，即对一个不是在自己的地基上成长起来的概念加以修饰，并且用现在才出现的一系列出自自然观察的证实，来与其说是提高这个概念的声望（这声望已经确立起来了），倒不如说只是用自以为的理论上的理性洞识大讲排场。

※　　※　　※

从这些提醒中，纯粹思辨理性批判的读者将完全确信，那个费力的范畴**演绎**对于神学和道德而言是如何极其必要、如何有益了。因为惟有通过这种演绎才能防止，当人们把这些范畴设定在纯粹知性中时与**柏拉图**一起把它们看做天生的，并在这上面用人们无法预见其结局的超感性事物的理论建立起越界的僭妄，却由此使神学成为充满幻影的魔灯；而当人们把这些范畴视为获得的时，则防止人们与**伊壁鸠鲁**一起把它们所有的和每一种应用，甚至是实践的意图中的应用，都仅仅限制在感官的对象和规定根据之上。但现在，批判在那个演绎中证明了，**第一**，这些范畴并没有经验性的起源，而是先天地在纯粹知性中有自己的位置和来源；还有**第二**，既然它们不依赖于对象的直观而与**一般对象**发生关系，它们虽然惟有在运用于通过纯粹实践理性而被给予的对象时也充当对**超感性的东西**的**确定的思维**，但却仅仅是就这种超感性的东西只是通过这样一些必然属于纯粹的、被先天地给予的**实践意图**及其可能性的谓词来规定而言的。对纯粹理性在思辨上的限制和对它在实践上的扩展就第一

次把纯粹理性带入了一般理性在其中可以得到合目的的运用的**平等关系**之中，而这个例子就比别的例子更好地证明，通过**智慧**的道路如果应当是可靠的而不是不可通行的或者引入歧途的，那么它在我们人这里就不可避免地必须经过科学，但人们惟有在这科学完成之后，才能够确信它是导向那个目标的。

八、出自纯粹理性的一种需要的视之为真 5〔142〕

纯粹理性在其思辨应用中的一种**需要**仅仅导向**假说**，但纯粹实践理性的需要却导向**公设**；因为在前一种场合，我从派生的东西出发在根据的序列中上升到**如我所愿**的高度，并且需要一个元始根据，不是为了给予那种派生的东西（例如世界上的事物和变化的因果结合）以客观实在性，而只是为了就派生的东西而言完全满足我的研究的理性。这样，我就在我面前的自然中看到了秩序和合目的性，而且并不为了确信它们的**现实性**而需要着手去进行思辨，而只是为了**解释**它们而需要**预设一个神祇**来作为它们的原因；这样，由于从一个结果向一个确定的原因，尤其是像我们必须想到上帝时那样严格一样完全地确定的原因所作的推论永远是不可靠的和困难的，所以这样一个预设就不能超过对我们人来说最合理的意见的程度。① 与此相反，纯粹**实践**理性的一种需要乃是基于一种**义务**的，即是使某种东西（至善）成为我的意志的对象，以便尽我的一切力量去促成它；但我在这里必须预设它的可能性，从而也预设这种可能性的条件，亦即上帝、自由和不死，因为我通过我的思辨理性不能证明它们，尽管也不能反驳它们。这个义务建立在一个当然完全不依赖于后面这些预设的、独自就是无可置疑地确定的法则亦即道德法则之上，因而就此来说并不需要通过关于事物的内部性状、世界秩序或者一个主 5〔143〕
管世界秩序的统治者的隐秘目的的理论意见来获得其他方面的支持，以便约束我们最完善地作出无条件地合乎法则的行动。但是，这个法则的

① 但即便在这里，倘若不是有一个或然的，但毕竟不可避免的理性概念，即一个绝对必然的存在者的概念摆在我们眼前的话，我们也就不可能借口**理性**有一种需要了。现在要使这个概念得到规定，而这一点，在对此加以扩展的冲动出现时，就是思辨理性的一种需要的客观根据，即对应当用做其他存在者的元始根据的一个必然存在者的概念进一步作出规定，因而使这个存在者成为可识别的。没有这样一些先行的必要问题，也就没有任何**需要**，至少是没有任何**纯粹理性**的需要；其余的就都是**偏好**的需要了。

主观效果，即与它相适合并且通过它也是必然的那个促成实践上可能的至善的**意向**，毕竟至少预设这种至善是**可能的**，否则的话，竭力追求一个其实空洞和没有客体的概念的客体，就会是实践上不可能的。现在，上述公设仅仅涉及至善之**可能性**的那些物理学的或者形而上学的、一言以蔽之处于事物的本性之中的条件，但不是为了一个随意的思辨意图，而是为了纯粹的理性意志的一个实践上必然的目的，纯粹的理性意志在这里并不**选择**，而是**服从**一个严谨的理性命令，这个命令**客观上**在事物的性状中有其根据，只要事物必须由纯粹理性来进行普遍的判断，而且这个命令绝不是建立在**偏好**之上的，偏好为了我们出自纯然**主观的**根据而**期望**的东西，绝对没有权利马上就假定达到这种东西的手段是可能的，或者甚至假定这对象是现实的。因此，这是一个**在绝对必然的意图中的需要**，它并不是把自己的预设仅仅当做允许的假说，而且是当做实践意图中的公设来辩解；而且如果承认道德法则作为命令（而不是作为明智规则）严谨地约束着每一个人，正直的人就完全可以说：**我愿意**有一个上帝，我在这个世界中的存在也要在自然联结之外还是一个纯粹的知性世界中的存在，最后还有我的持存要是无限的，我坚持这些并且非要有这种信仰不可；因为这是惟一的东西，在其中由于我丝毫不可以忽视我的兴趣，我的兴趣就不可避免地规定着我的判断，而不去注意一些玄想，哪怕我对这些玄想可能会多么难以回答，或者多么难以做到以更加虚假的玄想去对抗它们。①

※ ※ ※

---

① 在1787年2月号的《德意志博物馆》上，有一篇论文出自一位非常敏锐和清醒的人物，即可惜早逝的**魏岑曼**，他在其中否认有从需要推论到该需要的对象的客观实在性的权限，并用一个**热恋者**的例子来阐明他的观点，这个热恋者由于迷恋于本来只是他的幻影的美的理念，就想推论这样一个客体是现实地在某个地方实存着的。在需要基于**偏好**的一切场合里，我承认他在这一点上是完全有道理的，偏好就连对受到其诱惑的人也不是必然能够公设其客体的实存的，更不用说包含对每一个人都有效的要求了，因而是种种期望的一个**主观的**根据。但在这里，需要是一种产生自意志的一个**客观的**规定根据的，亦即产生自道德法则的**理性需要**，道德法则必然地约束着每一个有理性的存在者，因而先天地有权利预设自然中与它相适合的条件，并使得这些条件与理性的完全的实践应用不可分割。义务就是尽我们最大的能力使至善成为现实；因此，至善毕竟也必须是可能的；所以，对于世界上的每一个有理性的存在者来说，预设对至善的客观可能性来说必要的东西，这也是不可避免的。这个预设与道德法则一样是必要的，它也惟有与道德法则相关才是有效的。

为了在使用像一种纯粹的实践的理性信念这样一个还是如此不习惯的概念时防止误解，请允许我再附上一个说明。——事情应当看起来差不多是，好像这个理性信念在这里甚至被宣布为**命令**，即把至善假定为可能的。但是，一种被命令的信念是一件荒唐无稽的事情。不过，人们可以回忆一下上面对于被要求在至善的概念中假定的东西所作的辨析，人们将注意到，假定这种可能性，这是根本不可以被命令的，它也不要求有**承认**这种可能性的任何实践意向，相反，思辨理性无须申请就必须承认这种可能性；因为毕竟不可能有任何人愿意主张，世界上的有理性存在者与道德法则相适合的配享幸福，与对这种幸福的一种与上述配享成正比的占有相结合，本身是**不可能的**。现在，就至善的前一部分，即涉及道德的东西而言，道德法则仅仅给予我们一个命令，而怀疑那个组成部分的可能性，也就等于对道德法则本身提出质疑。但就那个客体的第二部分，亦即与那个资格完全适合的幸福而言，虽然一般来说承认幸福的可能性根本不需要一个命令，因为理论理性自身丝毫不反对这一点：只是我们应当**如何**设想自然法则与自由法则的这样一种和谐的方式，本身却具有要由我们作出一种**选择**的某种东西，因为理论理性对此不能以无可置疑的确定性作出任何决定，而就这种确定性而言，可以有一种道德的兴趣来起决定性的作用。 5〔144〕 5〔145〕

我在上面曾经说过，按照世界上的一种纯然的自然进程，精确地与道德价值相适合的幸福是不可指望的，必须被视为不可能的，因此，至善的可能性从这方面惟有在预设一个道德的世界创造者的情况下才能被承认。我曾有意地克制着不把这个判断限制在我们理性的**主观**条件之上，以便惟有在应当对理性的视之为真的方式作出进一步的规定时才使用这种限制。实际上，上述不可能性**仅仅是主观的**，也就是说，我们的理性发现**它不可能**使自己根据一个纯然的自然进程来理解两种按照如此不同的法则而发生的世界事件之间如此精确地适合并完全合目的的联系，尽管就像在所有通常在自然中是合目的的东西那里一样，理性毕竟也不能根据普遍的自然法则来证明，亦即出自客观的理由来充分阐明这种联系的不可能性。

不过，现在有一种不同类型的决定根据加入了游戏，要在思辨理性动摇不定时起决定性的作用。促成至善这个命令在客观上（在实践理性中）是有根据的，至善的一般可能性同样在客观上（在对此不加丝毫反对的理论理性中）是有根据的。然而，我们应当如何表现这种可能性的方式，是按照普遍的自然法则而无须一个主管自然的智慧创造者，还是仅仅在预设这个创造者的情况下来表现，这是理性不能客观地决定的。现在，这里出现了理性的一种**主观的**条件：惟一在理论上对理性可能的、同时对道德性（它是服从理性的一个**客观的**法则的）只有益处的方式，即把自然王国与道德王国的精确一致设想为至善的可能性的条件。现在，既然促成至善，因而预设它的可能性**在客观上**（但仅仅按照实践理性来说）是必要的，但同时我们要怎样把至善设想为可能的那种方式却是由
〔146〕我们选择的，但在这种选择中纯粹实践理性的一种自由的兴趣却决定要假定一个智慧的世界创造者，所以，在这里规定我们的判断的那个原则虽然作为需要是**主观的**，但同时作为**客观上**（实践上）必要的东西的促成手段，却也是在道德意图中视之为真的一条**准则**的根据，亦即是一种**纯粹的实践的理性信念**。因此，这种信念不是被命令的，而是作为对我们的判断的自愿的、有益于道德的（被命令的）意图的、此外还与理性的理论需要一致的规定，即预设那种实存，此外把那种实存作为理性应用的基础，其本身是产生自道德意向的；因此，即便在有良好意向的人那里，它也经常可能有时动摇不定，但却永远不会陷入无信念。

九、人的认识能力与人的实践规定明智地相适合的比例

如果人的本性注定要追求至善，那么，他的各种认识能力的程度，尤其是这些认识能力彼此之间的比例关系，也必须被假定为是适合于这一目的的。但现在，对纯粹**思辨**理性的批判证明理性有极大的不足，不能与这个目的相适合地解决提交给它的最重要的任务，尽管这个批判也没有低估这同一个理性的自然的和不可忽视的提示，同样也没有低估它为了接近这个给它标出的伟大目标而能够迈出的巨大步伐，但它毕竟不能单凭自己在某个时候达到这个目标，甚至借助于最大的自然知识也不行。因此，自然在这里显得只是**继母般地**为我们提供了达到我们的目的所必需的能力。

现在，假如自然在这里顺从了我们的愿望，赋予了我们这样一种我们乐意具有，或者一些人干脆误以为自己已经现实地具有的洞识能力或

者光照，那么，从一切迹象来看这会有什么样的后果呢？只要我们的全部本性没有同时得到改变，那么，毕竟总是第一个发言的**偏好**就会首先要求自己的满足，而且与理性的考虑相结合，就会以**幸福**的名义要求自 5〔147〕
己最大可能的和持久的满足；道德法则在此之后会说话，为的是把那些偏好保持在与它们相称的限制之中，甚至使它们全都服从一个更高的、不考虑任何偏好的目的。但是，不是现在道德意向必须与偏好进行的那场几经失败之后毕竟可以在其中赢得灵魂的道德力量的争斗，而会是**上帝**和**永恒**以其**可怕的威严**持续不断地处于我们**眼前**（因为我们完全能够证明的东西，就确定性而言对我们来说是等于我们因亲眼目睹而确信的东西的）。对法则的违反当然会被避免，被命令的东西会被执行；但由于行动应当从中发生的那种**意向**不可能通过任何命令一起灌输进来，对活动的刺激在这里却是立刻就在手边的，并且是**外部的**，因此，理性不可以首先努力向上，以便通过法则之尊严的活生生的表象来聚集抵抗偏好的力量，那样的话，绝大多数合乎法则的行动的发生就会是出自恐惧，只有少数会出自希望，而根本没有一个会出自义务了，但这些行动的道德价值也就会荡然无存了，而人格的价值，甚至世界的价值在最高智慧的眼中却毕竟仅仅取决于这种道德价值。因此，只要人们的本性还保持像它现在这样，那么，人们的行为就将会变成一种纯然的机械作用，其中就像是在木偶戏中一样一切都**姿势**对路，但在人物形象中却不会看到**任何生命**。现在，既然在我们这里完全是另一种情况，既然我们凭借我们的理性的一切努力对未来也只有一种极为模糊不清的眺望，世界的统治者只让我们猜测而不是看到或者清晰地证明他的存在及其壮丽，与此相反，我们心中的道德法则并不向我们肯定地有所应许或者有所威胁，而是要求我们无私的敬重，但除此之外，当这种敬重成为主动的和占统治地位的时，它在这种情况下并仅仅由此才允许眺望超感性事物的王国，但也只是以微弱的目光眺望；所以，真正的道德的、直接被奉献给法则的意向是能够发生的，有理性的造物是能够配得上与他的人格的道德价值相适合、而不是仅仅与他的行动相适合的至善份额的。因此，即便在 5〔148〕
这里，对自然和人的研究通常充分地教给我们的东西，即我们借以实存的那个不可探究的智慧，在它拒绝给予我们的东西中比在它让我们分享的东西中并不更少值得崇敬，也可以由此而是很正确的。

第二部分
纯粹实践理性的方法论

人们不能把纯粹**实践**理性的**方法论**理解为（无论是在反思中还是在 5〔151〕
陈述中）就其科学知识而言对待纯粹实践原理的方式，这种知识人们通常本来只在**理论的东西**中才称为方法（因为通俗的知识需要一种**风格**，但科学却需要一种**方法**，也就是说，需要一种**按照**理性的原则的程序，一种知识的杂多惟有借助这种程序才能成为一个**体系**）。毋宁说，这种方法论被理解为人们如何能够使纯粹实践理性的法则**进入**人的心灵并**影响**其准则，亦即使客观的实践理性也**在主观上**成为实践的那种方式。

现在虽然很清楚，意志的那些惟一使准则真正成为道德的并赋予它们以一种道德价值的规定根据，法则的直接表象和作为义务的对法则的客观必然的遵守，都必须被表现为行动的真正动机，因为若不然，虽然会造就出行动的**合法性**，但却造就不出意向的**道德性**。但不是那么清楚的、毋宁说初看起来必定对每个人来说都显得难以置信的是，对纯粹德性的那种描述即便在主观上，也能够比由娱乐和一般而言人们可以归为
幸福的一切东西的哄骗所可能造成的一切诱惑，或者还有由痛苦和灾祸 5〔152〕
某个时候所可能造成的一切威胁，都对人的心灵拥有**更多的力量**，并能够提供一种强有力得多的动机去自己造就行动的那种合法性，产生出一些更有力的、出自对法则的敬重把法则置于任何别的考虑之前的决断。尽管如此，事情确实就是这样，而且假如人的本性不是这种性状，那么，也就不会有法则的任何表现方式在某个时候转弯抹角地以劝说的手段来产生意向的道德性了。一切都会是全然的伪善；法则会遭到憎恨乃至于轻视，但为了自己的好处仍然得到遵守。法则的字句（合法性）将会能够在我们的行动中找到，但法则的精神却在我们的意向中根本找不到，而既然我们用尽了自己的一切努力也毕竟在我们的判断中不能完全摆脱理性，所以我们会不可避免地必定在我们自己的眼中显得是毫无价值的、卑鄙的人，即使我们试图以如下方式来补偿在内心的法庭面前受到的屈辱，即我们借助娱乐来使自己轻松愉快，按照我们的妄念，有一个我们所假定的自然的或者属神的法则把这些娱乐与它们的警察机器结合在一起，这警察仅仅关注人们所做之事，对于人们为什么做这件事却不关心。

虽然人们不能否认，为了把一个或者尚无教养或者粗野化了的心灵首次带到道德上的善的轨道上来，需要一些准备性的指导，通过他自己的好处来引诱这心灵，或者通过害处来恐吓它；然而，一旦这种机制、

这个襻带起到了一些作用，纯粹的道德动因就绝对必须被带给灵魂，这动因不仅由于它是惟一建立起一种性格（按照不变的准则的实践上一以贯之的思维方式）的动因，而且也由于它教人感到他自己的尊严，而给心灵提供了一种对它自己来说出乎意料的力量，从一切想要占据统治地位的感性依赖性中挣脱出来，并在他的理知本性的独立性和他发现自己被规定要达到的崇高思想中为他所奉献的牺牲找到丰厚的补偿。因此，我们要通过任何一个人都能够进行的观察，把我们心灵的这种属性，把对一个纯粹的道德兴趣的这种感受性，因而把纯粹的德性表象的这种推动力，在它被恰如其分地带给人心的时候证明为最强有力的向善动机，〔153〕在对道德准则的遵守中关键在于持久性和严格性的时候证明为惟一的向善动机；此际必须同时记住，如果这些观察只是证明了这样一种情感的现实性，却没有证明由此而完成的道德改善，那么，这并不会对仅仅通过义务的纯粹表象就使纯粹理性的客观上实践的法则成为主观上实践的那个惟一的方法造成任何损害，就好像这方法是一种空洞的幻想似的。因为既然这种方法还不曾被实行过，所以，就连经验也还不能关于它的成果展示出任何东西，相反，人们只能要求有对这样一些动机的感受性的证据，我现在想简明扼要地展示这些证据，然后再稍微勾画一下建立和培养真正的道德意向的方法。

如果注意一下不仅由学者和玄想家而且也由商人和家庭妇女组成的那些混杂的社交聚会的交谈进程，那么，人们就会发现，除了讲故事和戏谑之外，还有闲聊亦即闲谈在其中也占有一席之地；因为讲故事如果应当本身带有新奇同时有趣味的话，很快就会耗尽，而戏谑则很容易走味。在所有的闲谈中，没有什么比关于应当用来确定某个人的性格的这个或者那个行动的**道德价值**的闲谈，更多地激起那些通常在所有的玄想中很快会感到无聊的人们的参与，并把某种生气带入社交聚会了。那些通常对理论问题中的一切玄妙的和苦思冥想的东西都感到枯燥和伤脑筋的人，当事情取决于确定一个被讲述的好行动或者坏行动的道德内涵时，马上就会参加进来，并且像人们在任何思辨客体那里都不可能期待于他们的那样精细、那样苦思冥想、那样玄妙地，把一切能够使意图的纯洁性和意图中的德性的程度减低，或者哪怕只是使其变得可疑的东西都想出来。人们在这些评判中经常看到对别人作判断的人士自己的性格闪现出来，他们中的一些人在他们主要对已死之人行使法官职务时，显得特别倾向于为关于这些人的这个或者那个行为所讲述出来的善作辩护，以反驳一切不正派的伤害性非议，最终为人格的全部道德价值辩护，以反驳虚伪和阴毒的指责，与此相反，另一些人更多盘算的是控告和谴责，不承认这种价值。但人们毕竟不能总是赋予后一种人以如下意图，即想 5〔154〕
通过玄想从人类的一切榜样中完全去除德性，以便由此使德性成为一个空洞的名称，相反，这常常只不过是在按照一个毫不容情的法则来规定真正的道德内涵时的善意严格罢了，与这个法则作比较，而不是与榜样做比较，道德事务上的自大就大为降低，而谦恭绝不纯然是教出来的，而是在严厉的自我拷问中被每个人所感到的。尽管如此，人们还是常常能够从为被给予的榜样的意图的纯洁性做辩护的人那里看出，在他们对正直有自己的猜想时，他们也乐意为这些榜样擦去最微小的污点，其动因乃是为了当一切榜样都被怀疑其真实性、一切人类德性都被否认其纯洁性时，德性不会最终被完全视为一种纯然的幻影，从而趋向德性的一切努力都被当做虚荣的做作和骗人的自大而遭到蔑视。

我不知道，为什么青年的教育者们没有早就已经利用理性很乐意在被提出来的实践问题本身中作出审查这种倾向，而且在他们把一种纯然道德的教义问答作为基础之后，却不怀着这种意图搜遍古代和近代的人物传记，以便手中握有所提出的那些义务的凭据，根据这些凭据，他们尤其是通过对不同情况下的类似行动进行比较，而使他们的学生的评判运作起来，以便觉察这些行动的较小或者较大的道德内涵，他们将在这里发现，甚至本来对任何思辨都还不成熟的少年，马上就变得很敏锐，并由于感到自己的判断力的进步而对此产生不小的兴趣，但最重要的是，他们能够有把握地希望，经常练习在其全部纯洁性中去认识和赞许正派的行为，与此相反则惋惜或者轻蔑地去觉察对这种纯洁性的哪怕最小的偏离，即便这直到此时还仅仅是作为小孩子们能够在其中相互比赛的判断力游戏来进行的，但却会留下在一方面作出高度评价并在另一方面表示憎恶的一种持久的印象，它们仅仅通过把这些行动经常地看做值得赞许的或者值得谴责的这种习惯，就会为未来的生活方式中的正直构成一 5〔155〕
个良好的基础。只不过，我希望别用我们那些多愁善感的作品如此滥用的所谓**高尚的**（过誉的）行动的榜样来打扰这种练习，并把一切都转移到义务和一个人在他自己眼中通过没有违背义务的意识而能够和必须给予自己的价值上，因为凡是导致对高不可攀的完善性的空洞期望和渴求的东西，所产生的全然是小说中的人物，这些人物由于自己对这种夸张的伟大而自鸣得意，为此就宣布自己可以不遵守平常的和通行的职责，这种职责在这种情况下对他们来说显得微不足道地渺小。①

但如果有人问，真正说来究竟什么是人们必须当做试金石来检验任何行动的道德内涵的**纯粹道德**，那么，我就必须承认，惟有哲学家才能够使这个问题的裁断成为可疑的；因为在平常的人类理性中，这个问题虽然不是通过抽象的普遍公式，但却通过日常的应用而仿佛是左手和右手之间的区别那样早已得到裁断了。因此，我们要首先用一个例子来指出纯粹德性的检验标志，并且通过我们设想它例如被交给一个十岁的小男孩去评判，来看一看他是否无须由老师来指导，自己也必定这样来判断。且讲一个正派人的故事，有人想鼓动他加入一个无辜的、此外没有任何权能的人（例如被英国的亨利八世控告的安妮·博林）的诽谤者的行列。人们提供出好处，亦即重礼或者高位，他都予以拒绝。这在听众〔156〕的心中将引起的全然是赞许和认同，因为那是好处。现在人们开始以损失相威胁。在这些诽谤者中有他的一些最好的朋友，他们现在声称与他绝交，有他的一些近亲，他们威胁要剥夺他的继承权（他没有财产），有一些权贵，他们能够在任何地点和任何情况下迫害他和羞辱他，有一位君王，他威胁他将失去自己的自由乃至生命。但是，为了让他也感受到惟有道德上善良的心才能相当真切地感受到的那种痛苦，以便苦难忍无可忍，人们可以设想他的受到极度的困苦和匮乏威胁的家庭**恳求他顺从**，他自己虽然正直，但毕竟对于同情和对于自己的困苦并不具有坚定的、无动于衷的感官，在他期望自己永远不过那种使他遭受一种如此难以言说的痛苦的日子的时刻，他却依然忠于自己的正直的决心，毫不动摇或者哪怕是怀疑：于是，我这位年轻的听众就将逐步地被从纯然的认同提

① 赞扬那些从中辐射出伟大的、无私的、关切的意向和人性的行动，这是完全可取的。但是，人们在这里必须注意的，与其说是**灵魂的提升**，倒不如说是对**义务**的**由衷的服从**，前者是转瞬即逝的和暂时的，对后者却可以期待有一个更长久的印象，因为它带有原理（但前者却仅仅带有激动）。人们只要稍作一点反思，就总是会发现他以某种方式就人类而言所承担的一种债务（哪怕只是这样一种债务，即有人通过公民状态中人们的不平等而享受好处，为此缘故别的人就必然更加匮乏），以免通过**值得赞扬**这种虚荣的自负来排挤**义务**的思想。

升到惊赞，从惊赞提升到惊奇，最后一直提升到极大的崇敬，提升到自己能够成为这样一个人（尽管当然不是在他那种情况下）的强烈愿望；而在这里，德性之所以仍然具有如此之多的价值，只是因为它付出了如此之多，而不是因为它带来了某种东西。整个惊赞，甚至要与这种性格相似的努力，在这里都完全基于道德原理的纯粹性，这种纯粹性惟有通过把人们只要能够归给幸福的一切都从行动的动机中除去，才能够被相当引人注目地表现出来。因此，道德越是被纯粹地展现出来，就越是必定对于人心有更多的力量。由此得出，如果道德法则和圣洁与德性的形象到处都应当对我们的灵魂施加一些影响的话，那么，道德能够施加这种影响，只是就它不混杂对自己的福祉的意图，纯粹地作为动机得到细心照料而言的，因为它在苦难中才最庄严地表现出来。但是，其被清除将加强一种推动力的作用的东西，必定曾是一个障碍。所以，从自己的幸福取得的动机的任何混杂，都对道德法则获得对人心的影响是一个障碍。——此外我主张，甚至在那种受到惊赞的行动中，如果该行动由以发生的动因是对自己的义务的尊重，那么，正是这种对法则的敬重，而〔157〕绝不是对慷慨大度和高尚可嘉的思维方式的那种内心意见的要求，恰恰会对观众的心灵拥有极大的力量，所以是义务，而不是功德，才必定对心灵有不仅最确定的影响，而且如果它在自己的不可侵犯性的正当光辉中被表现出来，也必定对心灵有最具渗透力的影响。

在我们的时代，比起通过义务那与人类的不完善和在善中的进步相适应的枯燥严肃的表象来，人们更希望借助于温存的、心肠软的情感或者雄心勃勃的、头脑膨胀的、与其说使人心强健倒不如说使人心萎缩的僭妄，来对心灵产生更多的效果，在这样的时代对这种方法予以提示，就比任何时候都更为必要了。为儿童们树立一些行动，作为高尚的、慷慨的和可嘉的行动使之成为典范，以为通过灌输某种热忱就可以引起他们对这些行动的好感，这完全是违背目的的。因为既然他们在遵守最平常的义务上，甚至在正确地评判这些义务上还如此远远滞后，那么，这就等于要使他们及时地成为幻想家。但即便是在更有学问、更有经验的那部分人那里，这种臆想的动机对人心如果不是具有有害的作用的话，至少也不具有任何真正的道德作用，而人们本来却是想借此达成这种作用的。

一切**情感**，尤其是应当造成如此非同寻常的努力的情感，都必须在它们正猛烈的时刻而且在衰退之前发挥它们的作用，若不然，它们就做不出任何事情；因为人心将自然而然地退回到它的自然的、适度的生命运动，然后沉入到它此前特有的疲惫中去，因为被带给它的虽然是某种刺激它的东西，但却绝不是使它精力充沛的东西。**原理**必须被建立在概念上，在一切别的基础上都只能形成一些心血来潮，它们不能使人格获得任何道德价值，甚至也不能获得对自己本身的信心，而没有这种信心，对自己的道德意向和这样一种性格的意识，即人里面的至善，就根本不可能发生。现在，这些概念如果应当成为主观上实践的，就必须不再停留在道德的客观法则那里，以便惊赞并在与人性的关系中尊重这些法则，
5〔158〕而是必须在与人和与人的个体的关系中来考察它们的表象；因为那个法则显现在一个虽然极其值得敬重，但却不那么讨人喜欢的形象中，并不是好像属于他自然而然地习惯了的要素似的，反而是像要迫使他经常不是没有自我克制地放弃这一要素，而投身于一个更高的要素，在其中他惟有怀着对退步的不断忧虑才能费力地维持下去。一言以蔽之，道德法则要求出自义务；而不是出自偏爱来遵守，人们根本不能也不应当把偏爱当做前提条件。

现在，让我们在一个例子中看一看，在把一个行动表现为高尚的和慷慨的行动时，比起这个行动在与严肃的道德法则的关系中仅仅被表现为义务时，是否有一种动机的更多主观上的推动力。某人冒着极大的生命危险力图从沉船中救人，如果他最终在做这件事时丧失了自己的生命，那么，这行动虽然一方面被算做义务，但另一方面，而且绝大多数情况下也被算做可嘉的行动，然而，我们对这个行动的尊重就由于在这里显得受到某种损害的对自己的义务的概念而受到很大削弱。更具决定性的是为保卫祖国而慷慨捐躯，然而，自行地、不等命令就献身于这种意图，这是否也是如此完善的义务，对此却留有一些疑虑，而且该行动自身并不具有一个典范和推动人去仿效的全部力量。但如果这是不可免除的义务，对它的违反就自身而言并且不考虑人类的福祉就损害了道德法则，仿佛是践踏了道德法则的神圣性（这类义务人们通常称为对上帝的义务，因为我们在上帝里面所想的是实体中的神圣性的理想），那么，对于牺牲一切只会永远对我们的所有偏好中最深切的偏好具有价值的东西来遵守

道德法则，我们就献上最完善不过的敬重，而且如果我们凭借这样一个例子能够确信，人的本性有能力超越自然只会永远在相反的动机上具有的一切而达到一个如此大的高度，那么，我们就发现自己的灵魂通过这样一个例子得到了加强和提升。**尤维纳利斯**在一种使读者鲜明地感受到在义务之为义务的纯粹法则中所蕴涵的动机之力量的强调中，表现了这样一个例子：

Esto bonus miles，tutor bonus，arbiter idem
Integer；ambiguae si quando citabere testis
Incertaeque rei，Phalaris licet imperet，ut sis 〔159〕
Falsus，et admoto dicet periuria tauro，
Summum crede nefas animam praeferre pudori
Et propter vitam vivendi perdere causas.
［要做一个好士兵，做一个好监护人，做仲裁者同样要
不偏不倚；一旦你被召来做证人
以决疑案，即使法拉里斯命令你
说假话，并拖来铜牛向你口授伪证，
你也深信罪孽就是舍荣誉而求生，
以及为活命而败坏生存的理由。］①

如果我们可以把任何一种讨人喜欢的东西从可嘉的东西中带入我们的行动，那么，动机就已经与自重有所混淆了，因而就从感性方面获得了一些赞助。但惟有把一切都置于义务的神圣性的后面，并意识到人们**能够**这样做，乃是因为我们自己的理性承认这是它的命令，并且宣布人们**应当**这样做，这才叫做仿佛把自己完全提升到感官世界之上，而且在对法则的这同一种意识中也作为一种**控制感性的**能力的动机而与效果不可分割地相结合，尽管并不总是相结合，但通过经常关注这

① 《讽刺诗集》，Ⅲ，8，79～84；康德在《纯然理性界限内的宗教》（《康德全集》，第Ⅵ卷，49页。［参见李秋零主编：《康德著作全集》，第6卷，50页，北京，中国人民大学出版社，2007。——译者注］）和《道德形而上学》（《康德全集》，第Ⅵ卷，334页。［参见《康德著作全集》，第6卷，345页。——译者注］）中也曾同样引用。——科学院版编者注

动机并对其应用作最初较小的尝试，效果毕竟也给自己的造就提供希望，以便在我们心中逐渐地产生对这动机的最大的，但却是纯粹的道德兴趣。

因此，这种方法采取如下的进程。**首先**，事情所涉及的仅仅是，使按照道德法则作出评判成为一件自然的，既伴随着我们自己的自由行动也伴随着对他人的自由行动的观察的工作，并使之仿佛成为习惯，并通过人们首先追问行动是否客观上符合**道德法则**以及符合哪种道德法则，来磨砺这种评判；此际，人们把对仅仅给约束力提供一个**根据**的法则的注意与事实上本身就**有约束力**的法则（leges obligandi a legibus obligantibus［作出约束的法则与被约束的法则］）区别开来（例如，人们的**需要**所要求我的那种东西的法则，与人们的**权利**所要求我的那种东西的法则相对立，其中后者指定的是本质性的义务，前者指定的则是非本质性的义务），并教人把汇集在一个行动中的不同义务区别开来。注意力应当指向的另一点，是如下问题：行动是否也是（在主观上）**为了道德法则**而发生的，因而它不仅仅拥有作为行为的道德正确性，而且也拥有作为意向、按照准则的道德价值。现在毫无疑问，这种练习和由此产生的培养我们仅仅对实践事务作出判断的理性的意识，必定会逐渐地产生甚至对
5〔160〕 理性的法则，因而对道德上善的行动的某种兴趣。因为我们最终将慢慢喜欢上这样一种东西，对它的考察使我们感到我们认识能力的扩展了的应用，而尤其促成这种应用的是我们在其中发现道德正确性的东西；因为理性惟有在事物的这样一种秩序中，才能很好地适应自己先天地按照原则来规定什么事情应当发生的那种能力。然而，一个自然观察者最终会慢慢喜欢上起初令他的感官反感的对象，如果他在这些对象上揭示出它们的组织的重大合目的性，并如此使他的理性在观察这些对象方面得到享受的话，而莱布尼茨则爱惜地把他用显微镜仔细观察过的一只昆虫重新放回它的叶子上，因为他认为自己通过观看获得了教益，仿佛是从它身上享受了一件善行。

但是，判断力的这种让我们感觉到我们自己的认识能力的工作，还不是对行动及其道德性本身的兴趣。这种工作只是使得人们乐意以这样一种评判来消遣，并给予德性和按照道德法则的思维方式以一种美的形式，这种形式令人惊赞，但还并不因此而被人寻求（laudatur et alget

[他受到赞扬却感到发冷][1]）；就像所有那些东西一样，我们对它们的观察在主观上造就了对我们的各种表象能力的和谐的意识，而且在它们那里我们感觉到我们的全部认识能力（知性和想象力）都得到了加强，它们就产生出一种也能传达给别人的愉悦，此时客体的实存仍对我们来说是无所谓的，因为它只被视为觉察到我们心中那些才能的超出动物性之上的禀赋的诱因。但现在，**第二种**练习开始了自己的工作，亦即在借助例子生动地展示道德意向时使人注意到意志的纯洁性，首先只是作为意志的消极的完善性，是就一个出自义务的行动中根本没有任何偏好的动机作为规定根据对意志发生影响而言的；但这毕竟使初学者对自己的**自由**的意识保持注意，并且虽然这种放弃激起了最初的痛苦感觉，但却由于它使那个初学者摆脱了甚至真实的需要的强制，同时也就向他通报了对所有这些需要把他纠缠在其中的各种各样不满意的一种解放，并使心灵对于来自其他源泉的满意感也易于接受。如果在相关例子已被摆出来 5〔161〕
的那些纯粹道德决定上，给人揭示出一种内部的，甚至通常根本不为他正确知道的能力，即**内在的自由**，也就是如此挣脱偏好的剧烈纠缠，以至于根本没有任何偏好，哪怕是最喜爱的偏好对我们现在应当利用我们的理性作出的决定产生影响，那么，人心就毕竟从任何时候都暗中压在它上面的重负中得到解放和减轻了。如果**只有我一个人**知道错误在我这一方，而且，尽管坦率地承认错误、提议作出赔礼道歉因虚荣心、自私、甚至对被我侵权的人通常并非不公正的反感而遇到如此巨大的反对，我还仍然能够把所有这些疑虑置之度外，那么在这一种情况中，就毕竟包含着对偏好、对机遇的一种独立性和对自我满足的可能性的意识，即便是在别的意图中，这种可能性对我来说也是处处有益的。而现在，义务的法则通过对它的遵守使我们感到的那种积极的价值，通过在对我们的自由的意识中**对我们自己的敬重**而找到了更方便的门路。如果这种敬重完全被建立起来了，如果没有任何东西比在内部的反省中在人自己的眼中觉得自己是可鄙的和下流的更强烈地使人感到害怕，那么，任何善良的道德意向都能够被嫁接在这种敬重上；因为这是防止心灵受不高尚的和堕落的冲动入侵的最好的，甚至是惟一的守卫者。

---

① probitas laudatur et alget [诚实受到赞扬却感到发冷]，尤维纳利斯：《讽刺诗集》，第Ⅰ卷，1，74。——科学院版编者注

我借此只是想指出一种道德教养和练习的方法论的最普遍准则。既然义务的多样性为其每一个种类还要求特殊的规定，且这样就会构成一项广泛的工作，所以如果我在像这样一部只是预备性练习的作品中仅限于讨论这些基本特征，人们将认为我是有情可原的。

结束语

有两样东西，越是经常而持久地对它们进行反复思考，它们就越是使心灵充满常新而日益增长的惊赞和敬畏：**我头上的星空和我心中的道**
5〔162〕**德法则**。我不可以把这二者当做遮蔽在黑暗中的或者在越界的东西中的，而在我的视野之外去寻求和纯然猜测它们；我看到它们在我眼前，并把它们直接与对我的实存的意识联结起来。前者从我在外部感官世界中所占有的位置开始，并把我处于其中的联结扩展到具有世界之上的世界、星系组成的星系的无垠范围，此外还扩展到它们的周期性运动及其开始和延续的无限时间。后者从我不可见的自我、我的人格性开始，把我展现在这样一个世界中，这个世界具有真正的无限性，但惟有对于知性来说才是可以察觉的，而且我认识到我与这个世界（但由此也就同时与所有那些可见世界）不是像在前者那里一样处于只是偶然的联结中，而是处于普遍的和必然的联结中。前面那个无数世界之集合的景象仿佛根除了我作为一个**动物性的造物**的重要性，这种造物在它短时间内（人们不知道是怎样）被配备了生命力之后，又不得不把它曾由以生成的物质归还给行星（宇宙中的一个纯然的点）。与此相反，后面这种景象则通过我的人格性无限地提升了我作为一个**理智**的价值，在这种人格性中，道德法则向我启示了一种不依赖于动物性，甚至不依赖于整个感官世界的生活，至少是从凭借这个法则对我的存在的合目的的规定中可以得出的，这种规定并不局限于此生的条件和界限，而是无限延续的。

然而，惊赞和敬重虽然能够诱人去探索，但却不能弥补探索的缺陷。现在，为了以有用的和与对象的崇高相适合的方式来着手进行这种探索，应该做些什么呢？在这里，例子可以用做警告，但也可以用做效仿。对世界的考察曾经从人类的感官只能永远呈现、我们的知性则只能永远忍受在感官的广袤范围里去追踪的那种最壮丽的景象开始，而终止于——

占星学。道德曾经是从人类本性中其发展和培养可望有无限好处的那种最高尚的属性开始，而终止于——狂热或者迷信。一切尚属粗糙的尝试情况都是这样，在这些尝试中，工作的最主要的部分都取决于理性的应用，这种应用并不像双脚的应用那样凭借经常的练习就将自行产生，尤其是当它涉及不能如此直接地在平常经验中展现的那些属性的时候。但 5〔163〕
是，无论多么迟，在对理性打算采取的一切步骤都事先周密思考，并只让这些步骤在一种事先深思熟虑的方法的轨道上运行这一准则流行开来之后，对世界大厦的评判就获得了一个完全不同的方向，同时与这个方向一起获得了一个无比幸运的出发点。一块石头的降落、一个投石器的运动，在它们被分解成它们的各个要素和在此表现出来的力并经过数学处理之后，最终就产生出对世界结构的那种清晰的、对一切未来都不可改变的洞识，这个洞识在进一步的考察中可以希望永远只是扩展自身，但绝对不用担心不得不倒退回去。

上述例子能够建议我们在对待我们的本性的道德禀赋时同样选择这条道路，并给予我们达到类似的良好成果的希望。我们手头毕竟有在道德上作出判断的理性的一些例子。现在把这些例子分解成它们的要素概念，在缺乏**数学**时采用一种类似于**化学**的**离析**程序，即在对平常人类知性反复进行的实验中把可能存在于这些概念中的经验性的东西和理性的东西离析开来，这就能够使我们**纯粹地**辨识二者，并确定无疑地辨识每一个单独就能够提供的东西，这样就能够一方面预防一种尚属**粗糙的**、未经练习的评判的失误，另一方面（这更为必要得多）预防天才亢奋，由于这种**天才亢奋**，就像哲人之石的炼金术士们习惯于做的那样，不用任何方法上的研究和对自然的知识，就被许诺了梦想中的宝藏，但真正的宝藏却被挥霍掉了。一言以蔽之：科学（经过批判的寻求和方法上的引导）是导向**智慧学**的窄门，如果这种智慧学不仅被理解为人们应当**做**的事情，而且被理解为应当用做**教师们**的准绳的东西，以便妥善而明确地开辟那条每个人都应当走的通向智慧的道路，并保护别人不走歧路的话；这门科学，哲学在任何时候都必须依然是它的保管者，公众对它的玄妙的研究不感兴趣，但却对按照这样一种研究才能使他们真正恍然大悟的**学说**大感兴趣。

原文收入李秋零主编《康德著作全集》第 5 卷，作于 1788 年。

判断力批判

科学院版编者导言

威廉·文德尔班（Wilhelm Windelband）

《判断力批判》的产生史的起跳点，恰恰就在于这本书的巨大历史影响由以出发的地方：这就是在一个共同的观点下讨论美和艺术的问题与有机生命的问题。在这部著作的两个部分中作为**审美判断力批判**和**目的论判断力批判**彼此并立的两个实际领域，康德已各自长时间频频探讨过了，并且激发了各种各样的研究和表述；但是，两个问题系列借以同时获得其在一个共同的原则之下的完成的那种趋同，却绝没有持续地和逐渐地通过建立两个对象之间的实际关系而完成，而是相对迅速地和让哲学家本人在某种意义上惊喜地通过把两个问题归在批判哲学的一个形式上的基本问题之下来造就的。

对于康德来说，和对于整个18世纪来说一样，当其认识论的整个发展旨在于为纯粹自然科学，亦即为牛顿的数学物理学理论找到哲学基础的时候，对自然的目的论考察日益成为一个主要的问题。这种纯粹自然科学越是鲜明地集中于力学因果性的概念，有机生命就越是表现为理论的自然解释的一个边界概念。这样，康德在《一般自然史与天体理论》中就已经说明：在清楚完备地用力学理由说明一棵草、一个幼虫的生成之前，却能够认识一切天体的形成、它们运动的原因，简言之，能够认识世界结构的整个当前状况。[①] 但是，在《纯粹理性批判》中确立了关于纯粹知性的范畴和原理的学说并原则上排除了目的概念之后，哲学家从他的理念学说出发，在他探讨人类理性的自然辩证法的终极意图的先验辩证论附录中承认对自然的目的论考察具有范导性的意义，即就按照力学解释的原理对世界上的事物的详尽解释表现为不可能而言，可以这样看待它们，**就好像**它们是从一个最高的理智获得其存在似的。但是，研究有机目的论的问题的特殊诱因呈现给康德，是在与他的历史哲学思考

① 《前言》，见《康德全集》，第Ⅰ卷，230页。［参见李秋零主编：《康德著作全集》，第1卷，226页，北京，中国人民大学出版社，2003。——译者注］

相联系的《人的种族的概念规定》中。康德在刊印于《德意志信使报》1788年1月号的《论目的论原则在哲学中的运用》这部作品中，为他以上述发表在《柏林月刊》1785年11月号的文章所采取的态度辩护，驳斥格奥尔格·福斯特尔（Georg Forster）的攻击。这里所陈述的原则，完全是当时在《纯粹理性批判》和后来在《判断力批判》中的原则，这些原则在那里以其全部丰富多样的运用而获得了其更详细的阐述。但是，这部在《实践理性批判》完稿时写就的作品中没有任何东西使人推论到作者在更大的维度上探讨对象的意图，没有任何东西使人推论到这些问题应当与审美问题一起被置于其中的联系。

康德早就以同样强烈的个人旨趣追踪着审美问题。《关于美感和崇高感的考察》就已经表现出从一个广博的知识范围出发的极为丰富的机智评论，而从他的讲演中，以及从他的反思中得出，他极为熟悉他那个时代的美文学现象和艺术批判理论。① 但是，他对此的旨趣最初仅仅是一种人类学的旨趣。他只是从心理学的立场出发考察这些对象，而且认为相对于它们另一种学说的可能性在当时是被排除的。与此完全一致的是，康德在他的这个“经验性的”时期在讲台上是完全在鲍姆加登（Baumgarten）的意义上把美学当做逻辑学的补充并与之平行来探讨的。如在《1765—1766年冬季学期课程安排的通告》中逻辑学的预告的结尾处说道：“在这里，同时材料上非常接近的渊源关系也提供了在**理性批判**的时候也关注一些**鉴赏力批判**即美学的机会，其中一方的规则在任何时候都有助于阐明另一方的规则，而它们的区分也是更好地理解二者的手段。”② 康德实际上也继续归给鉴赏力问题以如此之多的重要性，以至于当他在1771年于教授就职论文之后计划写一部名为《感性和理性的界限》的著作时，他也想在其中讨论这个问题。③ 对他来说，当时在根本上取决于，对基于人的不仅是感性而且还有知性的灵魂力量之**主观原则**的东西与在

---

① 迄今，施拉普（Otto Schlapp）已经极为详尽地搜集了大量的材料：《康德关于天才的学说和判断力批判》，格廷根，1901。

② 《康德全集》，第Ⅱ卷，311页。[参见李秋零主编：《康德著作全集》，第2卷，313页，北京，中国人民大学出版社，2004。——译者注]

③ 参见1771年6月7日康德致马库斯·赫茨（Marcus Herz）的信，见《康德全集》，第Ⅹ卷，117页。[参见李秋零编译：《康德书信百封》，31页，上海，上海人民出版社，2006。——译者注]

整个世俗智慧中恰恰关涉对象的东西之区别的确定且清晰的认识，一般而言对人的最重要的目的有什么重要的影响。如果在这种意义上，构成鉴赏学说、形而上学和道德之本性的东西的构想也应当包含在所计划的著作中，那么，这显然具有如下的意义，即鉴赏学说会被阐述为一种纯粹经验性的、不为先天原则所规定的学说。因为康德在《纯粹理性批判》中还持这种立场，那里在导论中关于先验感性论是这样说的："惟有德国人如今在用**感性论**这个词来表示别人叫做鉴赏力批判的东西。在此，作为基础的是杰出的分析家**鲍姆嘉登**所持有的一种不适当的希望，即把对美的批判性判断置于理性原则之下，并把这种判断的规则提升为科学。然而，这种努力是徒劳的。因为上述规则或者标准就其来源而言仅仅是经验性的，因而绝不能充当我们的鉴赏判断必须遵循的先天规律；毋宁说，鉴赏判断构成了那些规则的正确性的真正试金石。因此可取的是，使这一称谓再次死亡，并把它保留给是真正的科学的学说，这样一来，人们也就会更为接近古人的语言和意义。"① 同样，在先验方法论中关于纯粹理性的法规的一个注释中说道："所以，我们的判断只要与快乐或者不快相关，从而也就是实践判断，其要素就不属于先验哲学的范围。"②

但是，在对这些对象的进一步研究中，康德的表述逐渐地发生了变化。其手稿产生于1786年的《纯粹理性批判》第二版，就已经对那个地方做了一个值得注意的改动。在这里，说的不是"**就其来源而言**"，而是"**就其最主要的来源而言**"，不是"**规律**"，而是"**确定的规律**"。因此，在这个时刻，必定是审美活动中的一种哪怕极小程度的先天性至少不再被康德完全视为不可能的了。此外，他在同一个地方除了建议再放弃鲍姆加登的术语之外，现在也还看到了别的可能性，即"**与思辨哲学分享这一称谓，并部分地在先验的意义上、部分地在心理学的意义上接受感性论**"③。但恰恰是这种术语上的让步，后来发展到康德自己为在今天的意义上使用"美学"和"审美的"这些表述作出了决定性的规定，在这个地方却毕竟表现出，他当时也还根本上是在心理学意义上对待应当意味着

① 《纯粹理性批判》，第1版，21页注，见《康德全集》，第Ⅳ卷，30页。[参见李秋零主编：《康德著作全集》，第4卷，24页注，北京，中国人民大学出版社。——译者注]

② 《康德全集》，第Ⅲ卷，520页。[参见李秋零主编：《康德著作全集》，第3卷，511页，北京，中国人民大学出版社，2004。——译者注]

③ 参见李秋零主编：《康德著作全集》，第3卷，46页。——译者注

鉴赏批判的美学，并且对其与先验训练的平行地位不感兴趣。

但显而易见，他对这些问题的研究越来越达到如此完整的结果，以至于他在撰写自己的伦理学代表作期间就在考虑鉴赏学说的批判阐述了。我们从贝林（Bering）致他的一封信（1787 年 5 月 28 日）① 中得知，莱比锡博览会目录已经预告了 1787 年康德的一部《鉴赏批判奠基》；而他自己在同年 6 月 25 日致许茨（Schütz）的一封信②中，除了告知他打算下星期把《实践理性批判》的稿子寄往哈勒付印之外，在结尾处还说，他如今必须马上转向《鉴赏批判基础》。根据这些表述，似乎不排除（本诺·埃德曼［Benno Erdmann］的）假定，即康德有一段时间曾打算像把《道德形而上学的奠基》置于《实践理性批判》之前那样，也让一个类似的奠基走在《鉴赏批判》之前，它也许同样有这样的任务，即阐述从对美者的通俗理解到哲学的，亦即批判的探讨的过渡。在这种情况下，它就会负有阐述康德自己对对象的考察的发展进程、它被从心理学立场转移到先验立场的使命。但是，康德是否认真地着手也在这个领域作出这样一种划分，却无法再做出裁定。

无论如何，1787 年给康德带来了鉴赏理论中的巨变。在 1787 年 12 月 28 日致莱因霍尔德（Reinhold）的信③中，他就《关于康德哲学的通信》向莱因霍尔德表示感谢，同时把关于目的论原则的文章寄给他用于《德意志信使报》，这封信使人毫不怀疑，康德在研究鉴赏判断时获得的新认识在根本上返回到对以前所考察的能力的解析“使我在人的心灵中发现的系统的东西，赞赏这种东西，尽可能地论证这种东西，为我的余生提供了充足的素材”。康德的自白尤其重要，不仅是它一般而言使人认识到他的哲学思维方式中系统因素的重要性，而且清晰地说出，他的著作中最强有力的这一部，就在他由此发现自己被迫对自己的理解作出深刻的、出乎他意料之外的修改的意义上基于这种系统的因素的作用。他在这封信中明确地说，他沿着这条系统的道路已经在这个领域发现了先天原则，而他过去曾认为这是不可能的。他在这里简明扼要地刻画了划

① 《康德全集》，第Ⅹ卷，465 页。

② 同上书，467 页。［参见《康德书信百封》，107 页。——译者注］

③ 《康德全集》，第Ⅹ卷，487～488 页。［参见《康德书信百封》，109～110 页。——译者注］

分一般而言的批判哲学的大纲，他事后在《判断力批判》的导论中——确切地说在其两种形式中同样地——贯彻了这个大纲："心灵具有三种能力：认识能力、愉快和不快的感觉以及欲求能力。我在纯粹（理论）理性的批判里发现了第一种能力的先天原则，在实践理性的批判里发现了第三种能力的先天原则。"因此，鉴赏批判的任务在这个时候就注定是发现愉快和不快的感觉的先天原则，而康德则通过把哲学的这个部分与理论哲学和实践哲学并列，称之为目的论。

如果不是康德在当时就已经获得了这样的认识，即审美判断的先天性基于认识能力的共同作用中的主观合目的性，从而基于建立在这上面的情感的普遍可传达性，归根结底基于一般意识或者人性的超感性基底，那么，把鉴赏批判等同于目的论就会是不可能的。实际上，在1787年夏天完稿的《实践理性批判》的方法论中，就已经有如下的说明："就像所有那些东西一样，我们对它们的观察在主观上造就了对我们的各种表象能力的和谐的意识，而且在它们那里我们感觉到我们的全部认识能力（知性和想象力）都得到了加强，它们就产生出一种也能传达给别人的愉悦，此时客体的实存仍对我们来说是无所谓的，因为它只被视为觉察到我们心中那些才能的超出动物性之上的禀赋的诱因。"① 是的，对美者的分析论的根本要点的这种简练的预告在那里是处在这样一种联系之中，其中也谈到有机组织的合目的性，甚至谈到判断力的"让我们感觉到我们自己的认识能力的工作"，但当然只是以后来的系统联系至多在萌芽中可认识的方式来谈的。对于理解使康德达到这个让他自己也惊喜的结果的思想发展来说，我们并不拥有可靠的说明，因此我们依赖于在《判断力批判》自身中所包含的对这个结果的论证。但据此就很清楚，新的认识对于康德来说产生自他对审美判断的逻辑结构的研究。因此，对于他和他的审美哲学来说，绝对根本性的是，**美者的分析论**是按照他的范畴学说的图式划分的，而且不可忽视的是，恰恰是从这种探讨方式中产生出的决定性疑难就在于如下问题：审美判断的普遍有效性如何与其个别品性相统一。审美问题的这种表述以一种令人信服的类比接续着康德为说明其范畴学说而在《导论》中新提出的那个认识论区分：**感知判断与经**

① 《康德全集》，第Ⅴ卷，160页。［参见李秋零主编：《康德著作全集》，第5卷，168页，北京，中国人民大学出版社，2007。——译者注］

验判断的区分。按照康德的理解，这种关系与关于适意者的判断和关于美者的判断之间关系的类似是直接显而易见的。[①]康德在那里发现，个别的**感知判断**惟有通过附加上作为确立原则的一个范畴，亦即一个概念才能够成为要求普遍性的**经验判断**。与此相反，在美的判断这里，这种借着一个概念的确立可以明确地被排除，而且由此这对于哲学家来说成为一个逻辑问题。在康德于那种主观合目的性中揭示出虽有其形式上的个别性及其对概念的独立性却使人理解审美判断的普遍性的那种先天因素的时刻，对他来说，美学必然从心理学的领域移入了先验哲学的领域。这样一来，如康德以苏尔策、门德尔松和特滕斯同时的划分所认定的那样，灵魂生活的第三个领域，即情感，成了批判方法的对象。

尽管1787年12月28日致莱因霍尔德的信表达了对情感能力的这种哲学批判与目的论的等同，它在另一方面却不包含丝毫暗示，说这个新发现的哲学部分也应当包含其他问题，而且它极为特别地并不提供丝毫的依据，说预计需要美者的这种先验美学与这样一些问题有某种联系，就像它们通常在别的地方、并且也被康德同时称为目的论的那样。对《判断力批判》的体系整体形象来说决定性的规定以及两方面的问题与反思性的判断力的基本原则的关系，在这段时间尚未找到，或者至少尚未达到清晰的认识和表述。因此，就连康德在1787年12月24日写信告诉马库斯·赫茨（Marcus Herz）很快结束自己整个哲学代表作的希望[②]，也没有实现，而且不仅是他在1788年3月7日致莱因霍尔德的信中谈到的校长事务[③]，然后是撰写针对埃贝哈德（Eberhard）的争论文章在这期间造成了延缓，而且主要是对首先在这里表述的问题的重新布局，使得这部著作在1789年5月12日致莱因霍尔德的信中第一次以"我的《判断力批判》（鉴赏批判是其中的一个部分）"的标题可望在下一个米迦勒节博览会上出现。[④] 因此，现在才实现了审美问题与狭义的目的论问题在判断力的原则下的统一：而问题是，康德哲学的这种最后转变是如何被发现的。众所周知，如今所说的判断力作为反思性的判断力，与康德在

① 这种类似是在Fr.布伦克那里阐述的：《美者和适意者在康德的判断力批判中的分离》，莱比锡，1889。

② 《康德全集》，第Ⅹ卷，486页。

③ 同上书，505页。[参见《康德书信百封》，113页。——译者注]

④ 《康德全集》，第Ⅺ卷，39页。[参见《康德书信百封》，126页。——译者注]

《纯粹理性批判》中所探讨的那种判断力具有完全不同的意义，后者在“原理分析论”中被称为先验判断力，正是关于它的原理分析论构成了先验学说。现在，与这种规定性的判断力对峙的是反思性的判断力，它是应当包含着情感能力的先天功能之先验条件的原则。

即便在这里，对于康德来说，本质上系统的思考也是决定性的。对于他区分为表象能力、情感能力和欲求能力的灵魂生活三个领域来说，又只能够在三种所谓的高级认识能力中去寻找先天的原则，如果这样的原则存在的话。这三种高级认识能力就是知性、判断力和理性。他在知性中，也就是说，在范畴和原理中找到了先天认识的原则，按照《实践理性批判》的研究在狭义的“理性”中找到了欲求能力或者纯粹意志的原则。这样，对于情感的先天来说，如果应当有这样一种先天的话，就只剩下判断力来作为源泉了。但是，判断力不能够以它在“纯粹知性概念的先验演绎”中所拥有的作为感性材料归摄于范畴之下的那种意义的形态来承担这种功能。毋宁说，在这个场合必须假定判断力的一种完全不同种类的功能。总的来说，康德把判断力的本质视为把特殊的东西归摄在普遍的东西之下。[①] 在这种归摄如此发生，使得普遍的东西特殊化为特殊的东西能够被视为一种概念的必然性的地方，我们就能够凭借作为一种先验的或者经验性的能力的规定性判断力这样做：康德在这种意义上于先验分析论中把先验判断力阐述为凭借纯粹知性概念的图型把感性归摄在范畴之下。现在康德发现，审美判断为自己所要求的必然性和普遍有效性基于对象的形式对于认识能力亦即感性和知性的协调的主观合目的性，但绝不是基于概念。因此，在这里表现出这样一种判断力，其中被表象的对象不再为了认识而与普遍概念相关，而毋宁是为了情感而与一个合目的性原则以普遍有效的方式相关。这样，康德就揭示出一种无须普遍概念的判断力的原则，他把这种判断力称为反思性的判断力，其中特殊的东西被归摄于其下的普遍的东西不是在概念中给出的，而是必须去寻找。[②] 这样一来，一方面找到了把像愉快和不快这样总的来说完

① 参见《纯粹理性批判》，见《康德全集》，第Ⅲ卷，131 页：“判断力就是在把某物归摄在规则之下的能力。”[参见《康德著作全集》，第 3 卷，125 页。——译者注]

② 同上书，429 页，那里在这种意义上把理性的不容置疑的和建构性的应用与或然的和范导性的应用区别开来了。[参见《康德著作全集》，第 3 卷，421 页。——译者注]

全是经验性的情感与反思性的判断力联系起来，并由此使它们获得先天性质的道路，但另一方面也给出了这样的可能性，即在认识活动的领域里，在特殊的东西不可能以规定性的判断力的形式归摄在普遍的东西之下的地方，到处都让反思性的判断力来代替它。如果看不出杂多凭借规定性的判断力的概念功能的综合统一，那么，反思性的判断力就能够以杂多归摄在一个统一的目的之下的原则来代替它。从因果机械性的概念预设出发不能理解其必然性的那些有机自然产物的合目的性，被反思性的判断力在这种观点下来审视。但特别是，这个原则适宜于补充康德在自然形而上学方面的努力。因为如果在自然形而上学中，从普遍的东西导出特殊的东西、普遍的东西特殊化为特殊的东西沿着规定性的判断力的概念道路行不通，因此，如果自然的特殊显象和合目的性在一种概念上可认识的必然性的意义上依然是偶然的，那么，我们当做自然来思维的显象之综合统一就可以按照反思性判断力的原则被视为一个合目的的整体。

因此，我们必须又到最普遍的逻辑认识论问题中寻找情感能力与狭义的所谓目的论问题之关系的起跳点。因为从后来所谓的有机存在者的客观合目的性的观点到确立审美判断的心灵状态中的所谓主观合目的性，并没有直接的道路。在批判哲学的思想中促成最后的统一的中间环节，毋宁说在于康德称为自然的特殊化问题的那些思考。这就是如下问题：从纯粹知性的那些同时是按照“纯粹知性概念的先验演绎”由知性规定给自然的普遍法则的原理中，在多大程度上可以演绎出特殊的自然法则。这个问题对于康德来说，在他于《自然科学的形而上学初始根据》中通过定言原理与数学原则的结合进一步深入自然法则体系的特殊性之后，依然是一个体系的主要旨趣，而且众所周知，他在老年时以不知疲倦地更新的种种尝试来致力于回答这个问题，这些尝试就写在关于从形而上学到物理学的过渡的遗稿中。至于他在《判断力批判》产生的时间里忙于这件事，我们是从致赫茨的信中看出的，他于1789年5月26日在这封信中写道：“我已经是66岁的人了，但还肩负着一个广泛的工作，要完成我的计划（这一方面在于提交批判的最后部分，即**判断力**部分，它不久即将问世；另一方面在于按照批判哲学的那些要求，撰写一个形而上学**体系**，既有自然形而上学，也有道德形而上学)。”[①] 因此，他尚未承认《自然科学的形而上学初始根据》是自然形而上学，同样没有承认《实践理性批判》是道德形而上学。但是，他当时还以完全批判性的尖锐认为从先验原则引出特殊的自然法则为不可能的事情，而且他在这里只发现了目的论考察的出路，据此，所有个别的、经验性认识可接近的合法则性协调成一个统一的经验体系，这应当被视为自然对于认识活动的合目的性。这是目的论的反思性判断力的基本观点，它使目的论的反思性判断力与审美的反思性判断力得到直接的类比。因此，在《判断力批判》的两篇谈到目的论问题的导论中——无论是在康德最终置于这部著作前面的导论中，还是在我们只是从西吉斯蒙德·贝克（Sigismund Beck）那里知道其摘录的导论中——，都不是首先关涉生物的合目的性问题，而毋宁说在原则上关涉自然作为一个经验体系的统一性问题。在同样的意义上，即便是对于《判断力批判》的导论来说，**自然的形式合目的性**原则也以第Ⅶ节和第Ⅷ节划分为“**自然的合目的性的审美表象**”和“**自然的合目的性的逻辑表象**”。显然，这里作为基础的，是从《纯粹理性批判》得知的感性论和逻辑论的划分图式，而且像那里与先天认识相关一样，在这里与对反思性判断力的先天考察相关。但是，两个部分的共同之处依然是自然的一种形式合目的性的理性必然性。这是康德在《纯粹理性批判》的地基上实现批判的形而上学时揭示的新的极限概念，而且审美的问题序列和目的论的问题序列必须一起交汇在反思性的判断力的原则上。

在以这种方式于一个全新的观点下找到了新著作的系统框架之后，撰写就能够相对快地把康德大部分依据关于审美问题和目的论问题的讲演具体地已经持续做过的所有特殊研究综合起来。对情感能力和反思性判断力之间联系的洞识构成了原则上的阐发的本质性东西：在康德发现正是反思性判断力为情感能力提供其在美者和崇高者的审美功能之先天性的论证之后，狭义的目的论判断的理论就必然取代审美判断的理论，因为即便是狭义的目的论判断的理论，也必然导致在由反思性判断力规定的对作为一个合目的的经验体系之自然的考察中来阐述他的论证。因此，有机生命问题与艺术问题的这种影响深远的综合是在规定着康德世

---

① 《康德全集》，第Ⅺ卷，49页。[参见《康德书信百封》，136～137页。——译者注]

界观之最后完成的关于作为一个合目的的整体的经验体系之统一性的思想下进行的。在康德认识论的源始预设及其形式与质料的严格分离中，蕴含着这样的根据，即被给予的经验内容相对于认识能力的综合形式而言归根结底必定依然是某种偶然的东西，而它可以通过范畴获得形式，可以被归摄在原理之下，则构成一种非概念的、“幸运的”事实，这个事实不再能对于概念认识来说、而是只能对于目的论考察来说获得一种必然性的品质：从这种关系出发来看，《判断力批判》构成对《纯粹理性批判》的一个不可或缺的补充，如同康德在另一个方向上通过《实践理性批判》给出的补充一样。90年代的思想工作就完成了在80年代的思想工作中开始的东西。

在康德使这些思想联系达到系统的完成之后，《判断力批判》的写作看起来就进行得相对快了。康德就出版问题与柏林书商德·拉伽尔德(de la Garde）签了约。康德曾应他的旧出版商的儿子、里加的约翰·弗里德里希·哈特克诺赫（Johann Friedrich Hartknoch）关于出版《美的鉴赏批判》的请求（参见其1789年8月15、26日的信[①]）给予他一个不确定的允诺，此人如其1790年12月9、20日的信[②]所示，对此痛感惊讶。康德的选择似乎是因顾及出版社在制作迅速和经营可靠方面的工作能力而引起的，因为他在1790年1月21日借寄送稿件第一部分的机会写信告诉自己的学生、他推荐给德·拉伽尔德作校对者的基塞维特尔(Kiesewetter，1789年10月15日致德·拉伽尔德的信和1789年11月19日基塞维特尔的来信[③])，如果德·拉伽尔德不能在复活节博览会之前完成这部著作，则基塞维特尔应当与另一位书商即希姆堡（Himburg）磋商。[④] 他在同一天，连同寄送稿件写信告诉德·拉伽尔德：“我把这稿件交给阁下您的出版社的第一个也是最重要的条件是：它将及时地被提交给下一个莱比锡复活节博览会。如果您不敢说做到这一点，则请把这告诉受我所委托的基塞维特尔先生。然而我希望，在柏林或者临近的萨克森毕竟有一家印刷厂，它将在14天印刷5个印张，从而让印刷尽早完成。

① 《康德全集》，第Ⅺ卷，71页。
② 同上书，217页。
③ 同上书，95、106页。
④ 同上书，121页。

但是，既然我毫不怀疑，您将在柏林找到这样一位印刷商，所以我重申我的推荐，用基塞维特尔先生作校对，您为此只需就像通常为同样的工作那样慷慨地任意付费就可以了。”① 基塞维特尔和德·拉伽尔德于1790年1月29日的信②表明，出版商和校对者开始极热心地遵循康德的意愿了。然后，康德在2月9日给德·拉伽尔德寄送了第二部分稿件，此后就只欠一小点了。③ 他在与出版商和校对者另一次书信往来中④在说明他对书的装潢和排印的满意时表现出动人的坚定性。校对者如其1790年3月3日的信所表明的那样，要克服各种各样的困境：“也就是说，稿件中有一些地方明显包含着歪曲意思的书写错误，我发现自己被迫在这些地方作出修改”。我们也了解到，他“在校对第2到第6印张时病了，因而是另一位⑤忠实地遵循手稿的人接手校对”。此时让他极为恼火的是，两处歪曲意思的错误保留下来了，它们应当被归为印刷错误。⑥ 此后，在1790年3月9日，康德（参见致德·拉伽尔德的信⑦）把稿件剩余的文本寄给了出版商，并承诺耶稣受难周周末交出前言和导论。然后，这个诺言是在3月22日践履的（参见1790年3月25日致德·拉伽尔德的信⑧）。同时，康德提供了他的赠送样书的地址，其一览表是蛮有趣的：波希米亚的文蒂施-格勒茨伯爵（Graf von Windisch-Grätz）、杜塞尔多夫的枢密顾问雅可比（Jacobi）、耶拿的莱因霍尔德教授、哈勒的雅克布（Jacob）教授、格廷根的布鲁门巴赫（Blumenbach）教授，此外是柏林的财政枢密顾问乌略默尔（Wloemer）、迪·比斯特尔（D. Biester）、基塞维特尔、赫茨教授。⑨ 在此期间，就像从1790年4月20日致基塞维特

① 《康德全集》，第Ⅺ卷，122～123页。

② 同上书，124、126页。

③ 同上书，129～130页。

④ 同上书，141、193、383页。

⑤ 这“另一位”据猜测是弗里德里希·根茨（Friedr. Gentz），从他现在发表了的书信往来（Fr. 卡尔·韦迪希编：《弗里德里希·冯·根茨往来书信集》，第1卷，慕尼黑和柏林，1909）中得知，他在《判断力批判》出第一版时阅读了第二校样，并在致伽尔韦的一封信（1790年12月5日，参见上书第1卷，182页）中提及，他在其中清除了数千个印刷错误。

⑥ 《康德全集》，第Ⅺ卷，136页。

⑦ 同上书，140～141页。

⑧ 同上书，142～143页。［参见《康德书信百封》，149～152页。——译者注］

⑨ 除此之外，根据德·拉伽尔德1790年5月22日信中的名单（《康德全集》，第Ⅺ卷，172页），还有所罗门·迈蒙（Salomon Maimon）和米歇尔森（Michelsen）教授。

尔的信中可以看出的那样，康德通读了校样的一部分，但他就此写道："我开始通读校样，但（由于印刷错误）我实在是烦透了，因此就把它放下了，准备收到其余部分再开始，以便能够一下子干完"①。然后，他附上了所发现的印刷错误的表格，还有一处遗漏，它们也许还能够附在这部著作上，而且他还更详细地谈到出现在一个标题上的书写错误。那个当然并不怎么仔细的印刷错误表被附在这部著作的第一版上了，它按照康德的愿望及时地出现在1790年的复活节博览会上。

如基塞维特尔在1790年5月就已经向康德报告的那样，出版商对这本书的销量如此满意，以至于他预计来年就需要出版一个新版本。就连德·拉伽尔德也在1790年5月22日的信中证实了这一点。② 然而，第二版并没有如此快地问世。康德在1790年9月2日、并在10月19日③再次询问出版商，他至迟应当在什么时候寄出为新版本所做的修订。对此的答复（《书信集》，第427a号）没有保存下来，如我们从德·拉伽尔德1791年6月5日的信④中可以看出的那样，它必定说的是新版本要到1791年夏天才行。此后德·拉伽尔德写信说，他想在米迦勒节博览会后开始印刷，并寄了一本拉开行距的样书，康德签收的日期是1791年8月15日。出版商请求到10月底收到修订，根据康德1791年10月28日的信，他不能满足这个请求："因为我必须把我的全部时间不间断地用于通透思考这里所探讨的事情，但我在刚过去的夏天里直到10月份，都被非同寻常的公务和一些文字上不可避免的分心所阻，而未能获得这个时间。"⑤ 他当时请求推迟到11月底，但此后——德·拉伽尔德对此是什么态度，我们不得而知，因为他的答复（《书信集》，第463a号）没有保存下来——只是在1792年3月30日才告诉出版商，他打算在复活节后不久寄出校对过的样书。⑥ 实际上，如6月12日的信⑦所说，他在6月10日

① 《康德全集》，第Ⅺ卷，151～152页。[参见《康德书信百封》，152～154页。——译者注]

② 《康德全集》，第Ⅺ卷，172页。参见根茨1790年12月5日致伽尔韦的信（《弗里德里希·冯·根茨往来书信集》，第1卷，182页）。

③ 同上书，193～194、216～217页。

④ 同上书，257～258页。

⑤ 同上书，288页。

⑥ 同上书，317页。

⑦ 同上书，327页。

才寄出。当然，导论的校对直到1792年10月2日才到达，而且康德在这时说明："在标题上加上'第二修订版'这个表述，我认为并不合适，因为它并不完全诚实；修订毕竟并不重要得足以使其成为促销的动因。因此，我也禁用那个表述。"① 至于后一个问题，德·拉伽尔德1792年11月2日遗憾地告诉他，"第二修订版"已经出现在博览会目录上了②，康德也表示赞同，因为这根本无足轻重。他就此在1792年12月21日写道："这至少是不真实的，尽管我觉得有一点点自吹自擂。"③ 但在书的标题上，附加词"修订"毕竟去掉了。无论如何，康德在1793年1月4日就已经可以为新版本的装潢考究的样书向出版商致谢了。④ 康德为第二版本身所做的改动很难、至少只能假定性地与如基塞维特尔在第一版中、现在的柏林校对者放手所做的改动区分开来。但是，究竟谁是这一次的校对者，却无法完全确定。至于说又是基塞维特尔，也不能假定，一方面是因为在与他的连续通信中找不到任何有关的东西，另一方面是因为在他和康德之间，由于基塞维特尔的《逻辑学》而出现了一段暂时的不和谐（参见基塞维特尔1791年6月3日的信、德·拉伽尔德1791年6月5日的信、康德1791年8月2日的信）。与基塞维特尔的书信往来是在康德通过寄送一部作品——《纯然理性界限内的宗教》——来迁就基塞维特尔之后才由基塞维特尔于1793年6月15日又重拾的。与此相反，极为可能的是，第二（同样还有第三）版的校对者是弗里德里希·根茨。根茨迄今发表了的书信往来虽然直接地仅仅说明了他在第一版的校对时的参与，但就像他已经根本上也是出自对"老保姆即康德哲学"的爱（他曾是康德的听众⑤）而接手了那次校对⑥那样，他也出自实际的旨趣，并且同时兼顾到很多尚存留下来的印刷错误，第二次读了这部著作。此际，他提到了新版本的需要，但——1790年12月5日——尚无这方面的部

① 《康德全集》，第Ⅺ卷，359页。

② 同上书，369页。

③ 同上书，383页。

④ 同上书，389页。

⑤ 参见他父亲致康德的信（《康德全集》，第Ⅹ卷，294页）及其对门德尔松的表述（同上书，322页）以及弗里德里希·根茨致康德的信（同上书，346页）。

⑥ 《弗里德里希·冯·根茨往来书信集》，第1卷，156页。

署。此外，既然出版商德·拉伽尔德是他的“很信任的朋友和亲戚”①，而他的经济状况也长期使他必定欢迎这样一项兼职工作，所以，这一切都说明可以把他视为迄今徒劳地寻找的第二（和第三）版的校对者，而且如果编者们总是恰恰在避免语气生硬和修饰表述方面成功地发现校对者的手迹，那就说明这是像弗里德里希·根茨这样的一位头等修辞学家。

这部著作还有一个第三版是在康德有生之年于1799年在德·拉伽尔德这里出版的。不过，关于这个版本，书信中的信息完全没有提到。从与德·拉伽尔德和基塞维特尔的通信中，得不到任何与这个新版本有联系的东西。甚至在德·拉伽尔德和军事枢密顾问舍弗纳（Scheffner）之间尚未付印的书信往来中找到这方面的讯息的尝试，也仅仅得知，德·拉伽尔德在1798年8月4日（书信集，第773a号）寄给康德《批判》第三版稿酬的汇票，并且认为康德应当记得自己的承诺，至少还让他出版自己著作中的一部；此外，在1798年9月30日的信中，出现了关于康德也许在身体状况的压力下中断与出版商的联系的一种看起来不怎么友好的方式的说明：“您关于康德对我说的，当然说明了一些他对我的古怪态度。我刚从巴黎返回，就给他寄去了他的《批判》第三版的稿酬，并借此机会感谢他对费维格（Vieweg）的友好表示，即还想与我继续合作。在我两个月后没有从他那里得到回复时，我请他至少鉴于程序告知收到钱了，但他直到现在也没有回复一个字。他似乎认为，我的感谢包含着一种要求，即离开他现在的出版商。这样做，他当然就会履行他的承诺，但却并不会那么给我带来幸运，因为我拥有的出版项目已超出我的力量允许我在3年里所承担的。”

第三版虽然在页数和页码划分上与第二版完全一致，但并不像人们大概认为的那样是一次没有改动的重印，而是再次表现出大量语言上的改动，偶尔还有实际上的偏离，——这些改动在文风上是在第二版的改动的方向上进行的。因此，这里是同一个校对者，因而据猜测是根茨参与了此事，如同在第二版时，他再次放手改动，这并非不可能，尽管不能以任何方式确认。

因此，关于这三个版本的印刷史我们所知道的，使得似乎不可能可

① 《弗里德里希·冯·根茨往来书信集》，第1卷，159页。

靠地确立该著的一种在每个方面都回溯到康德自己的文本审核的形式。在第一版时，基塞维特尔就已经、有时另一位校对者亦插手其中；在第二版时，毫无疑问最重要的文本改动回溯到康德的拉开行距的样书，但也有修辞上的润色是由可能的校对者根茨加上的；最后在第三版时，我们没有任何根据假定康德直接参与了改动，但也许可以预设，哲学家又对校对者所做的改动给予了普遍的同意。关于三个文本的关系，本诺·埃德曼在其《判断力批判》的特别版本（1880年）中有一个如此全面周到的研究，以至于在这里必须指出。对于这个版本来说，大体上根据以上所述的关系，以第二版（A^2）的文本为基础，康德本人还以可证明的方式参与了这个版本，尽管不是独自从事的。不过，在第三版的某些改动明显意味着表述的改进和有助于理解的地方，把它们用于从康德方面来看最后也如此达到合法性的改动，如同对于第二版的改动一样，这表明是合目的的，也许还是必要的。

5〔167〕

前言

第一版，1790 年

人们可以把出自先天原则的认识能力称为**纯粹理性**，而把一般而言对纯粹理性的可能性和界限的研究称为纯粹理性批判；尽管人们只是把这种能力理解为在其理论应用中的理性，如同在第一部著作中也曾以那种称谓出现一样，当时还没有想把理性的能力作为实践理性来按照其特殊的原则而予以研究。在这种情况下，那种批判就仅仅关涉我们先天地认识事物的能力，因而仅仅讨论**认识能力**，而把愉快和不快的情感与欲求能力排除在外；在诸认识能力中则根据其先天原则来讨论**知性**，而把**判断力**和**理性**（作为同样属于理论认识的能力）排除在外，因为在这一进程中情况是，除了知性，没有别的认识能力能够提供先天的建构性认识原则。因此，其他认识能力中的每一种都会伪称出自自己的根源而对知识的现金资产拥有份额，按照这种份额对它们全都进行审理的批判，所留下的东西无非就是**知性**先天地当做法则，为作为显象之总和的自然所指定的东西（显象的形式同样是被先天地给予的）；但是，批判指点其他所有纯粹概念都居于理念之下，理念对于我们的理论认识能力来说是越界的，但在这方面却绝不是无用的或者可以缺少的，而是用做范导性的原则：一方面抑制知性的令人忧虑的僭妄，就好像它（由于它能够先天地指出它所能认识的所有事物的可能性的条件）由此也就一般而言把
5〔168〕一切事物的可能性包括在这些界限之内似的；另一方面为的是在考察自然时按照一条知性尽管永远达不到的完备性原则来引导知性，并由此来促进一切知识的最终意图。

因此，真正说来是**知性**，就它包含着先天的建构性原则而言，拥有其自己的领域，确切地说是在**认识能力**中拥有，它应当通过一般地如此称谓的纯粹理性批判而针对其余一切追求者来确保他自己独占的财产。同样，惟有就**欲求能力**而言才包含着先天的建构性原则的**理性**，在实践理性批判中分得了自己的财产。

如今，在我们的认识能力的秩序中、在知性和理性之间构成一个中

介环节的**判断力**，是否也独自拥有先天的原则；这些先天原则是建构性的还是纯然范导性的（因而不表明任何特有的领域），而且它是否会先天地把规则赋予作为认识能力和欲求能力之间的中介环节的愉快和不快的情感（正如知性为认识能力，而理性为欲求能力先天地指定法则那样），这就是目前的判断力批判所要讨论的。

对纯粹理性亦即我们根据先天原则作出判断的能力进行的批判，如果不把判断力独自作为认识能力也要求的判断力批判作为它的一个特殊部分来探讨的话，就会是不完备的；尽管判断力的诸原则在一个纯粹哲学体系中并不可以构成理论哲学和实践哲学之间的一个特殊部分，而是只能在必要时附带地加入双方中的任何一方。因为如果这样一个体系应当有朝一日以普遍的形而上学名义来实现的话（十分完备地做到这一点是可能的，而且对于理性在一切关系中的应用来说也是极为重要的），那么，批判就必须事先对这座大厦的地基作出如此深的探查，直到不依赖于经验的诸原则之能力的最初基础所在的位置，以便大厦不在任何一个部分上沉陷，这沉陷是会不可避免地导致整体的坍塌的。

但是，人们从判断力的本性（判断力的正确应用是如此必然和普遍 5〔169〕
地不可缺少，因而健全知性这一名称所指的不是别的什么东西，而恰恰就是这种能力）中轻而易举地就能够得出，要找出判断力的一条特有的原则，这必定伴随着巨大的困难（因为任何一条特有的原则，它都必须先天地包含在自身之中，若不然，它就不会作为一种特殊的认识能力而本身经受最普通的批判了），尽管如此，这原则也必须不是从先天概念推导出来的；因为这些概念属于知性，而判断力仅仅关涉知性的运用。因此，判断力应当自己指出一个概念，通过这概念真正说来没有任何事物被认识，而是这概念仅仅充当判断力的规则，但不是充当判断力能够使自己的判断与之适合的一个客观规则，因为这就会又需要另一种判断力，以便能够裁决该判断是否合规则的胃口。

由于一条原则（不管它是一条主观的还是客观的原则）而导致的这种困境，主要出现在人们称为审美的、与自然或者艺术的美者和崇高者相关的评判中。而尽管如此，对判断力在这些评判中的一条原则的批判性研究，却是对这种能力的一个批判的最重要的部分。因为尽管这些评判单凭自身对于认识事物没有丝毫贡献，但它们毕竟是只属于认识能力的，并且表明这种能力根据某一条先天原则而与愉快或者不快的情感有一种直接的关系，并不与能够是欲求能力的规定根据的东西相混淆，因为欲求能力是在理性的概念中有其先天原则的。——但是，就对自然的逻辑评判而言，在经验提出事物的一种合法则性、而关于感性东西的普遍知性概念不再足以理解或者解释这种合法则性，而且判断力从自身中能够得出自然事物与不可认识的超感性东西之关系的一种原则，也必须仅仅着眼于自身而使用这原则来认识自然的地方，这样一条先天原则虽然能够并且必须被运用于**认识**世间存在者，同时开启对实践理性有利的前景；但是，它与愉快和不快的情感并没有任何直接的关系，这种关系
〔170〕恰恰是判断力的原则中的难解之点，它使得有必要在批判中为这种能力划出一个特殊的部分，因为按照概念（从概念中永远不能直接推论到愉快和不快情感）作出的逻辑评判至多能够附属在哲学的理论部分连同对它的一种批判性限制上。

既然对作为审美判断力的鉴赏能力的研究在这里不是为了陶冶和培养鉴赏（因为这种陶冶和培养即使没有迄今和以后的所有这样的研究也将进行下去），而纯然是在先验的意图中进行的，所以，我自以为这一研究就缺乏那种目的而言也将受到宽容的评判。但就先验的意图来说，它必须做好准备经受最严厉的检验。然而我希望，即便在这里，解决一个如此纠缠着自然的问题的巨大困难也可以用来为在解决这个问题时的某些不能完全避免的模糊性作出辩解，只要足够清楚地说明，原则已被正确地指出；假如由此推导出判断力这种现象的方式不具有人们在别的地方，亦即对于根据概念的认识所能够正当地要求的所有那些明晰性，则我相信在这部著作的第二部分中也达到了这种明晰性。

因此，我以此结束我的全部批判工作。我将毫不迟疑地着手学说的工作，以便尽可能地为我日增的年龄再争取到对此还算有利的时间。不言而喻的是，对于判断力来说，这里没有一个特殊的部分，因为就判断力而言，效力的是批判而不是理论；相反，根据哲学被划分为理论哲学和实践哲学以及纯粹哲学被划分为同样两个部分，将是自然的形而上学和道德的形而上学来构成学说的工作。

导论 5〔171〕

一、哲学的划分

如果就哲学通过概念包含着对事物的理性认识的诸原则（不纯然像逻辑学那样包含着一般思维的形式的诸原则而不问客体的区别）而言，像通常那样把哲学划分为**理论哲学**和**实践哲学**，那么，人们做得完全正确。但在这种情况下，为这种理性认识的诸原则指定了它们的客体的那些概念，就必定是在类上不同的，因为若不然，它们就没有理由被划分开来，划分在任何时候都以分属一门科学的不同部分的理性认识之诸原则的一种对立为前提条件。

但是，只有两种概念，它们允许其对象的可能性有同样多的不同原则：这就是各个**自然概念**和那个**自由概念**。现在，既然前者使一种按照先天原则的**理论**知识成为可能，而后者就前者而言在其概念中就已经只带有一个否定的原则（纯然的对立的原则），与此相反对于意志的规定则建立起扩展的原理，这些原理因而叫做实践的，所以，哲学正当地被划分为两个在原则上完全不同的部分，被划分为作为**自然哲学**的理论哲学和作为**道德哲学**的实践哲学（因为理性根据自由概念所作的实践的立法就是被这样称谓的）。但迄今为止，为了划分不同的原则，并与这些原则一起也划分哲学，流行着对这些术语一种巨大的滥用：因为人们把按照自然概念的实践与按照自由概念的实践当做一回事，并如此在理论哲学和实践哲学这些相同的称谓下进行了一种划分，通过这种划分事实上什 5〔172〕
么也没有划分开来（因为两个部分能够拥有同一些原则）。

也就是说，作为欲求能力的意志，是世界上多种多样的自然原因中的一种，亦即按照概念起作用的那种自然原因；凡是被表现为通过一个意志而可能（或者必然）的东西，都叫做实践上可能的（或者必然的）；与一个结果的物理学的可能性或者必然性不同，后者的原因不是通过概念（而是像在无生命的物质那里通过机械作用，而在动物那里则通过本能一样）被规定为因果性的。——在这里，如今就实践而言尚未规定的是：给意志的因果性提供规则的概念是一个自然概念，还是一个自由概念。

但后一种区别是根本性的。因为如果规定因果性的概念是一个自然概念，那么，诸原则就是**技术实践的**；但如果它是一个自由概念，那么，诸原则就是**道德实践的**；而由于在一门理性科学的划分中，事情完全取决于对象的那种需要不同的原则来认识的不同，所以，前一类原则就属于理论哲学（作为自然学说），后一类原则却完全独立地构成第二部分，亦即（作为道德学说的）实践哲学。

一切技术实践的规则（亦即艺术和一般技巧的规则，或者也有作为对人及其意志施加影响的一种技巧的明智的规则），就它们的原则基于概念而言，必须只被算做理论哲学的补充。因为它们仅仅涉及事物按照自然概念的可能性，属于自然概念的，不仅有为此可以在自然中找到的手段，而且甚至有意志（作为欲求能力，因而作为自然能力），这是就它能够由自然的动机按照那些规则来规定而言的。不过，这样的实践规则并不叫做法则（例如像物理学的法则那样），而是仅仅叫做规范；确切地说之所以如此，乃是因为意志并不纯然服从自然概念，而是也服从自由概念，它的诸原则与自由概念相关时就叫做法则，并且连同其推论构成了哲学的第二部分，亦即实践的部分。

因此，就像纯粹几何学问题的解决并不属于几何学的一个特殊的部
5〔173〕分，或者土地丈量术配不上一门与纯粹几何学有别的实践几何学的名称而作为一般几何学的第二部分一样，实验或者观察的机械艺术或者化学艺术就同样不可以，而且更不可以被视为自然学说的一个实践部分，最后，家庭经济、地区经济、国家经济，交往艺术，饮食学的规范，且不说普遍的幸福学说，甚至就连为了幸福学说的目的对偏好的抑制和对激情的约束也不说，都不可以被算做实践哲学，或者这些东西根本不构成一般哲学的第二部分；因为它们全都仅仅包含技巧的规则，这些规则因而只是技术实践的，为的是产生一种按照原因和结果的自然概念而有可能的结果，这些自然概念既然属于理论哲学，就服从作为出自理论哲学（自然科学）的纯然补充的那些规范，因而不能要求在一种被称为实践哲学的特殊哲学中有任何位置。与此相反，完全建立在自由概念之上、完全排除意志的出自自然的规定根据的那些道德实践的规范，则构成规范

的一种完全特殊的方式；它们也像自然所服从的那些规则一样，绝对叫做法则，但却不像后者那样基于感性的条件，而是基于一个超感性的原则，并且在哲学的理论部分之外完全独立地要求一个另外的部分，名叫实践哲学。

由此可见，哲学所提供的实践规范的总和，之所以构成哲学的一个被置于理论部分旁边的特殊部分，并不是由于这些规范是实践的；因为即使它们的原则完全取自自然的理论知识（作为技术上实践的规则），它们也能够是实践的；而是由于它们的原则根本不是借自永远以感性为条件的自然概念，从而是基于惟有自由概念才通过形式的法则使之可以辨识的超感性东西的，所以是道德实践的，亦即不纯然是这种或者那种意图中的规范和规则，而且无须与目的和意图先行发生关系就已是法则；而且如果是这样，那总和就构成哲学的一个特殊部分。

二、一般哲学的领域 5〔174〕

先天概念在多大的范围具有其运用，我们的认识能力根据原则的应用所达到的范围就有多大，从而哲学达到的范围就有多大。

但是，那些概念为了尽可能地实现对象的某种知识而与之发生关系的一切对象的总和，可以根据我们的认识能力对这种意图不同的胜任或者不胜任来进行划分。

概念如果与对象发生关系，无论对于这些对象的一种知识是否可能，就都拥有自己的疆场，这个疆场纯然是按照它们的客体与我们的一般认识能力所具有的关系来规定的。——这个疆场的那个我们可能有所认识的部分，就是这些概念和为此所需要的认识能力的一个地域（territorium）。这个地域的那个由这些概念在其上立法的部分，就是这些概念和它们该有的认识能力的领域（ditio）。因此，经验概念虽然在作为一切感官对象之总和的自然中拥有自己的地域，但却没有领域（而是只有其居留地，domicilium）；因为它们虽然被合法地生成出来，但却不是立法的，相反，基于它们的规则都是经验性的，因而是偶然的。

我们的全部认识能力有两个领域，即诸自然概念的领域和自由概念的领域；因为认识能力是通过这两者而先天地立法的。现在，哲学也按照这一点分为理论哲学和实践哲学。但是，哲学的领域建立于其上和哲学的立法**施行**于其上的这个地域，却永远只是一切可能经验的对象之总和，只要这些对象仅仅被当做纯然的显象；因为若不是这样，知性就这些对象而言的立法就会是不可设想的。

通过自然概念来立法，这是通过知性发生的，并且是理论的。通过自由概念来立法，这是由理性而发生的，并且是纯然实践的。不过惟有在实践中，理性才能是立法的；就（自然的）理论知识而言，它只能（作为凭借知性而精通法则的）从所立的法中通过推理而得出结论，这些
5〔175〕结论毕竟永远只停留在自然那里。但反过来，如果规则是实践的，理性却并不因此马上就是**立法的**，因为这些规则也可能是技术实践的。

因此，知性和理性在经验的同一个地域上有两种不同的立法，一种立法不可以损害另一种立法。因为自然概念对于通过自由概念的立法没有影响，同样，自由概念也不干扰自然的立法。——至少无矛盾地设想两种立法以及属于它们的能力在同一个主体中的共存，其可能性是《纯粹理性批判》所证明的，《纯粹理性批判》通过揭示反对的理由中的辩证幻相而摧毁了这些反对的理由。

但是，这两个虽然不在其立法上，但毕竟在其感官世界中的作用上不停地相互限制的不同领域，却构不成**一个东西**，其原因在于：自然概念虽然在直观中表现其对象，但却不是将之表现为物自身，而是表现为纯然的显象；与此相反，自由概念在它的客体中虽然表现物自身，但却不是在直观中表现的，因而双方没有一方能够获得关于自己的客体（甚至关于能思维的主体）作为物自身的一种理论知识，这物自身将会是超感性的东西，人们虽然必须把关于它的理念作为经验那一切对象的可能性的基础，但却永远不能把这理念本身提升和扩展为一种知识。

因此，对于我们全部的认识能力来说，有一个不受限制的、但也不可接近的疆场，这就是超感性东西的疆场，在其中我们为自己找不到任何地域，因而在它上面既不能为知性概念也不能为理性概念拥有一个用于理论认识的领域；这个疆场，我们虽然为了理性的理论应用和实践应用而必须用理念去占领，但我们在与出自自由概念的法则的关系中能够使这些理念获得的，却无非是实践的实在性，据此，我们的理论知识丝毫也没有由此扩展到超感性的东西上面去。

现在，虽然在作为感性东西的自然概念领域和作为超感性东西的自由概念领域之间强化了一道明显的鸿沟，以至于从前者到后者（因而凭借理性的理论应用）不可能有任何过渡，就好像这是两个不同的世界，前一个世界不能对后一个世界有任何影响似的；但是，后一个世界毕竟应当对前一个世界有影响，也就是说，自由概念应当使通过它的法则所提出的目的在感官世界中成为现实；因此，自然必须也能够这样来设想，即它的形式的合法则性至少与要在它里面造就的目的按照自由法则的可能性相协调。——所以，毕竟必须存在着作为自然之基础的超感性东西与自由概念实践上所包含的东西的**统一性**的某种根据，这个根据的概念虽然既没有在理论上也没有在实践上达到对这个根据的一种认识，因而不拥有特有的领域，但却仍然使按照一方的原则的思维方式向按照另一方的原则的思维方式的过渡成为可能。 5〔176〕

三、作为哲学的这两个部分结合成为一个整体的手段的判断力批判

就认识能力能够先天地提供的东西而言对这些认识能力进行的批判，真正说来在客体方面不拥有任何领域；因为它不是任何学说，而仅仅是要研究，按照我们的能力现有的情况，一种学说通过这些能力是否以及如何是可能的。这个批判的疆场伸展到这些能力的一切僭妄之上，以便把它们置于它们的合法性的界限之内。但是，不能进入哲学的划分之中的东西，却有可能作为一个主要部分进入对一般纯粹认识能力的批判中来，也就是说，如果它包含着一些自身既不适合于理论应用也不适合于实践应用的原则的话。

包含着一切先天的理论知识之根据的自然概念基于知性的立法。——包含着一切无感性条件的先天实践规范之根据的自由概念基于理性的立法。因此，这两种能力除了按照逻辑形式能够被运用于不论何种起源的原则上之外，还每一个都按照内容有其自己的立法，在这立法之上没有别的（先天的）立法，因而这种立法就论证了把哲学划分为理论哲学和实践哲学的理由。 5〔177〕

不过，在高等认识能力的家族中毕竟还有知性和理性之间的一个中间环节。这就是**判断力**，关于它人们有理由按照类比来猜测，它即便不

可以先天地在自身包含着一种自己的立法，但却同样可以先天地在自身包含着一条它所特有的寻求法则的原则，也许是一条纯然主观的原则。这个原则虽然不应有任何对象疆场作为它的领域，但毕竟能够拥有一个地域，而对于该地域的某种性状来说，恰恰惟有这条原则才会有效。

但为此，还（按照类比来判断）有一个新的根据，来把判断力与我们的表象能力的另一种秩序联结起来，比起与认识能力家族的亲缘关系，这种联结看起来具有还要更大的重要性。因为一切灵魂能力或者机能都可以被回溯到这三种不能再从一个共同根据推导出来的能力：**认识能力、**
5〔178〕 **愉快和不快的情感**和**欲求能力**。① 对于认识能力来说，惟有知性是立法

① 对于人们作为经验性原则来使用的那些概念，如果人们有理由猜测它们与先天的纯粹认识能力有亲缘关系，那么，由于这种关系而尝试对它们作出一种先验的定义，是有益处的；也就是说，通过纯粹的范畴来定义，只要仅仅这些范畴就已经充分地说明眼前的概念与其他概念的区别。在这里，人们遵循的是数学家的榜样，数学家让自己的课题的经验性材料尚不确定，而只是把它们在这个课题的纯粹综合中的关系置于纯粹算术的概念之下，并由此使该课题的解决普遍化。——人们曾由于一个类似的程序（《实践理性批判》前言，16 页）而指责我，并指责我对欲求能力的定义，即**凭借其表象而是这些表象的对象之现实性的原因的能力**；因为据说纯然的愿望毕竟也是欲求，但对此每一个人都告诉自己，他仅仅凭借这些愿望是不能产生出它们的客体的。——但这无非是证明了，在人心中也有一些使他自己与自己相矛盾的欲求，因为他仅仅凭借自己的表象就致力于产生客体，但他却不能指望这表象有什么成果，因为他意识到，他的机械力量（如果我可以这样称谓非心理学的力量的话）必须由那个表象来规定，以便（因而是间接地）产生出客体，但这些力量要么不充分，要么所关涉的根本就是不可能之事，例如使发生了的事不曾发生（O mihi praeteritos, etc. [哦，要是……把逝去的年华送还给我就好了]*），或者在焦急的等候中能够取消直到期待的那个瞬间到来的中间时间。——尽管我们在这样一些幻想的欲求中意识到我们的表象不足以（或者根本不适合于）成为它们的对象的原因，但毕竟在每一个愿望中都包含有这些对象的关系作为原因，因而包含着它们的**因果性**的表象，在这个愿望是一种情绪，亦即是**渴望**的时候，这一点就尤其明显。因为这些幻想的欲求由此证明，它们使人心膨胀和萎缩，并如此耗尽力量，以至于这些力量通过表象而反复地紧张起来，但却让心灵在考虑到不可能性时不断地又沉沦回到疲惫中去。甚至对避开巨大的、就人们所看出而言无法避免的灾祸的祈求，以及为达到以自然的方式不可能的目的而采取的诸多迷信的手段，都证明了表象与其客体的因果关系，这种因果关系甚至不能由于意识到不足以达到努力的效果而被阻挡。——但是，为什么在我们的本性中被置入了对有意识地为空的欲求的这种癖好，这是一个人类学上的目的论问题。看起来，如果直到我们确保我们的能力足以产生一个客体之前，我们都不应当被规定去使用力量的话，这些力量在大多数情况下就会依然未曾使用。因为通常我们惟有通过尝试自己的力量才认识自己的力量。因此，在空的愿望中的这种错觉只不过是我们的本性中的一种善意安排的结果罢了。

* 维吉尔：《伊尼特》，Ⅷ，560，完整的诗句为：O mihi praeteritos referat si Juppiter annos [哦，要是朱庇特把逝去的年华送还给我就好了]。——科学院版编者注

的，如果认识能力（如它不与欲求能力相混淆而被单独考察时也必定发生的那样）作为一种理论认识的能力与自然发生关系的话，惟有就自然（作为显象）而言，我们才有可能通过先天的自然概念来立法，而先天的自然概念真正说来也就是纯粹的知性概念。——对于作为一种依据自由概念的高级能力的欲求能力来说，惟有理性（自由概念惟有在理性中才成立）才是先天地立法的。——现在，在认识能力和欲求能力之间所包含的是愉快的情感，就像在知性和理性之间所包含的是判断力一样。因此，至少暂时可以猜测，判断力同样独自包含着一个先天原则，而且既然与欲求能力必然结合在一起的是愉快或者不快的情感（无论愉快或者不快是像在低级的欲求能力那里一样先行于这种能力的原则，还是像在高级的欲求能力那里一样只是从道德法则对这能力的规定中产生出来）， 5〔179〕
判断力同样将造成从纯粹的认识能力，亦即从自然概念的领域向自由概念的领域的一种过渡，就像它在逻辑应用中使得从知性向理性的过渡成为可能一样。

因此，即使哲学只能被划分为两个主要部分，亦即理论哲学和实践哲学，即使我们关于判断力自己的原则有可能说出的一切在哲学中都必须被算做理论的部分，亦即被算做依据自然概念的理性知识，然而，必须在着手建立那个体系之前就为了它的可能性而澄清这一切的纯粹理性批判，毕竟是由三个部分构成的：纯粹知性批判、纯粹判断力批判和纯粹理性批判，这些能力之所以被称为纯粹的，乃是因为它们是先天地立法的。

四、作为一种先天地立法的能力的判断力

一般判断力是把特殊的东西当做包含在普遍的东西之下、来对它进行思维的能力。如果普遍的东西（规则、原则、法则）被给予了，那么，把特殊的东西归摄在普遍的东西之下的判断力（即使它作为先验的判断力先天地指明了诸条件，惟有依据这些条件才能被归摄在那种普遍的东西之下）就是**规定性的**。但如果只有特殊的东西被给予了，判断力为此必须找到普遍的东西，那么，这种判断力就纯然是**反思性的**。

规定性的判断力从属于知性提供的普遍的先验法则，它只是归摄的；

法则对它来说是先天地预先确定下来的，因此它不必为自己想到一条法则，以便能够把自然中的特殊的东西置于普遍的东西之下。——然而，自然有如此多种多样的形式，仿佛是普遍的先验自然概念有如此之多的变异，它们通过纯粹知性先天地立的那些法则依然未得到规定，因为这些法则仅仅一般而言地关涉一个自然（作为感官的对象）的可能性，但
5〔180〕这样，对于这些变异就也必须有一些法则，这些法则虽然作为经验性的法则按照**我们**知性的洞识来看可能是偶然的，但如果它们应当叫做法则的话（就像一个自然的概念也要求的那样），就必须从杂多之统一性的一个尽管不为我们所知的原则出发被视为必然的。——反思性的判断力的职责是从自然中的特殊的东西上升到普遍的东西，因此它需要一个原则，它不能从经验借来这个原则，因为这原则恰恰应当为一切经验性的原则在同样是经验性的、但却更高的原则之下的统一性提供根据，因而为这些原则相互之间的系统隶属的可能性提供根据。因此，这样一个先验原则，反思性的判断力只能当做法则自己给自己确立，不能从别处拿来（因为若不然，它就会是规定性的判断力了），也不能指定给自然，因为关于自然法则的反思取决于自然，而自然并不取决于我们力图去获得一个就这些法则而言完全是偶然的自然概念所依据的那些条件。

现在，这个原则不可能是别的，而只能是：既然普遍的自然法则的根据在我们的知性里面，所以知性把这些法则指定给自然（虽然只是按照自然之为自然的普遍概念），而特殊的经验性法则，就其中通过那些普遍的自然法则依然未得到规定的东西而言，必须按照这样一种统一性来考察，就好像同样有一个知性（即便不是我们的知性）为了我们的认识能力而给予了这种统一性，以便使一个按照特殊的自然法则的经验体系成为可能似的。这并不是说好像必须以这种方式现实地假定一个这样的知性（因为这只是反思性的判断力，这个理念把它用做原则，是为了反思，而不是为了规定）；相反，这种能力由此是给自己立法，而不是给自然立法。

现在，由于关于一个客体的概念，只要同时包含着这个客体的现实性的根据，就叫做目的，而一个事物与各种事物的那种惟有按照目的才有可能的性状的协调一致，就叫做该事物的形式的**合目的性**，所以，判断力的原则就服从一般经验性法则的那些自然事物的形式而言，就是**自**

然在其杂多性中的**合目的性**。也就是说，自然通过这个概念被如此表现，5〔181〕
就好像有一个知性包含着它的经验性法则的杂多之统一性的根据似的。

因此，自然的合目的性是一个特殊的先天概念，它仅仅在反思性的判断力中有其起源。因为人们不能这样把某种东西当做自然在自然产品上与目的的关系来赋予自然产品，而只能运用这个概念，就显象在自然中按照经验性法则已给出的那种联结而言来反思自然。这个概念与（人类艺术的，或者也有道德的）实践的合目的性也是完全不同的，尽管它是按照与后者的类比而被思考的。

五、自然的形式合目的性的原则是判断力的一个先验原则

一个先验的原则，就是借以表现事物惟有在其下才能成为我们知识的一般客体的那种普遍先天条件的原则。与此相反，一个原则如果表现的是其概念必须被经验性地给予的客体惟有在其下才能被先天地进一步规定的条件，就叫做形而上学的。于是，物体作为实体和作为可变实体，其知识的原则如果表达的是它们的变化必定有一个原因，那这个原则就是先验的；但是，如果它表达的是它们的变化必定有一个**外部的**原因，那这个原则就是形而上学的。因为在前一种场合里，物体惟有通过本体论的谓词（纯粹知性概念），例如作为实体，才可以被思维，以便先天地认识这个命题；但在第二种场合里，一个物体（作为空间中的一个运动物）的经验性概念必须被当做这个命题的基础，但在这种情况下，后面这个谓词（仅仅通过外部原因而有的运动）应当归于物体，这却是完全能够先天地看出的。——这样，正如我马上就要指出的，自然（在其经验性法则的杂多性之中）的合目的性的原则就是一个先验的原则。因为
客体只要被思考为服从这个原则的，其概念就只是可能经验知识的一般 5〔182〕
对象的纯粹概念，而不包含任何经验性的东西。与此相反，必须在一个自由**意志**的**规定**的理念中来思考的那种实践的合目的性的原则，却会是一个形而上学的原则，因为作为一个意志的一种欲求能力的概念毕竟必须经验性地被给予（不属于先验的谓词）。但是，这两种原则仍然都不是经验性的，而是先天的原则，因为为了把谓词与它们判断中的主体的经验性概念结合起来，并不需要任何其他的经验，相反，那种结合是完全

能够先天地看出的。

自然的一种合目的性的概念属于先验的原则，这一点，人们可以从判断力的那些被先天地当做自然研究之基础的准则中充分地看出来，这些准则仍然只关涉经验的可能性，因而是自然的知识的可能性，但不仅仅是作为一般的自然，而是作为通过特殊法则的一种杂多性来规定的自然。这些准则作为形而上学智慧的格言，借人们不能从概念出发来阐明其必然性的一些规则的机会，足够经常地、但只是分散地出现在这门科学的进程中。“自然取最短之路（lex parsimoniae［节俭律］）；但自然并不飞跃，无论是在其变化的序列中，还是在种类不同的形式的编排中（lex continui in natura［自然中的连续律］）；尽管如此，自然在经验性法则中的巨大的杂多性，却是少数原则之下的统一性（principia praeter necessitatem non sunt multiplicanda［如无必要，勿增原则］）”；如此等等。

但是，如果人们想指明这些原理的起源，并沿着心理学的途径来尝试这样做，那么，这是完全违背这些原理的意思的。因为它们所说的，并不是有什么事情发生，亦即我们的认识能力按照什么规则现实地推进自己的游戏，以及它如何被判断，而是它应当如何被判断；而在这里，如果原则纯然是经验性的，这种逻辑上的客观必然性就不会出现。因此，对于我们的认识能力及其应用来说，明显地从这些认识能力中闪现出来的自然的合目的性就是判断的一个先验原则，因而也需要一个先验的演绎，如此作判断的根据必须借助这个演绎到先天的知识源泉中去寻找。

也就是说，在一个经验的可能性的诸根据中，我们首先找到的是某
5〔183〕种必然的东西，亦即普遍的法则，没有它们，一般的自然（作为感官的对象）就不能被思维；而这些法则是基于范畴，被运用于一切我们可能有的直观的形式条件之上的，只要这些直观同样是先天地被给予的。在这些法则之下，判断力就是规定性的；因为它要做的无非就是在被给予的法则之下进行归摄。例如，知性说一切变化都有其原因（普遍的自然法则）；先验的判断力现在要做的，无非就是指明在已提交的知性概念之下进行归摄的条件，而这就是同一个事物的诸规定的演替。对于一般自然（作为可能经验的对象）来说，那条法则就被认为是绝对必然的。——但现在，经验性知识的对象除了那个形式的时间条件之外还以诸多方式被规定，或者就人们能够先天地作出判断而言是可被规定的，

以至于种类不同的自然除了它们都属于一般自然而共有的东西之外，还能够以无限多样的方式成为原因；这些方式中的每一种都（按照一般原因的概念）有其自己的规则，这个规则就是法则，因而带有必然性，尽管我们按照我们认识能力的性状和限制根本看不出这种必然性。因此，我们必须在自然中就其纯然经验性的法则而言来思维无限多样的、对于我们的见识来说仍然是偶然的（不能被先天地认识到的）经验性法则的一种可能性；而且就它们而言，我们把根据经验性法则的自然统一性和经验（作为根据经验性法则的体系）的统一性的可能性评判为偶然的。但是，由于毕竟必须必然地预设和假定这样一种统一性，若不然，就不会出现使经验性知识成为一个经验整体的普遍联系了，因为普遍的自然法则虽然按照事物作为一般自然物的类提供了事物中间的这样一种联系，但却不是特别地按照其作为这样一些特殊的自然存在者的类提供的，所以，判断力为了其自己的应用，必须假定这一点是先天原则，即特殊的（经验性的）自然法则中对人的见识来说偶然的东西，在把它们的杂多结合成为一个就自身而言可能的经验时，仍然包含着一种对我们来说虽然无法探究、但毕竟可以思维的合法则的统一性。因此，由于合法则的统 5〔184〕
一性是在一个我们虽然按照某种必然的意图（知性的某种需要）、但同时毕竟是当做就自身而言偶然的来认识的结合中被表现为诸客体（在这里就是自然）的合目的性的，所以，就服从可能的（尚待揭示的）经验性法则的事物而言纯然是反思性的判断力，必须就这些法则而言按照对我们的认识能力来说的一个**合目的性原则**去思维自然，这原则也就被表述在判断力的上述准则中。现在，自然的合目的性这个先验概念既不是一个自然概念，也不是一个自由概念，因为它根本没有把任何东西赋予客体（自然），而是仅仅表现着我们关于一个普遍关联着的经验而对自然的对象作出反思时必须如何行事的惟一方式，因而表现着判断力的一个主观原则（准则）；因此，如果我们在纯然经验性的法则中找到这样一种系统的统一性，我们也感到高兴（真正说来是了结了一种需要），就好像这是一个幸运的、对我们的意图有利的巧合似的；尽管我们必须必然地假定，它是这样一种统一性，我们毕竟不能看出和证明它。

为了确信对眼前概念的这个演绎的正确性和假定这个概念是先验认识原则的必要性，人们只须考虑到这一任务的重大：使一个或许包含着无限多样的经验性法则的自然之被给予的诸知觉成为一个有关联的经验，这个任务是先天地处在我们的知性之中的。知性虽然先天地拥有自然的普遍法则，没有这些法则，自然根本不能是一个经验的任何对象，但是，知性除此之外毕竟也还需要自然在其特殊的规则中的某种秩序，这些规则只能经验性地为知性所认识，而且它们就知性而言是偶然的。没有这些规则，就不会有从一般可能经验的普遍类比向特殊类比的进展，知性必须把这些规则设想为法则（亦即设想为必然的），因为若不然，它们就不会构成任何自然秩序；尽管知性并不认识或者能够在某个时候看出它
5〔185〕们的必然性。因此，尽管知性就它们（客体）而言不能先天地规定任何东西，它却必须为了探究这些经验性的所谓法则，而把一个先天原则，亦即按照这些法则自然的一种可认识的秩序是可能的，奠定为关于自然的一切反思的基础，而表述这同一个原则的是如下的命题：在自然中类和种有一种我们能够把握的隶属关系；那些类和种又按照一个共同的原则而相互接近，以便一个向另一个的过渡并由此向更高的类的过渡成为可能；既然必须为诸自然结果在类上的差异假定同样多不同种类的因果性，这对于我们的知性来说一开始就显得是不可避免的，所以，它们仍然可以服从少数原则，而我们则必须致力于搜寻这些原则；如此等等。自然与我们的认识能力的这种协调一致，是判断力为了自己按照其经验性法则对自然作出反思而先天地预设的，因为知性同时在客观上承认它是偶然的，而惟有判断力才把它当做先验的合目的性（与主体的认识能力相关）赋予了自然；因为我们没有这个预设，就不会有自然按照经验性法则的任何秩序，因而对于应当按照其一切多样性来对待这些规律的经验和自然研究来说就不会有任何导线了。

因为完全可以设想，无论自然事物按照普遍的法则如何齐一，没有这种齐一，经验知识的一般形式就根本不会出现，但自然的诸经验性法则连同其作用在类上的差异却仍可能如此巨大，以至于对于我们的知性来说，不可能在自然中揭示出一种可理解的秩序，把自然的产物划分为类和种，以便把对一个自然产物的解释和理解的原则也运用于对另一个自然产物的解释和把握，并使一种对我们来说如此混乱的（真正说来只是无限杂多的、不适合于我们的理解能力的）材料成为一个有关联的经验。

因此，判断力对于自然的可能性来说也有一个先天原则，但只是在自身的主观考虑中，判断力借此不是给自然指定法则（作为自律），而是为了对自然的反思而给它自己指定法则（再自律），人们可以把这法则称 5〔186〕为在自然的经验性法则方面**自然的特殊化**法则，这一法则不是判断力先天地在自然身上认识到的，而是它为了自然的一种可以为我们的知性所认识的秩序，在它关于其普遍的法则所做的划分中，当它要使特殊法则的一种多样性隶属这些普遍法则时所假定的。因此，如果人们说：自然按照对我们的认识能力来说的合目的性原则，也就是说，为了在其必要的工作上适应人类的知性，即为知觉呈现给它的特殊的东西找到普遍的东西，并为不同的东西（虽然对于每一个属来说是普遍的东西）又找到在原则的统一性中的联结，使自己的普遍法则特殊化，那么，人们由此既没有给自然指定一个法则，也没有通过观察从自然学到一个法则（尽管那个原则可以通过这种观察得到证实）。因为它不是规定性的判断力的一个原则，而纯然是反思性的判断力的一个原则；人们只是希望，自然尽可以随意地按照自己的普遍原则建立起来，人们却绝对必须按照那个原则和建立在它上面的那些准则去探究自然的经验性法则，因为我们惟有在那个原则成立的范围内才能凭借运用我们的知性而在经验中前进并获取知识。

六、愉快情感与自然合目的性概念的结合

自然在其特殊法则的多样性中与我们要为它找出原则的普遍性的需要的协调一致，按照我们的一切见识来说都必须被评判为偶然的，但对我们的知性需要来说毕竟仍然是不可缺少的，因而是自然与我们的仅仅指向知识的意图协调一致所凭借的合目的性。——知性的普遍法则同时是自然的法则，它们对于自然来说与物质的运动法则一样是必要的（尽管是出自自发性）；而它们的产生也不凭借我们的认识能力以任何意图为前提条件，因为我们惟有通过它们才首先对什么是事物（自然）的知识获得一个概念，而且这些法则是应当必然地归于作为我们认识的一般客 5〔187〕体的自然的。然而，自然依据其特殊的法则的秩序，无论有怎样超出我们的把握能力的、至少可能的多样性和不同类性，毕竟还是现实地适合

这种把握能力的，这一点，就我们能够看出的而言，是偶然的；而找出这种秩序，是我们的知性的工作，它被有意地引向知性的一个必然的目的，即把诸原则的统一性带进自然；在这种情况下，判断力必须把这个目的赋予自然，因为知性在这方面不能给自然指定任何法则。

任何意图的实现都与愉快情感相结合；如果实现的条件是一个先天表象，就像在这里是反思性的判断力的一个一般原则那样，那么，愉快情感也就是通过一个先天根据被规定的，而且这规定对每个人都有效；确切地说是仅仅通过客体与认识能力的关系被规定的，合目的性概念在这里丝毫不考虑欲求能力，因而与自然的一切实践的合目的性完全有别。

事实上，既然我们没有、也不可能从知觉与依据普遍自然概念（范畴）的法则的吻合中发现对我们心中的愉快情感的丝毫作用，因为知性在这里是无意地按照其本性而必然行事的，那么另一方面，发现两个或者更多经验性的异质自然法则在一个包含着它们两者的原则之下的一致性，就是一种十分明显的愉快的根据，常常甚至是一种惊赞的根据，乃至是一种即便人们足以熟悉了它的对象也不会停止的惊赞的根据。虽然，只是由于自然的可理解性及其种类划分的统一性，我们按照其特殊法则认识自然所凭借的那些经验性概念才是可能的，而我们在这种可理解性和统一性上已不再感到任何明显的愉快，但是，这种愉快肯定在当时曾经存在，只是由于最平常的经验没有它就会是不可能的，它逐渐地被混同于纯然的知识，而不再被特别注意到罢了。——因此，这就需要在评判自然时使人注意到自然对我们的知性来说的合目的性的某种东西，即一种把自然的不同类的法则尽可能地置于更高的、尽管总还是经验性的
5〔188〕法则之下的研究，以便在做到这一点时，对自然对于我们的认识能力来说的这种我们视为仅仅偶然的一致感到愉快。与此相反，自然的这样一个表象绝对会引起我们的反感，人们通过这个表象事先告诉我们，如果超出最通常的经验做丝毫的研究，我们就会遇到自然的诸法则的一种异质性，它使得把自然的特殊法则结合在普遍的经验性法则之下对于我们的知性来说成为不可能的，因为这与自然在其种类中的主观上合乎目的的特殊化的原则和我们以后者为意图的反思性判断力相抵触。

然而，判断力的这个前提条件，在自然对于我们认识能力的那种理想的合目的性应当被扩展到多远这一点上，仍然是如此地不确定，以至

于如果有人对我们说，通过观察而对自然的一种更深刻或者更广泛的认识最终必然遇到一种法则的多样性，任何人类知性都不能把这种多样性回溯到一个原则，那么，我们也将满意，尽管我们更乐意在另外一些人给我们以希望时听到：我们对自然的内部了解越多，或者越能够把它与我们现在还不知道的外部环节作比较，我们就会发现自然在其原则上越是简单，尽管有其经验性法则的表面上的异质性也越是一致，我们的经验就前进得越远。因为我们的判断力的指令就是：按照自然与我们的认识能力相适合的原则，就我们的认识能力所及去行事，不去断定（因为它不是给予我们规则的规定性的判断力）它是否在某个地方有自己的界限，因为我们虽然在我们的认识能力的合理应用方面能够规定界限，但在经验性的领域里对界限的任何规定都是不可能的。

七、自然的合目的性的审美表象

在一个客体的表象上纯然主观的东西，亦即构成这表象与主体的关系、而不构成其与对象的关系的东西，就是该表象的审美性状；但是，在该表象上用做或者能够被用于对象的规定（知识）的东西，则是该表象的逻辑有效性。在对一个感官对象的知识中，这两种关系一起出现。 5〔189〕
在对我之外的事物的感官表象中，我们在其中直观这些事物的那个空间的性质，就是我对这些事物的表象的纯然主观的东西（这些事物作为客体就自身而言是什么，由此依然未得到澄清），由于这种关系的缘故，对象即便由此也只是作为显象被思维的；但是，空间尽管自己纯然主观的性质，却仍然是作为显象的事物的一个知识成分。**感觉**（这里是外部感觉）同样表达着我们对我们之外的事物的表象之纯然主观的东西，但真正说来是表达着这些表象的质料性的（实在的）东西（由此某种实存的东西被给予），就像空间表达着这些事物的直观之可能性的纯然先天形式一样；而感觉仍然被用于认识我们之外的客体。

但是，在一个表象上**根本不能成为任何知识成分**的主观的东西，就是与该表象相结合的**愉快**或者**不快**；因为通过它，我在该表象的对象上没有认识到任何东西，尽管它很可能是某种知识的结果。如今，一个事物的合目的性，如果它在知觉中被表现出来，也不是客体本身的任何性状（因为这样一种性状是不能被知觉的），尽管它能够被从一个事物的某种知识中推论出来。因此，先行于一个客体的知识的，甚至不想为了一种知识而使用该客体的表象也仍然与这表象直接地结合着的那种合目的性，就是这表象的主观的东西，它根本不能成为知识的成分。因此，对象在这种情况下之所以被称为合目的的，就只是因为它的表象直接地与愉快的情感相结合；而这表象本身就是合目的性的一个审美表象。问题仅仅在于，一般说来是否有合目的性的这样一种表象。

如果对一个直观对象的形式的纯然把握（apprehensio）无须直观与一个概念的关系就为了一个确定的知识而有愉快与之相结合，那么，这个表象就由此不是与客体相关，而是仅仅与主体相关；而这愉快所能表达的就无非是客体与在反思性的判断力中起作用的认识能力的适应性，
〔190〕而且是就这些能力在其中起作用而言的，因而所表达的纯然是客体的主观的、形式的合目的性。因为使诸形式进入想象力的上述把握，如果不是反思性的判断力哪怕是无意地，至少把这些形式与判断力的把直观与概念联系起来的能力进行比较，是永远不可能发生的。现在，如果在这种比较中，想象力（作为先天直观的能力）通过一个被给予的表象被无意地置于与知性的一致之中，那么，对象在这种情况下就必定被视为对反思性的判断力来说合目的的。这样一个判断就是对客体的合目的性的审美判断，它不是建立在关于对象的任何现成概念之上的，也不造就关于对象的任何概念。它的对象的形式（不是它的表象的质料性的东西，即感觉）在关于这个形式的纯然反思中（无意于一个要从对象获得的概念）就被评判为这样一个客体的表象上的愉快的根据：这种愉快也被判断为与这客体的表象必然地结合着的，因而不仅是对把握这个形式的主体来说，而是对任何一般而言的作判断者来说都是如此。对象在这种情况下就叫做美的，而通过这样一种愉快（因而也是普遍有效地）作判断的能力就叫做鉴赏。因为既然愉快的根据仅仅被置于一般反思的对象的形式中，因而不被置于对于对象的任何感觉中，也与一个包含着某种意图的概念无关，所以，这就只是主体中一般判断力的经验性应用的合法则性（想象力与知性的统一），在其先天条件普遍有效的反思中，客体的表象与这种合法则性是协调一致的；而且既然对象与主体能力的这种协调一致是偶然的，所以它就造就了该对象就主体的认识能力而言的合目

的性的表象。

现在，这里有一种愉快，它与一切不是由自由概念（亦即由通过纯粹理性对高等欲求能力所作的先行规定）所造成的愉快和不快一样，永远不能从概念出发被视为与一个对象的表象必然相结合的，而是在任何 5〔191〕
时候都必须被认识为仅仅通过反思的知觉与表象相联结的，因而与一切经验性判断一样不能预示任何客观必然性和要求先天有效性。但是，鉴赏判断也像任何其他经验性判断一样，只是要求对每个人都有效，这一点即使它有内在的偶然性，也总是可能的。令人惊讶之处和不同之处只是在于：不是一个经验性的概念，而是一个愉快情感（因而根本不是概念），要苛求于每一个人，并与客体的表象相联结，就好像它是与客体的知识结合着的谓词似的。

个别的经验判断，例如一个人在一块水晶中发觉有一个移动的水滴，有理由要求每一个别的人都必定同样发现这一点，因为他是按照规定性的判断力的普遍条件在一般的可能经验的法则之下作出这个判断的。同样，一个人在对一个对象的形式的纯然反思中不考虑一个概念就感到愉快，尽管这个判断是经验性的，是一个个别的判断，他也有理由要求任何人的赞同；因为这种愉快的根据是在反思性的判断的普遍的、尽管是主观的条件中，亦即在一个对象（无论它是自然的产物还是艺术的产物）与诸认识能力相互之间的关系之合目的的协调一致中被发现的，这些认识能力是为每一个经验性知识（想象力和知性的经验性知识）所要求的。因此，愉快在鉴赏判断中虽然依赖一个经验性的表象，并且不能先天地与任何概念相结合（人们不能先天地规定哪个对象将适合或者不适合鉴赏，人们必须试一试它）；但是，愉快毕竟是这个判断的规定根据，这只是由于人们意识到，它是仅仅基于反思及其与一般客体知识的协调一致之普遍的，虽然只是主观的条件的，对这种反思来说，客体的形式是合目的的。

这就是为什么鉴赏判断按照其可能性也经受一种批判的原因，因为这种可能性以一个先天原则为前提条件，尽管这个原则既不是知性的一 5〔192〕
个认识原则，也不是意志的一个实践原则，因而根本不是先天地作出规定的。

但是，由对事物（既有自然的事物也有艺术的事物）的形式的反思而来的一种愉快的感受性，不仅表明了客体在主体身上按照自然概念在与反思性的判断力的关系中的合目的性，而且也反过来表明了主体就对象而言按照对象的形式乃至无形式根据自由概念的合目的性；而这样一来所发生的就是：审美判断不仅作为鉴赏判断与美者相关，而且作为出自一种精神情感的判断与**崇高者**相关，于是对审美判断力的那个批判就必须分为两个与此符合的主要部分。

八、自然的合目的性的逻辑表象

在一个于经验中被给予的对象上，合目的性可以要么出自一种纯然主观的根据，被表现为对象的形式在先于一切概念而对该对象的**把握**（Apprehensio）中与诸认识能力为将直观与概念结合成一种知识而有的协调一致；要么出自一种客观的根据，被表现为对象的形式按照事物的一个先行的、包含这形式的根据的概念而与事物本身的协调一致。我们看到过：前一种合目的性的表象基于在仅仅反思对象的形式时对该形式的直接愉快；因此，第二种合目的性的表象由于不是把客体的形式与主体在把握这形式时的认识能力联系起来，而是把它与对象在一个被给予的概念之下的一种确定的知识联系起来，就与对事物的一种愉快情感毫无干系，而与对事物的评判中的知性相关。如果关于一个对象的概念被给予了，那么，在应用这概念达到知识时，判断力的工作就在于**展现**（exhibitio），也就是说，在于用一个相应的直观来支持该概念；无论这件事是
5〔193〕通过我们自己的想象力发生的，就像在艺术中，当我们把一个预先把握到的关于一个对我们来说是目的的对象的概念实现出来时那样，还是通过自然在它的技术中（就像在有机体中那样）发生的，如果我们把我们的目的概念加给自然以评判它的产品的话；在后一场合，不仅自然在事物的形式中的合目的性，而且它的这个作为**自然目的**的产品也都得到了表现。——尽管我们关于自然根据经验性法则在其种种形式中的主观合目的性的概念根本不是关于客体的概念，而只是判断力在自然的这种过于庞大的杂多性中获得概念（能够在这种杂多性中判定方向）的一个原则罢了；但是，我们由此却仿佛是把对我们的认识能力的一种考虑按照一个目的的类比赋予了自然；这样，我们就能够把**自然美**视为形式的

（纯然主观的）合目的性这个概念的**展现**，把**自然目的**视为一种实在的合目的性这个概念的展现，我们通过鉴赏（在审美上、借助愉快的情感）来评判前者，通过知性和理性（在逻辑上、按照概念）来评判后者。

把判断力批判划分为**审美的**判断力批判和**目的论的**判断力批判，其根据就在于此；因为审美的判断力被理解为通过愉快或者不快的情感来评判形式的合目的性（通常也被称为主观的合目的性）的能力，目的论的判断力则被理解为通过知性和理性来评判自然的实在的合目的性（客观的合目的性）的能力。

在对判断力的一种批判中，包含着审美的判断力的部分是在根本上属于它的，因为惟有审美的判断力才包含着判断力完全先天地作为它对自然进行反思的基础的那个原则，亦即自然按照其特殊的（经验性的）法则对我们认识能力的一种形式的合目的性的原则，没有这种合目的性，知性就会在自然中找不到路径；与此不同，对于必须存在着自然的客观目的，亦即必须存在着惟有作为自然目的才有可能的事物，根本不能指出任何先天根据，甚至就连其可能性也不是由既作为普遍经验对象也作为特殊经验对象的自然的概念出发来说明的；而是仅仅判断力，无须先天地在自身包含着这方面的原则，在出现（某些产品的）场合时，在那个先验原则已经使知性做好准备把一个目的的概念（至少是按照形式）运用于自然上面之后，就包含着这种规则，以便为了理性而使用目的的 5〔194〕
概念。

但是，把自然在一个事物的形式上与我们认识能力的主观关系中的合目的性设想为评判这形式的原则，使得我应当在什么地方和在哪些场合把这种评判当做对一个按照合目的性原则的产品，而不是对一个宁可仅仅按照普遍的自然法则的产品的评判来进行，依然悬而未决，并任由**审美的**判断力在鉴赏中去发现这产品（它的形式）对我们认识能力的适合（只要这种适合不是通过与概念的协调一致，而是通过情感来断定的）。与此相反，作目的论应用的判断力则确定地指出了某种东西（例如一个有机体）能够在其下按照一个自然目的的理念来评判的条件；但是，对于把与目的的关系先天地赋予作为经验对象的自然，哪怕只是不确定地从对这样一些产品的现实经验中假定此类目的的权限，它却不能从这个自然的概念中提出任何原理；这样做的根据在于，必须得出许多特殊的经验，并在其原则的统一性之下来考察它们，以便能够仅仅经验性地在某一个对象上认识一种客观的合目的性。——因此，审美的判断力是按照一个规则，而不是按照概念来评判事物的一种特殊的能力。目的论的判断力则不是什么特殊的能力，而只是一般反思性的判断力，如果它就像处处在理论知识中那样按照概念，但就某些自然对象而言则按照特殊的原则，亦即按照一种纯然反思的、并不规定客体的判断力来行事的话，因而按照其运用它属于哲学的理论部分，并且由于这些特殊的原则并不像在一个学说中必须的那样是作出规定的，它必定也构成批判的一个特殊的部分；与此不同，审美的判断力对认识其对象毫无贡献，因而必须被**仅仅**列入是一切哲学的入门的对判断主体及其认识能力的批判，只要这些认识能力能够提供先天的原则，而不管这些先天原则除此之外还有什么应用。

5〔195〕

九、知性的立法和理性的立法通过判断力而联结

知性对于作为感官客体的自然是先天地立法的，以达到在一种可能的经验中对自然的理论知识。理性对于作为主体中的超感性东西的自由及其固有因果性是先天地立法的，以达到一种无条件实践的知识。前一种立法之下的自然概念的领域和后一种立法之下的自由概念的领域，背逆它们独自（每一方根据自己的基本法则）就能够有的相互影响，被把超感性的东西与显象分离开来的那个巨大的鸿沟完全隔离开来。自由概念就自然的理论知识而言不规定任何东西；自然概念就自由的实践法则而言同样不规定任何东西；就此来说，架起一座从一个领域通向另一个领域的桥梁是不可能的。——然而，即使按照自由概念（以及它所包含的实践规则）的因果性的规定根据未在自然中得到证明，而感性的东西也不能够规定主体中的超感性的东西，但这一点毕竟反过来（虽然不是就自然的知识而言，但毕竟是就出自自由概念对自然产生的后果而言）是可能的，并且已经包含在一种凭借自由的因果性的概念之中，这种因果性的**结果**应当按照自由的这些形式法则来在世界上发生，尽管**原因**这个词在运用于超感性的东西时仅仅意味着按照自然事物固有的自然法则，但同时毕竟也与理性法则的形式原则相一致地规定自然事物的因果性来

达成一个结果的那个**根据**，这样做的可能性虽然看不出来，但关于其中存在着所谓矛盾的反对理由却可以充分驳倒。① ——按照自由概念的结果就是终极目的，它（或者它在感官世界中的显象）应当实存着，为此人们预设了它在自然中的可能性的条件（即作为感官存在者，也就是作为人的那个主体的可能性的条件）。先天地、不顾及实践而预设这些条件的东西，即判断力，在自然的一种**合目的性**的概念中，提供了自然概念和自由概念之间的中介概念，这个概念使得从纯粹的理论理性到纯粹的实践理性、从按照前者的合法则性到按照后者的终极目的的过渡成为可能；因为这样一来，惟有在自然中并且与自然的法则相一致才能成为现实的那个终极目的的可能性，就被认识到了。 5〔196〕

知性通过它对于自然而言的先天法则的可能性提供了一种证明，即自然只是作为显象才为我们所认识，因而同时提供了对自然的一个超感性基底的指示，但却使这个基底完全**未被规定**。判断力通过其按照自然可能的特殊法则来评判自然的先天原则，使自然的超感性基底（无论是在我们之中的还是在我们之外的）获得了**通过理智能力来规定的可能性**。但是，理性则通过其先天的实践法则赋予同一个基底以**规定**；这样，判断力就使得从自然概念的领域到自由概念的领域的过渡成为可能。

就一般心灵能力而言，只要把它们当做高层能力，亦即包含着一种自律的能力来看待，那么，对于**认识能力**（对自然的理论认识能力）来说，知性就是包含着**建构性的**先天原则的能力；对于**愉快和不快的情感**来说，这种能力就是判断力，它不依赖于能够与欲求能力的规定相关，并由此直接是实践的那些概念和感觉；对于**欲求能力**来说则是理性，它 5〔197〕
无须任何一种不论从哪里来的愉快的中介而是实践的，并作为高层的能力为欲求能力规定终极目的，这个终极目的同时带有对客体的纯粹的理

① 在自然因果性与凭借自由的因果性的这整个区分中，各种臆测的矛盾之一就是人们责难这种区分时说的矛盾，即如果我谈到自然给按照自由法则（道德法则）的因果性设置的**障碍**或者自然对这种因果性的**促进**，那么，我就毕竟承认了前者对后者有一种**影响**。但是，只要人们想理解所说的话，那么，误解是很容易避免的。阻抗或者促进并不存在于自然和自由之间，而是存在于作为显象的前者和后者的作为感官世界中的显象的**结果**之间；甚至（纯粹的和实践的理性的）自由的**因果性**也就是一种隶属于自由的自然原因（作为人，因而作为显象来看的主体）的**因果性**，在自由之下被思维的理知的东西以一种在其他情况下（正如构成自然的超感性基底的同一种理知的东西一样）无法解释的方式包含着**规定**这种因果性的根据。

智愉悦。——判断力关于自然的一种合目的性的概念还是属于自然概念的，但只是作为认识能力的范导性原则，尽管引起该概念的关于某些对象（自然的对象或者艺术的对象）的审美判断，就愉快或者不快的情感而言，是一个建构性的原则。各种认识能力的协调一致包含着愉快的根据，这些认识能力的游戏中的自发性使得上述概念适用于作自然概念的领域与自由概念在其后果中联结的中介，因为这种联结同时促进了心灵对道德情感的感受性。——下表可以有助于按照其系统的统一性来概观一切高层的能力。①

5〔198〕

心灵的全部能力	认识能力	先天原则	运用于
认识能力	知性	合法则性	自然
愉快和不快的情感	判断力	合目的性	艺术
欲求能力	理性	终极目的	自由

① 有人曾对我在纯粹哲学中的划分结果几乎总是三分的而感到疑虑。但这却在于事物的本性。如果一种划分应当先天地进行，那么，它将要么按照矛盾律是**分析的**；而在这里它任何时候都是二分的（quodlibet ens est aut A aut non A［任何一个存在者都要么是 A，要么是非 A］）。要么它就是**综合的**；而如果它在这一场合应当从先天**概念**出发（而不是像在数学中那样从先天地与概念相应的直观出发）来进行，那么，按照一般综合统一所要求的东西，亦即（1）条件，（2）一个有条件者，（3）从有条件者与它的条件的结合中产生的概念，划分就必须是三元体。

整部作品的划分 5〔199〕

第一部分
审美判断力的批判

第一卷
审美判断力的分析论

第一章

美者的分析论

第二章

崇高者的分析论

第二卷
审美判断力的辩证论

第二部分
目的论判断力的批判

第一卷
目的论判断力的分析论

第二卷
目的论判断力的辩证论

附录
目的论判断力的方法论

第一部分
审美判断力的批判

第一卷 5〔203〕
审美判断力的分析论

第一章
美者的分析论

鉴赏判断①的第一契机，按照质来看
第1节 鉴赏判断是审美的

为了区分某种东西是不是美的，我们不是通过知性把表象与客体相联系以达成知识，而是通过想象力（也许与知性相结合）把表象与主体及其愉快或者不快的情感相联系。因此，鉴赏判断不是知识判断，因而不是逻辑的，而是审美的，人们把它理解为这样的东西，它的规定根据只能是**主观的**。但是，表象的一切关系，甚至感觉的一切关系，都能够是客观的（而这时这些关系就意味着一个经验性表象的实在的东西）；惟有与愉快和不愉快的情感的关系不是这样，通过它根本没有标明客体中 5〔204〕
的任何东西，而是在它里面主体如同被表象刺激那样感觉到自己本身。

凭借自己的认识能力（无论是在清晰的表象方式中还是在含混的表象方式中）去把握一座合乎规则的、合乎目的的建筑，这与凭借愉悦的感觉去意识到这个表象是完全不同的。在后者，表象在愉快或者不快的情感的名义下完全是与主体相关，确切地说与主体的生活情感相关：这就建立起一种完全特殊的区分和评判的能力，它对于认识没有丝毫贡献，而是仅仅把主体中被给予的表象与主体在其状态的情感中意识到的全部

① 这里当做基础的鉴赏的定义是：鉴赏是评判美者的能力。但是，要把一个对象称为美的，这需要什么，必须由对鉴赏判断的分析来揭示。这种判断力在其反思中所注意的要素，我是按照判断的逻辑功能的指引来寻找的（因为在鉴赏判断中，总是还包含着与知性的一种关系）。我首先考察的是质的功能，因为关于美者的审美判断首先考虑的就是质。

表象能力相对照。一个判断中的被给予的表象可以是经验性的（因而是审美的）；但通过那些表象所作出的判断却是逻辑的，如果那些表象在判断中只是与客体相关的话。但反过来，如果被给予的表象完全是合理的，但在判断中却仅仅与主体（它的情感）相关，那么，它们就此而言在任何时候都是审美的。

第 2 节　规定着鉴赏判断的那种愉悦是没有任何兴趣的

被称为兴趣的那种愉悦，我们是把它与一个对象的实存的表象结合在一起的。因此，这样一种愉悦总是同时具有与欲求能力的关系，要么它就是欲求能力的规定根据，要么毕竟与欲求能力的规定根据有必然联系。但现在，既然问题是某种东西是否美，人们就不想知道事情的实存对我们或者任何一个人是否有某种重要性，或者哪怕只是可能有重要性；而是想知道，我们如何在纯然的观察（直观或者反思）中评判它。如果某人问我，对于我眼前看到的那座宫殿我是否觉得美，那么我虽然可以说：我不喜欢此类纯然是为了引人注目而造的事物，或者像那位易洛魁人酋长一样，在巴黎没有比熟食店更让他喜欢的东西了；此外我还可以按十足**卢梭的**方式责骂大人物们的虚荣心，他们把人民的血汗挥霍在如
5〔205〕此没有必要的事物上；最后，我可以极为容易就确信，如果我处身在一个无人居住的小岛上，毫无希望在某个时候重返人类，而且我单凭我的愿望就能够用魔术变出这样一座豪华建筑来，如果我已经有一间对我来说足够舒适的茅舍的话，我也根本不会为此花费这点儿力气。人们可以对我承认和赞同这一切，只是现在不谈这一点。人们只想知道，对象的纯然表象在我心中是否伴随有愉悦，哪怕就这个表象的对象的实存而言我总是无所谓的。人们很容易看到，要说这个对象是**美的**，并且证明我有鉴赏，这取决于我从我心中的这个表象本身得出什么，而不取决于我在其中依赖于该对象的实存的东西。每一个人都必须承认，关于美的判断只要掺杂了丝毫兴趣，就会是偏袒的，就不是鉴赏判断。人们必须对于事物的实存没有丝毫倾向性，而是在这方面完全无所谓，以便在鉴赏的事情上扮演裁决者。

但是，对于这个极其重要的命题，我们不可能作出更好的阐释，除

非我们把与兴趣相结合的那种愉悦与鉴赏判断中这种纯粹的、无兴趣的[①]愉悦对立起来；尤其是如果我们同时能够肯定，除了马上就应当列举的几种兴趣之外，再也没有别的什么兴趣了。

第3节　对适意者的愉悦是与兴趣相结合的

在感觉中使感官喜欢的东西就是**适意的**。在这里，马上就出现了机会，来指责对感觉这个词所可能有的双重含义的一种极为常见的混淆，并使人们注意到这一点。一切愉悦（人们说的或者想的）本身都是感觉（一种愉快的感觉）。因此，一切招人喜欢的东西都恰恰在它招人喜欢这 〔206〕
一点上是适意的（而且按照不同的程度或者与其他适意的感觉的关系而是**妩媚的**、**可爱的**、**赏心悦目的**、**令人高兴的**等）。但是，如果这得到承认，那么，感官的那些规定着偏好的印象、理性的那些规定着意志的原理、直观的那些规定着判断力的纯然反思形式，就对快乐情感的作用而言，都完全是一回事。因为这种作用在对情感状态的感觉中就是适意，而既然对我们种种能力的一切探讨最终必然都目的在于实践的东西，并在作为其目标的实践的东西中结合起来，人们也就不能苛求这些能力对事物及其价值作出别的估价，除非这种估价在于它们所预示的欢娱。事情最终根本不取决于它们如何达到这一点的方式；而且既然手段的选择惟有在这里才造成一种区别，所以人们尽可以相互指责愚蠢和不理智，但绝不可以互相指责卑鄙和恶意：因为他们虽然每一个人都按照自己的方式看待事物，却毕竟全都奔向一个对每一个人来说都是欢娱的目标。

如果对愉快或者不快的情感的一种规定被称为感觉，那么，这一表述就意味着某种完全不同于我在把一件事物的（通过感官，即一种属于认识能力的感受性而来的）表象称为感觉时的东西。因为在后一场合，表象与客体相关，但在前一场合，表象则仅仅与主体相关，并且根本不用于任何知识，也不用于主体借以**认识**自己的东西。

---

① 对于愉悦的一个对象的判断可以是完全**无兴趣的**，但却毕竟是很**有趣味的**，也就是说，它并不建立在任何兴趣之上，但却产生出某种兴趣；一切纯粹的道德判断都是这样的判断。但是，鉴赏判断就自身而言也根本不建立任何兴趣。惟有在社交中，拥有鉴赏才是**有趣味的**，其理由将在后面指明。

但是，我们在上面的解释中把感觉这个词理解为感官的一个客观的表象；而且为了不总是冒被误解的危险，我想用情感这个通常流行的名称来称谓在任何时候都必定仅仅保持为主观的、绝对不可能构成一个对象的表象的那种东西。草地的绿色属于**客观的**感觉，是对一个感官对象的知觉；但这绿色的适意则属于**主观的**感觉，通过它不能表现任何对象，也就是说，它属于对象被视为愉悦（这愉悦不是对象的知识）的客体所凭借的情感。

现在，关于一个对象，我宣布它是适意的所凭借的那个判断会表达
5〔207〕出对该对象的一种兴趣，这由以下情况来看已可明白，即它通过感觉激起了对这样一个对象的欲望，因而愉悦不是以关于该对象的纯然判断，而是以该对象的实存与我的状态的关系为前提条件的，如果我的状态受到这样一个客体的刺激的话。因此，关于适意者人们不仅仅说：它**招人喜欢**，而且说：它**使人欢娱**。这并不是奉献给它的一个纯然赞许，而是由此产生了偏好；以最鲜活的方式而适意的东西甚至不需要关于客体性状的任何判断，以至于那些永远只以享受为目的（因为享受是人们用来标示欢娱的内在方面的一个词）的人们很乐意使自己免除一切判断。

第 4 节　对善者的愉悦是与兴趣相结合的

借助于理性而通过纯然概念使人喜欢的东西就是**善的**。我们把一些只是作为手段而使人喜欢的东西称为**为某事而善的**（有用的东西）；但把独自就使人喜欢的东西称为**就自身而言善的**。在二者之中，都总是包含着一个目的的概念，因而都包含着理性与（至少可能的）意欲的关系，所以包含着对一个客体或者一个行动的**存在**的愉悦，亦即包含着某种兴趣。

为了认为某种东西是善的，我在任何时候都必须知道对象应当是一个什么样的事物，也就是说，拥有一个关于该对象的概念。为了在它身上发现美，我却不需要这样做。花朵、自由的描画、无意图地相互缠绕而名为卷叶饰的线条，它们没有任何含义，不依赖于任何确定的概念，却毕竟使人喜欢。对美者的愉悦必须依赖于导向某一个（不定是哪一个）概念的、关于一个对象的反思，并由此不同于适意者，适意者是完全基

于感觉的。

虽然，适意者与善者在许多场合看起来是一回事。于是，人们通常将说：一切欢娱（尤其是持久的欢娱）是就自身而言善的；这差不多就是说：是持久适意的或者是善的，这是一回事。然而，人们马上就会发现，这纯然是一种错误的语词混淆，因为与这些表述特别相关联的概念是绝对不能互相代换的。适意者本身惟有与感官相关才表现对象，它必〔208〕须通过一个目的的概念才被置于理性的原则之下，以便把它作为意志的对象称为善的。但是，如果我把使人欢娱的东西同时称为**善的**，这就是与愉悦的一种完全不同的关系，这一点，是从以下情况看出的，即在善者那里总是有如下问题：它是仅仅间接善的还是直接善的（是有用的还是就自身而言善的）；与此相反，在适意者这里根本不可能有这方面的问题，因为这个词在任何时候都意味着某种直接招人喜欢的东西（同样，我称为美的东西也是这种情况）。

甚至在最平常的言谈中，人们也把适意者与善者区别开来。对于一道通过调料和其他佐料来提升味道的菜肴，人们毫不犹豫就说它是适意的，而且同时承认它并不是善的；因为它虽然直接使感官**中意**，但间接地，亦即通过那留意后果的理性来看，就不合人意了。甚至在对健康的评判中，人们也还能够发现这种区别。对于每一个拥有健康的人来说，健康是直接适意的（至少在消极意义上，作为对一切肉体痛苦的摆脱）。但要说健康是善的，人们就必须还通过理性使它指向各种目的，亦即它是一种使我们对我们的一切事务都充满兴致的状态。最后，就幸福而言，毕竟每个人都相信，可以把生活之适意的最大总和（无论在量上还是在持久上）称为一种真正的，甚至是最高的善。然而，就连这一点理性也反对。适意就是享受。但是，如果仅仅是为了享受，那么，在使我们获得享受的手段方面顾虑重重，要看这享受是承受自大自然的慷慨，还是通过主动性和我们自己的活动达成的，这就是愚蠢的了。但是，一个人活着仅仅是为了**享受**（而且就这个意图来说他还是忙忙碌碌的），甚至对于同样的目的都仅仅在于享受的其他人来说，他作为这方面的手段是极为有益的，确切地说是因为他由于同感而一起享受一切欢娱，就说他的生存就自身而言具有一种价值，这将永远不能说服理性。惟有通过他不考虑享受而完全自由地、不取决于自然有可能创造出来使他承受

的东西就做的事情，他才给予自己的存在作为一个人格的生存以一种绝
5〔209〕对的价值；而幸福则连同其全部充沛的适意还远远不是一种无条件的善。①

但是，即便在适意者和善者之间有所有这些不同，二者毕竟在这一点上是一致的，即它们在任何时候都是与对其对象的一种兴趣相结合的，不仅适意者（第 3 节），以及作为达到某种适意的手段而让人喜欢的间接善的东西（有用的东西），而且绝对善的、在一切方面都善的东西，亦即自身带有最高兴趣的道德上的善，都是如此。因为善是意志（亦即一种由理性规定的欲求能力）的客体。但是，意欲某种东西和对它的存在有一种愉悦，亦即对此有一种兴趣，这二者是同一的。

第 5 节　愉悦的三种不同方式的比较

适意者和善者都与欲求能力有一种关系，而且就此而言，前者带有一种生理学上有条件的愉悦（通过刺激，stimulos），后者带有一种纯粹的实践的愉悦，这不仅是由对象的表象，而且同时是由主体与对象的实存被表象出来的联结来规定的。不仅对象，而且对象的实存都让人喜欢。与此相反，鉴赏判断纯然是**静观的**，也就是说，是一种对一个对象的存在漠不关心、仅仅把对象的性状与愉快和不快的情感加以对照的判断。但是，这种静观本身也不是集中于概念的；因为鉴赏判断不是认识判断（既不是理论的认识判断，也不是实践的认识判断），因而也不是**基于**概念、或者也以概念**为目的**的。

因此，适意者、美者、善者表示表象与愉快和不快的情感的三种不
5〔210〕同的关系，与此相关，我们把对象或者表象方式彼此区别开来。人们用来表示这些关系中的中意的那些与每一种关系相适合的表述也不是一样的。对于某个人来说，使他**欢娱**的东西就是**适意的**；仅仅让他**喜欢**的东西就是**美的**；**受赏识**、**被赞同**，亦即其中被他设定了一种客观价值的东西则是**善的**。适意也适用于无理性的动物；美仅仅适用于人，亦即动物

① 对于享受的责任是一种显而易见的无稽之谈。因此，借口对一切仅仅以享受为其目标的行动有责任，也必定同样是无稽之谈；哪怕这享受被任意地设想成（或者被伪饰成）精神性的，即便它是一种神秘的、所谓上天的享受。

性的、但毕竟有理性的存在者，但也不仅仅作为有理性的存在者（例如精灵），而且同时作为动物性的存在者；但是，善者却适用于任何一般的理性存在者；这是一个惟有在后面才能得到完全的辩护和解释的命题。人们可以说：在愉悦的所有这三种方式中，惟有对美者的鉴赏的愉悦才是一种没有兴趣的和**自由的**愉悦；因为没有任何兴趣，既没有感官的兴趣也没有理性的兴趣，来强迫作出赞许。因此，关于愉悦可以说：它在上述三种场合与**偏好**，或者**惠爱**，或者**敬重**相关。因为**惠爱**是惟一自由的愉悦。一个偏好的对象和一个由理性法则责成我们去欲求的对象，并没有留给我们使某种东西成为我们自己的一个愉快的对象的自由。一切兴趣都以需要为前提条件，或者是产生一种需要；而作为赞许的规定根据，需要不再让关于对象的判断是自由的。

至于在适意者那里的偏好的兴趣，每个人都说：饥饿是最好的厨师，有健康食欲的人觉得任何只要可吃的东西都好吃；因此，这样一种愉悦并不证明是按照鉴赏来选择的。惟有当需要被满足之后，人们才能够辨别，在众人之中谁有鉴赏或者没有鉴赏。同样，也有缺乏德性的风尚（品行）、缺乏好意的客套、缺乏正直的体面等。因为在风尚的法则表态的地方，就该做的事情而言，客观上就不再有任何自由的选择；而在自己的举止中（或者在对别人的举止的评判中）显示出鉴赏，这与表现出自己道德上的思维方式是某种完全不同的东西；因为后者包含着一个命令并产生一种需要，而与此相反，风尚的鉴赏却只是拿愉悦的对象做游戏，并不眷恋一个对象。

从第一契机推论出的对美者的解释 5〔211〕

鉴赏是通过**不带任何兴趣**的愉悦或者不悦而对一个对象或者一个表象方式作评判的能力。这样一种愉悦的对象就叫做**美的**。

鉴赏判断的第二契机，按照量来看

第 6 节　美者是无须概念而被表现为一种普遍的愉悦之客体的东西

对美者的这种解释可以从上面对美者的解释，即美者是不带任何兴趣的愉悦的对象这一解释推论出来。因为一个东西，某人意识到对它的愉悦在他自己这里是不带任何兴趣的，他就只能这样来评判这东西，即这东西必定包含着使每个人都愉悦的一个根据。因为既然愉悦不是建立在主体的某个偏好之上的（也不是建立在某个别的经过考虑的兴趣之上的），而是判断者就他投入到对象上的愉悦而言感到自己是完全**自由的**；所以，他不可能发现惟有他的主体才依恋的私人条件来做愉悦的根据，因而必须把愉悦视为基于他也能够在任何别人那里预设的东西的；因此，他必须相信有理由指望每个人都有一种类似的愉悦。于是，他将这样来谈论美者，就好像美是对象的一种性状，而判断是逻辑的（通过客体的概念构成对客体的一种知识的）似的；尽管这判断只是审美的，而且仅仅包含对象的表象与主体的一种关系，这是因为，它毕竟与逻辑判断有相似性，即人们能够在这方面预设它对每个人的有效性。但是，从概念中也不能产生出这种普遍性。因为不存在从概念到愉快或者不快的情感的任何过渡（除非是在纯粹的实践法则中，但这些法则带有一种兴趣，
5〔212〕这样的东西并不与纯粹的鉴赏判断相结合）。因此，与意识到自身中脱离了一切兴趣的鉴赏判断必然相联系的，是一种不带有被置于客体之上的普遍性而对每个人都有效的要求，也就是说，与它相结合的必须是一种主观普遍性的要求。

第7节　通过上述特征把美者与适意者和善者加以比较

就**适意者**而言，每一个人都满足于：他建立在一种私人情感之上、他借以说一个对象让他喜欢的判断，也仅仅是限于他个人的。因此，如果他说：加那利香槟酒是适意的，另一个人纠正他的表述，提醒他应当说：这酒**对我来说**是适意的，他也欣然满意；而且不仅在舌头、腭部和咽喉的鉴赏中，即便在对眼睛和耳朵来说有可能使每个人适意的东西中亦是如此。对一个人来说紫色是温柔的和可爱的，对另一个人来说它则是无生气的和死寂的。一个人喜爱管乐声，另一个人则喜爱弦乐声。对此怀着这样的意图去争执，要把别人与我的判断不同、好像在逻辑上与我的判断相对立的判断斥为不正确的，这会是件蠢事；因此，就适意者而言适用的是如下原理：**每一个人都有他自己的鉴赏**

（感官的鉴赏）。

美者的情况则完全不同。如果某人对自己的鉴赏有点自负，想为自己辩护而说：这个对象（我们看到的建筑、那人穿的衣服、我们听到的音乐会、被提交评判的诗）**对我来说**是美的，那就会（恰恰颠倒过来）是可笑的。因为如果只是他喜欢这东西，他就不必把它称为美的。对于他来说，有许多东西具有魅力和适意性，没有人关心这一点；但是，如果他声称某种东西是美的，那么，他就在指望别人有同样的愉悦：他不是仅仅为自己，而且是为每个人作出判断的，而且在这种情况下谈论美，就好像它是事物的一个属性似的。因而他说：这个**事物**是美的，而且绝不是因为他曾发现别人多次赞同他的判断，就指望别人赞同他的愉〔213〕悦判断，而是**要求**别人赞同他。如果别人作出不同的判断，他就指责别人，并否认别人有鉴赏，而他毕竟要求别人应当具有鉴赏；就此而言，人们不能说：每一个人都有自己特殊的鉴赏。这会等于是说：根本不存在任何鉴赏，亦即不存在任何能够合法地要求每个人都赞同的审美判断。

尽管如此，人们就适意者而言还是发现，在对它的评判中人们之间也可以发现一致性，但在这一致性方面，人们毕竟否认一些人有鉴赏，承认另一些人有鉴赏，确切地说不是在感觉器官的意义上，而是作为在一般适意者方面的评判能力。于是，某人善于用种种适意（以所有的感官来享受的适意）来为自己的客人助兴，使他们皆大欢喜，人们就说这人有鉴赏。但在这里，普遍性只是比较而言的；而此时只有**总体性的**规则（正如所有经验性的规则都是总体性的规则一样），而不是关于美的鉴赏判断所采取或者所要求的**全体性的**规则。就社交基于经验性的规则而言，这是一个与社交相关的判断。就善者来说，虽然判断也有权要求对每个人都有效；然而，善者却只是**通过一个概念**而被表现为一种普遍的愉悦的客体，无论在适意者还是在美者那里，都不是这种情况。

第8节　愉悦的普遍性在一个鉴赏判断中只被表现为主观的

在一个鉴赏判断中能够遇到的对一个审美判断的普遍性的这种特殊

规定，是一件虽然不是对于逻辑学家，但却对先验哲学家来说值得注意的事情，它要求先验哲学家付出不小的努力去发现它的起源，但为此也揭示出我们的认识能力的一种属性，没有这一分析，这种属性就会依然不为人所知。

首先，人们必须完全确信：人们通过（关于美的）鉴赏判断要求**每
5〔214〕个人**都在某个对象上感到愉悦，但却并不基于一个概念（因为这样的话就会是善了）；而且，对普遍有效性的这种要求是如此在本质上属于我们宣称某种东西是**美的**所借助的判断，以至于如果不在这方面考虑到这种普遍有效性，就不会有人想到运用这一表述，而是一切无须概念就让人喜欢的东西都会被算做适意者，就适意者而言人们让每个人各有各的头脑，没有一个人指望别的人赞同自己的鉴赏判断，这在关于美的鉴赏判断中毕竟是随时发生的。我可以把前者称为感官的鉴赏，把后者称为反思性的鉴赏；这是就前者仅仅作出私人的判断，而后者则作出所谓普适性的（公共性的）判断而言的，但二者都是仅仅在一个对象的表象与愉快和不快的情感的关系方面对该对象作出了审美的（不是实践的）判断。而如今令人奇怪的是，既然对于感官的鉴赏来说，不仅经验表明它的判断（对某种东西愉快或者不快的判断）不是普遍有效的，而且每个人也都是自发地如此谦虚，不那么要求别人的赞同（虽然即便在这些判断中，也确实经常出现一种很广泛的一致），而反思性的鉴赏即使像经验教导的那样，其对自己（关于美者的）的判断对于每个人都普遍有效的要求也足够经常地遭到拒绝，却仍然会感到有可能（它实际上也这样做）设想有一些判断是能够普遍地要求这种赞同的，而且事实上对它的每个鉴赏判断都指望每个人给予这种赞同，作判断者并不为了这样一种要求的可能性而发生争执，而是仅仅在特殊场合为了这种能力的正确应用不能达成一致。

这里首先要注意的是，一种不是基于客体的概念（哪怕只是经验性的概念）的普遍性根本不是逻辑的，而是审美的，也就是说，它不包含判断的一种客观的量，而只包含一种主观的量，对于后者来说，我也使用**普适性**这个表述，这个表述并不表示一个表象与认识能力的关系对每个主体的有效性，而是表示它与愉快和不快的情感的关系对每个主体的
5〔215〕有效性（但是，人们也可以把这个表述用于判断在逻辑上的量，只要人

们再加上**客观的**普遍有效性，以有别于纯然主观的普遍有效性，后者每次都是审美的)。

于是，一个**客观上**普遍有效的判断也在任何时候都是主观上普遍有效的，就是说，如果判断对于包含在一个被给予的概念之下的一切都有效，那么，它也对于每个通过该概念表现一个对象的人都有效。但是，从一种**主观的普遍有效性**，也就是说，从不基于任何概念的审美的普遍有效性，不能够推论到逻辑的普遍有效性，因为那种判断根本不关涉客体。但正因为如此，即便被赋予一个判断的审美的普遍性，也必须是特殊种类的，因为它不是把美这个谓词与完全在逻辑的范围内来看的**客体**的概念联结起来，但却同样把该谓词扩展到**作判断者**的整个范围。

就逻辑的量而言，一切鉴赏判断都是**单称**判断。因为既然我必须在我愉快和不快的情感上直接把握对象，而毕竟不是通过概念，所以，那些判断就不可能具有客观普适性的判断的量；虽然在鉴赏判断的客体的单个表象按照规定该判断的那些条件通过比较而被转变成一个概念时，从中是能够形成一个逻辑上普遍的判断的，例如，我通过一个鉴赏判断，宣布我所看到的这朵玫瑰花是美的。与此相反，通过比较许多单个的玫瑰花而产生的判断，即玫瑰花一般而言都是美的，从此就不仅仅被表述为审美判断，而是被表述为一个基于审美判断的逻辑判断。现在，“这朵玫瑰花（在气味上）是适意的”这个判断虽然也是一个审美的单称判断，但却不是一个鉴赏判断，而是一个感官判断。也就是说，它与前者的区别在于：鉴赏判断带有普遍性，亦即对每个人的有效性的一个**审美的量**，这个量在关于适意者的判断中是找不到的。惟有关于善者的判断，虽然它们也在一个对象上规定愉悦，却具有逻辑的、不仅仅是审美的普遍性；因为它们适用于客体，是客体的知识，并因此而对每个人都有效。

如果人们仅仅按照概念来评判客体，那么，美的一切表象就都丧失了。因此，也不可能有任何规则让某人被迫承认某种东西是美的。 5〔216〕
一件衣服、一座房子、一朵花是否美，对此人们是不能通过一些理由或者原理来说服人接受自己的判断的。人们要让客体经受他自己的眼光，正好像他的愉悦依赖于感觉似的；而尽管如此，当人们在这种情况下称对象是美的时，他相信自己会获得普遍的同意，并要求每个人都赞同，与此相反，那种私人感觉只是对于观看者及其愉悦来裁定的。

这里应当看到，在鉴赏判断中没有假定别的任何东西，只是就愉悦而言无须概念的中介的这样一种**普遍的同意**；因而是一个能够同时被视为对每个人都有效的审美判断的**可能性**。鉴赏判断本身并不假定每个人都赞同（因为只有一个逻辑上普遍的判断才由于可以举出理由而这样做）；它只是**要求**每个人都作出这种赞同，作为规则的一个实例，就这实例而言它不是期待概念，而是期待别人的赞同来作出证实。因此，普遍的同意只是一个理念（这个理念基于什么，在这里尚未研究）。相信自己作出一个鉴赏判断的人，事实上是否在按照这个理念作出判断，这一点是不能肯定的；但是，他毕竟使判断与之发生了关系，从而这应当是一个鉴赏判断，这一点，他是通过美这种表述来宣布的。但对于自己来说，他单凭意识到把属于适意者和善者的一切与还剩余给他的愉悦分离开来，就可以肯定这一点了；而这就是他之所以指望每个人的同意所为了的一切：这是他在这些条件之下也会有权利提出的一个要求，只要他不违背这些条件而经常出错，因而作出一个错误的鉴赏判断。

第9节　对如下问题的研究：在鉴赏判断中是愉快的情感先行于对象的评判还是后者先行于前者

这个课题的解决是鉴赏批判的钥匙，因而值得高度注意。

如果对被给予的对象的愉快先行，而且在该对象的表象的鉴赏判断
5〔217〕中只应当承认愉快的普遍可传达性，那么，这样一种处理方式就会陷入自相矛盾。因为这样的愉快就会不是别的，而仅仅是感官感觉中纯然的适意，因而按照其本性只能具有私人的有效性，因为它直接依赖于对象**被给予**所凭借的那个表象。

因此，正是被给予的表象中心灵状态的普遍能传达性，作为鉴赏判断的主观条件必须是这个判断的基础，并以对该对象的愉快为后果。但是，除了知识和属于知识的表象之外，没有任何东西是能够被普遍传达

的。因为就此而言，惟有知识才是客观的，并仅仅因此才具有一个普遍的关联点，所有人的表象力都不得不与这个关联点相一致。现在，如果关于表象的这种普遍可传达性的判断的规定根据应当纯然主观地、亦即无须关于对象的一个概念来思考，那么，这个规定根据就无非是在表象力的相互关系中所遇到的那个心灵状态，这是就这些表象力把一个被给予的表象与**一般的知识**联系起来而言的。

被这个表象发动起来的认识能力，在这里处于一种自由的游戏中，因为没有任何确定的概念把它们限制在一个特殊的认识规则上。因此，这个表象中的心灵状态必定是各种表象力在一个被给予的表象上要达成一般知识而进行的自由游戏的情感状态。现在，属于一个对象借以被给予，以便一般而言由此形成知识的那个表象的，有为了直观的杂多之复合的**想象力**和为了结合各表象的概念之统一的**知性**。各认识能力在对象借以被给予的表象这里的**自由游戏**的这种状态，必须是能够普遍传达的；因为知识作为对被给予的诸表象（无论在哪个主体中）都应当与之相一致的那个客体的规定，是惟一对每个人都有效的表象方式。

一个鉴赏判断中表象方式在主观上的普遍可传达性，由于应当不以一个确定的概念为前提条件而发生，就不能是别的任何东西，只能是想象力和知性的自由游戏中的心灵状态（只要它们像**一般知识**所要求的 5〔218〕
那样相互一致），因为我们意识到，这个适合于一般知识的主观关系，必须对每个人都有效，因而是普遍可传达的，正如任何一个确定的知识都是如此，任何确定的知识毕竟总是基于作为主观条件的那种关系的。

对于对象或者对象借以被给予的表象的纯然主观的（审美的）评判，如今先行于对该对象的愉快，并且是对诸认识能力之和谐的这种愉快的根据；但是，惟有在评判对象的主观条件的那种普遍性之上，才建立起我们将之与我们称为美的那个对象的表象结合在一起的愉悦的这种普遍的主观有效性。

能够哪怕是仅仅就认识能力而言传达自己的心灵状态，这会带有一种愉快，对此，人们可以轻而易举地从人对社交的自然倾向出发（经验性地和在心理学上）作出阐明。但这对于我们的意图来说是不够的。我们指望每一个别人都把我们感觉到的愉快当做是必然的，正好像我们称某种东西是美的时，这可以被看做是对象的一种在其身上按照概念得到规定的性状似的；因为美毕竟不与主体的情感相关自身就什么也不是。但是，我们必须把这个问题的讨论留待回答如下问题时进行：先天审美判断是否以及如何可能？

现在，我们所研究的还是较低级的问题：我们是以审美方式意识到鉴赏判断中诸认识能力彼此之间相互在主观上的一致的，是通过纯然的内感官和感觉而在审美上意识到的，还是通过我们借以发动那些认识能力的有意能动的意识而在理智上意识到的？

假如促成鉴赏判断的那个被给予的表象是一个把知性和想象力在对于对象的评判中结合成为客体的一种知识的概念的话，那么，对这种关系的意识就会是理智的（就像批判所探讨过的判断力的客观图型法中那样）。但在这种情况下，判断也就会不是与愉快和不快相关而作出的，因
5〔219〕而不是鉴赏判断。但现在，鉴赏判断不依赖于概念而在愉悦和美这个谓词方面规定客体。因此，关系的那种主观统一就惟有通过感觉才能标明。激活这两种能力（想象力和知性），使之成为不确定的、但毕竟凭借被给予的表象的诱因而一致的活动，亦即属于一般知识的那种活动，这就是鉴赏判断假定了其普遍可传达性的那种感觉。一种客观的关系虽然只能被思维，但就它按照自己的条件来说是主观的而言，毕竟是能够在对心灵的作用中被感觉到的；而在一种没有概念作基础的关系（就像表象力与一般认识能力的关系那样）那里，也不可能对它有别的意识，除非通过对作用的感觉，这作用就在于两种通过相互协调一致而被激活的心灵力量（想象力和知性）变得轻松了的游戏。一个表象，作为单个的并且不与其他表象作比较却仍然与构成知性的一般工作的那种普遍性的诸条件有一种协调一致，就把诸认识能力带入了我们为一切知识所要求，因而也认为对每个注定要通过知性和感官相结合来作出判断的人（对任何人）都有效的那种合乎比例的相符之中。

从第二契机推论出的对美者的解释

无须概念而普遍地让人喜欢的东西，就是**美的**。

鉴赏判断的第三契机，按照在它们里面所考察的目的的关系来看

第 10 节　一般的合目的性

如果人们要按照目的的先验规定（不以某种经验性的东西为前提条件，这类东西是愉快的情感）来解释目的是什么，那么，目的就是一个 5〔220〕 概念的对象，只要这概念被视为那对象的原因（它的可能性的实在根据）；而一个**概念**在其客体方面的因果性就是合目的性（forma finalis［目的性的形式］）。因此，在绝不仅仅是关于一个对象的知识，而且作为结果的对象本身（这对象的形式或者实存）都被仅仅设想为通过这结果的一个概念而可能的地方，人们就设想有一个目的。在这里，结果的表象就是这结果的原因的规定根据，并且先行于它的原因。一个关于主体状态的表象，其把主体**保持**在同一状态之中的因果性的意识，在这里可以普遍地表明我们称为愉快的东西；与此相反，不快则是包含着把诸表象的状态规定成它们自己的反面（阻止或者取消它们）的根据的那种表象。

欲求能力，如果它只是通过概念，亦即按照一个目的的表象行动而是可规定的，就会是意志。但是，一个客体，或者一个心灵状态，或者一个行动，尽管其可能性并不必然以一个目的的表象为前提条件，却也被称为合目的的，这仅仅是因为我们惟有把一种按照目的的因果性，亦即一个按照某种规则的表象来这样安排它们的意志假定为它们的根据，才能解释和理解它们的可能性。因此，合目的性可以没有目的，这是就我们并不把这个形式的诸原因设定在一个意志中，但毕竟只能通过从一个意志推导出对这形式的可能性的解释来使我们理解这种解释而言的。于是，我们并不总是必须通过理性（按照其可能性）去认识我们所观察的东西。因此，我们即使不把一个目的（作为 nexus finalis［目的的联系］的质料）当做合目的性的基础，也至少能够按照形式考察合目的性，在对象身上哪怕只是通过反思而发现合目的性。

第 11 节　鉴赏判断仅仅以一个对象（或者其表象方式）的合目的性的形式为根据 5〔221〕

一切目的，如果被视为愉悦的根据，就都总是带有一种兴趣，作为

关于愉快对象的判断的规定根据。因此，没有任何主观的目的能够作为鉴赏判断的根据。但是，也没有一个客观的目的的表象，亦即对象本身按照目的联结原则的可能性的表象，因而没有善的概念，能够规定鉴赏判断；因为它是一个审美判断，而不是知识判断，所以它不涉及任何关于对象的性状以及对象通过这个或者那个原因而有的内在的或者外在的可能性的**概念**，而仅仅涉及诸表象力相互之间的关系，只要它们通过一个表象被规定。

于是，在把一个对象规定为美的对象时的这种关系，就是与一种愉快的情感相结合的，这种愉快通过鉴赏判断同时被解释为对每个人都有效的；所以，一种伴随着表象的适意，正如对象的完善性的表象和善的概念一样，不可能包含着这种规定根据。因此，惟有一个对象的表象中不带任何目的（无论是客观的目的还是主观的目的）的主观合目的性，因而惟有一个对象借以**被给予**我们的表象中的合目的性的纯然形式，就我们意识到这种形式而言，才构成我们评判为无须概念而普遍可传达的那种愉悦，因而构成鉴赏判断的规定根据。

第12节　鉴赏判断基于先天的根据

先天地澄清一种愉快或者不快的情感作为一个结果与作为其原因的某个表象（感觉或者概念）的联结，这是绝对不可能的；因为这会是一
5〔222〕种因果关系，这种因果关系（在经验对象中间）只能任何时候都后天地并且借助于经验本身来认识。虽然我们在实践理性批判中确实已经先天地从普遍的道德概念中推导出了敬重的情感（作为上述情感的一个特别的和独特的变相，它与我们从经验性对象获得的无论是愉快还是不快都不会真正一致）。但是，我们在那里也能够越过经验的界限，并提供出一种基于主体的超感性性状的因果性，亦即自由的因果性。然而即便是在那里，我们真正说来也不是从作为原因的道德理念推出这种情感，而是仅仅从中推导出了意志的规定。但是，一个无论由什么来规定的意志的心灵状态，就自身而言已是一种愉快情感，并且与意志是同一的，因而并不是作为结果从中得出的，后一种情况惟有在作为一种善的道德的概

念先行于通过法则对意志的规定时才是必须假定的；在这种情况下，要从作为一种纯然知识的概念中推导出与该概念相结合的愉快来，就会是白费力气了。

现在，审美判断中的愉快以类似的方式就是这种情况：只不过愉快在这里纯然是静观的，而且不造成对客体的兴趣，与此相反，在道德判断中的愉快则是实践的。在一个对象借以被给予的表象那里，对主体诸认识能力的游戏中纯然形式的合目的性的意识就是愉快本身，因为这种意识在一个审美判断中包含着主体就激活其认识能力而言的能动性的规定根据，所以包含着就一般认识而言，但并不局限于一个确定的知识的一种内在的因果性（这种因果性是合目的的），因而包含着一个表象的主观合目的性的纯然形式。这种愉快也不以任何方式是实践的，既不像出自适意性的生理学根据的愉快，也不像出自被表现的善的理智根据的愉快。但是，它在自身中毕竟有因果性，亦即无须进一步的意图而**保持**表象本身的状态和诸认识能力的活动。我们**流连**于对美者的观赏，因为这种观赏在加强自己和再生自己，这和对象的表象中的一种魅力反复唤起注意时的那种流连是类似的（但毕竟与它不是一回事），在后一种流连中，心灵是被动的。

第13节　纯粹的鉴赏判断不依赖于魅力和感动 5〔223〕

一切兴趣都败坏着鉴赏判断，并使它失去自己的不偏不倚，尤其是在它不像理性的兴趣那样把合目的性置于愉快的情感之前，而是把合目的性建立在这种情感之上的时候；这后一种情况总是发生在就某种东西使人快乐或者使人痛苦而言对它的审美判断中。因此，如此被刺激起来的判断对于普遍有效的愉悦要么根本不能提出任何要求，要么能够提出的要求如此之少，正如上述方式的感觉处于鉴赏的规定根据中间一样。鉴赏在它为了愉悦而需要混有**魅力**和**感动**，甚至把它们当做自己的赞赏的尺度的地方，任何时候都是未开化的。

然而，魅力毕竟常常不是仅仅作为对审美的普遍愉悦的贡献而被算做美（但美真正说来却只应当涉及形式），而是它们甚至就自身而言被冒充为美，因而是愉悦的质料被冒充为形式；这是一种误解，它与其他一些毕竟还总是有某种真实的东西作为根据的误解一样，可以通过对这些概念的细心规定来消除。

一个不受魅力和感动任何影响（即使它们可以与对美者的愉悦相结合），因而仅仅以形式的合目的性为规定根据的鉴赏判断，就是一个**纯粹的鉴赏判断**。

第14节 通过例子来说明

审美判断可以如同理论判断（逻辑判断）一样，被划分为经验性的判断和纯粹的判断。前者是些陈述适意或者不适意的审美判断，后者是些陈述一个对象或者该对象的表象方式的美的审美判断；前者是感官判断（质料的审美判断），惟有后者（作为形式的审美判断）才是真正的鉴赏判断。

5〔224〕 因此，一个鉴赏判断只是就没有任何纯然经验性的愉悦混入其规定根据而言，才是纯粹的。但是，每当魅力和感动在某种东西应当被宣布为美的所凭借的判断中有一种份额的时候，上述情况就会发生。

于是，又出现了一些异议，最终伪称魅力不仅仅是美的必然成分，而是甚至单凭自己就足以被称为美的。一种纯然的颜色，例如一片草坪的绿色，一种纯然的音调（不同于声响和噪音），例如一把小提琴的音调，被大多数人宣布为自身就是美的；虽然二者看起来都是以表象的质料、亦即仅仅以感觉为根据的，并因此只配被称为适意的。然而，人们毕竟将同时注意到，无论是颜色还是音调的感觉，都惟有就二者是**纯粹的**而言，才认为自己有资格被视为美的；这是一个已经涉及形式的规定，也是这些表象中惟一可以确定地普遍传达的东西；因为不能假定感觉本身的质在所有的主体中都是一致的，一种颜色的适意性优于另一种颜色，或者一种乐器的音调的适意性优于另一种乐器的音调，这是很难在每个人那里都以同样的方式来评判的。

如果人们和欧拉一样假定，颜色是以太等时相互继起的搏动（pulsus），就像音调是在声响中振动的空气等时相互继起的搏动一样，而且最重要的是，心灵并不仅仅通过感官而知觉到它们对激活器官的作用，而且还通过反思知觉到诸印象的合规则的游戏（因而知觉到不同的表象的结合中的形式）——对此我毕竟没有丝毫怀疑①——，那么，颜色和音调就会不是纯然的感觉，而已经是对感觉之杂多的统一的形式规定，在这种情况下就也能够单凭自己被算做美了。

但是，一种单纯的感觉方式的纯粹的东西意味着，这感觉方式的齐一性不被任何异类的感觉所干扰和打断，而且这种纯粹的东西仅仅属于

---

① 由于前两版在此写的都是"对此我毕竟很是怀疑"，所以这里就出现了一点完全的实际差异。因为在第三版中"没有"取代了"很是"，这不可能仅仅是一个印刷错误的事情。也就是说，第三版的这处大概源出于校对者、并被纳入了这一版的文本的改动，完全符合康德对这里提及的问题所采取的态度。对于欧拉理论即光的波动理论，就像特别是其学位论文《论火》中的一段话已经表明的那样，康德实际上并不怀疑。他在那里（第二章，命题八，《康德全集》，第Ⅰ卷，378页。[参见《康德著作全集》，第1卷，354页。——译者注]）把这种理论称为"与自然规律最一致、最近由极为著名的欧拉用新的辩护予以捍卫的假说"。在《自然科学的形而上学初始根据》中（第二章，定理8，附释1，脚注，《康德全集》，第Ⅳ卷，520页。[参见《康德著作全集》，第四卷，533页。——译者注]），他以坚决的赞同探讨了欧拉的假说，并试图把产生自光仅仅直线运动的困难归溯到**对光物质的一种完全可以避免的数学设想**。就连《人类学》第19节（《康德全集》，第Ⅶ卷，156页。[参见《康德著作全集》，第7卷，148页。——译者注]）的措辞，也不能被视为对光的辐射理论的一种让步。无论如何，康德在《判断力批判》中到处都是与在这个方向上两种"更高级的"感官相关联来完全平行地探讨光和声响的：例如参见第42节，302页；或者第51节，324页。但更为重要且本质上更有意义的是，就连这个物理学一生理学理论的审美运用也被康德到处都给以了肯定，按照这种理论，无论是纯粹的颜色还是纯粹的音调，都不仅包含着对感官的一种作用，而且包含着对印象的合规则游戏的一种反思。虽然他在第51节的"三"中（324页）对这个问题进行了更深刻的思考，说人们不能很好地断定，音调和颜色的感觉的特殊性是以感官还是以反思为基础的。——"人们不能确定无疑地说，一个颜色或者一个音调仅仅是**适意的感觉**，还是就自身而言已经是**诸感觉**的一种美的游戏，并且作为这样一种游戏带有**在审美判断中对形式的愉悦**"。但进一步的阐述就说得明确了："人们会发现自己不得不把二者的感觉不视为纯然的感觉印象，而是视为在多种感觉的游戏中对形式的一种评判的结果"。由此他得出，音乐应当被解释为美的艺术，确切地说被解释为各种感觉通过听觉的美的游戏；而且按照这一段的开头，同样的东西也适用于色彩艺术。这样一来，就明确地肯定了按照第一版和第二版在这个地方的异文，康德应当很是怀疑的东西。但同样，在第42节（302页）关于光和声响写道：这些是惟一不仅允许感官情感、而且也允许对感觉的这些变相的形式所进行的反思的感觉。而进一步（329页），康德在鉴于有比例的相称（这种相称由于在音调这里就这些音调同时地或者也前后相继地彼此结合起来而言，乃是基于在同一时间里空气振动的数目的比例关系的，所以能够在数学上被置于某些规则之下）而探讨音调艺术时说："这种数学的形式虽然不是通过确定的概念表现的，但惟有在这种形式上，才依附着把关于这样一批相互伴随或者前后相继的感觉的纯然反思与感觉的这种游戏联结起来作为其美的对每个人都有效的条件的那种愉悦；而且惟有这种形式，才是鉴赏据以自认为有权预先说出每个人的判断的东西"。因此，即便据猜测用"没有"取代"很是"应当是源出于第三版的校对者，即便由他依据更早的文本而使用的形式会造成一种过于强硬的表述，这个改动毕竟符合康德在这部著作中无一例外地主张的观点，以至于把它纳入文本看来不仅是有理由的，而且也是必要的。——科学院版编者注

形式，因为人们在这里可以抽掉那种感觉方式的质（即它是否表现和表现着哪一种颜色，它是否表现和表现着哪一种音调）。因此，一切单纯的颜色，就它们是纯粹的而言，都被认为是美的；混合的颜色就没有这种
〔225〕优点，这恰恰是因为，既然它们不是单纯的，对于应当把它们称为纯粹的还是不纯粹的，人们就没有任何评判的尺度。

但是，至于由于对象的形式而被赋予对象的美，就其如人们认为的那样能够通过魅力甚至得到提高而言，这是一个常见的而且对纯正的、不受诱惑的、彻底的鉴赏十分有害的错误；尽管为了除单调的愉悦之外还通过对象的表象使心灵产生兴趣，并这样用于赞扬鉴赏及其培养，尤其是当鉴赏还是粗糙的和未经训练的时候，当然是可以在美之上再加上魅力的。但是，它们实际上损害着鉴赏判断，如果它们作为美的评判根据把注意力吸引到自身上来的话。因为这是大错特错的，以为它们会对美有所贡献，其实它们是必须作为外来者，只是就它们不干扰那种美的形式而言，在鉴赏还孱弱和未经训练的时候，才被接受下来的。

在绘画、雕刻中，甚至在一切造型艺术中，在建筑艺术、园林艺术中，就它们是美的艺术而言，**素描**都是根本性的东西，在素描中，不是在感觉中使人快乐的东西，而仅仅是通过其形式使人喜欢的东西，才构成了鉴赏的一切素质的基础。使轮廓生辉的颜色属于魅力；它们虽然能够使对象自身对于感觉生动起来，但却不能使之值得观赏并成为美的；毋宁说，它们大部分由于美的形式所要求的东西而是十分受限制的，而且甚至在魅力被允许的地方，它们也是仅仅通过美的形式才变得高贵。

感官对象（不仅外部感官的对象，而且间接地还有内部感官的对象）的一切形式，要么是**形象**，要么是**游戏**；在后一种场合要么是形象的游戏（在空间中表情和舞蹈），要么只是感觉的游戏（在时间中）。颜色或者乐器的适意音调的**魅力**可以加进来，但前者中的**素描**和后者中的作曲却构成纯粹的鉴赏判断的真正对象；至于无论是颜色还是音调的纯粹性，或者甚至它们的多样性及其鲜明对比显得对美有所贡献，这却并不等于要说，它们就是因为单凭自身就是适意的而仿佛是对形式的愉悦的一种同类的附加物，而只是因为它们使这种形式更精确、更确定、更完全地
〔226〕直观化了，此外还通过它们的魅力而使表象生动起来，因为它们唤起并保持对于对象本身的注意。

甚至人们称为**装饰**（附件）的东西，亦即并不作为组成部分内在地属于对象的整个表象，而只是作为附属品外在地属于它，并且加大鉴赏的愉悦的那种东西，做到这一点毕竟也只是通过它的形式，就像油画的镶框、或者雕像的衣着、或者宏伟的建筑周围的柱廊那样。但是，如果装饰不是自身在于美的形式，如果它像金制的画框那样仅仅是为了通过它的魅力来让油画博得喝彩而安装上的，那么，它在这种情况下就叫做**修饰**，并损害着纯正的美。

感动，即适意在其中仅仅凭借瞬间的阻碍和接踵而至的生命力更强烈的涌流而被产生出来的一种感觉，根本不属于美。但崇高（感动的情感与它结合在一起）要求另一种评判尺度，不同于鉴赏以之为基础的；而这样，一个纯粹的鉴赏判断就既不是以魅力也不是以感动为规定根据的，一言以蔽之，不是以任何作为审美判断之质料的感觉为规定根据的。

第 15 节　鉴赏判断完全不依赖于完善性的概念

客观的合目的性惟有借助于杂多与一个确定的目的的关系，因而惟有通过一个概念才能被认识。仅仅这一点就可以说明：其评判以一种纯然形式的合目的性，亦即一种没有目的的合目的性为基础的美者，完全不依赖于善者的表象，因为善者是以一种客观的合目的性，亦即对象与一个确定的目的的关系为前提条件的。

客观的合目的性要么是外在的合目的性，亦即对象的**有用性**，要么是内在的合目的性，亦即对象的**完善性**。我们由以把一个对象称为美的那种对该对象的愉悦不能基于该对象的有用性的表象，这是从上面两章可以充分看出的；因为那样一来，它就不会是对该对象的一种直接的愉 〔227〕
悦了，而后一种愉悦却是关于美的判断的根本条件。但是，一种客观的内在的合目的性，即完善性，已经很接近于美这个谓词了，因而也被著名的哲学家们认为与美是一回事，但却有一个附言，**如果这完善性被含混地思维的话**。在一个鉴赏批判中断定美是否也可以实际上化解在完善性的概念中，这是非常重要的。

要对客观的合目的性作出评判，我们在任何时候都需要一个目的的概念和（如果那个合目的性不应当是一种外在的合目的性［有用性］，而应当是一种内在的合目的性的话）包含着对象的内在可能性之根据的一个内在目的的概念。就像一般目的是其**概念**可以被视为对象本身的可能性根据的东西一样，为了在一个事物上想象一种客观的合目的性，关于该事物**应当是怎样一个事物**的概念就将走在前面；而在该事物中杂多与这个概念（它给出该事物上杂多之联结的规则）的协调一致就是一个事物的**质的完善性**。作为每一个事物在其种类上的完备性的**量的完善性**与它完全不同，纯然是一个量的概念（全体性），在这个概念那里，**该事物应当是什么**，这已经预先被设想为确定的了，所问的只是它身上是否有为此所需要的一切。一个事物的表象中形式的东西，亦即杂多与一（它应当是什么尚不确定）的协调一致，独自根本不能使人认识到任何客观的合目的性；因为，既然作为**目的**的这个一（该事物应当是的东西）被抽掉了，在直观者心灵中所剩下来的就无非是表象的主观合目的性了，后者虽然表明了主体中表象状态的某种合目的性，并在这种状态中表象了主体把一个被给予的形式把握进想象力的一种惬意，但并不表明在这里不通过一个目的的概念就被设想的某一个客体的完善性。例如，我在森林中发现一个周围环绕着树木的草坪，而且我在这方面没有设想一个目的，即它也许应当用来开一个乡村舞会，此时就没有丝毫关于完善性
5〔228〕的概念通过纯然的形式被给予。设想一个形式的**客观的**合目的性但却没有目的，亦即设想一种**完善性**的纯然形式（没有任何质料和关于与之协调一致的东西的**概念**，哪怕它仅仅是一个一般合法则性的理念），这是一个真正的矛盾。

于是，鉴赏判断就是一个审美判断，亦即一个基于主观根据的判断，而且其规定根据不能是概念，因而也不能是一个确定的目的的概念。所以，通过美这样一个形式的主观合目的性，绝对没有把对象的完善性设想为所谓形式的、尽管如此却还仍然是客观的合目的性；而在美者的概念和善者的概念之间作出的这种区别，就好像二者只是按照逻辑形式被区别开来，前者只是完善性的一个含混概念，后者则是完善性的一个清晰概念，但除此之外在内容上和起源上是一回事，这是没有意义的。因为这样一来，在它们之间就会没有任何**类的**区别，相反，一个鉴赏判断就会正如某种东西被宣布为善的所凭借的那种判断一样，是一个认识判断了；这大概就像平常的人在说欺骗不正当时把自己的判断建立在含混

的理性原则之上，而哲学家则把自己的判断建立在清晰的理性原则之上，但在根本上二者都把自己的判断建立在同样的理性原则之上一样。不过，我已经指出过，一个审美判断在其种类上是惟一的，并且绝对不提供关于客体的任何知识（哪怕是一种含混的知识），这后一种情况惟有通过逻辑判断才发生；与此相反，审美判断使一个客体借以被给予的那种表象仅仅与主体发生关系，并且不是使人注意对象的性状，而是仅仅使人注意在规定致力于对象的表象力时的合目的的形式。判断之所以叫做审美的，也正是因为它的规定根据不是概念，而是诸般心灵能力的游戏中那种一致性的（内部感官的）情感，只要那种一致性被感觉到。与此相反，如果要把含混的概念和以之为基础的判断称为审美的，人们就会有一种感性地作判断的知性，或者有一种通过概念表现自己的客体的感官，这两者都是自相矛盾的。概念无论是含混的还是清晰的，其能力都是知性；而尽管作为审美判断的鉴赏判断也（像一切判断那样）需要知性，但鉴 5〔229〕
赏判断需要它，却毕竟不是把它当做对一个对象的认识能力，而是当做按照判断与主体及其内部情感的关系，确切地说，就这个判断按照一个普遍的规则是可能的而言，来规定判断及其表象（无须概念）的能力。

第 16 节　在一个确定的概念的条件下宣布一个对象是美的所凭借的鉴赏判断不是纯粹的

有两种美：自由的美（pulchritudo vaga［飘移的美］），或者纯然依附的美（pulchritudo adhaerens［附着的美］）。前者不以任何有关对象应当是什么的概念为前提条件，后者则以这样一个概念以及对象依照这个概念的完善性为前提条件。前一种美的诸般种类叫做这个事物或者那个事物的（独自存在的）美，后一种美则作为依附于一个概念的美（有条件的美），被赋予隶属于一个特殊目的的概念的那些客体。

花是自由的自然美。一朵花应当是一个什么样的事物，除了植物学家之外，很难有别的人知道；而即便是认识花是植物的授粉器官的植物学家，在他通过鉴赏对花做判断时，也并不考虑这种自然目的。因此，这个判断并不以某个物种的完善性，不以杂多的复合与之相关联的内在合目的性为基础。许多鸟类（鹦鹉、蜂鸟、极乐鸟）、大量海洋贝类自身就是美，这些美根本不应归于任何按照概念就其目的而言被规定的对象，而是自由地并且独自让人喜欢的。所以，à la grecque［希腊式的］素描、用于镶框的或者裱糊纸上的卷叶饰等，自身没有任何含义，它们不表现任何东西，不表现一个确定的概念之下的任何客体，而且是自由的美。人们也可以把音乐中称为幻想曲（无主题）的东西，甚至把整个无文本的音乐都归为这个类型。

在（按照纯然的形式）对一种自由的美的评判中，鉴赏判断是纯粹的。它不以关于某个目的的概念为前提条件，让杂多为了这个目的而服
5〔230〕务于被给予的客体，因而对这个客体有所表现，那样的话只会限制在观赏形态时仿佛在做游戏的想象力的自由。

然而，一个人的美（而且在这个种类中有一个男人的美，或者一个女人的美，或者一个孩子的美）、一匹马的美、一座建筑（教堂、宫殿、军械库或者花园小屋）的美，都以关于目的的一个概念为前提条件，这个概念规定着该事物应当是什么，因而规定着它的完善性的概念，所以纯然是附着的美。就像适意者（感觉）的条件与真正说来仅仅涉及形式的美相结合就妨碍鉴赏判断的纯粹性一样，善（也就是说，为此杂多对于事物本身来说按照事物的目的是善的）与美相结合也将损害鉴赏判断的纯粹性。

人们可以把许多直接在直观中让人喜欢的东西安装在一座建筑上，除非这座建筑应当是一座教堂；人们可以像新西兰人用其文身所做的那样用各种各样的花饰和轻柔而有规则的线条来美化一个形象，除非这是一个人；而一个人也可以具有更漂亮得多的容貌和更讨人喜欢、更温柔的脸型轮廓，除非他应当表现一个男人，或者甚至表现一个武士。

于是，与规定着一个事物的可能性的内在目的相关对该事物中的杂多的愉悦就是一种基于一个概念的愉悦；但对美的愉悦却是不以任何概念为前提条件，而是与对象借以被给予（而不是对象借以被思维）的那个表象直接相结合的这样一种愉悦。现在，如果就后一种愉悦而言的鉴赏判断被变成依赖于前一种作为理性判断的愉悦中的目的，并由此受到限制，那么，那种鉴赏判断就不再是一个自由的和纯粹的鉴赏判断了。

尽管鉴赏由于审美愉悦与理智愉悦的这种结合而在它被固定下来这一点上，以及在它虽然不是普遍的，但人们毕竟能够就某些合目的地被规定的客体而言给它颁布规则这一点上有所收获。然而，这些规则在这

种情况下也不是鉴赏的规则，而纯然是些鉴赏与理性，以及美者与善者相一致的规则，通过这种一致，前者可以被用做就后者而言的意图的工具，以便把这种自己维持并具有主观的普遍有效性的心灵情调配给惟有 5〔231〕通过艰难的决心才能维持，但却客观地普遍有效的那种思维方式。但真正说来，既不是完善性通过美而有所收获，也不是美通过完善性而有所收获；而是由于当我们把一个对象借以被给予我们的那个表象通过一个概念与客体（就它所应当是的东西而言）作比较时，不能避免把这表象同时与主体中的感觉放在一起相对照，所以，有所收获的是表象力的**整个能力**，如果这两种心灵状态协调一致的话。

一个鉴赏判断，就一个具有确定的内在目的的对象而言，惟有当判断者要么对这个目的没有概念，要么在自己的判断中抽掉了这个目的时，才会是纯粹的。但在这种情况下，这个判断者尽管由于把该对象评判为自由的美而作出了一个正确的鉴赏判断，却仍然会受到另一个把该对象上的美仅仅视为依附的性状（关注对象的目的）的人的责备，被指责有一种错误的鉴赏，虽然两个人都以自己的方式正确地作出了判断：一个人是按照他在感官面前所拥有的东西，另一个人是按照他在思想中所拥有的东西。通过这种区分，人们就能够调停鉴赏的裁决者们关于美的不少纷争，因为人们向他们指出，一个人坚持的是自由的美，另一个人坚持的是依附的美，前者所作的是一个纯粹的鉴赏判断，后者所作的是一个应用的鉴赏判断。

第 17 节　美的理想

不可能有任何客观的鉴赏规则来通过概念去规定什么是美的。因为出自这一源泉的一切判断都是审美的；也就是说，它的规定根据是主体的情感，而不是一个客体的概念。寻求一个通过确定的概念来指出美者的普遍标准的鉴赏原则，这是一种徒劳的努力，因为所寻找的东西是不可能的，而且就自身而言是矛盾的。感觉（愉悦或者不悦）的普遍可传达性，确切地说这样一种无须概念就发生的普遍可传达性，可能的话一切时代和一切民族就这种情感而言在某些对象的表象中的一致性，就是 5〔232〕那个经验性的，尽管微弱而且不足以猜测出来的标准，即一个如此通过种种实例所证实了的鉴赏从评判对象在其下被给予人们的诸形式时的那种一致性的根据中起源的标准，这个根据深深地隐藏着，对于一切人来说都是共同的。

因此，人们把鉴赏的一些产品视为**示范性的**；这并不是说，好像鉴赏可以通过模仿别人来获得似的。因为鉴赏必须是一种自己特有的能力；但是，模仿一个典范的人，就其模仿得好而言，虽然表现出技巧，但却惟有在他自己能够评判这一典范的时候才表现出鉴赏。① 但由此得出，最高的典范，即鉴赏的原型，是一个纯然的理念，每个人都必须在自己里面产生出这个理念，而且他必须依据它来评判一切是鉴赏的客体，是借助鉴赏进行评判的实例的东西，甚至评判每个人的鉴赏。**理念**真正说来意味着一个理性概念，而**理想**则意味着一个个别的存在者，作为与某个理念相应的存在者的表象。因此，鉴赏的那个原型固然是基于理性关于一个最大值的不确定的理念的，但毕竟不能通过概念，而是只能在个别的描绘中被表现出来，更确切地说被称为美者的理想，这类东西我们虽然并不占有它，但却努力在我们心中创造出它来。但是，它将仅仅是想象力的一个理想，这正是因为它不是基于概念，而是基于描绘；但描绘的能力就是想象力。——于是，我们如何达到美的这样一个理想呢？先天地还是经验性地？此外，美者的哪一个类能够成为一个理想呢？

首先一定要注意：应当为之寻找一个理想的那种美，必须不是一种**飘移的**美，而是一种由一个关于客观合目的性的概念**固定下来的**美，因
5〔233〕而不属于一个完全纯粹的鉴赏判断的客体，而属于一个部分地理智化了的鉴赏判断的客体。也就是说，一个理想应当以哪一种评判根据而产生，这里必须有某种理性理念按照确定的概念来作为基础，这理念先天地规定着对象的内在可能性所基于的目的。美的花朵、一件美的家具、一道美的风景，它们的一个理想是不可思议的。但即便是对于依附一个确定的目的的美，例如一幢美的住房、一棵美的树、一个美的花园等，也不能想象任何理想；这也许是因为这些目的未因其概念得到足够的规定和

① 在言谈艺术方面鉴赏的典范必须以一种已死的学术语言来撰写：第一，为的是不必忍受活着的语言不可避免地要遇到的那种改变，即高贵的表述变得平庸，常用的表述变得过时，新创的表述只有短暂持续的流行；第二，为的是它具有一种不遭受时尚的任意变迁，而是有其不变的规则的语法。

固定，因而合目的性几乎像在**飘移的**美那里一样自由。惟有在自身中就有其实存的目的的东西，即能够通过理性自己规定自己的目的的**人**，或者在必须从外部知觉中取得这些目的时，毕竟能够把它们与本质的和普遍的目的加以对照，并在这种情况下也能够在审美上去评判与那些目的协调一致的人；因而惟有这人，才能够成为美的一个理想，正如人类在人的人格中，作为理智，能够成为世界上一切对象中的**完善性**的一个理想一样。

但是，为此就需要两个成分：**第一**，是审美的**基准理念**，它是一个把对人的评判的尺度作为一个属于某种特殊动物物种的事物的尺度予以表现的个别直观（想象力的直观）；**第二**，是**理性理念**，它使人类的那些不能被感性地表现出来的目的成为评判人的形象的原则，通过作为其结果的人的形象，那些目的在显象中显现出来。基准理念必须从经验中取得其成为一种特殊种类的动物之形象的要素；但是，在形象的建构中适合于作为对该物种的每个个体的审美评判之普遍尺度的最大合目的性，即仿佛是有意被奠定为自然之技术的基础、惟有整体上的类却没有任何个体特别与之相符的肖像，毕竟仅仅存在于评判者的理念中，但这理念连同其比例作为审美理念却可以在一个典范肖像中完全具体地展示出来。为了在某种程度上使人理解这是如何发生的（因为谁能诱骗自然完全说出其秘密呢?），我们想尝试作一个心理学的说明。

要注意的是：想象力以一种我们完全不理解的方式，不仅善于偶尔地，甚至是从久远的时代唤回诸概念的标志；而且也善于从说不清数字 5〔234〕
的不同种类乃至同一种类的对象中再生产出对象的肖像和形象；甚至如果心灵有意于比较的话，还善于根据一切猜测实际地，尽管不充分有意识地让一个肖像仿佛是叠加在另一个肖像上，并通过同一种类的多个肖像的一致而得出一个平均值，来用做一切肖像的共同标准。某人看见过上千的成年男子。如果他现在对能够以比较的方式加以估量的基准身材作出判断，那么，（在我看来）想象力就可以让大量肖像（也许就是所有那些上千的成年男子）相互叠加；而且如果允许我在这里使用光学描述的类比的话，在大多数肖像合并起来的那个空间中，以及在显示出涂以最浓重颜色的位置的那个轮廓之内，那个**平均身材**就将清晰可辨，它无论是按照高度还是按照宽度都与最大体形和最小体形最外面的边线等距离远；而这就是一个美男子的体形。（人们可以机械地得出同样的结果，如果人们测量这所有上千的成年男子，把它们的高度和宽度［以及胖度］分别相加在一起，再把总和除以一千的话。然而，想象力乃是通过从对这样一些形象的多种多样的把握在内部感官的官能上产生的动力学效果来做到这同一件事的。）如果现在以类似的方式为这个平均的男子寻找平均的头，为这个平均的头寻找平均的鼻子等等，那么，这个形象就是进行这种比较的那个国度中美男子的基准理念的基础；因此，一个黑人在这些经验性的条件下必不可免地具有另一种不同于白人的形象美的基准理念，而中国人则有另一种不同于欧洲人的基准理念。（某个种类的）一匹美的马或者一只美的狗的**典范**，也会是同样的情况。——这个**基准理念**并不是从取自经验的比例亦即**确定的规则**推导出来的；而是惟有根据它，这些评判规则才是可能的。它是在一切个别的、以诸多方式各不相同的个体直观之间飘浮着的整个类的肖像，自然将这肖像奠立为在这个
5〔235〕 物种中类的产生的原型，但看起来在任何一个个体中都没有完全达到它。基准理念绝不是这个类中全部的**美的原型**，而只是构成一切美的不可忽视的条件的那种形式，因而仅仅是类的描述中的**正确性**。它就像人们称呼**波吕克勒特**的著名的**荷矛者**那样，是**规则**（同样，**米隆**的母牛在它的种类中也可以用做规则）。正因为这一点，基准理念也不能包含任何物种特有的东西；因为若不然，它就会不是类的**基准理念**了。对它的描述也不是因美而令人喜欢，而只是由于它不与这个类的一个事物惟有在其下才能够是美的那个条件相矛盾。这种描述仅仅是循规蹈矩的。①

然而，美者的**理想**与美者的**基准理念**还是有区别的，出自已经提到的理由，人们惟有在**人的形象**上可以指望美者的理想。在人的形象上，理想就在于**道德**的表达，没有道德，这对象就不会普遍地而且为此积极地（不

---

① 人们将发现，画家想请来坐下给他当模特的一张完全合乎规则的脸容，通常并不表现任何东西，因为它不包含任何表明性格的东西，因而与其说表达了一个人格的特别之处，倒不如说表达了类的理念。这个种类的表明性格的东西，如果它被夸张，亦即损害基准理念（类的合目的性）本身的话，就叫做**漫画**。经验也表明，那些完全合乎规则的脸容，在内心通常也只是暴露出一个平庸的人；这也许（如果可以假定自然在外部表现出内部的比例的话）是因为，如果心灵禀赋中没有一项是突出于仅仅构成一个无缺点的男人所要求的那种比例之上的，那就不可以对人们称为**天才**的东西有任何指望，在天才里面，自然显得为了惟一的一种心灵能力的利益而偏离了其各种心灵能力的正常关系。

仅仅是在一种循规蹈矩的描述中消极地）让人喜欢。对内在地统治着人的道德理念的明显的表达虽然只能取自经验；但是，要把这些道德理念与我们的理性在最高的合目的性的理念中与道德上的善联结起来的一切东西的结合，即心地善良，或者纯洁，或者强大或者宁静等等，在身体的表现（作为内心的作用）中变得仿佛清晰可见，这就需要理性的纯粹理念和想象力的巨大威力在只是想评判它们的那个人身上结合起来，更别说还有谁想描述它们了。美的这样一个理想的正确性表现在：它不允许 5〔236〕
任何感官刺激掺杂进它对自己的客体的愉悦，但仍可以对这客体有巨大的兴趣；而这也就表明，按照一个这样的尺度作出的评判绝不可能是纯粹审美的，而且按照一个美的理想作出的评判不是纯然的鉴赏判断。

从第三契机推论出的对美者的解释

美是一个对象的**合目的性**的形式，如果这形式**无须一个目的的表象**而在对象身上被感知到的话。①

鉴赏判断的第四契机，按照对对象的愉悦的模态来看

第 18 节　什么是一个鉴赏判断的模态

关于任何一个表象，我都能够说：它（作为知识）与一种愉快相结合，这至少是**可能的**。关于我称为**适意**的东西，我则说它在我心中**现实地**造成了愉快。但关于**美者**人们却想到，它与愉悦有一种必然的关系。这里的必然性是特殊类型的：不是一种理论的客观必然性，在那里可以 5〔237〕
先天地认识到，每个人在被我称为美的那个对象上都**将感到**这种愉悦；也不是一种实践的客观必然性，在那里通过充当自由行动的存在者们的规则

① 人们可能反对这种说明而引述如下事例：有一些事物，人们在它们身上看到一种合目的的形式，却没有在它们身上认出一个目的；例如，经常从古墓中取出的、带有一个用于装柄的孔的石器，尽管在其形象上明显表露出一种合目的性，其目的人们并不了解，因而仍然不被宣布为美的。不过，人们把它们视为一种艺术品，这已经足以使得必须承认，人们把它们的形状与某个意图以及一个确定的目的相关联。因此，在对它们的直观上也根本没有直接的愉悦。与此相反，一朵花，例如一朵郁金香，则被视为美的，因为在对它的知觉中发现有某种合目的性，这种合目的性如我们对它的评判根本不与任何目的相关。

的一种纯粹理性意志的概念，这种愉悦就是一个客观法则的必然结果，而且除了人们绝对地（没有别的意图地）应当以某种方式行动之外，没有任何别的意思。相反，它作为在一个审美判断中所设想的必然性，只能被称为**示范性的**，亦即**所有人**都赞同一个被视为某个人们无法指明的普遍规则之实例的判断的必然性。既然一个审美判断不是一个客观判断和认识判断，所以这种必然性也不能从确定的概念中推导出来，因而不是无可置疑的。它更不能从经验的普遍性中（从关于一个对象的美的诸判断无一例外的一致性中）推论出来。因为不仅经验会很难为此提供足够多的证据，在经验性的判断之上，也不能建立起这些判断的必然性的概念。

第 19 节　我们赋予鉴赏判断的那种主观必然性是有条件的

鉴赏判断要求每个人的赞同；而谁宣布某种东西是美的，他就想要每个人都应当赞许面前这个对象，并同样宣布它是美的。因此，审美判断中的应当本身是按照为作评判而要求的一切材料说出的，但却只是有条件地说出的。人们追求每一个别人的赞同，因为人们对此有一个对所有人都共同的根据；人们也能够指望这种赞同，只要人们总是能够肯定，该事例是被正确地归摄在作为赞许之规则的那个根据之下的。

第 20 节　一个鉴赏判断所预先确定的必然性的条件就是共感的理念

假如鉴赏判断（与认识判断一样）有一个确定的客观原则，那么，
〔238〕根据这原则作出这些判断的人就会要求他的判断具有无条件的必然性。假如这些判断就像纯然的感官鉴赏的判断一样没有任何原则，那么，人们就根本不会想到它们有任何必然性。因此，它们必须有一个主观的原则，这原则只通过情感而不通过概念，但却毕竟普遍有效地规定着什么是让人喜欢或者讨厌的。但这样一个原则只能被视为**共感**，它与人们有时也称为共感（sensus communis）的普通知性有着本质的不同；因为后者不是按照情感，而是任何时候都按照概念，尽管通常只是按照被模糊地表象出来的原则来作判断的。

因此，惟有在存在着一种共感（但我们并不把它理解为任何外部感

觉，而是理解为我们的诸认识能力的自由游戏的结果）的前提条件下，我是说，惟有在这样一种共感的前提条件下，才能作出鉴赏判断。

第 21 节　人们是否能够有根据来以一种共感为前提条件

知识和判断必须能够连同伴随着它们的那种确信被普遍地传达；因为若不然，就会没有任何与客体的协调一致应当被归于它们，它们就会全都是诸表象力的纯然主观的游戏，恰如怀疑论所要求的那样。但是，如果知识应当被传达，那么，心灵状态，亦即诸认识能力与一种一般知识的那种相称，确切地说对于一个表象（一个对象由以被给予我们的表象）来说适宜于从中产生出知识来的那种比例，必须可以普遍地传达；因为没有这个作为主观的认识条件的比例，就不可能产生出作为结果的知识。这件事实际上任何时候都在发生，如果一个被给予的对象借助于感官而推动想象力把杂多复合起来，而想象力又推动知性达到杂多在概念中的统一的话。但是，诸认识能力的这种相称根据被给予的客体的不同而有不同的比例。但尽管如此却必须有一个比例，在其中这种内在的关系对于激活（一种能力被另一种能力激活）来说就是在一般知识（被给予的对象）方面最有利于两种心灵能力的相称；而这种相称也只能通过情感（不能按照概念）来规 5〔239〕
定。既然现在这种相称本身必须能够普遍传达，因而这种（在一个被给予的表象那里）的相称的情感也必须能够普遍传达；但是，一种情感的普遍可传达性是以一种共感为前提条件的，所以，这种共感就将能够有理由被假定，确切地说，既然如此，就无须立足于心理学的观察，而把它假定为我们的知识的普遍可传达性的必要条件，这种普遍的可传达性在任何逻辑和任何非怀疑论的认识原则中都必须被当做前提条件。

第 22 节　在一个鉴赏判断中所设想的那种普遍赞同的必然性是一种主观的必然性，它在一种共感的前提条件下被表现为客观的

在我们宣布某物是美的所借助的一切判断中，我们不允许任何人有别的意见；但我们仍然不把我们的判断建立在概念之上，而是仅仅建立在我们的情感之上，因此，我们不是把这种情感作为私人情感，而是作

为一种共同的情感奠定为基础的。现在，这种共感为此目的不能被建立在经验之上；因为它要授权人们作出包含着一个应当的判断：它所说的不是每个人都**将**与我们的判断一致，而是每个人都**应当**与我们的判断一致。因此，我在这里把我的鉴赏判断说成是共感的判断的一个实例，因而赋予它以**示范性的**有效性，共感就是一个纯然的理想基准，在它的前提条件下人们就能够有理由使一个与它协调一致的判断以及在该判断中表达出来的对一个客体的愉悦对每个人都成为规则，因为原则虽然仅仅是主观的，但却仍然被假定为主观上普遍的（一个对每个人都必然的理念），在涉及不同的判断者的一致性时，就能够像一个客观的原则那样要求普遍的赞同；只要人们肯定已正确地将之归摄在这个原则之下了。

一种共感的这种不确定的基准实际上已经被我们当做前提条件：我
5〔240〕 们自诩能作出鉴赏判断就证明了这一点。至于是事实上存在着这样一种作为经验可能性的建构性原则的共感，还是有一个更高的理性原则使它对于我们来说仅仅成为范导性原则，即为了更高的目的才在我们心中产生出一种共感；因此，鉴赏是一种原初的和自然的能力，或者仅仅是一种还需要获得的和人为的能力的理念，以至于一个鉴赏判断连同它对一种普遍赞同的要求事实上只是一种理性要求，即要产生出性情的这样一种一致性，而应当，即每个人的情感与每个他人的特殊情感相汇合的客观必然性，仅仅意味着在这里达成一致的可能性，鉴赏判断则只是提供了这个原则的运用的一个实例。上述情况，我们在这里还不想也不能作出研究，而是现在仅仅把鉴赏能力分解成为它的诸要素，并最终把这些要素结合在一种共感的理念中。

从第四契机推论出的对美者的解释

无须概念而被认识为一种**必然的**愉悦之对象的东西，就是**美的**。

※　　　※　　　※

对分析论第一章的总附释

如果人们从上述剖析引出结果，那么出现的就是，一切都归结到鉴赏的概念：鉴赏是与想象力**自由的合法则性**相关的对一个对象的评判能力。如果这里在鉴赏判断中想象力必须在其自由中被考察，那么，它首先就不是被设想为再生的，如同它服从联想法则那样，而是被设想为生产的和主动的（作为可能直观的任意形式的创造者）；而且尽管它在把握一个被给予的感官对象时被束缚在这个客体的一个确定形式之上，就此而言没有任何自由的游戏（就像在作诗时那样），但却毕竟还可以很好地理解：对象能够恰好把这样一种形式交到它手上，这形式包含着杂多的一种复合，就像是想象力在自由地放任自己时，与一般的**知性合法则性** 5〔241〕
相一致地设计了这形式。然而，说**想象力是自由的**，却又是**自发地合法则的**，亦即说它带有一种自律，这是一个矛盾。惟有知性才立法。但是，如果想象力被迫按照某个确定的法则来行事，那么，它的产品在形式上就像应有的那样，是由概念来规定的；但在这种情况下，愉悦如上面已指出的，就不是对美者的愉悦，而是对善者（完善，或许仅仅是形式上的完善）的愉悦，而判断也就不是通过鉴赏的判断。因此，一种合法则性而没有法则，以及想象力与知性的一种主观的协调一致而没有在表象与关于一个对象的确定概念相关时的客观的协调一致，就将是惟一能够与知性自由的合法则性（这种合法则性也被称为合目的性而没有目的）以及与一个鉴赏判断共存的。

于是，几何学上合乎规则的形象，即一个圆形、一个正方形、一个正立方体等，通常都被鉴赏的批评家们当做美的最单纯、最无可怀疑的实例来引用；而尽管如此，它们之所以被称为合乎规则的，乃是因为人们只能这样来表现它们，即它们被视为仅仅是一个确定的概念的展现，这个概念为那个形象指定规则（该形象惟有按照这规则才是可能的）。因此，二者必有一错：要么是批评家的那个判断，即把美赋予上述形象；要么是我们的判断，它认为对于美来说需要无概念的合目的性。

没有人会轻易地认为，要在一个圆形上比在一个乱画的轮廓上获得更多的愉悦，要在一个等边等角的四边形上比在一个歪斜的、不等边的、仿佛是畸形的四边形上获得更多的愉悦，就需要一个具有鉴赏的人；因为为此只需要普通的知性，根本不需要鉴赏。在觉察到某种意图的地方，例如在评判一个场地的大小，或者把握一种划分中各部分的相互关系以及与整体的关系的时候，就需要合乎规则的形象，确切地说需要具有最

单纯性质的形象；而愉悦并不是直接基于这形象的外观，而是基于这形
5〔242〕象对于各种各样的可能意图的可用性。一个墙壁构成斜角的房间、一块具有这样的风格的园地，甚至一切对于对称性的损害，无论是在动物的形象上（例如独眼）还是在建筑或者花卉画的形象上，都是不讨人喜欢的，因为这是违背目的的，不仅是实践上就对这些事物的一种确定的应用而言，而且对于在各种各样的可能意图上作出的评判来说亦是如此；在鉴赏判断中就不是这种情况，鉴赏判断如果是纯粹的，就不考虑应用或者某个目的，而把愉悦或者不悦直接与对对象的纯然**观赏**结合起来。

导向关于一个对象的概念的那种合规则性，虽然是在一个惟一的表象中把握对象并在对象的形式中规定杂多的必不可少的条件（conditio sine qua non）。这种规定是一个就知识而言的目的；而且与知识相关，这种规定也是任何时候都与愉悦（它与任何一种哪怕是仅仅或然的意图相伴随）结合在一起的。但在这种情况下，愉悦就仅仅是对适合于一个任务的那种解决的赞成，而不是各种心灵能力以我们称为美的那种东西所作的一种自由的、不确定地合目的的娱乐，而且在后者中，是知性为想象力效力，而不是想象力为知性效力。

在一个惟有通过某种意图才有可能的事物上，在一座建筑上，甚至在一个动物身上，存在于对称性之中的那种合规则性，必须把直观的那种伴随着目的概念并同属于知识的统一性表达出来。但是，在只应当让各种想象力的自由游戏（但却是在知性此时不受任何阻碍的条件下）得到娱乐的地方，在游乐园里，在室内装饰中，在各种各样富有鉴赏的器具上，等等诸如此类，那预示着强制的合规则性就被尽可能地避免；因此，园林中的英国式鉴赏、家具上的巴洛克式鉴赏，都宁可把想象力的自由一直推进到接近于怪诞的地步，而在对规则的一切强制的这种摆脱中，正好确立了鉴赏能够在想象力的设计中展示其最大的完善性的场合。

一切呆板地合乎规则的东西（它接近于数学上的合规则性），本身都
5〔243〕有违背鉴赏的成分：它并不以对它的观赏提供长久的娱乐，而是如果它并不明确地以知识或者一种确定的实践目的为意图的话，就将造成无聊。与此相反，想象力能够自然而然地和合目的地以之游戏的东西，对于我们来说任何时候都是新颖的，而且人们不会对观看它感到厌倦。**马斯登**在其关于苏门答腊的描述中评说道，那里大自然的自由的美到处包围着

参观者，因而对他来说很少再有吸引力；与此相反，他在森林中央遇到的一个胡椒园，那里攀绕着这种植物的支架以平行的直线构成了中间的林荫道，对他来说很有魅力；由此推论出，野生的、表面上没有规则的美，只是对于看腻了合乎规则的美的人来说，为了变换口味，才是让人喜欢的。不过，他只需要尝试一下在他的胡椒园里呆一天，就可以领悟到：当知性通过合规则性而置身于它到处都需要的与秩序的相称之中的时候，对象就不再使他得到娱乐，反倒使想象力遭受到一种难受的强制；与此相反，在那里多样性过分丰富到肆无忌惮的大自然，不服从任何人为规则的强制，却能够给它的鉴赏不断地提供营养。——甚至我们不能将之置于任何音乐规则之下的鸟类歌唱，也比哪怕是按照一切音乐艺术规则进行的人类歌唱显得包含有更多的自由，因而包含有更多可鉴赏的东西；因为如果后者经常地和长时间地重复的话，人们就将对它感到厌倦。不过在这里，我们也许把我们对一个可爱小动物的欢乐的同感与它的歌唱的美混为一谈了，这种歌唱，如果由人来完全准确地加以模仿（就像人们有时模仿夜莺的鸣啭一样）的话，我们的耳朵就会觉得全无趣味。

还要把美的对象与对对象（常常是由于遥远而不再能被清晰辨认的对象）的美的眺望区别开来。在后者中，鉴赏显得不仅不是附着于想象力在这一领域所**把握**的东西，反倒是附着于想象力在这里有机会去**虚构**的东西，亦即附着于心灵在连续地被触目所见的多样性所唤醒时用以自娱的真正的想象；就像在注视一团壁炉的火焰或者一条潺潺小溪那变化无常的形象时一样，这二者都不是什么美，但毕竟对想象力带有一种魅〔244〕力，因为它们使想象力的自由游戏得到娱乐。

第二章
崇高者的分析论

第 23 节　从对美者的评判能力到对崇高者的评判能力的过渡

美者与崇高者在这一点上是一致的，即二者都自身就让人喜欢。此外，二者都既不以感官判断也不以逻辑的规定性判断，而是以反思判断为前提条件，所以，愉悦既不有赖于一种感觉，如对适意者的感觉，也不像对善者的愉悦那样有赖于一个确定的概念，但却仍然与概念相关，虽然未确定是哪一些概念；因此，愉悦是与纯然的展现或者展现的能力紧密相连的，由此，展现的能力或者想象力在一个被给予的直观那里就作为对理性的促进，被看做与知性或者理性的**概念能力**协调一致。因此，就连这两种判断也都是**单称的**，但却是预示着自己就每个主体而言都普遍有效的判断，虽然它们仅仅要求愉快的情感，而不要求对象的知识。

不过，二者之间显著的区别也是引人注目的。自然的美者涉及对象的形式，这形式就在于限制；与此相反，崇高者也可以在一个无形式的对象上发现，只要在这个对象上，或者通过这个对象的诱发而表现出**无限制**，但毕竟还给这种无限制联想到总体性；美者似乎被当做一个不确定的知性概念的展现，而崇高者则被当做一个同样的理性概念的展现。因此，愉悦在前者是与**质**的表象相结合，在后者则与**量**的表象相结合。甚至后一种愉悦在种类上也与前一种愉悦有很大的区别，因为前者（美
5〔245〕者）直接带有一种促进生命的情感，因而可以与魅力和一种游戏着的想象力相结合；而后者（崇高者的情感）则是一种仅仅间接地产生的愉快，也就是说，这使得它乃是通过一种对生命力的瞬间阻碍，以及接踵而至的生命力更为强烈的涌流的情感而产生的，因此它作为激动显得不是游戏，而是想象力的工作中的认真。所以，它也不能与魅力相结合，并由于心灵不仅被对象所吸引，而且也交替着一再被对象所拒斥，对崇高者的愉悦就与其说包含着积极的愉快，倒不如说包含着惊赞和敬重，也就

是说，它应当被称为消极的愉快。

但是，崇高者与美者的最重要的和内在的区别也许是这种区别：当我们在这里合理地首先只考虑自然客体上的崇高者（因为艺术的崇高者总是被限制在与自然的协调一致的那些条件之上）的时候，自然美（独立的自然美）在其显得仿佛是预先为我们的判断力规定对象所凭借的形式中就带有一种合目的性，于是就独立地构成愉悦的一个对象；与此相反，在我们心中无须玄想仅仅在把握中就激起崇高者的情感的东西，尽管在形式上可能显得对我们的判断力来说是违背目的的、与我们的展现能力不相适合的、对想象力来说仿佛是粗暴的，但仍然只是被判断为更加崇高的。

但是，人们由此马上就看出，当我们把某个**自然对象**称为崇高的时，我们表达得根本不正确，尽管我们能够完全正确地把很多自然对象称为美的；因为怎么能用一个赞许的表述来称谓自身被把握为违背目的的东西呢？我们所能够说的仅仅是，对象适用于展现一种可以在心灵中发现的崇高；因为真正的崇高者不能包含在任何感性的形式中，而是仅仅涉及理性的理念：虽然不可能有任何与这些理念相适合的展现，但这些理念却正是通过这种可以感性地予以展现的不适合性而被激活，并被召唤到心灵之中的。于是，辽阔的、被风暴所激怒的大洋就不能被称为崇高的。它的景象是恐怖的；而且如果要通过这样一种直观，通过心灵受鼓 5〔246〕
励离开感性而专注于包含着更高的合目的性的理念，而使心灵具有一种本身崇高的情感，那么，人们就必须已经用各种各样的理念装满了心灵。

独立的自然美给我们揭示出自然的一种技巧，这种技巧使自然表现为一个依据法则的体系，这些法则的原则是我们在自己的全部知性能力中找不到的，也就是说，它所依据的是就判断力在显象上的应用来看的一种合目的性的原则，使得这些显象不仅必须被评判为在自然的无目的的机械性中属于自然的，而且也必须被评判为属于与艺术的类比的。因此，它实际上虽然并不扩展我们对自然客体的知识，但毕竟把我们关于作为纯然机械性的自然的概念扩展成为关于作为艺术的自然的概念，这就吸引我们深入地研究这样一种形式的可能性。但是，那在自然中我们经常称之为崇高的，其中却根本没有任何东西导致特殊的客观原则以及符合这些原则的自然形式，以至于自然在大多数情况下激发起崇高者的理念，毋宁说是在它的混乱中，或者是在它的极其野性的、极无规则的无序和破坏之中，只要可以看出伟大和威力。由此我们看到，自然的崇高者的概念远远不如自然中的美者的概念那样重要和富有结果；它所表明的根本不是自然中的合目的的东西，而只是其直观的可能**应用**中的合目的的东西，为的是使一种完全不依赖于自然的合目的性在我们自己心中能够被感觉到。对自然的美者来说，我们必须在我们之外寻找一个根据，但对于崇高者来说，我们则仅仅在我们心中，在把崇高带入自然的表象之中的那种思维方式中去寻找根据；这是一个很有必要的暂时说明，它把崇高者的理念与**自然**的一种合目的性的理念完全分开，并使崇高者的理论成为对自然的合目的性的审美评判的一个纯然附录，因为由此并没有表现出自然中的任何特殊形式，而仅仅是展示了想象力对自然的表象所作的一种合目的的应用。

5〔247〕 第 24 节　对崇高者的情感所作的一种研究的划分

涉及与崇高者的情感相关来划分对象的审美评判的各契机，分析论将可以如同分析鉴赏判断时那样按照同一个原则进行。因为作为审美的反思性判断力的判断，无论是对崇高者的愉悦，还是对美者的愉悦，都必须在**量**上表现为普遍有效的，在**质**上表现为无兴趣的，在**关系**上表现出主观的合目的性，在**模态**上把这种主观的合目的性表现为必然的。因此，在这里方法与前一章的方法并无不同：除了人们必须对如下情况有所考虑，即我们在审美判断涉及客体的形式的地方是从对质的研究开始的；但在这里，由于能够归于我们称为崇高的那东西的无形式性，则将从量开始，量是关于崇高者的审美判断的第一个契机：这样做的根据可以从前一节看出。

但是，崇高者的分析论必须有美者的分析论所不需要的一种划分，亦即划分为**数学的崇高者**和**力学的崇高者**。

因为既然崇高者的情感自身带有一种与对象的评判相结合的心灵**感动**作为其特征，而对美的鉴赏则把心灵预设和维持在**宁静的**沉思中；但这种感动却应当被评判为主观上合目的的（因为崇高者让人喜欢）。所以，这种感动就通过想象力要么与**认识能力**发生关系，要么与**欲求能力**

发生关系，但在两种关系中，被给予的表象的合目的性都只是就这两种**能力**而言（没有目的或者兴趣地）被评判的；在这种情况下，前者就作为想象力的一种**数学的**情调、后者就作为想象力的一种力学的情调被加给客体，因而客体就以上述两种方式被表现为崇高的。

一、数学的崇高者 5〔248〕

第 25 节　崇高者的名称解说

我们把**绝对地大的**东西称为**崇高的**。但是，“是大的”和“是一个大小”，这是两个完全不同的概念（magnitudo［大］和 quantitas［量］）。同样，**直截了当地**（simpliciter［简单地］）**说**某种东西是大的，这也完全不同于说它是**绝对地大的**（absolute，non comparative magnum［绝对地、并非相比地大的］）。后者是**超越于一切比较之上的大的东西**。——但是，说某种东西是大的，或者是小的，或者是中等的，这种表述想要说的是什么呢？由此所表示的并不是一个纯粹的知性概念；更不是一个感官直观；同样也不是一个理性概念，因为它根本不带有任何知识原则。因此，它必定是一个判断力的概念，或者是起源自这样一个概念，并以表象与判断力相关的主观合目的性为基础。说某种东西是一个大小（quantum［量］），这可以从事物本身中无须与其他事物作任何比较就认识到，也就是说，如果同质的东西的多一起构成一的话。但它有**多大**，这在任何时候都需要本身也是大小的某种别的东西来作为它的尺度。因为在对大小作出评判时，不仅取决于多（数目），而且也取决于单位（尺度）的大小，而单位的大小总是又需要它能够与之比较的某种别的东西来作为尺度；于是我们看到，对显象的一切大小的规定完全不能提供关于一个大小的任何绝对的概念，而是永远只能提供一个比较的概念。

如果我现在绝对地说某种东西是大的，那么看起来，我根本无意作任何比较，至少是无意与客观的尺度作比较，因为由此根本没有确定该对象有多大。但是，尽管比较的尺度是纯然主观的，判断也依然要求普遍的赞同；用“这个人是美的”和“这个人是高大的”这两个判断都并不仅仅局限在作判断的主体上，而是和理论判断一样要求每个人的赞同。

但是，由于在把某种东西绝对地称为大的所借助的一个判断中，并 5〔249〕

不仅仅是要说该对象具有一个大小，而是要说这个大小同时是优先于许多其他的同类对象而赋予该对象的，但又没有明确地指明这种优先性；于是，当然就为这种优先性奠立了一种尺度来作为基础，人们预设这种尺度对于每个人来说都可以当做同样的尺度来采用，但它却不能用于对大小的逻辑评判（数学上确定的评判），而只能用于对大小的审美评判，因为它是纯然主观地为对大小作出反思的判断奠立基础的尺度。此外，它可以是经验性的，例如我们熟悉的那些人、某个物种的动物、树木、房子、山岭等诸如此类的事物的中等大小；或者它是一个先天地被给予的尺度，这尺度由于作评判的主体的缺陷而被具体地限制在展示的主观条件上，例如在实践上某种德性或者一个国家里公共自由和正义的大小，或者在理论上所作出的一种观测或者测量的正确性或者不正确性的大小，诸如此类。

这里值得注意的是：即使我们对客体根本没有任何兴趣，亦即客体的实存对于我们来说是无所谓的，但仅仅客体的大小，哪怕它被视为无形式的，也就能够带来一种愉悦，这种愉悦是可以普遍传达的，因而包含着我们的认识能力的应用中有一种主观的合目的性的意识；但绝不像在美者（因为它可以是无形式的）那里一样是对客体的愉悦，而是对想象力自身的扩展的愉悦。在美者那里，反思性的判断力则是与一般知识相关来合目的地调整的。

如果我们（在上述限制之下）关于一个对象直截了当地说它是大的，那么，这就不是一个数学上的规定性判断，而只是关于该对象的表象的一个反思判断，这表象对于我们的认识能力在大小估量上的某种应用来说是主观上合目的的；而且在这种情况下，我们就在任何时候都把一种敬重与这个表象结合起来，就像把一种轻视与我们直截了当地称之为小的东西结合起来一样。此外，事物或大或小的评判，关涉一切东西，甚至关涉事物的一切性状；因此，我们甚至把美也称为大的或者小的，对
5〔250〕此应当到这里来寻找根据，即但凡我们能够按照判断力的规定在直观中展示（因而在审美上表现）的东西，全都是显象，因而也是一种量。

但是，如果我们不仅仅把某种东西称为大的，而且完全地、绝对地、在一切意图中（超越一切比较）把它称为大的，亦即把它称为崇高的，那么人们马上就会看出，我们不允许在该事物之外，而只允许在该事物

之中去为它寻找与它相适合的尺度。这是一种仅仅与自身相等的大小。因此，说崇高者不应当到自然的事物中，而只应当到我们的理念中去寻找，就是由此得出的；但它存在于哪些理念中，这却必须留给演绎去谈。

上面的解说也可以这样来表达：**与之相比别的一切都是小的，这种东西就是崇高的。**这里很容易看出：在自然中不可能给出任何东西，即便被我们评判得如此之大，也不会在另一种关系中来看时被贬低到无限小的东西；而反过来，也没有任何东西如此之小，不会在与更小的尺度相比时对于我们的想象力来说被扩展到一个世界的大小。望远镜对前者的说明，显微镜对后者的说明，都给我们提供了丰富的材料。因此，没有任何能够是感官的对象的东西，立足于此来看可以被称为崇高的。但正因为在我们的想象力中有一种无限前进的努力，在我们的理性中却有一种对绝对的总体性亦即对一个真实的理念的要求；所以甚至我们对感官世界的事物作出大小估量的能力对于这个理念的不适应性，也在我们心中唤醒着一种超感性能力的情感；而且，是判断力为了后者（情感）起见自然而然地在某些对象上的应用，而非感官的对象是绝对地大的，但与这种应用相比任何别的应用都是小的。因此，是因某种使反思性的判断力活动起来的表象而来的精神情调，而非客体应当被称为崇高的。

因此，我们还可以给解说崇高者的上述语式再加上如下语式：**哪怕只是能够设想地表明心灵有一种超越感官尺度的能力的东西，就是崇高的。**

第 26 节　崇高者的理念所要求的对自然事物的大小估量 5〔251〕

通过数目概念（或者它们在代数中的符号）所作的大小估量是数学的，但在纯然直观中（根据目测）所作的大小估量则是审美的。如今，我们虽然只能通过尺度为其单位的数目（必要时通过由延伸至无限的数目系列而来的接近）来获得某种东西有**多大**的确定概念；就此而言一切逻辑的大小估量都是数学的。然而，既然尺度的大小毕竟必须被假定为已知的，所以，如果它现在又应当只是通过另一个尺度为其单位的数目来估量，因而在数学上来估量的话，我们就会永远也不能拥有一个第一的或者基本的尺度，因而也不能拥有关于一个被给予的大小的任何确定概念。因此，对基本尺度的大小的估量必定仅仅在于，人们能够在一个直观中直接把握它，并通过想象力把它用于展示数目概念，也就是说，对自然对象的一切大小估量最终都是审美的（亦即主观上确定的，而不是客观上确定的）。

如今，虽然对于数学的大小估量来说没有任何最大的东西（因为数目的权限延伸至无限）；但是，对于审美的大小估量来说，却当然有一个最大的东西；而关于这个东西我要说：如果它被评判为绝对的尺度，主观上（对于评判主体来说）不可能有更大的尺度超过它，那么，它就会带有崇高者的理念，并且产生出没有一种通过数目所作的数学的大小估量（除非那个审美的基本尺度此际被生动地保持在想象力之中）所能够造成的感动；因为数学的估量总是通过与其他同类大小的比较仅仅展示相对的大小，而前一种估量则展示绝对的大小，只要心灵能够在一个直观中把握它。

直观地把一个量接纳入想象力，以便能够把它用做尺度，或者作为单位用于通过数目所作的大小估量，这就需要这种能力的两个行动：**把握**（apprehensio［把捉］）和**总括**（comprehensio aethetica［审美的总
5〔252〕 揽］）。把握没有什么困难，因为它是能够无限进行的；但是，把握推进得越远，总括就越变得困难，并且很快就达到其最大值，亦即其大小估量在审美上最大的基本尺度。因为如果把握达到如此之远，以至于感性直观的那些最初把握到的局部表象在想象力中已经开始淡化，而想象力却继续推进去把握更多的东西，那么，想象力在一方面所丢失的就与它在另一方面所获得的一样多，而在总括中就有一个它不能超越的最大的东西。

由此就可以解释**萨瓦里**在他关于埃及的报道中所说明的东西了：为了对金字塔的伟大获得完全的感动，人们就必须不走得离它太近，同样也不离它太远。因为如果离它太远，那么，把握到的那些部分（它的那些层层叠叠的石块）就只是被模糊地表象出来，而它们的表象就对主体的审美判断造不成什么影响。但如果离得太近，那么，眼睛就需要一些时间来完成从底部直到尖顶的把握；但在想象力接受尖顶之前，底部就在把握中部分淡化，而总括就永远不是完备的。——正是这一点，也足以能够解释有人所讲述的参观者第一次进入罗马圣彼得大教堂时突然向

他袭来的震惊和某种困惑。因为这里有一种不适合的情感，即对于一个整体的理念来说他的想象力不适合于展示它，在这里想象力达到了它的最大值，而在努力扩展这最大值时就降回到自身，但却因此被置入一种动人的愉悦之中。

我现在还不想就这种愉悦的理由列举任何东西，这种愉悦是与一个人们最不应当有所指望的表象结合在一起的，因为这表象使我们察觉到表象对于判断力在大小估量方面的不适合性，因而也察觉其主观的不合目的性；相反，我仅仅说明，如果审美判断应当**纯粹地**（不与作为理性判断的**任何目的论判断相混淆地**）给出，而且就此应当给出一个完全适合**审美**判断力批判的实例，那么，人们就必须不是去指明艺术产品（例如建筑、柱子等）上的崇高者，那里有一个属人的目的既规定着形式也规定着大小，也不去指明自然事物上的崇高者，**它们的概念已经带有一个确定的目的**（例如具有已知的自然规定的动物），而是去指明未经加工 5〔253〕 的自然（而且只是就它不带有任何魅力，或者不带有出自现实危险的感动而言）上的崇高者，这是仅仅就它包含着大小而言的。因为在这种方式的表象中，自然不包含任何过大的东西（也不包含壮观的或者可怖的东西）；把握到的大小可以增长到任意的规模，只要它能够被想象力总括在一个整体中。如果一个对象消除了构成它的概念的那个目的，该对象就是**过大的**。但**庞大的**却只是指称某种概念的展示，该概念对于一切展示来说都几乎太大了（接近于相对过大的东西），因为展示一个概念的目的由于对象的直观对于我们的把握能力来说几乎太大而变得困难。——但是，一个关于崇高者的纯粹判断必须根本不以任何客体的目的为规定根据，如果它应当是审美的并且不与任何一种知性判断或者理性判断相混淆的话。

※　　　※　　　※

由于一切应当使纯然反思性的判断力不带兴趣地喜欢的东西，都必然在其表象中带有主观的，并且作为主观的而普遍有效的合目的性，但尽管如此这里却没有对象的形式的合目的性（就像在美者那里）作为评判的基础，所以问题是：这种主观的合目的性是什么东西呢？而且，它是通过什么被预先规定为基准，以便在纯然的大小估量中，确切地说在一直被推进到我们想象力的能力在展示一个大小的概念时的不适合性的那种大小估量中，充当普遍有效的愉悦的一个根据呢？

想象力在大小表象所需要的那种总括中自行无限前进，没有某种东西会阻碍它；但是，知性通过数目概念来引导它，那个大小表象则必须为它提供图型；而在这种属于逻辑的大小估量的行事方式中，虽然有某种按照关于一个目的的概念客观合目的的东西（每一次测量都是这类东西），但却没有任何对于审美判断力来说合目的的和让人喜欢的东西。即
5〔254〕便在这种有意的合目的性之中，也没有任何东西强迫尺度的大小；因而强迫把多纳入一个直观的那种**总括**的大小一直推进到想象力的能力的界限，推进到想象力在展示中哪怕能达到的地步。因为在对大小的知性估量（算术）中，人们所达到的正是这么远，无论是把单位的总括一直推进到10（在十进制中），还是仅仅推进到4（在四进制中）；但是，大小进一步的产生却是在复合中，或者当量在直观中被给予的时候在把握中，只是累进地（而非总揽地）按照一种假定的累进原则完成的。知性在这种数学的大小估量中都得到了同样好的服务和满足，无论想象力是选择一个人们一眼就能够把握的大小作单位，例如1英尺或者1竿，还是选择想象力虽然有可能去把握、但却不可能将之总括进一个直观中去（即不能通过 comprehensio aethetica［审美的总揽］总括进一个直观中去，尽管完全可以通过 comprehensio logica［逻辑的总揽］而总括进一个数目概念中去）的1德里或者干脆地球直径作单位。在这两个场合，逻辑的大小估量都毫无阻碍地无限前进。

但现在，心灵在自身中倾听着理性的声音，理性对所有被给予的大小，甚至对那些虽然永远也不能完全把握，尽管如此却（在感性表象中）被评判为完整地被给予的大小，都要求总体性，因而要求总括进**一个**直观中去，并为一个日益增长的数目序列的所有那些环节都要求**作出展示**，甚至也不把无限的东西（空间和流逝的时间）排除在这一要求之外，反倒是不可避免地导致把它设想为**完整地**（按照其总体性）**被给予的**。

但是，无限的东西是绝对地（而不是比较地）大的。与这种东西相比较，一切别的东西（具有同一种量度的东西）都是小的。但最重要的是，哪怕只是能够把它设想为**一个整体**，这也表明心灵有一种超越感官的一切尺度的能力。因为这就会要求一种总括，它提供一个作为单位的尺度，这尺度要与无限的东西有一种确定的、可以用数目来说明的比例

关系，这是不可能的。但是，**哪怕只是能够设想**被给予的无限者而不矛盾，这也就要求心灵中有一种能力，它本身是超感性的。因为惟有通过这种能力及其一个本身不允许有直观，但却给作为纯然显象的世界直观 5〔255〕
奠定基底的本体的理念，感官世界的无限者才在纯粹理智的大小估量中被**完整地**总括在一个概念**之下**，尽管它在数学的大小估量中**通过数目概念**永远也不能被完整地思考。甚至一种能够把超感性直观的无限者设想为（在其理知基底中）被给予的能力，本身就超越了感性的一切尺度，大得甚至超过与数学估量能力的一切比较；当然，这不是在理论的意图中为了认识能力，但毕竟是作为心灵的扩展，心灵感到自己有能力在别的（实践的）意图中超越感性的局限。

因此，自然在它的这样一些显象中是崇高的，这些显象的直观带有其无限性的理念。这后一种情况，只是由于我们的想象力在一个对象的大小估量中即使作出了最大努力也不适合，才会发生。但现在，对于数学的大小估量来说，想象力能对付任何对象，以便为这种大小估量提供充分的尺度，因为知性的数目概念能够通过累进而使任何尺度适合任何一种被给予的大小。因此，必定是**审美的**大小估量，在其中人们感觉到超越想象力的能力而将累进的把握包括到一个直观整体中去的这种总括努力，而与此同时也察觉到这种在进展中不受限制的能力不适合于领会以秩序的最小消耗适宜于大小估量的基本尺度，不适合于用于大小估量。现在，自然的真正不变的基本尺度就是它的绝对整体，它在自然那里就是被总括为显象的无限性。但是，既然这个基本尺度是一个自相矛盾的概念（因为一个无终点的累进的绝对总体性是不可能的）；所以，一个自然客体的这种大小，即想象力徒劳地把自己全部的总括能力运用于其上的大小，必然把自然的概念引导到一个超感性的基底（这基底既是自然的基础，同时也是我们的思维能力的基础），这基底大得超越感官的一切尺度，因而不是那么让人把对象，而反倒是让人把估量对象时的心灵情 5〔256〕
调评判为**崇高的**。

因此，就像审美的判断力在评判美者时把想象力在其自由游戏中与**知性**联系起来，以便与知性的一般**概念**（无须规定这些概念）协调一致那样，它也在把一个事物评判为崇高的时把同一种能力与**理性**联系起来，以便主观上与理性的**理念**（不确定是哪些理念）协调一致，也就是说，产生出一种心灵情调，这种情调是与确定的理念（实践的理念）对心灵的影响所会造成的那种心灵情调是相称的，也是能够与之共容的。

人们由此也看出，真正的崇高必须只在判断者的心灵中，而不是在对其评判引起判断者的这种情调的自然客体中去寻找。谁会愿意把不成形的、乱七八糟地堆积起来的山峦以及它们的那些冰峰，或者阴沉沉的汹涌大海等等称为崇高的呢？但是，心灵在它自己的评判中感到被提高了，如果它在观看它们的时候不考虑它们的形式而委身于想象力，并委身于一种尽管完全没有确定的目的而与之相结合、只是扩展着那个想象力的理性，却发现想象力的全部威力仍然不适合于理性的理念的话。

自然在纯然直观中的数学崇高者的例子，全都是这样一些场合提供给我们的，在这些场合里，被给予我们的与其说是一个更大的数目概念，倒不如说是作为想象力的尺度的大单位（为的是压缩数的序列）。我们按照人的身高来估量的一棵树，也许为一座山提供了尺度；而如果这座山例如有一英里高，它就可以用做表达地球直径的数目的单位，以便使地球的直径直观化，而地球的直径对于我们已知的行星系、行星系对于银河系来说亦复如是；这样一些银河系以星云为名的无法测量的集合，也许在它们中间又构成一个诸如此类的系统，使我们在这里就别预期任何界限了。现在，在对一个如此无法测量的整体的审美评判中，崇高者与其说在于数目的大，倒不如说在于我们在这一进展中总是达到越来越大的单位；〔257〕有助于此的是对宇宙大厦的系统划分，它把自然里面一切大的东西都一再对我们表现为小的，但真正说来是把我们完全无边无际的想象力，以及与它一起把自然表现为对于理性的理念来说微不足道的，如果想象力要作出一种与这些理念相适合的展示的话。

第 27 节　在对崇高者的评判中愉悦的质

感到我们的能力不适合于达到一个**对我们来说是法则**的理念，这种情感就是**敬重**。现在，把每一个可能被给予我们的显象都总括进一个整体的直观中去的理念，就是这样一个由理性法则托付给我们的理念，它除了绝对整体之外，不知道还有别的什么确定的、对于每个人来说都有效的和不变的尺度。但是，我们的想象力即使作出了最大的努力，就它所要求的把一个被给予的对象总括进一个直观整体中去（因而是为了展示理性的理念）而言，也表现出它的局限和不适合性，但毕竟同时表现出它的使命，即造就与这个作为法则的理念的适合性。因此，对自然中的崇高者的情感就是对我们自己的使命的敬重，我们通过某种偷换（用对于客体的敬重替换对于我们主体里面人性理念的敬重）对一个自然客体表现出这种敬重，这就仿佛把我们的认识能力的理性使命对感性的最大能力的优越性对我们直观化了。

因此，对崇高者的情感就是由于想象力在审美的大小估量中不适合于通过理性进行的估量而产生的不快情感，而且是一种与此同时被唤起的愉快，它是出自恰恰对最大的感性能力的不适合性的这个判断与理性理念的协调一致，如果对理性理念的追求毕竟对于我们来说是法则的话。因为对于我们来说是（理性的）法则并且属于我们的使命的是，把自然作为感官对象所包含的一切对我们来说大的东西，与理性的理念作比较都估量为小的；而在我们心中激起对这个超感性的使命的情感的东西，则与那个法则是协调一致的。现在，想象力在展示大小估量的单位时的 5〔258〕
最大努力，就是与某种**绝对大的东西**的关系，因而也是与只把这个绝对大的东西接受为大小的至上尺度的理性法则的关系。因此，对一切感性尺度不适合于理性的大小估量的内在知觉，就是与理性法则的协调一致，而且是一种不愉快，它在我们心中激起我们的超感性使命的情感，按照这种使命，发现任何感性尺度都与理性的理念不适合，这是合目的的，因而是愉快。

心灵在自然里面的崇高者的表象中感到**激动**，而它在对自然的美者的审美判断中则是处在平静的静观中。这种激动可以（尤其是在它开始的时候）比做一种震动，亦即对同一个客体的迅速变换的排斥和吸引。对于想象力来说越界的东西（想象力在直观的把握中一直被推进到这种东西）仿佛是一个深渊，它害怕自己会失足跌入这个深渊；但毕竟对关于超感性东西的理性理念来说，产生出想象力的这样一种努力，却不是越界的，而是合乎法则的；因而它对纯然的感性是排斥的，但在同等程度上又是吸引的。但是，判断本身在这里总还只是审美的，因为它并不把关于客体的一个确定概念作为基础，而只是把心灵力量（感性和理性）本身的主观游戏通过它们的对照表现为和谐的。因为就像想象力和**知性**

在对美者的评判中通过它们的一致性产生出心灵力量的主观合目的性那样，想象力和**理性**在这里则通过它们的冲突产生出这种主观合目的性，亦即对我们拥有纯粹的、独立的理性或者拥有一种大小估量能力的情感，这种能力的优越性只能通过那种在展示（感性对象的）大小时不受限制的能力的不足才能被直观化。

对一个空间的测量（作为把握）同时就是对它的描述，因而是想象中的一种客观运动和一种累进；与此相反，把多总括进一中去，不是思想的一，而是直观的一，因而是把相继把握到的东西总括进一个瞬间中去，
〔259〕这却是一种回归，它又取消掉想象力的累进中的时间条件，使**同时存在**直观化。因此，这种总括（由于时间序列是内部感官的一个条件，而且是一个直观）就是想象力的一个主观运动，通过这个运动，想象力对内部感官施加强制力，想象力总括进直观中去的量越大，这种强制力就越是显著。因此，把一个大小尺度纳入个别的直观，把握这一点需要可察觉到的时间，而这种努力则是一种主观上看与目的相悖、客观上却是大小估量所需要的、因而是合目的的表象方式；但在这里却正是通过想象力而使主体遭受到的这种强制力，**对于**心灵的**整个规定来说**被评判为合目的的。

崇高者的情感的**质**就是：它是在一个对象上关于审美评判能力的一种不快的情感，这种不快在其中毕竟同时被表现为合目的的；这之所以可能，乃是由于这种特有的无能揭示出同一个主体的不受限制的能力的意识，而心灵惟有通过前者才能对后者作出审美的评判。

在逻辑的大小估量中，通过在时间和空间中测量感官世界的事物的累进在某个时候达到绝对的总体性的不可能性，被认做是客观的，也就是说，是不可能把无限者**设想**为被给予的，而不是认做纯然主观的，亦即没有能力**把握**无限者；因为这里所留意的，根本不是把总括进一个直观的程度当做尺度，而是一切都取决于一个数目概念。然而在一个审美的大小估量中，数目概念必须去除或者被改变，而惟有把想象力总揽到尺度的单位上（因而避开大小概念相继产生的某种法则的概念），才对它来说是合目的的。——现在，当一个大小几乎达到了我们总括进一个直观中的能力的极致，而想象力却由于数目大小（对于这种大小，我们意识到我们的能力是不受限制的）而被要求在审美上总括进一个更大的单

位中去的时候，我们在心灵中就感到审美上被封锁在界限之中了；但是，就想象力必然扩展到与我们的理性能力中不受限制的东西，亦即绝对整体的理念的适合性而言，这种不快，因而想象力的能力的不合目的性， 5〔260〕
对于理性理念及其唤醒来说就被表现为合目的的。但正是由于这一点，审美判断本身对于作为理念源泉的理性，作为这样一种理智总括的源泉的理性来说，就成为主观合目的的，对于这样一种理智总括来说，一切审美的总括都是小的；而对象也就作为崇高的，被以一种愉快接受，这种愉快惟有凭借一种不快才是可能的。

二、自然的力学的崇高者

第28节　作为一种威力的自然

威力是一种胜过大的障碍的能力。正是这种威力，当它也胜过那本身就具有威力的东西的抵抗时，就叫做**强制力**。自然，在审美判断中作为对我们没有强制力的威力来看，就是**力学上崇高的**。

如果自然应当被我们在力学上评判为崇高的，那么，它就必须被表现为激起畏惧的（尽管并不反过来说，任何激起畏惧的对象在我们的审美判断中都被认为是崇高的）。因为在（无概念的）审美评判中，对障碍的优势只能按照阻抗的大小来评判。但现在，我们努力阻抗的东西就是一场灾祸，而且如果我们发现我们的能力不能对付这种东西，它就是一个畏惧的对象。因此，对于审美的判断力来说，自然惟有就它被视为畏惧的对象而言，才能被认为是威力，因而是力学上崇高的。

但是，人们可以把一个对象视为**可畏惧的**，并不是**面对**它感到畏惧，也就是说，如果我们这样来评判它，即我们仅仅**设想**这种情况，我们也许要阻抗它，而且此时一切阻抗都会是绝对徒劳的。于是，有德之人畏惧上帝，并不是面对上帝感到畏惧，因为他把要阻抗上帝及其命令设想为他并不担忧的情况。但是，根据任何这样一种他设想为就自身而言不 5〔261〕
可能的情况，他都把上帝认做可畏惧的。

谁感到畏惧，他就根本不能对自然的崇高者作出判断，就像被偏好和食欲所支配的人不能对美者作出判断一样。前者逃避去看一个引起他胆怯的对象；而在一种认真说的恐怖上找到愉悦，这是不可能的。因此，出自不再有重负的适意就是**快活**。但是，这种快活由于释去一种危险，而是一种带有永远不再遭受这种危险的打算的快活；甚至人们就连回想一下那种感觉也不乐意，要说他会自己去寻找这种机会，那就大错特错了。

险峻高耸的、仿佛威胁着人的山崖，天边堆叠如山的携带着雷鸣电闪的雷雨云，火山以其全部毁灭性的暴力，飓风连同它留下的破坏，无边无际的被激怒的海洋，一条巨大河流的高悬的瀑布，诸如此类的东西，都使我们与之阻抗的能力与它们的威力相比成为无足轻重的小事。但是，只要我们处身于安全之中，则它们的景象越是可畏惧，就将越是吸引人；而我们乐意把这些对象称为崇高的，乃是因为它们把灵魂的力量提高到其日常的中庸之上，并让我们心中的一种完全不同性质的阻抗能力显露出来，这种能力使我们鼓起勇气，能够与自然表面上的万能相较量。

因为就像我们虽然在自然的不可测度性上，以及在我们的能力不足以采用一个与对自然的**疆域**的审美大小估量相匹配的尺度这一点上，发现了我们自己的局限，但也毕竟仍然在我们的理性能力上同时发现了另一种非感性的尺度，这个尺度把那种无限性本身作为单位置于自己下面，自然中的一切相对于它都是小的，因而在我们的心灵中发现了对处于不可测度性之中的自然的一种优势一样：虽然就连自然的威力的不可阻抗性也使我们作为自然存在者来看认识到自己在物理上的软弱无力，但同时也揭示出一种能力，能把我们评判为不依赖于自然的，并揭示出对自然的一种优势，在此之上建立起一种性质完全不同的自我保存，不同于可能受外在于我们的自然攻击并被其置于危险之中的那种自我保存，此
5〔262〕时虽然人不得不屈服于那种强制力，但我们的人格里面的人性依然未被贬低。以这样的方式，自然在我们的审美判断中被评判为崇高的，并非就其是激起畏惧的而言的，而是因为它在我们心中唤起了我们的力量（这力量不是本性），为的是把我们所操心的东西（财产、健康和生命）看做是渺小的，因而把自然对于我们和我们的人格性的威力（我们就上述东西而言当然是屈服于这种威力的）尽管如此也不视为这样一种强制力，这种强制力，假如事情取决于我们的最高原理以及对它们的主张和放弃的话，我们本来是不得不屈从于它的。因此，自然在这里叫做崇高的，只是因为它把想象力提高到对如下场合的展示，在这样一些场合中，

心灵能够使它自己超越于自然之上的使命本身的特有崇高成为它自己可以感到的。

这种自我评价并不因为下面这种情况而失去任何东西，即我们为了感受这种令人鼓舞的愉悦，就必须看到自己是安全的；因而，由于危险不是认真的，我们的精神能力的这种崇高也（就像可能显得那样）同样可以不是认真的了。因为愉悦在这里仅仅涉及我们的能力在这样的场合里被揭示出来的**规定**，如同这种能力的禀赋就在我们的本性之中那样；然而，这种能力的发展和练习却依然被委托给我们，是我们的责任。而真理就在这里，哪怕人在把自己的反思一直延伸到这里时如此会意识到他当前现实的软弱无力。

这个原则虽然看起来太牵强附会和玄想了，因而对于一个审美判断来说是过分的；然而，对人的观察却证明了相反的东西，证明它可以是最普通的评判的基础，尽管人们并不总是意识到它。因为，什么东西即便对于野蛮人来说也是最大的惊赞的对象呢？是一个不惊慌、不畏惧、因而不逃避危险、但同时以充分的深思熟虑精力充沛地做事的人。即使在最文明的状态里，也依然有对战士的这种崇高的敬意；只是人们为此还要求他同时表现出一切和平的德性，温柔、同情，乃至对他自己的人格适当的谨慎，这正是因为在这上面认出了他的心灵不会被危险所征服。因此，人们尽可以在把政治家和统帅作比较时，对于谁比谁更值得崇高 5〔263〕
的敬重有如此之多的争执；审美判断裁定的是后者。甚至战争，如果它是以秩序和公民权利神圣不可侵犯而进行的，本身就具有某种崇高的东西，同时也使得以这种方式进行战争的人民遭受过的危险越多，并且在其中能够勇敢地坚持下来，其思维方式就越是崇高；与此相反，一种长期的和平通常使得纯然的商贸精神，但与它一起也使得卑劣的自私自利、怯懦和软弱流行，并降低人民的思维方式。

看来会有人反驳对被加在威力之上的崇高者的概念的这种解析：我们通常在暴雨中、在狂风中、在地震以及诸如此类的东西中，把上帝想象成在愤怒中，但同时也在他的崇高中展现出来，而这时却还去想象我们的心灵对这样一种威力的各种作用，乃至看起来还对它的各种意图有一种优势，那就会同时是愚蠢的和亵渎的了。在这里，心灵的情调看起来并不是我们自己的本性的崇高感，反倒是屈服、颓丧和完全的无力感，它是与这样一个对象的显现相适合的，而且通常也是合乎习惯地与这个对象的理念在这类自然事件中结合在一起的。在一般宗教中，跪倒、低头膜拜，带着悔恨的、惶恐的神态和声音，这似乎是面对神灵时的惟一合适的态度，因而绝大多数民族也都采取了并仍在遵守着这种态度。然而，这种心灵情调也远远不是就自身而言并且必然地与一种宗教及其对象的**崇高**理念结合在一起的。一个人在现实地畏惧着，因为当他意识到以自己卑下的意向违背了某种威力，而这种威力的意志是不可抗拒的，同时是正义的时，他在自身中发现了这畏惧的原因，这个人根本不处在心灵的镇定中，以便惊赞属神的伟大，这要求一种安详的静观的情调和完全自由的判断。只有在他意识到自己那真诚的、神所喜悦的意向的情况下，这种威力的那些作用才有助于在他心中唤起这个存在者的崇高的理念，只要他在自己身上认识到这意向的一种符合这个存在者的意志的崇高，并由此提高到对自然的这样一些作用的畏惧之上，不把这些作用
〔264〕视为这个存在者的愤怒的爆发。甚至谦恭，作为对自己通常在意识到善的意向时可以轻而易举地以人性的脆弱来加以掩盖的那些缺陷的严厉评判，也是一种崇高的心灵情调，即执意屈服于自责的痛苦，以便逐渐地根除那自责的原因。惟有以这样的方式，宗教才内在地与迷信区别开来，后者在心灵中建立的不是对崇高者的敬畏，而是在极强大的存在者面前的畏惧和害怕，受惊吓的人发现自己屈服于这存在者的意志，但却并不怎么尊重它，从这里面能够产生的，当然无非是邀宠和谄媚，而不是善的生活方式的宗教。

因此，崇高不是包含在任何自然事物中，而是包含在我们的心灵中，只要我们能够意识到对我们里面的自然，并由此对我们外面的自然（如果它影响到我们的话）有优势。在这种情况下，凡是在我们心中激起这种情感——为此就需要自然的**威力**，它激励着我们的种种力量——的东西，就都叫做（尽管是非本真地）崇高的；而惟有在我们心中的这个理念的前提条件下，并且与它相关，我们才能够达到这个存在者的崇高的理念，这个存在者不仅通过它那在自然中表现出来的威力，并且还更多地通过置入我们心中的、毫不畏惧地评判那种威力以及把我们的使命设想为被提高到那种威力之上的那种能力，而在我们心中造成内在的敬重。

第 29 节　关于自然的崇高者的判断的模态

美的自然有无数事物，关于它们我们可以径直要求每个人的判断都与我们一致，并且也能够指望这种一致而不致有特别的差错；但是，凭借我们关于自然中的崇高者的判断，我们却不能如此轻易地在别人那里指望接受。因为看起来，要能够对自然对象的这种优越性下个判断，不仅审美的判断力，而且作为其基础的认识能力，都需要一种大得多的培养。

心灵对于崇高者的情感的情调，要求心灵对于理念有一种感受性；〔265〕因为正是在自然对这些理念的不适合中，因而惟有在这些理念以及想象力把自然当做这些理念的一个图型来对待的这种努力的前提条件下，才有对于感性来说吓人的，但同时又吸引人的东西，因为这是理性施加于感性的一种威力，只是为了与理性自己的领域（实践的领域）相适合地扩展感性，并使感性眺望那对它来说是一个深渊的无限者。事实上，没有道德理念的发展，我们通过文化的准备而称之为崇高的那种东西，对于未开化的人来说就将显得是吓人的。他将从自然在毁灭中的暴力的证据，以及其威力使他自己的力量在其面前消失得无影无踪的尺度上面，所看到的全然是艰辛、危险和窘困，它们会包围着被驱赶到这里的人。于是，善良的，此外也是明智的萨伏依农夫（如索绪尔先生所讲述）就毫不犹豫地把一切冰山爱好者都称为傻瓜。如果那位观赏者纯然像大多数游客习惯做的那样乃是出自爱好，或者为了以后对此能够作出充满激情的描述而承受了他在这里所遭到的种种危险，那么谁又知道，这位农夫就如此完全没有道理呢？但是，索绪尔先生的意图是教导人；这位杰出的人拥有使心灵崇高的感觉，并把这种感觉呈送给购买他的游记的读者。

但是，即使对自然的崇高者的判断需要教养（比对美者的判断更需要），它却并不由此就正是首先从教养中产生出来的，并不是仅仅符合习俗地在社会中被采用的；相反，它的基础在于人的本性，确切地说在于人们以健康的知性能够同时向每个人建议和向每个人要求的东西，也就是在于对（实践的）理念的情感亦即道德情感的禀赋。

于是，在这上面就建立起别人对崇高者的判断赞同我们的判断的必然性，这种必然性是我们同时一起包括在我们的判断之中的。因为就像我们责备在对我们认为美的自然对象的评判中无动于衷的人缺乏**鉴赏**一样，对于在我们判断为崇高的对象上不为所动的人来说，我们就说他没有**情感**。但是，这两者都是我们要求于每个人的，并预设每个人只要具〔266〕有一些教养就都有的：只不过区别在于，由于在前者中判断力把想象仅仅与作为概念能力的知性联系起来，所以我们直截了当地要求每个人具有前者，而由于在后者中判断力把想象力与作为理念能力的理性联系起来，所以我们只是在一种主观的前提条件（但我们相信自己有权可以向每个人建议这种前提条件），亦即人心中的道德情感的前提条件下才要求后者，因而就也把必然性赋予这种审美判断。

在审美判断的这个模态中，亦即在审美判断的这种自以为有的必然性中，有一个对于判断力批判来说的主要契机。因为这种必然性恰恰在这些审美判断上标明了一个先天原则，并把它们从经验性的心理学中提升出来——否则它们就会依然被埋没在欢乐和痛苦的情感之下（只不过附带有**精致的**情感这个什么也没说的修饰词）——以便把它们并凭借它们把判断力归入以先天原则为基础的判断一类，但又将它们作为这样的先天原则纳入先验哲学。

反思性的审美判断力之说明的总附释

在与愉快情感的关系中，一个对象可以要么被视为**适意者**，要么被视为**美者**，要么被视为**崇高者**，要么被视为（绝对的）**善者**（iucundum，pulchrum，sublime，honestum [适意者、美者、崇高者、可敬者]）。

适意者作为欲望的动机，完全具有同样的性质，不论它来自何处，不论其表象（客观地来看就是感官和感觉的表象）是如何在类上不同。因此，在评判其对心灵的影响时，事情仅仅取决于魅力的集合（同时的和相继的），而且仿佛是仅仅取决于适意的感觉的总量；因此，这种适意的感觉就只能通过量来使人理解。它也不使人有教养，而是属于纯然的享受。——与此相反，**美者**要求客体的某种质的表象，这质也可以使人理解，并且付诸概念（尽管美者在审美判断中并不付诸概念）；而且使人有教养，因为它同时也教人注意在愉快情感中的合目的性。——**崇高者**仅仅在于**关系**，自然表象中的感性东西被评判为对于其一种可能的超感性应用来说适宜的。——**绝对的善**，主观上按照它所引起的情感来评判，即（道德情感的客体）作为主体的各种力量通过一个**绝对强制性的**法则的表象的可规定性，首先是通过一种基于先天概念的、不仅本身包含每个人都赞同的**要求**、而且也包含其**命令**的必然性的**模态**来区分的，而且就自身而言虽然不属于审美的判断力，而是属于纯粹的理智判断力；它也不是在一个纯然反思性的判断中，而是在一个规定性的判断中，不是被赋予自然，而是被赋予自由。但是，**主体**通过这个理念的**可规定性**，确切地说一个能够于自身中在感性上感觉到**障碍**，但同时把通过克服这种障碍而对这种障碍的优越性感觉为**它的状态之变相**的主体的可规定性，亦即道德情感，却与审美判断力及其**形式条件**有亲缘关系，也就是说，这情感可以用来把出自义务的行动的合法则性同时表现为审美的，也就是表现为崇高的，或者也表现为美的，而不损害它的纯粹性；如果人们要把它与适意者的情感置于自然的联系中，上述情况就不会发生。 5〔267〕

如果人们从对两种审美判断迄今的说明中引出结论，那么，由此就会得出如下的简要解释：

美的就是在纯然的评判中（因而不是凭借感官的感觉按照知性的一个概念）令人喜欢的东西。由此自行得出，它必须是令人不带任何兴趣而喜欢的。

崇高的就是通过其对感官兴趣的阻抗而直接令人喜欢的东西。

二者作为对审美的普遍有效的评判的解释，都关系到一些主观的根据，亦即一方面是感性的根据，只要这些根据有利于静观的知性，另一方面是当它们违背感性，相反却对实践理性的目的以及在同一个主体中结合起来的二者来说在与道德情感的关系中是合目的的时候是根据。美者使我们做好准备无兴趣地喜爱某种东西，甚至无兴趣地喜爱自然；崇高者则使我们做好准备，甚至违背我们的（感性的）兴趣而高度尊重这些东西。

人们可以这样来描述崇高者：它是一个（自然的）对象，**其表象规定着心灵去设想作为理念之展示的自然的不可及。** 5〔268〕

字面上来说，而且在逻辑上来看，理念是不能被展示的。但是，如果我们为了直观自然而（以数学或者力学的方式）扩展我们的经验性的表象能力，那么，就不可避免地有理性作为绝对总体的独立性的能力加入进来，并引起心灵的虽然徒劳无功的努力，要使感官的表象去适合这个绝对整体。这种努力和理念凭借想象力不可及的情感，本身就是我们的心灵在为了它的超感性使命而利用想象力的时候的主观合目的性的一种展示，并且迫使我们主观上把自然本身就其总体性而言**设想**为某种超感性的东西的展示，而不能**客观上**实现这种展示。

因为我们马上就察觉，无条件者，因而还有绝对的大，都是完全脱离空间和时间中的自然的，但却是为最平常的理性所要求的。正是因此我们也被提醒，我们只是在与作为显象的自然打交道，而这个自然还必须被视为仅仅是一个自然自身（它是理性在理念中拥有的）的展示。但是，这个超感性者的理念我们虽然不能进一步去规定，因而也不能**认识**作为它的展示的自然，而是只能去**设想**，它却在我们心中通过一个对象被唤起，这个对象的审美评判使想象力竭尽全力一直到它的极限，或者是扩展的极限（在数学上），或者是它对于心灵的威力的极限（在力学上），因为这评判是基于心灵的一种使命的情感（道德情感），这使命完全超越了自然的领域，鉴于这种情感，对象的表象被评判为主观合目的的。

事实上，对自然的崇高者的情感，没有心灵的一种类似于道德情感的情调与之相结合，是无法设想的；而尽管对自然的美者的直接愉快同样以思维方式的某种**自由性**，亦即愉悦对纯然感官享受的独立性为前提条件，并对它加以培养，但由此得到表现的却更多的是**游戏**中的自由，
5〔269〕而不是在一种合法的**事务**之下的自由；后者是人的道德的真正性状，在这里理性必须对感性施加强制力，只是在关于崇高者的审美判断中，这种强制力被表现为由想象力本身作为理性的一个工具来实施的。

因此，对自然的崇高者的愉悦也只是**消极的**（与此不同，对美者的愉悦是**积极的**），也就是说，是想象力的自由被它自己剥夺的情感，因为想象力是按照另外的法则，而不是按照经验性应用的法则被合目的地规定的。由此，它获得了一种扩展和威力，这威力比它牺牲掉的威力更大，但这威力的根据对它自己来说却是隐藏的，它所**感到**的不是这根据，而是牺牲和剥夺，同时还有它所服从的原因。在观看高耸入云的山脉、深

深的洞穴和里面汹涌着的激流、阴云密布而勾起人忧郁沉思的荒野等的时候，近乎于惊恐的惊赞、恐惧和神圣的敬畏就会攫住观看者，而在观看者知道自己处于安全之中时，这都不是真正的畏惧，而只是试图凭借想象力使我们参与其中，以便感到这同一种能力的威力，并把由此激起的心灵活动与心灵的宁静结合起来，这样来胜过我们自己心中的自然，因而也胜过我们之外的自然，如果这自然能够对我们的惬意情感有影响的话。因为依据联想律的想象力使我们的满意状态在物理上有所依赖；但恰恰这想象力按照判断力的图型法的原则（因而就它从属于自由而言）却是理性及其理念的工具，但作为这种工具却是坚持我们对自然影响的独立性的一种威力，即把在自然影响上大的东西蔑视为小的，这样把绝对大的东西仅仅设定在他（主体）自己的使命之中。审美判断力把自己提升到与理性相适合（但无须一个确定的理念概念）的这种反思，甚至通过想象力即便有最大的扩展也对理性（作为理念的能力）在客观上的不适合，仍然把对象表现为主观上合目的的。

人们在这里一般而言必须注意上面已经提醒过的东西，即在判断力的先验美学中必须只谈论纯粹的审美判断，因而不可以从这样一些以关 5〔270〕
于一个目的的概念为前提条件的美的或者崇高的自然对象中提取例子；因为那样的话，它就会要么是目的论的合目的性，要么是基于对一个对象的纯然感觉（快乐或者痛苦）的合目的性，因而在前一种场合不是审美的合目的性，在后一种场合不是纯然形式的合目的性。因此，人们如果把繁星密布的天空称为**崇高的**，那么，就不得把这样一些世界的概念作为对它的评判的基础，这些世界被有理性的存在者居住着，而现在我们看到布满我们头上的空间的那些亮点，作为它们的太阳在对它们来说安排得很合目的的圆周上运动着；而是仅仅像人们看到它的那样，把它视为一个包容一切的穹窿；我们必须仅仅在这个表象下来设定一个纯粹的审美判断赋予这个对象的那种崇高。同样，海洋的景象也不像我们在充实了各种各样的知识（但这些知识并不包含在直接的直观中）的时候所**设想**的那样；例如把它设想成一个辽阔的水生物王国，或者是一个巨大的水库，为的是蒸发水分，让空中充满云雾以利于田地，或者也是一种契机，它虽然把各大陆相互隔离开来，但仍使它们之间的最大的共联性成为可能，因为这所提供的全然是目的论的判断；相反，人们必须仅仅像诗人们所做的那样，按照亲眼目睹所显示的，在海洋平静地被观赏时把它视为一面仅仅与天际相连的清澈水镜，但在它不平静时则把它视为一个威胁着要吞噬一切的深渊，但却仍然是崇高的。关于人的形象中的崇高者和美者，可以说同样的话，在这里，我们并不回顾他的所有肢体**为之**存在的那些目的的概念，把它们当做判断的规定根据，而且必须不让与那些目的的一致**影响**我们的审美判断（那样的话就不再是纯粹的审美判断了），尽管它们不与那些目的相抵触，这当然也是审美愉悦的一个必要条件。审美的合目的性就是判断力在其**自由**中的合法则性。对于对象的愉悦取决于我们要在其中设定想象力的那个关系：只是想象力是独自把心灵维持在自由的活动之中的。与此相反，如果某种别的东西，〔271〕或者是感官感觉，或者是知性概念，规定着判断，那么，这判断虽然是合法则的，但却不是一个**自由的**判断力的判断了。

因此，如果人们谈到理智的美或者崇高，那么**首先**，这些表述并不完全正确，因为这是一些审美的表象方式，如果我们是纯然的理智（或者只是在思想上把我们置入这种性质之中）的话，在我们里面就会根本找不到这些表象方式；**其次**，尽管二者作为一种理智的（道德的）愉悦的对象，虽然就它们不**基于**任何兴趣而言是可以与审美的愉悦一致的，但它们毕竟在其中又难以与审美的愉悦结合起来，因为它们应当**造就**一种兴趣，当那种展示应当与审美评判中的愉悦相一致的时候，这种兴趣在审美评判中就会永远仅仅通过感官兴趣而发生，人们在展示中把感官兴趣与它结合起来，但这样一来，理智的合目的性就受到损害，它变得不纯粹了。

一种纯粹的和无条件的理智愉悦的对象，就是在其威力之中的道德法则，它把这威力在我们心中施加于心灵的一切和每一个**先行于它的**动机；而且既然这种威力真正说来只是通过牺牲才使自己在审美上可以认识的（这是一种剥夺，尽管是为了内在的自由，与此相反，它揭示出我们心中这种超感性能力的一种不可探究的深度，连同它那些延伸到无限的后果），所以，这种愉悦从审美方面来看（与感性相关）就是消极的，亦即违背这种兴趣的，但从理智方面来看则是积极的和与一种兴趣结合在一起的。由此得出：理智的、就自身而言合目的的（道德上的）善者，在审美上来评判，就必须不是被表现为美的，而毋宁是被表现为崇高的，以至于它所唤起的更多的是敬重的情感（这种情感鄙视魅力），而不是爱和亲密的爱慕的情感；因为人的本性不是那么自行地，而是惟有通过理性施加于感性的强制力，才与那个善者协调一致。反过来，即便是我们在我们之外的自然中，甚至在我们里面的自然中称为崇高的那种东西（例如某些激情），也只是被表现为心灵的一种凭借道德原理跃升到**某些**感性障碍之上的威力，并由此而使人感兴趣的。

我要在后者稍作逗留。带有激情的善者的理念叫做**热忱**。这种心灵状态看起来是崇高的，以至于人们通常都预先规定：没有它任何伟大的 5〔272〕
事情都不可能完成。但现在，任何激情[①]都是盲目的，要么是在其目的的选择上，要么是在目的的实施上，哪怕这目的是由理性提出的；因为激情是心灵的这样一种运动，它使得心灵没有能力对原理进行自由的思考，以便据以规定自己。因此，它不能以任何方式配得上理性的愉悦。尽管如此，热忱在审美上还是崇高的，因为它是各种力量由于理念而来的一种紧张，这些理念给予心灵一种比由于感官表象而来的推动更为有力、更为持久得多地起作用的激奋。但是（这看起来令人奇怪），就连一个顽强地执著于自己那些不变原理的心灵的**无激情**（Apatheia，Phlegma in significatu bono [冷漠、褒义的迟钝]），也是崇高的，确切地说以高级得多的方式是崇高的，因为它同时在自己那方面拥有纯粹理性的愉悦。惟有这样一类的心灵性质才叫做高贵的：这一表述后来也被用在这样的事物上，例如建筑、一件衣服、行文风格、仪表等，如果这些事物所激起的不仅是**惊奇**（超出期待的新颖性的表象中的激情），而且是**惊赞**（一种即使失去新颖性也不停止的惊奇）的话，当理念在其展示中无意地、没有做作地与审美愉悦协调一致的时候，上述情况就会发生。

每一种具有**英勇性质**的激情〔因为这种激情激发起对我们克服任何阻抗的力量（animi strenui [顽强的精神]）的意识〕，都是**在审美上崇高的**，例如愤怒，甚至绝望（亦即**愤然的**绝望，但不是**沮丧的**绝望）。而具有**软化**性质的激情〔它使阻抗的努力甚至成为不快的对象（animum lan-

---

① **激情**与**热情**在类上不同。前者仅仅关系到情感；后者则属于欲求能力，并且是使任性凭借原理的一切可规定性变得困难或者不可能的偏好。前者是猛烈的和非蓄意的，后者是持久的和深思熟虑的，这样，不满作为愤怒就是一种激情；但作为仇恨（复仇欲）就是一种热情。后者永远并且在任何一种关系中都不能被称为崇高的，因为在激情中心灵的自由虽然受到**阻碍**，但在热情中却被取消了。

5〔273〕 guidum［孱弱的精神］)〕自身并不具有任何**高贵的东西**，但却可以被列为性情的美的东西。因此，能够一直强化到成为激情的那些**感动**也是很不同的。有**勇敢的**感动，有**柔情的**感动。后者在一直上升到成为激情的时候根本没有任何用处；这样一种癖好就叫做**多愁善感**。一种同情的痛苦，它不愿让自己得到安慰，或者我们在它涉及一些虚构的祸害时蓄意参与其中，直到通过幻想而误以为它们是现实的祸害，它证明着和造就着一个温柔的、但同时是孱弱的灵魂，这灵魂表明了美的一面，而且虽然可以被称为幻想性的，但却根本不能被称为热忱的。小说、哭哭啼啼的戏剧、乏味的道德规范，都在卖弄着（尽管是虚假地）所谓的高贵意向，但事实上却使心灵变得干枯，对于严格的义务规范没有感觉，使它不能对我们人格中的人性尊严和人们的权利（它是完全不同于人们的幸福的某种东西）有任何敬重，使它一般而言不能有任何坚定的原理；甚至一篇宗教演说亦是如此，它兜售的是放弃对我们心中自己阻抗恶的能力的一切信任的卑躬屈膝的、低三下四的邀宠谄媚，而不是尝试用我们那些无论怎样脆弱却依然存留下来的力量以克服种种偏好的毅然决心；还有虚假的谦恭，它把人们惟一可能使最高存在者喜欢的方式设定在自我蔑视中，设定在摇尾乞怜的伪装忏悔和一种纯然是逆来顺受的心灵自制之中；这些就连与那能够被视为美的东西都不相容，更不用说与能够被视为性情的崇高的东西相容了。

但是，即便是猛烈的心灵运动，不论它们是以振奋的名义与宗教的理念相结合，还是纯然作为属于文化的而与包含着一种社会利益的理念相结合，即使它们如此使想象力紧张起来，也绝不能要求有一种**崇高的**展示的荣誉，如果它们不留下一种心灵情调，这情调哪怕只是间接地影响到对它的力量和追求纯粹的理智合目的性带有的东西（超感性的东西）的决心的意识的话。因为若不然，所有这些感动就都只属于人们为了健康而乐意有的变动。紧随在由于激情的游戏而来的这样一种震撼之后的
5〔274〕 适意的疲倦，就是从我们里面的种种生命力重建平衡而来的对舒适的一种享受；这种享受最终所导致的，与东方的纵欲者们在仿佛让人按摩自己的身体、轻柔地挤压和屈伸自己的所有肌肉和关节时认为如此惬意的享受所导致的，是同样的结果；只不过对于前者来说运动的原则绝大多数在我们里面，而相反，对于后者来说运动的原则完全在我们外面罢了。

于是，有人相信听一次布道就振奋了自己，其实在他心中却没有建立起任何东西（没有建立起任何善的准则的体系）；或者相信看一次悲剧就变好了，其实他只不过是为成功地排遣了无聊而感到高兴罢了。因此，崇高者在任何时候都必须与**思维方式**相关，也就是说，与赋予理智的东西和理性理念以对感性的支配威力的准则相关。

人们不必担忧崇高者的情感会由于这样一类在感性东西上完全否定性的抽象展示方式而丧失掉；因为想象力虽然超出感性东西之外找不到任何它可以求助的东西，它却毕竟也正是通过对它的限制的这种取消而感到自己是无界限的；因此，那种抽象就是无限者的一种展示，这种展示虽然正因为此而永远只能是一种否定的展示，但却毕竟扩展了心灵。也许，在犹太人的法典中没有哪段话比这条**诫命**更崇高了：你不可为自己雕刻偶像，也不可做什么形象，无论是天上的，还是地上的，还是地下的东西，等等。惟有这条诫命才能解释犹太民族在其教化时期与其他民族相比较对自己的宗教所感到的那种热忱，或者解释穆罕默德教所引起的那种骄傲。同样这一点，也适用于我们心中的道德法则和道德性禀赋的表象。担心如果道德性被剥夺它能够推荐给感官的一切，它在这种情况下就会只带有冷冰冰的没有生气的同意，而不带有任何激动人心的力量或者感动了，这是完全错误的。事情恰恰相反；因为在感官再也看不到任何东西，而不会出错也不可磨灭的道德理念仍然留存下来的时候，就会有必要宁可减弱一种无界限的想象力的激奋，不让它一直上升到热忱，也不出自对这些理念没有力量的畏惧而到偶像和童稚的器械中为它们寻求援助。因此，就连政府也乐意允许让宗教去大量供应后一种附属品，并力图这样来解除他的臣民把自己的心灵力量扩张到人们为他专断 5〔275〕 地设定的限制之外的辛劳，但同时也解除他这样做的能力，这样一来，人们就能够更容易地把他当做纯然被动的来处置了。

与此相反，道德的这种纯粹的、提升灵魂的、纯然否定的展示并不带来任何**狂热**的危险，狂热是一种**想要超出感性的一切界限看到某种东西**，亦即按照原理去梦想（凭理性飞驰）的妄念；这正是因为，展示在感性那里纯然是否定的。因为**自由理念的不可探究性**完全切断了一切积极展示的道路，但道德法则就自身而言在我们里面是充分地并且原初地进行规定的，以至于它根本不允许我们在它之外去寻求一种规定根据。

如果热忱可以和**狂想**相比的话，那么，狂热就可以与**荒唐**相比，其中后者是一切事物中最不能与崇高者相容的，因为它是想入非非的和可笑的。在作为激情的热忱里面，想象力是无拘无束的；在作为根深蒂固的、冥想的热情的狂热里面，它是没有规则的。前者是暂时的偶然，最健全的知性有时也会遇到；后者则是一种病症，它会破坏最健全的知性。

纯朴（没有做作的合目的性）仿佛就是自然在崇高者里面，甚至也在道德里面的风格，道德是一个（超感性的）第二自然，我们只知道它的法则，但却不能通过直观达到我们自己心中包含着这种立法的根据的那种超感性的能力。

还要说明的是：尽管对美者的愉悦和对崇高者的愉悦一样，都不仅仅是通过普遍的**可传达性**而在其他审美评判中判然有别，而且还通过这种属性而与社会（愉悦在其中得以传达）相关获得一种兴趣，尽管如此，毕竟就连**与一切社会的脱离**也被视为某种崇高的东西，如果这种脱离是基于不顾一切感性兴趣的理念的话。自给自足，因而不需要社会，但却不是不合群，亦即不是逃避社会，这就是某种近乎崇高的东西了，对需求的任何超脱亦是如此。与此相反，由于敌视人们就出自**厌世**而逃避人
〔276〕们，或者由于把人们当做自己的敌人来畏惧就出自**恐人症**（怕见人）而逃避人们，这一方面是丑陋的，另一方面也是可鄙的。尽管如此，有一种（十分非本真地说的）厌世，这种气质往往随着年龄的增长而出现在许多思想正派的人的心灵里，这些人虽然就**好意**来说是足够博爱的，但却由于一种长期的悲伤经验而远离了对人的**愉悦**：离群索居的癖好、在一个偏远的庄园里度其一生的幻想愿望、甚或（在年轻人士那里）在一个不为其余世界所知的岛屿上与小家庭度其一生的梦幻幸福，《鲁滨孙漂流记》式作品的小说家和诗人们很懂得利用的这些，都为此提供了见证。虚伪、忘恩负义、不公正，以及在我们自己认为重要和伟大的目的中的那种幼稚可笑，在追求这些目的时人们甚至相互带来一切想象得出的灾祸：这些都是与人们只要愿意就能够成为的样子的理念如此矛盾，并且与人们要看到自己改善的强烈愿望如此对立，以至于当有人不能爱人们时，为了不恨人们，放弃一切社交的乐趣看起来只是一个小小的牺牲而已。这种悲哀并不是针对命运加在其他人头上的灾祸的（这样的悲哀的原因是同情），而是针对人们自己给自己带来的灾祸的（这种悲哀在原理

上是基于反感），这种悲哀由于是基于理念的，所以是崇高的，而前一种则充其量只能被视为美的。——既风趣又缜密的**索绪尔**在对他的阿尔卑斯山之游的描述中关于萨伏依诸山脉之一的**好人山**说道："那里弥漫着某种**乏味的**悲哀"。因此，他毕竟也知道一种**有趣的**悲哀，它是一片荒野的景象引起的，人们也许很愿意置身于其中，以便不再从世界听到任何东西，也不再从世界得知任何东西，但这荒野毕竟必须不是那么完全不令人流连的，以至于它只是给人们提供一段极其艰苦的逗留时光。——我作出这一说明，意图仅仅在于提醒，即便是忧郁（不是意志消沉的悲哀）也可以被列为**强有力的**激情，如果它在道德理念中有自己的根据的话；但是，如果它是基于同情的，并且作为这样的忧郁也是可爱的，那么，它就仅仅属于**软化的**激情，为的是由此让人注意到这样一种心灵情调，它惟有在前一种情况下才是**崇高的**。

※　　　　※　　　　※ 5〔277〕

人们也可以把对审美判断现在详细阐述过的先验说明与诸如**博克**和我们中间许多思想敏锐之士曾探讨过的生理学说明比较一番，以便看出一种纯然经验性的说明会导向何处。**博克**[①]在这种探讨方式中堪称最优秀的作者，他沿着这一途径（该书223页）得出："崇高者的情感基于自保的冲动，基于**畏惧**，亦即一种痛苦，这种痛苦由于并不一直达到对肉体各部分的现实伤害，所以就引起一些激动，当这些激动使更细的或者更粗的血管清除了危险的和麻烦的堵塞时，就能够激起适意的感觉，尽管不是愉快，而是一种惬意的颤栗，是某种掺有惊恐的平静"。他把美者建立在爱上面（他毕竟自称懂得把欲望与爱分离开来），把它引导到（251～252页）"肉体纤维的懈弛、放松和疲软，因而是由于快乐而软化、而松弛、而疲惫，是由于快乐而倾倒、而舍命、而销魂"。于是，他通过想象力不仅与知性相结合，而且甚至与感官感觉相结合而能够在我们心中激起美者以及崇高者的情感的那些场合，来证实这种解释方式。——作为心理学的说明，对我们的心灵现象的这些分析是绝对出色的，并且给最受欢迎的经验性人类学研究提供了丰富的素材。也不能否认，我们心中的一切表象，不论它们客观上是纯然感性的，还是完全理智的，都

① 据他的著作的德文译本：《对我们关于美者和崇高者的概念之起源的哲学考察》，里加，哈特诺赫出版社，1773。

毕竟在主观上可能与快乐或者痛苦结合在一起，哪怕二者是不可觉察的（因为它们全都刺激生命的情感，而且它们中没有一个作为主体的变相而可能是无动于衷的）；甚至，就像伊壁鸠鲁所声称的，**快乐**和**痛苦**最终毕〔278〕竟总是肉体的，无论它是从想象开始还是干脆从知性表象开始；因为生命若没有肉体感官的情感，就会纯然是它的实存的意识，但却不是舒适或者不适亦即促进或者阻碍生命力的情感；因为心灵独自就完全是生命（生命原则本身），而且障碍或者促进必须到它之外，但毕竟是在人里面，因而是在与他的身体的结合中去寻找。

但是，如果把对于对象的愉悦完全设定在对象通过魅力或者通过感动使人快乐这一点上，那么，人们就也必须不苛求任何**别人**来赞同**我们**所作出的审美判断；因为对此每个人都有权仅仅征询他的私人感官。但在这种情况下，对鉴赏的一切审查就都中止了；人们就不得不使别人通过其判断的偶然一致所提供的例子对于我们来说成为赞同的**命令**，而我们毕竟也许会抗拒这一原则，而诉诸自然权利，使基于自己舒适的直接情感的判断服从自己的感官而不是别人的感官。

因此，如果鉴赏判断必须不被视为**唯我主义的**，而是根据其内在本性，亦即由于它自己，而不是由于别人从自己的鉴赏中提供的例子，必然地被看做**多元主义的**，如果人们把它评价成一个可以同时要求每个人都应当赞同的判断，那么，它就必须以某个（不论是客观的还是主观的）先天原则作为基础，这个先天原则是人们通过探查心灵变化的经验性法则所永远也达不到的；因为这些经验性的法则只是让人认识判断是如何作出的，而不是要求判断应当如何作出，确切地说，这要求根本就是**无条件的**；这类要求是鉴赏判断以之为前提条件的，因为鉴赏判断要懂得把愉悦与一个表象**直接地**联结起来。因此，尽管对审美判断的经验性说明总是作为开端，以便为一种更高的研究提供素材；但对这种能力的一种先验的讨论却毕竟是可能的，并且在本质上属于鉴赏的批判。因为若不是鉴赏拥有这些先天原则，它就不可能能够裁定别人的判断，并对别人的判断哪怕只是以某些权利的外表来作出赞同或者拒斥的表示。

属于审美判断的分析论的其余部分首先包括：

纯粹审美判断的演绎 5〔279〕

第30节 关于自然对象的审美判断的演绎不可以针对我们在自然中称为崇高的东西，而只能针对美者

一个审美判断对于对每个主体都普遍有效的要求，作为一个必须立足于某个先天原则的判断，需要一个演绎（亦即它的要求的一种合法性证明），这个演绎还必须附加在对这判断的说明之上，也就是说，如果涉及对**客体的形式**的一种愉悦或者反感的话。这类判断就是关于自然的美者的鉴赏判断。因为在这种情况下，合目的性毕竟在客体及其形象中有它的根据，尽管它并不把这根据与其他对象的关系按照概念指示出来（成为知识判断）；而只是一般地涉及对这个形式的把握，这是就该形式在心灵中既与概念的能力也与展示概念的能力（它与把握能力是同一个东西）相符合地显示出来而言的。因此，人们也可以就自然的美者而言提出各种各样的问题，这些问题涉及自然形式的这种合目的性的原因；例如，人们想如何解释，自然为什么如此挥霍地到处散布了美，甚至在人类的眼睛（美却惟有对于人类的眼睛来说才是合目的的）很少达到的海底，如此等等。

惟有自然的崇高者——如果我们对此作一个纯粹的审美判断，它不掺有作为客观合目的性的完善性的概念；在后一种场合，它就会是一个目的论的判断——才可以完全被看做无形式的或者无形象的，但仍被看做一种纯粹的愉悦的对象，并且表明被给予的表象的主观合目的性；于是，这里的问题就是：对于这种方式的审美判断来说，在对其中所思考的东西所作的说明之外，是否也还能够要求对它关于某个（主观的）先天原则的要求作出一番演绎。

对此的回答是：自然的崇高者只是非本真地如此称谓的，而真正说来它必须仅仅被赋予思维方式，或者毋宁说赋予人类本性中这种思维方式的基础。意识到这种基础，对一个通常无形式的和不合目的的对象的把握仅仅提供出诱因，该对象以这样的方式被主观合目的地**运用**，但却不是作为这样一个对象**独立地**，并由于它的形式而被判断（仿佛是species finalis accepta，non data［被接受的，而不是被给予的目的概念］）。因此，我们对关于自然的崇高者的判断的说明同时就是它的演绎。因为 5〔280〕

如果我们对这些判断中的判断力的反思加以剖析，那么，我们在它们里面就将发现诸认识能力的一种合目的的关系，这种关系必须被先天地奠定为目的能力（意志）的基础，因而本身就先天地是合目的的：于是这马上就包含着那个演绎，亦即这样一类判断对普遍必然有效性的要求的辩护理由。

因此，我们需要寻找的将只是鉴赏判断的演绎，亦即关于自然事物之美的判断的演绎，并且就这样在整体上为全部审美判断力来完成这个任务。

第31节　鉴赏判断的演绎的方法

惟有当判断提出必然性的要求时，才会出现一类判断的演绎，亦即保证其合法性的责任；当判断要求主观的普遍性，亦即要求每个人都赞同的时候，情况也是这样；不过，这种判断毕竟不是知识判断，而仅仅是对一个被给予的对象的愉快或者不快的判断，即自认为具有一种对每个人都普遍有效的主观合目的性，这种合目的性不应当建立在关于事物的概念之上，因为它是鉴赏判断。

既然我们在后面这种场合所面对的不是任何知识判断，既不是把通过知性被给予的一般**自然**概念当做基础的一种理论判断，也不是把先天地通过理性被给予的**自由**理念当做基础的一种（纯粹）实践判断；因而要根据其先天有效性为之作辩护的，既不是表现一件事物是什么的判断，也不是表现我为了造成一件事物应当做什么的判断；所以，为一般判断力而必须阐明的，将只是表述一个对象的形式的某个经验性表象之主观
5〔281〕合目的性的一个**单称**判断的**普遍有效性**，以便解释，某种东西仅仅在评判中（无须感官感觉或者概念）就能够让人喜欢，而且就像为了一般**知识**而对一个对象的评判具有一些普遍的规则一样，每一个人的愉悦也都可以对每个他人来说被预示为规则，这是如何可能的。

现在，如果这种普遍有效性不应当是建立在搜罗选票和到处向别人询问其感觉方式上面，而是仿佛基于对（在被给予的表象上的）愉快情感作出判断的主体的一种自律，亦即基于他自己的鉴赏，但尽管如此毕竟也不是从概念推导出来的；那么，这样一个判断——就像鉴赏判断实

际上所是的那样——就具有一种双重的而且也是逻辑的特性，也就是说，**首先**，它具有先天的普遍有效性，但毕竟不是一种按照概念的逻辑必然性，而是一个单称判断的普遍性；**其次**，它具有一种必然性（它在任何时候都必须基于先天的根据），但这种必然性毕竟不依赖于先天的证明根据，似乎通过这些根据的表象就能够强求鉴赏判断向每个人所要求的那种赞同。

如果我们在这里一开始就抽掉鉴赏判断的一切内容，亦即愉快的情感，并仅仅把审美形式与客观判断的那种由逻辑学规定的形式相比较，那么，一个鉴赏判断与一切知识判断的区别就在于上述逻辑特性，惟有对这些逻辑特性的解析才足以成为这种特殊的能力的演绎。因此，我们要预先通过讨论一些例子来表明鉴赏的这些具有特征的属性。

第 32 节　鉴赏判断的第一特性

鉴赏判断就愉悦（作为美）而言规定自己的对象，要求**每个人**都赞同，就好像它是客观的似的。

说这朵花是美的，就等于只是照着说这朵花有自己对每个人都愉悦的要求。它却根本不由于自己的香气而提出什么要求。〔282〕这香气使这一个人心旷神怡，却使另一个人头晕目眩。除了美必须被视为花本身的一种属性，这种属性并不以这些头脑和如此之多的感官的不同为准，而是这些头脑和感官如果要对它作出判断的话，就必须以它为准之外，人们应当从中猜测出别的什么吗？然而事情却不是这样。因为鉴赏判断恰好就在于，它只是按照这样一种性状才把一件事物称为美的，在这种性状中，该事物以我们接受它的方式为准。

此外，对于每个应当证明主体有鉴赏的判断，都要求主体应当独立地作出判断，而不需要通过经验在别人的判断中到处摸索，以及由别人对同一个对象的愉悦或者反感来事先教导自己，因而他的判断不应当由于一个事物也许现实地普遍让人喜欢就作为模仿，而是应当先天地陈述出来。但是，人们应当想到，一个先天判断必须包含着关于客体的一个概念，它包含着对这个客体的认识的原则；但是，鉴赏判断根本不是建立在概念上面的，它在任何地方都不是知识，而只是一个审美判断。

因此，一个年轻的诗人不要因为公众的，哪怕是他的朋友们的判断而为他的诗是美的这种劝说所左右；如果他听从他们，那也不是因为他作出了另外的评判，而是因为他在自己对赞扬的欲望中找到理由，即使（至少在他的意图中）全部公众都具有一种错误的鉴赏，也依然（甚至违背他自己的判断）去迎合平庸的妄念。只是到了后来，在他的判断力通过练习而变得更加敏锐了之后，他才会自愿放弃他过去的判断；就像他也坚持自己那些完全基于理性的判断一样。鉴赏只提出自律的要求。把他人的判断当做自己的判断的规定根据，那就会是他律了。

人们有理由把古人的作品称颂为典范，把它们的作者称为经典的，如同作家们中间的一个贵族那样，他通过自己的在先行为而为民众立法；这似乎是指示了鉴赏的后天来源，反驳了鉴赏在每个主体中的自律。然
〔283〕而，人们同样可以说，直到今天还被视为综合方法的最高彻底性和完美性之不可缺少的典范的那些古代数学家，也证明了我们这方面的一种模仿的理性和理性的一种无能，即不能从自己本身中凭借最大的直觉通过概念的构建产生出严格的证明来。这里根本没有我们各种力量的任何运用，不论这种运用是如何自由，而且甚至也没有理性的运用（理性必须从共同的先天来源汲取它的一切判断），理性运用是在每个主体应当始终完全从他的天性的原始禀赋开始时，即便没有别人以他们的尝试先行于他，也不会陷入到错误的尝试中去的，这不是为了使追随者成为纯然的模仿者，而是通过他们的做法指点别人，以便在自己本身里面寻找原则，并这样来选取他们自己的，往往是更好的道路。甚至在宗教中，无疑每个人都必须是从自己本身获取他的行为举止的规则的，因为他也仍然是自己对这行为举止负责的，不能把他所犯过错的罪责推到作为导师和先行者的其他人头上，但毕竟绝不能通过人们或者从教士们那里或者从哲学家们那里获得的、或者从自己本身取得的普遍规范，达到与通过一个德性或者圣洁的榜样所达到的同样多的效果，这种在历史中树立起来的榜样并不使得德性出自特有的和源始的（先天）道德理念的自律成为多余的，或者是把它转变为模仿的机械作用。与一个在先行为相关的**追随**，而不是模仿，才是一个示范性的创始人的产品对别人所可能具有的一切影响的正确表述；这只是意味着：从那个创始人自己所曾汲取的同一个源泉汲取，并且只向他的先行者学习在这方面行事的方式。但是，在一

切能力和才能中间，鉴赏恰恰是这样的东西，由于它的判断不能通过概念和规范来规定，它最需要的是在文化的进展中最长久地维持着赞同的那种东西的榜样，为的是不要马上又变得粗野，跌回到最初的尝试的那种粗糙性中去。

第33节　鉴赏判断的第二特性 5〔284〕

鉴赏判断根本不能通过证明根据来规定，就好像它纯然是**主观的**似的。

如果某人认为一座建筑、一片风景、一首诗不是美的，那么**首先**，他不可以受众口一词高度赞颂它所迫使而在内心中表示赞扬。他虽然可以装作好像他也喜欢它的样子，以免被视为没有鉴赏；他甚至可能开始怀疑自己是否通过对足够多的某类对象的了解而也充分地培养了自己的鉴赏（就像一个人相信认出远处的某种东西是一片森林，而所有其他人都把那东西看做是一座城市，他就要怀疑自己的亲眼目睹所作的判断一样）。但是，他毕竟清晰地看出的是：别人的赞扬根本不能充当对美的评判的任何有效证明；别人充其量可以替他去看和观察，许多人以同一种方式所看到的东西，对于相信看出不同的东西的人来说，可以用做理论判断，从而逻辑判断的一个充分的证明根据，但绝不能把别人喜欢的东西用做一个审美判断的根据。别人的不利于我们的判断虽然可以有理由使我们就我们自己的判断而言产生怀疑，但绝不能使我们确信我们自己的判断不正确。因此，不存在任何经验性的**证明根据**去强迫某人作出鉴赏判断。

其次，更不能用一个先天的证明按照确定的规则来规定关于美的判断。如果某人给我朗诵他的诗，或者把我引入一出戏剧，而这最终不能使我的鉴赏感到中意，那么，不论他是引用**巴托**还是引用**莱辛**，还是引用更早的也更著名的鉴赏评论家以及由他们提出的一切规则来作证明，说他的诗是美的；甚至可能我恰恰反感的某些段落与美的规则（就像这些规则在那里被给出并获得普遍的承认一样）完全吻合；我将堵住自己的耳朵，不会去听任何根据和任何玄想，而宁可假定评论家们的那些规则是错误的，或者至少这里不是它们应用的场合，而不假定我应当让自 5〔285〕

己的判断受先天的证明根据的规定，因为它应当是一个鉴赏判断，而不是知性判断或者理性判断。

看起来，这就是人们为什么把这种审美的评判能力恰恰冠以鉴赏之名的主要原因之一。因为某人尽可以把一道菜的所有配料给我列举出来，并且对每道菜都加以说明，说它们中的每一道通常对我来说都是适意的，此外也有理由夸赞这食物有利于健康；我却对这所有理由充耳不闻，而是用**我自己的**舌头和味觉去品尝这道菜，而且据此（不是根据普遍的原则）我作出自己的判断。

事实上，鉴赏判断绝对总是作为一个关于客体的单称判断而作出的。知性可以通过把客体在令人愉悦这一点上与别人的判断进行比较而作出一个全称判断；例如，所有的郁金香都是美的；但这样一来，它就不是一个鉴赏判断，而是一个逻辑判断，它使一个客体与鉴赏的关系成为具有某种一般性质的事物的谓词；但是，惟有我借以认为某一个别的被给予的郁金香美，亦即认为我对它感到的愉悦普遍有效的那个判断，才是鉴赏判断。但它的特性却在于：尽管它只有主观的有效性，它却仍然这样来要求**所有的**主体，就像惟有当它是一个基于知识根据并能够通过一个证明来强加于人的时候才总是发生的那样。

第 34 节　不可能有任何客观的鉴赏原则

人们也许会把一个鉴赏原则理解成一条原理，人们能够把一个对象的概念归摄在这个原理的条件之下，并在这种情况下通过一个推论就能够得出，这个对象是美的。但这是绝对不可能的。因为我必须直接在这个对象的表象上感觉到愉快，而这种愉快是不能通过任何证明根据向我侈谈的。因此，虽然如**休谟**所说，评论家比厨师更显得能玄想，但他们却和厨师有同样的命运。他们不能指望从证明根据的力量中，而只能指
〔286〕望从主体对他自己的状况（愉快或者不快）的反思中，凭借拒绝一切规范和规则，来获得他们的判断的规定根据。

但是，评论家尽管如此却能够也应当玄想，致使我们的鉴赏判断得到纠正和扩展的东西，并不是要以一个普遍可用的公式来阐明这一类审美判断的规定根据，这是不可能的；而是要研究这些判断中的认识能力

及其活动，并在例子中来分析交互的主观合目的性，关于这种合目的性，我们上面已经指出过，它在一个被给予的表象中的形式就是这表象的对象的美。因此，鉴赏批判本身就一个客体借以被给予我们的表象而言只是主观的，也就是说，它是把知性和想象力在被给予的表象中彼此之间的交互关系（与先行的感觉或者概念无关），因而把它们的一致或者不一致置于规则之下，并就其条件而言对它们加以规定的一门艺术或者科学。如果它只是在例子上来指出这一点，它就是**艺术**；如果它把这样一种评判的可能性从作为一般认识能力的这种能力的本性中推导出来，它就是**科学**。惟有后者，作为先验的批判，才是我们在这里到处要做的。它应当把鉴赏的主观原则作为判断力的一个先天原则来加以阐明并为之辩护。批判作为艺术，仅仅力图把鉴赏据以现实地进行的那些生理学的（在这里就是心理学的），因而是经验性的规则运用于鉴赏对象的评判，并对美的艺术的产品进行批判；就像**前一种**批判所批判的是评判这些产品的能力本身一样。

第 35 节　鉴赏原则是一般判断力的主观原则

鉴赏判断与逻辑判断的区别在于：后者把一个表象归摄在关于客体的概念之下，前者则根本不把它归摄在一个概念之下，因为若不然，就会能够通过证明来强迫作出必然的普遍赞同了。但尽管如此，前者在这一点上却是与后者类似的，即它预先规定了一种普遍性和必然性，但却不是按照关于客体的概念，因而是一种纯然主观的普遍性和必然性。由 5〔287〕
于一个判断中的诸概念构成了该判断的内容（属于对客体的知识的东西），而鉴赏判断却不是能够通过概念来规定的，所以，它只是建立在一个判断的一般主观形式条件之上的。一切判断的主观条件就是判断能力本身，或者就是判断力。就一个对象借以被给予的一个表象而言来运用这种判断力，要求两种表象能力的协调一致：亦即想象力（为了直观及其杂多的复合）和知性（为了这种复合的统一性之表象的概念）。由于判断在这里不以任何关于客体的概念为基础，所以它只能在于把想象力本身（在一个对象借以被给予的表象那里）归摄到知性一般地从直观达到概念的条件之下。也就是说，由于想象力的自由正是在于它无须概念而图型化这一点上，所以鉴赏判断就必须建立在想象力以其**自由**而知性以其**合法则性**相互激活的一种纯然感觉之上，因而建立在一种情感之上，这情感让对象按照表象（一个对象通过它而被给予）在对认识能力就其自由游戏而言的促进上的合目的性来评判；而鉴赏作为主观的判断力，就包含着一种归摄原则，但不是把直观归摄在**概念**之下，而是把直观或者展示的**能力**（亦即想象力）归摄在概念的**能力**（亦即知性）之下，只要前者**在它的自由中**与后者**在它的合法则性**中协调一致。

现在，为了通过鉴赏判断的一个演绎来找出这种合法根据，惟有这一类判断的形式特性，从而就对这些判断仅仅考察其逻辑形式而言，才能用做我们的指导线索。

第 36 节　鉴赏判断的演绎的课题

可以与对一个对象的知觉直接结合成为一个知识判断的，是关于一个一般客体的概念，关于这客体，那个知觉包含着种种经验性的谓词，
5〔288〕 而由此就产生出一个经验判断。现在，为了把这个经验判断思考为对一个客体的规定，它是以关于直观的杂多之综合统一性的一些先天概念为基础的；而这些概念（范畴）则要求一个演绎，这个演绎也已经在《纯粹理性批判》中给出，通过它也就能够完成对这个课题的解决：先天综合的知识判断是如何可能的？因此，这个课题涉及纯粹知性及其理论判断的先天原则。

但是，与一个知觉直接结合的也有一种愉快（或者不快）的情感，和一种伴随着客体的表象并代替谓词为这表象服务的愉悦，而这样就产生出一种不是知识判断的审美判断。一个这样的判断，如果它不是纯然的感觉判断，而是一个形式的反思判断，它要求这种愉悦对每个人来说都是必然的，那么，它就必须以某种作为先天原则的东西为基础，哪怕这原则也许是一个纯然主观的原则（如果对这样一类判断来说一个客观原则本来就不可能的话），但即便是作为这样一种原则也需要一个演绎，以便了解一个审美判断如何能够对必然性提出要求。于是，在这上面就建立起我们现在所探讨的课题：鉴赏判断是如何可能的。因此，这个课题涉及纯粹判断力在审美判断中的先天原则，亦即在这样一些判断中的

先天原则，在其中判断力不能（像在理论判断中那样）仅仅被归摄到客观的知性概念之下，并服从一条法则，而是它在其中自己主观上既是对象又是法则。

这个课题也可以这样来表现：一种判断，仅仅从**自己**对一个对象的愉快情感出发，不依赖于这个对象的概念，而先天地，亦即无须等待外来的赞同，就把这种愉快评判为在**每个别的主体中**都附着在同一个客体的表象上的，这种判断是如何可能的？

鉴赏判断是综合的，这一点很容易看出来，因为它们超出了客体的概念，甚至超出了其直观，并把某种根本连知识都不是的东西，亦即把愉快（或者不快）的情感作为谓词附加给那个直观。但是，尽管谓词（即与表象相结合的**自己的**愉快这一谓词）是经验性的，鉴赏判断就其要求**每个人**都赞同而言却仍然是先天判断，或者想要被视为先天判断，这 5〔289〕
一点，同样已经包含在它们的要求的这些表述之中了；这样，判断力批判的这个课题就是属于先验哲学的这个普遍问题之下的：先天综合判断是如何可能的？

第37节　真正说来在一个鉴赏判断中关于一个对象先天地断言的是什么？

关于一个对象的表象直接与一种愉快相结合，这只能内在地被知觉到，而如果人们只想指出这一点，这就会给出一个纯然经验性的判断。因为我不能先天地把一种确定的情感（愉快或者不快）与任何一个表象相结合，除非那里有一个规定意志的先天原则在理性中作为基础；这时愉快（在道德情感中）就是这个先天原则的后果，但正是由于这一点，它根本不能与鉴赏中的愉快相比较，因为它要求关于一个法则的确定概念；与此相反，鉴赏中的愉快应当是先于一切概念直接与纯然的评判结合在一起的。因此，一切鉴赏判断也都是单称判断，因为它们把自己的愉悦谓词不是与一个概念，而是与一个被给予的个别的经验性表象相结合。

因此，不是愉快，而是被知觉到与心灵中对一个对象的纯然评判相结合的**这种愉快的普遍有效性**，在一个鉴赏判断中被先天地表现为对判断力、对每个人都有效的普遍规则。我用愉快去知觉和评判一个对象，这是一个经验性的判断。但是，我认为它是美的，也就是说我可以要求那种愉悦对每个人来说都是必然的，这却是一个先天判断。

第 38 节　鉴赏判断的演绎

如果承认在一个纯粹的鉴赏判断中对于对象的愉悦是与对其形式的纯然评判结合在一起的，那么，这种愉悦无非就是这形式对于判断力的主观合目
5〔290〕的性，我们感觉到这个合目的性是与心灵中对象的表象结合在一起的。既然判断力就评判的形式规则而言，撇开一切质料（无论是感官感觉还是概念），只能是针对一般判断力（它既不被限制在特殊的感官方式上，也不被限制在一个特殊的知性概念上）的应用的主观条件的；因而是针对我们在所有人身上都（作为一般的可能知识所要求的）可以预设的主观的东西的；所以，一个表象与判断力的这些条件的一致就必须能够被先天地假定为对每个人都有效的。也就是说，在对一个一般感性对象的评判中愉快或者表象对诸认识能力的关系的主观合目的性，将是能够有理由向每个人都要求的。①

附释

这个演绎之所以如此容易，乃是因为它并不需要为一个概念的任何客观实在性作辩护；因为美不是关于客体的概念，而且鉴赏判断不是知识判断。它所断言的只是：我们有理由在每个人那里普遍地预设我们在自己心中发现的判断力的同一些主观条件；只是我们还要把被给予的客体正确地归摄到这些条件之下罢了。虽然现在后面这一点有一些不可避免的、并不附着在逻辑判断力上面的困难（因为人们在逻辑的判断力中
5〔291〕是归摄到概念之下，而在审美判断力中则是归摄到在客体被表现出来的形式上想象力和知性相互之间彼此相称的一种只是可感觉到的关系之下，

① 为了有理由对审美判断力的一个仅仅基于主观根据的判断提出普遍赞同的要求，只须承认以下几点就够了：1. 在所有人那里，这种能力的主观条件，就其中所使用的诸认识能力与一般知识的关系而言，都是一样的；这必定是真实的，因为若不然，人们就不能传达自己的表象乃至于知识了。2. 这个判断仅仅考虑了这种关系（因而仅仅考虑了判断力的**形式条件**），并且是纯粹的，亦即既不掺有关于客体的概念也不掺有感觉来作为规定根据。即便就后者来说有所差错，这也仅仅涉及把一个法则给予我们的权限错误地运用于一个特殊的事例，由此并不一般地取消这种权限。

在这里，归摄可能很容易骗人)；但由此却丝毫无损于判断力指望普遍赞同这种要求的合法性，这个要求所导致的只是对出自主观根据而对每个人都有效的这个原则的正确性作出判断。因为谈到因归摄到那个原则之下的正确性而来的困难和怀疑，这种归摄并不使对一个一般审美判断的这种有效性的要求之合法性，因而并不使这个原则本身变得可疑，就像逻辑的判断力（虽然不是如此经常和容易地）错误地归摄到自己的原则之下同样也不会使其本身是客观的原则变得可疑一样。但是，如果问题是：先天地把自然假定为鉴赏对象的一个总和，这是如何可能的？那么，这个课题就与目的论有关了，因为为我们的判断力建立合目的的形式，这必须被视为自然的一个本质上与自然的概念相联系的目的。但是，这种假定的正确性还是很可疑的，然而，自然美的现实性对于经验来说却是明摆着的。

第 39 节　一种感觉的可传达性

如果感觉被当做知觉的实在东西与知识联系起来，那它就叫做感官感觉；而且它的质的独特之处就可以被表现为普遍地以同样的方式可传达的，如果人们假定每个人都有与我们的感官一样的感官的话；但是，这一点却绝对不能预设于一个感官感觉。这样，对于一个缺少嗅觉感官的人来说，这一类感觉就不能传达给他；而且即便他不缺少这种感官，人们也毕竟不能肯定，它对于一朵花是否恰好具有我们对它具有的同样感觉。但是，我们必须设想人们在同一个感官对象的感觉方面就**适意**或者**不适意**而言还有更多的区别；绝对不能要求对同一些对象的愉快被每个人所承认。由于具有这样一种性质的愉快是通过感官进入心灵的，因 5〔292〕
而我们此时是被动的，所以，人们可以把它称为**享受**的愉快。

与此相反，由于一个行动的道德性状而对它的愉悦，就不是享受的愉快，而是对能动性及其与自己的使命的理念相符合的愉快。这种情感叫做道德的情感，但它要求有概念，并且所展示的不是自由的合目的性，而是有法则的合目的性，因而也是只能凭借理性来普遍传达的，而且如果这愉快应当在每个人那里都是同样性质的话，它就只能通过十分确定的实践理性概念来普遍传达。

对自然的崇高者的愉快，作为玄想静观的愉快，虽然也对普遍的同情提出要求，但却毕竟已经以一种别的情感，亦即自己的超感性使命的情感为前提条件，这种情感无论多么模糊，都有一种道德的基础。但别的人也将考虑到这些，并在对自然的粗犷的观赏中找到一种愉悦（这种愉悦确实不能归于自然的景象，这种景象毋宁说是可怖的），这一点我却绝对没有理由来预设。尽管如此，我毕竟能够在考虑到应当在每个适当的机会都顾及那种道德禀赋时，也向每个人要求那种愉悦，但只是借助于道德法则，而后者在自己那方面又是建立在理性概念之上的。

与此相反，对美者的愉快却既不是享受的愉快，也不是一种有法则的活动的愉快，也不是按照理念的玄想静观的愉快，而是纯然反思的愉快。不以某种目的或者原理为准绳，这种愉快伴随着对一个对象的平常的把握，这种把握是通过作为直观能力的想象力、与作为概念能力的知性相关、凭借判断力的一种即便为了最平常的经验也必须实施的程序而获得的；只不过判断力不得不这样做，在这里为的是知觉到一个经验性的客观概念，而在那里（在审美评判中）则为的是知觉到表象对于两种认识能力在其自由中的和谐的（主观合目的的）活动的适合性，也就是说，为了用愉快去感觉那种表象状态。这种愉快必须在每个人那里都必
5〔293〕 然地建立在同样的条件之上，因为这些条件是一般知识的可能性的主观条件，而鉴赏所需要的两种认识能力的比例，也是人们在每个人那里都可以预设的那种平常的和健康的知性所需要的。正因为如此，就连以鉴赏作判断的人（只要他在这种意识中没有出错，不把质料当做形式、把魅力当做美），也可以把主观的合目的性，亦即他对客体的愉悦要求于任何他人，假定他的情感是可以普遍传达的，而且无须借助概念。

第 40 节　作为一种 sensus communis［共感］的鉴赏

当可以察觉的不是判断力的反思，而毋宁说只是它的结果时，人们往往给判断力冠以一种感觉之名，并谈到一种真理感，谈到对于正派、正义等等的一种感觉；尽管人们知道，至少按理应当知道，这并不是这些概念可以在其中占有一席之地的感觉，更不是说这种感觉会有丝毫的

能力去要求有普遍的规则，而是说，如果我们不能超越这些感觉而把自己提升到更高的认识能力的话，我们关于真理、合适、美和正义是永远不会想到这种方式的表象的。**平常的人类知性**，人们把它当做仅仅是健康的（尚未得到培养的）知性而视为极微不足道的东西，是人们只要一个人要求被称为人就总是能从他那里期待的，因而也就有了侮辱性的名声，这种知性可以被冠以共感（sensus communis）之名；确切地说是这样，人们把**平常的**这个词（不仅仅在我们的语言中，它在这个词中确实包含着一种语义双关，而且在许多别的语言中也是这样）正好理解为到处都遇到的庸常的东西，拥有这种东西绝对不是什么功绩或者优点。

但是，人们必须把 sensus communis［共感］理解为一种**共同的**感觉的理念，也就是说，一种评判能力的理念，这种评判能力在自己的反思中（先天地）考虑到任何他人在思想中的表象方式，以便使自己的判断**仿佛**是依凭全部人类理性，并由此避开那会从主观的私人条件出发对判断产生不利影响的幻觉，这些私人条件很容易会被视为客观的。做到这 5〔294〕
一点所凭借的是，人们使自己的判断依凭别人那些不是现实的，而毋宁说是仅仅可能的判断，并通过人们只是撇开以偶然的方式与我们自己的评判相联系的那些局限，而置身于每个他人的地位；而这又是由此造成的，即人们把在表象状态中是质料，亦即是感觉的东西尽可能地除去，并仅仅注意自己的表象或者自己的表象状态的形式的特性。为了把反思加到我们称为**平常**感觉的这种能力上，对反思的这样一种处理也许显得太做作了；不过，它也只是在我们以抽象的公式表述它的时候才看起来如此；就自身而言，当人们寻找一个应当用做普遍规则的判断时，就再也没有什么比撇开魅力和感动更自然的了。

平常的人类知性的以下准则虽然不属于这里作为鉴赏判断的部分，但却毕竟能够用做其原理的阐明。它们是如下准则：1. 自己思维；2. 站在别人的地位上思维；3. 任何时候都与自己一致地思维。第一个准则是**无成见的**思维方式的准则，第二个准则是**开阔的**思维方式的准则，第三个准则是**一以贯之的**思维方式的准则。第一个准则是一种永不**被动的**理性的准则。对被动的理性，因而对理性的他律的癖好就叫做**成见**；而一切成见中最大的成见就是，把自然想象成不服从知性通过自己的根本法则奠定为它的基础的那些规则：这就是**迷信**。从迷信中解放出来就叫做**启蒙**①；因为虽然这个称谓应当归于从一般成见中解放出来，但迷信却是首先（in sensu eminenti［在突出的意义上］）值得被称为一种成见的，因为迷信置身于其中，甚至将之作为一种责任来要求的那种盲目性，〔295〕首先使靠别人来引导的那种需要，因而使一种被动理性的状态清晰可辨。至于思维方式的第二个准则，我们通常都习惯于把其才能不堪大用（尤其是重用）的人称为有局限的（**狭隘的，开阔**的对立面）。然而在这里，我们说的不是认识的能力，而是合目的地运用认识能力的思维方式：这种**思维方式**，无论人的自然天赋所达到的范围和程度多么小，仍表明一个人具有**开阔的思维方式**，如果他把如此之多的别人都如同被封闭在其中的主观的私人判断条件置之度外，并从一个**普遍的立场**（他惟有通过置身于别人的立场才能规定这个立场）出发对他自己的判断加以反思的话。第三个准则，亦即**一以贯之的**思维方式的准则，是最难达到的，也惟有通过结合前两个准则并经常遵循它们以至熟练之后才能达到。人们可以说：这些准则中第一个是知性的准则，第二个是判断力的准则，第三个是理性的准则。

我再重新捡起由于这一插曲而偏离了的话题说：与健康知性相比，鉴赏有更多的理由可以被称为 sensus communis［共感］；而且审美判断力比理智判断力更能够领有一种共同感觉这个名称②，如果人们真的要使用感觉这个词来表示纯然的反思对心灵的一种作用的话；因为在这里，人们把感觉理解为愉快的情感。人们甚至可以用对使我们在一个被给予的表象上的情感无须借助概念就**能普遍传达**的那种东西的评判能力来定义鉴赏。

人们相互传达自己的思想的技巧，也要求想象力和知性的一种关系，以便把直观加给概念，再把概念加给直观，它们会聚在一种知识中；但在这种情况下，这两种心灵力量的协调一致就**有法则地**处在确定的概念

---

① 人们马上就看出，启蒙虽然在论题上很容易，但在假说上却是一件必须艰难而缓慢地进行的事业；因为以自己的理性不是被动地，而是任何时候都自己为自己立法，这对于只想适合于自己的根本目的而不要求知道超出自己知性的东西的人来说，虽然是某种十分容易的事情；但既然追求后者的努力几乎是不可防止的，而且这在其他那些以诸多信心许诺能够满足这种求知欲的人那里是永远也不缺少的；所以，要在思维方式中（尤其是在公共的思维方式中）保持或者确立这种纯然否定的东西（它构成真正的启蒙），必定是很困难的。

② 人们可以用 sensus communis aestheticus［审美的共感］来表示鉴赏，用 sensus communis logicus［逻辑的共感］来表示平常的人类知性。

的强制之下。惟有当想象力在其自由中唤醒知性，而且知性无须概念就把想象力置于一种合规则的游戏之中的时候，表象才不是作为思想，而是作为心灵的一种合目的的状态的内在情感而普遍地传达。 5〔296〕

因此，鉴赏就是先天地评判与被给予的表象（无须借助一个概念）结合在一起的那些情感的可传达性的能力。

如果人们可以假定，仅仅其情感的普遍可传达性就自身而言就已经带有对我们来说的一种兴趣（但人们没有理由从一种纯然反思性的判断力的性状中推论出这种兴趣），那么，人们就会能够明白，情感在鉴赏判断中何以仿佛是作为义务而要求于每个人。

第 41 节　对美者的经验性的兴趣

宣布某种东西是美的所借助的鉴赏判断，必须不以任何兴趣为**规定根据**，这一点上面已作过充分的阐明。但由此却得不出，在这判断被作为纯粹的审美判断而给出之后，不能有任何兴趣与它相结合。不过，这种结合永远只能是间接的，也就是说，鉴赏必须首先与某种别的东西相结合被表现出来，以便能够还把对一个对象（当一切兴趣都在它身上时）的**实存的愉快**联结在关于它的纯然反思的愉悦之上。因为在（关于一般事物的）知识判断中所说的话，即 a posse ad esse non valet consequentia [从能够到存在的结论无效]，这里在审美判断中也适用。这种别的东西可以是某种经验性的东西，亦即人的本性所固有的偏好；或者是某种理智的东西，作为意志能够先天地由理性来规定的属性；这二者都能够包含对一个客体的存在的愉悦，这样就能够给对于无须考虑任何兴趣独自就已经让人喜欢的那种东西的一种兴趣提供根据了。

美者惟有在**社会**中才经验性地产生兴趣；而如果人们承认社会的冲动对人来说是自然的，因而对此的适应性和癖好，亦即**社交性**，对于作为注定有社会的造物的人的需要来说，是属于**人道**的属性，那么，就不可能不也把鉴赏视为对人们甚至能够借以把自己的**情感**向每个他人传达的那种东西的评判能力，因而视为每个人的自然偏好所要求的那种东西的促进手段。 5〔297〕

一个孤零零地在一个荒岛上的人，独自一人既不会装饰他的茅屋，也不会装饰他自己，或者搜寻花卉，更不会种植它们，以便用来装点自己；相反，惟有在社会中他才想起自己不仅是个人，而且还按照自己的方式是一个文雅的人（文明化的开端），因为人们把这样一个人评判为一个文雅的人，他愿意并且善于把自己的愉快传达给别的人，而且如果他不能与别人共同感受对一个客体的愉悦的话，这个客体就不会使他满意。每一个人也都期待和要求每个人都考虑到普遍的传达，仿佛是出自一个由人性本身强制接受的源始契约；而这样，当然在开始时只是魅力，例如用来文身的颜料（加勒比人的胭脂树红和易洛魁人的朱砂），或者花卉、贝壳、颜色美丽的鸟羽，但随着时间的进展还有根本不带有任何快乐亦即享受的愉悦的一些美的形式（如在小船、衣服等等上面），在社会中是重要的，并且与重大的兴趣相结合；直到最后，达到巅峰的文明化从中几乎造就出文雅化了的偏好的主要作品，而各种感觉惟有就它们能够被普遍传达而言才被视为有价值的；于是，在这里尽管每个人对这样一个对象具有的愉快只是微不足道的、自身没有显著的兴趣的，但关于它的普遍可传达性的理念却几乎是无限地增大着它的价值。

但是，这种间接地通过对社会的偏好而附着在美者上面的、因而是经验性的兴趣，对于我们来说在这里并不具有我们只是在可能哪怕只是间接地与先天鉴赏判断相关的东西上能够看到的那种重要性。因为即便以后面这种形式应当表现出一种与此相结合的兴趣，鉴赏也会揭示出我们的评判能力从感官享受向道德情感的一种过渡；而且不仅是人们由此
5〔298〕会被更好地引导到合目的地利用鉴赏，就连一切立法所必须依赖的种种人类先天能力之链条的一个中间环节也会作为这样一个环节得到展示。关于对鉴赏对象以及对鉴赏本身的经验性兴趣，人们同样能够说，由于鉴赏沉溺于偏好，哪怕这偏好还是如此文雅化了的，这种兴趣也毕竟乐意与一切在社会中达到其最大多样性和最高等级的偏好和热情融合起来，而对美者的兴趣，当它建立在这上面的时候，就有可能充当从适意者到善者的一种哪怕是很模棱两可的过渡。但是，这种过渡是否绝不能够由就其纯粹性来看的鉴赏所促进，对此我们有理由来加以研究。

第 42 节　对美者的理智的兴趣

情愿让人们由内在的自然禀赋所推动而从事的一切人类活动都指向

人类的最终目的，亦即道德上的善的人，把在一般的美者上面拥有一种兴趣视为一种善的道德品质的标志，这种情况之发生，乃是在于善良的意图。但是，他们不无理由地受到了另一些人的反驳，这些人依据的是经验，即鉴赏的行家们不仅往往，而且甚至是习惯性地表现出爱慕虚荣、自以为是和败坏道德的热情，也许比其他人更不可能要求具有忠实于道德原理的优点；看起来，对于美者的情感（如它实际上所是的那样）与道德情感有类上的区别，而且人们能够与之结合的那种兴趣，也很难与道德的兴趣相协调，更绝对不能通过内在的亲和性相协调。

我现在虽然乐意承认，对**艺术的美者**（我把人为地将自然美运用于装饰，因而运用于虚荣也归为此列）的兴趣根本不能充当一种忠实于道德上的善，或者哪怕倾向于此的思维方式的证明。但与此相反我却断言，对**自然**的美拥有一种**直接的兴趣**（不仅仅为了评判它而有鉴赏），这在任何时候都是一个善的灵魂的特征；而如果这种兴趣是习惯性的，则它至 5〔299〕
少在乐意与**对自然的观赏**相结合时，表明了一种有利于道德情感的心灵情调。但是，人们必须提醒自己，我在这里真正说来指的是自然的美的**形式**，与此相反，**魅力**虽然通常如此丰富地与这些形式结合着，我也还是把它放在一边，因为对它的兴趣虽然也是直接的，但却毕竟是经验性的。

一个人孤独地（而且没有想把自己的觉察传达给别人的意图）观赏着一朵野花、一只鸟、一只昆虫等美的形体，以便惊赞它、喜爱它，不愿意在自然中根本看不到它，哪怕这样做会对他造成一些伤害，更不用说从中看出对他有什么好处了，这个人就对自然的美拥有一种直接的、虽然是理智的兴趣。也就是说，他不仅在形式上喜欢自然的产品，而且也喜欢这产品的存在，而没有一种感性魅力参与其中，或者说他也没有把某种目的与之结合。

但是，这里值得注意的是，如果人们暗中欺骗这位美的东西的爱好者，把人造的花（人们能够把它们做得与自然的花一模一样）插进地里，或者把人工雕刻的鸟放在树枝上，而他后来揭穿了这一骗局，那么，他原先对之怀有的直接兴趣就马上消失了，但他也许会发现一种别的兴趣取而代之，亦即用这些东西为别人的眼睛装饰自己的房间的虚荣的兴趣。自然所产生的是前一种美，这个思想必须伴随着直观和反思；惟有在这一点上，才建立起人们对此所怀有的直接的兴趣。否则的话，所剩下的就要么是一个没有任何兴趣的纯然鉴赏判断，要么只是一个与一种间接的，亦即与社会相关的兴趣相结合的鉴赏判断：后者对道德上善的思想方式不提供任何可靠的指示。

自然美对艺术美的这种优势，即前者虽然在形式上甚至会被后者胜过，却独自就唤起一种直接的兴趣，是与一切培养过自己的道德情感的人那净化了的和彻底的思维方式协调一致的。如果一个人有足够的鉴赏
5〔300〕以极大的正确性和雅致来对美的艺术的产品作出判断，情愿离开在其中能够遇到那些维持着虚荣，而且也许维持着社交乐趣的美的房间，转向自然的美者，以便在这里仿佛是在一个他自己永远也不能完全阐明的思路上感到自己精神上的狂喜，那么，我们将以高度的尊重来看待他的这种选择本身，并在他身上预设一个美的灵魂，这种灵魂是任何艺术行家和爱好者都不能因为他对自己的对象所怀有的兴趣就有资格要求的。——现在，对纯然鉴赏的判断中相互几乎难以否认优势的两种客体的如此不同的估量，其区别是什么呢？

我们拥有一种纯然审美的判断力的能力，即无须概念而对形式作出判断，并在对形式的纯然评判中找到一种愉悦，我们同时使这种愉悦成为每个人的规则，却又不使这种判断建立在一种兴趣之上，也不产生这样一种兴趣。——另一方面，我们也拥有一种理智的判断力的能力，即为实践准则的纯然形式（如果它们自行获得普遍立法的资格的话）规定一种先天的愉悦，我们使这种愉悦成为每个人的法则，却又不使我们的判断建立在某种兴趣之上，**但毕竟产生这样一种兴趣**。前一种判断中的愉快或者不快叫做鉴赏的愉快或者不快，后一种则叫做道德情感的愉快或者不快。

但是，既然这也引起了理性的兴趣，即理念（理性在道德情感中对它们造就出一种直接的兴趣）也具有客观实在性，也就是说，自然至少会显示某种痕迹或者提供某种暗示，表明它在自身中包含有某种根据，来假定它的产品与我们不依赖于任何兴趣的愉悦（我们先天地认识这种愉悦对每个人都是法则，却不能把这建立在证明之上）有一种合法则的协调一致，所以，理性必然会对自然与这样一种协调一致类似的协调一致的任何表现都怀有兴趣；所以，心灵如果不是发现自己在此感兴趣，

就不可能对**自然**的美进行沉思。但是，这种兴趣在亲缘关系上是道德的；而且对自然的美者有这种兴趣的人，只是就他事先已经很好地建立了对道德上的善者的兴趣而言，才对自然的美者有兴趣。因此，谁对自然的 5〔301〕
美直接感兴趣，在他那里，人们就有理由至少猜测有一种对善的道德意向的禀赋。

人们会说：根据与道德情感的亲缘关系对审美判断的这种解释，看起来太学究气了，以致不能把它视为对自然借以在其美的形式中形象地对我们言说的那些密码的真正破译。但是首先，对自然的美者的这种直接的兴趣实际上并不常见，而只是为要么其思维方式已经被教养成为善，要么为对这种教养特别易于接受的人们所特有；其次，在纯粹的鉴赏判断和道德判断之间有一种类似性，前者不依赖于某种兴趣而使人感到愉悦，同时先天地把这种愉悦表现为适合于一般人性的，后者从概念出发做着同样的事情，这种类似性甚至无须清晰的、玄妙的和有意的沉思，就把人引向对前一种判断的对象与对后一种判断的对象同等程度的直接兴趣：只不过前者是一种自由的兴趣，或者是一种基于客观法则的兴趣罢了。应归于此列的还有对自然的惊赞，自然在其美的产品上不是仅仅通过偶然，而是仿佛有意地按照合法则的安排表现为艺术，表现为无目的的合目的性；这种目的既然我们在外面任何地方都找不到，我们自然而然地在我们自己里面寻找，确切地说在构成我们的存在的最终目的中，亦即在道德使命中寻找（但是，关于对这样一种合目的性的可能性之根据的追问，要到目的论中才将谈到）。

在纯粹鉴赏判断中对美的艺术的愉悦并不像对美的自然的愉悦那样与一种直接的兴趣结合在一起，这一点也很容易解释。因为美的艺术要么是对美的自然的这样一种模仿，它一直达到骗人的程度，而在这种情况下，它就作为（被认为是）自然美而起作用；要么它是一种有意地明显指向我们的愉悦的艺术，而在这种情况下，对这个产品的愉悦虽然会直接地通过鉴赏而发生，但所唤起的却无非是对作为基础的原因的间接兴趣，亦即对一种艺术的间接兴趣，这种艺术只能通过它的目的，而永远不能就自身而言引起兴趣。人们也许将说，当一个自然客体通过自己的美仅仅就它被附加上一个道德理念而言才引起兴趣时，就是这种情况； 5〔302〕
但是，直接产生兴趣的不是这个客体，而是这种美自己的性状，即它使自己有资格得到这样一种附加。

美的自然中的种种魅力如此经常地被发现仿佛与美的形式融合在一起，它们要么属于光的变相（在着色时），要么属于声音的变相（在发声时）。因为惟有这些感觉，才不仅允许感官情感，而且也允许对感觉的这些变相的形式所进行的反思，于是就仿佛是在自身中包含着自然带给我们的，而且似乎是具有一种更高意义的语言。这样，百合花的白颜色似乎使心灵与纯洁的理念相称，而从红色到紫色这七种颜色则依序使心灵分别与如下理念相称：1. 崇高；2. 勇敢；3. 坦诚；4. 友爱；5. 谦逊；6. 坚毅；7. 温柔。鸟的歌唱宣告着欢乐和对自己的实存的满意。至少我们是这样解释自然的，不论它的意图是不是这样。但是，我们在这里对美所怀有的这种兴趣，绝对需要它是自然的美；一旦人们发觉受骗，而且它只不过是艺术罢了，这种兴趣就完全消失了，甚至，就连鉴赏在这种情况下也不再能在这上面发现美的东西或者某种吸引视觉的东西了。有什么比在宁静夏夜柔和的月光下寂静的灌木丛中夜莺那迷人美妙的鸣啭得到诗人们更高的颂扬呢？然而，人们有这样的事例，即在没有发现有这样的歌唱家的地方，某一位诙谐的店主为了让投宿到他这里来享受乡下新鲜空气的客人们得到最大的满足，而以这样的方式欺骗他们，他把一个恶作剧的男孩藏在灌木丛中，这男孩懂得（用嘴里的芦苇或者哨管）完全类似自然地模仿这种鸣啭。但是，一旦人们觉察到这是一个骗局，就没有人再继续忍受去倾听这先前被认为如此诱人的歌声了；其他任何鸣禽的情况也是这样。这必须是自然，或者被我们认为是自然，以便我们能够对美者本身怀有一种直接的**兴趣**；更有甚者，如果我们甚
〔303〕至指望别人也应当在这上面怀有一种直接的兴趣的话；实际上，当我们把那些对美的自然没有任何**情感**（因为我们就是这样称谓对观赏美的自然的一种兴趣的感受性的）、并且在餐饮之际执著于纯然感官感觉的享受的人的思想方式视为粗俗的和卑下的时，所发生的就是这种事。

第 43 节　一般的艺术

一、**艺术**与自然不同，就像作（facere）与一般行动或者活动（agere）不同，以及前者的产品或者后果作为**作品**（opus）与后者作为效果

(effectus)不同一样。

人们沿着法律途径应当只把通过自由而生产，亦即通过以理性为其行动之基础的任性而生产称为艺术。因为尽管人们喜欢把蜜蜂的产品(合规则地建造的蜂巢)称为一个艺术作品，但这样称谓毕竟只是由于与艺术作品的类比；也就是说，一旦想一想蜜蜂并不是把自己的工作建立在自己的任何理性思考之上，人们马上就说，这是它们的本性(本能)的一个产品，而它作为艺术则只应归于艺术的创造者。

如果在搜索一块沼泽地时，像有时发生的那样，发现一段砍削过的木头，那么，人们就不说这是一个自然产品，而说它是一个艺术产品；产生这产品的原因设想过一个目的，这产品的形式应归功于这个目的。通常人们也在一切如此性状的东西上看到一种艺术，即这东西在原因中的表象必定先行于它的现实(如同哪怕在蜜蜂那里)，而这表象的结果却可以并不正好是**所想到的**；但是，如果人们把某种东西绝对地称为一个艺术品，以便把它与一个自然结果区别开来，那么，人们就总是把它理解为一个人的作品。

二、**艺术**作为人的技巧也被与**科学**区别开来(**能够**被与**知道**区别开来)，作为实践的能力被与理论的能力区别开来，作为技术被与理论区别开来(就像测量术被与几何学区别开来一样)。而且在这里，就连人们一旦**知道**应当做什么，因而只要充分了解所欲求的结果就**能够**做到的事情，也不被称为艺术。惟有人们即使最完备地了解也并不因此就马上拥有去做的技巧的事情，才就此而言属于艺术。**坎培尔**很精确地描述出最好的鞋必须是什么性状，但他肯定不能做出任何鞋来。① 5〔304〕

三、**艺术**甚至也被与**手艺**区别开来；前者叫做**自由的**艺术，后者也可以叫做**雇佣的艺术**。人们这样看待前者，就好像它只是作为游戏，亦即作为独自就使人适意的活动而能够合目的地得出结果(成功)似的；而后者却是这样，它能够作为工作，亦即作为独自不使人适意而只是通过其效果(如佣金)而吸引人的活动，因而强制性地加之于人。在行会

① 在我们这一带，平常的人，如果有人向他提出像哥伦布与他的蛋这样一种课题，就说：**这不是什么艺术，这只是一种科学**。也就是说，如果人们知道，那么人们就**能够**做到；对于变戏法人的一切所谓的艺术，人们说的同样是这些话。与此相反，人们绝不会拒绝把走绳演员的艺术称为艺术。

的等级表上，钟表匠应当被视为艺术家，而铁匠则与此相反，应当被视为手艺人，这是需要一个与我们在这里所持的观点不同的评判观点的；亦即必须为这些行当的这一种或者那一种提供根据的那些才能的比例。就连在所谓的七种自由的艺术中，是否也可以举出一些应当归给科学，另一些可以与手艺相比，我在这里不想谈论。但是，在一切自由的艺术中，也都仍然要求有某种强制性的东西，或者像人们称谓的那样，要求一种**机械作用**，没有这种机械作用，在艺术中必须是自由的并且惟一给予作品以生命的那个**精神**就会根本不具形体并且完全蒸发；不提醒这一点是不可取的（例如在诗艺中语言的正确和丰富，此外还有韵律和节律），因为好些新派教育家相信，如果他们除掉艺术的一切强制，并使艺术从工作转化为纯然的游戏，就会最好地促进一种自由的艺术。

第 44 节　美的艺术

既没有美者的科学而只有美者的批判，也没有美的科学而只有美的
5〔305〕艺术。因为谈到美者的科学，那在它里面就会应当科学地、也就是通过证明根据来澄清，某种东西是否必须被视为美的；因此，关于美的判断如果是属于科学的，它就不会是鉴赏判断。至于后者，一门科学本身应当是美的，它就是荒唐的东西。因为如果人们在作为科学的它里面问询根据和证明的话，就会被人用一些漂亮的格言（警句）来打发。——那诱发出**美的科学**这种常见表述的东西，毫无疑问不是别的，就是人们完全正确地发现，对于处在其全部完美性之中的美的艺术来说，要求有许多科学，例如古代语言的知识，对那些被视为经典作家的作者们的博闻强记，历史，对古代的知识等等，因此，这些历史性的科学由于它们为美的艺术构成了必要的准备和基础，部分地也由于在它们中间甚至包括对美的艺术的产品的知识（雄辩和诗艺），就通过用词的混淆而本身被称为美的科学了。

如果艺术与对于一个可能对象的**知识**相适合，纯然是为了现实地制作出这对象而作出为此所需要的行动，那么，它就是**机械的**艺术；但如果它以愉快的情感为直接的意图，那它就叫做**审美的**艺术。审美的艺术要么是**适意的**艺术，要么是**美的**艺术。如果艺术的目的是使愉快来伴随

作为纯然**感觉**的表象，它就是前者，如果艺术的目的是使愉快来伴随作为**认识方式**的表象，它就是后者。

适意的艺术是纯然以享受为目的的艺术；所有这类艺术都是魅力，它们能够使一次宴会的社交妙趣横生：有趣的叙事把社交置于坦诚生动的交谈中，用戏谑和笑声使之具有某种欢乐的气氛，在这里，如人们所说，可能叽里呱啦地说一些废话，而且没有人愿意对他所说的话负责，因为这只是着眼于眼下的消遣，不是着眼于以后沉思和议论的长久材料。（属于此列的还有为了享受而如何配备餐桌，或者甚至在大吃大喝时的宴会音乐：这是一种奇怪的东西，它只是作为一种适意的响声应当维持心灵的快乐情调，而且即便没有人把丝毫的注意力用于这音乐的乐曲，它也有利于邻座相互之间自由的交谈。）此外，属于此列的还有所有那些并 5〔306〕
不带有别的兴趣，而只是使时间不知不觉地过去的游戏。

与此相反，美的艺术是这样一种表象方式，它独自就是合目的的，而且尽管没有目的，却仍然促进为了社交传达而对心灵能力的培养。

一种愉快的普遍可传达性就其概念而言就已经带有这一点，即这种愉快不是出自纯然感觉的享受的愉快，而必须是反思的愉快；这样，审美的艺术作为美的艺术，就是这样一种以反思性的判断力，而不是以感官感觉为准绳的艺术。

第 45 节　美的艺术是一种就其同时显得是自然而言的艺术

在美的艺术的一个产品上，人们必须意识到，它是艺术而不是自然；但是，它的形式中的合目的性毕竟必须显得如此摆脱了任性规则的一切强制，就好像它纯然是自然的一个产品似的。在我们诸般认识能力的毕竟同时又必须是合目的的游戏中的这种自由情感之上，建立起惟一可以普遍传达却并不建立在概念之上的那种愉快。自然是美的，如果它同时看起来是艺术；而艺术只有当我们意识到它是艺术而在我们看来它毕竟又是自然的时候才被称为美的。

因为无论是谈到自然美还是谈到艺术美，我们都可以一般地说：**美的就是那在纯然评判中**（而不是在感官感觉中，也不是通过一个概念）**让人喜欢的东西**。现在，艺术在任何时候都有一个要产生出某种东西来的确定意图。但是，如果这种东西纯然是应当伴有愉快的感觉（某种纯然主观的东西），那么，这个产品在评判中就会只是借助于感官感觉而让人喜欢的了。如果这意图是针对产生一个确定的客体的，那么，当这意图通过艺术而达到时，客体就会只是通过概念而让人喜欢的。但在这两种场合，艺术都会不是**在纯然的评判中**，亦即不是作为美的艺术，而是作为机械的艺术让人喜欢的。

因此，美的艺术的产品中的合目的性虽然是有意的，但却毕竟不显
5〔307〕得是有意的；也就是说，美的艺术必须**被视为**自然，虽然人们意识到它是艺术。但一个艺术产品显得是自然却是由于，虽然惟有按照规则这个产品才能够成为它应当是的东西，而在与规则的一致中看得出所有的**一丝不苟**；但却没有**刻板**，没有显露出学院派的形式，也就是说，没有表现出这规则悬浮在艺术家眼前并给他的心灵力量加上桎梏的痕迹。

第 46 节　美的艺术是天才的艺术

天才就是给艺术提供规则的才能（自然禀赋）。既然这种才能作为艺术家天生的创造性能力本身属于自然，所以人们也可以这样来表述：**天才**就是天生的心灵禀赋（ingenium），**通过它**自然给艺术提供规则。

不论这个定义是怎样一种情况，也不论它只是武断的，还是与人们通常和**天才**这个词相结合的那个概念相适合的（这一点应当到下一节中来讨论），人们毕竟已经能够预先证明，按照这里所假定的词义，美的艺术必然地必须被视为**天才**的艺术。

因为每一种艺术都以一些规则为前提条件，一个产品如果应当叫做艺术的，要通过这些规则的奠立才被表现为可能的。但是，美的艺术的概念不允许关于其产品的美的判断从某个以一个**概念**为规定根据，因而以关于这产品如何可能的概念为基础的规则中推导出来。因此，美的艺术不能为自己想出它应当据以完成自己的产品的规则。既然没有先行的规则一个产品就绝不能叫做艺术，所以，自然就必须在主体中（并通过主体各种能力的相称）给艺术提供规则，也就是说，美的艺术惟有作为天才的产品才是可能的。

人们由此就看出：1. 天才是一种产生出不能为之提供任何确定规则

的东西的**才能**，而不是对于按照某种规则可以学习的东西的技巧禀赋； 5〔308〕
所以，**原创性**就必须它的第一属性。2. 既然也可能存在原创的胡闹，所以天才的产品必须同时是典范，亦即是**示范性的**；因此，它们本身不是通过模仿产生的，但却必须对别人来说用于模仿，亦即用做评判的准绳或者规则。3. 它是如何完成自己的产品的，它自己也不能描述或者科学地指明，相反，它是作为**自然**来提供规则的；因此，一个产品的创作者把这产品归功于他的天才，他自己并不知道这方面的理念是如何在他心中出现的，就连随心所欲地或者按照计划地想出这些理念并在使别人能够产生出同样的产品的这样一些规范中把这些理念传达给别人，这也不是他所能控制的（因此，天才这个词也很可能是派生自 genius［守护神］，即特有的、对于一个人来说与生俱来的保护和引导的精神，那些原创的理念就源自它的灵感）。4. 自然通过天才不是为科学，而是为艺术颁布规则，而且就连这也只是就艺术应当是美的艺术而言的。

第 47 节　对上述关于天才的说明的阐释和证实

在这一点上每个人都是一致的，即天才是与**模仿的精神**完全对立的。既然学习无非就是模仿，所以，机敏好学（接受力）作为机敏好学，这种最大的能力就毕竟不能被视为天才。但是，即便人们自己思想或者创作，而且不仅是把握别人想过的东西，甚至还对于艺术和科学有所发明，这毕竟也还不是真正的根据，以便把这样一个（常常是伟大的）**头脑**（与那种由于从来不能超出纯然的学习和模仿而叫做**蠢才**的头脑相对立）称为一个**天才**，因为恰好这一点也是**能够**学来的，因而是处在按照规则进行研究和沉思的自然道路之上的，并且与通过勤奋凭借模仿就能够获得的东西没有类的区别。所以，人们完全能够学会**牛顿**在其《自然哲学原理》这部不朽的著作中所讲述的一切，哪怕发明出这类东西需要一个伟大的头脑；但是，人们却不能学会富有灵气地作诗，哪怕诗艺的一切规范是如此详细，它的典范是如此优秀。原因在于，牛顿可以把它从几 5〔309〕
何学的最初要素直到他的伟大而深刻的发明所应当采取的一切步骤，都不仅仅向他自己，而且向每个他人完全直观地并为了追随而确定地示范出来；但却没有一个**荷马**或者**维兰德**能够指出，其头脑中那些富有幻想而又毕竟同时思想丰富的理念是如何产生出来并会聚到一起的，这是因为他自己也不知道这一点，因而也不能把它教给任何他人。因此在科学中，最伟大的发明者与最辛劳的模仿者和学徒都只有程度上的区别，与此相反，他与自然使其有美的艺术天赋的人却有类的区别。不过，在这里并没有与在其美的艺术才能方面的自然宠儿相比来贬低人类要如此之多地感恩的那些伟大人物。他们与那些配得上号称天才这一荣誉的人相比一个重大的优点恰恰在于，他们的才能适合于知识和依赖于知识的一切利益不断进步的更大的完善性，同样适合于在同样这些知识中教导别人；而对于后者来说，艺术在某个地方就停滞不前了，因为对艺术设立了一个界限，它不能够再超出这个界限，这个界限也许很久以来就已经被达到并且不能再被扩展；此外，这样一种技巧也不能被传达，而是要由自然之手直接授予每个人，因而也与它一起死去，直到自然有朝一日再次同样赋予另一个人，这个人所需要的只是一个榜样，以便让他在自己身上意识到的才能以类似的方式起作用。

既然自然禀赋必须给艺术（作为美的艺术）提供规则，那么，这些规则究竟是什么性质的呢？它不能以任何公式撰写出来充当规范；因为若不然，关于美者的判断就是可以按照概念来规定的了；相反，这规则必须从事实中，亦即从产品中抽出，在这产品上，别人可以检验他们自己的才能，不是为了让它充当**仿造**的典范，而是为了让它充当**模仿**的典范。至于这一点是如何可能的，却很难解释。艺术家的理念激起他的学徒的类似的理念，如果自然给这个学徒配备上心灵力量的一种类似比例的话。因此，美的艺术的典范是惟一把这艺术带给后来者的引导手段，
5〔310〕这种事是不能通过纯然的描述来发生的（尤其是在言语艺术的学科中）；甚至在言语艺术中，也只有在古代的已死的、现在只是作为学术的言说艺术而保留下来的语言中的言说艺术才成为经典的。

尽管机械的艺术和美的艺术，前者纯然作为勤奋的和学习的艺术，后者作为天才的艺术，相互之间颇有区别，但却毕竟没有任何美的艺术，其中不是有某种能够按照规则来领会和遵从的机械性东西，因而有某种**符合学院规则的东西**来构成艺术的本质条件的。因为在这里必须把某种东西设想为目的，若不然，人们就根本不能把自己的产品归于任何艺术；它就会只是偶然的产品。但为了把一个目的确立在作品中，就要求有一

定的规则，人们不可以使自己摆脱这些规则。既然才能的原创性构成天才品质的一个（但不是惟一的）本质性成分，所以一些肤浅的头脑就相信，除了他们从一切规则的学院派强制解脱出来，他们就不能更好地表明他们自己就是朝气蓬勃的天才，而且他们相信，他们骑在一匹暴躁的马上比骑在一匹经过训练的马上要更加威风。天才只能为美的艺术的产品提供丰富的**素材**；对这素材的加工和**形式**则要求一种通过训练而形成的才能，以便对那材料作一种在判断力面前经得起考验的应用。但是，如果某人甚至在谨慎的理性研究的事情上也像一个天才那样说话和作决定，这就尤其可笑了；人们真的不知道，是更应当嘲笑那个骗子，他在自己周围散播如此之多的迷雾，使得人们不能够清晰地评判任何东西，但却更能够去想象；还是更应当嘲笑公众，他们真诚地自以为自己之所以没有能力清晰地认识和领会这种洞识的绝技，乃是因为新的真理是整块地抛给他们的，相比之下（经过精确的解释和对原理的符合学院规则的检验）的细节在他们看来只是粗制滥造的作品。

第 48 节　天才与鉴赏的关系 5〔311〕

为了把美的对象评判为美的对象，要求有**鉴赏**，但为了美的艺术本身，亦即为了产生这样一些对象，则要求有**天才**。

如果人们把天才视为美的艺术的才能（它带着这个词的特有含义），并想在这种意图中把它分解成为必须汇聚起来构成这样一种才能的诸般能力，那么，就有必要事先精确地规定自然美和艺术美的区别，对前者的评判只要求有鉴赏，后者的可能性（这是在评判这类对象时也必须考虑到的）则要求有天才。

一个自然美是一个**美的事物**，艺术美则是对一个事物的一个**美的表象**。

为了把一个自然美评判为这样一个自然美，我并不需要事先对这对象应当是一个什么样的事物有一个概念；也就是说，我没有必要了解质料的合目的性（目的），相反，不了解目的单是形式在评判中就独自让人喜欢了。但是，如果这对象是作为一个艺术产品被给予的，并且作为这样一个产品应当被解释为美的，那么，由于艺术总是以原因（及其因果性）中的一个目的为前提条件，所以首先必须奠立一个关于事物应当是什么的概念为基础；而既然一个事物中杂多与该事物作为目的的内在规定的协调一致就是该事物的完善性，所以在对艺术美的评判中也必须同时把事物的完善性考虑在内，而在对自然美的评判（把它评判为这样一个自然美）中则根本不问这种完善性。——虽然在评判中，尤其是在对有生命的自然对象例如这个人或者一匹马的评判中，通常也一起考虑到了客观的合目的性；但这样一来，就连这判断也不再是纯粹审美的判断，而是纯然的鉴赏判断了。自然不再是如其显得是艺术那样被评判，而是就它现实地**是**艺术（尽管是超人的艺术）而言被评判；而目的论的判断就对审美判断来说充当了它不得不考虑的基础和条件。在这样一种场合，
〔312〕即使例如有人说，这是一个美女，实际上人们所想的却无非是：自然在她的形象中美丽地表现出女性身体结构的那些目的；因为人们还必须越过纯然的形式而眺望一个概念，以便以这样的方式通过一个逻辑上有条件的审美判断来设想对象。

美的艺术在这一点上正表现出它的优点，即它美丽地描述的事物在自然中却会是丑陋的或者讨厌的。复仇女神、疾病、战争的破坏等诸如此类的东西，作为祸害都能够被描述得很美，甚至被表现在油画中；惟有一种丑不能按照自然来表现，而不摧毁一切审美愉悦，从而摧毁一切艺术美：这就是唤起**恶心**的那种丑。这是因为，由于在这种特殊的、全然建立在想象之上的感觉中，对象仿佛被表现为好像在强迫人去享受它，而我们却又在用强制力努力拒斥它；所以，这对象的艺术表象与这对象本身的自然在我们的感觉中就不再有区别，而那个表象在这种情况下就不可能被视为美的。雕刻艺术也由于在其作品上艺术与自然几乎被混同，所以就从自己的塑形中排除了丑的对象的直接表象，为此就允许通过一种看起来令人喜欢的隐喻或者标志、因而只是间接地借助于理性的诠释、而不是为了纯然的审美判断力来表现死亡（以一个美的守护神）、战争的勇气（在玛尔斯身上）。

关于一个对象的美的表象就说这么多，它真正说来只是一个概念借以得到普遍传达的那种展示的形式。——但是，赋予美的艺术的产品以这种形式，所要求的仅仅是鉴赏，艺术家在通过艺术或者自然的诸多例子对这鉴赏加以练习和校正之后，就使自己的作品依凭这鉴赏，并在经

过许多满足这鉴赏的往往是辛苦的尝试之后，才发现那使它满足的形式；因此，这形式并不仿佛是灵感或者心灵能力的一种自由振奋的事情，而是一种缓慢的，甚至折磨人的推敲的事情，为的是让形式适合思想，却又不损害这些能力的游戏中的自由。 5〔313〕

但鉴赏只是一种评判的能力，而不是一种生产的能力；与它相符合的东西，并不因此就是美的艺术的一个作品，它可能是一个按照确定的规则属于有用的和机械的艺术，或者干脆属于科学的产品，这些规则是能够学习来并且必须被严格遵守的。但是，我们赋予该产品的那种让人喜欢的形式却只是传达的载体和一种仿佛是陈述的风格，在这方面人们还在某种程度上保持着自由，尽管除此之外毕竟被束缚在确定的目的上。于是人们就要求，餐具，或者一篇道德论文，甚至一次布道，就自身而言都必须具有美的艺术的这种形式，却又不显得是**矫揉造作的**；但人们并不因此就把它们称为美的艺术的作品。被归为后者的是一首诗、一首乐曲、一条画廊等诸如此类的东西；而在这里，人们可能常常在一个应当是美的艺术的作品上发觉没有鉴赏的天才，在另一个作品上发觉没有天才的鉴赏。

第49节　构成天才的各种心灵能力

关于某些人们期待它们至少部分地应当表现为美的艺术的产品，人们说：它们没有**精神**；尽管人们在它们身上就鉴赏而言并没有发现任何可指责的东西。一首诗可能是相当可爱的和漂亮的，但它没有精神；一部历史是精确的和有条理的，但没有精神；一篇祝词是缜密的同时也是精巧的，但没有精神；一些交谈不无风趣，但毕竟没有精神；甚至关于一个少女人们也说：她是俊俏的、口齿伶俐的和乖巧的，但没有精神。人们在这里所理解的精神，究竟是什么呢？

审美意义上的**精神**就叫做心灵中活跃的原则。但是，这个原则借以使灵魂活跃起来的东西，即它为此所用的材料，就是把心灵的各种力量合目的地置于振奋之中，亦即置于这样一种自行维持，甚至为此而加强这些力量的游戏之中。

于是我主张，这个原则不是别的，就是展示**审美理念**的能力；但是，

5〔314〕我把审美理念理解为想象力的这样一种表象，它诱发诸多的思考，却毕竟没有任何一个确定的思想，亦即**概念**能够与它相适合，因而没有任何语言能够完全达到它并使它可以理解。——人们很容易看出，它是一个**理性理念**的对应者（对称者），后者反过来是一个不能有任何**直观**（想象力的表象）与它相适合的概念。

也就是说，想象力（作为生产性的认识能力）就用现实的自然提供给它的材料仿佛是创造出另一个自然而言是很强大的。当我们觉得经验太平常的时候，我们就拿自然消遣；我们也可以改造自然，虽然还总是按照类比的法则，但毕竟也按照在理性中地位更高一些的原则（这些原则对我们来说，与知性据以把握经验性的自然的那些原则一样，也是自然的）；此时我们就感到我们对于联想律的自由（联想律是与那种能力的经验性应用相联系的），虽然按照联想律，材料是从自然给我们借来的，但这材料却能被我们加工成某种完全不同的东西，亦即加工成超越自然的东西。

人们可以把想象力的这类表象称为**理念**，这一方面是因为它们至少追求某种超出经验界限之外存在的东西并这样来试图接近于对理性概念（理智理念）的一种展示，这就赋予了它们一种客观实在性的外表；另一方面，确切地说主要是因为没有任何概念能够完全与作为内部直观的它们完全相适合。诗人敢于把不可见的存在者的理性理念，诸如至福者之国、地狱之国、永恒、创世等诸如此类的东西感性化；或者也把虽然在经验中找得到例子的东西，诸如死亡、忌妒和一切恶习，同样还有爱、荣誉等诸如此类的东西，超出经验的限制之外，借助于在达到一个最大值方面竭力仿效理性的前奏的一种想象力，在一种完备性中使之成为感性的；而这真正说来就是审美理念的能力能够以其全部规模在其中表现自己的那种诗艺。但这种能力独自来看，真正说来只是一种才能（想象力的才能）。

现在，如果给一个概念配上想象力的一个表象，这个表象是展示这
5〔315〕个概念所需要的，但独自说来却诱发起如此之多、永远也不能总括在一个确定的概念之中的思考，因而甚至以不受限制的方式在审美上扩展了该概念；那么，想象力在这里就是创造性的，并且使理智理念的能力活动起来，也就是说，在诱发一个表象方面时思考比在其中能够把握和说

明的更多的东西（虽然这属于对象的概念）。

有一些形式，它们并不构成一个被给予的概念的展示，而是仅仅作为想象力的附带表象而表述与此相联结的后果和这个概念与另一些表象的亲缘关系，人们把这些形式称为一个其概念作为理性理念不可能被适当地展示的对象的**标志**（审美标志）。所以，朱庇特的鹰及其爪中的闪电就是这位强大的天帝的一个标志，而孔雀则是仪态万方的天后的一个标志。它们并不像**逻辑标志**那样，表现处在我们关于创造之崇高和壮丽的概念之中的东西，而是表现某种别的东西，这东西给想象力提供诱因，去把自己扩展到有亲缘关系的表象的一个集合之外，这些表象让人思考比人们在一个通过语词来规定的概念中所能够表述的更多的东西；并且给出一个**审美理念**，这个理念取代逻辑的展示而服务于那个理性理念，但真正说来是为了使心灵活跃起来，因为它给心灵展现出有亲缘关系的表象的一个望不到边的疆域的远景。但是，美的艺术并不仅仅在绘画或者雕刻艺术中这样做（在这里，习惯使用标志这个名称）；而是诗艺和演讲术也都仅仅从对象的审美标志中获取那使自己的作品活跃起来的精神，这些审美标志支持逻辑标志，并给予想象力一种振奋，使它在此时虽然以未展开的方式，却思考比在一个概念中，因而在一个确定的语言表述中所能够总括的更多的东西。——为了简短起见，我不得不局限于仅举少数几个例子。

伟大的国王在他的一首诗中这样说道："让我们毫无怨言地从生命中退出，不为某种东西感到遗憾，因为我们以累累善举把世界留在身后。太阳在完成了一天的行程之后，还把一片和煦的光辉撒在天际；而它传送到空中的最后的光线，就是它为世界的福祉吐出的最后一息。"这时他 5〔316〕
在自己生命的终点还在用一个标志来使他关于世界公民意向的理性理念活跃起来，这个标志是想象力（通过一个晴朗的傍晚在我们心灵中唤起的对已度过的美丽夏日的所有适意的回忆）附加给那个表象的，而这就使得一批自身找不到表述的感觉和附带表象有了生气。另一方面，甚至一个理智概念也能够反过来用做一个感官表象的标志，并这样来通过超感性的东西的理念使得这个感官表象活跃起来；但是，这只是因为那主观上附着在超感性东西的意识上的审美东西被应用于此。例如，某位诗人在描写一个美丽的早晨时说道："太阳喷薄而出，如同安谧从德性涌现。”德性的意识，即便人们只是在思想上置身于一个有德之人的地位，也在心灵中散布一批崇高的和使人安谧的情感，以及一个欢快的未来的无边远景，它们是任何与一个确定的概念相适合的表述都没有完全达到的。①

一言以蔽之，审美理念是想象力的一个加在被给予的概念上的表象，这表象在想象力的自由应用中与各个分表象的这样一种多样性结合在一起，以至于为它找不到任何表示一个确定的概念的表述，因此，它使人对一个概念联想到许多不可言说的东西，对这些东西的情感使认识能力活跃起来，并把精神结合在作为纯然字母的语言上。

因此，那些（在某种关系中）结合起来构成**天才**的心灵力量，就是想象力和知性。只不过，既然在为知识而运用想象力时，想象力被置于
5〔317〕知性的强制和与知性的概念相适合的限制之下；但在审美的意图中想象力却是自由的，以便还超越与概念的那种一致，却自然而然地为知性提供丰富多彩的、未加阐明的、知性在其概念中未曾顾及的材料，但知性并不是客观地为知识，而是主观地为使认识能力活跃起来，所以毕竟也是间接地为知识而运用这材料；那么，天才真正说来就在于没有任何科学能够教会也没有任何勤奋能够学会的那种幸运的关系，即为一个被给予的概念找到各种理念，另一方面又对这些理念作出**表述**，通过这表述那由此引起的主观的心灵情调就能够作为一个概念的伴随物而传达给别人。这后一种才能真正说来就是人们称为精神的那种才能；因为把心灵状态中无法称谓的东西在某个表象那里表述出来并使之可以普遍传达，不论这表述是在语言中、在绘画中还是在雕塑中，这都要求有一种把握想象力的转瞬即逝的游戏并将之结合进一个无须规则的强制就能够被传达的概念（这概念正因为如此而是原创的，同时又展现出一条不能从任何先行的原则或者例子推论出来的规则）之中的能力。

※　　※　　※

如果我们根据这些分析回顾一下上面对人们称为**天才**的东西所给出

① 也许，从来没有比在**伊希斯**（**自然**之母）神殿上方的那条题词说出过更崇高的东西，或者更崇高地表述过一个思想了：“我是一切现有的、曾有的和将有的，我的面纱没有任何有死者曾揭开过”。**谢格奈**在通过一个置于他的《论自然》之前的一个扉页小花饰利用了这个理念，以便使他准备领进这个神殿的学生事先就充满应当使心灵与肃穆的凝神专注相称的神圣敬畏。

的解释，那么，我们就发现：**第一**，它是一种艺术才能，而不是科学才能，在科学中必须有清晰了解的规则先行，并规定科学中的程序；**第二**，它作为艺术才能，是以关于产品的一个作为目的的确定概念，因而是以知性为前提条件的，但也是为了展示这个概念而以关于材料亦即直观的一个（尽管不确定的）表象，因而以想象力与知性的一种关系为前提条件的；**第三**，它与其说是在实行预先设定的目的时在一个确定的**概念**的**展示**中，倒不如说是在为了那个意图而包含着丰富材料的**审美理念**的陈述或者表述中表现出来的，因而使想象力在其摆脱规则的一切引导的自由中表现为对于展示被给予的概念来说合目的的；最后**第四**，想象力与 5〔318〕知性的有法则性的自由一致中的自然而然的、非有意的主观合目的性以这两种能力的这样一种比例和相称为前提条件，这种比例和相称不是遵循规则就能导致的，不论是科学的规则还是机械模仿的规则，而只能是主体的本性产生的。

按照这些前提条件，天才就是：一个主体在其认识能力的**自由**应用中的自然禀赋之典范的原创性。以这样的方式，一个天才的产品（按照其中应归于天才，而不应归于可能的学习或者训练的东西来看）就不是一个模仿的榜样（因为那样的话，它上面是天才并构成作品的精神的东西就会丧失），而是对另一个天才来说的追随的榜样，这另一个天才由此而被唤起对他自己的原创性的情感，即他在艺术中如此实施了摆脱规则强制的自由，以至于这种艺术由此本身获得了一个新的规则，那才能通过这个新的规则表现为典范的。但是，由于天才是自然的宠儿，这类东西人们只能视为罕见的现象，所以，他的榜样就为别的优秀头脑产生了一种训练，亦即一种按照规则的方法上的传授，只要人们能够从那些精神产品及其独特性中得出这些规则；而对这些优秀头脑来说，美的艺术就是自然通过一个天才为之提供规则的模仿。

但是，如果学生**仿造**一切，直到作为畸形物、天才只是由于不削弱理念就不能消除之才予以容忍的那种东西，那么，这种模仿就成了**因袭**。这种勇气惟有在一个天才那里才是可嘉的事情；而表述中的某种**大胆**和一般而言对通常的规则的一些偏离，对于他来说是很适宜的，但却绝不是值得模仿的，而是就自身而言总还是一个人们必须力求消除的错误，但天才对这种错误来说仿佛有特权，因为他的精神振奋的那种不可模仿的东西会由于怯懦的谨慎而受到损害。**风格化**是另一种因袭，亦即仅仅对一般**特性**（原创性）的因袭，为的是尽可能远离模仿者，却毕竟不具有同时成为**典范**的才能。——虽然一般来说，组织自己的演示思想有两种方式（modus），其中的一种叫做**风格**（modus aestheticus［审美的方式］），另一种叫做**方法**（modus logicus［逻辑的方式］），它们相互之间
5〔319〕的区别在于：前者除了展示中的统一性的**情感**之外，没有任何别的准绳，而后者在这里却遵循着确定的**原则**；因此，惟有前者才被视为美的艺术。不过，一个艺术产品惟有当它里面的理念的演示**着眼于**特异性，而不是被弄得与理念相适合的时候，才叫做**风格化了的**。炫耀卖弄的东西（矫揉造作的东西）、装模作样的东西和装腔作势的东西，仅仅是为了与平常的东西区别开来（但没有精神），就类似于这样一种人的举止，关于这种人，人们说，他自说自话，或者他一举一动，就好像在舞台上似的，为的是引人注目，这在任何时候都暴露出是一个半吊子。

第50节　在美的艺术的产品中鉴赏与天才的结合

如果问题在于，在美的艺术的事情上什么更重要，是在它们上面显示天才，还是显示鉴赏，那么，这就等于是问，在这里是想象更重要还是判断力更重要。既然一种艺术就前者而言宁可说配被称为一种**富有灵气**的艺术，惟有就后者而言才配被称为一种**美的**艺术，所以后者至少作为绕不开的条件（conditio sine qua non［必不可少的条件］），就是人们在把艺术评判为美的艺术时必须注意的最重要的东西。为了美起见，并不那么必然地需要在理念上丰富且原创，但却很需要那种想象力在其自由中与知性的合法则性的相适合。因为前者的一切丰富性在其无法则的自由中所产生的无非是胡闹；与此相反，判断力则是使它们适应于知性的那种能力。

鉴赏与判断力一样，一般而言是天才的纪律（或者管束），它狠狠地剪短天才的翅膀，使天才受到教养或者磨砺；但同时它也给予天才一种引导，即它应当扩展到什么上面和扩展到多远，以便保持是合目的的；而由于它把清晰和秩序带进丰富的思想中，它就使得理念成为站得住脚的，能够获得持久的而且同时也普遍的赞同、别人的追随和一种始终进

步的培养。因此，如果在一个产品上这两种属性的冲突中应当牺牲某种东西的话，那么，就不得不宁可让这事发生在天才方面；而如果判断力 5〔320〕在美的艺术的事情上从自己的原则出发发表意见，那就宁可允许损害想象力的自由和丰富，也不允许损害知性。

因此，美的艺术就需要**想象力**、**知性**、**精神**和**鉴赏**。[①]

第 51 节　美的艺术的划分

人们可以一般地把美（不论是自然美还是艺术美）称为审美理念的**表述**：只是在美的艺术中，这个理念必须通过关于客体的一个概念来诱发，但在美的自然中，为了唤起和传达那个客体被视为其**表述**的理念，仅仅对一个被给予的直观的反思就够了，无须关于应当是对象的东西的概念。

因此，如果我们要划分美的艺术，那么，我们为此所能够至少尝试着去选择的更为方便的原则，莫过于艺术与人们言说时为了尽可能完善地相互传达，亦即不仅在其概念上而且也在其感觉上相互传达而使用的那种表述方式的类比。[②] ——这种表述就在于**语词**、**表情**和**格调**（发音、姿态和转调）。惟有这三种表述方式的结合构成了言说者的完备的传达。因为思想、直观和感觉由此同时并且联合起来被传递给别人。

因此，只有三种美的艺术：**言语的**艺术、**造型的**艺术和**感觉**（作为外表感官印象）**游戏**的艺术。人们也可以按照二分法建立这种划分，使 5〔321〕得美的艺术被划分为思想之表述的艺术或者直观之表述的艺术，而后者又可以仅仅按照其形式或者其质料（感觉）来划分。不过，这样一来它们就会太抽象，看起来不那么适合通常的概念。

一、**言语的**艺术是**演讲术**和**诗艺**。**演讲术**是把知性的事务作为想象力的一种自由游戏来推进的艺术；**诗艺**则是把想象力的一种自由游戏作为知性的事务来实施的艺术。

---

① 前三种能力通过第四种能力才获得它们的**结合**。**休谟**在其历史著作中使英国人理解了，虽然他们在自己的作品中就前三种属性**分别**来看并不有所逊色于世界上的任何民族，但他们在把前三种属性结合起来的那种属性上，却毕竟不得不落后于他们的邻居法国人。

② 读者不要把对美的艺术的一种可能划分的这种设想评判为预期的理论。它只是人们还能够并且应当着手从事的诸多尝试中的一个罢了。

因此，**演讲者**宣告一种事务，并这样来实施它，就好像它纯然是为了娱乐听众而借助于理念的一种**游戏**似的。**诗人**则仅仅宣告一种借助于理念的一种使人娱乐的**游戏**，但它却对于知性来说得出如此之多的结果，就好像他本来就只是有意推进这事务似的。感性和知性虽然相互不可或缺，但毕竟没有强制和彼此的损害就不能联合起来，这两种认识能力的结合与和谐必须显得是非有意的，并且是自行相互适应的；若不然，它就不是**美的**艺术了。因此，一切做作的东西和刻板的东西在这里都必须避免；因为美的艺术必须在双重意义上是自由的艺术：一方面，它并非作为雇工而是一种工作，这样的工作的大小是可以按照一个确定的尺度来评判、来强制或者付酬的；另一方面，心灵虽然有事可忙，但此时毕竟并不眺望一个别的目的而（不计报酬地）被满足和唤醒。

因此，演讲者虽然给予的是某种他并未许诺的东西，亦即想象力的一种使人娱乐的游戏；但是，他也断绝了某种他所许诺的东西和本是他所宣告的事务的东西，亦即合目的地使用知性。与此相反，诗人许诺得少，而且仅仅宣告了借助于理念的游戏，但却完成了某种配得上是一件事务的东西，亦即在游戏中给知性提供营养，通过想象力赋予知性概念以生命；因此在根本上，前者所做少于其所许诺，后者所做多于其所许诺。

5〔322〕 二、**造型**艺术或者理念在**感官直观**中的表述（不是通过纯然想象力的那些由语词激发起来的表象的表述）的艺术，要么是**感官真实**的艺术，要么是**感官幻相**的艺术。前者叫做**塑形艺术**，后者叫做**绘画**。二者都使空间中的形象成为理念的表述：前者使形象对两种感官成为可知的，亦即视觉和触觉（尽管对后者来说意图并不在于美），后者使形象只对于视觉成为可知的。审美理念（原本、原型）对二者来说在想象力中都是基础，但构成理念的表述的那个形象（副本、摹本）则要么是在其立体的广延中（如同对象本身实存那样）被给予，要么是按照这形象在眼中呈现的方式（按照它在一个平面中的显示）被给予；或者，即便就前者而言，也要么是与一个现实目的的关系，要么只是这目的的外表被当做反思的条件。

塑形艺术，作为第一种美的造型艺术，属于它的有**雕塑艺术**和**建筑艺术**。**前者**是立体地如同事物**在自然中可能实存**那样展示事物的概念的艺术（但作为美的艺术考虑到审美的合目的性）；**后者**则是展示**惟有通过艺术**才有可能的事物的概念的艺术，这些事物的形式不是以自然，而是以一个任意的目的为规定根据，但为此意图，这种展示毕竟也同时在审美上是合目的的。在后一种艺术这里，主要的事情是人为的对象的某种**应用**，它作为条件，审美理念被限制在它上面。在前一种艺术那里，主要的意图只是审美理念的**表述**。这样，人、神、动物的立像等诸如此类的东西是前一种的；但为了公共聚会而建的神殿或者豪华建筑，或者还有为了缅怀荣光而建的住宅、牌坊、立柱、衣冠冢等诸如此类的东西则属于建筑艺术。甚至所有的家具（木匠的作品以及诸如此类的有用之物）也可以归入此列，因为一个产品对某种应用的适合性构成一个**建筑作品**的本质性的东西；与此相反，一个纯然的**塑像作品**是仅仅为了观赏而创作的，它应当独自就让人喜欢，作为有形体的展示是对自然的纯然模仿，但毕竟考虑到了审美理念；于是，在这里**感官的真实**不可以走得如此之远，以至于它不再显得是艺术和任意的作品了。

绘画艺术，作为第二种造型艺术，人为地与理念相结合来展示**感官幻相**，我要把它划分为对**自然**的美的**描绘**的艺术和对自然**产品**的美的**组合**的艺术。前者会是**真正的绘画**，后者则会是**园林艺术**。因为前者给出 5〔323〕
的仅仅是立体的广延的幻相；后者虽然按照真实给出了立体广延，但它却只是利用和应用于别的目的，而不仅仅为了观赏它们的形式时想象的游戏这种幻相。[①] 后者无非是用自然借以把地面呈现给直观的同一种多样性（草地、花卉、灌木丛和树木，甚至流水、山丘和山谷）来装饰地面，只不过是以另一种方式并与某些理念相适合来组合而已。但是，对立体事物的这种美的组合也像绘画那样只是为了眼睛而给出的；触觉的感官对于这样一种形式不能获得任何直观的表象。我还会把用裱糊纸、顶饰

① 园林艺术尽管立体地展示自己的形式，却可以被视为绘画艺术的一种，这看起来令人奇怪；但是，既然它实际上是从自然取来自己的各种形式（树木、灌木丛、草地和花卉都来自森林和田野，至少最初是这样），而且就也不以关于对象及其目的的概念（例如像建筑艺术那样），而是仅仅以观赏中想象力的自由活动为其组合的条件而言，绝不像塑形艺术那样是艺术；所以，它与不具有任何确定主题（把空气、原野和水通过光和影而令人愉悦地组合起来）的纯然审美的绘画在这方面是一致的。——总之，读者只会把这评判为一种把各门艺术结合在一个原则之下的尝试，这原则在这里应当是审美理念（按照一种语言的类比）的表述的原则，而不会把它视为各门艺术被认为已裁定的推导。

和一切只用于**外观**的美的室内家具来装饰房间归为广义的绘画；同样还有按照鉴赏来穿着（各种环、扣等等）的艺术。因为一个种有各种各样花卉的花圃、一个配有各种各样饰物（甚至把女士的首饰也包括在内）的房间，在一个盛大的节日构成了一种画面，它像真正说来的画面（绝不是意在**教人**历史或者自然知识）一样仅仅是为了观看而存在的，以便使想象力在借助于理念的游戏中感到娱乐，并且没有确定的目的而使判
5〔324〕断力活动起来。在所有这种装饰方面的制品尽可以在机械性上非常不同，并且要求完全不同的艺术家；但对于在这种艺术中什么是美的，鉴赏判断却是以同样的方式就此而言被规定的，亦即对于这些形式来说，只是（不考虑一个目的）按照它们对眼睛呈现的那样单个地或者在其组合中根据它们对想象力造成的效果来评判它们。——但是，造型艺术如何能够（按照类比）被归为一种语言中的神情之列，却是由此得到辩护的，即艺术家的精神通过这些形象对他想过什么以及如何想给出了一个立体的表述，并使得事情本身仿佛是绘声绘色地说话：这是我们的幻想力的一种常见的游戏，它给无生命的事物按照其形式配上了一种从它们里面说话的精神。

三、**感觉的美的游戏**的艺术（这些感觉由外部产生，而这种游戏仍然必须是可以普遍传达的）所能够涉及的，无非是这感觉所属的感官不同程度的情调（紧张）的比例，亦即这感官的格调；在该词的这种宽泛的意义上，它被划分为听觉和视觉这两种感觉的艺术游戏，因而分为**音乐**和**色彩艺术**。——值得注意的是：这两种感官除了为凭借其概念从外部对象获得印象而需要的那么多的对印象的感受性之外，还能够具有一种与此相结合的特殊感觉，关于这种感觉人们不能很好地断定，它是以感官还是以反思为基础的；以及这种感受性毕竟有时可能缺乏，尽管感官在其他方面，就它应用于客体的知识而言，根本没有缺陷，而也许是十分出色的。这就意味着：人们不能确定无疑地说：一个颜色或者一个音调（声响）仅仅是适意的感觉，还是就自身而言已经是诸感觉的一种美的游戏，并且作为这样一种游戏带有在审美评判中对形式的愉悦。如果人们想到光的振动速度，或者在第二种方式中想到空气的振动速度，似乎是远远超出了我们直接在知觉中评判通过这速度来划分时间的那个比例的一切能力，那么，人们就应当相信，惟有这些颤动对我们身体的

弹性部分的**作用**才被感觉到，而通过它们**对时间的划分**却未曾被发觉并纳入评判，因而与颜色和音调相结合的只是适意，而不是它们的组合的美。但与此相反，**首先**，如果人们想到关于音乐中这些振荡的比例及其评判所能够说出的数学成分，并顺理成章地按照与这种评判的类比来评判色彩的对比；**其次**，如果人们咨询虽然只有罕见实例的那些人，他们拥有世界上最好的视觉却不能分辨颜色，拥有最灵敏的听觉却不能分辨音调，同样，对于能够做到这一点的那些人来说，咨询在色阶或者音阶上以不同的紧张度对一种变化了的质（不只是对感觉的程度）的知觉，此外这些色阶或者音阶的数目对于**可把握的**区别来说是确定的；那么，人们就会发现自己不得不把二者的感觉不视为纯然的感官印象，而是视为在多种感觉的游戏中对形式的一种评判的结果。但是，在对音乐的根据作评判时一种意见或者另一种意见所给出的区别，只会把定义改变为：人们要么像我们所做的那样把音乐解释成为各种感觉（通过听觉）的**美的**游戏，要么解释成为**适意的**感觉的游戏。惟有按照第一种解释方式，音乐才会完全被表现为**美的**艺术，而按照第二种解释方式，它就会（至少部分地）被表现为**适意的**艺术。 5〔325〕

第 52 节　在同一个产品中各种美的艺术的结合

演讲术可以与对其主体以及对象的绘画性展示结合在一出**戏剧**中，诗可以与音乐结合在**歌咏**中，而歌咏又同时能够与绘画性的（戏剧性的）展示结合在一场**歌剧**中，音乐中诸感觉的游戏可以与诸形象的游戏结合在**舞蹈**中，如此等等。甚至对崇高者的展示，就它属于美的艺术而言，也可以在一出**押韵的悲剧**、一首**教诲诗**、一曲**圣乐**中与美相结合；而在这些结合中，美的艺术就更加人为化了，但是否也（由于如此多样的不同种类的愉悦相互交织而）更加美了，在这些场合的一些场合里是可以怀疑的。但毕竟在所有美的艺术中，本质性的东西都在于对于观赏和评判来说合目的的那种形式，在这里愉快同时就是教养，并使精神与理念相称，因而使精神能感受更多这样的愉快和娱乐；而不在于感觉的质料（魅力或者感动），在这里着眼的仅仅是享受，这种享受在理念里不留下任何东西，使得精神迟钝，使得对象逐渐变得令人生厌，并使得心灵由 5〔326〕

于意识到自己在理性的判断中违背目的的情调而对自己不满意和情绪化。

如果美的艺术不是被或近或远地与道德理念结合起来，惟有道德理念才带有一种独立的愉悦，那么，后一种情况就是这些美的艺术的最终命运了。在这种情况下，它们就只是用做消遣，而人们越是利用这种消遣，以便通过越来越使自己无用和对自己不满而驱赶心灵对自己的不满，就越是需要这种消遣。一般来说，自然的各种美是最有利于前一种意图的，如果人们早就习惯于观赏它们、评判它们和惊赞它们的话。

第 53 节　各种美的艺术相互之间审美价值的比较

在所有的审美艺术中，**诗艺**（它的起源几乎完全归功于天才，并且最少要由规范或者由榜样来引导）坚守着至上的地位。它扩展着心灵，因为它把想象力置于自由之中，并在一个被给予的概念的限制之内，在无限多样性的可能与此协调一致的那些形式中间，呈现出一个把这概念的展示与一种没有任何语言表述与之完全符合的思想丰富性联结起来的形式，因而在审美上把自己提升到理念。它使心灵坚强有力，因为它使心灵感到自己自由的、能动的和不依赖于自然规定的能力，即把自然按照外观作为显象来观察和评判的能力，这些外观并不是自然不论是为感官还是为知性自行在经验中呈现出来的，因而也就是把自然用于超感性的
〔327〕
东西，仿佛是用做超感性的东西的图型的能力。诗艺用它任意造就的幻相做游戏，但并不以此骗人；因为它把自己的活动本身就解释为纯然的游戏，这游戏尽管如此还可以被知性运用，合目的地运用到它的事务上。——演讲术，就它被理解为游说的艺术，亦即通过美的幻相来骗人的艺术（作为 ars oratoria［能言善辩的艺术］），而不仅仅是善于辞令（口才和风格）而言，是一种辩证法，这种辩证法从诗艺所借取的，只是在人们作评判之前就为演讲者自己的好处而赢得人心并剥夺其自由所必需的东西；因而既不能被推荐给法庭也不能被推荐给布道坛。因为如果所涉及的是公民法律，是各个个人的法权，或者是耐心地教诲和规定心灵去正确地认识和认真地遵循自己的义务，那么，对于一种如此重要的事务来说，哪怕只是让人看出机智和想象力的放肆的一点痕迹，就是有失身份的，更不用说让人看出游说和为某人捞取好处的艺术的痕迹了。

因为即使演讲术有时也能被运用于就自身而言合法的和值得称赞的意图，但它毕竟是应予指斥的，因为以这种方式，准则和意向都在主观上受到败坏，尽管行为在客观上是合法的，因为做本身正当之事，这是不够的，而是还要仅仅出自它是正当之事的理由来做它。甚至仅仅这几种人类事务的清晰概念，与在榜样中的生动展示相结合，并且不违背语言流畅和对理性理念表述得体的规则（这些合起来就是善于辞令），就自身而言就已经对人的心灵具有充分的影响，没有必要在这里再加进游说的手法；这些手法由于同样也可以用于美化或者掩盖恶习和错误，是不能完全根除对其瞒天过海的暗中怀疑的。在诗艺中，一切都是诚实地和正直地进行的。它表示，只是想推进那借助于想象力而使人娱乐的游戏，确切地说是在形式上与知性法则相一致的游戏；而且不要求用感性的展示来蒙骗和纠缠知性。①

如果**所涉及的是魅力和心灵的激动**，那么，我会把这样一种艺术置 〔328〕
于诗艺之后，这种艺术在言语艺术中最接近诗艺，也可以很自然地与诗艺结合起来，这就是**音调艺术**。因为尽管它不用概念而全然通过感觉来说话，因而不像诗那样为思考留下了某种东西，但它毕竟更多样化地，而且尽管只是转瞬即逝但却更内在地激动着心灵；但它确实更多的是享受而不是教养（由此附带激起的思想游戏只不过是一种仿佛机械性的联

---

① 我不得不承认，一首美的诗总是使我产生一种纯粹的快乐，而读一位罗马公民演说家或者现在的议会演说家或者布道演说家的最好的演说则任何时候都混有对一种阴险的艺术的反感这种不适意的情感，这种艺术懂得把人们当做机器，推动人们在重要的事情上作出在平静思考时必定在他们那里失去任何重要性的判断。口才和善于辞令（合起来就是修辞学）属于美的艺术；但演说家的艺术（ars oratoria）作为利用人们的弱点来达到自己的目的的艺术（哪怕这些意图被认为或者甚至现实地如它们愿望的那样好），却是根本不值得**敬重**的。何况无论是在雅典还是在罗马，它都是在国家急速衰败、真正的爱国主义思维方式已经熄灭的时候才上升到最高阶段的。由于对事情有清晰的洞识而按照其丰富性和纯粹性掌握了语言，并由于一种能产的、对于展示自己的理念来说精明强干的想象力而鲜活地在心灵中分享真正的善的人，就是 vir bonus decendi peritus［有演说经验的好人］*，即无须艺术，但却坚强有力的演说家，就像**西塞罗**想有的那种力量，但他自己却并没有保持总是忠于这一理想那样。

* 这句格言并非出自西塞罗，而是出自加图；参见《加图残篇》，H. 约尔丹编，80 页，莱比锡，1860；参见昆体良：《雄辩术原理》，第 7 卷，第 1 章，1：Sit ergo nobis orator，quem constituimus，is，qui a M. Catone finitur，vir bonus dicendi peritus［因此，对于我们来说，我们所推举的演说家就是 M. 加图规定的，即有演说经验的好人］。徐恩多夫证之。——科学院版编者注

想的作用)；由理性来评判，比美的艺术中任何别的艺术都更少具有价值。因此，它像任何享受一样要求经常的变换，忍受不了多次的重复而不产生厌烦。它那可以如此普遍地传达的魅力看起来乃是基于：语言的每一个表述在联系中都有一个与该表述的意义相适合的音调；这个音调或多或少地表示着说话人的一种激情，并且也在对面倾听者那里产生这种激情，这激情在倾听者那里反过来也激起在语言中以这样的音调所表述的那个理念；而且就像转调仿佛是一种普遍的、对每个人来说都可以理解的感觉语言一样，音调艺术独自以其全部强调，亦即作为激情的语言实施着这种转调，就这样按照联想律普遍地传达着与此自然相结合的
〔329〕审美理念；但是，由于那些审美理念不是概念和确定的思想，这些感觉的复合形式（和声与旋律）就只是代替一种语言的形式，而用于凭借这些感觉的一种有比例的相称（这种相称由于在音调这里就这些音调同时地或者也前后相继地彼此结合起来而言，乃是基于在同一时间里空气振动的数目的比例关系的，所以能够在数学上被置于某些规则之下），来按照构成乐曲中主导激情的某个主题，而表述一种不可名状的思想丰富性之关联整体的审美理念。这种数学的形式虽然不是通过确定的概念表现的，但惟有在这种形式上，才依附着把关于这样一批相互伴随或者前后相继的感觉的纯然反思与感觉的这种游戏联结起来作为其美的对每个人都有效的条件的那种愉悦；而且惟有这种形式，才是鉴赏据以自认为有权预先说出每个人的判断的东西。

但是，对于音乐所产生的魅力和心灵激动，数学肯定没有丝毫的参与；相反，它只是各种印象在其结合以及交替中的那种比例的绕不开的条件（conditio sine qua non［必不可少的条件］)，通过这种比例，才有可能把这些印象总括起来，并阻止它们，使它们不是相互破坏，而是通过与之相谐和的激情协调成为心灵的一种连续的激动和振奋，从而成为一种惬意的自我享受。

与此相反，如果人们按照各种美的艺术给心灵造成的教养来评估它们的价值，并以为了认识而必须在判断力中会聚起来的那些认识能力的扩展为尺度，那么，音乐在各种美的艺术中间地位最低（就像它在同时按照其适意来评估的艺术中也许地位最高一样)，因为它仅仅以感觉来做游戏。因此，造型艺术在这方面就远远走在音乐前面；因为当它们把想

象力置于一种自由的，毕竟同时与知性相适合的游戏之中时，它们就同时推动着一件事务，因为它们完成了一个产品，这产品把知性概念用做一个耐久的、独自就受欢迎的工具，去促进这些概念与感性的结合，这样就仿佛是促进了高级认识能力的文雅。这两类艺术选取的是完全不同的道路：前一类是从感觉到不确定的理念；而后一类则是从确定的理念 5〔330〕
到感觉。后一类具有**常驻**的印象，前一类则只具有**短暂的**印象。想象力能够唤回后一类，并以此作适意的娱乐；前一类则要么完全消失，要么当它们不由自主地被想象力重复的时候，对于我们与其说是适意的，倒不如说是累赘的。此外，与音乐相联系的，是某种文雅的欠缺，即音乐尤其是按照其乐器的性状把自己的影响扩展到人们所要求的影响之外（即影响到邻居），这样就仿佛是强迫人，因而损害音乐聚会之外的其他人的自由；这不是那些对眼睛说话的艺术所做的事，因为如果人们不想接受它的印象的话，只要把自己的眼睛转开就可以了。这种情况几乎就像用一种扩散得很远的香味来使自己陶醉一样。一个人从口袋里掏出他的洒满香水的手绢，违背自己周围和旁边所有人的意志款待他们，迫使他们如果想呼吸就同时享受这香味；因此这种事也已经不时兴了。① ——在造型艺术中，我会给予绘画以优先地位：这部分是因为它作为描绘艺术是其余一切造型艺术的基础；部分是因为它能够比其余造型艺术所允许的更远地深入到理念的领域，也与这些理念相符合而更多地扩展直观的疆域。

第54节　附释

在**仅仅于评判中让人喜欢**的东西和**使人快乐**的（于感觉中让人喜欢的）东西之间，如同我们经常指出的那样，有一个本质性的区别。后者是某种人们不能像对前者那样要求于每个人的东西。快乐（它的原因尽可以也在理念中）看起来任何时候都在于一种促进人的全部生活，因而 5〔331〕
也促进肉体的舒适亦即健康的情感；以至于把一切快乐在根本上都冒充

① 那些建议在家里作祈祷时也唱圣歌的人，并没有考虑，他们通过这样一种**喧闹的**（正因为此通常是假虔诚的）祈祷而给公众加上了一种巨大的负担，因为他们强迫邻居们要么一起来唱，要么放下他们的思维工作。

为肉体感觉的**伊壁鸠鲁**，在这方面也许会是不无道理的，而且当他把理智的，甚至实践的愉悦都归入快乐之列的时候，他只不过是自己误解了自己罢了。如果人们注意到后一种区别，那么，人们就能够解释，何以一种快乐甚至能够使感觉到它的人反感（如一个贫穷但却思想正派的人对他那爱他但却吝啬的父亲的遗产所感到的高兴），或者何以一种深深的痛苦却能够让承受它的人喜欢（一个寡妇对她功勋卓著的丈夫的死感到的悲伤），或者何以一种快乐此外还能够让人喜欢（如对我们所推进的科学的快乐），或者一种痛苦（例如仇恨、忌妒和报复心）还能够使我们对它反感。愉悦或者反感在这里都基于理性，与**赞同**或者**不赞同**是一回事；但快乐和痛苦则可能仅仅基于情感或者对一种（无论出自什么根据的）可能的**舒适**或者**不舒适**的展望。

感觉（它们不以任何意图为根据）的一切交替着的自由游戏都使人快乐，因为这游戏促进着对健康的情感；无论我们在理性评判时对它的对象，甚至对这种快乐是否有一种愉悦，而且这种快乐能够一直上升到激情，尽管我们对这个对象本身并没有什么兴趣，至少没有这样一种与激情的程度成比例的兴趣。我们可以把它们划分为**博彩的游戏**、**音调的游戏**和**思想的游戏**。**第一种**游戏要求有一种**兴趣**，无论它是虚荣的兴趣还是自私的兴趣，但它远不如对我们如何力图获得它的方式所感到的兴趣那么大；**第二种**游戏仅仅要求感觉的交替，这些感觉中的每一种都与激情有自己的关系，但与激情的程度无关，都使审美的理念活跃起来；**第三种**游戏仅仅产生自判断力中诸表象的交替，由此虽然没有产生任何带有某种兴趣的思想，但毕竟振奋了心灵。

游戏必须如何使人快乐，而人们却不必把有兴趣的意图在这时当做基础，这是我们的所有社交晚会都表明了的；因为没有游戏，几乎所有的社交晚会都不可能使人娱乐。但是，希望、畏惧、高兴、愤怒、嘲弄
5〔332〕这些激情，在这里通过它们每一刻都交换自己的角色而做游戏，而且是如此生动，以至于由此作为一种内在的运动，体内的整个生命活动都看起来得到了促进，就像心灵由此产生的一种生气勃勃所表明的那样，尽管既没有获得什么也没有学到什么。但是，既然博彩游戏并不是什么美的游戏，我们在这里要把它放到一边。与此相反，音乐和笑料却是两种带有审美理念，或者也带有知性表象的游戏，通过它们最终没有思考任

何东西，它们只是能够通过自己的交替使人快乐，但仍然是生动的快乐；由此它们就使人相当清晰地认识到，二者中的振奋都只是肉体的，虽然它们都是由心灵的理念激起的，而且对健康的情感通过内脏的一种与那个游戏相对应的运动，就构成了一个热情洋溢的晚会那被称赞为如此高尚风雅的全部快乐。不是对各种音调或者机智念头中的和谐的评判，这和谐连同它的美只不过被用做必要的载体罢了，而是肉体中得到促进的生命活动，即推动着内脏和横膈膜的激情，一言以蔽之对健康的情感（它没有这样的机缘通常是感不到的），构成了人们在也能够通过灵魂掌握肉体以及把灵魂用做肉体的医生这一点上感到的那种快乐。

在音乐中，这种游戏从肉体感觉进展到审美理念（激情的客体的理念），然后又从这些理念返回，但却是以联合起来的力量返回到肉体。在玩笑（它正如音乐一样，与其说应被归为美的艺术，倒不如说应被归为适意的艺术）中，游戏从思想开始，这些思想就它们要感性地表述自己而言，也全都使肉体活动起来；而且由于知性在这种展示中没有发现所期待的东西而突然松弛下来，于是人们就在体内通过各种器官的振奋感觉到这种松弛的作用，这种作用促进着这些器官的平衡的恢复，并对健康有一种良好的影响。

在一切应当激起一场热烈的哄堂大笑的东西里面，都必须有某种荒谬的东西（因此知性就自身而言在它那里不可能感到愉悦）。**笑是由一种紧张的期待突然转变成虚无而来的激情**。正是这种肯定不会使知性感到高兴的转变，毕竟间接地使人在一瞬间高兴非常。因此，其原因必定在 5〔333〕
于表象对肉体的影响以及肉体对心灵的交互影响；确切地说并非就表象客观地就是快乐的对象而言（因为一个受骗的期待怎么可能使人快乐呢?），而只是由于这种转变作为纯然的表象游戏而在肉体中产生了各种生命力的一种平衡。

当某人讲述：一个印第安人在苏拉特的一个英国人的筵席上看到打开一瓶英国淡色啤酒，这啤酒全都变成泡沫冒了出来，他用连声呼叫来表示他的巨大惊异，而当英国人问："这里到底有什么可以如此惊异的?"他回答说："我奇怪的也不是它冒出来，而是你们怎么把它塞进去的。"这时我们就会发笑，而且它使我们感到衷心的愉快：不是因为我们发现例如自己比这个无知的人更聪明，或者通常是对知性在这里让我们注意到的某种令人愉悦的东西感到愉快；而是我们的期待曾经是紧张的，而突然消失为虚无。或者当一个富有的亲戚的继承人想给这亲戚举办一个相当隆重的葬礼，却抱怨自己在这件事上相当不成功，因为（他说），“我给送葬人员的钱越多，让他们看起来悲伤些，他们就看起来越快活”，这时我们就大笑，而理由就在于一种期待突然转变成虚无。人们必须注意的是：这种期待必须不是转变成一个预期对象的积极对立面——因为这总是某种东西并常常会使人悲伤——，而是必须转变成虚无。因为如果某人讲一个故事而激起了我们很大的期待，而我们在结尾马上看出了这个故事的不真实，这就使我们感到反感；例如，关于那些据说由于巨大的忧伤而一夜之间白了头发的人的故事。与此相反，如果有另一个促狭鬼为了回敬这样一类讲述而加油添醋地讲述一位商人的忧伤，说他带着自己的全部财货从印度返回欧洲，在一场大风暴中不得不把它们全都抛到海里，并且忧伤到如此程度，以至于为此在这天夜里他的**假发**都变白了，我们就会发笑，而这就使我们快乐，因为我们把自己在捕捉一个本来对我们无所谓的对象上的失误，或者毋宁说把我们所追逐的理念像一只球那样，在我们只是以为抓住并把牢了它的时候还打来打去了一阵
5〔334〕子。在这里，不是打发掉了一个骗子或者傻瓜而唤起了快乐：因为后面这个一本正经讲出的故事单是自身就已经让一个聚会笑声朗朗了；而前者通常会就连去注意也是不值得的。

值得注意的是：在所有这样一些场合，笑话总是必须包含有某种能够蒙人一时的东西；因此，当幻相消失为虚无的时候，心灵就又回顾，以便把这幻相再次品味一番，这样，心灵就由于快速接踵而至的紧张和松弛而跳来跳去，动荡不安：这种动荡由于是仿佛绷紧了弦的东西突然（不是通过一种逐渐的放松）弹跳出来，必定造成心灵的激动以及与之和谐的内部身体运动，后者不由自主地持续下去，并产生疲倦，但同时也产生快感（一种导致健康的运动的结果）。

因为如果承认，与我们的所有思想和谐地结合在一起的，同时有肉体器官中的某种运动，那么，人们就相当可以理解，何以那样把心灵时而置于这一立场、时而置于另一立场以观察其对象，会有我们内脏的弹性部分的一种传达到横膈膜的交替紧张和放松与之相对应了（就像怕痒的人感到的那类紧张和放松）；这时，肺部以快速前后相继的间歇把空气

喷发出去，这样就造成一种有益于健康的运动，惟有这种运动，而不是在心灵中发生的事情，才是对一个根本上什么也不表现的思想感到快乐的真正原因。——伏尔泰说过，上天为了平衡生活的许多艰辛给了我们两样东西：**希望**和**睡眠**。他倒是还可以把**笑**计算在内；只要在有理性者那里激起笑的手段如此容易手到擒来，而机智或者为此所需要的心血来潮的原创性亦不罕见，就像那进行虚构的才能屡见不鲜一样：**伤神地**虚构如神秘的冥想家，**伤身地**虚构如天才，或者**伤心地**虚构如善感的小说家（也有这类的道德家）。

因此我觉得，人们大可以承认伊壁鸠鲁的说法：一切快乐，即便是由那些唤起审美理念的概念所引起的，也都是**动物性的**，亦即肉体的感 〔335〕
觉；由此丝毫也不损害对道德理念的敬重这种**精神性的**情感，这种情感不是什么快乐，而是把我们提升到对快乐的需要之上的（对我们里面的人性的）一种自我尊重，它甚至连对**鉴赏**这种稍逊高贵的情感也丝毫不损害。

某种由二者复合而成的东西存在于**天真**之中，天真就是对人性来说原初自然的正直对已成为另一本性的伪装术的逃避。人们嘲笑尚不懂得伪装自己的那种纯朴；但毕竟也为在这里一笔勾销那种伪装术的本性纯朴感到高兴。人们期待着那矫揉造作的、小心翼翼地着眼于幻相的态度的日常习俗；而看吧！未被败坏的无辜的本性根本是人们不期而遇的，是那让看到它的人也不曾想显露出来的。美的、但却虚假的幻相，通常在我们的判断中很是重要，在这里却突然转化为虚无，仿佛我们心中的那个促狭鬼突然被暴露出来，这就先后产生出心灵朝两个相反方向上的运动，这运动同时有益于健康地使身体抖动。但是，比一切接受下来的习俗都无限好的东西，即思维方式的纯正性（至少是这种思维方式的禀赋），毕竟在人类本性中还没有完全泯灭，这就在判断力的这种游戏中掺进了严肃和尊重。但由于这只是一个短时间内凸显出来的显象，而伪装术的面罩马上就又拉上了，所以在这里面同时就混有一种遗憾，这种遗憾是对温柔的一种触动，它作为游戏可以很好地与这样一种善意的笑结合在一起，而且实际上通常也是与它相结合的，同时也经常给为此提供笑料的人因为自己还没有按照人们的方式变得乖巧而感到的尴尬提供补偿。——因此，一种**天真**的艺术是一种自相矛盾；然而，在一个虚构的人格中表现天真，却是完全可能的，是美的艺术，尽管也是罕有的艺术。切不可把天真与坦诚的纯朴混淆起来，后者之所以不伪装本性，只是因为它不善于本是交往艺术的东西。

至于让人高兴的、与出自笑的快乐有近亲关系并属于精神的原创性的、但恰好并不属于美的艺术的才能的东西，还可以算上**心血来潮的**风
5〔336〕格。因为**心血来潮**在褒义上意味着能够把自己任意地置入某种心灵态位的才能，在这种态位中对一切事物的评判都与平常不同（甚至相反），但毕竟是按照在这样一种心灵情调中的某些理性原则来评判的。不由自主地服从这样一些变化的人，就是**情绪化的**。但能够任意地和合目的地（为了借助一种使人发笑的对比来作一种生动的展示）运用这种变化的人，他和他的表演就叫做**心血来潮的**。然而，这种风格更多地属于适意的艺术，而不是美的艺术，因为后者的对象总是必须就自身而言表现出几分尊严，因而就像鉴赏在评判中所要求的那样在展示中表现出某种严肃。

第二卷 5〔337〕
审美判断力的辩证论

第 55 节

一种判断力要是辩证的，就必须首先是推想的；也就是说，它的判断必须提出普遍性的要求，确切地说是提出先天普遍性的要求①；因为辩证论就在于这样一些判断的相互对立。所以，（关于适意者和不适意者的）审美的感官判断的不一致性并不是辩证的。就连鉴赏判断的冲突，就其每一个都是基于其自己的鉴赏而言，也不构成鉴赏的辩证论；因为没有人想到使自己的判断成为普遍的规则。因此，关于一种辩证法就没有留下任何能够关涉鉴赏的概念，除了鉴赏的批判（不是鉴赏本身）就其诸原则而言的一种辩证论的概念之外；因为在这里，关于一般鉴赏判断的可能性的根据，自然而然地和不可避免地出现了一些相互抵触的概念。因此，鉴赏的先验批判就此而言将只包含一个可以使用审美判断力的辩证论之名称的部分，如果出现了这种能力的诸原则的一种二论背反，它使这种能力的合法则性，因而也使它的内在可能性变得可疑的话。

第 56 节　鉴赏的二论背反的表现 5〔338〕

鉴赏的第一句套话就包含在每个没有鉴赏的人都想用以抵挡指责的这个命题中：**每一个人都有他自己的鉴赏**。这就等于是说：这个判断的规定根据是纯然主观的（快乐或者痛苦）；而这判断没有权利要求别人的必然赞同。

① 每一个判断，如果他宣称自己是普遍的，都可以叫做一个推想的判断（iudicium ratiocinans［进行推论的判断］）；因为就此而言，它可以用做一个理性推理中的大前提。与此相反，一个理性判断（iudicium ratiocinatum［推论出来的判断］）则只能被称为这样一个判断，它被设想为一个理性推理的结论，因而是先天地建立起来的。

鉴赏的第二句套话，是甚至那些承认鉴赏判断有权宣布对每个人都有效的人也运用的，这就是：**关于鉴赏不能争辩**。这就等于是说：一个鉴赏判断的规定根据虽然也可以是客观的，但它不能被置于确定的概念上；因此，关于这个判断本身不能通过证明**裁定**任何东西，尽管对此很可以并且有理由作出**争执**。因为**争执**和**争辩**虽然在力图通过诸判断的相互对抗产生出它们的一致这一点上是相同的，但它们的差别在于，后者希望按照作为证明根据的确定概念来造成这种情况，因而把**客观的概念**假定为这个判断的根据。但在这一点被视为不可行的地方，这种争辩也同样被视为不可行的。

人们很容易看出，在这两句套话之间还缺少一个命题，这个命题虽然并未以谚语的方式流传，但却包含在每个人的意识中，这就是：**关于鉴赏可以争执**（虽然不能争辩）。但是，这个命题包含着最上面那个命题的反面。因为在应当允许争执的地方，就必然有希望相互之间达成一致；因而人们就必须能够指望判断的那些不仅仅具有私人的有效性的根据，因而这些根据就不仅仅是主观的；然而，这仍然与“每**一个人都有他自己的鉴赏**”那个原理是截然相反的。

因此，就鉴赏的原则而言，表现出如下的二论背反：

一、**正论**。鉴赏判断不是建立在概念之上的；因为若不然，对此就可以争辩（通过证明来裁定）了。

5〔339〕 二、**反论**。鉴赏判断是建立在概念之上的；因为若不然，尽管这种判断有差异，对此也根本不可以争执（要求别人必然赞同这个判断）。

第 57 节　鉴赏的二论背反的解决

要消除配给每个鉴赏判断的那些原则（它们无非是上面在分析论中所介绍的两个鉴赏判断特性）的冲突，这是不可能的，除非人们指出：人们使客体在这类判断中与之相关的概念，在审美判断的两个准则中并不是在同样的意义上采用的；这种双重的意义或者评判观点对于我们的先验判断力来说是必要的；但在一方与另一方的混淆中的这种幻相，作为自然的幻觉，也是不可避免的。

鉴赏判断必须与某个概念相关；因为若不然，它就绝不能要求对每个人的必然有效性。但是，它恰恰不能从一个概念得到证明，却是因为一个概念可能要么是可规定的，要么也就自身而言是未被规定的同时又是不可规定的。前一种性质的是知性概念，它是可以通过能够与之相对应的感性直观的谓词来规定的；但第二种性质的是关于超感性东西的先验理性概念，超感性东西是所有那些直观的基础，所以这概念不再能在理论上予以规定。

现在，鉴赏判断针对的是感官对象，但不是为了为知性而规定这些对象的一个**概念**；因为这不是什么知识判断。所以，它作为与愉快的情感相关的单个直观表象，只是一个私人判断，就此而言，它在有效性上会被仅仅限制在作判断的个人身上：对象**对我来说**是一个愉悦的对象，对别人来说可能就是另一种情况；——每一个人都有他自己的鉴赏。

尽管如此，在鉴赏判断中却无疑包含着客体（同时也有主体）表象的一种扩展了的关系，我们在此之上建立起一种扩张，即把这类判断扩张为对每个人都必然的，因此这扩张就必须必然地以某个概念为基础；但必须是一个根本不**能**通过直观来规定的概念，通过它也不**能**认识任何东西，因而也不**能**为鉴赏判断**作出任何证明**。但是，一个这样的概念只是关于超感性东西的纯粹理性概念，超感性东西是作为感官客体，因而作为显象的对象（而且还有作判断的主体）的基础。因为假如人们不作这样一种考虑，那么，鉴赏判断对普遍有效性的要求就会无可挽救；假如它建立于其上的概念是一个例如关于完善性的哪怕纯然模糊的知性概念，人们能够相应地把对美者的感性直观加给它，那么，至少就自身而言就会有可能把鉴赏判断建立在证明上，而这是与正论相矛盾的。 5〔340〕

但现在，一切矛盾都将被消除，如果我说：鉴赏判断建立在一个概念（关于自然对于判断力的主观合目的性的一般根据的概念）之上，但从这个概念不能就客体而言认识和证明任何东西，因为它就自身而言是不可规定的和不适用于知识的；但是，鉴赏判断却正是通过这个概念毕竟同时获得了对每个人的有效性（尽管在每个人那里作为单称的、直接伴随着直观的判断），因为这判断的规定根据也许就在关于那可以被视为人性的超感性基底的东西的概念之中。

对一个二论背反的解决就取决于这种可能性，即两个在幻相上相互冲突的命题实际上并不相互矛盾，而是能够相互并存，尽管对它们的概念之可能性的解释超出了我们的认识能力。至于这种幻相也是自然的和对于人的理性来说不可避免的，此外为什么会有这种幻相，以及即使它在这种虚假矛盾解决了之后不再骗人但仍然存在，也可以由此得到解释。

也就是说，我们在两个相互冲突的判断中在同一个意义上采用了一个判断的普遍有效性必须建立于其上的那个概念，但却关于它说出了两个相互对立的谓词。因此在正论中本来应当说的是：鉴赏判断不是建立在**确定的**概念之上的；但在反论中本来应当说的是：鉴赏判断毕竟是建
〔341〕立在一个虽然**不确定的**概念（亦即关于显象的超感性基底的概念）之上的；而这样一来，在它们之间就会没有任何冲突。

除了消除鉴赏的要求和反要求中的这种冲突之外，我们不可能提供更多的东西。给出鉴赏的一个客观的确定原则，据此就能够引导、检验和证明鉴赏判断，这是绝对不可能的；因为这样一来，它就不是什么鉴赏判断了。主观的原则，亦即我们心中的超感性东西的不确定的理念，只能被指出是解开这个甚至在来源上也对我们隐藏着的能力之谜的惟一钥匙，但不能通过任何东西作进一步的解释。

这里提出并得到调停的二论背反，是以鉴赏的正确概念，亦即以一个纯然反思性的审美判断力的概念为基础的；而在这里，两个在幻相上相互冲突的原理就相互一致了，因为**二者都能够是真的**，而这也就够了。与此相反，如果被假定为鉴赏的规定根据的（由于鉴赏判断以之为根据的表象的个别性），像一些人所做的那样是适意，或者像另一些人（由于鉴赏的普遍有效性）想做的那样是完善性的原则，并据此建立起鉴赏的定义，那么，由此就产生出一种二论背反，它是绝对不能这样来调停的，即人们指出，**两个**相互对立的（但不只是相互矛盾的）**命题都是假的**，这就表明，每一个命题建立于其上的那个概念本身就是自相矛盾的。因此人们看到，审美判断力的二论背反的消除采取了与批判在解决纯粹理论理性的二论背反时所遵循的进程相类似的一个进程；同样，在这里以及在实践理性批判中，二论背反都违人意志地强迫人超出感性的东西，在超感性的东西中去寻找我们一切先天能力的结合点，因为没有留下别的出路让理性与它自身一致了。

附释一

既然我们在先验哲学中如此经常地发现把理念与知性概念区分开来的理由，那么，引入与它们的区别相适合的艺术表述，是会有益处的。5〔342〕
我相信，如果我提出几个这种表述的建议，人们将不会有任何反对意见。——最一般意义上的理念就是按照某个（主观的或者客观的）原则与一个对象相关的表象，不过是就这个表象永远不能成为该对象的知识而言的。理念要么按照诸认识能力（想象力和知性）相互之间协调一致的纯然主观的原则与一个直观相关，在这种情况下就叫做**审美的**理念；要么按照一个客观的原则与一个概念相关，但却永远不能充当对象的一种知识，这就叫做理性理念；在这种场合，概念就是一个**超验的**概念，它与知性概念有别，知性概念在任何时候都能够被配上一个适当地相应的直观，因而叫做**内在的**。

一个**审美的理念**不能成为任何知识，因为它是一个永远不能适当地为之找到一个概念的（想象力的）**直观**。一个**理性理念**永远不能成为知识，因为它包含着一个永远不能适合地为之提供一个直观的（关于超感性的东西的）概念。

现在我相信，人们可以把审美理念称为想象力的一个**不能阐明的**表象，而把理性理念称为理性的一个**不能演证的**概念。对于二者都预设：它们绝不是毫无根据地，而是（按照上面对一个一般理念所作的解释）与它们所属的认识能力的某些原则相符合（前者与主观的原则相符合，后者与客观的原则相符合）而产生出来的。

知性概念作为这样的概念必须在任何时候都是可以演证的（如果把演证像在解剖学中那样仅仅理解为**展示**的话）；也就是说，与这些概念相对应的对象必须任何时候都能够在直观（纯直观或者经验性直观）中被给予出来；因为惟有这样，它们才能够成为知识。**大小**的概念能够在先天的空间直观中，例如在一条直线等中被给予出来；**原因**的概念能够在物体的不可入性、物体的碰撞等上面被给予出来。因此，二者都能够借过一个经验性直观来证实，也就是说，这方面的思想能够借一个实例来指出（演证、指明）；而这一点必须是能够做到的，否则的话，人们就不能肯定这思想是否空洞，亦即是否没有任何客体。5〔343〕

人们在逻辑学中使用可演证的东西和不可演证的东西这些表述，通常只是就**命题**而言的：这时前者通过仅仅间接的命题这一称谓，后者通过**直接肯定的**命题这一称谓就可以得到更好的表示；因为纯粹哲学也具有这两类命题，如果把它们理解为能够证明的真命题和不能证明的真命题的话。然而，纯粹哲学作为哲学虽然能够从先天根据出发得到证明，但却不能得到演证；如果人们不想完全脱离词义的话，按照词义，演证（ostendere，exhibere［出示、摆出来］）就等于是（无论是在证明中还是仅仅在定义中）把它的概念同时在直观中展示出来，这种直观如果①是先天直观，就叫做该概念的构建，但它如果也是经验性的，就仍然是客体的出示，通过这出示来保证该概念的客观实在性。于是，关于一个解剖学家人们说道：当他通过解剖人的眼睛这个器官来使他之前已经用推理的方式讲述过的概念直观化时，他就演证了人的眼睛。

据此，关于一切显象的超感性基底的一般理性概念，或者还有关于与道德法则相关必须被奠定为我们任性的基础的那种东西的理性概念，亦即关于我们的先验自由的理性概念，在种类上就已经是一个不可演证的概念和理性理念了，但德性是在程度上如此；因为前者就自身而言根本不能被给予任何按照质来说在经验中相对应的东西，而在后者中，那种因果性的任何经验产品都达不到理性理念颁布为规则的那个程度。

就像在一个理性理念上，**想象力**连同其直观达不到被给予的概念一样，在一个审美理念这里，**知性**通过其概念也永远达不到想象力与一个被给予的表象结合起来的整个内在直观。既然用概念来表示想象力的一个表象，就等于**阐明**这表象，所以，审美理念就可以被称为想象力（在其自由游戏中）的一个**不可阐明的**表象。关于这类理念，我在后面还有
5〔344〕机会作一些详细的说明；现在我只是说：这两种理念，无论是理性理念还是审美理念，都必须有其原则；确切地说二者都必须在理性中有其原则，前者是在理性应用的客观原则中，后者则是在理性应用的主观原则中。

据此，人们也可以通过**审美理念**的能力来解释**天才**：由此同时也就指明了在天才的作品中为什么是自然（主体的自然），而不是艺术的深思熟虑的目的（产生美者的目的）在提供规则的理由。因为既然美者必须

---

① “这种展示，如果直观”会更好。因为如果直观是先天的就叫做作图的东西，恰恰是在直观中展示。——科学院版编者注

不是按照概念来评判，而是按照想象力对于与一般概念能力的协调一致的那种合目的的相称来评判的，所以，对于美的艺术中应当提出必须让每个人都喜欢这一合法要求的那种审美的，但却无条件的合目的性来说，能够用做主观的准绳的，就不是规则和规范，而只是纯然是主体中的自然，但却不能在规则或者概念之下来领会的那种东西，也就是说，是主体的一切能力的（没有任何知性概念能够达到的）那个超感性基底，因而是与之相关使我们的一切认识能力协调一致的那种东西，是由理知的东西给予我们的本性的那个最终目的。于是，也只有这一点是可能的，即对于人们不能为之颁布任何客观原则的那种美的艺术来说，有一个主观的，但却普遍有效的先天原则作为基础。

附释二

在这里，自行呈现出如下重要的说明：也就是说，纯粹理性有**三种二论背反**，但它们都在这一点上是一致的，即它们都迫使纯粹理性脱离把感官的对象视为物自身这个通常很自然的预设，而宁可让它们仅仅被视为显象，并给它们配上一个理知的基底（某种超感性的东西，关于它的概念只能是理念，且不容许有真正的知识）。没有这样一种二论背反，理性就永远不会能够下定决心接受这样一个如此大大限制它的思辨疆域的原则，并作出牺牲，使如此多的通常十分闪闪发光的希望不得不完全消失；因为即便是现在，当为了补偿这一损失，一种在实践方面更加伟大的应用向理性敞开的时候，理性看起来也并不能毫无痛苦地与那些希望分手并摆脱旧的羁绊。 5〔345〕

有三种二论背反，其根据在于有三种认识能力：知性、判断力和理性，它们每一种（作为高级认识能力）都必须有自己的先天原则；因为理性只要对这些原则本身及其应用作出判断，在所有这些原则方面，它就为被给予的有条件者孜孜不倦地要求有无条件者，但后者是永远也不能找到的，如果人们把感性的东西视为属于物自身的，而不是宁可把它作为显象，给它配上某种超感性的东西（我们之外的自然和我们里面的自然的理知的基底）作为事物自身的话。这样一来，这里就有：1. **对于认识能力来说**，理性在知性一直上升到无条件者的理论应用方面的二论背反；2. **对于愉快和不快的情感来说**，理性在判断力的审美应用方面的二论背反；3. **对于欲求能力来说**，在就自身而言自己立法的理性的实践应用方面的二论背反；只要所有这些能力都必须能够有自己的高级的先天原则，并且按照理性的一个不可回避的要求而根据这些原则**也无条件地**作判断并规定自己的客体。

就那些高级认识能力的两种二论背反，即理论应用的二论背反和实践应用的二论背反而言，我们在别的地方已经指出，如果这类判断不回溯作为显象被给予的客体的超感性基底的话，这些二论背反就是**不可避免的**，与此相反如果这样做了，它们也就是**可以解决的**。现在，就按照理性的要求在判断力的应用中的二论背反及其这里给出的解决而言，没有任何别的逃避它的办法，除非是**要么**否认审美判断力以某种先天原则为基础，以至于对普遍赞同的必然性的一切要求都是没有根据的、空洞的妄念，而一个鉴赏判断之所以应被视为正确的，只是因为**恰好**有许多人在这方面一致，而且就连这一点真正说来也不是因为人们在这种一致背后**猜测**到一个先天原则，而是（像在味觉鉴赏中那样）因为各主体偶
5〔346〕然地具有同样的机体组织；**要么**人们就必须承认，鉴赏判断真正说来是对在一个事物及其中的杂多与一个目的的关系上揭示出来的完善性所作出的一个隐蔽的理性判断，因而只是由于与我们的这种反思相联系的含混性才被称为审美的，尽管它在根本上是目的论的；在这一场合，人们就宣称用先验理念来解决二论背反是不必要的和没有价值的，这样就能够把感官的客体不是仅仅作为显象；而是也作为物自身与那些鉴赏法则结合起来。但是，无论是这一遁词还是另一种遁词都怎样不起作用，这一点在对鉴赏判断的阐明中已在多处地方指出。

但是，如果人们对我们的演绎至少承认这么多，即它是沿着正确的道路作出的，虽然还不是在一切部分都作得足够清晰，那么，就表明有三种理念：**第一**是一般的超感性东西的理念，它除了自然的基底之外没有进一步的规定；**第二**是作为自然对我们认识能力的主观合目的性之原则的这同一个超感性东西的理念；**第三**是作为自由的目的的原则和自由与道德中的目的协调一致的原则的这同一个超感性东西的理念。

第 58 节　自然以及艺术的合目的性的理念论，作为审美判断力的惟一原则

人们最初要么可能把鉴赏的原则设定在这一点上，即鉴赏在任何时

候都按照经验性的规定根据，因而按照那些只是后天地通过感官被给予的规定根据来作判断，要么可能承认，鉴赏是从一个先天根据出发作判断的。前者会是鉴赏批判的**经验论**，后者则是其**理性论**。按照前者，我们的愉悦的客体与**适意者**不会有区别；按照后者，如果这判断基于确定的概念，就与**善者**不会有区别；而这样，一切**美**都会被从世界上清除出去，只会取而代之有一个特别的名称，也许为前述两种愉悦的某种混合保留下来。然而我们已经指出过，这愉悦也先天地有根据，因而这些根 5〔347〕
据能够与理性论的原则共存，尽管它们并不能在**确定的概念**中被领会。

与此相反，鉴赏原则的理性论要么是合目的性的**实在论**的理性论，要么是其**理念论**的理性论。因为现在独自来看，一个鉴赏判断不是什么知识判断，美也不是客体的什么性状，所以，鉴赏原则的理性论就永远不能设定在这一点上，即这种判断中的合目的性被设想成客观的，也就是说，判断在理论上，因而也在逻辑上（哪怕只是在一种含混的评判中）针对客体的完善性，相反，判断只是**在审美上**，在主体中针对其表象在想象力中与判断力的那些本质性原则的一致。所以，甚至按照理性论的原则，鉴赏判断及其实在论和理念论的区别也只能被设定在这一点上，即那种主观的合目的性要么在第一种场合被认为是作为自然（或者艺术）的现实的（有意的）**目的**而与我们的判断力协调一致，要么在第二种场合被认为就自然及其按照特殊法则所产生的那些形式而言，仅仅是与判断力的需求的一种无目的地自行凸显出来的、偶然凸显出来的合目的的协调一致。

对于自然的审美合目的性的实在论，也就是人们要假定美者的产生在其产生原因中有它的一个理念，亦即一个有利于我们的想象力的**目的**被奠定为基础，有机自然王国中的种种美的形态是很为它讲话的。花卉、花朵，甚至整个植物的形象，一切物种的动物形态那种对它们自己的应用没有必要，但对我们的鉴赏来说仿佛是挑选出来的秀丽；尤其是颜色的那种让我们的眼睛如此愉悦的、富有魅力的多样性和组合（在锦雉身上，在贝类动物、昆虫，直到最普通的花卉身上），这些颜色由于它们仅仅涉及表面，而且即便在这表面上也根本不涉及这些造物的形体，而形体毕竟还是可能为造物的内在目的所要求的，所以，它们似乎完全是以外在的观赏为目的的；这些都给假定自然为了我们的审美判断力而有现 5〔348〕
实目的的解释方式提供了重要的砝码。

与此相反，不仅理性通过“任何地方都要尽一切可能防止不必要地增加原则”这个准则来对抗这种假定；而且，自然在它的各种自由形态中也到处显示出如此之多的机械倾向，要产生一些看起来是为我们的判断力的审美应用而造就的形式，却不提供丝毫根据让人去猜测为此还需要比它的机械作用、比单纯自然更多的东西，来让这些形式即使没有任何作为它们基础的理念也能够对我们的评判来说是合目的的。但是，我把自然的一种**自由形态**理解为**这样的**形态，通过它，从**静止的液体**中，由于它的一部分（有时仅仅是热物质的一部分）的挥发或者分离，剩余的东西就在固化时呈现出一种确定的性状或者组织（形态或者结构），它们按照物质的种类差异而各不相同，但在同一种物质中却是完全相同的。但这样做的前提条件是，人们在任何时候都把一种真正的液体理解为什么，亦即物质在它里面完全溶解，也就是说，不能被视为只是一些固体的和纯然悬浮在里面的部分的混合。

在这种情况下，这种形态就是通过**结晶**，亦即通过一种突然的固化形成的，不是通过一种从液体到固态的逐渐过渡，而是仿佛通过一种飞跃，这种过渡也被称为**晶化**。这种形态的最平常的例子就是正在结冰的水，在水里面首先产生笔直的冰针，它们成60度角拼接起来，此时别的冰针同样附着在它们的每一个点上，直到一切都成了冰，以至于在这段时间里这些冰针之间的水不是逐渐地黏稠，而是像它在温度更高得多的时候会是的那样完全是液体的，但却完全具有冰的冷度。在固化的瞬间突然逸出的分离物质，就是可观数量的热材料，由于它是仅仅为液态所需要的，它的离开就使现在这冰丝毫也不比留下此前不久在它里面液体的水更冷。

许多盐类，以及具有一种结晶形体的矿石，都同样是从一种谁知道通过什么样的介质而溶解在水中的地质成分产生的。同样，许多矿物，
5〔349〕如正六面体的方铅矿、红金矿等诸如此类的东西，其晶簇状的形态根据一切猜测也是在水中并通过各部分的结晶而形成的，通过它们由于某种原因而被迫脱离这种载体并相互结合成为一定的外部性状。

但是，一切仅仅由于热而是液态并由于冷而形成固态的物质，也在内部断面上显示出一定的结构，并让人由此判断，如果不是由于它们自己的重量或者与空气的接触而受阻的话，它们也会在外表具有自己种类

特有的形状的；人们在一些熔化后外表凝固了、但里面还是液态的金属上，通过抽出里面还是液态的部分，让里面存留的其余部分现在平静地结晶，就可以观察到这类情况。那些矿物结晶体中有许多，例如晶石簇、玻璃头、霰石，往往显出极美的形态，就像艺术永远只能想象出它们那样；而安提巴洛斯岛洞穴中的灵光只不过是透过石膏岩层渗出的水的作品罢了。

液态的东西无论如何看，一般来说都比固态的东西更古老，无论是植物，还是动物的肉体，都是从液态的营养物质中形成的，只要这些物质平静地获得形式；当然，它们在这种营养物质中最初是按照某种源始的指向目的的素质（这种素质就像将在第二部分指出的那样，必须不是在审美上，而是在目的论上按照实在论的原则来评判），但附带地却也许还是按照物质的亲缘关系的普遍法则而结晶并自由地形成的。就像在本是不同的气体成分的一种混合的大气层中，被分解开来的水性液体在它们由于热的离去而从大气层中离析出来时就产生出雪的形体，它们根据当时空气混合的不同而具有往往看起来非常艺术的和极美的形状一样，无须从评判有机化的目的论原则获取某种东西，就完全可以设想：在涉及花卉、鸟羽、贝壳无论是就其形状还是就其颜色而言的美时，这种美就可以被归于自然及其能力，即它也能够在自己的自由中，无须指向这种美的特别目的，按照化学法则通过有机化所需要的物质的沉积来在审 5〔350〕
美上合目的地形成。

但是，那直截了当地把自然的美者中合目的性的**理念性**原则证明为我们在审美判断本身中任何时候都当做基础的、而且不允许我们把自然对我们表象能力的某种目的的任何实在论用做解释根据的东西，就是：我们在评判一般的美时是在我们自己里面寻找美的先天准绳，而且审美判断力就判断某种东西是否美而言是自己立法的，这种情况在接受自然合目的性的实在论时就不可能发生，因为我们在这时就会必须向自然学习我们应当认为什么是美的，而鉴赏判断就会服从经验性的原则了。而在这样一种评判中，关键并不在于自然是什么，或者还有什么对我们来说是目的，而是在于我们如何接受它。假如自然是为了我们的愉悦而形成了自己的形式，那么，这就永远会是自然的一种客观的合目的性，而不是主观的合目的性，后者乃是基于想象力在其自由中的游戏，在这种游戏中所有的是我们用以接受自然的那种好意，而不是自然向我们表示的好意。自然对于我们来说包含着机会，使我们在评判它的某些产品时知觉到我们诸心灵力量的关系中有内在的合目的性，确切地说作为这样一种合目的性，它应当从一个超感性的根据出发被宣布为必然的和普遍有效的，自然的这一特性不可能是自然目的，或者毋宁说被我们评判为这样一个目的，因为若不然，由此而被规定的判断就会是他律，而不是像一个鉴赏判断应有的那样是自由的并且以自律为根据。

在美的艺术中，可以更清晰地认识到合目的性的理念论原则。因为这里不能由于感觉而接受合目的性的一种审美的实在论（那样一来它就会不是美的艺术，而是适意的艺术）：这一点是它与美的自然共有的。然而，由审美理念而来的愉悦不必（作为机械性蓄意的艺术）依赖于达到确定的目的，因而甚至在这原则的理性论中，作为基础的也是目的的观念性，而不是其实在性：这一点，也由此而清晰可见，即美的艺术本身
5〔351〕必须不被视为知性和科学的产品，而是天才的产品，因而是通过与具有确定目的的理性理念本质不同的**审美**理念获得其规则的。

正如作为显象的感官对象的**理念性**是解释它们的形式能够被先天地规定的惟一方式一样，在对自然的美者和艺术的美者的评判中，合目的性的**理念论**也是前提条件，惟有在这个前提条件下，批判才能解释一个先天地要求对每个人都有效（但并不把这种在客体上表现出来的合目的性建立在概念之上）的鉴赏判断的可能性。

第 59 节　美作为道德的象征

要阐明我们的概念的实在性，永远需要直观。如果这是经验性的概念，那么，这些直观就叫做**实例**。如果是那些纯粹知性概念，那么，这些直观就被称为**图型**。如果人们甚至要求，理性概念亦即理念的客观实在性也得到阐明，确切地说是为了对理念的理论知识，那么，人们就是在欲求某种不可能的东西，因为绝对不可能给出任何直观与这些理念相适合。

一切**生动描绘**（展示，subjectio sub adspectum［摆在眼前］）作为感性化都是双重的：要么是**图型的**，此时知性所领会的一个概念被给予了

相应的先天直观；要么是**象征的**，此时惟有理性才能思维而没有任何感性直观能与之适合的一个概念被配上这样一种直观，借助于它，判断力的处理方式仅仅类似于它在图型化时所观察到的东西，亦即仅仅按照这种处理方式的规则而不是按照直观本身，从而仅仅按照反思的形式而不是按照内容与这种东西一致。

如果人们把“**象征的**”这个词与**直觉的**表象方式对立起来，那么，这就是对这个词的一种虽然被近代逻辑学家们接受了、但却是意义颠倒了的、不正确的应用。因为象征的表象方式只不过是直觉的表象方式的一种罢了。也就是说，后者（直觉的表象方式）可以被划分为**图型的**表象方式和**象征的**表象方式。二者都是生动描绘，亦即展示（exhibitiones）〔352〕：不是纯然的**表征**，亦即通过伴随的感性符号来标示概念，这些符号根本不包含任何属于客体的直观的东西，而是仅仅按照想象力的联想律，因而在主观的意图中用做再生成的手段；这类东西要么是语词，要么是可见的（代数的，甚至是表情的）符号，作为概念的纯然**表述**。①

因此，人们配给先天概念的一切直观，都要么是**图型**，要么是**象征**，其中前者包含对概念的直接展示，后者包含对概念的间接展示。前者做这件事是以演证的方式，后者则是凭借某种类比（人们也把经验性直观用于类比），在这种类比中判断力完成了双重的任务，首先是把概念运用于感性直观的对象，其次是把纯然对那种直观的反思的规则运用于一个完全不同的对象，前一个对象只是这后一个对象的象征。于是，一个君主制国家如果是按照内部的民族法律来统治的，就被通过一个赋有灵魂的身体来表现，如果是由一个个别的绝对意志来统治的，就被通过一个纯然的机械（例如一个手推磨）来表现，但在这两个场合都只是**被象征地**表现。因为在一个专制国家和一个手推磨之间，虽然没有任何类似性，但在对二者及其因果性进行反思的规则之间却有类似性。这一任务至今还很少被人辨析，尽管它是值得更深入地研究的；然而，这里还不是逗留于此的地方。我们的语言充满了这类按照一种类比进行的间接展示，由此表述所包含的就不是概念的真正图型，而仅仅是反思的一个象征。这样，**根据**（支撑、基础）、**依赖**（由上面把持住）、从中**流出**（而不是

① 认识的直觉的东西必然与推理的东西（而不是与象征的东西）相对立。前者要么通过**演证**而是**图型的**；要么作为按照一种纯然**类比**的表象而是**象征的**。

跟随)、**实体**（如**洛克**所表述：偶性的承载者）这些语词以及无数其他语词，都不是图型的，而是象征的生动描绘，而且不是凭借一个直接的直观，〔353〕而是仅仅按照与这直观的类比，亦即按照对一个直观对象的反思向一个完全不同的概念的转换而对概念所作的表述，这个完全不同的概念也许永远不可能有一个直观直接相对应。如果人们已经可以把一种纯然的表象方式称为知识的话（如果这表象方式并不是对于对象就它自身是什么作出理论规定的原则，而是对于这对象的理念对我们以及对这理念的合目的应用来说应当成为什么作出实践规定的原则，那么，这样称谓就是完全允许的），那么，我们关于上帝的一切知识就都只是象征的；而谁把这知识连同知性、意志等这些惟有在尘世存在者身上才表明其客观实在性的属性当做图型的，就将陷入神人同形同性论，就像如果他除去直觉的东西就将陷入理神论一样，这样一来就在任何地方，哪怕是在实践的意图上也认识不到任何东西。

现在我说：美者是道德上的善者的象征；而且也惟有在这方面（在一种对每个人都很自然而且每个人都作为义务而要求于别人的关系中），美者才让人喜欢而提出每个他人都赞同的要求，此时心灵同时意识到自己的某种高贵化和对一种通过感官印象的愉快的纯然感受性的超升。这就是前一节[1]指出过的鉴赏所眺望的**理知的东西**，因为甚至我们的高级认识能力就是为此而协调一致的，而没有这种东西，在这些能力的本性之间与鉴赏所提出的要求相比所产生的就会全然是矛盾了。在这种能力中，判断力并不认为自己像通常在经验性的评判中那样服从经验法则的一种他律：判断力就一种如此纯粹的愉悦的对象而言自己给自己立法，正如理性就欲求能力而言所做的那样；而且它认为自己既由于主体中的这种内在的可能性，又由于一个与此协调一致的自然的外在可能性，而与主体本身中和主体之外的某种既不是自然，也不是自由，但却和自由的根据亦即超感性东西联结在一起的东西相关，在这超感性东西中理论能力与实践能力以共同的和不为人知的方式结合成统一体。我们要列举这一

[1] 这个自我引用在第 58 节中（350 页）只可能与“它应当从一个超感性的根据出发被宣布为必然的和普遍有效的”这个从句相关。更有可能的是，康德在这个地方所想到的是他在第 57 节关于人性的超感性基底是解谜的惟一钥匙所阐释（参见 340～341 页）、并在附释一中更详细地阐述的东西。据此，更准确的是：上上节。——科学院版编者注

类比的几个方面，同时也不应忽视它们的差异。

1. 美者**直接地**让人喜欢（但只是在反思性的直观中，而不是像道德那样在概念中）。2. 它**无须任何兴趣**而让人喜欢（道德上的善者即使必 5〔354〕
然与某种兴趣相结合，但却不是与这样一种先行于有关愉悦的判断的兴趣，而是与通过这判断才引起的兴趣相结合）。3. 想象力（因而我们的能力的感性）的**自由**在对美者的评判中被表现为与知性的合法则性相一致（在道德判断中意志的自由被设想为意志按照普遍的理性法则与自己本身的协调一致）。4. 对美者的评判的主观原则被表现为**普遍的**，亦即对每个人都有效的，但却不是可以通过任何普遍的概念来认识的（道德性的客观原则也被解释为普遍的，亦即对一切主体、同时也对同一个主体的一切行动都是普遍的，但却是可以通过一个普遍的概念来认识的）。因此，道德判断不仅能够有确定的建构性原则，而且**惟有**通过把准则建立在这些原则及其普遍性之上才是可能的。

对这种类比的考虑即便对平常的知性来说也是常见的；我们经常用一些看起来以一种道德评判为基础的名称来称谓自然或者艺术的美的对象。我们把建筑或者树木称做雄伟的和壮丽的，或者把原野称做欢笑的和快乐的；甚至颜色也被称做贞洁的、谦虚的、温柔的，因为它们所激起的那些感觉包含着某种与一种由道德判断造成的心灵状态的意识相类似的东西。鉴赏仿佛使从感官魅力到习惯性的道德兴趣的过渡无须一个过于猛烈的飞跃就有可能，因为它把想象力即便在其自由中也表现为可以为了知性而被合目的地规定的，甚至在感官对象上也教人无须感官魅力而找到一种自由的愉悦。

第 60 节　附录：鉴赏的方法论

把一种批判先行于科学而划分为要素论和方法论，这不可以运用于鉴赏的批判，因为没有也不可能有美者的科学，而且鉴赏的判断是不能 5〔355〕
通过原则来规定的。就每一种艺术中关涉其客体之展示中的**真实性**的科学成分而言，这种东西虽然是美的艺术的绕不开的条件（conditio sine qua non［必不可少的条件］），但却不是美的艺术本身。因此，对于美的艺术来说，只有**风格**（modus）而没有**教学方式**（methodus）。大师必须示范学生应当做什么和应当怎么做；他最终把自己的做法置于其下的那些普遍规则，与其说能够用来把这种做法的主要因素颁布给学生，倒不如说是有机会就把这些因素置入记忆。但在这里仍然必须考虑某种理想，它是艺术必须牢记的，即使它在实施中永远不能完全达到它。惟有通过唤起学生的想象力去适合一个被给予的概念，通过觉察到由于理念是审美的、是概念本身达不到的，因而表述对于理念来说是不充分的，而且通过尖锐的批判，才能够防止摆在他面前的那些榜样马上被他视为原本和不屈从任何更高的规范和自己的评判的模仿典范，就这样使天才，但与天才一起还使想象力本身在其合法则性之中的自由窒息，而没有这种自由，任何美的艺术都是不可能的，甚至就连自己的一种正确的、评判美的艺术的鉴赏也是不可能的。

一切美的艺术的预科，就其着眼于美的艺术的最高程度的完善性而言，看起来都不在于规范，而是在于通过人们称为 humaniora［人文学科］的预备知识来培养心灵力量，这也许是因为**人道**一方面意味着普遍的**同情感**，另一方面意味着能够最真挚地和普遍地**传达**自己的能力；这些属性结合在一起就构成与人性相适合的社交性，通过它，人性就与动物性的局限区别开来。无论是这个时代还是各个民族，在它们里面，一个民族由以构成一个持久的共同体的那种**对有法则的**社交的热烈冲动，在与环绕着将自由（因而也将平等）与一种强制（更多的是出自义务的敬重和服从，而不是畏惧）结合起来这一艰巨任务的那些巨大困难进行搏斗；这样一个时代和这样一个民族，首先就必须发明出将最有教养的
5〔356〕部分的理念与较粗野的部分相互传达的艺术，发明出前者的扩展和文雅化与后者的自然纯朴和原创性的协调一致，并以这种方式发明出较高的教养和知足的天性之间的那种媒介，这种媒介即使对于作为普遍的人类感觉的鉴赏来说，也构成了正确的、不能根据任何普遍的规则来陈述的尺度。

一个后来的时代很难使那些典范成为多余的，因为它将越来越不接近自然，并且最终如果不具有自然的持久榜样，就几乎不可能做到为自己形成这样一个概念，即成功地把最高教养的有法则强制与感到这种教养的固有价值的自由本性之力量和正确性结合在这同一个民族中。

但是，既然鉴赏在根本上是道德理念的感性化（凭借对二者的反思

的某种类比）的评判能力，也从它里面，从必须建立在它上面的对出自道德理念的情感（它就叫做道德情感）的更大的感受性中，引出了鉴赏宣布为对一般人性、不仅对每一种私人情感有效的那种愉快，所以很明显，对于建立鉴赏来说的真正预科就是发展道德理念和培养道德情感；因为只有当感性与道德情感达到一致时，纯正的鉴赏才能获得一种确定的、不变的形式。

第二部分
目的论判断力的批判

第 61 节　自然的客观的合目的性 5〔359〕

按照先验的原则，人们有充分的根据来假定，自然在其特殊法则中，就对于人类判断力来说的可把握性和把特殊经验联结在经验的一个体系之中的可能性而言，有一种主观的合目的性；在这种情况下，这里在自然的诸多产品中也就可以期待这样一些产品是可能的，这些产品好像真正说来就是为我们的判断力摆出来的，包含着这样一些与判断力相适合的特殊形式，这些形式通过其多样性仿佛是有利于加强和维持各种心灵力量（这些力量在运用这种能力时处在游戏中），因而人们把它们冠以**美的**形式之名。

但是，说自然事物相互充当达到目的的手段，而且它们的可能性本身惟有通过这种方式的因果性才能充分理解，对此，我们在作为感官对象之总和的自然的普遍理念中，根本没有任何根据。因为在上述场合里，事物的表象由于是我们心中的某种东西，就完全也可以被先天地设想为与我们认识能力的内在合目的的相称是适合适宜的；但是，那些既不是我们的、也不能归之于自然（我们并不把自然假定为理智的存在者）的目的，如何毕竟可以或者应当构成一种特殊类型的因果性，至少是构成自然的一种完全独特的合法则性，这却是根本不能用一些根据来先天地推测的。不过更有甚者，即便经验也不能向我们证明这些目的的现实性；这就必定有一种玄想走在前面，它只是把目的概念置入事物的本性，但 5〔360〕却不是从客体及其经验知识获取这概念，因而更多的是用它来按照与我们心中表象之联结的一种主观根据的类比而使得自然可以理解，却不是从客观根据出发来认识自然。

此外，作为自然事物的可能性之原则的客观合目的性，离与自然的概念有**必然的**联系如此之远，以至于客观合目的性毋宁说恰恰是人们主要为了由此证明它（自然）和它的形式的偶然性而援引的东西。因为例如，如果人们援引一只鸟的身体结构、它的骨头中的空腔、它的双翼对于运动的姿态和它的尾巴对于定向的姿态，如此等等，那么人们就说：这一切按照自然中的纯然 nexus effectivus［效果的联系］，而不还求助于一种特殊类型的因果性，亦即目的的因果性（nexus finalis［目的的联系]），就会是在最高程度上偶然的；也就是说，自然作为纯然的机械作用来看，能够以上千种别的方式来形成自己，无须恰恰就遇上按照这样一个原则的统一体，因此，人们惟有在自然的概念之外，而不是在自然的概念之中，才可以希望遇到这方面起码的先天根据。

尽管如此，目的论的评判还是至少或然地有理由被用于自然研究的；但只是为了按照与根据目的的因果性的**类比**而把它置于观察和研究的原则之下，而不是自以为能够据此**解释**它。因此，这种评判属于反思性的判断力，而不属于规定性的判断力。关于自然按照目的的结合和形式的概念，在按照自然的纯然机械作用的因果性法则不够用的地方，毕竟至少是**多了一条原则**来把自然的显象置于规则之下。因为我们引证一个目的论的根据，是在这样的地方，即我们把就一个客体而言的因果性赋予关于客体的概念，就好像这种根据存在于自然里面（不是存在于我们心中）似的，或者毋宁说，我们是按照这样一种因果性（这类因果性是我们在自己心中发现的）的类比来想象对象的可能性的，因而是把自然设想成由于自己的能力而**有技术的**；与此相反，如果我们不把这样一种作用方式赋予自然，那么，自然的因果性就必定被表现为盲目的机械作用。〔361〕反之，假如我们给自然配上**有意**起作用的原因，因而给这种目的论奠定为基础的就不仅是一个**范导性的**原则，这原则纯然是为了**评判**显象的，自然按照其特殊的法则可以被设想为是服从这些显象的，而且由此还有一个从自然的原因推导出它的产品来的**建构性的**原则；那么，一个自然目的的概念就会不再隶属反思性的判断力，而是隶属规定性的判断力；但这样一来，事实上它就根本不是属于判断力所特有的（就像美的概念作为形式的主观合目的性那样），而是作为理性概念在自然科学中引入了一种新的因果性，但这种因果性却只是我们从我们自己那里借来并赋予别的存在者的，尽管如此却不想假定这些存在者与我们具有同样性质。

第一卷 5〔362〕

目的论判断力的分析论

第62节 与质料的合目的性有别的纯然形式的客观合目的性

一切按照一个原则画出的几何图形，本身都显示出一种多样化的、经常被人惊赞的客观合目的性，亦即对于按照一个原则来解决许多问题，并且也许还以非常不同的方式来解决这些问题中的每一个的那种适用性。在这里，合目的性显然是客观的和理智的，而不纯然是主观的和审美的。因为它表述了图形对于产生许多引为目的的形状的适合性，并且被理性所认识。不过，这种合目的性毕竟并不使关于对象本身的概念成为可能，也就是说，这概念并不只是考虑到这种应用而被视为可能的。

在一个像圆这样简单的图形中，包含着解决一大批问题的根据，这些问题中的每一个自身都会要求有各种各样的准备，而这种准备作为这个图形的无限多的突出属性之一就仿佛是自行产生的。例如，如果所说的是用已知的底边和与它相对的角做一个三角形，那么，这个题目就是不确定的，也就是说，它可以用无限多样的方式来解答。然而，圆却把它们全都包括在内，作为一切符合这一条件的三角形的几何轨迹。或者，两条线应当如此相交，使得一个线段的两个部分产生的矩形与另一个线段的两个部分产生的矩形相等，那么，这个题目的解答看起来就具有许多困难。但是，一切在圆内部相交并受到该圆的圆周限制的线段，都是 5〔363〕
自行按照这个比例划分的。其他曲线又提供出其他合目的的解答，这些解答在约定这些曲线的作图的那个规则中是根本没有想到的。一切圆锥曲线单独来说和在相互的比较中，在解决一大批可能问题的原则上都是富有成果的，不论规定这些曲线的概念的那种解释是多么简单。——看到古代几何学家探究这一类线段的这些属性的那种热情，是一种真正的快乐，他们没有让自己被狭隘的头脑的问题，即这种知识究竟有什么用，给搞糊涂；例如对抛物线的知识，他们并不了解地球上的重力法则，这法则本来会为他们提供出这知识在有重量的物体（这些物体在其运动中的重力方向可以被视为平行的）的抛掷路线上的运用；或者对椭圆的知识，他们并未预见到即便在天体上也能够发现一种重力，而且不了解重力在与吸引点距离不同时的法则，这法则使得这些天体描画出这种自由运动的路线。在他们自己都没有意识到他们在其中在为后代工作时，他们却对事物的本质中的一种合目的性而心旷神怡，这种合目的性毕竟是他们完全先天地在其必然性中展示的。柏拉图本人就是这门科学的大师，他曾因事物的这样一种我们可以撇开一切经验来揭示的源始性状，因心灵能够从存在者的超感性原则中来汲取这些存在者的和谐的能力（属于此列的还有数目的那些让心灵在音乐中以之游戏的属性）而欢欣鼓舞，这使他超越经验概念提升到理念，而这些理念在他看来只能通过与一切存在者的起源的一种理智的共联性来解释。毫不奇怪，他曾把不懂几何学的人赶出他的学园，因为他想把阿那克萨哥拉从经验对象及其目的联结中推论出来的东西从纯粹的、内在地寓于人类精神的直观中推导出来。因为合目的的东西，以及具有仿佛是有意为我们的应用而如此设立，但尽管如此却仍显得应当原初地归于事物的本质而不考虑我们的应用这样的性状的东西，在其必然性中恰恰就有对自然的巨大惊赞的根据，这根
5〔364〕据与其说是在我们之外，倒不如说是在我们自己的理性之中；在这方面完全可以原谅的是，这种惊赞由于误解会逐渐地一直上升到狂热。

但是，这种理智的合目的性虽然是客观的（不像审美的合目的性那样是主观的），却仍然完全可以按照其可能性被理解为纯然形式的（不是实在的）合目的性，亦即理解为合目的性，却毕竟不需要把一个目的奠定为它的基础，因而不需要目的论，但这种理解只是大体上的。圆形是一个由知性按照一个原则所规定的直观，我任意假定并作为概念奠定为基础的这个原则的统一性，在其运用于同样只是作为表象，确切地说先天地在我心中发现的一种直观形式（空间）之上时，就使得许多从那个概念的作图中产生出来的、在各种各样的可能意图中都合目的的规则可以理解了，无须还可以给这个合目的性配上一个目的或者某个别的根据。这里的情况不同于我在我之外的**事物**的包括在某些界限之内的一个总和中，例如在一个花园中，发现树木、花坛、小径等的秩序和合规则性时

那样，这种秩序和合目的性我并不能够希望从我按照一条随意的规则而对一个空间的界限划定推论出来；因为这是实存的事物，它们为了能够被认识就必须被经验性地给予出来，而不只是我心中的一个按照一条先天原则被规定的表象。因此，后一种（经验性的）合目的性作为**实在的**，依赖于一个目的的概念。

但是，就连对一种虽然是在事物（就它们的概念能够被作图而言）的本质中被知觉到的合目的性的惊赞，其根据也是可以很好地、确切地说合法地看出的。多样化的规则的统一性（出自一个原则）激起这种惊赞，这些规则全都是综合的，而且不是从一个客体的**概念**，例如圆的概念得出的，而是需要该客体在直观中被给予。但是，这种统一性由此也获得一种外表，就好像它经验性地具有规则的一个与我们的表象能力不同的外部根据似的，因而就好像客体与知性对规则固有的需求的协调一致就自身而言是偶然的，因而只是通过一个明确针对这种一致的目的才 5〔365〕
是可能的似的。现在，虽然正是这种和谐，由于它尽管有所有这些合目的性，却仍不是经验性地，而是先天地被认识的，它就应当自行把我们带到这一点上，即客体惟有通过空间的规定（凭借想象力与一个概念相符合）才是可能的，这空间不是我们之外的事物的性状，而只是我们心中的一种表象方式，因而我是把**合目的性带入我与一个概念相适合**而画出的图形中，亦即带入我自己关于从外面被给予我的不论就自身而言是什么的东西的表象方式中，而不是从这东西中经验性地就这个合目的性得到了教诲，因而为了那个合目的性，我不需要客体上在我之外的任何目的。但是，由于这种思考已经要求理性的一种批判应用，因而不可能马上就一起包含在按照对象的属性对它所作的评判中，所以这种评判直接给予我的，无非是诸异质规则（甚至按照它们就自身而言所具有的不同质的东西）在一个原则中的结合，这个原则并不为此要求一个先天地处在我的概念之外以及一般而言处在我的表象之外的特殊根据，但仍然被我先天地认做真实的。现在，**惊异**是心灵对一个表象和通过它而被给予的规则与已经在心灵中作为基础的那些原则的不一致性的一种抵触，因而这种抵触产生了一种怀疑，即人们是否看得正确或者判断得正确；但是，**惊赞**却是即使这种怀疑消失了也还总是出现的惊异。所以，后者是事物（显象）的本质中那种被观察到的合目的性的一种完全自然的作用，这种作用就此而言也无可指责，因为感性直观的那个（叫做空间的）形式与概念能力（知性）的一致不仅由于它恰好是这种一致而不是别的一致，而对我们来说是不可解释的，而且除此之外对心灵来说还是扩展性的，仿佛还预见到超出那些感性表象的某种东西，在其中虽然我们不知道，但却可能遇到那种一致的最终根据。尽管在仅仅涉及我们表象的形式的先天合目的性的时候，我们没有必要去认识这种根据；但是，哪怕只是由于必须去眺望，对于迫使我们这样做的那个对象来说，就同时产生出惊赞。

人们习惯于把几何形状以及数目的上述属性，由于从其作图的简单〔366〕性出发并没有预期的它们对各种各样的知识应用的那种先天合目的性，而称为**美**；例如人们谈到圆的这种或者那种美的属性，它会以这种或者那种方式被揭示出来。然而，这不是我们借以认为它合目的的那种审美评判；不是在我们认识能力的自由游戏中使某种纯然**主观的**合目的性清晰可见的那种无须概念的评判；而是一种按照概念的理智评判，它使人清晰地认识到一种客观的合目的性，亦即对各种各样的（无限多样化的）目的的适应性。与其说把它称为数学图形的一种美，倒不如说必须把它称为一种**相对的完善性**。一种**理智的美**这个称谓一般而言也不能有理由被允许，因为若不然，美这个词就必定会丧失一切确定的含义，或者理智的愉悦就必定会丧失对感性的愉悦的一切优越性。人们倒不如说可以把这样一些属性的**演证**称为美的，因为通过这种演证，作为概念能力的知性和作为先天地展示这些概念的能力的想象力感到自己被加强了（这一点连同理性带来的精确性，合在一起就被称做演证的优美）；因为在这里，这种愉悦的根据虽然在概念中，但至少它是主观的，而完善性所带来的却是一种客观的愉悦。

第 63 节　自然与内在的合目的性有别的相对合目的性

经验只是在必须对原因与结果的一种关系作出评判的时候[①]才把我们

① 由于在纯粹数学中并不谈及事物的实存，而是仅仅谈及其可能性，亦即一种与其概念相对应的直观的可能性，因而根本不谈及原因和结果，所以，所有在那里被察觉的合目的性都必须仅仅被视为形式的，而永远不能被视为自然目的。

的判断力引导到一种客观的和质料的合目的性的概念，亦即引导到一个 5〔367〕自然目的的概念，而我们也只是由于我们把结果的理念作为给其原因奠定基础的、使其原因的因果性成为可能的条件而配给其原因的因果性，才认为自己有能力看出原因与结果的关系是有法则的。但是，这一点可能以两种方式发生：要么我们把结果直接视为艺术产品，要么只是视为别的可能的自然存在者之艺术的材料，因而要么视为目的，要么视为其他原因的合目的的应用的手段。后一种合目的性叫做有用性（对人而言），或者也叫做有益性（对任何别的造物而言），是纯然相对的，而前一种合目的性则是自然存在者的一种内在的合目的性。

例如，河流携带着各种各样有利于植物生长的土壤，它们把这土壤有时沉积在陆地中部，经常也沉积在其入海口。涨潮在一些海岸边带着这泥沙漫过陆地，或者把它们沉积在陆地的岸边；而尤其是当人们对此施以援手，以免退潮又将它们带走时，肥沃的土地就增加了，在此前鱼类和贝壳类动物曾栖身的地方，植物界就赢得了地盘。陆地以这种方式的扩展大多数是自然本身完成的，而且还在进行，虽然很缓慢。——现在问题是：这是否由于它包含着对人们的一种有用性，就应当被评判为自然的一个目的；因为对植物界的这种有用性，由于与此相反海洋造物被夺走的与陆地所增加的好处同样多，人们就不能予以考虑。

或者，要举一个某些自然事物作为手段对其他造物（如果人们把它们预设为目的）的有益性的例子，那么，没有任何土地比沙土更有利于云杉的生长了。于是，古代的海洋在从陆地退走之前，在我们北方各地留下了如此之多的沙土带，以至于在这种对于一切种植来说通常如此贫瘠的土地上，却能够冒出辽阔的云杉林，由于不理智地砍光了它们，我们经常责怪自己的祖先；而这时人们就可以问：这种远古的泥沙沉积是否曾有一个为了在这上面可能有云杉林的自然目的呢？这一点是清楚的：如果人们把云杉林假定为自然目的，那么，人们就必须也承认那泥沙是目的，但只是相对的目的，为此古代的海滩及其退走又是手段；因为在一种目的联结的相互隶属的各环节的系列中，每一个中间环节都必须被 5〔368〕视为目的（尽管恰恰不是终极目的），为此它的最近的原因就是手段。同样，一旦世界上要有牛、羊、马等，地上就必须长出草来，但如果骆驼要繁衍起来，沙漠上就必须长出耐盐碱植物，或者，如果应当有狼、老虎和狮子的话，也必须能找到大批上述动物和其他食草动物。因此，建立在有益性之上的客观合目的性不是事物自身的一种客观合目的性，就好像泥沙单独作为从其原因亦即海洋而来的结果，不给海洋加上一个目的，不把结果亦即泥沙视为艺术作品，就不能被理解似的。这种合目的性只是一种相对的、对它被赋予的那个事物本身来说只是偶然的合目的性；而且在上述例子中间，虽然草类独自就可以被评判为自然的有机产品，因而被评判为富有艺术的，但在与以之为生的动物的关系中，它们毕竟只是被视为原材料。

但此外，当人通过自己的因果性的自由而发现自然事物有益于自己那些经常是愚蠢的意图（五彩缤纷的鸟羽有益于他的衣服的装饰，有颜色的土或者植物汁液有益于化妆），有时也是出自理性的意图发现马有益于乘骑，发现牛，甚至在梅诺卡发现驴和猪有益于耕地时，人们在这里就连（在这种应用上的）一种相对的自然目的也不能假定了。因为他的理性懂得给予事物以一种与他的任意念头的协调一致，为此他本人却根本不是由自然注定的。只要人们假定人应当在大地上生活，那么，他们作为动物，甚至作为有理性的动物（不论是在怎样低的程度上）无之便不能生存的那些手段，至少就是必不可少的；但这样一来，为了这一点而不可缺少的那些自然事物，就会也必须被视为自然目的了。

人们由此很容易看出，外在的合目的性（一个事物对其他事物的有益性）惟有在该事物或近或远地对之有益的那个事物的实存独自就是自然目的的条件下，才能被视为一个外在的自然目的。但是，既然那一点
5〔369〕从来也不是能够通过纯然的自然考察来澄清的，所以得出：相对的合目的性尽管以假说的方式对自然目的给出指示，却仍然不给人以权利作出任何绝对的目的论判断。

雪在严寒地区保护种子不被冻坏；它还（通过雪橇）便利人们的交往；拉普兰人在那里发现了促进这种交往的动物（驯鹿），它们靠自己必须用蹄子从雪底下刨出来的一种干枯的苔藓就找到足够的食物，却仍然轻易地让人驯服，自愿被夺去它们本来在其中能够很好地保存自己的自由。对于同一个寒带的其他民族来说，海洋含有丰富的动物资源，这些动物除了它们所提供的食物和衣服，以及海上漂来仿佛是供他们建构房屋的木料之外，还为他们提供了烧热他们的小屋的燃料。在这里，于是

就有如此之多的自然关系在一个目的上的一种值得惊赞的汇聚；而这个目的就是格陵兰人、拉普兰人、萨莫耶德人、雅库特人等。但人们看不出来，一般而言人类为什么必须生活在那里。因此，如果说**之所以**空气中的水蒸气以雪的形式降落下来，海洋有洋流把在温暖地区长成的木料冲到这里，而且这里有大型的富含油脂的海洋动物，乃是因为提供这一切自然产品的那个原因以对某些可怜的造物有好处这个理念为根据，这就会是一个很鲁莽的和很任意的判断。因为即使所有这些自然有用性不存在，我们也丝毫不会觉得失去了自然原因对这种性状的充分性；毋宁说，哪怕只是要求有这样一种资质并强求自然有这样一个目的（因为本来就只是人类相互之间极度的不相容才可能使他们一直溃散到如此贫瘠的地区），都会使我们自己觉得是狂妄的和欠考虑的。

第 64 节　作为自然目的的事物的特有性质

为了看出一个事物惟有作为目的才是可能的，也就是说，它的起源的因果性不是在自然的机械作用中，而是必须到一个由概念来规定其起作用的能力的原因中去寻找，就要求该事物的形式不是按照纯然的自然 〔370〕
法则而可能的，也就是说，不是按照仅仅由我们通过知性在应用于感官对象上时能够认识的那些法则而可能的；相反，甚至这形式根据其原因和结果的经验性知识，也是以理性的概念为前提条件的。由于理性哪怕只是要看出与一个自然产品的产生相联结的条件，也必须在该产品的每一个形式上认识其必然性，但却仍然不能在那个被给予的形式上假定这种必然性，所以事物的形式不顾一切经验性的自然法则而与理性相关的这种**偶然性**，本身就是如此假定自然产品的因果性的一个根据，就好像这因果性正因为如此而惟有通过理性才是可能的似的；但是，这种因果性在这种情况下就是按照目的来行动的能力（一个意志）；而被表现为惟有从这种能力出发才有可能的客体，就会惟有作为目的才被表现为可能的。

如果某人在一个在他看来无人居住的地方发觉在沙滩上画有一个几何图形，也许是一个规则的六角形，那么，他的反思在对该图形形成一个概念时，就会借助于理性尽管模糊却意识到这六角形的产生原则的统一性，并且就这样按照理性而不会把沙滩、邻近的海、风，或者还有他所认识的动物的足迹，或者任何别的无理性的原因，评判为这样一个形状的可能性的根据；因为与这样一个惟有在理性中才有可能的概念巧合的偶然性将会显得如此无限大，以至于正好就像为此完全没有任何自然法则，因而也没有在纯然机械地起作用的自然中的任何原因，而是惟有关于这样一个客体的概念，作为惟有理性才能给出并将对象与之相比较的概念，才能包含着导致这样一个结果的因果性似的，因而这因果性就绝对能够被视为目的，但不是自然目的，也就是说，它能够被视为**艺术**的产品（vestigium hominis video［我看到人的痕迹］）。

但是，为了把人们认做自然产品的某种东西尽管如此毕竟也评判为目的，因而评判为**自然目的**，假如其中绝不存在任何矛盾的话，那么，这就已经有更多要求了。我会暂时这样说：**如果一个事物自己是自己的原因和结果**（尽管是在双重的意义上），那么，它就是作为自然目的而实
〔371〕存的；因为这里有一种因果性，这类因果性如果不给它配上一个目的，就不可能被与一个自然的纯然概念结合起来，但这样一来它虽然能够被无矛盾地设想，但却不能被理解。我们在彻底分析关于自然目的的这个理念的规定之前，想先通过一个例子来阐明它。

第一，一棵树按照已知的自然法则生出另一棵树。但是，它生出的这棵树是同一个类的；这样，按照**类**来说它是自己产生出自己，它在这类中一方面是作为结果，另一方面是作为原因，不断地自己被自己生产出来，同样又经常自己生产出自己，而作为类持久地保持着自己。

第二，一棵树甚至作为**个体**也产生自己。这种作用我们虽然只是称之为生长；但这种生长却必须在这样的意义上来说，即它与任何其他按照机械法则的量的增加完全不同，必须被认为与生殖相同，尽管名称不同。它给自己添加的物质，这植物事先将之加工成类所特有的质，这种质是在它之外的机械作用所不能提供的，而且它是借助于这样一种材料来进一步发展自己的，这种材料就其配制而言是它自己的产品。因为即使就它从外在于它的自然获得的成分而言，这种材料必须仅仅被视为离析物，但在这种原材料的分离和新组合中，毕竟可以发现这类自然存在者的分离能力和形成能力的这样一种原创性，以至于一切艺术离它都还是无限遥远，如果这艺术试图用通过分解它们所获得的元素，或者还用

自然提供给它们作营养的材料再重新制造出植物界的那些产品的话。

第三，这个造物的一个部分也这样自己产生自己，以至于一个部分的保持交互地依赖于别的部分的保持。把一种树上的芽眼插接到另一种树的细枝上，就在一个异质的根株上产生出一个属于它自己种类的植物，嫁接到另一树干上的树枝亦是如此。因此，人们也可以在同一棵树上把每一个细枝或者树叶都视为只是被嫁接或者芽接到这棵树上的，因而看做一棵独自存在的树，它只是附着和寄生在另一棵树上。同时，这些树 〔372〕叶虽然都是这棵树的产品，但也反过来维持着这棵树；因为一再落叶就会使树死去，而树的生长则依赖于树叶对树干的作用。自然在这些造物中当受到伤害时的自我保护，即当维持相邻部分所需要的一个部分缺乏时由其余部分来补足，以及在生长中的那些畸变和畸形，即某些部分由于出现缺乏或者阻碍而以全新的方式形成自己，以便维持现有的东西而产生出一个不正常的造物来，这些我在这里只想顺便提到，尽管它们属于有机造物的那些最奇妙的属性。

第 65 节　作为自然目的的事物就是有机存在者

按照上一节所引证的特征，一个应当作为自然产品，但同时又只是作为自然目的才可能被认识的事物，必须自己与自己的交互关系就是原因和结果，这是一种有些不真切和不确定的表述，它需要从一个确定的概念作出某种推导。

因果结合就其只是通过知性被思维而言，就是一种构成（原因和结果的）一个不断下降的序列的联结；而那些作为结果的事物是以另一些作为原因的事物为前提条件的，它们不能反过来同时是后一些事物的原因。人们把这种因果结合称为作用因的结合（nexus effectivus［效果的联系］）。但与此相反，毕竟也可以设想一种按照（关于目的的）理性概念的因果结合，这种因果结合当人们把它视为序列时，会既带有一种下降的，也带有一种上溯的依赖性，在其中一度被标明为结果的事物，仍然上溯而理应得到它是其结果的那个事物的一个原因的称号。在实践（亦即艺术）中，人们很容易发现这类联结，例如房子虽然是为出租而收入的金钱的原因，但毕竟反过来，这一可能的收入的表象也曾是建造这所房子的原因。这样一种因果联结就被称为终极因的因果联结（nexus finalis［目的的联系］）。人们也许可以更恰当地把前者称为实在原因的联结，
5〔373〕把后者称为理想原因的联结，因为在这样称谓时就理解到，不可能有多于这两种类型的因果性了。

对于一个作为自然目的的事物来说，**首先**就要求：各个部分（按照其存在和形式）惟有通过其与整体的关系才是可能的。因为事物本身是一个目的，因而是在一个概念或者一个理念之下被把握的，这理念必须先天地规定应当包含在该事物之中的一切。但是，如果一个事物只是以这种方式被设想为可能的，那么，它就仅仅是一个艺术作品，也就是说，是一个与它的质料（各个部分）有别的理性原因的产品，这个理性原因的因果性（在造成和结合各部分时）是通过一个关于由此而可能的整体的理念（因此不是通过该事物之外的自然）来规定的。

但是，如果一个事物作为自然产品在自身中以及在其内在的可能性中毕竟包含着与目的的一种关系，也就是说，仅仅作为自然目的而无须它之外的理性存在者的概念的因果性就是可能的，那么，**其次**就要求：它的各个部分由于相互交替地是其形式的原因和结果，而结合成为一个整体的统一体。因为只有以这样的方式，整体的理念反过来（交替地）又规定所有部分的形式和结合才是可能的，不是作为原因——因为那样的话它就会是一个艺术产品——，而是作为对于作评判的人来说认识那包含在被给予的质料中的一切杂多的形式和结合之系统统一的根据。

因此，对于一个就自身而言并按照其内在可能性应当被评判为自然目的的物体来说，就要求它的各个部分在其形式以及结合上全都交替地产生，并这样从其因果性中产生出一个整体，这整体的概念反过来（在一个根据概念具有与这样一个产品相适合的因果性的存在者中）按照一个原则而是该物体的原因，因而**作用因**的联结就能够同时被评判为**由终极因而来的结果了**。

在这样一个自然产品中，每一个部分，就像它惟有**通过**其余一切
5〔374〕部分才存在一样，也被设想成**为了其他部分**以及整体而实存的，也就是被设想成工具（器官），但这是不够的（因为它也可以是艺术的工具，这样就只是作为一般而言的目的被表现为可能的）；而是作为一

个**产生**其他各部分（因而每一部分都交替产生别的部分）的器官，这类器官不可能是艺术的工具，而只能是为工具（甚至为艺术的工具）提供一切材料的自然的工具，而只有这样，并且因为这一点，这样一个产品作为**有机的**和**自己使自己有机化的**存在者，才能被称为一个**自然目的**。

在一块表里，一个部分是其他部分的运动工具，但不是说一个齿轮就是产生另一个齿轮的作用因；一个部分虽然是为了另一个部分的，但却不是通过另一个部分而存在的。因此，这些部分及其形式的产生原因也不包含在自然（这种物质）之中，而是在自然之外包含在一个能够按照通过自己的因果性而可能的整体的理念来起作用的存在者之中。因此，在这块表中也不是一个齿轮产生另一个齿轮，更不是一块表产生其他表，以至于它为此利用别的物质（使它有机化）；所以，它也不自行补上从它那里偷走的部分，或者通过其他部分的加入来补偿它最初形成时的缺陷，或者当它陷入无序时自己修复自己，与此相反，这一切我们都可以期待于有机的自然。——因此，一个有机的存在者不只是机器，因为机器仅仅具有**运动的**力量；相反，有机的存在者在自身中具有**形成的**力量，确切地说是这样一种力量，它把这种力量传递给那些不具有这种力量的物质（使它们有机化），因此，这是一种自己繁衍的形成力量，它是不能仅仅通过运动能力（机械作用）来解释的。

如果把自然在有机产品中的能力称为**艺术的类似物**，那么，关于自然和它的这种能力，人们所说的就太少了；因为那样的话，人们所想的是自然之外的艺术家（一个有理性的存在者）。毋宁说，自然自己使自己有机化，并且在它的有机产品的每个物种中使自己有机化，虽然在整体上是按照同样的范本，但毕竟也有适当的偏离，这种偏离是自我保存根据情况所要求的。如果把它称为**生命的类似物**，也许就更贴近这种无法探究的属性了，但这时，人们就必须要么把一种与物质的本质相冲突的属性赋予作为纯然质料的物质（物活论），要么就给它加上一个与它**处于共联性之中的**异质原则（一个灵魂）；但为此，如果这样一个产品应当是 5〔375〕
一个自然产品，人们就要么已经把有机物质预设为那个灵魂的工具，因而丝毫也没有使有机物质更可以理解，要么不得不使灵魂成为这个建筑的艺术家，并这样把该产品从自然（有形体的自然）中剔除。所以严格说来，自然的有机化并不具有与我们所了解的某种因果性相类似的东西。① 自然的美由于只是与关于对象的**外部**直观的反思相关，因而只是因为表面的形式才被赋予对象，所以可以有理由被称为艺术的类似物。但是，**自然的内在完善性**，就像那些惟有作为**自然目的**才可能，因而叫做有机存在者的事物具有它那样，却是不能按照某种我们已知的物理能力，亦即自然能力的类比来思考和解释的，甚至，由于我们自己在最宽泛的理解中也属于自然，所以就连通过与人类艺术的一种严格适合的类比来思考和解释也不行。

所以一个事物，作为就自身而言的自然目的，其概念并不是知性或者理性的任何建构性概念，但毕竟能够是一个对反思性判断力来说的范导性概念，按照与我们根据一般目的的因果性的一种远距离类比来指导对这一类对象的研究并思考它们的至上根据；虽然，这后一点不是为了认识自然或者自然的那个初始根据，而毋宁说是为了认识我们心中这种实践的理性能力，我们就是凭借这种能力来在类比中观察那种合目的性的原因的。

因此，有机的存在者是自然中惟一在人们即便单独地、无须与其他事物的关系来看它们时也毕竟必须惟有作为自然的目的才可能被设想的
5〔376〕存在者，因此，它们首先使一个并非实践目的，而是**自然**目的的**目的**之概念获得客观实在性，并由此为自然科学取得一种目的论，亦即按照一个特殊的原则评判其客体的一种方式的根据，这类东西通常是绝对没有理由引入到自然科学中去的（因为人们根本不能先天地看出这样一类因果性的可能性）。

第 66 节　评判有机存在者中的内在合目的性的原则

评判的这个原则，同时亦是它的定义，就叫做：**自然的一个有机产**

① 反过来，人们可以通过与上述直接的自然目的的一种类比来说明某种在理念中比在现实中还更多遇到的结合。这样，人们在近代从事一项彻底的改造，即把一个伟大的民族改造成一个国家时，就很恰当地频繁把**有机化**这个词用于建立市政机构等乃至于整个国体。因为在这样一个整体中，每个成员当然都应当不仅是手段，而且同时是目的，并通过参与促成这个整体的可能性，又是按照自己的地位和职能而由整体的理念所规定的。

品就是在其中一切都是目的并且交互地也是手段的那种产品。在它里面，没有任何东西是白费的、无目的的，或者应归于一种盲目的自然机械作用的。

这个原则虽然就其起因来说可以从经验中推导出来，也就是从按照一定方法来安排并叫做观察的那种经验中推导出来；但由于它关于这样一种合目的性所说的普遍性和必然性，它就不能是仅仅基于经验的，而是必须以某个先天原则为基础，哪怕这个原则仅仅是范导性的，而且那些目的仅仅存在于评判者的理念中，而绝不存在于一个作用因中。因此，人们可以把上述原则称为评判有机存在者的内在合目的性的**准则**。

众所周知，植物和动物的解剖学家们为了研究它们的结构并能够看出那些根据，即这样一些部分是为什么以及为了什么目的被给予它们的，这些部分的这样一种状况和结合以及恰好这种内部形式是为什么被给予它们的，就把“在这样一个造物中没有任何东西是**白费的**”那个准则假定为不可回避地必要的，并使它与“**没有任何东西是偶然**发生的”这个一般自然学说的原理同样生效。事实上，他们同样也不可能表示放弃这个目的论原理，就像他们不可能表示放弃一般的物理学原理一样，因为如同离开了后者就根本不会有任何一般而言的经验存留下来一样，离开了前一个原理就不会有任何对我们一度以目的论的方式在自然目的的概念下思考过的某一类自然事物进行观察的导线存留下来。

因为这个概念把理性引进了事物的一种秩序，这种秩序与自然的一 5〔377〕
种在这里不再能满足我们的纯然机械作用的秩序完全不同。一个理念应当是这种自然产品的可能性的基础。但是，由于这个理念是表象的一种绝对的统一性，相反质料则是事物的一种复多性，这种复多性不能独自提供出复合的任何确定的统一性，所以，如果理念的那种统一性甚至应当用做复合物的这样一种形式之因果性的一种自然法则的先天规定根据，那么，自然的目的就必须涉及包含在它的产品中的**一切东西**。因为一旦我们使这类结果在**整体**上与一个超出自然的盲目机械作用的超感性规定根据联系起来，我们就必须也完全按照这个原则来评判这类结果；而在这里没有任何理由来把这样一个事物的形式还部分地假定为依赖于盲目的机械作用的，因为那样一来，就会由于不同性质的原则的混杂而根本没有任何可靠的评判原则存留下来。

固然，例如在动物的躯体中，有些部分作为凝结物（如皮肤、骨头、头发）是可以按照纯然机械的法则来理解的。然而，搞到适合于此的质料、更改这质料、将它塑形并沉积在它应有的位置上的那个原因，却必须始终以目的论的方式来评判，以至于在这个躯体中的一切都必须被视为有机的，而一切也都在与事物本身的某种关系中又是器官。

第 67 节　把一般而言的自然在目的论上评判为目的系统的原则

我们上面关于自然事物的**外在**合目的性曾经说过：它并不提供充分的理由，让人把它同时作为自然的目的用做这些自然事物的存在的解释根据，并把它们的偶然合目的的结果在理念中按照终极因的原则用做它们的存在的根据。于是，人们不能由于**河流**促进陆地内部各民族之间的交往，由于**山脉**蕴涵着这些河流的源泉并为了在无雨季节维持这些河流而蕴涵着积雪，同样由于陆地的**斜坡**让这些积水流走并使陆地变得干燥，
5〔378〕就立刻把它们视为自然目的，因为虽然地球表面的这种形态对于产生和维持动物界和植物界是非常必要的，但它就自身而言毕竟不具有任何东西让人们发现自己不得不为其可能性而假定一种根据目的的因果性。同样这也适用于人用于自己的生计所需和赏心悦目的植物；适用于人如此多方面地部分用于自己的食物、部分用于为自己服役而且大多数情况下根本不可缺少的动物，如骆驼、牛、马、狗等。这些事物中没有一种让人们有理由将之独自视为目的，关于它们，外部关系只能被以假说的方式评判为合目的的。

由于一个事物的内在形式而把它评判为自然目的，这与把该事物的实存视为自然目的是完全不同的事情。对于后一种断言来说，我们不仅需要关于一个可能的目的的概念，而且需要对于自然的终极目的（scopus[目的]）的知识，而这又需要自然与某种超感性的东西的一种关系，这种关系远远超出了我们的一切目的论的自然知识；因为自然本身实存的目的必须超出自然之外去寻找。仅仅一根草茎的内部形式就能够充分证明它那对于我们人类的评判能力来说惟有按照目的规则才可能的起源。但是，如果人们撇开这一点，而仅仅着眼于别的自然存在者对它的利用，因而放弃对内部组织的考察而只着眼于外部的合目的的关系，就像草茎对

于牲畜来说，牲畜对于人来说都是作为手段而为后者的生存所必需那样，而且人们看不出究竟为什么人类的生存就是必要的（如果人们例如想到新荷兰人和火地岛人，这一点就可能不是那么容易回答了），那么，人们就达不到任何绝对的目的，而是所有这些合目的的关系都建立在一个总是必须继续推出去的条件之上，这条件作为无条件的（一个作为终极目的的事物的存在），完全处在自然目的论的世界考察之外。但这样一来，一个这样的事物也就不是自然目的；因为它（或者它的整个类）不能被视为自然产品。

因此，这就只有物质了，只要物质是有机的，这样的物质必然带有关于它是一个自然目的的概念，因为它的这种特殊形式同时是自然的产品。但是，这个概念必然导致全部自然是一个按照目的规则的系统的理 5〔379〕
念，于是自然按照理性的诸原则的所有机械作用都（至少为了在这上面拿自然显象作尝试）必须服从这个理念。理性的原则作为只是主观的，亦即作为准则而隶属这个理念：世界上的一切都为了某种东西是好的；没有任何东西在世界上是白费的；而且人们凭借自然在它的有机产品上提供的例子，有理由，甚至有职责从自然及其法则那里仅仅期待在整体上合目的的东西。

不言而喻，这不是一条对于规定性的判断力的原则，而只是一条对于反思性的判断力的原则，它是范导性的而不是建构性的，而且我们由此只是获得了一条导线，在与一个已经被给予的规定根据的关系中按照一个新的有法则的秩序来观察自然事物，并按照另一条原则，亦即终极因的原则来扩展自然知识，而不损害它们的因果性的机械作用的原则。此外，由此绝对没有澄清，任何一个我们按照这一原则来评判的某物是否**有意地**是自然目的：草是否为了牛或者羊而存在，而牛或者羊以及其他自然事物是否为了人而存在。好的做法是，即便是让我们讨厌和在特殊的关系中违背目的的东西，也从这一方面来考察。于是，例如，人们可以说：在人们的衣服里、头发里或者床上折磨着他们的寄生虫，按照一种睿智的自然安排乃是对清洁的一种推动，而清洁独自就已经是保持健康的一个重要的手段。或者，使美洲的荒野对野蛮人来说如此难以忍受的蚊虫和其他叮人的昆虫，对于这些成长着的人类来说等于是能动性的激励，以便排引沼地，使密不透风的森林透光，并由此以及通过扩展耕地同时使自己的居住地更有益于健康。甚至在人的内部组织中在人看来违背自然的东西，如果以这种方式来对待，也提供了一种有趣的，有时也有教益的对事物的一种目的论秩序的展望，没有这样一个原则，仅仅纯然物理学的考察是不会把我们引向这种展望的。就像一些人把寄居在人或者动物身上的绦虫判断成仿佛为补偿其生命器官的某种缺陷而被
5〔380〕给予人或者动物的那样，我要问的是：梦（没有梦就根本没有睡眠，尽管人们很少回忆起它们）是否会是自然的一种合目的的安排，也就是说，因为它们在一切肉体的运动力量都放松时，有助于凭借想象力及其大肆活动（这种活动在这种状态中大多一直上升到激情）而最内在地推动生命器官；就像在越是吃得太饱而需要这种运动时，想象力在夜间睡眠时通常也越是活泼地游戏；因而，没有这种内在运动的力量和我们抱怨于梦的令人疲倦的不安宁（实际上梦也许倒是恢复的手段），睡眠本身在健康状态中就会根本是生命的一种完全泯灭。

一旦通过有机存在者提供给我们的自然目的对自然所作的目的论评判使我们有理由得出一个巨大的自然目的系统的理念，就连自然的美，亦即自然与我们的认识能力在把握和评判它的显象时的自由游戏的协调一致，也能够以这种方式被视为自然在其整体中的客观合目的性，视为人在其中是一个环节的系统。我们可以把这看做自然为了我们而具有的一种好意①，即它除了有用的东西之外还如此丰盛地广施美和魅力，因此我们热爱自然，就像由于它广袤无边而以敬重来观赏它，并在这种观赏中感到我们自己也高尚起来一样，这恰恰就好像自然本来就完全是在这种意图中搭建并装饰自己壮丽的舞台似的。

我们在这一节中想要说的无非是，一旦我们在自然身上揭示出了产生惟有按照终极因概念才能被我们所设想的产品的能力，我们就可以继续前进，把那样一些产品仍然评判为属于一个目的系统的，即使它们
5〔381〕（或者它们的虽然合目的的关系）恰恰使得超出盲目起作用的原因的机械作用而为它们的可能性找出另一个原则成为不必要的，因为前面那个理

---

① 在审美部分里曾说过：由于我们在自然的形式上感到一种完全自由的（无兴趣的）愉悦，**我们用好意来看待美的自然**。因为在这个纯然的鉴赏判断中，根本没有考虑这种自然美是为了审美目的而实存的，是为了唤起我们的一种愉快，还是与我们毫无关系而作为目的。但在一个目的论判断中，我们也注意到了这种关系；而且在这里，我们可以把这**视为自然的好意**，即自然要通过列举如此多的美的形态来促进我们的文化。

念已经就它们的根据而言引导我们超出了感官世界；这样一来，超感性原则的统一性必须被视为不仅对自然存在者的某些物种有效，而且以同一种方式对作为系统的整体有效。

第 68 节　目的论原则作为自然科学的内在原则

一门科学的原则对这门科学来说要么是内部的，并被称为本土的（principia domestica［本土的原则］），要么它们是基于只能在这门科学外面找到位置的概念的，是**外来的**原则（peregrina［异乡的］）。包含着后面这些原则的科学以外来命题（前提）作为自己的学说的基础；也就是说，它们从另外一门科学借来一个概念，连同借来一个作安排的根据。

任何一门科学都独自是一个系统；而且在这门科学里面按照原则来建构并作技术上的处理，这是不够的，人们必须把它当做一个独自存在的建筑，在它里面也按照建筑术来从事工作，不是像对待一个附属建筑那样把它当做另一座建筑的一个部分来对待，而是把它当做一个独自的整体来对待，尽管人们事后可以建立从这座建筑到那座建筑的一种过渡或者交互的过渡。

因此，如果人们为了自然科学而在它的关联中引进来上帝的概念，以便使自然中的合目的性得到解释，然后又利用这种合目的性，以便证明有一个上帝存在，那么，在这两门科学的任何一门中，都没有内在的持久性；而一种蒙骗人的循环论证将使每一门都不可靠，因为它们让自己的界限相互搅混了。

一个自然目的这个表述已经足以预防这种混乱，以免把自然科学以及它为了对自己的对象作**目的论的**评判而提供的理由与对上帝的沉思，因而与一种**神学的**推导相混淆；而且人们切不可把这看做无关紧要的，即人们是否把那个表述与自然秩序中一个属神的目的的表述混为一谈，〔382〕或者干脆把后一种表述冒充为更得当、更适合于一个虔诚的灵魂的，因为毕竟最终不得不达到从一个睿智的世界创造者推导出自然中的那些合目的的形式的地步；相反，人们必须小心谨慎地把自己限制在这个只表达出我们所知道的这么多的表述上，亦即一个自然目的这个表述上。因为在我们还追问自然本身的原因之前，我们就在自然及其产生的进程中发现了这样一些产品，它们按照已知的经验法则在自然中被产生出来，自然科学必须按照这些经验法则来评判自己的对象，因而也必须按照自然本身中的目的规则去寻找它们的因果性。因此，自然科学切不可跳越自己的界限，要把根本不可能有任何经验与其概念相适合，而且人们惟有在自然科学完成之后才有资格斗胆说出的东西当做本土的原则纳入到自身里面。

可以先天地予以演证，因而在其可能性上无须任何经验的加入就可以从普遍的原则看出的那些自然性状，尽管带有一种技术的合目的性，仍然由于它们是绝对必然的，而根本不能被归为自然的目的论，后者是一种隶属于物理学的解决物理学问题的方法。因此，算术的、几何学的类比，同样还有普遍的机械法则，不论在它们身上把各不相同的、外表看来完全互不依赖的规则结合在一个原则中，这在我们看来要有多么令人诧异和值得惊赞，也不包含要当物理学中的目的论解释根据的要求；而且即使它们值得在一般自然事物的合目的性的普遍理论中被一起纳入考察，这种理论却毕竟会隶属于别的地方，亦即隶属于形而上学，而不会构成自然科学的任何内在原则，就像凭借有机存在者身上的自然目的的经验性法则，不仅允许而且也不可避免地要把目的论的**评判方式**用做自然学说在其一个特殊类别的对象方面的原则一样。

于是，物理学为了严守自己的界限，就完全撇开了自然目的是**有意**如此还是**无意**如此这个问题；因为那会是干涉一件异己的事务（亦即形
5〔383〕而上学的事务）。存在着一些惟有按照我们仅仅在作为原则的目的理念之下才能设想的自然法则才可**解释的**、并且惟有以这种方式才在其内在形式上哪怕只是内在地可**认识的**对象，这就够了。因此，为了不使自己有丝毫僭妄的嫌疑，就好像人们想把某种根本不属于物理学的东西，亦即一种超自然的原因混杂在我们的认识根据中间似的；人们在目的论中就虽然谈到自然，好像在它里面的合目的性是有意的似的，但毕竟同时是这样谈论的，即人们是把这种意图赋予了自然，亦即赋予了物质；由此人们（由于对此不可能发生任何误解，因为就自身而言就已经不会有人把意图在该词本来的含义上赋予一个无生命的材料）想指出的是，这个词在这里指的只是一条反思性判断力的原则，而不是一条规定性判断力的原则，因而不应当引入因果性的任何特殊根据，而只是给理性的应用

再附加上一种不同于按照机械法则的研究方式，以便补充后者本身在经验性地探究自然的一切特殊法则方面的不足。因此，人们在目的论中，就其被引向物理学而言，完全有理由谈论自然的智慧、节约、远虑、仁慈，并不因此就使自然成为一个有理智的存在者（因为这就会是荒唐的）；但也并不敢打算把另一个有理智的存在者作为一个建筑师置于自然之上，因为这就会是狂妄的①，而只是要由此按照与我们在理性的技术应用中的因果性的类比来描绘一种自然的因果性，以便牢记必须据以探究某些自然产品的规则。

但是，为什么目的论通常毕竟并不构成理论自然科学的任何特别部分，而是被作为预科或者过渡而引向神学呢？这种情况之所以发生，乃是为了使按照自然的机械作用对自然的研究坚守我们能够使其如此经受 〔384〕 我们的观察或者实验，以至于我们能够像自然那样至少根据法则的相似性自己产生出来的东西；因为人们完全看出的，只是人们能够按照概念自己制作和实现的东西。但是，作为自然的内在目的的有机化，无限地超过了通过艺术来作一种类似展示的一切能力，至于外部的被视为合目的的自然安排（例如风、雨等诸如此类的东西），物理学也许考察它们的机械作用；但它们与目的的关系，就这关系应当是一个必然属于原因的条件而言，物理学根本不能予以展示，因为联结的这种必然性所涉及的完全是我们的概念的结合，而不是事物的性状。

① **狂妄的**这个德语词是一个很好的、含义丰富的词。人们作出一个判断时忘记估计其（知性的）力量的尺度，该判断有时可能听起来很谦卑，而毕竟提出了很高的要求，毕竟是很狂妄的。大多数人们借口用来颂扬神的智慧的判断都是这一类的，因为人们在创造和保持的工作中把意图赋予了神的智慧，而这些意图真正说来应当是给玄想家自己的智慧带来荣耀。

5〔385〕 第二卷

目的论判断力的辩证论

第 69 节　什么是判断力的二论背反

规定性的判断力独自并不具有确立**关于客体的概念**的原则；它不是什么自律；因为它仅仅在作为原则而被给予的法则或者概念之下进行**归摄**。正因为如此，它也不蒙受它自己的二论背反的危险和它的诸原则的冲突。这样，包含着在诸范畴之下进行归摄的那些条件的先验判断力，就独自来说并不是**立法的**；而是仅仅列举了感性直观的那些条件，在这些条件下，一个被给予的概念作为知性的法则能够被赋予实在性（应用）：在这一点上，规定性的判断力永远不可能与自身陷入不一致（至少在原则上）。

然而，**反思性的**判断力却应当在一个尚未被给予的，因而事实上只是对于对象作反思的一条原则的法则下进行归摄，对于这些对象，我们在客观上完全缺乏一个法则，或者缺乏一个足以充当出现的种种情况的原则的客体概念。既然没有原则就不允许认识能力的任何运用，所以反思性的判断力在这样一些情况下就必须充当它自己的原则；这原则由于并不是客观的，也不能奠定客体的任何对这种意图来说充足的认识根据，所以只应当用做认识能力的合目的应用的主观原则，亦即对某一类对象进行反思的主观原则。因此，与这样一些情况相关，反思性的判断力有
5〔386〕 自己的准则，确切地说是为了认识经验中的自然法则所必要的准则，以便凭借这些准则来达到概念，哪怕这些概念应当是理性概念；如果反思性的判断力仅仅为了按照自然的经验性法则来认识自然就绝对需要这些概念的话。——在反思性的判断力的这些必要的准则之间，就有可能发生一种冲突，因而发生一种二论背反，在它之上就建立起一种辩证论，当两个相互冲突的准则中的每一个都在认识能力的本性中有自己的根据

时，这种辩证论就可以被称为一种自然的辩证论和一种不可避免的幻相，人们必须在批判中解开和消解这种幻相，以免它骗人。

第70节　这种二论背反的表现

只要理性与作为外部感官对象之总和的自然打交道，它就能够以法则为基础，这些法则是知性部分地甚至先天颁布给自然的，部分地通过在经验中出现的经验性规定能够扩展至无限的。为了运用前一类法则，亦即一般物质自然的**普遍**法则，判断力不需要任何特殊的反思原则；这时它是规定性的，因为由知性给予了它一个客观的原则。但涉及我们只能通过经验得知的那些特殊法则，在它们中间就可能有一种如此巨大的多样性和异质性，以至于判断力必须把自己本身用做原则，以便哪怕是在自然的显象中寻觅和探查某种法则，因为它需要这样一种法则来做导线，哪怕它应当希望的只是根据自然的一种普遍的合法则性而相互关联的经验知识。鉴于这些特殊法则的偶然的统一性，就可能发生这样的事情：判断力在其反思中从两个准则出发，其中一个准则是只有知性才先天地为它提供的；但另一个准则却是由特殊的经验引发的，这些经验使理性活动起来，以便按照一个特殊的原则来对有形体的自然及其法则作出评判。这里接下来发生的事情是，这两种准则看起来不能相互并存，因而就凸显出一种辩证法，它使判断力在自己的反思的原则中感到迷惑。 5〔387〕

反思的**第一个准则**就是**命题**：物质性事物及其形式的一切产生都必须被评判为按照纯然机械的法则就可能的。

第二个准则就是**反命题**：物质性自然的一些产品不能被评判为按照纯然机械的法则就可能的（它们的评判要求一个完全不同的因果性法则，亦即终极因的法则）。

如果人们现在把对于研究的这些范导性原理转化成客体本身之可能性的建构性原理，那么，它们所说的就会是这样的：

命题：物质性事物的一切产生都是按照纯然机械的法则就可能的。

反命题：物质性事物的一些产生按照纯然机械的法则是不可能的。

在后面这种性质中，作为规定性的判断力的客观原则，这两个命题就会相互矛盾，因而两个命题中的一个就会必然是错的；但在这种情况下，这虽然是一个二论背反，但却不是判断力的二论背反，而是在理性的立法中的一种冲突。但是，理性既不能证明这两个原理中的这一个，也不能证明其另一个；因为我们对于事物根据自然的纯然经验性的法则的可能性，不可能拥有任何先天的规定性原则。

与此相反，就反思性判断力的最先陈述的准则而言，它事实上根本不包含任何矛盾。因为如果我说：对于物质性自然中作为其产品的一切事件，因而还有一切形式，在它们的可能性上我都必须按照纯然机械的法则来**评判**，那么，我由此并没有说：它们**惟有按照这些法则**（排除了任何其他方式的因果性）**才是可能的**；相反，这只是要表明：**我**在任何时候都**应当按照**自然的纯然机械作用来**反思**它们，因而尽我所能地研究这种机械作用，因为不以这种机械作用作为研究的基础，就根本不可能有任何真正的自然知识。于是，这就并不妨碍第二条准则在偶然的起因
5〔388〕上，亦即在一些自然形式上（并根据这些形式的起因甚至在整个自然上）按照一条与按照自然的机械作用所作的解释完全不同的原则，亦即终极因的原则去探索，并对它们作出反思。因为按照第一条准则所作的反思并没有因此而被取消，反倒是要求尽人们所能去遵循它；由此也没有说，按照自然的机械作用，那些形式就会是不可能的。所主张的只是，**人的理性**遵循这条准则并以这种方式将永远不能找到构成自然目的的特殊之处的那种东西的丝毫根据，但也许能够找到关于自然法则的别的知识；这里悬而未决搁置不论的是，在自然本身不为我们所知的内在根据中，在同一些事物身上的物理机械结合和目的结合是否能够在一个原则中联系起来；只不过我们的理性并不能把它们在这样一个原则中结合起来，因而判断力，作为（从一个主观根据出发的）**反思性**判断力，而不是作为（按照事物自身的可能性的一条客观原则的）规定性的判断力，就不得不为自然中的某些形式而把另一条不同于自然机械作用的原则设想为它们的可能性的根据。

第 71 节　解决上述二论背反的准备

我们绝不可能证明有机自然产品通过自然的纯然机械作用来产生的不可能性，因为对于那些只是被经验性地认识到，因而对我们来说是偶

然的特殊自然法则，我们不可能按照其最初的内在根据看出其无限的多样性，这样也就绝对不能达到自然之可能性的内在的、普遍充分的原则（这是处在超感性的东西之中的）。因此，自然的生产能力即便对于我们评判为按照目的理念而形成和结合起来的东西，也正如同对于我们相信只需要自然的一种机械作用的东西一样，都是充足的；或者，事实上对于作为真正的自然目的的事物（如同我们必须必然地评判它们那样）来说，是否会有一种完全不同的源始的、根本不可能包含在质料性自然或者它的理知基底之中的因果性亦即一种建筑术的知性作为基础？对此我们那在因果性概念方面就该概念应当先天地详加说明而言十分狭隘地受 5〔389〕
限制的理性却不能作出任何答复。——但是，考虑到我们的认识能力，自然的纯然机械作用对于有机存在者的产生来说也不能充当任何解释根据，这同样是无可置疑地确定的。因此，**对于反思性的判断力来说**，这是一条完全正确的原理：必须为事物如此明显的按照终极因的联结设想出一种与机械作用不同的因果性，亦即一种按照目的来行动的（有理智的）世界因；哪怕这原理**对于规定性的判断力来说**会是仓促的和无法证明的。在前一种场合，这原理只是判断力的准则，此时那种因果性的概念是一个纯然的理念，人们绝对没有打算承认它有实在性，而只是把它用做反思的导线，而反思在这里对一切机械的解释根据来说都始终保持是开放的，并不从感官世界消失；在后一种场合，这原理就会是理性所颁布的、判断力必须决定性地服从的一个客观的原则，但此时理性就超出感官世界而迷失在，也许是被误导进越界的东西之中了。

因此，在真正说来物理学的（机械的）解释方式的准则和目的论的（技术的）解释方式的准则之间有一种二论背反的一切表面现象都是基于：人们把反思性判断力的原理与规定性判断力的原理相混淆了，把前一种判断力（它只是主观地对我们在特殊的经验法则上的理性应用有效）的**自律**与必须遵循由知性所给予的（普遍的或者特殊的）法则的后一种判断力的**他律**相混淆了。

第 72 节　关于自然的合目的性的各种各样的体系

关于自然的某些事物（有机存在者）及其可能性必须按照终极因的

概念来作出判断，这条原理的正确性还没有人怀疑过，甚至只要人们为〔390〕了通过观察来认识它们的性状而要求一个**导线**，却并不斗胆去研究它们的最初起源。因此，问题只能是：这原理是仅仅主观上有效的，亦即仅仅是我们的判断力的准则，还是自然的一个客观原则，按照这个原则，在自然（按照纯然的运动法则）的机械作用之外，还有另一种因果性应归于自然，亦即终极因的因果性，那些运动法则（运动力量）只是作为中间原因而隶属于终极因的。

现在，人们完全可以让对于思辨来说的这个问题或者课题悬而不决：因为如果我们满足于在纯然自然知识的界限之内的思辨，那么，我们有了那些准则，就足以在人的力量所及的范围里去研究自然，并探究它那些最隐匿的秘密了。因此，这也许是我们的理性的某种预感，或者是一种仿佛由自然给予我们的暗示，即我们凭借那个终极因的概念也许能够甚至伸展到自然之外，并把自然本身与原因序列中的那个最高点联系起来，如果我们放下或者至少在一段时间里搁置对自然的研究（尽管我们在这种研究中还没有走很远），而先来尝试查明自然科学中的那个外来者，亦即自然目的的概念会导向何处的话。

在这里，当然那个无可争议的准则会必然转化成为将开辟一个广阔的争执领域的课题：是自然中的目的联结**证明**了自然的一种特殊的因果性；还是这种联结就自身而言并且按照客观的原则来看，毋宁说与自然的机械作用是一回事，或者是基于同一个根据的，只是由于这个根据对于我们的研究来说在有些自然产品中常常隐蔽得太深了，所以我们就借助一种主观的原则，亦即艺术的原则，也就是说根据理念的因果性的原则来作尝试，为的是按照类比把这种因果性加给自然；这样的应急措施使我们也在许多场合成功，虽然在一些场合看起来是失败的，但在所有的场合都不使我们有理由把一种特殊的、与根据自然本身的纯然机械法则的因果性不同的作用方式引入自然科学。我们由于在自然的产品中发现的这种与目的类似的东西而把自然的行事方式（因果性）称为技术，我们要把技术划分为**有意的技术**（technica intentionalis［有意向的技术］）和**无意的技术**（technica naturalis［自然的技术］）。前者应当意味〔391〕着：自然的生产能力必须按照终极因被视为一种特殊的因果性；后者应当意味着：这种因果性与自然的机械作用在根本上是一回事，而与我们的艺术概念及其规则的这种偶然巧合，作为评判这种因果性的纯然主观条件，被错误地解释成了自然生产的一种特殊方式。

如果我们现在谈论就终极因而言的种种自然解释体系，那么，人们必须清楚地注意的就是：它们全都是独断论的，也就是说，它们全都在争论事物的可能性的客观原则，不论这是由于有意地起作用的原因还是由于全然无意地起作用的原因，却绝不去争论只是对这样一些合目的的产品作判断的主观准则；在后一种情况下**各不相同的**原则倒还能够结合起来，而在前一种情况下**相互矛盾对立的**原则却可能相互取消而不能并存。

就自然的技术，亦即它的根据目的规则的生产力量而言的这些体系是双重的：自然目的的**理念论**的体系，或者自然目的的**实在论**的体系。前者主张：自然的一切合目的性都是**无意的**；后者主张：自然的一些合目的性（在有机存在者中的合目的性）是**有意的**；从这里面也就有可能引出那被作为假说建立起来的结论，即自然的技术，哪怕是与自然整体相关就自然的一切别的产品而言，也都是有意的，亦即都是目的。

一、合目的性（我在这里总是指的客观的合目的性）的**理念论**要么是自然产品的合目的形式中自然规定的**偶发性**的理念论，要么是这种自然规定的**宿命性**的理念论。前一种原则涉及质料与其形式的物理学根据的关系，亦即运动法则；后一种原则涉及其与这些法则以及整个自然的**超物理学**根据的关系。这种被加给伊壁鸠鲁和德谟克利特的**偶发性**体系从字面上看是如此明显地荒谬，以至于我们不必在这里浪费时间了；与此相反，宿命性的体系（人们把斯宾诺莎当做它的首创者，尽管从一切迹象来看它要更古老得多）基于某种超感性的东西，因而我们的洞识达不到它，所以就不那么容易反驳了，这是因为，它关于元始存在者的概念是根本无法理解的。但这一点却是清楚的：世界中的目的结合在这个体系中必然被假定为无意的（因为这种结合派生自一个元始存在者，但 5〔392〕
并不是派生自它的理智，因而不是派生自它的任何意图，而是派生自它的本性的必然性以及来源于此的世界统一性），因而合目的性的宿命论同时就是合目的性的理念论。

二、自然的合目的性的**实在论**也要么是物理学的，要么是超物理学的。**前者**把自然中的目的建立在一种按照意图来行动的能力的类似物之上，建立在**物质的生命**（在物质中的，或者是由于一种赋予生命的内在原则、世界灵魂而来的）之上，而叫做**物活论**。**后者**把这些目的从宇宙的元始根据中，即从一个带着意图来创造的（原初具有生命的）有理智的存在者中引出来，而是**有神论**。①

第 73 节　上述体系没有一个做到了它预先确定的事情

所有那些体系想干什么呢？它们要解释我们关于自然的目的论判断，并以此这样来着手工作，即一方来否定这些判断的真理性，因而把它们解释成为一种自然的理念论（表现为艺术）；另一方承认它们是真实的，并许诺要阐明一个根据终极因理念的自然的可能性。

一、维护自然中的终极因理念论的那些体系，一方面虽然允许在终极因的原则上有一种根据运动法则的因果性（通过这种因果性，自然事物合目的地实存着）；但是，它们否认这种因果性上有**意向性**，也就是
5〔393〕说，否认它对于自然事物的这种合目的的产生乃是有意地被规定的，换句话说，否认一个目的是原因。这就是伊壁鸠鲁的解释方式，按照这种解释方式，自然的技术与纯然的机械作用的区别就被完全否定了，而且不仅对于生产出来的产品与我们关于目的的概念的协调一致，因而对于技术，而且甚至对于根据运动法则对这种生产的原因的规定，因而对于它们的机械作用，都是把盲目的偶然假定为解释根据，因而没有解释任何东西，就连我们的目的论判断中的幻相也没有解释，所以这种判断中的所谓理念论绝对没有被阐明。

另一方面，**斯宾诺莎**想要由此解除我们对自然目的之可能性的根据的一切探求，并剥夺这个理念的一切实在性，即他根本不让自然目的被视为什么产品，而是让它们被视为依存于一个元始存在者的偶性，而对

① 由此可见：在纯粹理性的大多数思辨事物中，就独断论的主张而言，各哲学学派通常都尝试过对于某个问题来说有可能的一切解答。这样，对于自然的合目的性来说，人们为了这一点所尝试过的，时而要么是**无生命的物质**，要么是一个**无生命的上帝**，时而是**有生命的物质**，或者又是一个**有生命的上帝**。对于我们来说没有别的办法，除非是在迫不得已时撇开所有这些**客观的主张**，仅仅在与我们的认识能力的关系中来**批判地**衡量我们的判断，以便为认识能力的原则获得一个准则的有效性，这种有效性不是独断论的，但对于可靠的理性应用来说却是足够的。

于这个作为那些自然事物之基底的存在者，他就那些自然事物而言并不赋予它因果性，而只是赋予它自存性，而且（由于这个存在者连同一切作为依存于它的偶性的自然事物那种无条件的必然性）虽然为自然形式保证了一切合目的性所要求的根据统一性，但同时夺走了自然形式的偶然性，而没有这种偶然性，就不可能设想任何**目的统一性**，并且与这种偶然性一起，他还取消了一切**有意的东西**，就像也取消了自然事物的元始根据的一切知性一样。

但是，斯宾诺莎主义并没有做到它要做的事情。它想指出自然事物的目的联结（它并不否认这种联结）的一个解释根据，并且仅仅举出了这些自然事物全都依存的那个主体的统一性。但是，即便人们承认这个主体有这样一种为了世间存在者而实存的方式，但那种本体论的统一性毕竟由此还并不马上就是**目的统一性**，而且绝对没有使得目的统一性可以理解。也就是说，后者是一种完全特殊方式的统一性，它根本不是从事物（世间存在者）在一个主体（元始存在者）中的联结得出的，而是绝对自身带有与一个有理智的**原因**的关系，而且即使人们把所有这些事物都在一个单纯的主体中结合起来，它也毕竟绝不展示一种目的关系，只要人们在它们中间没有想到，第一，作为一个**原因**的实体的内部**结果**；第二，作为**凭借其理智**的原因的同一个实体的内部结果。没有这些形式的条件，一切统一性都是纯然的自然必然性，而且如果它仍然被赋予我们表现为彼此外在的事物，它就是盲目的必然性。有种东西，这个学派 5〔394〕
称为事物（在与其特有的本质的关系中）的先验完善性，按照这种先验完善性，一切事物就自身而言都具有为了是这一事物而非另一事物所需要的一切，但如果人们想把这种东西称为自然的合目的性，那就是一种用语词替代概念的儿童游戏了。因为如果一切事物都必须被设想为目的，因而是一个事物和是一个目的是一回事，那么，就根本不存在任何值得被特别表现为目的的东西了。

由此可以清楚地看出：斯宾诺莎由于把我们关于自然中合目的的东西的概念回溯到我们自己在一个无所不包的（但同时又是单纯的）存在者之中的意识，并仅仅在这个存在者的统一性中寻求那种形式，就必然有这样的意图，即不主张自然的合目的性的实在论，而是主张其理念论，但就连这个意图他也未能实现，因为单是基底的统一性的表象，就连一种哪怕只是无意的合目的性的理念也不能产生出来。

二、那些不仅主张自然目的的**实在论**，而且还以为对它作出了解释的人们，相信能够看出一种特殊类型的因果性，亦即有意地起作用的原因，至少能够在其可能性上看出它；若不然，它们就不会着手想要解释那种因果性了。因为为了有权甚至提出最大胆的假说，至少人们假定为根据的东西的**可能性**必须是确定的，而且人们必须能够保证这个根据的概念有客观实在性。

但是，一种有生命的物质（其概念包含着一个矛盾，因为无生命，即 inertia［无活力］构成物质的本质特征）的可能性是就连被设想也不可以的；一种被赋予生命的物质和整个自然作为一个动物的可能性，只是就它在自然微观上的有机化方面在经验中向我们显示出来（为了提出自然宏观方面的合目的性的一个假说）而言，才能够以可怜的方式得到应用，但绝不是先天地根据其可能性就能看出来的。因此，如果人们想从物质的生命推导出自然在有机存在者身上的合目的性，又无非是在有机存在者里面认识这种生命，因而没有这类经验就不可能形成关于这种
〔395〕合目的性的可能性的概念，那就不得不犯循环解释的错误了。因此，物活论没有做到它所许诺的事情。

最后，**有神论**同样不能独断地论证自然目的的可能性是目的论的一把钥匙；尽管它比起目的论的一切解释根据来具有这样的优点，即它通过自己赋予元始存在者的一种理智而最出色地把自然的合目的性从理念论那里解救出来，并为这种合目的性的产生引进了一种有意的因果性。

因为在这里，为了有权把目的统一性的根据以确定的方式置于超出自然之上，首先就必须对于规定性的判断力来说充分地证明，仅仅通过物质的机械作用，物质中的目的统一性是不可能的。但是，我们能够得出的却无非是，根据我们的认识能力的性状和局限（因为我们看不出这种机械作用的最初的、内在的根据本身），我们切不可以任何方式在物质中寻找确定的目的关系的原则，相反，对于物质的产品作为自然目的的产生，除了通过作为世界原因的一个最高理智来评判之外，没有给我们留下任何别的评判方式。但是，这只是对于反思性的判断力的一个根据，而不是对于规定性的判断力的一个根据，绝对不能给人权利来作出客观的断言。

第74节　不能独断地处理自然技术概念的原因是自然目的的不可解释性

如果我们把一个概念视为包含在另一个构成一条理性原则的客体概念之下的，并按照这条原则来规定它，那么，我们对这个概念（尽管它应当是经验性地有条件的）的处理就是独断的。但是，如果我们只是在与我们的认识能力的关系中，因而在与思维它的主观条件的关系中考察它，而不着手对它的客体有所裁定，那么，我们对它的处理就仅仅是批判的。因此，对一个概念的独断的处理，就是对于规定性的判断力来说合法则的处理，而批判的处理则是仅仅对于反思性的判断力来说合法则的处理。

于是，关于一个作为自然目的的事物的概念就是一个把自然归摄在一种惟有通过理性才可设想的因果性之下的概念，这种归摄为的是按照这条原则对在经验中关于客体被给予的东西作出判断。但是，为了独断地把这个概念用于规定性的判断力，我们就必须首先确信这个概念的客观实在性，因为若不然，我们就不能把任何自然事物归摄在它下面。但是，一个作为自然目的的事物的概念虽然是一个经验性地有条件的概念，也就是说，是一个惟有在某些于经验中被给予的条件之下才可能的概念，但毕竟不是从经验中抽象出来的概念，而只是按照评判该对象时的一条理性原则才可能的概念。因此，它作为这样一个原则，根本不能在其客观实在性上被看出并独断地建立起来；而且我们并不知道，它只是一个玄想的、客观上空洞的概念（conceptus ratiocinans［进行推论的概念］），还是一个理性的概念，一个建立知识的、由理性得到证实的概念（conceptus ratiocinatus［推论出来的概念］）。因此，不能为规定性的判断力而独断地处理它，也就是说，不仅不能澄清自然事物作为自然目的来看为其产生是否需要一个完全特殊类型的因果性（根据意图的因果性）；而且就连对此追问也不能，因为自然目的的概念在其客观实在性上是根本不能通过理性来证明的（也就是说，它并非对于规定性的判断力来说建构性的，而只是对于反思性的判断力来说范导性的）。 5〔396〕

但是，说这个概念不是这样的，由下面这一点来看就清楚了，即由于它作为关于一个**自然产品**的概念，在同一个作为目的的事物上既包含着自然必然性，但同时却又包含着客体的形式的一种（仅仅与自然法则相关的）偶然性；所以，如果其中不应当有什么矛盾的话，它就必须既包含着自然中事物的可能性的一个根据，但却也包含这个自然本身及其与某种不是经验性地可认识的自然（是超感性的），因而对于我们来说根本不可认识的东西的关系之可能性的根据，以便当人们要澄清它的可能性时，被按照一种不同于自然机械作用类型的因果性来评判。因此，既然一个作为自然目的的事物的概念**对于规定性的判断力来说**是越界的，
5〔397〕如果人们通过理性来考察这个客体（尽管这个概念对于反思性的判断力来说就经验的对象而言可能是内在的），因而不能使它对于规定性的判断来说获得客观实在性的话，所以，由此就可以理解，何以无论人们为独断地处理自然目的的概念和作为一个通过终极因而相互关联的整体的自然的概念构想出什么样的体系，所有这些体系都既不能客观上肯定地，也不能客观上否定地对某种东西作出裁定；因为如果事物被归摄在一个只是或然的概念之下，则这个概念的综合性谓词（例如在这里就是：我们为了事物的产生而设想的那个自然目的是有意的还是无意的）关于客体所提供的就必定是这样一些（或然的）判断，无论它们是肯定的还是否定的，因为人们并不知道是在对某物还是在对无作出判断。一种凭借目的的因果性（艺术）的概念当然有客观的实在性，一种根据自然的机械作用的因果性的概念同样如此。但是，自然的一种根据目的规则的因果性的概念，而更有甚者一个根本不能在经验中被给予我们的存在者，亦即这样一个作为自然的元始根据的存在者的概念，虽然能够无矛盾地设想，但毕竟不适宜于独断的规定，因为既然它不能被从经验中得出来，也不是经验的可能性所需要的，它的客观实在性就不能通过任何东西来保障。而即便它能够有保障，我又怎么能够把被确定地指明是神的艺术之作品的事物还归为自然产品呢？本来就是自然的这种无能，即按照其法则不能产生这类东西，才使得援引一个与它不同的原因成为必要的。

第75节　自然的客观合目的性的概念是对于反思性判断力来说的一条批判的理性原则

我是说：自然的某些事物的产生，或者还有整个自然的产生，都惟有通过一个按照意图被规定去行动的原因才是可能的；还是我**按照我的**

认识能力的特有性状，对于那些事物的可能性及其产生不能作别的判断，只能设想出这个按照意图起作用的原因，因而设想出一个按照与知性的因果性的类比而是生产性的存在者；这毕竟是某种完全不同的事情。在前一种场合，我想关于客体澄清某种东西，并有责任阐明一个假定的概念的客观实在性；在第二种场合，理性只是与我的认识能力的特性以及它们的范围和它们的限制的根本条件相适应来规定它们的应用。因此，前一条原则是规定性判断力的一条**客观的**原理，后一条原则却只不过是反思性判断力的一条主观的原理，因而是反思性判断力的一条由理性托付给它的准则。 5〔398〕

也就是说，哪怕我们只是要通过连续不断的观察而在自然的有机产品中来研究自然，我们也必不可少地需要给自然配上一个意图的概念；因此，这个概念对于我们的理性的经验应用来说，已经是一条绝对必要的准则了。显然，一旦这样一条研究自然的导线被接受并被认为得到证实了，我们就必然会把判断力的上述准则也在自然整体上至少尝试一番，因为按照这个准则还会有一些自然法则能被发现，它们根据我们对自然机械作用的内部有所洞识的局限，本来会对我们依然是隐藏着的。但是，就后一种应用而言，判断力的那个准则虽然是有用的，却不是必不可少的，因为自然在整体上并没有作为有机的（在这个词上面援引的最严格的含义上）而被给予我们。与此相反，就自然的那些必须只被评判为有意地这样形成而不是那样形成的产品而言，哪怕只是为了获得它们的内部性状的一种经验知识，判断力的那个准则也是根本上必要的，因为甚至认为它们是有机事物的那个思想，若不是一种凭借意图的产生的思想与之结合，也是不可能的。

现在，一个事物，我们把它的实存或者形式在一个目的的条件下表现为可能的，其概念就与它的一种偶然性的概念（按照自然法则）不可分割地结合起来了。因此，就连那些我们认为惟有作为目的才可能的自然事物，也对世界整体的偶然性构成了最重要的证明，并且是惟一既适用于平常的知性也适用于哲学家的证明根据，即世界整体依赖并源自一个在世界之外实存的、确切地说（为了那种合目的的形式起见）有理智的存在者的证明根据，因此，目的论除了在神学中之外，不能完成对它的那些探讨的解释。 5〔399〕

但现在，即便是最完备的目的论，最终又证明了什么呢？例如它所证明的，是有这样一个有理智的存在者存在吗？不是；无非是按照我们的认识能力的性状，因而在经验与理性的那些最高原则的结合中，我们关于这样一个世界的可能性绝对不能形成任何概念，除非是我们设想这个世界的一个**有意地起作用的**至上原因。因此，我们不能在客观上阐明“有一个有理智的元始存在者”这个命题；而是只能在主观上为我们的判断力在其对自然中的目的作反思时的应用而阐明它，这些目的不能按照任何别的原则，而只能按照一个最高原因的一种有意的因果性的原则来设想。

如果我们想独断地、从目的论的根据出发来阐明这个至上的命题，那么，我们就会受困于那些我们无法摆脱的困难。因为此时这些推论就必须以如下命题为基础：世界上的有机存在者惟有通过一个有意地起作用的原因才是可能的。但是，由于我们惟有在目的的理念之下才能在其因果结合中去追究这些事物，并按照其合法则性去认识它们，我们也就会有权对于任何能思维和能认识的存在者来说恰恰把这一点预设为必然的，因而与客体而不是仅仅与我们的主体相联系的条件：这是我们在这里不可避免地要主张的。但是，我们以这样一种主张是应付不过去的。因为既然我们真正说来并未把自然中的目的**视为**有意的，而只是在对自然产品的反思中把这个概念**设想**为判断力在这方面的导线，所以，它们就不是由客体给予我们的。甚至对于我们来说，先天地就不可能在其客观实在性上为这样一个概念辩护，说它是能够假定的。因此，这绝对还是一个只是基于主观条件的，亦即基于与我们的认识能力相适合的反思性判断力的命题，如果人们把它当做客观独断地有效的来表述，它就会是：存在着一个上帝；但现在，对于我们人来说，所允许的只是如下有
〔400〕限的语式：对于那个甚至必然给我们对许多自然事物的内在可能性的认识奠定基础的合目的性，我们根本不能以别的方式来思维和使人理解，我们只能把这些自然事物以及一般而言把世界想象为一个有理智的原因（一个上帝）的作品。

现在，如果这个建立在我们的判断力的一个不可回避地必然的准则之上的命题，对于我们的理性在任何**人类的**意图中的一切思辨的和实践的应用来说都是完全令人满意的，那么，我想知道的是，当我们不能证

明它也对更高的存在者有效，亦即不能从纯粹客观的根据出发证明它的时候，我们在这方面将失去什么。因为完全确定的是，对于有机存在者及其内在可能性来说，按照自然的纯然机械的原则，我们就连充分认识也不能，更不用说解释它们了；确切地说，这一点是如此确定，以至于人们可以大胆地说：哪怕只是作出这样一种估计或者希望，也许有朝一日还会出现一个牛顿，他按照不是任何意图所安排的自然法则来使哪怕只是一根草茎的产生可以理解，这对于人类来说也是荒谬的；相反，人们必须绝对否认人有这种洞识。但要说这样一来，即便在自然中，如果我们在对它那些已为我们所知的普遍法则的详细说明中能够一直深入到它的原则，则有机存在者之可能性的一个充分的根据，无须给它们的产生配上一个意图（因而在它们的纯然机械作用中），也根本不**可能**隐匿起来，这就又会是我们作出的过于狂妄的判断了；因为我们要从何处知道这一点呢？在这事情取决于纯粹理性的判断的地方，盖然性就完全被取消了。——因此，关于是否有一个按照意图来行动的存在者作为世界原因（因而作为创造者）给我们有理由称为自然目的的东西作根据这个命题，我们根本不能客观地作出判断，既不能肯定也不能否定；只有一点是肯定的，即如果我们毕竟至少应当按照我们自己的本性（按照我们的理性的条件和局限）允许我们看出的东西来作判断的话，我们绝对只能以一个有理智的存在者来作为那些自然目的的可能性的基础，惟有这一点才符合我们的反思性判断力的准则，因而符合一种主观的，但却紧密 5〔401〕
地与人类相联系的根据。

第 76 节　附释

这个十分值得在先验哲学中不厌其烦地详加阐释的考察，在这里只能附带地出现加以说明（不是要证明这里所陈述的东西）。

理性是一种原则的能力，而且在它的最终的要求中是指向无条件者的；与此相反，知性则永远只是在某种必须被给予的条件下为理性服务。但是，若没有知性的那些必须被赋予客观实在性的概念，理性就根本不能客观地（综合地）作判断，而且作为理论理性，独自绝对不包含任何建构性的原则，而只包含范导性的原则。人们很快便注意到：在知性不能跟上的地方，理性就成为越界的，并在虽然有根据的理念（作为范导性的原则），而不是在客观有效的概念中卖弄自己；但是，不能与理性同步的知性却毕竟为对于客体的有效性所需要，理性的那些理念的有效性则只限于主体，但毕竟是普遍地对于这个类的所有主体而言的，也就是说，它限于这样的条件，即按照我们的（人类的）认识能力的本性，或者甚至一般而言按照**我们**关于一个一般的有限理性存在者的能力能够**形成**的概念，只能并且必须这样想，但并不断言这样一种判断的根据在客体中。我们要举出一些例子，它们虽然非常重要，但要把它们作为已得到证明的命题强加给读者也很困难，但它们能够给读者提供深思的材料，并用于说明我们在这里特有的工作是什么。

对于人类知性来说，区分事物的可能性和现实性是不可回避地必然的。其根据就在主体及其认识能力的本性中。因为假如为了这些能力的实施并不要求两种完全异质的成分，即为了概念而要求知性，为了客体
〔402〕而要求与概念相对应的直观，那么，就不会有任何这样的（在可能的东西和现实的东西之间的）区分了。因为假如我们的知性是能直观的，那么，它除了现实的东西之外就会没有任何对象了。概念（它们仅仅指向一个对象的可能性）和感性直观（它们给予我们某种东西，但由此毕竟没有使它作为对象被认识）就会都被取消。但现在，我们对纯然可能的东西与现实的东西所作的一切区分都是基于，前者只是意味着对一个事物相对于我们的概念以及一般而言相对于思维能力的表象的设定，后者则意味着对（外在于这个概念的）物自身的设定。因此，可能事物与现实事物的区分是这样一种仅仅主观上对人类知性有效的区分，因为即使某种东西不存在，我们总还是能够在思想中拥有它，或者即使我们对它还没有任何概念，我们也能够把它表现为被给予我们了。因此，说事物无须是现实的就能够是可能的，因而从纯然的可能性根本不能推论到现实性，这些命题完全正确地适用于人类的理性，但由此却并不证明这种区别就在事物本身里面。因为后者并不能够从那里面推论出来，因而那些命题虽然就我们的认识能力作为感性上有条件的而也关注感官的客体而言，当然也适用于客体，但并不适用于一般的事物，这一点，由理性不断地要求把某个东西（元始根据）假定为无条件地必然实存的，就可以明白了，在这个东西身上，可能性和现实性就根本不再应当有区别，

而且对于这种理念，我们的知性绝对没有任何概念，也就是说，不能找到任何方式去想象这样一个事物以及它的实存方式。因为如果它**思维**这个东西（它可以任意思维这个东西），那么，这个东西就只是被表现为可能的。如果它意识到这个东西是在直观中被给予的，那么，这个东西就是现实的，而不是在这里思维某个具有可能性的东西。因此，一个绝对必然的存在者的概念虽然是一个不可缺少的理性理念，但却是一个对于人类知性来说达不到的或然概念。但是，这个概念毕竟适用于我们的认识能力按照其特有性状的应用，因而不是用于客体，从而不是适用于任何能认识的存在者，因为我并不是在任何能认识的存在者那里都能够预设思维和直观是其认识能力之实施的两个不同条件，从而是事物之可能性和现实性的两个不同条件。在某种知性那里不会出现这种区别，对于 5〔403〕
它来说就会是：我所认识的一切客体都**存在**（实存）；而一些毕竟并不实存的事物的可能性，亦即如果它们实存的话则它们的偶然性，因而还有必须与此区分开来的必然性，就会不可能出现在这样一个存在者的表象中。但是，使我们的知性对在这里以自己的概念与理性并驾齐驱感到如此困难的东西，只不过是：对于它作为人类的知性来说，这是越界的（亦即对于知性认识的主观条件来说是不可能的），但理性却把这作为属于客体的而当做原则。——于是在这里永远有效的就是这条准则，即在对客体的知识超出了知性的能力的地方，我们就按照我们的（亦即人类的）本性实施其能力的主观的、必然与这本性相联系的条件来思维一切客体；而且即使以这种方式作出的判断（正如即便是就越界的概念而言也只能如此一样）不可能是按照客体的性状来规定客体的建构性原则，这也毕竟还是一些范导性的、在实施中内在的和可靠的、适合于人类意图的原则。

正如理性在对自然的理论考察中必须假定自然的元始根据的一种无条件的必然性这个理念一样，它在实践的考察中也预设了它自己的（就本性而言）无条件的因果性，亦即自由，因为它意识到了它自己的道德命令。但现在，由于在这里行动作为义务的客观必然性，是与这行动作为事件当其根据在自然中而不在自由（即理性的因果性）中时就会具有的那种必然性相对立的，而且道德上绝对必然的行动在物理上被视为完全偶然的（也就是说，那应当必然发生的事情却常常不发生），所以很清楚，下面这种情况只是源自我们的实践能力的主观性状，即道德法则必须被表现为命令（而符合这些法则的行动则被表现为义务），而且理性不是通过一个**是**，而是通过**应当是**来表述这种必然性的；这种情况如果理性无须感性（作为理性运用于自然对象的主观条件）而被按照其因果性，因而被作为一个与道德法则普遍协调一致的理知世界里的原因来考察的
5〔404〕话，是不会发生的，在这里，在应当和做之间，在由于我们才成为可能的东西的实践法则和由于我们才成为现实的东西的理论法则之间，就不会有任何区别了。但现在，尽管一个在它里面一切东西都仅仅因为它们（作为某种善的东西）是可能的就会成为现实的理知世界，甚至作为它的形式条件的自由，对我们来说都是一个越界的概念，不适合于成为一条建构性的原则去规定一个客体及其客观实在性，但自由按照我们的（部分是感性的）本性和能力，对于我们和一切有理性的、与感性世界相结合的存在者来说，只要我们能够根据我们的理性的性状去设想它，毕竟是被用做一条普遍的**范导性**原则，这条原则不是客观地规定作为因果性形式的自由的性状，而是确切地说按照那个理念使这些行动的规则对每个人都成为命令，其有效性并不亚于假如作出那种规定的话。

同样，就我们现有的情况来说，人们也可以承认：假如我们的知性不具有这样的性质，即它必须从普遍的东西进展到特殊的东西，因而判断力就特殊的东西而言若不具有它能够把特殊的东西归摄于其下的普遍法则的话，就不能作出任何确定的判断，那么，在自然的机械作用和自然的技术亦即目的联结之间，我们也不会发现任何区别。但现在，既然特殊的东西作为特殊的东西，就普遍的东西而言包含着某种偶然的东西，但理性却毕竟仍然在自然的特殊法则的结合中也要求统一性，从而要求有法则性（偶然的东西的这种有法则性就叫做合目的性），而且就特殊的法则在自身中所包含的偶然的东西而言，先天地通过规定客体的概念而把特殊的法则从普遍的法则中推导出来是不可能的，所以，自然在其产品中的合目的性的概念就将是一个对于人在自然方面的判断力来说必要的概念，但并不是一个关涉客体本身之规定的概念，因而是对于判断力来说理性的一条主观原则，它作为范导性的（并非建构性的），对于我们**人类的判断力**来说同样是必然有效的，就好像它是一条客观的原则那样。

第 77 节　人类知性的那种使一个自然目的的概念对我们成为可能的特点 5〔405〕

我们在附释中详细说明了我们的（甚至是高级的）认识能力的特点，我们很容易被诱惑而把这些特点作为客观的谓词转用于事物本身；但是，它们所涉及的是理念，没有任何对象能够在经验中与这些理念相适合而被给予，这样一来，这些理念就只能在追究经验时被用做范导性的原则。虽然对于一个自然目的的概念来说，情况与涉及这样一个谓词的可能性的原因时一样，这原因只能在理念中；但是，符合这原因的结果（产品本身）却毕竟是在自然中被给予的，而作为一个按照目的来行动的存在者的自然，其因果性的概念看起来就使自然目的的理念成了它的一条建构性的原则，而在这里，这理念就具有了与所有其他理念都不同的某种东西。

但这种区别之处就在于：上述理念并不是对于知性来说的，而是对判断力来说的一条理性原则，因而只是知性一般而言在可能的经验对象上的运用；确切地说是在这样的地方，在此判断力不能是规定性的，而只能是反思性的，因而对象虽然是在经验中被给予的，但就连按照理念对它**确定地**（更不用说完全适合地）作出**判断**也根本不能，而是只能对它作出反思。

因此，这就涉及**我们的**（人类的）知性就判断力而言在判断力对自然事物的反思中的一个特点。但如果是这样的话，这里就必须有不同于人类知性的另一种可能知性的理念作为基础（正如我们在《纯粹理性批判》中曾必须考虑另一种可能的直观，如果我们的直观应当被视为一种特殊的直观，亦即对象对于它来说只是被视为显象的一种直观的话），以便人们能够说：某些自然产品**必须**按照我们的知性的特殊性状，就其可能性来说**被我们视为**有意的和作为目的生产出来的，却并不因此就要求现实地有一个特殊的原因来以一个目的的表象为它们的规定根据，因而 5〔406〕
并不否认说，没有不同于人类知性的另一种（更高的知性），甚至在自然的机械作用中，亦即在一种并不仅仅为其假定一个知性作为原因的因果结合中，也能够发现自然的这样一些产品的可能性的根据。

因此，这里的关键就在于**我们的**知性与判断力的关系，也就是说，我们在其中寻找我们知性的性状的某种偶然性，以便看出我们的知性与其他可能的知性有别的这种特点。

这种偶然性可以完全自然地在判断力应当将其置于知性概念的**普遍的东西**之下的**特殊的东西**中找到；因为通过**我们的**（人类的）知性的普遍的东西，特殊的东西并未得到规定；不同的，但毕竟在一个共同的特征中相一致的事物能够以怎样多种多样的方式显示给我们的知觉，这是偶然的。我们的知性是一种概念的能力，亦即一种推论的知性，对于它来说，能够在自然中被给予它并且被置于它的概念之下的特殊的东西，会是什么样的以及如何不一样，这当然必定是偶然的。但是，由于毕竟还有直观也属于认识，而且**直观的完全自发性**的能力会是一种与感性有区别的、完全独立于感性的认识能力，因而是最一般意义上的知性，所以，人们也可以设想一种**直觉的**知性（否定地说，就是只作为非推论的知性），这种知性不是（通过概念）从普遍的东西进展到特殊的东西，并这样进展到个别的东西，而且对它来说不会遇到自然在其产品中按照**特殊的**法则与知性协调一致的那种偶然性，这种偶然性使得我们的知性如此难以把这些产品的杂多纳入到知识的统一性中去；这是一件我们的知性惟有通过自然特征与我们的概念能力的非常偶然的协调一致才能完成的工作，但一种能直观的知性就不需要这样做。

因此，我们的知性对于判断力来说有独特之处，即在认识中特殊的东西并未通过普遍的东西而为知性所规定，因而特殊的东西不能单从普〔407〕遍的东西中派生出来；但自然的多样性中的这种特殊的东西仍然应当（通过概念和法则）与普遍的东西协调一致，以便能够被归摄在后者下面，这种协调一致在这样的情况下就必定是非常偶然的，而且对于判断力来说是没有确定的原则的。

尽管如此，为了能够至少设想自然事物与判断力的这样一种协调一致（我们把它想象为偶然的，因而只是通过一个指向这一点的目的才是可能的），我们就必须同时设想另一种知性，与这种知性相关，确切地说尤其是与被附加给它的目的相关，我们就能够把自然法则与我们的判断力的那种协调一致想象为**必然的**，这种协调一致对于我们的知性来说惟有通过目的的结合手段才是可以设想的。

因为我们的知性有这样的属性，即它在自己对例如一个产品的原因的认识中必须从**分析的普遍的东西**（从概念）进展到特殊的东西（被给予的经验性直观）；因此在这时，它就这种特殊的东西的多样性而言不规定任何东西，而是必须等待把经验性直观（如果对象是一个自然产品的话）归摄在概念之下的判断力来作这种规定。但现在，我们也可以设想一种知性，它由于不像我们的知性那样是推论的，而是直觉的，所以就从**综合的普遍的东西**（一个整体作为这样一个整体的直观）进展到特殊的东西，也就是说，从整体进展到各个部分；因此，它和它对整体的表象并不在自身包含各个部分为使整体的一种为我们的知性所需要的一个确定的形式成为可能的那种结合的**偶然性**，而我们的知性则必须从作为被普遍思考的根据的那些部分前进到作为后果的各种能被归摄于其下的可能形式。与此相反，按照我们的知性的性状，自然的一个实在整体只能被视为各个部分相互竞争的运动力量的结果。因此，如果我们不想把整体的可能性想象为依赖于各个部分的，就像按照我们的推论的知性那样，而是按照直觉的（原本的）知性的尺度把各个部分的（根据其性状和条件的）可能性想象为依赖于整体的，那么，这按照我们知性的同一个特点就不能这样来做，即让整体包含着各个部分的联结之可能性的根据（这在推论的认识方式中会是一种矛盾），而是只能让一个整体的**表象** 〔408〕
包含着该整体的形式以及属于该形式的各个部分之联结的可能性的根据。但既然整体在这种情况下会是一个结果，即**产品**，它的**表象**被视为它的可能性的**原因**，但一个原因，其规定根据只不过是其结果的表象，它的产品就叫做目的，所以就由此得出：这产品只是出自我们知性的特殊性状的一个后果，如果我们按照不同于物质的自然法则的因果性的另一种因果性，亦即仅仅按照目的和终极因的因果性而把自然的产品想象为可能的话；这条原则并不关涉这样一些事物本身（甚至作为现象来看）按照这种产生方式的可能性，而是仅仅关涉我们知性可能对它们作的评判。这里我们同时看出，为什么我们在自然知识中早就不满足于通过按照目的的因果性来解释自然产品了，因为我们在这种解释中所要求的是对这种自然生产仅仅与我们的评判能力相适合，亦即与反思性的判断力相适合来作出评判，而不是为了规定性的判断力而与事物本身相适合来作出评判。在这里也根本没有必要去证明这样一种 intellectus archetypus［作为原型的理智］是可能的，而是只须证明，我们在把我们推论的、需要形象的知性（intellectus ectypus［作为摹本的理智］）和这样一种性状作对照时，就被导向那个也不包含任何矛盾的理念（一个 intellectus archetypus［作为原型的理智］）。

如果我们把一个物质整体按照其形式视为各个部分及其力量以及自己把自己结合起来的能力的一个产品（再考虑到与这种物质相互供应的其他物质），那么，我们就是在想象这整体的一种机械的产生方式。但以这样的方式，得不出关于一个作为目的的整体的任何概念，这目的的内在可能性绝对以关于一个整体的理念为前提条件，各个部分的性状和作用方式都依赖于这理念本身，就像我们关于一个有机体毕竟必须设想的那样。但正如刚刚指出的那样，由此所得出的却并非这样一个有机体的机械产生是不可能的；因为这会等于是说，想象杂多联结中的这样一种统一性**对于任何知性**都是不可能的（亦即自相矛盾的），如果这统一性的
5〔409〕理念不同时是这统一性的产生原因，亦即如果没有有意的生产的话。但事实上，假如我们有权把物质性的存在者视为物自身的话，仍然会得出这一点。因为在这种情况下，构成各自然形态的可能性之根据的统一性，就会仅仅是空间的统一性，但空间并不是产生的什么实在根据，而只不过是产生的形式条件罢了；尽管空间与我们所寻找的实在根据在这一点上有些类似，即在其中没有任何部分能够不与整体相关而得到规定（因此整体的表象是各个部分的可能性的基础）。但是，既然毕竟至少有可能把物质世界视为纯然的显象，并且把作为物自身的某种东西（它不是显象）设想为基底，但给这基底配上一种相应的理智直观（尽管不是我们的直观），所以，对于我们一同属于的自然来说就出现了一种虽然不能为我们所认识的、超感性的实在根据，因而我们在自然中就会把它里面作为感官对象而必然的东西按照机械法则来考察，但把它里面作为理性对象的、各种特殊法则和据此而有的各种形式的那种我们就自然而言必定评判为偶然的协调一致（甚至作为系统的自然整体）同时按照目的论的法则来考察，并且按照两种原则来评判它们，而并不用目的论的解释方式排斥机械的解释方式，就好像它们相互矛盾似的。

由此也可以看出人们通常虽然能够很容易猜到，但很难确定地主张和证明的东西，即虽然合目的的自然产品的机械派生原则与一个目的论的原则相并列，但它绝不可能使后者成为多余的，也就是说，人们虽然

可以在一个我们必须评判为自然目的的事物（一个有机存在者）上尝试机械产生的一切已知的和还有待发现的法则，也可以希望借此有良好的进展，但却永远不能免除为了这样一个产品的可能性而去援引一个与此完全不同的产生根据，亦即凭借目的的因果性的根据；而且绝对没有任何人类理性（也没有任何与我们的理性在质上相似，但在程度上却远远超过的有限理性）能够希望哪怕是从纯然机械原因来理解一棵小草的产生。因为如果原因和结果为了这样一个对象的可能性的目的论联结对于 5〔410〕
判断力来说是完全不可缺少的，哪怕只是为了依照经验的导线来研究这种可能性；如果对于作为显象的外部对象而言根本不可能找到一个与目的相关的充足理由，相反这个也在自然之中的充足理由却必须只在自然的超感性基底中去寻找，但我们对这个基底的一切可能的洞识都被切断了，那么，我们就绝对不可能为目的结合获得取自自然本身的解释根据，而且按照人类认识能力的性状，在一个作为世界原因的源始知性中去为此寻找至上的根据，就是必然的。

第 78 节　物质的普遍机械作用原则与自然技术中的目的论原则的结合

理性无限重视的就是不放弃自然在其产生中的机械作用，并且在对自然的解释中不忽略这种作用，因为离开这种作用，就不可能达到对事物本性的任何洞识。即使有人向我们承认：有一个最高的建筑师直接创造了自然的各种形式，如同它们向来存在的那样，或者预定了那些在自然的进程中按照同一个范本不断地自己形成的形式，但毕竟由此丝毫也没有促进我们对自然的知识，因为我们根本不可能了解那个存在者的行动方式以及他那些应当包含着自然存在者的可能性之原则的理念，也不可能由他那里自上而下地（先天地）解释自然。但是，如果我们由于相信在经验对象的形式中发现了合目的性，为了解释这种合目的性，而想从这些形式自下而上地（后天地）援引一个按照目的起作用的原因，那么，我们就会是在完全同义反复地作解释，用语词来欺骗理性，更不用说当我们以这种解释方式迷失在自然知识不能追随我们前往的那种越界的东西之中时，理性就被诱入诗意的狂热，而防止狂热本来正是理性最主要的使命。

5〔411〕另一方面，理性的一个同样必要的准则就是不要忽略在自然产品上的目的原则，因为这个原则虽然并不使我们更加理解自然产品的产生方式，但毕竟是探究自然的特殊法则的一个启发性原则；即便假定人们不愿意对这条原则作任何应用，以据此解释自然本身，因为尽管这些自然产品如此明显地呈现出有意的目的统一性，人们也如此长久地还总是把它们称为自然目的，也就是说，不超出自然之外去寻找它们的可能性的根据。但是，由于毕竟最终必定出现它们的可能性的问题，所以，为这种可能性设想一种不在自然之中的特殊方式的因果性，这也是同样必要的，正如自然原因的机械作用也有自己的因果性那样，因为要接受与物质按照机械作用能够具有的形式不同的许多个形式，就必须再加上一个原因（因此这个原因不能是物质）的自发性，没有这种自发性就不可能指出那些形式的任何根据。虽然理性在走出这一步之前必须谨慎从事，切不可试图把自然的每一种技术，亦即自然的一种对于我们纯然的把握在自身显示出形状的合目的性的生产能力，解释为目的论的，而是始终视为仅仅机械地可能的；然而，想在这方面完全排除目的论原则，并且当合目的性在对自然形式的可能性通过其原因所作的理性研究看来，完全不可否认地显示为与另一种因果性的关系的时候，却总是遵循纯然的机械作用，这同样必定使理性耽于幻想，徘徊在关于自然能力的那些根本不能被思维的幻影中间，正如一种根本不考虑自然机械作用的纯然目的论解释方式使得理性陷入狂热一样。

在自然的同一个事物上，这两个原则不可能作为一个由另一个来解释（来演绎）的原理而相互联结，也就是说，不可能为了规定性的判断力而作为自然洞识的独断的和建构性的原则而相互结合。例如当我假定一条蛆虫应当被视为物质的纯然机械作用（当物质要素由于腐烂而被释放出来时物质独自就完成的新形成）的产品时，我就不能把同一个物质
5〔412〕当做一种按照目的来行动的因果性而从中推导出该产品。反过来，当我把同一个产品假定为自然目的时，我就不能指望它有一种机械的产生方式，并把这种产生方式假定为就其可能性而言评判该产品的建构性原则，就这样把两个原则结合起来。因为一种解释方式是排斥另一种解释方式的；即便是假定这样一个产品的可能性的两个根据客观上都基于一个惟一的根据，但我们却没有考虑到它。应当使这两种解释方式在按照它们

评判自然时的可结合性成为可能的那个原则，必须被置于那处在这两种解释方式之外（因而也处在可能的经验性的自然表象之外），但却包含着这种自然表象的根据的东西中，亦即被置于超感性的东西中，而且这两种解释方式的任何一种都与之相关。现在，既然我们对这超感性的东西只能有一个根据的不确定概念，这个根据使得按照经验性法则评判自然成为可能，但除此之外我们不能用任何谓词来更切近地规定它，所以就得出，这两个原则的结合不能基于为了**规定性的**判断力而按照被给予的法则对一个产品的可能性作**解释**（说明）的一个根据，而只能基于为了反思性的判断力而对这种可能性作**讨论**（揭示）的一个根据。——因为解释就叫做从一个原则作推导，因而这个原则人们必须能够清晰地认识到并且能够清晰地陈述出来。现在，虽然在同一个自然产品上，自然的机械作用原则和自然根据目的的因果性原则必须在一个惟一的高等原则中相互关联，并共同地从中产生出来，因为若不然，它们在自然考察中就不可能相互并存。但是，如果这客观的共同的，因而也使得依赖于它的自然研究准则有理由共联一体的原则具有这样的性质，即它虽然能够被指明，但却永远不能被确定地认识，不能为了在出现情况时加以应用而被清晰地陈述出来，那么，从这样一个原则中就不可能引出对按照那两个异质原则而可能的一个自然产品的可能性的任何解释，亦即清晰且确定的推导。但现在，一方面是机械的推导，另一方面是目的论的推导，其共同的原则是我们必须配给作为现象的自然的那个**超感性的东西**。但关于这个超感性的东西，我们在理论意图中却不能形成最起码的被肯定地规定了的概念。因此，何以按照这个作为原则的超感性的东西，自然 5〔413〕
（按照其特殊的法则）对于我们就构成了一个系统，这系统既按照物理学法则的产生原则又按照终极因的产生原则而被认做是可能的，这是绝对不能解释的；而只是在出现我们若不依据目的论原理就不能在其可能性上按照机械作用的原则（这原则在任何时候都有权对一个自然存在者提出要求）加以思考的自然对象这样的事情发生时，预设人们只可以根据这两个原则信心十足地探究自然法则（根据自然产品的可能性是按照这个还是那个原则可以被我们的知性所认识），而不介意在这些产品的评判原则之间凸显出来的表面冲突，因为至少这种可能性得到了保证，即二者即便在客观上也是有可能在一个原则中协调一致的。

因此，尽管就同一个产品及其可能性而言，无论是自然的机械作用还是自然的目的论的（有意的）技术，都能够服从按照特殊法则的自然的一个共同的高等原则，但由于这个原则是**超验的**，根据我们的知性的局限性，在甚至这个产品的内在可能性惟有通过一种根据目的的因果性才**可以理解**（正如有机物质就具有这种性质）的情况下，我们就不能把这两个原则在对同一种自然的产生**作解释时**结合起来，因此，对于上述目的论原理来说依然是：按照人类知性的性状，对于有机存在者的可能性来说，只能假定一个有意地起作用的原因，而纯然的自然机械作用对于解释这些自然产品的可能性来说则可能是根本不够的；但由此却并不是就这样一些事物本身的可能性而言要通过这个原理来作出裁定。

因为既然这个原理只是反思性判断力的一个准则，而不是规定性判断力的准则，因而只是对于我们来说主观地有效，不是对于这类事物的可能性来说客观地有效（那样的话两种不同的产生方式倒是能够在同一个根据中相互关联了）；此外，既然不给这种以目的论的方式设想的产生方式加上任何关于一个可与此同时发现的自然机械作用的概念，这类产
5〔414〕生就根本不能作为自然产品来评判，所以，上述两个准则同时就带有把这两种原则在评判作为自然目的的事物时结合起来的必然性，但却不是为了用一个准则完全或者在某些方面取代另一个准则。因为那被（至少是被我们）设想为只有按照意图才有可能的东西，是不能被任何机械作用取代的；而那按照机械作用被认做必然的东西，也不能被任何需要一个目的来作规定根据的偶然性来取代，而只能是使一个准则（机械作用）隶属于另一个准则（有意的技术），按照自然的合目的性的先验原则，是完全可以这样做的。

因为在目的被设想为某些事物的可能性的根据的地方，人们也都必须假定手段，它们的作用法则**自身**不需要任何以一个目的为前提条件的东西，因而是机械的，但毕竟可以是有意的作用的一个从属的原因。因此，甚至在自然的有机产品中，但更多的是当我们受自然的无限集合所推动，把自然原因按照特殊法则的结合中那个有意的东西现在也（至少是通过可以允许的假说）假定为反思性判断力对自然整体（世界）的**普遍原则**时，也可以设想在自然的种种产生中机械法则与目的论法则的一种重大的、甚至是普遍的结合，而不把对这些产生的各种评判原则相混

淆，使一个原则取代另一个原则，因为在一种目的论的评判中，物质甚至在它所接受的形式只被评判为按照意图才可能的情况下，也毕竟按照其本性能够根据机械法则也隶属于那个所设想的目的来充当手段；尽管由于这种可结合性的根据乃是在于那种既不是前者也不是后者（既不是机械作用也不是目的结合），而是自然的超感性基底的东西之中，对这基底我们没有任何了解，对于我们（人类的）理性来说这样一些客体的可能性的两种表象方式也无法融合，相反，我们只能把它们评判为按照终极因的联结而建立在一个至上知性之上的，因此目的论的解释方式由此并没有被夺去任何东西。

但现在，由于自然的机械作用作为手段对于每个终极意图来说作出了多大贡献，这一点是完全不确定的，对于我们的理性来说也是永远不确定的；而且由于一般自然的可能性的上述理知原则，完全可以假定自 〔415〕
然到处都是按照这两类普遍协调一致的法则（物理学法则和终极因法则）而可能的，即使我们根本不能看出这种情况何以发生的方式，所以，我们也不知道对于我们来说可能的机械解释方式会走多远，而是只知道这么多：仅就我们在这方面始终能够达到的而言，这种解释方式对于我们一度承认为自然目的的事物来说毕竟每次都是不够的，因而我们按照我们知性的性状使那些根据全都隶属于一个目的论的原则之下。

于是，在这上面就建立起这种权限，并且由于按照机械作用的原则所作的自然研究对于我们理性的理论应用所具有的重要性，也建立起这种职责：把自然的一切产品和事件，甚至最合目的的，都加以机械的解释，只要这种解释始终为我们所能进行（我们在这种研究方式内部不可能指出它的局限），但此时却永远也不可忽视，对于我们惟有在目的的概念之下才能够哪怕只是提交给理性去研究的那些自然产物和事件，我们就必须根据我们理性的根本性状，不顾那些机械的原因，最终使它们隶属于根据目的的因果性。

5 〔416〕

附　录

目的论判断力的方法论

第 79 节　是否必须把目的论当做属于自然学说的来讨论

每一门科学都必须在一切科学的百科全书中有自己的确定地位。如果它是一门哲学的科学，那么，就必须给它指出它在这百科全书的理论部分或者实践部分中的位置，而如果它在理论部分中有自己的席位，那就要么必须给它指出它在自然学说中的位置，如果它考虑的是能够作为经验对象的东西的话（因而是在物体学说、灵魂学说和一般的世界科学中的位置），要么就必须给它指出它在上帝学说（关于作为一切经验对象之总和的世界之元始根据的学说）中的位置。

现在问题是：应当给予目的论以哪个位置？它是属于（就本义而言的）自然科学呢，还是属于神学？二者必居其一；这是由于根本没有任何科学属于从一方到另一方的过渡，因为这种过渡只不过意味着体系的接合或者组织，而不是体系中的任何席位。

它尽管可以在神学中得到极重要的应用，但却并不作为神学的一个部分而属于神学，这是不言自明的。因为它把自然的各种产生及其原因作为自己的对象；而且即使它指向最终的原因，即指向一个被预定在自然之外和之上的根据（属神的创造者），但它在考察自然时这样做，却毕竟不是为了规定性的判断力，而只是为了反思性的判断力（为了通过这样一个理念与人类知性相适合地作为范导性原则来引导对世界上的事物的评判）。

5 〔417〕 但看起来，它同样也不属于自然科学，自然科学为了指出自然结果的客观根据，所需要的是规定性的判断力，而不是纯然反思性的判断力。事实上，就连对于自然理论或者对自然现象通过其起作用的原因所作的机械解释来说，靠人们按照目的的相互关系来考察这些现象，也是一无所获。就自然的产品按照目的论的概念构成一个系统而言开列这些产品上的自然目的，这真正说来只属于按照一个特殊的导线来撰写的自然描述，这里理性虽然完成了一件辉煌的、有教益的、实践上在诸多意图中合目的的工作，但关于这些形式的产生和内在可能性却根本没有给出任何解释，而这毕竟是理论自然科学真正说来要关心的。

因此，作为科学的目的论根本不属于任何学说，而是仅仅属于批判，确切地说属于一种特殊的认识能力亦即判断力的批判。但是，就它包含着先天原则而言，它能够而且必须指出必须如何按照终极因的原则来对自然作出判断的方法；这样，它的方法论就对理论自然科学的处理方式至少有消极的影响，而且也对理论自然科学在形而上学中可能作为神学的预科与神学具有的那种关系有消极的影响。

第 80 节 在把一个事物解释为自然目的时机械作用的原则必须隶属于目的论原则

意在一切自然产品的一种纯然机械的解释方式的**权限**，就自身而言是完全不受限制的；但是，仅仅以此就**够用**的那种**能力**，按照我们知性的性状，如果知性与作为自然目的的事物打交道的话，却不仅是受限制的，而且也是有清晰界限的，也就是说如此清晰，以至于按照判断力的一个原则，仅仅通过前面这种处理方式，对于解释后面这些事物来说就根本不可能有任何建树，因而我们在任何时候都必须使对这样一些产品的评判隶属于一个目的论的原则。

因此，合理的，甚至可嘉的是，为了对自然产品作出解释而尽可能 5〔418〕
追查自然的机械作用，除非也许会发生这样的事，即甚至要放弃这种尝试，不是因为**就自身而言**就不可能沿着这条道路与自然的合目的性会合，而是仅仅因为它**对于我们**作为人来说是不可能的；因为为此就会要求有不同于感性直观的另一种直观和对自然的理知基底的一种确定的知识，由此出发甚至有可能对显象按照特殊法则的机械作用指出根据，而这是完全超出我们的一切能力的。

因此，自然研究者为了在工作中不白费力气，就必须在评判那些其概念无疑是作为自然目的而建立起来的事物（有机存在者）时，总是把某种源始的有机化当做基础，这种有机化利用那种机械作用，为的是产生其他有机形式，或者是把机械作用自己的形式发展成新的形态（但这些形态毕竟永远是从那个目的中并与那个目的相符合地产生的）。

值得称赞的是，凭借一种比较解剖学来探查有机自然这一伟大创造，以便看一看：这里是否有某种与一个系统类似、确切地说在产生原则上类似的东西存在；我们没有必要停留在纯然的评判原则上（这种原则对于洞识有机自然的产生不给出任何解释），垂头丧气地放弃对在这个领域中的**自然洞识**的一切要求。如此之多的动物种类在某种共同的图型中相互一致，这图型不仅在它们的骨架中，而且在其他部分的安排中都看起来是基础，在这方面值得惊赞的简单构架通过缩短一种安排而延长另一安排，卷起这些部分而展开那些部分，就能够产生出物种的如此巨大的多样性，这就使一缕虽然微弱的希望之光照进心田，即这里也许可以凭借自然的机械作用原则而有所建树，没有这个原则就根本不可能有任何自然科学。就种种形式无论有多少差异都显得是按照一个共同的原型生产出来的而言，它们的这种类似性就加强了它们在从一个共同的元始母亲生产出来这方面有一种现实的亲缘关系的猜测，这种猜测凭借的是一
5〔419〕个动物种类到另一个动物种类的逐级接近，即从目的原则看起来得到最多证实的那个动物种类亦即人开始，直到珊瑚虫，从珊瑚虫甚至直到苔藓和地衣，最终到我们可见的最低的自然等级，到粗糙的物质；在有机存在者里面对我们来说如此不可理解，以至于我们相信为此不得不设想另一个原则的那全部自然技术，看起来都按照机械法则（与粗糙的物质在结晶体的产生中据以起作用的法则一样）源自这种粗糙的物质及其各种力。

于是在这里，就任由自然的**考古学家**去让那个庞大的造物家族从自然最古老的变革遗留下来的痕迹中，按照自然的一切他知道或者猜测到的机械作用产生出来（因为如果上述普遍关联的亲缘关系应当有一个根据的话，人们就必须这样想象这些造物）。他可以让刚刚走出其混沌状态的地球（仿佛是一头巨大的动物）的母腹最初生出具有较少合目的形式的造物，让这些造物又生出另外一些与其繁衍场所和相互关系更相适合地完善自己的造物；直到这个子宫本身凝固起来，僵化起来，并把自己的生育局限在那些确定的、今后不再退化的物种上，而多样性就保持为它在那个能产的形成力运作的终点所沉积的那样。——他最终仍然必须

把一种合目的地加给所有这些造物的有机化赋予这位普遍的母亲，否则的话动物界和植物界的这些产品的目的形式在其可能性上就是根本不可设想的。① 但这样一来，他只不过是把解释根据进一步推延，并不能自以〔420〕为已经使那两个界的产生不依赖于终极因的条件了。

甚至，就有机种类的某些个体偶然经受的那种变化而言，如果人们发现，它们的如此被改变了的性质成为可遗传的，并被接纳入生殖力中，那么，这变化就只能确切地被评判为一种在物种中原初就有的、对于该种类的自我保存来说合目的的禀赋的偶尔展现；因为同类的生殖鉴于一个有机存在者的普遍内在合目的性而如此紧密地与这样一个条件结合在一起，即不把任何不也在这样一个目的系统中属于未展现的原初禀赋之一的东西接纳入生殖力。因为如果离开了这个原则，那么，人们就不能可靠地知道，如今在一个物种那里能找到的形式的更多的部分是否同样会有偶然的、无目的的起源；而目的论的原则，即在一个有机存在者中不把任何在其繁衍中保存下来的东西评判为不合目的的，也就必然会由此而在运用中变得非常不可信赖，而只是对于那始祖（但我们却不再了解那始祖）才有效了。

针对那些认为有必要为所有这样的自然目的假定一个目的论的评判原则，即假定一个建筑师的知性的人们，**休谟**作出了反驳：人们可以有同样的权利问，究竟这样一个知性是如何可能的，也就是说，构成一个同时具有执行力量的知性的那些各种各样的能力和属性，是如何能够合目的地聚集在一个存在者里面的。然而这个反驳是无效的。因为环绕着一个在自身中包含着目的并惟有通过这些目的才可理解的事物的最初产

---

① 人们可以把这样一种假说称为理性的一个大胆的冒险；即便在最敏锐的自然研究者中间，可能也很少有人不是偶尔地想到过这一点。因为它的荒谬并不是像 generatio aequivoca［双重生殖］那样，人们把后者理解为一个有机存在者通过粗糙的无机物质的机械作用而产生出来。有机存在者的产生始终还会是在最宽泛的词义上的 generatio univoca［单一生殖］，只要某种有机的东西从另一种有机的东西，尽管在这一类存在者中与它有物种区别的东西中产生出来；例如，如果某些水生动物逐渐地演变成沼泽动物，并从沼泽动物经过若干代生殖之后演变成陆地动物的话。在纯然理性的判断中，这并不先天地矛盾。然而，经验并没有显示这方面的任何实例，毋宁说按照经验，我们所了解的一切生育都是 generatio homonyma［同名生殖］，它不仅是与从无机材料中的生殖相对立的 generatio univoca［单一生殖］，而且还产生出一个在有机化本身中与生产者同质的产品，而 generatio heteronyma［异名生殖］就我们对自然的经验知识所及，还从未遇到过。

生这个问题的全部困难，乃是基于对把这个产品中**相互外在的**杂多结合
5〔421〕起来的那个根据的统一性的探讨；因为如果这个根据被设定在一个作为简单实体的创造性原因的知性之中，则那个问题就其是目的论的而言，就得到了充分的回答，但如果原因仅仅在作为许多相互外在的实体的一个集合体的物质中去寻找，则对于这物质的形成的内在合目的的形式来说就完全缺乏原则的统一性；而物质在那些被我们的知性仅仅作为目的才能理解的产生之中的**专制**，就是一个没有意义的语词。

由此就导致，那些为物质的客观合目的的形式寻找其可能性的一个至上根据的人，恰好不承认这根据有一个知性，却喜欢使世界整体成为一个惟一的、无所不包的实体（泛神论），或者（这只是对前者的一个更确定的解释）成为依存于一个惟一的**单纯实体**的许多规定的一个总和（斯宾诺莎主义），仅仅是为了弄清楚一切合目的性的那个条件，即根据的**统一性**；这里他们虽然凭借一个单纯实体的纯然本体论的概念而满足了这个课题的一个条件，亦即目的关系中的统一性，但对于**另一个**条件，亦即该实体与其作为目的的后果的关系，他们却毫不提及，而对于该问题的那个本体论根据本来是应当通过这种关系得到更切近的规定的，因而他们也就绝对没有回答**这整个**问题。甚至如果我们不把事物的那个元始根据想象成**单纯的实体**，对于这个简单实体来说不把它为了那些基于它的自然形式的特殊性状，亦即为了目的统一性而具有的属性想象成一个理智实体的属性，但又不把这个理智实体与那些自然形式的关系（由于我们在所有我们只可能设想为目的的东西上发现的偶然性）想象成一种**因果性**的关系，那么，该问题也依然绝对没有得到回答。

第81节　在解释一个作为自然产品的自然目的时机械作用对目的论原则的参与

正如根据上一节，自然的机械作用单独地不可能足以用来设想一个
5〔422〕有机存在者的可能性，而是（至少按照我们认识能力的性状）必须在起源上隶属于一个有意地起作用的原因，同样，一个有机存在者的纯然目的论的根据，如果不是该存在者的机械作用参与它的话，也不足以把该存在者视为和评判为自然产品，机械作用仿佛是一个有意地起作用的原因的工具，自然在其机械法则中仍然隶属于这原因的目的。两种完全不

同的因果性，即处在其普遍合法则性之中的自然与一个把自然限制在自然本身根本不包含其根据的一种特殊形式之上的理念，我们的理性并不理解它们的这样一种结合的可能性；这种可能性处于自然的超感性的基底之中，对此，除了它是我们只了解其显象的存在者自身之外，我们不能肯定地规定任何东西。但那条原则，即“凡是我们假定为属于这个自然（现象）的并假定为自然产品的东西，也都必须与自然相联结而按照机械法则来思考”，却依然有效，因为没有这种因果性，作为自然目的的有机存在者就不会是自然产品。

如果这些存在者的目的论原则被接受（就像不可能是别的情况一样），那么，人们就可以要么把**偶因论**，要么把**预定论**作为它们的内在合目的形式之原因的基础。按照前者，至上的世界原因就会根据自己的理念借每次交媾的机会而直接地给在交媾中混合起来的物质提供有机的形态；按照后者，它就会只把禀赋置入它的这种智慧的最初产品中，凭借这禀赋，一个有机存在者就产生出自己的同类，而物质就持久地保存下来，同样，个体由于自己同时致力于其破坏的本性而来的死亡就不断得到补偿。如果人们接受有机存在者的产生的偶因论的话，那么，在这里一切自然连同对这样一类产品的可能性作判断的理性应用都将完全丧失；因此，人们可以预设，将没有任何对哲学有某种兴趣的人接受这种体系。

预定论又可以以两种方式行事。也就是说，它把每一个由其同类所生育的有机存在者要么视为前者的**离析物**，要么视为前者的**产品**。作为 5〔423〕
纯然离析物的生殖的体系就叫做**个体预成论**的体系，或者也叫做**释出论**；作为产品的生殖的体系被称为**新生论**的体系。后者也可以被称为**种类预成论**的体系，因为生育者的生产能力毕竟是根据它们的种族所分有的那些内在合目的的禀赋预先形成的，因而物种形式是 virtualiter［以潜能的方式］预先形成的。据此，人们也可以把对立的个体预成理论更确切地称为**复原论**（或者嵌入论）。

释出论的捍卫者们把每个个体都排除在自然的形成力之外，以便让它直接出自创造者之手，因而他们毕竟不想冒险让个体按照偶因论的假说来发生，以至于交媾只不过是一道手续罢了，一个至上的有理智的世界原因借这道手续来决定每次都亲手去形成一个胚胎，留给母亲去做的只是释出和养育这个胚胎而已。他们宣称赞同预成论；就好像以超自然的方式是让这类形式在世界的开端产生出来还是让它们在世界的进程中产生出来并不是一回事似的，而不是宁可通过随机的创造来节省一大批超自然的部署，之所以需要这些部署，乃是为了在世界的开端就形成的胚胎经过漫长的时间直到它发展出来都不遭受自然的破坏力量而完好无损地保存下来，这同样也会使得多得无法计数的应当在某个时候发展出来的这样一些预先形成的存在者，连同与它们一样多的创造活动，都成为不必要的和无目的的。然而，他们毕竟至少还想在这里给自然留点儿事情做，以免彻底陷入可以不要任何自然解释的完全的超自然学。他们虽然还是坚持自己的超自然学，甚至当他们在畸形怪胎（人们毕竟不可能把畸形怪胎视为自然的目的）上发现一种值得惊赞的合目的性时亦是如此，哪怕这种合目的性的目标只应当是，一个解剖学家有朝一日会对这作为无目的的合目的性的东西感到反感和黯然的惊奇。但是，他们也绝对不可能使杂种的产生适应预成〔424〕的体系，而是对于他们此前只承认具有用做胚胎最初营养的机械属性的雄性造物精子，毕竟不得不还承认它具有一种合目的地形成的力量，不过就出自同一种类两个造物的一种产生的整个产品而言，他们毕竟不想把这种力量赋予二者中的任何一个。

与此相反，即使人们不了解**新生论**的辩护者就他用来证明自己理论的经验根据而言对前者所拥有的巨大优势，理性也毕竟已经预先以出色的好意对它的解释方式抱有好感，因为这种解释方式就人们在起源上惟有按照目的的因果性才能够想象为可能的事物而言，毕竟至少在涉及繁殖时，把自然视为自我产生的，而不仅仅是展开的，这样就毕竟是尽可能少花费超自然的东西而把从最初开端以来的一切相随的东西都留给了自然（但关于这个最初开端却没有规定什么东西，它是物理学随便用什么样的原因链条来尝试也总要在这上面一事无成的）。

就这种新生论的理论而言，无论是在证明这个理论还是在部分地通过限制它的一种过于狂妄的应用而建立其运用的真正原则方面，没有任何人比枢密官**布鲁门巴赫**①先生有更多的成就了。关于有机物质，他提升了这些形态的一切物理学解释方式。因为他有理由宣称，说粗糙的物质

① 布鲁门巴赫（Johann Friedrich Blumenbach，1752—1840），作为解剖学家和比较动物学家在格廷根大学任职几近 60 年（1776—1835）。参见其著作《论形构冲动和生殖活动》，格廷根，1781，1789 年以简化了的标题《论形构冲动》在同地出版。——科学院版编者注

在起源上是按照机械法则自己形成的，说生命能够从无生命的东西的本性中产生出来，物质能够自行使自己适应一种自己保存自己的合目的性的形式，这是违背理性的；但是，他同时在一种源始**有机化**的这种我们无法探究的**原则**之下给机械作用留下了一个无法规定的、同时毕竟也不会认错的份额，为此，一个有机存在者中物质的能力（与普遍寓于物质之中的纯然机械的形成力有别的能力）被他称为一种（仿佛是从属于对前一种形成力的更高引导和指令的）**形成本能**。

第 82 节　有机存在者的外在关系中的目的论体系 〔425〕

我把外在的合目的性理解为这样一种合目的性，在那里自然的一个事物作为达成目的的手段而有利于另一个事物。现在，那些不具有任何内在的合目的性，或者不为其可能性而以内在的合目的性为前提条件的事物，例如土、气、水等，仍然可以外在地，亦即在与其他存在者的关系中，是很合目的的；但是，这些其他存在者必须在任何时候都是有机存在者，亦即是自然目的，因为若不然，那些事物就也不能被评判为手段了。这样，水、气和土就不能被视为堆积起山脉来的手段，因为山脉就自身而言根本不包含任何要求其可能性在目的上有一个根据的东西，因此山脉的原因永远不能与目的相关在一个（用于目的的）手段的谓词下来表现。

外在的合目的性是与内在的合目的性的概念完全不同的一个概念，内在的合目的性是与一个对象的可能性结合在一起的，而不论这个对象的现实性本身是不是目的。关于一个有机存在者人们还可以问：它是为了什么而存在的？但对于那些人们在其身上只认识到自然的机械作用的结果的事物，就不能轻易这样问了。因为在前一些事物中，我们已经为它们的内在可能性设想了一种根据目的的因果性，即一个能创造的理智，并且把这种主动能力与它的规定根据即意图联系起来。只有惟一的一种外在的合目的性，是与有机化的内在合目的性有关联的，而且不可以问这个被如此有机化的存在者正好是为了什么目的而必须实存，但却仍然在一个手段的外在关系中充当目的。这就是两性为了繁衍自己的种类而在相互关系中的有机化；因为在这里人们总还是像在一个个体那里一样问道：这样一对配偶为什么必然实存呢？回答是：这一对在这里首次构成了一个**进行有机化的**整体，虽然不是在一个惟一的身体中被有机化的整体。

现在如果人们问一个事物为了什么而存在，那么，回答要么是：它的存在和它的产生根本不与一个按照意图起作用的原因有关系，而这样〔426〕一来人们就总是从自然的机械作用来理解它的一种起源；要么就是：它（作为一个偶然的自然存在者）的存在有一个有意的根据，而且这个思想是人们很难与一个有机事物的概念分开的，因为既然我们一度必须给它的内在可能性配上一个终极因的因果性和一个作为这种因果性的基础的理念，所以，我们也就只能把这个产品的实存当做目的来思考。因为被表象的结果，如果它的表象同时是它的产生的有理智的作用因的规定根据，它就叫做**目的**。因此在这种场合，人们就要么说：这样一个自然存在者的实存的目的就在它自身之中，也就是说，它不仅是目的，而且还是**终极目的**；要么就说：它实存的目的在它之外的其他存在者里面，也就是说，它不是作为终极目的，而是必然同时作为手段而合目的地实存。

但是，如果我们通观整个自然，那么，我们在这个作为自然的整个自然中就找不到任何能够要求作为创造的终极目的之优先权的存在者；人们甚至能够先天地证明：那种也许对于自然来说还有可能是一个**最终目的**的事物，按照我们可能给它配备的一切想得出来的规定和属性，毕竟作为自然事物永远不能是一个**终极目的**。

如果看一看植物界，那么，人们一开始就可能由于它借以差不多散布到任何地面上的那种无法测度的能产性，而产生这样的思想，即把它视为只是自然的机械作用的产品，自然在矿物界的形成中就表现出这种机械作用。但对植物界里面那种无法描绘的睿智的有机化的进一步认识，就使我们不固执于这种思想，而是引发出这样的问题：这些造物是为了什么而存在呢？如果人们回答说：为了以它们为生的动物界，以便动物界能够以如此多种多样的种类散布到地球上，那么就又出现这个问题：究竟这些食草动物是为了什么而存在呢？回答也许会是：为了那些只能以具有生命的对象为生的食肉动物。最终的问题是：这些食肉动物连同前面的几种自然界为了什么而是善的呢？是为了人作多种多样的利用，是人的知性教给它对所有那些造物作这样的利用的；而人就是创造在这

尘世上的最终目的，因为人是尘世惟一能够给自己形成一个关于目的的 5〔427〕
概念，并能够通过自己的理性把合目的地形成的诸般事物的集合体变成一个目的系统的存在者。

人们也可以与林耐爵士一起走上表面看来相反的道路，并且说：食草动物是为了抑制植物界的疯长而存在的，这种疯长会使许多植物物种窒息；食肉动物是为了给那些食草动物的贪吃设立界限而存在的；最后，人是为了通过追捕和减少食肉动物而在自然的生产力量和毁灭力量之间造成某种平衡而存在的。这样，人尽管也可能在某种关系中被赞赏为目的，但毕竟在另外的关系中又会只具有一个手段的地位。

如果人们使地球造物的种类的多样性及其作为合目的地建构的存在者的相互外在关系中的一种客观的合目的性成为原则，那么，符合理性的是，在这种关系中又根据终极因设想一种有机化和所有自然界的一个系统。然而在这里，经验看起来是与理性准则公然相矛盾的，尤其是涉及自然的一个最终目的时，这个最终目的毕竟是这样一个体系的可能性所需要的，而且我们也只能把它设定在人身上，因为就人作为许多动物种类的一种而言，自然倒是无论就毁灭性力量来说还是就生产性力量来说都没有给人丝毫的例外，而是使一切都服从于自然的没有一个目的的机械作用。

为了地球上的自然存在者的一个合目的的整体而必须在一种安排中有意地建立起来的第一个东西，也许就是这些自然存在者的居住地，即土地和适宜的环境，它们要在其上和其中繁衍自己的后代。然而，对一切有机生产的这个基础之性状的一种更确切的认识所指示的，却不是别的原因，而是完全无意地起作用的原因，甚至与其说是有利于生产、秩序和目的的原因，倒不如说是毁灭性的原因。陆地和海洋不仅包含着它们和一切在它之上和之中的造物所遭受的古代猛烈的摧毁的遗迹；而且它们的整个结构、陆地的地层和海洋的边界，都完全具有一个在混沌状态中劳作的自然那些狂暴的、万能的力量之产品的外观。无论现在陆地 5〔428〕
的形态、结构和斜坡看起来被安排得对于接受来自空中的雨水、对于多种多样性质（对于各种各样的产品来说）的地层之间的水脉和江河的流淌来说多么合乎目的，毕竟对它们的进一步研究证明，它们只是有的作为火山爆发的结果，有的作为洪水暴发的结果，或者还作为海啸的结果而造成的；不仅是就这种形状的最初产生而言，而且尤其是就这形状后来的重塑连同那些最初的有机生产的衰亡而言，都是如此。① 如果所有这些造物的居住地，即（陆地的）生殖层和（海洋的）生殖区所指示的不是别的，而是其产生的一种完全无意的机械作用，那么，我们又如何并且有什么权利来要求和主张后面这些产品有一个另外的起源呢？尽管就像对那些自然毁灭的残留物所作的最仔细的审视（根据坎培尔的判断）看起来所证明的那样，人并没有被一同包括进这些变革中去，但人毕竟如此依赖于其余的地球造物，以至于如果承认自然有一种普遍支配其他造物的机械作用，人就必然被视为一同包括在其中的；尽管人的知性已经能够（至少在大多数情况下）在这些毁灭中拯救人了。

但是，这个论证似乎所证明的东西要多于当初提出它所考虑的那个意图所包含的，也就是说，它不仅证明人不可能是自然的什么最终目的以及地球上的有机自然事物的集合体不可能是一个目的系统；而且还证明，甚至以往被视为自然目的的那些自然产品，除了自然的机械作用之外，也没有任何别的起源。

5〔429〕 然而，在上述对有机自然存在者的机械产生方式和目的论产生方式各原则的二论背反的解决中，我们已经看到：既然这些原则就按照这些自然存在者的特殊法则（但是，我们却没有打开它们的系统关联的钥匙）而形成的自然而言，只是一些反思性判断力的原则，亦即它们并不去规定这些自然存在者的起源自身，而是仅仅说，我们按照我们知性和我们理性的性状只能根据终极因来在这类存在者中设想它们的起源，在尝试对它们作机械的解释方面的最大可能的努力甚至冒险不仅是允许的，而且我们也被理性召唤着去这样做，尽管我们知道，出自我们知性的特殊性质和局限的种种主观理由（而绝不是由于这种产生的机械作用与按照目的的起源自身相互矛盾），我们这样做是永远不够的；而且最终，在（不论是我们之外的还是我们之内的）自然的超感性原则中也许根本就不可能有表现自然之可能性的这两种方式的一致，因为按照终极因的表象

---

① 如果一度被接受的**自然史**这个名称应当为自然的描述而保留下来的话，那么，人们就可以把它字面上所表明的东西，亦即地球那人们不可以指望有任何确定性、却毕竟有很好的理由去大胆猜测的过去的古老状态的一种展现，称为**自然的考古学**，以与艺术相对立。属于前者的会是化石，就像属于后者的会是雕刻过的石头等等一样。因为既然人们虽然于情理之中缓慢地、却毕竟现实地（以一种地球理论的名义）不断从事着这样一种自然史，所以这个名称恰恰不会被给予一种纯然想象出来的研究，而是被给予自然本身在邀请和要求我们去从事的这样一种自然研究。

方式只是我们的理性应用的一个主观条件，如果它不只是想要懂得对作为显象的对象作评判，而且要求把这些显象本身连同它们的原则都与那超感性的基底相联系，以便有可能发现它们的统一性的某些法则的话，而这统一性惟有通过目的（对此理性也拥有这样一些超感性的目的）才能使自己表现出来。

第 83 节　作为一个目的论系统的自然的最终目的

我们在前面指出过，我们有充分的理由把人不仅像一切有机存在者那样作为自然目的，而且在这个尘世上也作为所有其余的自然事物与之相关而构成一个目的系统的那个自然最终目的，按照理性的原理来评判，虽然这不是为了规定性的判断力，却毕竟是为了反思性的判断力。如果那种作为目的应当通过人与自然的联结而得到促进的东西必须在人自己身上来发现，那么，这种目的就必须要么具有这样的性质，即人本身能〔430〕够通过自然的仁慈而得到满足；要么这就是对自然能够（外在地和内在地）被人利用来达到的各种各样目的的适应性和技巧。前一种自然目的将会是**幸福**，后一种自然目的将会是人的**文化**。

幸福的概念并不是人也许从他的本能抽出来，并这样取自他里面的动物性的一个概念；而只是一种状态的**理念**，他要使这状态在纯然经验性的条件下与这理念相符合（而这是不可能的）。他自己给自己构想出这个理念，确切地说是以如此各不相同的方式通过他那与想象力和感官纠缠着的知性来构想；他甚至如此经常地改变这个概念，以至于自然即便完全服从他的任性，也毕竟绝对不能为了与这个动摇不定的概念，并这样与每个人任意地为自己设置的目的协调一致，而呈现出任何确定的、普遍的和固定的法则。但是，即使我们要么想把这个概念贬低成我们的种类在其中完全与自己协调一致的那种真正的自然需要，要么在另一方面还想如此提高达成想象出来的目的的技巧，但人所理解的幸福以及事实上是他自己的最终自然目的（不是自由的目的）的东西，毕竟是他永远达不到的；因为他的本性不具有就占有和享受而言在某个地方停下来并被满足的性质。另一方面，自然远远不是把他当做自己特殊的宠儿来对待，善待他超过一切动物，毋宁说自然正如对待任何其他动物一样，并没有使他在其破坏作用方面，在瘟疫、饥饿、水患、严寒，其他大大小小动物的侵袭以及诸如此类的东西方面受到保护；但更有甚者，人身上的**自然禀赋**的那种荒谬的东西还把人置于自己设想出来的磨难中，并把他自己种类的其他人通过统治的压迫、战争的野蛮等置于这样的绝境，而他自己也在尽自己的能力致力于毁灭自己的种类，甚至即便在我们外部有最仁慈的自然，如果自然的目的是针对我们这个物种的幸福而提出的话，这个目的也是不会在尘世的一个自然系统中被达到的，因为我们内部的自然并不易于被这样的外部自然所感动。因此，人永远只是自然
〔431〕目的链条上的一个环节：他虽然就某些目的而言是原则，似乎是自然在自己的规划中通过他自己使自己成为原则而把他规定为这原则的；但他毕竟也是在其他环节的机械作用中维持合目的性的手段。作为尘世惟一具有知性，因而具有任意地自己给自己设定目的的能力的存在者，他虽然是自然名义上的主人，而且如果人们把自然视为一个目的论系统的话，他按照自己的使命也是自然的最终目的；但这永远只是在这样的条件下，即他理解这一点，并具有给自然和他自己提供出这样一个目的关系来的意志，这目的关系能够不依赖于自然而自给自足，因而是终极目的，但这终极目的是根本不必在自然中寻找的。

但是，为了发现我们在人身上的什么地方至少能够设定自然的那个**最终**目的，我们就必须找出自然为了使他有准备去做他为了成为终极目的就必须去做的事情而能够提供的东西，并把这东西与所有其可能性基于人们只可以期待于自然的条件的那些目的分别开来。尘世的幸福就具有后一种性质，它被理解为人的一切通过人之外和人之内的自然而可能的目的的总和；这是人在尘世的所有目的的质料，这种质料，如果他使之成为他的整个目的，就使他没有能力为他自己的实存设定一个终极目的并与之协调一致。因此，人在自然中的所有目的也就只剩下了形式的、主观的条件，亦即一般而言自己为自己设定目的、并且（在人规定目的时不依赖于自然）一般而言与他的自由目的相适合地把自然当做手段来使用的适应性的条件，这是自然就外在于它的终极目的而言所能够做到的，因而这就能够被视为自然的最终目的。一个有理性的存在者一般而言对随便什么目的的适应性（因而是在他的自由中的适应性）的产生就是**文化**。因此，惟有文化才能够是人们有理由就人类而言归之于自然的

最终目的（而不是他自己的尘世幸福，或者根本不只是在外在于他的无理性自然中建立秩序和一致性的最重要的工具）。

但是，并非任何文化都足以成为自然的这个最终目的。**技巧**这种文化当然是对一般而言促进目的的适应性的最重要的主观条件；但是，它毕竟不足以在规定和选择自己的目的方面促进**意志**，而这种规定和选择 〔432〕 却是对目的的一种适应性的全部范围所要求的。适应性的这后一个条件，人们可以把它称为教化（训练），它是否定性的，在于把意志从欲望的专制中解放出来，欲望的这种专制使我们依附于某些自然事物，没有能力自己作选择，因为我们让冲动充当了我们的枷锁，自然赋予我们这些冲动只是充当导线，为的是不忽视或者甚至伤害我们里面的动物性的规定，然而我们毕竟有足够的自由，根据理性的目的所要求来绷紧或者放松、延长或者缩短这些导线。

技巧在人类中不借助于人们中间的不平等也许就不能得到发展，在这里，大多数人仿佛是机械地、为此不需要特殊的艺术而在为另一些从事着文化那些不大急需的部门即科学和艺术的人的舒适和闲暇操办生活必需品，并被后一些人保持在受压迫、辛苦劳累和少有享受的状态中，但较高阶层的文化毕竟有一些逐渐地扩散到这个阶层。但是，随着文化的进步（这进步的顶点就叫做奢侈，如果对必需之物的癖好已经开始对必需之物造成损害的话），磨难也在两个方面同样剧烈地增长着，一方面是由于外来的暴行，另一方面是由于内心的不满足；但是，这种引人注目的苦难毕竟是与自然禀赋在人类中的发展结合在一起的，而自然的目的本身，虽然不是我们的目的，却毕竟在这里得到了实现。自然惟有在其下才能实现自己这个终极意图的那个形式条件，就是人们相互之间的关系中的法制状态，在其中，对彼此之间交互冲突的自由的损害，是由一个叫做**公民社会**的整体中的合法的暴力来对付的；因为只有在这种状态中，自然禀赋的最大发展才可能发生。但是，为了这种法制状态，即便人类聪明得足以发现它，并且睿智得足以自愿服从它的强制，也毕竟还需要一个**世界公民的**整体，亦即所有那些处在相互起伤害作用的危险之中的国家的一个系统。没有这个系统，由于荣誉欲、统治欲和占有欲尤其在手中握有暴力的人那里甚至给这 〔433〕 样一个系统的可能性所设置的障碍，**战争**（在其中有时一些国家分裂并解体为一些更小的国家，有时一个国家使另一些更小的国家与自己合并，并力求构成一个更大的整体）就是不可避免的，战争尽管是人们的一种无意的（由放纵的热情所激起的）尝试，却毕竟是至上智慧的深深地隐藏起来的、也许是有意的尝试，即借助于各个国家的自由，即便不是建立起合法性，并由此建立起各个国家的一个有道德基础的系统的统一性，也仍然为之作了准备，并且尽管有战争加给人类的种种极其可怕的劫难，以及在和平时期从不间断的备战压迫着人们的也许更大的劫难，战争仍然更多的是一种动机（在对一种人民幸福的安宁状态的希望越来越远去的时候），要把一切有利于文化的才能发展到最高程度。

至于偏好，自然禀赋在我们作为一个动物种类的使命方面对它们来说是完全合目的的，但它们却使得人类的发展变得非常困难，就对它们的训练而言，毕竟在文化的这第二个要求上也表现出自然对一种培训的合目的的努力，这种培训使得我们能够接受比自然本身所能提供的更高的目的。鉴赏的文雅化直至其理想化，甚至在作为虚荣的一种食粮的科学之中的奢侈，通过一大批由此产生的无法满足的偏好，把种种灾祸倾倒到我们头上，这些灾祸的优势是无可争议的；与此相反，自然的目的也是一目了然的，即从更多地属于我们里面的动物性并与我们更高使命的培训极端对立的那些偏好（享受的偏好）的粗野和狂暴那里赢得越来越多的东西，为人类的发展腾出地盘。美的艺术和科学借助于一种可以被普遍传达的愉快，借助于对于社交来说的磨砺和文雅化，虽然不能使人在道德上变得更好，但还是使人文明起来，它们从感官癖好的专制那里赢得了很多东西，并由此使人对惟有理性才在其中执掌权力的那种统治作好了准备，此时，或由
5〔434〕自然、或由人们互不相容的自私带给我们的那些灾祸，同时也就召唤、提升和锻炼着灵魂的力量，使之不屈服于这些灾祸，并使我们这样感觉到潜存在我们心中的一种对更高目的的适应性。①

---

① 如果一种价值仅仅按照**人们享受什么**（按照一切偏好之总和的自然目的，即幸福）来估量，则生活对于我们具有一种什么样的价值，就容易作出裁定了。这种价值将降至零下；因为谁会愿意在同样的条件下，或者即便按照一个新的、自己构想的（毕竟是按照自然进程的）、但也仅仅是建立在享受之上的计划，再次涉足生活呢？根据那种按照自然与我们共有的目的而过的生活自身所包含的东西以及在于**人们做什么**（不只是享受什么）的东西来生活，哪怕我们永远只是达成不确定的终极目的的手段，这样的生活具有什么样的价值，这在上面已经指出过了。因此，剩下来的也许只是我们通过我们不仅做什么，而且也如此不依赖于自然而合目的地做什么而赋予我们的生活的价值，以至于甚至自然的实存也惟有在这个条件下才是目的。

第 84 节　一个世界之存在亦即创造本身的终极目的

终极目的是这样一种目的，它不需要任何别的东西作为它的可能性的条件。

如果对于自然的合目的性来说自然的纯然机械作用被假定为解释根据，那么，人们就不能够问：世界上的事物是为了什么而存在的；因为这样一来，按照这样一种理念论的体系，所说的只是事物的物理学的可能性（把这种可能性设想为目的，对我们来说只会是无客体的玄想），人们也尽可以根据偶然或者盲目的必然性来解释事物的形式，在这两种情况下那个问题都会是空洞的。但是，如果我们假定世界上的目的结合是实在的，并为它而假定一种特殊的因果性，亦即一个**有意地起作用**的原因，那么，我们就不能停留在这个问题上：世界的事物（有机存在者）为什么具有这种或者那种形式、为什么被自然置于对其他事物的这种或者那种关系中；相反，一旦设想一个必须被视为像在事物身上现实地发现的这样一些形式的原因的知性，那就必须在这个知性 〔435〕中追问客观的根据，这个根据能够规定这个生产性的知性去得出这种性质的结果，它才是这类事物之所以存在的终极目的。

我在上面说过：终极目的不是自然足以造就并且按照其理念产生出来的目的，因为终极目的是无条件的。这是由于在自然（作为一个感性存在者）中没有任何东西，其处于自然本身中的规定根据不会永远又是有条件的；而且这一点不仅适用于我们之外的自然（物质性的自然），而且也适用于我们之内的自然（能思维的自然），这可以理解为，我在我里面只考察那是自然的东西。但一个事物，必然地由于其客观性状而应当作为一个有理智的原因的终极目的而实存，就必须具有这样的性质，即它在目的的秩序中不依赖于任何其他方面的条件，而只依赖于自己的理念。

现在，我们在世界上只有惟一的一种存在者，它们的因果性是目的论的，亦即是指向目的的，而毕竟同时具有这样的性状，即它们应当据以为自己规定目的的那个法则，被它们自己表现为无条件的和不依赖于自然条件的，但就自身而言却是必然的。这种类型的存在者就是人，但却是作为本体来看的人；惟有这样的自然存在者，我们在它身上从它自己的性状方面，能够认识到一种超感性的能力（**自由**），甚至认识到那种因果性的法则，连同这种因果性的那个能够把自己预设为最高目的的客体（世界上的至善）。

现在，关于作为一个道德存在者的人（同样，关于世界上的任何有理性的存在者），就不能再去问：他是为了什么（quem in finem［为何目的］）而实存的。他的存在在自身中就具有最高的目的，他能够尽自己所能使整个自然都服从这个最高目的，至少他可以坚持不违背这个最高目的而屈从于自然的任何影响。——如果这个世界的事物作为在其实存上有所依赖的存在者而需要一个按照目的来行动的至上原因的话，那么，人就是创造的终极目的；因为若是没有这个终极目的，相互隶属的目的的链条就不会被完备地建立起来；而惟有在人里面，但也是在这个仅仅作为道德性的主体的人里面，才能发现目的方面的无条件立法，因此，
〔436〕惟有这种立法才使人有能力成为终极目的，整个自然都是在目的论上隶属于这个终极目的的。①

第 85 节　论自然神学

自然神学是理性从自然的种种目的（它们只能经验性地被认识）推论到自然的至上原因及其属性的尝试。一种**道德神学**（伦理神学）则是

---

① 世界上的有理性存在者的幸福有可能是自然的一个目的，而这样一来，幸福就也会是自然的**最终**目的了。至少人们不能先天地看出，自然为什么不应当如此安排，因为通过它的机械作用，至少就我们所看出的而言，这是完全可能的。但是，道德性和一种隶属于它的按照目的的因果性却绝对不是通过自然原因而可能的；因为规定它们成为行动的原则是超感性的，因而是目的秩序中惟一可能就自然而言完全无条件的东西，从而惟有它们的主体才有资格成为整个自然都隶属于其下的创造的**终极目的**。——与此相反，如同上一节根据经验的见证已指出的那样，就具有胜过其他造物的优点的人而言，**幸福**就连**自然目的**也不是，说它应当是**创造的终极目的**就大错特错了。人尽可以使幸福成为自己最终的主观目的。但是，如果我追问创造的终极目的：人本来是为了什么而必须实存的呢？那么，这说的就是一个客观的至上目的，就像最高理性为自己的创造会要求这样一个至上目的一样。如果人们现在对此回答说：为的是那个至上的原因能够对之行善的那些存在者实存，那么，人们就与人的理性本身使人的最内在的幸福愿望去服从的那个条件（亦即与人自己的内在道德立法的协调一致）相矛盾了。这就证明：幸福只能是有条件的目的，因而人惟有作为道德存在者才能是创造的终极目的；但是，就人的状态而言，幸福惟有作为按照那种协调一致的后果，才与那个作为人的存在目的的终极目的相结合的。

从自然中的理性存在者的道德目的（它能够先天地被认识）推论到那个原因及其属性的尝试。

前者自然而然地先行于后者。因为如果我们想**以目的论的方式**从世界上的事物推论到一个世界原因，那么，首先就必须有自然的种种目的被给予，然后我们就可以为这些目的寻找一个终极目的，并为这个终极目的寻找这个至上原因的因果性原则。 5〔437〕

对自然的许多研究都能够而且必须按照目的论的原则进行，人们没有理由去追问我们在种种不同的自然产物那里遇到的按照目的起作用的可能性的根据。但是，如果人们想对此也有一个概念，则我们为此绝不拥有任何进一步的洞识，而是只有反思性的判断力的准则；也就是说，即使只有惟一的一个有机的自然产物被给予我们，按照我们认识能力的性状，我们对此也不能设想别的任何根据，只能是自然本身（或者是整个自然，或者哪怕是自然的这个部分）的一个原因的根据，这个原因通过知性而包含着该产物的因果性；通过这条判断原则，我们在解释自然事物及其起源方面虽然丝毫没有走得更远，但它毕竟为我们超出自然之外展现出一些远景，以便也许能够更精确地规定一个元始存在者通常如此毫无成效的概念。

现在我要说：自然神学无论被推进多远，毕竟不能关于创造的一个**终极目的**为我们显示任何东西；因为它甚至达不到关于这一终极目的的问题。因此，它虽然能够把一个有理智的世界原因的概念当做关于我们能够按照目的来说明的事物的可能性的一个主观上对我们认识能力的性状来说惟一适用的概念，来为之进行辩护，但却无论在理论方面还是在实践方面都不能进一步规定这一概念；而且它的尝试也达不到它奠立一种神学的意图，相反，它始终只不过是一种自然目的论而已：因为在它里面的目的关系总是被并且必然被仅仅视为在自然中有条件的；因而甚至根本不能探询自然本身实存的目的（为此必须在自然之外寻找根据），尽管如此，那个高高在上的有理智的世界原因的确定概念、因而一种神学的可能性，仍然是取决于这个目的的确定理念的。

世界上的事物为了什么而相互有用，一个事物中的杂多为了什么而对这个事物是好的，人们何以有理由假定，世界上没有任何东西是白费的，而是在某些事物（作为目的）应当实存的条件下，一切都为了**自然**

5〔438〕**中**的某种东西而是好的，因此，对于判断力来说，理性在这方面关于它不可避免地作出目的论判断的客体的可能性，就其能力而言所拥有的原则，无非是使自然的机械性从属于一个有理智的世界创造者的建筑术；凡此种种，都是目的论的世界考察十分杰出地、极为令人赞赏地提供的。但是，由于**规定**一个理智的世界原因（作为最高的艺术家）的那个概念所用的素材，从而还有原则，都是纯然经验性的，所以，它们就使得除了经验就其结果向我们显示的之外，不能进一步推论出任何属性；而经验既然绝不能够把整个自然当做体系来把握，所以就必然经常遇到一些（就外表来看）与那个概念抵触并且相互抵触的证明根据，但即便是我们有能力经验性地就其仅仅涉及自然而言通观整个体系，经验也永远不能把我们提升到自然之上，达到自然的实存本身的目的，并由此达到那个高高在上的理智的确定概念。

如果人们缩小一种自然神学所要解决的任务，那么，其解决就显得容易了。也就是说，如果人们把关于一个**神祇**的概念运用于任何一个由我们设想的有理智的存在者，而不论这样的存在者是有一个还是有很多，它具有许多并且十分伟大的属性，但却恰好不具有建立一个与最大可能的目的相一致的自然所要求的一切属性；或者如果人们认为在一个理论中通过任意的附加来弥补证明根据所提供的东西的匮乏是毫无价值的，并且在人们只有理由假定许多完善性（而对于我们来说，什么是许多呢？）的地方，却自认为有权预设**一切可能的**完善性；那么，自然目的论就提出了一些重大的要求，即要求有奠立一种神学的荣誉。但是，如果要求指明究竟是什么敦促我们，此外给我们以权利作出那种补充的，那么，我们在理性的理论应用的原则中寻找为我们辩护的根据就是白费力气了；理性的理论应用绝对要求，为解释经验的一个客体而赋予它的属性不得多于为了它们的可能性而能够发现的经验性材料。在更精确的审视中我们将看到，真正说来，是关于最高存在者的一个基于完全不同的理性应用（实践的理性应用）的理念，在我们里面先天地作为基础，是
5〔439〕它敦促我们补充一种自然神学关于自然中种种目的的元始根据的有缺陷的表象，直到使之成为神祇的概念；而且我们不要错误地想象，已经确立了这一理念，并凭借它而通过自然世界知识理论上的理性应用就已经确立了一种神学，更谈不上已经证明了它的实在性。

如果古人设想自己的诸般神灵部分地在其能力上、部分地在其意图和意向上都极为不同，但却都还以人的方式受到限制，即便是他们的元首也不例外，则人们也不能深责古人。因为在他们观察自然中的种种事物的安排和进程时，他们虽然发现了充足的理由来假定某种超出机械性的东西作为自然的原因，并且在这个世界的机械装置背后猜测到某些高高在上的原因的意图，他们只能把这些原因设想为超人的。但是，由于他们发现善与恶、合乎目的的东西与违背目的的东西在这个世界上，至少对我们的见识来说是极为混杂的，并且不能冒昧地为了一个尽善尽美的创造者的武断理念而假定一些尽管如此仍暗中作为基础的、智慧的和慈善的目的，而他们却看不出这些目的的证明，所以，他们关于至上的世界原因的判断就很难不是这般结果，也就是说，只要他们始终一贯地按照理性纯然的理论应用的准则行事的话。另一些作为物理学家同时又要做神学家的人，想在凭借关于一个存在者的理念来关注理性所要求的自然事物之原则的绝对统一性这一点上，来为理性找到满足，在这个作为惟一实体的存在者里面包含着那些事物全都只是依存的规定，这个实体虽然并不通过理智而是世界的原因，但它作为主体，毕竟可以在它里面发现种种尘世存在者的一切理智；因而是这样一个存在者，虽然它并不按照目的而产生某种东西，但在它里面毕竟一切事物都由于它们仅仅是其规定的那个主体的统一性，即便是没有目的和意图也必须必然合目的地相互关联。于是，他们就引入了终极原因的理念论：因为他们把一大批合目的地结合起来的实体的如此难以找出的统一性，从**对一个实体**的因果依赖性转化成了**在一个实体中**的依存性；就后果而言，这样的体系从依存的尘世存在者方面来看做**泛神论**，从（后来）作为元始存在者的惟一自存的主体方面来看做**斯宾诺莎主义**，就不仅没有解决自然的合 5〔440〕
目的性的最初根据的问题，而且还毋宁说是把这一问题宣布为无价值，因为后一个概念被剥夺了一切实在性，就完全成了对关于事物的一种普遍的本体论概念的纯然误解。

因此，按照理性应用的纯然理论的原则（自然神学仅仅基于这些原则），永远不能发现足以使我们对自然作出目的论判断的神祇概念。因为我们要么就宣布一切目的论都是判断力在判断事物的因果结合时的纯然错觉，并且逃避到自然的一种纯然机械性的惟一原则，而自然由于实体的统一性（从这种统一性来看，自然无非是这个实体的种种规定的杂多而已），只是对我们显得包含着种种目的的一种普遍关系而已；要么，如果我们不用这种终极原因的理念论，想依然忠实于这一特殊类型的因果性的实在论的原理，那么，无论我们给种种自然目的配上多个有理智的元始存在者，还是只配上一个，一旦我们为确立关于这个存在者的概念而仅仅拥有从世界上的现实目的结合获得的经验原则，则我们一方面就违背自然就目的统一性而言在许多实例中显示出的不一致性而一筹莫展，另一方面只要我们由纯然的经验来授权得出一个惟一的理智原因的概念，就永远不能为某种无论以什么方式（在理论上或者实践上）而可用的神学足够确定地得出这一概念。

自然目的论虽然敦促我们去寻找一种神学，但却不能产生出一种神学，不论我们在多大程度上通过经验追踪自然，并且通过理性理念（它们对于物理学的任务来说必须是理论的）来支持在自然中所发现的目的结合。如果自然关于终极意图并不告诉，也永远不能告诉我们任何东西，那么，人们就有理由抱怨说，我们把一个伟大的、一个对我们来说无法测度的理智当做所有这些安排的基础，让它按照意图来布置这个世界，又有什么用呢？没有终极意图，我们毕竟就不能形成所有这些自然目的的一个共同的关联点，不能形成一个充足的目的论原则，来一方面全都
5〔441〕在一个体系中认识这些目的，另一方面关于作为这样一个自然的原因的至上理智形成一个能够充当我们对这个自然进行目的论反思的判断力的准绳的概念。在这种情况下，我虽然对于种种分散的目的来说有一个**艺术理智**，但对于毕竟必然包含着前者的规定根据的一个终极目的却没有一个**智慧**。但是，惟有纯粹理性才能先天地提供一个终极目的（因为世界上的一切目的都是经验性地有条件的，所能够包含的无非是作为偶然的意图对此或者对彼好的东西，而不是绝对好的东西），惟有这个终极目的才会教导我应当设想自然的至上原因的什么属性、什么程度和什么关系，以便把自然判断为一个目的论的体系；缺少了这个终极目的，我如何以及有什么权利可以在此随意地把我能够建立在我绵薄的世界知识之上的关于那个源始的理智、关于这个元始存在者实现其理念的力量、关于它这样做的意志的十分受限制的概念加以扩展，直至补充为一个全智的、无限的存在者的理念呢？这如果应当是在理论上发生的，那就会在

我自己里面预设一种全知，以便在其完整的联系中洞察自然的种种目的，并且在这之上还能够设想其他一切可能的计划，与之相比目前的计划必须有理由被判断为最好的计划。因为没有对结果的这种圆满的知识，关于至上的原因，我就不能推论出任何确定的概念（这个概念惟有在关于一个在一切方面都无限的理智的概念中，也就是在一个神祇的概念中才能发现），并为神学奠定一个基础。

因此，无论自然目的论有怎样的可能扩展，按照上面所援引的原理，我们还是能够说：按照我们的认识能力的性状和原则，我们不能以别的方式就其种种已为我们所知的合目的的安排而言来设想自然，只能把它设想为一个它所从属的理智的产物。但是，这个理智凭借自然的整体及其产生是否还会有一个终极意图（这个终极意图在这种情况下就不会在感官世界的自然里面），这是理论的自然研究永远不能为我们揭示的；相反，无论对自然有多少知识，那个至上的原因是否在任何地方都按照一个终极目的，而并非毋宁说通过一个由其本性的纯然必然性所决定要产生某些形式的理智（根据与我们在动物那里称为艺术本能的东西的类比） 5〔442〕
而是自然的元始根据，这依然是悬而未决的：没有必要因此就哪怕只把智慧赋予这一原因，更不用说把最高的、与其产物的完善性所需要的其他一切属性相结合的智慧赋予它了。

因此，自然神学是一种被误解的自然目的论，惟有作为神学的准备（预科）才是可用的，而且惟有通过附加另一个它能够依靠的原则才对这一意图来说是充足的，但却不是就自身而言、如其名称所要显示的那样是充足的。

第 86 节　论伦理神学

有一个判断，即便最平常的知性在反思世界上的事物的存在以及世界本身的实在时也不能摆脱它，那就是：一切形形色色的造物，无论它们有多么伟大的艺术安排，有多么多种多样的合目的地彼此相关的联系，甚至包括它们的许多我们不正确地称之为世界的体系的那个整体，如果在它们里面没有人（一般的理性存在者），它们的存在就会没有任何目的；也就是说，如果没有人，整个创造就会是一片纯然的荒野，就会是白费的，没有终极目的。但是，世界上其余一切东西的存在都惟有与其相关才获得自己的价值的东西，却也不是人的认识能力（理论理性），就好像是为了要有某人存在来能够**观察**世界似的。因为如果对世界的这种观察向他展现的无非是没有终极目的的事物，那么，从世界被认识这一事实也不能产生出世界存在的价值；而且人们必须已经预设它的一个终极目的，与这个终极目的相关，对世界的考察本身就具有一种价值。我们与之相关而设想创造的终极目的已被给予的东西，也不是快乐及其总和的情感，也就是说，我们据以估量那种绝对价值的，不是安康，不是享受（无论是肉体的还是精神的），一言以蔽之，不是幸福。因为：人如果存在，就使幸福成为自己的终极意图，这却没有提供任何概念，来说
〔443〕明他究竟为何存在，他本身具有什么价值，以使他的实存对他来说成为惬意的。因此，他必须已经被预设为创造的终极目的，以便有一个理性根据，来说明自然为什么在被按照目的的原则视为一个绝对的整体时，必然与他的幸福相一致。——因此，这种东西仅仅是欲求能力，但不是那种（通过感性冲动）使他依赖于自然的欲求能力，不是就其而言他的存在的价值所依据的是他接受和享受的东西的欲求能力，而是惟有他自己才能给予自己的价值，而且这种价值就在于他做什么，他如何以及按照什么原则不是作为自然的环节，而是以他的欲求能力的自由而行动；也就是说，一种善良意志是他的存在能够具有一种绝对的价值所惟一凭借的东西，而且惟有与这种东西相关，世界的存在才具有一个**终极目的**。

只要人们把判断引导到这一问题上，并且推动对这一问题的研究，那么，甚至健康人类理性的最平常的判断也是与此完全一致的，也就是说：人惟有作为道德的存在者才能是创造的一个终极目的。人们将说，这个人具有如此之多的才能，以至于他甚至由此而颇有作为，并因而对公共事务施加一种有益的影响，所以无论是在与他自己的幸福状况的关系上还是在与他人的好处的关系上都有很大的价值，但如果他不具有善良的意志，这又有什么用呢？如果人们根据他的内心来看他，他就是一个值得鄙视的客体；而如果创造不应当在任何地方都没有终极目的，那么，作为人来说也属于创造的他，就毕竟作为坏人，在一个服从道德法则的世界中必然按照这些道德法则而丧失其主观的目的（幸福），而这主观的目的是他的实存能够与终极目的共存的惟一条件。

如果我们现今在世界上发现一些目的安排，并且像理性不可避免地要求的那样，使种种只是有条件的目的从属于一个无条件的至上的目的，即从属于一个终极目的，那么，人们首先就很容易看出，在这种情况下，这里所谈的不是就自然的实存而言自然的（自然内部的）一个目的，而是自然的实存连同其所有安排的目的，从而是**创造**的终极**目的**，而且在这一终极目的中，真正说来谈论的也是一个终极目的（也就是说，一个最高的理智产生种种尘世存在者的规定根据）惟有在其下才能成立的至上条件。

现在，既然我们只承认作为道德存在者的人才是创造的目的，所以， 5〔444〕
我们首先就有了一个根据，至少是主要的条件，来把世界视为一个按照目的相互联系的整体，视为种种终极原因的**体系**；但尤其是，对于种种自然目的与一个理智的世界原因的那种按照我们理性的性状对于我们来说必然的关系，我们有了**一个原则**，来设想作为目的王国中的至上根据的这个第一原因的本性和种种属性，并这样来规定它的概念，这是自然目的论所不能做到的，自然目的论关于这个至上根据只能导致一些不确定的、正因为此而不仅对理论应用不适用、而且对实践应用也不适用的概念。

从元始存在者的因果性这条被如此规定的原则出发，我们将必须把这个存在者不仅设想成理智，设想成为自然立法的，而且也设想成一个道德的目的王国中的立法元首。与惟有在他的统治下才可能的**至善**相关，也就是说与服从道德法则的理性存在者的实存相关，我们将把这个元始存在者设想成**全知的**，为的是甚至意向的最内在的东西（这种东西构成了理性的尘世存在者的行动的真正道德价值）对它也不隐藏；把它设想成**全能的**，为的是它能够使整个自然都适合这个最高的目的；把它设想为**全善的**、同时又**公正的**，因为这两个属性（**智慧**把它们结合起来）对于作为服从道德法则的至善的世界来说构成了它的一个至上原因的因果性的条件；此外在它那里还必须设想所有其余的先验属性，例如**永恒性**、**全在性等**（因为善与公正是道德属性），它们全都是与这样一个终极目的相关被预设的。——以这样的方式，**道德目的论**就弥补了**自然目的论**的缺陷，才建立起一种**神学**；因为后者如果不偷偷地从前者有所借贷，而是应当始终如一地行事，它独自能够建立的就无非是一种不能有确定概念的**鬼神学**。

但是，世界由于其中的某些存在者道德上的目的规定而与一个作为神祇的至上原因相关的原则，做到这一点却并不仅仅是由于它补充了自然神学的证明根据，从而必然地以后者为基础；相反，它为此独自就是
5〔445〕充足的，并且推动人们去注意自然的种种目的和研究隐蔽在其形式背后的不可思议地伟大的艺术，为的是根据自然目的给纯粹实践理性所造就的理念提供附带的证实。因为服从道德法则的尘世存在者的概念，是一个先天原则，人必须按照这个原则对自己作出必然的判断。此外，如果到处都存在着一个有意地起作用的、针对一个目的的世界原因，那么，那种道德关系就必然像按照自然规律的关系一样，是一种创造的可能性的条件（也就是说，如果那个有理智的原因也有一个终极目的的话）：理性甚至先天地把这视为一条对它来说为对事物的实存作出目的论的判断所必需的原理。现在关键在于：我们是否有一种对于理性（无论是思辨理性还是实践理性）来说充足的理由，来赋予按照目的行动的至上原因一个**终极目的**。因为在这种情况下，按照我们理性的主观性状，甚至无论我们如何设想其他存在者的理性，这个终极目的都不可能是别的，而只能是**服从道德法则的人**，这对我们来说是可以先天地视为确定的；因为与此相反，自然秩序中的自然目的是根本不能先天地认识的，尤其是，不可能以任何方式发现自然没有这样的目的就不能实存。

附释

假定一个人正处在心灵与道德感相符合的时刻！当他周围是一片美丽的自然，他正在安闲自在、心旷神怡地享受自己的存在的时候，他在内心里感到一种需要，要为此而感谢某人。或者他在另一个时刻处在同样的心情中，他发现自己有义务的迫切感，他只能并且想通过自愿的牺牲来满足这些义务；这样他就在内心里感到一种需要，要以此同时执行了某种命令，而且顺从了一位上主。或者他轻率地违背了自己的义务，但由此他并不对人负有责任；这样，严厉的自责就将在他心中说话，就好像这是一位审判者的声音，他要对这位审判者为此作出辩解。一言以
5〔446〕蔽之：他需要一个道德的理智，以便为了他实存的目的而有一个存在者，这个存在者按照这个目的是他和世界的原因。要在这些情感背后矫揉造

作地找出动机来，是徒劳无功的；因为这些情感都直接地与最纯粹的道德意向相联系，**感恩**、**顺从**和**谦恭**（屈服于应得的责罚）都是义务的特殊心情，而且倾心于扩展自己的道德意向的心灵在这里只是自愿地设想一个不在世界上的对象，以便可能的话也面对这样一个对象证明自己的义务。因此，这至少是可能的，并且在道德思维方式中也有其基础，即想象一个存在者的实存这种纯粹道德需要，在这种需要之下我们的道德性或者获得更大的强度，或者也获得（至少按照我们的表象）更大的范围，亦即为其施展获得一个新的对象；也就是说，从纯粹的道德上的、没有一切外来影响的（在此当然只是主观的）根据出发，丝毫不考虑理论的证明，更不考虑自私的利益，只考虑对一种独自立法的纯粹实践理性的称颂，来假定世界之外的一个道德上立法的存在者。而且尽管这样一种心情鲜有出现，或者也持续不久，而是倏忽即逝，没有持久的效果，或者也没有自己反思在这样一种影象中被表象的对象，没有努力把它置于清晰的概念之下就消失了，但是，不使我们里面作为主观原则的道德禀赋在观察世界时满足于其由于自然原因的合目的性，而是给它加上一个至上的、按照道德原则统治自然的原因，其根据却是显而易见的。——此外还有，我们感到受道德法则所敦促而去追求一个普遍的最高目的，但我们和整个自然却都没有能力达到这个目的；我们只是就自己在追求它而言才可以判断自己是符合一个有理智的世界原因（如果有这样一个世界原因的话）的终极目的的；而这样，就有了实践理性的一个纯粹道德的根据来假定这个原因（因为这样做不会有矛盾），即使没有更多的根据，也毕竟使我们不致冒把那种努力就其效果而言视为完全无济于事的而使之松弛的危险。

此处这一切只不过是要说明：虽然**恐惧**首先能够产生**诸神**（鬼神）， 5〔447〕
但**理性**却凭借其道德原则首先产生出上帝的概念（即便人们就自然的目的论而言通常是很无知的，或者由于难以通过充分证实了的原则来调解在这方面相互矛盾的现象，也是很没有把握的）；而且他的存在的内在的、**道德的**目的规定补充了自然知识所丢失的东西，因为这种规定要求为一切事物的存在的终极目的——为此目的，它的原则惟有作为**伦理的**才能满足理性——设想一个具有种种属性、以此有能力使整个自然从属于那个惟一的意图（整个自然只是这个意图的工具罢了）的至上的原因（也就是说，作为一个神祇）。

第 87 节　论上帝存在的道德证明

有一种**自然的目的论**，它提供一种对于我们的理论反思性的判断力来说充足的证明根据，来假定一个有理智的世界原因的存在。但是，在我们自己里面，更多地在一个赋有（其因果性的）自由的一般理性存在者的概念里面，我们发现了一种**道德的目的论**，由于我们自己里面的目的关系可以先天地连同其法则一起被规定，从而被视为必然的，所以这种道德目的论为此目的并不需要我们外面的一种有理智的原因来解释这种内在的合目的性：正如我们在图形的几何属性中（对于各种各样可能的艺术实施来说）发现了合目的的东西，但就这种东西而言不可以期待一个把这种东西赋予这些图形的最高理智一样。但是，这种道德目的论涉及我们，毕竟我们是尘世存在者，因而是与世界上的其他事物结合在一起的存在者，正是同一些道德法则，规定我们把自己的判断对准这些其他事物，或者把它们作为目的，或者把它们作为对象，就这些对象而言我们自己是终极目的。这种道德目的论涉及我们自己的因果性与种种目的的关系，乃至与我们必须在世界上期冀的一种终极目的的关系，此
5〔448〕外涉及世界与那个道德目的的相互关系和那个道德目的的实现的外部可能性（对此，没有任何自然目的论能够给我们提供指导），从这种道德目的论出发就产生出一个必然的问题：它是否迫使我们的理性判断超出世界，为自然与我们里面的道德的那种关系寻找一个有理智的至上原则，以便也在与道德的内在立法及其可能的实现的关系中把自然表象成合目的的。因此，当然有一种道德目的论；而且这种道德目的论一方面必然与自由的**立法学**相联系，另一方面必然与自然的立法学相联系，就像公民的立法必然与人们应当在何处寻找行政权的问题相联系一样，而且在一切理性应当于其中说明事物的某种合乎法则的、只是按照理念才可能的秩序之现实性的一种原则的东西里面，都有这种联系。——我们要首先讲述理性从那种道德目的论及其与自然目的论的关系向**神学**的推进，然后着手考察这种推论方式的可能性和确凿性。

如果人们假定某些事物（或者哪怕只是事物的某些形式）的存在是偶然的，因而只是通过作为原因的某种别的东西才是可能的，那么，人

们就可以或者在自然的秩序中，或者在目的性的秩序中（按照 nexu dffectivo［效果的联系］或者 nexu finali［目的性的联系］）为这种因果性寻找至上的根据，因而为有条件者寻找无条件的根据。也就是说，人们可以问：什么是至上的产生性原因？或者，什么是这种原因的至上目的（绝对无条件的目的），亦即它产生这些或者其所有产物的终极目的？这里当然已经预设，这个原因能够有一个目的的表象，因而是一个有理智的存在者，或者至少必须被我们设想为按照这样一个存在者的法则行动的。

现在，如果人们遵从后一种秩序，那么，甚至最平常的人类理性也不得不直接赞同的**原理**就是：如果某个地方有理性必须先天地说明的**终极目的**成立，那么，这个终极目的就不可能是别的，而只能是**服从道德法则的人**（即每一个理性的尘世存在者）。① 因为（每一个人都这样判断）：如果世界全然是由无生命的存在者所构成，或者虽然部分地由有生命的存在者所构成，但却是由无理性的存在者所构成，那么，这样一个世界的存在就会根本没有任何价值，因为在它里面没有任何对一种价值有起码概念的存在者实存。与此相反，即使有理性的存在者，但他们的理性却只能把事物存在的价值设定在自然与他们（他们的福祉）的关系中，而不能原初地（在自由中）为自己创造这样一种价值，那么，世界 5［449］

① 我有意说：**服从**道德法则。创造的终极目的不是**按照**道德法则的人，也就是说，不是一个符合这些法则而行事的人。因为使用后一种表述，我们就会所说多于所知，也就是说，使人在任何时候都与道德法则相适合地行事，这处于世界创造者的权能之中；这就预设了自由和自然的概念（惟有关于后者，人们才能设想一个外在的创造者），这个概念必然包含着对自然的超感性基底及其与通过自由的因果性在尘世中使之可能的东西的同一性的洞识，而这种洞识却远远地超出了我们的理性洞识。惟有关于**服从道德法则的人**，我们才能不逾越我们洞察力的限界而说：他的存在构成了世界的终极目的。这与在道德上对世界进程进行反思的人类理性的判断也是完全一致的。我们相信，即便是在恶人那里，只要我们看到，一个恶贯满盈的罪犯在他死前也受到其罪行的应得惩罚，就发现了一种智慧的目的关系的迹象。按照我们关于自由的因果性的概念，善行或者恶行所依据的就是我们自己；但是，我们把统治世界的最高智慧就设定在：对于前者来说施加的是循循善诱，但对于二者来说都施加了按照道德法则的后果。真正说来，上帝的荣耀就在于这种后果，因此被神学家们并非不恰当地称为创造的终极目的。——还应说明的是：在我们使用**创造**这个语词时，我们所理解的无非是这里所说的东西，即一个**世界**的**存在**的原因，或者世界上种种事物（实体）的存在的原因；就像这个语词的真正概念所带有的那样（actuatio substantiae est creatio［实体的实现就是创造］）；因此，它并不已经自身带有一个自由活动的、从而是有理智的原因的预设（这个原因的存在是我们首先要证明的）。

上虽然有（相对的）目的，但却没有（绝对的）终极目的，因为这样的理性存在者的存在毕竟总是没有目的的。但是，道德法则却具有独特的性状，即它们无须条件地、从而恰恰如一个终极目的的概念所需要的那样，为理性把某种东西规定为目的；因此，惟有这样一种在目的关系中能够对自己本身来说是至上法则的理性的实存，换句话说，惟有服从道〔450〕德法则的理性存在者的实存，才能被设想为一个世界的存在的终极目的。与此相反，如果不是这样，那么，就或者根本没有目的在原因中作为世界存在的基础，或者是没有终极目的的目的作为其基础。

道德法则作为应用我们的自由的形式上的理性条件，独自就使我们负有义务，无须依赖某个目的来作为质料上的条件；但是，它毕竟也为我们乃至先天地规定了一个终极目的，它使我们有义务追求这一目的，而这一目的也就是通过自由而可能的**尘世中的至善**。

人（而且按照我们的一切概念，也是每一个理性的有限存在者）在上述法则之下能够为自己设定一个终极目的，其主观条件就是幸福。因此，在尘世中可能的、应当尽我们所能当做终极目的来促进的自然至善，就是**幸福**：其客观条件就是人与**道德性**亦即配享幸福的法则的一致。

但是，按照我们的所有理性能力，我们都不可能把通过道德法则为我们提出的终极目的的这两个要求表象为通过纯然的自然原因**联结起来的**、适合上述终极目的的理念的。因此，如果我们不把除自然的因果性之外的另一种（手段的）因果性与我们的自由联结起来，这样一个目的通过运用我们的力量的**实践必然性**的概念，就与实现这一目的的**自然可能性**的理论概念不相一致。

因此，我们必须假定一个道德的世界原因（一个世界创造者），以便按照道德法则为我们预设一个终极目的；而后者在多大程度上是必要的，假定前者也就在多大程度上（亦即在同样的等级上和出自同样的理由）是必要的：也就是说，有一个上帝存在。①

---

① 这种道德的论证不是要提供上帝存在的一种**客观**有效的证明，不是要向信念不坚定的人证明有一个上帝存在，而是要向他证明，如果他想在道德上始终如一地思维，他就**必须**把这一命题的假定**接受**进他的实践理性的准则中去。——这也不是要说：假定一切理性的尘世存在者都有符合其德性的幸福，乃是**为了道德性**而必要的，相反，它是**由于道德性**而必要的。因此，它是一个**主观上**为了道德的存在者而充足的论证。

※　　※　　※

人们轻而易举地就能使逻辑精确性的形式适应这种证明，它并不是要说：假定上帝的存在与承认道德法则的有效性是同样必要的；因此， 5 〔451〕
不能确信前者的人，就可以判定自己摆脱了根据后者的责任。不！在这种情况下必须放弃的只是通过遵循后者来实现尘世中的终极目的（理性存在者的一种与遵循道德法则和谐一致的幸福，作为最高的尘世福祉）的**企图**。每一个理性的人都必须承认自己始终还是严格地受道德规范制约的；因为道德的法则都是形式的，并且是无条件地发布命令的，并不考虑目的（作为意愿的质料）。但是，终极目的就像实践理性为尘世存在者所规定的那样，其惟一的要求就是通过他们（作为有限的存在者）的本性而置入他们里面的一个不可抗拒的目的，理性只想知道这种目的从属于**作为**不可违反的**条件**的道德法则，或者按照道德法则成为普遍的，并如此把促进与道德性相一致的幸福作为终极目的。（就前者而言）力所能及地促进这一目的，是由道德法则命令我们的；而不管这种努力的结果会是什么样的。义务的履行在于认真的意志的形式，而不在于达成的中间原因。

因此假定：一个人部分地为一切备受称颂的论证的薄弱所动，部分地为自然和道德世界中呈现给他的某些不合规则的现象所动，而相信“不存在一个上帝”的命题；然而，如果他因此就要把义务的法则视为纯然想象出来的、无效的、无约束力的，并且决心无所畏惧地逾越它们，则他就会在他自己的眼中一钱不值。这样一个人，即使他后来能够确信他起初怀疑的东西，也因那种思维方式而依然是一个一钱不值的人；尽
管他就结果而言如历来所要求的那样一丝不苟地履行义务，但却是出自 5 〔452〕
惧怕，或者是出自追求报酬的意图。反过来，如果他作为有信仰的人按照自己的意识真诚地和无私地遵循义务，尽管如此却常常为了试验而假定自己可能有朝一日确信不存在一个上帝，就立刻相信自己摆脱了一切道德责任，那么，他心中的内在道德意向就必定只是坏的。

因此，我们可以假定一个诚实的人（例如斯宾诺莎这样的人），他坚持相信不存在一个上帝，而且（由于就道德性的客体而言结果都一样）也不存在一种来生；他将怎样通过他实际上尊崇的道德法则来判断他自己内在的目的规定呢？他并不要求遵循道德法则给他自己带来什么好处，

无论是在今世还是来世；毋宁说，他只想无私地促成善，对此那神圣的法则给他的一切力量指明了方向；但是，他的努力是有局限的；他虽然时而能够指望本性提供一种偶然的支持，但却永远不能指望它提供与他觉得有义务并且受敦促去实现的目的的一种有规律的、按照恒常的规则（如他的准则内在地是并且必须是的那样）来印证的一致。虽然他本人是正直的、和气的、善意的，欺诈、暴行和嫉妒也将总是在他周围横行；而且他在自身之外还遇到的那些诚实的人，无论他们怎样配享幸福，却由于对此不管不顾的自然，而仍然与地球上的其他动物一样，遭受着贫困、疾病和夭亡这一切不幸，而且就一直这样下去，直到一个辽阔的坟墓把他们全都吞噬掉（在这里，正直还是不正直都是一回事），而那些能够自信是创造的终极目的的人们被抛回到他们曾经从中超拔出来的物质无目的的混沌的深渊为止。——因此，这个善良的人当然一定会把他在遵循道德法则时所关注和应当关注的目的视为不可能的而放弃掉；或者他也想对他道德上的内在规定的召唤保持忠诚，不让道德法则直接为了得到遵从而灌注给他的那种敬重因惟一适合其高尚要求的理想终极目的的无效而受到削弱（这种事情的发生不可能不损害道德意向）：这样，他
5〔453〕就必须在实践方面，也就是说，至少为了对在道德上给他规定的终极目的的可能性形成一个概念，而假定一个**道德上的**世界创造者的存在，也就是说，假定上帝的存在；他尽可以作出这种假定，因为这种假定至少自身是不自相矛盾的。

第88节　对道德证明的有效性的限制

作为实践能力，也就是作为通过理念（纯粹的理性概念）来规定我们的因果性的自由应用的能力，纯粹理性不仅在道德法则中包含着我们行动的一种范导性原则，而且还由此同时在一个只有理性才能思维、应当通过我们的行动在世界上按照那个法则予以实现的客体的概念中提供了一个主观的建构性原则。因此，在按照道德法则运用自由时的一个终极目的的理念具有主观的**实践的**实在性。我们先天地被理性所规定，要尽一切力量来促进尘世的福祉，这种福祉就在于理性的尘世存在者的最大福利与他们的善的最高条件的结合，也就是说，在于普遍的幸福与合

法则的道德性的结合。在这个终极目的中，一方亦即幸福的可能性是经验性地有条件的，也就是说，取决于自然的性状（它是否与这个目的一致），而且在理论上看是成问题的；而另一方，即道德性，就它而言我们是不受自然的合作约束的，所以它在可能性上是先天地肯定的和独断地确定的。因此，关于理性的尘世存在者的终极目的的概念，其客观的理论实在性要求，不仅我们具有一个先天地设定的终极目的，而且创造亦即世界本身就其实存而言也有一个终极目的，这一点如果能够被先天地证明，就会给终极目的的主观实在性附加上客观的实在性。因为如果创造在某个地方有一个终极目的，那么，我们就不能以别的方式来思维它，而只能说它必然与道德的终极目的（惟有道德的终极目的才使关于一个目的的概念成为可能）一致。但这样一来，虽然我们在尘世有种种目的，5〔454〕而且自然目的论在如此程度上展示出它们，以至于如果我们按照理性来做出判断，我们终归有理由假定为自然研究的原则的是，在自然中根本没有任何东西是没有目的的；然而，我们在自然本身中寻找自然的终极目的，是徒劳无功的。因此，就像终极目的的理念只存在于理性之中一样，这种终极目的就其客观可能性而言，只能并且必须在理性存在者里面寻找。但是，理性存在者的实践理性不仅指出了这一终极目的，而且还就一个终极目的惟有在其下才能被我们所思维的种种条件而言规定了这一概念。

于是问题就是：是否能够为了纯粹理性的理论要求而充分地阐明关于创造的一个终极目的的概念的客观实在性，尽管不能为了规定性的判断力而无可置疑地阐明，但却能够为了理论上反思性的判断力的种种准则而充分地阐明。这是人们在思辨哲学中所能够要求的最起码的东西，思辨哲学自告奋勇要凭借一个惟一的目的的理念来把道德目的与自然目的结合起来；但是，即便是这件小事，也毕竟远远地超过了它所能够提供的。

按照理论上反思性的判断力的原则，我们会说：如果我们有理由为自然的合目的的产物假定自然的一个至上原因，它就自然的现实性而言的因果性（创造）必须被设想成不同于自然的机械性所要求的，也就是说，设想成一个理智的因果性，那么，我们根据这个元始存在者就有充分的理由不仅在自然中到处都设想种种目的，而且还设想一个终极目的，尽管这不足以阐明这样一个存在者的存在，但毕竟至少（就像在自然目的论中所发生的那样）使我们确信，我们不仅能够按照目的、而且只能通过赋予这样一个世界的实存一个终极目的，来使我们理解这样一个世界的可能性。

然而，终极目的纯然是我们的实践理性的一个概念，不能为了在理论上对自然作出判断而从经验材料推论出来，也不能与自然的知识发生关联。这一概念不可能有别的应用，而只能按照道德法则用于实践理性；〔455〕而创造的终极目的就是世界的那种与我们惟有按照法则才能确定地说明的东西，亦即与我们的纯粹实践理性就其应当是实践的而言的终极目的相一致的性状。——于是，通过把这种终极目的交付给我们的道德法则，我们在实践方面，也就是说为了把我们的力量用于实现这种终极目的，就有了一种理由来假定这种终极目的的可能性亦即可实现性，因而也（由于没有自然来支持这种可实现性的一种不归我们掌握的条件，实现这种终极目的就会是不可能的）假定事物的一种与此一致的本性。因此，我们就有一种道德的理由来设想一个世界也有一种创造的终极目的。

现在，这还不是从道德目的论推论到一种神学，也就是说，不是推论到一个道德的世界创造者的存在，而是仅仅推论到创造的一个以这种方式被规定的终极目的。至于为了这种创造，亦即为了事物符合一个**终极目的**的实存，首先就必须假定一个有理智的存在者，但其次又不仅（就像为了我们不得不判断为目的的自然事物的可能性那样）假定一个有理智的存在者，而且假定一个同时是**道德的**存在者，来作为世界的创造者，从而假定一个上帝，这是第二个推论；它的性质在于：人们发现，它是纯然为了根据实践理性诸概念的判断力而做出的，从而作为这样一种推论乃是为了反思性的判断力，而不是为了规定性的判断力做出的。因为我们不能自以为可以看出，虽然在我们里面道德上的实践理性与技术上的实践理性就其原则而言是有本质区别的，而在最高的世界原因那里，如果它被假定为理智，也就必然是这种情况，而且对于终极目的来说比起纯然对于自然的种种目的来说，需要一种特殊的和不同的因果性；因此，我们对于我们的终极目的来说就有一种**道德的根据**，不仅假定创造的一个终极目的（作为结果），而且假定一个**道德的存在者**来作为创造的元始根据。但是，我们却可以说：**按照我们的理性能力的性状**，没有一位世界的创造者和同时是立法者的统治者，我们就根本不能使自己理解这样一种**与道德法则**及其客体相关的、存在于这种终极目的中的合目的性的可能性。

因此，一个最高的道德上立法的创造者的现实性只是**对于**我们理性的**实践应用**来说才得到了充分的阐明，并没有就这位创造者的存在而言在理论上规定什么东西。因为我们的理性为了它无论如何通过其自己的立法交付给我们的目的的可能性而需要有一个理念，通过这个理念，出自不能按照关于世界的纯然自然概念来遵循这种立法的障碍（对于反思的判断力来说就充分地）就被清除掉了；而这个理念也由此获得了实践的实在性，尽管它对于思辨知识来说根本没有任何手段为自己在理论方面搞到这样一种实在性，来解释自然和规定至上的原因。对于理论上反思性的判断力来说，自然目的论从自然的目的出发充分地证明了一个有理智的世界原因；对于实践上反思性的判断力来说，道德目的论通过一个终极目的的概念也做到了这一点，它在实践方面不得不把这个概念归之于创造。上帝的理念的客观实在性，作为道德的世界创造者的客观实在性，虽然不能**仅仅**通过自然目的来阐明，但尽管如此，如果自然目的的知识与道德目的的知识结合起来，那些自然目的就凭借纯粹理性尽其所能地遵循原则的统一性的准则而获得了重大的意义，以通过那个理念在理论方面已经为判断力而具有的实在性来支持它的实践实在性。 5〔456〕

在这里，为了防止一种很容易出现的误解，十分有必要说明：首先，我们只能按照类比来**设想**最高存在者的这些属性。因为如果经验不能显示任何类似的东西，我们要怎样去研究它的本性呢？其次，我们通过这些属性也只能设想这个存在者，而不能据此**认识**它，并且在理论上把这些属性归于它；因为这仅仅适用于我们理性的思辨方面的规定性的判断力，为的是洞察至上的世界原因就**自身而言**是什么。但在这里问题仅仅在于，按照我们认识能力的性状，我们关于这个存在者要形成什么概念，以及我们是否要假定它的实存，只不过是为了对于纯粹实践理性无须任何这样的预设先天地要求我们尽全力去实现的一个目的来说，仍然使之获得实践的实在性，也就是说，仅仅为了能够设想一种预期的结果是可能的。无论如何，那个概念对于思辨理性来说可能是越界的；我们归之 5〔457〕
于由此所设想的存在者的那些属性，在被客观地应用时，也可能就在自身中隐藏着一种神人同形同性论：应用它们的意图不是要据此规定它那对我们来说无法达到的本性，而是要规定我们自己和我们的意志。就像我们按照我们关于结果所拥有的概念来称谓一个原因（但只是就它与这个结果的关系而言），但并不因此就想通过关于诸如此类的原因仅仅为我们所知并且必须通过经验被给予我们的属性来内在地规定那个原因的内部性状一样；就像我们例如除其他属性之外，还归于灵魂一种 vim locomotivam [位移的力]，因为确实产生了身体运动，这些运动的原因就在灵魂的表象之中，但并不因此就要把像我们认识运动力量的惟一方式（也就是说，通过吸引、压迫、撞击，从而通过在任何时候都以一个有广延的存在者为前提条件的运动来认识）归之于灵魂一样；——我们也必须假定**某物**，它包含着一种必然的道德终极目的的可能性和实践实在性亦即可实施性的根据；但是，按照期待从这个某物产生的结果的性状，我们能够把它设想成为一个智慧的、按照道德法则统治世界的存在者，而且根据我们认识能力的性状，我们必须把它设想为事物的有别于自然的原因，为的只是表达这个超越我们一切认识能力的存在者与**我们的**实践理性的客体的**关系**，并不因此就要在理论上把惟一为我们所知的这种因果性，即一种理智和意志，归于这个存在者，甚至哪怕是把在它那里所设想的**就对我们来说**是终极目的的东西而言的因果性，作为在这一存在者本身里面的因果性，客观地与就自然（及其一般的目的规定）而言的因果性区别开来，而是只能假定这种区别是对我们认识能力的性状来说主观上必然的，而且对反思性的判断力有效，对客观上规定性的判断力却无效。但是，如果问题在于实践的东西，那么，这样一种（对于明智和智慧来说的）**范导性**原则，即把某种按照我们认识能力的性状只能被我们以某种方式设想为可能的东西当做目的，根据它来行动，就同时是**建构性的**，也就是说，在实践上作出规定的；然而，这同一条原则，作为判断事物的客观可能性的原则，却绝不是理论上作出规定的〔458〕（也就是说，惟一一种属于我们的思维能力的可能性也属于客体），而是一种对于反思性的判断力来说的纯然**范导性的**原则。

附释

这种道德的证明并不是一种新发明的证明根据，而至多也不过是一种新得到讨论的证明根据；因为它早在人类理性能力最初萌芽的时候就已经存在于这种能力里面，并且随着其继续培植而越来越发达。一旦人们开始反思公正与不公正，在人们还漠不关心地无视自然的合目的性、利用这种合目的性却没有想到有某种东西不同于自然的惯常进程的时候，就不可避免地必然出现这样的判断：一个人行为真诚还是虚伪、公道还是强横，就结果而言绝不是一回事，哪怕他直到其生命终结也至少看起来没有因其德性而获得幸福，或者没有因其罪行而受到惩罚。这就好像是人们在自身里面听到一种声音说，事情必定不是这样的；因此，也必定隐秘地有过关于他们感到有义务去追求的某种东西的一种表象，尽管只是一种模糊的表象，而这样一种偏移根本不会与那种东西协调一致，或者说，如果他们一旦把世界的进程视为事物的惟一秩序，他们就又不懂得把他们自己心灵的那种内在目的规定与那种东西结合起来。于是，他们就要用各种各样还很粗糙的方法，去设想使这样一种不合规则性（它对于人的心灵来说肯定比人们想加给对自然的判断来作为原则的那种盲目的偶然更令人愤慨得多）能够得到平衡的方式；这样，除了一个按照道德法则来统治世界的至上原因之外，他们毕竟绝不能想象出把自然与他们的内在道德法则结合起来的可能性的另一种原则：因为在他们里面的一个作为义务而提出的终极目的，和在他们之外的一个没有任何终极目的、尽管如此那个目的又应当在其中成为现实的自然，是相互矛盾的。关于那个世界原因的内在性状，他们现在就可能酝酿出好多荒唐无稽的东西；统治世界方面的那种道德关系一直是同一种关系，对于最未得到发展的理性来说，只要它把自己视为实践的，那种关系就是普遍可理解的，相反，思辨理性是远远不能与实践理性同步的。——极有 5〔459〕
可能也是由这种道德旨趣最初激起对自然的美和目的的注意的，这种注意后来卓越地用于加强那个理念，但毕竟不能论证它，更不能缺少那种道德旨趣，因为甚至对自然的目的的研究也惟有与终极目的相关才能获得这样一种直接的旨趣，它如此大规模地表现在对自然的惊赞中，毫不考虑任何能够从中得出的好处。

第 89 节　论道德论证的用途

在我们关于超感性事物的一切理念方面把理性限制在其实践应用的

条件之上，就上帝的理念而言，这具有显而易见的用途：它防止**神学**上升迷失于**神智学**中（迷失于搅乱理性的越界概念中），或者沉沦为**鬼神学**（对最高存在者的一种神人同形同性论的表象方式）；防止**宗教**陷入**招魂术**（一种狂热的妄想，以为能够感觉到别的超感性的存在者并对之施加影响）或者陷入**偶像崇拜**（一种迷信的妄想，以为能够不通过道德意向而通过别的手段来取悦于最高存在者）。①

因为如果人们允许在超出感官世界的事物方面的玄想的虚骄和狂妄哪怕仅仅在理论上（并且扩展知识地）规定丝毫的东西，如果人们允许夸口说洞察到神的本性的存在和性状，洞察到他的理智和意志、二者的法则以及从它们流溢到世界上的种种属性，那么，我就想知道，人们想
5〔460〕在什么地方、在什么位置上为理性的僭妄设置界限；因为在取得那些洞识的地方，正因为此还可以指望更多的东西（只要如人们认为的那样努力反思就可以）。然而，为这样的要求设置界限，必须按照某一个原则来进行，这样说的理由并不仅仅是因为我们发现这些要求的一切尝试迄今为止都遭到了失败；因为这并不证明任何东西，来反驳一种更好的结果的可能性。但在这里不可能有别的原则，除非是要么假定：就超感性事物而言，绝对没有任何东西能够在理论上被规定（除非是仅仅否定性地被规定），要么就假定我们的理性自身包含着一个尚未利用的知识宝库，这些知识谁也不知道有多么博大，乃是为我们和我们的后代保存下来的、扩展着的知识。——但就宗教而言，也就是说，就与作为立法者的上帝相关的道德而言，如果对上帝的理论知识必须先行的话，那么，道德就不得不取决于神学，并且不仅引入一个至上存在者的外在任意的立法来取代理性内在必然的立法，而且在这种立法中，我们对上帝的本性的洞识所具有的一切缺陷也必然延伸到道德规范上来，并如此使宗教变成非道德的而颠倒之。

就对一种来生的希望而言，如果我们求教于我们按照道德法则的规范自己应当去实现的终极目的，作为关于我们的规定的理性判断的导线

---

① 实践意义上的偶像崇拜始终还是这样一种宗教，这种宗教设想最高存在者具有这样一些属性，根据这些属性，除了道德性之外，还有别的东西能够是特别适用的条件，即在人能够做的事情上符合它的意志。因为无论人们如何纯粹地和摆脱感性形象地也在理论方面领会了那个概念，它在实践的东西中也还是被表象为一个**偶像**，亦即是按照它的意志的性状被以神人同形同性论的方式来表象的。

(因此，这种判断惟有在实践关系中才被视为必要的或者值得采用的)，而是求教于我们的理论认识能力，那么，出于这种意图的灵魂说就如同上面的神学一样，所给出的无非就是关于我们能思维的存在者的一个否定性的概念；也就是说，这个存在者的任何行动和内感官的任何显象都不能作唯物论的解释；因此，关于它们分离的本性和它们的人格性在死后的存续或者不存续，我们绝不可能通过我们全部的理论认识能力从思辨的根据出发作出任何扩展性的、规定性的判断。因此，既然在这里一切都依然被托付于以实践上必要的考虑对我们的存在的目的论判断和对我们的存续的假定，把这种存续当做由理性绝对地交付给我们的终极目的所需要的条件，所以这里也就同时表现出这样的用途(虽然它乍一看显得是损失)：就像神学对我们来说不能成为神智学一样，理性**心理学**也绝不能成为作为扩展性科学的**神灵学**，一如它另一方面也得到保障不会 5〔461〕
沉沦为**唯物论**一样；相反，理性心理学毋宁说只是内感官的人类学，也就是说，是我们在生命中的能思维的自我的知识，作为理论知识也依然只是经验性的；与此相反，就有关我们的永恒实存的问题而言，理性心理学根本不是理论的科学，而是基于道德目的论的惟一推论的，一如它的全部应用也仅仅由于作为我们的实践规定的道德目的论才是必要的一样。

第 90 节　论上帝存在的一种目的论证明中的视之为真的方式

对于任何证明来说，无论它是(就像通过观察对象或者实验进行证明时那样)通过直接经验性地描述应当予以证明的东西进行的，还是通过理性先天地从原则出发进行的，都首先要求的是：他不是使人**臆信**，而是使人**确信**，至少是有助于确信；也就是说，证明根据或者推论不仅仅是赞同的一种主观的(审美的)规定根据(纯然的幻相)，而是客观有效的，而且是知识的一种逻辑根据：因为若不然，知性就将被迷惑，而不是被引领。在自然的神学中进行的证明就具有那种虚假证明的性质，在进行这一证明时虽然怀有良好的意图，但却故意隐瞒了它的弱点：如果人们按照目的的原则附会出一大批自然事物的一个起源的证据，而且利用的是人类理性的纯然主观的根据，也就是说，是人类理性自己的偏爱的根据，即只要能够无矛盾地进行，就不是用许多原则，而是只用惟一的一条原则，而且只是在为规定一个概念而在这条原则中遇到一些甚或许多要求的地方，才把其余的原则考虑进去，以便通过任意的补充来完善事物的概念。因为诚然，如果我们在自然中遇到如此之多的产物，它们对我们来说是一个有理智的原因的显示，那么，为什么我们不应当舍弃许多这样的原因，而宁可只设想惟一的一个这样的原因，
5〔462〕而且就这个原因而言并不仅仅设想伟大的理智、权能等，而是宁可设想全智、全能，一言以蔽之，把它设想成为一个包含着这样一些属性的对所有可能的事物来说都充足的根据呢？此外，为什么我们不应当不仅仅为了自然规律和自然产物而赋予这个惟一的全能的元始存在者以理智，而且还把它当做一个道德的世界原因而赋予它最高的道德的实践理性呢？因为通过对概念的这种完善而说明了一个无论是对自然洞识来说还是对道德智慧来说全都充足的原则，而且也没有一个人能够对这样一个理念的可能性哪怕是提出在一定程度上有根据的反驳。在这里，如果同时也发动了心灵的道德动机，并且增添上这些动机的一种生动的旨趣以及雄辩的力量（这些动机也很配得上这种力量），那么，从中就产生出一种具有证明的客观充足性的臆信和一种（在这种证明的应用的大多数场合）也有益的幻相，这种幻相完全摆脱了对证明的逻辑明晰性的一切检验，甚至对此心怀厌恶和反感，就好像它们都是以一种渎神的怀疑为基础似的。——于是，只要人们真正考虑到通俗的可用性，就不应当对此说出任何反对意见。然而，既然毕竟不能也不可以阻止把这个证明分解成论证所包含的两个不同类的部分，也就是分解成属于自然目的论的东西和属于道德目的论的东西，因为二者的融合使人看不出证明的真正关键在于何处，以及为了在最苛刻的检验面前能够坚持它的有效性（即使人们被迫在某一方面承认我们的理性洞识的孱弱）而必须对它在哪一部分作出修订和如何修订，所以哲学家的义务（即使他毫不考虑对他的真诚性的要求）就是：揭露这个尽管如此有益，但却可能产生这样一种混淆的幻相，并且把纯然属于臆信的东西与导致确信的东西（臆信和确信二者不仅在程度上，而且甚至在方式上也都是赞同的不同规定）分离开来，以便把这一证明中的心态

以其完全的纯正性坦率地展现出来，并且能够坦然地使这一证明经受最严格的检验。

但是，一种具有确信性质的证明又可以有两种方式，要么是一种应当澄清对象**就自身而言**是什么的证明，要么是一种应当澄清对象按照我们对它作出判断所必需的理性原则对于**我们**（一般而言的人）**来说**是什么的证明（一种 χατ' αληθεια［就真理而言］的证明或者一种 χατ' 5〔463〕 ανθρωπου［就人而言］的证明，后一个词是在对一般而言的人来说的普遍意义上采用的）。它在第一种场合是建立在对规定性的判断力来说充足的原则之上的，在第二种场合则是建立在仅仅对反思性的判断力来说充足的原则之上的。在后一种场合，它基于纯然理论的原则，永远也不能有助于确信；但是，如果它以一种实践的理性原则为基础（这个原则因此而是普遍地和必然地有效的），那么，它就可以要求有一种在纯粹实践方面充足的，也就是说道德的确信了。一个证明**有助于确信**，但如果它被作出只是处于通往确信的途中，它就还不是使人确信，也就是说，它只是在自身中包含着确信的客观根据，这些根据尽管还不足以达到确定性，但却具有这样的性质，即它们并不纯然作为判断的主观根据用于使人臆信。

于是，一切理论的证明根据对于如下事项将是充分的：或者（1）对于通过逻辑上严格的**理性推理**作出的证明；或者，在不存在这种推理的地方，（2）对于按照**类比**进行的**推论**；或者，如果就连这种推论也不成立，则毕竟还有（3）对于**或然的意见**；或者最后，最起码，（4）对于一个纯然可能的解释根据的假定，亦即**假说**。——现在我要说：一切有助于理论上的确信的一般证明根据，如果一个元始存在者，作为一个上帝，其实存的命题应当在与这个概念的全部内容相适合的意义上，也就是说，在它作为一个**道德**的世界创造者，因而通过它同时说明了创造的终极目的的意义上得到证明，就都不能造成这种类型的从其最高程度到其最低程度的视之为真。

1. 至于**逻辑上正当的**、从普遍的东西前进到特殊的东西的证明，在批判中已经得到充分阐明的是：既然没有一种对我们来说可能的直观与一个必须超出自然之外来寻找的存在者的概念相应，所以该存在者的概念只要应当在理论上通过综合的谓词来规定，就对我们来说在任何时候都依然是或然的，绝不会出现它的任何知识（由此而对我们的理论知识的范围有丝毫的扩展），而且一个超感性的存在者的特别概念也根本不能被归摄在事物本性的普遍原则之下，以便从那些原则推论到这种存在者；5〔464〕因为那些原则仅仅适用于作为感官对象的自然。

2. 对于两个不同类的事物，人们正好可以在它们不同类这一点上对它们中的一个按照与另一个的**类比**①来进行**思维**；但是，由它们不同类的那一点出发，却不能从一方按照类比**推论**到另一方，也就是说，把特殊区别的这种标志转用到另一方。所以，我可以按照类比借助物体 5〔465〕彼此之间交互吸引和排斥中的作用和反作用相等的规律，来思维一个共同体的各成员按照法律规则的共联性；但是，不能把那种特殊的规定（物质的吸引和排斥）转用到这种共联性上，并把它们赋予公民们，以便构成一个叫做国家的体系。——同样，我们尽可以就作为自然目的的尘世事物而言，按照一种知性（作为某些我们称为艺术品的产物的形式之根据）的类比来思维元始存在者的因果性（因为这样做只是为了我们的认识能力的理论应用或者实践应用，我们就世界上的自然事物而言按照某个原则而必须这样应用这个概念）；但是，我们绝不能按

① （在质的意义上的）**类比**就是根据与后果（原因与结果）之间的关系的同一性，只要类比是不顾诸事物或者包含着类似后果的根据的诸属性本身的特殊差异（也就是说，在这种关系之外来看）而进行的。因此，对于动物的技艺活动，与人的技艺活动相比，我们借助人的类似结果为我们所知的根据（即理性），把前者中的这些结果不为我们所知的根据设想为理性的类似物；并且想由此同时指明：动物的技艺能力的根据以本能来命名，与理性在事实上有着特殊的区别，但在结果上（把海狸的建筑与人的建筑进行比较）却有着一种类似的关系。——但我因此却不能由于人为了自己的建筑而使用了**理性**，就推论出海狸也必然具有诸如此类的理性，而且把这称为一种按照类比的**推论**。然而，从动物的类似的作用方式（我们不能直接知觉到它的根据）出发，与人（我们直接地意识到人）的作用方式进行比较，我们却可以完全正确地推论出：动物也是按照**表象**行动的（不像笛卡尔想说的那样是机器），且不说二者的特殊差异，在种类上（作为有生命的存在者）与人是一回事。如此进行推论的权限的原则，在于把动物就上述规定而言与人算做同一个种类，与把人就我们外在地按照其行动来相互比较而算做同一个种类，其根据是一回事。这是 par ratio［同一个理由］。同样，我也可以通过至上的世界原因在世界上的合目的的产物与人的艺术品进行比较，按照一个知性的类比来设想至上的世界原因的因果性，但却不能按照类比推论到人里面的这些属性，因为这里恰恰缺乏这样一种推论方式的可能性的原则，也就是说，把最高的存在者与人（就他们双方的因果性而言）算做同一个种类的 paritas rationis［理由的同一性］。尘世存在者的因果性总是感性上有条件的（诸如此类的有通过理智的因果性），不能转用到一个除了一般事物的概念之外与它们并不共有一个类概念的存在者上面。

照一种类比，从在尘世存在者中间必须把知性赋予一种被判断为人工的结果的原因这一点出发，推论说甚至那与自然完全有别的存在者，就自然而言也拥有我们在人身上感知到的同一种因果性：因为这恰好涉及不同类之处，它是在一种就其结果而言感性地有条件的原因和就其概念而言超感性的元始存在者之间被思维的，因而不能被转用到这个概念上。——正是在我应当仅仅按照与一种知性（除了在感性地有条件的人身上之外，我们没有在其他任何存在者身上发现这种能力）的类比来思维那属神的因果性这一点上，蕴涵着不得把这种知性在其本来意义上赋予那个存在者的禁令。①

3. **有所意见**在先天判断中根本不成立；相反，人们通过先天判断要么认识某物是完全确定的，要么就根本不认识任何东西。但是，即使我们由以出发的那些被给予的证明根据（例如这里就是从世界上的种种目的出发）是经验性的，人们也毕竟不能凭借它们来超出感官世界而有任何意见，承认这样的贸然判断对于或然性有丝毫的权利。因为或然性是一种在某个根据序列中可能的确定性的一个部分（这种确定性的种种根据在这里与充足根据相比较，是作为部分与整体相比较的），那个不充足的根据必须能够被补充到这一序列根据中去。但是，由于这些根据作 5〔466〕
为同一个判断的确定性的规定根据必须是同类的，因为若不然，它们就不会一起构成一个大小（诸如此类的大小就是确定性），所以就不可能它们的一个部分处于可能经验的界限之内，而另一个部分则处于一切可能经验之外。因此，既然单纯经验性的证明根据并不导致任何超感性的东西，而在其序列中的缺陷也不能通过任何东西来补充，所以在通过它们来达到超感性的东西及其知识的尝试中，就没有丝毫的逼近，因而在通过从经验获取的论证对超感性的东西所作的判断中，也没有任何或然性。

4. 凡是应当作为**假说**用于解释一个被给予的显象的可能性的东西，至少其可能性必须是完全确定的。我在提出一个假说时放弃对于现实性的知识（这种知识在一种冒充或然的意见那里还是被坚持的），而这就够

① 人们由此并不觉得在这个存在者与世界的关系的表象中丢失了丝毫的东西，无论是就出自这个概念的理论后果还是就其实践后果而言。至于要研究它就自身而言是什么，则是多管闲事，既无意义也白费力气。

了，我不可能放弃更多的东西；我当做一种解释的基础的东西，其可能性必须至少是无可置疑的，因为若不然，空洞的幻影就会无休无止了。但是，假定一个按照某些概念来规定的超感性的存在者的可能性，由于为此并没有把一种知识的诸般必要条件的一种按照在其中基于直观的东西给予出来，因而只剩下矛盾律（它所证明的无非是思维的可能性，而不能证明所思维的对象本身的可能性）来作为这种可能性的标准，这就会是一种完全没有根据的预设。

由此结果就是：对于人类理性来说，关于作为一个神祇的元始存在者的存在，或者关于作为一个不死精神的灵魂的存在，哪怕只是为了造成最低程度的视之为真，在理论方面也绝不可能有任何证明；而这是出自完全可以理解的理由：我们根本没有任何材料来规定超感性者的理念，因为我们必须从感官世界里的事物获取这种材料，但这样一种材料又是绝对不适合那个客体的，因而既然对这些理念没有任何规定，所剩下来的就无非只是关于一个非感性的某物的概念了；这个某物包含着感官世界的最后根据，而这根据却还没有构成这个某物的内在性状的任何知识（作为对这个概念的扩展）。

5〔467〕 第 91 节　论经由一种实践信念的视之为真的方式

如果我们仅仅关注某物**对我们来说**（按照我们的表象能力的主观性状）能够成为知识客体（res cognoscibilis［可认识的事物］）的方式，那么，在这种情况下，概念就不会是与客体相对照，而是仅仅与我们的认识能力及其对被给予的表象（在理论方面或者实践方面）所能够作的应用相对照；而某物是否是一个可认识的存在者的问题，就不是关涉到事物本身的可能性的问题，而是关涉到我们对它们的知识的问题。

可认识的事物有三种：**意见之事**（opinabile［可推测之事］）、**事实**（scibile［可知之事］）和**信念之事**（mere credibile［纯为可信之事］）。

1. 纯然理性理念的对象，对于理论知识来说根本不能在任何可能的经验中被展示出来，就此而言也根本不是可认识的事物，因而人们就连对它们**有所意见**也不能够；正如要先天地有所意见，这本身就已经是荒谬的，是直通纯粹的幻影的道路。因此，要么我们的先天命题是确凿的，要么它就不包含任何可以视之为真的东西。所以，**意见之事**在任何时候都是一种至少就自身而言可能的经验知识的客体（感官世界的对象），这种经验知识只是按照我们所具有的这种能力的程度而**对我们来说**不可能而已。所以，近代物理学家们的以太，即一种渗透其他一切物质（与它们最均匀地混合在一起）的弹性流质，就是一种纯然的意见之事，但毕竟还具有这样的性质，即如果外感官敏锐到极高程度，它就有可能被知觉到；但是，它却永远不能在某种观察或者实验中被展示出来。假定其他行星上的理性居民，这是一种意见之事；因为如果我们能够接近这些行星，而这自身是可能的，那么，我们就会通过经验来澄清它们是否存在了；但是，我们永远也不会如此接近这些行星，所以也就还停留在有所意见上。然而，认为在物质的宇宙中有纯粹的、无须身体而能思维的精神（也就是说，如果人们正当地排除掉某些假充是这种精神的现实的显象的话），就叫做虚构，它根本不是意见之事，而是当人 5〔468〕
们从一个能思维的存在者去除一切物质的东西却毕竟给它留下思维时，所剩余下来的一个纯然的理念。但在这种情况下，这种思维（我们只是在人身上，也就是说在与一个身体的结合中才认识这种思维）是否会剩余下来，我们就不能断定了。这样一种事物是一个**玄想出来的存在者**（ens rationis ratiocinantis［进行推论的理性的存在者］），而不是**理性的存在者**（ens rationis ratiocinatae［推论出来的理性的存在者］）；关于后者，毕竟有可能至少为了理性的实践应用而充分地阐明它的概念的客观实在性，因为这种应用具有自己特殊的、确定无疑的先天原则，甚至要求（公设）这一概念。

2. 对于其客观实在性能够被证明的概念（或者是通过纯粹理性，或者是通过经验，而且在前一种场合是出自理性理论上的或者实践上的材料，但在所有的场合都是凭借一种与它们相应的直观）来说，它们的对象都是（res facti［实际之事］）事实。① （几何学中的）大小的数学属性

① 我觉得我在这里有理由把一件事实的概念扩展到这个词的通常含义之外。因为如果说的是事物与我们的认识能力的关系，那么，既然为了把事物仅仅当做一种确定的认识方式的对象来谈论，一种纯然可能的经验就已经足够了，所以把这一表述仅仅限制在现实的经验上，就是不必要的，甚至也是不可行的。

就是诸如此类的事实，因为它们能够对于理论的理性应用来说有一种先天的**表现**。此外，能够通过经验（亲身经验或者借助于见证的他人经验）来阐明的事物或者事物的性状，也同样是事实。——但十分值得注意的是，这样在事实中间就会甚至有一个理性理念（它就自身而言不能在直观中有任何表现，从而也不能有其可能性的任何理论证明），而这就是**自由**的理念，它作为一种特殊的因果性（这种因果性的概念在理论上来看将会是越界的），其实在性可以通过纯粹理性的实践法则，并按照这些法则在现实的行动中，因而在经验中得到阐明。——在纯粹理性的所有理念中，惟有这一个理念的对象是事实，并且必须被归入 scibilia［可知之事］。

5〔469〕 3. 必须与纯粹实践理性的合乎义务的应用相关（或者是作为后果，或者是作为根据）而被先天地思维，但对于其理论应用来说乃是越界的那些对象，是纯然的**信念之事**。应当通过自由来造成的尘世的**至善**就是诸如此类的东西，它的概念不能在任何我们可能有的经验中，因而对理论的理性应用来说按照其客观实在性得到充分的证明，但它被用来最大可能地实现那个目的，却毕竟是由实践的纯粹理性命令的，因而必须被假定为可能的。这一被命令的结果，**连同其可能性的那些我们惟一能思维的条件**，也就是说，上帝的存在和灵魂的不死，都是**信念之事**（res fidei），而且是所有对象中惟一能够被如此称谓的对象。① 因为即使我们必须相信我们只能通过见证从别人的经验中学到的东西，这东西也并不因此本身就是信念之事，因为在那些见证人的**某一位**那里，它毕竟曾经是亲身经验和事实，或者被预设为亲身经验和事实。此外，通过这一途径（历史信念的途径）来达到知识也必须是可能的；而历史学和地理学的客体，就像一般而言所有按照我们的认识能力的性状至少可能被认知的东西那样，并不属于信念之事，而是属于事实。惟有纯粹理性的对象也许有可能是信念之事，但并不是作为纯然的纯粹思辨理性的对象；因为在这里，它们根本就不可能被有把握地归入事物，亦即归入对我们来说可

① 但是，信念之事并不因此就是**信条**，如果人们把信条理解为人们被责成去（内在地或者外在地）**认信**的信仰之事的话；因此，自然的神学并不包含诸如此类的信条。因为既然信条作为信仰之事不可能（像事实那样）建立在理论的证明之上，所以这是一种自由的视之为真，并且惟有作为这样一种视之为真才能与主体的道德性相一致。

能的那种知识的客体。这就是理念，亦即人们不能在理论上保证其客观实在性的一些概念。与此相反，应当由我们来实现的最高的终极目的，即我们惟独因之才能够甚至配得上是一个创造的终极目的的东西，则是一个对我们来说在实践的关系中有客观的实在性的理念，而且是事物；但是，由于我们不能在理论方面为这个概念取得这种实在性，它就是纯 5〔470〕
粹理性的纯然信念之事，与它一起的还有上帝和不死，它们是我们按照我们的（人类的）理性的性状惟有在其下才能思维我们的自由的合法则应用的那种效果之可能性的条件。但是，在信念之事中的视之为真是纯粹实践方面的视之为真，也就是说，是一种道德的信念，它不为理论上的纯粹理性知识证明任何东西，而只为实践上的、针对其义务的遵循的纯粹理性知识作证明，而且根本不扩展思辨或者按照自爱原则的实践上的明智规则。如果一切道德法则的至上原则是一个公设，那么，这些法则的最高客体的可能性，从而还有我们在其下思维这种可能性的条件，也就因此而被一起公设了。这样一来，这种可能性的知识对于这些条件的存在和性状来说，作为理论的认识方式，就既不成为认知也不成为意见，而只是在实践的，并且为了我们理性的道德应用而要求如此的关系中的假定而已。

即使我们表面上能够把关于一个有理智的世界原因的**确定**概念建立在自然目的论如此丰富地呈现给我们的种种自然目的之上，这个存在者的存在也毕竟不是信念之事。因为既然这个存在者不是为了履行我的义务，而只是为了解释自然才被假定的，所以它只会是对我们的理性来说最合适的意见和假说罢了。如今，那种目的论绝不导致关于上帝的一个确定概念，相反，这个概念惟有在关于一个道德的世界创造者的概念中才能够遇到，因为只有后者才指明了终极目的，而我们只有在按照道德法则当做终极目的交付给我们，因而使我们负有义务的东西行事的时候，才能把自己视为这种终极目的。因此，关于上帝的概念惟有通过与我们义务的客体的关系，作为实现这种义务的终极目的之可能性的条件，才获得在我们的视之为真中被视为信念之事的优先权；与此相反，这同一个概念毕竟不能使它的客体作为事实生效，因为虽然义务的必然性对于实践理性来说是非常清楚的，但达到义务的终极目的，就这一目的并不完全由我们控制而言，却只是为了理性的实践应用而假定的，因

5〔471〕而并不像义务本身那样在实践上是必然的。①

信念（作为 habitus［状态］，不是作为 actus［行动］）是在把对于理论知识来说无法达到的东西视之为真时理性在道德上的思维方式。因此，它是心灵持久的原理，即把为了最高的道德上的终极目的的可能性而必须预设为条件的东西由于对这一终极目的的责任而假定为真的②；尽管这
5〔472〕一目的的可能性（但它的不可能性也一样）是不能为我们所看出的。信念（干脆就这样称谓）是对于达成一种意图的信赖，促进这一意图则是义务，但实现这一意图的可能性却不是我们所能**洞察**的（因此，惟一能够为我们所设想的那些条件的可能性也不是我们所能洞察的）。所以，与这些特殊的对象相关的信念就是完全道德的，这些对象不是可能知识或者意见的对象（在后一种场合，尤其是在历史的东西中，信念就必须叫做轻信，而不叫做信念了）。信念是一种自由的视之为真，不是对于就理论上规定性的判断力而言可以为其发现独断的证明的东西，也不是对于

---

① 道德法则要求去促进的终极目的并不是义务的根据；因为这根据蕴涵在道德法则之中，而道德法则作为形式的实践原则是绝对地进行引导的，不顾欲求能力的客体（意愿的质料），因而也不顾任何一个目的。我的行动的内在道德价值仅仅在于它们的这种形式的性状（使这些行动从属于普遍有效性的原则），而这种性状是完全由我们控制的；而且我完全能够抽掉我按照那个法则而有义务去促进的目的的可能性或者不可行性（因为在它们里面只有我的行动的外在价值），把它们当做永不完全由我控制的东西抽掉，以便仅仅关注我所能做的事情。然而，促进一切理性存在者的终极目的（幸福，就其与义务一致而可能来说）的意图毕竟正是由义务的法则交付的。但是，思辨理性根本看不出这种意图的可行性（无论是从我们自己的自然能力方面，还是从自然的合作方面）；毋宁说，它必然出自这样一些原因，就我们能够以理性的方式作出判断而言，把我们的善行无须假定上帝和不死而从单纯的自然（我们之内和之外的自然）中得出的这样一种结果视为一种虽然善意的、但却没有根据和没有价值的期望，而且如果它对这一判断能够拥有完全的确定性，它就必然把道德法则本身视为我们理性出于实践考虑的纯然蒙骗。但是，既然思辨理性完全确信后者永远不可能发生，相反那些其对象超越了自然的理念却能够无矛盾地来设想，所以它为了它自己的实践法则和由这法则交付的任务，因而出于道德的考虑，就必须承认那些理念是实在的，以免与自身发生矛盾。

② 它是对道德法则的应许的一种信赖；但是，这种应许并不是作为一种包含在道德法则之中的应许，而是作为一种我放进去的，并且是出自道德上充足的根据放进去的应许。因为一个终极目的不可能为理性的任何法则所要求，而理性却不同时哪怕是不确定地许诺它的可实现性，并且因此而有权把我们的理性惟有在其下才能设想这种可实现性的那些条件视之为真。Fides（信念）这个词也已经表达了这一点；而且可能显得令人疑虑的仅仅是：这一表述和这个特殊的理念是如何进入道德哲学的，因为它最初是与基督教一道被引入的，而采用这个词也许会显得只是对基督教的语言的一种谄媚的模仿。但是，这并不是惟一的实例，即这个奇特的宗教在其极为朴素的陈述中以比哲学迄今所能够提供的远为确定和纯粹的道德性概念丰富了哲学，而这些概念一旦存在，就被理性**自由地**赞同，并且作为理性能够而且应当自行想到和引入的概念而被采纳。

我们认为自己负有责任的东西，而是对于我们为了一种意图而按照自由的法则所假定的东西；但是，它毕竟不是像一种意见那样没有充分的根据，而是作为在理性之中的（虽然只是就其实践应用而言）而**对于理性的意图来说有充分的**根据：因为没有这种信念，道德的思维方式在违背理论理性对于（道德性的客体的可能性的）证明的要求时就不具有任何牢固的持久性，而是在实践的诫命和理论的怀疑之间摇摆不定。**不信**，意味着沉溺于根本不相信见证这条准则；而某人由于那些理性理念缺乏其实在性的**理论**论证而否认它们的一切有效性，则是**无信念的**。因此，他的判断是独断的。但是，一种独断的**无信念**是不能与一种在思维方式中起支配作用的道德准则共存的（因为理性不可能命令追求一个只能被看做是幻影的目的）；不过，一种**有怀疑的信念**倒是能够做到这一点，对它来说，缺乏由思辨理性的根据而来的确信只不过是障碍罢了，对思辨理性的局限性的一种批判的洞识可以使这种障碍失去对行为的影响，并提供一种占优势的实践的视之为真来取代它。 5〔473〕

※　　　※　　　※

如果人们想引用另一条原则来取代哲学中的某些错误的尝试，并使之产生影响，那么，看出那些尝试如何以及为什么必然失败，是会带来重大的满足的。

上帝、**自由**和**灵魂不死**是这样一些课题，解决它们是形而上学的一切准备的目的所在，是它的最后的和惟一的目的。于是人们相信，关于自由的学说惟有作为消极的条件才对于实践哲学来说是必要的，关于上帝和灵魂性状的学说则相反，属于理论哲学，必须予以单独的和特别的阐明，以便此后把这二者与道德法则（它只有在自由的条件下才是可能的）所命令的东西联结起来，并由此确立一种宗教。但是，人们很快就能够看出，这些尝试必然失败。因为从一般事物或者一个必然的存在者的实存的纯然本体论概念中，绝对不能形成关于一个元始存在者的由能够在经验中给出、因而能够用于知识的谓词来规定的概念；但是，那个建立在大自然的自然合目的性的经验之上的概念又不能提供任何对于道德、从而对于一个上帝的知识来说充足的证明。同样，即便是通过经验（我们只是在此生中着手进行经验）而来的灵魂知识，也不可能造成一个关于灵魂精神性的、不死的本性的概念，使之对于道德来说是充足的。**神学**和**神灵学**作为思辨理性的诸科学所需要的课题，由于其概念对于我们所有的认识能力来说都是越界的，所以不可能通过任何经验性的材料和谓词来完成。——对这两个概念的规定，无论是上帝还是灵魂（就其不死性而言），都只能通过尽管本身惟有出自一个超感性的根据才可能、但仍然必须在经验中证明自己的实在性的谓词来进行；因为只有这样，它们才能使一种关于完全超感性的存在者的知识成为可能。——诸如此类的概念就是惟一能够在
5〔474〕人的理性中发现的服从道德法则的人的自由、连同自由通过道德法则来规定的终极目的的概念，其中道德法则适宜于把包含着二者的可能性的必要条件的那些属性归于自然的创造者，终极目的则适宜于把这些属性归于人，以至于恰好从这一理念中可以推论到那些通常对我们完全隐蔽起来的存在者的实存和性状。

因此，那种证明上帝和不死的意图纯然沿着理论的道路而失败的根据就在于：对于超感性的东西来说，沿着这条道路（自然概念的道路）根本不可能有任何知识。相反，沿着道德的道路（自由概念的道路）则能成功，其根据如下：在这里，在这方面作为根据的超感性的东西（自由），通过从它那里产生的一种确定的因果性法则，不仅成就了其他超感性的东西（道德的终极目的及其可实现性的条件）的知识的材料，而且还作为事实阐明了它在行动中的实在性，但也正因为此，它不能提供别的任何证明根据，而只能提供在实践的意图（它也是宗教所需要的惟一意图）中有效的证明根据。

在这里，依然总是十分值得注意的是：在三个纯粹的理性理念亦即**上帝**、**自由**和**不死**中，自由的理念是超感性的东西的惟一概念，通过自由在自然中可能的结果而（凭借在这个概念中所思维的因果性）在自然身上证明了自己的客观实在性，并由此而使另外两个概念与自然相联结，所有这三个概念彼此相联结为一个宗教成为可能；因此，我们在自身中拥有一条原则，它有能力把我们里面的超感性的东西的理念，但由此也把我们之外的超感性的东西的理念，规定成一种知识，哪怕只是在实践的意图中可能的知识，对此纯然的思辨哲学（它也能够对自由给出一个纯然否定的概念）是必然要绝望的；因此，自由的概念（作为一切无条件的实践法则的基本概念）能够把理性扩展到那些界限之外，在那些界

限之内任何自然概念都必定仍然毫无希望地受着限制。

※　　　　※　　　　※

目的论的总附释 5〔475〕

如果问题是：道德的论证只是把上帝的存在当做实践的纯粹理性的信念之事来证明，它在哲学的其他论证中间保持着什么级别，则这些其他论证的全部占有都可以轻而易举地忽略不计，这里也就表明，此处别无选择，而只有哲学的理论能力面对一种无成见的批判必须自行放弃它的一切要求。

一切视之为真如果不应当是完全无根据的，就都必须首先建立在事实之上；因此，在证明中只能出现惟一的区别，即对从中得出的结论的视之为真是能够作为理论知识的**认知**还是只能作为实践知识的**信念**建立在这一事实之上。一切事实都要么属于**自然概念**，自然概念是在先于一切自然概念而被给予的（或者可能被给予的）感官对象身上来证明自己的实在性的；要么属于**自由概念**，自由概念是通过理性就某些由于它而在感官世界中有可能的结果而言的因果性来充分地阐明自己的实在性的，而这种因果性是理性在道德法则中不容反驳地公设的。于是，自然概念（仅仅属于理论知识的自然概念）就要么是形而上学的和完全先天的；要么是自然的，亦即后天的和必然惟有通过确定的经验才可思维的。因此，形而上学的自然概念（不以任何确定的经验为前提条件的自然概念）就是本体论的。

于是，从一个元始存在者的概念出发对上帝存在的**本体论证明**，要么是从本体论的谓词（惟有通过这些谓词才能完全确定地设想元始存在者）推论到绝对必然的存在的证明，要么是从某一事物（不论是何事物）的存在的绝对必然性推论到元始存在者的谓词的证明；因为要使一个元始存在者不是派生的，其概念就要求其存在的无条件的必然性以及（为了表现这种必然性）通过它的概念所做的完全规定。于是，人们相信在**最实在的存在者**的本体论理念的概念中能够发现这两种要求：这样就产生了两种形而上学的证明。

以一个纯然形而上学的自然概念为基础的（被称为真正本体论的）

5〔476〕证明，从最实在的存在者推论到其绝对必然的实存；因为（据说）如果它不实存，那么，它就会缺少一种实在性，也就是说缺少实存。——另一种证明（人们也把它称为形而上学的**宇宙论**的证明）则从某一个事物（由于在自我意识中一种存在被给予我，诸如此类的事物是绝对必须予以承认的）的实存的必然性推论到它作为最实在的存在者的完全规定；因为一切实存者都必须得到完全的规定，但绝对必然者（也就是我们应当当做这样一种事物来认识，因而应当先天地认识的东西）却必须**通过它的概念**来得到完全的规定。但是，这种情况惟有在一个最实在的事物的概念中才能够遇到。在这里，没有必要去揭露这两种推论中的诡辩，这在别的地方已经做过了；而是只需要说明：这样的证明即使可以通过各种各样辩证的细腻来为自己辩护，却永远不能超出学院而进入公众，对纯然的健全知性产生丝毫的影响。

以一个自然概念为基础，这个概念只能是经验性的，但尽管如此却应当超越作为感官对象之总和的自然的界限，这样的证明不能是别的证明，只能是出自自然**目的**的证明。自然目的的概念虽然不能被先天地，而是只能通过经验被给予，但毕竟预示了关于自然的元始根据的这样一个概念，这个概念在我们能够思维的一切概念中间惟一适合于超感性的东西的，亦即是关于作为世界原因的最高理智的概念；这个证明也在实际上按照反思性判断力的原则，亦即按照我们的（人的）认识能力的性状完全做到了这一点。——但现在，它是否有能力从这同一些材料出发提供出一个**至上的**、亦即独立的、有理智的存在者的这一概念，使这个存在者也是一个上帝，亦即是一个服从道德法则的世界的创造者，从而对于世界之存在的一个终极目的的理念来说是充分地规定了的，这是一个一切的关键所在的问题；不论我们是为了全部自然知识而要求关于元始存在者的一个理论上充足的概念，还是为了宗教而要求一个实践的概念。

这个从自然目的论得来的论证是值得尊重的。它对于平常的知性和对于最精细的思想家在使之确信上具有同样的效果；有一位**莱马鲁斯**，
5〔477〕在他尚未被超越的作品中以其特有的缜密性和清晰性详尽地阐述了这一证明根据，由此而立下了不朽的功勋。——然而，这种证明是从哪里获得对心灵的如此强有力的影响，尤其是在通过冷静的理性作出判断时

（因为由自然的奇迹引起的感动和振奋，人们可以归之于臆信），获得对一种平心静气的、毫无保留的赞同的如此强有力的影响呢？并不是那些全都暗示着世界原因中的一种神秘莫测的知性的自然目的；因为这些自然目的由于并不满足提问的理性的需要而不足以做到这一点。因为（理性问的是）所有那些艺术安排的自然事物为的是什么呢？人本身，我们作为自然的对我们来说所能设想的最后目的必须就此止步的人本身，是为的什么呢？这整个自然又是为的什么存在呢？什么是如此伟大又如此丰富多彩的艺术的终极目的呢？被创造来享受，或者来静观、来观察、来惊赞（如果停留在这一点上，那也无非是特殊方式的享受罢了），把它当做世界和人自身存在的终极目的，这并不能满足理性；因为理性预设了惟有人才能给予自己的人格价值，把它当做人及其存在惟有在其下才能是终极目的的条件。如果缺少这种人格价值（惟有它才能有一个确定的概念），自然的种种目的就不能满足人的追问，尤其是因为它们不能提供关于最高存在者作为一个最充足的（并且正因为此是惟一的、真正可以这样称谓的**最高的**）存在者、关于它的理智据以是世界的原因的那些法则的任何**确定的概念**。

因此，自然目的论的证明，无论它是否同时是一种神学的证明，都使人确信，这并非出自把自然的种种目的的理念当做一个**最高的**理智的如此之多的经验性证明根据来使用；相反，这里不知不觉地在推论中掺杂进了寓于每一个人心中并最内在地感动着他的道德证明根据，按照这种证明根据，人们也把终极目的赋予在自然的种种目的中以如此不可理解的艺术启示自己的存在者，从而也赋予它智慧（尽管凭借对自然目的的知觉并没有权利这样做），因而任意地就那个论证带有的缺陷而言补足了它。因此，实际上只有道德的证明根据才带来确信，而且也只有在每一个人都最内在地感到自己的赞同的道德考虑中才产生这种确信；但是，自然目的论 〔478〕
的论证却只有一件功绩，即把心灵在观察世界时引向目的的道路，但由此也引向一个**有理智的**世界创造者；因为在这种情况下，与种种目的的道德关系和一个这样的立法者和世界创造者的理念，作为神学概念，虽然是纯粹的附加物，但却仍然显得是自行从那个证明根据发展出来的。

在这里，人们也可以继续任由惯常的**陈述**。因为对于平常的和健全的知性来说，通常很难把它所混淆的、实际上只是从其中的一条正确地得出结论的那些各不相同的原则作为不同类的东西彼此区分开来，如果这种分离需要诸多反思的话。但是，关于上帝存在的道德上的证明根据真正说来也并不只是把自然目的论的证明**补充**成为一个完整的证明；相反，它是一个特殊的证明，它**弥补**了出自自然目的论的证明的对于确信的缺乏，因为后者实际上能够提供的无非是，使理性在对自然和我们惟有通过经验才能认识的偶然的，但却值得惊赞的秩序的根据作出判断时，转向一种按照目的包含着自然的根据的原因（按照我们的认识能力的性状，我们必须把这个原因设想成知性的原因）的因果性，并对此加以注意，但这样就使它更易于接受道德的证明。因为后一个概念所要求的东西与自然概念所能够包含和教导的一切有着如此本质上的不同，以至于它需要一种特殊的、完全独立于前者的证明根据和证明，以便为一种神学充分地说明关于元始存在者的概念，并推论到它的实存。——因此，只要我们在世界上根本找不到自然目的论的材料，或者只找到其模棱两可的材料，那么，道德的证明（但它当然只是在理性实践的、毕竟也不可免除的考虑中作出证明的）就会还一直保持它的力量。可以设想，理性的存在者看到被这样一个大自然包围着，这个大自然没有显示出有机组织的任何清晰痕迹，而是仅仅显示出粗陋物质的一种纯然机械性的结果，因为这些结果的缘故，鉴于一些仅仅偶然地合目的的形式和关系的可变性，似乎没有理由去推论到一个有理智的创造者；在这种情况下，
5〔479〕也就会没有理由说一种自然目的论了；尽管如此，在这里通过自然概念没有得到任何指导的理性，在自由概念中以及在建立于自由概念之上的道德理念中，却会找到一种实践的充分根据，来公设元始存在者的概念与这些理念相适合，也就是说，是一个神祇，而自然（甚至我们自己的存在）则是一个与那个神祇及其法则相符合的终极目的，而且是考虑到实践理性的不可免除的诫命来公设的。——但现在，在现实的世界中，对于它里面的理性存在者来说，有自然目的论的丰富的材料（这恰恰不会是必然的），这有助于对道德的论证作出所期望的证实，只要自然能够提出某种与理性理念（道德的理性理念）类似的东西。因为一个具有理智（但这对于一种神学来说是远远不充分的）的至上原因的概念由此就获得了对于反思性的判断力来说充分的现实性；但这个概念并不是在那上面建立道德的证明所需要的；而道德的证明也并不是用于通过按照惟

一的一条原则的连续推论而把那个独自根本不指向道德性的证明补足为**一个**证明。作为自然和自由，两条如此不同类的原则只能给出两种不同的证明方式，因为在这种情况下，从自然出发进行道德证明的尝试对于应当证明的东西来说，被认为是不充分的。

如果自然目的论的证明根据足以达到所寻求的证明，那么，对于思辨理性来说，这就会是非常令人满意的；因为它就会给人以产生出一种神智学的希望（也就是说，人们将会不得不这样称谓对属神本性及其实存的理论知识，它足以解释世界的性状，同时解释道德法则的规定）。同样，如果心理学足以由此达到对灵魂不死的知识，那么，它就会使一种神灵学成为可能，这种神灵学对于思辨理性来说也会同样是受欢迎的。但是，二者无论如何为求知欲的自负所喜爱，都不能满足理性在必须基于事物本性的知识的理论方面的愿望。但是，是否自然目的论作为神学，心理学作为人类学，二者都建立在道德的亦即自由的原则之上，因而与理性的实践应用相适合，就会更好地实现其客观的终极意图，则是我们在这里不必进一步探究的另一个问题。

但是，自然目的论的证明根据之所以不足以成为神学，乃是因为它 5〔480〕
没有给出、也不可能给出关于元始存在者的一个对这一意图来说充分规定了的概念，相反，人们不得不完全从别的地方取得这一概念，或者由此而作为一种任意的附加来弥补这一概念的缺乏。你们从自然形式及其关系的伟大的合目的性出发推论到一个有理智的世界原因，但推论到这一理智的什么程度呢？毫无疑问，你们不能够自以为推论到了最高可能的理智；因为为此将会要求你们看出，一个比你们在世界上知觉到种种证据的理智更伟大的理智是不可思议的，而这就意味着把全知赋予你们自己了。同样，你们从世界的伟大出发推论到创造者的一种十分伟大的力量；但是，你们将告诉你们自己，这只是相对于你们的把握能力才有意义，而且既然你们并不认识一切可能的东西，以便将其尽你们所知与世界的伟大相比较，所以你们按照一个如此渺小的尺度是不能推论出创造者的全能的，如此等等。于是，你们由此并未达到一个元始存在者的任何确定的、对于神学来说有用的概念；因为这个概念惟有在与一个理智相结合的种种完善性的大全的概念中才能找到，纯然**经验性**的材料根本不可能在这方面对你们有所帮助；但没有这样一个确定的概念，你们也就不能推论到一个**惟一的**有理智的元始存在者，而是只能（不管是为了什么目的）假定这样一个元始存在者。——现在，人们虽然完全可以允许你们（既然理性不能说出任何有根据的东西予以反对）任意地附加：在发现如此之多的完善性的地方，人们就可以假定一切完善性结合在一个惟一的世界原因中；因为理性在理论上和实践上都能够与一条如此规定的原则更好地相处融洽。但是，你们在这种情况下毕竟不能宣扬元始存在者这个概念是由你们证明了的，因为你们只是为了理性的一种更好的应用而假定了它。因此，对于怀疑你们的推论链条的简要性这种所谓的亵渎所表示的一切悲叹和无力的愤怒，都是无用的自吹自擂，它可能很喜欢人们也许把针对你们的论证自由地表述的怀疑视为对神圣真理的怀疑，只不过是为了让这论证的浅薄性在这道帷幕背后悄悄地溜掉罢了。

与此相反，道德目的论在有牢固的基础这方面并不亚于自然目的论，
〔481〕毋宁说，它由于先天地以与我们理性不可分离的那些原则为依据而理应拥有优势，它导向一种神学的可能性所要求的东西，即导向至上原因的一种确定的**概念**，这个至上原因是依据道德法则的世界原因，因而是一个满足我们道德上的终极目的的原因：为此至少要求全知、全能、全在等来作为它应有的自然属性，这些属性必须被设想为与本身是无限的道德的终极目的相结合，因而是与之相符合的，而这样一来，道德目的论就能够完全独立地提供出适用于一种神学的一个**惟一的**世界创造者的概念。

以这样的方式，一种神学也就直接地导向了**宗教**，也就是说，导向了**对我们的义务是神的诫命的知识**；因为对我们的义务和其中由理性交付给我们的终极目的的知识能够首先确定地产生出上帝的概念，因而这个概念就其起源而言就已经与对这个存在者的责任不可分割了；相反，即使沿着纯然理论的道路能够确定地找到元始存在者的概念（也就是作为单纯自然原因的元始存在者的概念），此后要通过缜密的证明来赋予这个存在者以一种依据道德法则的因果性，就还有巨大的困难，也许没有任意的添加就根本不可能成功，而没有那种因果性，那个所谓神学的概念就不能构成宗教的任何基础。即使一种宗教能够沿着这条理论的道路建立起来，它也会在意向（它的本质性的东西毕竟在于意向）方面现实地有别于上帝的概念和对上帝的存在的（实践上的）确信产生自道德性

的基本理念的那种宗教。因为如果我们必须把一个世界创造者的全能、全知等当做从别的地方给予我们的概念来预设，只不过是为了此后把我们关于义务的概念运用于我们与这个世界创造者的关系，那么，这些概念就必然会严重地带有强制和被迫服从的色彩；相反，如果是对道德法则的敬重完全自由地按照我们自己的理性的规范向我们显示我们的规定的终极目的，我们就以完全有别于病理学的恐惧的真诚敬畏，把一种与这终极目的及其实现协调一致的原因一起接纳入我们的道德景仰，并自 5〔482〕
愿地服从于它。①

如果有人问，我们究竟为什么对一般而言拥有一种神学这件事有所牵挂，那么显而易见的是，神学并非对于扩展或者校正我们的自然知识和一般而言任何一种理论来说是必要的，而是仅仅对于宗教来说，亦即对于理性的实践应用，尤其是道德应用来说，才在主观的意图上是必要的。如果发生这样的事情，即导向神学对象的一个确定概念的惟一论证本身是道德的，则这不仅不令人诧异，而且如果承认这样一种论证只是对于我们的道德规定，亦即在实践的意图上，才充分地阐明了上帝的存在，而思辨在它里面绝对没有证明自己的力量，或者由此扩大它的疆域的范围的话，那么，人们也将在出自这种证明根据的视之为真对于这一论证的终极意图的充分性方面不会感到任何缺憾。就连此处所主张的一种神学的可能性的这种令人诧异、或者它与思辨理性的批判关于范畴所说的话——即范畴惟有在运用于感官的对象，但绝不应用于超感性的东西时，才能够产生知识——的所谓矛盾，如果人们看到它们在这里被运用于对上帝的知识，但不是在理论的意图上（按照上帝对我们来说玄妙莫测的本性自身所是的东西），而是仅仅在实践的意图上运用的话，也都将消失。——为了借这个机会了结对批判的那个十分必要的、但也令盲目的独断论者感到恼火地使理性返回到其界限之内的学说的误解，我在这里附加上对这一学说的如下解释。

---

① 无论是对美的惊赞，还是一个进行反思的心灵还在对世界的一个有理性的创造者有一个清晰的表象之前就有能力感到的由于自然如此繁多的目的而生的感动，自身就具有某种与**宗教**情感类似的东西。因此，它们看起来首先是通过对它们的一种与道德评判方式相类似的评判方式而作用于道德情感的（对我们不知道的原因感恩和崇敬的情感），因而是在它们引起与比纯然理论的考察所能产生的更多得多的旨趣相结合的那种惊赞的时候，通过激发道德理念而作用于心灵的。

如果我赋予一个物体以**运动的力量**，从而通过**因果性**的范畴来思维
5〔483〕它，那么，我就由此而同时**认识**了它，也就是说，我通过特别（作为那种关系的可能性的条件）属于它这个感官对象的东西而规定了它作为一般客体的概念。因为如果我赋予它的这种运动的力量是一种排斥的力量，那么，属于它（尽管我还没有在它旁边设定另一个它对之实施斥力的物体）的就是空间中的一个地点，此外是一个广延，也就是说，在它本身之内的空间，再就是通过其各个部分的斥力对这个空间的填充，最后还有这种填充的规律（即各个部分的斥力的根据的减弱，必然与物体广延的增长和它通过这种力以这些部分所填充的空间的增加成正比）。——与此相反，如果我把一个超感性的东西设想为**第一推动者**，从而通过因果性的范畴而在同一种世界规定（物质的运动）方面来设想它，那么，我就必须设想它不在空间中的任何一个地点，同样也不是有广延的，我甚至不可以设想它是在时间中并且与其他东西同时实存的。因此，我根本没有任何规定来使我自己能够理解通过这个存在者作为根据而引起的运动的可能性的条件。所以，我通过原因（作为第一推动者）的谓词本身丝毫也没有认识这个存在者；相反，我只是有关于一个某物的表象，这个某物包含着世界中的运动的根据；而关于它与这些运动的关系，作为这些运动的原因，既然它除此之外没有提供属于这个是原因的事物的性状的任何东西，也就使关于这个原因的概念是完全空洞的。其理由在于：我借助惟有在感官世界中才能找到其客体的那些谓词，虽然能够前进到必然包含着感官世界的根据的某物的存在，但却不能前进到它作为超感性存在者的排除那一切谓词的概念的规定。因此，通过因果性范畴，如果我通过一个**第一推动者**的概念来规定它的话，我就丝毫不能认识什么是上帝；但是，如果我从世界秩序中获得理由去把它的因果性不仅**设想**为一个至上的**理智**的因果性，而是也通过对上述概念的这种规定来**认识**它，也许就会有更好的结果，因为这时空间和广延这种累赘的条件就取消了。——当然，世界上的伟大的合目的性使我们不得不把世界及其因
5〔484〕果性的一个至上原因**设想**为通过一种理智的；但我们由此却根本没有权利把这种理智赋予这个至上原因（例如，把上帝的永恒性设想为在一切时间中的存在，因为若不然，我们就根本不能形成关于纯然的存在作为一个量、亦即作为存续的任何概念；或者把神的全在设想为在一切地点

的存在，以便使我们理解对于彼此外在的事物来说的那种直接在场，尽管如此却不可以把这些规定中的某一个当做在上帝那里认识到的而赋予上帝）。如果我通过把人的因果性设想为人的一种理智，来就某些惟有通过有意的合目的性才能解释的产物而言来规定人的因果性，那么，我就不需要停留在这一点上，而是能够把这一谓词作为人的众所周知的属性来赋予人，并由此来认识人。因为我知道，直观被给予人的感官，并通过知性被置于一个概念之下，从而被置于一个规则之下；这个概念只包含共同的标志（借助舍弃特殊的东西），因而是推论性的；为了把被给予的表象置于一般意识之下，诸般规则还在直观之前就被知性给予了，等等；因此，我把这种属性赋予人，是把它当做我由以来**认识人**的属性。但是，如果我想把一个超感性的存在者（上帝）**设想**为理智，那么，这在我的理性应用的某种考虑中不仅是允许的，而且也是不可避免的；但是，自诩能够赋予它以知性，并且把知性当做它的一个属性，由此来**认识**它，这是绝对不允许的；因为我在这种情况下必须舍弃我惟有在其下才认识一个知性的那些条件，从而根本不能把只用于规定人的谓词与一个超感性的客体联系起来，因此，通过一种如此规定的因果性是根本不能认识上帝是什么的。所有的范畴都是如此，它们如果被运用于可能经验的对象，对于理论考虑中的知识就根本不可能有任何意义。——但是，按照与一种知性的类比，我可以，甚至必须在某种别的考虑中设想一个超感性的存在者，尽管如此却不是想在理论上认识它；也就是说，如果对它的因果性的这种规定涉及世界中的一种结果，这种结果包含着一种道德上必要的、但对于感官存在者来说无法实现的意图的话；因为在这种情况下，由于纯然按照类比在上帝身上设想的属性和对其因果性的规定，对上帝及其存在的一种知识（神学）就是可能的，这种知识在实践 5〔485〕
的关系中具有、但也**仅仅在考虑到这种关系时**（考虑到道德的关系时）才具有一切所要求的实在性。——因此，一种伦理神学是完全可能的；因为没有神学，道德虽然能够凭借其规则而存在，但却不是凭借正是这种规则交付的终极意图而存在，没有使理性就这种终极意图而言显露出来。但是，一种（纯粹理性的）神学伦理学是不可能的；因为并非理性原初地自己给予的、理性作为纯粹的实践能力也造成对其遵循的法则，就不可能是道德的。同样，一种神学的自然学也会是一种无稽之谈，因为它不会陈述任何自然规律，而是陈述一个最高的意志的安排；与此相反，一种自然的（真正说来是自然目的论的）神学却至少可以用做真正的神学的预科，因为它通过对它提供了丰富材料的种种自然目的的考察，为自然不能提出的一种终极目的的理念提供了诱因；因而虽然能够使一种为了理性最高的实践应用而充分地规定上帝概念的神学的需要变得明显，但却不能产生这样的神学并把它充分地建立在其证据上面。

图书在版编目（CIP）数据

康德三大批判合集：注释版/（德）康德著；李秋零译. —北京：中国人民大学出版社，2016.9

ISBN 978-7-300-18533-0

Ⅰ.①康… Ⅱ.①康…②李… Ⅲ.①康德，Ⅰ（1724-1804）-哲学思想-思想评论 Ⅳ.①B516.31

中国版本图书馆 CIP 数据核字（2016）第 145566 号

康德文集注释版

康德三大批判合集（注释版）

［德］康德 著

李秋零 译注

Kangde Sanda Pipan Heji

出版发行	中国人民大学出版社		
社　　址	北京中关村大街 31 号	**邮政编码**	100080
电　　话	010－62511242（总编室）		010－62511770（质管部）
	010－82501766（邮购部）		010－62514148（门市部）
	010－62515195（发行公司）		010－62515275（盗版举报）
网　　址	http://www.crup.com.cn		
经　　销	新华书店		
印　　刷	涿州市星河印刷有限公司		
开　　本	720 mm×1000 mm　1/16	**版　　次**	2016 年 9 月第 1 版
印　　张	60.75 插页 4	**印　　次**	2023 年 9 月第 5 次印刷
字　　数	921 000	**定　　价**	148.00 元(上下卷)

版权所有　侵权必究　　印装差错　负责调换